宋會要輯稿

第五册

職官　原書第一百二至第一百六册
選舉　原書第一百七至第一百二十册
食貨　原書第一百二十一至第一百二十六册

全唐文

續會要

黜降 卷十

紹熙元年六月四日詔權刑部侍郎吳博古刑部郎中俞澂大理少卿呂公進各降一官大理評事史彰祖降兩資皆以勘滿顗伯等隱落省試代筆條法故也　十二日詔知信州鉛山縣張升卿放罷以守臣梁季珌言其所催官物移易預借專事科罰追擾平民故也　同日知閬州新政縣張應同降一官放罷以本路提刑朱致知言其貪婪苛虐不恤百姓專以科斂納賄為務故也　十三日詔知溫州湯碩知處州喻良能並別與閑慢差遣以言者論碩多疑自用下情不通凡所舉措十

卷三千八百九十二

事九錯良能年老多病語言蹇澁詞訴積壓處事乖方故也　二十二日詔新知鄂州陳峴罷新任以言者論其累政無狀故也　七月二日詔國子正江士龍太社令富琯提轄權貨務都茶場朱軧禮兵部架閣文字馮先覺並與外任皆以臣僚論非其才也　同日詔武翼郎士珸特降授修武郎不逭不退送西外宗正司收管士珸寄居建寧縱容男不逭不退聚集不逞毆打居民醞醋屠牛官司不能禁約至是守臣具奏來上故有是命　同日詔知萬州章關放罷以本路運判張玠論其傾邪狠愎并欠四川總領所折估錢不解故也　同日詔知肇慶府林次齡降兩官放罷以廣東提舉劉坦之

言其輒差廣兵監勒石匠深入岩水打硯致傷損身故又將常平錢以修門為名違法支用乞賜罷黜故有是命　二十一日詔大理司直王燁放罷新知靜江府陳賈罷新任以殿中侍御史林大中言燁專事奔競出入臺諫給舍之門以希進用賈昨為臺諫彈論徇私納賂一節尤為可鄙難任郡寄故有是命　二十八日詔前知撫州趙廱判官趙公朔司法周簡並放罷以本路提舉黄維之言其交通賄賂皆有實跡故有是命　八月一日詔鎮江府駐劄御前遊奕軍統制丘汝嘱放罷以本司言其率意妄作恣興工役不徇分守職事乖謬故也　二十一日詔江東提舉周必正放罷以監察御史

卷三千八百九十二

虞儔言其端居廨舍摟部絕布民間詞訟書判不行故有是命　二十八日詔知嚴州張埏放罷以言者論其荒于酒色郡事付之吏胥徵斂本排過數抽解鋪兵食錢擅行住支以資妄費乞賜罷黜故有是命　九月二十五日詔新知明州蔡戡司農卿總領湖廣江西京西財賦梁總並與祠祿並以左諫議大夫何澹論其事君而不知尊敬見得而不知廉恥故也　二十七日詔提轄權貨務錢著放罷以殿中侍御史林大中言其居官無狀故也　同日詔新知興國軍趙不囷罷新任以臣僚言其前知邵武光澤縣用駔儈之術侵欺官錢貪殘不法故也　二十八日詔新湖北運副李結差主管建

寧府武夷山沖佑觀理作自陳以右正言鄧馹言其為縣為郡為監司皆刻剥害民之事累汙白簡乞罷新命故也　十月十四日詔司農寺簿俞言放罷以監察御史虞儔言其天資浮躁濟以姦佞貪饕之行衆所不齒故有是命　二十七日詔知全州施廣文與宮觀以本路運判陳傅良言其拖下綱運不曾解發方且預借民税重為困擾乞賜罷黜故有是命　二十八日詔提舉江南西路常平茶鹽黄維之放罷以臣僚言其任情蔑法故有是命　同日詔潭州通判曾懋秀州通判葉籍並放罷皆以臣僚言其貪殘不孝故有是命（主處父前軍統領）十一月一日詔後軍統制雷世忠後軍統領楊世雄選鋒軍統領

卷三千八百九十二

李顯明各特降一官坐總轄牧放馬倒斃數多故也　同日詔護聖馬軍權軍李世存仍舊充後軍統領坐虚作買單到場盜破官錢入已為殿前副都指揮使郭鈞所按也　三日詔建寧府建陽縣丞徐杲特降一官放罷以本路提舉陳杞言其信任人吏連縈縱容乞覔侵盜官錢故也　九日詔知普州趙伯總特展二年磨勘以本路運判言其擅支移寄樁米不曾補還也　二十五日詔新除國子正王公邁罷新任以臣僚言其輕儇浮浪素非令器所至遺臭乞賜寢罷故也　二十九日詔知循州張晞知録徐棣推官趙伯謙監税李彦昌並先次放罷内徐棣令本路提刑司取勘聞奏以本路運

判趙伯逷等言晞信任棣等恣為不法姦贓非一乞先行罷黜故有是命　十二月六日詔知池州貴池縣王萊降一官放罷以臣僚言其暴狠（很）不法淩滅守臣張釜釜乞回避故也　十二日詔新夔路提刑陳季習新知常州曹耜別與閑慢差遣新知常德府王進之與祠禄以御史中丞何澹言季習疾病之餘耜才力不逮（遠）進之素無廉聲故也　十三日詔知江陵府閻蒼舒放罷以御史中丞何澹言其在興元則放縱贓吏在江陵則貪暴無恥乞賜罷免故有是命　二十一日詔新知英州鄧壟罷新任以臣僚言其累任不法故也　二年正月二日詔入内内侍省西頭供奉官黄遵特降一官送吏

卷三千八百九十三

部與差監撫州鹽礬酒務日下出門坐違犯本省約束故也　九日詔新除江西提刑譚惟寅罷新任以臣僚言其項倅静江謟事詹儀之妄作害民及累任贓汙不法故也　同日詔知秀州趙亮夫放罷以臣僚言其孝行有虧閨門不肅律已不廉治民不恤乞賜罷黜故有是命　同日詔右監門衛大將軍不嚴特降一官以臣僚劾不嚴為太廟奏告官致齋之夕輒過多才幕次飲酒至醉暨翌旦行事欹側之狀自不支吾故也　二十一日詔國子司業樓鑰降一官坐為銓試考試官失覺察貫德言等代筆事故也　二十五日詔知盱眙軍霍篪與祠禄臣僚論其斷阿賈毆死鄒（阿）公事謬妄故有是

職官七三之五

命　二月十二日詔福建提刑豐誼知建寧府陳傅並差主管建寧府武夷山沖佑觀知建寧府浦城縣趙師蓬追一官勒停巡檢耿懷忠降一官放罷縣尉方賛特降一資放罷並坐浦城縣盜發不即收捕故也　二十三日詔池州駐劄御前諸軍都統制李思孝放罷以殿中侍御史林大中言其專事貪黷虐士卒而害蘇民軍民疾之如仇讎故也　二十七日詔潮州通判趙善伋特降一官放罷以本路運判趙伯邊言其合當慮囚畏暑憚行令吏人樊珙下縣乞取故也　三月九日詔新知通州張仲梓新知江陰軍吳津並與宮祠以臣僚言其貪汙也　二十一日詔新知利州宇文子震罷新任

卷三千八百九十二

以殿中侍御史林大中言其前任淮東總領及知鎮江贓汙狼籍嘗遭降官勒停故也　四月七日詔知敘州任濬放罷以本路運判劉光祖言其酷刑貪黷故也　同日詔知資州王公邁與閑慢差遣以本路運判劉光祖言其治郡無狀故也　二十六日詔知臨江軍錢蓍知邵武軍趙師造並放罷以臣僚言蓍郡政不理飲燕度日師造貸賂交通郡政穢濁乞並罷黜故也　五月十二日詔新江東提刑呂公進與閑慢州郡新知洋州陳椿與參議官以臣僚言公進人物闒冗前為棘寺官斷刑輕重失當椿人物凡俗在棘寺每斷一案必須飲酒斗餘然後下筆輕率故也　同日詔廣東提舉劉坦

職官七三之六

之知潮州丁允元並放罷臣僚論其貪酷也　十八日詔知袁州黃劭降一官不得與親民差遣劭丁母憂不行喪禮執留牌印支破官錢盡以入己及拖下月椿錢不肯解發皆以妄用為本路運副鄭汝諧所奏也　二十四日詔新大理司直陳顯公與閑慢差遣以臣僚言其險挾超躐故也　同日詔知蓬州馮俟放罷知懷安軍張遷不許注授州軍差遣以臣僚言俟累政無狀專事貪黷遷冒于貨賄雖常平錢物亦復侵欺故也　六月六日詔新知英州張茂遜差主管台州崇道觀以臣僚言其貪墨不法累遭論列故也　二十二日詔權發遣澧州萬良裕放罷以本路運判薛叔似言其賣公庫

卷三千八百九十三

酒而不入經制私糴軍糧刻剝兵士貪狀寖露故也　同日詔大理少卿張緽差主管建寧府武夷山沖佑觀以御史中丞何澹言緽天資傾險貪得好進遽為棘卿舉動輕肆年來寺獄屢空聖朝不欲崇尚虛文不許拜表稱賀而緽輙易其名為獄空頌以獻謏佞故有是命　二十四日詔前池州駐劄御前諸軍都統制李思孝特降一官以殿中侍御史林大中言思孝軍中兵卒行劫殺人事發思孝隱庇反誣縣尉石應孫鑿空撰造軍情不安致其對換閑慢差遣近池州捕到賊雷二所供乃知作過者皆軍中所管其誣罔可見故有是命　同日詔新知興國軍胡介新通判紹興府韓杖新知臨安

府富陽縣張杰並罷新任，以殿中侍御史林大中論介嗜利無耻，杖會殘害物，杰劫持濟私故也。二十八日，詔知徽州趙彥恂降兩官，通判李法言、盧瑢各降一官，並放罷，以本路提刑傅伯壽言新安大災，彥恂夜飲于法言之居，守倅皆醉，救撲甚緩，而又役使兵卒般挈家屬行李，人力不給，致其蔓延故也。七月七日，詔利州東路安撫司參議官、權知金州林樞特降一官放罷，通判陳京特降一官，坐本州遺火延燒官舍故也。二十一日，詔新知舒州李大下罷新任，以御史中丞何澹言其累政不以百姓為念，一意掊斂以歸私帑故也。二十五日，詔新湖北提刑張玠罷新任，以殿中侍御史林大中言其驕橫陰險，誕謾私任，不顧是否故也。

卷三千八百九十二

八月五日，詔差充平江府許浦駐劄御前水軍統領郭安與罷統領，改撥付殿前司，降一等差遣，以其盜取官場竹木裹私使用，及收受船脚錢入已，為都統劉震所按也。七日，詔內侍朱紹祖所為不法，送永州居住。十八日，詔知信陽軍張安中別與差遣，以臣僚言其頑 知婺源科罰聚斂，及倅鄂州與吏通同取受賄賂故也。十九日，詔江西提刑吳宗旦、鬱林州教授黃奕並放罷，以臣僚言宗旦前為廣西提刑，巡歷本部，奉法不虔，並緣自欺；奕舊為宗旦館客，相與評議，輕率妄作，重為廣西之害，乞並賜罷黜，故有是命。二十九日，詔知長寧軍

廖唐英放罷，以本路安撫王卿月言其貪墨無厭故也。九月十六日，詔知南平軍任庭實別與宮觀，一次理作自陳，以本路提刑毋丘恪言其昏耄無政，聽從吏胥招致夷人本軍界玩侮作過故也。十八日，詔肇慶府通判劉漢放罷，以本路提刑方崧卿言漢權府日斷李次易等罪不遵三尺，恣情輕重，故有是命。十九日，詔邕州駐劄東南第十三正將蕭世弼放罷，以本路運判朱晞顏言其不法三十餘事，及詐作書自批印紙，又凌轢總管沙世堅，動多悖戾，乞賜罷黜故也。二十一日，詔大理少卿俞澂差主管建寧府武夷山沖佑觀，理作自陳，以言者論其斷刑之官而明審不足，輕重不倫，難任延平故也。

卷三千八百九十二

二十五日，詔知嚴州葉籌放罷，以臣僚言其性本貪汙，濟以苛酷，專事掊克，盡入私帑故也。十月三日，詔新知台州魏欽緒、新知復州祝大任並罷新任，皆以素任不法，為臣僚論列故也。九日，詔知南平軍任庭實降一官放罷，以制置使京鏜言其與夷酋楊軫私相交結，受其金銀蜜蠟，乃令於禁路往來，因緣生心，致其作過，故有是命。十八日，詔常州通判陳大光、常熟縣丞傅巖並放罷，以提舉常平言其心術傾險，見於政事，刻薄掊斂故也。二十日，詔知永州趙善堪降一官放罷，以本路運判陳傅良言其以刻薄之資，行苛擾之政，專務聚斂，公為欺誕故也。二十八日，詔王

管建寧府武夷山沖佑觀唐叔玠特降一官放罷以臣僚言其前知舒州私鑄鐵錢過於正額之數故也　十二月三十日詔內侍楊皓懷姦兇恣脊杖十五刺面配吉州黃遇私相朋附杖八十編管撫州繼而皓送撫州居住遇送常州居住　三年正月四日詔權發遣茂州王師雄降一官放罷本州司戶孫粹中知崇慶府嘗原楊孟為放罷以四川制置言師雄身任邊守公肆貪汙暴橫不法粹中民訴其挾州郡之勢動輒妄作孟為僵很苛虐視民疾苦略不加恤故有是命　六日詔劉煒與宮觀差遣張濤降兩官錢之望許及之降一官坐部內行使私鐵錢故也　二月八日詔知茂州龐觀放罷

卷三千八百九十一

部大提舉茶馬司言其凡遇綱馬到管下驛舍不批草料抑令百姓出備綱馬因此病斃故有是命　十九日詔知和州張士元放罷以言者論其鐵錢科糴粳米殘虐侵刻鑿空生事流毒一方乞賜罷黜故有是命　二十七日詔前知茂州王師雄降兩官勒停令見勘官司疾速具案聞奏以御史郭德麟論其兇暴直入制置使帳門公肆毀罵有臣子諱聞之語師雄陵犯制師之罪當先追勒其贓汙不法從所委監司從公勘結具案聞奏別賜施行故有是命　三月二日詔淮東提舉司幹官李楧降一官放罷以臣僚論其恣橫兇暴自使比為異類故也　同日詔承議郎綦松降一官與遠小監當

差遣松係年五十以上不曾銓試中之人引赦乞知長林縣銓曹以其非殘零窠闕不應注授松乃直造公廳高聲無禮尚書趙汝愚劾之故有是命　九日詔前平江府許浦水軍統制陳緒降兩官羊滋展三年磨勘以本軍都統司言緒等関借官錢令將官董端等在外販貴私鹽故有是命　同日詔興元府屯駐右軍統制程繪降一官坐私役軍兵故也　二十三日詔階州司理盖百藥降一官放罷知福津縣宇文景仁降一官以本路提刑米致知奏百藥昏繆不職將平人李百三等妄指為賊拷打寒凍不恤致其左腳及指節零落時宇文景仁權攝獄事亦縱容拷訊故有是命　二十七日詔

卷三千八百九十二

持服人承奉郎韓休降兩官勒停承奉郎韓杰降一官展二期敘承奉郎韓本宣義郎韓相各降一官並坐不辨父彥古葬事互有論訴故也　四月十日詔建康府簽判趙公砬差主管台州崇道觀江東安撫司指使龔汝弼降兩官汝弼監本府酒庫盜酒入己數目不貲公砬提舉酒政首為不法公受庫中私餽並為守臣劾之故有是命　十二日詔知資州范仲虎差主管台州崇道觀知榮州張安之降一官放罷以制置使京鏜奏資榮二州旱饑仲虎剛繆懦無措安之則貪狠不卹視饑民流離死亡略不介意仲虎卻無顯過安之略無顧藉故有是命　十九日詔太學博士祝禹圭與外任以言

者論其專事營吻人皆畏之至其居家尤無行檢月嘗
出妻物議所薄故有是命　五月二十四日詔第十二
副將宜州駐劄馬德降兩官放罷宜州接界諸蠻每來
秋冬水淺出没省地至春深江漲方乃寧息德受帥司
檄將帶軍兵上邊巡綽隄備乃逗留畏縮去任自由爲
帥臣奏劾故有是命　六月一日詔前知邵武軍趙師
造降兩官司理參軍張令照降一官放罷師造前知邵
武日按奏建寧知縣章潛心不法七項其六無實迹縱
容獄司假作干照肆爲欺罔以應元奏令照奉承郡守
之意昏繆任吏有同兒戲全不覺察並以臣僚論列故
有是命　十四日詔大理評事胡興祖放罷新知隆慶

卷三千八百九十二

府閻正孫新知臨江軍黄直中並罷新任以侍御史林
大中言興祖於刑法盲意憒不通曉四方奏案假手一
斷刑法司每月分已俸以給之正孫兇險可畏知嘉州
並無繩檢寘中貪鄙侵欺水脚錢鬻賣漕試故也　二
十日詔前閤門祗候尉端信降兩官除名端信母瞿氏
身故不解官持服冒請俸給故也　二十五日詔温州
通判傅顒坑冶司檢踏官蔣蓋各降一官放罷顒被檄
往處州審問大辟其所帶人從販賣私鹽傅顒全不鈐
束因致捕捉殺死人命麗水縣有銀礦興發爭訟未已
蓋輙令坑匠採取致爭鬬殺人提刑陳倚劾之故有是
命　七月十九日詔罷知文州王沇新知梅州陳友聞

知簡州平泉縣李材甫以言者論沇前知梁山軍百姓
訴旱不惟却其狀至有箠撻而遣逐者制司發米瀘南
俾其賑濟亦復不肯撥取友聞前爲廣州增城縣專事
科罰以濟貪婪材甫不受人户申訴旱荒及人户訴于
本州州申制漕兩司共捐一萬緡與減放人户税米材
甫乃申兩司謂税米若行減放恐妨其他催科故有是
命　二十五日詔建康府駐劄御前〔前〕軍步軍統制王師
道興宮觀坐不覺察本軍軍器致庫子將帶甲黑布衲
襖解典爲都統趙濟所劾也　八月二日詔保寧軍節
度推官趙善譓降一官放罷本州委善譓措置發泄黄
酒乃與吏人作弊及借貸官錢入已守臣趙師龍劾之

卷三千八百九十一

故有是命　六日詔通判臨安府方傅與官觀理作自
陳守臣袁說友言其年來得疾精神短弱官事盡廢盡
出吏手難以協濟郡政故也　同日詔邛州臨邛縣尉
袁大明降一資放罷大明被檄爲雅州秋試考官將重
疊押韻卷子作合格取放本路運判王溉劾之故有是
命　十三日詔武岡軍簽判薛大圭放罷以守臣李浩
言其凌上忽下貪財妄取故有是命　十四日詔武功
大夫張彦臣降授武畧大夫武功大夫濟州防禦使霍
汝翼降授寄資武功大夫遥郡刺史皆坐弛慢不職故
有是命　十八日詔前襄陽府宜城縣令持服錢逖降
兩資候服闋日與遠小監當差遣逖居天台貸米穀與

職官七三之一三

逃軍周念二等令各持兇器護送私鹽藏於其家爲縣尉捕獲本路提舉黄唐言之故有是命　二十六日詔入内内侍省内侍高品李元美降兩官放罷與轉歸吏部坐在任不法故也　二十七日詔知紹興府新昌縣唐叔翰放罷以守臣趙不流提舉黄唐言其繆戾權移吏胥違法害民征斂太亟刑罰太苛乞賜罷黜故有是命　二十八日詔入内内侍省西頭供奉官睿思殿祗候修内司承受毛居實送真州編管坐禁中語言不遜故也　九月二日詔江東提刑司檢法官向公擇放罷以臣僚言其貪纎不法無禮使長故也　十六日詔荆湖北路兵馬副都監澧州駐劄董傳才放罷以守臣王

卷三千八百九十二

正功言其貪惏很傲侵撓州權少不如意即加謗讟而又恃其兇暴肆爲不法故有是命　十月十八日詔前隨州隨縣尉邢彦文降一官坐在任日透漏白鑞銅錢故也　二十五日詔新知袁州吕行己差主管台州崇道觀理作自陳以臣僚言其貪婪不法背公營私眈樂宴飲科需掊剋項目甚多故有是命　十一月九日詔利州兵馬都監馬衍子新監文州在城商税君錫各降一官放罷本路運判楊王休言衍癃兇昏愚非理酷刑及造誣辭汙衊長官君錫抗柜府吏持仗傷人乞並罷黜故有是命　十六日詔太平州采石鎮屯駐本司水軍統制邢師彦降兩官令本軍自効以本軍都統趙淳

職官七三之一四

言其不覺察將官田廣科率所部連遣隊伍之入陳訴及總領鄭湜言其委有措克事迹士卒不堪煩有斷手自髠者故有是命　二十五日詔直敷文閣主管建寧府武夷山沖佑觀史彌正落職罷宫觀明州有富民厲雄者迫脅佃户諸百十五自刑彌正與李唐佐高俊詐欺雄官會爲請求守臣高夔欲從末減夔因劾之故有是命　十二月二日詔前成都府路提刑王齊輿罷新任江東提刑瀘州通判張恂安撫司幹官邢仲溥並放罷内仲溥降三資兵馬都監高適降兩官放罷令後不得與親民差遣並坐瀘州軍亂措置乖方爲制置使邱密奏劾也　十七日詔保義郎李珙降一官坐置大樓

卷三千八百九十二

上不用心看顧致延燒民居四百六十餘間爲察官論列故也　四年正月十四日詔右文殿修撰知明州高夔降一官與遠郡以本路提刑陳傅言本州勘厲雄迫脅佃户身死事夔任仮受厲雄錢物一千七百餘緡既敗露夔隱而不言故也　二月八日詔新知廣安軍趙楙罷新任以本路運判王溉言楙天資狠戾至老不衰尊以聲勢氣焰侵淩長吏故也　三月四日詔殿前司右軍統領靳周降一官仍降充左軍正將以本軍統制張壽昌言周將本司告報文字不行簽押用筆毀抹犯分無理故有是命　十七日詔鎮江府駐劄御前中軍統領馬世福降兩官充副將以都統閻世雄言世福因

部押人馬往定州出戍，輒於戍所一意營私，侵盜官錢，剥斂將士，有害軍政，乞行責降，在軍使喚，故有是命。

四月二日，詔新夔路提刑王樸新差知珍州施次尹並與宮觀，理作自陳。以制置使邱密言樸昏老嗜酒，言語失度；前知閬州，初無治狀，且乏廉聲；次尹素非良士，屢以贓敗，乞並罷新任，故有是命。

八日，詔隆州通判張蕭放罷。本路提刑楊王休言蕭將經總制錢移項目，別置私歷，肆行貪饕，侵欺入己，故有是命。

十六日，詔淮東副總管楊州駐劄馬定遠與宮觀。以守臣錢之望言舊例副總管每遇大閱，必擐甲入教場，身先士卒。定遠當春大閱，乃謁告不出，偃蹇失職，故有是命。

二十五日，詔常德府通判趙善彦降一官放罷。以本路提刑張垓言其臨事浮躁，侮慢守長，侵盜官錢以資妄用，乞賜罷黜，故有是命。

五月二日，詔前軍統領田俊邁免根勘，特追兩官勒停；田光濟特降一官。以本軍都統制王宗廉按發俊邁有入己贓，四川制置司體究來上也。

四日，詔祁州團練使、入內內侍省副都知李彦正，明州觀察使、入內內侍省押班楊舜卿各降一官，坐職事誠慢故也。

五日，詔判太史局吳澤、判大辟劉孝榮、周端友各降一官，並以文德殿鐘鼓院供進更鼓差錯，職事不謹故也。

七月八日，詔知容州宋蝴與宮觀。以本路諸司言其生事科擾，乞賜罷黜，故有是命。

九日，詔新

卷三千八百九十二

東南第十一正將廣州駐劄翁進罷新任。以知宜州沙世堅言進兩為副將，並以凌轢恣横，敗壞軍律，乞賜罷黜，故有是命。

十九日，詔知邵州胡澄與展二年磨勘，錄事參軍權通判、推官栗璹、司理參軍權判官李邠各降一資。以本路提刑言其兩年之間兩獄瘦死獄囚至多，如段辯誣告之獄，追逮淹繫，殆將一年，死者亦至三人，故有是命。

八月三日，詔泉州同安縣尉鍾安老追兩資勒停，錄事參軍鄭繼功降兩資放罷。以本路提刑盧彦德言安老將竊盜三人捧作强盜一十一人覬圖推賞，繼功鞫獄徇情，輕視人命，輒將竊盜入為死罪，故有是命。

同日，詔知西和州喻文然放罷。以四川制置使邱密言其徇情廢法，故有是命。

二十四日，詔知復州程渭、新知惠州梁揚名並放罷。以臣僚言其刻薄貪暴故也。

九月十三日，詔知湖州趙充夫放罷。以運判王厚之言其不法故也。

十一月九日，詔池州駐劄御前中軍統制崔公亮降充江州都統司統領。以前軍部將申衍訴其擾點諸處營運息錢，惟務峻急，以彌縫主帥之意，納錢稍遲，輒加箠決，極其苦楚故也。

十一日，詔知閬州樊漢炳放罷。以侍御史張叔椿言其掊斂贓汙故也。

同日，詔光州通判、權知州事萬俟佩降一官，坐不覺察姦民越淮作過故也。

五年正月二十一日，詔臨安府通判楊文舉特展二年磨勘，臨安府湖州巡轄馬

卷三千八百九十二

遞鋪使臣梁青特降一官，並以本界遞兵遲滯金字牌時刻故也。　二十九日，詔賀州通判張適、臨江軍通判李鼎之並放罷，內張適永不得與親民差遣。以臣僚言適擅賣官鹽及措改封樁庫支曆，侵盗官錢入己；鼎之信任吏輩，交通關節，專肆誅求故也。　二月七日，詔新知常德府趙靡與宮觀理作自陳，以臣僚言其癡騃小子，初不知書，觸事面墻，累汙白簡，難任民寄故也。　十七日，詔興州都統司計議官王公沂放罷，以四川制置使鄭宏言其因都統吳挺身故，招權生事，率意更易事務，軍中籍籍，幾至生變，乞行罷黜，故有是命。　十八日，詔知贛州信豐縣趙善蒙放罷，以守臣林大中言善蒙上不能律己，次不能決訟，下不能理財，若復付以縣寄，必為百里之害故也。　四月十三日，詔衡州通判王恭之放罷，以本路提刑言恭之遭在本廳私置文歷，拘收人戶免倍稅牙契錢，取撥充借，動以千計，故有是命。　二十五日，詔知建寧府浦城縣鮑恭叔降兩官放罷，永不得與親民差遣，以本路提刑趙像之言恭叔妄將平人毛少直勘作大辟，故有是命。　五月二日，詔知辰州林洪放罷，以臣僚言洪本州敘浦縣管下傜賊入省地作過，不能措置，又不即時關報諸司，致其擾害，委為不職，故有是命。　二十日，詔四川制置司幹辦公事李協放罷，以制置使言恃酒無禮，嫚罵也。　二十八日，詔知鳳

卷三千八百九十二

州郭齊罷知州事，依舊興元府御前右軍統制，通判郭公緒放罷，以本路諸司言齊等各持異議，互相矛盾，在州官屬分明立黨，競為間諜，郡事廢弛故也。以上光宗會要

紹熙五年七月二十四日，知臨安府王厚之放罷，以臣僚論其好任私意，肆為異說，闇於聽訟，短於治劇。　二十七日，幹辦內東門司符滌別與差遣，以臣僚論其得罪太上皇帝，難令再入泰安宮供奉。　八月五日，拱衛大夫、永州防禦使、入內內侍省押班陳源放罷，與在外宮觀，仍送撫州居住，追三官勒停；親衛大夫、清遠軍承宣使、入內內侍省押班林億年放罷，與在外宮觀，仍送常州居住，降三官；右武大夫、明州觀察使、入內內侍省副都知楊舜卿放罷，與在外任便居住，仍降三官。先是，臣僚言源等離間兩宮，中外切齒，並罷職與祠。既而臣僚再論其譏復宮闈，幾危社稷，物論未平，復有是命。　同日，保安郎郭儀、翰林醫效李九齡、翰林醫痊蔚仲堅各降一官，以監察御史楊大灋言儀等所進壽皇聖帝脈狀庸謬也。　二十七日，秘書郎曾三聘放罷，以左司諫黃艾言三聘徧諸宰執、臺諫、侍從之門，傳遞言語。　十月二日，國子監丞劉大臨、軍器監丞曾祕、太府寺丞任清叟、宗正寺主簿李友直並與外任，以臣僚言大臨氣習麤暴，祕資稟凡庸，清叟趨向卑下，友直年老昏耄。　同日，少保、觀文殿大學士、充醴泉觀使、衛國

卷三千八百九十二

公闇正罷職名以臣僚言正私心既勝公道不立潛出
國門不顧君父暨加召用徑入都堂畧不遜避　二十
三日起居郎沈有開與宮觀以臣僚言其回邪讒諂阿
附勢要　閏十月二日尚右郎官豐誼放罷以右諫議
大夫張叔椿言其凡所居官悉無善狀　三日刑部侍
郎梁總與郡以臣僚言其天資猥俗志趣凡下在版曹
則不肯任責通國信則所用非人　十二月九日中書
舍人陳傅良與宮觀以御史中丞謝深甫言其茂護辛
弃疾依託朱熹　慶元元年二月五日殿前司前軍統
領楊世雄降兩等差遣以主帥郭杲言世雄軍律不修
致令士卒為盜　二十一日遣中使以章示右丞相趙

卷三千八百九十二

汝愚出國門以臣僚言其任情恣行怙不疑畏雖官寺
廡僕折東交於都堂之上不顧大臣之體　同日右軍
統制陳成祖特降兩官以鎮江都統制閻世雄奏成祖
不即捕捉本軍官兵薛顯等刼盜居民故縱不職　二
十四日朝散大夫權工部侍郎知臨安府徐誼放罷以
監察御史劉德秀言誼素無士行河附權臣詞狀淹積
盜賊公行　二十五日權兵部侍郎章穎與宮觀以言
者論穎反誣臺諫附下罔上無所忌憚　三月二十八
日新除直龍圖閣湖南運副李祥國子博士楊簡並放
罷以臣僚言祥論事權臣素無蕪聲簡寄事虛偽初無
寸長　四月二日宣教郎太府寺丞呂祖儉朋比罔上

送韶州安置　二十七日權工部郎官田澹放罷以侍
御史楊大濩言其天資陰險越操凡陋論説横議搢紳
共駭　六月三日司農寺主簿張鎡放罷以臣僚言鎡與
叔宗尹交爭沙灘　同日國子博士孫元卿國子正陳
武太學正袁燮並放罷以臣僚言太學暗號私取之弊
此三人者實為之　十九日國子司業汪逵放罷以臣
僚昨論三人罷黜逵輒入奏辨明　二十六日武節郎
前軍統領魏知常特降兩官放罷坐減剋軍食入已凡
事恣縱有害軍政　七月十四日觀文殿大學士銀青
光祿大夫提舉洞霄宮趙汝愚落職朝請大夫權尚書
刑部侍郎鄭湜與郡朝奉郎監察御史吳獵宮觀秉義

卷三千八百九十二

郎差知濠州張致遠放罷以臣僚言汝愚自恃有恩玩
侮君上鄭湜草制乃深懷薦引之恩巧作諂佞之語吳
獵不避交通之跡公然上疏乞止宰相擒攢之行武臣
張致遠受其親密之指朝辭上殿乞宰相無樞密使故
有是命　二十四日朝奉郎吳獵罷宮觀降兩官以臣
僚論獵前居風憲阿附權臣　八月六日壽康宮齊恩
殿祗候提轄造作罷孝德降兩官放罷以應奉不謹
二十三日左司郎官李謙放罷以臣僚言謙都司機
務率意妄作同列畏其光燄弗敢措辭　同日內侍徐
考叔送郴州居住坐扇搖宮禁故也　九月二十八日
權戶部侍郎薛叔似放罷以言者論叔似諂媚權臣同

惡相濟　十一月一日武學博士蔣來叟放罷以殿中侍御史黃黼奏來叟叨掌殿廬點檢試卷擬陳亮試卷在首選亮引需卦輊侮君父　二十四日銀青光祿大夫提舉洞霄宮趙汝愚責授寧遠軍節度副使永州安置朝散大夫徐誼責授惠州團練副使南安軍安置以臣僚論昨汝愚者太上有疾故於重華過宮之禮稍失常度汝愚乃與其徒暴揚君父之失上書肆言意在動搖　二十五日少保觀文殿大學士充醴泉觀使衛國公留正號職罷祠祿以臣僚言祖宗以來宗室不得參預機政正軏破壞成法當幾危之際反倚僞學為助驅去復來無廉無恥　二年三月十二月大理寺正羅克開寺

卷三千八百九十二

丞陳耆壽大宗正丞范蓀並放罷以言者論三人日夕鼓扇縱飲無度淩蔑長貳略無上下之分　同日朝請郎試太府卿總領淮東軍馬錢糧葉適降兩官放罷以臣僚言適阿附權臣過從僞黨誣譏君上　十三日吏部侍郎同知貢舉倪思與郡以監察御史姚愈言思有鄉戚莫泳莫撫投牒避親自當照條揭示就試別院乃作囬融私取遂致衆士籍籍　六月三日大理寺正陳景俊罷黜以侍御史黃黼言景俊頃為許事奔走權門躐遷丞正　七月十一日秘書丞兼司封郎官邵康與閑慢差遣以臣僚言康兼禮部郎官凡撰朝廷箋奏文字全然荒謬　二十九日中書舍人宋之瑞放罷以侍

衘禦御史姚愈言之瑞任依垣之職蓋以文詞皷舞天下而於誥命畧不知有輕重指非為是指是為非以亂天下之公論　八月十三日詔權兵部侍郎黃黼放罷與祠祿以臣僚言黼昨為臺端因被御札不必言人舊事同官姚愈等欲與同具奏同天聽卻乃峻拒續遣人取劄繫衘滑入一劄小帖稍府臣等之說人皆駭聽　十一月二十二日祕書省正字陳晅令試邑以臣僚言其舉員已及格匿不改秩布求清望官　十二月九日大理少卿張濤罷黜以言者論濤囘周樸狂妄鼓衆上書鞫之天獄平昔與僞學之黨同惡相濟　二年正月二十八日太府少卿權戶部侍郎沈詵與宮觀以監察御

卷三千八百九十三

史張伯垓言詵倨傲自尊每聽吏言為之縱恣任情自用郎官無所容其喙　二月二日左司郎官鄭公顯放罷與宮觀理作自陳以言者論公顯資稟傾邪專事阿附自外官得廁周行又復營私蕎越轉官　二十五日昭慶軍承宣使入內內侍省押班王德謙與在外宮觀日下出門仍降三官改送撫州居住以監察御史張伯垓等言德謙不循分守僥求節鉞破壞成法畀以外祠既而臣僚再言德謙罪惡貫盈贓汙狼籍罔上弄權尚叨外祠中外洶洶故有是命　二十九日中書舍人兼直學士院吳宗旦特降三官送南康軍居住以臣僚言宗旦居鄉恣橫當官貪婪阿附王德謙為作麻制　三

月二十八日，閤門舍人范廷放罷，以臣僚言廷素無行
檢，每遇飲燕，必擊盃而歌。召試閤職，文理紕繆。　四月
二十五日，大理評事滕安辰二年磨勘，與在外差遣，坐
上殿失儀。　同日，國子錄吳仁傑與簽判差遣，坐浮躁
嗜進。　二十七日，入內內侍省西頭供奉官梁允中降
一官，坐奉大祀執事不恪，監察御史糾察。　閏六月二
十二日，少保、衛國公留正責授中大夫、光祿卿，分司西
京，邵州居住。內降制：留正口正而心邪，色厲而內荏，囊
要君而固位，專植黨以盜權。　八月一日，太中大夫、試
禮部尚書傅伯壽與宮觀，以其元不曾控陳補外，所言
欺罔。　十月十八日，閤門宣贊舍人趙嵩降一官，不理
卷三千八百九十三
令敕，敘復，坐紫宸殿撥引使人喫食差錯失儀。　二十
七日，朝奉大夫、提舉江州太平興國宮韋穎罷宮祠，以
臣僚言國之姦逆一日趙汝愚，二曰留正，而韋穎者，正
之鷹犬，汝愚之爪牙。以上寧宗會要。　慶元三年十
一月二十五日，責授中大夫、光祿卿留正責授寧遠軍
節度副使；趙汝愚責授惠州團練副使，徐誼韶州安置；
呂祖檢（儉）復官量移，指揮更不施行。以臣僚言此四人負
罪深重，不應用赦。　十二月二十二日，大理評事薛極
降一官，以臣僚言極看詳刑名反覆失錯。　四年正月
十一日，武翼郎、右軍統制李輔周特鐫兩官，降充將官，
以馬軍司奏輔周非理科敷，管事入周官材植起造私

宅。　十五日，通判臨安府滿好恭放罷，以臣僚言好恭
性資貪殘，老而益甚，累經罷黜，略不悛改。　十八日，內
侍霍喆夫追兩官，送吏部與遠小監當，日下押出國門；
毛居實、蘇邦佐、任邦俊各特降一官。以喆夫擅取齊思
殿庫官物入己，餘並坐不覺察。　二十七日，新除尚左
郎官彭演寢罷，差知贛州。以臣僚言演未經作郡，徑除
監司，遽叨郎選，故有與郡之命。　二月十四日，中亮大
夫、保康軍承宣使、入內內侍省都知霍汝翼與在京宮
觀。以臣僚言汝翼蒙蔽男喆夫盜齊思殿庫官物入己。
同日，朝請大夫、起居郎張貴謨差主管建寧府武夷
山沖佑觀，以臣僚言貴謨陰邪姦險，惟務柔佞。　二十
卷三千八百九十三
四日，太常博士吳時顯放罷，以言者論時顯累政貪汙，
不宜置於清選。　四月二十五日，軍器監主簿洪檟放
罷，以殿中侍御史張釜言檟人物鄙猥，居家無行，醜聲
外聞，人所不齒。　五月十三日，壽康宮提點官楊端友
降一官放罷，提舉官張彥臣、提點官王思恭各降兩官。
以臣僚言壽康宮門禁不嚴。　六月五日，起復武功大夫、榮
州刺史、主管侍衛步軍司公事張國珍特降兩官，坐昨
任許浦水軍統制修葺舟船滅裂。　八月十九日，正侍
大夫、昭信軍承宣使、提舉佑神觀、壽慈宮提舉閻禮放
罷，不許入國門，仍降兩官。先以臣僚言禮乃王德謙之
妻父，同惡相濟，罪狀昭著；今又為妻之弟傅昌世於末

參部之前經營出給料錢文歷僉無忌憚是以罷黜既而臣僚再論禮欺君罔上隳廢祖宗成法故復鐫秩

九月十二日司農寺丞張鎡與宮觀理作自陳以臣僚言鎡本娶劉氏累年一旦棄之初無可出之過繼娶鄭氏乃其弟婦楊氏之女天下豈有母子自為娣姒之理

同日俞茂系已降四轄指揮更不施行以臣僚論其不曾作邑巧於于求破壞成法

十月二十六日修武郎武鋒軍統領官王下鐫一官降充準備將以守臣蔡必勝奏下不恤軍務掊斂酷刑將士怨憤

十一月十一日選鋒軍統制郭公亮鐫三官降充自效以主將郭倪奏公亮身為統制所部正將楊威通同作弊有害軍政

卷三千八百九十一

五年正月九日成忠郎特添差幹辦儀鸞司潘椒特降一官坐衩衣出儀鸞司門

十九日王益祥陳與行新除祭閣指揮追寢以監察御史張巖言前建康教授王益祥陳與行同惡相濟每臨月試漏題賣鬻至於冒名破食掊剋齋用錢盡以歸己為師儒如此安可當此美擢

二月十三日武畧郎幹辦皇城司李謙特降兩官坐牒試武舉人葉拱辰林善勝用皇城司印記取會隱諱洪説異同

三月三日禮部侍郎胡紘放罷主管官告院徐似道降一官放罷以監察御史程松言宏辭命題紘實據斷今題不合典故古題出處不一紘獨指一出以告同列所取試卷體格非是似道方登朝行

輒敢附會胡紘結為黨與茂視同僚

四月二十二日秘書省校書郎李塈大理評事錢蕃並放罷以臣僚言塈父燾卒外官朝廷厚加贈送不滿其欲兇攬巨商所過猝辱務官尤甚郡守蕃曩倅建康攝郡交通關節贓汙弗可勝計

五月二十三日軍器監簿俞亨宗放罷以右正言陳自強言亨宗外事矜持中懷凶詐近為省試點檢試卷官扰鑿鹵莽

二十五日司農寺丞潘子韶放罷以監察御史程松言子韶始與王大過輩俱將使指分道點檢軍器倉庾輒獨走荊鄂襄漢之境所至受餽狎暱宴飲循私騷擾靡所不至

六月八日知臨安府丁逢放罷與宮觀理作自陳以臣僚言逢為尹京畿府側居民被火破家從吏留火衖之請萬口嗟怨絕無憂民之心

卷三千八百九十二

七月二十五日新除大理評事費埏指揮寢罷以臣僚言埏監雜賣場門邏買香貨出賣容人所得掊利以為馬下支遣實為己私

八月二十六日新除大理正高諏之放罷以臣僚言諏之昔任宜春專任客吏惟私是營每造什物動輒百計遂致席捲

同日權禮部侍郎何異放罷以臣僚言異頃為奉常與張鎡厚密燕觴狎媟既留正去國異在言路卒無一語之彈實之禮侍尤為罔上

二十八日後軍統制成彥節追兩官放罷坐掊剋軍士盜用官錢有壞軍政以建康都統趙廞奏故也

九月十四日右軍統制雷雾特降兩

官充副將坐貪婪不法凌辱士卒隳壞軍政以興元都統制田世雄奏故也　十月十二日已降六院指揮潘景連已除架閣指揮楊炎正新除主管吏部架閣張時舉並寢罷以臣僚言景連駔儈有餘貪冒無恥憑恃豪富以妻得官炎正浮躁淺露使氣傲物妄以臆說譏詆前輩時舉天資貪鄙至老不悛三為教官所至狼籍

六年正月九日大理卿趙師炳放罷與宮觀理作自陳以臣僚言師炳昏繆精力不逮　二十六日安遠軍承宣使入內內侍省都知甘昺放罷日下出門送永州居住仍降兩官以臣僚言昺輒敢援王德謙例僥求官職營建大第工役取辦於內司花石竊移於御苑納宮人

卷三千八百九十二

以為寵憑恃威權寖干國政故有是放既而以給事中范藝言昺罪惡既明責罰未盡公法之所不容於是又降兩官　閏二月五日司農寺丞許開放罷以臣僚言開天資狠狼專事吻躁議論不顧是非惟務橫說恐亂眾聽　三月四日大理評事向公擇放罷以臣僚言公擇累汙白簡苟賤無恥不能守法律已豈能持法律人　二十七日朝請大夫王斐朝請郎李正通奉議郎張頽新除六院指揮寢罷以臣僚言三人者眾所不齒所至姦汙　四月二十五日中書舍人張伯垓放罷以侍御史汪義和言伯垓叨列中舍專招鄉人代辭識者莫不切齒　二十六日權知閤門事趙延放罷與添差總

管差遣以臣僚言延典領上閤妄自尊大資格未及妄意希求　五月四日復少保觀文殿大學士衛國公致仕留正恩命寢罷復元官致仕以監察御史林采言正懷姦植黨亂法竄身伺釁欺時背君負國惡積罪大幸免誅流尚冒觀文學士之大稱又少保衛國不當以之賞　二十八日王仁周正已降六部架閣指揮寢免以監察御史施康年奏二人者皆貪黷彊悍很愎贓汙　八月二日祕書丞兼權司封郎官黃閎放罷以侍御史陳讜言閎資本闒茸貪鄙險躁冒居清列不知進退　九月二十二日太常丞兼權倉部郎官陳廣壽放罷與宮觀理作陳以臣僚言廣壽居鄉則恣橫在朝則貪墨

卷三千八百九十三

容臺蘭省實玷清班　二十七日中軍統制張師旦降兩官放罷以侵盜官錢公務弛廢鄧州都統制趙淳奏故也　十月十五日大理寺丞新除刑部員外郎錢藻識趣卑汙情不更事成命初頒士論沸騰　二十一日右曹郎官趙善義放罷坐奉使金國生事　嘉泰元年二月八日軍器監王炎放罷以侍御史陳讜言炎心術詭譎趣向貪鄙交締偽徒賡酬詩句考試上庠不獨私取知舊其子亦在選中　十二日少傅觀文殿大學士周必大特降一官以監察御史施康年言比年以來偽學之徒無所忌憚深根固蔕皆緣必大尚享亞傅之崇爵祕殿之隆名望賜鐫褫俾中外皆知其倡偽植黨欺

世諡名　十三日右軍統制梁顯特降三官充副將坐移易官錢科抑軍士專務營私不顧廉恥以興元都統制郭杲按劾故也　三月二十三日太學博士王克勤留駮並放罷與宮祠理作自陳以臣僚論二人素無士行且乏廉稱並置清華之塗士論切齒　四月四日觀察使右武大夫主管侍衛步軍司夏侯恪降兩官放罷以臣僚言楊浩家遺火延燒臨安城內民居殆十餘里恪酣酒未醒全不措呼救撲遂成大禍　五日武節郎御史臺六察點檢文字楊浩特除名勒停追毀出身文字免真決刺面配萬安軍永不得放還以右諫議大夫程松言浩家遺漏其夜舉家張樂飲酒況於廟巡急欲

卷三千八百九十二

救撲其子執行叱罵箠打不容入救遂致延燒被禍者不知幾萬家死者不知幾何人若依常法則民何負故有是命　五月三日春官大夫判太史局吳澤隨龍春官大夫判太史局特差御前祗應荊大聲夏官大夫判太史局周端友各特降一官以臣僚言挨象亦為重任必須步占先事為詔告欲人君預聞修省也今都城遺漏非小變也太史自宜前期占聞于朝而此輩尸位素餐喋無一語故有是命　二十七日監惠民藥局夏允中放罷押出國門坐妄入劄子與朝廷臺諫援引文彥博故事乞令韓侂胄為相　同日太常寺主簿王柵國子錄王保大並放罷以侍御史陳讜言柵公試偶預考

官輒用私意取鄉人為內舍文理紕繆保大每過私試全不用心考校試卷恣情改抹二人皆非吉士不宜使玷朝列　二十八日持服保大軍節度使李孝純持服奉寧軍節度使李孝友各特降一官其帶恩數依承宣使體例善輶善濱並罷率府職以監察御史施康年言孝純淳熙間因作東宮偽印文帖補官吏孝宗大怒編置寧國繼毆人死鐫秩勒停光宗登極改正既登工閣前愆弗改孝友者悖理違禁兜攬山地為墳彊取民山竹木武康之民銜冤不已善輶善濱寓居括蒼僧舍寺之田産占為己有今冒宗班尤為貪酷乞將四人重鐫庶俾改過自新故有是命　七月三日太中大夫權工

卷三千八百九十二

部侍郎兼知臨安府趙善堅與宮觀理作自陳以臣僚言善堅叨尹京都初無善政都城遺漏遂致燎原由平時備不先具萃小騎屋縱煙訛言恐衆不能彈壓故有是命　八月二日前通判臨安府趙彥倓永不得與親民差遣以臣僚言彥倓服闋從吉仍圖再倅天府然而貪贓無恥繆狀顯著尚何面目而再見吏民故有是命　二十六日權刑部郎官李直柔通判臨安府龔準並放罷以臣僚言直柔黃緣棘丞遂攝刑部詞訟紛劇憒然不曉準令倅天府尤不循理奉法遇攝郡事恣情曲斷　十月十二日入內內侍省脩思殿祗候鄭安仁與轉行遥刺指揮寢罷以給事中張巖言安仁以年勞乞轉

遂刺勘會所理年勞即不係授武功大夫之後歷過月
日資歷未久況職事弛慢兩增鐫降　十一月三日殿
前司後軍統制劉端仁降三官放罷以臣僚言端仁比
因回祿内侍等入挐籍籠什物赴教場避火大執益熾
端仁坐視不救止般己物下船内侍等乘此般下船閒
則掩為己有人號曰刦火統制緩急之際豈不悞國故
有是命　二年正月十七日右武大夫宜州觀察使知
閤門事兼樞密都承旨王知新與宫觀理作自陳以監
察御史鄧友龍言其精神衰憊貪爵慕祿老不知止
二月十二日中書舍人兼侍講萬鍾放罷以殿中侍御
史林釆言鍾所陳二劄一謂上恭黙太過一謂開撫己

卷三千八百九十二

成閫田為不便皆欺君罔上　二十六日前内侍押班
王德謙送新州居住以監察御史陸峻言其竊弄威柄
姑從竄責妄誕黄鼓營求復還　三月二日左軍統制
五寧降兩官降充副將以殿前都虞候郭倪言其多破
陣馬兄占白直偷減草料盜取官物　五月十一日新
除左曹郎官唐衡與宫觀以殿中侍御史林釆言其巧
計取官貪謀致富　七月十七日主管官告院胡坦提
轄文思院黄謙並與在外合入差遣以監察御史張澤
言坦謙忍恥侍遷不知進退　九月八日權工部侍郎
兼戶部侍郎沈作賓放罷以臣僚言其帥浙東則收御
無術漕畿内則一意徇私兼貳民曹受成吏手久居禁

職官七三之三一

近無所建明　十一日監都進奏院陳士廉放罷以臣
僚言其備論偽學言無文理肆為詆之私說破臺諫之
公論　十月十二日吏部郎中彭演放罷以右正言鄧
友龍言其自贛守移郎五羊支破萬緡掩為己有及帥
廣東所獲以數萬計　同日刑部郎官宋思遠放罷以
監察御史米欽則言其擁麾臨汀畧無善狀備員外郎
假公行私　十一月十八日閤門舍人充賀金國正旦
副使楊明輝降兩官放罷以輒受三節人賄賂　二十
日主管官告院孫鍨放罷以臣僚言其身為朝士放債
規利　十二月二十九日新國子監書庫官趙師蒼罷
新任以殿中侍御史張澤言其因私酒敗獲必欲求勝

卷三千八百九十二

強橫健訟凌壓官司　閏十二月十一日司農寺丞王
居安太學博士解邦俊各與祠祿以臣僚言居安考校
私試所取必占前等同列莫敢與爭邦俊橫經廣坐乃
謂今時之士急於進取恥談中庸　二十八日新除宗
正少卿章良能罷新命以臣僚言外議咸謂良能外補
實因鄧友龍在臺日嘗欲論列令友龍因此出臺良能
且將復至已而果然故有是命　三年三月九日前催
鋒軍統制曹知言特追兩官令本軍自效以殿前司言
其侵盜官錢　五月十八日太常少卿薛紹與宫觀理
作自陳以左司諫宇文紹節言其推頹脊蹇上誤東撫
二十一日兵部侍郎虞儔與宫觀理作自陳以監察

職官七三之三二

御史林行可言其嗜進貪得　二十六日刑部侍郎曾
爽與宮觀理作自陳以監察御史陸峻言其多詐不情
嗜進奔趨　七月二十一日軍器監主簿秦城與在外
差遣以臣僚言其人物凡陋　八月二十三日太學博
士秦榛大理評事徐瑄並放罷以右正言楊炳言榛懵
於考校瑄同列不和　九月十九日禮部侍郎王容與
宮觀理作自陳以侍御史陸峻言其反覆無恥　十二
月九日權兵部侍郎李澄降三官先是放罷既而監察
御史商飛卿言其殘虐百姓偷盜官錢故有是命　同
日主管官告院葉初大理評事費埏並放罷以侍御史
陸峻言初貪刻很愎于撓州縣埏素乏行檢不守官常

卷三千八百九十二

十三月宗正少卿蒲叔獻與郡以右正言楊炳言其
頃居郎省有所不屑既遷少卿猶有不滿　二十日趙
汝鐸已降二令指揮更不施行以臣僚言其殘暴姦貪
四年二月十六日國子博士楊璪寢罷召試指揮與
外任差遣以臣僚言其不謹操檢　四月四日刑工部
架閣司譙之與在外合入差遣以臣僚言譙之初以門
客補官宰執為進呈差遣考宗皇帝顧語光宗曰切不
可啟此倖門今得掌故已為躐等不自揣量規求二令
同日祕書丞兼權禮部郎官湯璹與在外差遣以侍
御史陸峻言其攝郎儀曹憑愚蔑短也　二十七日殿
前司護聖步軍正將劉珣副將張永寧準備將王道各

特降兩官正將趙成副將華鎰同副將淑叔昌正將郭
興祖李謙副將闞德各特降一官更展二年磨勘統制
陳孝慶統領辛愬劉元鼎各特降一官續詔陳孝慶辛
愬劉元鼎各更降一官餘人各降一等職事皆坐不能
鈐束本軍至擅離營伍欲相抵敵既而臣僚言將佐十
二人論罰不侔故有是命　六月十一日殿前司摧鋒
軍統制薛璪權副將周敏林政權準備將王良佑各降
一官資正將蕭輝降三官降充訓練官皆坐摧鋒軍人
杜青程禮行劫　十三日鄭革已降六院指揮張岷已
降提轄雜賣場雜賣務指揮並寢罷以臣僚言革貪險
無狀士論弗齒岷貪婪之資不下於革　八月二日選

卷三千八百九十三

鋒軍統制王喜特降兩官仍更降一資以御前諸軍都
統制趙淳言其盜用官錢　十七日忠訓郎霍寄班祗
候王彬降一官以抱駕頭失儀　九月二十四日戶部
侍郎王蘧太府卿兼知臨安府王補之並與宮觀理作
自陳以臣僚言蘧賦資黠傲遇事躁浮補之尹京無狀
措置乖方　十月十三日侍立修注官充賀金國生辰
國信使張嗣古降一官閤門舍人充賀金國生辰副使
陳煥降三官放罷以嗣古墜笏失儀煥於射處爭競
二十七日大理評事葉正綱放罷以臣僚言其輕浮党
暴　十一月五日殿前司左翼軍統制孫顯忠放罷以
臣僚言其貪饕自恣專事掊剋軍士怨嗟紀律盡弛

二十八日祕書省正字兼吳王府教授劉起晦放罷以
臣僚言其弗殫學問貪緣干進　十二月十六日禮部
郎官鍾必萬與祠祿以臣僚言其入居儀曹移疾廢禮
同日中書舍人俞烈國子祭酒鄒康並放罷以臣僚
言烈爲親黨而爲學官康容私情而廢學政　二十一
日新除中書舍人莫子純放罷以臣僚言其場屋之文
唯精事類至其撰述對偶偏枯冒居清要而不知止
開禧元年正月二十三日前知樞密院事許及之特降
兩官以臣僚言其黷貨無厭流毒一方　同日權戶部
侍郎趙善堅與祠祿以臣僚言其治郡則政事乖繆入
從則版曹蠹弊　二月二十八日刑部郎官滕安大理

卷三千八百九十二

正丁煜並放罷以臣僚言安議刑定罪莫知適平煜律
學荒疎何以讞疑　三月二十一日兵部尚書張澤與
宮觀理作自陳以臣僚言其頃居言路竊賣威權從爲
諫議妄意政地曁遷尚書怨望勃然　二十五日大理
評事留晉放罷以臣僚言其方爲縣令貪虐自恣及除
廷評陵轢州郡　六月十一日閤門看班祗候陳厚之
特降一官以不赴起居　八月十九日戶部尚書兼知
臨安府趙師羿放罷以臣僚言師羿專事頰舌逢迎干
進唯尚嚴酷以濟貪鄙　十七日太常丞兼考功郎官
蘇十能放罷以臣僚言十能貪黷私己傲慢陵上　十
月三日工部侍郎兼知臨安府趙彥勵中書舍人陳峴

並放罷以臣僚言彥勵修怨前官罪及非辜峴致憾厮
役用意必殺　二十一日東南第九將武經大夫孫忠
放罷以湖南安撫司言忠不遵法制對衆無禮　十一
月九日戶部員外郎陳鈞放罷以臣僚言鈞趨操凡猥
二十五日宗正少卿王宰與宮觀理作自陳以臣
僚言其志操不立居鄉有胥爲之醜居官有避事之譏
二年正月十一日館伴使副鄭友龍熙得過各降一
官掌儀萬宗裔降兩官以引接王孚等傳言與同　十
七日司封郎官傅伯召與郡以臣僚言伯召撫州之政
聚斂貪殘夌茂監司　二月五日壽慈宮提舉官正侍
大夫安慶軍承宣使吳兩提點武功大夫成州團練使

卷三千八百九十二

王思誠右武大夫和州防禦使宋安世並於階官上降
兩官以壽慈宮前殿火同等自劾　三月十五日降授
武功大夫文州刺史鄭挺於階官上特追兩官以互送
過錢　四月三日戶部侍郎丁常任降兩官放罷以監
察御史毛憲言常任外示柔佞中實回邪　十五日度
支郎官王介放罷以臣僚言介素無行檢一時中選
十八日祕書丞兼資善堂說書權金部郎官張聲道放
罷以臣僚言聲道素無賢稱　十九日秦檜特追王爵
降充銀青光祿大夫衞國公仍令禮部太常寺改謚以
臣僚言檜力倡和議誣殺將臣　二十三日起居舍人
徐似道放罷以臣僚言似道本無學識恣行裝激　五

月六日宗正少卿章良能放罷以臣僚言良能諂諛
八月四日禮部尚書兼直學士院易祓權戶部侍郎沈
詵並與祠祿理作自陳以臣僚言祓甘為諛佞詵素無
學術　九月十七日禮部侍郎倪思放罷以臣僚言思
偃蹇倨傲不尊朝廷　十一月十一日司農卿兼樞密
副都承旨廖俣放罷以監察御史葉時言俣敢為欺誕
略無善狀先有是命既而監察御史王益祥復論俣徒
事口才略無實周降兩官　十二月二日工部尚書兼
知臨安府趙師睪放罷以臣僚言師睪天資回邪專務
詭詐屢經論奏　九日太常寺主簿王克勤與祠祿理
作自陳以臣僚言克勤天資早慧學力不加井蛙之操

卷三千八百九十三

妄自尊大　三年正月九日司農寺主簿譚良顯降兩
官以臣僚言良顯素無士檢口舌媒進　二月二十一
日國子監主簿許成之武學博士陳紀並與祠祿以臣
僚言成之陵辱郡守需索無厭及為學官已乖士論紀
涖官臨事率多鹵莽令居右序考校多不留意　三月
二日監諸司審計司黃灝監左藏庫馮軫並放罷提轄
文思院袁中儒與合入差遣以臣僚言灝很貪鄙民實
受害軫作邑吳江受成胥吏中儒初無實歷而得美官
　四月二日主管殿前司公事郭杲放罷以臣僚言其
闒茸貪黷專務營私　五月九日權戶部侍郎林祖洽
司封郎中王公邁並與宮觀理作自陳以臣僚言祖洽

職官七三之三七

素乏聲稱公邁實不副名　二十二日冬官大夫劉居
仁特降一官以秘書省言居仁以男奏薦不循分守殘
視本省脫漏朝廷　六月二十四日太府寺丞章升之
與宮觀理作自陳以臣僚言其心術回邪專事誕謾以
希任進　同日左衛中郎將厲仲方與宮觀理作自陳
以臣僚言其挾詐懷姦妄作生事　八月七日提轄權
貨務胡衛放罷提轄左藏東西庫聲豐與宮觀理作自
陳以臣僚言衛獨舊同官聲豐請託太學生私試豐自
無所守甘為人役　十六日太常丞趙師淵諸軍糧料
院趙贊夫並放罷以殿中侍御史葉時言師淵外示簡
默中懷險巇本無技能妄自標致贊夫資稟輕浮操行

卷三千八百九十三

粗僧職業不修趨競無恥　九日秘書省正字趙汝談
放罷以監察御史王益祥言其妄自標牓因是滯淹
圖巧取志於趨躐　十一月五日承議郎直敷文閣主
管佑神觀韓玠通直郎直秘閣韓祥並追毀出身以來
文字除名勒停送建昌軍羈管朝散大夫右文殿修撰
主管佑神觀顧喜追毀出身以來文字除名勒停送桂
陽軍羈管以臣僚言侂胄專權誤國子堵叨竊美官
十日奉直大夫主管武夷山沖佑觀陳景俊追五官送
柳州安置以臣僚言景俊偽造命書激成兵禁故有是
責既而又言侂胄盜權用兵之罪咸於景俊止從降竄
於理未當遂追毀出身以來文字除名勒停送容州編

職官七三之三八

管　十四日吏部尚書陸峻與宮觀理作自陳以臣僚言其踐歷朝路不著直聲首鼠兩端專為拱默　十七日新除司農少卿張鎡追兩官送廣德軍居住以臣僚言鎡立朝則猥賤無恥居家則瀆亂朋淫師旦既斥每懷觖望既為刑人死黨豈宜寘之卿列　十九日文州刺史鄭挺更追兩官改送南雄州安置先是臣僚言挺姦邪駔儈與侂胄實為狎友追三官送柳州居住既而臣僚又論挺引惹邊事震動一方故有是命　同日禮部尚書易袚追三官吏部侍郎朱質太府少卿林行可各追兩官袚改送融州質改送惠州行可改送潮州並安置　先是臣僚言其朋姦誤國各降兩官袚送辰州

卷三千八百九十二

質送筠州行可送沅州並居住至是臣僚復言袚由蘇師旦諂附侂胄縱臾兵事質同惡相濟行可侂胄所倚信故有是命　二十二日前知樞密院事張巖降兩官送徽州居住以臣僚言其尸素聽從遂開邊隙　二十七日正侍大夫安慶軍承宣使壽慈宮提舉吳回降三官送臨江軍居住中衛大夫保寧軍承宣使李奭追毀出身以來文字除名勒停送新州編管以其交結侂胄分盜壽慈宮金銀等物入己　十二月一日起居郎兼崇政殿說書王居安降一官放罷以御史中丞雷孝友言其私附鄧友龍薦皇甫斌又與張鎡狎昵　六日貴州刺史韓俾胄降三官送筠州居住以臣僚言其憑藉

職官七三之三九

聲勢橫行州縣　八日寶謨閣待制葉適落職左衛中郎將厲仲方追三官送邵州居住以御史中丞雷孝友言適阿附權臣盜名罔上仲方姦貪無狀縱臾出兵撰為淮北有流民數十萬欲過淮南附會侂胄搖動事機故有是命　嘉定元年正月九日環衛官戚拱追三官送道州安置以監察御史章燮言拱初為楚州首謀刦連水軍以開邊釁其罪惡有十　十七日權戶部尚書趙善堅太常少卿鄧康堅六部門王驥大理寺主簿陳燾並放罷以殿中侍御史黃疇若言善堅中懷險側外事誕謾康以凡陋之資行貪饕之政驥燾資歷至淺冒昧登朝　二月二十五日刑部郎官陳廣壽放罷以監

卷三千八百九十三

察御史章燮言其專事聚斂所至貪取　三月六日司農寺主簿徐達主管進奏院周庭藻幹辦権貨務都茶場張岷大理評事鄭定並放罷以監察御史余崇龜言達才術無長資歷又淺庭藻性資殘酷岷貪鄙很戾定行蹟僥倖　十六日國子博士朱著放罷以右諫議大夫葉時言其豢養膏粱　二十八日左衛中郎將孫爾忠降三官送寧國府居住以給事中倪思言其為侂胄腹心掌忠銳軍　四月三日前殿中侍御史徐柟特追兩官先是吏部員外郎徐邦憲擬復元降官臣僚言邦憲忠於謀國得罪權臣柟阿附權臣誣劾邦憲故有是命　九日軍器監丞施宿新差審計司陳昭孫並放罷

職官七三之四〇

以臣僚言宿踪進紹孫貪鄙　五月十四日權戶部侍
郎李詵放罷以臣僚言其涉歷州縣初無善政徇私廢
公無所顧恤　七月十一日檢正諸房公事胡元衡新
除將作監葉箋並放罷以臣僚言元衡稟資貪暴用刑
慘酷箋人品凡庸天資殘忍　十八日將作監丞毛宏
大理正沈紡並別與宮觀以臣僚言宏闒茸不材考訊
大謬紡職業不修鞫勘無取　八月七日直華文閣知
臨安府趙善宣新除侍右郎官李珏並放罷以臣僚言
善宣應酬無取珏妄自尊高　同日太府寺主簿吳竽
降一官放罷以臣僚言竽性資狡黠口舌辨利　十二
日太學博士曹叔遠與祠祿以臣僚言其趨向凡下士

卷三千八百九十三

論所薄　九月二十一日國子監丞孫元卿放罷以御
史中丞章良能言其貪冒請求　二十二日部郎官常
褚放罷以臣僚言其很傲傾邪　十月二十九日太常
丞兼權兵部郎官吳漢英秘書丞兼權司封郎官曹莊
各與宮觀理作自陳國子監丞劉允濟太學博士耿羽
並放罷以臣僚言漢英凡庸莊凡猥允濟險傲羽躁競
十一月二十八日秘書少監王柟放罷以監察御史
范之柔言柟本無學術妄自尊高　十二月一日太常
少卿兼權刑部侍郎章燮放罷以監察御史林琰言燮
濫竊聲譽　二日尚右郎官祝禹圭仍舊致仕司封郎
官楊方仍舊與祠以臣僚言禹圭所為很愎嘗遭論列

方初無召命自入修身　八日贈少保開府儀同三司
致仕韓邈追奪恩命以臣僚言邈貪鄙傾險交通賄賂
鄧友龍因之致身通顯　二十六日工部郎官曾槩放
罷以臣僚言槩兇很　二十八日宗正丞許沆秘書郎
陸埈並放罷以臣僚言沆急於進取埈無所忌憚　二
年正月二十二日國子錄黃以寧大理評事楊埈仲並
放罷以臣僚言以寧輕險埈仲庸謬　二十四日右司
郎中張震與宮觀以臣僚言其非才充位　二月十八
日新除國子博士朱士挺放罷以臣僚言其才識庸凡
　四月二十四日太府寺丞兼權都官趙跂夫司農寺
丞兼權戶部郎官程覃並放罷以臣僚言跂夫左右佹

卷三千八百九十三

冑其陷故相汝愚實跂夫縱臾之覃獻稱提官會之術
致科抑估籍為民深害　同日秘書省校書郎陳模秘
書省正字張興祖並與祠祿理作自陳以臣僚言二人
絕無資望猥玷清要　五月七日知閤門事兼客省四
方館事吳衡與在外宮觀以臣僚言其專事啓吻簧鼓
是非　二十六日司農寺丞謝周卿樞密院編修官吳
衎並放罷以臣僚言周卿豪侈貪黷衎專事結托　六
月二十七日國子錄李誠之提轄文思院趙希悰並放
罷以臣僚言誠之分教考試取舍不公希悰踰越分守
干請朝士　七月二十一日新除帶御器械范仲壬降
兩官放罷以右正言黃中言仲壬為茶馬司奉逆曦

職官七三之四三

二十四日，司農寺丞秦禄、幹辦諸軍審計司邵國並與祠祿。以臣僚言禄片善未聞，國碌碌庸繆。　九月十九日，太府寺丞陳振放罷。以臣僚言其因委賬濟出納不明，隱占園田與其妻弟。　二十日，閤門舍人、充賀金國登位副使周登放罷。以臣僚言登辟置非人。　十月二十九日，大理正李旻卿放罷。以臣僚言旻卿得罪太湖之民，不可再為朝列。　三年正月十三日，主管官告院倪千里與宮觀，理作自陳。以侍御史陳晦言千里居心不静。　二月五日，起居舍人兼權工部侍郎俞應符與在外合入差遣。以臣僚言應符銜命出疆，將帶謬餘。　同日，權刑部侍郎陳晦放罷。以臣僚言晦學術短淺，操

卷三千八百九十二

履傾邪，既登言路，私意横生，是非易位。　同日，祕書省著作佐郎陳舜申、祕書郎林至、秘書省正字周南並放罷。以臣僚言舜申去就不明，至僥訣不顧，南居鄉武斷。　七日，大理寺丞呂祖平、軍器監主簿王中行、監登聞鼓院張擧並放罷。以臣僚言祖平居官無譽，中行學藝空踈，擧職業惰弛。　十一日，太府少卿胡大成、度支郎官傅伯召並與祠祿。以臣僚言大成昏耄，伯召貪刻。　三月二十七日，殿前司左軍統制莫端降兩官放罷。以監察御史徐宏言端偷盜官錢。　四月九日，步軍司統制李興降兩官放罷。以監察御史鄭昭先言興偷盜官錢，刻剥士卒。　五月十六日，郭杲寢罷帶御器械指揮。

職官七三之四四

以臣僚言杲非曾歷邊任有功人。　二十一日，武學諭胡應時放罷。以臣僚言應時藝業空疎。　八月四日，監左藏西庫葉知幾降一官放罷。以臣僚言知幾朝廷所發精練奇貨，悉行低價估直。　二十八日，大理寺丞沈繹、大理司直楊炎正並與在外差遣。以臣僚言繹頃宰畿邑，動違三尺；炎正濫預朝行，處心浮躁。　九月二十五日，國子博士陳一新、太學正謝溭古並放罷。以臣僚言一新狠愎自用，無循善誘之功；溭古行實不修，不能使人心悅誠服。　二十七日，工部郎官陳鑄、閤門舍人林之望並放罷。以臣僚言鑄諂佞庸凡，之望覬倖無厭。

四年閏二月二十七日，戶部郎中張訢放罷。以臣僚

卷三千八百九十三

言訢蘇師旦之黨，持節廣東，縱吏倪成科買規利。　四月二十五日，大理寺丞施械、黄埏並放罷。以臣僚言械得郡永嘉，專務掊斂，進丞祥刑，涉筆唯阿；埏素有心疾，居官妄作，始叨廷評，便遭繳駁。　六月一日，度支郎官張槱與閤慢差遣，祕書郎薛紱、諸王宮大小學教授劉公亮並放罷。以臣僚言槱卑贖心情，紱豪飲無度，公亮貪汙鬻獄。　二十七日，太府寺主簿曾準與祠祿，理作自陳。以臣僚言準懷姦嗜進。　二十九日，太府少卿趙汝潤放罷。以臣僚言汝潤貪墨營私，輕率自恣。　八月二十八日，祕書郎唐吉先、大理評事許震並放罷。以臣僚言吉先素乏聲譽，震職等冒進。　九月二十七日，前

大理評事葉正綱追毀出身以來文字除名勒停永不
收敘以臣僚言其代名冒官爲子不孝　十二月七日
奉議郎張鎡追毀出身以來文字除名勒停永不收敘
送象州羈管先是臣僚論鎡不安命義覬圖非望之福
追五官送全州居住既而復言其鑿空妄議欺天罔人
肆爲陰謀犯命義之大戒合正邦刑故有是命　二十
六日新除侍右郎官鞏嶸放罷以臣僚言其提坑冶職
措置乖方　二十八日主管官告院滕璘提轄榷貨務
趙希閔並與祠祿理作自陳以臣僚言璘近因疾恙殊
費支吾希閔有八九十之親顧乃廢遠曾不賑恤　以
上寧宗會要　嘉定五年三月二十八日太府寺丞湛
〔卷三千八百九十三〕
循與參議官福建提舉陳紀與宮觀理作自陳以臣僚
言二人年逾掛冠希進不已　二十九日幹辦諸司糧
料院楊圭放罷以右正言董居誼言其昨宰黃巖倚任
羣胥交通關節　四月三日監登聞檢院汪杲放罷以
監察御史金式言其昨倅廣信月糴軍糧載歸鄱陽以
取倍息冬夏應用所過受饋倉司委買銀兩取其餘直
歸己　七月二十六日提轄行在雜賣場呂啟宗提轄
建康府榷貨務都茶場許興裔並與祠祿以臣僚言啟
宗昨宰惠安席捲殆盡興裔昨宰瑞安縱吏爲姦逼人
至死令子弟冒同姓牒試　八月二十八日新除侍右
郎官曹彥約放罷以左司諫鄭昭先言峒主葉廣等就

降許國既逐其來反執而戮之彥約之奏請於朝　九
月一日吏部架閣薛舜俞放罷以臣僚言其不事繩檢
爲江西幹官日與營妓狎昵　十一月六日司封郎官
李直養與祠祿大理評事楊璞仲放罷以臣僚言直養
精神昏憒職業廢弛璞仲濫中法科不知律令　六年
正月四日度支郎官魏大中與宮觀以臣僚言其昨守
雷川受成吏手姻親撓政妄言羨餘　二月一日新除
知大宗正丞林良與宮觀以臣僚言其向守嘉興專事
掊剋自奉其私親舊饋送多支公帑　二十五日新除
太常博士徐自明放罷以臣僚言其向居師儒之職考
校去取無非私意　二十八日前主管殿前司公事鄭
〔卷三千八百九十三〕
杲差宮觀指揮寢罷以給事中曾從龍言其縱吏用兵
締交權門　同日刑部員外郎沈紡與宮觀以臣僚言
其向守莆田詞訴不曉字畫多誤　五月一日監尚書
六部門沈謚與祠祿以臣僚言其嘗爲漕幕日事燕飲
偶玷令除人以爲濫　六月二十八日太府寺丞張鎬
放罷以右諫議大夫鄭昭先言其試郯湖陽專事苛斂
運銅下海爲人所持　七月一日大理評事王洪之放
罷以監察御史黃序言其宰長沙日用刑慘酷科產戶
買鹽委用館客賄賂公行　八月一日軍器監程卓幹
辦諸司審計司李　並放罷以臣僚言卓居家奉於多
愛居憂感制鄉曲　爲臨安北廂入幕多徇囑託　同

日新除刑部郎官商逸卿與在外差遣以刑部尚書兼
給事中曾從龍言其比守輔藩有大辟獄首部督趣數
十次吏無一字回報先有是命既而監察御史倪千里
復言逸卿分符嘉興弛謬荒淫乞罷處州新除尚左郎
官廖德明放罷以臣僚言其為廣東憲日峒寇猖獗措
置乖方及用為帥養病自尊盜賊公行　閏九月二十
二日新除大理寺丞趙伯檜放罷以右諫議大夫鄭昭
先言其鄱陽之政急於衆斂輕信子弟以折辱邑宰竭
民膏血封殖其私　十二月四日監登聞鼓院陳蕃孫
大理評事江模並與祠祿以臣僚言蕃孫曩知撫州已
試無狀胡徽丙郡隨與隨奪模為其鄉人經營冒試以
選人趣赴朝會　十二月二十七日大理寺丞張革放

卷三千八百九十二

罷以臣僚言其比領淮郡不能撫摩縱容親隨交通關
節　七年二月二十八日兵部郎官宋德之放罷以侍
御史石宗萬言其言行背違中實貪詐令以虛名濫寘
郎省　三月一日太學錄陳殊放罷以監察御史黃序
言其心術回邪行檢不修　二日幹辦諸軍糧料院董
與幾放罷以監察御史倪千里言其事親不孝居官不
廉　二十五日殿前司神勇軍統制詹和步軍司左軍
統制張瑜各降一官放罷以臣僚言和老而貪饕軍政
不修瑜訣佞姦貪巧求陞差　五月二日提轄文思院
余鑄放罷以監察御史倪千里言其所至以陰險之術

傾陷同列今登朝列故態不改　六月五日武學諭方
震放罷以臣僚言其考試私意取放鍾大成預選士論
益喧　二十九日新除太常寺主簿胡衛與在外合入
差遣以右正言應𢈪言其居官無重厚之實居鄉乏循
理之稱　七月二日左屯衛郎將武師道放罷以監察
御史黃序言其向為廬州僵勇軍統制惟務衰剋以自
豐殖　九月三日新除軍器監趙汝廈新除工部郎官
周綸並放罷以殿中侍御史應𢈪言汝廈為郎偈兼錢
穀之寄仰成吏手漫不加省綸為丞外府金穀之任罯
不究心　同日太學博士陳與行放罷以殿中侍御史
應𢈪言其好行私意考校不公　十月二十五日殿前

卷三千八百九十二

司護聖軍統制樊榮放罷以臣僚言其勇略無取貪汙
為甚因肆掊剋無所不至　十二月四日太府寺丞盧
子文放罷以監察御史劉棠言其昨守監江見謂貪贓
遲威妄作略無忌憚　二十六日倉部員外郎留丙放
罷以左司諫黃序言其終日坐曹懵無部決有子應神
童不顧分守必欲求賜出身廟堂難其請退輒怨望
同日知大宗正丞兼權刑部郎官徐壇放罷以殿中侍
御史應𢈪言其為大宗正丞茂視官長兼攝郎曹不安
分守　八年二月二十四日太府寺簿楊怒大理寺簿
任一鶚並與在外合入差遣以臣僚言怒兼轄封樁庫
有估賣籍沒金幣之屬視其物貴價廉者潛鬻請置一

鷄試邑莆田與吏為伍朝廷悉綱下户逋租創為青冊
追擾如故　二十八日太府寺丞齊礪放罷以監察御
史李楠言其濫丞外府財賦之劇司以礪之庸瑣本末
源流豈能深究　二月二十六日起居郎李堊降一官
放罷以殿中侍御史應𡌴言其外若誠慤中實險巇招
納縱横游説之人與聞阽危宗社之議　二十七日監
登聞鼓院董履道放罷以左司諫黄序言其昨宰仙居
催科嚴峻保長趣限訊決無虛日庫藏充盈肆為席捲
六月三日太府寺丞韓松與在外合入差遣以監察
御史劉棠言以勲閥收用俾丞外府然其少年癡騃之
習老未革去　七月二日新除太學正宋商放罷以監

卷三千八百九十三

察御史李楠言其分教廬陵養士行食虛籍支破以自
豐殖課試類出私意學職率以貨取　八月二十日吉
州刺史主管殿前司公事何汝霖與宫觀理作自陳以
右諫議大夫應𡌴言交結權貴從事宴遊招納遊士干
預邪謀故有是命既而臣僚復言其貪汙狼籍密結游
士包藏詭計復詔降一官罷宫觀　二十二日大理許
事樓澄監登聞鼓院高之問幹辦諸司糧料院張次賢
並與在外合入差遣以殿中侍御史黄序言澄約法斷
案率多疏脫之問入仕以來寂無聞稱次賢才具短拙
治狀無取　十月二十七日武學博士楊宏中放罷與
在外合入差遣以右諫議大夫應𡌴言其濫得學官釋

奠差官偶不及恚怒之氣叱詈吏胥不顧同僚　九年
二月二日監六部門林拱辰與在外合入差遣以監察
御史劉棠言其試邑則貪汙不律倅郡則狼籍滋甚蹤
處班行可謂僥倖　二十七日翁潾新除刑部郎官指
揮寢罷以右諫議大夫應𡌴言廣德地狹民貧不堪重
歛潾為守絶無可録惟以掊剋為理財以鄙吝為節約
豈足以勝郎官之任　五月二十七日監行在左藏西
庫鄭浦與祠禄以殿中侍御史黄序言其經營版曹差
檥往福建勸諭和糴即揭大先牌以王人自居州縣官
奔趨迎折俎饋遺安然受之　六月二十四日提轄雜
賣場魯興文放罷以右諫議大夫應𡌴言其昨宰盟官

卷三千八百九十一

乖謬之迹不一　二十五日提轄左藏西庫江垟放罷
以殿中侍御史黄序言其武斷樓攬公事作倅江陵無
攝分司總幹妄用大軍官錢　八月二十七日太學正
周勉與在外合入差遣主管禮兵部架閣文字劉埏與
近地見次屬官差遣以殿中侍御史黄序言勉本無才
能繆為朴魯埏闒茸不振夤緣薦引　十月十七日趙
時侃除職與郡指揮寢罷與宫觀理作自陳以監察御
史盛章言其頃尹京畿姦貪顓恣使處外藩得以自肆
貽害又甚　十年正月二十三日大理寺丞劉傲傅壄
並先與在外差遣以右諫議大夫黄序言其二人推勘
和州通判葉禾犯贓公事各持異論至於互中乞別差

滑僵官根勘候獄事竟回將二人分別施行故有是命
二月七日太常寺主簿黄民望與宮觀理作自陳以
監察御史李安行言其職隸容臺規避疑跳令吏輩改
差選人攝事　三月二十八日大理寺丞劉徵特降三
官元降與外任指揮更不施行以右正言劉棠言其推
勘棠禾受財信任吏胥鹵莽結勘抑令虛供可見不職
先有是命既而秘書少監兼權中書舍人黄宜又言劉
倒用意周執計較符合則為故入乞將劉徵更賜鐫降
復詔更降一官　五月二十六日侍衛步軍司都虞候
王佺與宮觀理作自陳王璽特降一官令就鎮江府都
統司從軍步司統制陳師亮降一官放罷以監察御史

卷三千八百九十二

李安行言佺之子璽指求中軍統領僭越扐持與師亮
結為死黨時出怨望語　十一年正月六日殿前司神
勇軍統制王琪降兩官放罷以臣僚言其專為剋剝謀
辦已私　六月二日右領衛將軍時暫管幹殿前司職
事張茂放罷以臣僚言其撫軍則殊無紀律處事則胡
之精神無統御之術不足倚仗　七月五日兵部侍郎
黄序與宮觀理作自陳以監察御史蔡闢言其浸被超
遷遍歷臺諫專於嗜利不顧廉恥　二十八日新除大
理寺丞黄幹新除閤門舍人薛伯虎並與祠祿以侍御
史李楠言幹之欺謾已形於倅安豐之日伯虎之貪墨
已見於守合淝無為兩任之內　八月七日新除起居

舍人留元剛放罷與宮觀理作自陳以監察御史蔡闢
言其出守温贛專務苛刻徽視名德專若無人　十一
月十九日大理評事李梲閤門祗候陳祖文閤門看班
祗候辛師惠並放罷以監察御史蔡闢言梲獄事闊疎
受成吏手祖文趨向卑污放蕩狎遊師惠貪緣閤屬招
攬外事　十二年正月六日國子監書庫官馮大受與
祠祿以侍御史李楠言其恣行武斷長惡不悛兜攬閑
節干撓縣政　二十一日大理評事閻丘梓監行在榷
貨務大門郭九思放罷以監察御史王夢龍言梓項與
艖局歸航發覺本券充積私橐九思不守士檢猖狂之
行橫于都邑　三月二十七日大理評事棠彷放罷以

卷三千八百九十二

侍御史李楠言其賦姿浮蕩習為膏粱聲色貨利日汨
其心　閏三月四日吏部郎官康仲穎與宮觀以監察
御史王夢龍言其居家則貽誚於鄉曲為郡則得罪於
士民亢職小銓曲意行私　六月二日太常少卿蔡闢
與宮觀以監察御史張次賢言其外示威嚴中實狠愎
凡所彈擊無非私意　四日權工部尚書胡榘禮部侍
郎袁燮並放罷以合臺言其二人論議不一各執偏見
一主於和一主於戰求勝報怨殊非體國　十九日軍
器監鄒伯奐刑部郎中趙彥适並與州郡差遣兵部郎
中高禾秘書省著作郎陳爛並與參議官差遣大理正
沈繹大理寺丞蔣誼並與宮觀理作自陳以右正言胡

衛言伯奭以憸佞之質習傾詐之風彥适權姦之甥覦避作邑秋官劇曹豈能平允秉當華髮之年有嬰孺之嗜黼久焉玩愒憤憤無聞繹已試周功臺疏可考誼心術回邪專事㕮吻　二十六日主管臨安府城南左廂公事呂濔城北右廂公事汪之綱並放罷以監察御史張次賢言濔縱欲多至達旦決遣率由吏手之綱昨宰龍游罷吏教之斷決館客代其書判　八月九日殿前司左軍統制張健神勇軍統領崔震並放罷以監察御史張次賢言健以妾妻逆曦緣此陞差出戍揚州贓濫不法非一震元係御馬院白身軍務莫曉牧馬于江淮所欲為　十月二十六日刑部郎中費垓大理寺丞留

卷三千八百九十三

碩並與祠祿以右諫議大夫李楠言垓倖中金科兩玷臺議蹤處郎省豈所宜得碩自領左符受成吏手今佐詳讞何所建明　十一月三日刑部郎官應元袞宗學諭黃克仁並與宮觀理作自陳以監察御史張次賢言元袞年事浸高精神昏憒克仁闒茸無聞何能諭導　十二月十九日權刑部侍郎何刿與宮觀理作自陳以右正言胡衛言其洎登禁近迺乏廉隅既若未疾聞至曹局　十三年三月六日禮部郎官陳貴誼與宮觀理作自陳以監察御史張次賢言貴誼以私故久曠職事　四月二十九日監尚書六部門張國均與祠祿三省樞密院主管架閣文字林萬與在外合入差遣以臣僚

言國均天資驕騃氣習凡下萬丈秉議論全無足觀　五月二十日刑部員外郎徐瑄罷黜以監察御史羅相言瑄鎮瀘南日恣為掊尅　六月二十四日幹辦諸軍糧料院鄭城與在外合入差遣以殿中侍御史胡衛言城涖官所至罔不狼籍　八月十九日新浙西副總管高仁罷新任以知臨安府陳廣壽言近因受詞狀有高仲論仁不分祖上田產物業遂行追對見不肯分析及送府院對證方肯供狀顧分其無廉恥可見　十月一日都官員外郎趙建大與宮觀新除戶部員外郎趙希普寢罷令赴行在供職之命以監察御史方猷言建大得疾之後語言蹇澁諾案閣筆一辭莫措希普守鼎州日

卷三千八百九十二

虜犯金牛鎮一籌不畫乃先逃遁　二十九日秘書郎兼莊文府教授柴景望與宮觀理作自陳以右正言張次賢言景望為丞胄監處事憒然授經上講語駁聽　十一月一日國子監主簿洪彥華與宮觀理作自陳太學正留祺與在外合入差遣以監察御史方猷言彥華私慾交勝廉隅不立祺精神昏憒考校非長　十二月十日殿司右軍統制王寧放罷以權殿前司職事馮榯言寧近因居民遺漏畏懼退避輒離地方　十一日殿司步軍統制薄處厚降一官放罷以居民遺漏延燒城外至步軍寨處厚却護廨舍不用心督兵救撲　十七日殿司遊奕軍統制陳禺降一官以遊奕軍兵邵安家

道漏畧有失稽督鈐東從椎殿司職事馮檝言也　二
十七日太常博士王淥太學博士周端朝太學博士院
文子並與在外合入差遣大理正孫遜降一官放罷以
殿中侍御史張攀言淥黨緣立朝肆言無忌端朝不安
分義僥求入館文子職在校文神氣昏憒逕往清湘鞫
知欽州林千之獄所申自為異同　十四年七月一日
國子錄李方子罷黜以左司諫王元春言方子頃游璧
水有富民范若水從學視為奇貨欲以女妻之若水因
是迨死非命咸謂方子利其財而致之死　八月二日
宗正少卿陳卓大理少卿樓觀司農少卿王棣並與祠
祿理作自陳以殿中侍御史張攀言卓兼攝西掖肆言

卷三千八百九十二

無忌觀瘢戌安坐畧無愧色棣循循默默坐糜廩稍
九月三日大理少卿林岊倉部郎中趙師懿並與祠祿
理作自陳以監察御史李伯堅言岊爲貳外府無所可
否師懿歷柳道二守政以繆聞　二十三日新除大理
寺丞万俟侣與宮觀以中書門下省言侣年事已高精
神已耄繳還詞頭故也　二十七日太府寺丞趙希蓁
司農寺丞呂昭亮並與宮觀以殿中侍御史張攀言希
蓁昨守湖郡恣行慘刻公私誅求昭亮從事燕游荒廢
職業躁競奔趨　十月三日駕部郎官鄭定屯田郎官
謝周卿新除秘書丞蕭維右曹郎官陳畏新除太府寺
丞楊若並與在外合入差遣以右正言龔蓋卿言定昨

守嘉興繆政流傳周卿持節淮東政事貪暴畏每事退
縮縱吏為姦若不度衰殘昧然嗜進　四日諸王宮大
小學教授陳無損大寺寺主簿應鏞並與在外合入差
遣以左司諫張次賢言無損精神昏憒狀貌衰憒鏞容
止無度面目可憎　十一月一日和州防禦使提舉佑
神觀趙不熄與在外宮觀以監察御史方猷言不熄朝
參常禮以疾不赴本非宗老且復多病　十五年正月
二日工部侍郎王居安權刑部侍郎陳廣壽並特與宮
觀理作自陳以臣僚言居安江西平寇周功貪黷著聞
廣壽尹正神皐無狀物議厭薄　同日閤門舍人陳大
紀罷黜以臣僚言大紀為公試所考官畧不經意工拙

卷三千八百九十二

易位　二月三日幹辦諸軍審計司王自強提轄左藏
東西庫趙師楷並與宮觀理作自陳以臣僚言自強貪
鄙庸俗券旁之姦亦不能察師楷識見凡下出納之吝
必曠厥職　同日新除度支郎官鄭如岡罷新與宮觀
宮觀理作自陳以臣僚言其居家受制悍婦當官蒙成
猾胥貪黷之狀擢髮莫數　五月二十八日大理評事
俞杲主管官告院孫宏並與在外合入差遣以臣僚言
杲入物闒茸精神昏憒宏姿禀凡庸志趣鄙猥　七月
二日太常博士牛斗南司農寺主簿林叔成並與宮觀
理作自陳以臣僚言斗南作邑有貪殘之聲立朝無靖
共之操叔成為邑則訊決違法佐郡則政以賄成　八

月十五日權管幹馬步司職事王端理與宮觀理作自
陳以臣僚言其攝事三衙爲增營居擅役禁旅失於恭
謹　九月七日監行在豐儲倉門斯澤罷黜以監察御
史李伯堅言其封彌付之吏手　十一月二日大理少
卿盖鑄將作監喻珪各與祠祿理作自陳以臣僚言鑄
人品猥凡志趣卑陋珪容貌鄙俗識見昏庸　二十八
日秘書省著作佐郎兼權刑部郎官黄瀚太學博士謝
興甫並與宮觀理作自陳以臣僚言瀚已玷白簡不知
懲艾顧猶妄作興甫庚辰校藝南宮私取交朋不顧法
理　十六年二月二十二日司農寺主簿江潤祖特降
一官大理寺主簿黄廡特展一年磨勘以左司諫李伯

卷三千八百九十二

堅言其封彌圖弊　三月三日新除兵部郎官施樴新
除屯田郎官胡溇並放罷以臣僚言樴年事已高精爽
昏憒溇凡所居官俱無善狀　同日臨安府通判黄順
卿罷黜鄭伯謙趙汝戭並與祠祿理作自陳以臣僚言
省試差官有總轄諸司一員係以臨安府通判爲之預
差下黄順卿及期順卿以子弟妨試託疾求免改差通
判伯謙汝戭又復辭難故有是命　十七日步司左軍
統制時簪照管步司事務成政鐫罷以臣僚言政宴安
公宇不修軍政　四月一日新除起居郎鄭自誠與在
外合入差遣以臣僚言自誠昨守宜春初無善狀　同
日戶部侍郎沈晫與在外合入差遣以臣僚言晫官居

職官七三之五七

通列苟玩度時　二日新除大理寺丞林大章司農寺
丞楊紹雲並與在外合入差遣以臣僚言大章居鄉則
桀驁治郡則貪汙紹雲門蔭得官專事謟佞　同日大
理寺丞趙希棐與宮觀理作自陳以臣僚言希棐生長
公族氣習膏粱率意妄爲不顧理義　八月三日國子
監丞葛從龍太學錄繆師皐並與祠祿理作自陳以臣
僚言從龍姿稟昏愎氣貌倨驕師皐數滅天常溺愛背
親　十月二日太學博士高熙績與祠祿以臣僚言熙
績考校補試牢籠私取　三日左衛中郎將楊顯右驍
衛郎將黄之顯並放罷以臣僚言顯攝事丞徒專意掊
斂之顯不安職守妄意營求　十一月三日校書郎陶

卷三千八百九十三

崇與在外合入差遣新城知縣葉秘服闋日展一年放
令參注以臣僚言崇國忌行香託疾不赴秘容縱汪時
亨違法行用錫牌白會事今丁憂去官　三十日大理
寺丞江模與宮觀理作自陳以臣僚言模縱容子弟爲
害鄉曲　十七年四月一日幹辦諸司糧料院陳元粹
監左藏東庫莫煥並罷黜以臣僚言其敗禮犯義怠廢
職業　同日禮部尚郎兼中書舍人胡衛與宮觀理作
自陳以衛南宮贊長西掖摛文寖通顯矣嚮進益切清
議鄙之爲臣僚論列　同日提轄行在左藏庫趙希伋
與宮觀以臣僚言其重罰諸胥以資妄用肆貪無忌
紹熙五年七月二十九日知福州辛弃疾放罷以臣僚

職官七三之五八

言其殘酷貪饕姦贓狼籍　八月五日廣東提舉吳昭夫放罷以左司諫黄艾言昭夫公使庫別置歷送遺人多支錢或說名借請饋送皆有實迹　同日知太平州蔣繼周放罷以侍御史章穎言其每與住郡皆以不治聞　十六日朝請大夫直龍圖閣知揚州錢之望可特降直顯謨閣以侍御史章穎言其收捕茶寇初無功行自此擢用悉以貪聞　九月二十一日知衡州余秀實放罷以湖南提舉吳鎰言其擬例科數置州用庫妄破借請僞作馳送　二十七日朝散大夫集英殿修撰辛弃疾降充祕閣修撰朝議大夫煥章閣待制提舉江州太平興國宮馬大同降充集英殿修撰罷祠以御史中

卷三千八百九十二

丞謝深甫言二人交結時相敢爲貪酷雖已黜責未快公論　二十八日中大夫煥章閣學士知成都府丘崈降充煥章閣直學士放罷以御史中丞謝深甫言其虵虺之毒虎狼之暴肆虐以濟貪怙勢以行詐到官方一年半而西蜀軍民士大無不怨憤　十月二十五日前辰州通判劉備特降兩官以臣僚言備不孝不廉不當齒於搢紳　閏十月八日知江州沈祖德放罷以臣僚言祖德素無行檢敢肆貪殘與吏爲市立威科罰　十四日紹興府通判馬燁放罷以臣僚言其狠傲貪刻凌駕帥憲暴虐諸縣　十九日利路副總管吳晟參議官王公邁並放罷以本路提刑范仲壬言晟於禁樂之時

般樂器數擔至官所作樂飲宴公邁貪鄙之姿士所不齒　二十三日知咸州鄧機放罷永不得與州郡差遣以四川安撫制置司言其到官始八閱月誅求百出民不堪命　二十七日知江陵府袁樞放罷以臣僚言其狠愎自用貪虐不恤立朝治郡俱無足稱　十一月五日知資州張大猷知隆慶府趙善詔並放罷以四川總領馮震武言大猷縱令子弟門客妄作善詔減剋賑濟米斛致饑民蹦踐　七日新知蘄州鄭嗣宗新知興化軍韓元老並放罷以殿中侍御史楊大灋言嗣宗爲提舉時席捲鹽錢元老知真州時視官庫如私帑　同日新知江州沈瀛放罷以右諫議大夫張叔椿言瀛素苦

卷三千八百九十三

心氣間遇疾則憒眊不知所爲　十二月十二日朝議大夫直祕閣主管建寧府武夷山沖佑觀張縯號爭職名以殿中侍御史楊大灋言其傾險貪吝恃才矜己累遭臺評不知悔過　慶元元年正月二十四日知袁州鄭南新知舒州趙公介除命並寢罷以臣僚言南狠暴貪汙公介性禀輕儇素無士行　二十六日新知揚州鄭興裔寢罷依舊在京宮觀以臣僚言其暴戾殘忍科罰貪虐爲邊郡嘗語人曰邊郡當以便宜從事豈問條令何畏朝省　同日新知南劍州魏欽緒放罷以臣僚論其殘刻貪婪背公營政　二月五日湖北提刑黄掄放罷以臣僚言掄不顧廉恥交通關節　六日知萬安

軍李伯紘放罷以廣西諸司奏其殘忍貪婪擾害於民列惹邊事　二十二日贛州通判黃洪放罷以臣僚言洪昨為太傅謗罵長官陵轢同列已汙白簡　二十四日建康都統皇甫斌放罷以臺諫論斌黃緣邊釁邀叨分閫妄自尊大求為殿帥　同日知南外宗正司趙公迥召命寢罷以言者論其素無行檢老而彌甚干僥州縣無復忌憚況年已七十有四自應休致　二十五日浙西提舉黃灝追兩官放罷以臣僚言灝早傷之際措置失宜　同日黃萬石不得與親民差遣以諫議大夫張叔椿言萬石前知濠州率意妄作押妓貪汙　三月二十四日徽州通判趙鈇夫建昌軍通判沈稷並放罷

卷三千八百九十二

以臣僚論鈇夫用刑慘酷科敷公吏巧作名色支破官錢稷因攝郡政妄富室攬公事商量關節妄作禍福　二十六日知盱眙軍劉萴放罷以臣僚言其為守盱眙郡境大旱誑以豐熟妄申致民竄虜境　同日福建提刑趙像之江西提舉趙謐並放罷以臣僚言像之貪劣無厭雖以久處祥刑之任謐性識不敏才具非長劍決無能書判多誤　四月二十七日淮東提舉陳損之運判趙師羿並放罷知揚州錢之望特降直徽猷閣以臣僚言損之盜官鹽販往江上將錢買貨入蜀師羿往上江買木結筏就真州出賣侵奪商賈之利之望將備邊樁積之錢糴米轉賣營運淮人目為三客　同日知

雷州陳覺民放罷以本州三縣耆老告論在任不法事三十餘項體究得實　五月二日興元都統制王宗廉特降一官放罷以侍御史楊大灋言其暴虐淫邪貪贓鄙猥初無將略軍政不曉　十四日新除提點坑冶鑄錢耿延年罷新命以言者論延年凡庸貪猥平生巧於交結所至略無寸長　二十三日知婺州黃度落職放罷以臣僚言蘭溪知縣張元弼妄贓不法罪狀顯著度為郡守坐視不問　七月六日雷州水軍統領何茂椿放罷坐輕躁恣橫不畏法令從廣西經略司所按　七日新知常州趙亮夫放罷新知饒州蕭忱差主管建寧府武夷山沖佑觀以臣僚言亮夫貪鄙無狀八所不盡向

卷三千八百九十三

守廣德席捲而去忱庸謬有餘良之廉稱曩守衢州郡政盡廢惟事燕飲　二十七日朝奉大夫直龍圖閣知福州詹體仁降兩官放罷以臣僚言體仁偉於士行視勢阿附反覆傾險　八月五日知處州蔣行簡放罷以臣僚言行簡昏繆狠愎專務慘酷昧於斷決郡事廢弛　二十三日新知雅州史勤罷新任以四川制置使趙彥逾言勤前知黎州引惹蠻氏侵犯邊境措置無方　二十七日盱眙軍通判孫賢永不得與親民差遣添差嚴州通判任清叟放罷以侍御史黃黼言賢素無愧恥所至贓汙今倅盱眙略不悛改清叟性質貪鄙趨向凡下為仕官亦如營生貪冒不知進退　同日朝散郎前

知大安軍宋琚追兩官永不得與州軍差遣以琚昨任
知軍日有妄立名色席捲軍帑為利路安撫章森
所奏　十月三日知南雄州廖倜與宮觀理作自陳以
廣東運判徐枏按倜癃老昏暗郡事率皆廢弛取辦不
奉詔條沮抑進士遂致場屋喧噪　十四日前知處州
蔣行簡特降兩官添差通判趙師碩放罷以監察御史
王恬言行簡貪汙狼藉以致罷命不能悔過尚且恣橫
師碩驅儈無賴身嘗影青　十六日成都運判續耆與
祠祿理作自陳以監察御史張孝伯言耆感末病今已
踰年語言步履不堪勉强　二十六日前知漢州張縯
罷祠祿降授祕閣修撰知福州辛棄疾與落職知郢州

卷三千八百九十二

曹三聘知南劍州黃瀚並與宮觀御史中丞何澹言縯
累以受金見之向簡投式得郡貪汙如故棄疾酷虐裒
斂掩帑藏為私家之物席卷福州為之一空三聘居鄉
則謀入田產立朝則專事唇吻瀚入仕並無資歷夤緣
竟擢見次破壞成法　二十八日前知揚州錢之望降
直徽猷閣罷宮觀以諫議大夫李沭言之望前知揚州
初無績狀專事唇吻尚敢以貧為請公議不容　同日
鄂州統制史非熊降兩官統領王喜降一等職事皆坐
全不用心閱防養喂戰馬以致內外結合中毒倒斃意
欲貨賣以都統劉忠申奏故也　二十九日建康添差
通判劉大臨通判王萬樞各降一官並放罷以右諫議

大夫李沭言大臨受王萬樞請爲科舉出題私禱考試
官取其子王逢王遂士論甚譁　十一月二十六日知
楚州皇甫斌特降兩官以御史中丞何澹言斌不安分
守妄乞創造戰船不堪使用專事虛誕以誤時聽　二
十八日知永州陸杞放罷以侍御史黃黼言其趨操凡
下素之廉聲治家無法臨政贓汙　十二月三日廣東
運判徐枏放罷以右正言劉德秀言枏立朝則人以為
怪僻在外則又加以貪暴居家則縱子女沽賣私鹽臨
政事則交通賄賂　二年正月五日策選鋒軍統制郎
允降充統領官撥付鎮江都統司候有闕日撥填以殿
司言允輒用子弟干預軍政紊亂法律　十二日添差

卷三千八百九十二

江州通判楊炤南安軍通判彭商老並放罷以臣僚言
炤侍運判吳獵陵駕州郡商老賦性慘酷貪婪贓汙
同日新福建路馬步軍副總管鄭人傑與宮觀以臣僚
言人傑始因謟事權門遂蒙擢舉所至席卷老不安分
二十一日許浦駐劄御前水軍副都統制馮建放罷
以臣僚言建出自行伍本無勇畧多役水軍興販鹽貨
貪淫不法敗壞軍政　二十六日正奉大夫顯謨閣待
制新知婺州軍州事陳峴寢罷新命與宮觀以臣僚言
峴諂忠同邪屏翰貪汙若畀婺女必致席卷　二十八
日武德大夫澤州刺史熊飛追兩官罷宮觀以侍御史
黃黼言飛向知揚州贓及鉅萬按發伏辜除名勒停自

冡敘復得爲楚州不悔前過輕易妄作　二十九日都
大主管四川茶馬司楊經除直龍圖閣令再任指揮寢
罷落職與祠以臣僚言其貪婪很繆年迫桑榆茶馬重
寄不當復遣士人爲之　二月二十一日太中大夫顧
謨閣待制知福州木待問放罷以言者論待問知寧國
日縱親隨輩五人交通關節部人呼爲五鬼號待問爲
木賊自拜福州之命姦贓如故　三月一日知瓊州莊
方放罷以其坐視黎賊作過廣西經畧司按奏故也
八日知西和州丑懇放罷以四川制置使趙彥逾等奏
懇懦弱無能不堪倚仗非守邊郡之才　二十五日朝
請大夫主管台州崇道觀沈有開降三官罷宮觀以臣
卷三千八百九十三
僚言有開諂媚權臣罔識君上合從竄殛今尚奉祠
四月二十二日前淮東提舉陳損之寢罷與宮觀指揮
以臣僚言損之比因論列放罷今職名猶舊已爲輕典
若更與祠祿則公論不甘　二十七日知廣德軍徐濟
川臨安府通判鄭魏良並放罷以侍御史黃黼言濟川
到任以來交關關節妄破官錢歸己掊剋無厭魏良庸
妄小人貪墨無恥凡諸縣閑請錢物及納諸色等錢悉
有定賂　六月二十二日朝請郎知吉州楊方降兩官
放罷奉議郎項安世降兩官以監察御史張伯垓言其
適當危疑之時懷私自營不顧君上委之而去遂其事
定相繼復來　二十三日朝散大夫提舉江州太平興

國宮陳傅良降三官煥章閣待制提舉江州太平興國
宮彭龜年落職並罷宮觀以監察御史呂棐奏傅良向
者權臣竊伺之謀則左掠右賣神出鬼沒鄰出不遜之
語龜年附於僞學贊權臣不軌之謀厚誣君上罪誅莫
逃　八月十四日浙東提舉莫濛放罷以察官呂棐言
台州洪水湧發漂溺居民衝蕩禾稼公然坐視畧無惻
隱之心　同日知萬州張亨放罷且與祠祿以夔州安
撫使毋丘恪等奏亨無治郡之材取稟其妻方敢出廳
訟牒積壓郡事廢弛　九月十九日朝散大夫主管建
寧府武夷山沖佑觀辛弃疾罷宮觀以臣僚言弃疾贓
汙恣横唯嗜殺戮累遭白簡恬不少悛今俾奉祠使他
卷三千八百九十三
時得刺一州持一節帥一路必肆故態爲國家軍民之
害　二十七日通判常州莫櫄通判建康府林致於罷
以臣僚言櫄心恙昏謬乖錯不恥目爲顛倅致陰險傾
邪貪饕鄙猥　十月二十六日江陰軍簽判陳恚同放
罷以知軍鄭棄然奏恚同貪暴不職　二十九日知慶
元府林大中落職放罷以臣僚言其爲郡上下之情不
通民無所訴郡之寓公與大中之素親厚者皆欲徙居
以避　十一月六日知無爲軍李洪特降兩官知平江
府雷深知楚州熊飛各特降一官以臣僚奏御史臺考
覈昔以妄用虧損元支割錢數　同日前知台州周曄
特降一官以浙東提刑李大性奏曄昨擅將常平等米

職官七三之六七

以新易陳衡少萬數　十二日福建運副陳公亮提舉
蔡幼學並放罷以臣僚言公亮素無廉聲昨漕江西閩
政福漕席卷公用郡人駭之幼學早為偽學巧取倫魁
持節閩部全不事事　十七日知洋州游仲鴻知金州
范仲壬並放罷以臣僚言二人同惡相濟貪汙之迹見
於所試阿附權臣妄作威福　二十九日新知徽州商
侑降一官放罷以侍御史姚愈言侑素無行檢貪汙狼
籍　十二月十三日趙善諂知巴州指揮寢罷以臣僚
論其狠愎悖慢累把州麾皆以憒不曉事為上司按劾
二十一日新除湖北提刑趙謐新除湖南提舉陳守
並寢罷以言者論謐昨為提舉性識不遑祠祿未及一

卷三千八百九十二

年攫取提刑差遣守向在朝列癡騃畢㦸憒不更事遂
干州郡而去未赴再求監司乞罷二人新命使祠祿者
須俟滿秩得郡必至終更　二十六日朝奉大夫祕閣
修撰提舉南京鴻慶宮朱熹褫職罷祠以臣僚言熹資
本回邪加以忮忍汙行盜名欺君罔世　三年正月十
九日滁州通判王光國宮觀以守臣洪櫬奏光國每遇
國忌聖節並皆託疾不曾趍赴故也　二十三日新知
衢州潘景珪指揮寢罷與宮觀以中書舍人吳宗旦奏
景珪虎狼之暴蛇虺之毒臨政治民憒不曉事妄作威
福　同日王樞新知江陰軍指揮寢罷與參議官差遣
以中書舍人吳宗旦言樞乃相家之子素居闒慢之職

職官七三之六八

實未親民遽處以輔郡之任恐致誤事　四月四日朝
奉郎建昌軍通判欒繼宗降一官以臣僚言其天資苟
賤肆為貪暴交通關節慘酷害民　二十六日訓武郎
知宜州陳表臣特降三官放罷永不得與知州軍差遣
以廣西安撫張玠言表臣不能拊摩專事掊斂父艱不
即解官　二十七日知隆州司馬遵與宮觀理作自陳
成都運判閻丘泳奏遵縱吏虐民遇事弛廢　二十九
日觀文殿學士正奉大夫知潭州王藺降充資政殿學
士放罷以臣僚言藺頃在樞府肴觀相位既遭罷斥怨
忿君上怨望朝廷及鎮長沙與漕臣吳鎰結為死交譏
謗時政蔑視法令交通關節賄賂公行　五月十一日

卷三千八百九十三

淮東安撫趙鞏新廣西運判吳鎰並放罷以殿中侍御
史張釜言鞏帥維揚全不事事訟牒積壓獄囚盈滿鎰
賦性多貪濟以佞邪比任湖南運判諂事王藺日與酣
飲漕計因此一空　二十四日前鄂州都統劉忠罷祠
祿以臣僚言忠為副都統日刻剝軍兵侵盜官錢交結
權貴及陞為都統制愈無忌憚竊取公帑為之一空
以上寧宗會要

全唐文

續會要　黜降官十一

慶元三年六月廿三日知宜州留丙放罷以臣僚言丙
乃故相留正之子素未嘗經歷州郡究其實歷係初仕
監當資序　十月二日廣東提舉徐安國經略雷潨各
降一官以諫議大夫姚愈言安國信憑告首私監輒遣
林墉收捕墉本海賊林文之子乘勢報怨入海劫掠盜
賊既作殺戮民旅帥臣雷潨全無措置但務單辭招撫
賊徒知其畏懦恣行殺掠　三日知資州袁倚主管台
州崇道觀理作自陳以四州制置使袁說友奏倚坐視
本州旱傷唯以吟詩度日　二十二日知湖州趙善宣

卷三千八百九十三

放罷以臣僚言善宣天資兇狠恠僻徇私昨守常州專
事掊尅令任湖州惟務燕飲　二十九日朝散大夫煥
章閣待制知慶元府林大中寢罷與宮觀指揮以臣僚
論大中比任言責交結偽學顛倒是非令帥四明上下
之情不通民無所訴　十一月二十日知贛州黃艾放
罷知泉州鄧馹與宮觀以臣僚言艾天資乖戾諂媚故
相暨至贛川略無善狀馹內懷狡姦外肆陰很締結偽
黨以徼官職　同日直煥章閣知慶元府衛涇放罷以
臣僚言涇天資輕儇妄自蹇傲　十二月九日權知江
州汪大定權知南康軍陳如晦並放罷以右諫議大夫
姚愈言大定庸繆貪汙惟務酣飲郡事恬不加意如晦

職官七四之一

昏繆不振蠹弊益甚郡事悉委親戚詞狀盡付吏手
十一日襲封崇義公柴國器罷見任勤令歸奉祠廟以
臣僚言國器身為主祭更不親奉祠事營求外任以顯
不恭　同日淮東提舉王寧放罷以殿中侍御史張釜
言寧居官貪黷所至赤踈　十二日朝散大夫知峽州
成欽亮放罷以言者論欽亮凡猥貪墨加以昏老濫當
郡寄　四年正月十五日朝奉大夫新差權發遣吉州
丁常任特降兩官以江西提舉韓亞卿奏常任前任臨
江倅日擅將收糴軍糧錢為下戶代納官物以釣名譽
十八日知臨將軍詹掄放罷以臣僚言掄年已衰老
專事販賣生口前後起發歸鄉幾六七十舟父母相別

卷三千八百九十三

哭聲震動聞者慘然　二十一日新差知鎮江府潘景
珪放罷與祠祿以臣僚言景珪兇愎很傲陰戾貪黷視
郡民如草芥待僚屬如奴婢　二十九日朝奉大夫新
知徽州商侑降一官放罷以臣僚言侑素無行檢所至
貪虐　二月十四日權發遣蘄州祝禹圭放罷以臣僚
言禹圭得郡蘄春每出廳令僚屬公裳相見號為六參
用刑慘酷席捲公帑　二十四日朝請大夫主管建寧
府武夷山沖佑觀鄭如宻放罷以臣僚言如宻昨知荆
門軍未赴中風其子公庠彊其之官並不出廳凡狀牒
亞公庠代之不問曲直非錢不行根刷坊場監決流血
人不堪命　同日降授朝散大夫徐安國追兩官降授

職官七四之二

朝奉大夫依前直煥章閣雷潨與落職今後並不得與
親民差遣以臣僚言廣州大奚山賊刼民旅蓋安國輕
信妄動差人收捕愚民懼罪肆彰兇惡潨遽以酒米撫
諭妄申朝廷究徒愈熾　三月十一日朝散郎知吉陽
軍梁克和特降一官永不得與親民差遣以靜江府張
玠言克和耽於酒色以知堡趙勍二女抑為婢妾凡決
民訟皆付吏手　二十三日新知雅州張炎放罷以炎
子汝礪受新都豪民王元二毆死趙道一金計囑知縣
趙炳作病身死遂致彰露從制置使袁說友奏也　四
月二十二日朝奉郎知高州趙師滲放罷永不得與親
民差遣以右諫議大夫姚愈言師滲縱意貪婪用刑慘
（卷三千八百九十三）
酷　二十七日朝議大夫知漢陽軍胡介放罷以監察
御史張嚴言介所至贓汙凡經四劾愈不知悔　五月
十七日知南恩州李延年放罷差主管台州崇道觀理
作自陳以廣東提舉陳宏規奏近降指揮禁絶銅器搥
毀償價延年公然措斂州縣錢物不即搥碎仍給與之
可見營私　二十四日朝散郎溫州通判林叔秀放罷
以言者論其淩蔑郡守攬民詞攪（攬）自判押公然取賄
　二十七日建康府簽判譚良顯放罷以臣僚言其天
資險姦濟以貪穢凡所居官俱無善狀　六月二十一
日朝請郎新知辰州魏泳降一官罷新任坐上殿劄子
內全不書銜以顯鹵莽　同日知雅州朱悳知崇慶府

吳景並放罷與宮觀理作自陳以成都府路監司考察
二人各坐才識昏繆嗜酒廢事　七月二十八日知太
平州倪思放罷以臣僚言思雖嘗歷官清要而人品猥
下在朝則恣縱筆端臨政則掊斂害民用刑慘酷　八
月二十三日前知賀州錢聞禮降一官罷宮觀以知靜
江府張玠奏聞禮拖欠逐年上供買馬錢收買物貨入
己　二十七日知通　葛棪知邵武軍周玭並放罷以
言者論各坐貪婪無恥昏繆不職　九月七日降授朝奉
郎差主管台州崇道觀楊方罷宮觀以臣僚言方本無
學術濫竊文科阿附偽學懷姦誤國　十月二十七日
太中大夫顯謨閣待制知婺州木待問特降兩官以臣
（卷三千八百九十三）
僚言本州發解士子有不逞輩挾衆凌辱試官必欲換
題　十一月三日權發遣融州李興時特降一官坐誘
引保人納土意在邀功　十一日新知邵武軍朱俣知
道州蘇森並放罷以臣僚言俣捻惡甚著罔上狼籍森
民事懵然惟務掊斂　十二日朝奉郎通判常州徐杞
降一官坐監試措置無方以致擁遏踏死士人　十七
日修武郎知萬安軍張湊降一官放罷以廣西經畧司
奏湊蠻買客人香貨不還價錢及科配民丁計口賣鹽
規圖剩利以歸私帑　二十五日前知復州洪樀日下
令出國門以臣僚言樀治郡酣酒度日惟聽婦言專為
營私　同日新知常德府季圭新知荊門軍孫叔豹並

放罷以臣僚言圭向守普州政事乖繆喜怒任情掊尅州縣不恤饑民叔豹所至兇饕貪財害物昔辟黎州幾惹變變　二十六日知婺州木待問新除知婺州王溉並與宮觀理作自陳以臣僚言待問為守婺郡子弟寵妾納賂顛倒是非溉政事乖繆諸子很戾輒預政事非賂不行　二十七日新湖北提舉常平劉坦之特寢新命以臣僚言坦之天資狡獪惟恃口才以濟其私頃侍父嶸為監司困已竊弄權柄關節交通令一路重寄豈可付之　十二月六日黃灝新差主管建寧府武夷山沖佑觀指揮寢罷以臣僚言灝交結偽黨專事口舌比因罷斥遄郊復官遽干祠祿公論弗容　十五日陳謙

卷三千百九十三

復直煥章閣差知袁州指揮寢罷以中書舍人高文虎論謙登朝列則巧附相臣任總餉則席卷財物既畧示懲而快公論豈宜更冒此寵　二十四日知邵武軍周玭降一官永不得與知州軍差遣以言者論玭本州彊盜殺人法當至死輒從決配死者何辜　五年正月六日新差知眉州成繪罷新任以四川總領權安節奏繪前守成州貪饕無術令命眉州必不改前非　二月十五日朝請大夫彭龜年追三官勒停朝奉郎曾三聘追兩官以右諫議大夫張釜言二人最為汝愚腹心令尚逃憲網公論籍籍　二十三日新知湖州趙亮夫新知徽州趙伯檜並放罷與宮觀理作自陳以臣僚言二人一

惟務貪婪所至席捲　同日朝請大夫直秘閣劉光祖特落職送房州居住以臣僚言光祖在州郡則挾私黷貨在朝列則阿附罔上　二十四日新江西提舉莫若晦放罷以監察御史張巖言其人品凡庸自汙不恥復畀皇華之寵豈足以慰十州父老之望　三月十五日朝請大夫知贛州薛叔似與宮觀理作自陳孫逢吉差知贛州新命追寢臣僚言二人陰符故相怙於無君令各與郡衆論沸騰　二十八日知彭州楊緯知英德府王正邦並放罷以臣僚言緯凡四為郡俱無善稱正邦掊尅民財用刑慘酷　四月二十三日知象州朱震知容州章鑄並與宮觀理作自陳以廣西提刑張埏奏震

卷三千八百九十三

率意妄作科擾屬縣鑄年齒寖衰智識愈繆　二十五日福建提舉陳棟放罷以言者論棟持節閩倉惟貪貨財惟事宴飲　二十七日知泉州林思齊放罷以監察御史張巖言思齊持節福建民訟全不介意若使守泉民事何所赴愬　五月二十三日太中大夫顯謨閣直學士提舉江州太平興國宮樓鑰褫職罷祠以臣僚言其黨者職在封駁汝愚拜相朝路知非輒於制詞盛稱其美　六二十一日新知興化軍王自中放罷以臣僚言自中守上饒日偷竊貪汙　二十三日前知溫州王渙彥特降三官放罷永不得與親民差遣以臣僚言渙彥為守永嘉減尅軍糧錢致生變豈可復任親民　九一

月十六日新知復州徐栭放罷依舊奉祠以臣僚言栭
積惡素著屢見白簡將漕廣東隨行二醫招權納賄豈
宜復守凋郡　二十日新知德安府李謙放罷以臣僚
言其透僻偭執殊不曉事豈可任之千里　二十七日
福建提舉張經放罷以臣僚言經褊躁乖踈為守三衢
民遭漂蕩坐視莫捄　十月二日前知蘄州祝禹圭新
差知郡指揮寢罷以臣僚言禹圭前知蘄州傾險刻深
簡傲忿戾今復興郡豈改前非　七日新四川安撫制
置使蕭知成都府黃由指揮寢罷除華文閣直學士與
宮觀以臣僚言其締結偽黨諂媚權臣全蜀所須四路
豈可任未歷州郡之人　十一月十九日崇慶府鄧如

卷三千八百九十三

愚隆慶府姚良巴州萬永肩新州何俊傑並放罷以臣
僚言四人素履既無賢稱臨政又無善狀各已衰暮恬
不知退　同日知雷州姚筠廣南提舶趙公紹並罷新
任以右正言程松言筠前知賓州公紹前知鬱林州各
肆姦貪略無忌憚　二十二日知興化軍錢孜放罷以
言者論孜性資很愎所治乏廉用刑慘酷貪汙不已
十二月五日知瓊州萬良耜放罷以廣西安撫李大異
奏良耜不理民訟營私黷貨差吏入峒騷擾遂致黎民
刼掠　六年正月二十三日利州路轉運判官王沇提
刑洪邃並放罷以臣僚言二人治郡俱無善狀暴迹穢
聲播聞西州令畀蜀節誠為失當　閏二月五日知金

州陳爽放罷前知嚴州朱起宗並永不得與親民差遣
以臣僚言爽仕官乖繆惟務裒刻起宗居鄉無廉聲試
郡則贓汙　五月二十七日浙東提刑李洪知房州趙
彥洸並放罷以右諫議大夫程松言二人天資慘酷所
至貪汙　三十日新知武岡軍趙公砬放罷以臣僚言
志趣貪汙備見白簡今武岡小壘豈堪誅求　六月三
日權知南恩州韋翌知處州高持並放罷各坐非法慘
酷貪殘生事以侍御史林采奏故也　七月十二日新
復煥章閣待制林大中寢罷職名依舊朝請大夫致仕
以臣僚言大中比因阿附偽黨削職畀祠今因謝事而
還舊班何以下厲人心　九月十二日太中大夫提舉

卷三千八百九十三

江州太平興國宮謝源明罷宮祠以臣僚言源明曩任
瑣闥專務刻探朝廷既遭白簡故態不改　二十二日
知常州王閭禮放罷以臣僚言閭禮養痾郡庭全不事
事　同日新知建寧府黃由放罷與宮觀以臣僚言建
寧有壯縣七物繁地大豈可以不歷州縣者一旦驟臨
其上　十月十五日朝請大夫主管建寧府武夷山沖
佑觀萬良耜罷宮觀通判邵州陳友聞通判建康府趙
善珍並放罷以臣僚言三人各以贓汙白簡放罷今良
耜復得奉祠而友聞善珍復為郡貳殊欝公論　十一
月三日新湖南運判劉誠之放罷以臣僚言誠之比為
郡守席捲而去監司清職何以供其誅求　二十一日

新知廣州黃夏放罷以臣僚言夏民訟不理專事貪饕　二十二日新差知巴州李壐指揮寢罷以臣僚言壐操心頗僻備見彈章既枚械以祠祿今乃巧求試郡俾其臨民殃及千里　二十三日知婺州趙伯墳放罷以臣僚言伯墳為守婺女訟牒積壓盜賊旁午　二十五日趙彥騐新任常州指揮寢罷差主管台州崇道觀理作自陳以臣僚言彥騐昨任南康席捲公帑今常州講行荒政必得賢二千石始可分顧憂　十二月十五日新知撫州王沅放罷與宮觀理作自陳坐奏對率畧

嘉泰元年正月七日知嚴州毛宓放罷與宮觀理作自陳主管建寧府武夷山沖佑觀徐柟特降一官以臣僚

卷三千一百九十三

言宓入則繆玷清班出則酖酒弛事柟奉祠居里長惡不悛　十七日浙東提刑周珌放罷差主管建寧府武夷山沖佑觀任便居住理作自陳以臣僚言珌持節一路不能澄清屬部　十九日知彭州史容特降一官知永康軍趙彥霈特降兩官並放罷以容守彭州用親隨冒請軍糧交通關節夾造私醞貨賣彥霈為政慘酷遇事羅織富民為四川制置劉德秀奏故也　二十三日提點坑冶鑄錢司徐煇放罷新差廣東提舉市舶曾懋指揮追寢以侍御史陳讜言煇為泉司肆為侵暴懋有贓疾至老益甚其於貪鄙尤不可言　二月十八日知瓊州趙彥衢放罷以殿中侍御史陳讜言彥衢恃酒任

氣為守巴州羅織富家掊取財物今為瓊州慘酷尤甚故有是命既而廣西提刑王正功言彥衢姦贓不法恣横酷刑遂特降兩官永不得與知州軍差遣　同日降授朝奉郎郢州通判姜處廣特更降一官仍照已降指揮放罷不得與親民差遣臣僚言處廣攝郡又破官錢廣造器用又追漆匠劉振兄鞭箠寄禁以致溺死　三月十三日瓊州通判曾丰放罷坐搜求星説傳習妖祥扇惑下民以臣僚言故也　十八日新差知鬱林州石知松新差知欽州徐壽指揮並寢罷各與祠祿以給事中張巖奏知松贓汙不廉知過不悛壽昏懦不曉素無能聲　二十三日新知崇慶府唐輅新知達州趙彥建

卷三千一百九十三

並放罷以言者論輅輕率貪婪肆為詆訐比守利州任吏信子有弛郡事彥建姦險狼籍為邑不終為倅被劾

二十四日新知泉州宋之瑞指揮寢罷與祠以臣僚言之瑞諂詐反覆附會偽學貪汙無狀故也　四月二十二日新知邕州蔣來叟罷新任以侍御史陳讜言來叟貪汙之迹屢見白簡今畀邕守是濟其欲　六月七日朝議大夫前南外知宗趙不戒降兩官罷祠祿永不得與親民差遣以臣僚言不戒前為南外知宗憑恃屬籍强買市户貨寶科率僧寺錢糧騷擾百端逋欠鉅萬

二十九日知建寧府傅伯壽權知瀘州陳損之並放罷以臣僚言伯壽浮薄輕躁今守建寧有餓虎雄貍之

號損之所至贓汙今任瀘南有封豕長蛇之號　六日知静江府張貴謨放罷以臣僚言貴謨資本貪刻所至贓汙今廣南之地控制民蠻種落可以庶平服而不可以貪酷治　二十三日新知衢州陳棟放罷以給事中張巖言棟持節閩部惟倡優是溺惟財貨是黷及被論罷席捲而歸詎可復畀千里之寄　六月二十六日四川總領王寧改差湖北路轉運副使新任指揮寢罷以右諫議大夫程松言寧貪刻殘酷屢遭白簡鄂渚乃兵民雜居之區妄作生事則必為湖北一道之害　八月二十三日新除湖北提刑趙希仁新知潼川府張績指揮並寢罷各與宮觀理作自陳以臣僚言二人賦性極鄙所至姦贓　卷三千八百九十三

九月二十五日知嚴州潘燾放罷以臣僚言燾任情廢法徇私害公　十月二十三日中大夫右文殿修撰提舉江州太平興國宮潘景珪罷祠禄與致仕以臣僚言大夫七十而致仕禮也今景珪奉祠年七十有五尚叨祕殿崇資珍祠厚禄恬不省退乞勒致仕　同日知江陰軍韓元老放罷與祠禄以臣僚言元老天資贓汙屢見白簡老而無厭所降賑濟錢米必竊以為己有　二十六日廣西提刑王正功放罷以臣僚言正功很愎貪暴老不自悔　二十九日朝請大夫直敷文閣劉誠之新差主管建寧府武夷山冲佑觀指揮寢罷以臣僚言去歲臣所劾誠之贓物不啻千萬止罷

新任委是漏網物論不平故有是命　十一月二十八日興州駐劄御前副都統王大節降兩官放罷坐暫攝帥職治軍無術故也　十二月二十三日朝請郎通判婺州汪德範朝奉大夫通判台州林讜各特降一官各坐牒試人數赴兩浙漕司過多臣僚考劾故也　二年正月二十三日新湖南提舉徐安國罷新任以殿中侍御史林采言其捕鹽無實激成冀寇之變　三月十日知安豐軍陳煥放罷以臣僚言其肆為掊剋軍民被毒　十八日權發遣郢州王公邁降一官以臣僚言其與通判王琳同惡相濟致經常米斛不存郡以朝廷樁積支與戍兵　二十四日湖北運使張埏知鄂州張大猷並放罷以臣僚言埏祥刑閩部枉直莫分及漕湖北蒙成吏手大猷日耽荒飲執筆不決重征苛斂市井蕭然　卷三千八百九十三

四月十七日知楚州崔士威放罷以臣僚言其本無守邊之才每有生事之過　五月二日新知岳州趙公介罷新以監察御史張澤言其素無行檢專事狂蕩至老不改　十三日祕閣修撰耿延年罷新除華文閣待制以右正言施康年言其累遭論列貪汙無耻　二十六日權發遣惠州曾祕與宮觀理作自陳以廣東運判吳時顯言其畧不事事詞訴紛然　八月六日淮西總領韓亞卿降一官以亞卿言知撫州傅伯名知寧國府宋之瑞張伯垓劉三傑拖欠三年解發錢數詔各降一官

亞卿亦以殿最失實故有是命　十二日權發遣撫州
傅伯名放罷以江西提舉張震言其公肆貪婪敢行兇
暴輕視人命不有監司　十九日知濠州賀錫放罷以
淮西安撫丁逢言錫守邊非材　二十九日新知無為
軍沈程與祭議官差遣以臣僚言其贓私苛擾嘗見劾
章舊習不悛專輒貪刻　九月十一日知泉州倪思放
罷以臣僚言其知貢舉去取差繆今在泉州養高自尊
　十月十三日知潭州趙不迹與宮觀理作自陳以臣
僚言其以制閫之地為養痾之所平時事已廢弛緩急
何所倚仗　同日江西提舉張震放罷以監察御史朱
欽則言震處鄉無善行居官無善政　十一月十六日

卷三千八百九十三

知和州張季樗與宮觀理作自陳以臣僚言其軍政不
修民事盡廢非守邊之材　十二月二十九日知瓊州
陳顯公放罷以殿中侍御史張澤言其刻削民財以資
貪黷百姓怨嗟　三年正月十一日朝散大夫華文閣
待制提舉江州太平興國宮胡紘落職與祠以殿中侍
御史張澤言其心術回邪動事口吻奏牘凌犯　二十
一日知湖州陳鈞知滁州施廣國並與宮觀理作自陳
以臣僚言鈞嘗倅天府交通賄賂廣國不安分義公肆
攘奪　二月二十五日廣西運判王沇與宮觀理作自
陳以臣僚言其蒞官貪殘　三月二日廣東運判吳時
顯令守本官致仕理作自陳知房州田公輔新知茂州

謝伯疇並與宮觀以臣僚言時顯貪黷瘝　公輔嗜酒
營私伯疇盜用官錢　二十七日新差知嚴州張貴謨
罷新任以臣僚言其傲物害民　四月二十七日利路
提刑趙善鐻與宮觀以右正言李景和言其專為貪黷
肆行兇暴　五月二日新知道州沈戢罷新任以監察
御史林行可言其貪婪猥鄙　十八日浙西提刑孟綸
放罷以侍御史張澤言其奇繆不職　六月二十七日
淮南運判朱欽則與宮觀以監察御史商飛卿言其趣
向回邪黷貨嫉進　七月十七日新權發遣台州楊樗
年罷新任以侍御史張澤言其老病失儀慘酷擾民
十九日新除四川茶馬吳總別與差遣以右正言楊炳

卷三千八百九十三

言其買馬誅求諸蠻怨怒　八月十四日知南劍州朱
軝與祠以侍御史張澤言其昏繆驕騃　二十七日前
知袁州丘何降一官以監察御史林行可言富民易國
梁殺害平人皆何縱弛所至　二十九日知道州姜楷
知潭州趙不迹各降一官以監察御史商飛卿言楷不
迹淹延刑獄瘐死數多　九月二十一日寶文閣學士
太中大夫提舉江州太平興國宮張枊中奉大夫充華
文閣待制提舉建寧府武夷山沖佑觀趙不迹並落職
罷宮觀朝議大夫提舉隆興府玉隆萬壽宮虞傳罷宮
觀以右正言楊炳言枊貪刻荒縱不迹貪婪狡儈傳貪
猥深險　二十三日江東提舉常平劉述福建提舉常

舶曹格並放罷以監察御史林行可言述借法濟貪格移易乳香　十一月二十一日新差知卭州郭公緒罷新任以成都運判趙善宣言公緒前知茂州將椿積諸司備邊錢轉入軍資公使庫數目差互　十二月三十日朝請大夫余茂寔罷差知處州指揮與祠祿以臣僚言其貪聲著聞故也　四年正月十三日前内侍甘昺改送婺州居住尋詔降一官送信州居住先是臣僚論其怙惡不悛既而言者欲乞改置遐方以懲奸慝故有是命　二月二日馬司左軍統制鄭彦降充緫領官以樞密院言其縱兵作過散壞軍律　三月九日新江東提舉吳洪罷新任以臣僚言其武斷鄉曲罔括民利　二十三日知綿州趙綱知榮州胡亮並放罷以臣僚言綱凶

卷三千八百九十三

傲法貪亮貪冒無耻　同日知南外正事趙彦褆放罷以臣僚言其愚闇輕信越職妄作憑誣以瀆聖明興獄以虐無辜　二十九日建康都統董世雄放罷仍罷名赴行在指揮以臣僚言其掊剋自豐結怨軍伍　四月十一日前知臨江軍王潤孫特降兩官以監察御史商飛卿言其臨江旱潦自以逼替全不用心　五月四日淮東提舉陳茂英放罷以臣僚言其巽懦無立將帶館客交通貨賄　九日新知無為軍沈程罷新任以侍御史陸峻言其已經勒停既冒改秩復叨假守　十二日知嘉興府張琯知湖州汪泳並與宮觀理作自陳以右

正言楊炳言琯既昏老事日廢弛泳權出吏手民不勝苦　六月十七日新知嘉興府傅伯名罷新任仍舊祠祿以臣僚言其任撫州日提舉張震按其貪惏虐百姓陵盗司　七月十一日通直郎主管台州崇道觀陳公顯特降兩官罷宮觀以言者論其貪虐暴横　同日新知信州張貴謨新知嘉興府彭演並罷新任以臣僚言二人貪虐黷貨殘刻害民　二十七日廣東提刑陳峡知撫州陳耆壽知嚴州陳棟並放罷以臣僚言映還延獄事動違法守耆壽奉行荒政謾不經意棟櫹兩設宴謁税復留　八月二十六日新知彭州何友諒罷新任權發遣大寧監魏良忠放罷以臣僚言友諒天資傾險

卷三千八百九十三

濟以貪黷良忠受官不明貪汙暴刻　二十八日新知處州汪逵罷新任與祠祿新差知處州歐陽伋罷新任與合入差遣以臣僚言逵闒次當上方命丐祠伋資歷未深遽得留郡　九月七日建康都統李爽特降一官統制李紹祖統領曹威正將劉鐸準備將郭貴誠各特降兩官仍降一等職事皆坐官兵何興等夤夜行劫　二十一日知榮州胡亮特降兩官以臣僚言其有旨放罷乃以未被受為辭公然治事經涉累月　二十四日新知漳州曾祕新知岳州王樞並與宮觀理作自陳以臣僚言祕試郡惠陽害及良善已經按罷樞入簿軍器分符江陰皆遭論駁　十月二十八日寶謨閣學士通

奉大夫提舉隆興府玉隆萬壽宮黄由罷宮觀降充寶文閣直學士，新除顯謨閣直學士通議大夫與宮觀楊輔罷宮觀降充敷文閣直學士。以臣僚言由以儒學自專，欺罔一世，以身率家，曾不知檢；輔出藩入從，苦無善狀，四勤温詔，偃蹇不行。十一月十九日，前殿司左翼軍統制特添差福建路兵馬鈐轄韓俊降兩官放罷，以殿前副都指揮使郭倪言其侵盜官錢。　十二月十四日，新知江州葉端衡罷新任，朝議大夫至仕魏欽緒徒令他郡寄居。以臣僚言端衡為守興化，行以慘酷；欽緒寓居衢之常山，搏噬良民，陵轢縣道。　二十三日，朝散大夫主管建寧府武夷山沖佑觀郭公緒降兩官，罷宮

卷三千八百九十三

觀，永不得與監司州郡差遣。以臣僚言公緒前知茂州，侵用椿積備邊庫錢引，乞重賜鐫褫，故有是命。　開禧元年正月二十一日，江東提刑翁點寢罷名命，以臣僚言其貪鄙無耻。　二十四日，知衢州章穎與宮觀，理作自陳；中大夫莫子經特降兩官。以臣僚言穎衰歛取贏，子經悖慢不恭。　二月五日，知興化軍陳衡與祠祿，理作自陳，以臣僚言其庸凡衰老，治無善狀。　同日，前湖南提舉徐安國特追三官，前降致仕指揮更不施行。後省看詳到新制湖北路轉運副使雷滚所奏事理，以安國曩為廣東提舉，不遵指揮，寛奚人淹造之禁，致其反側不安，且張皇事勢，疑誤朝廷，一島萬人俱遭屠戮，寃

無所訴，故有是命。　三月二日，寶謨閣待制知鎮江府辛弃疾降兩官，以通直郎張誤不法，弃疾坐繆舉之責也。　四月二日，知隨州李謙、太府少卿湖廣總領傅伯成並放罷。以臣僚言謙徇私挾怨，欲以妄開邊隙歸過於人；伯成同惡相濟，貽書朝路，扇揚浮言，詆撓國論。　二十四日，差知常州錢文子放罷，以監察御史婁機言其昨知台州傷大體以修小怨，挾公器以濟私怨。　五月十一日，寶謨閣待制知紹興府林釆與宮觀。以臣僚言其日晏坐府，詞訟淹延，有贓首一人，初申闘死湖中，復申梟首號令，前後異辭，敢於欺罔。　二十七日，前知臨江軍王潤孫寢罷宮觀指揮。先是臣僚言其餓殍流

卷三千八百九十三

移，坐視不恤，有旨放罷，既而得祠，復被論列，故有是命。　六月十八日，知楚州戚拱降一官放罷，以治郡無狀。　十九日，貴州刺史侍衛馬軍都虞候李珪降兩官放罷，以臣僚言其貪而好財，刻以剥下，精神昏憊，軍無紀律。　七月七日，知建寧府倪思放罷，以臣僚言其蠲放租税，沽譽小民，不通世務，寛縱私販。　十二日，奉議郎樂思兼降兩官。以臣僚言其初經監司按罷，表裏部胥，以為無罪，後遭臺論，又没而不言，徑赴臺參，干求差遣。　二十六日，湖南提刑張經放罷，以言者論其資稟凡下，臨事乖方。　八月三日，權發遣和州耿與義放罷，累州團練使新差知和州趙延與宮觀，理作自陳。以臣僚

言與義獄訟紛紜曲直貿亂延律已之廉聲蔭官無善
狀　閏八月一日湖南提舉胡澄新湖南提舉莫若晦
張頠並與祠禄理作自陳以臣僚言年已七十若晦資
禀巽懦殊乏風望頠年齡遲暮了無聲稱　同日江西
提刑趙譏新江西提刑張震並與祠禄理作自陳以臣
僚言譏舊汙白簡震楊已取名日新廣南提舉市舶陳
寔新福建提舉市舶黃敵德楊㦸年並與祠禄理作自
陳以臣僚言寔庸闇巽懦敵德貪饕鄙猥㦸年癃老疾
病　九月一日新知岳州黃河新差知岳州胡朝穎各
與宮觀理作自陳以臣僚言何昏耄朝穎貪鄙　十月
十一日利路提刑張孝仲與郡知蘄州錢蠻與祠禄新

卷三千八百九十三

知袁州趙彥建放罷以臣僚言孝仲貪饕無耻蠻猥俗
無能彥建贓汙無狀　同日知汀州陳鑄降一官以左
司諫易祓言其身任撫摩之職不思惠養之政乃圖上
旱禾首倡諂諛　二十一日知夔州兼本路安撫吳柄
與宮觀以夔路運判范孫言柄不奉法令不恤百姓
二十七日新知平江府王容罷新任以臣僚言其叅主
文衡復權要之私囑壞貢舉之成憲　十一月九日知
榮州胡亮更特降一官知建寧府倪思知歸州趙彥珖
各特降一官以臣僚言亮已經臺評猶且治事思妄自
尊大縱已害民彥珖以帥臣迴避故也　十二日前成
都潼川府夔州利州路安撫制置使兼知成都府謝源

明先罷名命仍特降一官以臣僚言其違慢法令肆情
妄作　十二月九日淮東提舉葉宗魯寢罷名命以臣
僚言其貪猥嗜利　十一日前淮西總領葉籈特降兩
官以妄用公使激犒庫錢物　十八日知西外宗正事
趙公介罷直祕閣新命以臣僚言其輕儇無行因宗子
伯戩等飾詞過譽而得之　二年正月十八日淮南路
計度轉運副使葉籈放罷以監察御史毛憲言籈寅緣
故相守其鄉郡尊事聚斂總領財賦多支過錢數　十
七日知慶元府李景和放罷以臣僚言其徇私廢公不
能防制其子交通關節所斷失當　二十三日新知饒
州毛嘉會新知全州楊簡並罷新任以臣僚言嘉會抱

卷三千八百九十三

病臺參幾致顛仆簡性姿愚僻　二十四日知漢州楊
子方放罷以權成都府路提刑劉崇之言其彊狠自恃
二月十二日知贛州章穎罷任與祠以臣僚言其比
歲臺臣論其剝刻　二十二日直祕閣權發遣嚴州孫
叔豹落職放罷以臣僚言其凶暴貪黷故有是命既而
臣僚復論其科罰掊取更降三官　三月十三日權知
池州陳謨追三官先是江東提舉宇文紹彭言其縱子
弟交通關節有旨放罷既而臣僚復論故有是命　二
十五日知南康軍趙善沛降兩官放罷以江東提刑李
珏言善沛挾情廢法漫上忽下專事掊剋以資妄用
同日前知處州徐邦憲降兩官罷與郡以臣僚言其狂

悖可駭不根之語搖動人心　二十六日知建昌軍趙仁夫放罷以江西提舉章洵言其素無治行且乏廉稱精神昏眊　四月十九日淮東總領趙不憸放罷以臣僚言不憸公然欺弊致難稽攷蠧根不去財賦無由明白　二十七日知嚴州高似孫與宮觀理作自陳以臣僚言其廉聲不聞　五月十一日前四川總領陳曄追三官送沅州安置以四川安撫制置司言其糴到粟麥不能覺察以致麄惡不堪支遣有誤軍計　十六日知惠州劉涣放罷永不得與親民差遣以廣東運判黃景說言其昏繆任吏貪饕鄙猥　十八日淮東運判孟猷特降三官以猷應辦軍前輙先般家口歸平江　二十

卷三千八百九十三

八日知衡州王淹放罷以臣僚言其才品凡下素乏能稱　二十九日通議大夫寶謨閣待制提舉江州太平興國宮婁機罷祠以臣僚言其居御善譽不聞子弟干撓郡政　六月二日江州都統王大節統制官王澤並追毀出身以來文字除名勒停大節袁州安置澤編管永州以御史中丞鄧友龍論列大節爭功害國澤率衆奔潰故有是命既而臣僚復言迎敵不進軍無紀律大節改送封州澤改送新州　三日知綿州洗鍔放罷以四川宣撫制置使程松言其天資貪鄙初無善狀　七日池州都統郭倬主管侍衛馬軍職事李汝翼各特降三官以鎮江府都統郭倪申新析官兵回歸事因先有

是責尋各更追五官特送郴州汝翼送靖州並安置　九日知雅州蘇嗣之放罷以四川宣撫使程松言其畨酋焚掠恬然坐視公肆跳梁殊無忌憚　十一日江陵副都統皇甫斌特降三官以斌遣軍策應失利自劾先有是命既而湖北京西宣撫使薛叔似言其輕信寡謀軍民怨詈更追五官送南安軍安置　十二日四川總領趙善宣特降三官放罷以被旨收糴米斛應副大軍支遣遷慢　十三日知峽州洪棫降兩官放罷以知夔州程驤言其貪聲粃政老而益肆　二十六日朝請大夫鄧友龍降三官送興化軍居住友龍以御史中丞宣撫江淮召歸先與宮觀繼有是責越明年十一月臣僚

卷三千八百九十三

復論友龍首開邊釁幾致誤國再追五官南雄州安置既而又論侂胄盜權用兵之罪始於友龍止從降竄於理未當遂除名改循州安置　七月二日安遠軍節度使兵在外宮觀蘇師旦特追三官送衡州安置以言者論師旦僥倖節鉞出於微賤公肆欺欺專營貨利既而臣僚又言特追出身以來文字除名勒停送韶州安置　四日新除江西提舉劉炳罷新命以臣僚言其資望甚淺超躐郎選　八月十九日前建康府都統李奕更追兩官送雄州居住先是有旨降三官送汀州居住既其交結致身士卒奔潰故有是命　二十一日左軍統制蕭知均州實夔降三官罷知均州降充本軍正將以

御前諸軍都統制趙淳言其軍民歛怨　十月十三日
知真州宣撫司參議官常褚放罷以臣僚言褚境内有
警彷徨失措　十四日朝請大夫直寶謨閣福建路轉
運判官趙善闓降兩官落職奉直大夫主管建寧府武
夷山沖佑觀田公僅降三官放罷以臣僚言善闓公僅
奉承蘇師旦各於境内收買木植州縣搔動　同日新
提點坑冶鑄錢公事陳景俊與宮觀理作自陳以侍御
史徐相言其罔冒亂法巧於經營　二十一日朝議大
夫丁常任降三官奉議郎直煥章閣主管建寧府武夷
山沖佑觀張鎡落職罷宮觀以臣僚言常任碌碌庸流
徒務貨殖鎡内行不修且復輕猥　同日知常德府常

卷三千百九十三

御孫放罷以湖北提刑陳杲言其專事口吻很復自用
十一月十七日知江陰軍林孔昭追兩官放罷以臣
僚言其初與泰州意在辭難懇求避免　二十一日知
閬州楊興降兩官放罷以知興元府劉甲言其貪虐所
在狼籍　十二月三日知隨州雷世忠特貸命追毀出
身以來文字除名勒停以京西宣撫司言其襄陽失守
虜騎之至望風逃遁　十七日浙東提刑魯暄江東提
刑沈坦並與宮觀理作自陳以臣僚言暄人品庸下謬
甚且貪坦天資險狡濟以貪婪　二十三日鎮江都統
郭倪降三官以怯懦寡謀有辜委寄故有是命既而責
授團練副使送南康軍居住　二十六日新浙東提刑

葉薿追寢新命以臣僚言其巧為營圖　三十日端明
殿學士湖北京西宣撫使薛叔似寶謨閣待制湖北京
西宣撫副使陳謙並落職罷祠先是與祠既而臣僚言
叔似既叨隆委歸過朝廷謙首植私黨幾致軍變　開
禧三年正月二十八日端明殿學士簽書樞密院事與
宮觀丘崈落職依舊宮觀以殿中侍御史徐柟言崈宣
撫江淮專輙自任賞罰失當措置乖方委用非人諂與
宮觀既而右正言朱質復言臨淮濠梁安豐皆襟喉之
地崈專輙寡謀無故委棄開掘瓦梁堰費財擾民故有
是命　同日池州都統陳孝慶追三官放罷環衛官王
瑛放罷以臣僚言孝慶恣殺攘功瑛病聾無用　二月

卷三千百九十三

六日權發遣鬱林州鮑壯猷放罷以知靜江府王容等
言其流毒于民郡縣不任其苦　八日福建路總管蕭
延祥水軍統制商榮追毀出身以來文字除名勒停送
郴州安置以臣僚言其大奚山及海州之敗軍士喪亡
船米兵器多有遺失　三月九日前四川宣撫使程松
更降三官送筠州居住以臣僚論列降三官落職罷宮
觀既而臣僚又言其猶未被受已離置司金蜀重寄委
而去之故有是命尋詔責授散官送澧州安　二十日
知涪州文梓降兩官放罷以四川宣撫使程松言其任
吏刻剝救荒蔑裂　二十七日前夔路運判李臺特降
兩官放罷以臣僚言遜職負國臺乃潔身以自觧舉部

封而棄之得旨孝圭首以逆曦反狀來上宜加寬宥故
有是命　同日前四川總領劉崇之追三官送道州居
住以臣僚言逆曦陰結虜好日久崇之不能預為之圖
迨徐景望以偽命至始封納牌印　四月三日前四川
都大茶馬吳總責授楚州團練副使特許於湖廣州軍
從便居住以臣僚言總與挺親兄弟也則曦為親姪縱
有世讎何不言於逆曦未敗之前故有是命　二十九
日淮南運判富嘉謀放罷以其挈家登舟因致淮民驚
擾　五月七日權發遣雷州林几與宮觀以知靜江府王
王容言其不能奉行朝廷賞給以激寨兵之變　九日
廣東提刑張埏湖南提刑彭演並與宮觀以臣僚言二

卷三千八百九十三

人所至貪墨　六月二十四日知靖州吳沆降兩官放
罷以臣僚言其守昭潭日肆為姦利　七月二十二日
直龍圖閣與宮觀項安世落職罷祠以臣僚言其陰險
凶殘居家則武斷一鄉執喪則冒哀求郡　二十七日
朝請大夫胡褎特追兩官永不得與知州官差遣以臣
僚言其攝事真州侵欺官錢收入私帑　八月三日知
化州湯時中知雷州趙伯東各降兩官放罷以臣僚言
時中專事騙脅詐婚求財伯東天資麤暴濟以姦貪
七日知房州于革降兩官押回本任以湖北京西宣撫
使宇文紹節言其不俟受代率然去官先有是命既而
京西運判張孝忠言其在郡否政十事追三官放罷令

京西提刑司拘管理對有無侵欺官錢申省　二十六
日知濠州周用追毀出身以來文字除名勒停送本軍
自効以建康都統田琳言其乍娛不明致使虜人衝突
九月九日奉使金國通謝國信所參議官方信孺特
追三官送臨江軍居住以信孺輒將帶去興虜有差私
覿物擅作大臣送遺輕率有失事體　十一日成都提
刑陳邕更降三官放罷初降兩官又以四州宣撫副使
安丙言其遵稟逆曦之令　十五日前知施州辥璣前
知達州陳彭壽並罷與郡指揮以監察御史黃疇若言
其當逆曦之亂各棄城去更不堅守　十月二日江西
提刑杜頴與宮觀理作自陳以殿中侍御史葉時言其

卷三千八百九十三

人品凡猥天資庸鄙　十一日新知隆興府黃由與宮
觀理作自陳以監察御史黃疇若言其數遭臺評皆劾
其居家暧昧私過難以委寄　十八日知常州湯璹降
三官送贛州居住以樞密院言其朝廷命令奉行不謹
知北來人合支錢米拖下闕月以致詞訴　十一月十
七日責授團練副使郭倪改送梅州安置以臣僚言其
迎合侂胄竊據兵權　同日鎮江同統制郭僎送連州
安置先是追官至是臣僚言其謀慮踈繆喪失兵馬
十二月二日知贛州陳子沖知泉州方銓知湖州周夢
祥並放罷知處州王庭芝特降一官以臣僚言子沖與
韓侂胄叙親銓躐取美官貪鄙尤甚夢祥與周筠亭讚

庭芝厚結堂吏以爲橐橐。四日，朝散大夫、主管建寧府武夷山沖佑觀卓洵放罷，以臣僚言其辭免名命嘗試朝廷。八日，浙東提刑吳鑄別與閑慢差遣，以監察御史章燮言其膏粱之態，貪淫頗著。九日，改差知崇慶府李塾降兩官放罷，以臣僚言逆曦叛命之初，塾將漕發路，不能糾率討賊及守要害。同日，銀青光祿大夫、提舉臨安府洞霄宮許及之降兩官，送泉州居住；通議大夫薛叔似降兩官，送福州居住；武德大夫皇甫斌吏追五官勒停，改送英德府安置。以右諫議大夫葉時言及之論事佞冑，親爲優伶下俚之事；叔似迎合佞冑，妄開兵端，及之贊之，叔似成之，斌謀啓邊釁，軍師失律，削

卷三千八百九十三

官安置，近在南安大羅，薄罰何以示懲，故有是命。十三日，知夔州蔣介追毀出身以來文字，除名勒停，以四川宣諭使吳獵言其趨僞召於逆賊，拜僞詔於公堂。

嘉定元年正月八日，知建寧府張時修、知泉州陳升、廣西提刑陳昕、新江西提舉趙公升、新差廣西提刑李綱、林會並放罷，以監察御史章燮言時修因陳自强親黨躐取會府，爲橐橐計；升厚賂蘇師旦、周筠，躐等得郡；昕老而益貪，姦贓不戢；公升輕儇浮躁，倚勢作威；綱賂蘇師旦，遂得吉州；會前任廣郡，初無廉聲。十七日，知隨州林璋降三官，送永州居住，以京西湖北宣撫使宇文紹節言其虜騎犯城，望風先遁，退屯紫山，居民驚散。

同日，朝奉大夫、提舉隆興府玉隆萬壽宮李澄追三官勒停，送南康軍居住；江西運判陳纘追兩官勒停。以臣僚言澄交結周筠，姦濫贓汙；纘廣行苞苴，席捲公帑。二月九日，華文閣學士、提舉江州太平興國宮高文虎，龍圖閣待制、提舉隆興府玉隆萬壽宮沈作賓落職罷祠，新知江陰軍高似孫降一官，罷新任。以左諫議大夫傅伯成言文虎詭譎傾邪，作賓掊尅諂諛，似孫諂事佞冑，致有是命。既而臣僚復言似孫無君之心三事，又追五官。十四日，責授順昌軍節度副使、澧州安置程松責授果州團練副使，送賓州安置；朝散大夫廖俁降兩官，送衢州居住。以殿中侍御史黄疇若言松當吳曦判逆

卷三千八百九十三

經棄全蜀，俁徒事誕謾，縱吏兵事。三月四日，寶謨閣待制、知潭州毛憲落職放罷，以臣僚言憲與蘇師旦厚，其子廷試，經營策題，既得，爲綸排文字，遂優批分數，擢爲首選。十七日，江東提刑蘇林、廣東提刑張煥並放罷，以殿中侍御史黄疇若言林素無行檢，煥凡庸躁競。二十一日，浙東安撫司參議官沈程與祠，以知紹興府李珏言其素附姦黨，老無顧藉。二十二日，新知湖州丁大同、新差知湖州徐煇、新知台州趙公介、新差知台州陳鈞並放罷，以監察御史章燮言大同貪饕俗惡，煇贓汙狼籍，公介輕儇凡下，鈞治郡無善狀。四月十三日，寶謨閣直學士、提舉江州太平興國宮楊炳落寶

謨閣直學士寶謨閣待制提舉隆興府玉隆萬壽宮林采落寶謨閣待制以右諫議大夫葉時言炳采專意阿附 十七日寶文閣直學士提舉隆興府玉隆萬壽宮李沐落職罷祠知寧國府朱欽則新知寧國府潘燾並放罷以臣僚言沐不卹公議彈劾善良欽則鄙猥尤甚在郡掊剋燾昏繆不才見於臺章 十九日陳自強責授復州團練副使改送雷州安置以其朋姦誤國黷貨徇私罪大責輕公論未厭故也 二十一日故簽書樞密院事觀文殿學士傅伯壽追三官落職以監察御史章燮言其首為讒諂阿附權臣指故相為跋扈 閏四月二日中奉大夫直祕閣張娫落職罷祠先是與祠既

卷三千八百九十三

而臣僚言其老不知止故有是命 三日水軍統制王整追兩官勒停以沿海制置司言其貪黷掊剋 八日新知寧國府林祖洽罷新任與宮觀以臣僚言其歷官雖久本無可稱 九日江東提刑許開湖北提舉趙伯檜知臨江軍龔準並放罷朝奉郎韓安卿降兩官以臣僚言開很傲凌物伯檜人品凡下準操行回邪安卿以驕騃之資濟膏粱之習 十九日知撫州高商老知常德府呂昭遠並放罷以臣僚言商老老益昏繆昭遠鄙野狠暴 五月二十一日知江州陳謙放罷以臣僚言其貪汙諂佞躁競有三不美 二十三日知郴州趙彥棪更降兩官永不得與親民差遣先是降兩官放罷既

而臣僚言其養寇殘民故有是命 同日廣西提刑趙亮夫與宮觀理作自陳以臣僚言其三經彈奏 同日直祕閣湖南提刑黃壤落職先是有旨放罷既而臣僚言其峒寇竊發措置乖方奏報稽緩亡師失將 二十六日新知寧國府王益祥與祠以臣僚言其初以鄉相獲登權門 六月五日新差知衡州潘景連趙彥紆蘇森並與祠祿以臣僚言景連貪黷駔獪彥紆豢習膏粱森通譜系於蘇師旦而志在速化雖辱及父祖不計 十六日淮南運判張頴淮南運判張縉並放罷以臣僚言頴素無行檢徒事輕儇縉庸鄙不學僥倖苟得 同日前參知政事衛涇罷宮觀以臣僚言其廟堂之上惟是徇私

卷三千八百九十三

同日直寶謨閣京西運判張孝忠落職放罷司農寺丞京西湖北宣撫司參議官譚良顯降兩官放罷以臣僚言孝忠凶悖回邪良顯淫汙貪墨 十九日知靖州葉禹新知常州趙彥拯並放罷以臣僚言禹專事科罰以豐府庫彥拯頃知永州諸司論罷故也 七月二日寶謨閣直學士提舉江州太平興國宮張澤落職罷祠以臣僚言其為侂胄心腹 十七日司農卿湖廣總領趙善悲降一官放罷以臣僚言其猥凡巧佞素乏廉聲先有是命既而復降一官 八月九日權知濠州王大昌新權知循州鍾大猷並放罷以臣僚言大昌初無長才惟巧圖進大猷特科得官不自愛重 十四

日新知崇慶府杜源追毀出身以來文字除名勒停送賀州編管以臣僚言源三倅名郡荐領麾符表賀吳曦為臣判逆。十六日新知温州留駿新知全州黄謙並與宮觀理作自陳以臣僚言駿耄昏謙傾險。十月十六日權發遣隆慶府閻伯永放罷以利路提刑胡瀞言其專事掊尅。二十八日前京西運判張孝忠前淮南運判張穎各降兩官以監察御史章爕言孝忠以前官積累互送不明穎招軍取媚費用萬數。同日知肇慶府湯況知宜州洪公巽並放罷以監察御史余崇龜言況見謂闒茸公巽專事奔趨。二十九日朝請大夫黄瀚追兩官以臣僚言瀚茍徇私情廢格詔令。同日知

卷三千八百九十三

廣德軍趙師日放罷知常州劉董與宮觀理作自陳以殿中侍御史黄疇若言師日為政怙諛董政出吏手。十一月二十四日寶謨閣學士知福州倪思落職放罷特降兩官中大夫李沐更追三官以殿中侍御史陳晦言思輒肆險論任意詆譏脅持朝廷得旨鐫秩既而臣僚復論沐陰附侂冑陷害忠良與思情好最為款密。十二月八日顯謨閣直學士通議大夫知建寧府謝源明放罷以右正言黄中言其陰險反覆朋邪害正。二十二日寶謨閣待制差知建寧府陳讜與宮觀理作自陳以臣僚言讜莅官臨政了無績效。二年正月二十二日知江陰軍葉延年知興化軍趙善攄並放罷以臣

僚言延年性資駔儈巧於為姦善攄不學短闇何以臨民。二十四日知湖州王炎放罷以臣僚言其救荒無策。二月七日新知處州丁煜罷新任以臣僚言其庸猥貪饕。八日新知汀州趙不謏罷新任以給事中鄒應龍言其貪黷苟賤。十五日寶謨閣直學士提舉江州太平興國宮宋之瑞寶謨閣待制提舉江州太平興國宮李景和並落職江西提刑徐似道浙東提舉魯秆並放罷以左司諫劉榘言之瑞貪猥景和很暴似道輕猥秆交通賄賂。二十二日新湖南提舉張大猷新知湖州吳洪並罷新任以臣僚言大猷昏耄貪暴洪在官無廉稱。二十四日知袁州余端誠知江州韓松新知

卷三千八百九十三

全州王潤孫新知岳州張惠卿並放罷以臣僚言端誠志趣猥下松駿不更事潤孫懵不曉事惠卿昏老貪饕。二十八日新除利州路提刑宋德之成都運判錢文子各降一官以四川宣撫副使安丙言德之當候合符宜緩而速文子不須候代當行而止。三月一日前淮東提舉趙善認放罷以臣僚言其引用韓侂冑專政日起復名赴行在指揮徑入國門。十六日寶謨閣待制新知潭州施康年落職罷宮觀先是詔與宮觀既而臣僚言其黨附權臣躐取官職故有是命。二十二日朝散郎故元衡降兩官以監察御史林琰言其為憲浙西受孫元卿之囑。二十三日權發遣梧州陳宇降兩官

放罷以廣西提刑郭栻等言其一郡之政聽之子弟表
裏胥吏交通關節　二十五日淮南運判張孝仲放罷
以臣僚言朝廷方備營屯之謀而孝仲秉時私買淮田
不能體國　同日右文殿修撰陳子冲直寶謨閣魯鎡
並落職直龍圖閣新知泉州張嗣古落職放罷以侍御
史陳晦言三人皆權臣之所親厚得罪公議　二十六
日知德慶府曾丰降一官放罷以左司諫劉榘言其嘗
宰浦城民訴姦贓辟知德慶一意聚斂　四月二十六
日直寶謨閣福建路轉運判官李浹放罷以臣僚言其
從成吏手養高自尊　五月七日知吉州薛璆知信州
司馬遵並放罷以臣僚言璆和糴侵欺遵郡政乖謬而

卷三千八百九十三

二州稱提官會並緣命令困剝害民　六月十四日差
知處州王益祥與祠祿以臣僚言其輕薄凡庸汙迹姦
狀備見前論　二十四日右軍統制韓全降兩官放罷
以江淮制置使何澹言其刻剝軍糧役使軍士致其下
陳國忠等部領老幼越城逃遁　二十七日知蘄州曾
梁知黃州金興並放罷以臣僚言梁掊克斂民興素無
廉稱不能安集邊淮既而臣僚又言梁科抑數取為政
不恤復降兩官　同日池州都統秦世輔追三官送郴
州居住以臣僚言其掊克太過軍情怨憤幾致嘯呼
七月二十八日直華文閣四川茶馬趙綱新知南雄州
張萃並放罷以臣僚言綱褻狎官妓掊克兵糧萃貪緣

得官昏鄙不才　八月二日新提舉福建市舶徐大節
新知新州韋翌新知潯州高可行並罷新任以臣僚言
大節誅求邊民翌屢經彈劾可行賄賂公行　二十三
日新知撫州王公邁罷新任以臣僚言權臣用事公邁
締交諂媚　九月十七日知安慶府林仲虎降兩官先
是江淮制置使楊輔言其盜賊入城不能捍禦收捕有
旨放罷既而三省復言故有是命　二十五日前淮東
提舉趙善認勒令宮觀朝散大夫薛元肅日下押出國
門以臣僚言善認已為議者擊去復求美除元肅已遭
臺評干求差遣　十月一日權發遣復州范珏放罷以
湖北提舉曹彥約言其在任不職　十八日新權發遣

卷三千八百九十三

辰州吳芝與祠祿理作自陳以臣僚言其癃老偏廢
十一月二十二日新廣東提刑常褚新知吉州施宿並
罷新任以臣僚言褚謀身姦邪宿邀功避事　十二月
九日知衡州陳士廉放罷以湖南提刑胡澥言其朋附
二憸妄指正人以為偽學　三年正月四日新知德慶
府黃庸新知瓊州李若水並放罷以監察御史林珙言
庸納賂求進取媚權臣若水知循州虧陷錢物　同日
知岳州曹格知昌州王騊並與祠祿以監察御史范之
柔言格昏耄已甚郡事不理騊實歷四考便任專城
三月四日知南安軍趙師傳放罷以江西運判胡槻言
其盜方萌芽不以時撫安已出而熾亦不措置勦捕使

足袍洞之寇平欺縣道　七日資政殿大學士通奉大夫新知瀘州費士寅與宮觀以臣僚言其頃在二府無所建明比守潼川不屑意郡事　八日知歸州王茹放罷以湖北運判范子長言其根括逃田創納糯米增置酒場重征舟楫　九日知鎮江府俞烈與宮觀以臣僚言其虧陷樁積米斛　二十一日水軍統制李福放罷以鎮江都統畢再遇言其虛作名色支出官錢　二十五日新特改差浙東兵馬鈐轄劉玉寢罷新命以臣僚言其奔競躁進　三月四日新改除福建提舉葉宗魯江東提舉張聲道並與宮觀理作自陳以臣僚言宗魯罷軟聲道庸鄙　九日新知袁州丁大椿罷新任以臣

國　卷三千八百九十三

僚言其懵不更事　十日新知廣德軍鄭擢放罷以臣僚言其武斷鄉曲開置坊場　十四日泉州左翼軍統制王去疾降兩官放罷以侍御史劉榘言其懵然謀略惟事掊剋紀律不明將士慢弛　十七日前知吉州李絪降三官送澧州居住以侍御史劉榘言其用猾吏謀徧科諸邑盧陵被寇絪實貽禍　二十一日新知梅州張大任罷新任以臣僚言其昏耄貪鄙　同新除宮觀陳子冲罷宮觀以臣僚言其朋比貪饕　四月十九日淮西運判徐燁浙東提舉孟植並放罷以監察御史徐宏言燁營私益甚植曠瘝厥職　同日知處州林孔昭知江陰軍蘇十能並放罷以臣僚言孔昭督迫蠲稅減

職官七四之三五

剋軍食十能老而昏憒獄以賄命　二十二日推鋒軍統制俞端特降兩官勒回殿司自効以侍御史陵峻言其紀律不修肆行刻剝　二十四日太中大夫提舉隆興府玉隆萬壽宮陵峻宣奉大夫提舉江州太平興國宮趙善堅並罷祠祿以臣僚言峻久居瑣闥專事暗默封駁之事了無所聞善堅濫尹天府苛刻益甚回祿之變措置乖繆　五月六日權知楚州譚良顯與宮觀理作自陳以知揚州畢再遇言其務逞己意沮壞機謀　十三日權發遣安豐軍史天錫放罷以臣僚言黷貨虐民　二十一日湖北提舉趙善石放罷新知汀州洪植新知歸州王柏並罷新任以臣僚言善石行部湖外所

國　卷三千八百九十三

過騷然賑糶米場吏卒容私相衰弱昏眊語言失次植為軍器簿見桂臺評　二十六日建康副都統制兼知濠州何汝霖免知濠州知南康軍晁百談放罷以臣僚言汝霖民訟不決百談郡政不理　二十九日新知簡州韓子庚降一官罷新任以四川宣撫安丙言其前任廣安軍盜用錢物聖旨委成都提刑李興宗結勘興宗具申實知子庚素來介潔並無上件事實如以興宗為朋比欺罔乞同賜罷黜遂降此命仍劄下提刑司免根勘　六月二十三日知梧州鄭炎放罷新知惠州李桐再與祠祿以臣僚言炎專務科罰以營己私桐姦貪之跡公論不容　二十六日新知南外宗正事趙公介罷

職官七四之三六

新任仍舊祠祿中奉大夫提舉建寧府武夷山沖佑觀曾聞朝散郎主管台州崇道觀周夢祥並罷宮觀以臣僚言公介曩為別駕明犯清議暨在西外貪黷狼籍聞將漕江東彊置木植攝事總餉盜用官錢夢祥附會周鎬目架閣而得名試守吳興日朝廷有抄估侂胄家產之命遲回數日方肯差官　七月三日知隆興府魏良忠追兩官知閬州趙奎降兩官知開州張晉放罷以臣僚言良忠頃入京襄帥幕虜至不告而遁奎冒受祖澤政以賄成晉年垂八十貪榮嗜利　十三日知廉州陳朴放罷以廣西運判楊方言其酷虐難以臨民　二十四日知衢州孫子直降一官以浙東提刑譙令憲言其防患弭盜之術有所未究是致兇徒相挺為患　二十八日權發遣藤州趙善溢權知賀州徐畬各降一官並放罷以廣西運判楊方言其皆忝郡寄不恤官物致本司失陷漕計米　八月二日朝奉大夫主管建寧府武夷山沖佑觀王公邁承議郎主管建寧府武夷山沖佑觀王庭芝並罷宮觀以臣僚言公邁歸投權臣僭越倫等庭芝武斷州縣結托權要　三日通奉大夫龍圖閣待制致仕宋之瑞落職降一官朝奉大夫許開降一官以官僚言之瑞與權臣為狎友乃逞私辯開困挫彭龜年而右豪户士夫切齒　五日廣西提刑鄭贇放罷以臣僚言其試邑雩都惟貨是黷自司臬事庇護贓吏

卷三千八百九十三

十一日敷文閣直學士前知成都府吳獵罷名命落職以臣僚言其縱吏用兵　二十六日中大夫提舉隆興府玉隆萬壽宮丁常任中奉大夫集英殿修撰主管武夷山沖佑觀俞烈並罷祠祿以臣僚言常任奴事權要詭祕其跡烈廢放之餘不能服寬大之澤　二十七日知惠州沈自中降兩官放罷以廣東提刑廖德明言其用刑慘酷誣執平民　九月七日新知常州趙善鐻罷新任以臣僚言其顓務掊剋　二十七日知泰州翁瀞新知沅州劉鉅並放罷以臣僚言瀞苛賦重斂鉅居官碌碌　二十八日權發遣鬱林州裴松罷改知辰州新任以廣西運判楊方言其用投人之威行聚斂之政市井流移商旅斷絕　十月四日權發遣象州章時言放罷以廣西運判楊方言其任吏害民難堪郡寄　五日權發遣賓州尹擬降兩官放罷以廣西運判楊方言其專恣貪汙　二十五日知昭州趙善資放罷以臣僚言其繆舉欺罔　十一月十二日新差知常州常建興祠祿理作自陳以臣僚言其行權刻之政　十四日知漳州錢蛍特降一官以漳州士子凌辱試官　十二月三日前知南安軍郭應龍罷宮觀先是有旨宮觀既而臣僚言其貪功寡謀坐受贓欺　四年正月二十二日夔路運判王顧問湖北提刑周棟並放罷以臣僚言顧問為守道州聚歛自豐移節江西不舉荒政棟試邑繁昌

卷三千八百九十三

受成吏手，旋得川麾，其政愈繆，故有是命。　二十三日，
新差主管建寧府武夷山沖佑觀王處久，初經鐫謫，以
韓侂胄姻親，遂得叙用。昨掌步旅，軍士陞差，惟賄是視，
提兵江面，有武藝者反不得行。　二十八日，新知重慶
府趙善宸、新知達州史震並放罷。以臣僚言善宸嘗宰
南部，黷貨無厭；震凡宰縣邑，聚斂繁苛。　二月十四日，
保康軍承宣使、提舉佑神觀畢再遇降一官。以臣僚言
再遇以一朝之忿，戕乃弟之命，斲喪天倫，蔑棄王憲，故
有是命。既而復被論列，遂罷宮觀。　二十七日，朝奉郎、
主管台州崇道觀胡元衡，朝散大夫、主管建寧府武夷
山沖佑觀薛元肅，並罷祠祿。以臣僚言元衡治無善狀，
招權鬻獄；元肅既遭臺評，乃復入京營求除命。　二十
卷三千六百九十三
八日，權發遣臨江軍解邦俊與宮觀。以江西提刑李珏
言其前政任內折納縣用苗米，乃追典押勒招侵盜，供
攤平民，人言籍籍。　閏二月二十七日，知漳州錢蟄放
罷。以臣僚言通判林寅為漳州監試，致士子鼓譟，科舉
停廢，興起大獄，知州錢蟄不能禁約。　二十八日，新知
廣德軍錢思忠、新知英德府施廣求並放罷。以臣僚言
思忠惟吏是任，郡事廢弛；廣求試邑上虞，侵用公帑，及
倅辰州，科買騷擾。　四月二日，新知永州潘涓罷新任，
新知南劍州黃間與祠祿。以臣僚言涓招軍受賞，間立
朝險躁。　五月二日，新知南劍州沈埴、新知巴州何友

諒並放罷。以臣僚言埴政無廉聲，友諒任吏橫歛。　六
月二十八日，知通州王百度放罷，新知永州陳廣壽罷
新任。以臣僚言百度闒茸繆庸，廣壽居鄉豪橫。　四年
七月十七日，夔路提刑李埜降一官放罷。以臣僚言其
素無行檢。　二十六日，知信州李昌放罷，知饒州歐陽
伋與宮觀，知南劍州虞沆孫與遠小軍壘。以臣僚言昌
賑救無策，致民作過；伋頃宰會稽，事以賄成；沆孫僥倖
朝行，首遭論列。　同日，新知信州陳守、新知饒州姜楷
並與宮觀，理作自陳。以言者論二人皆癃老多病。　八
月二十五日，知成州雷雲降一官放罷，永不得與親民
差遣。以利路提刑毛璞言雲苛刻肆行，公事付之吏手。
同日，新辟差知橫州謝庭玉、新知賀州周廷藻、知化
卷三千六百九十三
州張岷並放罷。以臣僚言庭玉公行劫奪，恣為滛穢；庭
藻專事貪相，為之營幹；岷作邑於貪相之鄉，夤緣遷進。
九月七日，知岳州黃渙與宮觀，理作自陳。以湖北安
撫李大性言其率意妄作，抗拒諸司，故有是命。既而湖
北運判王允初復論，遂罷宮觀。　十四日，權發遣階州
趙寅特追兩官放罷，永不得與州郡差遣。以利路提刑
毛璞言其贓貪刻虐，軍民嗟怨。　二十二日，知廉州長
幼學、知貴州江邦佐各降一官，以不遵聖旨不放牛稅，
從廣西運判楊方之請也。　二十八日，中大夫、提舉臨
安府洞霄宮李壁今後永不收叙。以臣僚言其阿意諛

隨從開邊　十月三日新知襄陽府王居安與宮觀
以臣僚言居安朝廷責之平盜涉日費財不能效尺寸
之功　十四日知撫州林岊知建昌軍周嶷並與宮觀
理作自陳以江西運判胡槻言岊號清流使居學館或
能稱職而強以民事實非所長嶷以寬柔之資當劇繁
之郡諸縣玩侮羣吏縱橫　十一月二十五日新京西
路副總管郭倓放罷以臣僚言倓貪暴驕騃父任殿巖
恃其聲勢侵漁士卒招權納賄故有是命　十二月二
十三日知合州黃子持放罷以四川制置使安丙言合
州富商拔叔之妻計囑官吏更不經縣結勘徑自本州
曲意証蔑以死者為無冤　二十四日新知太平州葉

卷三千一百九十三

簀新差知太平州方銓新知池州吳衡新差知池州薛
揚祖並與宮觀理作自陳以臣僚言簀貪刻著聞銓嗜
利傾險衡驕騃輕儇揚祖連年抱病　二十六日果州
團練使權知池州趙延放罷先是臣僚論列既而江東
運判胡澥言其違法收稅蔑視監司　五年正月二十
六日沿海制置司水軍統制李俊民放罷以臣僚言其
軍政不修恣為掊剋　二月一日成都提刑林栔已與
宮觀前知靖州葉萬勒歸田里以臣僚言栔已守嘉定
日名怨釁人改界寨節有訴邊寨侵剝悉不為理以致
羣起入省地剽掠萬分符渠陽權臣用兵諸郡例有招
軍之令萬急於奉承乃擒捕市人為之　三日新提舉

福建市舶黃士宏罷新任以臣僚言其頃知沅州政以
賄成民冤莫伸　五知敘州史師道追兩官放罷以四
川制置大使安丙言其黨庇蠻夷作過不堪倚仗　十
二日江州水軍統制陳定顯放罷以江西安撫李珏言
言其減剋戍兵錢米以充私用輒取娼妓置之軍中
二十九日知嘉定府許沆放罷新知嘉定府張方別與
差遣以臣僚言嘉定府有夷都蠻大入省地作過沆不
能隄備代沆者張方除再任教官外別無履歷在朝二
年即分符竹恐未能控制故有是命　三月八日知永
州沈圻知郢州傅伯崧並放罷永不得與親民差遣以
湖南提舉樂章言圻委任郡吏龍寅爲腹心夏輸正色

卷三千一百九十三

外每石勒納錢八百文伯崧郡民李如勣身死無子兄
如翔有子當繼伯崧乃謂如勣戶絕籍沒不與繼立
五月四日權知黔州蔡南放罷以四川制置大使安丙
言其縱田冉兩族人入省地劫掠又受田祖周等沙板
違法造筏　六日知撫州林合降一官放罷更追兩官
先是監察御史金式言其支撥新會到郡樁留官庫更
不與民換易既而江西安撫李珏復言其將朝廷給降
新會侵移他用故有是命　三十日新知金州句廷永
放罷知高州黃鳳追三官永不得與親民釐務差遣先
是右正言董居誼言廷永嘗為宣司屬官因被檄刷見
諸郡錢物乘時妄作動刷靡遺鳳守昌化時有銀綱因

風濤失陷仍妄稱被刼既而廣西提刑崔與之復言鳳治郡亡狀勒主客戶納錢買鹽發賣收利故有是命　六月二十日池州中軍統制郭興特降兩官放罷以主管馬軍公事許俊言其不卹士卒掊刻接受　二十七日知道州徐杞放罷以殿中侍御史徐宏言其昨守南安邊事將開迎合希進多刺禁軍坐費廩給　七月二日新知雷州薛伯虎別注合入差遣以臣僚言其作郡太驟繳還錄黃　五日主管建寧府武夷山沖佑觀趙公介罷祠祿以臣僚言其素無行檢四玷臺評干撓州縣惟利是嗜　同日知興國軍趙師勉降一官放罷以江西運副王補之言其不遵朝命秤提官會　二十八

卷三千八百九十三

日主管建寧府武夷山沖佑觀蘇林沈坦並罷宮觀以臣僚言林屈意與蘇師旦通譜辱及其先坦奉祠于家橫恣益甚　八月三日前提舉隆興府玉隆萬壽宮倪思降兩官以監察御史石宗萬言其彊愎自用濫竊虛名居鄉無狀　十三日知藤州姜安行降一官放罷以知靜江府李訦言其每年合解上供并經總制錢並不依限起發科罰販賣無非規利　二十七日前主管台州崇道觀呂昭遠再興祠祿以殿中侍御史徐宏言其精神衰憊言語間章若使臨民必無善政　九月十二日知雷州鄭公明放罷以廣西提刑崔與之言其三次般運銅錢下海博易蕃貨　二十七日知和州富嘉謀

知安豐軍許成之並放罷以江淮制置使黃度言嘉謀遺火延燒掩覆不盡以聞成之新會初行移書往問具報迷錯如醉夢中語　二十九日趙善鑲罷宮觀以臣僚言其任官所至屢以貪敗　十月四日新知邵州陳振新知漳州張煒並罷新任以臣僚言振昨倅會稽招攬事權妄作威福煒昨守毗陵在官之錢乃欲以為儲積欺罔朝廷　三十日王處久差主管台州崇道觀指揮寢罷以臣僚言處久以佗胄姻婭職司禁旅同惡相濟　十一月五日前江州副都統制呂春降兩官以右正言石宗萬言其支犒軍錢悉減其半將校張汶出戍從而侵凌其妻　十三日華文閣直學士新知婺州李

卷三千八百九十三

大異褫職罷新任以臣僚言其守建寧日養病閉閤從容子弟預政故有是命　二十四日宮觀李沐敘復元官指揮寢罷以臣僚言予祠已幸不可盡復繳還錄黃　十二月九日王容陳謙並罷宮觀以臣僚言容事親弗悅事君不忠謙貪墨窮傷謟事權貴　二十四日新知永州尚及言新知象州江邦佐並罷新任以臣僚言及言嘗貳輔藩交通獄掾招權鬻獄邦佐試郡貴陽增價鬻鹽掩有餘利　二十九日提舉隆興府玉隆萬壽宮趙師䇓罷宮觀王容敘復元官指揮寢罷以臣僚言師䇓頃以多貲交結權臣容不忠不孝已罷其祠敘復元官併乞寢罷　六年正月四日徐宏新除祕閣修撰

知永州指揮寢罷以臣僚言其向為臺官每為親故營薦抹護率有定價　二十三日前知欽州陳經降一官以知靜江府李訦等言鄉民結黨嘯集作過經坐視不捕亦不申聞諸司　二十九日葉時新除徽猷閣直學士知婺州指揮並寢罷周虎特追五官勒停送徽州居住仍追贓入安邊庫以臣僚言時權姦用事之日冒居言路虎以私喜怒繩治軍人去替之日以修戰艦妄破官錢數萬揜為己有　二月二日新知新州趙伯東罷新任以監察御史金式言其昨守雷州多破官錢收買商貨航海以歸　同日新知辰州曾槼放罷以監察御史黃序言其嘗為萬州席捲公帑　十七日曾臬差官

卷三千八百九十三

觀指揮寢罷以給事中曾從龍言近世贓吏臬其尤著　二十八日新知崇慶府羅植罷新任以監察御史黃序言其曩守嘉定迎拜逆曦偽詔蜀士咸切齒之　三月二十一日史彰祖差知沅州指揮寢罷以臣僚言其更化之初臣僚論列公論不容　二十八日江東運副孟猷提舉廣東市舶常御孫並與祠祿以臣僚言猷守婺女日假託修城多破官錢御孫守常德日侵欺官錢不恤荒政　四月二日知湖州趙崇規放罷以監察御史黃序言其信任配吏溺惑嬖妾鬻獄受賕　十五日前殿中侍御史林珙奪職罷宮觀徐宏更降一官以監察御史倪千里言珙昨任臺諫一向狥私宏過惡暴著實

駭聽聞　二十六日秘閣修撰知隆興府王補之褫職放罷先是右諫議大夫鄭昭先言其為總餉時盜用公帑取媚權姦既而臣僚復言權姦用事之時考校法科輒狥私囑　二十七日鄭握罷宮觀更降一官先是殿中侍御史石宗萬言其奉祠里居漁奪鄰里不能安居既而臣僚復言握既罷宮觀愈無顧藉故有是命　二十八日知岳州曾寧降一官放罷以湖北提刑宋德之言其昏惑顛倒用刑差誤　六月二十九日知貴州林釆放罷新知靖州王宗度與宮觀以殿中侍御史石宗萬言釆嘗守湘陰受賂狼藉宗度得疾沈緜政必廢弛　七月一日權發遣建昌軍豐有俊放罷以臣僚言其

卷三千八百九十三

峻急苛猛千里騷然秤提官會科擾尤多　四日潼川運判費士戣利路運判李嗣文並與宮觀以臣僚言士戣衰病廢事嗣文資淺望輕　同日知池州傅伯名新知峽州汪必進並放罷以臣僚言伯名向守臨川科罷民錢今為池陽年邁荒耗必進厠跡列院楮幣更革之初將指巡行妄作威福　二十五日知真州徐景知盱眙軍陳師文並放罷以殿中侍御史石宗萬言景殘忍不恤師文臨事乖繆　同日知富順監何縈降一官放罷永不得與親民差遣以臣僚言其貪贓無狀肆為大言　同日知襄陽府楊九鼎令赴行在奏事指揮寢罷以給事中曾從龍言其為國藩籬悠悠歲月茫無端緒

先有是命既而臣僚復言九疇舉動乖方自失威望已更賜褫職故有是命　二十八日權發遣吉陽軍謝學禮放罷仍不得興州軍差遣以廣東提刑方信孺言其與土人義兵統須陳維翰往來甚密求婚不從生事科擾

卷三千七百九十三

全唐文續　繪會要

黜降官十二

嘉定六年八月二日知鎮江府俞應符放罷以臣僚言其比知寧國託名修城多破官錢先有是命既而監察御史倪千里復言其守京口苛刻聚斂乞褫祕閣修撰職名　四日魏大有改知荊門軍指揮寢罷且與祠禄以臣僚言大有氣貌麤俗舉止踈狂必無和平之政　十四日前知常德府趙師垂降一官知常德府鮑粹然降一官放罷先是知常德府鮑粹然申師垂前任妄支錢物貪饕可見既而給事中曾從龍復言見任知府鮑粹然以交承之誼持告訐之私其間張皇失實先有是命既而湖北提舉尤棐復言粹然故意滅裂不肯從秤提約束昨妄申前政以為得計輕視監司很愎詒粹然更降兩官

卷三千七百九十四

二十四日新改知永康軍薛紱新知興國軍丁大橋新知融州翟畇並與祠禄以右諫議大夫鄭昭先言紱輕儇不靖簧鼓是非大橋貪鄙很愎夤緣媒進畇氣習膏粱見謂庸懦　二十六日新知南外宗正事趙善悲罷新任趙彥珖與宮觀以殿中侍御史石宗萬言善悲為桂林日盡刷官庫金打造刻漏三副遣遺權要貪相及蘇師旦下政彥珖居鄉龍斷居官貪鄙　九月一日王騶差知盱眙軍指揮寢罷以給事中曾從龍言其入仕以來屢汙白簡　十一日知隆慶府張子

里新知隆慶府楊什修並與祠祿以監察御史黃序言
子里褒為筠州通判侵權撓政賄賂公行什修愚闇不
才臨事昧繆　閏九月十七日陳士廉差知容州指揮
寢罷以臣僚言其素乏行檢士論不容　二十三日前
江陵府副都統制雍政追還轉兩官以殿中侍御史石
宗萬言政元係眾義郎因除江陵軍帥照例轉修武郎
政貪刻上負朝廷而所與之官豈宜虛辱故有是命
十月五日新知興化軍葉嗣昌降兩官罷新任以監察
御史黃序言其與父母不從儀制娶妻棄之室屬與弟
爭財至於經郡　二十二日提舉福建市舶趙不熄更
降一官先因臣僚言其多徵番舶抄籍誣告得旨降兩
卷三千百九十四
官放罷既而給事中曾從龍復之更行繳降永不得與
監司郡守差遣　二十六日吳獵更降一官先是江西
運判趙崇憲言其知吉州日夏秋苗多取於民收糴
官會反為民害得旨放罷既而中書舍人董居誼復言
機採之物議猶以為輕乞更與鐫降　十二月二十七
日江東提刑葛嶠與宮觀以臣僚言其行部之日不勤
澄清風采披靡　二十九日潼川運判樊士迪知安慶
府張嗣古並罷以臣僚言士迪前守嘉定輸納取贏顯
試受賄嗣古權臣之甥僥倖得郡同日直祕閣知夔州
鮮于中之放罷以臣僚言其自至夔門專事貪黷　七
年正月六日知衡州胡坦與宮觀知融州盧炳放罷以

監察御史黃序言坦昏愚懦弱炳兇很姦貪　同日新
知鬱林州趙粹夫罷新任以監察御史倪千里言其素
行亡狀貪心茲肆巧圖贓取　二十一日直祕閣施宿
罷職與祠祿以中書舍人范之柔言其昨任淮東運判
刻剝亭戶規圖出剩以濟其私　二月二日知寧國府
趙善宣放罷以監察御史倪千里言其素無才術且乏
廉稱　十四日知巴川蹇似之放罷以其結納逆曦交
通急首從利路提刑楊熹請也　二十八日前知楊州
趙師石轉官指揮寢罷福建運判費培與宮觀理作自
陳以侍御史石宗萬言師石以師旅擾略無施設刻剝
軍人邊事曾不講究培頃將漕淮右劇是不當僅理之
卷三千百九十四
欠立限急如星火一路騷然　二十九日俞灝新除湖
北提舉指揮寢罷與祠祿權發遣和州陸峻放罷以右
正言應芝言灝昏老繆庸殊乏風采峻性本貪狠外飾
儉素　三月一日知南康軍魏寶光放罷新知南康軍
陳模與祠祿以監察御史黃序言寶光苛刻董征交通
關節模依附貪相經由學館濫叨郡紱　八日淮東提
舉謝周卿放罷以監察御史倪千里言其假守黃州帑
藏充盈妄用無藝　十三日權鋒軍統制陰明放罷以
其御軍無律退縮怯懦不能任事從知廣州洪偃(伋)請也
二十五日權發遣高郵軍應懋之與宮觀理作自陳
以本軍城壁樓櫓釣橋損壞牒本軍計料顧乃藐然相

視從知楊州崔與之請也　二十七日知贛州王遲與宮觀以侍御史石宗萬言其才術駔儈一意掊斂　四月六日張澤差宮觀指揮寢罷以監察御史倪千里言其侂冑擅權夤緣姻黨躐居諫長侂冑既敗乃僅黜職罰祠令又巧於經營再畀祠廩故有是命　同日孟猷王庭芝並罷宮觀以監察御史黃序言二人皆以貪婪致富得罪公議　八日知安豐軍郭紹彭放罷以監察御史倪千里言其才望素輕牧御無術　同日新浙西安撫司參議官方桷降一官罷新任以監察御史黃序言其頃守連州郡政廢弛　三十日將作監丞新添差通判太平州周槃放罷以右正言應𡒊言其齷齪無取

卷三千六百九十四

經營薦進　五月十七日知信州趙不摭降一官放罷以其一意聚斂蠹國害民從江東提刑王益祥請也既而諸司論列復詔更降一官　二十七日新知常德府勾廷永新知循州陳撣並罷新任以右諫議大夫鄭昭先言廷永叨入宣幕憑藉聲焰覦視同列撣一意掊斂以自封殖　六月十一日知藤州楊炎正與宮觀以其不申鹽額營私自便嘗除掌故司直遭論歛望從廣西運判陳孔碩請也　七月五日知潯州蕭天與知廣州呂知柔並放罷以監察御史黃序言天與科買並不償直違法擾民非一知柔交通關節賄賂公行　同日新知綿州郭公燮罷新任以監察御史倪千里言識趣既

畀侵盜無藝　八月二日知嘉定府洪偲與祠祿新知重慶府劉光新知隆慶府何友諒並罷新任以監察御史黃序言偲性根貪鄙前任重慶凡事任情光老益貪殘比守忠州贓汙狼籍友諒心術傾憸昨知忠州政出一切　九日新知廣州趙善賀新知容州史天錫並與宮觀理作自陳以善賀比守昭州尤無善狀旋玷臺評天錫昨守安豐姦狀益著劾章可覆從廣西諸司申請也　十三日趙善諰罷宮觀以禮部尚書兼給事中曾從龍言其持節廣東黷貨婬姦更化以來奉祠家居可謂漏網故也　同日江公亮罷宮觀以禮部尚書兼給事中曾從龍言其臨川之政碌碌無聞百姓王蒙者苦

卷三千六百九十四

於兇會析閱析開提舉司申省文字以撫州兇會賣價書於其後朝廷行下根究而公亮任情徇私　九月二十七日知賓州趙師愬知郴州張仲舒並放罷以殿中侍御史應𡒊言師愬為倅江州非法科斂仲舒向知澧州欺罔侵盜　二十八日新知江陰軍王子洙新知興國軍吳衍並與祠祿理作自陳以右正言黃序言子洙起廢而得澄江需索逬從必欲豐侈衍吏職登第一意趨媚不忘故態　十月六日湖南提刑張聲道放罷別與侍闕州郡差遣以監察御史倪千里言其起廢得知永州有大辟阿易公事鞫異聲道自本州持憲節更不避嫌倚權妄作　同日知夔州樂章降一官放罷以監

察御史李楠言其向將指湖湘並無善狀曲庇周司戶
狎妓侵盜官庫錢米事　十一月三日新知嘉定府劉
參放罷以監察御史李楠言其任敘州日聘女市銀以
重秤而多取熳飾舊城僥覬勞賞　八日趙不愧罷祠
祿不愧不撫候依條該敘官日各展一期敘以監察御
史倪千里言其三人者刻剝民財盜竊公帑充斥私家
如出一律故有是命　十二月十六日新差知蓬州王
文孫特降一官以其任金州通判全不體念朝廷驅磨
遞角公然違慢從利州路轉運判官任處厚請也　十
八日葉宗魯知筠州指揮寢罷與祠祿理作自陳以禮
部尚書兼給事中曾從龍言其持節淮東席捲監課以
實囊橐物論至今不已　卷三千四百九十四　二十八日江東提刑王益祥
放罷以監察御史李楠言其以鄉曲攀陳自强之援以
姦回逢侂胄之惡荐更麾節殊廉之稱　同日林行可
罷宮觀陳乙奏薦指揮寢罷以臣僚言曩者公論謂權
姦之罪成之於終者行可是也而竄責獨得善地量移
獨先衆人未幾放還便謀敘復故有是命　八年正月
九日新知汀州周章罷新任知房州廖視放罷以臣僚
言章前任廣南市舶蕃商到岸以納事例多者為先就
陞庚節昏繆貪婪視到郡之初多令私僕販運紗布貪
汙酷毒　十五日鄂州都統制王益降三官放罷以臣
僚言其軍政不修貨利是殖　二十八日新知金州張

孝忠新知融州趙崇祉並罷新任以殿中侍御史應㦛
言孝忠向為京西運判所為不法再玷臺評崇祉項以
苞苴交結權臣驟得典郡先有是命既而監察御史李
楠復言崇祉所為貪橫畧無忌憚尋詔更降一官　二
月三日知夔州李廷忠放罷以監察御史劉棠言其為
夔漕日虛破官錢專委書司招納賄賂　同日知肇慶
府趙彥越放罷以監察御史李楠言其貪黷益甚專任
吏魁剋剝平民　三月二日知贛州王柟放罷以監察
御史李楠言其起牧大邦投老益昏縱容館客親戚交
通關節　四日李沐罷宮觀以監察御史劉棠言其懷
私罔上朋邪害正為侂胄鷹犬誣詆汝愚　卷三千八百九十四　二十八日
提舉廣南市舶林迪放罷以臣僚言權臣貪相用事迪
為奔走　四月三日知臨江軍孟導與宮觀新知萬州
虞剛簡罷新任以臣僚言導好貨慘刻剛簡悖禮傷教
九日陳鈞知撫州指揮寢罷以中書舍人任希夷言
其屢經彈劾干進不已　十一日顯謨閣直學士提舉
隆興府玉隆萬壽宮謝源明特贈四官依條與致仕遺
表恩澤指揮寢罷以禮部兼給事中曾從龍言更化之
初言者首論其罪與高文虎同科文虎贈官遺澤已為
臣僚論駁令源明幸終牖下豈容復冒濫恩故也　十
二日曾臬差宮觀指揮寢罷先是臬自陳得祠既而兼
給事中曾從龍論駁故有是命　二十五日知真州龔

維蕃降一官，別與待闕州郡差遣，以淮東提舉吳囦言眞州城外居民遺漏，維蕃措置無術。　二十六日，新辟差知成州樂繼宗罷新任，以臣僚言其貪酷之號已播遐邇，垂老之年豈足倚仗。　五月四日，陳邕罷宮觀，以監察御史李楠言其逆曦之變，捧頭鼠竄，公朝未忍遽弃，畀以祠祿，邕不知義命，經營規進，先有是命。既而湖南安撫使安丙復言邕冒法犯禁，黷貨殺人，乞將邕移徙他州，尋詔令潭州將邕移徙袁州居住。　六月十一日，新知徽州林玠罷新任，與宮觀，以江東運副眞德秀言其昔為臺諫，容子壻請囑。　二十日，知新州張幼學放罷，以廣東諸司言其貪鄙老繆，縱其子與販蜜蠟，取

兵官之少妾。　二十八日，新潼川運判張鈞、知邛州韓子庚並放罷，以左司諫黃序言鈞因峽中敗舟，掩取諸商附帶之貨，運判張師夔以憂去，鈞亟取牌印，陰有經營易節之意，今果有此除；子庚專事酷虐，斷決任私。　七月二日，王容新差提舉江州太平興國宮指揮寢罷，以監察御史劉棠言其毀訾正人，以媚權姦。　二十七日，提舉臨安府洞霄宮李壁降三官，罷宮觀，前起居郎李埴更降兩官，以殿中侍御史黃序言壁權臣腹心，罪惡貫盈，鐫秩謫居，未幾自便，復官奉祠，遂為全人；埴乃壁之親弟，其反復傾險，大率相似。　八月二日，新知武岡軍丁大同罷新任，以監察御史劉棠言其癡騃貪黷，

資歷亦未應格。　九月二十三日，知廣州洪及放罷，以監察御史劉棠言其前任廣帥，攔截蕃舶，脅取民財。　同日，知婺州林拱辰、知湖州林岳並與宮觀，理作自陳，以臣僚言拱辰每每臥病，間一出廳；岳輕脫，無郡守氣象。　二十五日，知德安府趙希混放罷，以知江陵府趙方言其和糴米斛而用市斛，大量出剩，羸落糴本，掩為己有。　二十八日，楊柄罷宮觀，以殿中侍御史黃序言其當權臣用事，趨媚無耻，更化以來，一時阿附之人悉從竄斥，獨炳漏網，故有是命。　十月八日，知彭州李杞、前知榮州杜沂孫並放罷，以四川安撫制置使董居誼言杞齒髮既老，施為舛繆；沂孫以鄙猥之資，行委靡之

政。　九日，新知袁州尤棐罷新任，與宮觀，以監察御史李楠言其昨守衡陽，恣意迎逢監司，以逭責譴，貪緣得節，風采蔑聞。　同日，知汀州、新除刑部郎中鮑瀚之與宮觀，理作自陳，以福建運判俞建言其秤提楮券，奉行滅裂，百事廢弛，全無紀綱。　二十七日，知澧州劉燧降兩官放罷，新知歸州陳士表罷新任，以右諫議大夫陳逢言燧與通判陳士表不和，於其既去，捜抉其短，具申朝省，必欲快一已之私；燧嘗為畢再遇上客，再遇很戾暴虐，專殺作威，皆燧助成；士表昨為澧州倅日，與燧不和，乃不能遠避形迹，故有是命。　二十九日，新知[illegible]州郭贇罷新任，新知郢州唐吉先與祠祿，以殿中侍御史

黃序言讀項守德慶椎剝虐取繼叨憲節益甚於前吉
先由學官而丞寺監遷祕書郎乃以不得三丞為恨大
肆怨望得次卻陵已有薄淮陽之意　十一月八日知
普州虞方簡新知普州郭光選並放罷以監察御史李
楠言方簡所為乖繆兜攬關節光選知滎州日薦剡皆
有定價縱子弟交通關節　同日徐宏王益祥並罷宮
觀以監察御史李楠言宏凡所居官惟貨是殖益祥阿
事權姦躐登顯達　二十九日淮南運判王大昌放罷
以殿中侍御史黃序言淮東漕臺實兼司臬責任匪輕
以大昌庸繆豈能勝任　十二三日知瓊州趙遵夫
放罷以監察御史劉棠言其自以去天益遠肆為貪汙
愈無顧籍　卷三千八百九十四　五日知成州高遠放罷前知眉州勾龍叔
恭罷宮觀仍各追三官故奉毛揆思澤特追毀元補文
字以四川安撫制置使董居誼言遠舊為逆曦環衛受
恩最深事敗之後夤緣漏網叔恭昨守眉州一闔僭偽
附和恐後午不恤大義逆曦之變竟受偽命之宣已而
身亡乃叨思澤及其子聞者皆為不平故有是命　三
十日新知湖州趙伯櫓罷新任前知廣州洪伋褫職以
右諫議大夫應孟言伯櫓貪鄙輕侻伋貪汙淫濫　九
年正月九日知肇慶府趙彥柟知南恩州孫次齡並放
罷以監察御史李楠言彥柟掀賣官紙痛草私酤利孔
無遺殘民特甚次齡年事已高懦巽無立　同日魯暹

趙不熄葉嗣昌並罷宮觀以監察御史劉棠言暄人品
庸俗苟且亡恥不熄性習貪鄙嗜利無厭嗣昌狼籍之
狀具在白簡　二十五日權發遣均州徐夢龍與祠祿
以京西安撫儲用言其受才迂僻臨事乖踈希賞繕修
專事科歛防托江面殆類兒戲　二月二日權發遣寧
國府張忠恕與宮觀以江東運副真德秀言其曩寸霆
川汙穢無檢為憲臣所劾及來宛陵貪恣益甚　二十
九日權知廣安軍李中孚與宮觀理作自陳以潼川提
刑魏了翁言其精神昏憒受成吏胥賊盜肆行　三月
二日知靖州歐陽伋放罷以監察御史劉棠言其不足
以膺牧養之寄　十四日知房州劉無欲放罷與祠祿
以京西儲司言其近攝郢州供帳什物必欲依正官應　卷三千八百九十四
辦無不被擾今付以專城之寄民冤何訴　十五日江
州副都統李謙放罷以臣僚言其馳私書其子弟公行請
託故有是命先是檢詳諸房文字葛洪申准省劄差充
呈試清强官已遵稟前去監試中途忽有投下李謙劄
子啟封乃是計囑其子該呈試人李溥泳淮三人合行
繳申尋詔特降兩官　同日徐瑄差知寧國府指揮寢
罷與待闕小郡差遣以兼給事中范之柔言其為郎憲
部用心深刻遇事褊躁故也　四月十九日鎮江都統
制馮榯特降一官權統領官王明特降三資權正將王
錡胡涇各特降兩官資皆坐失鈐束官兵陳彥王用蔡

青孫旺四人盜取百姓錢物作過從兵部侍郎蕭中書
舍人石宗萬請也　二十七日新知臨江軍丁大椿與
宮觀理作自陳以蕭中書舍人任希夷言其貪鄙狠愎憎
不更事故也　二十八日知涪州楊炎震放罷以殿中
侍御史黃序言其內虧孝行外著貪聲　同日知處州
趙鎬夫與宮觀以右諫議大夫應㦤言其出守括蒼謬政
百出衰刻聚斂民訟不決　五月六日新知資州馬瑨
罷新任以監察御史劉棠言其行以不顧廉隅當官惟
務貪刻　二十二日知信陽軍趙善培特降一官以京
湖制置趙方言其不能區處歸附人安業致有逃竄
六月二十一日知廣德軍魏峴與宮觀先是知廣德軍
魏峴言本軍教授林庠不職得旨放罷既而江東運副
卷三千八百九十四
真德秀復言乞將臣併賜鐫斥以懲差委失當之罪臣
見令待罪尋詔真德秀無罪可待魏峴與宮觀　閏七
月二日新知嘉定府袁桷改差知重慶府指揮寢罷以
監察御史李楠言其闒茸貪殘　五日利州副都統制
王守中特降一官以為將帥掊剋不職從兵部侍郎蕭
中書舍人石宗萬請也　八日知徽州詹阜民與宮觀
以淮東總領所言徽州乞倚閣去年未解錢米及點檢
得所申賑濟錢米帳狀並是恣為欺弊　二十一日知
沅州劉公亮放罷以其措置無策防守不嚴致傜人乘
間劫殺難以存留在任從知江陵府趙方請也　二十

四日知簡州梁公明放罷以簡州顯惠神君誕辰士民
從年例獻樂至黃昏有雨遊人爭過浮橋以致橋船損
壞溺死人衆守臣梁公明不能禁約何以逃罪從成都
提刑周居信知成都府董居誼請也　二十六日知饒
州林潔己放罷以殿中侍御史黃序言其茲守鄱陽不
聞善政但根括諸邑財賦利孔無遺　八月二日新知
常德府林良罷新任以監察御史李楠言其試郡而謬
盭隨見居鄉而橫肆貪殘　十八日知容州鄭光展二
年磨勘以靈山縣令高渥權北流縣令張次良違法科
擾有特而然乞將鄭光責罰從知靜江府趙崇憲請也
九月四日前江東提舉李道傳與四川州郡監司差
遣以監察御史李楠言其持節庾臺講行荒政動輙紕
卷三千八百九十四
謬眛於體國　二十七日知嘉興府鄭元鼎與祠祿理
作自陳通判嘉興府趙師雍放罷以殿中侍御史黃序
言元鼎詞訟積壓財賦失陷師雍多詐不情椄受關節
十月三十日知紹興府葉箋放罷以殿中侍御史黃
序言其老而且繆郡事廢弛　同日知通州趙賛夫放
罷李　別與侍闕州郡指揮寢罷以右正言李楠言賛
夫輕躁驅儈嗜進無恥　設心傾險所為苟賤　十一
月九日知潮州林大章放罷以監察御史盛章言其外
示深沉中實貪鄙出守潮陽肆行無忌　十二月十四
日謝廷玉丁大椿鄭擢並罷宮觀以監察御史劉棠言

廷玉四經鐫斥大椿三被論斥擢七汙白簡各不悛改　同日知襄陽府儲用與宮觀理作自陳以監察御史盛章言其弈棋廢事飲酒自娛　二十七日新知泰州李駿知安豐軍孫涇並放罷以殿中侍御史李楠言駿比守盱眙築城一事略不介意給降錢米輒擅移侵涇自以習知疆場願秉極邊一障而初無規畫氣餒多懼

十年正月二十三日知英德府趙師嶠放罷更降一官先是廣東提刑陳光祖言其兇狠貪婪一切不恤既而兼權中書舍人黄宜復言其狼籍滋甚無復悛改　二十四日徐宏差宮觀指揮寢罷以兼中書舍人莊夏言其挾權妄作威福凡所彈擊率快私怨　二十八日

卷三千八百九十四

知西外宗正事趙汝廈放罷以右正言劉棠言其爲郎領錢穀之任昏惰無以稽考爲監止於勸課工程亦漫不加省　同日廣西提刑劉湛之召赴行在指揮寢罷以殿中侍御史李楠言其鄙陋無長貪婪好貨持節廣右州縣被害　二十九日新知忠州蔣孝章罷新任以殿中侍御史李楠言其氣習膏粱留情聲色慵惰不立妄誕爲欺　二月二十一日江州副都統制張威降一官放罷以臣僚言其專務姦貪刻剥戰士忌嫉偏裨　三月二十三日都大提點坑冶章棶降一官放罷以監察御史李安行言其湖南運判日與帥臣安丙嫌隙因以公事互有奏陳　四月二日前淮東提舉吳囦放罷

王益祥宮觀指揮寢罷以監察御史李安行言囦内則失於關茸弛縱外則好於苞苴結託益祥稟資回邪素行貪贖　二十五日湖南提刑孫袆赴行在奏事指揮寢罷以右諫議大夫黄序言其出守漢陽席捲賊贓假節湖南愈無顧忌　二十六日新知珍州畢嶧與祠祿以兼給事中任希夷言其嘗守威州貪黷無厭今復任守珍豈不生事　五月二日知廬州趙仲夫落職罷宮觀先是兼權中書舍人莊夏言近者淳光告急制司就近撥合肥之兵以援淳光趙仲夫畏懦退縮占護不發乞寢宮觀仍更鐫降既而殿中侍御史李楠復言仲夫立志不彊臨事不武故有是命　四日廣東市舶提舉

卷三千八百九十四

陳穎放罷以監察御史盛章言其賦性貪婪老而益甚　同日廣東提刑陳光祖放罷以監察御史李安行言其守英德惟有貪酷守邕州殊乏綏懷既叨憲節富民訴毋毋被逐出絕滅天理　十三日知嘉定府王騶與宮觀理作自陳以其用刑慘酷長惡不悛受賂鬻獄侵用官錢從成都提刑周居信請也　十九日知黔州李整放罷永不與州郡差遣以其貪叨傲慢毒害于民從夔路安撫朱著運判楊九鼎請也　二十二日淮南運判喬行簡知真州洪思並與宮觀理作自陳以行簡久任澄清不聞采悞識見卑猥惟事遊宴從江淮制置使李珏請也　二十九日知漳州張聲道與祠祿主管建寧

府武夷山沖佑觀胡粢罷宮觀以殿中侍御史李楠言
粢作守臨漳繆而且貪聲道繼之貪殘益甚　同日新
知廣安軍詹大椿與祠祿以右正言劉棠言其蠢懵怯
僻　六月七日趙崇規差知汀州指揮寢罷仍舊宮觀
理作自陳以兼權中書舍人莊夏言其守湖州日寵妾
專權交通關節　二十三日知韶州曾棠前知封州葉
桂並放罷內葉桂特降一官以棠心術陰險專務刻剥
桂貪婪結托滅公恣私從廣東提舉趙伯鳳請也　七
月十一日謝周卿差知蘄州指揮寢罷以兼權中書舍
人莊夏言其一意聚斂以豐囊橐　十九日林瑑罷宮
觀以兼權中書舍人莊夏言其為臺諫倚勢作威容子

卷三千七百九十四

壻交通關節　八月四日建武軍節度使王喜罷宮觀
以兼給事中任希夷言其奉祠居家凌侮軍帥　九月
二十七日前知階州王大椿降兩官永不得與祠祿及
州郡兵官等差遣以右諫議大夫黃序言其躐綰郡符
聽軍人郭偉妄言提轄官王握劉顯祖謀亂不由推問
登時誅戮知杜氏一門被禍尤慘　二十九日前江州
副都統制李謙特降三官送邵武軍居住以臣僚言其
肆為貪墨用意乖繆先有是命既而給事中任希夷又
言謙造言惑衆具見前後論疏復詔特追三官送漳州
居住　十一月二日起復知西和州張彧放罷以臣僚
言其考校徇私貪黷無止　五日新知建昌軍楊圭罷

新任以監察御史李安行言其兇險貪叨得倅合肥凌
忽帥守　二十二日方楠罷宮觀以兼權中書舍人莊
夏言其嘗守連山席捲郡帑以舉削分授婦人尋有降
官罷新任之命朝廷行下覈實遷延未正其罪不可使
之端坐而受厚祿故也　二十八日前知漳州林大章
罷宮觀以殿中侍御史李楠言其昨守潮陽低價糴軍糧
高價折納密報按罷計會郵傳遲行劉到而帑庾罄矣
積贓既多不當更竊祠廩　十二月二日前知潼川府
劉光祖前知遂寧府許奕各降一官以監察御史盛章
言此二人牒試冒濫　八日知常德府虞易簡放罷以
其挈累遊桃川復迂道訪醫出城十日而歸府印但留

卷三千七百九十五

空室中從湖北運判張忠恕請也　二十七日雅州趙
彥吶降一官放罷以殿中侍御史李楠言其隨巖番妄
計砂平大肆怨毒焚禁門掠貲貨虜寨官殺兵丁實為
厲階　二十八日知象州林櫄放罷以右正言劉棠言
其貪猥無恥　十一年正月二十四日通判嘉定府竇
謙放罷以殿中侍御史李楠言其嘗攝州麾公行貪黷
二月二日李　罷宮觀以監察御史盛章言其作邑
分符叨除列院俱遭罷斥　同日新知臨江軍趙不摭
罷新任與宮觀以監察御史李安行言其所至貪酷聚
斂　五日劉皇令赴行在奏事指揮寢罷以監察御史
蔡闢言其慘酷貪黷　二十四日知道州龔維蕃新知

道州林至並與祠祿以右諫議大夫黄序言維藩碌碌凡才傾險貪婪　二十六日前福建運司主管文字韓栝特降一官放罷以其乘前漕臣魏大中艱棘去官之後將僉廳擬斷公事僞作大中押字書判從行名件不一從漕臣趙彦倓請也　四月二十七日廖視再與祠祿以殿中侍御史李楠言其好賄淫刑視璧周歲亟造京鐵以僥臙仕　五月六日方信孺別與州郡差遣指揮寢罷仍降兩官以兼給事中任希夷言其舉措乖方輕率妄作　八日知南恩州翟畇放罷以其賄賂公行公帑赤立從廣東運判楊宜中請也　十二日知資州李耆崗盤石縣令宇文之寅並放罷皆坐造橋圇莽以致溺死人命從成都提刑丁必稱請也　十三日新知蓬州費昌運罷新任以其作守太安軍盜用錢米掩爲已有從利路運判鄒孟卿請也　十六日辟差知天水軍黄炎孫降兩官放罷以臣僚言其捐弃官守偷生誤事先有是命既而中書舍人黄宜又言乞將炎孫重賜追奪屏之遠方復詔特追三官送辰州居住　十七日劉先差宫觀指揮寢罷以中書舍人莊夏言其當官貪暴居鄉恣横　二十八日趙善培褫職依舊宫觀以右諫議大夫黄序言其分閫既無勳業之著關易地又乏方畧之安展布。六月五日廿新改知處州呂祖平與祠祿以監察御史盛章言其屢試郡符並無善狀　七月

卷三千八百九十四

三日成都運判梁綸特降兩官昨降與待闕州郡差遣指揮寢罷以兼給事中任希夷言其輕信浮言妄自驚擾　十二日知潼川府許奕與宫觀成都提刑丁必稱放罷以侍御史李楠言蔫闒大散阜郊之擾西和成州之變不究虚實輒以上聞　二十九日知雷州毛當時放罷以右正言李安行言其稟性無常奉道行法淫刑濫罰所不忍聞海商得志劫盜紛然　同日知吉州鄭寅與祠祿以左司諫盛章言其氣習膏梁政由内出訟之黑白以賄變遷　八月七日前知濠州趙伯熊赴行在奏事指揮寢罷以監察御史王夢龍言其宴安自封沈湎無度　二十六日前知黄州謝汲古令赴行在奏事指揮寢罷以侍御史李楠言其行汚姦淫苟賤無恥　二十九日新除廣東提刑趙伯鳳與宫觀理作自陳以中書舍人莊夏言其一意聚斂不恤民怨　九月十九日知澧州張革放罷以監察御史蔡鵬言其向守高沙政以賄成　二十六日新監鄂州户部糧料院趙善棣與閑慢差遣以其祇官不申總司徑在江州界借印交割不安分守邀視其長從湖廣總領綦奎請也　十月二日知光化軍潘景伯令赴行在奏事指揮寢罷鄂州中軍統制司儀降三官送全州居住以左司諫盛章言景伯材術不足以備器使威望不足以壓衆志儀軍政不嚴輕犯紀律　二十六日葉嗣昌差宫觀指揮寢

卷三千八百九十四

職官七五之二〇

罷以中書舍人莊夏言其居家則不孝其親不友其弟當官則交通關節賄賂公行　十一月八日知西和州楊兗家特追三官送遠居住知成州羅仲甲降三官送常德府居住二人皆坐弃城逃竄之罪從四川制置使董居誼請也　十九日淮西安撫司參議官陳壁與祠禄以監察御史王夢龍言其叨居議幕反謂淹回猖狂妄行招權納賄　二十二日新知邕州鄭甫與宮觀理作自陳以其守柳與藤疲庸無施受成吏手鹽課乖繆從廣西運判曾煥請也　十二月一日新改差知揚州應鈍之放罷以侍御史李楠言其在山陽規模不立紀律不嚴節制而人不稟承賞予而人不感悅　九日雄

三千八百九十四

勝統制侯汝楫更降兩官令江淮制置司送軍前自效以臣僚言其御軍則不知正身率下臨敵則不知捐軀報國　十五日知賓州薛溥特降一官放罷先是廣西經畧鄒應龍言其擅將本司差辟上林縣令姜大鈞按劾不顧分守辱詔特降一官既而廣西提刑吳純臣復言溥用刑慘甚復有是命　十二年正月二十一日新通判滁州趙師櫂罷新任以監察御史蔡闢言其賦性貪婪濟以慘刻　二十九日知婺州趙懇夫放罷以右正言李安行言其職叨撫字譽乏廉平政尚苛刻民訟不決　同日知武岡軍林拱辰降一官放罷以侍御史李楠言居官則流毒郡邑在家則貽害鄉閭　三十日

職官七五之二一

新通判臨江軍趙彥伸罷新任以左司諫盛章言其卑猥貪叨瓜戍未及隔年索逆預借俸給　二月二十七日前四川制置使董居誼召赴行在指揮寢罷以侍御史李楠言其邊淮繹騷懵若不聞寇戎壓境拱手無策先有是命既而又言其出蜀掩公家之積以為已有橫斂虐取四蜀怨嗟鐫官褫職嚴示懲戒雖祠祿亦未可輕畀辱詔特降三官仍落職　三月二十八日前知雷州毛當時放罷以右正言李安行言其收匿罷命治事自如蔑視臺綱盡廢邦憲　閏三月二十八日新知常德府馮愉通判鎮江府黃士持各降一官放罷以臣僚言愉守閬州專以酒政虐民洎守左綿貪暴特甚士持

三千八百九十四

桀驁倚勢凌轢同列侵權撓政靡所不為　四月六日通判雷州石應孫放罷以守臣偶遭論罷應孫不俟省劄及上司公文遽用通判印記權領州事縱悍僕干預郡事賄賂公行從廣西諸司請也　八日成都提刑周居信令赴行在奏事指揮放罷以監察御史蔡闢言其自拜名命遷延不行一闕邊事之急倉皇辭印不忠之罪莫甚　九日知池州葉凱降一官放罷以監察御史王夢龍言其苛慘姦貪席捲惟意　二十七日前四川總領王鈆降三官昨降令赴行在奏事指揮寢罷以左司諫盛章言其任情徇已蠹國害民　五月二十九日前廣東提刑趙伯鳳降一官罷宮觀以左司諫盛章言

見節憲臺後省繳駁，潛匿省劄，治事如故，妄作威福，倔然自如。　六月十九日，林岡、韓仁甫、韓信甫、王驎、王駒、葉嗣昌、葉嗣立各降一官，內林岡服闋後未得參部放行注授，王驎、王駒、葉嗣昌永不得與州郡差遣。以右正言胡衛言：岡乃祖洽之子，身後遺澤分房之法，岡無所預，通父遺囑，強母詟求；仁甫、信甫誠里諸孫，家廟貲產鬩墻分爭，交訴天庭；驎、駒前後臣之子，互訐閨門之私，分納短卷；嗣昌、嗣立前執政之子，弗顧手足之親，詈訟求勝，十年弗已，而嗣昌營私專利，悖慢非一，故有是命。

二十日，江淮制置使李珏侯服闋日褫奪職名。以右諫議大夫李楠言：適殘虜寇邊，付以重地，既得邊報，不亟啟行，遷延畏縮，俟虜既退，僅至維揚而返。泗上之役，實珏遣使，損國威重，啟狄輕心。

二十六日，權知英德府陸三省與祠祿，新知英德府鄭湜罷新任。以監察御史徐龜年言：三省竭澤苛征，以自豐殖；湜老繆貪叨，屢經論罷。

七月三日，前四川制置董居誼更降兩官，送永州居住。以兼給事中宣繒言其虜騎衝突，倉皇無策，我師失利，乃用輕儇之人為將帥，掊剋軍士，以致潰散之卒反為虜人鄉道，降官罷職，罰未當罪故也。

二十一日，池州都統制武師道放罷。以臣僚言其懦而無知，懦而不武，豈足以勝總戎御衆之任。

八月九日，前通判盱眙軍尤熻罷祠祿。以監察御史徐龜年言其常時

節義自許，俾貳邊郡，就攝軍事，頗乃見敵在前，終日憂懼，形於涕泣，平居大言，事至一籌莫措，幾致誤國。

二十七日，新知惠州陳士元罷新任。以右諫議大夫李楠言其居家恃強，吞併結怨閭里，在官貪汙狼籍，流毒生民。

二十八日，新通判臨江軍趙善禥與祠祿。以左司諫盛章言其試邑鉛山，以科斂被按；為屬浙漕，以納賂抨彈；泊倅黃州，以貪黷遭斥；需次鄂州糧料判，與閑慢差遣，豈可不為他日之慮。

同日，江州通判趙希惠、新台州通判韓休卿並放罷。以右正言胡衛言：希惠令倅九江，貪惏虐益甚；休卿蒞官所至，卒無聲稱。

九月二十九日，毛當時罷宮觀。以左司諫盛章言其頃守雷州，嘗為臺臣論奏，令居鄉邑，長惡不悛。

十月二十九日，淮東提刑兼知揚州洪伋別與州郡差遣。以右正言胡衛言其自為譸張，舉措失宜，始至既已退縮，稍久必誤國事。

十一月五日，前都大主管川秦茶馬監牧公事趙彥綰名赴行在指揮寢罷，與宮觀，理作自陳。以監察御史徐龜年言以死損之馬支破價錢，及都統司取馬，動以無馬却之。

十二日，新廣西提刑万俟佀與宮觀，理作自陳。以監察御史徐龜年言苛刻峭深，迹其歷任廣西，敗績尤多。

三十日，新知桂陽軍左譽與祠祿。以左司諫盛章言其為士之日，干預邑政，有左押祿之號；及玷罔行，率多兜攬，有左水功之名。

十二月日，新通判

常德府楊圭新通判郴州趙汝璔並罷新任以監察御史張次賢言二人者居家有醜行居官無善狀得倅名邦未厭公論　二十三日新通判饒州徐習罷新任以殿中侍御史盛章言其頃倅永嘉大商漏舶乳香直以萬計所犯非輕　二十五日前知瓊州楊炎正降一官罷宮觀知貴州陳士廉放罷以監察御史徐瓤年言諸黎猖獗炎正撤兵不備羣黎大肆劫掠士廉專事欺誕賊首嘯聚本州副史何彬實為謀主士廉必欲出脫其罪竟從輕典　十三年正月二十三日煥章閣學士太中大夫提舉南京鴻慶宮黃疇若直寶謨閣主管亳州明道宮留元剛並褫職罷祠以殿中侍御史胡衛言疇若出帥西蜀貪汙狼籍今以西清奉真祠尚怏怏於炳用之弗及元剛書守永嘉惟務酣飲繼守章貢狂暴益著　二月二日邵武軍通判施寅放罷通判婺州劉泳之罷新任以寅庸鄙貪贖連遭罷黜泳之貪叨聚斂亦遭按罷此二人豈可使貳名藩從監察御史徐瓤年論列故也　嘉定十三年二月十八日潼川運判程遇孫鐫罷知遂寧府李壁與宮祠以殿中侍御史胡衛論程遇孫攝郡臨事逃遁壁被命已久既聞驚報不即赴郡且互申宣司一則失小臣之節一則失大臣之體私爭而緩國事故也　二十七日王鉉降兩官送撫州居住以右正言王元春言董居誼王鉉姦貪誤國西蜀幾危

居誼既坐遷謫王鉉僅從鐫罷同罪異罰人誰不疑故有是命同日江東提舉徐僑新知湖州危稹並罷免以濟僥倖通顯士論弗歸稹自登朝脅取錢物為正言王元春論列　四月三日新知溫州徐澄新知興化軍張擢並寢罷新命以監察御史羅相論澄筮仕以來俱無善狀擢動形怨望公肆譸張　五日知湖州陳汶與宮觀理作自陳坐到官以來專於刻剝恣行慘虐為監察御史徐瓤年論列　二十六日新通判平江府林清之降一官放罷永不得與親民差遣湖州通判朱晞顏與祠祿以殿中侍御史胡衛言清之寄居湖州素號武斷通判家子清之新治由是交訖日有造請晞顏以此施於清之欲其報於他日　同日新知常德州劉學裘知興國軍王潤孫並罷免永不得與知州軍差遣內劉學裘降一官以左司諫王元春論列學裘人品猥下所至贓汙潤孫久閑得壘急欲為姦又論學裘初任楚州寶應縣絕無措置虜犯清河學裘首遁邑民被誤未經行遣　二十七日知廣州留恭默罷黜坐每遇點舶恣行掇拾緣此舶舟稀少為右正言張次賢論列故也　六月一日知循州周用亨罷黜以用亨身為郡守一切嗜利以肆其欲為知廣州留恭按劾　十一日前知筠州趙盛新知全州富嘉謀並罷黜以監察御史羅相言盛席捲府庫捆載而歸嘉謀叢事權姦困茲驟用　七月

三日被名京西提舉蕭必簡與祠祿指揮寢罷以左司諫王元春言必簡不恤國事無補公家　十日漣水總轄忠義李先特添差福建兵馬鈐轄漳州駐劄指揮寢罷以其厮役亡命叨竊官資專恣擅殺輒刊樞密院印偽稱聖旨擅行國書為臣僚彈奏　十九日前通判隆興府秦鑄降一官放罷以殿中侍御史胡衛論列鑄冒倅大藩需求遍於屬邑請謁遠於諸胥　九月二日新知常州蓋鈞罷新任降授朝請郎王駒降元秩以殿中侍御史胡衛論列鈞昨守滁陽修城虛破米加罪斥乃望陛擢駒蔑棄天倫僅降一階念渠不崩榮國方切同日江東提刑葛洪與宮觀理作自陳坐很愎自用妄作

卷三千八百九十四

威福為左司諫王元春論列　四日權發遣德安府趙淏與宮觀理作自陳以右正言張次賢言淏因兄淳嫵媚權姦僥倖邊郡倚仗委難　七日知江陵府趙綸降一官以監察御史方猷言其昨守信陽朝廷委以築城職事不謹　十九日知合州鄭公辰放罷以其民事郡政並不經意從潼川提刑曹紱遠論奏故也　二十四日權發遣蓬州李耆壽降兩官放罷以其貪饕如狼殘暴如虎不足以當二千石之寄從利路提刑楊師復論奏故也　十月一日新知撫州王庭芝罷黜以監察御史羅相論奏庭芝居鄉無善狀治郡乏廉聲　二十三日權知峽州吳衍與宮觀理作自陳以衍近得風疾書

押皆用木雕手記令既病發與吏為市湖北提刑趙綸論奏故也　十一月三日新知衢州袁申儒與宮觀理作自陳以左司諫王元春言剖符儀真絕無善狀　六日知太平州新除江東提刑陳貴謙與宮觀理作自陳以右正言張次賢論列為郡兩年無功可稱有過可指僥倖漏網尚可使之冒一路之節　十二月三日前知邕州鄭肅罷宮觀知昭州吳駟罷見任以監察御史羅相言肅守郡貪婪祠廩將滿出入修門期遂所求駟倍其鹽直抑配編民館客鄉人交通關節　八日知南安軍尚振英降一官先是振英乞祠詔與宮觀既而江西提刑留筠言其老懦昏暗臨事乖方故有是命　二十

卷三千八百九十四

一日新權知高州趙善宕罷新任以善宕寄居福州乾元寺縱其子汝位行打百姓王濟致死帖閙不即伏辯且遷延欲為之任計為福建提刑朱端常按劾故也　二十七日知贛州柴中行罷黜以右正言張次賢言其託病全不出廳舉措狂率實駭聽聞　二十八日知肇慶府趙希閔通判趙希遴各降一官放罷以左司諫王元春言其二人互申情犯故也　二十九日通判海州王邁罷黜仍送道州居住以淮東制置賈涉按劾其無尺寸之功攫非常之賞脂韋避事不畏簡書　十四年正月二十九日通判袁州蘇衲罷黜坐年事衰頹受成吏手為江西提舉蕭舜咨論列故也　二月五日新沿

海置制司參議官唐懿新嘉興府通判李仁方罷黜以
監察御史羅相言懿生平黷貨老益貪婪在鄉專肆把
持恣為不法仁方飲宴天子苑囿打傷園吏試邑分寧
貪殘不卹　同日知光州陳孝嚴罷黜以監察御史方
猷言其自文郡符了無善狀大言無當每事乖繆　二
十九日廣東提舉吳李真罷黜前知建昌軍王衡仲罷
祠祿以李真百端椎剝嗜利無厭衡仲晚得一郡政以
賄成為殿中侍御史張攀按奏　四月四日湖北運判
魚知鄂州游九功興宮觀理作自陳權知興國軍陳球
別與一等州郡差遣以言者論九功雖無顯過亦非真
材徒自矜夸妄自標致球年事已高精神昏耄當此多

卷三千八百九十四

事恐亦非才　七日興化軍通判章伯奮罷黜徽州通
判葉巘罷新任新興國軍通判韓休卿與祠祿以殿中
侍御使張攀言伯奮作宰福清姦貪狼籍巘止有一毋
任官所至未嘗奉親以行休卿以權姦親姪夤緣改秩
凡倅三郡治無善狀　二十一日知潯州憲罷黜永不
得與親民差遣以憲叨綰郡符肆行貪墨為廣西運判
沈實按奏　同日差知漢陽軍王驎別與差遣以湖廣
總領何炳言驎倅辰陽政無善狀忽畀沔陽緩急誤事
同日饒州通判朱獻臣嚴州通判黃簡並罷黜以右
正言張次賢言獻臣居官所至積有貪聲簡囊宰會稽
政以賄成　七月三日新知洋州句廷永罷新命以監

察御史方猷言廷永居官所至椎剝百姓傾陷同僚
六日淮南運判魚知無為軍陳師文降一官放罷以殿
中侍御史張攀言兩淮制司調發援兵餉餽取辦西漕
師文恬不加意措置乖方　二十三日太中大夫李珏
落職仍降一官王好生更追兩資送賓州羈管李任罷
新任以珏性資很愎志趣貪婪縱容其子內機李任屬
官王好生專權擅政交通關節從中書省檢會監察御
史羅相之請也　二十七日追官人朝請大夫李澄特
與敘一官差主管江州太平興國宮指揮寢罷以中書
門下省言澄人品猥凡趣操卑下黷貨驕淫見諸白簡
不與諸行錄黃故有是命　二十八日前知蘄州余琢

卷三千八百九十四

與宮觀理作自陳以琢凡所居官碌碌無聞為殿中侍
御史張攀論列　九月十五日主管華州雲臺觀魏大
有主管建寧府武夷山沖佑觀黃渙主管建康府崇禧
觀趙伯熊主管台州崇道觀徐習並罷宮觀內魏大有
今臨安府日下押歸本貫居住以監察御史方猷言大
有近司憲事追擾州縣渙徒肆口吻專事劫持伯熊荒
飲無度再玷風聞習昨倅永嘉每事操切又言大有遷
居錢塘門外窺伺朝廷冀俟閒隙他日必為不靖故有
是命　十月二日淮南西路兵馬副都監安慶府駐劄
揚溥放罷仍追兩官知安慶府陳伯震降一官以溥乘
州郡之疑懼燒毀屋舍民居三千餘家生計一時煨燼

伯震郡守也豈可佚罰從淮西制置司申也　十四日
知建昌軍汪檝放罷通判臨江軍周溥特降一官以檝
貪不知止懦不能立溥嗜利無恥交通關節為江西提
刑孫德輿論列　十一月六日徐宏復秘閣修撰主管
建康府崇禧觀指揮仍俾奉祠秘閣修撰未與復職以
宏心術傾險給事中程卓不與書讀録黄故也　十二
月七日知永康軍杜植特與宫觀以其愚蔽自用久病
闒出繆政多端民被其害為知成都府崔與之論列故
也　閏十二月五日新台州通判趙希閲罷新任以殿
中侍御史張攀言其試邑衡陽虐政横今民弗能堪
六日前成都提刑江公亮與宫觀理作自陳以監察御

卷三千八百九十四

史方猷言公亮獲叨憲節怙勢妄作獄貨是寳輕重失
當　十五年二月三日新知德安府徐晞稷新知建昌
軍范擇能並與祠禄以臣僚言晞稷專事誇誕殊無誠
實擇能天資闒茸人品凡庸　四日知湖州趙希蒼與
宫觀理作自陳陳自明降一資罷新任以臣僚言希蒼
因廣化寺遺漏株連蔓引勘究僧祖慶追逮寄居陳知
録自明之婢其陳自明敢加抗辱豈非希蒼有以自取
乞將希蒼畀祠其自明亦賜行遣以存州郡之體故有
是命　二十八日知石泉軍劉參知涪州胡酉仲並放
罷新知合州安伯恕罷新任以四川宣撫崔與之言參
貪婪深刻濟以駔儈酉仲兇很貪殘專為不義伯恕輕

浮躁競濟以姦險　三月四日知封州薛賢放罷新知
英德府陳紀罷新任以臣僚言賢民有作為之歌曰得
毋凶書吏不看公然匿服亟之官下車聚斂如行刼貪
虐姦淫不一端紀守藤州日其郡多出白藤置局斂買
百姓作買藤歌有條條皆性命束束是冤魂之語故有
是命　七日主管建康府崇禧觀徐宏罷宫觀秘閣修
撰柴中行落職罷宫觀以臣僚言宏資稟至下行誼尤
虧中行心頗好利政以賂成　四月四日知梅州楊承
祖知梧州方孺並罷黜以臣僚言承祖稟資貪婪操行
傾險孺素無行檢專事刻剥　五月四日廣東經畧留
筠與宫觀知南雄州陳士會罷黜以臣僚言筠居官所

卷三千八百九十四

至政以賄成士會外示質樸中實詭詐　六日虞易簡
新差知永州指揮寢罷以其蜀人墳墓親黨在焉乃安
居于都城故鄉之義安在中書省不與書讀録黄故也
十七日漳州通判方灼罷見任新邵武軍通判唐棐
罷新任漳州知録許彦棻鐫黜以臣僚論列灼出倅漳
浦徇私忘公本州知録許彦棻脱誤宗女之親曲為蓋
庇竟成抑塞棐待次于寓居吴門黨庇小人攔占他人
墓道彦棻隱下休妻一節詭脱宗親　二十一日權發
遣賓州王邦寧降一官放罷以到官未久所為狂悖殊
駭物聽取隨直兵級錢以供私用為臣僚論列　七月
七日添差嘉興府通判謝直與祠禄理作自陳新福建

提舉茶司幹官葉嗣立罷新任海州教授黃更放罷以臣僚論論列直宴飲無節狎婚官妓嗣立昔為帥幕圍已無狀庾臺贊畫豈容濫吹更娶海鹽蔡家寡婦常氏席捲其家財陵轢其妻子　二十五日張聲道知饒州指揮寢罷以其前知岳州謬戾殊甚無以服人為湖北運判李鼎論列　二十六日知温州王夢龍與宮觀理作自陳以臣僚論列夢龍領郡再歲殊乏良稱粃政日傳公論籍籍　八月十日權知涪州胡酉仲新差知南平軍杜簡各降一官前南平軍教授勾子甲降一資内杜閎罷新任勾子甲放罷先是四川制置使崔與之言酉仲貪酷不法乞將罷黜諂從之既而本路提刑廉提

卷三千八百九十四

舉虞剛簡論列酉仲閎子甲三人皆以任根括之事刷錢入已故有是命　九月二日新知漢陽軍王掞新知桂陽軍曹儀罷新任以臣僚言漢陽桂陽皆係風寒之地掞輕儇不靖儀凶暴為虐恐致誤事　十月五日知興化軍陳與行罷黜新通判吉州史復祖罷新任以臣僚論列與行昨倅婺女暫攝郡事巧為名色席捲公帑復祖宰邑上元交通關節及倅豫章狼籍尤甚　九日新通判撫州施槁新通判温州曹豐並罷新任以臣僚論列槁曩倅邵陽長沙了無廉稱豐試邑淮甸紕政滋彰　十一月五日降授中大夫李珏復元官與宮觀指揮寢罷先是臺臣凡再上章珏服闋日僅從鐫褫至是

復元官與宮觀臣僚論其敗軍誤國大罪有三去秋方降鐫褫之命甫及一年便與敘復幾于罰不傷其毫毛故有是命　十七日前知泉州宋均特降一官前兼權知南劍州趙崇亢知南劍州陳宓各特展二年磨勘以諸路提刑司比較各路州軍嘉定十四年分行使會價數内福建路泉州南劍州折閲最甚故有是命　十二月三日知建昌軍孫格與宮觀理作自陳以臣僚言格年事既高貪刻亡藝民被其毒怨咨滿路　九日新知邵州高之問新知全州曾絜並與宮觀理作自陳以之問猥鄙無廉見於顔面絜凡所居官畧無善狀為臣僚論列故也　十八日知建昌軍孫格罷宮觀新知峽州

卷三千八百九十四

鄭緯與宮觀理作自陳以言者論格志在貪求畧無畏愧緯嗜貨營私敢於殘黷先是臣僚論格與宮觀理作自陳故有是命　十六年正月二十二日通判福州鄭伯衍前通判澧州湯顯祖並與宮觀理作自陳以臣僚言伯衍性資跌宕舉措乖疎顯祖天性昏庸所為乖僻　二月二十七日知崇慶府黃瑾與祠祿知漢州綿竹縣宇文景遷隆州籍縣令楊漢卿並放罷以成都提刑張方言僅禽鳥為娛荒怠郡政景遷性質儇躁習尚驕浮漢卿到官逾年蔑無善狀　五月四日知岳州虞揔孫與川蜀州郡差遣知道州曹宗與宮觀以臣僚言揔孫累典名郡俱無善狀宗已坐臺評宗傲尤甚　六月

七日福建提刑馮多福興宮觀理作自陳以臣僚言多
福身為監司不知奉法循理　八日廣東運判張從之
廣東提刑陳疇並罷黜以臣僚言從之淺汙嗜利矜妄
非材疇猥鄙殉賤庸懦不立　七月五日知黎州虞方
簡知漢源縣韓圭各特降兩官放罷以方簡到任之初
政事更張以激禁卒之變韓圭陰加縱吏從成都諸司
之請也　同日廣東提舉周鎮罷黜以臣僚言鎮懦不
任事且訥於言　七日權瓊州通判顏戣降三官機宜
李播降三資並放罷以二人傾陷長官幾至召釁從廣
西經畧胡槻之請也　八月三日新知郴州王驎新知
永州郭繼道並與祠祿理作自陳以臣僚言驎歷任雖

卷三千八百九十四

多資考則淺繼道年齡寖高精神已耗　五日前通判
泉州潘瀬伯未許赴吏部參選仍不得干堂僥求差遣
前通判建昌軍新差知梅州趙汝誠罷新任以臣僚論
列瀬伯鄙惡之俗溢於面目貪酷之性恣行不悛汝誠
在鄉素無行檢居官貪暴尤甚　七日新重慶府通判
趙善錡新邛州通判賈子諟新知鎮江府金壇縣曾櫱
並罷新任以三人居鄉不法無所忌憚為臣僚論列
十二日知太平州王元春罷黜以江東安撫余嶸言元
春言無顧忌行素險薄家政不理醜穢彰聞　十九日
新知漢州何友諒與祠祿以四川制置崔與之言黎州
禁軍之變已將知郡虞方簡按劾去訖尋行體訪緣前

知黎州何友諒垂滿之際給帖補排軍五六十人失之
太濫方簡到官悉拘收文帖又失之太遽此曹包羞懷
怨變所由生故有是命　二十四日知武岡軍司馬遵
放罷令湖南安撫司差官時暫兼權先是湖南安撫司
言武岡軍兵士蔣宗等出城刦掠事既而安撫真德秀
論列遵回糴軍糧虧損時直遂致此曹觖望故有是命
九月十一日步司中軍統制權池州副都統張亨罷
黜以靳黃之擾亨提師救援不善布置以至奔潰為臣
僚論列　十月三日新知永州留碩新知臨江軍任一
鶚並與祠祿理作自陳以臣僚言碩襲貴養驕懵無擧
術一鶚愎志險心敢於妄作　二十三日道州通判謝

卷三千八百九十四

渠伯降一官以其塩縣吏陪納赦放經總制錢及民戶
租欠為湖南運判陳德豫論列　十一月二十三日知
英德府曹滋放罷以廣東提刑何坦言滋不知戒得肆
意貪殘專恃酷刑鉗制衆口　十七年正月五日京東
河北節制司幹辦公事丁大忠知楚州山陽縣兼京東
河北節制司幹辦公事周大猷並放罷內丁大忠降一
官以大忠自入制幕惟務豐殖侵用官錢大猷身居邑
宰不安分守干求帥司入幕兼僉為臣僚論列　十八
日朝散大夫趙賛夫與祠祿理作自陳安邊所準備差
遣兼措置天賜塩場徐沖罷黜以臣僚言賛夫留連都
城經營差遣沖借過朝廷塩本錢以資妄用　二十一

日新知英德府陳士廣與宮觀理作自陳以中書門下
省言其昨守貴州惟務貪酷不與撰述詞頭故也　二
十四日平海軍節度判官兼南外宗正簿陳億放罷以
百姓論訴宗子送僉廳者億必委曲出脫百姓困辱宗
子擬筆之詞文理紕繆為知南外宗正事善軿論列
三月二日通判漳州方强通判蘄州劉寀並罷黜新通
判温州潘景夔新通判筠州盧景裴並罷新任以臣僚
言强沉湎于酒全不事事寀安自尊大專務黷貨景夔
武斷鄉曲占據寺觀景裴試邑東莞受賂安作　四月
八日江西運判趙彥紓與宮觀理作自陳通判衢州袁
聘儒罷黜以臣僚論列彥紓司庾閱嶠全不事事令茲

卷三千八百九十四

將漕昏繆如故聘儒乘醉行刑胡亂書判　九日湖北
運管胡杙放罷鄂州司法陳有聲降一資以吏部舉覺
杙陳乞寶嵛越次超轉冒法罔上有聲徇情廢法更不
取索杙真本告命點對遽與保明　黜降官內外任
慶元元年九月四日朝散大夫通判臨安府鄭魏良朝
散郎添差通判臨安府王補之朝請郎通判紹興府俆疇
各特降一官以牒試各及二十餘人　二十一日知重
慶府項世安放罷秘書省正字劉孟容與添差差遣以
臣僚言安世專事昏吻一意阿附孟容以書游故相之
門徑自冗散而況除正字　三年六月二十三日朝請
大夫提舉江州太平興國宮鄭湜罷祠從義郎鹽騏驥

院張熙特追兩官送辰州居住以臣僚言湜昨來條奏
三劄力詆太上傳寫誇示熙以上皇帝書錄成副本遍
謁從官自誇敢言　五年八月七日工部尚書兼給事
中謝源明放罷新湖北提舉呂行已罷新命大學正陳
晦放罷與合入差遣以臣僚言源明居八位之崇妄求
序遷傾險暴戾學問空踈晦回邪頗僻凡源明之不靖
晦實縱臾之行已之姦貪載在白簡與源明為姻家一
力推轂任私意以紊朝綱莫此為甚　六年四月九日
朝請大夫主管建寧府武夷山沖佑觀劉坦之朝散大
夫幹辦行在諸司糧料院趙彥衛並放罷以監察御史
林采言昔台州之民洪水蹂踐死于非命坦之為守彥

卷三千八百九十四

衛為倅坐視不恤今或祠祿或六院公論未當　嘉泰
三年正月二十一日尚書刑部員外郎奚士遜知邵武
軍芮立言各降一官以士遜前知溫州不接治知平陽
縣祝鑰立言不接治知邵武縣朱元龜各為獄事故也
十一月二十八日新知信州高似孫與祠祿新差監
都進奏院陳宋興與在部合入差遣以臣僚言似孫倅
徽陵轢守貪寓居干撓郡政宋興憑藉聲援肆行貪黷
四年十一月十三日軍器監丞程準與祠祿知澧州
游少游放罷以臣僚言準天資狂易少游行素狂佞
開禧元年七月二日新知隆興府辛弃疾太府卿兼權
兵部侍郎兼國用司參議官陳景思並與宮觀理作自

陳以臣僚言弃疾好色貪財淫刑聚斂景思薦進騶吏鍛錬平民　三年十二月八日直祕閣知鎮江府錢廷玉降兩官新知贛州黃瀚降一官並放罷監都進奏院黃榮放罷以監察御史章爕言廷玉初以用兵之議縱吏侂胄瀚家與田澹結為死黨朝趨侂胄之室暮造自強之門榮乃瀚之子故有是命　嘉定元年正月九日大理卿奚士遜降兩官江西運副陳景思福建提刑張嗣古並放罷新福建提刑曹彙罷新任直祕閣知鎮江府錢廷玉落職更追三官勒停送宜州羈管以右諫議大夫葉時言士遜濟吏㢘節俱無僞稱景思嗣古本無才望超遷驟進彙以暴貪殘贓汙著聞廷玉迎合侂胄

卷三千八百九十四

縱吏兵事　二年正月十八日殿前司遊奕軍統制延適鎮江遊奕統制郭超沿海水軍統制王益殿前司右軍統領劉珣各追三官勒停適南安軍超潭州益漳州珣與化軍並安置以臣僚言其敗兵之由皆超等所致故也　閏四月二十一日司農少卿趙不懱前知廣州陳樸並放罷以臣僚言不懱交結周筠納貨貪相樸民事不理枉無所愬　十二月二十六日大理寺丞林合將作監丞趙彥侒知温州呂友直並放罷以臣僚言合敢為倨傲彥侒簠簋不飾友直縱容僞會故也既而友直追三官　四年五月二十四日國子監丞陳璧閤門看班祗候朱揚祖知石泉陽李鐊各降一官以臣僚言

璧誕謾揚祖心術憸邪鐊素無操檢　六月一日新知金州陳煥閤門看班祗候蔡儀並放罷以臣僚言煥得郡安豐剝刻百姓權臣弄兵妄陳利便儀寅緣閤職干擾朝路　九月二十五日殿前司神勇軍統制郭仲澉浦水軍統制范希周並放罷永不與軍中差遣以臣僚言仲軍兵作鬧不能彈壓希周將校受財容情隱庇　五年三月十八日新除太常寺主簿汪必進與在外差遣以中書舍人范之柔言不宜寘清選繳還詞頭故也　八月九日鎮江副都統制盧彥降兩官殿前司前軍統制趙賢道降一官放罷以監察御史金式言彥山陽臨敵身實遁藏賢道前為遊奕統制侵用寄椿等庫錢

卷三千八百九十四

六年閏九月一日提轄雜買務雜賣場朱拱臣前知郴州錢衛並放罷監尚書六部門劉褒知萬州王百揆並與祠祿以右正言應武言拱臣假手場屋竊取科第衛遇事乖張恣意妄為褒居鄉無月評居官無政績百揆夭資庸謬世事闊疏　七年十月一日祕書丞林夢英鎮江都統制劉元鼎並與宮觀理作自陳以臣僚言夢英凡所居職略無可紀元鼎溺于酒色軍政漫不加省　十二年四月十三日知黃州趙伯摶通判楚州陳曄新除大理寺丞梁丙並放罷梁丙特降兩官以臣僚言伯摶以疾為諉郡政不修曄山陽列戍委之監州參贊乖謬重勞顧憂丙守山陽貽禍邊甿重傷國體　十三年

十二月三日房州通判陳宋烈、雷州通判方世京並罷
黜新臨安府通判崔端學罷新任以監察御史方猷論
宋烈貪論〔餮〕曰至無補於郡世京昨宰玉山贓政滋彰端
學分倖婪女粃政尤多　黜降實雜錄　慶元二年三
月二十六日臣僚言國家贓吏之罰固亦不輕責罰未
幾遇赦復敘故態復作民罹其害朝廷若不忍終棄乞
專降指揮下省部將曾犯贓罪被劾降官罷任之人只
許奉祠（如監司州郡私意挾劾送有司根勘委無實跡者不在此數）其有巧圖干堂
者必下吏部取索脚色部吏或敢隱匿所犯則坐以故
出入罪許人糾告贓吏奉祠約其中制以六年為闋京
官二年選人三年為任任滿注授又復如初著為定令

卷三千八百九十四

庶幾貪汙者知所警懼而不敢自肆從之　嘉泰三年
十一月十一日南郊赦文官員犯罪先次放罷後來結
斷止是杖笞公罪為有再得指揮仍舊放罷吏部見理
後來年月降罰名次可特與理先降指揮年月施行（開禧
二年嘉定二年明堂赦並同）　四年正月二十九日臣僚言乞詔二
三大臣凡贓吏罪狀顯然雖聖恩寬大未欲盡加之以
法官無崇庳之間惟得罪于民者永不得與親民差遣
得罪於士卒者永不得與管軍差遣已降官勒停者不
得援例收敘其或倖求冒進則臺諫給舍當任其責從
之　八月二十八日臣僚言監司郡守例有都下百司
人為之承受遇有章疏罷黜之命則稽留省劄亟遣一

介星馳以報洎罷命之至則已席捲庫藏竄易簿書雍
容而去且將以懲姦適以助姦自今以始應臣僚論按
監司郡守得旨放罷其省劄乞於尚書省開折房當時
發黑牌急遞前去罷監司則以付置司之州罷守臣則
以付州之倅仍命本處即於內引明具承受日時批回
本省置籍稽考從之　嘉定四年五月二十四日臣僚
言祖宗以來妥任臺諫凡所抨彈率蒙俞允非徒以重
臺諫乃所以尊朝廷也今部法乃有應被論罷不經取
勘者半年以後即許參部授小遠一般差遣臺諫論列
未數月而到部例當臺參即與之分庭講禮此何異猫
鼠之同乳也凡彈劾放罷之人率以二年為限方許授

卷三千八百九十四

祠祿既滿然後取旨除授令乞行下吏部照累降指揮
務在遵守廟堂進擬宮觀及差遣等人倘有曾經臺論
列令後亦乞考究所論月日施行從之　七月二十六
日臣僚言乞明詔大臣繼今臺諫彈劾及監司守臣按
劾官吏如有貪汙實迹取受錢數乞行追勘估籍其或
州縣之吏致煩臺評監司守臣失覺察之罰務在必行
勿為具文庶幾大小之臣知所畏懼貪墨之風稍息矣
從之　十一年八月二日臣僚言嘗閱近日彈劾之疏
其間巧於誅求情狀百出不復縷數且繩貪之禁昭如
日星而盜臣弗戢無他麗於罪罟者僅一二而網漏吞
舟者皆是也臣觀年來贓吏之罰小則不過罷黜甚則

祇從鐫從降，未幾受引赦原，率復如故。欲乞申嚴國憲，繼自今始其有已從罷免者，不必姑畀祠廩；既從鐫褫者，不必例與敍復；見行竄斥者，不必遽令近徙；永不許與親民者，不必與之改正。已甚則施杖配之嚴刑，估籍之法至于所該保任恩命，並與寢閣，斷在必行，不以赦免。自今贓汙狼籍之人，監司郡守不察，致為臺諫論列，併坐其失職之罪。庶使中外相維，紀綱振舉，大小之吏咸知所儆。從之。 十五年八月五日，臣僚言：「令天下之長吏，上而為監司，次而為守倅縣令，皆民命之所寄，財計之所係也。幸而得賢，信之任之可也；不幸而不賢，毒民已甚，去之惟恐不早，法令之行又胡可緩乎？今乃有

卷五千八百九十四

罷命已聞而首劉踰月不下者焉，有報罷已發而復令供瞀起離者焉，有已得祠祿而仍使時暫權攝者焉。知其去而未即去，則背公營私之意將益自放而無顧藉矣。乞明考吏之法，嚴傳命之期，凡郡縣官吏以罪罷者，及已得祠者，並令交割與以次官，即日離任。如此則餘毒無得以復肆，而郡縣根本庶可以復固。」從之。 十七年正月五日，臣僚言：「乞行下諸路帥臣監司，應今後幹官有闕，許令選辟或申奏差注，並不得以見任知縣縣令兼充。其見兼職官，今日下解罷。如有違戾，其歷過作縣月日並不理為考任。」從之。臣僚言：縣令撫字之生，受察於人，尚知謹畏；苟使之入幕，則憑恃聲勢，妄作威福，悖理亂道，靡所不為，是縱虎兕而出柙也。

收敍放逐官

宋會要

太祖建隆元年正月五日太祖即位赦書應貶降責授及勒停官並與恩澤　乾德元年十一月十六日南郊赦書諸貶降官吏未量移者與量移已量移者與復資已復資者與敍用餘者委刑部分析貶降緣由聞奏聽旨除名合敍理者於南曹投狀準格處分勒停官各與降資敍用開寶元年十一月二十四日四年十一月二十七日九年四月四日南郊赦並同此制　二年二月七日尚書刑部言准舊刑統晉天福六年敕准長定格特敕停任及削官人及曾經徒流不以官當者經恩後

卷三千八百六十六

本官選數赴集况除名罪重於停任及不以官當者自合理准長定格長定格經恩後升年限滿依所降資品理選數候合格日赴集又准乾德元年赦書諸除名人合敍理准格敕處分者當部自前出給雪牒皆坐前敕昨據大理寺送到新刑統編敕並無上件敕文本寺言詳定之時撿詳上件敕文引長定格該係銓選公事又別無刑名不在編集之數伏緣當司元敕先經兵火散失舊刑統又廢不行赦書又云准格敕處分欲望許於舊刑統內寫錄敕格施行從之　太宗太平興國元年十一月二十二日即位赦書諸貶降責授官量與升陟在外未量移者與量移已量移者與復資已復資者與

職官七六之一

敍用先是不赴西川嶺南諸處州縣官等並與敍用諸司勒停罷職掌府史並與收敍配流人內有曾任職官者量與敍用除籍為民終身不齒詿誤連累削任免所居官者並與敍用　三年十一月十五日南郊赦書諸除名貶降人等委刑部分析緣由聞奏別聽敕裁追任并勒停官未經洗雪令刑部投狀引見　六年十一月十七日南郊赦書諸貶降官未量移者與量移已量移者與復資已復資者與敍用配流人內有曾任職官已經恩赦放還者委所司具元犯以聞雍熙元年十一月二十一日南郊赦書同此制　雍熙二年四月八日中書門下言有嘗任職官譴謫在外者昨經赦宥望令歸

卷三千八百六十六

闕責其後効帝不許謂宰相曰朝廷致理當任賢良君子小人宜在明辨大抵人君宜先自正其身亦如治家長不正家亦亂矣故聽邪言則骨肉至親坐成離間豈能致肥家睦族之道歟大小雖殊其致一也今海島瓊崖逐處甚有竄謫之人郊禋以來豈不在念蓋此等為行巇嶮若小得志即結朋黨恣其毀譽如害郡之馬豈宜輕議哉　三年十月一日有司言追官削籍人經赦宥復敍用或未踰歲月復有罪犯蓋長惡不悛宜在刑故無小令後凡有此等乞具前後所犯罪由奏取進止庶申懲誡以警無良從之　端拱元年正月十七日籍田赦書應諸貶降官未量移者與量移已量移者與復

職官七六之二

資已復資者與敍用除名免官免所居官及停見任永
不與官人並於刑部投狀具元犯取旨二年八月八日
星變御樓赦淳化四年正月二日南郊赦又令使臣於
三班差遣院投狀具事由磨勘引見至道三年正月十
日南郊赦並同此制　三月二十九日少府監言本監
配役人前太常丞郭晃等九人以會赦上請特詔免其
居作而終身不齒以晃等皆贓吏也　淳化元年四月
二十日有司言舊制除名人再經敍用者簿尉判司滿
四任十考無殿犯即擬令錄若犯贓追削不至除名者
會赦即以常選論貪污之人得以僥倖請自今應曾犯
贓削任停免人並同除名例注擬從之　十一月十七

日詔兩京及諸道州府胥徒府史等或受賕亡命會赦
免罪者所在不得收敍違者重致其罰　二年六月二
十二日詔京朝官犯贓至死會赦再敍用者不得更任
京朝官犯贓不至死者別聽進止　四年九月五日詔
諸道州府新除行軍防團副使上佐文學參軍及禁錮人
等令轉運使自今本州闕官次補承之以責其効俾之
自新或勤幹有聞當再與敍用其行軍副使並先奏聽
旨　至道三年四月一日真宗即位赦書諸貶降責受
官量與升陟在外未量移者與量移已量移者與復資
已復資者量與敍用應不赴西川廣南州縣官所起遣
不赴京者並與敍用配流入內有曾任職官已經赦恩

故還者量與敍用除名追官停任人并終身不齒及因
詿誤連累自來未敢求任人並於刑部投狀行軍司馬
防團副使上佐官司士參軍衙前編管人等並仰發遣
赴京於逐處投狀降資敍用除名追官停任衙前編管
人並仰依格勅施行內有年老疾患不堪任使者並仰
引見取旨經恩已放令逐便者並許於刑部投狀量與
敍用停職諸色人等未曾敍用者仰於刑部投狀引見
取旨咸平二年十一月七日五年十一月十一日南郊
赦並同此制　六月五日詔經赦敍用京朝官如歲滿
舉職當行優奬苟弛慢踰矩無所悛改則永棄之不齒
　真宗咸平三年二月詔刑部自今京朝官犯除名人

依律令施行其餘應犯免官免所居官及官當并本犯
至免官特除名不至免所居官特免官及以官當徒用
官不盡及用官盡合降等敍用者即並依見今入官資
敍於犯罪時本官上准律又降一等二等敍若本犯不
至追官而特追官及不至勒停而特勒停告身見在者
更不降等只依本官上敍所有自京朝官為行軍司馬
副使上佐及縣令簿尉者或是犯罪後因敍理除授或
是直責降而未經敍用者緣律令別無條例臨時奏取
勅裁內有贓罪及情理重者旋取進止　五年十一月
十一日詔應曾任京朝官因負犯降黜見在幕職州縣
官及使臣降充三司大將軍將者如後來任用別無贓

罪佚到闕委逐處投狀磨勘引見別取進止應先替及未得與官諸色違礙選人並仰於南曹投狀依例施行景德二年十一月十三日南郊大中祥符元年十月二十六日東封五年十月二十五日聖祖降七年二月十六日恭謝赦並同此制　景德元年正月一日改元赦書應貶降官未量移者與量移已量移者與敍用未復舊資經咸平赦未得恩澤者除犯贓外仰逐處勘會聞奏當議敍還除名追官停職任者並令刑部投狀分析事由磨勘引見因公事受行軍司馬副使上佐司士文學參軍配在衙前編管人逐處分析聞奏追官停任元無贓者該咸平二年赦敍理降却見存官者仰逐處勘

（卷三千八百六十六）

會聞奏文武官歷任已來曾犯私罪內有情理輕者每經磨勘常負罪名終身為玷深可憐憫特議辨明宜令審刑院刑部大理寺同將私罪分輕重條件聞奏當議並與洗滌先因負犯敍理及因奏不理與監當者如後來能守廉勤稍有勞績當議却與親民如自前不因過犯見監臨者候得替如無遺闕優與親民任使大中祥符元年十月二十六日東封七年二月十六日恭謝八年正月一日告上聖祖號赦敍復監當同此制　七月詔刑部自今應有諸軍官員敍理如內有已及舊職名即比元初軍分較近下者申樞密院取指揮　二年正月一日赦書應貶降及負犯官未量移者與量移已量

移者與敍用除名追官停職任及放逐便人並令於刑部投狀具元犯磨勘引見因負犯受行軍司馬副使上佐官司士文學參軍逐處具元犯及逐人鄉貫聞奏委中書門下量所犯輕重取旨命官使臣配在衙前編管者並發遣赴闕於刑部投狀磨勘具元犯引見　十一月十三日南郊大中祥符元年正月六日天書降十月二十六日東封四年二月二十八日汾陰七年二月六日天書降十月二十六日東封四年二月二十八日二月十六日恭謝八年正月一日告上聖祖號二年十五日冊太子三年八月三日天書降十一月十九日南郊乾興元年二月一日御樓赦並同此制　六月詔刑部引

（卷三千八百六十六）

敍理人自今仰將進讀過劄子送中書樞密院流內銓仍別繕本充底所有進入內奉御批劄子即依舊例施行　十一月十三日詔應京朝官使臣有申奏經勘斷并訪聞多酒慢公不和不公不經勘斷非次衝替未得磨勘差遣者內監當候一任滿別無私罪得替到闕年限合該磨勘者並與依例引見短使差遣者並特與監當差遣　三年二月詔刑部應諸色敍理人貼黃敍法時不以用官盡與不盡內追官及三任者並降先品二等敍追一官一任兩任者並降先品一等敍餘依先降勅命施行　大中祥符二年七月詔前三班奉職王襲特補開封府散教練使先是襲坐務饒州以非法爇郡

民四輩于屋枋上坐是勒停以該赦恩敘用帝以其虐民不可復寘班列故有是命　五年十月二十五日聖祖降赦書應貶降責授官量與升陟未量移者與量移已量移者與敘用文武官因公罪追削雖敘歷官未嘗復舊資者更與特加敘用其已經敘用人前犯贓私罪不至重者後經十年別無贓罪者旋取進止除名追官停任敘遂使人並令於刑部投狀依例磨勘引見因公事授行軍副使上佐官司士文學參軍并命官使臣配在衙前編管人仰逐處明具負犯因依家便去處分析聞奏並與加恩內不犯贓罪及雖犯入已贓情理輕者當議特與敘用　六年正月二日詔敕理使臣犯入已贓徒以上罪敘用已至本職降兩資者止若犯入已贓杖罪及元斷徒以上該恩特停官者敘用至元職降一等止縱逢赦命不得敘進　十五日中書門下言命官犯罪配諸州衙前者若承前經赦止放從便昨赦恩內許令敘理今請以贓重及情理蠹害者授諸州參軍餘授判司京朝官幕職令錄簿尉等第甄敘從之　十七日刑部言追官人內有因公事於罪人重瘡上決罰致死帝頗憫之宰臣王旦曰如此行事故宜遐棄然方諸贓吏亦以可恕欲與判司可之　二十五日詔應授敕敘理選人如曾犯贓及酷刑害民者令流內銓責其再犯當永不敘用知委初太宗朝貶黜再用人皆責改過

狀以示儆誡至是申明之　二月二日詔自今犯罪已敘用未復資人遇赦情輕者更與敘用　十一日詔文武官犯私罪該赦敘理者依大中祥符二年四月詔旨磨勘中書樞密院具所犯輕重取旨　三月十日中書門下言貶降官章慶敘理如上佐文學參軍官自來稍遷及量添請俸或移授別郡仍從其便令有已添料錢及無可遷改者或不願遷易者欲與等第加階詔勿至朝散　天禧元年七月十四日詔曰朕纘承大寶莅宥中區念失職之人自罹嚴憲舉滌瑕之典用廣深仁勉務矜修式期甄敘其上佐文學參軍等如因累除授後能改過不擾州縣經十年以上無罪犯者所在保明聞奏當議裁度敘用若年七十以上及久疾者亦具析以聞當令從便內有彊惡不悛須至羈管者亦具名聞　三年九月二十一日詔應犯贓罪敘用注授廣南川峽幕職州縣官委逐路轉運提點刑獄司常切覺察如更犯贓罪永不錄用　四年二月五日戶部員外郎兼太子右諭德魯宗道言代州寨主吳太初以捕獲私鹽決訖撤去殿直田夢澤於公廨課子弟種麥半畝並以贓罪不許敘用竊以內外群官此類甚眾望委刑部自今臣僚除故違枉法受贓外因事計贓情可憫者並奏裁從之　八月六日刑部言請自今犯贓罪配隸經恩從便者並俟一周年遇赦宥方得敘理從之　五年正月

十七日詔命官使臣犯贓諸司職掌人吏因罪停職累經赦宥不該敍理情輕者許於刑部及所在投狀當議收敍　乾興元年二月二十日仁宗登極赦應諸貶責授官量與升陟未量移者與量移已量移者與敍用配流人內有曾任職官已經恩赦放還者量與敍用除名追官勒停職任人并終身不齒及因詿誤連累自來未敍求仕者並許於刑部投狀依例磨勘引見行軍司馬防團副使上佐官司士文學參軍衙前編管人仰逐處具負犯因依停職諸色人等未曾敍用者並仰於刑部投狀引見取旨　仁宗天聖元年九月十二日雷州司户參軍寇準授衡州司馬　二年二月十五日詔曰朕

〔卷三千八百六十六〕

翢膺先搆勤恤庶邦眷言負譴之流彌軫納隍之念頃覃慶澤未副予衷矧久歷於歲年俾特加於甄敍應乾興元年二月十九日以前諸路行軍司馬節度防團副使別駕長史司士文學散參軍衙前編管人除已與敍用投言外餘並具犯由及貶降後來有無過犯及因公事降移度數以聞內雖改轉依舊安置者亦依此分析當議等第量與敍用還改　十一月十三日南郊赦書應京朝官先因負犯及因轉運提刑司奏降充監當元不犯贓後來能守廉勤無過犯者當議却與親民差遣降黜見在幕職州縣官吏及使臣降充三司軍大將後來任用別無贓罪候到闕於逐處投狀特與勘會施行

幕職州縣官元非枉法受贓別因過犯帶違礙二字至今滿十年者特與除落仍令後似此但及十年者並與除落依常選人例注官行軍司馬上佐官司士文學參軍刑部勘會元犯以聞配流編管人具元犯奏聞已經恩赦逐便者於刑部投狀降責授文武職官及三班使臣並特與敍用已敍用者更與敍用仍各具情理輕重取旨除名追官停職任人並於刑部投狀具元犯聞奏依例施行　五年十一月十七日南郊赦除落違礙字減為七年　八年十一月十九日南郊赦　十年八月二十八日宮城大赦　明道二年二月十一日藉田赦　景祐二年十一月十五日南郊赦增京朝官不因贓罪追停已經

〔卷三千八百六十六〕

敍用及降官未復舊資者仰具元犯刷奏其已復舊官者自復官後及三周年特與磨勘　寶元元年十一月二十八日南郊赦又增三周年無贓私罪特與磨勘　慶曆元年十一月二十日南郊赦增降監當人元不犯贓後來經一任二年以上能守廉勤無過者令審官院隨合入遠近資序就移久闕官處親民差遣　四年十一月二十五日南郊赦　七年十一月二十八日南郊赦　皇祐二年九月二十七日明堂赦　五年十一月四日南郊赦　至和三年正月十一日帝不豫赦增京朝官因事衝替令審刑院詳定元犯情理輕重以聞當議特與除落　嘉祐元年九月十三日恭謝赦　四年十月十二日祫饗赦增

應合該磨勘選人歷任有公私過犯隔任磨甚者如後
來任滿舉主數足令流内銓具歷任聞奏當議量所犯
輕重特許磨勘命官使臣歷任曾犯私罪至徒經令十
年贓罪至杖經令二十年或元因詿誤或法重情輕可
憐憫者仍被坐後來别不犯贓私罪有三人以上奏舉
並許自陳當議委官定奪今後不[illegible]選舉差注内如選
人如奏舉人多即許依杖以下考第七年九月七日明
堂敕又增應命官使臣歷任以來曾犯贓私罪杖内有
情理輕者被坐後來經令二十年更不曾犯贓私罪令
後並特與依無過犯人例施行餘並同前制　三年十
二月十五日崖州司户參軍丁謂量移雷州司户參軍

卷三千八百六十六

羣臣言謂本以罪惡竄于荒裔今不經恩宥非次量移
雖洪慈寬貸而衆論疑惑不知所因來取即行帝曰謂
貶黜海外已是數年特令生還嶺内也八年十二月復
從道　四年三月二日中書門下言近負罪安置之人
多輒離本處詣闕妄求敘用欲望自今擅離官次者准
律斷遣從之仍下諸路告諭　六年二月二日詔今後
閤門祇候因過犯降充却因敘用差使者更不支賜
七年八月四日詔命官今後犯正入己贓該赦敘用者
不復任親民内受所監臨贓數少情輕者别奏取旨幕
職官仍不得更差知縣州縣官不注令録除犯枉法外
如敘用後經三次赦恩别無贓私罪者奏取旨如再犯

贓罪永不録用令逐路轉運司體量轄下官員歷任犯
贓罪年七十以上疾病不任釐務者具事狀以聞　景
祐元年八月十四日星變赦京朝官不因贓罪非特差
替合降差遣者並却與親民三班使臣且與短使未得
與差遣者並仰於三班院投狀依例施行　慶曆二年
七月十四日臣僚言命官犯罪或年七十以上乞臨時
取旨量其歷官勞績情理輕重或授以分司致任或放
歸田里犯罪勒停經恩敘理令刑部不許接狀詔令後
命官使臣犯罪及敘理如内有年七十以上者具所犯
情理輕重取旨　五年十月九日升祔赦書應得替幕
職州縣官并諸色違礙及衝替未得與官人三班使臣

卷三千八百六十六

且與短使未得與差遣者並仰於南曹三班院投狀依
例施行貶降追停及除名編管人等未量移者與量移
已量移者與敘用仍各具情理輕重者旋取進止　十
一月十七日度支郎中集賢校理魯公亮言自來赦勅
指揮因公事授行軍司馬副使上佐官司士文學並具
負犯因依本貫州縣分析聞奏候到刑部勘會申奏自
來刑部執用此文須見本州奏到方乃施行緣貶降官
内有因經恩移授及勒停除名人叙授者朝廷多許就
别州或本鄉居住不勤到任至該敘者所居州軍非非
人所任之處又無到任月日不敢接狀却詣本任州軍
官司又為本人元不到任亦不接狀遂致詣闕進狀雖

蒙批送刑部，本部又爲本州不見到任月日及所授因依不合赦勅，亦上奏罷，使其歷訴無地，甚可哀憫。亦有頻進狀者，或蒙特旨刑部施行，然已遲滯，動經時歲。請自今上件官合該勅闕奏者，如在別州軍居住，元勅許者並於所住州軍接狀施行。從之。　嘉祐四年十一月四日，命天章閣待制兼侍講錢象先、盧士宗，右司諫、祕閣校理吳及，定奪該恩敘雪人。是後每降赦，即命官定奪，用此制。　八年四月二日英宗登極赦：應貶降責授官量與升陟，在外未量移者與量移，已量移者與敘用，已敘用者更與敘用。流配人内有曾任職官已經恩赦放還者，量與敘用。除名追官停任、終身不齒及因詿誤

卷三千八百六十六

連累自來未敢求仕人等，並許於刑部投狀。行軍司馬、防團副使、上佐官、司士文學參軍、衙前編管人等，並仰逐處分析聞奏，當議等第施行。曾配在衙前經恩已放逐便者，並許於刑部投狀，量與敘用。停職諸色人等未敢敘用者，仰並於刑部投狀，依例施行。　治平二年十十一月十六日南郊赦：增京朝官先因負犯及不理奏降充監當，元犯贓罪，後來能守廉勤無過犯，候監當及二年，部與合入親民差遣。貶降責授文武職官及三班使臣，並特與敘用，仍各具情理輕重取旨。京朝官不因贓罪追停已經敘用及降官未復舊資者，仰具元犯聞奏。諸色選人因事合殿實選者，如所犯在今日以前不

限已未施行，並與放免。諸色違礙及衙替未得與官人等并三班使臣，且與短使，未得與差遣，並仰於南曹、三班院投狀，依例施行。幕職州縣官元非枉法受贓，別因過犯帶違礙二字，至今滿七年，特與除落。曾任京朝官降黜見在幕職州縣、使臣降充三司軍大將，如後來任用別無贓罪，候到闕於逐處投狀，特與勘會施行，除如前制。　六月二十五日，樞密院言：以即位赦敘官人，已敘官即不與覃恩，與覃恩即不與敘轉。從之。　英宗治平二年九月二日，詔廣西路攝官犯贓罪杖以下，雖會赦，所授牒後不得復攝。　治平四年正月十九日神宗登極赦：應貶降責授官量與升陟，在外未量移者與量

卷三千八百六十六

移，已量移者與敘用，已敘用者更與敘用。流配人内有曾任職官已經恩赦放還者，量與敘用。除名追官停任、終身不齒及因詿誤連累自來未敢求仕人，並許於刑部投狀。行軍司馬、防團副使、上佐官、司士文學參軍、衙前編管人等，並仰逐處分析聞奏，當議等第施行。曾配在衙前經恩已放逐便者，並許於刑部投狀，量與敘用。停職諸色人等未曾敘用者，仰並於刑部投狀，依例施行。　神宗熙寧元年十一月十八日南郊赦書：應貶降官未量移者與量移，已量移者與敘用，已敘用者更與敘用。其降授文武職官及三班使臣，並特與敘用，已敘用者更與敘用，仍各具情理輕重取旨。除名追官停職

任人〔詳〕使臣等並令刑部投狀分析元犯因依聞奏依
例施行京朝官不因贓罪追停已經叙用及降官未得
舊資者仰具元犯奏聞諸色選人因事合厥實選者如
所犯在今日以前不限已施行並與放免諸色違礙及
衝替未得與官人等并三班使臣且與短使未得與差
遣者並仰於南京三班院投狀依例施行應幕職州縣
官元非枉法受贓別因過犯帶違礙二字至今滿七年
者特與除落曾任京朝官因負犯降黜見任幕職官及
使臣降充三司軍大將如後來任用別無贓罪候到闕
於逐處投狀特與勘會施行因公事授行軍司馬副使
上佐官司士文學參軍並具到任月日負犯因依并本
卷三千八百六十六
貫家便去處分析聞奏候到令刑部子細勘會元犯申
奏委中書門下別取進止京朝官使臣不因贓罪降監
當後來別無贓私罪候及二年與復差遣官員歷任內
曾犯私罪至徒經今十二年贓罪杖已下二十年有五
人奏舉公罪杖已下經今六年有三人奏舉者許令後
不礙選舉差注其犯公罪徒私罪杖已下被坐經今十
二年公罪杖已下七年有二人〻、舉杖已下七年有二
人奏舉者今後與依無過人例施行已上並須情理稍
輕及被坐後來各不犯贓私罪者如情理稍重贓罪各
加舉主三人餘罪各加舉主二人並聽於所屬自陳當
議委官定奪施行內選人犯私罪徒贓罪杖得不礙選

舉差注者若舉主考第比無過人例合磨勘者奏裁當
議特許添舉主員數磨勘　四年九月十日明堂赦七
年十一月二十五日十年十一月二十七日南郊赦但
云見貶責命官使臣未量移者與量移諸色選人因事
合厥實選並與放免未得與差遣使臣並許於所隸投
狀依例施行而叙用別著定法赦條不復須下　二年
正月二十一日刑部言追官人前內殿崇班劉信臣充
滄州栢家寨巡檢日於當直兵士數外占役禁軍並不
教習武藝計庸〔官〕減外徒三年勒停遇南郊合叙左侍
禁詔可永不與親民差遣今後有犯法役禁軍有妨教
閱者雖經恩已叙復並依此施行　三年十月三日樞
卷三千八百六十六
密院定到武臣犯贓罪經恩叙理法合據情理輕重許
至某官止仍不得親民比舊稍峻凡二十門詔依此施
行先是武臣犯贓經赦叙復舊官後更立年考陞遷上
諭曰若此何以戒貪吏令新其條制至是都承旨曾孝
寬等議定上之大約倣中書文臣叙法而少有增損比
密院舊叙例為寬云　閏十一月十八日詔應文武臣
今後因罪犯降差遣經赦合該牽復者如元犯情理輕
責降後有所轄監司一員同罪奏舉元犯情理重有所
轄監司一員同罪奏舉即與依赦牽復如係在京無監
司處只用所轄官為舉主內有元係職司及路分差遣
仍更委中書樞密院體量理歷才行取旨所有兩省以

臣準此若西京勾當無所轄官司即許本省都知押班
依此奏舉初令中書議法進呈上以為責降官在京有
無監司處乃改降是詔　初年十一月詔中書門下進
降赦並依南郊例應敘復官者具名是詔　七年五月
一日涇原路經畧司言自今沿邊將官城寨使臣坐事
衝替者乞再下本月審察軍前得力人量事大小於酬
奬折除或展年降官依舊在任從之令尚書吏部立法
六月十三日詔沿邊主兵官雖因罪衝替差替若在
任幹當得力藉材不可輕去許經畧司保明奏裁　十
一月九日詔自今執政官罷黜及一期中書省檢舉取
旨以尚書刑部言知汝州中大夫蒲宗孟已滿一期
卷三千八百六十六
宗孟前執政未敢準侍制以上條檢舉故也　八年正
月九日以年穀屢豐赦書應命官停降并未復舊官者
並特與理三期、　三月二日冊皇太子赦書應命官停
降並未復舊官者特理三期其未與差遣並與短使等
人並仰於所屬投狀依例施行　六日哲宗即位赦書
應貶降責授官量與升陟在外未量移者與量移已量
移者與敘用已敘用者更與敘用應流配人內有曾任
職官已經恩赦過還者量與敘用應除名追官停任人
等曾編管羈管經恩已放逐便者並許於刑部投狀量
與敘用應停職諸色人等未曾敘用者仰依例施行
二十六日刑部言敘用人不得併敘兩官今來連遇三

職官七六之一七

赦乞依赦敘用便與盡三赦合敘之官從之　二十九日
刑部言差使借差殿侍停降并軍員降配雖非命官緣
各有敘法係赦書該說不盡欲乞並與依三次赦恩理
朞收敘從之　四月二十一日刑部言敘用人連遇三
赦合敘三官唯過第一赦人多有赦前已歷歲月及赦
內稱特理三期而文武臣條敘法乃有一期二期一敘
者欲應赦前合敘朞限已滿之人偶未投狀該前項第
一赦者先具期限次赦恩各與敘用若該第一次赦恩
所敘朞限未滿即以赦恩敘訖仍留賸歷過年月後敘
收使并文武臣僚合一朞二朞一敘者赦文雖稱與理
三朞止合每赦與敘一官即不在收留敘文內乘朞之
卷三千八百六十六
限從之　二十七日尚書省奏刑部言今年正月九日
赦書敘法未復舊官者滿三朞聽一敘即已得正官者
每敘轉一官如選人到銓日及一年限即更與敘用按
選人常敘如未復舊資須一任回到吏部日及年限方
許再敘今非次赦恩特理三朞欲不以到部為限並與
併敘外內見任人據所敘官資與寄理仍支所敘官俸
從之　五月二十一日尚書省奏刑部言合敘用人年
七十以上者各乞敘法所得名目致仕內贓罪人仍不
再敘未復舊官人願未敘者聽從之　元祐元年四月
十二日吏部言衝替大小使臣經昨來三赦遞減有只
用一赦或兩赦減至輕者尚有展年昨來申請隨所減

職官七六之一八

至輕展年聲說未盡見妨磨勘欲將大使臣三赦前犯
贓私公罪銜替事理稍重及私罪輕用三赦各遞減至
使與差遣之人只將本罪條添展使與磨勘內私罪差
替之人該今來三赦無可遞減更不添從之。九月六
日明堂赦恩應見貶謫官未量移者與量移元祐四年
九月十四日明堂赦七年十一月十四日南郊赦紹興
二年九月十九日明堂赦並同此制元符元年十一月
二十四日南郊赦增元祐餘黨及別有特旨之人三年
正月十一日以非次赦應合牽復敘用量移放人並依
赦格疾速檢舉施行　三年六月二日詔待制以上落
職期滿及責降官情理重應檢舉者今後並量元犯取

卷三千八百六十六

旨從左司諫韓川御史盛陶請也　七月二日詔今後
監司及帶職人因罪追降官資差遣或落職并特旨責
降人並檢舉申都省其不應檢舉取旨之人若與應檢
舉人同犯責降者依此　六年八月二十四日三省言
責降英州別駕新州安置蔡確母明氏乞依元祐四年
明堂赦文及呂惠卿移宣州安置二年例量移確一內
地按條前任執政官罷執政後因事責降散官令刑部
檢舉又刑部令應檢舉人理期數准法散官及安置之
類以三期詔開封府告示其後給事中朱光庭言確母
明氏乞量移男確一內地奉聖旨令開封府告示敘復
期數謹案確罪惡比於四凶既竄豈有復還之理量移

乃刑部常法豫先告示理極不可詔今月二十四日指
揮勿行　七年二月六日刑部言兩犯贓罪杖各經勒
停若與一犯人同期敘用輕重未稱欲乞兩犯正入已
贓罪狀並經勒停於初敘用上展二期敘武臣准此犯
在今來展期已前者聽依舊法敘之　八年八月二十
五日詔應今月二十三日赦前停降并未復舊官人特
與理三期敘內合依條檢舉人取旨量輕重施行　紹
興二年四月三日吏部言應使臣本犯至死及連累私
罪情重者永不與敘用使人知戒懼各厲廉隅庶以少
清流品詔吏部刑部同立法以聞　九月十一日觀文
殿大學士降授通議大夫知陳州范純仁言呂大防等

卷三千八百六十六

竄謫江湖已更年祀未蒙恩旨久困拘囚其人等或年
齒衰殘或素縈疾病倘或不諳水土客死他鄉不唯上
軫聖懷亦恐有傷和氣伏願宸衷獨斷盡屏猜嫌之跡
特垂曠蕩之恩皆因大禮赦文許令逐便使得自新改
過詔范純仁立異邀名沮抑朝廷已行之命可落觀文
殿大學士知隨州　四年九月七日詔今月五日赦前
犯事經斷人應合敘用者依該非次赦恩與敘應文武
官不因贓罪降充監當官如後來無贓私罪候到任實
及二年與依條牽復差遣應見貶責文武官除元祐餘
黨及別有特旨人外未量移者與量移未得與差遣使
臣並仰於所屬投狀依例施行應銜替命官量情輕重

各以罪降輕者便與差遣使臣比類施行　元符元年
三月十九日刑部言犯罪未敘及已敘未復舊官而再
犯罪者自後犯日別理期敘從之　四月二十一日刑
部立到武臣降敘格第二等贓盜姦私罪借奉職初敘
守闕軍將再敘軍將殿直初敘軍將第三等贓罪借奉
職初敘軍將從之　五月二十一日詔自今除名勒停
應敘用人不許帶勳賜　三年正月十三日徽宗即位
赦書應貶降責授官量與陞陟在外未量移者與量移
已量移者與敘用已敘用者更與敘用應流配人內有
曾任職官已經恩赦放還者量與敘用應除名追官停
任人等并終身不齒及放歸田里并因詿誤連累自來

卷三千八百六十六

未敢求仕人等並許於刑部投狀敘官編管人等並仰
逐處分析聞奏當議等第施行除名追官停任人等曾
編管羈管經恩已放逐便者並許於刑部量與敘用停
職諸色人等未曾敘用仰並於刑部投狀依例施行
二月二十五日詔熙河路追停降官不用敘法人已經
大赦聽依常法收敘　二十六日詔責授武安軍節度
副使永州安置范純仁為左中散大夫光祿卿分司南
京鄧州居住責受信州團練副使道州安置呂希純為
朝奉郎少府少監分司南京唐州居住責授鼎州團練副
使潭州安置王覿為朝奉郎光祿少卿分司南京和州
居住責授岷州團練副使道州安置韓川為承議郎少

府少監分司南京隨州居住責授隰州團練副使郴州
安置劉奉世為左朝議大夫少府少監分司南京光州
居住責授舒州團練副使唐義問為奉議郎尚書屯田
員外郎分司南京安州居住降授朝奉郎尚書屯田員
外郎分司南京和州居住希哲為朝奉郎管勾亳州明
道宮降授朝散郎少府少監分司南京隨州居住呂希
績為朝請郎管勾西京嵩山崇福宮朝散大夫尚書戶
部員外郎分司南京衡山居住呂陶為朝散大夫提舉
成都府玉局觀鼎州團練副使筠州安置鄭佑為朝議
大夫提舉江寧府崇禧觀並任便居住責授瓊州別駕
循州安置蘇轍移永州責授新州別駕梅州安置劉安

卷三千八百六十六

世移衡州追官勒停仍雷州編管秦觀移英州放歸田
里人涪州編管程頤移峽州朝散郎管勾江州太平觀
均州居住范純粹為朝請郎知信州承議郎添差監復
州在城鹽酒稅張耒通判黃州除名勒停人鄒浩為宣
德郎添監袁州酒稅責授平江軍司馬南安軍安置黃
隱為奉議郎添監江州酒稅涪州別駕戎州安置黃庭
堅為宣義郎添差鄂州在城鹽稅保靜軍司馬郴州安
置賈易承議郎監信州茶鹽酒勒停人王回為奉議郎
監泉州稅　四月十五日皇子生赦書應官員犯罪及
因事安置編管羈管并指定居住已曾量移者詳酌移
放所有前降今後更不用期降數遇赦恩移敘指揮更

不施行　五月二日，刑部言：檢會近降四月十五日赦
書內别無責降停廢官員等敘用明文，切慮有經本部
投狀乞敘之人，未審許與不許收敘，亦未見得合理幾
其詔各與理當三期收敘，仍今後應遇非次赦恩依此
　七月十一日，刑部奏：正月十三日登極赦書，應除名
追官停任人并終身不齒及放歸田里人等，並許於刑
部投狀。契勘除名追官停任人，刑部雖各有敘法，十一
等內第一等永不敘收，第三等至六等止敘散官。其終
身不齒及放歸田里人，係敘法之所不載，元豐大赦後
曾有投狀人，刑部為無敘法，並送看詳訴理斷遣本所
奏請，得敘者止一二人，餘皆不行。今來大赦後投狀者

卷三千八百六十六

若止隨常格不與收敘，則赦書指揮殆成虛文。況此兩
色犯狀未必重於除名，偶因當時特旨異名，敘格闕漏，
遂使不霑霈澤。今欲乞並依特除名敘法內本應除名
者，自從重并除名永不收敘與止敘散官者，如經部投
狀，並從本部取索元犯看詳，逐旋申取朝廷指揮，所責
久廢仕官之人又與恩恤。從之。　建中靖國元年三月
二十一日，刑部奏：臣切見自來大體赦書內例各有除
落命官過犯等指揮，自去年正月十三日頒降登極赦
書後，來不住有官員赴部陳乞除落過犯，本部為赦文
所不該載，不敢比類施行。欲望特詔有司許依大禮赦
書施行，內十年以上者仍各與減五年，不及十年各與

減三年，所責非常之澤廣被遠邇。詔許依大禮赦書施行，
其理年仍各減三分之一。　十一月二十三日，南郊改
元赦：應見貶責官未量移者與量移，承務郎以上及使
臣不因贓罪降充監當官，後來别無贓私過犯，候到任
及二年，與依條牽復差遣。崇寧三年十一月二十六日
南郊赦，崇寧四年九月五日九鼎成赦，大觀四年南郊
赦，並同此制。

卷三千八百六十六

宋會要　　收敘放逐官　二

崇寧二年四月二十一日親謁原廟赦應見貶謫命官
除元祐姦臣及到貶所未及年外未量移者與量移合
敘用人依該非次赦恩與敘衝替命官係事理重者與
減作稍重係稍重者減輕輕者便與差遣使臣比類施
行　三年六月十六日詔元符末姦黨並通入元祐籍
更不分三等應係籍姦黨已責降人並各依舊除今來
入籍人數外餘並出籍今後臣僚更不得彈劾奏陳令
學士院降詔　四年十二月二十四日詔應元祐及元
符末係籍人等今既遷謫累年已足懲誡可復仕籍許

卷三千八百六十七

其自新所有朝堂石刻已令除毀訖如外處有立到姦
黨石刻亦令除毀今後更不許以前事彈糾常令御史
臺覺察違者具彈章以聞　五年正月十四日星變赦
應合敘用人依該非次赦恩與敘大觀四年五月二十
一日星變赦同此制　大觀元年正月一日改元赦應
合敘用人與理當三期敘應落職降職及與宮觀或放
罷直替并曾任在京職事官監察御史以上開封府推
官及監司人令吏刑部限一季逐旋申尚書省取旨外
其未復舊官并未復舊差遣人並令吏刑部不候投狀
各限兩月內贓罪及私罪情重人與依例敘復其公罪
并私罪稍重情輕人並量輕重申尚書省取旨　十月

十七日刑部言九月二十八日赦書應官員除名追官
停任停職未經敘用并不因贓罪已經敘用及降官資
未復舊并貶謫已量移者並與敘用已敘用者更與敘
用即是敘格內應六期三期一期並無等可降展年人
依上件赦條皆得與敘外惟有本期之外更有特旨展
期之人未委合與不合依無等可降展年人與赦期勘
會除名係用六期收敘特勒停係一期敘今若一等并
許敘用即無輕重之別詔合敘用人並理當三期　二
年正月一日受八寶赦元祐之初姦臣乘間得罪放廢
言念歲月之久屢更赦宥除懷姦睥睨報怨不臣公肆
誣詆罪在宗廟朕不敢貸其尚繫貶所或情輕法重例

卷三千八百六十七

被放棄或非身自犯因人得罪或止緣附會明比或志
非謗訕言有近似或緣辨理語類譏訕或止因職事偶
涉改更凡此之類可各具元貶責罪犯審量其情分輕
重等第取情輕者與落罪籍特與甄敘差遣　三月二
十八日三省檢會今年正月一日八寶赦書元祐之初
姦臣放廢言念歲月之久屢更赦宥可議等第取情理
輕者與落罪籍特與甄收差遣具到孫固陸佃王存蔣
之奇趙瞻安燾顧臨張問朱思服錢勰王欽臣楊畏李
之純王汾馬默周鼎向紃李昭玘歐陽棐陳察渠士能
楊彥璋李基鍾正甫許端卿趙彥若賈易兆勔呂希績
歐陽中立葉仲陳郛朱光裔蘇嘉吳儔常立李茂直司

馬康都既鄧忠臣廖正一呂希哲秦希甫張耒杜純四
十五人編寫成册詔除孫固安燾貫易外餘並出籍續
奉聖旨孫固爲係神宗隨龍人王珪初懷猶豫終能協
濟特與出籍續詔葉祖洽郭知章上官均朱紱种師極
錢景祥並出罪籍　三年正月一日中書門下後省左
右司狀檢會係籍定人內陳衍等不可貸外蔡克明等
二十五人編類册內别無事狀應别有照應文字乞降
下詔張茂則馮說出籍餘並依舊契堪張士良一名崇
寧三年籍內有姓名崇寧五年二月內御寶批爲係哲
宗隨龍人特許任便居住三月內係籍人分三等指揮
內無姓名今來刑部具到前項指揮內即無張士良出
卷三千八百六十七
名未委合與不合出籍乞明降指揮張士良出籍　二
月三日中書省尚書省送到門下中書後省左右司狀
承朝旨看詳孫固等共一百五十六人出籍并今來看詳
到王古等外所有其餘係籍人并承朝旨不出籍人姓
名一本合取自朝廷指揮詔趙君錫孔平仲周遵道張
恕胡良程頤並出籍　六月三十日詔比閱元祐罪籍
除詆誣先烈得罪宗廟朕不敢貸外緣事散廢閱日滋
久宜與湔洗復置周行文臣張商英謝文瓘徐勣路昌
衡內臣譚扆竇鉞趙約曾燾黄卿從蘇舜卿閻守懃鄧
世昌鄭居簡王化臣王紱張祐可依已出籍例施行
七月四日詔朕祇紹先猷遹追成憲任賢使能小大並進其

或自抵譴訶名麗謫籍曠日滋久庶有革心傳不云乎
過而能改善莫大焉除元祐姦黨及得罪宗廟朕不敢
貸外自餘並棄瑕垢量才試用責其後效許以自新應
曾任待制已上職任人往咎宿愆已絕黜責朕則寬知
本末今再加識擢官司勿復以聞臺諫官亦不得輒有
彈奏其如尚或不悛覆出爲惡怙終飾非申述辨雪與
夫背公死黨陰懷報復沮害良善欲成其私無循省悔
過之心者邦有常刑必罰無赦布告中外咸體朕意仍
牓朝堂　十一月詔命官見任責籍可特與牽復仍與
宮觀差遣　四年三月二十五日詔罪廢之人不忍終
棄昨者稍加甄叙尚慮懷姦沮法命監司俟一年保奏
今茲閱月浸久頗聞各安所守更不候一年之淹各與
等第差遣以責來効其曾任侍從官於去年十二月以
前牽復與知州人內有未帶職未復待制以上職名人
並特免監司保明三省條具將上取旨　政和元年六
月十四日臣僚言失入徒罪已上及用刑不法之吏雖
遇赦宥許其叙復乞不令任提點刑獄親民差遣從之
七月十一日帝疾康寧德音應文武官自大觀元年
後來至今日前因臣僚彈擊不曾體量取勘及特旨責
降不以大小臣僚自責降後不以曾與未曾牽敘見在
罪籍者並仰於所屬投狀申刑部本部具元責因依申
尚書省量事體輕重取旨牽復文臣曾任待制以上武臣觀察

使以上尚書省限十日檢舉取旨如已經敍官之人更與牽復無致漏落。二年二月五日臣僚言去年十二月十一日赦文大小臣僚現在罪籍者體事輕重仰刑部具元責因依申尚書省取旨牽復令文臣曾任侍制以上武臣觀察使以上已行檢舉其餘小官經隔歲月未見施行小大之臣不應有異乞詔有司類聚取旨詔限半年　十二年一日中書省言十一月二十五日受元圭赦書應合赦用人自降責已及二年理為非次赦恩許當三期與敍契勘敍用之人理期年限不等政和二年十二月四日詔一期再期合赦用人並許敍用三期以上合赦用人並與理當二期詔應合敍用人自

卷三千八百六十七

責降已及一年理為非次赦恩許當三期與敍　三年十一月六日南郊赦應官員除名追官勒停落職未經敍用并不因贓罪已經敍用及降官資未復舊并貶謫已量移者並與理當三期敍用已敍用者更與敍用　四年五月十二日北郊德音應追官降官降資勒停未該敍用者緣今次首行夏祭之禮其理為一赦及拘管人情經具犯由申當該特與赦免政和七年五月十四日北郊德音八年九月十日皇帝元命之月德音並同此制　五年二月十四日立皇太子赦應昨元符末上書邪下之人趣操頗僻在所擯廢累經赦宥有指揮改官陞任之類例作過犯之人可自今後過改官關陞注

授與依無過人例及於家狀內更不聲說仍許與在部人衮同注授唯不得注在京差遣以示寬宥　三月十七日詔建立太子慶及海宇與常例不同應見責降官文武臣僚並與牽復仰刑部限十日條具聞奏如敢用情漏落以違御筆論　四月十一日吏部奏見降任監當衝替放罷等未復資任小使臣開具下項檢會四月十日御筆指揮令來敍復有司差注拘礙常格可特依下項編管人依法除名勒停人降二等追官勒停人降一等勒停人降遠處衝替並與本等差遣無等可降與次等又無次等與本等遠處差遣奉御筆第二項不候任滿依今來已降處分第六項依今餘並依今來已降

處分施行衝替人係依元豐令降等除依今降赦書施行外其降官衝替已依今來御筆復官人及特旨未得差遣若會赦及贓罪到部一年各依事理重法亦依元豐令施行差替人前任因體量准朝旨不候任滿差人抵替交替罷任人係依差替人例及放罷人自來亦依差替人例並依元豐令與本等差遣若□老疾或謬懦差替依稍重法係合降等候滿一任即復本等降任監當人遇赦許候到任及二年牽復人即合依元豐令牽復比較賊盜馬數并在京倉庫監渡官透漏并武藝等出身因事停替并押綱官失押伴蕃蠻應降等差遣人合候一任滿復本等差遣追降官勒停并特勒停除依

令赦敘官人外其敘法差遣係以任數復本等若任數滿即合復本等之官不赴任係依元豐令降等候滿一一任監當復本等無等可降到部降一等名次與遠小處　十五日吏部言勘會承直郎已下拘礙差替等人已依處分本等差注外有赦前因勘停已敘用并衝替事理及監當虧額并十年不到選除資已未替之人於考功條法並合候一任回復資其逐等人該今赦即未有許與不許復資指揮詔使與敘復　二十三日尚書省言勘會已降指揮收敘大使臣承務郎以上人法寺係以贓論罪元斷刑名不等今來自合分別難以一例收敘及臣僚內有追降官未復舊官已後别以泛恩改

卷三千八百六十七

轉過者依法並合許在敘法之外竊慮有司為見元降指揮無可收敘不為補敘使被責之人未能均被恩霈詔如有似此刑部續次條具元犯死罪貸命人令刑部依格與敘元犯流罪人降三官元犯徒罪人降兩官敘元犯杖笞人與敘舊官應已敘文武官如追降官未復舊官已後别以泛恩改轉過者令刑部依法補敘如內有磨勘不同之人比折補敘施行其礙正法人許回授本宗有官有服親　五月五日刑部尚書慕容彥逢等言本部奏尋醫侍養持服條法未合牽復之人及係伎術官并進武進義校尉之人未審合與不合條具奏聖旨並依本部法施行更不條具緣尋醫侍養持服人將來

終選服闋依本部法合收使已遇赦恩并伎術官進武進義校尉雖不係文武臣僚如停降官資或編配羈管該遇許當期及移放赦恩依本部格法各合敘用移放令相度欲乞將應依本部格法許敘用移放不係合條具之人亦與用今次赦恩理當三期依法敘用內編配羈管於本赦未有該載人理為一赦移放從之　六年正月二日都省言檢會政和四年四月九日奉聖旨今後御筆及特斷並非在者並不得理元斷月日詔應犯罪人若御筆特令敘復及今通理磨勘者並合理元斷月日餘依已降指揮　十月十九日刑部奏為恭上昊天玉皇上帝聖號册寶禮畢肆赦內未有官員被罪理

卷三千八百六十七

當期限指揮奏詔與理三期勘會諸色有敘法公人遇非次赦已有海行條減三期今承上件朝旨被罪官員與當三期緣下班祗應并將校等於本部條格皆有敘法未審合與不合亦與理當三期詔與理三期　十二月九日尚書省言奉上帝册寶赦罪廢之人咸得自新聖恩甚厚然有司撿舉隨事擬定慮有未盡今具下項一與合入差遣人或見今差遣比本等已優謂如知縣資序人經責降見已作通判令今與合入差遣即合罷通判却作知縣之類願且依舊者聽一應敘復之人不礙大禮敘恩即庶官大夫以上應奏薦者皆不礙內復待制以上合具辭免未即受告恐有司拘礙未得奏

職官七六之三三

薦詔第二項自不礙奏薦申明行下　七年四月二十
五日刑部言今年九月六日恭上昊天玉皇上帝聖號
冊寶禮畢肆赦官員被罪奉詔與理當三期緣編配羈
管等命官依法係赦數今來未審合與不合用赦恩與
理為一赦移放從之　八年正月六日受定命寶赦勘
會昨元符末上書邪下人已依無過人例外其邪中人
累經赦宥可令後政官關陞注授依無過人例家狀內
更不聲說仍許與在部人衮同注授應官員諸色人犯
罪可並與理三期敘　六月十五日詔任監察御史已
上及監司以上差遣因事責降人已復知州軍差遣令
後更不敘復　二十八日詔廼者荷天眷祐錫以珍符

卷三千八百六十七

備成九寶加恩海內即與常赦不同應左降官除永不
移放人外並與敘復曾任監察御史以上及監司以上
差遣因事責降人並特與敘復合入差遣或已敘復而
尚降差遣者並令三省審度與合入差遣令刑部限一
月依前色目逐一檢舉敘復　重和元年十一月七日
太乙宮成改元赦應官員諸色人犯罪合敘用者並與
理當三期敘用其官員降名次公吏人降名次原情至
輕可令刑部比附降官降資人並與敘免應落職降職
及與宮觀或放罷直罷并曾任在京職事官監察御史
以上開封府曹官及監司人除已該今年正月赦敘復
外其未敘復人令刑部限一月逐旋申尚書省取旨

職官七六之三四

宣和元年十一月十三日南郊赦應元祐被罪責降人
未有經敘復者仰刑部檢舉具元犯聞奏當議特與敘
復　二年六月十日刑部言五月二十五日德音應官
員諸色人犯罪可並與理當三期本部勘會官員停降
官資係理期限敘復令來德音內即無敘用移放明文
詔明官理為一赦　七月十一日御筆應該遇去年冬
祀今歲夏祭赦宥人可依下項令吏部限一月檢舉曾
任太中大夫以上官職未復官職即已復未有差遣人
並取旨曾任監察御史以上職事官及監司見降資任
差遣者並與牽敘落職人取旨見流配編管羈管安置
責授散官者並放移放牽敘內情重及永不放還永不

卷三千八百六十七

敘復并係監察御史以上職事官及監司得罪者並取
旨勒停衝替放罷降官降資人並與牽敘見降授監當
之類者並令吏部注授合入差遣　三年正月十八日
詔士大夫職業不脩行義不立自抵罪辜比緣赦宥雖
數與甄敘尚慮朝廷失於訪求有司限於撿舉使況英
有流滯之嘆微罪過自新之路殆非俱收並蓄棄瑕用
材之意應實有材望曾經任用之人非有顯過而被譴
斥替移有雖不該撿舉並行採訪具名取旨量材授職
　二月二十八日罷方田買鈔免夫錢赦應官員昨緣
隨遼出塞被責見被罪之人限一月許經所在官司陳
首並與免罪具元犯保明申樞密院量輕重敘復其責

降未敘舊官人並特與敘復比降指揮士大夫實有材望曾經任用之人非有顯過而被譴斥皆移不該檢舉並行採訪具名取旨各已採訪甄敘仰諸路監司郡守更切詢求實有才望之人具名保明奏聞當議量才甄用見責降及流配編管羈管安置責授散官并勒停衝替放罷降官資及降授監當之類差遣人等除已依昨降御筆檢舉已後未經檢舉者仰吏刑部限一月並依宣和二年七月十一日所降指揮檢舉牽復昨緣陝西奉行鐵錫錢一等行使平定物價指揮并因諸路方量及根括冒佃大荒地土應當月違犯抵罪編管羈管安置人並放令逐便內命官及落職停替降官降資放罷

（卷三千八百六十七）

人並與敘用元舊官職依無過人例施行　八月十二日德音應緣賊及因軍興致罪停降編配之類並與當三期敘復移放應官員緣賊及因軍興被罪差衝替放罷者並許經所屬自陳保明聞奏當量情理重輕特與牽復　九月三日刑部奏八月十三日德音應緣賊及因軍興致罪停降編配之類並與當三期敘復移放本部勘會官員停降官資係理期限敘用編配諸色人係理年限移放今來編配羈管安置等命官緣法係以情理輕重理放數移放今取朝廷指揮詔與理為一赦　四年十一月十五日南郊赦應編管羈管人並放逐便除名勒停降官資人並與敘復衝替放罷人與牽復本等

差遣上書邪等文臣除邪下人已降指揮免展磨勘外其邪上人尤甚未有聽許磨勘指揮緣已累該赦宥今後特與磨勘應使臣具與短使未得與差遣者並仰於所屬投狀依例施行　五年五月吏部奏勘會大觀元年宗祀及政和三年冬郊赦文內追降官資勒停未敘用人理當三期已申明將私罪情輕并公罪添展年季人許免展了當今來刑部承指揮應追降官資勒停未敘用人該宣和四年冬祀赦許理當三期敘用外有不因贓罪添展年季之人未有許免展指揮詔私罪情輕并公罪添展磨勘人並與免展　六年八月十八日以收復燕雲大赦應命官曾經擢用及帶職人見令罷黜

（卷三千八百六十七）

者並令刑部看詳當議特與甄敘內曾任侍制以上未復職名復職未盡者依此未有差遣之人與宮祠已任宮祠者與郡曾任監察御史開封府曹官監司以上未有差遣特與差遣應元符末上書人久掛罪籍所當寬貸使得以自新除邪中邪下人已許於無過人例外其邪上及尤甚人未有指揮元符上書人員與依無過人例不礙注授內外差遣其腳色并應干文字更不聲說　十月二十八日中書省言勘會帶職以上責降官該遇今年八月十八日赦恩已降指揮復職敘宮依舊宮祠數內有見係責降宮觀未有改作自陳指揮詔並改作自陳　七年五月九日德音京東河北路州縣應停替

應停替命官見充効用捉殺之人如委有勞効仰安撫提刑司疾速攄功力輕重保奏當議特與牽敘其優異者仍厚與推賞應命官緣兩路軍興賊盗得罪停降人許當三期敘用衝替放罷人許經所屬自陳保明聞奏當議量情理輕重特與牽復　十一月十九日南郊赦文有曾任太中大夫觀察使以上官仍別作等差務從優異應合敘用人並與理當三期命官編管羈管責授散官安置人理為一赦　十二月二十五日欽宗登極赦應貶降責授官並與牽敘在外未量移者與量移已量移者與敘復敘用者更與敘用應流配人元係命官已經恩赦放還者量與敘用應除名追官停廢人等并

終身不齒及放歸田里並因詿誤連累自來未敢求仕人等並許於刑部投狀具元犯聞奏當議特與甄敘

靖康元年二月十二日金國講和赦文應合敘用人並與當三期命官編配羈管責授散官人理為一赦　高宗建炎元年五月一日赦應停降諸色人等未經敘用及永不收敘人並特與敘元職名已還補者額外收補又命官流配編管羈管人永不移放者並放逐便除名追降官資及勒停責授散官安置或終身不齒放歸田里及永不收敘人並與敘官落職人與復舊職析資及降等遣差人與復本等遣差合檢舉者刑部限三日檢舉惟蔡京童貫王黼朱勔李邦彦孟昌齡梁師成譚稹

及其子孫皆誤國害民之人更不收敘　六月十三日赦應係籍及上書人其未責降以前官職應得遺表或致仕恩澤者亦令吏部刑部條具申尚書省取旨　十三日赦應將士實有戰功緣罪停廢之人並特與牽復令所在官司發赴行在當議量材選用　十一月九日刑部尚書郭三益言本部依赦勅檢舉命官元犯申取朝廷指揮緣昨經延燒案籍不全及大理寺簿書拘轄不盡切慮檢舉漏落欲望遍下諸路州軍告示應官員赦前犯罪未敘官職未敘逐便人經所在州軍自陳本州具錄元犯全文保明自被斷後更有無再犯繳申刑部檢舉施行從之　二年二月八日詔守文盧中應詔奉使

絶域可特與復中大夫乘遞馬發赴行在　十一月二十二日赦應衝替命官係事理重者與減作稍重係稍重者減作輕係輕者便與差遣差替放罷者依無過人例使臣比類施行其緣公犯罪衝替重降作輕稍重者便與本等差遣　三年二月十六日德音紹興元年正月一日改元赦九月十八日明堂赦二年九月四日彗星赦四年九月十五日明堂赦七年九月二十二日明堂赦十二年九月十三日徽宗梓宮還赦十三年十一月八日南郊大禮赦十五年四月十二日彗星赦內差遣下增展年者與免展十六年十一月廿日南郊赦十九年十一月二十四日南郊赦　二十二年十一月十八日南郊赦二十五年

十一月十九日南郊赦、二十八年十一月二十三日南
郊赦、三十一年九月二日明堂赦並同此制　同日赦
應合敍用人並與理當三期命官編配羈管責授散官
安置人理爲一赦勘會責授散官安置居住羈管人往
往在道故作稽留不赴貶所除已降指揮將經過容留
不即催督州軍知通行遣外其虔奉責命已到貶所降
及半年人該遇今來赦恩雖止合理爲一赦可特令所
屬州軍保明詣實申本路監司覆實聞奏特議移貸　三
年四月八日赦同上制惟因苗傅劉正彥得罪人不在
此限　同日赦應捕盜官始因不職停廢或勒留捕賊
或本處別委捉殺後來立到功效重于本罪過名之人

卷三千八百六十七

仰所屬保明當議以功補過特與甄復　同日赦應承
務郎以上及使臣不因贓罪降充監當者如後來別無
贓私過犯並與牽復　三年二月十六日德音責授散
官安置居住編管羈管人可限德音到日不以已未到
貶所並特與放令逐便元係永不收敍放還之人仰所
屬條具以聞内李綱靖康中覆師太原罪在不赦更不
放還　四月十日刑部言指置到舉敍案掌行命官敍
復移放編管内有已曾經部陳乞未經結絶之人欲出
榜曉示重別陳乞并該遇昨來赦降責降官内有係本
部一面檢舉雖已檢舉尚未得指揮及見行檢舉未了
之人乞從本部徧下諸路令逐官具元斷指揮全文及

責降後來有無過犯具朝典文狀名本色官二員委保
經所在州軍自陳從本處保明申部以憑依赦施行詔
命官供報過犯隱漏并委保不實官依條斷罪外仍並
勒停餘從之　五月二十八日詳令一司勅令商守拙
言本部行司別無敍用條格乞將犯罪依條合進官資
勒停并贓罪及犯贓應斷私罪杖笞入格法敍用之人
候取到東京條法日與依條格敍用外將犯公罪徒不
至追官并犯公私罪杖笞特旨勒停及特旨追降官資
不勒停之人與先次引赦敍復從之　十一月三日德
音勘會二月十六日德音及四月八日赦其責降落職
人刑部自合檢舉經今半年人吏舞文玩法並不檢舉

卷三千八百六十七

仰三省具前刑部官各降一官吏人送御史臺從杖一
百科斷乃限一月盡檢舉申尚書省取旨如違官員竄
責人吏決配如因渡江刑部無籍可考令鏤版徧下諸
路委知通出榜曉示聽逐官自陳已身故者許本家赴
所在州軍繳申尚書省越明年六月十五日臣僚撥此
有請復詔曾任宰執并侍從官責降亦不以曾未牽復
並仰檢正同都司取索條具文臣舊曾帶職并武臣觀
察使管軍以上及應合本部檢舉人並仰刑部疾速檢
舉申尚書省餘官遵依德音指揮施行不得抑塞留滯
合本部檢舉施行人仰都司檢正不住檢舉施行盡絶
毋令漏落　四年二月二十三日德音應合敍用人並

與理當三期　同日德音應命官諸色人編管羈管刺
面不刺面配本城牢城情理輕者並放逐便內情重及
永不移放並配沙門島吉陽昌化萬安軍瓊州及散官
安置人仰所屬具元犯因依聞奏當議移放　八月三
日詔責降落職人經赦未曾牽敘寄官展限一月召保
自陳令所在州軍勘檢仍保明自責降後來有無過犯
及事故申部候到令刑部限一日截會檢會申尚書省
如自陳及委保不實依已降指揮斷罪內曾任侍從官
以上令見寄居州軍勘會其元犯事因及責降後來有
無過犯及事故申刑部候到令本部限一日關撿正都
司照會元降指揮施行應承受會問官司並仰疾速回
卷三千八百六十七
報不得故有留滯　二十四日詔責授團練副使李邦
彥可特授銀青光祿大夫　紹興元年正月一日德音
應合敘用人並與理當三期內合檢舉者令刑部限一
季逐旋具申尚書省　三月二十六日刑部言蔡懋元
係中奉大夫尚書左丞責授散官王襄任資政殿大學
士正議大夫責授寧遠軍節度副使令該紹興元年正
月一日德音續奉詔許理為一赦令依指揮取旨詔蔡
懋王襄並令刑部依赦與敘本部勘會蔡懋王襄係執
政官於本部即無敘用專法自來係朝廷敘用詔蔡懋
王襄並與復元官　五月二十二日刑部言欲將該遇
建炎元年赦敕陳乞除落過犯理元斷日月之人立限

半年如限外投狀者不許受理及今後如遇所降赦內
有應命官諸色人許除落過犯指揮並乞依許雪過犯
二年外投狀不許受理條限施行從之　八月五日詔
責授寧遠軍節度副使汪伯彥復正議大夫提舉臨安
府洞霄宮後二十六日又詔通議大夫提舉臨安府洞
霄宮許翰中大夫提舉臨安府洞霄宮李邴並復端明
殿學士皆以正月一日德音檢舉也　二十八日刑部
尚書胡直孺言勘會官員因罪責授散官安置已放後
依條理一期入格敘用其命因罪勒停或責授散官分
司州軍居住已放後未有立定期限入格敘用條法緣
安置與居住事體頗同今相度欲將命官因罪勒停或
卷三千八百六十七
責授散官分司州軍居住已放後比類安置人已放後
理一期入格敘用從之　九月十八日明堂赦應合敘
用人並理當三期其永不收敘人仰經所屬自陳具元
犯申刑部看詳取旨敘用命官編配羈管責授散官安
置人理爲一赦居住人令所屬具元犯因依聞奏取旨
移放其應合檢舉敘復人仰刑部限一月逐旋開具申
尚書省如稽違漏落委御史臺彈劾　四年九月十五日
明堂赦　七年九月二十二日明堂赦　十五年九月十日
明堂赦　十二年九月十三日徽宗梓宮還赦　十三年十
一月八日南郊赦　十六年十一月十日南郊赦　十九年
十一月十四日南郊赦　二十二年十一月十八日南郊赦

二十五年十一月十九日南郊赦、二十八年十一月二十三日南郊赦、三十一年九月二日明堂赦並同此制。同日明堂赦：應命官下班祗應、副尉因罪特旨及依法令該展期或展年磨勘、降資、殿降名次、展年參選、罰短使之類者，並特與放免。四年九月十五日明堂赦、七年九月二十二日明堂赦、十年九月十日明堂赦、十二年九月十三日徽宗梓宮還赦、十三年十一月八日南郊赦、十六年十一月十日南郊赦、十九年十一月十四日南郊赦、二十二年十一月十八日南郊赦、二十五年十一月十九日南郊赦、二十八年十一月二十三日南郊赦、三十一年九月二日明堂赦內並同此制。同日赦：應承務郎以上及使臣不因贓罪降充監當及特旨

卷三千八百六十七

與監當人，如後來別無贓私過犯，並與牽復差遣。或不因罪犯乞祈資監當之人，若無規避，願理元資序者，聽。四年九月十五日明堂赦、七年九月二十二日明堂赦、十年九月十三日明堂赦、十二年九月十三日徽宗梓宮還赦、十三年十一月八日南郊赦、十六年十一月十日南郊赦、十九年十一月十四日南郊赦、二十二年十一月十八日南郊赦、二十五年十一月十九日南郊赦、二十八年十一月二十三日南郊赦、二十一年九月二日明堂赦內並同此制。同赦：應命官犯私罪徒、經令十二年，有五人奏舉，公罪徒、私罪杖以下經令六年

或元因詿誤，或法重情輕，理可矜憫，並有三人奏舉者許。今後不礙選舉差注。其犯公罪徒、私罪杖以下經令十二年，公罪杖以下經令七年，有二人奏舉者，今後與依無過人例施行。以上並須情理稍重及被坐後來各不犯贓私罪者。如情理稍重，贓罪各加舉主二人，餘罪各加舉主二人，並聽於所屬自陳，內承直郎以下犯私罪徒、贓罪杖，得不礙選舉差注者，若舉主考第比無過人例，合磨勘者奏裁。應犯罪赦後猶合收坐及循勒停還俗之類，如非情理深重，特依今赦施行。四年九月十五日明堂赦、七年九月二十二日明堂赦、十二年九月十三日徽宗梓宮赦、十三年十一月八日南郊赦、十五年四月十二日彗星赦、十六年十一月十日南郊赦、十九

卷三千八百六十七

年十一月二十四日南郊赦、二十二年十一月十八日南郊赦、二十五年十一月十九日南郊赦、二十八年十一月二十三日南郊赦、三十一年九月二日明堂赦內並同此制。　十月六日，刑部言：檢準元豐刑部格：文臣責授散官安置已放，後一期入格敘用；其武臣責授散官安置已放後，即未有立定期限。今欲依文臣條法敘用。從之。　十二月八日，詔責降落職等人曾任宰執并侍從官，不以曾未牽復，依已降赦勅，檢舉各霑恩宥。令見寄居州軍勘會其元犯事因及責降後來有無過犯事故，申刑部施行。　二年三月十七日，刑部員外郎張

杓言勘會文臣帶職人緣非追降官落職或不曾降官落職特勒停之類本部自來先敘復官訖其職名然後理期檢舉近有官員經部陳狀稱元係帶職因罪勒停不曾追降職名乞將官職一併牽復檢準元豐敘法止稱合敘見存官與差遣即無該載併敘職名及別理期敘職名之人自來或例先敘盡元官後再理期檢舉職名緣無指定明文是致合敘官員得以陳詞欲依本部自來體例舉敘責憑遵守從之　五月三日詔朱勝非與復宣奉大夫差提舉萬壽觀兼侍讀令見住州軍差兵級五十人逐州交替津遣前來赴行在是月二十九日復觀文殿學士知紹興府充兩浙東路安撫使　十

卷三千八百六十七

八日都省言責授中大夫余深元任特進觀文殿大學士該遇明堂大禮赦未曾牽復詔與復元官　九月十二日刑部言紹興二年九月四日赦文內應官吏因罪停降並理當二期敘用其追官及責授散官安置居住及放逐便並應合理期敘用人未審合與不合准此詔應合敘用人並與理當三期　十三日尚書省言刑部委刑部郎官張杓韓應冑專一監督檢舉須管依限盡絕如出違日限仰御史臺依降赦文覺察彈劾當重行典憲　三年七月二十九日刑部員外郎蘇恪言命官經本部陳乞敘用依條召保官三員及乞除落特旨過

名并依無過人例若元犯無可稽考依指揮召保官二員所有保官若不批書印紙竊慮其間有身死事故及有妄冒之人無由見得欲乞今後經本部陳乞前件事理召到保官乞依吏部及紹興條令審驗保官見任付身批書印紙若無印紙即批書見在付身其在外州軍陳乞之人令依此勘驗批書訖保明申部所貴隔絕冒濫從之　四年二月十六日吏部侍郎陳與義言竊觀元祐黨籍及元符上書人其顯大光明者既以盡錄亦有姓名不熟於人而多故之後無籍以考迺紹興之元下詔訪求有黨籍者以蔡京所書黨碑及國子監所印黨籍上書人姓名錄白來上付在有司而遭罹火災又已不存

卷三千八百六十七

聞有其子孫應令自陳者乃以胥吏私抄之本定其是非一字之間予奪隨之乞詔令吏部尋訪其本繳申左右司審驗訖送本部照使從之　五年二月十二日詔資政殿大學士銀青光祿大夫李綱復觀文殿大學士先是建炎三年二月十六日德音綱以靖康拜首結余堵覆師太原罪在不赦更不收還十一月三日德音緣累經赦令任便居住四年七月二十五日與復元官紹興元年八月二十六日復資政殿大學士至是盡復與元職　同日詔范宗尹復觀文殿學士依舊知溫州秦檜復資政殿大學士張徵路允迪復資政殿學士內路允迪依舊致仕葉夢得復左中大夫並依舊宮祠　閏二月

二十二日刑部侍郎胡交修言官員自渡江以前責降之人為亡失案籍本部無憑檢舉於建炎三年紹興元年再降指揮從官自待制以上職事官監察御史以上并餘官各為一等從官所在州軍保明監察御史以上自陳不召保餘官自陳及召保官作三等申省契勘內有臺諫官左右御史御監都司檢正檢詳官為已各經朝廷優加擢用不肯自陳本部無緣檢舉致經恩霈遂有不獲霑及之人乞將上件官許免自陳亦令所在州軍勘會元任官職責降月日因依自責降後已未經敘復保明詣實申尚書省降付本部依赦檢舉庶幾少助朝廷加惠縉紳崇養廉恥之意從之

卷三千八百六十七

五月十三日刑部言命官緣罪追降官資未該敘復或該敘復未曾陳乞間再因事追降官資本部依條告示自後犯日別理期敘其已理月日不許收使近有官員降官該遇去年九月十五日明堂赦恩合該敘復已曾陳乞緣為權住行遣常程文字未敘復間再有降官即未該敘復若行一例告示難以杜絕詞訴今欲將該遇紹興四年九月十五日明堂大體赦恩合該敘官已曾陳乞文字到部偶緣權住行遣常程文字致復再有降官之人與引已遇赦恩施行從之

閏十月七日詔端明殿學士左中大夫致仕翟汝文端明殿學士左光祿大夫提舉鳳翔府上清宮宇文粹中端明殿學士左通奉大夫提舉西京嵩山崇福宮王孝迪並復資政殿學士內翟汝文依舊致仕

九年正月五日赦應命官衝替差替放罷直替人並特與復本等差遣

同日赦應命官諸色人合敘用者與理當三期內依法及特旨展期者並與免展除名人更與理當三期特旨永不收敘人與本等敘格敘用永不收敘人與用次等格敘用其永不收敘已經敘用并依法敘用人已至止法者更與敘用一次見丁憂尋醫侍養人亦聽理為三期官員因罪與監當或遠小或廣南監當或直注差遣并依法合降差遣及注遠小處差遣人並與注本等差遣或不因罪犯乞折資監當之人若無規避願理元資序者聽

卷三千八百六十七

同日赦應命官曾經朝廷擢用及曾帶職人見今罷黜者並令刑部看詳所犯輕重并被罪月日遠近申尚書省取旨當議特與甄敘內任待制以上未復職名及復職未盡者依此未有差遣之人與宮祠已任宮祠者與郡曾任監察御史監司以上未有差遣特與差遣

張邦倡劉豫僭號背国原其本心實非得已其子孫宗族親屬有官者並許依舊參部注授差遣無官者仍許應舉

軍興以來州縣官陳經失守投降之人不以存亡但經赦宥並與敘復子孫依無過人例

靖康圍城偽命及因苗傅劉正彥作過名在罪籍見今拘管編置者並放逐便停降未經敘用並與收敘

至是十七日右諫議大夫李誼用言竊詳赦文

職官七六之四七

職官七六之四八

令刑部看詳申省取旨者蓋欲使恩無泛濫人無僥倖
也照刑部看詳不過以法至於法之所不載非有司所
能盡也考其人論其事斟酌而行之是在朝廷而已儻
惟一切不問均為甄敍則忠邪不分公罪無別名器不
尊法制不立小人之幸君子之不幸臣以為宜依所降
赦文以輕重遠近為差若左右賣國反覆事君虧損名
教姦贓狠籍並不在甄敍之列其餘罪狂丹書合存白
簡重者未及一年輕者未及半年並未許甄敍其例一
定則恩皆有節上無二三之嫌下無異同之論詔令三
省詮量取旨　九日詔資政殿大學士左正議大夫提
舉臨安府洞霄宮汪伯彥復觀文殿學士先是七年八

卷三千八百六十七

月三日上謂輔臣曰元帥舊僚往往論謝惟伯彥買同
艱難朕之故人所存無幾伯彥宜與甄敍張浚奏詩之
伐木燕朋友故舊自天子至於庶人未有不須友以成
者則故舊固不可忘陛下念舊如此實甚盛之德但伯
彥無所因而甄敍則必致紛紛恐非徒無益也臣等商
量俟因大禮取旨復職更得親筆數字為明元帥府舊
勞庶幾內外孚信上以為然俟到九月當復職與郡秦
檜因奏漢高祖於故人不若光武之厚上曰高祖所用
固多豐沛故人而光武亦多南陽之舊也至十月二十
二日復資政殿大學士至是復元職也　同日張浚復
左宣奉大夫提舉臨安府洞霄宮任便居住劉大中王

庶並復端明殿學士依舊宮祠　六月十七日詔新復
州軍官員諸色人元係偽齊斷遣經紹興九年正月五
日赦文不以輕重並依無過人例　二十四日三京淮
北宣諭方庭實言訪聞劉豫深文密網濫及無辜忠臣
義士多被殺戮或因貶竄流落失所或掛罪籍未經昭
洗情實可憫望委應新復路分提刑多方採訪並取索
大理寺開封府元斷罪案牘看詳其忠義顯著之人具
名奏聞優加褒贈應官員犯罪未經敍雪之人並具元
犯申取朝廷指揮並特與改正除落以慰中原人心從
之　十五年五月十七日刑部言契勘橫行副使應敍
於諸司法使即係右武郎至正侍郎因罪勒停許依武

卷三千八百六十七

功大夫至武翼大夫格法敍用緣橫正使帶遙郡之人
未有該載本部欲將橫行正使應敍之人依橫行副使
格法敍用從之　十七年十月二十二日詔四川命官
因非停降遇恩合該敍復人見係宣司一面施行令依
舊歸還省部　十八年十一月八日刑部言四川安撫
司昨來便宜斷遣之人不往經省部陳乞敍用齎到元
便宜斷遣并後來便宜敍用等付身內多節畧不見得
所犯情節無以參照輕重蓋緣當時不曾經省部照會
是致刑寺無由稽攷令欲關報吏部等處如有四川便
宜斷遣經陳乞之人若刑寺別無照應勒令陳乞人
結罪供具先次施行案後四行下如有違礙即行改正仍行

下四川安撫制置使司將前後便宜依法斷遣之人盡數抄錄子細情犯元斷年月日指揮保明申部候到下大理寺看詳所斷如依得條法即行注籍從之　二十年八月一日詔特進提舉江州太平興國宮和國公逵州居住張浚移永州左朝散郎提舉江州太平興國宮南安軍居住孫近移處州降授中大夫提舉江州太平興國宮歸州居住萬俟禼移沅州左中大夫提舉江州太平興國宮江州居住李若谷移饒州左中大夫興國軍居住段拂移南康軍降授左奉議郎筠州居住李文會移江州居住　二十五年十二月一日詔降授左朝請大夫提舉臨安府洞霄宮郴州居住折彥質左中大

〔卷三千八百六十七〕

夫提舉江州太平興國宮南康軍居住段拂並令任便居住責授建寧軍節度副使昌化軍安置李光移郴州　二十六年五月十六日詔靖康間責降見存未叙復人可令刑部依二十五年大禮赦文施行　八月十八日尚書省言昨牽郊祀赦恩叙復人刑部除已節次叙復外竊慮武臣檢舉申尚書省取旨詔令刑部將見責降未叙復武臣檢舉申尚書省　二十五日吏部言檢會舊法經赦應牽復人責降任内有舉主一人聽牽復元犯情重者有監司一人准此其在京無監司者止用所轄紹興五年續降指揮使臣陳乞前任因公私罪銜替到部合降入監當及遠小監當依赦牽復本等人將

責降已經注未曾赴任間該遇赦恩許令名大使臣一員委保責降後來別無贓罪過犯與依赦牽復即與舊法抵梧今欲遵依舊法施行從之　二十八年十一月二十三日南郊赦勘會四川宣撫制置司便宜斷過降官資未被受朝廷付身之人多緣逐司不曾攢類申奏在路失墜致有累遇赦恩尚未叙用理宜矜恤可依已行便宜批鑿因依添名保官二員經所在州軍陳乞保明申部依赦叙用　三十年十一月十七日宰執進呈陳俊卿論任用人材乞略去小過上曰大凡用人當隨材因任則舉無遺材惟中有顯過者若復進用却恐論者紛紛又曰贓污之吏不可復用蓋其天性貪墨使在

〔卷三千八百六十七〕

州縣必難悛革　紹興三十二年六月十三日孝宗登極赦應命官因臣僚一時論列放罷刑寺拘於常法以章内所言約作過犯致使常掛罪籍實可憐憫如有似此之人可並與除落依無過人並與叙元官有司失於條陳驟行叙復甚失祖宗痛絕贓吏之意乞自今應官吏嘗經勘斷犯入已贓永不收叙人並不許收叙必謂經赦可叙正合叙散官不可徑叙元官如有已被行收叙者即為改正從之　孝宗隆興元年正月十六日刑部侍郎路彬等言近有旨應官吏經勘斷犯入已贓永不收叙人並不許收叙其有已被行者並與改正竊慮官吏有雖犯贓入己不至永不收叙者及未審經勘斷

止是約作贓罪者乞依已降赦恩與敘元官詔刑部將犯贓罪入第一等人不許收敘外其餘並依常法　二十一日吏部侍郎兼權尚書凌景夏言乞將選人停替降資在草露已前者許依前後郊恩減降如元犯私罪已經刑部除落過名亦許放行參選注擬從之緣登極赦文該載不盡故也　二年二月三日詔左中大夫提舉江州太平興國宮董德元復端明殿學士致仕尋有旨復職指揮更不施行以言者論其朋附大臣共成交黨肆其欺誕誣害善良故也　同日詔責授左朝奉大夫祕書少監分司南京周麟之復左中大夫致仕從所請也　八日詔復州編管人王權與量移吉州尋復武

〔卷三千八百六十七〕

義大夫廣南西路兵馬都鈐轄清江府駐劄以西南充賊王宣鍾玉等嘯聚作過故也至乾道二年五月八日復蘄州防禦使十月十八日復均州觀察使八年十月復武康軍承宣使九年閏正月再復清遠軍節度使致仕　八月二十六日詔左朝奉郎提舉江州太平興國宮宋樸復龍圖閣學士致仕　乾道元年正月一日大禮赦應承務郎以上及使臣不因贓罪降充監當特旨與監當人如後來別無贓私過犯並與牽復差遣或不因罪犯乞折資監當人若無規避顧理充資序者聽三年十一月二日六年十一月六日九年十一月九日大禮赦並同此制　同日赦應充替命官係事理重者與

減作稍重係稍重者減作輕係輕者並與差遣差替放罷者依無過人例使臣比類施行其緣公私罪衝替重降作輕稍重者便與本等差遣二年十一月二日六年十一月六日九年十一月九日大禮赦並同此制　同日赦書勘會官員犯罪先次放罷後來結斷止係杖笞公罪為有再得指揮仍舊放罷吏部見理後來年月降罷名次可特與理先降指揮并年月施行三年十一月二日六年十一月六日九年十一月九日大禮赦並同此制　同日赦應命官及主兵官犯贓合檢舉移放敘復人更候一郊取旨　同日赦勘會四川宣撫制置司便宜斷過降官資未被授朝廷付身之人多緣遞司不

〔卷三千八百六十七〕

曾攢類申奏或申奏在路失墜致有累遇赦恩尚未敘用理宜矜恤可依已行便宜祇鑿因依添名保官二員經所在州軍陳乞保明申部依條敘復三年十一月二日六年十一月九日大禮赦並同此制　同日赦應命官犯私罪徒經今十二年贓罪杖以下經今七年或元因詿誤或法重情輕理實可矜並有三人奏舉者許令今後不礙選舉差注其公罪徒私罪杖以下經今十二年公罪杖以下今經六年有二人奏舉者令後與依無過人例施行若公私罪不至勒停特旨勒停加舉主一員公罪徒合該勒停之人與增展二年并加舉主二員亦許依無過人例施行以上並須情理稍重及被坐後

來各不犯贓私罪者如情重贓罪各加舉主三人餘罪各加舉主六人並聽於所屬自陳內承直郎以下犯私罪徒賜罪杖得不礙選舉差注者若舉主考第比無過人例合勘勘者奏裁三年十一月二日六年十一月九日大禮赦並同此制　同日赦勘會命官因罪勒停應敘在法須親身到部授狀內有身在川廣之人緣地理遙遠無力到部諸軍命官勒停自劾在軍執役可令滌名保官一員委保正身別無僞冒經所在州軍陳乞具錄元犯見存付身限五日保明申部依條敘復三年十一月二日九年十二月九日大禮赦同此制　八月十二日冊皇太子赦勘會乾道元年正月一日已降赦文

卷三千八百六十七

衝替命官事理重者減作稍重稍重者減作輕輕者便與本等差遣其今赦已前除犯贓罪並私罪徒外衝替之人可依此施行　十二月二十一日詔責授果州團練副使信州安置李顯忠與敘復正任觀察使已而段敘防禦使任便居住先是顯忠再以赦量移至是有旨復正任觀察使臣僚論其冒干貨賄不恤士卒詩離之戰軍士戰馬之死亡兵器甲冑之散失莫知其數褫官竄責尚為輕典遽爾收敘人言謂何於是止敘防禦使

二年六月十八日臣僚言姦猾之吏舞文弄法百姓畏之甚於監司守令其有罪惡貫盈人所共憤偶羅憲網不可逃罪者則又有賄賂飾詞以求敘雪縣之罷者

訴于州州之罷者訴于監司監司之罷者訴于刑部獲敘雪者十常七八既斥復來愈無忌憚乞自今凡胥吏已經斷勒或嘗犯枉法贓並不許訴雪官司亦不得為受理如違許人陳告估籍家資重寘典憲庶使姦猾斂迹從之　三年閏七月十七日詔降授郢州防禦使荆湖北路馬步軍總管荆南駐劄姚仲復宜州觀察使

十一月大禮赦應合敘用人並理當三期命官編配羈管責授散官安置居住人并見拘管編管羈管居住臣僚家屬具元犯因依聞奏聖旨移放內合理赦數人與理為一赦其應合檢舉敘復人仰刑部逐旋問具申尚書省仍限一季如稽違漏落委御史臺彈劾　六年十

卷三千八百六十七

一月六日九年十一月九日大禮赦並同此制內九年減去其應合檢舉敘復人仰刑部逐旋具申尚書省仍限一季如稽違漏落委御史臺彈劾　同日赦勘會命婦犯罪編管羈管拘管人緣未有立定移放條法可自赦到日與依諸色人例移放六年十一月六日九年十一月九日大禮赦並同此制內增入命官編管遇赦合移放人州軍分明開說到本處有無過犯保奏施行如或漏落當議行遣內減去緣未有立定移放條法　二十五日詔左中大夫提舉江州太平興國宮陳誠之復端明殿學士依舊宮祠　十二月二十二日詔追官勒停人前左朝奉大夫建昌軍居住王佐可令自便至六

防禦使下脫　八月十日詔敘容州防禦使浙東總管紹興府駐劄李顯忠復隨州觀察使

年十一月始敘元官與韋復本等一資序　四年正月四日詔責授靖州團練副使南安軍安置邵洪淵可令自便以宰臣蔣芾言宏淵老將雖嘗離失律而真州之功可録故有是命　三月十四日詔左中大夫充秘閣脩撰提舉江州太平興國宮劉章左朝議大夫集英殿脩撰致仕黄中並復敷文閣待制　十七日詔降授定州團練使提舉台州崇道觀士㦸與敘復和州防禦使　五年正月二十四日詔責授團練副使宋貺與復右朝奉大夫至七年八月復右大中大夫集賢殿脩撰九年五月復右正議大夫　十月二日詔降授果州團練使池州駐劄御前諸軍都統制王琪與敘復郢州防禦使軍職如故有旨王琪再董戎行治軍有律故有是命　十一月十一日詔前右承議郎郴州編管尹穡與復右宣教郎先是有旨復穡元官臣僚論其姦猾巧佞其來有素符離之役雖主將貪鄙實穡為之如誅首謀元有餘責豈宜一旦遽復元秩故有是命　二十日詔降授安德軍承宣使戚閎可復慶遠軍節度使差充鎮江府駐劄御前諸軍都統制　六年十一月六日大禮赦應內外文武臣僚因臣僚一時論列及監司守倅按發見在責籍未經牽復放人竊慮有司失於檢舉理合矜恤可令吏刑部同大理寺限一月將前項人開具職位姓名元犯因依申朝廷當議參酌取旨施行　九年

十一月九日大禮赦同此制　同日赦勘會命官犯罪遇赦并編配安置人在道遇赦有故住滯未至貶所與引赦移放九年十一月九日大禮赦同此制　七年五月二十四日權吏部侍郎張津等言命官因罪編置每遇大赦合量移一分自本貫州郡至貶所計地里為分數內有本貫江北人紹興五年降旨並自元勘結州郡至貶所細計地里緣其間雖係江北戶貫而犯罪事發迺在嶺外者自來貶謫亦在嶺南若自編配州郡再移元勘所則是該恩之後復令深入瘴煙之地與不霑恩霈無異乞將本貫江北合量移人止以臨安府至貶所地里分數次第量移庶幾不至虛被恩宥從之　六月十九日詔左朝奉郎提舉江州太平興國宮鄭仲熊左朝奉大夫致仕汪勃左朝奉郎致仕巫伋並復龍圖閣學士內汪勃巫伋仍依舊致仕並以該赦檢舉故也　九年七月十六日詔復蘄州防禦使御前武鋒軍都統制兼知楚州陳敏特與復光州觀察使致仕　十月二十五日詔責授楚州團練副使史正志敘左朝請郎　十一月十九日大禮赦應追官勒停人如本犯係公罪在任不曾經取勘已去官經隔歲月止緣監司州軍不檢照見行去官勅條便行劾奏獲旨被罪可與改正復元官　同日赦勘會諸軍將師昨緣一時被罪貶竄未及敘錄身亡其間亦未曾經為國顯立忠効之人致使

亡沒之後終掛罪籍可令刑部開具元任官職及所犯取旨　十二月十八日刑部言承今歲郊赦應追官勒停人如本犯係公罪在任不輕取勘及已去官經隔歲月監司州軍不檢照條勅便行劾奏獲旨被罪可與改正復元官檢照去法命官犯罪去官事發及犯公罪流以下勿論如依今歲赦文便與改正敘復緣其間所按項目多寡不一須經大理寺約定刑名方議裁處乞自今並令本部取索印紙將所犯參照如係公罪流以下不經取勘及去官按劾被罪之人從本部申朝廷依前降指揮施行從之

〔卷三千八百六十七〕

全唐文

遷復官

宋會要

哲宗元祐四年五月二十日故朝散大夫右司郎中李師中追復天章閣待制師中在先朝坐上書責授和州團練副使本州安置卒至是其子偁訴於朝乃有是命

紹聖元年四月十三日三省言蔡確男渭狀為確訴冤稱吳處厚繳進安州所作小詩並無譏斥之意皆梁燾等陰使之到新州貶所五年兩經大霈更不量移舉族銜冤莫大於此詔蔡確累經恩赦追復右正議大夫

六月十七日右正議大夫蔡確特追復觀文殿學士

元符三年五月二十三日徽宗即位未改元詔朕嗣位五月三日下恩書徽纆桁楊棲置帶用流竄放逐係踵生還尚念故老元臣嘗位承弼或奪爵身後或殞命貶中霈澤之行豈限存沒不有追復孰慰營魂故降授太子少保致仕潞國公文彥博可追復河東節度管內觀察處置等使太師開府儀同三司太原尹潞國公追貶萬安軍司戶參軍王珪復金紫光祿大夫守尚書左僕射兼門下侍郎岐國公贈太師謚文恭故責授蘇州團練副使循州安置呂大防追復光祿大夫故責授鼎州團練副使新州安置劉摯追復中大夫故左朝議大夫致仕韓維追復資政殿大學士太子少傅故責授雷州別駕化州安置梁燾追復左中散大夫追貶朱崖軍司

〔卷三千八百六十九〕

司户參軍司馬光追貶昌化軍司户參軍呂公著並追
復太子太保故太中大夫鄭雍追復資政殿學士追貶
雷州別駕王巖叟追貶海州別駕孔文仲並追復朝奉
郎故責授昭州別駕化州安置范祖禹追復朝奉大夫
故責授安遠軍節度副使澧州安置趙彥若追復龍圖
閣學士中大夫故尤朝議大夫錢勰故朝散大夫顧臨
並追復龍圖閣學士故左朝請大夫少府少監分司南
京趙君錫追復天章閣待制故中大夫寶文閣待制李
之純追復寶文閣直學士故朝散郎孔武仲故承議郎
尚書水部員外郎分司南京姚勔並追復寶文閣待制
故左朝議大夫盛陶追復龍圖閣待制故尤中散大夫

趙禹追復太中大夫端明殿學士贈左光祿大夫故朝
請郎孫覺追復朝散大夫龍圖閣直學士故朝散郎杜
純追復集英殿修撰追貶郴州別駕朱光庭追復朝散
郎追貶唐州團練副使李周追復朝請郎集賢殿修撰
追取出身文字人高士英追復承議郎故責授果州團
練副使汀州安置孫陞追復朝請郎　十一月二日詔
追復少府少監分司西京陳州居住吳安持為寶文閣
待制　徽宗崇寧三年七月七日詔追復降授中大夫
蔣之奇為右正議大夫　五年正月九日詔追復舒州
團練副使章惇為左朝議大夫　大觀四年六月一日
詔章惇依王珪例追復特進子孫并與差遣　七月八

日詔追復曾布為光祿大夫安燾李清臣並為正奉大
夫黃履復為正議大夫豐稷王古並為朝散大夫曾肇為
朝請大夫王覿為朝散郎劉安世為承議郎其餘除曾
任侍從官以上外不以存亡未曾復舊官者並令刑部
開具申尚書省取旨　十九日詔故朝請大夫董敦逸
追復集賢殿修撰故朝散大夫朱紱追復集賢殿修撰
故朝請郎朱師服追復朝奉大夫　十月二十七日詔
追復光祿大夫曾布龍圖閣學士蔣之奇並與資政殿
學士　政和三年七月六日詔故右光祿大夫知樞密
院孫固追復贈開封儀同三司故宣奉大夫致仕韓忠
彥特追復觀文殿學士追復資政殿學士光祿大夫曾

布再追復觀文殿大學士追復正奉大夫李清臣再追
復資政殿學士追復正奉大夫贈金紫光祿大夫安燾再
追復觀文殿學士追正議大夫黃履再追復資政殿大
學士　八年六月七日詔追復朝奉大夫范祖禹為徽
猷閣待制　宣和二年七月三日詔追復官職人除落
職人除特旨蔭補外應陳乞給使不得援例　高宗建
炎元年六月九日詔劉鞈能死節不為敵用與追復銀
青光祿大夫仍贈資政殿學士　十三日赦書應舊係
籍及上書人朝廷累降指揮檢舉叙復至今經隔年月
尚未結絕並給還元帶官職贈謚碑額等已經給還而
未定者並依元初指揮其未責降以前官職應得遺表

或致仕恩澤者亦令吏刑部條其中尚書省取旨　二年正月八日詔諸係籍及上書人許其家子孫將父祖未責降以前官職告勑録白仍照朝官三員委係保經所在州軍保明聞奏當議與合得贈謚碑額其致仕遺表等恩澤條具取旨　五月十二日詔蘇軾立朝履歷最爲顯著特先次追復舊官仍與合得致仕遺表恩澤蘇軾元係端明殿學士兼翰林侍讀學士左朝奉郎定州安撫使繼被貶責至宣和間追復龍圖閣待制及是孫符請于朝遂有是命　三年九月二十六日詔延康殿學士知真定府沈積中特追復資政殿學士通奉大夫以積中昨知真定府日力陳不可取燕山童貫惡其言置獄根究又致其罪遂致追奪故也　同日詔宣德郎直龍圖閣鄒浩追復龍圖閣待制　十一月三日德音前諫議大夫宋齊愈所犯合寘於法既經登極大赦理合以赦原秖緣憎惡之私致抵極刑可追復元官仍與一子恩澤　四年五月十九日詔趙野特追復舊官職仍與致仕遺表恩澤各一名野位門下侍郎以資政殿學士出爲北道總管被罪遷謫至密州爲寇賊所害二子猶白丁生理蕭然臣僚以爲言故有是命　八月二十二日詔故朝散郎毛注特與追復左諫議大夫以注男欽望陳乞依德音牽復故也　十月十三日吏部言朱紱元係責降不曾陳乞致仕身亡之後昨降指揮追

復待制依條已與遺表恩澤二人外緣係元祐黨人理宜優恤詔特與致仕恩澤一名依遺表降等格推恩以紱子朱宗陳乞故有是命　二十二日詔耿南仲追復宣奉大夫依條與致仕遺表致仕恩澤特贈觀文殿學士令所屬量行應副葬事依條借官屋居住候服闋日拘收如願添差親屬差遣照管孤遺即具狀申尚書省　十一月十二日詔故司空平章軍國事呂公著特贈太師追封晉國公故觀文殿大學士左正議大夫范純仁特贈太師追封許國公給還元謚觀文殿大學士左正議大夫呂大防特贈太師追封宣國公賜謚令有司擬定申尚書省應合得恩例並各依元任官職給還令逐家具名陳奏先是手詔欲褒贈公著等宰執進呈上曰此事議論已久緣軍旅事多終是行遣未盡内中收得元祐黨碑一本待降出可全録付所司令一一契勘合褒贈者皆追與之時方艱難雖似不急實可以收人心召和氣至是乃舉行焉　紹興元年二月六日詔呂希純與追復寶文閣待制仍給還依條合得恩澤希純舊爲朝奉大夫中書舍人與令職名告命不存以元祐黨籍其子能問召保自陳故有是命　三月二十七日詔陸佃特追復資政殿學士以佃調宰陳乞未盡職名故也　十月四日刑部言乞遍下諸路州軍府監出榜曉諭令元符元應詔上書之家依元祐黨籍人例令本

家録自元犯年月因依及出身告勑或干照文字經所在州軍自陳驗實繳連依赦保明聞奏　十二月二十六日臣僚言伏覩近頒明堂赦書檢舉漏落下元祐黨籍及元符末上書人為姦臣蔡京分為三等號日邪人並一例盡行檢舉録用然吏部尚關會刑部大理寺檢會過犯罪名且黨籍人并上書人赦書既稱以忠為邪深為矜恤即合除落罪名欲望明降指揮若止因元犯合約罪名者許令刑部大理寺止約係難議書罪庶得名實正而德音益昭著矣從之　二年四月二十六日詔劉珏特追復朝散大夫與兩資恩澤以珏昨任資政學士權同知三省樞密院從衛昭慈聖獻皇后到洪州虜人侵犯與滕康措置失當落職宫觀其弟畳有請於

卷三千八百六十九

朝故有是命　七月二十三日右承議郎廣南運判范正國言乞給還父純仁元遺表例外特給恩澤一名及御書世濟忠直之碑為神道碑額勘會范正國陳乞例外恩澤别無干照見得外所乞給還神道碑額詔依　三年五月五日詔資政殿大學士吴敏上遺表特贈左銀青光禄大夫追復觀文殿大學士　六日詔追復觀文殿大學士正議大夫贈太師追封宣國公呂大防特追復左光禄大夫　八月十五日詔王覩特追復龍圖閣學士仍與致仕恩澤一名子昭又自言係元祐黨籍故也覩元以舉趙諗不當降職寳文閣待制有司難之

至是追復特出上恩　二十四日詔故責授海州團練使衆師服可特追復朝請郎充集英殿修撰至五年六月十三日又詔追復寳文閣待制師服紹聖初為中書舍人後以黨籍貶責至是其孫兩經陳乞故有是命　四年七月十三日詔故威武將軍曲端故武功大夫達州刺史趙哲並特與追復舊官　五年八月八日前朝請大夫梁顔吉言乞特賜出給先父燾追復資政殿學士中大夫告命從之　十月十五日右太中大夫充徽猷閣待制提舉台州崇道觀湯東野上遺表詔追復徽猷閣直學士贈官與恩澤以係曾勁王也　七年三月二十五日詔前朝散郎王毅可特追復承議郎以毅初緣上書得罪為其子倫奉使金國有請于朝故有是命

卷三千八百六十九

四月十九日都省言何灌宣和末追師之後父子死於國事情有可矜兼其子蘇奉使有勞理宜量行追復特與追復正侍大夫中正軍承宣使　八年五月七日詔左太中大夫降充徽猷閣待制提舉江州太平觀黄叔敖上遺表特追復徽猷閣學士贈四官與致仕遺表恩澤　九年六月十九日中書門下省言左朝請郎試御史中丞廖剛奏竊觀近年賞罰間有不當於人心而天皆以為言者如詹懷親獲苗傅厥功可謂大矣乃得罪以死遂破其家徐秉哲大索宗室係累以獻於金人厥罪可謂大矣乃得死於牖下臣謂懷雖已不幸尚當録

其子孫秉哲雖已死猶合籍沒其家追奪其子孫恩澤以快天下之憤勘會徐秉哲別作施行外詔詹懷追復舊官特贈修武郎閤門祗候　十年二月八日詔故禮部侍郎兼侍講周常特追復寶文閣待制以其子仲自陳因論救鄒浩及乞參用元祐法度人材連忤蔡京枉遭貶責故有是命　十一年二月七日詔故左諫議大夫集賢殿修撰鮮于侁可特追復太中大夫集賢殿修撰以元祐黨籍其女孫自陳乃有是命　二十五年十一月二十五日宰執進呈降授均州觀察使致仕范訥上遺表上曰朕向識之乃庸人全不知兵今既云亡可與追復一官　二十六年正月九日右正言淩哲言大

卷三千八百六十九

禮肆赦凡命官編置流竄之人輕者原放重者量移或乃盡復原官還其職任然尚有負罪越在異土者未蒙檢舉施行欲望特命大臣檢會昨來臣僚坐罪死於貶所者量其原犯事因條具以聞或復其官爵或祿其子孫識聖政之不可闕者有旨依於是詔故責授清遠軍節度副使吉陽軍安置趙鼎追復特進觀文殿大學士故責授左朝散郎秘書少監分司南京贛州居住孫近追復資政殿學士左通議大夫故勒停人前左朝議大夫南劍州居住胡思可追復左朝議大夫故責授濠州團練副使封州安置鄭剛中追復資政殿學士左朝奉大夫故左太中大夫提舉江州太平興國宮永州居住汪

藻追復顯謨閣學士先是宰執進呈死於貶所之人上曰遷謫之人自郊祀赦降及節次檢舉盡行牽復士大夫翕然稱快魏良臣等奏曰仁澤漏泉天下幸甚又奏孫近亦已死於貶所上爲之惻然故有是命是年五月八日進呈御史臺看詳責降及事故宰執幷侍從官十五人情犯分爲五等上曰朕嘗細閱甚當可依此議定使批旨下遂詔趙鼎特與致仕恩澤四名孫近特與致仕恩澤三名汪藻特與致仕恩澤二名劉大中李若谷段拂並追復資政殿學士特與恩澤二名程昌寓追復徽猷閣待制特與致仕恩澤二名范沖追復龍圖直學士王居正趙開並追復徽猷閣待制特與恩澤一名黃龜

卷三千八百六十九

年特與致仕恩澤一名李朝正高閌游藻呂本中並特與恩澤一名　三月十七日詔作降郊赦責降未敘之人施行未盡可將原因臣僚論列之人委御史臺元係按法勘鞫之人委刑部各看詳聞奏務盡至公以洽恩宥　六月十二日詔鄭剛中近已追復元官職可特與致仕恩澤二名左宣教郎石公揆特與追復直龍圖閣孫覿特與追復左朝奉郎先詔刑部看詳元犯至是來上故有是命　七月二十四日詔故前右朝散郎韓參故前右承義郎万俟允中故前左奉議郎吳元美並復元官並以無辜坐罪而死故也朕比詔有司將一時無辜士大夫咸與洗濯以中寃情爾三人不幸皆死矣夫

故官可復罪籍可滌而死者不可復生哀哉尚期有知服我休命　二十七年七月五日詔黃潛善曾任副元帥與汪伯彥事體一同可追復元官與恩澤一名初有旨潛善追復左光祿大夫觀文殿大學士與恩澤三名以臣僚論列再有是命　二十八年三月二十八日詔追復敷文閣直學士洪皓可特追復徽猷閣直學士從其子起居舍人遵請也　二十九年二月二十九日詔頃在謫籍文武臣僚未經量移敘復死於貶所者令有司檢舉元犯因依具職位姓名聞奏當議輕重別加恩典　閏六月十七日詔黃潛厚追復元官通議大夫特與恩澤一名紹興初有候一赦取旨指揮未遇赦身已

〈卷三千八百六十九〉

至是追復　同日詔王庶追復資政殿學士左通議大夫特與恩澤二名庶由知潭州落職宮觀繼命貶責道州安置是年身亡故有是命　三十一年三月十八日詔李光追左中大夫資政殿學士特與致仕遺表恩澤各一名光初以參知政事罷繼而貶謫由昌化軍量移未幾自使死於江州至是其家進狀陳乞恩澤故有是命　八月三日詔左朝議大夫李彌遜特追復敷文閣待制彌遜元任徽猷閣直學士後與趙鼎王庶曾開同章奪職至是其子弟援例自陳故有是命　三十二年四月三日贈左正議大夫充秘閣修撰曾開特追復敷文閣待制初開以寶文閣待制落職既沒之後追復未

盡其子連援李彌遜例自陳故有是命　孝宗紹興三十二年未改元七月十三日詔岳飛特追復少保武勝定國軍節度使先是有詔飛起自行伍不踰數年位至將相而能事上以忠御衆有法屢立功効不自矜誇餘烈遺風至今不泯去冬出戍鄂渚之衆師行不擾動有紀律道路之人歸功於飛雖坐事已歿而太上皇帝念之不忘令可仰承聖意追復元官以禮改葬訪求其後特與錄用故有是命十一月三日詔故追復少保武勝定國軍節度使岳飛妻前楚國夫人李氏特與復楚國夫人男前左武大夫忠州防禦使雲追復舊官前忠訓郎閤門祗候雲追復舊官職　隆興元年正月十九日

〈卷三千八百六十九〉

詔故左太中大夫追復敷文閣待制曾開可更追復寶文閣待制以其子言復職未盡故也　五月十五日詔司馬康特追復右諫議大夫康元祐五年為左司諫卒贈右諫議大夫後以黨籍追贈官至是康孫伋上章自陳故有是命　二年八月二十七日詔故中書舍人李本中特追復敷文閣待制與一子恩澤以臣僚言本中問學淳正行義修明太上皇帝擢為中書舍人因忤秦檜罷黜流落至死迄無職名故有是命　十二月十六日詔故吏部侍郎吳秉信特追復敷文閣待制秉信自正任吏部侍郎除右文殿修撰知常州未赴卒至是其子晉卿上章自陳乞追還秉信合得職名故有是命

乾道元年十一月二十六日詔故龍神衛四廂都指揮
使閬州觀察使京西湖北路馬軍使都總管鄂州駐劄
御前諸軍都統制特追復元官四子各補承信郎其子
敵萬自陳當建炎紹興閒憲從岳飛與金人戰屢立奇
功中坐飛事身死今飛已蒙朝廷褒恤錄及子孫惟憲
尚掛罪籍乞援飛例追復元官給還恩數故有是命
三年二月七日詔故左承議郎充秘閣修撰前知宣州
李若虛特追復元官職仍與一子文學恩澤先是若虛
嘗為岳飛幕屬飛死言者指為飛黨坐落職編管徽州
死於貶所至是其孫機引飛已復官陳乞故有是命
四年三月十六日詔故權禮部侍郎高閌特追復集英

卷三千八百六十九

殿修撰尋有旨追復敷文閣待制以臣寮言閌不附秦
檜終身不得職名故也　九月十一日詔故宜州觀察
使荊湖北路副都統管姚仲追復保寧軍節度使龍神
衛四廂都指揮使　十月五日詔故右承議郎試司農
少卿高穎追復元官與一子恩澤穎紹興初嘗為岳飛幕
屬飛死例坐竄責歿於貶所至是其妻引飛已復官陳
乞故有是命　五年十一月三日詔故左承議郎馮方
特追復左朝散郎與致仕恩澤　十六日詔故責授汝
州團練副使邢倞特追復左中大夫倞靖康閒為司農
少卿充北使館伴與李剛同謀結余堵致金人再興師
軍朝廷以倞淺謀召禍謫散官安置英州死於貶所至

是其家屬引李剛已牽復陳乞故有是命　六年十一
月十七日詔符行中特追復左朝散大夫充敷文閣待
制先是紹興二十六年行中以敷文閣待制奉祠言者
論其交結秦檜致身侍從頃帥城都將朝廷已放適留
復行催促廢格詔命蜀人怨之致是落職罷宮觀已而
言者論列不已次年遂責授散官南雄州安置死於貶
所至是其子愿上章辨訴故也　二十四日詔故勒停
人前右朝請大夫直秘閣鄭淑可追復元官與一子恩
澤先是隆興二年淑知盱眙軍值虜騎渡淮委城先遁
有旨特勒停送靜江府編管至是家屬訴予朝謂淑不
能守禦而先期保護百姓出城中嘗蒙恩自便不幸身

卷三千八百六十九

亡故有是命　七年六月二十四日詔左朝奉大夫致
仕汪勃追復龍圖閣學士　十二月二十四日詔故責
授果州團練副使戚方可特追復舒州觀察使　九年
九月五日詔故除名勒停人前右宣教郎盧仲賢特追
復元官與一子承信郎先是隆興元年仲賢以樞密院
計議官往金國軍前議事已而以將命失指為言者論
列有旨追毀出身以來文字除名勒停送郴州編管至
是其家屬訴於朝廷謂和議再成始於仲賢當來所議
適用地界歲幣歸附四事今皆如約故有是命

以吏紀之淺改正實錄明稱秦誣故有是命　三月二十五日詔故降充銀青光祿大夫洛衛國公上

宋會要

追復

淳熙元年七月二十五日詔故降授左朝奉郎直秘閣查籥特與追復朝散郎以籥乾道七年十月知台縣望具折總領所支錢物失實降一官放罷至是遇赦特與追復　五年八月十八日詔故右朝散郎王循友特追復元官與恩澤一名以其妻言循友昨知建康府日斷配作過逃制書有云緬懷故將録乃舊功　嘉定元年二月八日詔故復資政殿學士太中大夫趙汝愚特復觀文殿大學士銀青光祿大夫衛國公秦檜[illegible]指揮更不施行　先開禧二年四月臣僚論列遂追王爵至是復有此命　四月十三日詔故國子司業湖南安撫劉焞特復集英殿修撰依前朝大夫以四川宣撫副使安丙言焞高明端亮嫉惡如仇爲人誣譏乞與牽復職名故從其請　十年正月十三日詔項安世特與追復直龍閣先是其子新監潭州南嶽廟寅縣自陳父安世頃蒙先朝擢寘館閣忠誠許國不欺不疑慶元之初困應旨上言指權臣竊政之漸首遭廢黜開禧之末始以王命起守鄂州自謂偶罹艱棘獲効臣子之忠不意權臣忌功反肆誣譏罷官褫職三被重劾於其廢殯前一日猶有鐫官之命先父不幸被疾竟負譴以死以故職名未復罪籍未除死者負冤生者抱痛欲望哀念久欝甄録舊勞特賜追復貼職故有是命　十五年十月十九日詔施宿特與改正追復朝請大夫以其安人晏施氏自陳故父宿昨任淮東提舉日但知盡忠報國討究獘源撙節浮費不顧怨仇悉皆痛革是以取怨于僚屬有忤於交承不幸身死謗議起于雠人誣合傾擠死及百日勿致臣僚論父監政及修城事於父死一年之後行下抄籍一家骨肉星散狼狽暴露故父靈柩亦皆封閉寡妻弱子無所赴愬念故係孝宗朝諫官施之長子把麾持節廉直素著昨來獄司勘作八十餘萬緡逮至抄估自高曾以生生之計升斗之粗總不及五萬緡可見當來究枉又蒙公朝軫念無辜撥錢津葬節次蒙恩始有生意去年八月内明堂赦恩及今年正月内受寶大赦念妾等存殁銜冤迄今九載已蒙朝廷給還家業所有父宿元官職及身後轉一官并生前已陳乞致仕恩澤未蒙照赦改正給還情實迫切乞詳所陳施行故有是命

卷一萬九千八百二十四

卷一萬九千八百二十四

起復

宋朝之制文臣諫舍以上牧伯刺史以上丁父母憂者皆卒哭後恩制起復牧伯以上仍加將軍階內職遭喪者但給假而已其願終喪制者亦聽惟京朝幕職州縣官皆解官行服亦有特追出者慶曆初始詔三司副使已上非領邊寄聽解官終制然經卒哭亦降制起復須上表乞終喪乃詔可嘉祐初復許閤門祗候使臣內殿崇班太子率府率正刺史以上解官行服惟軍職邊任給假百日追出供奉官以下願行服亦聽宗室初同此制熙寧初自副率以上並解官行服焉　太宗太平興國六年二月二十五日詔曰三載通喪百王達禮近朝

卷一萬九千八百二十五

以降急於用人凡鍾艱疚之臣多行抑奪之命而起復臣僚等或述於陳力或志切感恩未滿十旬便赴朝謝念忠劾之節誠則可嘉於敦勸之風竊恐未盡自今並許百日後來赴朝謝其料錢即自敕下日支給　雍熙二年十一月二十一日詔曰三年之制謂之通喪聖人垂教百代不易向者臣僚居喪多從抑奪蓋切於為理而急于用人求便一時誠非永制方敦孝治以厚時風宜從欒棘之心俾守苴麻之禮自今京官幕職州縣官有丁父母憂者並放離任京官見奉使差委者候替離任常參官奏取進止先是應御前及第并江浙人任在北州縣官丁憂者並不令離任職事官及見任川廣江

浙河東幕州縣官丁憂者亦不聽離任自是遂解官然朝官間亦有特追出者　端拱二年八月二十六日詔京朝官丁憂多是轉運使或本州舉留比至替迴已終喪紀自應在外充知州軍監并通判官者如有以次官處便放離任持服監臨物務有同監者准此如只一員者疾速奏聞差人充替儻或舉占並科違制之罪其幕職州縣官丁憂者並所在放離任具闕連具奏聞注填　至道一年十月二十八日太常博士直史館梁顥太常丞直集賢院趙安仁各丁憂特敕追復本職自乏轉運直館多特恩追出者真宗景德元年十月二十四日有司言左司諫知制誥晁迥起復本官准故事合綴本

卷一萬九千八百二十五

班之末特詔敘班仍舊　三年四月二十八日詔川峽官丁父母憂者除州軍長史奏取旨餘許解官行服　大中祥符六年六月十七日故莊宅副使劉仁霸子大理評事中象免持服僉事澧州判官事仁霸知澧州綏撫蠻人有政績至是卒荊湖轉運使陳世卿言中象久隨父在任頗諳溪洞事故以命之　七年八月十六日三司言戶部判官虞部員外郎袁成務丁父憂望持免持服牢目言淳化中寇準為三司推官嘗有此例特詔從之　九年正月十九日樞密使王欽若言編修冊府元龜官太常博士秘閣校理聶震丁所生母憂嫡母尚在望特免持服詔禮儀院參詳以聞禮儀院言按周制

庶子在父之室則為其母不禫晉解遂問蔡謨曰庶子
喪所生嫡母尚存不知制服輕重荅云士之妾子服其
母與凡人喪母同鍾陵胡濬所生母喪自嫡兄承統而
嫡母存疑不得三年況親所生乎嫡母雖尊然厭降之
制父所不及婦人無專制之事豈得引父為比而屈降
之子南齊褚淵遭庶母郭氏喪望畢起為中軍將軍後
嫡母吳郡公主薨葬畢令攝職若此則震當解官行服
心喪三年若特有奪情之命望不以追出為名自今顯
官有類此者亦請不稱起復詔震依舊赴宣徽院編修
時議謂震難於抑奪故止遣䕶職盖從官之制也　五
月四日殿中侍御史張廓言京朝官丁父喪者多因陳
卷一萬九千八百二十五
乞與免持服且忠孝恩義士大夫所守苟失節悖禮何
能立身令執事盈庭無金革之事中外之官不可習以
為例伏望自今並依典禮令解官行服詔從之其官秩
當起復及武臣內職悉如舊制　七月二十三日引進
使英州團練使知泰州曹瑋以母亡奏聞中書言泰州
邊要慮有闕事準咸平二年王起丁憂翌日降制起復
令請速追瑋出即日授起復雲麾將軍　天禧三年十
月三日工部侍郎知禮儀院楊億丁母憂宰臣言冬至
郊祀億典司禮樂之任望不俟卒哭起復從之　五年二
月二十一日知雜御史劉煇言伏以三年之喪天下經
制百行之本孝子大倫苟執禮以無聞在履行而有缺

職官七七之三

伏見內外京朝官丁父母憂者不即時奔喪持服傷壞
風教忝缺典章欲望自今官司不曰妄有占留奏求追
出其例當起復者則依舊制詔益梓夔利四路長吏依
舊奏取旨餘官丁憂輒有封奏求免持服者並論其罪
八月十一日樞密直學士給事中知并州馬元方丁
母憂詔即日起復仍給假半月徃潞州奔喪以元方任
邊郡故不俟卒哭而奪情焉　仁宗天聖元年二月十
二日詔秘書少監王隨去年八月丁母憂可依例起復
差知潤州先是隨謫宜丁憂因中書奏陳故有是命
六年六月二十六日編勑官國子博士董希顏丁父憂
歸鄉編勑司奏希顏精習法令編錄有緒望特追出從
卷一萬九千八百二十五
之　八年正月一十一日三司言內殿崇班句當南作
坊張繼恩右班殿直監稅場李中孚並父母亡準式請
假據檢法官定到天禧元年勑於準式假內量給日限
即令赴職竊詳上件勑文蓋是朞以下喪即未見為父
母喪不解官之文望付禮官詳定太常禮院言按令之
諸喪斬衰三年齊衰三年者並解官齊衰杖朞及為人
後者為其父母如庶子為後為其母亦解官申其心喪
母出及嫁為父後者雖不服亦由心喪皆為生己者其
繼並心養母如改嫁或歸宗經三年以上繼絕及父為
長子夫為妻並不解官假同齊衰期又詳後唐應順元
年勑內諸司使副帶西班正官者及供奉官殿直承旨

職官七七之四

等宜過卒哭後舉追赴職帶東班官者只以檢校官充職服闋日授前官諸司使副至二班使臣遭父母喪蓋是例不解官即無給假日限令詳父母之喪至重欲請自今並依舊制過卒哭後許赴朝參供職從之 慶曆元年十月十九日詔三司副使自今丁父母憂並如兩制例起復初三司副使張錫丁母憂而三司使姚仲孫爲請特起之故以爲例 五年八月九日前龍圖閣直學士起居舍人田況起復爲秦鳳路馬步軍都總管經略安撫使兼知秦州仍遣内侍賜手詔以敦諭之況固請終父喪從之 七年十月三日詔令田況名見況言樺制未滿欲依起復例服飾又緣不帶起復官詔服素紗巾黑帶入見（卷一萬九千八百二十五） 英宗治平二年二月二十九日以前禮部侍郎樞密副使吳奎起復故官職召奎子大理評事環見於延和殿面喻詔賜奎令起復奎固辭從之 神宗熙寧三年十一月十九日詔令後丁憂服闋除見在任兩府中書檢舉施行外大兩省待制以上武臣正刺史以上御史臺中書門下省閤門檢舉聞奏或降詔書或降劄子外小兩省及文武京朝京丁憂服闋令中書門下省御史臺閤門檢舉牒報本人赴御史臺閤門參見訖閤所司依自來朝參朝見體例施行更不别給擬前官告敕其未出官之人仍不用參見之例 四年正月二十六日持服前推忠協謀佐理功臣光禄大夫

行禮部尚書同中書門下平章事集賢殿大學士陳升之可特起復升之請終喪許之 二月十七日中書門下言臣僚有丁憂合解官之人或因朝廷任使不許持服每降指揮並云與免持服仍入衙位看詳朝廷辭令不可不正人臣之在憂恤以君命奪情使之從政蓋非其所欲不當謂之免也欲令後臣僚有喪如因事任不令解官即降指揮不許持服仍不須入衙從之 九年九月二十五日知桂州石鑑言前邕州蘇緘久任邕州威惠得所既没於賊人頗思之男將作監丞子元通曉邊事雖見持服欲乞持起復差通判邕州詔子元改殿中丞起復權發遣邕州通判仍賜緋 元豐元年五月（卷一萬九千八百二十五）七日起復樞密直學士起復舍人僉書樞密院事曾孝寬乞終喪許之給半俸又辭從之 哲宗元祐元年閏二月十八日隨州觀察使駙馬都尉景錄皇叔祖建雄軍節度觀察留後同知大宗正事宗景並起復 三年二月一日起復建雄軍節度觀察留後同知大宗正事宗景落起復 十一月二日詔皇伯祖前彰化軍節度涇州管内觀察處置等使檢校司空開府儀同三司持節涇州諸軍事涇州刺史判大宗正事上柱國高密郡王食邑七千八百戶食實封二千四百戶宗晟可特起復如故 四年五月六日前鎮安軍節度觀察留後檢校司空駙馬都尉王師約起復 七月二十二日詔知

樞密院事安燾母亡候卒哭起復燾力辭許之　十二月二十八日詔通州防禦使駙馬都尉郭獻卿起復　六年八月十九日前榮州防禦使駙馬都尉曹詩起復如故　閏八月二十三日前隨州管內觀察使檢校司空駙馬都尉錢景臻特起復如故　紹聖元年八月十四日詔范純粹已差知延安府不得輒有辭免候大祥畢更不候禫除速赴本任　元符元年八月二十一日詔文武臣僚除管軍及邊任取旨起復外餘並罷　初三省言駙馬都尉郭獻卿卒哭當起復上曰非從事金革而起復者雖有故事非古也其除之乃降是詔　徽宗崇寧二年十月十八日起復鄭僅依前朝請郎直龍圖閣陝西路轉運副使

卷一萬九千八百二十五

大觀三年正月二十一日制曰斷恩之義蓋堅許國之誠以皇叔持服前定國軍節度同州管內觀察處置等使持節同州諸軍事同州刺史食邑六千四百戶食實封一千五百戶普安郡王懲可特起復依前官知西外宗正事管勾宗正學士勳食邑食實封如故　四年九月十一日詔殿中省尚藥典御馮珣見丁父憂為將來冬祀大禮闕人祗應可特起復依舊供職　政和三年七月十一日起復王寔依前安靜軍節度使提舉西京嵩山崇福宮　四年六月二十二日起復徽猷閣待制宋昇為京西路都轉運使　五年二月十四日中書省言檢會今月十二日奉御筆發

運使李偃起復仍舊不許辭避候指揮到當日赴任如注滯論如違御筆　六年十月四日詔前翰林學士承旨朝請郎知制誥王黼起復除宣和殿學士提舉寶籙宮　七年三月二十二日起復宣和殿學士提舉寶籙宮兼侍講修國史王黼奏乞終喪詔不允毋復重陳　四月二十三日御筆持心喪人朝散大夫將作少監趙士誧可起復除少府少監　五月七日詔持心喪前從事郎宋晚特與起復添差京畿運司　九月二十二日臣僚言竊見起復中大夫直秘閣知溫州徐韶美昨以家憂奪情從政近降詔以韶美不治郡事瞢然無狀則其闒茸非才固已不逃於聖鑒然罷郡職而猶曰依前起復監西嶽廟夫起復所以待非常之材闒茸非起復之人嶽廟非起復之任且令韶美歸路喪制候服闋日依今來詔命庶協師言詔徐韶美依舊持服候闋日依已降指揮　十月二十五日聖旨中大夫王仲嶷起復知越州　十一月七日持服前少保太宰兼門下侍郎鄭居中可特起復如故　八年九月乞終制詔從之　八年二月二十六日詔丁憂人前朝請大夫權提點淮南東路刑獄劉燾可特起復差遣依舊　六月二十三日御筆持服人王敏文特起復除利州路轉運判官　七月二十九日詔丁憂人前翰林學士朝奉郎知制誥馮熙載起復依舊供職　九月十一日起復延康殿學士光祿

卷一萬九千八百二十五

親負 原本如此

大夫河東經略安撫使姚祐臣僚言其奪民墓地詔與宫觀 宣和元年二月十五日詔持服前中大夫徽猷閣待制淮南江浙等路發運使詹度特起復差遣如故 四月三日詔丁憂人前朝散郎充顯謨閣待制劉阜民可持授起復提舉上清寶籙宫 十一日臣僚上言臣子之大節二忠孝而已在家則致孝于親在朝則致忠於君君親一也不敢有擇焉故三年之喪雖天下之通喪聞起復以從王事則欲辭而不可亦分所當然聖王雖以義掩恩而奪其罔極之報亦未嘗不以恕用情而權其輕重之宜故近歲唯責任之專聲望隱然其身不可一日去朝廷之上則不得已而起之然猶親負宸翰

卷一萬九千八百二十五

鐫諭丁寧至于再四陛下所以厚臣鄰者委曲盡矣自去年已來浮淺薄惡之人不體朝廷之意乃欲徼傚以此為俗偶持權利者又輒為人陳乞而欲示恩親舊深可嘆駭謹取其甚者一二言之梼杌之役都壕寨張樊乞起愽州司録康翼為部役官部役之材如翼者不乏也事係祖宗陵寢故從之令功成行賞矣翼自合居盧終制乃聞治裝將起愽州新任昨來聖旨起三陵部役官耳非起愽州司録也於翼安乎近措置東南錢事朱尹乞起廸功郎陸元佐為幹當官尹當辟者纔三人諒不難得必欲起元佐何耶此乃人主為國不得而為之者也令人臣乃以此市恩顯言而不忌大非臣所諭也

職官七七之九

不惟如此少府供奉尚方最為繁重近起趙士珉為少監士珉負甚正史身不居憂猶當論列今至奪情以任此何示天下之才之甚耶又有甚者起復本以從王事也才不才姑置未論今乃有起而任宫廟者修職郎賈偶是也有起而待闕者洪州通判趙士源是也既不執喪則非所以為孝又不任事則非所以為忠視俸禄之幾何而廢君親之大義進退皆無所據其傷風教甚矣此五人者或留或去何繫朝廷之重輕然不抑而正之恐浸相倣傚不止於此伏望睿斷先勒令持服仍詔三省應文臣起復者並具名進入斷自睿裏察其方倚以事功決不可去者勉令在職其餘並遣終喪使天下曉然

卷一萬九千八百二十五

知朝廷起復皆緣國事非以為恩而明倫厚俗之教未嘗不謹於天下淺夫鄙人洗心易慮率改薄而從忠臣下不勝幸甚詔康翼等五人除宗室外前降免持服等指揮更不施行餘依奏令中書省具名進入 二年四月十二日詔知大宗正事仲澂可持與起復朝見先次日下供職 四月十七日起復范致虛為資政殿學士知鄆州 二十七日起復王黼為尚書吏部侍郎 五月二日制持服人劉敷起復檢校少保依前響德軍節度使充中太一宫使進封開國公加食邑五百户食實封二百户同日制持服人劉敏起復可特授岳陽軍節度使管勾皇城司進封彭城縣開國子食邑五百户食實

職官七七之一〇

封三百戶　六月十一日詔持服人前檢校大傅河東節度使中太一宮使直保和殿明堂提舉兼在京神霄玉清萬壽宮副使安定郡開國公食邑三千八百戶食實封一千三百戶梁師成可持起復依前官職食邑實封如故　七月十四日詔文臣如故事非因邊防勿起復　二十三日資政殿學士太中大夫新知東平府范政虛奏伏覩七月十四日奉聖旨今後文臣起復除因邊防依故事外餘更不起復臣近蒙聖慈起復授臣前件職任三具表劄辭避一奉詔書兩次御翰不許辭免勿更有請臣惶恐上道扶病造朝今已起發赴官　今月十九日伏覩前項聖旨指揮雖有今後之文緣臣依

卷一萬九千八百二十五

上件指揮終是不該起復之人在臣私義不得不自陳列伏念臣行年幾六十又素羸連年喪禍憂患叢心臣衰志謝動舉廢忘乞依今月十四日聖旨賜臣殘骸使還竆里從之　八月二十日詔丁憂人薛嗣昌起復降授奉直大夫復龍圖閣待制與郡　九月十日詔丁憂人李勵起復朝請郎直秘閣提舉陝西都平貨務　三年正月十八日御筆右武大夫明州觀察使有睿思殿勾當翰林書藝局高中立為祖母身亡係長孫本局不可闕官已解官扶服特與免持服先次供職　二十二日御筆武功大夫京西洛口都大提舉曹曮近為母亡可特與免持服立便依舊供職　二十四日詔持服人

前朝奉大夫戶部侍郎虞奭特起復龍圖閣直學士知杭州明日改知鎮江府　四月五日以起復正奉大夫王華為延康殿學士河南尹　九月十四日以隨龍人起復通侍大夫成防禦使提舉萬壽觀郭偉階官為和州防禦使　二十二日江浙淮南等路宣撫司申據辛興宗昌宗企宗道宗四人狀申為父叔獻物故乞解官持服伏望聖慈特免逐人解官依舊任使奉御筆並特起得仍舊　四年正月七日詔起復太尉江東節度使充中太一宮使兼神霄玉清萬壽宮副使直保和殿明堂提舉安定郡開國公梁師成可特授起復開府儀同三司淮南節度使依前充中太一宮使兼神霄玉清萬

卷一萬九千八百二十五

壽宮使直保和殿明堂提舉食邑如故　五月十七日制持服人常德軍節度使充上清寶籙宮使直睿思殿在京神霄玉清萬壽宮提點食邑一千六百戶食實封四百戶譚稹可持起復依前常德軍節度使上清寶籙宮使直睿思殿在京神霄玉清萬壽宮提點食邑食實封如故　二十三日詔起復常德軍節度使充上清寶籙宮使睿思殿廣平郡開國侯食邑一千二百戶食實封四百戶譚稹可特授起復太尉武信軍節度使充寶籙宮使在京神霄玉清萬壽宮副使直睿思殿加食邑五百戶食實封二百戶　五年正月十三日御筆高俅父亡持服依條隨龍見領軍職不合丁憂可降勅照會

仍令掛服訖出參治事　三月九日詔訪聞宣教郎知
泰州成紀縣魚洗勸農有訪催科無擾境內獄訟並無
留滯到任未滿遽以憂去縣人願留可特令起復終滿
此任　十八日御筆前保和殿大學士通議大夫上清
寶籙宮使佃係隨龍之人可特起復不許辭免　十月
二十九日臣僚言伏覩鄜延路經畧安撫使薛嗣昌奏
辟延安府官二員承務郎何麟充司録宣教郎張仮充士
曹何麟既免持服張仮見丁母憂乞起復舊官差注令
西陲晏然非興師之時司録士曹非金革之任何麟張
仮非身繫重輕之人令昌乃以此市恩臣恐此風滋長
所損不細望捺理原情正嗣昌妄舉之罪詔何麟等指
卷一萬九千八百二十五
揮更不施行嗣昌罰銅十斤　六年四月九日持服人
前通奉大夫尚書左丞李邦彥特起復如故　靖康元
年二月二十九日邦彥以觀文殿大學士中太一宮使
乞持餘服從之　六月一日詔丁憂人前降授中奉大
夫充檢校閣待制知慶陽府王似特起復還任三日御
筆丁憂人前同知入內內侍省事董懿可起復依舊差
遣　八月二十二日詔持服前朝請郎提舉兩浙西路
鹽香茶礬事李彌遜可特起復差遣依舊　十月十六
日起復程唐為寶文閣學士太中大夫　七年二月二
十六日詔承議郎前知衢州王晟可特起復充淮南西
路提點刑獄公事　三月一日詔待服宣義郎李邦獻

六月二十四日起復武信軍節度使譚稹為檢校少保　添前二十五日上

可特起復宣義郎直秘閣管勾萬壽觀　十月十四日
詔持服前中大夫直徽猷閣知相州韓蕭胄可特起復
依舊知相州　十一月一日詔持服前中奉大夫殿中
監王義叔丁祖母憂特令起復差遣依舊候卒哭日供
職不許辭免　十一日起復王麟依前朝奉大夫直寶入
閣知洛州　二十八日前朝請大夫元孺起復知絳州
七年十一月二十八日臣僚言訪聞起復奉議郎通
判懷州王據居官守已素乏聲稱竊惟朝廷清明人才
衆多何必起復一汙濫不才之人而用之耶詔王據已
降起復仍舊通判指揮更不施行以上續國朝會要
國朝之制文臣諫舍以上牧伯刺史以上丁父母憂者
卷一萬九千八百二十五
皆卒哭後恩制起復內職遭喪者但給假而已其願終
喪制者亦聽惟京朝幕職州縣官皆解官行服亦有特
追出者惟軍職邊任給假百日供出供奉官以下願行
服亦聽宗室初同此制熙寧初自副率以上並解官行
服至元符元年八月詔文武臣僚除管軍及邊任取旨
起復外餘並罷建炎兵興以來文武臣僚凡任邊防帥
臣郡守通判總管鈐轄都監都統統制統領將副并帥
司屬官隨軍轉運及一時用兵處監司郡守通判率循
舊例皆取旨起復更不錄外其非此例而特起復及事
畢而許持餘服者載焉

宋會要

高宗建炎四年六月二十二日，起復朝奉郎御營使司幹辦官胡嵘依所乞持餘服。八月十五日，詔皇叔持服前檢校少保尤山軍節度使知大宗正事士㒟特起復，制曰：方茲眷倚，遽以憂聞，用大宗率小宗，當念維城之重，以家事辭王事，豈為許國之忠，況值從戎，固難遂服。　十月十六日，臣僚上言：先王沿情制禮，父母之喪三年不從政。後世為從權奪服之舉者，必須執政之臣，仍偶金革之變，在朝廷不可闕斯人，斯人亦不得已而後起焉，以移孝為忠，以徇國家之急務也。宣和間京黼用事，隳廢禮典，一時大小之臣凡遭父母之喪者謂之小

卷一萬九千八百二十五

撓，更無戚容，莫不前期干求，指日起仕，而苫塊之禮不復行于有位。以至于今，丁時多故，率皆貪生苟得，而不知伏節死義者，未必不由此爾。陛下紹承大統，國步多難，若以時方右武而間行奪情之制，固未為失。但比日以來，所起之士多非金革之故，幾習宣和之風。且如沿江諸帥修飭武備以捍戎人，起權邦彥知江州、姜仲謙知建康府也；若以邦彥為六路發運使、仲謙為湖北轉運使而起復，此何理耶？方面守臣訓練兵政，保捍生靈，起向子諲知譚州亦可也；幕職之官如南康軍簽判姜仲恩、處州簽判盧彥樞，如是之類而亦起復，此何理耶？奪喪者聖王之典，起復者朝廷之權，命自上出，起之可

孟忠厚特起復鎮潼軍節度使開府儀同三使充醴泉觀使汝迥封上

也。若權江西盐香夏廣臨江軍通判王道、權袁州師司屬官鄭好仁，皆夤緣請託於權三省樞密院而起復。陛下方以至孝治天下，以大義責臣僚，凡縉紳之流，宜篤孝廉之行，豈容無恥薄於所生，叨冒廪禄，不自知愧？此風一扇，名節委地，而望其以身許國，以死守官，不可得也。乞一切罷去，仍令三省總自今不緣金革之事，勿起衰絰之人，御史臺常切覺察彈劾以聞。詔權邦彥係專委催發諸路錢粮應副行在大軍支遣外，餘並罷。　十一月四日，起復朝請大夫樞密院幹辦公事王俯乞持餘服，詔係償邮死事之家，特令依舊供職。　紹興元年六月十日，江南東路安撫大使司參謀官下幹辦

卷一萬九千八百二十五

官起復迪功郎董彝言賊馬寧息，乞先次罷任，依舊終滿喪制，從之。　十三日，持服人前寧遠軍節度使充醴泉觀使進封東海郡開國侯，加食邑五百戶、食實封二百戶，制曰：忠於事上，膺兩宮奉御之榮；學以忘憂，為四姓小侯之冠。自正齋壇之拜，尤高戚畹之稱，芝用奪衷麻之制，還旌鉞之權。　二年五月三日，詔新知江州明舜陟特起復，限三日起發，不許辭免。二十四日，詔承議郎范同特與起復，隨都督諸軍事呂頤浩充主管機宜文字，以頤浩言同儒學登科，熟知兵事，見令持服，乞起復隨出師也。　十一月二十三日，詔右朝請郎直秘閣前利州路轉運判官王純持起復，從江東安撫大使知

建康府趙鼎請也　三年五月二十三日詔知岳州范寅敷特起復依舊知州事不許辭避以荆湖北路安撫使劉洪道言水賊楊么長船直抵州岸寅敷領兵掩殺累獲勝捷至是寅敷丁母憂特有是命　七月二十日內降制持服左宣奉大夫守尚書右僕射同中書門下平章事兼知樞密院事朱勝非特起復制曰鎮國家有不撓之風致狼心之自戢措宗社于再安之地殆桑蔭之不移進退亦復何常名實久而自正雖閔時之易遠豈承舊之敢忘下環詔以趣歸復罷司之重任朝有偉望士無閒言方指日以仰成遽執喪而去位載考流風於典籍皆從變禮之情文是用參合國章俾還揆路

卷一萬九千八百二十五

八月十八日草土朱勝非言奉詔起復已行起發若到國門或有被受拜賜詔命及入城朝見并赴堂治事聚堂見客私第接見賓客未審各合着是何衣服乞下有司檢照典故明降指揮庶有以遵守閤門　書閤門令諸臣僚起復或在緦麻以上親喪假應入殿者權易吉服朱勝非朝見入殿并日逐趁赴朝殿合依上件令文並合依舊章服太常寺勘會省記得宣和年間曾降旨起復臣僚趨朝治事並服吉服常時鄭居中李邦彥係起復並服吉服所有今來朱勝非若到國門拜受詔命并赴堂治事聚堂見客私第接見賓客並合服吉服如於私第接見賓客許服慘公服皂帶不佩魚僕頭不用

司檢法官填闕置闕以成都潼川府夔州利州等路安撫制置大使[illegible]魚如上

光漆從之　又言竊見紹興令有丁憂在職日給假條格大小祥各七日朔望各一日禫五日欲乞依上條給假內朔望仍乞趨赴遥拜二聖及朝參訖退作假遇給假內除內降及軍期急速機密文字外常程文字權免書押詔依餘朔望日奏事畢退作假　四年二月七日起復右儒林郎充都督府准備差遣李季言准詔持免持服令軍事寧息乞解官許持餘服詔依九月二十四日制起復左宣奉大夫守尚書右僕射同中書門下平章事兼知樞密院事朱勝非依所乞持餘服　六年八月五日都督府參議軍事兼權川陝宣撫副使邵溥起復尚書禮部侍郎依舊都督府參議軍事　九月十四日

卷一萬九千八百二十五

揚州言據持服前右朝請大夫陳桷前任京東宣撫處置使司參謀官兼都督行府轉運使在任準告落職差監澧州在城酒稅竊緣昨蒙朝廷起復為是軍期今來新任係遠闕監當合待次赴官不合起復乞許依舊持服候服闋日前去從之　十月五日詔左中奉大夫前知榮州李平仲起復充成都潼川府夔州利州等路安撫制置大使兼知成都府席益言平仲曾任法寺官深曉法本官丁母憂乞起復專一詳斷諸州獄案故也　七年十一月十八日詔持服游輔特起復左朝奉郎依舊充臨江軍使兼知潮州程鄉縣制曰方時多艱禦侮之寄非人不可爾卻敵摧堅有功百里以憂去任亦既

踰時其奪苦塊之情勉從軍旅之事　八年正月十一
日詔資政殿學士左中大夫成都潼川府夔州利州等
路安撫制置大使兼知成都府席益起復依舊充四川
安撫制置大使兼知成都府令入内内侍省差内侍一
員星夜前去宣押之任條主管職事訖回赴行在所
五月九日詔知夔州兼主管本路安撫使司公事馮康
國特起復依已得旨疾速起發前去川陝宣撫司軍前
撫諭商議軍事仍不得辭免　十一年八月三日御持
服檢校少傅寧國軍節度使充醴泉觀使張中孚特起
復檢校少傅寧國軍節度使差兩浙東路馬步軍副都
總管紹興府駐劄持服龍神衛四廂都指揮使清遠軍

卷一萬九千八百二十五

承宣使提舉佑神觀中彥特起復龍神衛四廂都指揮
使清遠軍承宣使添差福建路馬步軍副都總管建州
駐劄特恩也　二十八日詔川陝軍旅事重胡世將可
特起復候指揮到不拘常制日下供職不許辭避　十
二年十一月十九日詔持服前德慶軍節度使錢愐皇
城司充金國報謝副使錢愐特起復依前官充金國報
謝副使　十六年三月一日詔軍官起復自古有從權
之宜近來却有非軍中職任之人規圖從軍申乞起復
殊失禮制宜行戒飭令後非見從軍不許起復如有規
求重行黜責仍令御史臺覺察彈奏先時宰執進呈殿
前司起復孝邦光充正將上曰從軍起復一時權宜然

慮不能無弊若元在本軍方可或在外計會不可不禁
止故也　十七年七月十二日詳定一司勑令所言准
詔修立諸遺喪應解官而臨時竄名軍中規免執喪者
徒二年所屬知情容庇或爲申請起復者徒二年先是
宰執佳呈殿前司乞武翼郎訓練官董彥起復事上曰
須見在軍中不免從權許令起復若施行竄名規免執喪
有害風教可指揮禁止至是修立成法門二十三年閏
十二月十日詔持服前武功大夫貴州防禦使帶御器
械冀彥明可特與起復以被差奉使而母亡故也　二
十六年正月十四日執政進呈上曰士大夫起復非美
事所以敦孝行厚風俗唯軍中人乃可爾以上中興會

卷一萬九千八百二十五

要　孝宗隆興元年正月十五日詔起復右宣義郎吳
擴除司農寺丞八月二十日詔建康府駐劄御前前軍
統制蕭鷓巴起復仍舊管軍從宣撫使張浚請也　九
月十一日詔馬軍司前軍第十一將準備將雷世賢起
復仍舊從軍從本司請也　二年閏十一月十六日詔
敷文閣直學士沈介起復除權兵部尚書湖北京西路
制置使明年二月介以邊城罷警請解官終喪不許
十二月十八日詔起復蕭琦子汝翼汝諧差充忠毅軍
統領將官從其家所請也　乾道元年六月二日詔起
復武節大夫劉滌爲浙東路兵馬鈐轄紹興府駐劄填
新置闕專一措置訓練係將不係將禁軍并治器械

三年六月八日詔吴挺起復知金州充開達州駐劄御前諸軍都統制四年十月十二日詔前尚書右僕射蔣芾起復授左僕射後以芾懇辭有旨依所乞十一月四日樞密院奏武翼郎步軍司後軍訓練官宋邦達以母喪乞依條解官持服本軍契勘武翼郎宋邦達係本軍入隊訓練官難以解官持服乞起復今依舊從軍入隊訓練官使喚從之　制詞曰禮有之三年之喪金革之事無辟也爾職在戎行乃以不幸遭罹家難稽于古訓命爾往復故官夫人道莫大於忠孝爾于養親者已無及則於許國者可不勉歟六年三月六日詔王抃起復右武大夫均州防禦使知閤門事兼客省四方館事時

卷一萬九千八百二十五

尚書省勘會三衙　到三等官兵合委官措置故有是命仍專一措置揀選十二月二十四日詔葉衡起復知廬州七年正月八日臣僚言昨詔葉衡起復衡必以草土控辭合肥為淮西重鎮難久闕帥乞令發州長吏至衡家申諭詔旨敦遣起發從之制略曰奪情之典實自從戎樞筦之司最關軍務近起復葉衡出帥淮西可改除敷文閣待制樞密都丞旨三月五日詔劉珙起復同知樞密院事五月宣撫荊襄同知院事如故十二日詔四川宣撫使司參議軍事貫和仲起復依舊在任從宣撫使王炎請也八年十二月二十二日詔池州駐劄御前前軍統制王也雄起復授左牛衛將軍制略曰乃

父起太行之師誓平胡虜雖兄當靈壁之戰亦死邊陲是用奪三年愛母之情加千牛備身之號以上乾道會要淳熙元年九月二十一日詔武功大夫楚州團練使充金州駐劄御前諸軍都統制郭鈞起復依舊管軍以鈞丁母憂乞解官持服特有是詔十二月六日詔韓彥古起復依前朝奉大夫充秘閣修撰差知平江府二年十月十四日詔武翼郎馬琥起復知敘州琥丁母憂以樞密院言敘州沿邊故有是食六年五月十六日起復知柳州雷瀠奏乞俟賊平後職持服詔柳寇平後欲守令諳知風俗撫存細民所請宜不允　十二年四月十三日詔持服前檢校少保定江軍節度使侍衛親軍

卷一萬九千八百二十五

步軍副指揮使興州駐劄御前諸軍都統制兼知興州吳挺起復　七月十二日詔持服前武翼郎權發遣盱眙軍高震起復　十三年七月七日詔持服前武節大夫鎮江府駐劄御前諸軍副都統制熊飛起復　九月二十六日詔恭奉太上皇帝聖旨前右武大夫忠州防禦使提舉佑神觀提點德壽宮張尹起復　十五年十月四詔持服前武功大夫成州團練使權知金州秦嵩起復　淳熙十六八月九日詔持服左武大夫保信軍承宣使重華宮同提點關禮與起復依舊重華宮同提點恭奉至尊壽皇聖帝聖旨故有是命　紹興二年十二月八日詔持服前武功大夫之州刺史前軍統制兼

職官七七之二三

知鳳州總轄緣邊屯戍軍馬郭諝特與起復　開禧二年四月二十四日詔項安世特起復朝奉郎差知鄂州填見闕以項安世元知荆門軍丁母憂故也　二年九月十二日詔楊九鼎丁母憂特與起復依舊知無為軍日下還任　嘉定二年五月四日詔持服彌遠特起復正議大夫右丞相兼樞密使兼太子少師制曰門下朕登用英髦圖回正理矢文德洽四國方益懋於有為補袞職事一人顧孰先於已試眷言次輔克著茂勳屬當衘恤之時宜舉奪情之典爰敷制命誕告路朝持服前正議大夫右丞相兼樞密使兼太子少傅奉化郡開國公食邑三千一百戶食實封壹仟戶使彌遠精明存心

卷一萬九千八百二十五

寬裕器業夙推于世美謀猷允酌于時宜攄進善之誠已密扶于國本厲匪躬之操遂肅振於皇綱聿開更化之規力任彌兵之議周旋兩地黽勉百為宗社再安方隆底定甫擢司於宰事悵遽服於私艱覽元子之建言即都城而賜第既終衰奉久佇來歸朕欽念治幾涉若巨川之難濟惕懷民瘼懍乎馭索之易危匪資心膂之良曷效彌縫之力載疇爾績實簡予衷與其適居處之安倫于咨訪豈若正廟堂之任期以贊襄惟藝祖丈委信元臣若累朝之優隆近弼雖云有故亦俾從權爰順考於舊章肆特疏於新渥復還揆路肅想巖瞻總乃樞庭名式崇於使領翼予儲極位獨亞於師承以昭眷遇

前見朱勝非事內服縿公服縿作傪光漆漆作漆

職官七七之二四

之殊以示倚毗之切於戲保邦制治朕惟篤意於任賢移孝為忠卿尚勉思於體國公道行則羣情可協吉士進則庶職事修往全致主之功抑有顯親之樂先是彌遠以所生母之喪歸葬有詔起復且賜第行在溪葬事畢疾速前來賜第居止繼詔慶元守臣以禮催趣彌遠屢辭不允至是赴闕如都堂治事聚堂見客並從吉服私第接見賓客服縿公服皁帶不佩魚幞頭不用光漆乃用絹與三年朱勝非之例繼又奏乞祠祭行香及將來人使到闕筵宴等特許權免趍赴從之　十一月十四日詔起復胡槻依前直秘閣江西運判填見闕不許辭免仍免回辟田宅日下交割職事時暫於吉州置司應

卷一萬九千八百二十五

辦軍前財賦槻先以平峒寇之賞直秘閣故有是命　十三年三月二十六日詔陳孝嚴丁母憂特與起復依舊知光州　八月二十六日詔姚子材丁父憂特令起復依舊充湖廣總領所幹辦公事以總領何炳言子材服勤五年供億無闕邊圍繹騷戎未撤饋糧給餉正藉協禪乞從權奪服令子材仍舊專一應辦錢糧故有是命　十四年二月七日詔張巳之丁母憂特起復依舊四川宣撫使參議官從宣撫使安丙之請也　七月二十七日詔趙范丁父憂特與起復通直郎依舊直秘閣特差充京湖制置司主管機宜文字趙葵特與起復承事郎差充京湖置司準備差遣

真宗大中祥符七年八月十五日，以秘書監分司西京楊億知汝州。時億以疾愈求朝謁，因有是命。御史姜遵疏其頃居近列，擅去闕庭，所宜屏迹衡茅，盡心甘旨，忽求領郡，深屬要君，請罷分符，用懲著位。真宗曰：億本以屬疾而省母病，素無終焉侍養之請，昨求歸朝，特授郡寄，耳即命宰臣召遵諭之。

仁宗慶曆元年六月，詔選人乞侍養者，須及三年方聽于所在給文憑赴流內銓注官。

二年十二月，詔京朝京請侍養而親疾愈者，一年仍聽朝參。

五年四月二日，舒州團練使李端願請解官侍養，詔但令奉朝請，凡所差任皆免之。

六年七月二十三日，屯田郎中、諸王宮侍講楊中和以母親年老，乞解官侍養，許之。八年十一月，端明殿學士、知應天府李淑請解官侍養，從之。

嘉祐六年十月十八日，知沂州康衛言：准詔侍禁何黃中乞致仕，令具述黃中侍養本末。伏見本人勳臣之後，操履甚堅，棄官就養垂二十年。詔除率府率致仕。

神宗熙寧二年五月，詔大使臣尋醫侍養，依京朝官例，其皇城使、嘉州團練使劉永壽先乞侍養，候及二年許朝參。先是，永壽侍養候及一年，其母王氏以為言，有司以近制京朝官、選人尋醫侍養，須及二年方許朝參。入選緣大使臣本有條約，故降是詔。

三年十一月八日，詔京朝官等乞尋醫侍養，依致仕條，只令逐州軍勘會，如別無規避，即具保明本處放離任訖，各申所屬差人承替，通判以上差遣即候朝廷指揮。

四年十一月，詔三班使臣尋醫侍養，比文臣例候二周年方得朝參。

元豐二年六月九日，詔大理評事、崇文院校書同知太常禮院元耆寧許侍養。崇文院校書初無補外者，上以終養故特以禮院易監嵩山中嶽廟，既而以御史何正臣言遂罷。

十七日，詔京東路轉運判官、尚書屯田員外郎劉定權發遣河北西路提點刑獄，代太常博士集賢校理丁執禮歸館供職，以便親養，從執禮請也。

三年正月十九日，審官東院言：大理寺丞申天規昨乞長告訪求其父，今已迎歸侍養，乞許天規不候歲滿朝見。從之。天規少失其父，至是訪得之，年百歲矣。

閏九月八日，詔太常博士王伯虎放令侍養。先是，御史何正臣言伯虎妻親闕，南已八九年，獨與妻孥寓官京師，伏望永棄田里，以戒天下之為子者。因詔福建路轉運司考實，以聞。本路言伯虎不迎侍父母，有實故也。

六年六月二十四日，尚書吏部言：新授岷州大潭縣主簿余宗道母八十七歲，宗道有疾，乞侍養，準敕應注陝西見闕，不得乞尋醫侍養長假，詔依宗道所乞。

八年十二月十一日，龍圖閣直學士、知滑州盧秉以父疾聽

解官侍養。

哲宗元祐元年四月十四日，詔令後殿侍係歸明、係人尋醫侍養，各不限年，許參班內有已授差遣或在任人，却依元路分與合入差遣。

三年正月二十四日，詔守司空、開府儀同三司、鎮江軍節度使致仕韓絳男朝散大夫、衛尉少卿宗師為直秘閣、提舉鳳翔府太平宮，以絳致仕，宗師請便親養故也。

徽宗大觀三年六月二十三日，閤官言：五月二十六日，宣義郎劉得臣垂拱殿朝見拜跪艱難，詔劉得臣令尋醫。

四年閏八月十八日，詔西上閤門使、榮州防禦使童師敏為病尋醫，可特與見任官轉出差提點醴泉觀。

政和三年八月二十六日，尚書省言：訪聞河北路走馬承受甚公行到博州，與弟子姦、盜等事。下京西轉運司差官體量，並無姦等事。元係前權知博州辛朴具到，詔朴令尋醫。

宣和元年六月二十五日，詔御州安置孟揆放還，令侍養。

七月十八日，盛弁、盛升並勒停，令駐所侍養，以父盛章貶單州團練[illegible]使筠州安置也。

二年八月二十日，朝散郎、充徽猷閣待制、提舉醴泉觀同修國史葉著言：臣近嘗具奏，以臣父邵在遠，侍下闕人，乞賜改授臣在外一合入差遣，以便侍養。詔依所乞，差知信德府。

三年六月九日，尚書省言：撿會拱衛大夫、應州防禦使楊師道奏，又監察御史未敢奏聞。

五月二十七日，夏李土旺祀黃帝，有攝太祝官教郎方里於獻官[illegible]酒訖讀祝文，差漏多不成句，詔方里令尋醫。

十七日，秦鳳等路提點刑獄司言：勘會在任官尋醫者，親自有成法，所屬驗實無規避申奏，方許離任。本司今點檢原州等處官任內贓汙不法，官司按舉，遂官托故離任，本州放令離任，或縱令逃竄，方行按發，比至被旨取勘，却申[illegible]離任，乞行收捉。欲望今後命官犯罪所屬故縱放令離任，其知通與犯人一等科罪，仍於案後收罪聲說取旨。詔令後命官犯罪所屬故縱放令離任，科罪等已別作施行外，仰刑部行下諸路提刑司，每名各立賞錢三百貫文，召人收捉。

四年三月七日，溫州言：撿會奉詔，處分兩浙江東路知州、通判、應州縣等並不得陳乞尋醫、致仕、侍養，并請假離任，已陳乞及離任者，令本路監司疾速勾還本任。托疾致仕者，令中書省記錄，候賊平日取旨。緣日下討蕩賊寇漸已平息，不任據管下官員乞致仕、尋醫、侍養、請假及省罷，未審將來大軍解嚴班師之後，合與不合依常法施行。詔盜賊並已平靜，自合依常法，疾速申明行下。

高宗建炎元年五月一日，赦：應命官尋醫侍養，並許召保注授。

紹興六年八月二十八日，守秘書省著作郎張九成言：父七十歲，常苦心氣不寧，乞許侍養。詔除直徽猷閣、兩浙東路提點刑獄公事。

九年三月十五日，少保

鎮南軍節度使充醴泉觀使呂頤浩乞許歸養疾詔除其長子抗直秘
閣添差浙東提舉茶鹽迎侍歸台州調治　三十二年正月十三日詔應
百官有親年已高而不迎侍及歸養者令在外監司按劾在內令臺諫糾
彈既臣僚請也孝宗紹興三十二年六月十三日登極赦應命官因患尋
醫侍養未滿而已安居及半年已上特許參選　二年九月六日詔建康
府上元知縣李允升犯贓帥守王佐容縱尋醫特追兩官勒停建昌軍居
住十二月六日吏刑部準批下新差藤州馬陞劉子乞自今後因監司郡
守按劾及百姓論訴已經體究事在有司者不許尋醫逐郡看詳欲依所
乞從之　六年三月十八日臣僚言本臺令節文諸尋醫已除籍官年滿
乞朝參者體量委無疾病注籍訖牒吏部閤門又令諸體量官員因疾者
牒保官局差人診視具實狀申所屬竊見右承奉郎江深前任監福州古
田縣水口鎮因病尋醫合至乾道五年十月滿一年未曾陳乞赴臺引驗
趂奉旨差充贛州撥發司主管機宜文字係堂除其江深隱匿而求尋醫
一節冒授新任乞罷差遣以為慢令之戒從之　四月一日吏部侍郎陳
良祐劄子契勘迪功郎前監廣州亭頭場鹽稅馮伺狀昨於紹興三十一
年七月赴部參選就殘零闕注授前件差遣未赴任間尋醫不赴今已痊
安乞赴部參選准本部告示合候銓試中到部據本人狀稱係在隆興元
年四月內除具銓試指揮之前已注授差遣尋醫不赴即非緣罪犯罷任
之人乞放行參選本部檢照右迪功郎曹墳於紹興三十年參選就殘零
闕注藤州司法參軍未赴任間丁母憂不赴亦係在銓試指揮之前注授
續奉旨曹墳令吏部放行參選今後如有似此之人依此今本部未敢依
曹墳例詔依陳良祐劄子內理傳令參部今後如有到任尋醫人不許援
例

致仕上

國朝凡文武官致仕者皆轉一官或加恩其子孫觀察
使防禦團練使刺史及內職三班即換環衛藩職州縣
官改京朝官升朝官父在者遷慶恩授致仕官其不仕
者文官始大理評事武官始副率再經恩累加高祖在
而求回授者亦聽皆不給俸亦有子居要近加賜章服
者　太祖建隆二年四月潁州團練使范再遇為左金
吾衛大將軍致仕再遇本江南偽泗洲刺史周顯德中
太祖率兵直壓其壘再遇以城降累遷至團練使至是
以老仍剝降璽書勞問　三年八月詔大理卿劇可久

卷一萬三千六百四十二

為光祿卿致仕可久年過七十無請老之意故特有是
命　乾德元年閏十二月詔曰羣官列仕自有通規舊
德來朝所宜加禮且表優賢之意用敦尚齒之風自今
一品致仕官曾帶平章事者每遇朝會宜綴中書門下
班先是太子太師致仕侯益等來告郊祀益等皆嘗為
使相帝優待之特降是詔　二年二月詔自今應藩鎮
帶平章事求休致者每遇朝會宜令綴中書門下班先
是鳳翔府節度使兼中書令王晏自藩鎮致仕故有是
詔　開寶三年三月以草澤王昭素為國子博士致仕
昭素通經業居酸棗縣年踰八十不仕帝聞其善講說
召對便殿命講易以衰老求還鄉里故有是命　六年

五月以兵部侍郎參知政事劉熙古爲户尚部書致仕
足疾故也六月以太子詹事楊昭儉爲工部尚書致仕
九年六月以國子博士周維簡爲虞部郎中致仕仍
以其子繕爲盩厔縣主簿　太宗太平興國元年天雄
軍節度兼侍中李繼勳授太子太師致仕朝會許綴中
書門下班　二年七月前翰林學士禮部侍郎魚崇諒
授金紫光祿大夫兵部侍郎致仕閏七月以布衣孫守
彬爲左領衛將軍致仕　八年七月檢校太師行右金
吾衛上將軍判街仗事邠國公王彦超授太子太師致
仕依舊給本官俸料　雍熙二年王彦超進封邠國公
謂人曰吾聞朝廷之制七十致仕吾今六十九矣當自

卷一萬三千六百四十三　二

知止足之分於是年冬末預修求致政表凡僕隸之食
者皆罷遣之明年累遂其請以太子太保致仕彦超歷
仕累朝領節制者九所至雖無異政而能以富貴知止
人以此多之出書林事類王彦超歷數鎮節制罷爲金
吾上將軍與李昉宋白善一日昉白詣之時彦超年
六十九歲謂昉白曰人言七十致仕出何書昉曰禮大
夫七十而致仕若不得謝賜之几杖杖於朝盖筋力尚
可從政時君所賴也彦超曰我前朝舊臣於時無用豈
可食爵位而昧廉恥遂託白草求致仕表來年假開日
之上再表得請以太子太保致仕給上將軍俸居常白
衣出入故舊家僕從簡省無重騎性嗜張進酒軟骨魚

語覩舊曰有此二物吾當不召自往矣張進者建州人
隸内酒坊善釀味絶美品在法酒之亞善飲者多好之
出楊内翰談苑吳虔裕傳虔裕性簡率發言多輕肆右
金吾上將軍王彦超告老得休致虔裕嘗語人語曰我
縱僵仆殿階下斷不學王彦超七十便致仕人傳以爲
笑悦生随抄雍熙二年三月十九日以前天威軍掌書
記事高頔爲左補闕致仕仍賜錢十萬擢其子南金高
第以南金舉學究自陳其父年八十四無病養者乞賜
一第太宗以問侍臣宋琪以頔廉介有行對帝曰吾早
知其爲人惜已不能從政不可彊起之即拜是命　端
拱元年閏五月以青州録事參軍麻希夢爲工部員外郎致仕希

卷一萬三千六百四十三　三

夢年九十五齒髮不衰帝聞而召至闕下對於便殿面
賜金紫因有是命　端拱初太宗詔訪高年前青州録
事參軍麻希夢年九十餘居臨緇召至闕下延見殿使
賜坐語極從容詢及人間利害對之甚詳多蒙聽納他
日訪以養生之理對曰臣無他術唯清心寡欲節聲音
薄滋味故得至此詔以爲尚書工部郎中致仕賜金帛
工部好學善訓子孫子景宗興國中登進士甲科孫温
基温舒祥符中相繼舉進士第爲天下第三人而天下
稱麻氏教子有法出江少虞類苑淳化元年五月詔應
嘗任文武職事官恩許致仕者並給半俸以他物充於
所在州縣支給十一月以水部員外郎何允昭爲駕部

貟外郎致仕從其子殿中丞直史館士宗之請也　至
道元年三月前和州歷陽縣主簿李黄授著作佐郎黄
子虚已任殿中丞太宗知其能政命知遂州仍賜五十
萬令養其祖母又以黄年高特有是命　五月前崇儀副
使王得一為左衛大將軍致仕　七月鴻臚卿慎知禮為
工部侍郎致仕　真宗咸平元年正月審刑院詳議官
監察御史韓見素為刑部貟外郎致仕見素薄於榮利
時方年四十八表求休致真宗以其年尚少惜之宰相
言近世朝行之中躁競好進者多知止求退者少如允
所請亦是激勸風俗遂授焉　十一月以職方郎中沈繼
宗為將作少監致仕繼宗列官中外以貴家子擢出任

卷一萬三千六百四十二　四

稱疾假滿故有是命　二年閏三月以草澤陳廣為將
作監丞致仕賜袍笏廣獻喜雨詩復上書言事帝召見
問其願仕否對曰臣年七十四筋力衰耗乞歸田里故
有是命　三年八月殿中丞國子監直講崔頤正以本
官致仕仍舊直講頤正老且病目不任朝請以耆遂儒
故遂其優閑而不罷講誦之職　四年五月以翰林學
士吏部郎中朱昂為工部侍郎致仕帝以昂久在左右
特加優禮舊制致仕官止門謝昂特召對于便殿命坐
久之賜銀器二百兩帛三百匹詔行日給以驛券令本
府歲時省問如有章奏許附驛以聞命其子太祝正辭
知江陵府公安縣使得就養發日又賜宴於玉津園翰

林學士侍讀侍講學士知制誥三館祕閣官皆預仍詔
賦詩餞行　朱昂晚以工部侍郎懇求歸江陵適年方
允止令謝於殿門外後詔賜坐時方劇暑恩旨寵留
詔秋凉進程時吴淑贈行詩有漢殿夜凉初閣筆諸宫
秋晚得懸車之句尤為中的錫燕玉津園中人傳詔令
各賦詩為送若李承旨維有清朝納禄猶强健白守還
家正太陳文惠公堯佐部吏百函通爵里送兵千騎過
荆門之篇四十八篇皆警絶一體朝論榮之弟協亦同
隱皆享眉壽家林相接謂之諸宫二疎荆帥陳康肅堯
咨表其居為東西致仕坊八十二党門人請謚正裕先
生出皇朝類苑　五年五月詔文武官七十以上求退者

卷一萬三千六百四十三　五

許致仕因病及歷任有贓犯者聽從便時主客郎中謝
泌言自今求致仕者如有清名及粗展勞効乃可聽許
故因泌奏而有是命　九月蒼部貟外郎武信軍節度掌
書記郭成範為司封貟外郎致仕以其子太廟齋郎鵠
王為壽州霍邱縣主簿成範在淮吉府中老病赴朝陪
於殿門閤門使以聞詔特原之成範因求致仕且述家
貧頗得一子食禄給養帝憫許之　十二月進士李咸信
授將仕郎守將作監丞致仕咸信即知樞密院王欽若
妻父也欽若為言故有是命　景德二年三月二日以
都官貟外郎致仕潘華為屯田貟外郎華即江南内史
舍人佑之子以疾致政至是上書闕下求復朝列帝憫

佑忠鯁故命華以舊官四月九日以虞部員外郎安定郡王府翊善董溥為都官員外郎致仕賜其子經進同士出身　大中祥符二年正月詔差定賜文武致仕官帛數大將軍三十匹將軍郎中二十匹員外郎十五匹率府副率國子博士而下十匹大理寺丞而下七匹以東封赦書恩例也二月以許州參軍王中正為左衛將軍致仕仍給全俸　四年三月以龍圖閣待制王曉兄序為國子監助教致仕序年七十餘曉乞推恩也　五年八月以左僕射張齊賢為特進守司空致仕　六年七月六日景福殿使新州觀察使劉承規為安遠將軍節度觀察留後左驍衛上將軍致仕兩使留後非致政之官至於上將軍國朝以來罕曾除拜帝以承規建事三朝有勤効故授之仍賜手詔撫諭　九年正月詔京朝幕職州縣官求致仕者令審官院吏部銓檢勘歷任具有無贓犯以聞十月禮部郎中新授京西轉運使胡則言父年七十八任國子博士致仕乞加朝散階詳之　天禧元年七月十七日以祠部郎中胡旦為祕書少監致仕又以其子癸書試祕書省校書郎旦自陳目疾求授其子官故特有是命八月揚州言虞部員外郎致仕周令環年踰九十無人供侍有孫男化元見任海州東海縣尉乞移殺揚州判司簿尉以慰衰殘許之　四年正月以戶部侍郎致仕馮起為兵部侍郎太常少卿

職官七七之三三

卷一萬三千四百六十二

六

致仕劉翼為司農卿將作少監致仕柴德芳為將作監並依前致仕仍詔許入辭舊例門辭中書取旨特有是命五月十日以靜難軍節度使檢校太傅王嗣宗為檢校太尉左屯衛上將軍致仕嗣宗病蹇不能履地凡再表願一朝覲即歸田里及至京彷徨累月求再領許州朝議以其耄疾特有是命　孫集賢冕天禧中直館織三十年江南端方之士也節槩清直晚守姑蘇甫及引年大寫一詩於廳壁詩云人生七十鬼為鄰已覺風光屬別人莫待朝廷差致仕早謀泉石養閑身去年河北曾逢李見素今日淮西又見陳或云陳莊二公被差者也寄語姑蘇孫刺史也須抖擻老精神題畢拂衣歸九華以清節高操羞執百事之類朝廷高其風許再任詔下已歸竟召不起王冀公欽若里閈交素也冀公天禧中罷相以宮保出鎮餘杭艤舟蘇臺歡好款密醉謂孫曰老兄淹遲日久且寬衷當別致拜闕公正色答曰二十年出處中書一素後滌倒江湖不預一點化筆殆事權屬他出廟堂數千里為方面始以此語見怳得為信乎冀公愧謝解舟遂行見宋江少虞類苑仁宗天聖三年二月翰林學士權三司使公事李諮言父兵部員外郎致仕文捷年七十有五乞臣外任以便侍養詔不許特賜文捷金紫　天聖三年左正言孔延魯法當還官願不還而為其父尚書祠部郎中致仕勉求紫章服

職官七七之三四

卷一萬三千四百六十二

七

上曰予為父請可從也特賜勉紫章服宰相王欽若等
曰延魯所陳足以厚風俗陛下從其請實資孝治也宋
朝事實孫宣公奭以太子少傅致仕居於鄆一日置宴
御詩廳仁宗嘗賜詩刻石所居之廳辟語客曰白傅有
言多少朱門鎖宮宅主人到了不曾歸今老夫歸矣晉
動于色復顧石守道諷易離卦九三爻辭且曰樂以忘
憂自得小人之志歌而鼓缶不興大耋之嘆公以詩德
與學勸講禁中二十餘年晚節勇退優游里中終始全
德近世少比江少虞類苑　四年四月吏部言據太子中
舍致仕曹湛等乞依赦文叙服色緣致仕官每遇覃恩
轉官加恩與常朝官事體並同未敢聞奏詔依例磨勘
卷一萬三千四百六十二　八
以聞　九月監察御史曹修古言伏聞七十致仕載在禮
經中代以還貪榮尤甚昔唐太宗患其如此故特下詔
書再三責諭仍令內外文武官年在致仕抗表去職者
宜在本品見任之上蓋欲其知恥而退也近年以來中
外臣僚有年僅八十尚未辭官既心力之盡衰何職務
之能濟鍾鳴漏盡未晤夜行之非日暮途遠多作身後
之計或貪財暴法或見姓書名以此臨民何以致理自
今除元老勳賢詢議軍國自有典章外其內外文武官
年七十者乞下御史臺及諸路轉運司告報逐官並許
上表自陳特與轉官致仕仍依唐制本品在見任官之
上不自陳乞者委審官三班吏部勘會歲數以聞特與

職官七七之三五

致仕然不獨示誡貪之道亦足崇養老之風詔御史臺
榜朝堂門及下諸路轉運司　十月都官郎中熊同文以
老病自陳乞致仕有男若思若山各乞一末科出身庶
霑祿仕以養殘朽詔同文守本官致仕男一人特與齋
郎仍令以後郎中休致者准此例　五年十二月以禮
部尚書集賢院學士晁迥為太子少保致仕迥判西京
留司御史臺代還三上表求休致不允又請對便殿自
陳仁宗勉從之乃給全俸又詔次子太常博士宗慤特
賜緋章服　七年八月太子少保致仕馮亮言分司致
仕官無例中發章奏咸平中朱昂致仕歸荊南許附遞
乞依昂例從之　景祐三年六月御史知雜司馬池言乞
卷一萬三千四百六十二　九
應文武臣僚年及七十者並令自乞致仕仍舊敕與一
子官如分司官給全俸若不自陳乞御史臺糾察以聞
特令致仕更不與子官及全俸其已嘗陳乞有詔特留
者不在此限所貴減冗貟勵曠職仍乞文臣下官審貟
依舊逐漸供報年幾家狀赴臺武臣下樞密宣徽院准
此其外處以敕到日為始限滿不陳乞者亦許御史臺
糾舉詔牓朝堂　寶元二年六月詔朝官嘗犯贓而乞
致仕者自令止與轉官更不推恩子孫　慶歷二年六
月權御史中丞賈昌朝言臣僚年七十而筋力衰者並
優與改官令致仕年雖七十而未衰及別有功狀朝廷
固留任使者勿拘此令若工部侍郎俞獻卿等乞並與

職官七七之三六

致仕詔在京者令中書體量在外者進奏院告示之又
言近嘗擇其耄衰先具論奏閤中書召見詢問多不願
退切覩荆王府翊善王涣早以年德選在宫僚三載于
兹不闕曠職近以懇求解職令自請致仕引分知退深
可褒稱乞賜俞允仍優加禮秩使不願退者足以愧老
將自陳者足以勸廉儀王涣致仕後録其制詞告示中
外詔特除涣秘書監致仕　三年五月特令河陽三城
節度使同中書門下平章事楊崇勳爲左衛上將軍致
仕初崇勳判成德軍兩部民行賂於其親吏任昭敏李
咸新使告其子内殿承制宗誨求免所犯罪事覺宗誨
等皆編管諸州故有是命明年十二月就改太子太保

卷一萬三千四百六十三　十

六月詔曾任兩府乞致仕者自今須再上章乃聽除之
以資政殿學士韓億爲太子少傅致仕因有是詔　五
年閏五月九日右領軍衛大將軍致仕高士寧言臣咸
平年中應舉及第後表紹贊善大夫换右職自西上閤
門使達州刺史除致仕乞特許换文資官詔除殿中監
致仕九月詔文武官已致仕而所舉官犯罪當連坐者
除之　慶曆五年工部侍郎知河陽任布爲太子少傅
致仕宋續通鑑長編仁宗慶曆中司徒吕夷簡固請老
戊辰授太尉致仕續通鑑長編張安壽曰吕中公夷簡
平生朝會出入進止皆有常處不差尺寸慶曆中爲上
相嘗趍百僚起居誤忘一拜而起外閤讙言吕相失儀

是夭奪之魄殆將亡矣後十四日忽感風疾遂致仕以
至不起涑水記聞皇祐二年仁宗始祀明堂范文正守
杭州而杜正獻致仕居南都蔣侍郎希魯居致仕居蘇
州皆年耆體重范康公建言朝廷闕禮宜召元老舊德
陪位于廷於是詔南都起杜公西都起任公惠公陪祀
供帳都亭驛以待焉二公卒不至加賜衣帶器幣賜一
子出身自後前兩府致仕者大禮前率有詔召之然亦
無至者禮畢皆賜衣帶器幣焉百川學海春明退朝録
皇祐中明堂大享時世室亞獻無官僚惟杜祁公衍以
太子太師致仕南京仁宗詔公歸以侍祠公已老手染
一疏以求免但直致數句吏無牋章鋪叙之飾止以奇

卷一萬三千四百六十三　土

牋妙堂墨臨帖行書親寫陳奏宋類苑仁宗時士遜拜
太傅鄧國公致仕詔朔望朝見及大朝會綴中書門下
班與一子五品服士遜辭朝朔望閒遣中使勞問御書
飛白千歲字賜之士遜因建千歲堂嘗請買城南官園
帝以賜士遜宰相得謝蓋自士遜始宋史張士遜傳仁
宗時張存以吏部侍郎致仕凡十五年積遷禮部尚書
卒年八十八謚恭安宋史張存傳仁宗時得象以司空
致仕薨故事致仕官乘輿不臨奠至是帝特往焉宋史
章得象傳皇祐三年七月五日詔應外任少卿監以下
年踰七十的然精神昏沫不任釐務者仰轉運提點刑
獄府界提點具事狀以聞在京則委御史臺審官院准

此内有曾經館閣臺諫及提點刑獄以上職任者只令
中書裁處待制以上並是朝廷選擢歷更清要進退之
間務全大體如或引年得謝自當優加恩禮不須預爲
定制十二月二十四日詔應文武臣僚年七十以上未
致仕者更不許考績或於國有功於民有患理當旌賞
者不在此限　四年二月一日詔自今應曾任中書樞
密院臣僚不循例引退言事官亦不得輙有彈奏　五
年九月中書檢會自來因事方乞致仕者所有合得與
子恩澤内殿崇班更不推恩諸司副使則於所得上
降等安排令後副使致仕歷任無贓罪子孫並未有官
者許奏子孫或弟姪一名内殿崇班承制更不推恩副

卷一萬三千四百六十三

十二

使以下雖犯贓但曾立戰功或因捉獲疆惡賊用酬奨
改官者并條隨龍及曾任近侍之臣依舊例從之　嘉
祐元年九月賜致仕大卿監以上及曾任近侍之臣果
帛羊酒　三年十二月詔年七十而居官犯罪或以不
治爲所屬體量若銜替而求致仕者更不推恩子孫
四年二月太子中允天章閣侍講管勾太學胡瑗爲太
常博士致仕特賜絹百匹　嘉祐七年三月乙卯以參
知政事孫抃爲觀文殿學士同群牧制置使抃以進士
高第累官至兩制性醇厚無他才上以其久任翰林擢
爲樞密副使多病志昏醫官自陳勞績求還吏以文書
白抃抃見吏衣紫誤以爲醫官因引手於案上謂曰抃

數日來體中不佳試爲診之聞者傳以爲笑及在政府
百司白事但對之拱默未嘗聞一言是時樞密使張昇
屢以老乞致仕朝論以抃次補樞密使恐必不勝任殿
中侍御史韓縝因進見極言其不才當置之散地抃初
不知後數日中書奏事退宰相韓琦曾公亮獨留身在
後抃下殿謂參知政事歐陽修曰丞相留身何也修曰
豈非奏君事耶抃曰抃有何事修曰韓御史言君不知
耶抃乃頓足摘耳曰不知也因移病請退朝廷許之涑
水記聞嘉祐中有劉諷都官簡州人亦年六十三致仕
夫婦從居賴山范景仁有詩送之云移家尚恐青山淺
隱几惟知白日長時有宋公綽送諷詩云疏草焚來應

卷一萬三千四百六十三

十三

見史橐金散盡只留書皆爲時人所傳誦溫公詩話張
文懿既致仕而安健如少年一日西京看花回道帽道
服乘馬張蓋以女樂從人入鄭門監門官不之識也且
禁其張蓋以門籍請書其職文懿以小詩大書其紙末
云門吏不須相怪問三曾身到鳳凰池監門官即以詩
進仁宗遣中使錫以酒餚問勞三槐王氏雜錄英宗治
平元年七月以太子賓客掌禹錫爲尚書工部侍郎致
仕禹錫老病不致仕爲御史所彈帝憫憐其博學彊記
執政召至中書示以彈文使自請而有是命八月詔自
今大卿監未嘗任兩省以上官因病老疾仍乞致仕者
恩澤減舊之半　治平四年五月八日神宗未改元樞

密院言年七十致仕雖有著令而臣僚少能自陳近日内外大使臣多致監司體量昏老疾病到闕尚乞繁難差遣者近已將老病昏昧及歷任中不曾顯立勞効及有過犯者並直除致仕及令壽醫欲令後有年七十已上大使臣得替并體量差替衝替者並令赴院體亮如精神筋力堪任勾當即與閑慢監當差遣委是年老昏昧病患及有體量事迹具姓名取旨直除致仕其合得子孫恩澤即依至和中詔約施行有曾經朝廷選任近上委寄或曾着勞効者取旨仍仰閤門曉示從之六月八日詔皇城使果州團練使何誠用悳州防禦使馮承用右騏驥使嘉州團練使劉保言左藏庫使昭州刺史

卷一萬三千四百六十二

鄧保壽並特致仕以誠用等皆年七十已上至八十餘歲猶在仕故也　二十八日詔劾内殿崇班郭繼勲增加歲數貢罷以其陳乞楚州監當言出職日自增十歲也　八月十四日詔以太子中允致仕郝戩除兩使職官候一任回與磨勘先是翰林學士呂公著言戩前任興國軍通山縣令日為父稚年老遂乞致仕欲封父一官不期稚卒遂扶護還蔡州西平縣本鄉於墓側負土培墳不避霜雪行誼鄉里所重搢紳所推今父服已除齒髮未衰乞賜旌用故有是命　孝義傳郝戩調通山令年未五十以父稚老不第上書請致仕為父求官執政諭使赴官而後請曰如是則可升朝籍遇恩及親矣

於是留妻子於家獨奉父行踰歲竟謝事得太子中允以歸 出宋史 張文定嘗云在翰林當章郇公致仕麻命下同宋景文往賀之因語之曰昨日受朝宣旨上眷遇之意甚厚何遽去公曰不可待不厚時引去張文定三入翰林慶歷五年二月初以知制誥除學士此時章文獻為丞相明年文定除中丞十一月還復翰林七年八月以知滁州罷此時章文獻判陳州明年郇公致仕治平末張公乃三入為承旨此時郇公之薨久矣不致何由當郇公致政麻也 郇公罷相時文定初為學士然以言罷無言上眷厚也 出舊聞證誤 張文定父子 張文定以司空致仕歸洛得唐裴度午橋庄有池榭松竹之

卷一萬三千四百六十三

勝日與親舊觴詠其間其子宗誨以秘書監致仕嘗出謁其子言曰昔賀秘監以道士服東歸會稽明皇賜以鑑湖以為休老之地今洛下雖無鑑湖然嵩少伊瀍天下佳景雖非朝廷所賜皆閑逸之人所有爾大人盍以羽服以優游何必吏事請謁乎語宗誨曰吾作白頭老監秘書而服何必學賀老作流沙之服時以為名言 出洛陽志 熙寧元年二月二十六日以醴泉觀使定國軍節度使李端愿為太子少保致仕端愿以目疾屢請休退故事多除太大將軍致事上命討閱唐制優加是命　十二月特詔殿中丞致仕張師溫與舊官參選先是翰林學士王安石等言師溫前任光州定城縣令因弟死

鄉里而母病伏枕即宜乞休致令齒髮方壯累有臣僚奏舉使之為吏足以長民望令參選注官故有是命

二年四月樞密院言見在外任年七十已上大使臣即令逐路轉運提刑體量以聞及令日已後直除致仕者更不與子孫恩澤從之

五月一日以觀文殿學士吏部尚書知徐州趙槩為太子少師致仕故事再請則許致仕槩再請工弗許至是三請許之優耆舊也

趙槩以太子少師致仕居睢陽十五年猶以讀書著文憂國愛民為事集古今諫諍為諫林一百二十卷奏之上甚喜賜詔曰士大夫請老而去者皆以聲迹不至朝廷為高傳卿所奏書知有志愛君之士雖退休山林未嘗一日忘也當置坐右以時省閱神道碑重出見自警編

卅六

蔡寬夫詩話云文忠與趙康靖公槩同在政府相得歡甚康靖先告老歸睢陽文忠相繼謝事歸汝陰康靖一日單車特往過之時年幾八十矣劉劇飲踰月日於汝陰縱游而後返前輩挂冠後能從容自適未有若此者文忠嘗賦詩云古來交道愧難終此會今時豈易逢出處三朝俱白首凋零萬木見青松公能不遠來千里我病猶堪釂一鍾已勝山陰空興盡且留歸駕為從容因牓其游從之地為會老堂明年文忠欲往睢陽報之未果行而薨兩公名節固師表天下而風流襟義又如此誠可以激薄俗也出漁隱叢話

富公乞致仕手錄富

公除武寧軍節度同平章事判河南府曾公亮遷昭文殿大學士監修國史陳升之遷工部尚書同平章事集賢大學士先是富公以介甫得君專恣常稱疾不入旬日一入見三日復謁告如是數矣遂不復預政事求退章數十上稱病家居宣出上殿復歸臥又出上殿於是押入中書不視事復歸如是者以十數上乃聽之然意頗不樂故不復得司空侍中上將許富公辭位問乃曰卿即去誰代卿者富公薦文公上默然良久曰王安石如何富公默然陳公履歷深於介甫而素與介甫相表裏故先用之宋興以來宰臣有以侍郎為之而無左右丞為之者禹偁當制奏言故事左右丞不為宰相故陳公特遷尚書上又詔文公位在陳公之上文公辭以國朝樞密使無位於宰相之上者獨曹利用嘗位於王曾張知白上臣忝文臣粗知禮義不敢亂朝廷尊卑之序上不許出司馬溫公傳家續集

卷一萬三千四百六十三

十七　十八

每言國事富文忠公獨雖居家而朝廷有大利害知無不言交趾叛詔郭逵等進討公言海嶠險遠不可責其必進願詔逵等擇利進退以全王師契丹來爭河東地界上詔問公公言熙河諸郡皆不可守而河東地界決不可行出言行錄

杜祁公行七十歲一日請老自尚書左丞知兗州除太子少師致仕故事曾為宰相本有以三少致仕者又兩制以上須兩章乃可祁公一章即聽蓋當時宰相不喜

之也予爲翰林學士雖獲罪猶五章始得報見東齋記
事　杜祁公休退居南都客至無不見止服衫帽嘗曰
七十致政可用高士服乎見北川學海　杜祁公嗜好
吟咏致政後作林下書懷詩曰從政區區到白頭一生
寧肯顧恩讎雙凫乘鴈常深愧野馬黄羊亦過憂豈是
林泉堪佚老只緣蒲柳不禁秋始終幸會承平日樂
聖惟能擊壤謳然余不見野馬黄羊事後續唐張説傳
乃見之删所謂吾肉非黄羊必不畏喫血非野馬必不
畏刺是也見宋江少虞類元　楊惟忠邢焕以節度使
致仕告由舍人院出崇禮言祖宗時凡節鉞臣僚得
謝不以文武並納節别除一官致仕熙寧間富弼以元
卷一萬三千四百六十三　十九
勲始令特帶節鉞致仕其後繼者曾公亮文彦博他人
豈可援以爲例詔自今如祖宗典故出攬生隨抄　十
二月四方館使嘉州團練使劉几言乞還文資致仕詔
改秘書監致仕几以嘗在文資故有是請也　三年六
月知青州歐陽修言前知嘉州峨眉縣賀絢青土之逸
民也少舉進士慶歷中及第注峨眉令未行聞以祖母
老疾遂侍養因之不復仕宦迨今二十餘年守道安貧
行著鄉里伏見推恩致仕官優以俸給絢已一朝官致
仕詔除大理寺丞致仕　十二月二十五日編修中書
條例所言人臣非有罪惡盡已謂士[illegible]知進退轉官
之人欲加優恩以示勸奬推行已久且合依例施行至

於舊例兩省正言以上官三班使臣大使臣横行正任
等並不除爲致仕官及致仕帶職者並須落職郎與優
轉官資看詳别無義理緣此之故但致恩例不均如諫
議大夫以不可改給事中並轉工部侍郎乃是超轉兩
資又如吏部尚書只除太子少保工部尚書亦除太子
少保乃是超轉六資至如知制誥待制官卑者止除卿
監緣知制誥待制待與遇非與卿監爲比令他官致仕
皆得還官此獨因致仕更見退抑以至供奉官直禁本
是八品除率府副率並同六品諸司副使承制崇班七
品除將軍乃是三品至於節度使除上將軍防禦團練
使刺史並除大將軍緣諸衛名額不一至有刺史除官
卷一萬三千四百六十三　十九
二十
卻高於防禦史者令若令文武官帶人致仕者並許依
舊帶職只轉一官及文臣正言武臣借職已上皆除爲
致仕官即不致恩例重輕不等以至選人令録已上並
除朝官經恩皆得封贈蔭補數世之親例得贖罪免役
又京官致仕亦並轉一官爲光禄寺丞若令録職官郎
除太子中允或中舍殊未允當及進納出身人例除京
官至有經覃恩遷轉至陞朝官者類多是兼并有力之
家郎免州縣諸般色役及封贈父母如京官之制除衛
前外亦免自餘色役尤爲僥倖並除制繁雜無所適從
如録事參軍或除衛尉寺丞或除大理評事或除奉禮
郎恩例既如此不同可以因緣生弊令定進納人只比

流外人例除佐官致仕以上俸祿並乞下三司編修敕
令所先次將舊例比附裁定其刺史以上使印及節度
使旌節仍令所司收納其年未七十非因過犯而致仕
之人却聽仕宦舊有例而無條令亦修定凡文臣京朝
官以上武臣借職以上各轉一官帶職仍舊內舊條
許不轉官乞親屬恩澤者依舊條選人並依本資序轉
合入京朝官進納及流外人判司簿尉除司馬令錄除
別駕在京諸司勒留官依簿尉以上親賢勞舊合別推
恩者取旨歷任有入己贓不得乞親戚恩澤仍不轉官
其致仕官除中書密院外並在見任官之上及致仕三
年以上元非因過犯年未及七十不曾經敘官及陳乞
卷一萬三千四百六十二　至
得親屬恩澤郤願仕官并許進狀敘述并有人薦舉者
各依原資序授官其才行為衆所知朝廷特有任使不
拘此法並從之　四年六月十一日以觀文殿學士兵
部尚書知蔡州歐陽修為太子少師觀文殿學士致仕
帶職致仕自修起　歐文忠內制集序歷記其為學士
時事幸藏其稾以為退歸談笑之資略云京竹華之署
風騷茅簷之冬日睡餘支枕顧瞻玉堂如在天上時覽
所載以誇田夫野老士大夫爭誦之蓋願欲為公而不
可得也然公屢請得謝歸不及年而竟未必能此志而
余何者辱出公後亦獲掛名於石刻之末著風冬日享
之此地方十有一年如公所云實飽之矣但比歲戎馬

之餘觸事興念不能盡終前日之志為可恨每念為學
士者不為不多未必皆知此適如公知之而不及享余
享之而不久則天下如意事豈易得耶出夢葉得避暑
錄話　歐陽文忠公在蔡州屢乞致仕門下生蔡承禧
因間言曰公德望為朝廷倚重且未及引年豈容遽去
也歐公荅曰脩公平生名節為後生描畫盡惟有進退
以全晚節豈可更俟驅逐乎初公在亳已六請致仕比
至蔡適年復請四年以觀文殿學士太子少師致仕公
年未及謝事天下益以高公公昔守潁上樂其風土因
卜居焉及歸而居室未完處之怡然不以為意出自警
編　歐陽文忠公與韓子華吳長文王禹玉同直玉堂
卷一萬三千四百六十二　廿二
嘗約五十八歲即致仕子華書於柱上其後過限七年
方踐前志作詩寄子華曰俗諺云也貴莫得過衆其詩
曰人事從來無處定世途多故踐言難誰知潁水閑居
士十項西湖一釣竿墨莊漫錄　歐陽文忠公自歷官
至為兩府凡有建明於上前其詞意堅確持守不變且
勇於敢為王荊公嘗歎其可任大事及荊公輔政多所
更張而同列少與合者是時歐陽公罷參知政事以觀
文殿學士知蔡州荊公乃進之為宣徽使判太原府許
朝覲意在引之執政以同新天下之政而歐陽公懲濮
邸之事深畏多言遂力辭恩命繼以請老而去荊公深
歎惜之見魏泰東軒筆錄　熙寧四年呂誨表乞致仕

有曰臣本無宿疾偶直醫者用術乖方不知脉候有虛實陰陽有逆順診察有標本治療有後先妄投湯劑率任情意差之指下禍延四肢寖成風痺遂難行步非徒惲跰蹩之苦又將虞心腹之變勢已及此爲之奈何雖然一身之微固未足卹其如九族之托良以爲憂是思逃祿以偷生不俟引年而還致於戲歔可之論可謂至矣　十二月五日以澶州鎮寧軍節度觀察留後劉渙爲工部尚書致仕然銳於進取方開拓洮岷封安南渙既老猶露章請自效不報卒年八十一出宋史劉渙傳　五年六月十八日詔守太傅兼侍中致仕曾公亮令入謝故事致仕官不入謝上以公亮舊相追事三朝故令入謝仍依見任夫賜優老臣也　曾魯公公亮自嘉祐秉政至熙寧中尚在中書年雖甚高而精力不衰故臺諫無非之者惟李復圭以爲不可作詩曰老鳳池邊蹲不去饑烏臺上禁無聲未幾魯公亦致仕而去出自警編　范蜀公自翰林學士以本官戶部侍郎致仕仍居京師同天節乞隨班上壽許之遂著爲令韓康公元祐二年以司空致仕太皇太后受冊乞隨班稱賀而降詔免赴二者不同如此出洪邁容齋三筆　范蜀公乞致仕章四上未允第五章言臣所懷有可去者二謂言青苗不見聽一可去薦蘇軾孔文仲不見用二可去章既上遂得請　景仁曰吾前舉蘇軾充諫官後舉孔

卷一萬三千四百六十二　廿三

文仲賢良方正可謂無負朝廷矣乃上奏乞致仕仍乞不還官以贖二人之罪　又景仁五章請致仕且辯蘇軾孔文仲之無罪語頗侵介甫介甫怒故不還官且命蔡仲遠爲責詞有詆欺要君之語介甫猶不快更命王勝之介甫自加改定極其醜詆范景仁乞致仕錄　范公景仁既退居有園第在京師專以讀書賦詩自娛客至無貴賤皆野服見之不復報謝故人或爲具召之雖權貴不拒也不召則不往見之或時乘興出遊則無遠近皆往嘗乘籃輿歸蜀與親樂舊飲賑施其貧者周覽江山窮極勝賞期年然後返年益老而視聽聰明尤支體尤堅呼嗚鄉使景仁枉道希世以得富貴蒙屈辱任憂患豈有今日之樂耶則景仁所失甚少所得殊多矣詩云愷悌君子神所勞矣又曰樂只君子遐不眉壽景仁有焉元祐初首以詔起公曰西伯善養二老來歸漢室卑詞四臣入侍爲我強起無或憚勤天下望公與溫公同升矣公辭曰六十三而求去蓋以引年七十九而復來豈云中禮卒不起出自警編　王素傳素累官至工部尚書仍故職致仕故事雖三公致仕亦不帶職朝廷方新法制素首以學士就第卒年六十七謚曰懿敏出宋史　陳恭公執中初罷政判亳州年六十九遇生日親族往往獻老人星圖以爲壽獨其姪世脩獻范蠡遊五湖圖且贊曰賢哉陶朱霸越平吳名遂身退扁舟五

卷一萬三千四百六十二　廿四

湖恭公甚喜即日表納節明年累表求退遂以司徒致仕自警編　張鄧公致仕居京師呂申公奏請率二府賀之公即席賦詩有人間比會應無比何必東山訪謝安之句出類說　元豐三年閏九月九日詔自今致仕官領職事官許帶致仕若有遷轉止轉寄祿官若止係寄祿官即以本官致仕其見任致仕官除三師三公東宮三師三少外餘並易之　二十六日前忠武軍節度推官知滁州來安縣孫倖為通直郎致仕倖上言尋醫已二十二日乞致仕特除之　十一月二十七日詔太子少師致仕李端愿致獻穆大長公主之子自致仕後特給節度俸見錢之半餘人不得援例　初端愿以

卷一萬三千四百六十三

太子少保致仕詔給節度使俸錢之半至是驅磨請受官以謂非前任兩不當得見錢增請錢萬餘緡端愿自陳故有是詔　五年四月七日大名府安撫司言宣德郎致仕常昇依京官致仕例給以半俸從之昇以母李年百有十歲昇累歷資任以母老不能之官遂求致仕家素甚貧遇歲饑無以為養故有是命　八月二十五日詔江西提舉鑄錢朝議大夫錢昌武致仕坐妄奏江東提舉鑄錢李宗處置乖方當徒二年會赦而昌武年七十二故有是命同日詔恩州總管信州團練使孫吉滄州總管辰州團練使劉閬等並以年甚高令致仕　十一月五日詔承務郎及使臣已上致仕嘗以戰功遷

官者俸錢衣賜並全給餘歷任無公私罪事理重及贓罪給半因過犯若老疾體量致仕者不給非戰功而功狀顯著奏裁　元豐五年文潞公以太尉留守西都時富韓公以司徒致仕文潞公慕白樂天九老會乃集洛中公卿大夫年德高者為耆英會以洛中風俗尚齒不尚官就資聖院建大廈曰耆英堂命閩人鄭奐繪像堂中時富韓公年七十九文公與司封郎中席汝言皆七十七朝議大夫王尚恭年七十六太常少卿趙丙秘書監劉几衛州防禦使馮行己皆年七十五天章閣待制楚建中朝議大夫王慎言皆年七十二太中大夫張問龍圖閣直學士張燾皆年七十時宣徽使王拱辰留守北

卷一萬三千四百六十三

京貽書潞公願預其會年七十一獨司馬溫公年未七十文公素重其人用唐九老狄兼謩故事請入會溫公辭以晚進不敢班文富二公之後文公不從令鄭奐自幕後傳溫公像又之北京傳王公像於是預其會者凡十三人文公以地主攜妓樂就富公宅作第一會至富公會送羊酒餘不出餘皆次為會洛陽多名園古刹有水竹林亭之勝諸老鬚眉皓白衣冠甚偉每宴集人隨觀之文公又會為同甲會司馬郎中旦程太中珦席司封汝言皆丙午人也亦繪像于資聖院其後司馬公與數公又為真率會有約酒不過五行食不過五味唯菜無限腆豊議違約增飲食之數罰一會皆洛陽盛事

也洛之士庶又生祠潞公於資聖院溫公取神宗送潞
公判河南詩隸于牓曰㫖賸堂塑公像其中冠劍偉然
都人事之甚肅出自警編　元豐末文潞公致仕歸洛
入對時年幾八十矣神宗見其康强問卿攝生亦有道
乎潞公對無他臣但能任意自適不以外物傷和氣不
敢做過當事酌中恰好即止上以為名言出石林燕語
告老辭闕　元豐七年春文太史告老奏乞赴闕親辭
天陛庶盡臣子之誠既見神宗即日賜宴顧問溫密留
京師一月凡對上者五錫燕者三賜詩再顧問不名稱
曰太師寵數優異近世無比　按文潞公本傳云熙寧
六年拜太子少師致仕元祐元年復以太師平章軍國重事

卷一萬三千四百六十二

五年復以太師河東節度使致仕位將相五十餘年編
歷公輔年九十二歲而薨詳見七淚節鉞下　貢父劉
公作給事中時鄭穆學士表請致仕狀過門下省劉公
謂同舍曰宏中請致仕為年若干也答者曰鄭年七十
三矣劉公遽曰慎不可遂其請問曰何故也劉曰且留
取伴八十四底時潞公年八十四再起平章事或云潞
公聞之甚不懌究中穆字也見張文潛明道雜志　宰
相致仕從容進退享有高壽其再著者六人張鄧公八
十六陳文惠八十二富韓公八十一杜祁公八十李文
定七十七龐穎公七十六文潞雖九十二而晚節不終
士論惜之張鄧公仍自相位得謝尤為可貴見葉夢得

避暑話　呂許公以太尉致仕張鄧公曹魯公並以太
傅致仕陳恭公以司徒致仕李相昉張相齊賢章郇公
宋鄭公富韓公並以司徒致仕出百川學海　七年五
月二十九日詔文臣中大夫武臣諸司使以下致仕更
不加恩　元絳傳絳以太子少保致仕神宗眷眷命之
曰卿可營居京師朕當資金帛且使耆寧仕進絳曰臣
有田廬在吳乞歸營之即葬室都城得望屬車之塵幸
矣敢冀賜耶既行追賚白金千兩敎以蚤還絳至吳踰
歲以老病奏恐不能奉詔三年而薨年七十六贈太子
少師謚曰章簡出宋史　何郯傳神宗時郯以尚書右
丞致仕卒年六十九見宋史　故事職事官以告老得

卷一萬三千四百六十三

謝受命即行不入謝辭為其致為臣而去也　神宗初
李少保東之自侍讀致仕上特召對延和殿命坐賜茶
退皆講讀官燕餞於資善堂後數日李侍郎受繼去亦
用東之故事召對賜燕二人皆英宗經筵舊臣故禮之
特厚非常例也當時謂之二李東之文定公子素忠謹
樂易受亦謹慎長者云　真宗朝張齊賢王嗣宗為起
致仕皆謝辭起乃自鄭入覲此云不入謝辭非之　治
平四年四月李東之致仕九月李受致仕此云後數日
非也　咸平三年翰林學士朱昂慶曆八年翰林院侍
讀學士楊偕皆以致仕召對賜宴又元豐七年文潞公
既致仕入覲仍賜宴則召對賜宴非特二李也富鄭公

謝致仕恩命云已蒙指揮特放朝謝兼以病發無由暫至闕下一對天光　宇文紹奕𤁉語考異　李柬之李受自侍從請歸老先公時在經筵因而奏曰柬之等尚可陳力而亟請歸近年士大夫貪冒爵祿年踰禮經而知止者多矣望陛下稍加恩數以勸風俗已而詔就資善堂會經筵官賜餞內出珍果名花臣能酌勸時人榮之比之二疏見濟美集　宋李受字益之其先自長沙從江州登天聖五年進士第累官至龍圖閣學士給事中引年乞歸廬州以刑部侍郎致仕詔王珪司馬光范鎮呂公著傅卞宋敏求楊繪王獵孫思恭餞飲資善堂又賦詩送之內出金花異果錫賚甚富　溫退公居於

卷一萬三千四百六十二

洛十七年荊公罷政歸金陵亦十餘年溫公不唯天下重望歸之其心樂道真得退居之適荊公不唯罪公議其心負愧良多身雖逸而心無一日之樂觀二公出處可以為鑒見經鉏堂雜志　雲川倪思正父　范忠文公與司馬文正公平生論議智識議論趣向除議樂一事不同外其餘靡所不同元祐初溫公起為相忠文獨高臥許下凡累詔皆力辭不已其最後表云六十三而求去孟不待年七十五而復來誰云中理朝廷從之當是時中外士大夫莫不高公此舉而人至今以為美談也　王荊公當國鄭祥公正知邵州武岡縣實封附遞奏書乞以天下之計專聽王安石處畫凡議論有異於

安石者雖大吏亦當屏黜表辭亦甚辯暢上覽而異之一日問荊公曰卿識鄭祥正否其才似可用荊公曰臣頃在江東嘗識之其為人才僅縱橫言僅押闔而薄於行不知何人引薦而聖聰問知也上出其章以示荊公心恥為小人所薦因極口陳其不可用而止是時祥正方從章惇辟以軍功遷殿中丞及聞荊公上前之語遂以本官致仕出曲洧舊聞　韓忠憲公平日常語子弟曰進[illegible]在於止足寵祿不可過溢年若至六十可以退身謝事歸守父母墳墓則是忠孝兩全矣及公薨其子康公服既闋將造朝自誓於墓前曰仕宦至六十決當乞歸田里洒掃墳壟期於不墜先訓及熙寧中以觀文

卷一萬三千四百六十三

文殿學士守南陽年五十九矣遽欲謝事又以自來大臣引年往往不即賜可徙奏牘累上旋復視事故先手疏具出遺誡及誓於墓之事於上且曰昔晉王羲之為會稽太守去郡不仕亦嘗自誓於父母墓前朝廷以其誓苦不復召之臣今志願雖與羲之頗殊然誓於先臣墓前朝廷以矣東晉故不足以比隆聖時所以保全臣下一節斯亦可尚臣區區之志中外士大夫多有知者即非臣今日輕有去就妄干退閑也然章慶上終不允迄不得如其志及元祐初方致仕時年七十五矣故士大夫以退為難　哲宗元祐二年七月二十八日詔端明殿學士光祿大夫提舉嵩山崇福宮范鎮遷銀青光

祿大夫仍前職致仕從其請也　四年八月十七日詔
應乞致仕而不願轉官者授敕後本州二百日內取索
陳乞文狀保明繳奏如遞鋪違滯致出限者更展五分
日限限滿不到而亡歿委所屬保明詣實以聞當與推
恩中大夫至朝奉郎及諸司使陳乞本宗有服親一人
蔭補恩澤橫行諸司副使見有身自蔭補人及內殿承
制崇班閤門祇候見理親民并承議奉議郎許陳乞有
服親一人恩例中大夫中散大夫諸司使帶遙郡者蔭
補外準此即朝奉郎以上及諸司使雖未授敕而身亡
者在外以乞致仕狀到門下省日在京以得旨日亦許
陳乞有服親一人恩例　六年五月六日監察御史徐

卷一萬三千四百六十二

君平言文臣致仕以年七十為斷而武臣年七十者猶
興近地監當至八十乃致仕願許其致仕之年如文臣
法而給俸從之　七月六日三省言張方平元係宣徽
南院使檢校太傅太子少師致仕元豐官制行廢宣徽
使元祐三年復置儀品恩數如舊詔張方平依舊帶宣
徽南院使致仕　十二月十四日戶部言乞令後應致
仕官有戰功曾經轉兩官以上者並許支給全俸從之
十五日詔今後應歸明人乞尋醫侍養致仕之類令
所在具奏聽旨　哲宗元祐六年國子祭酒鄭穆三上
陳乞致仕詔穆提舉洞霄宮給事中范祖禹言穆雖年
過七十精力尚強自為布衣閩中士人稱四先生穆其

一也平生歷官多掌學校在王府十餘年持身清謹未
嘗有過擢居左省議論不苟復為祭酒多士矜式旋觀
其人始終無闕年耆德茂力求引去在穆進退誠為可
榮而為朝廷計則可惜也願留穆舊職以示朝廷貴老
尊賢之美不報太學生五千餘人詣丞相府請留亦不
報見續通鑑長編　紹聖三年四月十五日吏部言官
員乞致仕比及奏畫出告必有住滯以致身亡枉有濁
礙恩澤並不轉官不須出告詔文武官該轉官致仕依
舊外其餘宥守本官致仕者並繳敕吏不給告內因致
仕合該乞恩澤人更不具鈔令尚書省通書三司入熟
仍不候印畫其不該恩澤人依舊具鈔　五月二日詔

卷一萬三千四百六十二

自今應官員丁憂中不許陳乞致仕從吏部請也　八
月二十三日朝散郎致仕鄒極言準告落致仕除倉部
員外郎伏望許臣依前守本官致仕從之　四年二月
二日資政殿學士太中大夫提舉江寧府崇禧觀王存
表乞致仕制曰存在元祐之初論事附會可特授右正
議大夫依前職致仕其蔭補恩澤　頌執政時見哲宗
年幼諸臣太紛紛常曰君長誰其任咎也耶每大臣奏
事但取決於宣仁后哲宗有言或無對者惟頌奏宣仁
后必再稟哲宗有宣諭必告諸臣以聽聖語及貶元祐
故臣御史周秩劾頌哲宗曰頌知君臣之義無輕議此
老徽宗立進太子太保爵累趙郡公建明靖國元年夏

蘇頌傳紹聖四年頌拜太子少師致仕

至自草遺表中日卒年八十二詔輟視朝二日贈司空 出宋史

蘇魏公為宰相因爭賈易復官事持之未決御史楊畏論蘇故稽詔令蘇即上馬乞退請致仕呂微仲語蘇可見於上辯之何遽去蘇曰宰相一有人言便為不當物望豈可更辯曲直宣仁力留之不從乃罷以為集禧觀使自熙寧以來宰相未有去位而留京師者蓋異恩也紹聖初治元祐黨人凡嘗為宰執者無不坐貶惟予容一人獨免 元祐宰相韓縝執政李清臣許將紹聖以前皆無他李許仍再執政此云紹聖初治元祐黨人嘗為宰執者無不坐貶惟予容獨免非也 出儒學警悟

元符元年九月十五日詔朝散大夫張壽特令致仕壽春夔州例得對日上察其老不任事故有是命 卷一萬三千四百六十三

李公麟傳公麟為中書門下後省刪定官御史檢法元符三年病痺遂致仕既歸老肆意於龍眠山岩壑間

徽宗建中靖國元年六月八日詔朝奉郎祕閣校理致仕李潛通直郎致仕並落致仕乘驛赴闕引對皆以曾華鄒浩薦其學行故也 崇寧四年閏二月六日尚書省言朝散請朝散朝奉郎因病致仕須親授敕方許任子有不幸地遠不及親授者乞身亡在合給物之後亦聽奏補從之 大觀二年三月七日詔致仕官年八十以上應給俸者悉以緡錢充 三年七月二十八日吏部言宣奉大夫致仕韓忠彥言近陳乞致仕蒙恩授宣奉大夫致仕伏覩臣僚致仕蔭補格太中大夫以上二人臣有弟之子極弟之孫願肯欲望於文資內安排本部契勘太中大夫以上見責降充宮觀而蔭補依法並取裁緣本官係因入籍叙復差提舉西京崇福宮合依條取裁詔韓忠彥許依陳乞致仕恩澤 政和三年二月五日淮西提刑司言朝散郎致仕劉淮夫昨監江寧府猶務貪汙不職監司欲行追按乃託母老申乞致仕尋乞備補其子潡為假將仕郎未幾干請求薦再任兩浙監司乃薦淮夫緣母致仕為孝除落致仕詔並令鄰路提刑司體量詣實聞奏本司令體量本官任內輪差雜作兵士量酒容縱乞沽酒人錢與監官下虞溪等分受入己並不鈐束江東運司方欲按劾本官託母年老陳乞致仕 卷一萬三千四百六十二 四年三月二十五日中書省言勘會朝奉大夫寶文閣待制提舉江寧府崇禧觀楊畏今年正月十九日奉聖旨特轉一官致仕吏部供到楊畏去年十二月二十五日身亡係未降告已前身亡依條即不該給付緣鄭僅呂公雅體例詔依例許給付本家 出宋史

徽宗政和六年何執中致仕以太傅就第朝朔望恩數如舊上曰自相位得謝古難其人本朝數十年無此事執中曰惟張士遜以太傅鄧國公就第 宋編年備要

七月九日廣南東路提舉學士孫璘言乞命諸州應致仕居鄉並許赴貢士宴擇其年彌高者而惇事之使長

紛有序獻酬跪伏有禮人知里選之法孝悌之義從之
七年正月六日詔劉正夫已除開府儀同三司致仕
所有見破應干使臣祗應人從等並依舊餘依何執中
致仕所得指揮施行　五月九日高郵軍言父老僧道
等狀伏見寄居中散仕李演係知樞密院李諮之子演
三十七歲任虞部員外郎吏不下磨勘轉官元豐中官
制改朝奉郎至五十七致仕退居鄉里累經朝廷恩霈
及叙封至中散大夫見年九十切見百姓王慶爲年九
十近蒙朝廷賜耆德處士之號況李演係樞臣之子逮
事五朝親與元孫五世相見顯屬美事乞加褒賞詔李
演轉一官賜米麵各十石可中奉大夫致仕　八月一

卷一萬三千四百六十二　二十五

日安化軍節度使開府儀同三司致仕劉正夫特授安
靜軍節度使充太一宮使依前開府儀同三司落致仕
進封康國公　宣和二年六月八日詔太師魯國公蔡
京可依所乞守本官致仕依舊神霄玉清萬壽宮使在
京賜第居住其恩禮俸給之屬及見破官吏人從等並
依舊仍朝朔望詳見優禮門　三年二月二十八日詔
應命官昨緣病患陳乞致仕後來所患已安堪任釐務
願再仕之人緣年限未滿未許陳乞者許經所在官司
自陳保明申吏部特與再仕命官　三月二十四日詔
資政殿學士致仕王襄帷幄舊臣緣疾去朝今已痊安
特落致仕知淮寧府　七月二十四日詔湖州進士吳

伯彊爲承事郎致仕以江浙宣撫司奏伯彊素有行誼
鄉里所推昨方臘侵擾率衆保城卒獲按堵故旌寵之
四年三月七日溫州言檢會奉御筆處分兩浙江東
路知州通判應州縣等並不得陳乞尋醫致仕侍養并
請假離任已陳乞及離任者令本路監司疾速勾還本
任託疾致仕者令中書省記錄候賊平日取旨緣目下
討蕩賊勢漸已平息本州據管下官員陳乞致仕尋醫
侍養請假及省罷未審將來大軍解嚴班師之後合與
不合依常法施行伏乞明降指揮以憑遵守施行詔盜
賊並已平靜自合依常法疾速申明行下　七年正月
七日寶文閣學士太中大夫守太子詹事兼太子侍講

卷一萬三千四百六十二　二十六

李詩等言宣和六年八月十八日赦書節文應命官因
疾病陳乞致仕今已痊安不以年限滿未滿許召保官
三員委保自陳特令再仕臣等切見朝請大夫致仕傅
褚之昨任知平定軍因病陳乞所患久已痊安筋力尚
壯伏望許令再仕詔與落致仕　三月二十六日臣僚言
川路文武陞朝官以疾陳乞致仕依條有司勘驗入遞
聞奏在法須候奏狀計程到闕方授致仕恩澤間有暴
疾淪歿其家匿喪不舉以候程限殞殁失時歎望聖慈
出自宸衷川路臣僚陳乞致仕以申狀到所屬就許令
授致仕恩澤庶使遠方存殁被賜從之　月七日尚書
省言勘會河北東路在任文武官因病患曾乞致仕緣

下屬所審實偶致身亡不曾給降致仕敕牒或已給敕未祗受聞身亡之人詔並與理元陳乞月日依條推恩令後依此　八月二十一日詔侍從薦文武官落致仕自有成法比來臣僚或以不法而求去官或因營私而憚煩使託言疾病暫求致政實緣干請復爲再任之圖甚非立法之本意應今後從臣薦舉致仕官再仕須究見事實元非詐冒方得論列宜各遵守毋致違戾　九月十二日詔中大夫右文殿修撰致仕陳知質落致仕知隆德府以宇文虛中言其風力強敏鬚髮未衰也　十一月丙子太傅王黼致仕用中丞何㮚疏也未幾㮚亦奉祠文縝罷在十月庚午此誤也當附九月甲戌黼

卷一萬三千四百六十三　卅六　三七

罷太宰時舊閣證誤　十一月十一日寶文閣學士中大夫太子詹事侍講修國史耿南仲等言竊見朝奉郎致仕朱褒昨差提舉催促東南路本綱未赴任間省罷後來因病陳乞致仕令來日久已痊安筋力尚壯尚可宣力未應謝事伏望特降睿旨許令再仕從之　十二月中書舍人譚世勣等言伏見朝請大夫致仕晁說之昨任知成州日諸司列薦狀治未召赴闕察以疾乞致仕令來年未七十精明強健可使復起付之事任欲望與落致仕再授合入差遣詔與落致仕　十九日南郊制應官員因病疾陳乞致仕令已痊安不以年限滿與未滿許經所屬自陳召保官二員委保特令再仕其因

致仕受過恩例依條施行　二十三日制以保靜軍節度使致仕种師道落致仕爲檢校少保靜難軍節度使河東北路制置使兼都統制　高宗建炎元年五月一日赦應文武致仕官並賜粟帛羊酒曾任太中大夫觀察使以上官者倍賜　同日赦應官員因疾病陳乞致仕令已痊安不以年限滿與未滿許召保官二員委保自陳特令再仕　十二日詔吳洽特落致仕依舊監察御史　十九日詔令後文武官非疾病危篤及篤疾廢疾不能任職者不得陳乞致仕以時方艱難士大夫多乞致仕以避事故有此詔　六月十三日赦應緣靖康元年邊事文武官因病陳乞致仕朝廷不從所乞內有身

卷一萬三千四百六十三　卅六　三八

亡之人特許依條陳乞致仕恩澤及陳乞致仕緣道路不通不曾被受致仕敕命者亦許所在州軍保明特與依條推恩　十九日詔知筠州楊允降三官致仕以允昏耄貪祿忘歸故也　七月八日詔曹大同落致仕除淮南西路提點刑獄公事　四年五月一日詔翟汝文落致仕召赴行在指揮勿行　先是有旨汝文落致仕而言者以爲從官乞身自有典禮若不得謝並宜再三固自懇祈昨汝文以其家奴狀申越州騰奏朝廷謂已危懼必於見從黃潛善庇護不問遂令致仕慢上廢法實害名教故寢前命　十日戶部侍郎葉份等言朝散大夫彊行父博學多聞清修有立兩爲郡倅皆有能

辭昨在宣城當方臘擾攘之時備著勞効居官行己無毫髮之疵不緣事故疾病慨然請老欲望許令再仕詔依其已得致仕恩澤令吏部依條施行　八月二十四日詔宣教郎致仕周虎臣除太常博士初虎臣以通仕郎改宣教郎致仕吏部以法止復舊官二十七日詔特與宣教郎蓋優恩也　紹興元年六月五日趙應之自淮南遠赴行在備歷艱險可特落致仕於遂郡上轉行一官　七月十三日武功大夫榮州團練使致仕李正彥特落致仕與在外宮觀　八月十九日詔朝議大夫致仕周諤特授中大夫依舊致仕以其子從事郎淵言父諤元豐中上言乞修京城神祖籍寄姓名欲加擢用

卷一萬三千四百六十二

而蔡京以父諤為范純仁之甥王覿之壻陳瓘妻兄遂同入元祐黨籍未霑聖澤故有是命　三年正月二十五日翰林學士知制誥綦崈禮言近者楊惟忠邢煥皆以節度使致仕即不曾繳院降麻緣節度使除拜移改加恩之類並須宣制豈有見帶節鉞致仕而獨不然此一時之闕典也臣嘗記祖宗時凡節將臣僚得謝不以文武並納節別除一官致仕如宗仁朝張耆授太子太師楊崇勲授太子少保神宗朝李端愿授太子少保致仕皆武臣也惟熙寧間富弼以元勲舊相始令特帶節鉞致仕弼猶力辭不敢當者久之相後相繼者則曾公亮文彥博也他人豈可援以為例也近歲以來致仕者

不問何人不復納節換官亦恐有違舊制乞令三省樞密院討論舊典施行從之　三月二十一日樞密院奏檢討典故下項慶歷三年五月特令河陽三城節度使中書門下平章事楊崇勲為左衛上將軍致仕初崇勲判成德軍而部民行賂其衙宗誨求免所犯罪事覺故特令致仕熙寧元年二月二十八日以醴泉觀使定國軍節度使李端愿為太子少保致仕端愿以目疾請休退故事多除上將軍致仕上命討閱唐制優加是命三年上御集英殿策進士午漏上移御需雲使坐延輔臣賜茶曾公亮陟降殿陛足跌仆於地上遽命左右掖起之明日以病告久之進司空以河陽三城節度使兼侍

卷一萬三千四百六十二

中集禧觀使五日一朝會及討夏人起公亮知永興軍召還復為集禧觀使納節請老以太傅兼侍中致仕詔令後帶節鉞致仕令三省樞密院遵依祖宗典故　四年五月十三日吏部言右承直郎徐師直乞將磨勘功賞於致仕合改官上狀使本部契勘承直郎無出身不及六考致仕合改宣教郎令本官所乞蓋為父年八十三故欲以朝官致仕庶幾經大禮日可以敘封緣本部不曾行過似此體例詔與改轉右通直郎致仕　五年二月十五日詔左中大夫翟汝文復端明殿學士依舊致仕　九月二日詔武功大夫前涇原路走馬承受公事致仕薛紘可差充川陜宣撫使司幹辦公事從川陜

宣撫使吴玠請也　六年四月十日詔左朝奉郎前權通判吉州徐丈中昨緣虔寇侵犯吉州迎敵腸間中槍守本官致仕令已痊安理宜憫恤可特落致仕　七年五月二十六日右司諫王縉言近降指揮内侍致仕李綜令再仕提舉江州太平觀道路藉藉皆謂李綜乃童貫之壻宣和間倚貫聲勢罪惡不可具言常奉使東南淮浙騷動市井小人尚能言之靖康間納官建炎間致仕已是寬恩今又再仕何耶欲望追寢前命詔李綜前降再仕差官觀指揮更不施行　六月二十六日兵部尚書兼都督府參謀軍事吕祉等言降授左朝散郎致仕王次翁天資孝友履行清修年未六十浩然休退乞

卷一萬三千四百六十二

與落致仕吕寘朝列必有可觀詔王次翁特令再仕　十二月十四日詔端明殿學士左中大夫致仕翟汝文落致仕特授依前左中大夫充資政殿學士提舉臨安府洞霄宫先是朝廷授汝文資政殿學士依前致仕汝文懇辭故有是命　八年八月二十五日資政殿大學士左通議大夫提舉臨安府洞霄張守言承右務郎致仕丁騤昨任建康府上元縣主簿到官未幾致政而歸恬静安貧不改其操學行史事皆有可觀今年方五十四心力甚壯並無疾恙若俾復從禄仕不惟可以崇廉退之風亦見聖朝無遺逸之士與難致士從之　十二月五日泉州言左朝散大夫充徽猷閣待制提舉江州

太平觀持服江常疾病危篤乞候服闋日守本官致仕詔江常候服闋日守徽猷閣待制於舊官上轉一官致仕　九年四月十三日少保鎮南軍節度使充醴泉觀使成國公吕頤浩以疾乞除一寄禄官致仕詔頤浩除少傅依前鎮南軍節度使成國公致仕　十一年七月十七日昭慶軍節度使開府儀同三司充萬壽觀使韋淵奏近以久嬰痼疾有妨舉動乞守本官致仕蒙恩許依徽宗皇帝舅陳永成例免赴朝參仰見聖主敦睦九族之意然方國步多艱費用百出與崇寧間事體不同所有見依兩府例合破請給人從各乞減半仍每遇痼疾發動許從便往外郡尋訪醫藥往來並免奏聞如經

卷一萬三千四百六十三

由州縣除有内外親戚許相見外並不許接見監司守令及除賓客詔所請恩例請給人從減半不允餘依所乞　十二年三月九日左朝奉郎試中書舍人兼侍講兼實録院修撰王鉌以疾乞守本官致仕詔王鉌與轉一官依前中書舍人致仕　五月二日起復端明殿學士川陜宣撫副使胡世將乞致仕詔除資政殿大學士依簽書樞密院事恩例致仕　十五年正月二十四日資政殿大學士降授左通議大夫充江南東路安撫制置大使兼知建康府兼行宫留守司公事張守以疾乞守本官致仕詔與復元官依舊職名致仕　十六年正月十八日觀文殿學士左通議大夫提舉臨安府洞霄

宮葉夢得乞致仕詔除節度使致仕　葉夢得傳夢得
知福州兼福建安撫使海寇朱明猖獗夢得或招或捕
遂平寇五十餘群然煩興監司異議上章請老特遷一
官提舉臨安府洞霄宮尋拜崇信軍節度使致仕宋史
三月四日端明殿學士左朝奉大夫新知湖州秦梓
乞致仕詔除資政殿學士依參知政事恩數致仕　十
八年八月八日左太中大夫范同以疾危乞致仕詔復
資政殿學士致仕初同任參知政事以罪罷未得職名
故有是命　十九年七月五日左朝奉郎提舉江州太
平興國公邊知白以疾乞守本官致仕詔復敷文閣待
制致仕以知白曾任權吏部侍郎因臣僚論罷未曾得

卷一萬三千四百六十二

四三

職故有是命　二十年四月十五日詔武功大夫和州
團練使兼閤門宣贊舍人幹辦皇城司劉伯濟守本官
依前兼閤門宣贊舍人致仕　二十一年八月五日太
傅鎮南武安寧國軍節度使充醴泉觀使咸安郡王韓
世忠乞致仕詔除太師致仕　二十五年十月二日詔
左朝散郎致仕朱鄖儒與落致仕其陳乞過恩澤免追
奪日後致仕更不推恩　二十一日詔太師尚書左僕
射同中書門下平章事兼樞密使秦檜可特授依前太
師進封建康郡王致仕少傅觀文殿大學士充萬壽觀
使兼侍讀秦熺可特授少師依前觀文殿大學士嘉國
公致仕乃令所司擇日備禮册命熺檜之子也以檜疾

職官七七之六九

篤故有是命　十二月十九日詔責授果州團練使副
致仕胡寅可特授復徽猷閣直學士左承議郎致仕
二十五日詔敷文閣待制劉一止落致仕召赴行在一
止懇免續詔除敷文閣直學士依舊致仕　二十六年
十二月二日詔左朝奉郎俞樗右朝散郎陳拔右朝請
郎邢繹並落致仕與內外差遣　二十七年三月二十
七日詔左金紫光祿大夫守尚書右僕射万俟卨特授
特進觀文殿大學士致仕時卨以疾篤乞致仕故有是
命　四月七日少師保寧軍節度使信安郡王孟忠厚
乞致仕詔除太保依前保寧軍節度使信安郡王致仕
七月二十一日敷文閣學士左朝奉大夫成都潼川

卷一萬三千四百六十三

四四

府夔州利州路安撫制置使兼知成都軍府事蕭振以
病亟乞守本官職致仕詔與轉一官致仕賜銀絹五百
匹兩　九月二十一日詔顯謨閣直學士左通議大夫
康執權落致仕特授左太中大夫依前顯謨閣直學士
與郡　二十八日三省言直秘閣致仕鄭南政和初曾
任司業掛冠已久今九十三歲年德俱高搢紳推重乞
加甄獎以示貴老尚德之義詔除秘閣修撰依舊致仕
二十九年閏六月三日秘閣修撰張九成乞致仕與
復敷文閣待制致仕　三十年正月十四日左宣教郎
守尚書司封員外郎鮑彪自言年七十衰老不任職事
乞守本官職致仕從之　吏部郎官龔楊朴等七人言

職官七七之七〇

庬年雖及格而精力不衰不特乞掛冠清節可尚顧加旌異詔特轉一官仍賜章服　二月十八日左中奉大夫試吏部尚書兼侍讀張燾乞致仕詔除資政殿學士致仕未幾復命轉一官與支真俸朝廷方欲用燾而燾以衰力病辭故有是寵　五月十八日入內內侍省幹辦西京應天啓運宮寄資武顯大夫吉州刺史董壽隆爲病乞致仕詔特與歸吏部守本官致仕　二十五日詔沈該落致仕復觀文殿大學士知明州　六月十六日少傅潼川軍節度使充中太一宮使榮國公錢忱言乞致仕詔除少師致仕仍特支真俸續有旨恩數人從並依執政致仕條例　三十二年三月十六日閤門言知閤門事趙述言今月十六日紫宸殿接使人書足弱以跪身倒失儀詔趙述直年過七十累乞致仕可從所乞　紹興三十二年六月十三日孝宗即位未改元登極赦應文武致仕可從所乞官並賜束帛羊酒即曾任太中大夫觀察使以上官者倍賜應文臣承務郎武臣承信郎以上并內臣及致仕官並與轉官合磨勘者仍不隔磨勘　乾道元年正月一日大禮赦三年十一月二日大禮赦六年十一月六日大禮赦九年十一月九日大禮赦並同　同日赦應命官引年致仕之人令監司郡守於所部搜訪節行才識精力未衰者具名以聞當議量材任用其因疾病致仕如已痊安不以

以上卷一萬三千四百六十二

四十五

年限滿與未滿許召官二員委保自陳特令再仕　十月二十七日詔趙述係故韓王趙普五世孫可落致仕與轉防禦使在京宮觀免奉朝請　十一月五日吏部狀勘會今年六月十三日赦文臣承務郎以上并致仕官並與轉官近據諸州軍申到文字其間有元係白身因年八十以上該遇大禮或因顯仁皇后昨來慶壽有子在官并無官特恩封敍承務郎以上致仕官乞依令赦轉官緣似此之人赦內即不該載本部未敢具鈔詔依赦施行

以上爲一卷

卷一萬三千四百六十二

致仕 下

孝宗隆興元年六月八日，詔沈該改除觀文殿學士依舊致仕，以右諫議大夫王大寶論列，故有是命。　七月五日，資政殿大學士左太中大夫提擧萬壽觀張燾以疾甚告老，詔與轉一官，依舊資政殿大學士致仕。已而燾又辭所轉官，從之。　十月二十四日，詔文臣太中大夫、武臣正任觀察使以上，令後引年或特乞致仕，於所出劄子內帶説合得恩澤資數，如遇收使，即繳連申朝廷陳乞，候批鑿已收使因依，説給還。餘官並令繳連未後付身，從吏部批鑿因依押印，説給還。若州軍申發

文字在令降指揮月日之前，許先次給降付身，案後委知通取索未後付身，批鑿已收使因依，具狀保明申吏部。從吏部尚書淩景夏之請也。　二年四月二日，臣僚言：「承議郎自來無申乞致仕之限，以其無利害也。身沒之後，子孫遷延以待時，及合該磨勘日，則寅緣保明，特與員外郎下致仕，故其子孫濫霑恩澤。乞令後承議郎已下或遇身亡，必令即時申所在州軍縣鎮照會。如隱匿，許人陳告，重賞。其保明官司及保官並寘典憲。」從之。　七月二十一日，臣僚言：「臣聞皇祐中御史知雜司馬池嘗言，乞應文武臣僚年及七十，並令自乞致仕，依舊與一子官；若不自陳，許御史臺糾察，特令致仕，更不奏子

其已陳乞有詔特留，不在此限。先是，天聖中御史臺曹修古亦謂臣僚年近八旬，尚未辭官，心力盡衰，何職能治。自今除元老勳賢詢議軍國自有典章外，其內外官年七十者，乞下御史臺及諸路轉運司，許自陳，特與轉官致仕；不自陳者，勘會歲數以聞，特與致仕。令見行之法，年至七十則不許磨勘轉官，其次雖係亦不許為，至於子孫出仕者皆得陳為恩澤指射差遣，其限之以法，待之以恩，可謂兩盡矣。獨未嘗責令致仕，如曹修古、司馬池所請也。此無他，一則貪望蔭補，二則苟竊祠祿。豈有磨勘轉官不許乃許奏薦者耶？豈有子孫尚得陳為恩例自乃貪仕不得已者耶？欲望取其成法，裁以中道，

其內外臣僚年七十不陳乞致仕者，除合得致仕或遺表恩澤外，更不遇許郊奏補所差宮觀，於合得次數未滿者，更許陳乞一次。」從之。　二十八日，詔資政殿大學士左通議大夫致仕賀允中可落致仕，除提擧萬壽觀兼侍讀。　八月三日，左奉議郎諸王宮大小學教授詹叔善言現年七十，於條合該致仕。詔詹叔善引年知止，足勵士風，可依例致仕，特與一子上州文學。　五日，詔文武官七十致仕，緣郊祀在近，自降指揮後已未致仕人合該奏薦子孫，並聽更陳乞一次。　十二日，崇信軍節度使開府儀同三司趙密乞守本官致仕，詔特除少保，依前崇信軍節度使致仕。　二十二日，左中奉大

夫充集英殿修撰知宣州許尹乞致仕詔除敷文閣待制致仕　二十三日顯謨閣直學士左通議大夫張闡乞致仕詔除龍圖閣學士特一官致仕　九月十日詔少師保信軍節度使魏國公張浚依所乞守少師保信軍節度使致仕　二十三日詔少保崇信軍節度使致仕趙密可落致仕權殿前司職事餘如故　十月七日殿中侍御史晁公武言臣切見今年董德元復職致仕臣僚論列德元當時致仕遺表承務郎六人委是僥倖將來執政在譎籍者援例無杜絕已降指揮將德元復職寢罷合得恩澤只依見存階官蔭補令來半年宋樸汪勃章夏果相繼陳乞致仕朝廷並與復龍圖閣學士

卷一萬三千四百六十三　三

將來三人致仕遺表恩澤當補承務郎十八人兼七月中臣僚言章乞將內外臣僚年七十不陳乞致仕者不許遇郊奏補續奉旨郊祀在近自降指揮後已未致仕人合該奏薦者並吏聽奏薦一次三人依上件指揮計冒受恩澤二十一人其泛濫如此謹按宋樸汪勃章夏執政之時其無善狀與董德元一體同罪異罰何以慰公論欲望睿旨將來宋樸汪勃章夏復職指揮依董德元例寢罷合得恩澤只依見存階官上蔭補令年遇郊禮奏薦係未復職亦乞依條施行從之　十四日詔左通議大夫知樞密院事兼參知政事賀允中依所乞除資政殿大學士依舊致仕　閏十一月一日臣僚言逝

密除少保依前崇信軍節度使落致仕權殿前司職事依楊存中除少保日合得恩數臣取會省部條格即無三少初除恩數向來楊存中係時降指揮令趙密元因致仕得除少保議者謂當納還三少始合禮法恐者則謂其權掌禁兵若三衙曰歸密必依舊請老雖不納少保可也令後省放行恐議從之　九日臣僚言信州奏左中大夫余堯弼託疾請老亦得復龍圖閣學士致仕臣伏見章夏因致仕復龍圖閣學士言者論列併與汪勃宋樸奪之纔數月爾今堯弼託疾請老亦得此職是夏失之於前而堯弼得之於後一予一奪有損陛下總核之政所有錄黃未敢書行從之　乾道元年

卷一萬三千四百六十三　四

正月十日吏部狀准批下故左朝請大夫木柷男師魯等狀故父昨知虁州至紹興四年八月成資滿罷方起離間遭廣西草寇驅虜迫脅驚憂致疾陳乞致仕不及令乞依紹興七年閏十月十三日指揮放行蔭補本部勘當依昨降紹興七年閏十月十三日指揮朝議大夫至朝奉大夫因金人或盜賊驅虜被害身亡應陳乞致仕不及之人並依條蔭補令本師魯所陳無違到限內陳乞干照真本兼本部經大案贖不存無憑契勘已未陳乞狀使了當欲令本家召見任職事官二員結罪委保并繳連限內陳乞干照候到關具申省詔特與放行合得恩澤　二月十七日利州觀察使主管侍衛馬軍

司公事張守忠乞守本官致仕詔特與轉威武軍承宣使致仕　二十九日詔少保尚書左僕射同中書門下平章事陳康伯可特授少師觀文殿大學士魯國公致仕　三月二十二日左朝散郎章夏隆興二年九月内陳乞致仕續准尚書省劄子復龍圖閣學士致仕未授告間臣僚論列復職指揮更不施行其致仕告敕至今未授合與不合獲霑赦恩送吏刑部同共看詳申尚書省逐部勘會依條中大夫至朝奉郎乞致仕不願轉官者合得致仕蔭補恩澤一名若曾任侍從官以上罷任不帶職及落職牽復人其致仕恩澤依赦從寄祿官蔭補照得本官係曾任侍從以上落職未牽復人其寄祿官見任朝散郎合得致仕蔭補恩澤一名乞朝廷詳酌指揮詔章夏許守本官致仕　二十五日鼎州觀察使隴右郡王趙懷恩上遺表詔守本官致仕依條與致仕遺表恩澤　五月二十四日詔敷文閣直學士左朝請大夫致仕王大寶落致仕除禮部尚書　六月六日左中大夫同知樞密院事王剛中以病篤乞致仕詔守本官致仕　八月二十六日左朝議大夫黄中除集英殿修撰守本官致仕　十月十三日朝奉郎致仕宋樸狀昨於隆興二年八月内陳乞致仕准尚書省劄子復龍圖閣學士致仕後因臣僚論列寢罷復職指揮其致仕敕命合從朝廷出給施行詔宋樸許守本官致仕　二

卷一萬三千四百六十三

五

年六月十二日中書門下省言臣僚集議白劄子内一項非泛補官如宗室戚里女夫及捧香異姓恩澤陣亡人女夫異姓上書獻頌文理可采遣奉使異姓補官及給使減年補官之類止當祿及其身若令更冒世賞愈見冗濫欲乞上項人如轉至合奏薦官候將來致仕日與一名恩澤已曾奏薦人更不奏薦從之　二十一日左朝奉郎巫伋乞守本官致仕詔巫伋復端明殿學士致仕次日侍御史王伯庠言伏覩聖旨巫伋復端明殿學士以巫伋嘗在樞庭降此恩命然巫伋初以秦檜擅權曲意奉事叨竊祿位無補國家陛下聖度如天猶以大臣之禮待之如使伋以秘殿隆名終於牖下則致仕遺表恩澤當得數人方陛下綜名覈實之時而附下罔上之人冒恩如此欲望特賜寢罷以為人臣黨附權臣之戒詔除龍圖閣直學士致仕二十五日王伯庠再章詔守本官致仕　八月二十三日少保寧武軍節度使新興郡王致仕　九月六日詔内侍闕洙特落致仕免參部差幹辦内藏庫填見闕　十一月六日太傅寧遠軍昭慶軍節度使楊存中乞守本官致仕詔楊存中除太師依前寧遠軍昭慶軍節度使和義郡王致仕　十二月二十九日左朝散郎集英殿修撰何俌乞守本官致仕詔除敷文閣待制致仕　三年正月十二日詔武功大夫和州防禦使鄧拱特落致仕與免參部差幹辦内東門

卷一萬三千四百六十三

六

職官七七之七九

司填見闕　六月十三日，詔太傅、奉國軍節度使、四川宣撫使吳璘除太師，依前奉國軍節度使、新安郡王致仕　十月二十八日，詔端明殿學士、左中大夫、提舉臨安府洞霄宮楊椿除資政殿學士致仕　十一月二日郊祀赦：應見任并致仕陞朝官服緑、大夫以上服緋滥事至今日以前及二十年，歷任無贓濫，若私罪徒以上情理稍輕者，並許於所屬投狀磨勘改賜章服。六年十一月六日大禮赦、九年十一月九日大禮赦並同　四年正月六日，中書門下省言：「白劄子：契勘隆興二年七月因臣僚言，年及七十不肯致仕者，不許遇赦郊祀奏補。當年八月指揮，文武官年七十，緣郊禮在近，自降指揮

卷萬三千四百六十三　七

後已未致仕人合該奏薦，並更聽陳乞一次，令次郊禮其内外從官以上年及七十已未致仕，亦已放行，止有庶官即無指揮。令相度，欲將年及七十人曾經奏薦及該遇前郊放行一次之人，並遵依隆興二年七月指揮，更不許奏補。其平生未曾奏薦文臣方始轉至大夫及帶職員郎及武臣武翼郎以上初應奏薦偶及七十歲之人，欲乞放行一次奏補。」從之　二十九日，詔左正奉大夫葉顒除觀殿學士致仕　三月十二日，吏部侍郎周操言：「據故右中奉大夫、直秘閣李弼儒男李迎狀陳乞故父致仕及非降黜中身亡恩例兩次。本部契勘本官生前任右中奉大夫、直徽猷閣，因事落職，後來止復

職官七七之八〇

直秘閣致仕身亡，即係未曾復至元職名，除非降黜中身亡恩例有礙條法外，其所乞致仕蔭補外恩例，依格承務郎以上得減一年磨勘，承直郎以下合作免試。若係責降，不許陳乞。昭得本官雖係落職未復盡職名之人，緣致仕恩澤已依近降指揮放行蔭補了當，其致仕恩澤陳乞不依。本部切詳致仕蔭補及恩例俱因致仕所得，既致仕恩澤不作責降，已許行蔭補，即難以不與致仕恩例。令欲落職之人如合該蔭補恩澤，即與放行致仕恩例，餘依見行條法施行。」從之　十二月九日，故武德大夫劉滌男植奏：「故父奉使北界身亡，乞合得恩澤。」吏部勘當：「依條諸歿於王事者，臨時取旨推恩，即不

卷一萬三千四百六十三　八

許陳乞致仕遺表恩澤。」詔劉滌特贈武功大夫、忠州刺史，依條與致仕恩澤外，更與一名承信郎　二十四日，詔武義大夫閻沫與罷幹辦内藏庫，特官致仕　五年三月十九日，詔右朝請大夫致仕錢億并可落致仕，除權發遣利州路提點刑獄公事　八月十八日，吏部尚書汪應辰言：「伏覩乾道元年三月指揮，大中大夫以上其間有生前責降、身後承指揮給還致仕遺表恩澤，止得蔭補，依條自無恩例，吏部自合遵守成法。又乾道四年三月吏部申請，勘會依條中大夫至中散大夫蔭補外，聽陳乞親戚一名恩澤，令欲將落職之人如合該蔭補，即與放行致仕恩例。臣契勘得吏部兩次所請，一則

太中大夫以上身後雖盡復職名却無恩例一則中大夫以下雖落職或復職不盡却得恩例輕重不倫前後相戾詔令吏部將中大夫以下放行致仕恩例指揮更不施行 十月十二日詔武義大夫權主管殿前司公事王逵已守本官致仕為係權主管殿前司公事除依條合得恩澤外更特與恩澤一名 十一月二十四日左朝奉郎試右諫議大夫單時乞致仕詔特轉一官依前試右諫議大夫致仕 六年正月二十四日詔黃中落致仕除權兵部尚書兼侍讀 閏五月三日殿中侍御史徐良能言伏見右朝議大夫傅寧臺參為宮觀滿回謹按寧老職宿蠹衆所鄙弃官年七十有五而實年過之既滿宮觀使合休致然猶造朝營求差遣欲望聖慈特令致仕詔依 八月二十六日吏部狀准付下故右朝請郎富𢉬致仕恩澤蔭補男緻又准付下江州奏故右朝請郎司馬備致仕恩澤蔭補男逸並於文資內安排事勘會近降集議指揮內一項契勘非泛補官之人轉至合奏薦官俟將來致仕日與一名恩澤已曾奏薦人更不奏薦照得富𢉬初補因宣和五年六月御筆富弼輔佐三朝年祀未久家世零替其曾孫𢉬與補將仕郎司馬備元名宗召改今名初補建炎三年七月二十八日得旨特與補迪功郎係太師司馬光之姪見今在朝無人食祿所乞致仕恩澤本部契勘逐官雖係特旨補官緣並是

先朝元老之家所乞致仕恩澤伏乞朝廷詳酌指揮契勘富弼司馬光之後熏補授非非泛之色之數有旨依條放行致仕恩澤 十一月六日郊祀赦內應見任及致仕文武陞朝官禁軍都虞候以上守藩方馬步軍都指揮使父母妻並與封敘已封敘者更與封敘亡殁者與封贈已封贈者更與封贈如祖父母在願回授者聽應選人陳乞關陞致仕通理任嶽廟差遣如在乾道四年十一月九日以前罷任並出違條限之人其考第並許收使并特奏名文學乞致仕之人曾任嶽廟如任滿在前項指揮之後與理為權官任數許揍理考任放行致仕九年十一月大禮赦同 七年二月二十七日詔太傅保康軍節度使大寧郡王吳益除太師依前保康軍節度使大寧郡王致仕 六月十九日詔左朝奉大夫汪勃左朝奉郎巫伋並復龍圖閣學士依舊致仕 七月四日詔左朝奉郎試太子詹事王十朋除龍圖閣學士致仕 王十朋字龜齡溫州樂清人累官至侍講後告老以龍圖閣學士致仕命下而卒年六十紹熙三年謚曰忠文宋史 八月二十六日詔武功大夫榮州刺史劉興與落致仕特添差兩浙西路兵馬鈐轄 二十七日詔御前忠佐馬步軍都軍頭高州刺史趙勝特授右千牛衛將軍致仕 十月六日詔太尉曹勛落致仕提舉皇城司特令赴六參起居 十

一月二十九日，侍衛步軍司奏：武經大夫、本司訓練官劉昌奏為母李氏身故，乞解官持服，本軍闕官管幹，申朝廷將劉昌特與起復，依舊管幹軍馬。外，今據本將申，劉昌忽中風，病勢危篤，乞守本官致仕，本將保明乞施行。詔候服闋日守本官致仕。 十二月八日，中書門下省言：在法，陳乞致仕應蔭補者，若歷任無入己贓及不曾犯私罪徒，但生前乞致仕，雖亡歿，出在勑前，聽依致仕蔭補法。訪聞諸軍將應蔭補官以病乞致仕者，其家匿喪以俟致仕文字，或經旬月，遂殰失時，深可憐憫。詔諸軍因疾病陳乞致仕之人，仰本軍即時保明申所屬，繼亡歿在出勑前，聽依上條蔭補。 八年四月六日，一百 十一

詔右武大夫、保康軍承宣使梁珂因多病乞致仕，今已痊安，為係潘邸人，數可落致仕，與在京宮觀，免奉朝請。 五月二十六日，右中奉大夫、權尚書兵部侍郎程紱乞致仕，詔特轉一官，依前權尚書兵部侍郎致仕。 十二月二十日，詔左武大夫、邠州觀察使致仕陳子常落致仕，充入內內侍省東頭供奉官、幹辦御藥院。 九年正月十七日，左朝散郎、守起居郎劉季裴乞守本官致仕，詔除秘閣修撰致仕。 閏正月二十七日，詔復武康軍承宣使王權特復清遠軍節度使致仕。 七月七日，詔王之奇復資政殿學士致仕指揮更不施行，以臣僚論列故也。 同日，詔左奉議郎、大理寺丞邵說特與轉

左朝奉郎致仕，依條與致仕恩澤，以差出措置通角在路得疾也。 九月十二日，吏部狀：嘉州奏，承右宣教郎孫茂狀，為母親王氏年高，乞致仕侍養。本部照得本官見年六十六，母王氏見年九十六，所乞致仕，雖有建炎元年指揮，文武官非疾病危篤不能任職者不得陳乞致仕，今本官乞致仕侍養母親，別無規避，今欲依條格放行轉官致仕。從之。 淳熙二年十二月十七日，慶壽赦：應文武已乞致仕年七十已上人，並特與轉行一官，選人循一資，無資可轉，與改初等京官。應命官引年致仕，其間有才識過人而體力精強者，令監司郡守於所部搜訪，具名以聞，當議量材任用。 四年三月二十五卷一萬三千四百六十三 十三

日，詔廸功郎、前添差遂寧府府學教授雍山特改宣教郎、賜緋致仕，以山節操益堅，行義彌著，恬退不仕，故有是命。 五年十二月二十六日，詔廸功郎、監潭州南嶽廟龔明之與改宣教郎致仕，仍賜緋。明之，平江人，是年以慶恩赦，知府事韓燮保奏明之鄉里推其年德，亘被褒寵，故有是命。 六年十月二十六日，奉議郎、僉部員外郎康何年未六十，自乞休致，詔除直秘閣致仕。何年五十四，未覺衰老而止足，遽求休致，上以其志可嘉，故有是命。 八年六月一日，詔潼川府司戶參軍王昂特改承務郎致仕。昂以進士出身，年踰六十始得一第，不願出仕，從其請也。 九年九月十三日，明堂赦：昨降指

揮因殺金平和尚原大儀鎮明州城下順昌府立功轉官至敦武郎乞致仕並理爲戰功故行致仕恩澤尚慮其間有因前項補授出身或轉資之人皆係親冒矢石見陣立功可轉官人特與放行致仕恩澤 李壽傳淳熙十一年春壽乞致仕優詔不允上數問其疾增損給事中宇文价傳上旨壽曰臣子戀闕非老病忍乞骸骨因叩价時事勉以忠藎病革除敷文閣學士致仕命下喜曰事了矣口占遺表云臣年七十死不爲天所恨報國缺然頗陛下經遠以藝祖爲師用人以昭陵爲則辭氣舒徐卒年七十上閔嗟悼贈光禄大夫出宋史 十三年正月一日慶壽赦應文武已致仕年七十以上人並特與轉行一官選人循一資無資可轉人與改初等京官年八十人各更與加轉一官資應選人使臣年七十以上願致仕者於合致仕官上與轉一官八十以上轉兩官應文武致仕陞朝官年七十以上並與依格支賜羊酒束帛其年八十并曾任太中大夫觀察使以上仍與倍賜 卷一萬三千四百六十三 十三

十四年九月九日迪功郎新成都府司户參軍史公亮迪功郎新綿州司户參軍史天錫並不願出仕以其官封贈父母諸史公亮史天錫並特依所乞各特循從事郎致仕

全唐文

宋會要　罷免上

太祖建隆四年九月十八日宣徽南院使兼樞密副使
左羽林軍大將軍李處耘責授檢校司空淄州刺史先
是李重進判命歸德節度石守信爲楊州行營都總管
處耘爲都監至是制書以處耘動恣胷襟每事率易既
乖倚注合正刑章故有是命　乾德二年正月十六日
司徒兼侍中昭文館大學士范質罷爲太子太傅司空
兼門下侍郎同中書門下平章事監修國史王溥罷爲
太子太保樞密使右僕射兼中書侍郎集賢殿大學士
魏仁浦罷仍舊爲右僕射制書以質等位隆三事所宜

（卷一萬一千四百二十四）

勉輔於中人日有萬機安可久煩於舊德俾令就第用
解持衡故有是命　五年正月二十日樞密副使左衛
大將軍王仁贍責授右衛大將軍先是命忠武節度王
全斌武信節度崔彥進及仁贍征孟昶至是制書以仁
贍全乖委任頗恣貪殘殺戮降兵驚騷生衆故有是命
開寶五年九月十七日樞密使李崇矩罷爲鎮國軍
節度使趙普爲相崇矩以女妻普子承宗厚相交結太
祖聞之頗怒有鄭伸者客崇矩門下僅十年崇矩知其
險詖無行待之漸衰伸怨恨因上書告崇矩陰事崇矩
不能自明帝釋不問故有是命　六年七月二十三日
左僕射兼門下侍郎同中書門下平章事昭文館大學
士趙普罷爲河陽三節度使檢校太傅同平章事先是
普秉政既久屢爲趙玭雷德驤等告訐又嘗以隙地私
易尚食蔬圃及廣營邸店以規利太祖知其事每優容
之普復與樞密使李崇矩結爲婚姻未幾崇矩門人鄭
伸訟其陰事出爲華州節度普既無援復爲子德驤有
鄰告中書堂吏不法事詞連及普故有是命　太宗太
平興國六年十一月十二日樞密使楚昭輔罷爲左驍
衛上將軍昭輔以足疾家居僅周歲不求解職會郊祀
畢故有是命　七年四月七日中書侍郎兼兵部尚書
同中書門下平章事盧多遜責授兵部尚書先是多遜
與秦王結構姦謀罷爲兵部尚書奉朝請繼以屬吏詔

（卷一萬一千四百二十四）

文武常參官集議於朝堂太子太師王溥等議請削奪
在身官爵準法誅斬詔削奪官爵配隸崖州充長流百
姓　二十日左僕射兼門下侍郎同中書門下平章事監
修國史沈倫責授工部尚書制書以盧多遜已藏逆節
倫與之同列曾不先覺稔其醜跡上黷朝經復謝病引
年貪榮竊位故有是命　八年正月十四日樞密使檢
校太師兼侍中臨淮郡公曹彬罷爲天平軍節度使彬
爲弭德超所譖制書以彬兩朝備勞於腹心終日不離
於帷幄折衝千里雖藉樽俎之籌節制百城宜分旌鉞
之任故有是命　四月二十三日宣徽北院使樞密副
使弭德超削奪在身官爵配瓊州禁錮制書以德超詭

罵同列指斥朕躬為臣若斯於法何逭先是德超嘗給事晉邸後遷至酒坊使因乘間以急變聞云樞密使曹彬秉政歲久能得士衆帝頗疑之出彬為天平軍節度驟進用德超初譖彬事成期得樞密使及是大失望居常怏怏詬王顯曰我等為國家言大事有安社稷功但得綫許大名位汝等何人反在我上又大罵曰汝輩當斷頭我度帝無執守為汝輩所眩惑等告之帝怒命御史知雜滕中正就第鞫之德超具伏故抵於罪　七月十八日中書舍人參知政事郭贄責授祕書少監制書以贄啓沃蔑聞尸素斯極嗜酒過量自貽沈湎之譏發言無稽寔彰容易之態故有是命　雍熙二年十二月

卷一萬一千四百二十四

十七日門下侍郎兼刑部尚書中書門下平章事宋琪罷為刑部尚書制書以琪識非遠大望闕具瞻曾無端愼之稱但有恢諧之誚故有是命　是日宣徽南院使兼樞密副使柴禹錫罷為左驍衛大將軍制書以禹錫不能盡瘁於事輕輸乃誠苟且因循幸予委遇先是帝謂輔臣曰禹錫為性險巧昨朕欲廣宮城禹錫有别第在表幟中上言願易闌闠中官邸店朕聞之憮然不樂自此知朕薄其為人恐罷此職乃潛與宋琪相結譖琪來請流人盧多遜第朕即賜之多遜犯罪籍沒琪為宰相復請居之不避惡名與鍾離意何相遠耶卿等觀之豈大臣之體乎故有是命　四年四月七日樞密副

使右諫議大夫張宏罷御史中丞帝以河北用兵之際宏但守位而已御史中丞趙昌言多上北邊利害故兩授之　端拱元年二月十日中書侍郎兼工部尚書同中書門下平章事李昉罷為右僕射先是布衣翟馬周擊登聞鼓訟昉任宰相屬北戎入寇不憂邊但賦詩飲酒籍田禮方畢帝召翰林學士賈黃中草制罷相令詔書切責黃中言僕射百僚師長舊宰相之任今自工部尚書拜乃為殊遷非黜責之義務以文昌務簡均勞為辭斯為得體帝然之故制書以昉踐臺閣之通班素高問望處鈞衡之大任久展謨猷用資鎮俗之清規式表尊賢之茂典云　三月十五日樞密副使工部尚趙昌言

卷一萬一千四百二十四

責授崇信軍節度行軍司馬制書以昌言訐譲之劾未見於盡忠險詖之蹤頗聞於立黨交結非類玷辱清朝先是昌言與陳象輿梁顥董儼胡旦皆同年生厚善日夕會於私第故京師有陳三更董半夜之言又有儒吉人翟穎者姦險誕妄素與旦親狎旦乃作大言狂誕之辭使穎上之仍為穎改名馬周以為唐馬周復出也其言多排毀時政自薦可為天子大臣及力舉數十人皆公輔之器令昌內為之助會京尹陳王捕馬周擊獄窮治以狀聞帝怒杖馬周脊流海島昌言等並加貶黜　淳化二年三月二十六日戶部侍郎參知政事辛仲甫罷為工部尚書時呂蒙正以長厚居相位王沔任事仲

甫從容其間而已至是以足疾罷　九月一日戸部侍
郎參知政事王沔給事中參知政事陳恕各罷守本官
沔與恕不叶爲寇凖所訟而罷帝嘗語恕以戸部使樊
知古所部不治恕密以語之知古訴於帝帝怒恕泄禁
中之語故罷之　三日中書侍郎兼戸部尚書同中書
門下平章事監修國史吕蒙正罷爲吏部尚書制書以
蒙正位當補職而曷嘗有聞智類挈瓶而一無所守但
務引援於親昵不思澄汰於品流竊祿偷安匿瑕藏垢
政之有缺悔不可追故有是命　七日樞密院王顯罷
爲崇信軍節度使制書以顯忝幃幄之籌曾無補職之
効居肩秉之地實致寇之虞殖固黨私紊撓綱紀蔽賢

〈卷一萬一千四百二十〉

傷善固寵偷安實貪性之使然於盡瘁而何有故有是
命　四年六月九日吏部尚書同中書門下平章事張
齊賢罷爲尚書左丞制書以齊賢好訐功名力不逮心
名浮於實况多居於假解於樞衡故有是命　十五日
宣徽院北院使樞密副使知院事張遜責授右衛將軍
樞密副使左諫議大夫寇凖罷守本官制書以遜結置
朋黨交構是非具歸之詞率彰於萋菲挈瓶之智已極
於滿盈以凖雖頗彰於勤瘁而自擬於悔尤交構是非
頗瀆公上先是遜與凖不叶奏事多矛楯帝欲罷之會
遜等歸私第温仲舒與凖並轡有狂民舞蹈於馬前街
使王賓與遜厚善因奏言民迎凖馬首舞蹈既而凖自

辨云實與仲舒同行遜執賓奏斥凖詞氣悖厲因互發
其私帝怒故貶遜而罷凖　十月十五日左僕射兼侍
郎同中書門下平章事監修國史李昉罷爲右僕射制
書以昉自處機衡曾無規畫擁祀源而斯久辜物望以
何深先是翰林學士張洎草制授昉左僕射罷相洎
上言曰昉因循保位近霖霪百餘日陛下焦勞憂
形於色昉居輔相之任職在燮理陰陽乖戾如此而晏
然自若無歸咎引退之意知中臺僕射之重百僚師長
右減於在位望輕重不侔因而授之何以勸人臣盡節
宜加黜削以徵具臣帝以昉耆舊不欲譴黜但令以右
僕射奉朝請焉是日給事中參知政事賈黄中李沆樞

〈卷一萬一千四百十二〉

密副使左諫議大夫温仲舒並罷守本官奉朝請以政
事稽留不決故有是命　至道元年正月十六日給事
中參知政事趙昌言罷爲戸部侍郎知鳳翔府先是以
劒南殘寇未殄詔昌言揔督之機旬餘召宰臣於北苑
門外昨令昌言入蜀朕思之有所未便且蜀賊小寇而
昌言大臣未易令前進且令駐鳳翔止遣内侍衛紹欽
賫朕手書指揮軍事亦可濟矣詔書追及昌言已至鳳
州留候館殆百餘日及賊當殄滅王師振旅故有是命
二十一日右諫議大夫同知樞密院事劉昌言罷爲
給事中先是度支都監趙贊以姦詐狡惡伏法昌言任河
南通判日嘗保舉贊相厚善贊之逮也昌言心不自安

帝因言凡近侍中亦有與之交通者昌言驟然失位頗稱冤罪帝曰卿勿憂也然頗思之因罷　四月一日吏部尚書同中書門下平章事呂蒙正罷爲右僕射給事中參知政事蘇易簡罷爲禮部侍郎制書以蒙正猶綸大體固未叶於康乂而勵翼小心亦動觀於勤止兩爵隆平之望宜均勞逸之陟既而帝召蒙正諭曰僕射師百僚朕以中書政事煩多俾均勞逸蒙正頓首謝易簡與昌言不叶數忿爭於帝前先是昌言出使建南中路罷知鳳翔府至是易簡亦有是命　二年七月十六日給事中參知政事寇準罷守本官先是郊祀行慶中外官吏皆進秩準率意輕重其素所喜者多得臺省清秩

【卷一萬一千四百二十四】

所惡及不知者即序進爲廣州左通判馮拯任右正言右通判彭惟節任太常博士惟節序於拯下及敘秩爲員外郎拯得虞部惟節得屯田反在拯上惟節自以素居拯下如舊不易位會奏報準獨視怒其亂班制下詔書切責之拯憤曰帝日閱萬機安察見此細事蓋寇準弄權耳因上疏極言并及嶺南官內官吏除拜不平凡數事條列以聞嶺南東路轉運使康戩又上書言除拜不平事因言呂端張洎李昌齡皆準引端心德之洎曲奉準昌齡畏懦皆不敢與準抗故得以任胸臆亂經制皆準所爲也帝大怒準適祀太廟攝行事召呂端等詰責之端曰臣等皆陛下選用待罪相府至於除拜專恣實

準所爲也準剛褊自任臣等添備大臣不欲與忿爭慮傷國體因再拜請罪會準入對帝說及馮拯事準抗言與端等同議除拜帝曰若廷辯是非又深失執政之體準猶力爭不已帝尤已惡準因歎曰雀鼠尚知人意況人乎翌日又抱中書簿論曲直於前帝不悅至是遂罷

三年正月十一日給事中參知政事張洎罷爲刑部侍郎先是洎參知政事蓋承準推挽之洎奉事準甚謹政事無所參預會議靈州事不稱旨恐懼欲自固難帝已嫉準專恣恩寵衰替洎恐一旦罷免因奏事大言準退後多誹謗準但色變不敢自辯帝由是大怒準旬日罷未幾洎被病家居滿百日力疾請對方拜而踣

【卷一萬一千四百二十四】

表請解職故有是命　五月十一日戶部侍郎參知政事李昌齡責授忠武軍節度行軍司馬制書以昌齡擢列台司預聞國政忽行請託深亂刑經故有是命　八月七日宣徽南院使知樞密院事趙鎔罷爲壽州觀察使鎔有心疾故有是命　真宗咸平元年正月三日右僕射兼門下侍郎同中書門下平章事監修國史呂端罷爲太子太保制書以端體力未康保順是切不欲重煩於機務庶諧養高於精神故有是命　三年十月二十二日門下侍郎兼兵部尚書同中書門下平章事張齊賢罷爲兵部尚書歸班制書以齊賢酣醟盃觴數傾冠弁瀆茲朝著頓我威儀先是參至朝會御史臺彈奏

齊賢酒醉失儀故有是命　二十五日兵部侍郎同中書門下平章事集賢殿大學士向敏中罷爲戶部侍郎歸班制書以敏中冀賛之功未著潔廉之操蔑聞喻利居多敗名無恥始營故相之地終興娶婦之詞對朕食言爲臣自昧先是故相薛居正子惟吉妻柴氏無子惟吉有子安上安民其冨柴素與二子不叶既寡盡畜其父金帛計直三萬緡并其書籍綸告以謀改適張齊賢安上詣京府訴其事柴復訟宰相向敏中賤貿居正故第又嘗求娶已不許以是教安上誣告毋且陰庇之帝以問敏中敏中言實以錢五百萬貫貿安上居第近喪妻不復議婚媾未嘗求婚於柴帝亦不復問柴又伐鼓訟益急遂并其狀下憲司鞫之安上兄弟素不肖頃嘗競財貿遂有詔不許其貿易祖父遺（賣）產而敏中乃違命質其第令安上月出息錢二千御史府素要契驗敏中所書字非一體敏中又議娶故駙馬都尉王承衍女家約已定未納采帝詢於王氏得齎（昇）寶因面責敏中以不直罷之　景德三年二月二十五日中書侍郎兼工部尚書同中書門下平章事集賢殿大學士寇準罷爲刑部尚書制書以準先帝舊臣虛懷厚禮眷言機務不欲重煩既而帝謂輔臣王旦曰寇準以國家爵賞過求虛譽無大臣體罷其重柄亦庶保其終吉也　大中祥符七年六月二十一日樞密使吏部尚書檢校太尉同中

卷一萬一千四百二十四

書門下平章事監修國史王欽若樞密使戶部尚書檢校太傅兼群牧制置使陳堯叟並罷本官宣徽北院使兼樞密副使馬知節罷爲潁州防禦使制書以欽若舉封岱山之上議嘗賛先置棲禋神之嚴譯莫匪沈行式遂養恬用符均逸堯叟汾脽親祭經畫惟寅宜就安閑以厲久次先是內殿崇班王懷信以平蠻之勞樞密院議行賞等級頗異同稽緩詔促之欽若等議於帝前而知節恚忿訐政朝既不暇奏稟超授懷信官餘悉加等進秩帝怒故并罷之　八年四月十三日樞密使兵部尚書同中書門下平章事寇準罷爲武勝軍節度使制書以準再當機要俄貿歲時寵待老成永言勸止先是準數與三司使林特忿爭帝謂宰臣王旦曰準年高歷事朕以爲能改前非今觀所爲更非疇昔且曰既欲人懷惠又欲人畏威此正大臣畏避之事準儆然不顧以爲己任非至仁之主安能全之也　天禧二年六月九日左僕射兼中書侍郎同中書門下平章事充景靈宮使王欽若罷爲太子太保判杭州制書以欽若再司衡軸能率典彝言念勤庸俾階優逸先是內府周懷政以帝崇奉禋祀遂與沃人朱能輩僞造靈命冀圖恩寵且進藥餌欽若屢言其妄復密陳規諫懷政懼得罪因其誣構言捕獲金商州道士譙文易蓄禁書有神術欽若素識之帝不復辨詰故有是命　四年六月十六日右

卷一萬一千四百二十四

僕射兼中書侍郎同中書門下平章事充景靈宮使集賢殿大學士寇準罷爲太子太傅萊國公歸制書以準再謀撥政專委國權輿議交喧朝章失序加以罔思兢慎不肅門庭交結匪人虧傷大體故有是命　十月二十二日吏部尚書同中書門下平章事充玉清昭應宮使昭文館大學士丁謂戶部尚書歸班吏部侍郎兼太子少傅同中書門下平章事充景靈宮使集賢殿大學士李迪罷爲戶部侍郎歸班制書以爲遷致同列面興忿詞寔駭予聞有傷國體以迪當旅對之揚廷忽抗言而興忿駭予聞聽決有㷊章先是迪因奏對言謂姦邪表權中外無不畏懼臣願與同下憲司置對且言昨林特男在任非理決罰人致死其家詣闕訴冤寢而不理蓋爲所黨庇人不敢言又曰寇準無罪朱能事不當顯戮東宮官不當增置又錢惟演亦謂之姻家臣願與惟演俱罷政柄望陛下别擇賢才爲輔弼又曰曹利用馮拯亦有朋黨利用進曰以片文隻字遣逐聖世臣不如迪奮空拳捎馹命入不測之虜迪不如臣帝顧丁謂曰中書有不當事耶謂曰願以詢臣同列帝顧任中正中正等曰中書供職之外亦無曠闕事項之謂迪等退帝怒甚命付御史按劾利用拯進曰大臣下獄不惟深駭物聽况丁謂本無忿競之意而與迪置對亦未合宜帝曰曲直未分安得不令辯對既而意稍解乃曰朕當即

卷一萬一千四百二十二

有處分乃詔謂迪各降秩一級謂知河南府迪知鄆州尋從留之先是迪與寇準同在中書事之甚謹準既得罪謂等頗輕之迪不能堪至是輔臣例兼宮迪以舊人當遷尚書又故事兩省侍郎無兼左右丞者蓋謂深欲抑迪擬兼左丞故迪益憤又謂素善林特既議改特爲詹事明日晨朝待漏又欲以特爲樞密副使仍領賓客迪曰特去歲遷右丞今年改尚書入東宮皆非公選物議未息况已奏除詹事不可也因詬謂皆不荅同列極意和解皆不聽遂力爭於帝前期必與謂俱罷翌日帝御承明殿召丁謂詢其紛競之故謂從容陳叙且言李迪本自喧哼百不當與之俱罷賜對久之於是遣入內都知張景宗副都知鄧守恩傳詔送謂赴中書令依舊視事仍命與馮拯曹利用俱進秩領宮官以迪知鄆州故朝辭即時赴任　乾興元年六月二十二日（仁宗即位未改元）司徒兼侍中充玉清宮應宮使昭文館大學士丁謂降太子少保分司西京制書以謂罔念嘉猷密交姦孽山蘭禮易曾靡數陳簡札潛通備彰欵昵私營器用竊役工徒謟佐甚明僻違斯顯先是帝召宰臣馮拯曹利用任中正錢惟演王曾張士遜至承明殿諭以丁謂身爲宰輔與雷允恭交結情寔難知因示文字一紙乃謂託允恭令後苑巧工造酒器并出造金盃盤頗極妙麗復示允恭欵狀嘗告謂求內當皇城司及管三司衙將謂

卷一萬一千四百二十二

私許之并知移從山陵皇堂面泥不言等事又語拯等自來謂每附允恭入禁公事皆言已與中樞密院參議允當所以皆可其奏迎國款閏劉敗方知動多虛矯且營奉陵寢臣子所宜盡心臨懲多端幾快大事所爲如此迎副國家倚毗之心繇等奏曰自先帝登遐朝廷政事只是謂潛與允恭商量一一自稱於內庫厚違得聖旨臣等莫辨真虛須至依稟雖或事有疑慮情涉阿私莫敢指陳無由申訴今者伏賴皇太后皇帝察其姦詐俾臣等獲由忠致盡達聖聰邪正洞分上下無壅衛乃宗社之靈天下之幸也又諮拯等曰丁謂罪狀既露迺至降黜卿等同議如何以令襃定於是就殿隅共議請

卷一萬一千四百二十四

除少保分司仍令御史臺遣人監伴往彼當日遣發中書名當直舍人草詞不降內制仍詔御史臺榜示朝堂徧告諸路七月貶授將仕郎守崖州司戶參軍員外置同正員仍榜諭中外　二十九日兵部尚書參知政事任中正降太子賓客知鄆州制書以中正同念匪躬之操訓勑與僚下之說詞志在朋姦道跡中立先是內出御劄云中正與丁謂交分最深務相朋助不願治道昨當允恭事故中正業對人言合議寬恕交狀彰顯宜從懲責仍令御史臺催促進發　十一月一日樞密使兵部尚書兼祥源觀察使錢惟演罷爲檢校太傅保大軍節度使制書以惟演頃處密由表懇祈遜職宅予憂之尚

然從乃欲之未望雖懷惓寔謀離慾於慎重而茂學臨戚終避於嫌疑故有是命　仁宗天聖五年正月十九日樞密副使刑部侍郎晏殊罷守本官知宣州先是殊幸玉清昭應宮怒公人祗應不到揮笏折齒坐憲官建上封章以殊爲控輔乎失大臣體帝以殊東宮舊僚先朝任用止令罷職出典外藩故有是命　七年正月十三日樞密使保平軍節度使守司空兼侍中充景靈宮使兼群牧制置使曹利用罷判鄧州[illegible]官知故制書以利用懷悍之謀每存信厚將相之任咸副仰成歲月滋多封章存至顧乃奉身之請式符知止之言故有是命二十五日再降授銀青光祿大夫檢校司空左千牛衛

卷一萬一千四百二十四

上將軍知隨州仍令內侍御史臺吏伴送至州　二月十四日降充崇信軍節度使副房州安置先是利用姪汭以醉爲左侍禁領趙州兵馬司州民告汭謀不軌逆使鞫治處汭法又利用領景靈宮請令樞密院貸官中官錢許爲見數故再及於貶　二月七日禮部尚書同中書門下平章事集賢殿大學士張士遜罷爲刑部尚書知江寧府初曹利用將得罪士遜嘗爲辭其事太后疑帝以士遜東宮舊臣乃進秩而罷之　六月二十七日門下侍郎兼吏部尚書同中書門下平章事充玉清昭應宮使昭文館大學士王曾罷爲吏部尚書知兗州制書以曾分職靈宮潛心妙道雖欽崇匪懈克守於虔

誠而警備或虧適罹於災火頗夙霄而增懼念典法之有常故有是命

明道二年十月二十六日門下侍郎兼兵部尚書同中書門下平章事昭文館大學士張士遜罷為山南東道節度使同中書門下平章事判許州樞密使山南東道節度使檢校太尉楊崇勳罷為河陽三城節度使同中書門下平章事判陳州制書以士遜夙司魁柄克著勤膚式均勞逸之恩特優進退之禮崇勳納忠宣力夙竭於誠明作翰均勞式頒於命數先是百官詣洪福院上莊懿皇太后謚册退而奉慰士遜乃過崇勳園飲日中不至群臣離立以俟權御史中丞范諷彈奏之遂以士遜為左僕射崇勳為使相俱罷及告謝士遜乃位崇勳下帝問其故士遜對曰臣官僕射而崇勳使相故位當在下於是更命士遜為使相時士遜已罷而翰林學士承旨盛度草制猶用士遜舊銜有司奉行制書不復追改論者非之

景祐二年二月十三日工部尚書同中書門下平章事集賢殿大學士李廸罷為刑部尚書知相州制書以廸姻聯之內險詐成懲靡先事而上言顧為臣而有隱何以更居充職以肅朝章初帝御延和殿召宰臣呂夷簡參知政事宋綬決范諷獄以廸素黨諷獨不得召既惶恐還第翌日遂降是命

四年四月二十二日右僕射兼門下侍郎同中書門下平章事昭文館大學士呂夷簡罷為鎮海軍節度

使同中書門下平章事判許州右僕射兼門下侍郎同中書門下平章事集賢殿大學士王曾罷為右僕射充資政殿大學士判鄆州吏部侍郎參知政事宋綬罷為左丞充資政學士禮部侍郎參知政事蔡齊罷為戶部侍郎知潁州時曾與呂夷簡議論既不合而政事多依違不決因各上章求退綬多同夷簡而齊間有所異因是皆罷免曾止遷僕射知青州既入謝求改鄆州乃下學士院貼麻加資政殿大學士判鄆州初除僕射不云判州而云知州當制學士之失

五年三月一日門下侍郎同中書門下平章事昭文館大學士王隨罷為檢校太傅同中書門下平章事彰信軍節度使戶部侍郎同中書門下平章事集賢殿大學士陳堯佐罷為檢校太傅同中書門下平章事淮康軍節度使判鄭州戶部侍郎參知政事韓億罷守本官歸班禮部侍郎參知政事石中立罷為戶部侍郎資政殿學士制書以隨躁厲精而宣力久結疾以懲和叠貢奏函懇辭魁柄堯佐遷因災異繼有奏陳援漢家賜策之文採義易勞謙之旨時災異屢發諫官韓琦言隨久被病而堯佐復高年政事不修韓億子綜為群牧判官不當請以其兄綱代之又石中立詼諧無大臣體故并罷之

寶元二年五月二十三日宣徽北院使定國軍節度使知樞密院事王德用罷為武寧軍節度使赴本鎮制書以德用樞機之

務夙夕靡渝俾偃息以攸寧諒出處之奚間時權御史中丞孔道輔言德貌類藝祖宅枕乾崗不可以處樞近故罷之　十一月十日寧武軍節度使知樞密院事盛度罷為尚書右丞知揚州尚書左丞參知政事程琳降授光祿卿知潁州軍事度初權知開封府鄭戩發使院行首馮士元姦贓及私藏禁書事而士元嘗為度候借民居又琳欲創第而故樞密副使張遜第在武成坊其曾孫偕纔七歲宗室女所生也貧不自給而乳媼擅出券鬻之琳密使人諭以偕尚幼須得御寶許鬻人乃敢售其乳媼以宗室女故入宮見莊惠太后既得御寶而琳乃市取之令弟瑛同士元市材木士元既杖脊配沙

門島而府判李宗簡輒私換公案欲嘗求之府推官王逵即白於戩遂奏移鞫御史臺詞及度琳故有是命

康定元年三月二十四日工部侍郎知樞密院事王鬷罷守本官知河南府右諫議大夫同知樞密院事陳執中罷守本官知青州給事中同知樞密院事張觀罷守本官知相州制書以鬷歷典事任積揚誠節方資上畧以壯遠猷而羌覬弗懷疆事滋警雖咨諏之備至預績用而未彰以執中特越常均超居大任屬叛羌之儆擾嘗更歲以預謀廣心失虞前慮或闕久當重任曷厭群言以觀觖其業廢之純副乃臣鄰之重遴戎渠之背惠屬師壘以宣威慮事授方頓失于素念封陲之守資備

禦之長難徇苟安以虧成算故皆有是命　二年五月二十三日右諫議大夫參知政事宋庠罷守本官知揚州樞密副使右諫議大夫鄭戩罷守本官充資政殿學士知杭州　時宰相以庠戩洎三使司葉清臣皆同時及第又與知開封府吳遵路素相善而並據要地以為朋黨故出之　慶曆二年七月六日樞密副使給事中任布罷為工部侍郎知河陽初子遜妄疏時政而并及其父不才臺諫官繼有奏論故罷之　四年九月十二日刑部尚書同中書門下平章事集賢殿大學士兼樞密使晏殊罷為工部尚書知潁州制書以殊困念難疾頗圖晏安廣營産而殖私多役兵而規利致乃公論達

於予聞故有是命　五年正月二十九日吏部侍郎同中書門下平章事兼樞密使集賢殿大學士杜衍罷為尚書左丞知兗州制書以衍自居鼎輔靡協巖瞻頗彰朋比之風難處訏謨之地須群議之奚遏須朝渥之尚優故有是命仍放朝辭　三月五日樞密副使右諫議大夫韓琦罷為資政殿學士知揚州以董士廉上書論水洛城也　七年三月二十一日工部侍郎同中書門下平章事昭文館大學士賈昌朝罷為同中書門下平章事武勝軍節度使判大名府樞密副使右諫議大夫吳育罷為給事中歸班制書以昌朝夙夜盡瘁勤勞國事惟恆倚其籌謀天下仰其風采劇封來上還政為言

特徇乃誠俾均日逸先是宵與昌朝數爭事帝前是歲春大旱帝經筵問髙若訥若訥陳洪範肅時雨若今大臣爭事而不肅故旱遂皆罷之　四月一日工部侍郎同中書門下平章事陳執中降授給事中參知政事宋庠降授左諫議大夫工部侍郎參知政事丁度降授中書舍人　以自春不雨故也十一月執中復舊官十七日庠度復舊官　八年五月二十四日樞密使河陽三郡節度使同中書門下平章事夏竦罷樞密使判河陽初衛士之變領皇城司者皆坐逐獨楊懷敏降官領入內都知如故臺諫官數言竦素結懷敏而曲庇之時京師同日無雲而震者五帝方坐便殿急召翰林學士俄

卷一萬一千四百二十四

頃學士張方平至帝連言天變若此蓋夏竦姦邪所致方平請撰駁辭帝意遽解曰且以均勞逸命之　皇祐元年八月二日工部尚書同中書門下平章事昭文館大學士陳執中罷兵部尚書知陳州制書以執中一德佐于朝公心推于衆聞以江道演溢版民流移疊露章書懇祈退避故有是命初執中以尚書左丞罷既而帝以爲恩禮薄下學士院貼麻改命之　三年三月九日工部尚書同中書門下平章事集賢殿大學士宋庠罷爲刑部尚書充觀文殿大學士知河南府時言者以庠在相位於國家無所建明故出之　十月二十二日禮部尚書同中書門下平章事昭文館大學士文彥博罷

爲吏部尚書充觀文館大學士知許州制書以彥博左右轄於一心夙夜經於庶務荐申奏述懇避寵榮先是侍御史唐介言彥博陰結禁中且荐富弼爲相朝廷已責介春州別駕而彥博自請罷重任故有是命　五年閏七月五日戶部侍郎同中書門下平章事昭文館大學士龐籍罷守本官知鄆州制書以籍不能厲以正方繩於群下交聯親構私謁彰聞遠有司之訊詞合杜門而待罪乃行蔽斷仍失重輕故公議之弗容在人言之莫遏故有是命初齊州人皇甫淵獲賊於法當得賞錢淵上書請易一官乃賂道士趙清貺及堂吏而清貺籍甥也始以爲自籍既而淵數詣待漏院自陳籍乃勒淵

卷一萬一千四百二十四

歸齊州有小吏告清貺等受賊事籍即捕下開封府而清貺及堂吏皆以贓配南方清貺未至配所死上言者以籍陰諷開封府杖殺清貺以滅口又言事當付樞密院而不當中書自行故罷之然謂籍陰諷開封府失寔也　至和元年七月七日禮部侍郎同中書門下平章事集賢殿大學士梁適罷守本官知鄭州制書以適出入五年周旋二府苛慝比作變異重仍加復嘖有煩言達於予聽曾微聲之莫遏在清議之弗平故有是命　嘉祐元年八月十四日樞密使護國軍節度使狄青罷爲護國軍節度使同中書門下平章事判陳州時言者以青家犬生角又夜有火光中外以爲疑故罷之　三

年六月七日吏部尚書同中書門下平章事昭文館大
學士文彥博罷為河陽三城節度使同中書門下平章
事判河南府樞密使山南東道節度使同中書門下平
章事賈昌朝罷為鎮安軍節度使右僕射兼侍中充景
靈宮使時御史郭申錫張伯玉數考彥博內不自安達
上疏乞罷諫官陳升之恐賈昌朝中書因擠昌宗在樞
密院多引用親舊使臣又治大第設兩客位以待內臣
數事繼以為言遂并罷之　六年四月二十七日樞密
副使右諫議大夫陳升之罷為資政殿學士知定州知
諫院唐介等交上章彈奏升之素與內當御藥院王世
寧連姻而圖柄臣又知開封府嘗於豪民家市馬而賤

卷一萬一千四百十四

償其償帝出其奏示升之升之請下有司辨虛實遂家
居不出自求罷去帝遣中使以手詔出之介等復居家
待罪頃復出之如是者數四帝顧謂輔臣曰凡除拜二
府朕豈容內臣預議耶而介等言不已故兩罷之　七
年三月八日禮部侍郎參知政事孫抃罷為觀文殿學
士兼翰林院侍讀學士同群牧制置使以御史韓縝言
其昏昧不任事也　治平四年八月二十四日（神宗即位未改）
元禮部侍郎參知政事吳奎罷為戶部侍郎資政殿大
學士知青州制書以奎凡者論斥臺憲之臣頗失執政
之重覩被手詔目為內批稽留成命至涉三日非所以
恭於奉上而俾民不述者也爰從免罷以申薄責故有

是命　九月二十八日檢校太傅同簽書樞密院事郭
逵罷為宣徽南院知鄆州初名逵赴闕御史張紀唐淑
問具言逵自進用以來人言至今不已況聞王綱觀奉
德普中外側耳目俟聖斷若用范仲淹兩府出使例落
僉書且在陝西任使於逵亦未為損又同知諫院滕甫
言國初邊將雖累著功勞所官不過刺史防團所授五
過沿邊地檢故能得其死力此聖王駕馭將帥之術也
乞罷逵僉書之命而逵亦屢乞郡故有是命　十月七
日開府儀同三司守司空韓琦罷為守司徒檢校太師
兼侍中判相州制書以琦在成功而弗處實有大以能
謙薦上奏封懇辭政柄頎倚毗之厚詔諭數頒而精懇

卷一萬一千四百十四

之堅辭誠難奪故有是命　神宗熙寧元年十二月二
十三日右諫議大夫樞密副使邵亢罷為給事中知越
州以言者論亢不才引疾辭位故有是命　三年四月
十九日右諫議大夫參知政事趙抃罷授資政殿學士
知杭州先是王安石用事議論不協臺諫侍從多以言
求去抃上疏言非宗廟社稷之福臣恐天下自此不安
矣章九上求去故有是命　七月四日行尚書刑部侍
郎充樞密院使呂公弼罷為吏部侍郎觀文殿學士知
太原府公弼在樞密六年先是王安石變法公弼數言
宜務安靜又與韓絳議論不協孫嘉問窮公弼論事奏
草以示安石故命罷之　四年三月二十二日吏部侍

郎同中書門下平章事昭文館大學士韓絳罷守本官知鄧州制書屬者羌渠陸梁戎俟騷動報自二公之列從定安邊之圖而聽用匪人違欽初詔討制亡狀綏懷寡謀權興征師深入荒域卒伍驟擾横罹轉戰之傷丁黄馳驅重被賫餉之役邊書旁午朝聽震驚故有是命　六年四月二十六日樞密使守司空兼侍中文彦博罷守司徒判河陽制書以彦博東國大鈞絶席廟堂之上經時常武運籌樽俎之間惟吾老臣多所更踐懇辭機務往殿近藩故有是命　八年正月七日右諫議大夫參知政事馮京罷守本官知亳州制書以京參決機務爲日兹久予違汝弼何憚不爲國有刑人大夫不養義當共疾過絶䕫頑而乃啓導奬進陰爲王寧故有是命　十月三日給事中參知政事吕惠卿罷守本官知陳州制書以惠卿向以經術文辭入侍左右不次拔擢俾預機政而乃不能以公滅私爲國司直比阿所與壓撓典刑交者交攻深駭朕聽故有是命　九年十月二十三日尚書左僕射同中書門下平章事昭文館大學士兼門下侍郎王安石罷爲檢校太傅依前尚書左僕射同中書門下平章事判江寧府制書以安石引疾自陳丐閑甚確宜仍揆路之秩載加宛鉞之榮故有是命　十年二月十八日尚書禮部侍郎樞密副使王韶罷爲觀文殿學士户部侍郎知洪州韶在樞府四年自陳毋

老乞外故有是命　元豐二年五月十七日尚書工部侍郎參知政事元絳罷守本官知亳州先是太學生虞蕃上書訟博士受財不法逮繫諸生詞連絳子耆寧故有是命　三年九月十六日尚書工部侍郎同知樞密院薛向罷守本官知頴州先是知諫院舒亶言開封府界提舉官陳向近於樞密院議養馬事樞臣薛向等論議喧悖中外傳播囂然詔薛向論事反覆無大臣體故有是命既而御史滿中行言向黜守頴州責命已行書不知懼偃然自若乞重加貶竄又詔改知隨州　四年正月二十三日樞密使正議大夫兼群牧制置使馮京罷爲光禄大夫觀文殿大學士知河陽京自請守藩故有是命　三月十三日太中大夫參知政事章惇罷守本官知蔡州以大理寺劾惇父俞及弟愃占民田故有是責　五年五月十日正議大夫樞密副使權發遣宣徽院吕公著罷爲光禄大夫資政殿學士知定州先是乞補外竟遣使封還其奏至是再有請故有是命　六年七月十三日知樞密院太中大夫孫固罷爲通議大夫觀文殿學士知河陽以引疾求去位故有是命　八月十八日太中大夫守尚書左丞蒲宗孟罷守本官知汝州以繕治西府違法御史楊畏言其狥私壞法無復綱紀大臣如此何以輔人主正百官詔御史中丞與楊畏根究以聞故有是責　十月十一日詔宰臣執政官

因罪降黜守本官以下應緣前兩府恩例止依本官候有選除職名即依舊例　七年七月十七日中大夫尚書左丞王安禮罷爲端明殿學士知江寧府初張汝賢彈奏王珪與安禮仍乞子姪差遣事上以珪子仲端已選所乞差遣其安禮子枋姪游差遣有條許用例奏鈔汝賢格不下又疏安禮素行貪汙上既罪汝賢安禮亦求去故有是命　哲宗元祐元年閏二月二日尚書左僕射正議大夫兼門下侍郎蔡確罷爲觀文殿學士知陳州時司馬光呂公著蘇軾蘇轍呂大防劉摯王巖叟相繼進用確遂連表乞解機務故有是命　二十三日正議大夫知樞密院事章惇罷守本官知汝州制書以

卷一萬一千四百二十四

比議役書本俾參訂當其敷納初不諫明道於宣行始興誹沮務從舍爵益至喧呶鞅鞅非少主之臣硜硜非大臣之節稽參故實稍屈典刑其鮮政機往臨郡寄初左司諫王巖叟言惇兇險日熾惡德不悛近簾前爭役法詞氣不遜又稱天下之人共以免役爲害陛下一日復差法中外欣悅而惇獨爲異論妄生沮難動搖人情右正言朱光庭亦言惇謀已行竄黜故有是命　四月二日正議大夫守尚書右僕射兼中書門下侍郎韓縝罷爲觀文殿學士知潁昌府制書以縝壬誠屢杭於封章自訟恐妨於賢路異乎矜功要名而去者尤得難進易退之體爲是用遷秩寵階陞華禁殿陪數邑賦增衍

戶封而況鄭壁近邦守門故里爲國藩輔留侍燕閒之餘乃心王家勿忘啓沃之志故有是命　九月二十四日正議大夫中書侍郎張璪罷爲資政殿學士光祿大夫知鄭州璪執政凡六年至是乃罷從其請也　二年四月二十七日通議大夫守尚書左丞李清臣罷爲資政殿學士知河陽清臣累表請補外故有是命　七月二十二日政議大夫守門下侍郎韓維罷爲資政殿大學士知鄧州以御史論其多除用親屬也　四年三月十八日中大夫守尚書右丞胡宗愈罷爲資政殿學士知陳州以言者論宗愈自爲御史中丞論事建言多出私意與蘇軾孔文仲各以親書相爲比周力排不附己

卷一萬一千四百二十四

者操心頗僻崖可以爲執政宗愈亦力求罷免故有是命　六月五日太中大夫守尚書右僕射兼中書侍郎范純仁罷爲觀文殿學士知潁昌府制書以方倚成而熙績遽引疾而退身言雖重違禮實增厚加殿中之近職泝家內之大洲　同日中大夫尚書左丞王存罷爲端明殿學士知蔡州存執政凡二年至是蔡確以詩得罪存與宰相范純仁留身簾前合力固爭以爲不可貶確又謂不宜置之死地既而確再貶新州存與純仁皆罷去　五年十二月一日太中大夫守尚書右丞許將罷爲資政殿學士太中大夫知定州先是將累表陳乞在外上批可特除資政殿學士轉官知定州所命詞作

自陳步逸云　六年十一月一日太中大夫守尚書左僕射兼中書侍郎劉摯罷爲觀文殿學士知鄆州制書以摯與侯無吐茹之謙資之補充傅説有朝夕之誨倚以濟川丞辭撰叙之繁深服謙光之益抗章不已陳義甚高易退之風勉從厥志故有是命　七年五月十四日樞密直學士簽書樞密院事王巖叟罷爲端明殿學士知鄭州以御史楊畏監察御史黄慶基言巖叟天資至險强狠自用廢法徇私竊弄威福而巖叟遂稱疾棄再上故有是命　八年三月七日光禄大夫尚書右僕射兼中書侍郎蘇頌罷觀文殿大學士集禧觀使制書以頌擢從政路進執宰衡曾未期年屢求歸老初侍御史賈易坐言事出既叙復爲京西路轉運副使經郊祀恩赦乃與知蘇州范諤對移訟言易論不避權貴號爲敢言更赦除州非是論於簾前未決而御史楊畏來之郎劾頌稽留制書頌即抗章待罪堅以老病爲辭故有是命　十四日太中大夫中書侍郎范百禄罷爲資政殿學士知河中府先是右僕射蘇頌以稽留詔書罷政言者論百禄寔位中書豈有同罪異罰之理且百禄援引親黨與蘇軾蘇轍結爲朋比徇私害政故有是命　紹聖元年三月四日右光禄大夫守尚書左僕射兼門下侍郎吕大防罷爲觀文殿大學士知潁昌府制書以大防夙夜百爲憂勞一致政元而後與政歷九年之間

有國以來首相踵三人之久懇祈避寵雖抑能還故有是命　二十六日太中大夫守門下侍郎蘇轍罷守本官知汝州先是轍以劄子論事上曰人臣言事何所害但御昨日以劄子奏謂機事不可宣於外請祕而不出今日乃對衆陳之且引漢武帝事以上比先帝引諭其失當詔蘇轍除端明殿學士知汝州詔詞曰文學風節天下所聞擢任大臣本出朕意事有可否故宜指陳而言或過中引義非是上比蘇轍引用漢武故事比擬先帝事體失當所進入詞語不著事寔朕進退大臣非率易也蓋義不得已可止散官知汝州仍别撰詞進入始則密奏以指陳終於宣言而聳聽至引漢武上方先朝欲以窮奢黷武之姿加之至德恭儉之上言而及此其心謂何比别撰詞也　五月十一日樞密直學士簽書樞密事劉奉世罷爲端明殿學士真定府路安撫使兼知成德軍奉世再乞罷政故有是命　二年十月二日太中大夫守尚書左丞鄭雍罷爲資政殿學士知陳州雍累請罷政故也明年蹇序辰言雍在元祐間與棄地之謀落資政殿學士　五年正月九日太中大夫知樞密院事韓忠彦罷守觀文殿學士知真定府忠彦執政凡七年至是自請解政故有是命　四年正月十二日正議大夫守中書侍郎李清臣罷守資政殿大學士知河南府清臣再執政凡三年與宰相章惇數爭義不合

清臣力請罷政，故有是命。元符元年四月十四日，中大夫、同知諫院事林希罷守本官、知亳州。以希私積怨憤，志在中傷，故有是命。二年閏九月十二日，通義大夫、守尚書右丞黃履罷守本官、知亳州。以履朋侶媒孽，動搖國政，命令已出，退有後言，故有是命。三年五月，徽宗即位未改元。右正議大夫、尚書左丞蔡卞罷授資政殿學士、知江寧府。以言者論卞傅會經義，變亂名實，以繼述神考為名，以纂紹王安石為主，欺罔天下，罪不容誅，故有是命。未幾，復落職，提舉杭州洞霄宮。又以少府監分司南京。九月八日，特進、尚書左僕射兼門下侍郎章惇罷守本官，依前特進、知越州。前是，侍御史陳次升言

惇自登揆路，專任阿私，殘人害物，古所未有。奉使山陵，措致乖謬，至鄭州，力士飢餓，不能承重，靈駕抵暮方得安泊；至鞏縣遇雨，則先之幕次，更不隨從。奉儀如此，罪安可赦！左正言陳瓘言：惇獨斡政柄，首尾八年，迷國誤朝，罪不可掩。又奉使無狀，率職不虔，致哲宗皇帝大昇輦陷於泥淖之中，露宿野次。伏見唐李珏為文宗山陵使，會秋大雨，梓宮陷濘不前，罷為太常卿，離黜因他事貶昭州刺史，而罷相實坐奉使之罪。今惇之罪正與珏同。章累上不已。上初以惇藁前與議，姑務含容，嘗謂言者：朕之初政，不欲以己事責人。故自夏初以來，章疏皆寢不下。至是，以言者論惇奉使失職，事干泰陵，始有是

命。徽宗建中靖國元年六月二十八日，中大夫、尚書右丞范純禮罷守本官、知穎昌府。坐言語謬悞，為言者所詆，上章待罪，故有是命。七月二十七日，左正議大夫、知樞密院事安燾罷為觀文殿學士、知河南府。燾執政八月而罷。崇寧元年五月六日，左光祿大夫、尚書左僕射兼門下侍郎韓忠彥罷為觀文殿大學士、知大明府。既而忠彥特落職差遣。知故以言者前後論忠彥懷怨引黨，欲復為元祐之弊，盡變神考法度故也。二十五日，中大夫、尚書左丞陸佃罷守本官、知亳州。制書以佃元符之末遷叙過優，處之安然，殊不引避，故有是命。閏六月九日，銀青光祿大夫、尚書右僕射兼中書

侍郎曾布罷為觀文殿大學士、知潤州。制書以布遽靈誠悃，祈解政機，雖眷倚之彌加，覽封章之屢至，眷其有守，寔亦重違，故有是命。七月二十六日，通議大夫、同知樞密院事章楶罷為資政殿學士、充中太一宮使。制書以楶方資經制之良，遷冀節宣之適，章屢却而復上，志愈堅而不回，故有是命。十月十二日，右正議大夫、知樞密院事蔣之奇罷為觀文殿學士、知杭州。以言者論之奇嘗議棄湟州地，故有是命。二年八月二日，通議大夫、尚書左丞張商英罷守本官、知亳州。制書以商英秉國政機，議論反覆，加之自取深進，貪冒希求，元祐之初，詆訾先烈，臺憲交章，豈容在列，故有是命。三年

八月五日特進門下侍郎許將罷爲資政殿大學士知河南府以言者論其反覆取容也　四年正月金紫光祿大夫蔡卞罷爲資政殿學士知河南府制書朕寵懋大臣始終顧遇矧惟樞庭之長夙推舊德之良祈解政機用蕃寵數故有是命　五年十二月日中大夫中書侍郎劉逵罷守本官知亳州以言者論逵操行傈浮性資邪險愚視一相凌轢同列故也　大觀元年正月右光祿大夫門下侍郎吳居厚罷爲資殿學士充太一宮使制書以居厚參贊政機屢更歲籥疏舉引年之美數形避位之牋封奏總求悃誠莫奪故有是命　四月中大夫中書侍郎鄧洵武罷守本官知隨州以宋喬年

卷一萬一千四百二十四

父子與洵武議不合會妖人張懷素獄興其徒有與洵武聯姻者蔡京以爲言遂貽罷免　九月正奉大夫中書侍郎梁子美罷爲資政殿學士知鄆州以言者論子美在河北措置糴便不寔故有是命　三年四月右光祿大夫中書侍郎林攄罷守本官知滁州以言者論攄不學無術很愎專恣故有是命　六月同知樞密院事管師仁罷守資政殿學士充佑神觀使師仁及政及兩月引疾乞罷故有是命　四年五月二十六日太師致仕楚國公蔡京降授太子少保致仕臣僚奏京頃居相位擅作威福權傾中外輕錫與以蠹國用託爵祿以市私恩謂財利爲有餘皆出誕謾務侈大以興事功肆爲

擠擯援引小人結爲死黨假借姻婭布滿要途以至交通豪民興置產業役天下之將作營建居第用縣官之人力般運花石乃至名爲祝聖而修塔以壯臨平之山勢託言灌民田而決水以符興化之讖語至妖妄之吉變而謬爲心疾受孟翊之訛言而與之官爵趙真興輔之以妖術張大成留議其姦意駭動遠邇聞者寒心稽之古人有一于此必加嚴刑而京兼有之乃復恭然無復忌憚謂宜暴白京罪明正典憲以爲人臣之戒故有是命　二十八日門下侍郎余深罷爲資政殿學士知青州深執政僅兩月引疾乞罷故有是命　七月中太夫守尚書右丞薛昂罷守資政殿學士知江寧府從所

卷一萬一千四百二十五

請也　七月右光祿大夫知樞密院事鄭居中罷守觀文殿學士中太一宮使制書眷言中宮時惟族屬具陳悃愊力抗封章故有是命　政和元年八月二十七日通奉大夫尚書右僕射兼中書侍郎張商英罷爲觀文殿大學士知河南府時臣僚言商英嘗作嘉禾頌司馬光祭文毀譽光烈中宮建立初無建明陰懷異意令臺庚以己意諷臺諫排繫良善規變政體縱中書吏漏泄命令等罪故有是命　九月十八日中大夫同知樞密院事王襄罷守本官知亳州以褻身爲大臣妄薦近侍故有是命　二年正月宣奉大夫知樞密院事吳居厚罷爲武康軍節度使知洪州以居厚上章告老故有是

命從優禮也　四月太中大夫守尚書右丞鄧洵仁罷守資政殿學士知亳州以臣僚言洵仁締交黃經臣附張商英故有是命　七年十一月中大夫中書侍郎侯蒙罷授資政殿學士知亳州以蒙上章乞罷故有是命　宣和三年十一月十六日中大夫中書侍郎馮熙載罷爲資政殿學士知亳州以言者論其不省墳墓故也　五年正月中大夫尚書左丞王安中罷爲慶遠軍節度使河北安山府安撫使兼知燕山府安中執政踰三年會收復燕山安中請行故有是命　欽宗靖康元年二月十八日太保領樞密院事蔡攸降授太中大夫提舉亳州明道觀以臣僚言攸憑藉世祿濟以姦回平日

卷一萬一千四百二十四

迷國亂常之罪不勝誅矣方王師平燕章貫爲宣撫使而攸副之提數十萬之師挫於殘破之虜已正刑名故有是責其後再貶海島云是月中大夫尚書左丞蔡懋罷爲資政殿學士大名尹大名府路安撫使懋執政纔一年至是宣和舊臣皆已去位適大名闕帥故有是命　宣奉大夫守尚書右丞宇文粹中罷爲資政殿學士知江寧府粹中執政踰一年初命以右丞扈從上皇東幸已而除李綱以補其處至是上皇還闕乃有是命云　奉正大夫尚書右丞李梲罷守本官提舉亳州明道宮以奉使無狀故也　通議大夫中書侍郎王孝迪罷爲資政殿學士提舉醴泉觀孝迪執政一月罷以曾祖名政自

陳乞罷所受職官改延康殿學士未幾出知廬州繼又落職提舉亳州明道宮　四月通議大夫門下侍郎趙野罷爲資政殿學士知襄陽府以言者論野輔政無狀故有是命是月中大夫簽書樞密院事宇文虛中落職提舉亳州明道宮虛中凡樞密府凡兩月以奉使無狀故責及之　八月太中大夫同知樞密院事許瀚罷爲延康殿學士知亳州瀚在樞密府將移文督責种師中使之出師以贖逗遛師中素剛不受廹促遽興師決戰以至敗績又言者論瀚任御史中丞日未嘗一言及蔡氏於是落職宮詞云　九月十五日太中大夫知樞密院事李綱罷爲觀文殿學士知揚州綱執政凡九月既宣

卷一萬一千四百二十四

撫河東未幾朝廷易相綱即軍中上言乞罷故有是命繼而言者又論其專主用兵之議元無神算奇畫及命以撫宣之任敗軍覆將耗用邦財不可數計臣僚又言綱昌內禪之功以自名用姚平仲以至挫衄括取金銀榜使恩歸公上兵既妄動暫行罷免陰使其黨默諭士庶使之伏闕既變亂敘爵祿以市私恩淮守禦之黨至數千人陰與吳敏黨庇蔡氏不能逆詐欺以攔書結余御使金人復加怨憤命以宣撫抗拒君命乞納告身逮至澤潞不務持重以至挫敗等十罪又言其所上章疏多高自稱譽跋扈不恭乞行黜責於是以保靖軍節度副使建昌軍安置　十一月中大夫知樞密院事馮

以上爲一卷
羅免下

澥罷資資政殿學士太子賓客以奉使金人軍前議和及還方有是命　高宗建炎元年五月三日銀青光祿大夫尚書左僕射兼門下侍郎張邦昌罷爲太保奉國軍節度使同安郡王五月一赴都堂參決大事至六月四日責授昭化軍節度副使潭州安置制曰以死徇節者臣子之宜求生害仁者聖人所嫉倘或志存軀命則將義薄於君親邦昌身受國恩位登宰輔方宗社有非常之變乃人臣思自盡之時而不能抗虎狼强暴之威徒欲爲鼠雀偷生之計陷於大惡所不忍言雖天奪其衷坐愆至此然居異姓之器代僭可乎宜大正於典刑用肅清於明分尚以本藩於逼脅側然姑示矜容默以

卷一萬一千四百三十四

散官投之遠服其體好生之德毋忘自訟之心　四日太中大夫門下侍郎耿南仲罷爲觀文殿大學士提舉杭州洞霄宮初欽宗即位南仲自以東宮舊臣謂當柄用而吳敏李綱越次而進位居其上南仲積不平因每事異議主和甚堅及虜再入寇議遣大臣詣軍前南仲首以老爲辭欽宗怒固遣之南仲既出城即自歸大元帥府上薄其爲人及登極因其自請故有是命未幾言官交章論其主和誤國罪不可貸因落觀文殿大學士其後論者不已乃以散官安置臨江軍　六月中大夫尚書左丞馮澥罷爲資政殿學士知潼川府澥執政僅半年更圍城之變一時大臣皆北行而澥獨留其後隆

祐太后命澥奉迎上於南京及上即位堅請罷故有是命　七月十五日太中大夫尚書右丞呂好問罷爲資政殿學士知宣州以自乞罷政故有是命　八月二十五日銀青光祿大夫守尚書左僕射兼門下侍郎充御營使李綱罷爲觀文殿大學士提舉杭州洞霄宮制書以綱欲盡括郡縣之私馬將偶取東南之民財談遣防禦之師寔爲渡河之援每敦促其速進輒沮抑而不行尚緣注意之求特狗己身之請故有是命　二年五月二日通議大夫尚書右丞許景衡罷爲資政殿學士提舉臨安府洞霄宮景衡嘗建言請車駕渡江駐蹕言者論其失故有是命　三年二月二十日光祿大夫尚書

卷一萬一千四百三十四

左僕射兼門下侍郎御營使黃潛善罷爲觀文殿大學士知江寧府正議大夫尚書右僕射兼中書侍郎御營副使汪彥伯爲觀文殿大學士知洪州皆以潛伯舊恩相輔無謀致倉卒南渡言者論其罪惡故也　三月三日中大夫尚書左丞葉夢得罷爲資政殿學士提舉中太一宮使兼侍讀提領戶部財用車駕巡幸頓遞使夢得執政十四日罷而有命力辭不就職遂出知洪州兼江西制置使復辭於是提舉西京嵩山崇福宮　二十五日中大夫尚書左丞盧益罷爲資政殿學士提舉西京嵩山崇福宮　四年八月二十五日以中書夫資政殿學士特降兩官以言者論益自處州奉迎隆祐太后

旋歸所至擾民故也　四月一日通奉大夫中書侍郎王孝迪罷為資政殿學士提舉西京嵩山崇福宮孝迪再執政一月而罷　六日宣奉大夫尚書右僕射兼中書侍郎朱勝非罷為觀文殿學士知洪州中大夫門下侍郎顏岐罷為資政殿學士提舉南京鴻慶宮簽書樞密院事路允迪罷為提舉醴泉觀兼侍讀中大夫尚書右丞張澂罷為資政殿學士知江州　是年七月八日勝非落職提舉亳州明道宮內澂落職責授秘書少監分司南宮居住衡州允迪罷制置使職事提舉江州太平觀坐苗劉之變不能戡遏故也　八月五日中大夫叅知政事李邴罷為資政殿學士提舉杭州洞霄宮以扈從隆祐皇太后往洪州故也

卷一萬一千四百廿四

四年二月二十二日通議大夫守尚書右僕射同中書門下平章事御營使杜充罷為觀文殿大學士提舉江州太平觀詔以充總諸將為夫之屯當長江一面之寄乃因奔北惟事退藏止罷要權猶從優數故有是命　五月十四日中大夫叅知政事王綯罷為資政殿學士提舉萬壽觀兼侍讀綯執政不及一年至是乞罷政而有是命從優禮也　二十三日中大夫同知樞密院事兩浙西路宣撫使周望責授秘書少監分司南京衡州居住臣僚言望脫身避寇縱兵大掠致賊騎復破吳門又擁重兵坐視臨安陷沒而不赴援詔罷職宮觀言者又論其罪大責輕故

有是命　八月二十五日詔朝散大夫滕康朝散大夫劉珏並特責授秘書少監分司南京滕康永州居住劉珏衡州居住臣僚言康權知三省樞密院事珏為權同閤警急之報了無憂國之心至使太后乘流涉險為虜騎之所追迫乞再行竄逐故有是命　十月五日朝奉大夫端明殿學士簽書樞密院事趙鼎罷授依前職提舉臨安府洞霄宮詔以鼎乞宮祠故有是命　紹興元年正月十三日中大夫叅知政事謝克家罷為資政殿學士提舉臨安府洞霄宮克家以疾求去故有是命　七月二十九日通議大夫守尚書右僕射同中書門下平章事兼知樞密院事范宗尹罷為觀文殿學士提舉臨

卷一萬一千四百二十四

安府洞霄宮制書以輕用人言妄裁官薄以廟堂之尊而負天下之謗以人主之孝而暴君親之非因其乞身故有是命　八月十五日中大夫叅知政事張守罷為資政殿學士提舉臨安府洞霄宮以引疾求退云　十一月十七日中大夫同知樞密院事富直柔罷為提舉臨安府洞霄宮臣僚論其徇私植黨乃乞罷故也　二年六月十三日中奉大夫翟汝文叅罷知政事詔以祖宗以來宰相叅政通治三省事汝文專恣故也　八月二十七日左通奉大夫守尚書右僕射同中書門下平章事兼知樞密院事提舉修政局秦檜罷為觀文殿學士提舉江州太平觀九月一日落職宮觀仍舊制書以

憑恃其黨排根所憎進用臣鄭雍而從而稱善稽留命
令輒陰詠以交攻故也未幾臣僚累章論列遂落職
三年九月七日尚書左僕射同中書門下平章事呂頤
浩罷爲鎮南軍節度使提舉宮觀九日又罷節度使除
觀文殿大學士宮觀如故頤浩初以言章求出既罷相
建節言者復論其制詞厚無一字貶黜乃罷節除職
四年正月二十九日左中大夫端明殿學士同簽書樞
密院事充大金軍前通問使韓肖胄罷知溫州肖胄在
樞庭逾半年及使還有是命從所請也　二月左中大
夫參知政事席益罷爲資政殿學士提舉江州太平觀
以言者論其去歲議遣大原使虜獨以母老爲辭近者

卷一萬一千四百二十四

虜使對揚榻前獨無一言之助故有是命論者不已遂
落職云　三月十五日檢校少保定國軍節度使知樞
密院事張浚罷爲資政殿學士提舉臨安府洞霄宮以
臣僚論其輊失五路故也　五月二十三日同知樞密
院事淮南兩浙等路宣撫使周望罷爲提舉江州太平
觀六月三日責授秘書少監分司南京衡州居住以言
者論其悞國敗事故也　二十五日左中大夫端明殿
學士簽書樞密院事徐俯罷爲提舉臨安府洞霄宮官
職依舊制以奏章餞上引疾甚堅故也　五年閏二月
三日左朝散大夫端明殿學士簽書樞密院事胡松年
罷知宣州以松年爲簽書數月求去故也　六年二月

二十日中大夫參知政事沈與求罷爲資政殿學士知
明州以累章請求外故有是命未幾改提舉臨安府洞
霄宮　十二月九日左正奉大夫守尚書左僕射同中
書門下平章事兼知樞密院事都督諸路軍馬鼎罷爲
觀文殿大學士兩浙東路安撫制置使知紹興府制書
以鼎惟入輔之初密贊親征之議捷方奏而求去章屢
却而復來故也　十三日左朝議大夫端明殿學士簽
書樞密院事折彥質罷爲提舉臨安府洞霄宮依前官
職以彥質屢乞解罷機政故有是命　七年九月十三
日特進尚書右僕射同中書門下平章事兼樞密院使
都督諸路軍馬張浚罷爲觀文殿大學士提舉江州太平

卷一萬一千四百二十四

觀時以酈瓊之亂故也　八年正月十一日左中大夫
張守罷參知政事除左通議大夫資政殿大學士加食
邑五百戶知婺州守累章乞祠故有是命　三月九日
左中議大夫參知政事陳與義罷爲左太中大夫充資
政殿學士知湖州與義在政府一年與張守相繼告退
詔除便郡而特轉官加恩亦一時之異數也　十月四
日參知政事劉大中罷爲資政殿學士知處州以大中
累章乞罷機政既而臣僚論列復罷授宮觀　二十一
日特進尚書左僕射同中書門下平章事兼樞密院使
趙鼎罷授檢校少傅奉國軍節度使充兩浙東路安撫
制置大使兼知紹興府制書以鼎嘗攻於合肥決漢相

親征之計氏未安於建業賛畧盡舊土之還正資一德
以相扶亦賴同心而共濟遷乃抗章請去力挽莫回故
有是命　十一月二十二日左通議大夫樞密院副使
王庶罷爲資政殿學士知潭州庶在政府十月抗章請
外故有是命其後以言者論列落職宮觀久之責授嚮
德軍節度副使道州安置云　九年十二月十五日左
中大夫參知政事李光罷爲資政殿學士提擧臨安府
洞霄宮光在政府歲餘論事不合求去詔與郡言者攻
之遂奉祠再二年再坐彈章於是責授建寧軍節度副
使藤州安置　十年五月六日左太中大夫簽書樞密
院事韓肖胄罷爲資政殿學士知紹興府肖胄再入西

卷一萬一千四百二十四

府歲餘而罷從所請也　十一年七月八日左通議大
夫參知政事孫近罷爲資政殿學士提擧臨安府洞霄
宮近以臣僚累章論列求罷得祠明年正月再以言者
落職既而責授左朝散郎祕書少監分司南京潭州居
住十四年降三官移居南安軍云　八月九日少保樞
密副使岳飛罷爲武勝定國軍節度使依前少保充萬
壽觀使仍奉朝請臣僚累章論飛大率謂昨來被旨起
兵則固稽嚴詔畧至龍舒而不進茲者銜命出使則堅
執偏見欲棄山陽而不守飛以故累上章乞罷始降詔
不允再請遂有是命　十月二十八日楊武翊運功臣
太保樞密院使英國公韓世忠罷爲横海武寧安化軍

節度使依前楊武翊運功臣充醴泉觀使仍奉朝請連
進對國公制曰比緣外閫之嚴入斡中樞之柄予深注
意日覩前著之籌敵亦備聞固已側席而坐乃忽陳於
悃愊願遂節於燕申故有是命　十一月五日左大中
大夫范同政事范同罷爲提擧西京嵩山崇福宮臣僚
言同初執政即爲還葬之謀由信州至建康所過搔擾
郡縣又謂朝廷收天下兵柄歸之宥密同乃貪天之功
以爲己有故有是命其後再坐論列遂責降分司云
十二年八月六日簽書樞密院事何鑄罷爲依前端明
殿學士左朝奉大夫提擧江州太平觀以臣寮論鑄首
董岳飛之獄閱日滋久初無一言叙陳既而以樞臣使

卷一萬一千四百二十四

虜自謂議獄不合遂致遠行故有是命後有落職分司
徽州居住云　十一月五日安民靖難功臣太傅樞密
使益國公張浚罷爲鎮洮寧武奉寧軍節度使依前靖
難功成太傅進封清河郡王充醴泉觀使仍奉朝請制
書以自陛宥密之司尤切安危之寄適鄰封之敦睦幸
寰宇之小康而乃數貢誠悃力求閑退故也　二十二
日少保樞密院使信安郡王孟忠厚罷爲少傅鎮潼軍
節度使依前信安郡王判福州制書以官以孤少之貴
位以樞廷之崇庶俾同寅用期至治曾坐席之未暖遽
封囊而請閑故也　十三年閏四月二十八日左太中
大夫參知政事王次翁罷爲資政殿學士提擧臨安府

洞霄宮次翁以老自請故也　六月十七日程克俊罷簽書樞密院事依前端明殿學士左朝奉郎提舉臨安府洞霄宮克俊以久嬰末疾自請故也　十四年二月二十五日左通奉大夫參知政事萬俟卨罷爲提舉江州太平觀以臺諫交章論列詔除職與郡已而給舍駁奏故有是命　五月十四日資政殿學士左朝奉大夫簽書樞密院事同提舉詳定一司勑令樓炤罷爲提舉江州太平觀職名仍舊以臣僚論列故也　十二月二十二日端明殿學士左朝奉郎簽書樞密院事李文會罷守本官提舉江州太平觀令筠州居住初以臺諫交章論列罷政與祠既而又論文會嘗薦冐品官人陳洵

卷一萬一千四百二十四

武於奉使王師心濫轉四資洵武坐送大理寺取勘文會遂貶高安云　十五年十月四日端明殿學士左朝奉郎簽書樞密院事兼修玉牒楊愿罷爲提舉江州太平觀職名仍舊以愿自陳故也　十七年二月二十七日左中大夫參知政事李若谷罷爲資政殿學士提舉江州太平觀尋落職令江州居住若谷初以論罷得外祠言者再乞奪職從之遠地故有是命　三月十二日端明殿學士左朝奉郎簽書樞密院事何若罷依舊職名提舉江州太平觀以累章引疾乞罷故也　十八年二月六日左太中大夫參知政事段拂罷爲資政殿學士提舉江州太平觀興國宮尋落職依舊宮觀興國軍

居住臣寮言建炎間建康府通判楊邦乂伏節死義而拂攝倅事恬不知恥何以識居政府遂除職與祠言者不已乃落職依舊宮觀興國軍居住　四月十三日左中大夫知樞密院事兼提舉祕書省秦熺罷爲左通奉大夫觀文殿學士提舉萬壽觀兼侍讀兼提舉祕書省以熺自請父子共政當避嫌疑故也　八月十一日端明殿學士左朝奉郎簽書樞密院事汪勃罷爲端明殿學士提舉江州太平興國宮勃在西府踰一年坐劾章乃以親老歸養爲請故有是命　二十一年十一月十四日左中大夫參知政事余堯弼罷爲資政殿學士提舉在外宮觀尋落職依舊宮觀以臣寮論其無所建明

卷一萬一千四百二十五

初除職與祠又論乃落職宮觀云　二十二年四月十二日端明殿學士左朝奉郎簽書樞密院事巫伋罷爲端明殿學士提舉江州太平興國宮尋落職以臣寮論其緘嘿罷政奏事再論遂落職　九月二十二日端明殿學士左朝奉郎簽書樞密院事章夏罷爲端明殿學士提舉江州太平興國宮尋落職以臣寮論其受命以來無所建明詔以舊職奉祠及再論黜之　二十三年十月十三日端明殿學士左朝奉大夫簽書樞密院事兼權參知政事宋璞罷爲端明殿學士提舉江州太平興國宮尋落職依舊宮觀初臣僚論列依舊宮觀既而言者不已故落職云　二十四年六月十一日端明殿

學士左朝奉郎簽書樞密院事史才罷爲端明殿學士提舉江州太平興國宮，尋落職，以臣僚論列罷政，仍舊職奉祠，及再論遂黜之。　十一月十六日，左朝奉郎端明殿學士簽書樞密院事魏師遜罷爲端明殿學士提舉江州太平興國軍，尋落職依舊宮祠。初以臣僚論列罷政奉祠，仍舊職，再論遂黜之。　二十五年四月九日，左中大夫參知政事施鉅罷爲資政殿學士提舉江州太平興國宮，既而落職依舊宮觀。臣僚言鉅昨因國忌行香擁蓋入景靈宮門，衆論大喧，始送其卒于有司，以故除職宮觀，再論黜之。　六月三日，端明殿學士左朝奉郎簽樞樞密院事鄭仲熊罷爲端明殿學士提舉江

卷一萬二千四百二十四

州太平興國宮。臣僚言仲熊一入樞府即拱嘿結舌，及歸私第即戒門杜賓，陰令姪時中交通沈長卿以謗訕黨逮繫寺中，熊力爲營救，故有是命。　十二月十二日，左中大夫參知政事董德元罷爲資政殿學士提舉江州太平興國宮，尋落職依舊宮祠，以臣僚論列其附會權臣故也。　二十六年二月十九日，左中大夫參知政事魏良臣罷爲資政學士知紹興府，臣僚論良臣不公之跡，故有是命。　八月二十六日，左中大夫參知政事程克俊罷爲資政殿學士提舉臨安府洞霄宮，克俊以疾請，故有是命。　二十七年九月十一日，左中大夫參知政事張綱罷爲資政殿學士知婺州，綱執政一年而

罷，從所請。　十一月二十六日，左中大夫知樞密院事湯鵬舉罷爲資政殿學士提舉在外宮觀，尋落職罷宮祠。臣僚論其在言路賣直，除職奉祠，言者不已，卒落職。越明年二月二十六日，再論列，乃罷宮觀云。　二十九年六月十六日，左中大夫知樞密院事陳誠之罷爲資政殿學士知泉州，尋落職罷宮觀。臣寮論其進以附會，無所建白，除職與郡，再落職奉祠云。　二十六日，特進尚書左僕射同中書門下平章事監修國史兼提領編修玉牒所沈該罷爲觀文殿學士提舉臨安府洞霄宮，既而落職依舊致仕。臣寮論該在政府數年曾無建明，於是罷政，初以職名宮觀，既而落職致仕，亦該連請謝

卷一萬二千四百二十四

事也。　三十年六月二十三日，左中大夫知樞密院事羅綸罷爲資政殿大學士知福州，綸在樞密府踰三年，引疾乞罷，故有是命。來赴鎮閒，改除提舉臨安府洞霄宮云。　八月七日，左太中大夫參知政事賀允中罷爲左通議大夫資政殿大學士致仕，允中在政路暮年，上章告老，遂還秩超職云。　十二月一日，左金紫光祿大夫尚書左僕射同中書門下平章事湯思退罷爲觀文殿學士提舉江州太平興國宮，尋落職依舊宮祠。先是十月癸亥日方過中，天無雲而有雷聲，人情駭異。至是臣寮言：本朝慶曆八年，京師一日無雲而震，仁宗皇帝謂張方平曰：夏竦姦邪，天變如此，亟命草麻黜之。今日

職官七八之四七

之變其在大臣乃交章論罪思退卒詔落職云　三十一年七月十九日左中大夫同知樞密院事周麟之罷在外宮觀後責授左朝奉大夫秘書少監分司南京筠州居住臣寮論麟之辭使虜之行於是罷政與祠言者不已乃有是命　三十二年三月一日左中大夫參知政事楊椿罷爲資政殿學士在外宮觀尋降爲端明殿學士臣寮論椿爲執政無所建明初職奉祠再論降之

乙上中興會要

孝宗紹興三十二年十月六日未改元詔左通議大夫知樞密院事葉義問除資政殿學士提舉江州太平興國宮任便居住尋降充端明殿學士依舊宮祠既而落職送饒州居住先是殿中侍御史張震言正言周操交章論列乞行貶責義問亦上章求解機務遂除資政殿學士提舉太州太平興國宮既而右諫議大夫劉度論其邊陲有警奉詔督視强愎自用暗於機事驅迫李橫喪師長寇乃降端明殿學士依舊宮祠御史中丞辛次膺又極論義問乞鐫職遠竄於是落職饒州居住

隆興元年二月二十二日詔左通議大夫同知樞密院事黄祖舜除資政殿學士知潭州制書祖舜亟由禁闥晉貳樞庭遽抗封章力辭位著故有是命　三月十八日詔左太中大夫同知樞密院事新除參知政事張燾除資政殿大學士提舉萬壽觀兼侍讀制書以燾一代深儒四朝舊德遍辭榮而謝事至引疾以卧家要當就

職官七八之四八

見以決疑何可乞身而遽去故有是命　五月十五日詔左通奉大夫守尚書右僕射同中書門下平章事史浩可特授觀文殿大學士知紹興府制書以浩屬予纂序之初積以潛藩之舊甫經半載躐至中台荐形懇款之辭淺副挽留之意故有是命　六月九日詔左通議大夫參知政事汪澈除資政殿學士提舉臨安府洞霄宮尋落職台州居住以右諫議大夫王大寶論其宣諭荆湖措置乖繆故也　十九日詔左中大夫參知政事辛次膺除資政殿學士提舉臨安府洞霄宮制書以次膺嘗列朝之正色懷復君之大忠逮朕纂承首加擢台方資勵翼莫遂挽留故有是命　十二月三日詔特進尚書左僕射同中書門下平章事兼樞密院使陳康伯除少保觀文殿大學士判信州制書以康伯當國家多事之時專廊廟萬幾之寄心如金石勲在旂常朕方委任而責成爾亦勤勞而匪懈以煩幾務屢抗封章諭旨莫回陳辭益固故有是命　三年四月二十三日詔降授特進尚書右僕射同中書門下平章事兼樞密院使魏國公張浚特授少師保信軍節度使判福州制書以浚提江淮表裏之封盡閫總統佩將相安危之寄式重倚毗三年于茲庶績用乂發覽指蹤之効且披請老之章故有是命　七月四日左中大夫同知樞密院事洪遵除端明殿學士提舉江州太平興國宮制書以遵自

耗不能所請甚力故有是命　十月十五日詔左通議大夫知樞密院事賀允中除資政殿大學士致仕允中以衰老不能拜跪上章乞依前官致仕故有是命　十一月十日詔特進尚書左僕射同中書門下平章事兼樞密院使湯思退特授觀文殿大學士提舉江州太平興國宮尋有旨落職永州居住以諫議大夫伊檣侍御史晁公武論其挾術自營不為國計謀誤乖剌措置顛倒自壞邊備一意議和如罷藥壽春城散方督營兵艤修海舡毀浙水檣甚至撤海泗唐鄧之戍使虜人乘虛侵軼邊境及除都督逗遛不行縱敵誤國一至於此故有是命　閏十一月五日詔左中大夫參知政事周葵

卷一萬一千四百二十四

除資政殿學士提舉臨安府洞霄宮制書以葵畏自彊陛之警浸動夙夜之憂正賴同寅用圖再造僉爾易退確乎弗移故有是命　二十四日詔左中大夫參知政事王之望除端明殿學士提舉江州太平興國宮制書以望之復往視師久不聞聞國人皆曰可殺謂尚出於私心臺評以汝為傾殆弗宮於公議故有是命　乾道元年二月十九日詔少保尚書左僕射同中書門下平章事兼樞密院使陳康伯特授少師觀文殿大學士醴國公致仕制書以康伯曆兩朝眷注之恩積四載經綸之業勳在王室澤潤生民朕茲垂拱以仰成法乃逡巡而被寵故有是命　六月六日詔左中大夫同知樞密

院事王剛中致仕制書以剛中夙宵無倦勞役過差用爽節宣寖成沉痼斯有掛冠之請且遂安車之榮故有是命　八月十七日詔通議大夫參知政事兼權知樞密院事錢端禮除資政殿大學士提舉萬壽宮仍奉朝請制書以端禮方隆眷注期夙乂寧屬元良肇舉於曠儀頓姻婭難居於膴仕故有是命　二十二日詔左中大夫參知政事兼同知樞密院事虞允文除端明殿學士提舉江州太平興國宮制書以允文名從岳牧乃登廟堂雖眷倚之意彌堅而丞弼之勲空著方責成於治効儀自速於煩言故有是命　二年三月三十日詔左通議大夫守尚書右僕射同中書門下平章事兼樞密

卷一萬一千四百二十四

使洪适特授觀文殿學士提舉江州太平興國宮制書以适亟升樞筦旋秉國鈞方本朝循名責實之秋蓋大臣同心輔政之日何未凝于懿績遽有嘖於煩言故有是命　四月二十二日詔左通議大夫樞密使汪澈除觀文殿學士提舉臨安府洞霄宮制書以澈比外服蚤越還本朝進外樞筦之崇旋正使名之重載披奏牘祈解近司故有是命　八月五日詔左中大夫參知政事兼權知樞密院事葉顒除資政殿學士提舉臨安府洞霄宮制書以顒既付之政事之煩又委以樞機之寄正當公心而反物直己以正人尚稽庶績之熙遽至煩言之責故有是命　八月十六日詔左中大夫同知樞密

院事兼權參知政事林安宅可筠州居住是歲五月林
安宅爲右諫議大夫與侍御史王伯庠論列參知政事
葉顒姪元璘請求周良臣贓事下臨安府送獄勘鞫至
是獄始具昨驗皆無實跡故有是命　三年十一月九
日詔左正議大夫守尚書左僕射同中書門下平章事
兼樞密使葉顒提舉江州太平興國宮制書以顒丞由
外服擢冠中台馴奸至日之和忽駭冬雷之咎故有是
命　同日詔左宣奉大夫守尚書右僕射同中書門下
平章事兼樞密使魏杞提舉江州興國宮制書以杞度
越吳章招登路輔當雷在地中之候駭冬興爲治之時
咎證不虚師言未厭故有是命　四年八月二十二日

卷一萬一千四百二十四

詔左中大夫同知樞密院事兼參知政事劉洪除端明
殿學士知隆興府制書以洪奏以連城見牧人御衆之
畧陪于大政有同寅協恭之風明讓雖楨于贊襄遠服
正深于憂顧故有是命　十月十二日詔左正議大夫
守尚書右僕射同中書門下平章事兼樞密使蔣芾辭
官特毋服從所請也　五年三月十九日詔左中大夫
參知政事兼同知樞密院事王炎除四川宣撫使制書
乃睠坤維方資明使載領渙綍仍預政機勉爲朕行徒
得君重故有是命　六年五月十九日詔左光祿大夫
守尚書左僕射同中書門下平章事兼樞密使陳俊卿
特授觀文殿學士知福州制書以俊卿疊貢封奏願還

印紱既屢形於優詔曾莫奪於忱衷惟時委寄之隆宜
有中外之間故有是命　七年三月十四日詔明州觀
察使新除簽書樞密院事張說特授安慶軍節度使提
舉萬壽觀制書以說祈避要途務安素守故有是命
八年九月十二日詔特進左丞相兼樞密使華國公虞
允文特授少保武軍節度使充四川宣撫使制書以允
文萬觀績用之優乃上封章之力重違其請誠雖輟於
弼諧庸聽其歸益雅資於綏撫故有是命　九年正月
七日端明殿學士左朝散郎簽書樞密院事王之奇除
資政殿學士知揚州制書以之奇朔惟乃父耆佐先堯
雖內處於壽惟亦外靜於邊境勉攷成績追配前聞故

卷一萬一千四百二十四

有是命　十月十二日詔左宣奉大夫右丞相兼樞密
使梁克家特授觀文殿大學士知建寧府制書以克家
方共熙於庶績乃願釋於繁機屢貢奏封力陳疾疢閑
平津之閣弗爲朕留圖申伯之居勉從爾志故有是命
十二月六日詔左中大夫同知樞密院事沈夏除資政
殿學士知荆南府制書以夏結知既深責望斯大輟從
輔弼往義蕃宣職茲眷篤之誠勉副倚毗之意故有是
命　淳熙元年六月二十九日中奉大夫參知政事姚
憲除端明殿學士在外宮觀既而有旨令南康軍居住
先是憲已罷參知政事請祠遂除端明殿學士在外宮
觀已而臣寮交章論憲數緣胃寵致身政路交通臺諫

僥倖圖相位乞行貶責故有是命　八月五日安慶軍節度使知樞密院事張說除太尉提舉隆興府玉隆觀依前安慶軍節度使制書以說峻升掌武之階夙任本兵之寄何乃奏封之上顧從散地之居故有是命　十一月十二日詔慶軍節度使簽書樞密院事楊倓知荊南府制書以倓移疾杭章避煩上印故有是命　二十三日光祿大夫右丞相曾懷除觀文殿大學士提舉臨江府洞霄宮先是六月右司諫詹亢宗殿中侍御史季棠論列懷六事罷免既而懷上章自辯令吏部之言仍詔大臣數救民瘼如淮甸之賑濟諸郡之科繇暑月之餓甲逝畿之和糴若此之類名色甚多皆合亟議罷行仍

卷一萬一千四百二十四

劄下六部長貳及臨安府兩浙轉運司各據所隸凡可以慰安人心銷弭天變者申尚書省施行詔從之　五月二十九日正奉大夫右丞相兼樞密院使兼太子少傅錢象祖等言臣等二月十四日伏蒙宣諭臣等飛蝗大作朕日夕憂懼雖宮中連日祈禱尚乃如故恐有抑塞上干和氣凡合舉行之事可條具聞奏臣等即具劄稟回奏外竊惟比歲以來飛蝗為災遍及江浙陛下每睹變異憂形詞色蓋自權臣首禍輕起兵端南北生靈肝腦塗地冤憤之氣充塞穹壤其散為癘疫化為蝗蝻理或有之然弭災致祥豈無其道臣等亦安以往事為解嘗攷之占書京房曰臣安祿位茲謂貪厥災蟲又曰

蝗蟲四起國多邪人朝無忠臣之救也舉有道置於位漢名奏曰蝗者貪狠之氣所生天意若曰貪狠之人蠶食百姓若蝗食稼擾民推類叙意皆象群下貪狠威教妄施宜勅正衆邪清審選舉退屏貪暴則可致太平是知變不虛生異緣類而起臣等材猷淺薄識慮迂疎誤被簡知擢居宰輔無嘉謀以裨主闕無惠澤以及生民食浮于功德不稱位偷安亡補玩時愒日致茲災異罪何所逃京房之言於斯為驗乃若貪暴之吏所在而有蓋天下郡邑至廣朝廷耳目有限覩民者莫切於守令察吏者莫急於監司往者孽臣膚相相輔為惡監司郡守至以賄得專事衰刻巧媒進用吏化以來雖間有澄汰而未能徧加選擇漢臣之奏昭然不誣臣等伏願陛下監觀古者奮發威斷懲妄任之失原致災之繇將臣等並賜罷斥別選內外名德宿望處以丞弼之寄使之俾益聖明講求闕政深詔近臣將在任及待闕監司公共攷察汰其不才恃勢風力敏強清謹廉正之士分布諸路俾各察所部守令貪庸罷否責以惠綏矜寡撫摩凋瘵庶幾答天人之望感召陰陽之和上以昭聖主宵旰寅畏之誠下以銷黎元嘆息愁苦之氣宗社幸甚臣等乞檢照隆興元年七月旱蝗詔令侍從臺諫兩省官各條具時政闕失詔令侍從臺諫兩省官條具聞奏

卷一萬一千四百二十四

六月十四日禮部太常寺狀準尚書省劄子節文為飛

蝗為災令修祭酺奉聖旨令禮部太常寺日下申尚書
省數內所有飛蝗飛入他郡者亦乞令戶部證開禧三
年例禮行下州縣依小祀儀式用酒酺差守令說位祭
告行禮施行伏乞朝廷速賜指揮施行詔從之　八月
二日都省劄子檢會七月二十五日詔屬者蝗蝻為菑
朕軫念農勞省躬憂懼減膳忘寢未嘗頃刻自安今秋
以來雖屢得雨未盡蕩滌紛飛蔽空尚慮有傷禾稼尤
深震惕已於宮中齋戒致禱令再擇二十七日設醮保
穰不敢歸之時數未知所以銷弭之方其寬恤事件舉
行未盡者三省條具奏聞仍令有司復修酺祭及行下
監司守令凡飛蝗所到處去並須精加祈禱不得徒為
文具　卷一萬一千四百六十四
　二年五月九日臣僚奏臣聞動民以行不以言
應天以實不以文此先儒之格言也夫水旱螟蝗之災
雖聖明之朝有所不免乃天之所以儆戒人君不能使
必無於世而禍福之機特在夫人事何如耳仰惟陛下
躬仁聖之盛德紹績累之慶基寅畏天命罔敢暇逸粤
自兵興以來飛蝗為災農功隳廢民食孔艱流離載道
仰蒙陛下軫念黎元至誠惻怛之意發自宸衷捐金閩
廩賑䘏備至起衆朽為豐肌挈群生於轉壑德至渥也
精誠所感宜格善祥比自春夏之交蝗之餘孽漸復滋
所幸二麥登場少回菜色而今秋歲時實為可慮臣竊
惟蝻蝗之害在去載已不可支公私憂皇上下遑之延

類企足以覬一稔豈應醜類又復縱橫不即殄除民天
何恃臣謂飛蝗挺孽乃天災之未殄所為捕蝗之策誠
動民之要道應天之急務在今日不宜緩也比者廷臣
抗疏乞行下郡邑依倣姚崇故事焚瘗撲除此誠弭災
之道臣濫司京輦祗順德音除乞行下所管諸縣多方
捕滅外似聞近甸及外路種類繁多恐州縣之間奉行
不虔玩時愒日不亟圖之轉瞬成秋患可勝言是時雖
有興利除害之心悔將何及艱食流離之患詎宜再見
臣聞何郯於皇祐間奏疏乞降勅命應有蝗蟲生發處
去專督知州通判督屬縣官吏速行打捕如此嚴行督
責官司必能究心除害欲望聖慈中嚴建臣奏請指揮　卷一萬一千四百六十四
特降睿旨專委逐路監司各仰嚴切督責所部內州縣
如有蝗蝻去處在州則守臣督責屬縣在縣則縣令躬
率任官親履阡陌廣行捕滅勿令滋蔓所有合用錢米
除轉運司支撥外其逐州亦合斟酌事體輕重預行支
撥應副毋令就縣戴撥徒成文具仍不得科抑里正使
之陪備貧民藉此薄有需匄不待驅迫自然雲集在官
司亦有施行滅裂許監司按劾以聞如此則百穀可保
一飽可期天下幸甚詩曰迨天之未陰雨徹彼桑土綢
繆牖戶惟陛下留神詔從之　二年五月五日都省劄
子奉御筆時雨未適仰守令精誠祈禱監司分遣清強
官疏決獄訟毋令淹滯其有遺蝗復生去處州縣舉行

酺祭多方捕除不得具文或守令貪殘不能體朕䘏民之意併加按劾諸軍將帥各務撫存士卒如尚循舊習敢行掊刻之政並令御史臺覺察聞奏　六月十日尚書省劄子勘會近有蝗蟲飛入府界合行差官祭告酺神劄付禮部太常寺日下討論申尚書省令討論數內一所有蝗蟲飛入府界者亦乞令户部照開寶三年禮例行下州縣依小祀儀式用酒酺一面差官令設位祭告行禮伏乞朝廷指揮施行詔從之　三年正月二十八日詔門下省比歲蝗旱民食不登捐瘠流亡良可哀痛何天咎之沴耶精惟厥繇往者委任不當寵賂章聞輕動干戈怨氣薰積詒害于百姓時朕之怨咎從更化

日僕寧謐蠲租發廩朝夕惴惴惟恐賑䘏之不及亦冀在位惻然有以分朕之憂而監司守令間猶循習鹵莽其文未聞悉付朕志其能按察澄清而毋拘攣須忌也欲其能撫字牧養而毋貪婪刻剝也欲不然何吾民不安業而忍為寇賊之歸歟無乃毀譽未公黜陟未明無以使人盡其心歟興言及此朕則知之奉吾詔者朕則朕之所以拳拳者欲繼自今以體國為心以舉職為能勿欺勿慢各勵乃庸則旌表選擢朕不汝靳其或緣奸邪尚狃前非假公營私以自豐殖使上德壅於下下怨叢於上蠹國害民厥有常憲斯言不渝聽之毋忽故茲詔示想宜知悉　九年五月八日中書門下省勘會飛

蝗漸有滋長合行祭告酺神五月五日詔令諸路轉運司安撫司提刑司提舉司并江淮荊湖置制司三總領所各行下所部州縣應有蝗蝻生發去處守令日下祭告酺神仍於在城靈應寺觀神祠精加祈禱務在速獲銷弭城外分差官前去及令督責州縣疾速收捕淨盡不得視為文具　五月二十六日臣僚言臣聞人之愛君則時出災異之證臣之愛君則時陳警懼之說李沆事真宗日取四方水旱盜賊奏之或者以為細事不足煩上聽不知四方艱難之事不聞則警懼之念有時而怠忠臣愛君正不當以水旱盜賊為細故而略之也臣伏覩今歲以來氣候和調風雨時若星文順軌蠶麥豐

登較之往年似若差勝此皆陛下憂勤之所至天下孰不知之然上天純愛之心不純降於休祥而吉凶休咎之相乘亦迭出而示戒日食於春月食於秋癘疫流行死亡猥衆物價踊貴餓莩載途氣象轉至於蕭條田野不免於愁歎而其最可憂者有二爲飛蝗之滋生也盜賊之寖熾也是雖曰遺種不除飢寒所迫勢固有之而圖之不早去之不速其爲患未可知也臣焉敢忘警懼之戒我大抵干戈之後必有螟蝗曩者醜類相殘中原遺臭蝗蟲大作飛越淮南去歲浙江諸路所在有之此不過自北而南者耳其傷害禾稼蠶食山林已不勝其毒乃今遺類尚留生育寖廣冬雪漫漫莫能殲殄自入

職官七八之五九

春蝗羽翼漸生揖揖詵詵不可勝數若更滋長不已其爲禍豈不有甚於去歲耶陛下憂勤有加不忌坐視戒飭縣州留意掩捕示以罪罰而又分命臣工徧禱祠宇循行舊典告祭酺神以講求救災之術者誠切且至州縣之間亦固有仰體上意募民捕獲視其多寡以粟易之彼民當饑荒之餘方採草木之根以代粒食亦固有樂然趨之以異斗升之獲者然聞諸路所申捕到之數動以千百斛計則所支之粟爲數必多今若斬目前之所費存給賞之虛名悠悠塞責緩不及事臣恐捕者不多而生者益盛異時雖欲去之不可得矣此臣所謂可憂者一也自古盜賊必生于貧民之無聊獨聚黨合遂

《卷一萬一千四百二十四》

至於滋蔓而不能止今不亟圖後將何及臣聞江淮飢民多行剽奪諸軍士卒亦冦敵擾此雖鼠竊而狗偷詎命肆行而無憚今江湖巨浸椑艇舸群不逞舟行之人偶與遇之則聽其席捲而去得免死已爲厚幸逮其聞之官府而巡尉官吏懼遭責罰務在掩覆往往率衆勸和備償所失不欲上司之知至如都城內外有被盜者亦多總轄廂巡裒財以償甚多殺傷而逃而爲盜者終不獲夫被盜之家計其所失而僅獲所償固有不得已而已者然上下掩覆相爲蔽欺徒黨日繁孰能究結黨一外冦陸梁姦民乘間而起豈國家之福哉此臣所謂可憂者二也臣謂二者之患其端甚微流禍甚大防之

職官七八之六〇

於其細處之於其早庶可以爲善後之圖縱其蔓延而不早圖之終必有噬臍之悔今捕蝗有格捕盜有令一切責之於監司郡縣此固事之當然蓋特其細者耳變異之來所以潛弭於冥冥者是必有本原之論也臣觀仁宗皇帝慶歷中盜賊猖狂飛蝗爲孽余靖爲諫官數上疏言其事論禦盜則先于安民論飛蝗則欲脩人事所謂安民者不過謹政作勿爭其利而人事之修亦原於君臣上下之闕失是則弭災救患之本陛下所不可不知也陛下誠反而思之國家果能不爭其利而民果能得其安乎君臣上下果能無闕而人事果能盡修乎若猶未也當益勉其所未至可也安可諉之適然哉臣願陛下念飛蝗之滋生思盜賊之寖盛講求治道之本

《卷一萬一千四百二十四》

潛消災變之萌警懼之心無時而忘則轉災爲祥特反掌耳惟陛下留神省察詔從之　六月二十二日中書門下勘會日來稍有飛蝗合行祭告酺神詔行下諸路監司督責州縣委官守令應有飛蝗去處疾捕逐再行祭告酺神仍令於靈應寺觀廟宇精加祈禱務在速獲消弭自指揮到日各具稟遵文狀申尚書省

宋會要罷免
淳熙十六年五月八日詔少保左丞相益國公周必大特授觀文殿大學
士依前少保判潭州罷職任以少保益國公充醴泉觀使在外任便居
住已而臣僚言其不公不平不正十事乞賜罷斥詔以必大粥踏初政求
去甚力已授前職判潭州繼而殿中侍御史范處義又言之遂有是命
紹熙元年十二月六日詔樞密使王藺放罷先是藺丐祠得請未數御史
中丞何澹言其兇恭出於天資恣戾形於面目覬覦相位不得則忿懟會
特臺諫不從則謗罵雖處西府必欲奪東府之權又容縱其弟蔡所在暴
橫乞賜罷黜故有是命　五年正月二十一日詔特進右丞相葛邲特授
觀文殿大學士依前特進判建康府制書休休有容本務彌縫而藏用謙
謙自牧乃歸明哲以保身雖疊聞議者之言顧敦哲相臣之禮勉留備至
懇退彌堅朕嘉其累奏之真因念其在公之盡爰用頒宸指捍釋宰司書
殿陞名班特高於儒學師藩要地任增重於居留體貌斯全眷懷惟厚
嘉泰三年正月十日詔少保右丞相冀國公謝深甫特授觀文殿大學士
依前少保判建康府加封益國公加食邑一千戶食實封四百戶以深甫
累章求退詔依所乞也　二十四日詔正奉大夫參知政事張巖除資政

卷一萬七千五百九十五

一

殿學士知平江府以巖累章求退詔依所乞也　二月二日詔新除端明
殿學士通議大夫簽書樞密院事傅伯壽依舊端明殿學士在京宮觀兼
侍讀修國史應合得恩數並依執政體例仍免奉朝請伯壽以病乞去位
詔依所乞也　九月五日詔宣奉大夫參知政事袁說友除資政殿學士
與宮觀以臣僚論列章不出說友亦再上章丐祠依所乞也　四年四月
十一日詔銀青光祿大夫知樞密院事兼參知政事許及之放罷以監察
御史商非御論列故有是命　八月二十八日詔中順大夫參知政事張
孝伯放罷以臣僚論列故有是命　開禧元年三月二十六日詔通奉大
夫參知政事兼樞密院事費士寅除資政殿學士知興元軍府事充利州
東路安撫使以臣僚論列章不出士寅亦再上章求去故有是命　九月
十四日詔端明殿學士太中大夫簽書樞密院事劉德秀除資政殿學士
提舉臨安府洞霄宮德秀以病乞去位詔從所乞也　二年三月二十四日
詔中大夫參知政事兼同知樞密院事錢象祖降兩官送信州居住以臣
僚論列故有是命　三年十月六日詔光祿大夫知樞密院事張巖與宮
觀先是除資政殿大學士知福州巖抗章乞祠故從之　十一月三日詔
韓侂胄罪惡貫盈合行誅戮是日誅韓侂胄陳自強罷右丞相兼樞密使

特授醴泉觀使在外任便居住續詔陳自強謫授武泰軍節度副使永州
居住蘇師旦決脊黥隸昌化軍未行間令廣東提刑躬親監斬王容送臨
安府史達祖等送大理寺根究以皇子榮王奏今日之事有繫國家安危
大計甚可慮者不敢不亟陳於君父之前臣伏見韓侂胄久任國柄輕信
妄為遂啟兵端使生靈無辜殞於鋒鏑之下不可勝計死者冤痛生者愁
苦海內之民無不切齒於侂胄蓋其權勢足以鉗天下士大夫之口而不
敢言臣而不言死有餘罪若不令其退避有必致上危宗社重貽君父
之憂欲望聖慈特發睿斷罷韓侂胄平章軍國事與在外宮觀安邊繼好
保邦息民寔在此舉陳自強尋竟阿附備位無補望并賜罷黜乞速付三
省施行從之給事中雷孝友繳奏韓侂胄植黨擅權稱兵首亂乞明正典
刑陳自強昏謬無恥曲意逢迎乞遠加貶竄御史中丞衛涇言韓侂胄專
權擅朝平分敵常自知無所容乃擅啟兵端覬立邊功以自固納異議之
路復援以西師儀竟決勇以叛親信奴隸蘇師旦至東旋鉞納賄賂用庸
將皇甫斌敗於唐州李汝翼敗於符離商榮敗於東海郭倬敗於儀真兩
淮四十年生聚遂成丘墟南北數百萬生靈之命皆韓侂胄一人殺之也
陳自強本無寸長侂胄念舊汲引由州縣小官不數年為次相每對客言

卷一萬七千五百九十五

二

自強受恩之深只得順從自強之罪亦不勝誅伏望將侂胄自強重賜施
行小帖子言蘇師旦雖已竄竊未正典刑內臣王容違太皇遺旨盜內帑
以奉侂胄堂吏史達祖默聖董如壓繼師旦用事共為姦利乞送大理寺
根勘依法施行左司諫王居安奏乞將韓侂胄鞫行誅戮以正元惡之罪
陳自強遠竄以為朋奸誤國者之戒小帖子乞盡籍侂胄家財專為備邊
之用故有是命　十七日詔中大夫參知政事兼同知樞密院事李壁降
兩官送撫州居住以臣僚論列故有是命　嘉定元年六月八日詔中大
夫參知政事衛涇與在外宮觀以御史中丞章良能論列故有是命　十
六日詔端明殿學士朝請大夫簽書樞密院事林大中特授朝議大夫守
端明殿學士簽書樞密院事致仕大中以病乞去位詔從所乞也　八月
十四日詔資政殿學士通奉大夫新除同知樞密院事丘崈特授政議大
夫守同知樞密院事致仕崈以病急乞謝事詔從所乞也　十二月一日
特進左丞相兼樞密使兼太子少師錢象祖除觀文殿大學士判福州以
象祖累章求退而臺臣亦有論列也　三年十二月二日詔正議大夫參
知政事婁機除職與郡機以病辭乞休致故有是命　六年正月十六日詔
端明殿學士正奉大夫簽書樞密院事宇文紹節特轉兩官除資政殿學

士守簽書樞密院事致仕以紹節上遺表故有是命　四月十二日詔光祿大夫參知政事樓鑰除資政殿學士知太平州以病屢上章乞解機政故有是命　七年正月十日詔通奉大夫參知政事章良能特轉三官除資政殿大學士守參知政事致仕以良能上遺表故有是命　八年二月十八日詔正議大夫知樞密院事兼參知政事雷孝友除觀文殿學士知福州充福建路安撫使以病屢上章乞去位故有是命　十三年三月二十三日詔觀文殿學士知潭州湖南安撫使安丙除崇信軍節度使開府儀同三司充萬壽觀使以監察御史李安行論列乞罷以真祠故有是命　十二年四月二十六日詔正奉大夫參知政事曾從龍放罷先是自陳乞解機政得旨除職與宮觀既而侍御史李楠論列故有是命　十四年八月三日詔端明殿學士通議大夫簽書樞密院事兼權參知政事任希夷除資政殿學士知福州以病上章丐閑故有是命　十二月十日詔正奉大夫知樞密院事兼參知政事鄭昭先除資政殿大學士知隆興府以病屢上章乞去位故有是命

卷一萬七千五百九十五　三

宋續會要

淳熙十六年五月八日詔少保左丞相益國公周必大特授觀文殿大學士依前少保判潭州尋罷職任以少保益國公充醴泉觀使在外任便居住已而臣僚言其不公不平不正十事乞賜罷斥詔以必大弼諧初政求去甚力已授前職判潭州繼而殿中侍御史范處義又言之遂有是命　紹熙元年十二月六日詔樞密使王藺放罷先是藺丐祠得請未幾御史中丞何澹言其兇暴出於天資忿戾形於面目覬覦相位不得則忿怨脅持臺諫不從則詬罵雖處西府必欲奪東府之權又容縱其弟棻所在暴橫乞賜罷黜故有是命　五年正月二十一日詔特進右丞相葛邲特授觀文殿大學士依前特進判建康府制書休休有容本務彌縫而藏用謙謙自牧乃睎明哲以保身雖疊聞議者之言顧敢替相臣之禮勉留備至懇退彌堅朕審其累奏之莫回念其在公之盡瘁用頒宸旨俾釋宰司書殿隆名班特高於儒學帥藩要地任增重於居留體貌斯全眷懷惟厚　嘉泰三年正月十日詔少保右丞相冀國公謝深甫特授觀文殿大學士依前少保判建康府改封益國公加食邑一千户食封四百户以深甫累章求退詔依所乞也　二十四日詔正奉大夫參知政事張巖除資政殿學士知平江府以巖累章求退詔依所乞也　二月

卷一萬一千四百二十五　一

飛一作非

二日詔新除端明殿學士通議大夫簽書樞密院事傅伯壽依舊端明殿學士在京宮觀兼侍讀修國史應合得恩數並依執政體例仍免奉朝請伯壽以病乞去位詔依所乞也　九月五日詔宣奉大夫參知政事袁說友除資政殿學士與宮觀以臣僚論列章不出說友亦再上章丐祠依所乞也。四年四月十一日詔銀青光祿大夫知樞密院事兼參知政事許及之放罷以監察御史商飛卿論列故有是命　八月二十八日詔中奉大夫參知政事張孝伯放罷以臣僚論列故有是命　開禧元年三月二十六日詔通奉大夫參知政事兼知樞密院事費士寅除資政殿學士知興元軍府事充利州東路安撫使。以臣僚論列章不出士寅亦再上章求去故有是命　九月十四日詔端明殿學士太中大夫簽書樞密院事劉德秀除資政殿學士提舉臨安府洞霄宮德秀以病乞去位詔從所乞也。二年三月二十四日詔中大夫參知政事兼同知樞密院事錢象祖降兩官送信州居住以臣僚論列故有是命　三年十月六日詔光祿大夫知樞密院事張巖與宮觀先是除資政殿大學士知福州巖抗章乞祠故從之　十一月三日詔韓侂胄罪惡貫盈合行誅戮是日誅韓侂胄陳自強罷右丞相兼樞密使特授醴泉觀使在外任便居住續詔陳自強謫授武泰軍節度副使永州居住蘇師旦決脊黥隸

卷一萬一千四百二十五　二

瑢一作容

昌化軍未行間令廣東提刑躬親處斬王瑢送臨安府史達祖等送大理寺根究以皇子榮王奏今日之事有繫國家安危大計甚可慮者不敢不亟陳於君父之前臣伏見韓侂胄久任國柄輕信妄為遽起兵端使生靈無辜殞於鋒鏑之下不可勝計死者冤痛生者愁苦海內之民無不切齒於侂胄蓋其權勢足以鉗天下士大夫之口而不敢言臣而不言死有餘罪若不令其退避省愆必致上危宗社重貽君父之憂欲望聖慈特發睿斷罷韓侂胄平章軍國事與在外宮觀安邊繼好保邦息民實在此舉陳自強專意阿附備位無補望併賜罷黜乞速付三省施行從之給事中雷孝友繳奏韓侂胄植黨擅權稱兵首亂乞明正典刑陳自強昏繆無恥曲意逢迎乞遠加貶竄御史中丞衛涇言韓侂胄專權擅朝干分敗常自知無所容乃擅啓兵端覬立邊功以自固納吳曦之賂復授以西師曦竟挾虜以叛親信奴隸蘇師旦至東旄鉞納賄賂用庸將皇甫斌敗於唐州李汝翼敗於符離商榮敗於東海郭倪敗於儀真兩淮四十年生聚遂成丘墟南北數百萬生靈之命皆韓侂胄一人殺之也陳自強本無寸長侂胄念舊汲引由州縣小官不數年為次相每對客言自強受恩之深只得順從自強之罪亦不勝誅伏望將侂胄自強重賜施行小帖子言蘇師旦雖已竄謫未正典刑內臣王瑢達太皇

卷一萬一千四百二十五　一

遺旨盜內帑以奉侂胄堂吏史達祖耿檉董如壁繼師
旦用事共為姦利乞送大理寺根勘依法施行左司諫
王居安奏乞將韓侂胄顯行誅戮以正元惡之罪陳自
强遠竄以為朋姦誤國者之戒小貼子乞盡籍侂胄家
財專為備邊之用故有是命　十七日詔中大夫參知
政事兼同知樞密院事李壁降兩官送撫州居住以臣
僚論列故有是命　嘉定元年六月八日詔中大夫參
知政事衛涇與在外宮觀以御史中丞章良能論列故
有是命　十六日詔端明殿學士朝請大夫簽書樞密
院事林大中特授朝議大夫守端明殿學士簽書樞密
院事致仕大中以病乞去位詔從所乞也　八月十四
卷一萬一千四百十五
日詔資政殿學士通奉大夫新除同知樞密院事邱崈
特授正議大夫守同知樞密院事致仕崈以病急乞謝
事詔從所乞也　十二月一日特進左丞相兼樞密使
兼太子少師錢象祖除觀文殿大學士判福州以象祖
累章求退而臺臣亦有論列也　三年十二月二日詔
正議大夫參知政事婁機除職與郡機以病屢乞休致
故有是命　六年正月十六日詔端明殿學士正奉大
夫簽書樞密院事宇文紹節特轉兩官除資政殿學士
守簽書樞密院事致仕以紹節上遺表故有是命　四
月十二日詔光祿大夫參知政事樓鑰除資政殿學士
知太平州以病屢上章乞解機政故有是命　七年正

月十日詔通奉大夫參知政事章良能特轉三官除資
政殿大學士守參知政事致仕以良能上遺表故有是
命　八年二月十八日詔正議大夫知樞密院事兼參
知政事雷孝友除觀文殿學士知福州充福建路安撫使
以病屢上章乞去位故有是命　十年三月二十三日
詔觀文殿學士知潭州湖南安撫使安丙除崇信軍節
度使開府儀同三司充萬壽觀使以監察御史李安行
列乞罪以真祠故有是命　十二年四月二十六日詔
正奉大夫參知政事曾從龍放罷先是自陳乞解機政
得旨除職與宮觀既而侍御史李楠論列故有是命
十四年八月三日詔端明殿學士通議大夫簽書樞密
閑故有是命院事二月十日詔資政殿學士知福州以
病上章丐閑故有是命　十二月十日詔正奉大夫知
樞密院事兼參知政事鄭昭先除資政殿大學士知隆
興府以病屢上章乞去位故有是命

全唐文

宋續會要

戒飭官吏

淳熙元年二月二十三日詔訪聞諸路州郡循習舊弊
巧作名色館送及巡破兵卒以接送為名多借請受并
假名權攝支請供給之類又聞諸司與列郡胥吏才校
月有借請虛耗財賦重困民力致令歸正揀汰之人拖
下請給仰諸路帥臣監司常切覺察　七月三日詔曰
朕惟天下治亂繫乎風俗之微惡風俗微惡繫乎士大
夫之好尚蓋士大夫者風俗之表而天下所賴以治者
也故上有禮儀廉恥之風則下有忠厚醇一之行上有
險怪婾薄之習則下有乖爭陵犯之變如形聲影響之
應不可誣也成周盛時在位皆節儉正直天下化之至
卷三千九百
一
漢孝宣行綜核之政詔天下舉廉吏欲得其真故吏多
稱職民亦安業朕甚慕之嘉與學士大夫共躋此道蓋
嘗戢姦貪黜浮靡躬節儉以示天下而歷紀逾久治効
未進意在位者未能率德改行以厚風俗故廉士失職
貪夫長利將何以助朕興化致理無愧於古庶今朕端
本於上丁寧訓告罔有不至部使者郡守其為朕察郡
邑廉吏來上朕將甄獎待以不次風厲天下焉或持祿
養交崇飾虛譽應詔不以實使積行之君子壅於上聞
時汝之辜必罰毋貸　二年五月二十四日詔州縣迎
送條制除在法許迎送外其餘非因職事相干止許就

館舍相見如州縣官輙敢出城而監司不覺察者必正
其罪監司輙自迎送亦準州縣之法從臣僚請也　五
年八月二日詔曰朕祇荷高穹眷佑祖宗垂休獲承太
上之慈訓脩明治道夙夜不敢荒寧比年以來五穀屢
登蠶絲盈箱嘉與海內共享阜康之樂尚念耕夫蠶婦
終歲勤動賈賤不足以償其勞而郡邑或併加卿使倍
蓰以輸其直甚亡謂也其令諸路監司戒所部應民稅
除折帛變自常制外當輸本色者毋以重賈强之折錢
若有故違按劾以聞當寘于法　六年三月二十四日
詔曰朕躬節儉以先天下無暴征無苛取期吾元元躋
于富庶之域郡國之間宜若公私交裕矣今顧不然豈
年樂歲中外少事或未免於匱乏州迫於縣縣迫吾民
卷三千九百
二
其故安在無乃賦入寡而用度衆歟吏二千石有能不
能歟將輕費妄用莫知撙節歟朕既深居九重無以徧
察故分道置憲寄耳目于爾（原本缺）　臣職當計度欲其計
一道盈虛而經度之也職在按察欲其盡正素治毋使
至於病民也厥或異此朕何賴焉且汝不聞黍苗之詩
乎我任我輦我車我牛謂美召伯能成轉饟之功也後
世以是名官寧無意耶曰陰雨膏之言能養民如膏雨
也其卒章曰王心則寧言家給人足乃安王之心也汝
等得不深思古誼視所部為一家周知其經費而通融
其有無廉察其能否而裁抑其耗蠹數者備矣郡計無

患乎不足郡計足則屬邑寬屬邑寬則民力裕民力裕
則吾宵旰之慮釋國有信賞於汝何吝若乃有餘者馭
之不足者聽之逮其乏事然後從而劾之斯亦晚矣是
則黜罰之刑奚獨郡守而諸轉運其明知朕意　八月
四日詔外路諸州自今違戾稽遲朝有文書大事令本
部將當職官劾奏小事將人吏行下斷遣以臣僚言吏
部有監司州郡保明差遣恩澤等事辟差不合格坐條
法行下而本司復為隱落再申者有在任未滿不應指
射差遣而本州亦行保明者有已注官待闕闕身故而
復欲改奏他人者刑部有改正過名符下本州至於三
年而未回申者有勘鞫公事累經翻異敀作淹延者有
卷三千九百　三
定奪詞訴違限日久致其人經臺省陳不已者乞革其
弊故有是命　九月二十五日詔諸路州縣應監司使
命經從祇令於門外相見其諸司屬官及應沿檄被差
過往之人並不許迎送　八年五月十九日詔自今州
縣官到任後守臣非有的實差使並不得輒作名色差
出　七月二十一日詔帥臣監司以勸農為名自當朝
夕諮訪以待上問比者數命諸道條具雨暘豐歉之候
乃或泛言某郡某縣大略如何或云見行取會顯屬文
具仰自今行下所部令諸縣五日一申州州十日一
申帥臣監司續候指揮到日帥臣監司即時開具聞奏
其或不盡不實並當黜罰同日詔近太史奏星緯失次

當虞水旱命閩諸路有連歲饑饉去處稍失存恤則愚
民無知未免流為盜賊其餘雖豐熟州縣亦須過為警
備全在帥守監司預行措置銷患未形通融有無撙節
支費繩治貪刻之吏賑濟失業之民尤不可忽者如兵
將勇怯巡尉能否仰隨所隸詳加考察常令訓齊士伍
整治器械恩威既著姦宄自消能寬顧憂當議顯賞一
或違戾必罰無赦指揮到日令守臣具結罪知稟狀申
逐路帥臣監司類聚同結罪保明以聞　九年四月九
日詔自今文武臣再任不得講到罷禮數并不得令府
庫更新褻造應干物色　十年六月二十八日詔曰朕
顧四海之籍託公王之上深惟民之未贍惻怛在心躬
卷三千九百　四
節儉之化薄征賦之科冀與宇內共臻富庶之域惟吏
或不良無以宣德明恩若乃貪饕無厭食與貨為市漁奪
百姓侵牟下民有一於斯足秕邦政天下之大郡邑之
衆假勢放利賓業有徒若此朕雖有愛民勤政之誠焦
勞於上仁恩利澤何由而下究哉朕嗣服之初蓋嘗考
法祖宗嚴贓吏之禁其持心不移覆出為惡者既已逮
治一二屬在位矣歲月既久法以挺緩贓過之吏狃習
寬政日甚歲劇朕聽朝不怡惟斯民未有恩憲令從未
能建化致理曆之至寧重以貪吏肆為螟螣朕甚自愧
夫飾法設刑至於刻其肌膚戮逮而分竄之所以懲小
民之無良令列官處職姦法不忌是與盜無異也國有

憲法朕不敢廢惟古今用法之弊率為貴者順意賤者生情故晉世劉友伏誅而山濤等不問避貴施賤朕無取焉今將澄革弊風闡明邦典特申播告期之自新咸罔革心刑茲無赦不以秩位之高下形勢之重輕朕將一施之咨示中外朕言維服可自今命官犯自盜枉法贓罪抵死者籍沒家財取旨決配並依隆興二年九月已降詔書施行必無容貸　淳熙十六年二月十六日詔曰朕惟唐虞盛時內有百揆四岳外有州牧侯伯是以庶政惟和萬邦咸寧蓋天下之大非一人之所能獨為也以堯舜之聖猶責成於臣下況後世乎朕始嗣位涉道尚淺夙夜兢業罔知攸濟咨爾中外小大之臣皆

卷二千九百　五

壽皇聖帝長養封殖以遺朕者布政之初嘉與群公卿士屬精有為輔成治效夫設官分職正以任事一官不稱其任則一事不得其理苟不能輸忠竭誠率作興事將何以副朕倚毗之意報壽皇付託之恩哉繼自今其共乃職悉乃心毋因循以玩日毋怠忽以荒政勉自淬礪各迪有功懋以稱職聞吾將有以褒顯之其或不率邦有常刑布告在位使明知朕意　十八日詔令戶口雖衆而人生實艱州縣官吏有貪墨虐民者令監司按劾監司有贓貨營私者令內臺糾察其有贓罪顯著朕當遵祖宗壽皇聖帝成法重寘典憲　二十五日詔訪聞監司守臣多事掊斂以充苞苴結託求進可令御史

職官七九之五

臺常切糾察如有違戾必罰毋赦　三月十五日詔訪聞內外諸軍管兵官多有刻剝軍兵掊斂財賄專事結託以為進身之計如有違戾去處令御史臺奏劾當重行降責　四月二十九日監察御史虞儔言近年以來士大夫狃於故習以法令為文具視官府如傳舍入局既晚而出又早甚者至於無故而不入職事廢弛期會稽違蓋其念慮所存不過欲伺候執政之府奔走臺諫之門為身謀而已乞申敕百工各司其局毋或後時以入毋或先時以出不惟職事之間得以修舉而奔競之風亦庶幾少戢從之　紹熙元年正月二十一日臣僚言古者以例而濟法後世因例而廢法夫例者出格法

卷二千九百　六

之所不該故即其近似者而倣行之如斷罪無正條則有比附定刑之文法所不載則有比類施行指揮雖名曰例實不離於法也沿襲既久行法者往往循私忘公不比法以為例而因事以起例甚者自有本法亦捨而弗用轉相攀援姦胥猾吏皆得以制其出入而法始廢矣乞令有司檢照紹興以來臣僚不許援例之奏申嚴主典違制科罪長吏免所居官指揮明示中外其有法者止當從法其合比附比類者不得更引非法之例令御史臺覺察必罰無赦如此則祖宗成法得以遵守於無窮矣從之　五月二十四日臣僚言近日以來求之朝廷則去來頻多議論不一未得為安靖求之風俗則人

職官七九之六

慎私心士尚口舌未得為和平欲乞守安靖以戒朝廷之紛擾而亦不使失之偷惰貴和平以銷風俗之乖戾而亦不使失之詭隨其有不勤職業不安命義務為不靖以攪亂是非者必罰無赦則議論定公道自行善類可安實事可舉詔安靖而不為偷惰和平而不為詭隨比誠臣下之美事凡厥攸司各宜遵守以副朕意　十月二十七日左諫議大夫何澹言近時以來中外臣庶不循分守不安義命人欲遂其私意不問法之可行在法不許援例今援正例足矣而又攀緣不可行之例為在法不許換易差遣今換易本等足矣而又必欲陞等差遣為孫寒之士待七八之次猶有不得祿者今有一恩

卷三千九百

七

例則連綿添差不問一任到部之人等候一年半歲方得一闕今一有勢力則見任未滿已得再任不肯失一兩月之俸異時無軍功人假人優異之恩賞而轉行猶自有說今不假優異之恩賞矣異時無優異恩賞人累數賞而作一官陳乞已是冒濫今不復累賞陳乞矣如此之類不止一端欲乞下臣此章警戒中外令後有破法破例之事不得干請又其甚者許臺諫糾治則人稍知廉隅不為紀綱法度之蠹從之　二十九日制曰朕承基緒之重兢業圖治嘉與萬方百姓共臻康阜故修明憲度昭著可稽發施命令寬恤是務庶幾遠邇均被實惠郡縣之吏與朕共此者也所宜蚤夜究心嚮公遵職

格數德意致之于民今乃不然法易違而不知奉令數下而不知行或者偷情自肆格詔而弗頒使國章不得盡孚王澤無繇下及吏之慢弛莫此為甚將何以朕朕經理庶政愛養斯民之意厚夫端本于上既申飭告教而下弗祇若咎安可逃其各益體朕懷奉法遵令布宣明旨無或不虔儻敢狃于故習尚有違戾當置重典示以必罰　二年三月四日臣僚言列職郡縣或以二年為任或以三年為任逮其滿也復有補填月日少者一月多者兩月至期交代夫復何辭今士大夫嗜利無耻有以舉主未圓求那展者有以差委為名苟遷延者巧偽百出不可殫舉甚至遠近之屬占吝不以時遣致使

卷三千九百

八

合赴上者以待闕之日久仰祿之心切富者挈累裹糧而趨貧者徒步匍匐而從廉耻道喪一至於是欲乞明敕州縣之吏或虧廉耻必加按劾庶幾有所警懼從之

八日權禮部尚書李巘言今郡縣之間蠹耗日滋長吏躬持廉節為之表率尚恐不能補救況復飾偽嗜利貪墨而不知耻則將何以制其下乎乞申戒郡守無得輒以公帑之物更互送餽以為己利仍令監司常切覺察如有違戾重寘于憲詔互送之弊誠為蠹耗令後監司郡守輒敢違犯在内令御史臺彈劾在外許監司互察並以贓論常切遵守　十月十六日詔朕惟為政之道莫先於養民故自即位以來宵旰在念蠲除賦甚頻

宣寬條嘉與四方輳于安富郡守縣令最近于民者也最進乎民者也里閭利病無不周知年穀豐歉無不親睹獄犴枉直無不徧閱凡吾民之休戚皆繫焉誠能屢身率職拊循忠愛以承休德庶幾乎政平訟理之效今令采之人言乃闢科斂先期競務辦集而民之虛實不問也追呼相繼敢為推剝而民之安否不恤也財計之外治理蔑聞苟免幸進狃于故習甚不稱朕委屬之意夫邦財有常固在經理而非必掊克督趣以為能也民生至重尤貴綏輯顧不若賦輸期會之爭乎本末先後之誼此朕所貴於守令者可不勉哉繼自今各脩乃政圖乃庸以軫恤為心以牧養為務俾民安業愁歎不生時予汝嘉其或奉行弗虔邦有常憲播告遐邇明示朕懷　紹熙五年八月十三日詔曰朕惟廉吏民之表而為國之蠹民之病者莫污吏若也不有誅賞疇示勸懲繼自今諸道監司剌舉之官於郡邑文武任職之臣廉必聞污必糾毋憚大吏毋縱私昵賞不遺近法不爾私期吏稱民安副朕意焉　九月十四日詔訪聞州縣以權勢親戚過往干託輒於鄉村差借人夫顧屬違法仰監司常切覺察按劾以聞　同日明堂赦令來赦文寬恤事件仰監司督責郡縣自赦到限一季將遵行過名件結罪申奏或故違隱而不舉令御史臺彈劾聞奏　十一月七日臣僚言為治之要當以重名器抑僥倖為

卷三千九百　九

為先蓋名器重則爵賞公而無濫授之私僥倖抑則私謁杜而絕妄求之患乞下臣此章戒敕內外之人審名器之重而不可以妄求知僥倖之抑而不可以輒啟凡非憲章所在皆卻而不受如有干求還戾者許諫官御史彈奏則紀綱日張聖治日新實社稷無疆之休從之

二十二日都省言紹熙二年五月七日指揮行在諸百官司並合輪官吏宿直詔今後並須日輪官吏宿直非實有疾故各不許請官代宿人吏亦不得倩人承替其倉場庫務等處仍仰所轄官司常切鈐束不時檢察如有違戾重行責罰在法權與正同其六部兼權郎中亦合通輪宿直既而十二月九日臣僚言省部寺監等處當其宿直非特吏人敢為承替而輪所之官亦輒托事故代以吏人者有矣百官當其入局既已甚晚及其出局又乃託故爭先而去吏牘不省吏姦不察視公家職事若將浼焉乞賜戒敕俾凡百官吏各恭其職而宿直必親各司其局而出入必時閱報有程而毋致稽違文書唯謹而毋致滅裂苟或不然則取其尤者重加責罰從之　嘉泰二年三月四日臣僚言復嚴入局宿直之制乞申飭攸司自今以往非遇假日不許自便如遇畢忌或係當宿之日亦皆如期入局其有畔官躐次踵習弊風者委自御史臺覺察以聞從之　慶元元年五月十四日詔曰朕惟風俗者治忽之樞機士大夫風俗之權

卷三千九百　十

輕字下脫朕之爵祿怵之使然欲以固其權也長州安窮矣仁行而從善義立而俗

興昔有周文武之隆在位節儉正直小大之臣咸懷忠良下至庶民無有淫朋無有比德也於虖何其熾歟朕甚慕之夙興夜寐嘉與宇内之士臻於斯路今也不然在廷薦紳之徒間有懷背公死黨之心蔑尊君親上之誼陰佞詖側媚以奉權彊陽詭僻險皦以鈎聲譽皷倡横議貪利逞私使毁譽是非㸚然殽亂於虖朕之所託材器職業倅於群下顧迺如此豈朕訓導之方有所未至歟抑士湛於流失之久不能以自振歟將名實未辨好惡異情而致是歟殆蒙者任事之臣奮私昵黨輕易朕既明紬陟寬誹訕以示天下矣人之倚乃身迂乃心往不可悔自今至於後日洒濯厥衷存心去私可否從

卷三千九百　十一

違各當於理則予汝嘉丕克蓋爾其有不吉不廸習非怙終則邦有常刑朕不敢貸汝悔身何及書不云乎格則承之庸之否則威之咨爾多士明聽朕言毋忽　二年正月二十四日臣僚言比年以來州郡監司務相蒙蔽或市私恩或植私黨或牽自己之利害或受他人之囑託見贓不劾聞惡不刺乞令諸州專察屬縣監司專察諸州臺諫則總其舉摘如令丞簿尉有罪而州不按察以聞則犯者亦論如律而監司亦量經重與之降黜州之僚屬則併責之守倅之按察監司之僚屬亦併責之監司之按察而其坐罪亦如之如此則上下交制小大相維姦贓暴虐無所逃罪朝廷特舉其大綱而天下

無不治斯民無不被賜矣從之　四月三日右諫議大夫劉德秀言乞自今四蜀之有除授莫若以其告劄悉付制司蓋制司月有所遞平安奏者自此至彼例不過一月卻自制司發下所屬近者不過數日遠者不過半月彼可以朝被命而夕治行二廣之有罷黜不獨止付罷黜之人宜遍下諸司使互相覺察州郡則即日差次官攝事諸司則即日以他司兼權則被黜者不得懷姦挾私以逞矣從之　二十四日知饒州湯碩言恭惟陛下恭儉憂勤奉己甚約視民如傷夙興夜寐惟恐一夫不被其澤凡所播告厥旨丁寧然州縣之吏間有不能奉承德意尚為民害者曰擅科曰預借不給鈔曰重催

卷三千九百　十二

夫近郡猶無忌憚況於遠方之民誠恐無所伸訴乞行下諸路監司常切覺察不容州縣違戾體訪以聞將官吏重寘典憲監司失於舉發亦坐失職之罪從之　十月十四日臣僚言近日監司帥守到任之後甫及半考或幾一年觀風問俗巡歷未周承宣流化撫字未徧即致書當路自述勞績干求廟堂經營召命其間復有當遣論列者自應杜門省愆痛自悛悔朝廷不忍終棄亦必扶持而用之今也彈劾之墨未乾輒敢遣人徧通中都書問曲致私禱力求監司帥守差遣苟圖進身乞下臣此章明諭大臣布告中外使監司帥守勉修職業杜絕私請如政績昭著必俟終更然後進用或增秩因任

使之終惠百姓不得移書干進其有曾經論列罪罷之人率以二年為限方許授以祠祿俟其果有悛心次第用之亦未為晚其或尚敢違戾令御史臺彈奏聞重寘典憲從之　四年正月十五日詔曰朕聞隆古盛時有國令典三載考績庶務交修成事靖共率循檢押以浮躁為戒以趨競為懲迄成久任之功坐底丕平之治澆風既息素尚莫聞士有橫翔捷出之心人無宿道嚮方之志頹於官遣之視殆猶傳舍之然至使端人深愧澆習朕每觀此為之喟焉度德量能固欲持衡之審蘊才負藝盍虞躍治之然豈上之教令所未明抑下之陶染所難革繄衆聳聽迴時為紳其繼自今各揚厥職毋憚

卷三千九百

十三

積日而累月庶幾趨事以赴功茲或因從必罰無赦故此詔示宜體至懷既而十八日臣僚言近日以來士大夫不顧廉隅不安分守不修職業趨競浮躁務在速得或踴躍自獻而不以為恥或宛轉請囑而不以為非甚者計日數月攀援舊例恬不知怪致煩明詔戒飭宸翰一頒中外聳動小大之臣自宜洗心滌慮翕然丕變以無負君父丁寧之意其或尚狃舊習不知悛改趨競浮躁巧圖嗜進公違隆指自觸憲章即令大臣具名取旨重加黜責間有僥冒而得之者給舍臺諫各揚乃職必行論奏毋容漏網庶幾聖訓不為虛文朝廷自此清明臣職自此修舉風俗自此醇厚從之　五月十二日詔

曰朕惟真偽邪正雜糅未明雖帝王猶有不能以化天下殄之命官曰朕堲讒說殄行震驚朕師周公作立政曰勿用憸人其惟吉士夫讒說不至於殄行憸人不得與吉士並進此虞周所繇昌也朕甚慕之間者權臣擅朝偽邪朋附協肆姦宄廢棄典章包藏禍心神人共憤類天之靈宗廟之福朕獲承慈訓膺受內禪以執天下之正陰謀壞散國勢復安嘉與士大夫厲精更始凡曰淫朋比德幾其自新而歷載臻茲弗迪厥化締交合謀窺伺罅隙毀譽外逆流言間叢將以傾國是而惑衆心甚至竊附於元祐之諸賢而不思實類乎紹聖之姦黨惟我國家秉德康寧其有不若德格則承之庸之不汝瑕

卷三千九百

十四

殄令惟自作弗靖胥譸張以為幻意者漸于流失之俗而不可復返與將狃於國之寬恩而罰有不及與何其未能洗濯以稱朕意夫善惡之習異是非之儀公人情當知所擇也朕既深詔二三大臣與夫侍從言議之官益維持正論明示天下矣諭告所抵宜各改視易聽毋使姦偽之徒復借疑似之說巧為蔽欺以惑亂世俗若其餘習未泯淫辭覆出遂非而不悔怙終而不悛邦有常刑必罰無赦布告天下其審朕言毋忽　八月二十四日臣僚言比年以來州縣官吏奔競躁進相師成風囑託請求恬不知恥賄賂雜沓於往來之市竿牘旁午於貴要之門上下玩習不以為怪故作縣未幾即求薦

以圖陞轉作倖求幾即求薦

以圖作州作州未幾即求薦以圖特節既得節矣復圖
職名得職名矣復圖召命撰造政績欺罔朝聽超躐資
序攫取美官乞下臣此章風厲中外俾內之執事者公
心任怨而勿徇其囑託之私外之守令監司勤身奉職
而勿狃於躁進之習庶幾州縣小大之臣各懷固志展
布四體於職分之所當為而無復鄉來媮惰之態事業
既舉姦弊自銷財計足而民力紓有不難致者儻或狃
於舊習干進不已在內委臺諫彈劾在外委監司帥臣
覺察其監司帥臣自相違戾仍許遞互糾劾以姓名聞
並寘典憲若朝士受其囑託與之經營亦一例坐罪從
之　十月二十七日臣僚言今日州縣之間職業之不

卷三千九百　十五

舉官守之不嚴皆任子之為也乞戒敕監司帥守毋或
一切觀望使州縣小臣不安分守越職離次其見今離
去職任者限一月還任郡以旬申監司監司以月申臺
部各結罪保明有無監當簿尉等託故離任不在官所
其有違戾因事發覺並與嶽廟或坐以擅離職任之罪
監司帥守依前觀望應副干求輒擅差移則併加責罰
仍令御史臺按劾聞奏從之　六年九月二十二日臣
僚言比年以來更迭之制不明寖成內重之弊乞明詔
大臣檢舉高宗皇帝孝宗皇帝兩朝詔旨常切遵行俾
中外之官更出迭入以均其任庶幾植立廉恥之風勉
知進退之節興起治功實非小補如或持祿固位慢令

廢法次第按劾從之　嘉慶（泰）元年四月二十七日臣僚
言在法監司守倅於寄居州郡自合迴避至於監司屬
官本路寄居者近降指揮亦不許注授乞今後不以文
武官並不許於寄居州郡作釐務差遣者為定法應見
任人並乞限一月於別郡兩易一等差遣如已授未上
願就兩易或別注授者聽如此則文武官寄居本州者
皆不能為本州之官從之　十一月二十二日詔士風
躁進殊不為恥近日尤甚自此尚或不悛須指名彈奏
當議黜奏（責）可牓朝堂　二年正月二十四日江西提刑
彭演奏乞戒敕守令近民之官凡專事聚斂者自今以
始洗心易慮無以掊克而取無（民）藝無以苛酷而陷民非

卷三千九百　十六

辜（辜）如或不改前非復用虐政以政監司按劾臺諫論列
重寘典憲至於朝廷除授之際能牧養者雖無奇效必
加擢（旌）異事苛刻者縱有敏（微）才必加抑退從之　二月十
二日翰林學士陳宗召言乞戒謁見之繁嚴書尺之制
使群下盡力率職緝熙事功表倡遠方從之　三年六
月二十七日監察御史商飛卿言今日之弊正在於職
業之不修而媮惰之俗成氣節之不立而頹靡之風熾
乞明賜訓敕自今以始侍從之臣必責以朝夕論思日
月獻納擇其盡忠無隱者進之其依阿固位者黜之以
聳動百執事之觀聽庶幾士氣漸振從之　十二月九
日侍御史陸峻言伏覩慶元二年臣僚獻（議）朝廷昨令所

在官司遇有替移即以見錢物之數交與承替之人合并而申之數年之間未聞有已替之人錢物不迭元交之數者於是截自紹熙二年以來諸州諸司領所申到之數委御史臺考覈其有不及元交之數舉摘聞奏越明年臣僚具奏欲責其交承之際究見無拖欠官兵俸給有無未發綱運外見在錢物實迭元交之數而又增多則厚與推賞或實拖欠而假借虛申則重寘典憲臣所謂將以救弊而反以滋弊者已可見矣乞自州郡凡已籍為見在之數者無望其復過是數以啟其希進用之心或偶過之亦姑聽之蓋為守而賢必不專意於聚斂如其不賢則利已病民其弊如前所陳者將無所不至矣其他諸司總領所悉視此以行庶民力少寬得以涪植邦本失今不治日甚一日乞布告中外使咸知以體國愛民為本而不萌希賞嗜進之心從之　十八日臣僚言民力之寬自州郡始郡計之足自裁節浮費始乞下諸路州縣應涉浮費悉從減省仍許令監司常切覺察從之　二十七日詔監司察吏治之臧否郡守任斯民之休戚朕所選任畢惠愛於幽遠者也賢不肖渾殽古所不免貪侈相尚莫甚茲世且互送無申飭屢矣曾不知畏更甚於前巧為名色動以千百計無遠弗及此徙彼來前者習於所聞後來視以為例公庫不給資以經常又其甚者必至朘民實血而後已帑藏空乏

卷三千九百　十七

職此之由是豈朕所望於士大夫之所為哉自今以往痛加勉飭外則監司互察內則臺諫風聞一或麗此必罰無赦　四年四月二十三日詔朕惟選舉之法所以公天下而權要之臣顧先徇私以撓吾禁請囑之書旁午於道彼幸利求容者亦無為國得人之意專待形勢親黨之需奔競日滋寒畯見遺乃者訓敕屢申曾不知畏今當必行以儆中外其有輒遣私書及受私書不以聞者並重寘于理無貸　開禧二年正月十一日臣僚言乞申飭諸路監司尊守見行條法自今至于後日每歲必徧歷本部考察吏治詢訪民隱先職業後財賦以息誅求省燕游卻送餽以警貪濁以公守法以己率人其或奉行不虔必罰無貸從之　六月二十八日臣僚言乞戒飭諸路州縣不得妄以軍須運糧和糴為名並緣為欺害及細民仰諸路監司覺察如監司隱蔽令御史臺併與治其關兩州縣去處須管體認朝廷寬恤百姓之意從之　十月二十三日臣僚言乞行下三衙沿江蜀道戒飭主帥自今以後各盡職業毋得倣學文臣好尚仍乞密諭宣撫總漕其容接武臣則勉以忠義激以勇果而無責其禮文言語之末節或有薦舉則當先求智勇藝能之士而矯飾清談虛名無實之人俾不得濫廁於其間從之　十二月二十五日詔令諸路監司帥臣各行下所部州縣除實有才業因監司帥守公行

卷三千九百　十八

職官七九之一九

檄妄冒辭供職人外自餘假借名色營求差檄者日下
勒令還任令後如有求檄告假之人仰州縣覈實保明
申監司從監司更切審實如妄無許昌規避申取朝廷
指揮方得離任若經營關節擅離任所許監司帥守按
劾重寘典憲　三年三月十七日詔朕猥以眇沖嗣承
基緒上思天命之匪易下念民生之多艱宵旰靡皇淵
冰是懼屬邊陲之儆擾當兵戍之屢興徭役滋繁黎元
騷動未能安田里之業寧不奸陰陽之和冬春以來雨
澤尚闕深惟其故寔軫朕心備殫寅畏之誠期答昊穹
之戒尚慮州縣官吏奉行弗至民間疾苦不得上聞繫
于守令監司咸思消變之道體朕修省究心撫摩如有
違戾詔敕敢事煩苛並緣軍興過有科擾日下嚴行禁戢
凡犴獄淹滯逮繫非辜刑罰失平幽枉未達常切覺察
以稱朝廷欽卹之意　十一月四日詔曰朕德不明信
任非人韓侂胄懷姦擅朝威福自己劫制上下首開兵
端以致兩國生靈肝腦塗地興言及此痛切于衷矧復
怙惡罔悛負國彌甚竦忌忠讜廢公徇私氣焰所加道
路以目今邊戍未解怨毒孔滋凡百搢紳泊於將士當
念前日過舉皆侂胄欺罔專恣非朕本心今既罷逐一
正權綱各思勉旃為國宣力飭兵謹以圖休息稱朕意
焉　同日詔韓侂胄怙權擅朝殘民誤國已行罷斥其
專政之久中外搢紳泊於將帥凡百才望勳績之人自

卷三千九百　十九

職官七九之二〇

應為朝廷之用者彼乃指國名器掩為恩恩朕方丕示
至公維賢能是急繄爾有位其各悉心盡忠毋或不安
盍修厥職以副朕意　十二月八日臣僚言比者權臣
專恣盜權誤國自預政以來變亂百事乞明詔大臣凡
立政用人興事出令必以維持紀綱遵守法度內而百
事執外而監司帥守各思振舉無出於紀綱法度之外
一或戾此糾劾以聞從之　十八日臣僚言比年以來
賄賂公行廉恥道喪乞布告中外戒飭百僚其有被彈
劾與民戶之論訴以貪墨聞于上者必付之有司勘贓
定罪取其伏辯遵用祖宗之法意而斟酌行之立為定
制庶幾貪吏畏戢而人不被害矣從之　嘉定元年正
月二十一日臣僚言竊見彈劾罷免之人率以二年為
限許授宮觀任滿然後除授書之甲令炳如日星固當
恪守奉行乞明詔大臣自今除授凡曾經論列廢放者
並照前項指揮其有公議不容之人輒敢抵冒求進許
給舍臺諫論奏重行鐫責庶幾少戢倖進之風從之　四
月二十六日詔朕端居法宮慨念蜀道敢泄邇而忘遠
庶一視以同仁自叛將之既誅與斯人而更始已講休
兵之策冀臻徹戍之期惟是師徒屢更征役暴露久矣
夙宵惕焉每資督餉之臣仍飭列屯之師究心調度加
意撫循然而養兵於無事之時在國家而靡吝效命於
多虞之日乃吏士之當為儻饋運之或愆及勤勞之弗

卷三千九百　二十

卿罔孚朕志豈逭官常凡遹在行亦宜深體其有狃於
姑息不知紀律之遵妄肆譏譁幾失等威之辨辯流傳易
惑關繫匪輕爰頒一札十行之書用嚴三令五申之制
各思戒儆毋抵憲章　二年八月六日太學博士柴中
行言今日之贓吏多從輕典大不過鐫秩罷任少須歲
月晏然如初宜如祖宗之法量其罪之輕重從杖配之
刑而籍其家財庶為貪贓之戒從之　四年二月一日
宰執進呈監察御史徐宏言乞戒臣下以禮自飭飾以肅
朝綱等上曰其中論及畢再遇事彼愚人全不知體只
合帶親隨數十人而敢死軍亦帶來幾七八百人霤存
友等奏畢容不入國仰賴陛下聖度包容處置合宜保

卷三千九百

全臣下上又曰所以令彭輅去使盡帶歸軍中　八月
二十五日詔中外官僚遇國忌行香而為患請假者必
先差醫官驗視然後給放講官惟上講免行香其餘不
免外官到闕先令赴臺參出給關子收執以憑參部以綴
條奏請故　五年二月二十九日臣僚言後言官稱官分不階崇
有旨雖是詔不許以除實歷內任以外大僚不可以亂真乞戒敕中外自
令後官稱不問崇卑除實歷內任人外止以本職階官
為定其書問止用一幅徑述事節或有違戾令御史臺
監司彈劾亦厚風俗之一策也從之　四月二十一日
臣僚言郡守縣令職在牧民民之疾苦盡加之意令也
不然苛征橫擾復且無藝乞戒飭諸路監司守令使之

洗心滌慮體國愛民凡前日之非一切革去庶幾天下
之民得安田里從之　六月二十九日臣僚言官各有
職職各有局自宜恪恭乃事奔走惟謹而近日之在朝
行者偷惰特甚乞風示中外自今後百官不以職事之
繁簡並依時入局其有兼職人亦合聞日赴局治事非
假日亦不許出城宴飲仍不得差借妓樂之類應文武
已有差遣之人並不許輒入國門如敢違戾專令御史
臺密切覺察重行黜責庶幾人知守官無廢事以副
陛下責實之意從之　四月二日臣僚言檢準本臺彈
奏格應臣僚官不合辭免恩命輒具辭免者彈奏士大夫
之不顧法守繆為辭遜未有甚於今日者內而職事官

卷三千九百

之補外及外之由麾而得節或予內除此皆朝廷量才
器使初不以為私恩夫既知其官不應辭則朝聞命而
夕引道宜也今乃奏疏祈免闔門待報若自知其不能
則未聞有終辭者也若以遜為美德則玩熟見聞亦未
有高其能遜者也陵節躐等而不嚴著定之令連章累牘
而徒溷中書之務此其弊不可不革未容以細故忽也
乞敕示中外繼自今如有不合辭免而輒具辭免者所
司不許收接仍令御史臺依格彈奏從之　二十七日
臣僚言竊惟官吏之崇虛譽而生民之被實禍莫大於
趲積之說且趲積之名果何所始乎其殆將以易羨餘
之名乎昔者有羨餘之獻蓋掊剋者甘心為之今或以

為支用不盡住住餘之羨餘之不美改易名目為欺罔孝宗皇帝以為令之財賦豈得有餘並卻而不受今又變而趲積臣嘗推究其由亦有數端一曰以科抑而趲積二曰以受納而趲積三曰以預借而趲積四曰以重催而趲積五曰以贓罰而趲積六曰以酒稅而趲積乞戒約諸郡不許循前數弊妄稱趲積重為民害或有違犯許人戶經御史臺越訴容臣按劾以聞從之　七年十一月二十五日江東運副真德秀奏祖宗盛時選用監司付以事權者蓋欲其公於刺舉使貪懦者無所容而廉能者有以勸責任之意蓋不輕也自嘉泰開禧以來公道不行請囑日盛陛下更新大化公道昭明浸還乾

卷三千九百　二十三

道淳熙之書矣獨薦紳間親故請託之私未能盡革乞戒諭中外士大夫相與維持公道使將指承命者得以展澄清之志而賢不肖有所甄別其於治道豈小補哉從之　十二月二十五日臣僚言國家竭財力以養兵非一日矣而為將帥者不體此意專事刻剝乞賜嚴戒中外諸軍截自今日凡饋遺宴會之禮一切勿講受者以違制論多者取旨仍敕中外士大夫輒有以私書干謁諸軍者計所得以贓論其諸軍從來合有財賦令專為激犒士卒之用或尚敢循習掊刻致有彰露必罰無赦從之　八年正月十六日詔朕以眇躬獲承丕緒兢業祗懼罔敢荒寧歷載于茲治不加進深惟寡昧不足

職官七九之二三

以章列聖之洪業休德志勤道遠安敢諉責於下顧天下之大非一人所能自為也在昔周文王武王治內治外功咸可歌茲固二后憂勤之所致則亦有熊羆之士不二心之臣用能保乂王家端命于上帝今文武獻臣布列中外皆朕所以共天位治天職者而迺狃於荒俗鮮克自奮士大夫不脩職業而玩愒以苟安將帥不務拊循而掊尅以自殖體國之意少謀己之意多將何以副朕厲精庶政興起事功之志乎蓋聞齊人烹阿封即墨而群臣莫敢飾詐漢宣示信賞必罰而文學法理之士咸精其能繼自今其改志易慮毋蹈故常精白一心恪共職則予汝嘉其或不悛罰及爾身後不可悔播告

卷三千九百　二十四

在位明聽朕言故茲詔示想宜知悉　九月二十七日臣僚言朝廷張官置吏上下相維乃有立意本善而流弊滋甚者諸路監司差官饋送之弊是也路凡幾州而凡幾縣而監司不能徧歷故遣其所屬而互察之承其命者固當體其分遣之意今乃不然分布四出惟利是圖饋遺既足他皆不問曰下馬錢曰發路錢曰折送錢曰特送錢批勝既足則又有夫腳錢間遇州郡稍有事力使其當之猶或庶幾惟是小小縣道率皆迫蹙豈宜堪此一遇貪婪之徒則又有意外無厭之需稍不滿欲多端羅織其間或有不法事件不過增加饋遺雖有過愆置而不言為監司亦何從而察之耶此官吏之弊習

職官七九之二四

而郡邑受患之最深者乞下諸路自今後應差官吏須
擇清廉介潔之人除批券之外其餘饋送並不許接受
分文皆以贓論從之　十一年七月二十八日臣僚言
臺諫天子耳目之官所以振肅紀綱使堂陛益尊其出
言非固當奉身而去或出言是聖君當垂聽而賜之行
則公道以明官邪自革臣伏見近者臺諫按劾贓吏已
蒙朝廷罷黜未幾公然略無忌憚詣闕自陳公朝不忍
拂其請爲下所屬會實因假勢要曲意保明來上得旨
特與改正自後駸駸顯達蓋被論者既無過則論之者
宜得罪是非不兩立也乞特降指揮繼今凡以贓罷未
許遽求改正文狀未可輕授檢會元劾章疏犯罪重輕
爲之處分庶乎人懷畏心莫不潔己奉公而萬物吐氣
矣從之　十二年八月七日臣僚言臣觀淳熙紹熙間
班行序進率二三載未聞下之人以遲速而窺其上上
之人未嘗爲人擇官求悅于下也諫鼓遒人使言一謀
一猷皆國之利但存忠實何繇厭聞乃有奏篇甫上從
否未決游談聚議遽謂禍機致使勇者或過於言怯者
或沮於言是豈就朕而去泰可不懼歟乞詔大臣申儆在
列洪開誠心各爭至意俾之修職業以俟簡知摭言論
以備擇用豈特一時集嘉靖之福哉從之　十三年正
月二十一日臣僚言臣聞善爲國者不慮事功之難成
而憂士大夫之心術不正陛下自更化以來親用正人

尊禮儒術凡海內知名之士收拾略盡庶幾乎濟濟之
風矣而人實不易知知人亦未易緣飾於外類若醇正
察其所安或至回邪託名靖退而志在要君謬曰輸忠
而心實觖望外侮稍息隨時經理可也而虛張邊報者
惟恐事之不符年穀順成社稷靈長之福也而過談災
異者惟恐言之不驗或首鼠兩端爲附會之地或奔赴
勞蹊爲進用之階背公營私貪榮獵譽陰扶默視善禍
幸災異議扇騰一唱百和人心搖於下國論惑於上當
此時而欲求治安不可得也愛君憂國者當如是乎昔
孔子作春秋不誅人顯過而誅人隱慝顯過易見隱慝
難知易見者人得而議焉罰得而加焉難知者非聖人
直筆之公則天下受欺而懲惡之義廢矣故曰春秋成
而亂臣賊子懼臣願陛下體春秋誅心之法風厲群工
俾之洗濯肝膽各揚乃職以濟國事厥或包藏禍心務
靖共臺諫論列以聞如此則百官正而遠近莫敢不一
於正矣其於治道實非小補從之　三月十四日臣僚
言設官分職皆以民統一路曰監司臨千里曰郡守澄清
牧養若不相侔然譬諸手足臂指勢分上下而脈絡貫
通同護元氣豈有一人之身自扞格哉今駕軺車者六
條問事多不經意符移峻急惟自行喜其怒之私或寄
勘公事示之意向以輕爲重者或薦舉人才連篇累牘
以貪爲廉者沽激則過於生事罷軟則殆成具文至於

巡歷又不過舉行故典凡民生之休戚獄訟之繁簡每無與焉大抵養尊自營下情不通此今日監司之大弊也分符竹者承流宣化視爲迂闊財賦之外他無所用其心二稅自有定額不容於不催而支移折變日累歲增民始病矣榷酤算商素號郡計不容於不理而求多計羸創爲措置民又病矣書生則懼乏興俗吏則多貪黷大抵安作者或凌駕其上以爲高乏勢者又矯枉過正曲媚取容此今日郡守之大弊也乞下臣此章風厲于外俾監司以澄清爲任體州郡之事力而大爲之防郡守以牧養爲心凡所以取諸民者皆寓吾之不得已而勿過爲之制存舉職之公去庇局之私體國爲民相

卷三千九百　二十七

勉以正庶幾積久之弊或可漸革從之二十八日臣僚言竊謂國家多事之時上自公卿大夫下至一命之士不擇事而安相與勠力以集事功則殘虜可滅中興可期欲陛下博延人物而臨事有乏才之歎大夫布滿中外而緩急無任之人不務忠赤交相爲婾知已而不知有君知有家而不知有國知有利遂而不知有命義位高者以經濟自負而希榮乎卿相秩卑者以事功自許而雅意於本朝或私相標牓謂某人足以辦某事也某人足以任某責也一旦蒙被推擇未至負荷之難而退縮畏避巧於求免怨望百出簧鼓多端或謂議論不合而欲以此去我良或謂事勢已急而欲以此禍我也以

故宣威之命竟成中輟西蜀謀帥歷時未定三邊官守蕪攝猶多相師成風恬不知怪借曰陳力就列不能者止辭尊居卑者誰歟辭富居貧者誰歟臣見食於人矣未見人淨於食也陛下以禮義廉恥遇其臣而士大夫不知砥節礪行以報君上從蓋曰辭難而獲禍不過免罷尋即復用矣無毛髮之傷而有終身之利何憚而不爲欺何爲不方命耶君猶父也子之從命惟所東西則惡有所不當避利有所不當擇者太祖皇帝征澤潞中書舍人趙逢憚太行之險僞傷足留懷州與時太祖曰此人得非不肯上山者乎侍從之臣自便如此付御史按鞫貶之有天下者以慶賞刑威役使群動非可以姑

卷三千九百　二十八

息爲也扈從辭勞猶不少怠況多事之時推擇任使一失機會利害匪輕臣願陛下酌權時之宜嚴避事之罰有一于此重加竄謫寬裕温之中而濟之以發強剛毅之政庶乎知所戒懼而不敢易紀律也從之　四月二十六日臣僚言臣聞朝廷之根本在州縣州縣之根本在田里民生窮憊日甚一日矣衣食給足者祖居無二三父居無五六富民大家保數世而不失者抑幾何人士大夫顙曰抑強扶弱而不知安富卹貧亦所以爲政也田里貧則國家貧田里富則國家富田里之財即國家之財也在州縣得數十潤屋之民鄉井有所丐貸官府有所倚辦歲稔之和糴年饑之勸糴軍興之助邊需

職官七九之二九

爵度牒令下輒應莫之敢違使田里之間等是窮户則自救不贍焉能佐公上之急哉監司師守政墮一偏疾視大過指為奇貨寧有怨心開告訐之門興羅織之獄或因事文致或事外掊拾不沒入其貲產不已也若惡逆犯盜囊橐亡命法固不容矣而今豈有是哉昔之有力者勢擬王侯今不過等第户而已昔之武斷豪奪凌駕州縣者今不過僥畜自潤避遠官府而已富者怨之府寧免有爭一涉公門即落擭穽擽楚之下頃刻破家田里皇皇重足而立以財擬禍寧若速貧此何等氣象耶陛下選用師守欲得豈弟循良選用監司必不使一哭也而臣耳目聞覩苛政實多借使沒入之財盡歸公上涓滴之水何補江河而四方萬里銜冤茹痛之民呼天茫茫生不如死自昔召水旱之災激盜賊之變靡不由茲臣願陛下覽臣此章戒飭監司師守不得非法估籍民財應日前施行者罰不當罪即以斟酌給還如罪罰相當即以籍錄實數申聞朝廷令項樁管不得移兌分文彼無所利焉自不為矣培垣根本感召和氣莫急於此從之　五月二十三日臣僚言臣聞方今之弊士大夫循私情廢公法齊梁得志寒畯失職請託之風熾僥倖之門開以應副為疏通以守正為怪僻徇私之弊至此極矣乞下臣此章風厲百辟居中者勿私於子弟親戚在外者勿牽於權勢貴要一洗徇私之習率為奉

卷三千九百　二九

多字下脫奉法循吏者少循私廢公者多

職官七九之三〇

法之吏小大相維以輔成中興之功豈不偉歟其或怙終不悛蠹俗亂政臣當不避仇怨論列以聞從之　十月一日臣僚言監司耳目之寄郡守師帥之官非振飭吏治不足以惠民非刺舉公心不足以飭吏孰臧孰否庸孰貪選部内稱職之尤者擢而舉之則百吏莫不激勸摘部内不職之尤者劾而黜之則百姓莫不震慄吏治或飭民瘼自蘇臣奮由諸生粗知田里疾苦竊觀州縣間靖共者少弛慢者多或以贓濫聞或以盧開而上官甘心庇之藐若不知也而巧於結托依附者則虛張聲勢妄作威福恣為猖獗而不卹三尺律如無法視按察官如無人清明之朝詎應有此臣嘗思其故矣監司郡守牽於親故之私情奪於權要之請囑調亭容隱但欲市恩口銜議請喋不得發且不獨不繩其罪又從而勉彊薦進之刺舉若斯果將誰欺夫擁麾乘傳所職何事而忍附下罔上至於委靡敗壞如此哉乞下臣此章風厲內外繼自今郡縣官吏各宜洗心滌慮修舉職業或罪惡具有顯狀而監司郡守故為蒙蔽不以上聞者臣當不避仇怨併將按劾懼責與憲從之　十一月二十九日臣僚言頃見臣僚奏辟官除授不當辭免禁絕未幾循習猶故然置而不問者猶曰辭遜美事也近年士夫愈不識體監司郡無故丐祠大臣侍從殿藩滿歲不嫌有請自餘麾節合俟終更臣不敢以士夫引退為

卷三千九百　三十

非察其本心不過備禮果若疾病多故勇決祈閑直致
其辭費曰不可何至鋪敘猥瑣陳述功能或一路剖決
之微或一郡出納之細不曰驅馳得疾則曰繁劇損心
求退乃所以求榮自遂乃所以自薦豈獨識者笑之而
溺於流俗者亦自笑也褻瀆天聽希望朝廷希歆莫大
乎是乞下臣此章戒飭監司郡守恪恭職業任滿外聽
差除若在任債效彰彰自膺褒擢特不許備禮丐祠若
有迫切情懷願就退閑簡潔陳情乞與從欲其或不畏
物議彊聒自如臺諫抨彈懲一戒百所以長誠實革欺
誕美風俗也從之　嘉定十四年正月一日臣僚言國
寄耳目於一臺嚴紀綱於三院所以糾正官邪振風厲

卷三千九百　三十一

采蓋朝廷正則百官正百官正則萬民莫敢不一其意
微矣臣竊謂今日民不安業者原於吏不稱職萬事之
失其序百司庶府徇私忘公者之過也臣以得於所聞
未敢指斥言之試為陛下陳其略夫位至法從亦適顯
矣公朝之所以待遇不為不至乃身在外尚得附奏言
事況鳴玉曳履於赤墀而獨不聞有已見上殿循循嘿
嘿苟要歲月献納論思之職安在哉北扉西掖所以代
王言常處一代鴻碩雖擇其平時有文名者而詞采凱
敝體製淺陋入所指目即何以聳動四方之觀聽哉三
館二著號為清官雖曰儲英俊之望豈容不宿其業今
謂之編修撿討而足跡不至史館中秘專修會要著庭

尊類目歷而實未嘗考見首尾大師視成於吏手職其
讎校而所校者何書名為是正而所正者何字唐人云
秘書不校勘著作不修撰蓋謂是也學校所以長育人
材涵養士氣師儒之官雖用名流而心術不正者豈得
為無有觀其命題立意多涉險怪校文取士未免朋私
近者省闈專考本經而中選多其故舊用心若是何以
表率諸生主盟公論無怪乎士氣不振人才之不古也
列寺有卿諸曹有郎其選至重去侍從一間耳而闒茸
癃疾者猶得以俎豆其間職業弛惰蓋可知也外而監
司刺舉適其職也今以不按吏為美名以不摘姦為高
事近者支郡守倅互申至于再三監司曾無一言以辯

卷三千九百　三十二

曲直寧不負朝廷之委寄乎餉臺總諸道之財賦邊事
方興督迫誠不容緩而乃一意營私殊不體國裁節綱
解歸之私家方且以之興為辭奏劾郡守寧無愧乎乞
下臣此章風厲中外俾小大之臣洗心滌慮淬厲職業
如或狃於故習莫能自新臣當次彈劾以聞從之　二
十八日臣僚言臣蒙恩親擢供職甫及旬浹吏有錯紙
尾具數十州白臣云本臺公費皆遺他無窠名盡取之
諸郡臣問之其名謂何吏云以修造為詞久例也臣駭
然竊謂憲臺所以糾逖官邪官之失德寵賂章也苞苴
互饋且猶有禁安有身為臺臣書盈亦之紙假修造之
名公取之諸郡邪臣非敢故欲破前人已行之例以法

參掠美誠以職在執憲詎容舉劾而廢法況臣司入臺即移文路監司帥守約以日後並不藉一出一劄近地諸司已有依應到臺緣此求書干擾州郡也入其請逐塞今迺因公帶而有求則是昔言之躬蹈之也臣訪聞上尚而部下而寺監與州郡有干涉者何止一司則假名色而破需索者又不知幾郡其間公帑之積至有一二千緡栗何為哉非飾廚傳則侈饋遺而已州郡鎡錄以上悉取諸民何忍以無名之財供不給之費乎乞下臣此章戒飭諸郡除苞苴及饋已有明文禁戒目全路漕守外凡百官府願以公劄邀取緡錢者並不許供送其有觀望不遵約束容臣覺察按劾以聞臣庶得仕

卷三千九百

於朝而補外者有所謂光局錢法雖不載蓋有未忘舊者自以恩意相遺亦非若邀求而得也從之　二月三日臣僚言臣聞公道明則國維張私情勝則公道泯士大夫以身體國豈當以私情廢公道哉臣謂欲扶公道先遏私情欲遏私情先禁屬託欲禁天下之屬託又當先自近始乞下臣此章明詔中外各宜洗去舊習咸與惟新毋縮私情以害公道其或不悛臣當不避仇怨次第糾劾以聞從之　二十三日臣僚言臣嘗考祖宗盛朝待下有禮度越前代而刑憲之用未嘗敢輕於貪墨得譴者一毫不貸為縣令坐贓則棄市監權酤坐贓則棄市掌官邸坐贓則棄市其次如知齊州犯法則配隸

二十二

沙門知漣水軍坐枉法則配隸深廣淳化天聖間亦以懲貪贓戒侵盜者其法蓋如此其重也世變益降惡齊之行而點踏之行多戊年以來固有出鎮坤維肆加掊斂席卷而行而為蜀士之所恥指旅行邀截者又有分帥江淮私自豐殖滿載而歸而為關津之所譏何異掩衆目者罪重罰輕未快輿論夫當邊聲未靜萬竈屯木牛流馬日慮不及為臣子者正當同心盡瘁而為守邊以寬宵旰之憂顧乃仍習故態上不國體下不恤民惟欲以自肥其家其可得乎陛下仁德高古贓吏坐罪率不致死輕者僅從罷黜重者或止鐫除此已為從厚之至若其所受之贓詎可亦縱而不之問哉欲望聖慈

卷三千九百

俯鑒此章應有以贓敗者與止於降官罷任並須析窮毫實追償入官仍用估籍其家重行貶竄庶幾望法知懼操貪為廉從之　九月二日臣僚言臣聞讜說震驚虞庭所疾譸張為幻周書所戒之欺誕之俗自昔帝王之所必懲也今陛下茂建皇極大明公論士大夫所當精白一心以承休德乞下臣此章風厲中外俾士大夫其各洗心滌慮勵精修業毋以利口為賢則風俗一變庶忠實著矣其或狃於故習怙終不改臣當糾劾以聞從之　十月二十九日臣僚言仰惟祖宗建置臺諫所以糾逖官邪扶持國論權蓋重矣內以嚴堂陛之分外以折姦雄之萌百僚欽手待評四方聞風知畏臺諫重然

二十四

後朝廷尊其意深也今日公朝之待臺諫固無異於祖宗時而士大夫風俗寖不如祖宗之舊位至通顯過惡暴白迫於公論詎容但已不自知過陰肆中傷以圖報復外郡倅貳一沾狼籍為諫臣所劾尚不退聽偃然在任巧為辭說以蓋愆尤身居班列職業不修自懼弗克乃宣言於外某與某官有隙行將及我是殆欲鉗制臺諫塞言路此何等風俗耶州縣微官或遭論罷輒入修門多方營求況大吏乎近自監司帥守職事相關期會或久而不報況選方乎紀綱陵夷風俗消委斷不可長昔在神宗朝監察御史彭汝礪論都檢正俞充有言問充事遂得之何人汝礪卒不對且謂臺諫有言則外

卷三千九百　三十五

之是非得失無復知矣人主之尊且不欲以是責臺臣未聞庶僚公然欲與臺諫辯是與非也慮其攻己則先設隄防以拒其來聞其有言則廣行營救以反其罪糾彈之司若遭忌者慮成姦謀比御史陳堯臣論詩書之先朝也臣待罪風憲學術膚淺豈能望昔人萬一然臺綱所繫責任非輕臣若顧忌而不然是臣負陛下也乞下臣此章申敕在位今後臺諫凡有所論列尚敢不畏公議極姦護惡過自緣飾許臣彈奏重寘典憲從之

十五年二月五日臣僚言竊觀比年臣僚之陳請磨音之申嚴所以為斯民慮者至詳且悉監司郡官不許差令州縣官兼攝縣令闕員惟以佐官就權所以杜干請

清官曹也比聞復有並緣差委者監司不許差寄人下州州不許差寄人下縣不許差寄人下鄉所以革貪殘為民擾也比聞復有違戾弗卹者保正不許催科今則以追欠戶為名實使之催科官坊不得抑勒民戶酤買今則以婚葬為名又從而強抑諸州禁軍專令教閱不許借事私役而邇來未免借事私役淮之萬弩手湖北之義勇京襄之保捷懽習為兵不許雜役差使而邇來未免雜役差使玩法慢令相視而效豈容遵行之吏不謹如是哉乞下臣此章下部檢照已行申嚴戒飭放示監司諸郡俾之洗心滌慮一意奉行如復因仍不革前弊內而御史臺外而監司常切覺察遇者彈劾以聞從之

卷三千九百　三十六

九月二日臣僚言臣聞立法所以為民其始也未嘗不善未流一失則善意泯而弊獨存是非法之罪有諸負法之罪也諸有財產而男女孤幼官為抄劄寄庫謂之檢校俟該年格則給還之法非不善也今檢校之財一入州縣則視同官物率給所須則多方要阻年及有請則故意占吝而必待免轉或支移他用者有之或使數規隱者有之此檢校之法弊也應民戶紛爭未決之財並取贖未定之訟其財皆寄於官謂之寄庫俟已定奪則給還之法非不善也今州縣之間幸其在官則稽為己有而訟既決財合有歸而遷延不給逮其陳訴明白越月踰時物已羽化或稱前官用過者有之或指為

職官七九之三七

支割之數者有之此寄庫之法弊也已撿技而輙支用者論如擅支朝廷封樁錢物法乞嚴飭有司申明前禁應撿校寄庫錢物官司不得妄自侵移合給還而不給還者許民户經臺省越訴其官吏必罰無貸庶幾不失立法之初意從之　十二月二十四日臣僚言頃蒙聖恩備司康院嘗露朴忠以國忌行香不許宴集具之于疏矣朝臣作假不曰感冒則曰足疾自應卧府以俟叅告人不得而謁已則名之曰謁禁已不得而謁人則名之曰禁謁令乃不然指是以為常例假是以為避免呵導出入公然弗顧或置馬於郊坰或擁聲於郎第甚者宴集以盡歡提攜以賞勝上欺君父恬不知怪豈所謂夙夜在公之義哉乞申嚴儀制凡遇給假之官必與禁謁謁禁二者並行無或違戾庶幾法令不為虛設而在位無懷私囿工之風從之　嘉定十六年四月二日臣僚言賦稅者生民之膏血也豈容苛歛以為虐朝廷嘗以帑絹有餘閒令輕價折納而州縣並緣增直益數以取贏者有之夏秋之苗稅自有合收定額而州縣折麥折秫以求多者有之甚而和糴軍儲米穀一切科數以辦而民不聊生矣刑獄者生民之司命也豈容任情以變遷有刃傷四十餘痕不俟州縣結正遽移監司勘鞫而歸之於是刑者有命官贓證已明上司反怒詞首之告訐而先損之於撫獎者甚而視賂批判貽書請囑而

卷三千九百　三十七

職官七九之三八

民無所訴矣科舉以取士薦削以陞改國家之重事也有親孫居母之制而牒就監補中選者有子弟赴監補而中省部以無人就試者有臺郡以空頭舉狀而邀索高價公然求售有小吏求舉不遂而撰造謗語傷陷上官或為試官作暗記以私取或為舉將待納賄而論薦士論宜其未平内外更迭比嘗申嚴矣有職居學館冤轉懇祈言之至再至三欲弗上補外之章官吏被劾罷顯著矣有隱迹近地巧肆經營欲必遂請求之願官職宜其未肅至若巨鎮大闔監司帥守貪婪之極知利而忘禮義知得而廢廉耻國家方此有大為之時憾不極申飭整使之丕變他日必致誤國乞下臣此章以風厲之使弊習一新誠非小補或頑不之卹昧不之革臣當奮不顧身摭取其尤以聞從之　同日臣僚言陛下臨政願治不輟視朝大臣勤勞務未嘗暇逸而内之百執國不偷惰祠祭行事必恭必親可也卒是爾慢視以為常輪當部宿必躬必謹可也託故批歷或委之吏革此何理哉外之州縣官財貨竭於民力而不究其源流獄訟聽於吏姦而不恤其顛不詔旨之下徒掛牆壁簿書期會若將浼焉比年以來士大夫不安義命爭欲速化身已通顯多歷年所未見有急流勇退者郡守奏事雅意本朝知縣滿秩有已赴部注擬差遣之人宿留不歸必欲干求造化為改圖計者殊不知朝廷之官爵可以

卷三千九百　三十八

勵

職官七九之三九

才德取而不可以計取當以勞効得而不可以例得然、何以奔走天下之士而使之有趨赴功之意其寡廉鮮耻有如此者或造戰船或修城壁防閑不至動是擾民或及節鐵之交欲或言歲事之豐歉據所申似若可信求其實殆不可然且督兵出戰也小有勝捷僞冒希賞竊名其間者不可勝計州縣常平義倉米乃斯民之命脉所在多是以新易陳為名支移借兌謂無有指虛為實才遇水旱貴糴則隣邦禁遏勸分則誰肯樂從未免束手無策饑殍之民鮮有不委填溝壑其誕謾不實有如此者國家以仁恕待天下讞議覆奏惟恐過差今之為監司郡守者或振風采於一時或作威福於頃刻以

卷三千九百　三九

徒斷為輕典黥配為常科拘鎖土牢殞於非命械繫妻子旁及無辜估籍或加於平民戮辱忍及於善類甚至不顧三尺妄寘人於死地莫不冤之其慘酷不法有如此者陛下以孝宗皇帝為法深懲而痛革之仍下此章儆戒中外各思勉勵一洗舊習有或不悛臣當不避伏怨次第奏劾以正士風從之　五月一日臣僚言仰惟陛下自臨御以來互送之禁未嘗不嚴而諸路帥臣監司郡守諸軍主帥狃於故習未嘗悛革其為名色不一而足凡有隨分可慶之事必致厚餽互相傳易雖予第館容亦皆有之有疊組于郡者率是併送若曰折會則亦自支破安然受之而不憖到官稍久則尺書交馳此

職官七九之四〇

往來覘以為報甚至以私帑縑帛之屬發下公使庫以充人事折納價錢與盜何異實為蠧耗財計之大端蠧財即所以蠧民蠧民即所以蠧國今州縣閭民生困窮溪壑之欲乃如是其無厭雖季申御史臺稱無違實為文具臺諫亦未嘗懲治一二此風所以尤熾乞下臣此章戒敕諸路帥臣監司郡守內之三衙外之戎閫自今以往一切互送並行住罷仍申嚴舊法行下郡守令通判並職官監司軍帥令本司屬官連銜具有無互送責朝典狀月申御史臺考覈其實如有違戾即行彈奏並以贓論鐫罷黜庶幾可以止絕貪黷之風從之　九月二日臣僚言臣聞事有狃於積習而人不知自獘忽

卷三千九百　四十

於細微而害實滋甚者州縣官以官價市物是也夫謂之成價者以物有價不容私自增減也物有貴賤高下之直初無官市公私之分今之仕于州縣者迺獨不然自一命以上不問官之崇卑率曰例有市買不問物之貴賤率曰例有官價至於公帑宅庫收買一切土宜之物例用官價庫吏又從而乞取人情怨嗟豈世所宜有哉每市價而州縣猥以官價攫取於民生於都邑之外者抑何其幸邪臣豈敢以其事之積習與之細微而不以告乞俯臣此章行下諸路監司戒飭所屬鎮場務仍鏤牓徧貼使民通知自為始並不得以官價買物如有違戾外許監司按劾內則臺諫糾察重寘典憲從之　十

一年三月二日臣僚言仰惟陛下博施濟衆仁覆天下常賦之外一毫不以妄取柰何令之為邑者類無善狀近甸之内有務富其家而飢其民漁肉有所不卹者有容縱其吏而極其歛重複有所不顧者人皆聲苦無所控訴臣當更加體訪不避仇怨次第彈擊其所在最為民害者有二一曰科罰二曰預借何謂科罰之害書曰輕重諸罰有權所謂權者聖人之意蓋原其情之可憫不忍加之以刑故用法以示懲雖曰懲之猶必權其罪之輕重謂不如是則傷民之財甚於傷民之肌體其忠厚惻怛尤於罰而致謹焉令也不然士夫廉節不立嗜利如飴民麗于罰自有成法苟黷貨無厭則一切用罰

卷三千九百四十一

或諭之以修造或彊之以打酒或令寄納稅契頭錢其為名色不一公然白取以資妄用此之囊橐日豐彼之元氣日耗罪懲非辜人極于病可不念哉乞下臣此章戒飭諸路監司郡守常切約束覺察如有縣令循習不悛科罰預借敢為民害者即仰按劾重寘典憲從之

乾德六年取進士柴成務等十一人　添及第下

文獻通考云新制也　函校所注

宋會要

貢舉

太祖建隆元年二月二十日中書舍人扈蒙權知貢舉合格進士楊礪已下十九人　二年二月十日工部尚書竇儀權知貢舉合格進士張去華已下十一人　三年三月十九日翰林學士王著權知貢舉合格進士馬適已下十五人同上　四年二月二十二日樞密直學士薛居正權知貢舉合格進士蘇德詳已下八人　乾德二年三月二日翰林學士承旨禮部尚書陶穀知貢舉合格進士李景陽已下八人同上　三年二月十五日知制誥盧多遜權知貢舉合格進士劉察已下七人　四年二月十

全唐文　卷一萬六百四十一

七日禮部員外郎王祜權知貢舉合格進士李肅已下六人　五年二月十三日知制誥盧多遜權知貢舉合格進士劉蒙叟已下一十人尋詔參知政事薛居正於中書覆試皆合格並賜及第　開寶二年二月二十日樞密直學士趙逢權知貢舉合格進士安德裕已下七人　三年三月三日知制誥扈蒙權知舉合格進士張拱已下八人續詔取十五舉未及第司馬浦已下七人特賜進士出身　四年二月二十四日知制誥盧多遜權知貢舉合格進士劉寅已下十人　五年閏二月三日知制誥扈蒙權知貢舉合格進士安守亮已下十一人文獻通考開寶五年初歲取進士不過十數人知貢

係下第人徐士廉打鼓論榜訴於講武殿重試遂放二十六人始試官李昉被黜御試自此始　添十一人下

一本作取進士王嗣宗等三十人

以下竹注言　九十人下

舉奏合格人姓名而已至是禮部試到進士安守亮等十一人及諸科十七人上召對講武殿始下制放榜新制也　六年二月二十八日翰林學士李昉權知貢舉合格進士宋準已下十一人　七年三月詔權停貢舉　八年二月二十四日以知制誥王祐權知貢舉知制誥扈蒙左補闕梁周翰秘書丞雷德驤並權同知貢舉合格奏名進士王式已下二百九十人　九年三月詔權停貢舉　太宗太平興國二年十月二十一日詔曰朕昨以振舉滯淹詳求俊乂乃以清閑之宴親校賢能之書中我懸科綫多數百所宜暫停貢舉且使進修其禮部貢舉宜權罷一年今年諸州已得解舉人將來特

全唐文　卷一萬六百四十一

免解仍令有司頒行天下　五年正月八日以文明殿學士程羽權知貢舉御史中丞侯陟中書舍人郭贄宋白殿中丞陳鄂尚書博士邢昺權同知貢舉合格奏名進士某乙已下若干人　六年三月詔權停貢舉　八年正月七日以中書舍人宋白權知貢舉知制誥賈黃中呂蒙正李至直史館王沔韓丕宋準司封員外郎李穆監察御史李範秘書丞楊礪權同知貢舉合格奏名進士王禹滿已下若干人　雍熙二年正月十八日以翰林學士賈黃中權知貢舉右散騎常侍徐鉉知制誥趙昌言韓丕蘇易簡宋準禮部郎中張洎直史館范杲宋湜戴貽慶權同知貢舉合格奏名進士陳充已下四

文獻通考至命春官知舉　夾行注

文獻通考至淹車直至於如此　夾行注

百五十八人　三年三月權停貢舉文獻通考雍熙四
年先是上閱試舉人累日方畢宰相屢以春官之職歸
有司如唐故事乃詔歲命春官知舉　端拱元年三月
二十三日以翰林學士宋白權知貢舉知制誥李沆權
同知貢舉准詔令放合格進士諸科程宿已下一百二
十人文獻通考端拱元年禮部放進士程宿以下二十
八人諸科一百一十人牓既出而謗議蜂起上意其遺
材遽召下第人覆試於崇政殿得進士馬國祥以下及
諸科凡七百人以試中為目用白詔紙書其名氏以賜
之令權知諸縣簿尉六月又命右正言王世則等召諸
下第進士及諸科於武成王廟重試得合格數百人上
全唐文　卷一萬六百四十一
覆試詩賦又拔進士葉齊以下三十一人諸科八十九
人並賜及第　容齋洪氏隨筆曰太宗雍熙二年端拱
元年禮部放進士之後慮有遺材至於再試再放雍熙
後試凡百七十六人端拱覆試諸科因此得官者至於
七百一時待士可謂至矣然太平興國末孟州進士張
雨光以試不合格縱酒大罵於街衢中言涉指斥上怒
斬之同保九輩永不得赴舉恩威並行至於如此　二
年正月十一日以知制誥蘇易簡宋準權知貢舉合格
奏名進士陳堯叟已下三百六十八人　淳化元年三
月詔權停貢舉　三年正月六日以翰林學士承旨蘇
易簡權知貢舉翰林學士畢士安知制誥呂祐之錢若

文獻通考至淹貢二人之地耳　夾行注

水王旦權同知貢舉合格奏名進士孫何已下若干人
文獻通考淳化三年是歲諸道舉人凡萬七千餘人蘇
易簡知舉殿試始令糊名考校內出卮言日出詩題試
者不能措辭相叩殿檻上請有錢易者日未中三題皆
就以其輕俊特命出之得孫何以下三百餘人諸科八
百餘人就宴賜御製詩三首箴一首又詔刻禮記儒行
篇賜近臣及京朝官受任於外者併以賜何等初閤殿
第士例賜御詩以寵之至陳堯叟始易以箴至是詩箴
並賜　舊制三史通禮各試三十場每場墨義十道制
自今只試墨義十五場餘十五場抽卷令面讀能知義
理分卞其句識難字者為合格不可者落　自端拱元
全唐文　卷一萬六百四十一
年試士罷進士擊鼓訴不公後次年蘇易簡知貢舉固
請御試是年又知貢舉既受詔徑赴貢院以避請求後
遂為例容齋洪氏隨筆曰淳化三年太宗試進士出卮
言日出賦題孫何不知所出相率叩殿檻乞上指示之
上為陳大義景德二年御試天道猶張弓賦後禮部貢
院言近進士惟鈔略故今文賦懷挾入試昨者御試以
正經命題多懵所出則知題目不示以出處也大中祥
符元年試禮部進士內出清明象天賦等題仍錄題解
摹印以示之至景祐元年始詔御藥院御試日進士題
目具經史所出摹印結之更不許上請　按藝祖太宗
皆留意於科目然開寶八年王嗣宗為狀元止授秦州

司理叅軍當以公事忤州路冲冲怒械繫之於獄然則當時狀元所授之官既卑且不為長官所禮末至如後世榮進所定要路在前之說也至太平興國二年始命第一第二等進士及九經授將作監丞大理評事通判諸州其次皆優等注擬凡一百三十人淳化二年試士第一甲至三百二人皆賜及第太宗時惟此二年科目恩數兩為優渥涑水記聞言大平興國之事以為太宗幸西都張齊賢以布衣獻策帝善之歸語太宗曰吾幸西都得一張齊賢我不欲官之汝異日可收以自輔是牓齊賢中選適在數十人後及注官乃詔盡與超除如此則是通榜恩數之厚是太宗欲曲為張齊賢之地焉

全唐文　卷一萬六百四十一

永語錄載淳化二年之事則以為武當山道士鄧若拙當出神見二仙官相語曰來春進士榜有宰相三人而一人極低如何對曰高低不可易也獨甲科可易不若以第二甲為第一甲道士覺以告人既而唱名上適有宮中之喜因為近臣第一甲多放幾人言此則止遂唱第一甲上意亦忽忽忘之至三百人方悟是年三百五十三人而第一甲三百二人第二甲五十一人丁謂第四人王欽若第若一人張士遜第二百六十人後丁謂王張皆為宰相如此則是黃甲人數之多是神物欲曲為張士遜之地二說頗涉偏私詭異故李大性所著典故辨疑深言其不然愚以為太宗寤寐英賢如恐不及

文獻通考　進取之便耳　為双行注

時出特恩以示獎勵故初無一定之例有如太平興國二年三年第一等第二等並授通判而五年則前二十三名授通判八年則第一甲授知縣雍熙二年第一第為節察推官淳化三年則止前四名授通判則累科授官之崇庳無定例也分甲取人始於太平興國八年然是年第三甲五十四人第二甲一百五十七人反三倍於第三甲之數端拱元年二年則又不分甲淳化三年第二甲五十一人第一甲三百二人反六倍於第二甲之數則累科分甲人數之多少無定例也好事者徒見二張致身宰輔而不擢高科而二科恩例適爾優厚故故必以為曲為二人之地耳　四年三月詔權停貢舉

全唐文　至道元年三月詔權停貢舉　卷一萬六百四十一　二年三月詔權停貢舉

真宗咸平元年二月十九日以翰林學士楊礪權知貢舉知制誥李若拙直昭文館梁顥直史館朱台符權同知貢舉尋詔放合格進士孫僅已下五十一人文獻通考真宗咸平元年詔禮部放榜得進士孫僅已下五十人高麗賓貢一人自淳化五年停舉凡五年至是始行之其年容州發解官坐薦送非人當入金特詔停任因詔告諭諸路以警官吏　容齋洪氏曰按登科記孫僅榜五十人自第一至十四人惟第九名劉燁為河南人餘皆貫開封府其下二十五人亦然不應都人士中選如是其多疑外方寄名託籍為進取之便耳　二年正月十日以禮部尚書

温仲舒知貢舉御史中丞張詠知制誥師頏權同知貢
舉準詔合格進士孫暨已下七十一人　三年二月三
日以翰林學士王旦權知貢舉知制誥王欽若直集賢
院趙安仁權同知貢舉且知樞密院復命史館湛合格
奏名進士李庶幾已下五百四十七人　五月二十四
日詔權停貢舉一年　五年正月十一日以吏部侍郎
陳恕翰林學士師頏權知貢舉主客郎中謝泌屯田郎
中楊覃權同知貢舉合格奏名進士王曾已下七十八
人　六年五月四日詔曰貢闈之設用采時髦言念遠
方歲皆上計未遑肄業遽已飭裝頗聚學之勤有異育
材之旨宜令禮部權停今年貢舉　景德二年正月十
全唐文　卷一萬六百四十一
四日以翰林學士趙安仁權知貢舉右諫議大夫晁迥
龍圖閣待制戚綸直昭文館陳充直史館朱巽權同知
貢舉合格奏名進士劉滋已下四百九十二人　六月
一日詔曰今歲薦闈禮闈並臻時彥四方之士充賦斯
來兩河之間後期可念既升名于貢部乃射策于廣庭
則有詞旨優長經義精富悉登上第允叶旁求復有滄
四歲時滌倒揚屋嗟其晚暮亦用甄收重念貢舉之門
因為循弊蹤競斯甚謬濫益彰至有屬詞未識於師資
專經不曉于章句攘竊古人之作僥倖所習之書假手
成文遂口授義紀已黜于醜行自猶振于屈聲匪徒黜
落以貽羞國亦詐欺而有發士之干祿豈有然乎其貢

舉宜令權住二年且使各務服勤專學術無失大成
之義將蒞行之懷仍委禮部貢院今後科場精加考
試比者亦有州郡全無解送如其實負若辛何以使之
淹滯不能貢士是謂曠官將來秋賦有敢顧避全不解
入必行朝典　四年十二月二十二日以翰林學士晁
迥權知貢舉知制誥朱巽王曾龍圖閣待制陳彭年權
知貢舉合格奏名進士鄭向已下并諸科八百九十一
人　大中祥符二年五月七日詔曰俊造之科賢能所
出臨軒校藝既搜采以居多隨計干名亦勞費之斯甚
有妨肄業詎稱求財當務斂修副慈慮於宜權罷今年
貢舉　三年五月四日詔權停貢舉　五年正月四日
全唐文　卷一萬六百四十一
以翰林學士晁迥權知貢舉樞密直學士劉綜知制誥
李維龍圖閣待制孫奭權同知貢舉合格奏名進士綦
乙已下一百九十人　六年五月二日詔權停貢舉
八年正月十三日以兵部侍郎修國史趙安仁權知貢
舉翰林學士李維知制誥盛度劉筠權同知貢舉合格
奏名進士高餘已下八十九人　五月四日詔權停貢
舉　天禧元年五月四日詔權停貢舉　三年正月九
日以翰林學士錢惟演權知貢舉樞密直學士王曉工
部侍郎楊億知制誥李諮權同知貢舉合格奏名進士無
程戡已下二百六十四人　四年五月四日詔權停貢
舉　五年五月三日詔權停貢舉　乾興元年五月九

日（仁宗已即位未改元）詔曰：朕以初紹慶基，祗若燾思，綏邦域誠渴佇於群材，營奉山園屬將臻於同軌，顧舉號之罔極，實論辨之靡遑。言念時髦阻從鄉賦，勿軫淹滯之歎，愈思飭勵之方，勉俟詳延，體茲敦諭。宜令禮部貢院權住貢舉一年。仁宗天聖二年正月十四日，以御史中丞劉筠權知貢舉，知制誥宋綬、陳堯佐，龍圖閣待制劉燁權同知貢舉。合格奏名進士吴感已下二百人。三年五月二日，禮部貢院言：今年貢舉乞賜指揮。帝曰：去歲於及第人數不少，然而覽其程試多未盡善，今宜權罷貢舉，各令勵志修學。宰臣王曾奏曰：前來遠郡下第舉人方到鄉里，今若復許随計，何暇温習事業。即降詔

全唐文　卷一萬六百四十一

曰：朕祗紹丕基，思皇群士，用廣得人之路，庶資致治之方。前歲肇闢禮闈，洽臻鄉秀，遵先朝之舊制，至考藝於有司，將辨等威，俾崇選取，朕親臨軒陛，面錫科名。其或久困詞場，累從賓薦，矜其淹滯，宜示甄收，在於掄揚，斯亦至矣。事周歲序，將及計偕，言念學古之流，或切干名之志，非愈加於修勵，則曷副於詳延。暫罷貢書，更期肄業，勉務日新之益，慰茲應佇之懷。其貢舉宜令禮部貢院更權住一年。五年正月十二日，以樞密直學士劉筠權知貢舉，龍圖閣直學士馮元、知制誥石中立、龍圖閣待制韓億權同知貢舉。合格奏名進士吴育已下四百九十八人。六年五月十二日，詔權停貢舉。八年

正月十二日，以資政殿學士晏殊權知貢舉，御史中丞王隨、知制誥徐奭、張觀權同知貢舉。合格奏名進士歐陽脩已下四百一人。九年三月，詔權停貢舉。明道元年三月，詔權停貢舉。二年三月，詔權停貢舉。景祐元年正月十六日，以翰林學士章得象權知貢舉，知制誥鄭向、胥偃、李淑，直史館、同修起居注宋郊權同知貢舉。合格奏名進士黄庠以下六百六十一人。二年三月，詔權停貢舉。五年正月十三日，以翰林學士丁度權知貢舉，翰林學士胥偃、侍讀學士李仲容、知制誥王堯臣、鄭戩並權同知貢舉。合格奏名進士范鎮已下四百九十九人。寶元二年三月，詔權停貢舉。康定

全唐文　卷一萬六百四十一

元年三月，詔權停貢舉。慶曆元年三月，詔權停貢舉。二年正月十二日，以翰林學士聶冠卿權知貢舉，翰林學士王拱辰、蘇紳，知制誥吴育，天章閣待制高若訥並權同知貢舉。合格奏名進士楊寘已下五百七十七人。三年三月，詔權停貢舉。四年三月，詔權停貢舉。六年六月十四日，以翰林學士孫抃權知貢舉，御史中丞張方平、龍圖閣直學士高若訥、集賢校理同修起居注楊偉、錢明逸並權同知貢舉。合格奏名進士裴煜已下七百一十五人。七年三月，詔權停貢舉。皇祐元年正月十二日，以翰林學士趙槩權知貢舉，翰林侍讀學士張錫、天章閣待制王贄、張揆、天章閣侍讀趙師

民並權同知貢舉合格奏名進士馮京已下六百三十七人　五年正月十二日以翰林學士承旨王拱辰權知貢舉翰林學士曾公亮翰林侍讀學士胡宿知制誥蔡襄王珪並權同知貢舉合格奏名進士徐無黨已下六百八十三人　嘉祐二年正月六日以翰林學士歐陽脩知貢舉翰林學士王珪龍圖閣直學士梅摯知制誥韓絳集賢殿脩撰范鎮並權同知貢舉合格奏名進士李寔已下三百七十三人　十二月五日詔禮部貢院自今間歲一開科場　四年正月十一日以翰林學士胡宿權知貢舉翰林侍讀學士呂溱知制誥劉敞並權同知貢舉合格奏名進士劉摯已下二百人　六年正

全唐文　卷一萬六百四十

月八日以翰林學士王珪權知貢舉翰林學士范鎮御史中丞王疇並權同知貢舉合格奏名進士江衍已下二百人　八年正月七日以翰林學士范鎮權知貢舉知制誥王安石天章閣待制司馬光並權同知貢舉合格奏名進士孔武仲已下二百人　英宗治平二年正月九日以翰林學士馮京權知貢舉翰林侍讀學士范鎮知制誥邵必並權同知貢舉准詔放合格奏名進士彭汝礪已下二百一十三人　三年十月六日詔禮部貢院今後每三年一開科場（以上國朝會要）　治平四年正月二十五日（神宗已即位未改元）以龍圖閣直學士司馬光權知貢舉知制誥韓維邵亢並權同知貢舉准詔放合格進士許

安世已下三百六人　神宗熙寧三年正月九日以翰林學士承旨王珪權知貢舉御史中丞呂公著知制誥蘇頌直集賢院同脩起居注孫覺並權同知貢舉合格奏名進士陸佃已下三百人　六年正月九日以翰林學士曾布權知貢舉知制誥呂惠卿天章閣待制鄧綰直舍人院鄧潤甫並權同知貢舉合格奏名進士邵剛已下四百八人　九年正月八日以翰林學士鄧綰權知貢舉知制誥鄧潤甫集賢校理同脩起居注蒲宗孟並權同知貢舉合格奏名進士張峨已下四百二十六人　元豐二年正月九日以翰林學士許將權知貢舉知制誥蒲宗孟天章閣待講黄履直舍人院沈季長並權

全唐文　卷一萬六百四十

同知貢舉合格奏名進士三百四十八人　五年正月九日以翰林學士李清臣權知貢舉知制誥舒亶侍御史知雜事滿中行並權同知貢舉合格奏名進士四百八十五人　八年三月二十六日以兵部侍郎許將給事中陸佃秘書少監孫覺並權知貢舉准詔放合格奏名進士焦蹈已下四百八十五人（先差尚書戶部侍郎李定權知貢舉給事中兼侍講蔡卞起居舍人朱服權同知貢舉以貢舉院火至是再差也）　哲宗元祐三年正月以翰林學士知制誥蘇軾權知貢舉吏部侍郎孫覺右諫議大夫孔文仲權同知貢舉合格奏名進士五百二十三人　六年正月九日以翰林學士知制誥范百祿權知貢舉天章閣待制吏部侍郎顧臨國子司業孔

武仲權同知貢舉合格奏名進士五百一十九人　紹聖元年正月十八日以兵部尚書鄧溫伯權知貢舉翰林學士范祖禹戶部侍郎王覿侍御史虞策權同知貢舉合格奏名進士五百一十三人（是年二月八日鄧溫伯就院除尚書左丞以范祖禹為知貢舉）四年正月十四日以翰林學士林希權知貢舉刑部侍郎徐鐸起居郎沈銖同知貢舉合格奏名進士五百六十九人　元符三年二月十四日（徽宗已即位未改元）以尚書吏部侍郎徐鐸權知貢舉給事中趙挺之寶文閣待制何執中起居郎吳伯舉同知貢舉准詔放合格奏名進士李釜已下五百五十八人　徽宗崇寧二年正月十八日以兵部尚書安惇權知貢舉尚書吏部侍

全唐文　卷一萬六百四十一

郎劉拯尚書吏部侍郎鄧洵武尚書兵部侍郎范致虛權同知貢舉合格奏名進士五百三十八人　三年貢士知舉官闕合格貢士一十六人　四年貢士知舉官闕合格貢士三十五人　五年正月五日以兵部尚書朱鍔知貢舉御史中丞侯蒙吏部侍郎白時中大司成薛昂同知貢舉合格奏名進士六百七十一人　大觀元年貢士知舉官闕合格貢士四十人　二年正月二十三日以吏部尚書余深知貢舉給事中蔡薿中書舍人霍端友同知貢舉合格貢士五十一人　三年正月六日以兵部尚書薛昂知貢舉吏部侍郎慕容彥逢禮部侍郎李圖南給事中霍端友中書舍人余梟右諫議

大夫蔡居厚侍御史劉安上府寶郎宇文粹中同知貢舉合格奏名進士六百八十五人　四年正月十九日以工部尚書李圖南知貢舉尚書吏部侍郎慕容彥逢尚書禮部侍郎霍端友並同知貢舉合格貢士一十五人　政和元年正月十九日以尚書吏部侍郎兼實錄修撰同修國史姚祐知貢舉中書舍人兼實錄脩撰同脩國史充議禮局詳議官宇文粹中尚書禮部侍郎滿兗並同知貢舉合格闕　二年正月八日以翰林學士蔡薿知貢舉尚書吏部侍郎慕容彥逢給事中宇文粹中起居舍人張漴並同知貢舉合格奏名進士宇文黼七百一十三人　三年正月十九日以試兵部尚書俞㮚（梟）知貢

全唐文　卷一萬六百四十一

舉給事中宇文粹中試中書舍人張漴並同知貢舉合格貢士一十九人　四年正月二十三日以吏部尚書兼侍讀脩國史張克公知貢舉吏部侍郎霍端友兵部侍郎同脩國史宇文粹中同知貢舉合格貢士一十七人　五年正月六日以戶部尚書兼侍讀王甫知貢舉刑部尚書兼侍讀慕容彥逢給事中同脩國史翟汝文大司成同脩國史馮熙載同知貢舉合格奏名進士六百七十人　六年閏正月二十二日以刑部尚書慕容彥逢知貢舉尚書禮部侍郎張漴起居舍人宇文黃中同知貢舉合格貢士一十一人　七年正月二十一日以兵部尚書蔣猷知貢舉大司成王孝迪中書舍人李

選舉一之一五

邦彥太常少卿賈安宅並同知貢舉合格貢士一十二
人　八年貢士知舉官闕合格進士七百八十三人
宣和元年正月二十一日以御史中丞陸德先知貢舉
給事中趙野起居郎李綱同知貢舉合格進士五十四
人　二年正月二十二日以禮部尚書王孝迪知貢舉
給事中盧襄中書舍人楊執禮同知貢舉合格貢士六
十六人　三年正月十二日以翰林學士趙野知貢舉
尚書兵部侍郎黃齊給事中郭三益同知貢舉合格奏
名進士六百三十人　六年正月二十三日以翰林學
士承旨兼侍講脩國史宇文粹中知貢舉尚書吏部侍
郎同脩國史王時雍中書舍人沈思何㮚王綯左司諫
全唐文　卷一萬六百四十一
馬伯張並同知貢舉合格奏名進士八百五人（以上國朝會要）
高宗建炎二年紹興二年以軍興道權權宜諸路類
試（事見雜錄）紹興五年六月二十六日以翰林學士孫近知
貢舉給事中廖剛中書舍人劉大中同知貢舉合格奏
名進士樊光遠以下二百一人　八年四月二十七日
以翰林學士知制誥朱震知貢舉給事中張致遠起居
舍人句龍如淵同知貢舉合格奏名進士黃公度已下
二百一十二人　十二年正月二十四日以給事中程
克俊知貢舉中書舍人王鈇右諫議大夫羅汝楫同知
貢舉合格奏名進士何溥已下二百五十四人　十五
年正月二十四日以右諫議大夫何若知貢舉權吏部

選舉一之一六

侍郎陳康伯秘書少監游操同知貢舉合格奏名進士
林機以下二百三十人　十八年二月十二日以權吏
部侍郎邊知白知貢舉權禮部侍郎周執羔右正言巫
伋同知貢舉合格奏名進士徐履以下二百三十二人
二十一年三月七日以禮部侍郎陳誠之知貢舉殿
中侍御史湯允恭右正言章夏同知貢舉合格奏名進
士鄭聞已下二百三十七人　二十四年正月九日以
御史中丞魏師遜知貢舉權禮部侍郎湯思退右正言
鄭仲熊同知貢舉合格奏名進士秦塤以下二百六人
二十七年正月九日以御史中丞湯鵬舉知貢舉中
書舍人王綸起居郎趙逵同知貢舉合格奏名進士張
全唐文　卷一萬六百四十一
孫卿以下二百四十三人　三十年正月九日以御史
中丞朱倬知貢舉右諫議大夫何溥起居郎黃中同知
貢舉合格奏名進士劉朔以下二百五十四人（以上中興會要）
孝宗隆興元年正月九日以翰林學士承旨洪遵知貢
舉兵部侍郎周葵中書舍人張震同知貢舉合格奏名
進士木待問以下五百六十人　乾道元年二月二十
九日詔曰開學校以育一時之英設科舉以來四方之
俊彥從大比率用三年宜安里選之公各就秋闈之賦
出貢次蘊藏之富應司存程度之嚴與計吏以偕來適
大廷而親策用副虛心之待豈惟好爵之縻當體至懷
勿忘故事　二年正月九日以中書舍人蔣芾知貢舉

權戶部侍郎林安宅起居舍人梁克家同知貢舉合格
奏名進士何澹以下四百九十二人　四年三月一日
詔曰蓋聞治道以得賢為首非博採而精鑒之覽奚由
進惟我祖宗以來建學設科以風厲四方之多士取其
尤賢者寘之公卿大夫之列二百餘年間治效煥然視
漢唐有光矣朕祇承洪業夙夜不敢康惟豪傑之士所
在而有常懼其逸遺也三年賓興著在令典有司具為
朕選擇可者令偕計吏升于春官朕將進之大廷詢以
言而試以事焉布告天下使明知朕意　五年正月九
日以吏部尚書兼侍讀兼權翰林學士汪應辰知貢舉
給事中兼侍讀兼直學士院梁克家右諫議大夫兼侍

全唐文　卷一萬六百四十一

講陳良祐同知貢舉合格奏名進士方恬以下三百九
十人　七年三月一日詔曰朕稽列聖之詒謀本右文
而為治每在虛己務在得人遵三年大比之常廣博收
於儒效舉四海來遊之彥顧敢後於兵興要使無失職
之嗟斯各攄濟時之略既嘉言之罔伏宜庶績之咸熙
可令有司精覈多士俾偕秋計較藝春官且將親策于
廷以盡求賢之道布告天下明體朕懷　八年正月九
日以翰林學士知制誥兼侍讀王曮知貢舉中書舍人兼
同脩國史兼實錄院同脩撰趙雄侍御史李衡同知貢
舉合格奏名進士蔡幼學以下三百八十九人（以上乾道會要）

宋續會要貢舉

孝宗淳熙元年二月二日詔曰蓋聞君唯急於求賢國
莫彊於得士校其行藝在周嘗謹於賓興試以文辭至
唐尤備於科舉永念累朝之制具存三歲之常翕受群
英明熙庶績朕祇承體緒丕闡大猷純化欽綱將躋帝
皇之盛通儒碩學尚虞巖穴之遺肆因大比之期率用
有司之典爰加詔諭咸俾朋來業有不勤爵無予吝諒
渾涵於素蘊當淬勵於宏圖考諸鄉而獻書黨間定論
造於庭而親策敢緩詳延布告多方使知朕意　二年
正月九日以翰林學士知制誥兼太子詹事兼侍讀王
淮知貢舉給事中胡元質侍御史范仲芑同知貢舉得

卷一萬六百四十四

合格奏名進士章穎以下二百四十四人　四年二月
一日詔曰朕惟四術以造士三年而興賢崇化屬俗未有越
先於此者粵予涼菲寤寐髦雋郡國詔書凡五下矣期
無愧於前聞有補於當世此豈為虛文也哉與言大比
今復其時乃飭攸司申諭朕志其各以賢能之書來上
朕將親策于廷使在吾選中者皆足以章明治教振宣
事功豈惟予一人以寧時尔多士亦與有無窮之聞
五年正月七日以權禮部尚書范成大知貢舉試尚書
刑部侍郎兼侍講程大昌試右諫議大夫蕭燧同知貢
舉得合格奏名進士黃潾以下二百二十六人　七年
二月二日詔曰蓋聞人材衆而邦國寧儒術行而治化

羡思皇多士周並命於六鄉閭出異人漢旁開於數路
洪惟聖代丕闡文風既通才碩學之攸興乃鉅德元勳
之相望逮予菲質率是彝章屬覽有司之陳當修貢士
之制爰加詔諭咸俾言揚獻賢能之書儻精求而上達
陳治安之策庶延進以周詢宣襄虛文尚圖實用布告
中外明識朕懷　八年正月八日以吏部尚書兼侍讀
兼修玉牒官王希呂知貢舉禮部侍郎鄭丙侍御史黃
洽同知貢舉得合格奏名進士俞烈以下三百人　十
年三月一日詔曰國家側席族賢闢門籲俊三年大比
倣周制之賓興百郡群掐集漢科之茂異咸副明明之
選用隆濟濟之風歲屬啓於舉闈求弥先於藝實俾升

卷一萬六百四十四

名於外府仍論秀於春官朕將延對大庭周詢上務庶
博洨於魏彥期協濟於功業咨爾庶邦体予至意　十一
年正月九日以户部尚書兼侍讀王佐知貢舉中書舍
人兼侍講王藺右正言蔣繼周同知貢舉得合格奏名
進士邵康以下二百四十六人　十三年二月四日詔
日周以三年而考藝禮重賢能之興漢由數路而得人
制嚴郡國之選粤我朝之取士參前代之設科崇太常
講勸之功廣司馬論升之法網羅該備秀茂羣臻自朕
初元再涉周星之紀若時常憲八登鄉老之書菁菁方
喜於人材濟濟蓋生於王國屬當大比敢後旁招飭秋
計以偕来郎春官而明試公卿多文學之士要皆出於

此塗英俊陳治平之原將更勤於親策勉修素業期副
至懷　十四年正月二十日以翰林學士知制誥兼侍
講兼修國史洪邁知貢舉權刑部尚書兼侍講兼太子
詹事葛邲右諫議大夫陳賈同知貢舉得合格奏名進
士湯璹以下二百七十九人　十六年正月二十六日
詔曰國家以科目取士以三歲賓興得人之盛視古亡
愧朕謹守成法靡所變更故於大比之年首下詳延之
令非顓應故事爲文具而已夫奔軼絕塵之才或窘於
聲律窮經嗜右之士或昧於世務宜令有司考覈其長
吏二千石以時勸駕俾預計偕朕將試之春官親策于
庭拔其尤異縻以好爵布告天下使明知之（以上孝宗會要）　淳

卷一萬六百四十四

熙十六年二月四日登極赦應舉人除犯徒已上及真
决人外其餘因事殿舉及不得入科場之人雖有不以
赦降原免指揮可並許應舉　八月二十九日臣僚言
四川進士及宗子該遇覃霈補授觀其所陳之詞多係
當得之人求其所據之籍則無可考之迹蓋緣四川去
朝廷遠貢籍不以時至或全舉不申或累年未到或有
正解之名而無免解之數與行在省試之籍不同移文
取會動淹歲月待報之人未免失所乞下川蜀將省部
見行取會文字日下供報其合發貢籍遵依條令速申
省部從之　九月二十一日右諫議大夫何澹言竊惟
國家三歲一舉士事體不輕四方士子衝冒嚴寒引試

之時春令尚淺間遇風雪則筆硯冰凍終日呵筆書字不成縱有長才莫克展布年高之人至有不能終場者今欲展半月定以二月一日引試從之紹熙三年亦如之十一月二十五日詔自今歲試闈六經義並不許出闕題亦不得摘取上下經文不相貫者為題先是以國子祭酒沈揆言六經自有大旨坦明正道不容穿鑿闕題既摘經語必須大旨相近今秋諸郡解試有書義題用在璇璣玉衡以齊七政闕舞干羽于兩階七旬有苗格者據此題目判然二事略不附近豈可相關謬妄如斯傳者嗤笑此則闕題之弊有易義題云時乘六龍以御天也雲行雨施天下平也至此當止矣而試官復摘下文君

卷一萬六百四十四

子以成德為行相連為題據此一句其義自連下文若止已上四句為題有何不可此則命題好異之弊宰執進呈上曰出題礙理識不可不革見說近時科場文格卑陋將來省試須是精擇試官故有是命　紹熙元年正月十四日詔臨安府免解人令禮部貢院令項考校具終場人數取旨量行取放元審實不當官趙汝忱降兩資敘罷既而以臣僚言近年士風不競廉恥泯喪京師首善之地士子試登極恩例十百為羣詣臺省陳乞恩澤遂至兩終場兩得免者數百人係學冒籍得免者又數百人例皆計屬府學學司詐為干照皆得預免舉與廉恥始進若此萬一得試春闈而又為有司收錄則士類豈不羞與為伍故有是命　二十四日以吏部尚書兼侍講鄭僑知貢舉右諫議大夫兼侍講何澹權尚書吏禮侍郎陳騤同知貢舉得合格奏名

進士湯璹以下五百五十七人　五月二十四日臣僚言貢舉條制最為嚴密向使有司一一舉行必無輕犯條制者謂如結保必須相識使其人果是庸繆或假手以得解或多貲以經營或挾人以同行為相識者豈不知之然而同保之罰不行故輕易與之結保此當嚴者一也保官必須批書印紙使其人果偽冒或不相諳委或所牒大多自合審細然而保官之罰不行故輕易與之為保此當嚴者二也所差簾外官如封彌監門必得精明稍有力量之人庶可檢柅吏姦內封彌官尤為緊切仍須兩員同共機察臣竊聞封彌官亦有周旋親故之弊或取他人文卷之佳者改移入親故卷內若得兩

卷一萬六百四十四

員庶相牽制此當嚴者三也所差巡邏之人必令皇城司揀選不生事而亦不敢為姦弊者庶免及（反）為道地此當嚴者四也其謄錄人自今須十名為一甲並要親身不和（許）顧代名如有代名之人許甲內自陳其不首者他日事發並同犯人坐罪從之　七月十八日宰執進呈禮部侍郎兼直學士院兼權給事中李巘中書舍人羅點起居舍人兼權中書舍人莫叔光看詳國子司業計衡奏士子科舉一於經義則或不足於詞藻一於詩賦則或不根於理致乞照紹興十三年國子司業高閌條具太學課試及科舉三場之制臣等謂兩科之分其來已久紹興十三年二十七年臣僚申請兼科取士非不

詳盡然皆行之一舉隨即分科蓋緣人材各有所長難以求備勉强取辦終不能精强其所劣併喪所長雖乎時場屋有聲之人亦復未免指謫臣等竊謂宜如舊便上曰士人各有所長亦不必拘兼經　二年七月十六日禮部尚書李巘言乞下四川自今試院開牓即時委官編輯貢籍詳著本人姓名及三代年甲曾舉不曾終場係與不係試下明白該載發赴省部毋得稽緩庶幾别無隱漏差誤之患免致徒有取會往來之勞從之

十一月二十七日南郊赦應舉人因事殿舉及不得入科場之人除犯徒罪以上及貢決未曾改正編管未放逐便人外可並許應舉其枉被刑責人若元斷官司不為保奏仰諸路監司遇有訴理委官索案看定如實係枉斷即令所屬依條保奏施行　三年二月一日詔曰國家選士命卿大夫賓興而獻其書漢室舉賢詔郡太守身勸而為之駕在禮甚重得人宜多眷惟本朝率用此制每當三年之大比特下一札以詳延肆朕纂承加意搜攬念庠序作成之久必有俊髦而巖穴幽隱之間豈無遺逸茲申諭旨各俾言揚充秋賦以朋來升官而論定大廷親策冀聞忠讜之陳好爵尔縻共赴功名之會庶圖實用式副虛懷　四年正月二十四日以吏部尚書兼侍讀趙汝愚知貢舉給事中黄裳左司諫胡琢同知貢舉得合格奏名進士徐邦憲以下三百九十六

人　三月八日吏部尚書兼侍讀趙汝愚給事中黄裳左司諫胡琢知貢舉畢同班奏事上宣諭曰聞今年取得人甚好汝愚等奏曰今年所取省試前名偶多得四方知名之士臣等在貢院多用論策參考是以多得老成上曰少年輕俊之人往往會做得文字朝廷取人當先器識所取文字須是典實汝愚等奏曰朝廷設科之意本是要取人才但看文字氣骨如何若大鋒好雖有小疵却自可略即是得人也上以為然　以上光宗會要

文獻通考：光宗初建議者云省闈試士春令尚淺天寒晷短閘過凮雪則硯冰筆凍書字不成縱有鉅材莫竟展布請展至二月朔而殿試則於四月初選日從之

慶元元年正月二十六日內降詔曰古者以德行道藝興賢然惟用於長治微世以經術辭章取士顧乃任於公卿今之選舉已非古之詳古之官使孰與今之寵士斯世何患遺才學蓋訪落之初尤急親賢之務孰當大比申飭攸司方側席興見晚之嗟諒彈冠起觀光之志其為勸駕以副虛懷　二年三月九日以吏部尚書葉翥知貢舉吏部侍郎倪思右諫議大夫劉德秀同知貢舉得合格奏名進士莫子純以下三百八十八人　四年二月一日詔曰朕惟立國之經尤重取人之制故其德行周莫盛於賓興較以文辭唐益嚴於貢舉肆

卷一萬六百四十五

基緒丕廸訓謨嘗循三歲之彝庸廣群材之彙然浮崇雅雖加汲於實能言古驗今顧未呈於親覽將謹臨軒之始或多在野之遺爰飭有司式稽大比俾朋偕於秋賦期悉上於春官英俊陳治平之原佇躬垂問郡國選儁習之士尚副詳延咨尔多方體予至意　五年三月一日以禮部尚書黃由知貢舉吏部侍郎胡紘侍御史劉三傑同知貢舉得合格奏名進士蘇大璋以下二百五十四人　嘉泰元年二月一日詔曰周室興賢之典必攷德以為先唐家進士之科與明經而並列粵惟我宋稽合前猷內闢膠庠之規外分郡國之學於平時而教詔至大比以言揚縣立制之兼詳故得人而獨盛逮

于菲質率厥舊章念凡科目之求實乃公卿之選思得潔修之士嘗再下於詔書急聞切直之言既一加於親策益屬予恭默之際敢忘尔功名之圖矧天相於邦家必世多於髦儁薰陶寖久蘊蓄宜豐雖於數路以旁招取以三年而非數列郡將嚴於勸駕道司毋怠於程能偕計吏而來當深明於世務有好爵之與斯無靳於尔縻其以至懷孚于衆聽　二年三月一日以禮部侍郎木待問知貢舉起居郎王容右正言施康年同知貢舉得合格奏名進士傅行簡以下三百二十五人　四年二月二日詔曰蓋聞自昔帝王勤于求賢而逸於得人故自即位以來三下賓興之詔英材輩出為國之光永

卷一萬六百四十五

惟祖宗之洪業任大而守重非賢不乂聖有格言得士者昌古有明訓旁搜博取使巖穴幽隱畢為時用乃當今之上務三年大比彝制具存其勅有司精擇拔其尤者令偕計吏升於春官朕將延對大廷俾陳治安之策而施行之布告天下使明知朕意　開禧元年三月一日以禮部尚書蕭逵知貢舉中書舍人陸峻右諫議大夫李大異禮部侍郎兼直學士院李壁同知貢舉得合格奏名進士林執善以下二百五十九人　三年二月一日詔曰朕宵旰庶政寤寐群英念治今日者亟借異代之賢而習先聖者宜明當世之務粵從臨御屢俾搜揚矧益多事之時莫若得人之急惟道德之富庠序之

所作成賢能之書鄉閭之所推擇屬當大比其悉上聞
竹陳治平之元弍赴功名之會彊學待閒問諫樂齹於忠
嘉量材授官庶協國於康濟洛尔多士體予至懷　嘉
定元年三月一日以吏部尚書兼翰林學士樓鑰知貢
舉兵部尚書倪思中書舍人蔡幼學右諫議大夫葉時
同知貢舉得合格奏名進士宋倚以下二百七十三人
三年二月一日詔曰朕惟我祖宗張設科目以網羅
天下之彥彪臣碩輔多此塗出庶幾虖三代選舉之意
朕以凉非獲承丕緒所與共天位治天職者非一時賢
士大夫虖故自戢作以來凡數下賓興之詔思得英傑
協圖康濟然而士氣堙鬱未獲盡伸文体萎薾未克復

〈卷一萬六百四十五〉

古朕方注懷人物加意作成惟淵源醇正之學是崇惟
直亮鯁切之言是用四海之士聞風興起既有日矣今
茲大比尔多士其各抒所韞試於有司賢書來上朕將
親策於廷以備器使詩不云虖鳶飛戾天魚躍於淵豈
弟君子遐不作人朕之激昂士類蓋與周之先王同出
一揆尔多士其可不勉自湔濯以副朕招徠之意虖
四年三月一日以吏部侍郎汪逵知貢舉吏部侍郎劉
爚禮部侍郎曾從龍左司諫范之柔同知貢舉得合格奏
名進士周端朝以下二百五十五人　六年二月一日
詔曰朕寤寐髦雋協濟治功即位以來下賓興之詔凡
六矣濟濟多士布列中外因其材而器使之蓋庶幾古

者數奏明試之意豈直為文具循故事而已哉夫上以
實用求下必以實材應今茲大比郡群有司其精加考覈
令與計偕經術惟正論是崇詞章惟典雅是尚毋為曲
學毋事虛文朕將試之春官拔其尤者親策於廷異時
出長入治皆繇此其選為各務搜揚以稱朕意　七年
三月一日以刑部尚書曾從龍知貢舉禮部侍郎范之
柔左諫議大夫鄭昭先刑部侍郎劉爚同知貢舉得合
格格奏名進士姚宏中以下二百七十人　九年二月
一日詔曰周當大比必登鄉老之書唐設衆科尤責進
士之選非賢不乂振古如茲仰惟列聖之詒謀聿嚴三
歲之成法肆菲涼之嗣服賴髦雋以圖功將再紀於周

〈卷一萬六百四十五〉

星七攽於詔旨思皇多士為王國以克生欽乃攸司俾
文闈之精覈經術宜通於緼奧詞章毋尚於浮華偕秋
計以朋來升春官而論定大廷親策樂聽讜言好爵尔
縻庶收實用式佇觀光之盛更資勸駕之勤告尔多方
體予至意　十年三月一日以兵部尚書黃疇若知貢
舉工部尚書任希夷右諫議大夫黃序禮部侍郎袁燮
同知貢舉得合格奏名進士陳塤以下二百六十九人
十二年正月十五日詔曰國家迪三歲之彝章頒四
方之衆俊大比重賓興之舉踵周家選士之規名臣由
科目而升邁唐室得人之盛肆朕纂國之久深勤側席
之思巳八啓於文闈悉明來於時彥屬當秋賦俾與計偕

爰申飭於攸司其益加於精擇必得賢能之實一惟程度之公爾遂觀光克赴功名之會朕將親策樂聞忠讜之言豈惟好爵之與縻庶獲群材而並用叶圖康濟迄底隆平咨爾庶邦體予至意　十三年正月二十二日詔將臺諫同知貢舉一員改作（議）監試（詳見論録）　三月一日以吏部侍郎宣繒知貢舉右諫大夫俞應符充監試禮部侍郎楊汝明起居舍人李安行同知貢舉得合格奏名進士郎大發以下二百七十人　十五年二月一日詔曰漢崇經術群士並興唐重詞章名臣輩出於皇昭代參用前獻設科目以待天下之賢法雖殊於里選用文藝而考人才之入制猶近於言揚肆朕丕承慶當大比

卷一萬六百四十五

朔事功方新之日政英髦思奮之秋命方國以傍搜飭有司而精覈先器識而黜浮華之習尚理義而振萎薾之風毋以議論正大為迂毋以指陳剴切為激俟登名於天府將親策於晰庭庶得光明俊偉之材式副寤寐招徠之意　十六年三月一日以吏部侍郎程珌知貢舉左諫議大夫朱端常監試權刑部侍郎朱著起居舍人鄭自誠同知貢舉得合格奏名進士王胄以下三百六十一人（以上寧宗會要）

貢舉　進士科

太祖開寶五年閏二月三日禮部奏名合格進士安守亮及諸科二十八人帝詔對於講武殿始下詔放榜新制也　八年三月十八日賜及第進士王嗣宗等錢百千令宴樂　太宗太平興國二年正月八日宴新及第進士呂蒙正等於開寶寺仍賜御詩二首以寵之　故事吏部放榜後敕下之日醵錢於曲江為聞喜之飲近代多於名園佛廟至是官為供帳為盛集焉　初十日

卷五千六百九十六　六

賜新及第進士諸科綠袍鞾笏時未命官先解褐非常制也　三月二十三日詔新及第進士呂蒙正以下第一等為將作監丞第二等為大理評事並通判諸州各賜錢二十萬同出身以下免選注初等幕職判司簿尉

二年九月初二日賜新及第進士胡旦已下綠袍鞾笏（自是以為定制）　十一月二十日以新及第進士胡旦田錫趙昌言李巽並為將作監丞崔範等七十人並為大理評事通判諸州事及諸州監當　五年閏正月十四日賜新及第進士宴於迎春苑　五月初一日以新及第進士蘇易簡二十三人並為將作監丞充諸道通判餘為大理評事知縣顏明遠劉昌言張觀樂史以見任官

赴舉並授節度掌書記　八月四月初二日賜新及第進士宴於瓊林苑自是遂為定制七月初五日以及第進士王世則第一十人並為大理評事知縣録事參軍又以第二等進士吴鉉為大理評事史館勘書　鉉常重定切韻及殿試日捧以獻既中第因令隸史館校定書字　雍熙二年三月二十日賜新及第進士御製詩二首四月十二日以新及第進士第一等梁顥等二十一人為節度觀察推官第二等第三等諸科三等人令吏部依常調注擬　端拱二年三月二十五日賜新及第進士御製箴一首四月初八日以新及第進士第一人陳堯叟第二人曾會並為光祿寺丞直史館第三人

卷五千六百八十六　七

姚揆為潁州團練推官後數日以揆恩命未優改曹州觀察推官　淳化三年三月初九日賜新及第進士御製詩儒行箴各一首　十五日詔新及第進士及諸科貢舉人儒行篇各一軸令至所著於壁以代座右之誡

三人九經高丙並為大理評事知縣　景德二年二月十四日宴新及第進士李迪等於瓊林苑召附榜王矩預焉是晚驟雨特旨聽宿苑中詔以迪為將作監丞第二人夏侯麟第三人李諮為大理評事並通判諸州第一等并九經第一人試祕書省校書郎知縣第二等已下判司簿尉其河北特放及第第一至第三人與節察推官餘如第二等注官六月初八日賜新及第進士

苑詔馬至已下御製詩各一首　大中祥符元年三月十六日詔應登科人並庭賜綠袍鞾笏先是謝恩日釋褐令特優之　五月初一日以新及第進士第一人姚曄為將作監丞第二人祖士衡第三人鄭向為大理評事並通判諸州第四五人為節察推官餘如景德二年之例　二年七月十九日以新及第進士第一人梁固將作監丞第二人宋程第三人麻溫舒為大理評事通諸州第四第五人為節察推官餘為試校書郎知縣判司簿尉　四年十二月初一日以新及第進士第一人張師德為將作監丞第二人丁度第三人陳寬為大理評事通判諸州餘授官如東封之例　五年四月初八

卷五千六百八十六　八

日詔新及第進士徐奭已下授官守選如元年之例　七年九月十一日詔新及第進士張觀已下授官　二十二日詔第一人孫何第二人朱台符為將作監丞第三人路振第四人丁謂為大理評事仍通判諸州第五人任隨已下吏部流内銓注初等職事官并兩畿簿尉賓貢王彬崔罕並授祕書郎校書郎於歸高麗　真宗咸平元年五月十六日以禮部及第進士孫瑾黄宗旦朱嚴並為防團推官餘悉授判司簿尉　二年五月九日詔禮部新及第進士孫暨等特免選注官　時帝問宰相選數何張齊賢曰進士五選集禮傳法經學究五選或七選集特令各免選與官　三年四月二十三日

賜新及第進士御製五七言詩二首（自此後每放榜即賜詩所）二十七日以新及第進士第一人陳堯咨第二人周起第三人胡用第四人宋巽第五人李穎鎖聽人李繹並為將作監丞通判諸州第一等四十二人并九經關頭為大理評事知縣第二等節察推官第三等初幕職餘判司簿尉試御令歸鄉守選　六月五日宴新及第進士齊華等於瓊林苑帝作詩賜之十日賜以綠袍鞾笏　五年四月十八日以新及第進士第一人王曾第二人陳知微第三人李天錫第四人王隨第五人孫沖並為將作監丞通判諸州夏煥等三十三人九經高丙並為大理評事知縣

昭

景德二年四月十四日宴新及第進士李迪等於瓊林苑召附馬王矩循馬是晚驟雨特旨聽宿苑中詔以迪為將作監丞第二人夏侯麟第三人李諮為大理評事並通判諸州第一等并九經第一人試秘書省校書郎知縣第二等以下判司簿尉其河北特放及第第一至第三人與節察推官餘如第二等注官　六月初八日賜新及第進士范士照馬至已下御製詩各一首　大中祥符元年三月十六日詔應登科人並庭賜綠袍鞾笏先是謝恩日釋褐令特優之　五月初六日以新及第進士第一人姚曄為將作監丞第二人祖士

卷一萬六百五十二

衡第三人鄭向為大理評事並通判諸州第四第五人為節察推官餘如景德二年之例　二年七月十九日以新及第進士第一人梁固為將軍監丞第二人宋程第三人麻溫舒為大理評事通判諸州第四第五人為節察推官餘為試校書郎知縣判司簿尉　四年十二月初一日以新及第進士第一人張師德為將作監丞第二人丁度第三人陳寬為大理評事通判諸州餘授官如東封之例　五年四月初八日詔新及第進士徐奭已下授官守選如元年之制　七年九月十一日詔新及第進士張觀以下授官如汾陰之制

添二年三
例下

大中祥符二年七月十一日，遣入内都知鄧永遷賜新及第進士梁固等宴于瓊林苑，帝作五言六韻詩賜之。時學士楊億請朝假，諭旨令赴。寄案此條餘解無大典卷數

八二四

月十一日，詔新及第進士蔡齊已下授官守選如五年之制。卷五千一百九十六　九

天禧元年四月四日，詔新及第進士王整已下授官守選如大中祥符之制。

四年九月二十三日，翰林學士劉筠等試到諸州軍續解進士姚隨等十九人、奉職周晉等二十九人、借職何從易等八人，當授諸州長馬，特補借職，並與家便差遣。帝曰：此皆孤寒之士，應舉年深，俾之效官，必能幹事。

仁宗天聖二年四月七日，宴新及第進士于瓊林苑，詔翰林龍圖閣直學士、直館已上並赴。

八月，詔新及第進士第一人宋郊為大理評事、通判廬州，第二人葉清臣、第三人鄭戩為奉禮郎、僉書諸州兩使判官公事，第四第五人節察推官，餘初等職官、判司簿尉。

五年四月十八日，詔新及第進

簿尉

士王堯臣等五人為將作監丞、通判諸州，第一甲三十人并九經第一人為大理評事、知縣，第二甲節察推官，第三甲初等幕職官，餘判司簿尉，并續放進士孟楷等餘試御，令守選，長吏已下各歸遂處。

二十一日，賜新及第中庸一篇。

八年四月初二日，詔新及第進士第一人王拱辰為將作監丞，第二人劉沆、第三人孫抃為大理評事，並通判諸州，第四第五人為大理評事，並僉書節度判官事，餘至第二甲並銓注職官，第三甲以下皆判司簿尉。四日，賜新及第進士大學一篇，自後與中庸間賜，著為例。

景祐元年四月十八日，詔新及第進士第一人張唐卿、第二人楊察、第三人徐綬並為將作監丞、通判諸州，第四人苗振、第五人作中立並大理評事、僉書諸州節度判官事，第六人已下並為秘書省校書郎、知縣，第二甲為兩職官，第三甲為初等職官，第四甲為試御判司簿尉，第五甲為判司簿尉，九經第一人為國子監主簿、知縣，第三人初等職官，餘注判司簿尉。鍊廳及第高賦等二十六人迁官有差。卷五千一百九十六　十

五年四月十一日，詔新及進士第一人呂溱為將作監丞，第二人李絢、第三祖無擇為大理評事、諸州通判，第四人石揚休、第五人王昇為兩使職官，第六人司馬光已下初等職官，第二甲試御簿尉，第三甲判司簿尉，第四甲特免選判司簿。

慶歷二年四月二十三日，詔新及第進士第

一人楊寘為將作監丞第二人王珪為大理評事第三人韓絳為太子中允並通判第四人王安石為校書郎第五人曹公定為奉禮郎並僉書諸州判官事第六人已下兩使職官第二甲初等職官第三甲試銜知縣第三甲試銜簿尉第五甲判司簿尉錄廳人第一甲京朝官轉官選人進下京官第二甲京官下便推官後任升陟選人兩使推官第三甲京官僉書諸州判官選人初等職官第四甲京官家便知縣後任僉書諸州官選人試銜知縣第五甲京官家便知縣選人試銜知縣九經第一人兩使推官諸科並注判司簿尉　六年五月一日以新及第進士第一人賈黯為將作監丞第二人劉敞第三人謝仲弓並為大理評事通判諸州第四人張蹤第五人孫坦為秘書省校書郎並僉書兩使判官公事第六人已下為兩使推官第二甲為初等職官第三甲并諸科並為判司簿尉第四甲已下并諸科同出身並守選　皇祐元年四月初七日以新及第進士第一人馮京為將作監丞第二人沈遘第三人錢公輔為大理評通判諸州第四人李育第五人文同為兩使職官第六人而下並為初等幕職官第二甲為試銜大縣主簿尉第三甲為判司簿尉第四甲與諸科為判司簿尉第五甲守選　三年五月初一日以新及第進士第一人鄭獬為將作監丞第二人楊繪第三人滕甫並為大

卷五千六百卆六　十一

理評事通判諸州第四人雍子方第五人宇文之奇並為兩使職官第六人而下并九經及第並為初等幕職官第二甲為試銜大縣主簿尉第三甲第四甲試銜並判司主簿尉第四甲已下及諸科同出身並守選　嘉祐二年五月四日以新及第進士第一人章衡為將作監丞第二人竇卞第三人羅愷並為大理評事通判諸州第四人鄭雍第五人朱初平並為兩使幕職官第六人已下及九經及第並為初等幕職第二甲為試銜大縣簿尉第三第四甲試銜判司簿尉第五甲及諸科同出身並守選　四年五月初三日以新及第進士第一人劉煇為大理評事僉書河中府觀察判官公事第二人胡宗愈第三人安燾為兩使幕職官第四人劉摯第五人章惇並試銜知縣第六人已下并九經明經及第並為試銜大郡判司大縣主簿第二甲並試銜判司主簿尉諸科並判司簿尉第五甲并諸科同出身並守選　六年四月二十二日以新及第進士第一人王俊民為大理評事僉書武軍節度判官公事第二人陳睦兩使幕職官第三人錄廳將作監主簿王陟臣為太常寺奉禮郎簽書高郵軍判官廳公事第四人任貫第五人黃履並為試銜知縣第六人已下明九經及第並為試銜大郡判司大縣主簿尉第二甲至第四甲並為試銜判司簿尉第五甲并諸科同出身並守選　八年四

卷五千六百九十六　十二

四十一日以新及第進士第一人許將為大理評事僉書奉國軍節度判官廳公事第二人陳軒第三人左仲通為兩使幕職官第四人范祖禹第五人龔原試校書郎知縣餘進士明經諸科及第人皆以為判司簿尉出身人皆守選　英宗治平二年二月詔南省合格進士已降敕及著白襴重戴絲鞭其進士二十四日於興國寺東經藏院諸科於相國寺東經藏院期集擇日於閤門賜綠袍謝恩　三月初九日知貢舉馮京等引新賜及第進士彭汝礪已下詣垂拱殿見謝恩退詣東上閤門釋褐仍詔罷聞喜宴十一日詔彭汝礪辭向貫昌朝宋煥為初等幕職官杜常等及明經諸科皆以判司簿

尉出身人守選　治平四年神宗即位未改元　三月二十二日以新及第進士許安世何洵直郭儀並與防禦團練推官黃降并明九經及第并注試銜判司簿尉諸科及第并註判司簿尉進士第四甲等明經諸科出身並令守選　神宗熙寧二年十二月九日詔令後制科入第五等進士第一人及第者一任回更不與升通判差遣及不試充館職並令審官院依例與差遣餘如嘉祐詔書　三年三月詔新及第進士葉祖洽已下授官守選如嘉祐八年之制　四年三月一日詔應進士第一第二等賜及第第三等出身六年三月詔新及第進士余悳以下授官守選如三年之制　十八日詔

新及第進士賜錢三千貫諸科七百貫各充期集支費進士諸科舊以甲次高下率錢期集貧者或稱貸於人過為浮費至是始廢之二十三日詔新及第進士諸科等舉人聞喜宴差近上內臣一員押賜二十四日詔新進士諸科并特奏名賜同出身及授試監簿長史文學助教等並放謝辭正衙如便欲歸鄉不願赴聞喜宴者聽　四月八日詔新及第進士諸科及第人入謝免銀故事既賜第詣閤門謝恩進銀百兩至是罷之　八年七月二十三日詔令後進士及第自第一名以下並試律令大義斷案據等第注官議具試法　九年三月二十一日詔新及第進士徐鐸以下授官守選如六年之制　二十三日詔賜新及第

進士錢百貫文諸科錢二百貫文即造小錄等支用以修貢舉敕式練亨甫奏熙寧六年敕賜及第進士期集錢三千貫諸科七百貫今罷期集又特賜之　二十六日詔新進士於舊法不該守選人特與免試注合入官候同日依近降指揮施行　四月五日詔貢院新賜進士諸科期集錢如的確合用不足仰本院公用錢相貼支用　元豐二年三月二十八日詔新進士依舊式賜錢五百千諸科三百千　四月十二日詔新賜進士及第自經出身依熙寧六年推恩命御史中丞蔡確同判流內選官注擬　五月二十八日詔進士諸科新及第人免試刑法　八年五月十日詔科場推恩依治平四

年故事正奏名進士諸科吏部給敕牒特奏名中書給
勑告勑牒　哲宗元祐三年三月二十七日增賜進士
錢百萬酒五百壹為期集費　四月二日以御試中選
進士杜藻昭憲太后族孫特授初等職官令占射差遣
五月十一日進士及第李常寧為宣義郎僉書鎮海
軍節度判官廳公事呂益柔為承事郎僉書保信軍節
度判官廳公事龔史為承事郎僉書河南節度判官廳
公事　四年正月十三日詔賜聞喜宴許帶職人並赴
從崇政殿說書顏復請也　六年六月九日詔及第進
士馮涓為承事郎簽書雄武軍節度判官朱紱為忠正
軍節度推官張廷堅為成都府觀察推官　紹聖元年

卷五千六百九十六　十五

四月四日詔令次科場第一人與宣義郎簽書大都判
官公事第二第三人承事郎知縣第四第五人兩使職
官第一甲初入等職官第二甲以下依見行推恩條以
及第進士畢漸為左宣義郎簽書山南東道節度判官
趙諗左承事知彭州九隴縣令岑穰為左承事郎知潁
昌府長葛縣　二年十月九日太常少卿王子韶言奉
禮部陳覺民於熙寧七年選中國子監上舍生登科是
時第五甲賜同學究出身欲望用丁執古等免省試陞
甲恩例改賜本官出身詔陳覺民特依陞甲例與當年
第四甲同進士出身　四月二月二十三日三省言特奏
名進士自今第一等上同諸科出身第一等中下假承

務郎第二等上中下京府助教依舊注官兩等通不過
二三人第三等上中下上州文學第四等上中下下州
文學遇赦見年六十已下堪釐務者許自本州縣保明
申轉運司本司保明申吏部召陞朝官三員奏舉注權
入官所取通不得過八十人第五等上中下下州助教
犯不考式攝助教以上更不許出官特奏名諸科第一
等假承務郎第二等京府助教依舊注官兩等通不得
過十五人第三四等推恩及餘悉如特奏名進士例從
之　元符三年（徽宗已即位未改元）四月二十一日詔特奏名進
士諸科補授諸州助教許遇赦召保注權入官如文學
例　徽宗崇寧元年十月二日詔今後特奏名進士諸
科並依紹聖四年二月二十三日指揮并元符令施行

卷五千六百九十六　十六

內州助教改為諸州參軍仍依州助教不許出官政和
二年四月二十四日禮部言崇寧貢舉通用令諸舉人
已唱第賜聞喜宴於瓊林苑諸貢士已推恩賜聞喜宴
於辟廱係貢士并宗子上舍與進士同榜釋褐所有賜
宴恐合就瓊林苑并差押賜官詔用四月二十九日於
瓊林苑賜宴差鄭詳押賜　六月二十二日中書言文
林郎劉敦詩奏大觀二年貢士第二名及第已依進士
第二名恩例授文郎訖伏望比附進士上三名一任回
改官條例勘會故事進士及第一任替回自來未有推
恩條例令擬貢士及第一任回第三至五人　各循一

貲從之　五年三月二十三日詔貢進士何㮚等依令賜錢一千五百貫外特添賜錢五百貫文是歲何㮚除校書郎　六年四月二十日詔賜臧璘以下聞喜宴於辟雍知舉官慕容彥逢押宴　八年四月五日詔上舍唱名訖准令賜錢一千七百貫文可添賜錢七百貫文　五月九日詔同年小錄上用第一人皇子加王楷字德遠宣和元年四月二十三日禮部奏據辟雍申契勘貢士等已推恩了當所有賜日分并押宴官伏乞朝廷速賜施行　三年五月十三日賜及第貢士聞喜宴于瓊林苑特降中使賜御製詩　六年四月十八日詔狀元沈晦以下及第依令賜錢一千七百貫文添賜錢五百貫文　二十六日賜狀元沈晦以下聞喜宴於瓊林苑

卷五千六百九十六

十七

高宗皇帝建炎二年九月十六日詔狀元李易以下依例賜錢一千七百貫文　二十一日李易等言乞權罷聞喜宴從之自後五舉皆免宴　十月詔以進士及第第一名李易為左宣教郎簽書江陰軍判官廳公事第二第三人為左宣義郎第四第五人為左儒林郎第一甲第六人以下為左文林郎第二甲並為左從事郎　紹興二年四月十五日詔同進士出身人與特免銓試一次　五月六日詔張九成係類試第一名合陞一甲唱名又係第一甲第一名可特轉一官授左宣教郎簽書鎮東軍節度判官廳公事　同日詔正奏名進士范寅賓楊愿孫朝彥張庭寔嚴習己王宣哲係有官人未曾推恩各與轉一官内選人循一資仍占射差遣　六月七日臣僚言伏見今歲廷試人如同進士免銓試文學免歸本貫許於行在次第保明參選人減其舉官之數諸州助教依文學出官皆倣楊州初牓恩例其甚至於有官人登科盡令循轉官資占射差遣皆前次所未有欲乞今後科舉廷試恩數並依舊制從之　七月九日臣僚言伏見近詔特奏名進士第一名添為教官格今年新榜第一等四人賜進士及第同進士出身並權許指射教官一次尤為僥倖欲望追寢以厭公論從之　十二月十七日知樞密院事宣撫處置使張浚言

卷五千六百九十六

遵依詔旨選官就成州鏁院類試陝西路發解舉人考到合格周模等一十三人已恭依便宜聖訓等一名特賜進士出身餘並特賜同進士出身訖詔依令尚書省給降敕牒　五年四月二十三日權吏部侍郎兼權尚書晏敦復等言本選舊法初及第出身擬官格上舍第二第三人文林郎上舍第四第五人從事郎紹興二年閏四月集注黃甲正奏名第二人至第五人皆依舊法擬官欲乞將格内上舍字改作進士字從之　七月十九日殿中侍御史謝祖信言此次陛下策多士於維揚將入助教人並依下州文學特理選限紹興二年復援此例其後星變肆赦人以不曾赴試者亦許自陳緣此

十二年〇五日旨〇十二月十
十八年八月一條移二十一年上

冒恩者衆至如前牓有官登科循轉官資同進士出身
並免銓試皆非舊典實啟倖門今選人在部未有差遣
者近六百人緣椿留黄甲策闕無可擬擬令若在末甲
人與免銓試助教人復依下州文學恩例注官則加惠
患於新進而在部之人何罪焉乞下侍郎尤選除指留
黄甲策闕外將其餘一面注擬在部選人庶免留滯之
歎從之　九月五日上御射殿覃執呈黄中策卷第一
係有官人上曰故事如何沈與求曰臣聞皇祐元年沈
文通考中御試進士第一人係有官人仁宗曰朕不欲
以世冑先天下寒俊遂以馮京為第一文通第二上曰
可用此故事遂擢汪洋為第一　十九日勑進士及第汪
卷五千六百九十六
洋言名係遠祖諱乞改名詔改名應辰　二十四日勑
賜進士出身鄭厚言乞詞免唱名日循兩資陞擢差遣
恩命詔下許　十月賜進士第進士汪應辰以下中庸
篇　十二年賜陳誠之以下同官　五日臣僚言准令
初入官人所在州保名正身給公據赴任經所屬令次
第五甲出身人參選權免出給公據止許結保參部從
之　六日詔以及第進士第一人汪應辰左承事郎簽
書鎮東軍節度判官廳公事十一月十九日詔川陝類
試過省第一人特賜進士及第與依行在殿試第三人
恩例餘並賜同進士出身仍令川陝宣撫司開具姓名
申尚書省給勑牒　十八年八月八日禮部言四川省

試高等人為見先有推恩等第慮御試却致低甲往往
在路遷延不肯前來赴試欲將四川類試合格人第一
等並賜進士出身餘並賜同進士出身今後依此從之
八年七月十三日吏部言今年六月十六日勑禮部
將貢院省榜正特奏名進士等分為五甲乞朝廷給降
勑牒從之　同日禮部言依條格初及第擬官進士第
一人左承事郎簽書節度或觀察判官廳公事今來黄
公度係與李釜牓事體一同本部案牘燒毀無憑契勘
會得李釜同榜人倉部員外郎高儼稱元符三年狀元
李谷係就吏部黄甲榜上注授定州觀察判官是時未
有選人七資法第二第三名各得初等職官第四第五
卷五千六百九十六
名各得初等令錄其元注擬差遣各已遺忘詔黄公度
特補左承事郎簽書平海軍節度判官廳公事　九年
正月五日新復河南州軍勑自祖宗朝諒陰中特奏名
進士五等人並許出官令來紹興八年特奏名進士試
在第五等人並與特依下州文學恩例施行　七月二
十六日左廸功郎趙善時狀係無官宗子應舉過省竊
見沈晦牓初罷三舍改科舉宗子無官應舉補修職郎
令若只補廸功郎是與庶姓進士一同望特賜改正從
之其後有司以渡江散失條法每舉循例推恩　十二
年五月二日詔以及第進士第一人陳誠之為左承事
郎簽書鎮東軍節度判官廳公事　同日詔及第進士

十三年等四條移此十五年上

廿六年六月一條移此廿五年上

秦熺許用第一人恩例轉三官為左朝奉郎添差通判臨安府仍賜章服熺本第一人第一人以父檜辭免除為二二人以省試上十名與第一人恩例吏部言熺元係右通直郎已用舉主考第關陞知縣資序故有是命　九月十四日詔川陝類試正奏名來行在赴殿試不及賜同進士出身人與免銓試從禮部侍郎施垌之請也　十五年五月四日詔以及第進士第一人劉章為左承事郎簽書鎮東軍節度判官廳公事十七年十一月禮部侍郎周執羔言舊制御試進士已唱第畢賜聞喜宴於瓊林院舍法行改賜于辟廱宣和間復置科舉而瓊林之宴亦因以復馬車駕移蹕以來士子申陳免賜因循六大比矣乞舉行舊治賜聞喜宴于禮部貢

卷五千六百九十六

院從之　十八年五月二十七日詔以及第進士第一名王佐為左承事郎簽書平江軍節度判官廳公事第二人董德元為左承事郎簽書鎮南軍節度判官廳公事德元本係第一名以有官降充第二名故有是命　六月三日詔御書石刻儒行篇就聞喜宴賜進士及第王佐以下人各一本自是每舉遂內侍就聞喜宴賜焉　二十一年賜趙逵以下大學二十四年賜張孝祥以下皐陶謨二十七年賜王十朋以下學記三十年賜梁克家以下經解　二十四年四月三日詔奉埇轉三官無實錄院修撰許陳訖親屬章服一名埇第一甲等二人

以兩府親屬依第一名恩例吏部乞用秦熺例取旨有是詔　十五日詔以及第進士第一人張孝祥為左承事郎簽書鎮東軍節度判官廳公事　二十七年三月十四日詔正奏名進士從義郎趙不息母曾氏特封咸安郡夫人以其子殿試合得兩官恩例為請也　四二二十七日詔以及第進士第一名王十朋為左承事郎簽書建康軍節度判官廳公事　三十年四月二十四日詔以及第進士第一名梁克家為左承事簽書平江軍節度判官廳公事第二名許克昌為左承事郎簽書奉國軍節度判官廳公事克昌係第一名以有官降充第二人故有是命壽皇聖帝隆興元年五月一日詔新

卷五千六百九十六

及第進士第一人木待問補左承事郎簽書諸州節度判官事第二人黃洽第三人丘崈四川類試第一人趙雄並左文林郎兩使職官第四人鄭伯英第五人袁樞並從事郎初等職官第六人以下至第四甲並左迪功郎諸州司戶簿尉第五甲守選　乾道二年三月十七日禮部言今次御試進士龍飛恩例所有等第合推恩數檢照崇寧二年典故進士霍端友以下分為五甲第一第二甲並賜及第第三第四並賜進士出身第五甲賜同進士出身第一人宣義郎第二第三人承事郎第一甲兩使職官第二甲初等職官特奏名第一人賜進士及第建炎二年特奏名三人張鴻舉賜及第黎克俞

丘山並賜同進士出身伏乞朝廷詳酌指揮詔正奏名
第一甲第一名宣義郎第二第三人並承事郎第一甲
並文林郎第二甲並從事郎特奏名第一等第一名賜
進士出身　五月詔新及第進士第一人蕭國梁第二
人趙汝愚並補左宣義郎第三人趙燁左郎事郎並簽
書諸州節度判官事第四人陳孔光第五人楊甲以下
並左文林郎兩使職官第二甲並左從事郎等職官第
三甲至第五甲並左迪功郎諸州司戶簿尉第三甲免
試注官汝愚本第一人以宗室且有官故降居次仍與
第一人恩例　五年四月十八日詔新及第進士第一人
鄭僑補左承事郎簽書諸州節度判官事第二人石起
卷五千六百九十六
宗第三人汪義端並左文林郎兩使職官第四人賈光
祖第五人史俞並左從事郎初等職官第六人至第四
第四甲並左迪功郎諸州司戶簿尉第五甲守選　八
年四月十五日賜進士聞喜宴于禮部貢院詔用四月
二月六日是日賜及第進士御書益稷篇　先是二十
日上特以御書益稷篇宣示宰執梁克家奏益稷首載
治水播奏艱食事末載君臣更相訓敕之意學者因宸
翰以味經旨必知古人用心矣上語曰如所載無若丹
朱傲等語見古者君臣警戒之深虞允文曰舜與皋陶
賡歌之辭舜則曰股肱喜元首起皋陶則曰元首明股
肱良又繼以元首叢脞股肱惰之語君臣之間相稱譽

相警戒自有次序如此所以能致無為之治也上曰然
此篇首以民之粒食則知務農為治之本至於告臣鄰
之言則曰庶頑讒說若不在時候以明之撻以記之又
曰格則承之庸之否則威之是古之聖人待天下之人
未嘗不先之以教及其不格則必以刑威之今為書生
者多事虛文而忽兹二事是亦乞聖人之用心也因欲
使知之允文等曰此陛下作成人材救革時弊理意深
遠非臣等智慮所及　五月一日詔新及第進士第一
人黃定補左承事郎簽書州節度判官事第二人黃艾
第三人劉卞並左文林郎兩使職官第四人王圭第五
人夏蹈中並左從事郎初等職官第六人以下至第四
甲並左迪功郎諸州司戶簿尉第五甲守選　淳熙二
卷五千六百九十六
年三月二日詔禮部貢院下第舉人進士貢士八舉曾
經省試年四十以上五舉曾經省試年五十以上內河
北河東陝西舉人於逐項舉數內特與各減一舉　同
日詔進士貢士曾經絡興十八年以前到省前後貫得
兩解貢或并免解共及兩舉更不限年令禮部勘會并
特與奏名許就殿試　四月四日詔新及第進士第一
人詹騤補承事郎簽書諸州節度判官事第二人羅點
第三人鄭駉並文林郎兩使職官第四人陵昌世第五
人李挨並從事郎初等職官第六人以下至第四甲並
迪功郎諸州司戶簿尉第五甲守選　七日詔特奏名

內顧射射者聽仍依正奏名比擬推恩　國子監將正
奏名逐等推恩比擬應射藝精熟能全中者聽旨第五
等同射入上等第一名循一資餘免銓試內文學免待
郊出官入中等一任回不依名次注官內文學候到部
日收使入下等一門回陞一年名次內文學候到部日
收使第射入上等與依下州文學恩例入中等與帶階
官注應格獄廟一次入下等與帶階官注破格獄廟一
次從之　五月九日詔特奏名射不合格人如係第五
等助教並與換下州文學不理選限　先是宣諭執政
曰特奏名第五等若不出官與助教無異因射而與之
亦有名故有是命　十日賜進士聞喜宴于禮部貢院

卷五千六百九十六

是日賜新及第進士御製詩一首　十二月十七日慶
壽赦應太上皇帝潛藩州軍進士赴淳熙二年特奏名
試在第五等緣陞降闕誤截不盡未霑恩霈令禮部保
明特與陞等恩例應淳熙二年特奏名進士試在第五
等人如年七十以上特與差破格嶽廟一次應淳熙二
年特奏名進士已授諸州文學應出官人與減陞朝官
舉主一員使與放行參選淳熙二年赴特奏名進士如
係歸正人試在第五等特與陞等恩例　五年四月一
日詔靜江府崇慶府嚴州並係太上皇帝潛藩其正奏
名特奏名進士依例陞等陞名　十一日詔新及第進
士第一人姚穎補承事郎簽書諸州節度判官事第二

人葉適第三人李寅仲並文林郎兩使職官第四人徐
元德第五人姚祖賡並從事郎初等職官第六人以下
至第四甲並迪功郎諸州司戶簿尉第五甲守選既
而右丞相史浩言以殿試第一名姚穎合得差遣具前
舉詹騤例奏陳擬承事郎簽書寧國軍節度判官廳公
事蒙宣諭不欲令其待闕併前三名皆與添差續奉御
筆添仍釐務三字緣姚穎係臣親戚實有妨嫌不敢擬
進欲望聖慈許姚穎依舊注寧國軍簽判待闕其餘第
二第三名若在部受闕却待遠次欲依已得指揮特與
添差詔依又臣僚言照對添差恩依從來止為宗室戚
里者在令甲續又以此優卹歸正官及職事官補外者

卷五十六百九十六

祖宗舊法第一名堂除簽判第二第三名赴吏部注授
職官自南渡以來每舉依此遵守乞申敕攸司不得違
戾成法從之　二十四日賜進士聞喜宴於禮部貢院
是日賜新及第進士御書旅獒篇　六年二月二十九
日臣僚言乞將特奏名人每三名取一名寘在第四等
以前第五等人止許納敕再試一次特奏名係潛藩州
軍進士及五路人久在學校曾充職事人並與正奏名
恩例止與陞名從之　九月十六日明堂赦昨禮部貢
院下第進士應紹興二十一年以前到省一舉并五十
五十上者已降指揮令本貫州縣驗實結罪保明申乞
推恩慮其間有本貫阻隔致未霑恩如有似此之人許

依開封府國子監進士已降指揮於所在州縣台見任承務郎以上二員結除名罪委保當職官除罪保名中禮部驗實以聞（以後一部敕并十三年正月一日同慶壽赦同）八年三月十二日詔新及第進士第一人黃由補承事郎簽書節度判官事第二人王與第三人張伯源並文林郎並使職官第四人陳希點第五人孫元卿並從事郎初等職官第六人以下至第四甲並迪功郎諸州司戶簿尉第五甲守選　二十八日禮部言淳熙五年已納敕之人係在六年詳議止許納敕一次指揮之前如今來唱入第五等欲自淳熙八年更與納敕一次從之　十一年三月二十一日宰執進呈赴特奏名試孫時敏等狀乞特奏名人不限納敕次數上曰可許納敕三次自今舉為始

卷五千六百九十六

五月五日賜進士聞喜宴於禮部貢院　二十四日詔新及第進士第一人衛涇補承事郎簽書諸州節度判官事第二人陳様第三人王公邁並文林郎兩使職官第四人鄒康第五人林琢並從事郎初等職官第六人以下至第四甲並迪功郎諸州司戶簿尉第五甲守選　十三年三月二十四日詔太學上舍生大職事劉愚等八人兩陛甲一陛名黃穮（不願釋褐願赴四年殿試之人）十一陛甲兩陛名林獨明一陛甲韋斯才等八人不充職事潘子直並與釋褐賜進士出身給降敕牒袍笏（以禮部國子監檢會十三年慶壽赦恩來上故有是命）內願赴十四年殿試者聽　十四年五

月四日賜進士聞喜宴於禮部貢院　九日詔新及第進士第一人王容補承事郎簽書諸州節度判官事第二人陳元第三人王居安並文林郎兩使職官第四人蕭達第五人李協並從事郎諸等職官第六人以下至第四甲並迪功郎諸州司戶簿尉第五甲守選　雜錄

淳熙十一年三月二十一日臣僚言國家言藏科舉集英第之士親策於庭所以求言者為甚廣其間豈無一事之可行然有司一時考試往往多以文采為尚考在前列者始經御覽其間有言及州郡軍民利病實跡偶文詞不稱真之下列文雖不工而事則可行往往壅於上聞陛下亦無自而知之遂失求言之本意誠為可

卷五千六百九十六

惜乞自今御試正特奏名卷子有倫及州郡軍民利害事實令初考覆考詳定所各即錄緊要處候唱名日各類聚以聞仍自今為始庶幾幽枉必達有以副陛下取士求言之實從之　二十七日侍御史劉　言今月二十三日御試進士薄暮有未納卷者三人尋聞奉旨賜燭御見陛下所以待遇士子之禮至深至厚然三人者豈不知貢舉之法不許見燭而宮廷之內自有大禁一時特恩假以須臾猶之可也而最後一名乃遷延至一更四點方納試卷則其慢令云甚矣此而不懲竊恐玩習成風寖隳法制理合彈奏乞下御試所將最後納卷之人取旨責罰降黜施行庶使後來知有警懼從之

四月五日，上諭宰執曰：「殿試上三名，舊皆待闕，朕今欲並試以民事，可並與添差差遣。前此臣僚乞罷上三名添差，意亦未盡，卿等可議來。」於是王淮等進呈訖，上曰：「朕既試以藝文，亟欲觀其政事，今歲殿試上三名可特與添差差遣，仍釐務。」淮等奏：「往日指揮乃唱名後，所以有嫌。令先期降旨，不知何人得之，人亦何言？」上曰：「瓜田不納履，李下不整冠，事亦須避嫌。若先降指揮，何嫌之有？」　十二年十一月二十二日，郊祀赦：特奏名文學依法過赦日年已六十者，許二年內參選注權入官。其年六十三歲以上，如有舉主三員，可權差破格嶽廟一次。十三年正月一日慶壽赦、十五年九月八日明堂赦同。　十同日，郊祀赦：應進士年五十以上五舉到省合赴淳熙十一年特奏名殿試人，緣事赴試不及，若將來殿試唱名入第四等以上合補授文學之人，雖係年六十以上，與理淳熙十一年年甲，用今年赦恩，合係參選特差嶽廟一次。十三年正月一日慶壽赦、十五年九月八日明堂赦同。

十三年四月八日，國學特奏名王世則等狀：「伏覩淳熙十三年正月一日慶壽赦恩內一項：應淳熙十一年赴特奏名試在第五等，如係國學、臨安府進士，特與差嶽廟一次；諸州進士與破格嶽廟。今來世則等各係赴淳熙十一年特奏名試在第五等之人，並準敕授福州助教，已經禮部繳納所授助教誥。」令來各不願赴淳熙十四日殿試者聽。　十四年四月二十

五日，宰執進呈特奏名進士習射射儀，王淮等奏：「人數比之前舉頗多。」上曰：「若人數增多甚好。前此初行進士射，射人亦云云，以爲兒戲，今卻人皆相尚，亦可喜。」淮等奏：「射者古人常事，後世乃廢而不講，今射者增多，亦激勸所致。」　淳熙十六年二月四日，登極赦：應臨安府府學大小職事並本府曾得解進士，與免解一次；已曾免解人，候登第日與陞甲；如就特奏名試，亦與陞等。學生並賜束帛。內該乾道九年以前領尹日在籍之人，令本府取索學籍，開具姓名、年甲，結罪保明，申禮部參酌取旨。應臨安府本貫進士，在乾道九年領尹以前兩經秋試終場人，仰本府取索元初簿籍，開具人數、縣分、年甲，結罪保明，令禮部審實，申尚書省。　同日，赦：榮州、恭州係潛藩，舉人理宜推恩，可令禮部照應紹興三十二年體例條具取旨。　同日，赦：應太學、國子學、武學生見在籍人，並與免文解一次；已係免解人，候登第日與陞甲；如就特奏名試，與與陞等推恩。上舍已係免省人，特與先次釋褐，賜進士出身；內願赴將來殿試者，與堂除差遣一次。仍令禮部檢照紹興三十二年體例，開具人數，申尚書。　同日，赦：應合該特奏名人，令禮部照應紹興三十二年推恩體例條具取旨。　同日，赦：應國學進士已經紹興三十二年六月覃恩免解，令該再免之人，許理年赴將來特奏名試。　閏五月十六日，禮部、國子監

卷五千六百九十六

言赦書内應太學國學武學生見在籍人有未霑被恩
例者本監開具下項一見在籍見充小職事内舍生永
免解各已有陞甲王璞韓楠繆景仁陳詠虞舜卿内韓
楠又有占射差遣一次恩例一見在籍内舍生係永免
各有陞甲劉序陳一新張應許濬張大中劉怡蕭國馨
王仁濬宗昭一見在籍外舍國子生係永免解各已有
陞甲人應璿等一百一人照得逐人於本來赦内未有
霑被詔優將來殿試唱名人再與陞甲恩例作陞名收
使紹熙元年四月十八日詔特奏名進士試在第五等
不應出官者爲該龍飛恩例並與陞等推恩　二十五
日詔新及第進士第一人余復補宣義郎第二人曾漸
第三人王介補承事郎並簽書諸州節度判官廳公事第
第四人陸峻以下並補文林郎兩使職官第二甲並補
從事郎初等職官内陳用之爲犯廟諱舊諱特補下州
文學第三甲第四甲第五甲並迪功郎諸州司户簿尉
　五月十五日賜進士聞喜宴于禮部貢院是日賜新
及第進士御製詩一首　二年十一月二十七日南郊
赦禮部貢院下第進士應隆興元年以前到省一舉年
五十五以上者已降指揮令本貫州縣驗實結罪保明
申乞推恩尚慮其間有本貫阻隔致未霑恩之人許於
所在州縣召見任承務郎以上二員結除名罪委保當
職官同罪保明申禮部驗實以聞與補諸州助教　同

日赦昨該遇登極恩赦用舉數推恩補授文學之人與
依龍飛特奏名諸州助教依下州文學恩例之人已得
指揮減陞朝官舉主一員其舉官添舉一人　同日赦
應進士年五十已上五舉到省合赴紹熙元年特奏名
殿試人緣事赴試不及若將來殿試唱名入第四等以
上舍補授文學之人雖係年六十以上與理紹興元年
年甲用令年赦恩召保參選特差嶽廟一次　四年五
月四日詔新及第進士第一人陳亮補承事郎簽書諸
州節度判官廳公事第二人米寳第三人黄中並文林
郎兩使職官第四人滕强恕第五人楊璨並從事郎如
等職官第六人以下至第四甲並迪功郎諸州司户簿

卷五千六百九十六

尉第五甲守選　二十三日賜進士聞喜宴于禮部貢
院是日賜新及第進士御製詩一首　紹興五年七月
七日登極赦應臨安府府學大小職事幷本府曾得解
進士各與免文解一次已係免解人候登第日與陞甲
如就特奏名試亦與陞等學生並賜束帛應合該特奏
名人令禮部照應淳熙十六年推恩體例條具取旨
同日赦應國學進士已經淳熙十六年二月覃恩免解
令該再免之人如淳熙五年補中至紹熙五年計十五
年以上在籍許理年赴特奏名試　同日赦應太學國
子學武學生見在籍人並與免文解一次已係免解人
候登第日與陞甲如就特奏名試亦與陞等推恩上舍

乙條免省人特與先次釋褐賜進士出身，内願赴將來殿試者與寘除姦遺一次，仍令禮部檢照淳熙十六年體例開具人數申尚書省。　同日赦：應潛藩州軍舉人禮宜推恩，可令禮部照應淳熙十六年體例條具取旨。

九月十四日明堂赦：應舉因事殿舉及不得入科場之人，除犯徒罪以上及真決未曾改正編管奉放逐便人外，可並許應舉。其枉被刑責人，若元斷官司不為保奏，仰諸路監司遇有訴理，委官審覆看定，如實係枉斷，即令所屬依條保奏施行。弃應因罪押赴州軍聽讀人，令所屬具元犯審定保明聞奏，候到比類命官編羈管人理年放還。（自後郊祀明堂大禮赦亦如之）

慶元二年五月十二日，詔新及第進士第一人鄒應龍（本係第二名，為上一名有官，特賜第一甲第一人）、第二人從事郎莫子純（本係第一名，為係有官人，特與第一名恩例）並補承事郎、簽書諸州軍節度判官廳公事，第三人夏明承補文林郎，第四人徐應龍補從事郎，第五人宋德之補文林郎、兩使職官（内第五名宋德之為係四川類試第一名，與依第三人恩例；孔煒元係第五名，與選第五名恩例），第六人以下至第五甲並迴功郎、諸州司戶簿尉。

卷五千六百九十六

五年五月七日，詔新及第進士第一人曾從龍（本係第二名，為上一名有官，特賜第一甲第一人，又該龍飛恩例）、許奕（本係第一名，為係有官，特與第一名恩例，又該龍飛恩例）並特補宣義郎，第三名魏了翁（為該龍飛恩例）特補承事郎，並簽書諸州軍節度判官廳公事，第四人凌次英以下（為該龍飛恩例）並補文林郎，第二甲並補從事郎、兩使職官，第三甲第四甲第五甲並迴功郎、諸州司戶簿尉（内第五甲免銓試）。　二十八日，賜進士聞喜宴于禮部貢院，是日賜新及第進士御製詩一首。

嘉泰二年五月二十六日，詔新及第進士第一人傅行簡特補承事郎、簽書建康軍節度判官廳公事，第二名喬嘉、第三名謝汲古並文林郎、節察推判官，第四名陳珠補從事郎、防團推判官，第五名何應龍補文林郎（為係四川類試第一名，與依第三名恩例），第六名以下第二甲第三甲第四甲第甲並迪功郎、諸州司戶簿尉。

開禧元年五月二十二日，詔新及第進士第一人毛自知特補承事郎、簽書鎮東軍節度判官廳公事，第二名趙甲、第三名求浮並文林郎、節察推判官，

卷五千六百九十六

第四名張寅之、第五名謝興甫並從事郎、防團推判官，第六名以下第二甲第三甲第甲第五甲並迪功郎、諸州司戶簿尉。　六月八日，賜進士聞喜宴禮部貢院，是日賜新及第進士御製詩一首。

嘉定元年五月三日，詔成肅皇后几筵未除，聞喜宴權行免賜。　二十二日，詔新及第進士第一人鄭自誠特補承事郎、簽書平江軍節度判官廳公事，第二名孫德輿、第三名黃桂並文林郎、節察推判官，第四名周必賢、第五人趙汝謚並從事郎、防團推判官，第六名以下第二名第三甲第四甲第五甲並迪功郎、諸州司戶簿尉。

四年五月二十四日，詔新及第進士第一人趙建大特補承事郎、簽書昭慶軍

節度判官廳公事第二名姚瑶第三名孫望之並文林郎節察推判官第四名沈敏第五名張㭎並從事郎防團推判官第六名以下第二甲第三甲第四甲第五甲並迪功郎諸州司戶簿尉　六月十五日賜進士聞喜宴于禮部貢院是日賜新及第進士御製詩一首　七年五月二十一日詔新及第進士第一人袁甫特補承事郎簽書建康軍節度判官廳公事第二名汪介第三名李方子並文林郎節察推判官第四名趙溍第五名王伯大並從事郎防團推判官第六以下第二甲第三甲第四甲第五甲並迪功郎諸州司戶簿尉　六月二十一日賜進士聞喜宴于禮部貢院是日賜新及第進士御製詩一首

卷五千六百九十六

十年五月八日詔新及第進士第一人吳潛特補承事郎簽書鎮東軍節度判官廳公事第二名徐挾第三名曾西之並文林郎節察推判官第四名王邁第五名闞鏞並從事郎防團推判官第六名以下第二甲第三甲第四甲第五甲並迪功郎諸州司戶簿尉　二十六日賜進士聞喜宴于禮部貢院是日賜新及第進士御製詩一首　十三年六月十五日詔新及第進士第一人劉渭特補承事郎簽書建康軍節度判官廳公事第二名董洪第三名任友龍並文林郎節察推官第四名林彥挾第五名任鳴雁並從事郎防團推判官第六名以下第二甲第三甲第四甲第五甲並迪

功郎諸州司戶簿尉　二十七日賜進士聞喜宴于禮部貢院是日賜新及第進士御製詩一首　十五年正月初十日　王寶赦文應太學武學及宗學生見在籍文並與免文解一次已係免解人候登第日與陞甲已陞甲者更與陞甲如就特奏名試亦與陞等推恩上舍已係免省人特與先次釋褐賜進士出身內願赴將來殿試者與堂除差遣一次舊籍宮學生見赴宗學私試人特與倍賜束帛仍仰禮部開具人數申尚書省　同日又赦文應臨安府府學大小職事并本府曾得解進士並各與免解一次已係免解人候登第日與陞甲如就特奏名試亦與陞等學生并賜束帛　十六年六月

卷五千六百九十六

十四日詔新及第進士第一人蔣重珍特補承事郎簽書建康軍節度判官廳公事第二名蔡仲龍第三名趙發並文林郎節察推判官第四名程必東第五名高宣並從事郎防團推判官第六名以下第二甲第三甲第四甲第五甲並迪功郎諸州司戶簿尉　六月四日賜進士聞喜宴于禮部貢院是日賜新及第進士御製詩一首

貢舉雜録　太祖建隆三年九月一日詔曰國家懸科

取士為官擇人既擢第於公朝寧謝恩於私室將懲薄俗宜舉明文今後及第舉人不得輒拜知舉官子孫弟姪如違御史臺彈奏應名姓次第放榜時並須據才藝高低從上安排不得以隻科為貴薰不得呼春官為恩門師門亦不得自稱門生除賜宴外不得輒有率斂並依後唐長興元年六月敕處分　四年正月二十八日詔禮部貢舉人今後朝臣不得更發公薦違者重寘其罪故事每歲知舉將赴貢闈臺閣近臣得公薦所知者至是禁止之　乾德四年二月二十二日知貢舉王祐言進士諸科合格者一十五人帝恐其遺才復令於不中選人內取其優長者第而升之

六年三月十日詔曰取士之道貢實為先今歲闕禮全唐文　卷一萬六百四十一闈明懸科級賢良之選務在得人世録之家尤宜篤學如聞搢紳之內朋比相容論才苟契於無私擢第即成於濫進自今應諸色舉人內有父兄骨肉食祿者委禮部貢院於奏名之時並別具開析當議更與覆試貴於公道無所壓焉先是王祐知貢舉擢進士陶邴中第邴乃翰林學士承旨穀之子翌日詔閤門謝帝曰如聞穀不能訓子安有登進士第者遽命中書覆試因降是詔　開寶二年十月六日詔曰漢詔吏民明當世之務習先聖之術者縣次給食令與計偕蓋優賢之道也朕開設禮闈敷求俊乂四方之士歲貢而來眷惟遐遠之鄉慮迫道塗之費爰稽古典用示朝恩自今應西川山南荆湖等道所薦送舉人並給往來公券仍令樞密院定例施行　三年正月

十九日詔諸道州府察民有孝悌彰聞德行昭著擅鄉曲之譽為士庶所伏者藉滿萬五千戶聽舉一人有奇才異行者不拘此限其所舉人自閭里縣邑至郡國官吏第加審察連書事狀以聞仍為治裝遣令詣闕朕將親問其策以寘于位　三月一日詔禮部貢院閱貢士十五舉已上曾經終場者具名以聞　七月詔曰漢詔有云結童入學白首空歸此蓋愍乎耆年無成而推恩於一時也朕務於取士期在得人歲命有司大開貢部進者俾升上第退者俟乎再來而禮闈相繼籍到十五舉已上貢士司馬浦等一百六人皆困頓風塵淹例場屋學固不講業亦難專非以特恩終成遐棄浦等宜各

全唐文　卷一萬六百四十一

賜本科出身今後不得為例　十一日詔凡選官才須敦士行應特放出身人等本貫州縣察訪向來行止如涉非惡並條析以聞　六年四月詔應考試官以舉人所對義卷明下通不如有通數少者逐場便須駁放不得虛令終場今後凡中外文武官僚薦屬舉人便即主司察具聞奏其被薦舉人勒還本貫重役永不得入舉場其發薦之人必行勘斷犯者許逐處官吏及諸色人陳告如得實應幕職及令錄當與升朝官判司簿尉即與本處令錄其諸色人賞絹五百匹以犯事人家財充不足以係省絹添支　八年十月十三日詔曰周室薦賢必由鄉里漢庭取士或按版圖當察行以議年務興

廉而舉孝朕書觀舊史慨慕前王匪敢荒寧咸求俊乂尚慮幽遠難於自進隱逸泥於所安宜令郡國下屬邑令佐令下鄉里耆艾察民有孝悌力田奇才異行或文經武畧堪任用者年二十已上五十已下第加銓擇具以名聞仍遣遣詣闕當親視臧否以進退之如鄉邑無可塞詔者亦以實告或不盡稱薦壅於上聞者當寘於理　太宗太平興國三年九月二日詔自今廣文館及諸州府禮部試進士律賦並以平側次用韻　七年九月八日詔曰郡國貢士有司掄材朕必親臨殿庭射校能否寔見紬繹日旰忘勞亦既策名即令解褐不限選調皆授以官隆儒之風可謂至矣而有矯情飾詐或貌

全唐文　卷一萬六百四十一

深衷口誦周孔之言身為桀跖之言乃至臨蒞多觸憲章或假手以干名或扶書而就試漸成澆薄宜用澄清應西京及諸道貢舉人等自今所在長吏慎擇部內清彊官一人精加考試取版籍分明為鄉里所推譽者須所試詩賦雜文合格即許解送仍令禮部自今諸道解到貢舉人依吏部選人例每十人為保內有行止踰違為他人所告者並當連坐永不在赴舉之限　八年十二月二十三日詔曰朝廷比較設貢舉以待賢材如聞緇褐之流多棄釋老之業反襲褒博來竊科名自今貢舉人內有曾為僧道者並須禁斷其進士舉人只務雕刻之工罕通緗素之學不曉經義何以官人自今宜令

禮部貢院特免貼經只試墨義二十道較其能否以定黜陟其諸科舉人於業外別試法書墨義十道著為定制　雍熙二年正月二十四日詔曰國家設俊造之科啓公平之路務要藝實以副勤求近年舉人動盈萬計姦偽之迹朋結相連或丐於他人或傳以相授紛然雜亂無以辨明考覈既難妄冒滋甚宜令知舉官專察之如有謬濫具以名聞又詔禮部貢院應九經諸科舉人並令參雜引試人貼科目字號間隔就坐稀次設席輪差官二人在省門監守分差官於廊下察視勿容朋比私相教授犯者永不得赴舉主司務求藝實不得以曾經御試一例放過　十二月一日詔曰貢舉之任宜在

全唐文　卷一萬六百四十一

精詳委於有司誠為舊典可依往例命官知貢舉應取解舉人限來年三月一日已前到京其未取解者許至秋取解　三十日詔諸科舉人省試第一場十不者殿五舉第二第三場十不者殿三舉其三場內有九不者並殿一舉其所殿舉數並於試卷上朱書封送中書請行指揮及罪發解試官監官義卷子頭上如有虛書舉數場第及詐稱曾到御前者並駁放殿舉應合保並五人已上為一保監官試官如受請求財物並准枉法贓論進士以德行為基文章為業苟容欺詐何稱科名近年多有詐他人之述作竊自己之聲光用此面欺將為身計宜加條約以誡輕浮今後如有倩人撰述文字應

舉者許人告言送本處色役永不得仕進同保人知者殿四舉不知殿兩舉受情者在官停任選人殿三舉保人殿五舉諸色人量事科罪　端拱元年三月二十三日翰林學士知貢舉宋白言考試貢舉人內有墨義十不者請責罰舉送官以誡濫進從之　淳化三年正月六日命翰林學士承旨蘇易簡等同知貢舉受詔即至貢院視事不更至私第以杜請託　至道三年五月十六日詔今歲貢舉宜令有司精較能否或因循如覆試有不合格者當行嚴責　真宗咸平元年二月三日詔曰春官取士抑惟舊章舉而擇之所委甚重冀從精擇以盡至公宜令禮部貢院考試畢日錄合格人姓名以

全唐文　卷一萬六百四十一

聞當議降敕放榜賜及第如覆試有謬濫知舉官重行朝典　九日詔曰久停貢舉頗滯時才言念士倫不忘勤恤宜令禮部貢院據合格人數內進士放五十人諸科共放百五十人來年不得為例　二年三月十日禮部貢院言考試舉人畢請御試帝以諒陰中不許謂輔臣曰今歲舉人頗衆若依去年人數慮單平者有所遺落進士可增及七十經科可增及百八十人尋以孫暨等二百五十名聞詔除學究杜銓董希顏侯世賢王大雅元用涉李佑賢一舉終場落下自餘並賜及第　三年二月二十六日詔河北經戎虜侵軼州軍舉人除已赴禮部試外有實曾請解及經禮部試者委貢院籍名

以聞當議别試　三月一日詔貢院所試及格舉人内有權要親族者具名以聞　四月詔新及第進士諸科舉人等給假兩月寧親　景德元年九月十七日令御史臺諭館閣臺省官有以簡札貢舉人姓名囑請者即密以聞當加嚴斷其隱匿不言因事彰露亦當重行朝典　二年二月二十三日禮部貢院言昨考試諸科舉人就座搜獲懷挾書册節義者十七人準例扶出準條殿兩舉其三場内九不者計四百九十二人亦合準條殿一舉詔特免之令諸州告諭精勤習業將來復犯九不即通計前數殿之　三月十日禮部貢院言新及第舉人自令欲令狀元用一節呵道餘止雙控馬首遇常

全唐文　卷一萬六百四十一

參官斂馬側立詔可（近歲及第進士導從過多車服侈靡故因是奏抑損之）　十三日命權知貢舉趙安仁等復於尚書省考試河北舉人赴常期不及者其不合格而曾預防城者進士特奏名諸科各進二場至三場者許終場應五舉及經御試并年五十者並奏名雖不防城應七舉年六十者亦如之瀛州城守有勞者即赴殿試（以去冬河朔用兵舉人赴常期不及故特命延限别）試　十二月五日禮部貢院言昨詳進士所納公卷多假借他人文字或用舊卷裝飾重行書寫或被傭書人易換文本是致到省無憑考校請自今並令親自投納仍於試卷上親書家狀如將來程試與公卷全異及所試文字與家狀書體不同並駮放之或多假借他人文字

辨認彰露即依例扶出永不得赴舉其知舉官亦望先一月差入貢院考較公卷分爲等第如事業殊異者至日更精加試驗所冀抱藝者不失搜羅躁進者難施僞濫從之　三年二月七日詔貢舉人因事殿舉及水不得入科場非被杖者並許復應舉　閏五月十五日龍圖閣待制陳彭年言請令有司詳定考較進士詩賦雜文程式付禮部貢院遵行又請許流内選人應宏詞拔萃科明經人投狀自薦舉策試經義以勸儒學詔貢舉考試進士程式宜令彭年與待制戚綸直史館崔遵度姜嶼議定餘令彭年各具條制以聞　二十五日詔榜貢院門曰國家儒學斯崇材能是選眷惟較藝務在推公而近歲有司罔精辨論尚存請託有失擬倫其何以

全唐文　卷一萬六百四十一

待八方英秀之流闢四海孤寒之路慮遺賢俊深軫于衷今鄉賦咸臻禮闈方啓俾司文柄慎擇春官用革弊源别申條制靡間單平之選庶無徼幸之人咨爾衆多咸體予意　二十九日帝問宰臣等天下貢舉人幾何王旦曰萬三千有餘人帝曰約常例奏名幾何曰大約十取其一而已帝曰當落者不啻萬人矣必慎擇其有司旦曰至於封印卷首若朝廷差官於理亦順然須擇素有操執者凡進士諸科試卷悉納封印院糊名送知舉官考校仍須其式如舉官考定等級後復令封之俟覆考畢參校其得失（文獻通考景德四年令禮部糊名考較先是上嘗問輔臣以天下貢

（舉人數，王旦曰：萬三千有餘，約常例奏名十一而已。上曰：若此則當黜者不啻萬人矣，典領之官必須審擇。晁迥屹晁當以委之，且謂勝元晏少文，樂命迥等知貢舉，元晏等封印卷首。凡封卷首及點檢詳試別命官，皆始此。先糊名用之殿試，今復用之禮部也。初陳彭年舉進士，以輕俊為衆白所出，於是彭年與迥等更定條制，設關防，不復揀擇文行，雖杜絶請託，然寘甲科者多非人望，自彭年始也。）大中祥符九年正月二十一日，詔禮部貢院諸科舉人雖初舉而藝業可取者，與量進場第。（帝因謂宰臣王旦等曰：今歲舉人頗以糊名考較為懼，然有藝者皆喜於盡公。旦曰：諸路發解，指限程制，應遺才爲當，稍寬之爲便。曰：進士比來省試惟以詩賦進退，不考文論，且江浙舉人專業詞賦以取科名，今歲望令於詩賦合格人內兼考策論。帝曰：大凡文論可見其才識，南人喜論詩賦，及就公試，或揀割舊語，主司能辨之乎？旦曰：古人警句，非後進所及，苟竊用之，無不辨也。）三月十九日，知貢舉晁迥等言：考較得合奏名進士百六十七人，諸科七百二十四人，免解進士合奏名百八十六人。又

全唐文　卷一萬六百四十一

具諸科終場粗通毛詩學究二十二人，四通三史五人，一通准格合落。帝以三史習者少，毛詩卷帙稍多，並特令奏名。（文獻通考：大中祥符元年，南有下第舉人周叔良等百二十人訟知貢舉官朋附權要，抑塞孤寒，列上勢家子弟四十餘人文字淺近，非合奏名。上曰：貢舉謗議，前代不免，今所謂勢家子弟者，到坐就試。既而叔良等所陳皆妄，命既隸許州。）四年五月二十七日，翰林學士晁迥等言：准詔詳定禮部貢院條制，請進士就試日不得張燭，亦不得將入茶擔火燎，湯茶官備。試詩賦日，止許將入切韻、押韻、韻略，餘書悉禁，仍預於貢院納書案。有司於試前一日排定坐次，榜名告示，至日監門據姓名引入，依此就座，不得移易。或舉人有所請問，主司即與解說。舉人並不得寄應，仍不得分人田土，虛立戶名，違

二十四日一條列三月十六日條後

論如法。如有父在鄉縣貫無戶籍，許召命官一人保明行止，非妄冒者聽具本貫家狀於開封府投納收試。文武升朝官以上骨肉願於國學請解者，許陳本貫投狀試補。舊是寄應舉人今欲歸本貫者，不得叙理前舉。其開寶通禮義纂，望改為疏。自今所試墨義，每場問正經五道、義疏五道，通六為合格。並從之。　十一月五日，詔貢院河中府進士五舉、餘州軍諸科終場七舉者，並特奏名。　十二日，詔自今如貢舉及發解試官，更不得乞上殿及進呈題目，並令門辭，差官伴入院鎖宿。　十二月三日，詔曰：眷彼設科，存乎舊制，惟禮經之奧義，暨傳學之繁文，念其研習之勤，特闢條對之數。自今三禮、三傳宜各減一場，仍以五通為合格。

全唐文　卷一萬六百四十一

五年三月十二日，詔曰：凡于科試，即預士流，雖曆刈楚之求，未著贖刑之典，或緣詿誤，永阻進趨，特示矜寬，庶從甄別。自今貢舉人但曾預南省試者，犯公罪特聽收贖。　十五日，詔貢院所試諸科舉人，如聞解衣搜閱，慮其挾藏書冊，頗失取士之體，亟宜止之。　二十四日，詔貢院錄諸州發解所試詩賦論題以聞。（舊例諸州試題止貢院具錄者，視慮命題重復，帝以將親臨試，亦恐重複，始命錄奏，自後用為常例。）三月十六日，詔禮部奏名人有隱匿服紀者，令自陳，仍赴殿試。　四月六日，詔禮部貢院取前後詔勅經久可行者，編為條例。本院言：舊條諸科舉人第一場十否殿五舉，第二、第三場十否殿三舉，九否殿

是所下有脫誤

清案文獻通考選舉无所下試字

一舉進士文義字舛詞理紕繆甚者殿五舉，其次殿三舉。懷挾書策，舊例入省門搜獲者，不計多少，扶出殿二舉。今參詳諸科懷挾書策，比對義十否者，情理稍重；其進士所挾未必全是所文字，則情理稍輕。請自今南省就試日有懷挾至省門及到鋪搜獲者，進士殿二舉，諸科殿五舉；諸科舊場第雖高，並降從第一場，仍於所試卷上明標所犯，其同保殿舉更不施行。從之。先是，直史館劉錯請應懷挾書赴試者并同保人殿一舉。是歲試諸科，以懷挾出者十八人，計同保九十三人，而十二人當奏名，有司以聞，帝特令赴殿試，因詔重定此制焉。 八年二月十二日，詔禮部貢院於考試不該奏名人內揀勘進士實應六舉、諸科實應九舉以上者，並特與奏名。候將來一例考試，量事業等第錄用。不願者亦聽從便。先是，帝謂宰相曰：「如聞科場舉人有累舉不第、年邁已高、無家可歸者，深可矜憫，宜令廣示搜羅，特與奏名。」故有是詔。文獻通考：祥符八年始制謄錄院。時懷衛潁州以部內官屬少進士登科者，因聚數州進士都試之，乃詔自今諸州發解如之，試官宜令轉運司選鄰州官充，不得移舉就他州備試。 三月二十四日，詔曰：「朕親選英髦，擢登甲乙，冠群材而為重，在優待以攸宜。特異等威，著于彝矩。自今第一人及第，宜令左金吾司差七人導從，許出兩節。每御試即預差在殿門外祗候，永為定式。」初，帝以蔡齊單族，且開備居僕隸，故有是詔。 天禧元年九月二十八日，右正言魯宗道言：「進士所試詩賦，不近治道；諸科對義惟以念誦為工，罔究大義。」帝曰：「前已令進士兼取策論，諸科能通經者別加考校，宜申諭之。」 三年三月五

全唐文 卷一萬六百四十一

日，詔南省下第舉人如曾至御前及諸科終場內七舉已上者，並赴御試。 十八日，中書門下言：「大中祥符八年御試舉人，曾詔諭兩制、三館臣僚精審考較，及申明罰典。今亦欲依此告諭。」從之。

全唐文 卷一萬六百四十一

全唐文

宋會要　科舉條制　以下門與職官貢院互見詳畧不同

仁宗天聖元年七月七日，學士院言：准中書批送汝州并鎮海軍狀，稱天禧四年勅，令後舉人有周朞尊長已上服依元條不得取應，其緦麻服並特許應舉者。看詳除周朞尊長已上不許取應，即周親卑幼已上並得應舉。又緣勅文只指定緦麻服並特令應舉，其有周朞卑幼及大功小功等服，即未有明文，詔送兩制定奪。臣等看詳，欲乞依天禧四年晁迥等元定奪，有周朞尊長已上服不得取應外，有周朞卑幼并大功已下服並許應舉。從之。　十月十二日，禮部貢院言：舊制，諸州解發舉

卷一萬六百四十二

人試卷并家保狀、試紙等，置庫編排，封鏁，合差官與主判官同加撿勘。從之。　十二月十二日，中書門下言：乞定科場條貫，詔兩制與孫奭同共詳定以聞。既而上言：殿舉人舊實殿一舉後，遂以一年理為一舉，緣數年一開舉場，其間更值恩赦，遂使懲沮之典虚有其名，負犯之徒不妨進取。欲令後殿三舉以下即依舊例，其殿五舉者須實殿兩舉後方許更理一年為一舉。又曾犯刑責之人不得收試，大凡無官蔭者，笞以上皆決不復更踐科場，有官蔭者，流以下皆贖，取應並無妨礙，輕重之間，恐未允當。欲令後有官蔭舉人身犯徒以上罪，雖贖及雖逢恩宥，並不許應舉。如或冒以違制罪之，同保

人殿五舉。有保官者與同罪。又下等舉人好撰匿名文字謗讟主司，或私相期集，搆合詞訟，欲令後委是知舉官等第不公，許令單名實封指論，更不得期集連名進狀。如輒撰無名文字私相傳布，令開封府及巡檢人擒捉，重行斷決；如不獲主名，其文字隨處焚毀，勿送官司。從之。　二年正月十二日，帝問今年新舊舉人甚衆，將來合放人數多少，宰臣王欽若曰：已令禮部貢院具合格等第字號人數聞奏。帝曰：久罷科場，慮遺賢俊，令貢院精加考試，藝業候將來特放進士二百人，諸科三百五十人。　二十二日，故尚書令南平王高從誨孫進士輔元，有兄亡係周親服制，取應不得，詔以王公之後，祿

卷一萬六百四十二

仕殆絶，特令送貢院試。　二十三日，詔今年貢舉依咸平二年南省牓體例施行，仍除不合格係駮放等外，先具考試到合格等字號人數以聞聽旨。權和貢舉劉筠奏差覆考官及別令近上臣僚詳定，帝曰：朝廷文柄已是選委近臣，若別令覆考，乃是過有規避，但令筠等依公考試。　二月四日，考試鎖廳官左正言孔延魯言：進士就試以前，欲令主司先曉諭不得上請，仍雕印試題，分明解說，在逐人卷子內，依此給散。帝以文闈取士條約已多，只令依舊例施行。　三月一日，詔禮部考試劉筠等，以執經肄業不善屬文，特令取其所長，以廣仕路，仰應經學對策不得者與免退落。　二十四日，禮部貢院言：天禧三年勅，免解進士宋說等二十四人，詔除及第事故外，歸

經南省落下者進士六舉已上諸科八舉已上分爲兩等奏聞　四年五月二十三日詔曰朕惟采俊髦詳觀典策得人之盛漢業斯隆多士以寧周文載郁國家推崇治本恢振儒風命鄉里以薦能寵英雄而入彀顧惟沖昧寅嗣基圖三后在天具存於遺訓萬邦作乂尤賴於羣材矧茲取士之方並有酌中之制向暫停於秋賦已再易於歲時言念孤平尚多遺滯特頒恩詔用廣明揚應諸道州府軍監貢舉人等内進士曾實應三舉並諸科實應五舉已上者特免取解外宜令禮部貢院准舊例指揮逐處依前後勅條考試舉送須是藝業精修士行無玷仍使權豪之黨假左右以爲容寒俊之流或滯淹而興歎

（卷一萬六百四十二）

五年正月十六日詔貢院將來考試進士不得只於詩賦進退等第今後參考策論以定優劣諸科所對經義亦不得將重複文句及抽拆經注令數字對答致有非理黜落仍榜諭舉人　二月二日權知貢舉劉筠等言準詔免解進士五舉已上諸科七舉已上雖不合格未得退落緣諸科於逐場有九否十否者未敢去留詔十否者駁放仍候貢舉畢日以名聞　三月二十三日詔今年省試下第舉人進士五舉年五十以上及曾應淳化年舉者諸科七舉并六舉終場年六十以上者並進士諸科曾經先朝御試者令貢院檢會以聞　四月十八日詔曰設科取士有國之令猷側席待賢前王之格訓洪惟三后勤䘏萬邦備存翹俊之方俱顯得人之盛朕緬懷先烈載舉舊章俾鄉老以薦能委春官而辨等洎夫親臨軒陛精校藝文既吹一一之竽盡刈翹翹之楚尚念縣邑至廣群士畢臻或累朝積隨計之勞或十上阻升名之志是用各分等級咸被搜揚雖振發滯淹已布非常之澤而考覈名實必思經久之規將永革於因循宜特申於誨諭應諸通貢舉人等今後並須服膺翰墨勵志典墳當企慕於儒賢勿坐希於僥倖其或靡務激昂而自奮正期華皓以見收人將謂何朕所不敢尚敦修之未至諒黜落以無疑預形告戒之言庶盡詳延之旨九爾多士宜知朕意先是中書門下言昨以天下舉人至多所試詞業罕及格式望建幽成不遺片善念其久在場屋齒髮已衆中擇其年甲爲高者並列官常俾榮鄉里然慮後學之徒不務進修坐候歲月恐乖激勸之理欲乞特出詔旨敦諭四方故有是詔　七年正月二日詔曰國家稽古御圖設科取士務求時儁以助化源而褒博之源習尚爲弊觀其著撰多涉浮華或磔裂陳言或會粹小說好奇者遂成於譎怪矜巧者專事於雕鐫流宕若茲雅正何在屬方開於貢部宜申儆於詞場當念文章所宗必以理實爲要探典經之旨趣究作者之楷模用復溫純無陷媮薄

（卷一萬六百四十二）

庶有裨於國教，期增闡於儒風。咨爾多方，咸體朕意。

景祐元年正月二十二日，詔曰：朕以紹隆先構，總攬宏綱，務恢致治之源，彌切思皇之念。別以幅員至廣，文物寖昌，秀茂頗多，計偕尤衆。間者俾敦修於儒業，遂連罷於貢闈，顧場屋湮滯之人，洎衡泌孤貧之士，爰加軫惻，特示甄收，用旌稽古之勤，式闡右文之化。其今年南省就試進士、諸科，宜令禮部貢院於十分中許解送二分，并曾經先朝御試及後來殿試進士三舉、諸科五舉，并進士五舉年五十已上、諸科六舉年六十已上者，雖所試不合格，特許別作一甲奏名。其二分人內如合格人數不足，不得將文藝紕繆之人充數。文獻通考石林葉氏曰：唐禮部試詩賦，題不皆有所出，或自以意為之，故舉子皆得進問題意，謂之上請。本朝既增殿試，天子親御殿，進士猶循禮部故事。景祐中，稍厭其煩瀆，始詔御藥院具試題，書經史所出，摹印給之，遂罷上請之制。王氏揮麈錄曰：韓忠獻億，景祐中參仁宗政事，天下稱為長者。四子仲文綜、子華絳、持國維、玉汝縝預禮部奏名，忠獻啟上曰：臣子叨陛下科第，雖非有司觀望，然臣庶備位政府，豈當受而有之？天下將以謂臣賊致此，臣雖不足道，使聖明之政人或議之，非臣所安也。臣數子既已有成文，何必臨斥四方，以為黨類也。乞盡免殿試唱第。章進試懇辭三上，上嘉歎而允所請。忠獻既薨，仲文、子華、玉汝相繼而中科甲，綜、持國曰：吾前已奏名矣，當遵家君之言，何必布之遠方耶。不復更就有司之求，故文潞公薦持國云曾預南宮高薦，自後家不仕官。其後仲文知制誥，子華、玉汝皆登宰席，持國賜出身至門下侍郎，為本朝之甲族云。按嘉祐二年御試，方令禮部所奏進士俱免黜落，如已前蓋有黜者而殿試不中者矣。故韓忠獻諸子師文、子華、玉汝也舉中甲科而後可以言登第，若嘉祐二年以後，則凡預禮部正奏名皆為有出身之人矣。三月一日，詔貢院所試進士除詩賦依自來格式考定外，其策論亦仰精研考校，如

卷一萬六百四十二

詞理可采，不得遺落；賦如欲不依次押官韻者，聽。十一月，詔諸科舉人實應七舉者，不限年，別作一項奏名。

三月十六日，太子少傅致仕晁迥言：孫男仲衍、仲約昨開封府得解，貢院試畢，值期周服，今勝出並預奏名，欲望許令祇赴御試。詔候將來科場，便許就御試。十七日，禮部貢院言：門引不到舉人陳之奇等二十七人，拜扶出舉人張容、劉渭，勘會並合該勅命特奏名人數，當院未敢曉示，亦未敢退落。詔容、渭特許就御試，餘不行。十八日，命知貢舉翰林學士、禮部侍郎章得象等就南省編排特奏名進士、諸科人等，分為三等聞奏。十九日，詔南省特奏名進士只試論一首、詩一首，諸科對義五道，內年老者特與免試。四月三日，詔御前放舉人內除合格正奏名外，特奏名恩澤人令貢院曉示，候謝恩畢，同出身、試銜人取便歸鄉守選，長吏、文學、助教即令歸鄉，如願赴暑者聽。六日，禮部貢院言：進士黃庠昨第一人奏名，為患不赴御試，乞賜召試。將來科場便就御試。文獻通考：景祐四年，賈昌朝言：有親戚事本州及或為發解官，及侍父祖遠官距本州二千里，宜牒轉運司選官類試，以十率之取三人。詔近臣議而下度等詳條例，限十月二十五日上名子首。幾二千里而赴試，或有不及，願寬其期一月，然如舊。朝議由是諸路始有別頭試，其諸開封府、國子監及別頭試封彌謄錄，如禮部。五年正月八日，知制誥李淑言：切見近日發解進士多取別書、小說、古人文集，或移合經注以為題目，競務新奧。臣以為朝廷崇學取士，本欲興崇風教，

卷一萬六百四十二

句疑作句

儴傳疑作儴博

況使後進習尚異端非所謂化成之義也況考校進士但觀詞藝優劣不必嫌避正書至如近日學者編經史文句別為解題民間雕印多已行用考試之時不須一一迴避其經與子書之內有國語荀子文中子儒學所宗六典通貫先朝以來嘗于此出題只是國庠未有印本欲望取上件三書差官校勘刻板撰定音義付國子監施行自今應考試進士須只於國子監有印本書內出題所貴取士得體習業有方稍益時風不失淳正如允所請兼乞編入貢舉條貫施行詔可　二十九日中書門下言檢會先詔貢院考試進士多只采詩賦未盡銓擢今後更於策論相兼考定優劣諸科對義不得將重複文句抽拆經注令字數對荅非理黜落詔以諭貢院　卷一萬五百四十二

四月二十一日詔曰科舉之設本至公而擢材仕進之階先力學而干祿厚民崇術莫切於斯朕撫御邦圖周爰治道奉若祖宗之法謹夫俊造之求考藝有程得士斯衆昨舉賓興之興以期計偕之來申命攸司載嚴明試遂臨軒而親校固刊楚之必精尚較湮沉之徒特恢優裕之路惟貢薦而屢絀自遐暮而無成審覆不誣甄采咸及然念濟率之廣儴傳濫多或狃於寬恩則墮其素業靡篤溫知之習寖成苟簡之風思滌攺辭用頒詔諭貢舉人等自今當研覃古義景慕前良為學務於資深屬詞尚于體要宗師雅正斥去浮華勉事厥修

於

之勤勿貽將落之誚若仍累舉之叙限年以牧蓋逃經常之規無懷僥倖之望濫膺實之非允豈名級之可希咨爾群儒宜悉朕意　寶元二年十一月四日翰林學士丁度等言准詔詳定侍讀學士李淑言昨充殿試詳定官切見初考用朱覆考用墨等第下計黜抹數誤書等第衆官參詳小有差錯只令用印知制誥鄭戩言南省引試都堂垂簾兩邊釘幕小試官不得輒上都堂諸色人非指使呈覆發押文字不得到都堂上如違嚴斷進士引試依舊寫劄所出去處注疏一處曉示不令上請或疑處須得上請止在廳砌下不得逼近簾帷直賢院王皞言舊例舉人試卷塗注乙字並卷後計數不得揩改說誤三字為一點三點為一抹降一等三抹九點準格落賦少九字論少三十六字並不考臣昨覆考進士試卷各有塗揩脫誤三四十字以上尋依例書鑿黜抹等第發遇切以祇奉御試頗涉不恭欲乞自今後誤多者依小字例落下不考並請依所奏施行從之文獻通考慶曆四年臣僚上言改更貢舉進士所試詩賦策論先後詔下兩制詳議知諫院歐陽修上言凡貢舉舊法若二千人就試常額不過選五百人每年到省就試足取人之數大約不過此是以詩賦策論六千卷中選一人三卷選五百人而日限又迫使考試之官迫廢寢食之殆心竭憊困勞殆昏雖有公心而所選多濫此舊法之弊也今臣所請者寬其日限而先試以策而考之擇其文辭鄙惡者文意顛倒重雜者不識題者不知故實略而不對所問者限以事件若干以上誤引事跡者亦限件數雖能成文而理識乖疑者雜犯舊格不考式者凡此七等之人先去之計於二千人可去五六百以其留者次試以論又如前法而考之又可去其二三百其留　卷一萬六百四十二

而試詩賦有不過千人是於千人而選五百則少而易考不致勞自考而精當則盡善矣縱使考之不精亦選者不至大濫蓋其節抑刻盜之又皆以先經策論去之先策論逐場旋考則卷子不多考官不致勞皆去留如不誤此及詩賦皆是已經策論粗有學問理識不至乖誕之人縱使詩賦不工亦可以中選矣如此可使童年新學全不曉事之人無由而進此臣所謂變法也須隨場去留然後可革舊弊者也其外州解送到且當情探紙可盡令試策要在南省精選若省榜奏人至精則殿試易爲考矣故臣但言南省之法此其大槩也其高下之等仍乞細加詳定夫懷當以策論爲先拔詩賦不過工浮詞論策可以驗實學此正理也今觀歐公所陳欲先考論策後考詩賦蓋欲以論策驗其能否而以詩賦定其優劣是以粗淺視論策而以精深視詩賦矣蓋場屋之文論策則蹈襲套括故汗漫難憑詩賦則指以聲病對偶故工拙易見其有與學雜文能以論策自見者十無一二而紛紛謗花之士固有題場號爲精工而論策一無可採者蓋自慶曆以來場屋之弊已如此不精後來爲然也故歐公之言欲先試論策擇其十分亂道者先澄汰之不特使之稍務實學且使司衡鑑者所考少則易精又旣工論策則不患其不長於詩賦縱詩賦不工而所取亦不害爲博古通精之士矣又按祖宗以

卷一萬六百四十二

宋試進士皆以詩賦論各一首除制科外未嘗試策天聖間晏元獻公請依唐明經試策而不從寶元中李淑請并詩賦策論四場通考詔有司施行不知試策實始於何年當考初保寧軍推官胡瑗教授湖州科條纖悉備具諸生信受如其子弟至是下湖州取其法著爲學令是冬詔罷日限以令請言廣學舍所以待有志之士去日限所以寬食貸之人或者謂仲淹旣去而數改意皆異故有是詔

康定二年五月十三日，詔應先因隨侍外任應舉得解，今還本貫，或先無戶今有戶、先有戶今無戶并鄉貫移徙者，許經貢院陳狀，名句當事京朝官一員委保，得實與通敘舉數。場第詳勑意，蓋爲先因隨侍外任，今還本貫，或本鄉先無戶，今置到稅產，先有產稅今已賣盡，該此三事，即許通敘舊舉。今來不曉勑意，却將鄉貫移徙又作一節施行，是又舉人隨處立戶，不須土著，深恐未便。今請於并字下添云「如此鄉貫移徙」，蓋語意明然，免致公私誤認。從之。

慶曆二年正月七日，詔川、廣合該解發及諸處免解舉人，應地遠到闕稍遲，令貢院如未引試日前續次到者並收試。

二月五日，知制誥富弼言：「國家緣隋唐之制設進士之科，采天下賢俊，雖至公之道過於隋唐，而得人之實或有未至。自咸平、景德年後，條約漸密，然省試有三長，殿試有三短。南省主文者四五人，皆兩制宗匠，又選館閣有辭學者數人以助主文考校，復有監守巡察，糊名謄錄，上下相警，不能容毫釐之私，此一長也。又一日試詩賦，一日試論，一日試策，詩賦可以見辭藝，策論可以見才識，四方之士得以盡其所蘊，此二長也。

卷一萬六百四十二

又貢院凡兩月餘日，研磨差次，必俟窮功悉力，然後牓出，此三長也。可謂至公至精矣。以此姓名高下遂放及第，辭藝才識高者得高科，下者得下等。高科者待以好爵，下等者歸于常調。朝廷旣不失其實，舉人又各足其志矣。洎至殿試，號爲親臨，然所差考校之官多不精慎，此一短也。又只試詩賦與論，併在一日，不能盡人之才，此二短也。又考校不過十日，不暇研磨差次，忽忽而定，此三短也。向之省試至公至精也，乃混淆而不復見。今捨其所長，用其所短者，或云省試放牓則恩歸有司，殿試放牓則恩由主上，是蓋棄取士之實而沽此虛名也。普天率土，豈有恩不出天子者邪？況殿試非古，始於唐武后之初年爾比安足為後世法歷代取士悉委有司獨後漢文吏課牋奏而副之端門亦未聞天子再試也洎時無糊名謄録之制主文可以專取捨遂有殿試以防主文令無以容其私殿試復何為哉臣欲乞自今殿以後只令南省放榜以登恩歸有司則請如天聖二年令南宮考定高下以混榜引於殿庭依次唱名賜第則與殿試同矣詔曰國家申命遴臣俾司貢部關防之制已極於至公優劣之殊或經於審定列責成之素重固綜覈以無差宜服故常無臻精要俾辨等之來上即延對以賜科用洽茂恩着為彝式　九日詔近已依富弼上言更不臨軒親試今已鏁院令貢院且依舊例奏名殿試仍許解二分人數將來科場別奏取旨

原卷一萬六百四十二

四年三月十三日翰林學士宋祁等言近准敕詳定貢舉條制者伏以取士之方必求其實用人之術當盡其材今教不由於學校士不察於鄉里則不能覈名實有司束以聲病學者專於記誦則不足盡人材此獻議者所共以為言也臣等參考眾說擇其便於今者莫若使士皆土著而教之於學校然後州縣察其履行則學者修飭矣故為立學合保薦送之法夫上之所好下之所趨也今先策論則文辭者留心於治亂矣簡程式則閎博者得馳騁矣問以大義則執經者不專於記誦矣其詩賦之未能自肆者雜用今體經術之未能亟通者尚依舊

科則中常之人皆可勉及矣此所謂盡人之材者也故為先策論過落簡詩賦考式問諸科大義之法此數者其大要也其州郡封彌謄録進士諸科帖經之類皆細碎而無益者一切罷之其為法者皆申之以賞罰而勸焉如此則養士有素取材不遺皆可施行望賜裁擇諸路州府軍監除舊有學校外其餘並各令立學如本處修學人及二百人已上處許更置縣學若州縣未能頓備即且就文宣王廟或係官屋宇為學舍仍委本路轉運司及本屬長吏於幕職州縣官內奏選充教授以三年為一任在任有人同罪保舉者得替日依例施行若少文學官可差即令本處舉人衆舉有德行藝業之

卷一萬六百四十二

人在學教授候及三年無私過本處具教授人數并本人履業事狀保明聞奏當議等第特授恩澤內有由本學應舉及第人多處亦與等第酬賞如任滿本處舉留者亦聽本官從便其學校規令宜令國學詳定聞奏頒下施行如僻遠小郡舉人不多難為立學處卽轉運司體量聞奏初入郡學人須有到省舉人二人委保是本鄉人事或寄居已久無不孝不悌踰濫之行即不曾犯刑責或曾經官司罰贖情理不重者方得入學應取解逐處在學本貫人並以入學聽習至秋賦投狀日前及三百日以上舊得解人百日以上方許取應（秋賦投狀日並依本州軍舊制）內有親老別無得力弟兄侍養致在學日數不足

者除依例合保外別名命官一員或到省舉人三名委保諳實亦許取應其隨親屬之官者許就近入學候歸鄉取解據在學實日及無過犯給與公憑進士諸科舉人每三人為一保所保之事有七一隱憂匿服二曾犯刑責三不孝不悌迹狀彰明四故犯條憲兩經贖罰或未經贖罰為害鄉里五籍非本土假戶冒名六祖父犯十惡四等以上罪七身是工商雜類及曾為僧道者並不得取應違者本人依條行遣同保人殿兩舉其保狀式具此七事外餘並令禮部貢院重行刪定國子監開封府取解舉人須五人為一保仍遞保內要曾到省舉人二人外處取解舉人仰本處知州通判職官錄事參

卷一萬六百四十二

軍令佐常切採訪內有犯前項條貫及犯各保狀內違碍者並不得解送如有不舉察或顯可保明妄加抑退者並科違制分故失定罪國子監開封府發解就試人數既多其進士諸科卷子並依舊封彌謄錄外諸州發解已令知州通判職官令錄等保明行實更不彌封謄錄仰試官驗官與長吏通考文藝其試官委轉運司於本處及鄰州選差清白有文學通經術之人進士並試三場先試策二道一問經史二問時務次試論一首次試詩賦各一首三場皆通考去留舊試帖經墨義今並罷詩賦論於九經諸子史內出題其策題即通問歷代書史及時務並不得於偏僻小處文字中策每道限五百

字以上論限五百字以上賦限三百六十字以上詩限六十字（五言六韻）賦每韻不限聯數每聯不限字數賦官韻有疑混聲疑者許上請詩賦論題目經史有兩說者許上請詩韻中字體及聲韻同者各許依本字下注意便用三點當一抹降一等塗注一字並須卷後計數不得揩洗每場一卷內塗注乙五字已上為一點十五字以上為一抹

策論詩賦不考式十五條

策一道內少五字論詩賦不識題策論詩賦文理紕繆不寫官題用廟諱御名論少五十字詩賦脫官韻詩賦落韻用韻處脫字亦是詩失平側脫字處亦是重疊用韻小賦內不見題意通而詞優者非賦少三十字詩韻數少剩詩全

卷一萬六百四十二

用古人一聯詩兩韻以前不見題意通者非

抹式十二條

誤用事連脫三字誤寫官題須是文理無失但筆誤者非詩賦重疊用事詩賦不對詩賦初用韻及用隣韻引而不對者非及詩賦末兩句亦不須對小賦四句不見題意通者非全用古人一聯賦語別以一句對者非賦少二十字詩用隔句對策一道內全用古今人文字十句以上策一道內全用經書子史語五十字以上對策以他辭裝或首尾與題意不相類

點式四條

借用字詩賦脫一字詩偏枯詩重疊用字

省試進士諸科舉人合保並依發解條如妄冒過省及第入官而事發者本人除名保人殿兩舉已及第未得與官已

入官者停見任已上入學取解到省保人如不實者事發日官員坐私罪舉人殿實舉應出策論詩賦題并考校式並依發解條格進士試三場並依舊糊封謄録先試策三道一問經旨二問時務次論一道次詩賦各一道舊試帖經墨義今並罷初場引試策先次考校內有文辭鄙惡者對所問不備者謂十事不對五以上誤引事迹者謂十事誤引五以上雖能成文而理識乖繆者雜犯不考式者凡此五等並更不考論次場論內有不識題者文辭鄙惡者誤引事者十事誤用三以上雖成文而理識乖繆者雜犯不考式者凡此五事亦更不考詩賦第三場詩賦畢將存留策論卷子上與詩賦通考定去留合格薦名者出榜告

卷一萬六百四十二

示舊制以辭賦聲病偶切之類立為考試式舉人程試一字偶犯便遭降等至使才學博識之士臨文拘忌術就規撿美辭善意詞而不伸如唐白居易性習相近遠獨孤綬放馴象皆當時南省所試甚對偶之外自有意義可觀非如今時拘撿太甚今後進士依自來所試賦格外特許依倣唐人賦體鍊應舉人自今更不限舉數許令取應如及第出身後即不別推恩諸科舉人九經五經並罷填帖六場皆問墨義其餘三禮三傳已下諸科並依舊法九經舊是六場十八卷帖經墨義相半今作六場十四卷並對墨義第一場春秋禮記周易尚書各五道為二卷第二場周禮儀禮公羊穀梁各五道為四卷第

三場毛經孝經論語爾雅各五道為二卷第四場禮記二十道為二卷第五場春秋二十道為二卷第六場禮記春秋各十道為二卷五經舊是六場十一卷帖經墨義相半今作六場七卷並對墨義第一場禮記春秋共十道為一卷第二場毛詩周易各五道為二卷第三場尚書論語爾雅孝經各三道為一卷第四場第五場春秋禮記逐場各十道為二卷第六場禮記春秋共十道為一卷立開寶通禮科國家本欲使人習學儀典不至廢墜却聞各傳誤本惟習節義殊非崇禮之意委有司抄録本正差官考校令禮部貢院勘會有人應通禮州軍賜一本許本科舉人抄寫習讀將來舉場只於官本中問義外諸科舉人依

卷一萬六百四十二

舊制場各對墨義外有能明旨趣願對大義者於取解到省家狀內具言願對大義除逐場試墨義外至終場并御試各於本科經書內只試大義十道直取聖賢意義解釋對答或以諸書引證不須具注疏九經三禮三傳毛經尚書科願對大義者每道所對與經旨相合文理可采者為通五通為合格其中深曉經義文理俱優者為上等三史科願對大義者每道所對與史意相合文理可采者為通五通為合格其中深明史義文理俱優者仍為上等明法科願對大義者並立甲乙罪犯引律令斷罪每道所斷與律令相合文理可采者為通五通為合格其中深明律意文理俱優者仍為上等舉人

講通三經以上進士非紕繆諸科無九否者過落外許自陳牒具言曾於某處講説某經名舉人三人保明即依前項别試大義十道以五通為合格仍令講誦與所對大義相合者具奏取旨御試舉人試卷並依舊封彌謄録進士試策一道限五百字以上成賦一道諸科試墨義十道對大義者即問大義十道出題目并考試條格並依省試對大義入上等并合格人及試中講説及等者所授恩擇等第當議在對墨義及第人之上詔曰夫儒者通乎天地人之理而兼明古今治亂之源可謂博矣然學者不得騁其説而有司務先聲病章句以牽拘之則吾豪儁奇偉之士何以奮焉士有純明朴茂之美而無斆學養成之法其飭身勵節者使與不肖之人雜而並進則夫懿德敏行之賢何以見焉此取士之甚弊而學者自以為患議者屢以為言朕慎於改更比令詳酌仍詔宰府加之參定皆以謂本學校以教之然後可求其行實先策論則辨理者得盡其説簡程式則閎博者可見其材至於經術之家稍增新制兼行舊式以勉中人其煩法細文一皆罷去明其賞罰俾各勸焉如此則待士之意周取人之道廣夫遇人以薄者不可責其厚今朕建學興善以尊子大夫之行而更制革弊以盡學者之材其於教育之方勤亦至矣有司其務嚴訓導精察舉以稱朕意學者其思進德修業而無失其時

卷一萬六百四十二

凡所科條可為永式宜令禮部貢院頒下　六月二十六日詔進士諸科點檢考試　及經科出義官不得預先見逐甲所引諸科姓名如要人數照會即點具數關報經科舉人如有過落不當具考試覆考官於知舉官下減等定罪　五年三月二十三日詔禮部貢院進士所試詞賦諸科所對經義並如舊制考較之先是頒行宋祁等所定科場新制既而上封者言其非便也　六年正月二十二日禮部貢院請自今進士並如諸科例印所出義題從之　二十三日御史中丞賈昌朝言省試舉人策目已不謄録則今後入試不須盡寫問目庶令不較翰墨之功詳為條對奏可　二月二十八日權同知貢舉張方平言文章之變蓋與政通風俗所形斯為教本今設科選才專取辭藝士惟性資之敏而學問以充之故道義積乎中而英華發於外然則以文取士所以叩諸外而質其中之蘊也言而不度則何觀焉切以禮部條例定自先朝以考較升黜悉有程式自景祐初有以變體而擢高第者後進競相趨習比來文格日失其舊各出新意相勝為奇及竟太學而直講石介課試諸生因其好尚遂以成風以怪誕詆訕為高以流蕩猥煩為贍逸越規矩或誤後學朝廷惡其然也故下詔書丁寧試勵而學者樂於放逸罕能自還今貢院考所試賦有至八百字以上每句有十六十八字者論有一千二百字以上策有置所問而

卷一萬六百四十二

妄肆胸臆條陳他事者以為不合格則辭理粗通如遂取之則上違詔書之意輕亂舊章重虧雅俗驅扇浮薄忽上所令豈國家取賢斂材以備治具之意耶其舉人程試有擅習新體而尤誕漫不合程式者已准格考落外切慮遠人未盡詳知欲申前詔牓於貢院門從之

八年四月八日詔科場舊條皆先朝所定宜一切無易

時禮部貢院言四年宋祁等定貢舉新制會明年詔下且聽須後舉施行今欲賦有糊緘新制諸州軍發解細令依舊官發保明行實其封彌謄錄一切罷之籍見跡州解送舉人宜來皆州縣勝擇以前多來盡舉許試理則餘請新亦只取本州曾經薦送舊人其新人百不取一又封彌以後考官不見姓名明須實考文藝精合云公又新制進士先試策三道次試論次試詩賦先言策為定益密經後與辭試通定高下甚舉人每至尚策省不下悉七乎人及臨轉覆較止及數百人蓋詩賦以叢病讀祝易為去解皆寄取策論必雖升黜甚詩賦雖皆

卷一萬六百四十二

小所試須指題命事若記問詳當則辭理自精策論雖有問題淺問戰對皆決能說者對不及其適當照之郎與先定解類不數者精纂華技削濫進殊廣所以自祖宋以春未能卒更其制策謂繁人集理此旋義可以出策論題目九數千條謂之經覽實疑為於時稱為有扶縣之要詩偽派寒諸為考議天舊制以詞得聲病僻初之籍立試考式令持許微存人賦體及賦不限騁盡每辭不學字數且古分文章務花體要古未出意亦當觀唐人經試詩武與衣朝所取若人辭藝實亦工拙相半格儒是否非今不滿通論自二年以來國子監所試監主詩賦即以汗漫無體為高蓋論即以激訐肆意為工中外相傳愈濫非惟漸誤後學實恐將來奇試其合格能者何人杖以祖宗以來得人不失考校之藝固有下規程不須變更以長得賢請並如舊制施除是詔

四日禮部貢院言勘會近年舉人文字違限者多是書鋪預先收錢物直至正月後舉人到京臨鎖院催促方始送納緣試遍擁併雖精加點檢尚慮差誤欲乞今後須得依條限送納如自慢易先次駁放書鋪人乞行重

斷諸州軍舉人如得解後有擅同解舉人家狀試卷赴京須依格限送納如是緣路遺棄元供文字諸色人擬斷元擅舉人駁放書鋪送納舉人試卷文字並見所納舉人州府姓名單狀赴院照對如有文字差誤勘會元納書鋪人姓名牒開封府施行本院投名充備筆書寫人並依元定人數不得究濫不係元雇人數入院如違知情并犯人並行嚴斷勘會慶曆五年科場諸州軍舉人並不依條限投納家狀文卷緣自來承例乞展日限欲乞今來於十一月二十五日限外與量展半月更不重疊展限內不來投納即先駁放更不在收試之限詔依所奏

皇祐五年十一月四日詔應貢舉人自來南省鎖院後知舉官當面引保進制永鎖院前先於貢院引驗朝會遍迎奔走不遑遠方之人深為非便自今引保依舊例

卷一萬六百四十二

至和二年十月十五日判禮部貢院王珪言竊惟貢舉之法咸于有唐自貞觀迄於開元文章最隆其較藝有千餘人而所收者每歲或寡上元中嘗增其數然無及百人者國初取士之科皆襲唐制興國中始大擢貢士其後寖以益廣然猶有定數故近年以來官吏猥濫溢于常員甚非國家所以取人之意前詔禮部應進士諸科奏名皆以四百人為額慈誠聖慮所以欲革仕進之弊而敦治原之要也伏慮將來群士皆至闕下一有扇搖而言者輙議衡改望申飭有司令固守之

又言天下發解諸科人不及禮部元額蓋元額至多僅
七千餘因循不曾評定緣進士已有定額請自今南省
考逐毋得過進士之數並從之　嘉祐二年十二月五
日詔曰國家致治之原莫先乎得士鄉里興賢之法必
歸乎考行惟選舉之失實乃古今之共患爰自比歲尤
異所聞惇我諸生頗渝薄俗或先教孝悌而敢為傲逸
或不勤文藝而專務剽襲及乎應詔而起覆試有程負
累者姦利相成褰闈者懷挾交濟條制雖密朋比莫懲
且四年設科時頗淹久慮興遺滯之歎殊匪招來之勤
將革與端宜更者令自今間歲一開科場天下進士諸
科並解舊額之半開封府國子監以皇祐四年所解人
數五分為額鎖廳及試官親戚舉人亦準此使來者既寡
則察之差易防檢得盡其公事業毋以相貿且人貴土
著俗重鄉成並出處之與同於舉措而必當三代取士
莫或異斯又業經為儒要在傳道徒能口誦名數而或
心昧指歸摘問摘文有乖舊學燗明經之所舉歷前世
而已効比緣其設用廣于求其鎖廳子弟宜淬勵風操
毋狃習於輕儇毋馳騖於躁浮播告之條尚體吾意應
天下舉人並令歸本貫令本縣令佐察其行實以上于
州知州通判審覆以上于轉運司既選官考試解發而
不知所保者其知州通判令佐胥坐之其得解人令就
本處二人以上為一保如止解一人處許召本州命

官一員保之隨試卷上禮部貢院其明經科並試三經
謂大經中經小經各一也以禮記春秋左氏傳為大經
毛詩周禮儀禮為中經周易尚書穀梁傳公羊傳為小
經其習禮記為大經者許以周禮儀禮為中小經習春
秋左氏傳者許以穀梁傳公羊傳為小經每經試墨義
大義各十道仍帖論語孝經十道分八場以六道為合
格又試時務策三道以文詞典雅者為通其出身與進
士同罷說書舉人諸州進士增試策三道諸科舉人增
問大義一場其高第人恩例令中書門下裁損以聞初言
者以為四年一下詔中下之人往往廢學而才學之士
不幸有故則淹滯以至老死諸科通數而不知義理又
舉人至本郡屬縣保多欺冒隱匿請令就鄉里結保及
使州縣察視之下兩制詳定而降是詔　文獻通考時
上書者言四年一貢舉四方士子客京師以待試者六
七千人一有喧噪其徒衆多勢莫之禁且中下之士往
往廢學數年才學之士不幸有故一不應詔論況十數
年或累舉滯留遂至窮老且死者甚衆以此毀行冒
法干進者不可勝數宜間歲一貢舉中分舊數而薦之
王洙時適英閣講周禮至三年大比大考州里以贊鄉
大夫廢興帝曰古者選士如此今率四五歲一下詔故
士有抑而不得進者為今之計孰若裁其數而屢舉也
下有司議而議者乃合奏曰臣等謂易以間歲之法無
害而有利不足疑也使舉子不幸有疾病丧服之故者
不發又況且程文偶不中選亦不過貢舉則無滯才之
嘆而天下所廢舉數既減半禮部主司易以詳較得士
必精矣近年挾書代筆傳義者多因使權貴富豪之子
得以濫進蓋由人衆有司無彈察若人少則諸偽濫弊
自不容使寒苦藝學之人得其進而進於是詔間歲貢
舉進士諸科悉解舊額之半增設明經試法凡明兩經
或三經五經各問大義十條兩經通八三經通六五經
通五為合格兼以論語孝經策時務三條出身與進士
等而罷說書舉其選鄉里而寓戶他州以應選者嚴其
法每秋賦自縣令佐察行義保任之上于州州長二復審
察得實然後上本道使者類試已保任而後有缺行則
州縣官坐罪若考試而文理紕繆坐元考官　有時以科

舉既數，則高第之人倍衆，其擢任恩典宜損於故。客齋洪氏隨筆曰：本朝自太平興國以來，以科舉羅天下士，士之策名前列者，或不十年而至公輔。呂文穆公蒙正、張文定公齊賢之徒是也。及嘉祐以前，亦指日在清顯。東坡送章子平序，以謂仁宗一朝十有三榜，數其上之三人，凡三十有九，其不至於公卿者五人而已，蓋為士者知其身必達，故自愛重而不肯為非，天下公望亦以鼎貴期之，故相與愛惜成就，以待其用。至嘉祐四年之制，前三名始不為通判，第一人才得評事、簽判，代還升通判，又任滿始除館職。王安石為政，又從其法，恩數既削，得人衰矣。觀天聖初榜，宋鄭公、葉清臣、鄭文肅公戩、高文莊公若訥、曾魯公公亮五人連名，二宰相、二執政、一三司使。第二榜，王文忠公堯臣、韓魏公琦、趙康靖公槩連名。第三榜，王宣徽拱辰、劉相沆、孫文懿公抃連名。楊寘榜，寘不幸即死，王岐公珪、韓康公絳、王荊公安石連名。劉煇榜，煇不顯，胡右丞宗愈、安門下燾、劉忠肅公摯、章申公惇連名，其盛如此。治平以後，第一人作侍從，蓋可數矣。沈氏筆談曰：舊制，天下貢舉人到闕，悉皆入對，數不下三千人，謂之群見。遠方士皆未知朝廷儀範，班列紛錯，有司不能繩勒，見之日先設禁圍于著位之前，舉人皆拜于禁圍之外，蓋欲限其前列也。至有更相抱持以望黼坐者，有司患之。近歲遂止，令解頭

入見，然尚不減數百人。嘉祐中，予亦在解頭，別為一班，最在前列，目見班中唯從前一兩行稍應拜起之節，自餘亦終不成班綴而罷，每為閤門之累。常言殿廷中班列不可整齊者，惟有三色，謂舉人、蕃人、駱駝。又曰：禮部貢院試進士，設香案于階前，主司與舉人對拜，此唐故事也。所坐設位供張甚盛，有司具茶湯飲漿。至試學究，則悉徹帷幕氈席之類，亦無茶湯，渴則飲硯水，人人皆黲其吻。非故欲困之，乃防氈幕及供應人私傳所試義。經蓋嘗有敗者，故事為之防。歐文忠有詩：「焚香禮進士，徹幕待經生。」以為禮數重輕如此，其實自有謂也。……按沈公所記，與故事源於唐時，宋朝因之，至嘉祐時猶然。後來天下所解進士，非中選禮部，僅對觀策之日，不得覩清光，而禮部試士之時，雖無所謂五經學究，然其所以待進士者，禮亦殺於祖宗之時矣。

三年三月十一日，禮部貢院言：奉詔再詳定科場條制，應天下進士、諸科解額各減半，明經別試，而係諸科解名，無諸科處詳解一人。開封府進士二百一十人，諸科一百六十人；國子監進士一百人，諸科一十五人；明經各一十

人，並為定額。禮部奏名進士二百人，明經、諸科不得過進士之數。別頭試每路百人解十五人，五人以上解一人，不及五人送鄰路試。明經試大經、中經、小經，試墨義、大義各二十道，貼小經十道，試二三道，共為八場，仍不理場第。御試明經大義十道，大經四，中經、小經各三。凡戶貫及七年者，若無田舍而有祖父墳者，並聽從之。

七月二十九日，詔應明經舉者，內三禮、三傳科兼習中小二經。 閏十二月十一日，詔曰：朕惟國之取士，士之待舉，皆不可曠久，亦不可以汎，汎則課校不審，曠久則賢儁或至滯留。是用立間歲之期，以勵其學；約貢舉之數，以精其選。著為定法，申敕有司。而高第之人，往往不次而用，告猶例進，終致濫員，故增其任以養其才，發其進以圖其效。此天下之士所同欲，而朕果於必行也。若夫高才異行，施於有政，忠謀善猷，具諸行事，已試之狀，為衆所推，必有非常之恩，以示至公之道。咨爾多士，體朕意焉。自今制科入三等、進士第一人及第，並除大理評事、簽書兩使幕職官廳公事或知縣，代還陞通判，再任滿與試館職。制科入第四等、進士第二第三人，並除兩使幕職官，代還改次等京官。遞審官院。制科入第四等次、進士第四第五人，並除試銜知縣，任滿送流內銓與兩使職官。錄廳人比類取旨。 四年二月二十五日，詔禮部貢院：進士曾經御試五舉、諸科六舉，進士經省

試六舉諸科七舉年五十已上者具名以聞　八年三月五日詔進士七舉諸科八舉曾經御試年四十以上進士五舉諸科六舉曾經御試及進士六舉諸科七舉曾經省試年五十以上河北河東陝西舉人仍追減一舉令禮部貢院牒以名聞

卷一萬六百四十二

全唐文

宋會要

英宗治平二年正月二十七日詔貢院如南省放榜故事合格者以名聞俟勑下仍放榜　二月七日詔貢院經殿試進士五舉諸科六舉經省試進士六舉諸科七舉令不合格而年五十以上者第其所試為三等以聞昨來免解進士赴省試不及者將來與免解以進士孫京等七人試將作監主簿餘三十八人為諸州長史司馬文學　三年十月六日詔曰國家承祖宗之休功成治定而貢舉之法煩而未安永惟致治之方蓋本得材之盛先帝深詔執事詢求其故誠以士久不貢則學廢於閑肆時曠難逢則人嗟於留滯故易四載之舊始為間歲之舉粤自更制叢聞非便乃以為里選之牒仍故而郡國之取減半計偕之籍屢上而道途之勞良苦朕甚閔焉載圖事制之中俾從更定之令今後宜每三年一開科場應天下所解進士諸科並以本處舊額四分三分內開封府國子監以皇祐四年所解進士諸科數各四分中以三分為額所有禮部奏名進士以三百人為額明經諸科不得過進士之數憑限年取才雖為法之末力學從仕乃服儒之常毋專文辭而忘操履之修毋矜帖對而昧義理之當服我明訓務祇乃心庶幾得賢無愧於古詔示中外咸體朕懷恩典不增其貢舉

卷一萬六百四十三

多　制

期緩士得休息官以不煩矣文獻通考知諫院司馬光上言請貢院逐路取人其略曰朝廷每次科場所差試官率皆兩制三館之人其所好尚即成風俗在京舉人追趨時好易知體面淵源漸染文采自工使僻遠孤陋之人與之為敵混同封彌考校長短勢不侔矣孔子曰十室之邑必有忠信如丘者焉言雖微陋之處必有賢才不可誣也是以古之取士以郡國户口多少為率或以德行或以才能隨其所長各有所取近自族姻遠及夷狄無小無大不可遺也今或數路中全無一人及第則所遺多矣國家用人之法非進士及第者不得美官非善為詩賦論策者不得及第非遊學京師者不善為詩賦策論以此之故使四方學士皆棄背鄉里違去二親老於京師不復更歸其間亦有身負過惡或隱憂匿服不敢於鄉里取解者往往私買監牒妄冒户貫於京師取解自閒歲開場以來遠方舉人憚於往還只於京師寄應者比舊尤多國家雖重為科禁至於不用蔭贖然冒犯之人歲歲滋甚所以然者蓋由每次科場及第進士大率皆是國子監開封府解送之人則人之常情誰肯去此而就彼哉夫設美官厚利進取之塗以誘人於前而以苟法空文禁之於後是猶決洪河之尾而捧土以塞之其勢必不行矣

參知政事歐陽修上言竊以國家取士之制比於前世

卷一萬六百四十三

最號至公蓋累聖留心講求曲盡以謂王者無外天下一家故不問東西南北之人盡聚諸路貢士混合為一而惟才是擇又糊名謄錄而考之使主司莫知為何方之人誰氏之子不得有所憎愛厚薄於其間故議者謂國家科場之制雖未復古法而便於今世其無情如造化至公如權衡祖宗以來不可易之法也傳曰無作聰明亂舊章又曰利不百者不變法今言事之臣偶見一端即議更改此臣所以區區欲為陛下守祖宗之法也臣所謂偶見一端者蓋言事之人但見每次科場東南進士得多而西北進士得少故欲改法使多取西北進士爾殊不知天下至廣四方風俗異宜而人性各有利鈍東南之俗好文故進士多而經學少西北之人尚質故進士少而經學多所以科場取士東南多取進士西北多取經學者各因其材性所長而各隨其多少取之今以進士經學合而較之則其數均若必論進士則多少不等此臣所以偏見之一端其不可者一也國家方以官濫為患取士數必難增若欲多取西北之人則却須多減東南之數今東南州軍進士取解者二三千人處只解二三十人是百人取一人蓋已痛裁抑之矣西北州軍取解至多處不過百人所而解至十餘人是十人取一人比之東南十倍假借之矣若至南省又減東南而增西北則是已裁抑者又裁抑之已假借者又假借

之此其不可者二也東南之士於千人中解十人其初選已精矣故至南省所試合格者多西北之士學業不及東南發解時又十倍優假之蓋其初選已濫矣故至南省所試不合格者多今若一例以十人取一人則東南之人合格而落者多矣西北之人不合格而得者多矣至於他路理不可齊偶有一路合格人多亦限以十一落之偶有一路合格人少亦須充足十一之數使合落者得合得者濫取捨顛倒能否混淆其不可者三也且朝廷專以較藝取人而使有藝者屈落無藝者濫得不問絕濫只要諸路數停此其不可者四也且言事者本欲多取諸路士著之人若此詔一行則寄應者爭趨而往今開封府寄應之弊可驗矣此所謂法出而姦生其不可者五也今廣南東西路進士例各絕無舉業諸州但據數解發其人亦自知無藝只來一就省試而歸冀作攝官兩朝廷以嶺外煙瘴北人不便須藉攝官亦許其如此今若一例與諸路十人取一人此為鮮遊又非西北之比此其不可者六也凡此六者乃大槩爾若舊法一壞新議必行則弊濫隨生何可勝數故臣謂且遵舊制但務擇人惟朝廷至公待四方如一惟能是選人自無言此乃當今可行之法爾若謂士習浮華當先考行就如新議亦須只考程試安能必取行實之人議者又謂西北近虜士要牢籠此甚不然之論也使不選

卷一萬六百四十三

之人不能為患則已苟可為則何方無之前世賊亂之臣起於東南者甚衆其大者如項羽蕭銑之徒是已至如黃巢王仙芝之輩又皆起亂中州者爾不選之人豈事西北胡首舉所設本待材賢牢籠不選當別有術不在科場也惟事久不能無弊有當留意者然不須更改法制止在振舉綱條爾近年以來舉人盛行懷挾排門大譟免冠突入虧損士風傷敗善類此由舉人既多而君子小人雜聚所司力不能制雖朝廷素有禁約條制甚嚴而上下因循不復申舉惟此一事為科場大患而言事者獨不及之願下有司議革其弊此當今科場之患也

馬端臨曰按分路取人之說司馬歐陽二公之論不同司馬公之意主於均額以息奔競之風歐陽公之意主於覈實以免繆濫之弊要之朝廷既以文藝取人則歐陽之說為是蓋士既求以用世則奔名逐利所不能免不必深訾至於棄親匿服身負過惡者皆棄無行檢之人此曹雖使之長生都城早游館學超取名第亦未必能為君子若以為遠方舉人文詞不能如游學京師者之工易以見遺則如歐曾二蘇公以文章名世詔令傳後然亦出自窮鄉下國未嘗濡染館閣習為時尚科舉之文也而皆占高第然則必須遊京師而後工大藝者皆剽竊蹈襲之人非穎異挺特之士也

四年正月二十二日禮部貢院

言看詳欲將貢舉條制內解額自後不得增添者即用爲舊額依令勑施行若曾經增添者將新添人數併在貢舉條制元額內通計爲數然後於四分中解三分永爲定額又勘會逐州軍解額人數不等其間有二人三人五人六人七人者雖折分數令欲乞應請舊額四分中解三分不滿一人者並解一人假設舊額十人令四分中解三分合解七人外更有餘分即許解八人之類每歲貢舉於三月一日起請令既指定三年一開欲乞除合開科場之歲依舊三月一日起請外其餘二年更不申請並從之

神宗熙寧二年三月九日詔貢院依例貢舉上因問輔臣開歲與三年開貢舉利害或對曰

卷一萬六百四十三

遠方應舉往來甚勞人以爲不便故改間歲爲三年上曰彼自應舉非有驅迫也亦何不便之有又論科場之弊以進士第一人例與館職爲非及西北人材多廢以爲貢舉法當議而改迺下詔詳議四月詔曰夫欲化民成俗者必自庠序之教行進賢興功者抑繇貢舉之法用前王致理何以尚茲朕博覽古今詳求體要思廣得人之路莫先養士之原然而三歲設科四方興學執經藝者或專於誦數趍鄉舉者徒狃於文詞與夫古所謂三物賓興之言九年大成之業亦已盭矣朕念夫都邑之廣豈無茂異之倫黨遂之間必有超絕之士蓋上之所求者既拘於程式則下之所貢者或詘於閭睞是則

雖有德行道藝之人何繇自進於有司邪令茲詔下郡國招徠雋賢惟其教育之方課試之格若曰但循舊制則無以一道德而獎進於人材若將別爲新規則必當圖慾久而詳延於衆論惟是臺閣之列與夫禁近之聯必有獻爲國嘗講議俾悉條於利病思有助於搜揚宜令兩制兩省待制以上御史臺三司三館臣僚各限一月內具議狀聞奏仍令御史臺牒催噎取士擇人茲聖王之先務立法制亦賢者之存心諒毋憚於討論且將觀於趍捨咨爾有位宜體朕懷文獻通考神宗熙寧二年議更貢舉法罷詩賦明經諸科以經義論策試進士初王安石以爲古之取士俱本於學請興建學校以復古其明經諸科欲行廢罷取元解明經人數增進士詔兩制兩省御史臺三司三館議之韓維請罷詩賦各習大經問大義十道

卷一萬六百四十三

以文解釋不必全記注疏通七以上爲合格諸科以大義爲先黜其不通者蘇頌欲先士行而後文藝去封彌謄錄之法直史館蘇軾上議宜仍舊上得軾議曰吾固疑此今得軾議釋然矣他日以問王安石安石曰不然今人材之少且其學術不一一人一義十人十義朝廷欲有所爲異論紛然莫有承聽此蓋朝廷不能一道德故也欲一道德則修學校欲修學校則貢舉法不可不變趙抃是軾言安石曰若謂此科嘗多得人自緣仕進別無他路其間不容無賢若謂科法已善則未也今以少壯時正當講求天下正理乃閉門學作詩賦及其入官世事皆所不習此乃科法敗壞人才致不如古於是乃卒如安石議罷明經及諸科進士罷詩賦各占治詩書易周禮禮記一經兼以論語孟子每試四場初大經次兼經大義凡十道次論一首次策三道禮部試即增二道中書撰大義式頒行試義者須通經有文采乃爲中格不但如明經墨義粗解章句而已取諸科解名十分之三增進士額諸科如許用舊業一試後非嘗應諸科人毋得創以諸科求試其京東西陝西河北河東五路士之創試進士者及府監他路之居諸科而爲進士者乃得用所增之額以試者別爲一號放取蓋欲優其業使不至外徙則當向慕改業也 馬端臨曰按科舉不足以盡取人之法然自隋唐以來入官者皆以是爲

選舉之階及其人之賢否則初不從此御子厚送崔符序言今世尚選士教天下學歸之而受其科以為得與八乎無也惟莫所尚又學而從之尚之以孝第孝弟擇是人也尚之以經術經術稱異人也親廉擇科第錄序言以顏孔為心雖日視深靡莫能道其操以禁路為術者雖日開仁義莫能治其性若曆鄉學里選亦此流也若披茂材異行亦此流也則何必自秀才為樸名準主為薦郎蓋唐人已有此論即城公之意也但或貧律為議論吏墨義為大義則於學者不為無循然介甫之所部一道德者乃其欲以其學效天下此而同之以取科第夫其書雖盡善無可議然使崇者以平利之利賠首學門雷同紹器不得書其博學浮說之工而積求擇造自得之無則其尚韋淺陋吾墨義無幾矣況所著未必盡善寺至所謂學術不一千人十義朝廷欲有所為異論終然莫肯承聽此則李斯所以建焚書之議也是何言與既罷明經詩科乃用其法立斷（新）科明法以待諸科之不能改試進士者試以律令刑統大義許案中格即取推嘗應明法諸科試在熙寧五年前者得試非出斷有司不受既得官又得領刑法官試中者推恩有加

三年二月十二日，詔貢院南省下第進士五舉、諸科六舉，曾經御試進士六舉、諸科七舉，曾經省試下者，年五十以上，內三路者特各減一舉，具姓名聞奏。

卷一萬六百四十三

三月奏（六）日，詔貢院應景祐五年已前到省舉人進士一舉、諸科前後兩舉，見年六十五歲已上，令本貫州縣當職官勘會聞奏，當議特與推恩。如開封府國子監舉人，令止召見任京朝官二員結除名罪保明。其景祐五年已前到省進士前後兩舉、諸科合前後三舉，更不限年，并進士七舉、諸科八舉，年四十已上，曾經殿試者，並令赴今來御試。

十一月五日，詔令後期喪已滿三月者並聽應舉。

四年二月一日，中書門下言：伏以古之取士皆本於學校，故道德一於上而習俗成於下，其人材皆足以有為於世。自先王之澤竭，教

養之法無所本，士雖有美材而無學校師友以成就之，此議者之所患也。今欲追復古制以革其弊，則患於無漸。宜先除去聲病偶對之文，使學者得以專意經義，以俟朝廷興建學校，然後講求三代所以教育選舉之法，施於天下，則庶幾可復古矣。所有明經科欲行廢罷，并取諸科解額內元解明經人數添解進士，仍更俟一次科場，不許新應諸科人投下文字，漸令改習進士。仍於京東、陝西、河東、河北、京西五路先置學官，使之教導。其南省新添進士奏名，仍具今別作一項，止取上件京東等五路應進士人并府監、諸路曾應諸科改應進士人充數。所貴合格者多，可以誘進諸科嚮習進士科業。詔可。仍須貢舉新制：進士罷詩賦、貼經、墨義，令各占治詩、書、易、周禮、禮記一經，兼論語、孟子之學，試以大義，殿試策一道；諸科稍令改應進士科業。

卷萬六百四十三

六年二月二日，禮部貢院言：乞依解發條，以前次科場解明經到省及明經奏名人數同比較，條若干人到省取一人奏名外，據所剩奏名人額，並撥添進士奏名。雖到省人數多，合格人少，亦將不合格明經奏名人額添進士。從之。

三月一日，詔秦鳳路効用進士竇長裕、竇解裕納著部有勞，貢院考試不中格，宜依特奏名人例就試。

七年十二月六日，熙河路經畧司言：自置熙河路以來，惟舉人未推恩，今兩州學職掌士人該免解者，乞推恩如禮部試下

二日一日疑二十一日

乞許就殿試餘並免解從之　八年五月十二日中書門下言貢院申許與不許諸科舉人敘本科免解後改應刑法便就省試檢會明經改應進士已有指揮與敘已前明經得解後丁憂疾病免解便赴省試通理舉數今来諸科改應刑法亦合依明经改應進士例施行從之同日中書禮房言欲令諸科舉人試斷案大義者以六場通考定去留高下與其餘諸科比量分數據合格人盡數解發從之　八月二日一日中書言國學開封府諸科舉人孫義等訴所問題並挑摘三兩字至有重疊數十字者試院亦奏義等嘗於廉前言朝廷欲廢諸科乞預行曉示免使孤寒虛習勤苦詔並駁放內為首者

卷一萬六百四十三

殿一舉初義等既就試得所問義目擲試卷於地相率出外遮宰相自訴詔取義目進呈而有是命　九年正月十三日編修貢院勅式所言欲乞京東陝西河北河東京西五路到省舉人并府監諸路科改應進士人各作一項考校將分數均取從之　二月一日中書門下言舉人自來於開封府冒貫戶名應舉訃會用賄或被告訐則犯刑憲終身廢棄今欲乞遇科場除國子監三舍生外並令實通鄉貫十人為一保召命官一員委保納光監錢三貫給牒應舉其錢充試院及期集院支用從之　十六日詔天下進士諸科舉人慶曆六年已前到省進士兩舉諸科三舉不限年歲進士一舉諸科兩

廉

舉年六十以上進士五舉諸科六舉曾经御試下進士六舉諸科七舉省試下年五十以上進士七舉諸科八舉曾經御試下進士九舉諸科十舉省試下年四十已上內係河北河東陝西進士諸科各減一舉外並委本貫保明當職官勘會諸實依得貢舉條制其開封府国子監即令各召京朝官二員委保以聞當議特與推恩十年四月十八日詔南省進士依舊試策五道　元豐元年七月二十五日詔自今在京發解并南省考試詩易各取三分書取二分周禮禮記通取二分先以御史黃廉言前歲科取經解人數不均如別試所治詩者十取四五治書者纔及其一雖糊名考較務取實藝然學者均是經業不容優劣相遠如此乞自今於逐經內各定取人分數所貴均收所長以專其習故有是詔

卷一萬六百四十三

八月十二日知諫院黃履言貢舉新來以諸科口義舊條刪為進士傳義之法立賞既重證驗難明施之禮闈恐生誣罔乞再刪定從之文獻通考元豐元年詔開封府國子監舉人併試通取解額選諸州不滿百人者令漕司取鄰近州卷用本所額就一州考取御史黃廉言別試所解試業詩者十人而取至四五書之一經止取一人等之業文不應能否相絕如此爾分經立額均求其長詔自今詩易書各三分書二分周禮禮記通二分文言朝廷多用講官考試諸生在學熟知其平時議論題向則試文易投其好而遠士往往見黜考官毋用監學講授人為詔差官日敢戰知諫院黃履言諸科舊試記誦設口校為傳義重其法禁令大義須文意容口挨而重法拙鼓仍醴亥害賞證左又有其徒意有活任請改立法從之　二年正月十八日御史何正臣言熙寧九年禮部試上舍生並於試卷印特免字恐於考校未合公議今上舍赴禮部試乞更不印號從之　二月十二日詔禮部下第進士

七舉諸科八舉曾經殿試進士九舉諸科十舉曾經禮
部試年四十以上進士五舉諸科六舉曾經殿試進士
六舉諸科七舉曾經禮部試年五十以上者聽就殿試
三路人第減一舉皇祐元年以前禮部進士兩舉諸科
三舉準此仍不限年進士一舉諸科二舉年六十以上
者特推恩又詔開封府國子監間歲科場以前到禮部
進士五舉諸科六舉年五十以上許就殿試　八月二
十六日判國子監張璪言治禮舉人比易詩書人數絕
周禮禮記比他經分數倍取從之九月詔五路禮部進士
少乞自今在京發解禮部進士與新科明法人通理
人數均取　四年正月十二日中書禮房請令進士試
本經論語孟子大義論策之外加律義一道省試二道

卷一萬六百四十三

武舉止試孫吳大義及策從之　十二月二日知諫院蔡
服言伏見在京發解禮部試進士隨所通經以十分為率
而均取之乞自今考試以義理文辭為高下去留罷分
經均取之法朱墨本云無施行　六年閏六月十四日尚書禮部
言舊制貢院專掌貢舉其印章曰禮部貢院之印遇鏁
試則知舉官總領昨廢貢院毀舊印以其事歸禮部準
格遇科場牒印并公事伏緣本部分曹治事凡十有五
貢舉乃其一事若遇鏁試牒印即他曹事實有關乞別
鑄禮部貢舉之印從之　七年八月二十二日權國子
司業朱服言天下郡縣之學皆隸本監四方之士多出
太學將來禮部試應諸路舉人群集京師自以不存學

籍無糾禁稽察之法循緣舊習浮縱寡恥乘本監學生
交雜相為掩蔽難以辨究乞應舉人到京或有顯違虧
損行義若博奕鬭訟使酒不檢造為非語謗訕朝政委
本監檢校聞奏比附學規殿舉從之　八年二月二十
三日三省言禮部貢院大試卷三分不收一欲令禮部
別鏁院從之　十九日尚書省言進士諸科舉人嘉祐
二年以前到省進士一舉諸科前後兩舉年六十以上
人令本州責子細勘會詰實及於貢舉條制別無違礙
結罪保明申部內開封府國子監即各令召見任承務
郎已上二員亦依前項結罪委保於本屬投下聞送禮
部勘驗聞奏當議特與推恩從之　五月四日哲宗已即位未

卷一萬六百四十三

改元禮部言貢院以合格進士鄭英江嶼劉正夫太史章
犯高宛王諱駁放四日太皇太后曰此舉人未通知特
與收錄蔡確曰法當黜以事初過誤恐其罪且彰盛德
倒當附榜末從之　哲宗元祐元年閏二月二日尚書
省言禮部以學貢舉為職伏見朝廷用經術設科蓋欲
人人知禮義學探原本近歲以來承學之士聞見淺陋辭
格卑弱其患在於治經者專守一家而略去諸儒傳記
之說為文者惟務解釋而不知聲律體要之學深慮人
材不繼而適用之文從此遂熄兼一經之內凡可以為
義題者牢籠殆盡當有同引試之際不免重複若不別
議更張寖久必成大弊欲乞朝廷於取士之法更加裁

定又禮部言乞置春秋博士及進士專為一經又侍御史劉摯言乞貢舉進士添試賦復置賢良茂才科新科明法添兼經大義及減人數詔禮部與兩省學士待制御史臺國子監司業集議聞奏所有將來科場且依舊法施行文獻通考侍御史劉摯奏國朝取士試賦論策更百餘年號為得人熙寧初以章句破碎大道乃罷詩賦而改試以經可謂知本然今之治經大與古異專誦熙寧所頒新經字說佐以莊列釋氏之書試者累輩百千槩用一律其中雖有真知聖人本指該通先儒舊說與時尚不合一切捐棄且詩賦經義均之以言取人賢否邪正未可遽判第從有司去取較之詩賦有聲律法度故工拙易見所從命題者廣故寡重複經義命題不出此書既可夙其精粗數試題多重出既格律不嚴難以一見判其高下或時得竊他人之文以為己作此於取棄難易之間科第當否由之以分願復詩賦與經義兼行其解經通用先儒傳注及自己之說禁用字解釋典以救文弊亦使學者兼通他書稍至博洽尚書省又言近制明法舉人試律令大義及斷案謂之新科明法中其選者吏部即注司法敘明在進士及第人之上古者治本禮義而刑法惟以助之舊制刑法最為下科然必責之兼經則猶古者先德後刑之意也今新科罷兼經專試刑書又所取比舊頗多調擬之法失其次序欲加試論語孝經大義仍裁半額注官依科目次序詔近臣集議以聞　左僕射司馬光言取士之道當先德行後文學就文學言之經術又當先於詞采神宗罷賦詩及諸科專用經義論策此乃復先王令典百世不易之法但王安石不當以一家私學欲蓋掩先儒令天下學官講解及科場程試同己者取異己者黜使聖人坦明之言轉陷於奇僻先王中正之道流入于異端若己論果是先儒果非何患學者不棄彼而從此何必以利害誘脅如此其急也至於律令敕式皆當官者所須何必置明法一科使為士者豫習之夫禮之所去刑之所取為士者果能知道義自與法律冥合若其不知但日誦徒流絞斬之書習鍛鍊文致之事為士已成刻薄從政豈有循良非所以長育人材敦厚風俗也　四月十二日詔進士經義並兼用注疏及諸家之說或己見仍罷律義　六月十二日詔自今科場程試毋得引用字說從殿中侍御史林

逐歟 大典作逐旋

旦言也　八月二十一日禮部言元豐貢舉令諸進士於易詩書周礼礼記各專一經今太學已置春秋博士乞於上條内礼記字下添入春秋二字從之　二年正月十五日詔自今舉人程試並許用古今諸儒之說或己見勿引申韓釋氏之書考試官於經義論策通定去留毋於老列莊子出題　十一月十二日詔禮部立詩賦格式以聞既而禮部修立考校條令禮部韻中備載見遵用　三年九月九日禮部言勘會諸科舉人自熙寧四年將曾應本科人許依舊取應新人許令改應進士及新科明法至今已十六年有年三十歲已下六十人契勘當時即無年十五歲人取應諸科顯有偽冒緣本貫州縣即無勘驗關防之法禮部亦無諸科專籍令欲乞將舊曾應諸科舉人每三人作一保具鄉貫年甲赴所屬自陳仍檢元投下文字照驗置籍具結罪保明送禮部類聚置籍内不見元投下文字之人即將干照文字勘會詣實并召本鄉得解舉人二人委保入籍如遇科場年分將得解到省人照驗有偽冒之人并保人並依冒應法施行合干官司依貢舉非其人法知情者不以赦原後有推恩事故之人仰州縣及禮部逐歟注籍開落從之　四年四月十八日禮部言經義兼詩賦進士聽習一經第一場試本經義二道論語或孟子義一道第二場賦及律詩一首第三場論一首第四場子

三十八日
疑三月八日

史時務策二道經義進士並習兩經以詩禮記周礼左
氏春秋為大經書周易公羊穀梁儀礼為中經願習二
大經者聽即不得偏占兩中經其治左氏春秋者不得
以公羊穀梁為中經第一場試本經義三道論語義一
道第二場本經義三道孟子義一道餘如前並以四場
通定高下去留不以人數多寡各取五分即零分及元
額解一人者聽取辞理優長之人其省試奏名額準此
並從之　五月十九日礼部言勘會経義已得旨許兼
用注疏及諸家之説或己見緣詩書周禮三經舊注疏
與新義不同其音釋亦有別處慮考試官各随好悪取
捨不一今考校辭賦程文乞只用舊来注疏及音義又

卷一萬六百四十三

言勘會試習春秋進士緣只於正経内出題不多今以
左氏春秋為大経自合兼出題目近添公羊穀梁二中
経亦出題不多合於経傳注文兼出題又恐二傳難以
稱經乞以公羊穀梁併為一中經止於經傳内出題其
先令治左氏春秋者不得以公羊穀梁為中經乞勿行並
從之　三十八日詔經義進士並習兩經左氏春秋兼
公羊穀梁或書周禮兼儀禮或周易禮記兼書或毛詩
六月八日詳定重修勅令所言兼詩賦進士若將公
羊穀梁儀禮為本経専治緣卷數不多即比其餘六経
未至均當所有兼詩賦進士自合依元條於易詩書周
禮禮記春秋左氏傳内各習一經從之同日詳定重修

勅令所言近降勅爲進士將來兼用詩賦不專經義遂
更不分經去取今經義進士又添治一中經亦乞更不
分經去取從之　文獻通考元祐四年知杭州蘇軾狀奏據本州進士汪洸等一百四十八人詣臣
陳狀稱準元祐四年四月十九日勅詩賦経義各五分取人朝廷以謂學者久傳経義一旦添改詩賦習者尚
少遂以五分立法是欲優待詩賦勉進詞學之人然天下學者寅夜競習詩賦舉業率皆成就雖降平分取人
之法緣業已習熟不願再有改更兼學者亦以朝廷追復祖宗取士故事以詞學為優故士人皆以不能詩賦
為恥比來專習經義者十無二三見今本土及州學生員數從詩賦他郡亦然若平分解名委是有虧詩賦進
士難使稍已習之詩賦抑令就經義之科或習經義多少各以分數發解乞據狀敷奏者臣昔者備員侍從實
見朝廷更用詩賦本末蓋謂經義取人以來學者爭尚虚浮文字止用一律程試之日工拙無辨既去取高下
不厭外論而已得之後所學文詞不施於用以致更用祖宗故事兼取詩賦而横議之人欲收搖惡之譽爭言
天下學者不樂詩賦朝廷重失士心故為此法各取五分然臣在都下見太學生習詩賦者十人而七臣本蜀

卷一萬六百四十三

人聞蜀中進士習詩賦者十人而九及出守東南親歷十郡及多見江湖福建士人皆爭作詩賦其間工者已
自進前人專習經義士以為恥以此知前言天下學者不樂詩賦皆妄也惟河北河東進士初改聲律恐未
甚工然其經義文詞亦自比他路為拙非獨詩賦也朝廷於五路進士自許礼部貢院分數取人必無偏遺一
路士人之理今臣所據前件進士汪洸等狀不敢不奏亦料諸處似此申明者非一欲乞朝廷參詳衆意特許
將來一舉隨詩賦經義人數多少各紐分數發解如經義零分不及一人許併入詩賦額中仍除將來一舉外
今後並只許應詩賦進士舉所貴學者不至疑惑專一從學謹錄奏聞伏候勅旨　貼黄詩賦亦自兼經非廢經
義也　又詔舉經明行修科分路立額共六十一人州縣保任上之監司監司考察以聞各用其州縣額無其
人則缺之　王覿言人情進取相妨則相詆若經明行修科侵用其州解額雖名賢實衆必合意詆之此科
本以厚風俗恐俗未及厚而反敗之也乞創額以消争進以權知貢舉蘇軾言今置濫祿出之太易每一遇
科場進士諸科及特奏名約八九百人祖宗舊制禮部奏名至御試而黜者甚多至嘉祐末年始盡賜出身近
歲雖犯亦免黜落皆非祖宗本意又進士升甲本為南省第一人唱名近下方特升之皆出一時聖斷今礼部

十人以上別試因子開封解試武舉第一人經明行修進士及自該特奏而預正奏者皆定著于令遞升一甲法在有司恩不歸於人主甚亡謂也軾又言比得命案例具令舉該特奏者約已及四百五十人今又許例外遞減一舉則當復增數百人此曹垂老無他進望布在州縣惟務黷貨以為歸計前後恩科命官幾千人矣何有一人能自奮為有聞于時而殘民敗官者不可勝數以此知其無益有損議者不過謂初政宜廣恩澤不知吏部以有限之官待無窮之吏戶部以有限之財祿無用之人而所至州縣舉罹其害乃即位之初有此過舉謂之恩澤非臣所識也願斷自聖意止用前命仍詔考官量取一二十人誠有學問即許出官其餘皆補文學長史之類不理選限免使積弊之極增重不已　五年七月八日太學博士孫諤等言貢舉條詩賦格式有所未盡如韻有一字一義而兩音者若廷字防字壽字之類不敢輒指一聲押用字有合用而相私傳為當避者如分寸尺丈引之引杼柚其空之杼之類又有韻合押而禮部韻或不收者如傳說之說及嘷字濟字之類並自合收用從之　十一月二日右正言劉唐老言請治經舉人以大義定去留詞賦而兼經義者以詩賦定去留並以論策定高下仍依舊分經考校從之　十二月十八日殿中侍御史岑象求言近歲南省考試分卷取人又無路別立額奏名願遵詔禮部詳定以聞（五路立額數日總會未見）　六年六月十四日給事中范祖禹言左諫議大夫鄭雍奏貢舉條程文經義每道不得過五百字策不得過七百字如過二分雖合格並降一等今辭理優長者往往過數欲用舊制不以過數為限廣收閎博之儒令禮部詳定聞奏竊謂對策字數不當立限衆所共知其理不疑不必更令禮部

卷一萬六百四十五

詳定乞並用舊制詔從之　八年三月十三日禮部言檢準元豐禮部令諸開科場每三年於季春月朔日取裁本部勘會昨元祐五年發解至今已及三年詔所有今歲科場依例施行　五月二十七日禮部尚書蘇軾言伏見元祐貢舉敕諸詩賦論題於子史書出如於經書出而不犯見試舉人所治之經者聽臣今相度欲乞詩賦論題許於九經孝經論語子史并九經論語注中雜出更不避見試舉人所治之經但須於所給印紙題目下備錄上下全文并注疏不得漏落則本經與非本經與舉人所記均一更無可避兼足以示朝廷待士之意本只為工拙為去取不以不全之文掩其所不知以為進退於忠厚之風不為無補詔從之今來一次科場未得出制度題目　十二月二十四日翰林學士范祖禹言竊見祖宗時知貢舉官止以出題較藝為職專意掄選天下之士間得奇偉絕異之才由其用心精一也承平日久舉人寖多比歲以來法令益密知舉官受接詞狀兼治雜事日力常苦不給為之者無不告勞非復曩之優裕也夫承平之世政事所宜從容況選賢取士朝廷必重擇其人付以文柄今乃疲弊於吏事如此恐非設貢舉之意也臣愚欲乞每遇貢舉別差禮部郎中一員專治雜事凡詞狀之類委知舉官判送檢法施行庶使知舉官專意於考校以副陛下求賢之意又奏考

卷一萬六百四十三

試刑法舉人準例差官十四人，員數過多，亦妨本寺治事。臣等詢問，可以減半。據今舉就試人數，只合差官七人。乞今後減半差官，若就試人增減數多，即所差官亦隨數增減。其專治縣親戚官止令考試刑法官一員兼領。並乞下禮部施行。

紹聖元年五月四日，詔進士罷試詩賦，專治經術，各專大經一、中經一，願專二大經者聽。第一場試大經義三道、論語義一道；第二場試中經義三道、孟子義一道；第三場試論一首；第四場試子史時務策二道。

六月十五日，太學博士詹文言：元祐貢舉敕令進士不得引用王安石字說，乞除其禁。從之。文獻通考：紹聖元年，禮部已定御試三題條例，至三月詔仍試策。又詔進士罷詩賦，專習經義，仍除去字說之禁。

七月二十七日，禮部、國子監言：議定到舉人將中經各隨大經分定：春秋兼書，周禮兼易，禮記兼詩。所有願治兩大經指揮乞不行，詔將來科場權且試一經，後次即依禮部所定。其所試春秋，許於三傳解經處出題，雖緣經生文而不係解經旨處，不許出題。仍並試策三道。

九月十一日，考試所言：元豐貢舉敕條分經取人，昨元祐間兼用詩賦，即不得分經。今既專用經義，未知止取文理優長者為合格，或分經通融分數去取。詔依舊條分經取人。

二年正月十三日，國子監司業龔原言：續降敕節文，論題並於子史書出，唯不得於老、列、莊子出題。緣祖宗以來科場出題於諸子書並無簡擇，乞刪除

前條。從之。

十二月二十三日，提點荊湖北路刑獄陳次升言：按貢舉敕，舉人因子孫授封官或進納得官或攝授官後免解，或特奏名而願納付身文書赴省試、御試者聽。今欲添入應奏投不理選限官準此十字。從之。

三年六月十二日，禮部言：近準詔，今後應開封府、國子監及諸路進士諸科若曾經得解，敘理舉數合該特奏名推恩及免解之人，並須於發解前具詣實經所屬自陳，勘會詣實，申部以前籍及證據文字審驗有無偽濫違礙。內免解者未發解前一月，特奏名者於省試開院後，並限保明聞奏。若踰限，證據未明，或會問未畢，並候圓備，次舉施行。令禮部勘當立法。數禮部言：得解舉人許於發解開院限半月投納家保狀，委開封府、國子監類聚，限十日連申禮部。特奏名及免解舉人於五月已前敘陳舉數，連家保狀赴本住所屬自陳，縣請實類聚，限八月已前結罪保明，亦連申禮部。並於開封府司錄司繳申禮部。國子監即於本監，即用令舉通理合該特奏名者於殿解開院後限半月自陳，禮部候由到，即將貢籍照驗文字，當聽內免解者於發解年十二月已前，特奏名者於省試開院後七日保明聞奏。內特奏名者用今次省試下一舉並勘驗。從之。

七月十七日，禮部言：詳定重修敕令所看詳舉人取應群至有司，校一日之長，以得科第，致其懷挾代筆為害最大。熙寧、元豐所立賞格輕重適中，不為過當。元祐一切裁減從寬，以禁則緩，以賞則薄，是使學人無復忌憚，公然懷挾代筆，以徼幸一時。除約束刑名見行刪修外，所有賞格願盡依熙寧、元豐舊制。從之。

二十八日，國子司業龔原言：將來科場只令依舊專治一

從之。　四年二月二十五日，詔罷春秋科。文獻通考：紹聖元年，
詔禮部取凡內外試題悉集以爲籍，遇試收付考官，以防複出。罷春秋科，凡試優取二禮，兩經許占全額之半，
而以其半及他經。既而復立春秋博士，崇寧又罷之。時時宰定請於詩書周禮三經義中出題，以試舉人者頗
從下見議者日未足以爲可行。既而右正言孫諤言：三經義者所以訓經，而其爲言非經也。以經造士，而以非經
之義試之，是非先帝專用經術之義，欲出題悉依舊法。　十二月二十一日，監察御
史蔡蹈言：請下禮部裒聚近年科場及國子監公試所
出題目，編類成冊，藏在禮部，每遇科場或國子監鎖試
牒送考官照用。從之。　元符三年二月二十日，徽宗即位未改
元。詔南省下第舉人曾經御試進士七舉、諸科八舉，曾
經省試進士九舉、諸科十舉，並年四十以上，曾經御試
進士五舉、諸科六舉，曾經省試進士六舉、諸科七舉，並

年五十以上，內河北、河東、陝西舉人更各減一舉，應曾
經治平四年已前到省進士，前後實得兩解、諸科實得
三解并免解，共及兩舉；諸科共及三舉，更不限年，並特
與奏名。治平四年以前到省進士一舉、諸科前後兩舉
見年六十以上者，並令本貫州縣保明，送禮部貢院收
第闕奏，當議特與推恩。　三月一日，尚書省言：涇州新
科明法范得仁狀，先名晉，請到文解，爲避親諱，改今名，
自此續請到六舉。今貢院却依新條，只令以舊名就試。
應饗華請到舉數，本院檢準元符二年十月四日頒行
條制：曾得解舉人不許改名，亦不許通理從來舉數。其
范得仁即難以許令依今來改名就試。本部勘會得解

舉人舊有法不許改名，緣有司失於申諭，改名者多，今
若並依新法釐革，即於舉人敘年敘舉實有妨礙。詔：未
降元符二年十月三日指揮已前改名舉人，並許結命
官一員委保，依舊收使；以後改名者，依新條施行。　十
一月二十七日，徐州州學教授范柔中言：春秋之書，六
經中獨此經與易爲全書，自熙寧、元豐以來廢經不講。
元祐中曾置，不久復罷，遂使學者不見天地之全、聖人
之妙，深可痛惜。臣欲乞依舊立博士講貫之，使孔子之
志明於聖時，以慰學者之願。從之。

考試條制

徽宗建中靖國元年二月十二日禮部言周杞陳覲光男無逸於元符三年秋赴鄭州應進士舉準試院牓示稱考中優等於第三道策滿謹對二字駁放詣本部披陳乞依脫字例發解本部看詳舉人試卷既已立定式目自合一體若有不依式書寫即恐賭作弊倖最是緊切關防去處與不干式樣處脫誤一二字事體不同雖已引用前項朝旨告示施行外竊慮向去諸路州軍等處亦有似此疑惑令欲乞申明行下從之　三月十八日禮部言太學博士張大亨稱近復置春秋科契勘春秋正經內可為題者不多乞於正經內三傳解經處出題外有緣經生文即不係解經旨處更不出題禮部國子司業太學博士同共議定將中經各隨大經分定春秋兼書周禮兼易禮記兼詩春秋於三傳解經處出題雖緣經生文而不係

〈卷一萬六百四十三〉

解經旨處不許一例出題從之　崇寧元年二月十日禮部言河中府進士常遊獻狀先三次請到河中府文解兩次請到河南府文解於今年六月內各保官二員經汝州自陳乞併敘歸河中府一處依條設後投納竊解文字看詳舉人曾於他處得解欲併敘舉數歸一處者久來別無立定自陳日限昨紹聖三年朔立自陳日限在於人情亦容有所不知乞行下河中府河南府保明無妄冒先次出給公據許令通理經所屬投下免解文字如更有似此之人在去年終以前陳乞者令所屬候今來指揮到院限十日內勘會保明申部從之　六月二十九日奉議郎太學博士慕容彥逢言神宗皇帝以經術造士故科舉校所選之文辭於義理非深有得於經術者不能為也紹聖纂承惓惓以取士為先務而元符之末時事紛更學校官稍非其選或喜浮靡或尚詭僻或進縱橫權變之學具程文與上游者傳播四方謂之新格轉相襲蹈以投時好陛下監觀治體灼見其原追講先猷以幸教多士國鄉風承德矣然餘習猶未殄也臣願陛下因秋試進士特詔有司懲革其弊其所取以義理為先文采為後凡浮辭僻論踳駁不純者咸遐黜之庶幾學者唯義理之從以副陛下繼述神考造士之意詔降付國學開封發解所　七月二十八日臣寮言檢會元符三年十一月敕請置春秋博士仍著

〈卷一萬六百四十三〉

令聽於三傳出題此殆失神考以經術造士之意也竊惟春秋之經其文約其義隱非與魯史俱傳則當時事實莫可稽考今事不書於正經而出於三傳所記述者多矣其虛實是非無自而知將何以訓迪多士發明天下義理之蘊此臣等所謂殆失神考以經術造士之意者也乞詔進士切治春秋者博士增置員闕正建議者罪以定昭代繼述之休詔遇今次科場罷　八月十六日臣寮言乞撿會元豐進士試論日兼試律義之文參酌行之此誠有助經術作人之道從之仍後次科場施行　二年六月八日禮部言添修到崇寧貢舉通用式犯不考條内添入義論策卷輒作歌辭畫卦之類一十

〈卷萬六百四十三〉

二字別不衝改前後條貫從之　九月十日臣寮言竊謂使士知經咸欲如元豐之盛莫若取諸經時文印板一切焚毀令後除府監發解省試并太學補試公私試第一名經義方許印行其餘悉不得貨售雜亂仍行下國子監嚴立科條開封常切撿察從之　三年正月二十六日詔歲攷月書鄉舉里選之法以其間有未便事節遂委有司列行講究應修立法度忽遽未易成就猶須寬假歲月精加考求期於協順人情選拔寒鄉俊秀而後已所有後來科場可更令參以科舉取士一次　十一月十七日詔曰神考嘗議以三舍取士而罷州郡科舉之令其法始於畿甸而未及行於郡國肆朕纂圖

悉推行之設辟雍於國郊以待士之陞貢者礼文咸舉制度大備然今州郡猶以科舉取士而學校之法不得以顓行故士心所嚮未一其詔天下將來科場如故事外並罷州郡發解及省試法其取士並繇學校陞貢　四年十二月十二日大司成薛昂言今繳周官毋歲考德行道義三年大比之意為歲貢之制俟滿三歲則赴殿試從之文獻通考崇寧四年詔將來大比更用科舉取士一次辟雍太學其亞以此考諭遣送士使即聞之時州縣悉行三舍法當官者子弟得免試入學而士之在學者積歲月累試乃得應格其不能數身試補者屢可從扶須應科舉不得如在籍者三年解試兼與而兩得其負且老者尤甚病之時人語其法曰利貴不利賤利少不利老利富不利貧故謂書及此而加以審訂未遽廢科舉也　五年十月一日禮部尚書朱諤言奉詔令禮部將諸科六舉四舉兩

〈卷萬六百四十三〉

舉已上貢舉人具姓名人數開奏當議別行推恩今契勘元祐年中置經律通禮兩科許於諸科額內解發至紹聖元年廢罷並係一舉之人即與熙寧五年已前舊應諸科舉人不同將來別無科額又諸科並係熙寧元年累舉以來自得解後不曾到省其間恐涉僞冒詔七舉與本科及第六舉本科出身五舉同本科出身四舉與上州文學三舉下州文學兩舉一舉并經律通禮科人候將來科場更令取應一次仍依限具合推恩諸科舉人所應科目姓名鄉貫年甲三代戶頭舉數年月逐一開析勘驗委是正身於貢舉條制別無違礙虛僞結罪保明聞奏施行　十一月十五日禮部言昨開坐崇

寧五年省試下諸科止為係近曾到省人數依十月一日詔即未有合如何施行指揮竊恐省試後內有事故之人今來欲依已降指揮本屬勘驗到逐旋開奏其未經併叙舉數者令係理舉數推恩若本屬保奏到內有未併舉數亦乞通理申明行下從之　大觀二年四月二十九日中書省言諸路州學限年應科舉之法係未罷科舉已前條貫今來士人並由學校歲貢應緣科舉載在學令者已依大觀新書衝改所有權留三分科舉一次其應舉人除太學已有專法外其諸路不以曾係學籍不係學籍自合取應依貢舉元條施行其國子隨行親及今年不曾附試貢士合鎖廳人亦合令取解從之　五月二十日御筆自今學生願兼他經者聽逐經分場引試免試論語孟子依格取合格者至拆號日類聚比較以中二經為上等一經而在十名內者為中等餘為下等別榜曉示諸內舍生兼經曾人第二等以上者聽與貢士兼經人同試兼經雖試中而本經不預貢士舉陞補不在類聚比較之限兼經每經十五號取合格者一號諸經兼人曾預貢士舉院試入上中下三等者遇釋褐或殿試唱名日別作一項具名聞奏若御試唱名上舍釋褐人曾預貢士舉院試兼經入上等者與陞一甲名（本甲上名不及十名者仍通陞十名）中等陞十名下等陞五名（已上如為第一甲者即更不陞）仍並預內外學官之選從之（詳見國子監門）十一

月五日宣德郎前利州州學教授何浩言朝廷一新學校革去科舉之弊而復興鄉舉里選之制法令至具矣每年一試類差有出身人以充考試官而應舉之士未嘗經歷學校考以素行徒用一日空言定為去取故諸州士人亦意有出身官必差充考試而取其空言也往往編集平昔所集經義論策之類猥以投贄大字為名交相請託於有出身官之門以僥倖一得且今合格之文有司之公取也尚不許印賣使天下之士各深造而自得之豈可容私自編集以為請託之資乎欲乞諸路州縣應有出身之人將來合差充考試官者不得收接見任或他州縣士人投贄所業經義論策大字庶絕前日科舉僥倖之風而上稱朝廷所以委任考求行實之意從之仍先次施行　三年正月二十日詔國家承平日久文物之盛度越前古今庠序之教興科舉之制罷試之貢院遠七千人有司較藝額止百數甚失兼收博訪之意貢院取士可於額外增一百人　二月九日詔科舉已罷士有年高德邵者苟或棄遺非貴老急材之道其特奏名人應限五舉六舉七舉者各特減一舉內河北河東陝西又減一舉限年六十以上者可減五年　政和元年四月二十五日吏部侍郎姚祐等奏乞禮部貢舉令內收入不得犯引皇帝名從之　十一月十五日臣僚言乞士大夫毋得體釋氏之說為文士子程

文有剽囿佛書或爲虛無怪誕之言者皆黜勿取從之

同日臣僚言伏覩神宗皇帝以聲律偶對之文彫蟲篆刻不足以發揮聖人之餘藴遂罷詩賦崇經術元祐中曲學陋儒自售其私請以詩賦取士仍爭爲篇章更相酬唱欲鼓天下之衆而從之哲宗皇帝深燭其弊俄即廢革盡復熙豐科舉之法陛下興學養士增光前烈親灑宸翰訓迪多方元祐學術政事悉禁毋習然縉紳之徒庠序之間尚以詩賦私相傳習或輒投進御瀆聰聽蓋義理之學高明而難通聲偶之文美麗而易入喜易而惡難者世俗之常情也儻非重行禁約爲之矯拂恐復流而爲元祐之學矣詔榜朝堂委御史臺彈劾

卷一萬六百四十三

二年正月九日御筆契勘今次科舉赴省試人數頗多取數甚少深慮遺逸人材如增解額即於學校非便若依崇寧大觀年例增添省額自與貢士兩不相妨今次可特添省額一百人以朝廷之大增士百人食祿亦不爲過舉宜依此行下　二十四日臣僚言與論以謂士人溺於元祐洪蓄之習者尚多有之攏頭細字綴成小冊引試既畢遺編蠹簡殘至雜積兼鬻書者以三經新義并莊老子說等作小冊刊印可置掌握人競求買以備場屋檢閱之用雖其法甚嚴而前此有司往往愛惜去風未之舉行遂致荒唐繆悠之人公然抵冒無復忌憚竊謂義理本以待士彼或冒法則非士也尚何恤乎

伏望聖慈申嚴懷挾之禁增重巡鋪縱容之責印行小字三經義亦乞嚴降睿旨禁止施行從之　二月十日詔契勘內外試院自來曉示試人宗廟名諱久例全書燕張掛於墻壁或鋪陳於塗路與文牓雜處畧無分別使愚俗聚觀環讀寧免指斥祖宗廟諱乎聞之嗟惻有瀆在天之靈自今後仰離拆書寫（假令瀆字曰氵賣之類）仍置木榜張掛於屋下仰立法將上取旨　三月二十一日翰林學士蔡嶷等言比歲學者妄相傳播謂學校以史書爲禁士子程文至於歷代世次先後古人名氏顯著者亦或差舛乞今後時務策並隨事參以漢唐歷代故實爲問從之　四月七日中書省內降林伯達策卷內簽貼

卷一萬六百四十三

出處當作集功當作功及二項非所宜言八十七字意涉詆訕等奉御寶批貢院考校潮州貢士林伯達試策用字舛訛文辭紕繆雖已黜落緣論議不正趣向頗邪有害學術所當懲誡詔林伯達屏出學送永州編管仍永不得入學黜檢試卷官黃唐傳參詳官魏憲送吏部與合入差遣知舉蔡嶷降兩官同知貢舉慕容彥逢宇文粹中張漴各降兩官　二十六日臣僚言唐開祖程試紕繆主司校考不精宜有薄罰未見施行臣竊謂程文經聖覽親摘見其疵病而有司失考之罪隱忍不行則陛下之所不見上下誕謾以相庇覆者豈可勝言哉伏望睿慈詳酌正主司差失之罰詔唐開祖經義稍齊

盤孟子義云即水以觀性離水以觀性近佛語又非是策殊不工知舉蔡薿同知舉慕容彥逢易義卷點檢試卷官江天一同知舉宇文粹中論卷點檢官江致平同知舉張漴策卷點檢試卷官段拂、參詳官胡伸各罰銅十斤其唐開祖令後不得與學官試官差遣　五年二月二日翰林學士兼侍讀王甫等言竊以貢院鎖宿前朝廷專委開封府官一員充諸司與所差內侍預辦供帳什物等事而於法未有前期差官點檢之文排辦類不如法乞每歲鎖院前十日令諸司官及管勾貢院什物屬官與排辦並備文狀申尚書禮部差郎官一員專行點檢報明申尚書省內貢院見管什物與舉人就

卷一萬六百四十二

試書案歲久數多應辦不足所存亦皆弊壞乞特命有措置添修從之仍立法　三月十六日臣僚言伏見朝廷設法取士最為嚴密陛下昨降睿旨試院令皇城司差察事親事官二十八唯貢士舉院別試所未有差親事官察視明大別試所引試宗學太學辟雍武舉并開封府學三舍生人數不少與貢舉事體無異若不預為關防深慮他日踵得復容姦弊從之差六人　十八日尚書省言今次就試特奏名進士一千五十七人特奏名諸科二人檢會崇寧五年大觀三年政和二年就試特奏名諸科人并第二第三等以上所取人數詔今次特奏名進士第一第二等所取通不得過六十人第三

第四等通不得過四百五十八人特奏名諸科隨所試合入等第推恩餘人依條施行　六年十二月十日秘書省正字孫覿言頃年科舉之法三歲詔下以廟諱御名大書之牓揭於士人游集之地腥穢混雜遂人蹂踐徒致褻慢望特詔貢士院及內外學校如遇試許令前期出牓告諭諸犯名諱為不考試更不得揭示備傳及板榜之類詔更不出榜揭示　十四日詔比來士夫所守假名代筆扶書就試干託請求觀望權要豈朕所望於士哉已命有司重寘于法其令監司互察知而不舉與同罪提舉教授仍加二等　七年二月一日臣僚言仰惟陛下緝熙先志罷黜科舉以學校歲貢多士辟試

卷一萬六百四十三

于有司聞者轍敢懷挾招致人言朝廷始以皇城司親從官察視其事訪聞貢院所差人不知專以察視為職其苛擾殆至詬詈侵辱并及無辜而編攔人等又或暗投文字誣執士人以幸賞典欲望聖慈申命有司禮闈之中毋以凌蔑士人訪聞去歲貢院引試有於學生生次或得文字一冊者巡鋪官爭欲便殊送翰知舉等定驗其學生乃是治書其日係試策文字卻是易義事理辯明僅逃刑憲詔從之仍劄與皇城司　三月二十六日詔諸科三經應舉以上人許赴來年學事司試一次　四年十四日兵部尚書蔣猷言比歲差考試官見試所差巡鋪官例皆年幼不甚諳練乞自今後貢士院省院

延鋪並差三十以上者庶幾皆熟條禁從之　七月二十八日禮部尚書許光疑言三月二十六日詔許諸科三經應舉以上人赴來年學事司試一次契勘自來諸科人應舉並經本縣自陳勘驗申州收試其應干取應文藉並在所屬州縣既未經解發本部別無薄籍照證欲乞行下諸路提舉學事司預報所部州縣委官取索自來諸科應舉公案勘驗令三人以上結為一保如一州不及三人處即召命官一員保識引問别無違礙本州保明申學事司收試庶幾杜絶偽濫從之既而蔡嶷等復奏京東路提舉學事司申命本路九州軍諸科舉人三百四十五人未審如何紐計分數取合格人其考校取人分數即未有明降指揮並附試新舊科明法尚書毛詩學究五經三傳人未審合格遞科目取人為限通衮取

卷一萬六百四十三

人本部契勘前次諸科一舉兩舉人許府學事司試一次緣當時判無解額止取就試與免人占格之人赴政和六年貢士舉院試見得失取定其不合格人本部額闕奏契勘令來京東路學事司申明前件事理除前次一舉兩舉人已有逐件敕文指揮施行外今來三經應舉終場人止並各為應舉自來並不曾合格比之一舉兩舉人事體至輕即未審合如何施行詔政和七年三月二十七日并七月二十八日指揮並更不施行

宣和二年十二月二十二日中書省言勘會自來敕文進士曾經省試下人許理年理舉就大比試昨降重和元年十一月一日并宣和元年十一月十三日赦內除許理年就大比試外未有理舉赴試之文詔諸路進士曾經省試下四舉就許將來大比試仍令禮部疾速施行　三年二月二十日詔太學以三舍考選開封府及諸路以科舉取士並依元豐法內舍國子上舍及來曾

赴上舍試貢士并國子生並與免解赴將來省試以令就上舍試次數理免解次數文獻通考宣和三年詔罷天下三舍法開封府及諸路並以科舉取士惟太學仍存三舍以歲序課試遇科舉仍自發解　三月十五日尚書省言今次就試特奏名進士（收人分數依條比附奏名進士）檢會第一等（政和五年八年就試諸試人第二第四等以上）已上同科出身五經學究三禮第一等中下登仕郎第五等上中下毋中京府助教已上所取通不得過二十人依舊注官第三等上中下上州文學第四等上中下下州文學已上所取通不得過一百四十五人過敕年六十以上台保注權入官第五等上中下諸州助教武攝助教欲令次特奏名進士第一等第二等所取通不得過三十七人第三等第四等通不得過二百八十人從之　六月

卷一萬六百四十三

十五日三省言已詔取士並依元豐法應在京及諸路未行三舍以前試院約束併敘舉數違犯刑名殿舉之類并元豐後續降申明條件乞依舊遵守從之　八月十二日兩浙江東福建淮南路德音勘會特奏明進士推恩人內有併舉未圓合所屬保明詣省出給敕牒者緣所屬州軍係被賊從焚劫去處別無案籍保明可令禮部檢照貢籍如委是詣實並令給賜敕牒又勘會東南諸路合免舉進士昨因方賊作過道路阻節不曾赴省試之人並理為到省一舉仍令所屬保明申禮部五年二月二十九日詔今來尚書禮部貢院下第舉人進士六舉曾經御試八舉曾經省試並年五十以上進

士四舉曾經御試下五舉曾經省試下並年六十以上內河北河東陝西舉人於逐項舉數內特與各減一舉選士曾經紹聖四年已前到省前後實得兩解更不限年進士曾經紹聖四年已前到省得免解共及兩解更不限年令尚書禮部貢院勘會並特與奏名許就殿試應進士舉人紹聖四年已前到省一舉見年五十以上者令本貫州縣勘會結除名罪保明申禮部貢院內開封府國子監即各召見任承務郎以上二員亦依前項結除名罪保明申禮部貢院勘會逐一開奏當議特與推恩

十月二十八日禮部言江南東路轉運司管句文字虞漱狀見因父奏補準告授迪功郎緣漱元係河卷一萬六百四十三間府貢士隨侍父任河北西路提點刑獄於條移籍入隣路河間府學宣和元年二月內陞補上舍中等貢至辟雍撥入當僚齋至宣和二年二月內病在齋假宣和三年正月內緣長假遂不曾赴上舍試伏覩近降指揮未曾赴上舍試貢士許赴將來省試尋行下國子監勘會指定去後本監勘會本人雖已授官前條已該貢未曾經上舍試合來本人合依未曾赴上舍試貢士與免解赴將來省試如更有似此之人亦乞依此施行本部欲依國子監申到事理施行從之

十一月一日臣僚言竊見河北河東路學事司昨奏河間府考試官引試上舍出書義題無輕民事惟難作為字合格學生張修

等已駁放近據張修等經辟雍陳訴詔元出題官特衝替辟雍看詳令來張修等試程文既以新義所解無違背惟引題處並寫作為字是依隨試官出題差錯卻非不知經旨詔張修劉直忠賀植並改作依舊陞貢

十二月九日中書省尚書省言懷州貢士劉叔虎與劉昌係袒免無服親伏望行下本州令叔虎就試詔劉昌係造妖言親屬不合連坐今後並依常法御邑內更不聲說

六年正月二十八日詔天下士靡然來試禮部者踰萬五千人承平文物之盛前未之有深慮省試有定額不足以網羅俊彥可特添省額百人差知舉官五人

文獻通考是年賜第八百餘人因上書獻頌直令赴試者殆百人相繼宏辭隸大閹梁師成為使雖戚小吏皆卷一萬六百四十三賜之第先是大觀三年宦者梁師成中甲科政和四年以鄭洵武之子鴻臚寺丞雍進洵文可永特令直赴多試自後此類頓多八第嘉王楷者在第一不欲令尉愛士升次俗王昂為首鄰端隱曰侯太宗時事朌呂籤正之子御試入等上以踏家不當興孤寒爭進縣之顏明遠家四入以見住官纓進去上備料第不與特校近蕃掌書記蓋准恐鐽首古科目以坊寒峻也令觀丞得以為狀元見擬端拱一卒有中書堂後宮及第上奪所授勅牒勑歸本首詔令後吏人無得應舉蓋推恐臺流取吾第以姓選畢也命闔宦興其隸府得以經甲科蓋至異祖宗之良法蕭然矣王氏匯廣隸日國初舉崇放牓取士桂火如安得格作魁日几人而巳益天下未濺一也至大宗朝淺子所得率江南之秀其後又別立分數考校三路舉子以北人邵于關令故優販縣寧三异莛試羅墨題專以策販丑非離封不復點然之路舉人尤為陳黃道夫務儕臘至第四甲覺鎛卷手神宗癸曰此人何內過看如舉舒倍道野以五路尺用分數取來名過遺上命降作第五甲來自後人蓋以廣宣和七年沈元用椿正奏明殿試至八百丞人蓋燕雲免宵務既衆天下赴南寧試者萬人前後無踰此盛之盛

七年十一月十九日南郊制向罷諸路三舍法內

有合三赴上舍試之人試數未盡又該承免者特許赴將來特

奏名試應逐路進士如將來省試下除依例合試舉理
年外可特更與減一舉及遊賾三年許赴特奏名試應
舉人因事殿舉及不得入科場之人除犯罪徒以上及
真決并假名代筆情理重人外可並許應舉　欽宗靖
康元年四月九日少宰兼中書侍郎吴敏言願復春
秋學官三歲貢舉遂以取士從之　七月九日詔已降
指揮復春秋一經令秋試在近可止於正經出題[illegible]

賜出身凡士不繇科舉三舍而賜進士第或出身者其[illegible]

[illegible]

卷一萬六百四十三

全唐文

宋會要　舉士十

高宗建炎元年五月一日赦：應合特奏名人並與理舉免試，內曾經六舉以上到省人與登仕郎，五舉補京府助教，四舉上州文學，三舉下州文學，兩舉諸州助教；內兩舉合補助教人，願赴將來特奏名殿試者亦聽，雖試在下等不應出官者亦取旨陞等。其已赴殿試繳納敕牒願次舉再試之人，亦依此推恩。應天府免省舉人、特奏名并就殿試及再就殿試人，並與同進士出身；免解人與免省試。應宗室昨來預貢得解未曾就試人，並與推恩。　六月十三日赦：科舉之弊至此極矣，苟無變通，

卷一萬六百四十四

則忠實異才之士何由而出？可自後舉講元祐詩賦、經術兼收之制，庶學者近正。　十二月一日，詔：諸道進士赴京省試，今春兵革，已展一年。國家急於取士，已降指揮來年正月鎖院。緣巡幸非久居，盜賊未息滅，道路梗阻，士人赴試非便，可將省試合取分數下諸路，令提刑司差官，轉運司所在州類試。三省措置省試合放人額，紐計正解、免解、轉運司正解並國家同合，以一十四人取一名，餘分不及一十四人亦取一名，不終場者不計內。河東路合赴試人，令附京西路轉運司所在試。國子監、開封府合就試人於開封府，諸路合就試人於轉運司置司州軍類試。內國子監合赴試人，如在外路州軍願就本路試者聽。其國子監、開封府人令留守司，諸路令提刑司依貢舉法選差試官六員，兩路者各差三員。內開封府令留守司差御史臺官一員，諸路令提刑司臨時實封移牒轉運使副或判官一員監試，不得干預考校。如有合避親之人，專委官依公考校，所避之官不得干預。合避非本路提刑者，依本路監司法前期牒隣路。合避試官者，封彌官暗記，送別位應場試卷，不得止送一位考校，仍令監試官專切覺察。文獻通考：高宗建炎元年，詔曰：「國家設科取人，制爵待士，歲月等陰陽之信，法令如金石之間。頃緣殘戎侵犯京邑，爰致四方之隔，已愆三歲之期。比申飭於攸司，洎上春而明試，深虞道阻，實佇決科。而駐蹕行宮，時巡方嶽，非若中都當遠近之會，可使四方得道里之均。時從權宜，創立規制，分禮闈之奏額，就諸路之漕臺，俾謹擇於考官，用精鑒於實學，士省勞費，鄉羨譽

卷一萬六百四十四

髦，悉預計偕，以俟親策。」數告多士，咸體至懷。諸道令提刑司選官，即轉運置司州軍引試，使副或判官一人董之。河東路附京西轉運司，國子監、開封府人於留守司，御史一人董之。國子監人願就本路者聽。朝野雜記：建炎二年，王唐公為禮部侍郎，建言復以詞賦取士，自紹興二年科場始。曾侍御統請廢經義而專用詞賦，上意鄉之，呂元直不可而止。十三年，國學初建，高抑崇司業，言士以經術為本，請頭場試經義，次場試詩賦，末場試子史論、時務策各一首，許之。十五年，詔經義、詩賦分為兩科，於是學者競習詞賦，經學寖微。二十六年冬，上諭沈守約曰：「恐數年之後經學遂廢。」明年二月，詔舉人並兼習兩科，內大小經義共三道。三十一年，言者以為老成經術之士強習辭章，不合音律，請復分科取士，仍詔經義合格人有餘，許以詩賦不足之數通取，不得過三分。自今年太學公補試行之，迄今不改。先是，舉人既兼經義、詩賦、論策，因號四科，然自更制以後，惟紹興十四年、二十九年兩行之而止，蓋舉人所習已是為二，不可復合矣。　按熙寧四年始罷詞賦，專用經義取士，凡十五年，至元祐元年復詞賦，與經義並行；至紹聖元年復罷詞賦，專用經義，凡三十五年；至建炎二年又兼用經賦。蓋熙寧、紹聖則專用經而廢賦，元祐、建炎則雖復賦而未嘗不兼經。然則自熙寧以來，士無不習經義之

九月條二十三日條移五月十四日條後

日矣然元祐初始復賦欲經賦中分取人而東坡公上疏言自更法以來士工習詩賦者十人而七欲朝廷隨經賦人數多少各自立額取人則知當時士雖不習經賦者十五年而變法之餘一習即工且多矣至建炎紹興之間則朝見以議經義取士者且五六十年其間無用詩賦纔十餘年耳然共場而試則經拙而賦工分科而試則經少而賦多流傳既久後來所至場屋率是賦居其三之二盡有自來矣既久後來所至場屋率是賦

二年正月二十一日，國子監言：「近詔本監生解、免解合赴試人於開封府類試，如在外路願就本路試者聽。乞令所在召京朝官一員結除名罪委保正身無偽冒，委逐路審驗收試，候開院具收試到姓名、人數及家保狀、合格人姓名申送禮部、本監。如有違礙，保官申取朝廷指揮，犯人并同保人先次改正駁放，仍依貢舉條法科罪。」從之。　二月二日，禮部侍郎王綯言：「諸路類省試舉

卷一萬六百四十四

人除正解、免解人及前年秋運司得解人所隨親見在本任者就元得解路分類省試外，其有雖曾在運司牒試發解而所隨親已替罷者，乞並許就見居本鄉或寄居處召文官二員結除名罪委保就試。如涉偽冒，試人雖合格亦行駁放，保官各依法施行。」從之。　九月，禮部言：「崇寧貢舉法係以元豐條令及後來申明等修立，其元豐法與崇寧法不同者，自合遵依元豐法；若不該載者，即參照崇寧條令。」從之。　二十三日，詔諸路類試開拆試卷並委提刑官，如提刑不在本州，委走馬承受；若走馬承受不在本州及不置路分，委類試所在州守臣。

三月一日，起復添差京東轉運副使李禎監試舉人。

時諸路類試以轉運使副、判官一員監試，以京東西路闕官故命之。　四月七日，詔：「今來下第舉人，進士六舉曾經御試、八舉曾經省試，並年四十以上；進士四舉曾經御試、五舉曾經省試，並年五十以上；內河北、河東、陝西舉人特與各減一舉。曾經元符三年以前到省，前後實得解并免解其及兩舉人，更不限年，令諸路轉運司、開封府保明申禮部紹興五年以後止令禮部勘會。詔特與奏名，許就殿試。元符三年以前到省一舉，見年五十五以上者，令本貫州縣當職官勘實無違礙，結除名罪保明申禮部；開封府、國子監令召見任承務郎以上二員結除名罪保明，委本屬關送禮部勘驗，逐旋聞奏，當議特與推恩。

卷一萬六百四十四

紹興元年十一月二十二日詔崇寧二年以前到省五年七月十一日詔崇寧五年以前到省八年五月二日詔大觀三年以前到省十六年二月二十四日詔政和二年以前到省十五年二月五日詔政和五年以前到省十八年三月四日詔政和八年以前到省二十一年四月九日詔宣和三年以前到省二十四年二月十五日詔宣和六年以前到省二十七年二月十五日詔建炎二年以前到省三十年二月十九日詔紹興二年以前到省以上並同建炎二年之制　文獻通考按仁宗嘉祐二年廷試始免黜落然則自後凡經御試者無不出官之人熙豐年間亦嘗有曾經御試推恩之令蓋為嘉祐二年御試不中者設也令中興之初復有此令則自建炎上距嘉祐以前蓋七十年豈復有曾經御試之人乎又恐是為特科試八下等不理選限未出官者而設蓋此曾亦謂之曾經御試故令其再試而官之以示優遲之恩史志所載不明當攷

同日，詔：「進士請到解并免解，因事故不曾赴今次試人，與理為到省一舉。進士兩處取解已及今次特奏名舉數人，雖已違限未曾經所屬保明併舉之人，特許併舉推恩。進士

元祐三年得解因事故至崇寧二年到省試下人理元得解年爲省試下進士門引不到因事故赴試不及若舉數已該奏名依南省下第人例令禮部勘實疾速施行如合該取會并下所屬保明之人且令就試不給唱名號其勅牒等並令禮部收掌候到如無違礙召保官當官給付若有違礙即具因依并勅牒等繳申尚書省紹興元年十一月二十二日詔崇寧二年得解至崇寧五年到省五年七月十二日詔崇寧五年得解至大觀三年到省八年五月二日詔大觀二年得解至政和二年以前到省十二年二月十四日詔政和元年得解至政和五年以前到省十五年二月十四日詔政和四年得解至政和八年以前到省十八年三月四日詔政和七年得解至宣和三年以前到省二十一年四月九日詔宣和二年得解至宣和六年以前到省二十四年二月十五日詔宣和五年得解至建炎二年以前到省二十七年二月十五日詔靖康元年得解至紹興元年以前到省三十年二月十九日詔建炎四年得解至紹興五年前到省以上並同建炎二年之制

卷一萬六百四十四

五月三日詔舊試論日兼試律義并改試孫子義指揮並更不施行先是臣僚建請乞以七書代律義得旨自後舉兼試孫子義一道其律義更不施行禮部侍郎王綯言昨兼律義舉人全以功力治經之外方及論策以律義不繫去留陞降不暇留心但無雜犯並鑿合格若以孫子義代之又爲文具今已復元祐詩賦經術兼收之制元祐兩科試論日不兼律義故有是命同日中書省言已詔後舉科場講元祐詩賦經術兼收之制令參酌擬定元祐法習詩賦兼試經義今欲習詩賦人止試詩賦不兼經第一場詩賦各一首第二場論一首第三場策三道元祐法不習詩賦人令治兩經今欲習經義人依見行止習一經第一場本經義三道論語孟子義各一道第二場論一首第三場策三道解額

收

從至下補九月二十三日兩條

省額舊法考校依條以所治經十分爲率均取若有餘不足聽通融相補各不過得三分今欲計數各取通定高下除詩賦自無有餘不足外將諸經聽通融相補不得過三分數內逐經各留一分添取詩賦如無合格人聽闕殿試並同試策詩賦經義兩科欲注疏三經義許從使用取文理通者音義如不同聽通用徐尹平音義同餘並依格從之　十一日曲赦河北陝西京東路逐路免解舉人應今年就省試下而舉數年甲各應特奏名條格者並與特奏名謂如八舉年及四十歲五舉年及五十歲之類內又因守禦該賞者與陞等推恩應逐路舉人本因舉數或年限已該常免解而又因守禦功賞得常免解者亦與特奏名　十四日禮部言欲將應該恩舉人家狀內以前爲病故不曾赴省試實有建炎元年五月十四日以前赦恩依條召保官經所屬給到公憑之人即與理舉數其去年五月一日以後旋給到公據並不許收使從之　十月二十三日大理少卿吳瓌言國家科舉兼用詩賦而政和令命官不得詩賦私相傳習之禁尚未刪去望令刑部刪削從之　十一月二十三日赦諸路省試到并合格特奏名試人以道路艱阻既到行在已過試期不願赴將來殿試人親身經禮部陳狀勘驗詣實召京朝官二員結除名罪委保申尚書省正奏名賜同進士出身特奏名與州助教仍依下州文學恩例三年十一月三日德音紹興三年閏四

卷一萬六百四十四

月五日詔在外正奏名令逐路漕臣據元舉送奏狀鄉貢治經驗實特奏名驗實年甲舉數並召保官保明申尚書省九月四日敕並同此制四年十一月十二日尚書省言自來省試正月鎖院今來諸路進士解榜道途梗澁猶未盡到欲改八月上旬定日就行在鎖院從之　紹興元年正月初一日德音太學上舍已該再免省試合赴紹興七元年殿試人特免赴殿試並與賜同進士出身下等上舍免解合赴省試一次至紹興四年再免方合赴殿試人特令赴今次殿試內舍優等平等校定人依昨降指揮各有免解次數並與遞減省試一次　二月二十九日詔曰朕宵衣圖治側席思賢昨詔諭於綿區俾賓興於髦俊茲閱賢書之獻將偕計吏之來言念杪秋適當大饗有司校藝於祀事以或妨多士在途恐行期之靡逮姑從近制分試外臺用比歲之彝章臨大庭而親策既克成於朕志亦良便于爾思可將省額合取分數下諸路提刑司差官於轉運司所在州類試就今年八月上旬內擇日引試於來年三月上旬擇日殿試　六月九日臣僚言竊見近詔諸路進士令提刑司差官於轉運司所在州類試然改科之初考試官未必盡曉詞賦去秋榜出遠方之士訴有司者已多今若止令提刑司差官不惟預有干請亦恐未必皆係通習聲律之人則所差可知矣乞詔執政大臣於諸路漕憲或帥守中擇詞學之臣總其事使於所部精選考試官務令公審庶幾

卷一萬六百四十四

上副設科更制之意從之際分鎮路分令提舉茶鹽事司依諸路轉運司類試條例外路詔兩淛路差提刑施坰福建路差帥臣程邁江南東路差帥臣呂頤浩江南西路差帥臣朱勝非荊湖東西路差轉運判官孫綬廣南東路差帥臣趙存誠廣南西路差轉運判官王次翁其川陝路並令張浚於逐路帥臣轄逐(提)刑內選差有出身之人八月十九日詔五路舉人依舊制別項考校每一十四人取一名如有零分聽更取一名已而滑州進士程敦陳乞依建炎二年例與諸路進士衮同考校得旨依自撫舛舉當衮同考校九月四月赦川陝進士赴趁今舉殿試不及之人雖合令本路漕臣保明並許赴宣撫司自陳令本司保明申尚書省給敕　十二月二十二日宰執進呈侍御史曾統論進士設科已止用詞賦未須依元祐兼經上曰經術詞賦取士各有說神宗皇帝尊崇經術方時承平王安石之說得行蓋以經明道謂非堯舜之道不敢陳於王前朕觀古今治亂多在史書以經義登科者類不通史呂頤浩曰經術詞賦均以言取人今若且用詞賦亦得願所得人材如何耳　二年五月十八日詔董闕特送五百里外州軍編管永不得應舉其保官除名勒停闕呂保陳乙年五十二五舉合赴特奏名杜郁應元年家狀年五十六共兩舉前後不同故也　三年六月七日詔四川得解進士有願赴行在省試之人給與進義副尉驛券津遣前來　四年六月十四日詔川陝合赴省試人令宣撫司於置司州軍置試院選差有出身清強見任轉運使副或提點刑獄官充監試於逐路見任京朝官內選差有出身曾任館職學官或有文學官充考試

卷一萬六百四十四

官務依公精加考校杜絶請託不公之弊　五年正月七日詔將來省試權展至今年六月十六日鏁院時車駕幸平江府故也　六月十五日御史臺主簿閻邱昕言崇觀宣政以來士不以心明經而以經明經發爲文辭類皆剽竊今四方多士郡群試於大宗伯詎可復取無用空言伏望訓飭有司商推去取毋以擒繪章句爲工而以淵源學問爲尚或事關教化有益治體者不以切直爲嫌或言無根柢肆爲蔓衍者不在採録之數庶幾網羅得人可備他時器使詔令禮部行下貢院照會仍出榜曉諭　二十二日詔應省試舉人程文許通用古今諸儒之說并出自己意文理優長並爲合格行下省試院照應及出榜曉諭（七年亦同此制）　七月十七日詔令次省試舉人除名取人數外特更取十名有官鏁廳宗子零分特更取一名　十一月十九日日詔令川陝宣撫司將今次合該特奏名進士置院差官試時務策一道其取人分數并推恩等第令禮部開具申尚書省行下本司照會　七年八月十八日宰執進呈禮部侍郎吳表臣論科舉當道取詩賦策論上曰文學政事自是兩科詩賦止是文詞策論則須通知古今所貴於學者修身齊家治國以治天下專取文詞亦復何用　八年五月十二日詔韓愈昌黎集中有佐佑六經不抵梧於聖人之道者並許出題從翰林學士知貢舉朱震請也（文獻通考紹興）

卷一萬六百四十四

（九年詔陝西久陷僞境理宜優異若與四川類試必不能中程式其令礼部措置別號取放川陝分類試額自此始　御史中丞廖剛言國朝三歲一舉每以今年大礼明年科場又明年省殿試為準故注授人究後到部不至攙俗今科試明堂同在嗣歲省司財計籍以聽辦一不便也近歲初官特闕率四五年若使廷士策人闕時差注二不便也更展一年則舊制合矣天子是其議其來年詔曰三歲賓興之制肇自治平爰暨累朝遵為彝典頃緣多故游展試期致取士之年適當宗祀而入仕之衆係集銓濟仿司因伏億之業多士興滯留之歎宜從華正用復故常庶藏事惟均有便於國調官無壅亦使尔私其紹興十年諸州依條發解於紹興十二年正月省試三月殿試自後科場示此為準）　十年二月十七日詔曰永惟三歲興賢之制肇自治平爰暨累朝遵為彝典頃緣多事游展試期致取士之年屬當宗祀宜從華正用復故常可除科場於紹興十年仰諸州依條發解外將省殿試更展一年於紹興十二年正月鏁院省試三月擇日殿試其向後科場仍自紹興十三年省試為準於紹興十四年令諸州依條發解內將來紹興十二年特奏名合出官人有年六十一歲者許出官一次先是禮部言建炎元年省殿試因軍興展至建炎二年次舉省殿試合價至紹興元年除省試分諸路轉運司類試外其殿試又為明堂相妨再展至二年續於五年八年兩次省殿試合係十年秋舉十一年省殿試今臣僚奏陳若展一年科場於今年大禮不至相妨并特奏名人到部與正奏名又注授不至倒置其向後科場自十二年省試為準於十四年令諸州發解如此則經久依得祖宗舊制委不相妨故有是詔　九月十日詔應進士貢士特奏名

卷一萬六百四十四

將來科舉合補文學可依赦前授命人法施行　二十五日詔應得解得貢諸路舉人自省試下至紹興十一年已及一十二年之人如有紹興十年秋試得解候將來過省殿試唱名取旨別與堙名推恩　十二年二月四日禮部貢院言別試避親有孤經人欲依崇寧貢舉令卻送貢院與本院同經人一處收試止合避所避之官令過落司送別位考校從之　三月十四日詔進士貢士已係四舉年五十以上七舉年四十以上各許將昨展過省殿試三年理爲一舉并自到省試至今已及二十七年前後實得兩解貢并免解共及兩舉人並特與奏名許就殿試十五年三月初九日詔同三十年二月十九日詔諸進士若係四年得解五年到省試下之人與理作三年到首試下作二十七年餘同

卷一萬六百四十四

十三年二月二十三日國子司業高閌言復興太學宜以經術爲本今條具三場事件第一場元豐法紹聖元符大觀同本經義三道論語孟子義各一道今太學之法詩正以經義爲主欲依舊第二場元祐法賦一首今欲以諸賦第三場紹聖法論一首策一道今欲以子史論一首并時務策一道如公試法自今日始永爲定式從之　四月三十日高閌又言貢舉令諸春秋義題聽於三傳解經處出此法殊失尊經之意今欲只於春秋正經出題庶使學者專意經術從之紹興十四年吏部員外郎嚴柳言正經具解至簡爲題者歷歷可數決士子私習端百篇則有司出題殆無逃者罷去三傳雖曰尊經其於考校實有未便詔依崇寧貢舉法於三傳解經出題　十一月八日

南郊赦昨下第進士貢士應政和二年已前到省一舉年五十五以上者已詔令本貫州縣驗實結罪保明推恩有本貫阻隔致未霑恩之人許依開封府國子監進士於所在州縣召見任承務郎以上二員結除名罪委保當職官同罪保明申禮部驗實以聞自後明堂南郊赦皆同此制惟到省年不同已見於每舉許推恩詔　十四年八月二十五日宰執進呈殿中侍御史汪勃奏今日科場當國學初建萬方多士拭目以觀取捨欲望戒勅攸司一去一取尤在所遴苟專師孔孟而議論粹然一出校正者在所必取其或採摭專門曲說流入迂怪者在所必去上曰汪勃所論甚善曲學臆說誠害經旨當抑之使不得作則人之心術自正矣可依所奏

卷一萬六百四十四

十五年正月十三日詔詩賦經義分爲兩科各計終場人數爲率依條紐取試經義人第一場本經義三道論語孟子義各一道第二場論一首第三場策三道試詩賦人第一場詩賦各一首第二場論一首第三場策三道　十八年二月五日禮部言省試條是遴選實才訪聞就試舉人內有勢力之家多輸賄賂計囑應試人換卷代筆起草并書真卷或冒名就試或假手程文自外傳入就納卷處謄寫宜嚴行禁止欲條許人并就試舉人告捉委的實犯人從貢院先送所司申朝廷重作施行告獲人優與推賞詔依內士人試賞取旨補官仍賜出身大赦通考紹興十九年詔自今科詔前一歲諸軍州及屬縣長

吏簿定合應舉人以次年春縣上之州州下之學覈實
司保赴鄉飲酒畢送試院其臨期校狀射保者皆勿受
自熙豐間程顥程頤以道學倡于洛海內皆師歸之
中興以來始盛于東南士子科舉之文稍祖顥頤說先是
陳公輔上疏詆頤學乞行禁絕而胡寅辨其非禮部
侍郎周葵言科舉足以取士近年主司迎合大臣之意
多取經傳之言可為諛佞者以為閒目擧者因之專務
苟合時好如論伊尹周公則諛為歸美宰相之言春秋
譏貶失礼則指為僭稱之事悖戾聖人之意大率類此
至於前古治亂興亡之變以時忌諱口不道後生晚輩
往往不讀史書望詔有司選通經博古之士置之上游
其窮鑿迎合議論卑餙不合格式者皆行黜落若矯枉
過正不顧所聞務為詭
許者亦復勿取從之
二十年九月十二日侍御史曹
筠言近年考試多以私意取專門之學至有一州而取
數十人士子忿怨不無遺才之嘆欲望戒飭試院其有
不公令監察御史出院日彈劾從之　二十一年二月
二日殿中侍御史湯允恭言前次省闈就試之士或有

卷一萬六百四十四

憑藉多貲密相賄結傳義代筆預為宴會期約凡六七
人共撰一名程文立為高價至數千緡今年省試望明
賜戒敕犯者必行譴許同試舉人陳告取旨免省　二
十六年三月二十二日詔令後省試太學國子監公試
發解銓試弁試刑法令國子監印造禮部韻略刑統律
文紹興敕令格式並從官給上諭宰執曰自來舉人
許帶禮部韻略入試院多
緣此夾帶別文字難
以檢察故有是詔　同日執政進呈類試院人吏兵士
邀阻赴試人乞取錢物事上曰聞試院中整肅士人極
喜自此有實學者進而寒俊之士伸矣偽濫苟得者革
而僥倖之風息矣祖宗貢舉之法無不周備顧有司奉
行如何耳可令類試所嚴行禁止仍令禮部立法　六

月八日宰執進呈祖宗典故乾德六年三月王祜知貢
舉擢進士陶邴中第邴乃翰林學士承旨穀之子翌日
詣閤門謝帝曰如聞穀不能訓子安有登進士第者遽
命中書覆試詔自今應諸色舉人內有父兄食録〔禄〕者委
禮部貢院於奏名之時並別具開析當議更與覆試貫
於公道無所屈焉上曰秦塤中甲科所對策叙事皆檜
熺語灼然可見朕抑之置在第三不使與寒士爭先祖
宗故事今可舉行遂詔貢院遵依咸平三年三月詔旨
所試合格舉人內有權要親族者具名以聞　十五日
祕書省正字葉謙亨言向者朝論專尚程頤之學士有
立說稍異者皆不在選前日大臣則陰祐王安石稍涉

卷一萬六百四十四

程學者一切擯棄程王之學時有所長皆有所短取
其合於孔孟者去其不合於孔孟者皆可以為學矣又
何拘乎願詔有司精擇而博取不拘以一家之說而求
至當之論上宣諭曰趙鼎主程頤秦檜尚王安石誠為
偏曲卿所言極是於是可其奏　八月九日戶部尚書
韓仲通右正言凌哲御史中丞湯鵬舉言提舉淮東常
平茶鹽朱冠卿奏故相當權不遵祖宗故事科舉雖存
公道廢絕前舉一榜如曹冠秦塤周寅鄭時中秦焞鄭
縝沈興傑秦熺亂有八人其間多是乳臭小兒至於素
不知書全未識字者濫竊儒科侵占省額欲乞於曹冠
等階官以右易左俾正流品却將向來侵取人數復還

令舉省顧詔令侍從臺諫看詳臣等看詳冠卿所奏甚
當物議但以有官人赴試者合帶右字如無官人赴試
合行剔放然後以前榜優取之數於後榜狀使從之
十六日宰執奏科舉引試有數人傳受者已依條施行
如宗子善積懷挾亦令扶出示天下至公自此科舉之
弊當盡革去上曰朕於此事極留意異時宰執侍從皆
由此塗出若容冒濫所謂拔本塞源也　閏十月二十
四日宰執進呈權兵部侍郎兼國子祭酒楊椿言今時
經學者白首一經如蠹書之魚詞賦者駢四儷六如兒
女之戲而皆不讀史乞下明詔訓導使學者博約兼通
上曰士人不習史何以知古今治亂興亡之迹沈該等

卷一萬六百四十四

曰誠如聖諭令來臣僚所言當劄下國子監令長貳曉
諭諸生上曰又舉人多習詩賦習經義者絶少更數年
之後恐經學遂廢當議處此沈該等曰前此固嘗以經
義兼習詩賦若兩科兼習庶不偏廢欲乞來春省試畢
施行上曰甚善　二十七年正月一日詔遵依咸平典
故以見任兩省臺諫侍從以上有服親為權要候放榜
日令禮部將通省合格人姓名取索有無上件服屬人
開真（具）聞奏自後每舉申明舉行　十日詔經義諸（詩）賦
兩科合格人如有餘不足內詩賦不得優取經義若經
義文理優長合格人有餘許將詩賦人材不足之數聽
通融優取仍以十分為率不得過三分以臣僚言學者

競習詞賦治經甚少又於六經之中舍其所難則經學
寖微乞於二科所取分數稍省（頒）詩賦而優經義故有是
命　二月一日詔今後國子太學公私試及將來科舉
取士並令（兼）習經義詩賦內第一場大小經義各與減一
道餘依紹興十三年二月二十二日指揮施行永為定
制　五日詔今後考校如二禮文理優長許優用諸經
分數特與優取以尚書省言近年習二禮之人最少理
宜優異故有是詔　二十八年二月三日宰執進呈太
學録陳良祐奏比詔兼習經義詩賦然法行之初學者
不復加意聲律而有司考校又專以大義定去留欲望
申敕有司自今考校通取經義詩賦之優者上曰今兼

卷一萬六百四十四

用兩科已有定制若更議改易恐士無所適從宰臣沈
該等奏曰良祐請令有司於經義詩賦各取其優使不
相勝欲依所奏從之　四月二十六日禮部言就試舉
人懷挾詔令重别增立法禁今欲應因懷挾殿舉並令
實殿舉數不以赦恩原免如再犯永不得應舉從之
十一月二十三日南郊赦進士被州縣刑責依條令所
屬審定保明聞奏慮恐所屬多係元斷官司嫌避選（遷）延
不為保奏仰諸路監司遇有訴理之人即取索元案看
定如委係枉斷即令所屬疾速依條保奏施行　二十
九年三月二十八日宰執進呈監察御史公試補試類
試監察試官沈樞奏乞少寬傳義之禁慮有不實上曰

向來舉場縱弛太甚此奏若行又復前日之獘矣朕所以必欲禁止者以取士之原實在於此異時公卿大臣皆繇此塗出利害至重況挾書傳義類非佳士儻使有實學知廉恥者必不肯為摳此奏蓋欲沽士人之譽爾沈該奏曰乞更不施行從之　七月四日四川安撫制置使司言準詔四川類省試用九月十五日鏁院緣去行在地理遥遠若以九月十五日鏁院依條限考校至十一月放榜竊恐舉人趂赴御試不前欲望於八月内鏁院從之　八日四川安撫制置使司言合赴類省試得解免解人緣夔路州軍地里遥遠臨試取會不及欲内有小節不圓之人先收試如後來有違礙雖試中即行駮放從之

卷一萬六百四十四

九月十四日侍御史朱倬言近者國學發解凡六經人數通一千一百七十六人而治書者七百七十有八人餘合五經之數不及其半至於二禮若亡而僅有欲望委大臣精加訂議率以十分痛損書之有餘以補二禮之不足其他三經併行裁定仍乞擇精於二禮者俾為博士從之　十一月二十二日禮部言將來省試依條正月九日鏁院合於十二月二十五日以前引保納卷其限外續到舉人若鏁院後引試前内有續到之人欲許赴部引保納卷收試從之　三十年正月二十七日禮部貢院言引試有官鎖廳宗子三十四人内有一名公高治春秋係孤經欲乞將公高試卷依

公精加考校如文理優長即乞前期具合格真卷繳申尚書省取朝廷指揮如不合格乞從本部一面黜落如已後更有無官取應孤經之人亦乞依此從之　四月二十五日禮部言取應宗子趙師古三經覆試十中年四十三歲乞推恩依已降赦文應宗子三經覆試不中令禮部具申尚書省取旨推恩兼依條宗室非袒免親服取應三經覆試不中年四十以上者勘會申尚書省取旨量材録用詔與補承信郎　三十一年二月二十二日詔經義詩賦依舊分為兩科取士分數依紹興二十七年正月十日指揮詩賦不得侵取經義若經義文理優長合格人有餘許將詩賦人材不足之數聽通融優取仍以十分為率不得過三分

卷一萬六百四十四

自今年三月太學公補試為始以臣僚言自經義詩賦合為一科老成經術之士强習辭章不合聲律後生習詩賦者不能究經旨淵源場屋之内病於偏枯策問太寡議論無以盡人有司去取不以此為重輕士守傳注史學浸廢故有是詔　二十三日國子録鄒樗言多士程試拘於時忌之說蓄縮畏避務為無用空言至有發明胷臆援證古今者茍涉疑誤輙以時忌目之不得與選使人抱遺材之恨欲望布告中外應場屋程文有涉疑誤被黜汙者依理考校不許以時忌繩之庶使去取精確文風丕變從之　五月十六日臣僚言比年科舉之士益尚奇恠科舉之文風俗之所趨也異說勝則詭激之行起欲望嚴飭有司凡務為奇說而不本於聖人之旨者痛加掃除庶幾

人知所嚮，習正言，聞正道，風俗可得而厚。從之。（以上中興會要）

孝宗紹興三十二年（未改元）六月十三日登極赦文：應舉人除犯徒罪以上及真決人外，其餘因事殿舉及不得入科場之人，雖有不以赦降原免指揮，可並許應舉。同日赦書：勘會太學、國子學生（武學）係是父被太上皇帝教養之士，宜因慶霈特加優異。應見在籍人並與免文解一次，已係免解人候登第日與陞甲，如就特奏名試亦與陞等推恩。上舍已係免省人特與先次釋褐，賜進士出身，內願赴將來殿試者與堂除差遣一次。　隆興元年正月十四日，右諫議大夫劉度言：竊聞貢院為赴試人衆，分為三場，而第三場專引外州單恩免解人，臣未敢以為然。何以言之？向年單恩免赴試人得者最少，以此懷疑，謂主司特別撰號，陰為擯黜之計，雖實無此事，而語言籍籍不可開曉，非清朝至公之体也。欲乞將赴試人不拘中外得解、免解，互相參雜，止據經義、詩賦人數通融相補，分作三場，混同考校。將來得失多少，自繫程文工拙，初無彼此形迹，下以示主司之無心唯才是取，上以彰聖恩之廣大，寶惠具享，法意人情皆為允愜。從之。　十六日，詔禮部貢院以前舉取過人數共添取一百人。　二十七日，禮部貢院言：去年單恩免解進士除鼎、劒州不曾申數外，國學一千三百四人，建寧府一千八十九人，洪州二百三十八人，宣州二百七人，計二

卷一萬六百四十四

千八百三十八人，內八百六十五人未就試。欲乞於近所獲旨增添一百人額內存留三十人充未到人合取之數。從之。　二月十日，禮部貢院言：承前逐舉省試奏號多不過三百，所差拆號官率以下晡到院，先即封彌所黜號甃足，然後入院，往往夜漏既上拆號，柢明方畢放榜，以示天明為限。今年省試約七百餘號，人數增倍，慮拆封逼促擁併，致有差互漏泄。今欲拆號前一日四更奏號，乞自朝廷燈時付拆號官赴院檢拆，次日不限早晚放榜。從之。（文獻通考：孝宗隆興元年，詔應令人代名及為人冒名赴省者，各計所受財依條外，並永不得應舉。　省試舊以十四人取一名，隆興初，建、劒、宣、饒、洪五州進士三舉實到十場者皆以舉恩免解，有旨增額一百人，遂以十七人取一人，而四川類省試則十六人取一名，後不復改。　容齋洪氏隨筆曰：黃魯

卷一萬六百四十四

直以元祐三年為貢院叅詳官，有書帖一紙云：正月乙丑鎖太學，試禮部進士四千七百三十二人，三月戊申具奏進士五百人，乃是在院四十四日，而九人半取一人，視今日為不侔矣。臣僚言：科舉之制，州郡解額狹而舉子多，漕司數寬，士往往捨鄉貢而圖漕牒，乞申嚴詐冒之禁，立為中制。從之。四年，乃裁定牒試法，文武臣添差官除親子孫外並罷，其行在職事官除監察御史已上並不許牒試。）　十一日，詔令省試諸科進士務取學術深淳，文詞剴切，策畫優長，其阿媚闒茸者可行黜落。　十七日，翰林學士承旨、知制誥、知貢舉洪遵等言：考校驗字號試卷，學問淵源，論議切直，為前後場之冠，已考入魁選，偶策卷誤犯哲宗舊諱。詔樓鑰特降末等頭名。（其後乾道五年廷試進士句龍京復犯哲宗舊諱，特授下州文學。京自陳舊諱凡有兩音，其一余封切，讀自從於人，即舊諱也；其一癡容切，讀均直於下，音義各殊。下祕書省看詳，與樓正同，已而詔時附第五甲末。）　二十一日，詔已降旨令舉諸科進士

選舉四之三七

務取學術深淳文詞剴切策士優長之人令禮部將省試上十名策卷編寫投進以備親覽如有可行當下三省取旨施行上初即位從諫如流求直言如渴故有是命　三月十九日祕書省正字張宋卿言官冗之弊欲望立為定法進士自紹興甲子以來必二十年而後免舉必一舉三十年五舉年五十而後推恩其有援近例以為比者並不得受其辭詔吏禮部看詳已而遂部看詳遵依見行條指施行　五月六日勅賜進士及第案樞詔特與第五人恩例樞省試第五人是歲上不臨軒策士有司編排科甲樞乃在別試所第一人之下自言而有是命　八日權知萬州李剛中言本州每舉往變

卷一萬六百四十四

州附試原其始蓋為士人數少官借費用承平既久士子益盛昨仲秋釋奠預其事者五百餘人乞下本路轉運司許本州自置試院解發舉人禮部勘當若就試士人委及百人以上令本州依條設置試院如不及數且循遂舉例併試從之　乾道元年二月七日禮部言准詔書應文學出官進士理年免舉並依前郊赦例先次施行欲將紹興三十一年明堂赦書牒排遞趲從之　十二月十七日禮部言來年正月九日省試鎖院所有流寓舉人除有貢籍人已有紹興三十二年四月詔旨免召保官外其曾經請西北州軍紹興元年以前文解陳請免解等無貢籍照據之人即乞依前召保施行如

選舉四之三八

保官非見任升正解保人無得解文驗並不收試外其餘未圓事節欲乞並依前舉例先次收試有違礙不實雖已過省並駁放如願於行在別召保官之人若所召保官宗得條旨即從本部取索印紙批書施行從之　二十六日中書門下省言勘會近年士人公然受賂冒名入試致叨取解名亦有登科者今省試在近理宜禁戢詔應令人代名及為人冒名赴省試者各計所受財依條坐罪外並真決編配千里外州軍同保知情人永不得應舉如士人告獲與免一次文解諸色人賞錢三百千仍令尚書省榜諭　二年正月二十四日詔鄭縝曹緯赴將來省試一次先是上語輔臣鄭縝曹緯乞再赴

卷一萬六百四十四

殿試此宜如何洪适等曰太上皇帝更化之初詔求天下直言淮東提舉朱冠卿奏秦檜當權科舉悉由私意如漕冠秦塤等八人濫竊儒科今于階官以右易左既而臺章論列有官赴試人帶右字無官赴試人並剝放鄭縝者乃剝放之數至曹緯於祖母服制中赴試兼係曹泳之姪稍致人言所以一例駁放上曰赴殿試難從特有是命　二月十二日禮部貢院言第二場策卷誤犯廟諱嫌名從口從休洪适等曰前舉樓鑰誤犯廟諱舊名從人從庸詔特降末等頭名上以嫌名比舊名為輕令依等第取放　三年八月十五日詔周寅沈與傑鄭縝曹緯並令赴乾道五年以後省試省試下人願就

特奏名試者聽　十一月二日南郊赦書應舉人因事殿舉及不得入科場之人除犯徒罪以上及真決未曾改正編管人未放逐便外可並許應舉及枉被刑責或因罪押赴州軍聽讀令所屬具元犯定保明聞奏內聽讀人當議此類命官編羈管人理年放還六年十一月六日九年十一月九日南郊赦書並同此制　四年三月二十九日臣僚言科舉元法定用八月五日鎖院十五日引試緣考官於八月五日以前雖至所差州軍其監試官例託以日數未及不即入院遷延至初五日方入考官入院坐待之久並無禁約既涉嫌疑亦生姦弊欲乞明降指揮鎖院不得過八月五日考試官並限前期至所差州軍有一先至監試官登時鎖院仍乞修入貢舉條勅從之　五年正月十一日臣僚言比年科場所取試文邇不及前論卑而氣弱浮虛稍稍復出甚者强掇禪語充入經義又非止脫形器之累極淵妙之際如晉人之談老莊也相習相同泛濫莫之所屆此豈為士人罪哉薦紳先生則使然伏願深詔輔弼明勅有司自今試士必取實學切於世用者苟涉浮虛及妄作禪語雖甚華靡並行黜落庶幾學者洗滌其心盡力斯文以稱陛下總核之政從之　二十九日詔貢院并別試所依前舉例每十五人四分紐取一名零數各取一名　三十日禮部貢院言契勘隋字元係隋國名隋文

帝初封隋公後去其辵以為代號其隋隨兩字如係國名即音義並同景祐元年所修集韻已曾收入具注分明禮部韻略合字（於隨）下注亦作隋舊失收載緣未有許行壓用之文今所試舉人多以隋字壓韻未敢去取欲望詳酌許令壓用從之　二月十三日禮部言在法諸舉人因子孫授官若進納及攝官應免解願納補授文書赴省試者聽蓋謂未有官作舉人時請解後因逐色補授官資而欲用元得解年月免舉願納補授文書方許赴省昨有司不詳法意致赴省冒濫今欲將未有官作舉人時請解後因逐色補官理年舉合該免解方許納補授文書免解如因進納逐色補官之後赴運司試請解之人不許納補授文書免解從之　二十八日禮部言將來省試舉人投納試卷並令更納草卷一幅依式裝界以備謄録從之其後禮部言四方舉人紙色參差深恐未便欲依舊下所屬增價買高厚連紙務令如法仍將紙樣從本部印押封送主司并謄録所如不及元樣及謄録非善書人並重科罰從之文獻通考乾道六年詔將特奏自今三人取一寘在第四等以前餘並入第五等其末等納勅者舊許再試令止許一試舊免解人有故不入試者理為一舉今不理舊潜藩及五路舊升甲者今但升名其後並又許納勅三次為定制焉容齋洪氏隨筆曰唐開元中國子祭酒楊瑒言切見流外出身每歲三千餘人而明經進士不能居其什一則是服勤道業之士不如胥吏之得任也若以出身人太多則應諸色裁損不應獨抑明經進士當時以其言為然淳熙九年大減任子員數是時文部四選闕具以三年為率文班進士大約三四百人任子文武亦如之而恩科流外蓋逾二十之數甚與開元類也　七年三月二日試起居郎蕭燧權中書舍人留正言切惟太學時文四方視以為

法而士風厚薄人材盛衰皆可蓋見於此國家取士三
場各有体制故中選者謂之合格數年以來有司去取
以意士人志於得而已程文多不中度故議論膚淺而
以怪語相高對策全無記問而以浮辭求勝大抵策尤
畢弱不足以傳示四方今次太學見引公試伏望明詔
主司精加考校詩賦取合律經義求得体論策以記問
該博議論淵源者寘之上游庶幾傳布四方士子知所
適從於時政亦有所補從之　五月九日禮部言淮南
路今歲科舉廬州黄州就試士人如各及百人以上及
所差試官足備別無違礙依條令置試院如不及百人
以上并所差試官不足即合依逐舉例併試各用本州

卷一萬六百四十四

解額別立號考取施行從之　八月七日宗正少卿兼
權中書舍人林機乞復流寓試虞允文等曰此乃西北
士大夫隨事駕南渡者在法煙爨滿七年許用戶貫自
建炎置流寓試至紹興二十六年而罷今又十五年矣
上曰已四十餘年難以更議允文因請將辛巳以來歸
正之人依倣祖宗陝西河北赴南省試別立號取人最
優之制措置收試上曰西北人多強記特不甚能文耳
九月十八日禮部言武功大夫忠州團練使知施州潘
才卿應進士舉夔州路轉運司第三名發解乞赴將來
省試詔令解罷知州職事赴省　十一月二十五日權尚
書禮部侍郎周必大言政有似緩而實急者科舉是也

本朝取人雖曰數路然大要以進士為先陛下篤意人
才士之求試於有司者日益衆惟是三歲發解凡州縣
官苟有出身不問才否例差考試其間冨於學識固不
乏人亦有工聲律者未必通經習經術者未必能賦或
學殖不豐憎於文體或久去場屋忘其舊業命題發策
往往顛倒事實皆違義理故當校藝之際則平凡者收
優異者斥至使真才實能抑鬱而不伸庸人假儒僥倖
而濫中非所以崇雅黜浮勸動抑墮羅英俊育人材也
願下此章於學官俾之博詢諸生條上利害然後命建
臣雜議而詳處其當斷自後舉行之庶幾名臣輩出如
祖宗盛時詔令周必大先次條具取旨　八年正月十

卷一萬六百四十四

三日詔應國學進士不曾舉舉該覃恩免解之人後如
實得解并曾經外路請舉後入學該覃恩免解之人近
旨並理為一免外國學生該紹興三十二年覃恩先曾
陞補內舍生或住學已及十五年曾經公試或私試中
選人並特放行令來省試　十一月二十一日權禮部
尚書胡沂祕書省祕書郎兼權禮部郎官蕭國梁造貢
籍成上之浙等因條陳事宜士人許乞收試並以本州元得解舊籍家狀參照年甲舉數的無差誤方許保明申發本部參照如有不同更不受解或他處請解後歸本貫須用當時得解的實年甲舉數發解年遇開榜將得解人於解狀姓名下開具鄉貫治經三代年甲舉數及終場人數同合格試卷解發赴部憑將卷首家狀參照修籍科舉年鋪逐州軍候發解開元先將得解舉人解狀及終場人數自守倅點驗保明先附急置中部候解發試卷參照收試免解進士許乞赴省具有條限如實有緣故並具出限事因州縣結罪保明以

憑勘實，即不得臨試。其中發及止挾公據國學士人，本部自有貢籍，乞自今止憑貢籍年甲舉數并國學進士赴監解，令國子監以所供家狀參照入學舊籍一同，方許放行。從之。同日，禮部尚書胡沂、秘書省秘書郎兼權禮部郎官蕭國梁言：「勘合已編貢籍進呈，其間亦有丁憂、病疾、事故，往往不曾到省赴試，及有死亡并後來改名取解過省之人，難以盡行編入。如將來有似此未曾到省赴試之人，欲乞別立一籍，再照舊籍編入補足照用。」從之。以上乾道會要

乾道十一年御試時，文獻通考進士試策，薄暮未納卷者三，奉旨賜燭。既而侍御史劉國瑞言：「宮庭之間自有火禁，貢舉之條不許見燭。雖望恩寬厚，假以須臾，切恐玩習成風，寖廢法制。其納卷最後者，請下御試所降黜。」從之。乾道十四年，御試得進士王容。以下上天姿英明，大廷策士，多自陞黜，不盡由有司。是舉王容蓋自第三擢為榜首。時儒生迭興，辭章雅正，號乾淳体。項安世擬對學士院試策曰：「科舉之法，此令日不可如何之法也。自太平興國以來，科名日重，

卷一萬六百四十四

用日輕，以至於今二百餘年，舉天下之人才一限於科目之內。入是科者，雖檮杌饕餮必官之；出是科者，雖周公孔子必棄之。習之既久，上不以為疑，下不以為怨。一出其外而有所取捨，則上蓄縮而不安，下睥睨而不服。共知其弊而甘心守之，不敢復議矣。故曰此今日不可如何之法也。不論伊傅周召，如何但使諸葛亮、王猛處此，必當自出意度，別作爐鞴，以陶容天下之人神物，以收拾天下之才智，以供了當時之事，決不碌碌受此繩縛也。自王導、謝安以下，隨世就事之人，欲於妥帖平靜之中，審致分數，劑量之效，則必不敢變今之說，取今之士矣。此固無以議為也。然則用王謝之術為之調度，亦有道乎？曰：有。時於尋常尺寸之中，器出神明特達之舉，稍更闢蕢已甚之習，落神渾厚平直之氣，則猶愈於已也。蓋天下之事雖貴于守法，而亦不可以一付于法。法者，所以抑僥倖，非所以抑豪傑也。夫所謂僥倖者，其才不應得而冒欲得之之謂也。一人得之，眾人攀之，其門一開，不可復禁。故上之人立法以拒之，使之欲選而無隙，欲求而無辭，是則法之效也。善無豪傑之士，其德宜為人上，其才宜為世用，非所謂僥倖者，此法之所求，非法之所拒也。人所共服，莫敢與比，以此為例，誰敢攀之？有若是者，時出而用之，以示天下不專以操筆弄墨取人主之官爵，則亦足以補風化、隆實行、扶善人而愧惡子也。

又曰：「夫科目之盛自李唐起，而唐之取士猶未盡出乎此也。有上書而得官，如和逢堯、員半千之類是也；有隱遁而召用，如陽城、李勃之類是也；有出於辟舉，如韓愈之出於張建封、董晉是也；有出於廷譽者，如吳武陵之薦杜牧之是也。至於本朝，法令始密，科場條貫如縷齊，吏而鄉舉里選之意纖悉無遺矣。然祖宗之時猶有度外之事，如張詠當為一舉首，而以遜其鄉人，則猶有朋友之義也；宋祁當為第一，而令與兄，則猶有兄弟之恩也；延入客次，先通所為文，則猶有禮意也；李畋、張及三人並解，則猶未互頭也。此外又有陳乞之恩、時召之禮。元祐經行之舉，三舍行藝之規，則其意亦知從文之不足以盡士矣。故孫復、蘇洵之用，猶出於常法之外，而富弼、夫既、嗣宗之官，或由於特達之機。然一意欲不失而法已一定，雖或少出常度，然亦千萬中之一二耳。須臾之才行，不足以勝二百年之科目也。」馬端臨曰：「按取士之弊，入人能言之。然晦庵、平甫二公之說，則不廢科目之法，而自是以救科目之弊，其說猶為確實可行云。」

貢舉雜録　孝宗淳熙元年六月四日臣僚言近歲科舉士子習詩賦者比之經義每多數倍至於二禮春秋之學習者絕少加以有司攷校或全經不取遂令士子憚習除二禮已有指揮許侵用諸經

分數優取外如春秋文理優長亦乞許侵用諸經分數取放從之既而二年正月十八日權吏部侍郎趙粹中言近來臣僚申請以二禮春秋習者絕少欲科舉考校或三經士子稀少處雖無優異卷子其文理通者每經各取一名臣謂科舉取士正欲得真才實能若無優異卷子其文理通者亦取則他經優者反被黜落乞依紹興四年六月指揮將五經終場人數有餘不足通融相補各不得過三分內一經人數雖少亦取一名如無合格者聽闕從之　八月九日禮部言昨福州進士黃落宗上表禮部韻內有經典所載之字舉人所常用而禮部韻不收入者各逐本韻次為條目一一收附紹興十三年六月二十八日指揮許禮部韻後別項刊具令士子通知自後場屋士人指為續降補韻往往徑行壓用有司以非正員盡行黜落乞將啟宗所類字各隨聲韻添入令士人通壓自淳熙二年

卷一萬六百四十五

省試日為始從之　十一月十一日禮部侍郎龔茂良言比歲舉人日經朝省披訴其間或援久例乞墮甲或旋添年乞就特奏名或因一次免解恩乞理年永免或謂住學歲久乞再赴省試凡類此殆難縷數乞申儆在位杜絕倖門從之　二年正月六日詔應進納補官曾請到文解已年及合該免解之人並依紹興二十九年十二月二十八日指揮許納補受文字免解赴省試其乾道五年二月十三日指揮更不施行既而以鄉貢進士馬僑等狀各係進納將仕郎及助教曾經得解赴省試下已及十八年合該免解伏覩貢舉條制諸舉人因子孫授官者進納人及攝官應免解願納補將文書者聽及紹興二十九年沈介申請指揮乞將應元因進納或助教及別因事補授得解依祖宗條制合該免解凡三舉一依上件指揮乞續因乾道五年白劄子申請却將礙

（裕有官人不與理舉衛改前項指揮乞照祖宗條制及紹興二十九年體例納補授文書免解赴省又鄉貢進士蘇彥直莫決狀頭承乾道五年指揮當來係是臣僚一時申請有失祖宗法意乞依祖宗立定舊法理年免解繳納補授文書赴省校有是詔）十三日禮部貢院言進士陳乞避親若有別試所發回孫經人欲依前舉已降指揮止避所避之官就貢院收試互送別位考校其續到應有陳乞合避親若與別試所發回孫經之人同經即依本院一面卸行牒送別院收試從之　二十八日詔令來省試每一十六人取一名零分更取一名　三月二日詔進士貢士應紹興十八年已前到省一舉見年五十五以上者令本貫州縣勘會詣實及別無違礙結除名罪保明申禮部內開封府國子監即各令召見任承務郎以

卷一萬六百四十五

上二員亦依前項結除名罪保明禮部勘驗逐旋聞奏當議得與推恩將來特奏名人令禮部子細勘驗詣實疾速施行如合勑取會并合下所屬保明之人且令就殿試不給唱名號其勑牒等並令禮部收掌候申到如別無違礙召保官當官給付　四年正月十一日詔自今科舉策試必以時務發為問目（從臣僚請也）　二月五日詔階成西和鳳四州令次科舉令四川制置司取見舉人及的實鄉貫別無詐冒方許收試其發解自依逐州解額取放將來省試別作一項考校以十四人取一名如合格人數少聽闕　十一月二日詔自今省試簾外官同姓異姓親若門客亦令依簾內官條法迴避牒送別

院試　五年正月十四日應博學宏詞科張詡稱同知貢舉蕭燧之子孫詡親妹之夫法當迴避貢院契勘淳熙二年亦有詞科陳乞避親之人止就貢院差不應避親官出題考校詔依前舉指揮　十九日詔敕令所將貢院簾外謄録對讀封彌監門等官避親修入省試條法既而勑令所依淳熙四年十一月二日敕并照應崇寧通用貢舉敕內餘官避親之文參酌擬修下條諸試院官（謂主司及應預考校之官）親戚（謂本宗袒免以上或同居無服親或緦麻以上親及其夫子或母妻緦麻以上親及大功以上親之夫子或女婿子婦期以上親）及試院餘官（謂監門巡鋪封彌謄録對讀之類）親戚（謂本宗大功以上親或母妻期以上親并親女及親姊妹之夫子）並兩相避若見在門客（每員止一名）亦避右入紹興重修省試令

卷一萬六百四十五

從之　二月二十一日知貢舉范成大等言照對舉人程文賦內押惚怳字或書作怳或書作恍除怳字禮部韻已收入外其恍字按老子云無物之象是惚恍係從心從光禮部韻却不曾收載近年雖曾增廣亦失附入按集韻怳恍並虎晃切皆以昏為義即恍怳二字並通恐礙後來舉人引用乞下國子監詳定修入從之　二十五日知貢舉范成大等言比年試院多有計囑拆換卷子之弊謂如甲知乙之程文優長即拆離乙文換綴甲家狀之後其卷首雖有禮部壓縫墨印緣其印狹長往往可以裁去重粘臣等今措置於卷首背縫添造長條朱印以淳熙五年省試卷頭皆縫印為文仍斜印之

使其印角横亘家状程文兩紙易於覺察乞自後應干試院依此施行從之　六月十一日禮部侍郎鄭丙言恭惟陛下恢崇儒術深燭文弊延策多士率取直言實之前列今歲秋舉竊慮遠方之士未悉聖意尚循舊習或事諛佞望申勑中外場屋取士務求實學純正之文無取迎合諛佞之說從之　八年正月二十六日詔貢院别試所引試避親舉人分數依淳熙五年取放施行零分更取一名以本所奏請故有是命　二月十一日禮部貢院言逐舉省試開院後合造上十人進册及副本所有今舉合從例修寫詔候開院日將上二十人員卷先次進入十一年同　十年三月二十三日禮部侍郎鄭丙言紹興以來

卷一萬六百四十五

禮部貢院與四川類試並以十四人取一名隆興元年禮部免解人多率一十七人取一名自後遂為定例惟四川類試仍舊以數校之禮部為寬四川差優二者要當均一詔四川類試自今以一十六人取一名　十月十二日秘書省著作佐郎兼權禮部郎官范仲藝言近日科舉之弊如假借户貫遷就服紀增減年甲詭冒姓名懷挾文書計囑題目喧競場屋誣詞主司拆換家状改易試卷如此等弊不可勝數而代筆一事其弊尤甚間有敗露而官司不復窮治此奉行法令者之不力也望申勑有司自今有犯於貢舉條制者並寘於罰務在必行庶幾取士可得實才從之　十二月十二日著作

郎兼權中書舍人李巘言國家設科舉之制以文取士而人才之選多由其中然場屋之文為經義者或取其駕說之支離為辭賦者或貴其下語之輕靡為論為策者或尚其浮辭之勝而實學有所不問故渾厚典雅之文為難得而記問該博之士為難致此科舉之大弊也望詔有司將來取士之際先採其體製渾厚辭章典雅答問詳盡之人浮靡輕弱空疎浮濫者置而勿取從之

二十一日監察御史謝諤言近來諸州舉場所取寖多浮冗義與論策易成泛濫小經義一篇或多於論有司所出策題如策之長殊非體要今來省試合行戒飭俾待取者料節浮冗而考校者以体要為先從之　十

卷一萬六百四十五

一年正月十四日臣僚言科舉成法如懷挾傳義代筆之禁不可不嚴者所以來實學而抑姦弊也每見科場士人之謹畏者不以遵法為難但以疑似為憂蓋巡邏等人未必究知事體例多輕率見士人適然相逢便謂傳義代筆或因傍近有他人所棄擲紙札之屬及於座側便執座上之人以為懷挾士人必蒼皇失措莫能便說致使場屋衆情不安適所以撓其文思又試官在於簾内無由得知及其收來彼此猜忌難於不從臣備員太學見有前舉因疑似被收者後來契勘並無實迹乃得改正且疑似之處在於一時入人之罪為甚易而人之以疑似被收者或至窮年累歲而不能以自明待士

之本意正不如此令來省試乞曉諭應懷挾傳義代筆並合照法嚴行外如有犯禁被收者亦要據見的實不許於疑似之間泛有尤執如此則法嚴而信有合待士之體從之　三月十一日臣僚言奉旨差貢院拆號至進士章仲衡姓名見朝士皆言章譓有子與選蓋譓本貫處州嘗官於朝其子隨侍人多識之及觀仲衡家狀則（用）鄂州戶貫三代則父名談而云未仕自祖以上與譓之父祖名諱不殊於是人始疑之近者訪問得仲衡隨父譓為江西參議官於法合歸本貫應舉乃宛轉經營牒譓試故冒章談戶籍牒赴江西漕試竄緣得發解然不知鄂州果有章談戶籍否或云仲衡偽作過房為談

卷一萬六百四十五

之子卻欲他日改正歸宗又不知談果仲衡親叔否既作過房曾經官司陳乞除附否臣恐未必盡然也仲衡方應舉覔官乃輒冒戶貫不有其父他日移此心亦事君其可乎乞將仲衡特與究實依貢舉條制施行是以厚風俗之一端也從之　十二年十月二日太學博士倪思言竊見近日學校科舉之弊患在士子視史學為輕夫所謂史者豈獨漢唐而已哉而今之論史獨有取於漢唐至若三國六朝五代則以為非盛世事鄙之而恥談然其進取之得失守禦之當否籌策之疎密計慮之工拙與夫兵民區處之方形勢成敗之迹前事之失後事之戒不為無補皆學者所宜講究者也近者有司

精知其弊命題之際頗出史傳然猶有所拘忌而又場屋考校專以經義詩賦定得失而以論策為緩乞申勅考官課試命題雜出諸史無所拘忌而於去取之際稍以論策為重庶幾士子博古通今皆為有用之學從之

十三年三月五日禮部國子監言照得在法應舉者三人以上為保今欲從臣僚所請依條許以三人以上結為一保竊詳上條自二十人之下皆為三人以上於內選曾發解人為保頭如無得解人即將曾預秋試終場人年齒稍高才行為衆所推之人聽（為）保頭若保內有鼓譟場屋冗濫假偽之人即將同保人依貢舉條制施行從之　七月九日臣僚言乞自今後應干試院如有

卷一萬六百四十五

應避親人試卷每避親一卷將所避一經中取他卷九卷湊作十卷混雜封彌從省試發解及應干試院體例於真卷上用紙貼說所避之官送謄錄所（真謄錄所）不得實打避親印子止於謄錄草卷上用紙虛貼至分發處即揭去所避官貼子照應互送考校從之　十六日臣僚言國家設科舉（以）取士異時公卿大夫皆由此塗出然而諸郡間有浮薄舉子違戾冒犯朝廷欲示小懲遂免發解且三年大比利害非輕闔郡罷試事體亦重事固有出於士子者誠不足卹然事之所起亦或有以致之者若止罪士子豈不甚可憫哉或措置乖方或約束非理或挾私泄漏或出題差悞或妾保違礙或鄉貫偽冒起爭之

端不一而足議者以謂事或因於知通則當罪知通事
或因於監試則當罪監試事或因於考官則當罪考官
事或因於人吏則當罪人吏事若因於所獨則當止罪
所獨事若因於所同則當併罪所同並行責罰人亦無
辭令科舉在近事當預防望訓飭諸郡如士子違犯喧
鬧自合罷試外其事有因起委監司依公體究詣實聞
奏重寘典憲從之　十一月三日臣僚言竊見四川科
舉於習詩賦之人令先納買韻略錢二千至有無貲而
改習經義者近於科斂乞明詔有司應諸路州郡及漕
司科舉不得以科買韻略為名科斂錢物四川類試所
費並以係省錢充從之　十二月二十二日臣僚言竊
〈卷一萬六百四十五〉
聞積雪之後道路多阻遠方士子奔趨省試極為狼狽
焦以引試之日春令尚淺天寒晷短筆硯膠凍不能盡
其所長向來立定八月十五日引試發解蓋以關防詣
州舉人重疊冒試至若省試則因而立定正月十五日
非若解試有所關防乞將今來鎖院引試日分稍展旬
日以惠四方寒士不勝大幸從之　十四年正月十九
日禮部言今來省試比之前舉人數增多魚鎖院在即
見有數百人未有申發并取會小節未圍(闈)之人投納試
卷未得乞從前舉已降指揮將執到公據申發未到之
人先次許令納卷收試從之　二十二日部(詣)禮部將
乾道八年至淳熙十一年已令赴省試人並令再赴今

來省試一次其慶典免解候過省特作壁甲放使　二
十八日臣僚(言)竊惟近年以來場屋之文經義猶有可觀
而詩賦類多空疎不工至於論策徒有泛濫之辭而不
切於理以文求士失實已多苟無其文又將奚取乞宣
諭今來省試知舉官將士人三場程試精加考校取其
語顯而意深辭簡而理到有淵源之學而無空浮之病
者使居前列從之　二月三十日翰林學士知制誥洪
邁權刑部尚書葛邲右諫議大夫陳賈言窃見近年舉
子程文流弊日甚固嘗深軫宸慮以臣僚建請下之禮
闈蓋將訓齊士類革去舊習然漸漬以久未能遽然化
成仰惟祖宗事實載在國史稽諸法令不許私自傳習
〈卷一萬六百四十五〉
而舉子左掠右取不過採諸傳記雜說以為場屋之備
牽彊引用類多訛舛不擇重輕雖非所當言亦無忌避
其所自称者又悉变愚為吾或於(敢)取述時事繼以吾嘗
聞之吾以謂等語其間得占前列皆塵睿覽臣子之誼
尤非所宜至其程文則或失之支離或墮於怪僻考之
令式賦限三百六十字論限五百字今經義策論一道
有至三十言賦散句之長者至十五六字一篇計五大
百言寸晷之下唯務貪多累牘連篇無由精好所謂怪
僻者如曰定見曰力量曰料想曰分量曰自集(某)中來曰
定齋曰意見曰形見曰氣象曰體統曰鋼心及心心有
主喙喙争鳴一賦可到蹤手可致之類皆異端鄙俗文

解止緣迂儒曲學偶以中選故遞相蹈襲恬不知悟五臣等雖擇其甚者斥去不收而滿場多然拘於取人定數不可勝黜間有文理優長寘在高選者亦未免有此疵病乞以此章下國子監并諸州學官揭示士人使之自今以往一洗前獘專讀經書史子三場之文各遵體格其妄論祖宗與夫支離怪僻者嚴加黜落庶幾士氣一新皆務實學文理既正博士示四方足以為將來矜式上副明時長育成就之意從之　五月九日右諫議大夫陳價言近者充員與舉偹閱諸路賦題其間有一時發策莫非邊防急切之務流傳所至為害甚大乞自今内外場屋凡事涉邊防利害機密不許發為問目嚴立

卷一萬六百四十五

法禁止遵令依舊式泛問古今誠非小補伏見今來約束除經義詩賦許印行外其餘策論並令禁止所有論券自來不涉時事乞許賜頒行從之　十五年七月十四日權知廣德軍沈樞言乞自今後令省試別試所照大院省解試體例下封彌所止取六經詩賦終場各的確人數據憑紐筭取放不得取討姓名鄉貫治經細數乞下諸路州軍遵守施行從之　十一月十八日國子祭酒何澹言去歲春闈有司申請令後程文不許用祖宗故事臣竊以為未然祖宗盛德大業見於二百年之間制度典章上追三代下陋漢唐設使士子平日不能究講則異時從政沿革廢置有所不知動必乖謬乞令

後士子答策許用祖宗故事其餘或引證謬誤者不許收使既而又臣僚奏去歲省試之獘臣僚奏請舉子程文引用祖宗事實頗多訛舛不擇輕重乞下國子監并諸州學官揭示士人一洗前弊窃緣有司之所請不過欲令士子考究其實無至訛舛而已即非禁其程試之文悉不得用祖宗故事也而中外士人轉相傳播且謂自今場屋之文凡用本朝典故者必加黜落往往士氣為之大沮文体為之少弱若考官為題問及時務使士子不得問本朝故事則將何辭以對乎臣當記紹興二十七年廷試御題專問遵守祖宗法度者不用本朝故事者若引證不當剽窃不實悉皆黜落其有切當而精確者自應收取庶幾士氣稍長文体自振矣奉詔令礼部一就條具聞奏本部據國子博士條達吉等申今條具前項事理今後命題雜以政治所關士子對策許用祖宗故事蹟狀而有據者若引證誤舛或採用野史雜說即行黜落窃恐科舉在即諸路士子未知上件因依乞下諸路州軍遵守施行從之以上孝宗會要

紹熙五年七月七日登極赦應舉人除犯徒罪以上極及員外其餘因事殿舉及不得入科場之人雖有不以赦降原免指揮可並許應舉

卷一萬六百四十五

九月十四日明堂赦應舉人因事殿舉及不得入科場除犯徒罪以上及真决未曾改正編管未放逐便人外可並許應舉慶元三年南郊赦六年明堂赦嘉泰三年郊祀赦開禧二年嘉定弍年明堂赦五年郊祀赦八年十一年十四年明堂赦並同

十月二日八日詔令成都潼川兩路轉運司解額各與存留二十名餘額外令四川制置司下成都潼川轉運司取會諸州解額及終場人數參酌多寡撥取均平既而以成都運判王溉言諸路運司避親門客有官礙格人解額內成都路八十三人潼川路八十人視所部州軍為寬以此舉人利於移牒冒承户貫詭託服屬不勝其繁乞各與存留十名以待諸州守貳門客及礙格有官

人及東南游宦于蜀實及二千里同姓緦麻親所餘以補諸州不足用革奔競之風故有是命　慶元元年五月四日權禮部侍郎許及之言自鄉舉里選之法不復行於後世糊名考校雖未足以盡得天下之英才其間老師宿儒窮年皓首見擯有司而不怨者服場屋之公也近年私心勝者設為得好文字不若得好士人之語不知既糊名矣好士人何從而知之陰通默援欺天固〔罔〕人臣竊以為陰通默援者固無從禁格至於形格勢禁可以大為之防者乃不能守已行之令而反開弊倖之門如試官得差待闕人是也彼不過謂見任有出身員數不足勢不免取待闕寄居官又不過謂見任有出身員數雖多而習經義詞賦之不同勢難偏差審尒則員數之足與不足皆須取待闕人不思立法本以防姦乃至以人廢法甚者謂見任未必皆佳士待闕往往多名流殊不知見任之員即前日待闕之數見任之員不足惟當展日考校今歲大比乞檢照淳熙六年臣僚之請勿開寄居考校之門除知縣縣令不差外雖總所屬官許本路運司同州縣見任人差隨其多寡量分諸郡寬其考校之程續其供給之數仍將差不足員數合破供需亦行均給如是則有司奉令承命精擇公選場屋之士得者不以為私而失者不以為怨矣　六月十三日臣僚言國家三歲大比經義詩賦分為五〔兩〕科使各占其

卷一萬六百四十五

藝以便多士德之至渥也惟差試官有失立法之意或全差治經而不差習詩賦者或全差習詩賦而不差治經者是以考校去取間有枉被黜落或濫中科名今試期已迫乞下禮部符諸路漕司凡差試官必經義詩賦〔相〕半雖遠方小郡解額少處亦不可使偏於一收拾千人一律之腐語識認同門共習之故文怙勢憑愚故黜正論連交合黨共取凶徒甚者秋闈敢舉浮誕之說發為策問誑誘後學遂使真賢實能見棄有司者太半乞宣諭大臣令後試官須精加選擇委有文行該通博洽可以服衆方嚴公正可以厲俗始許以名聞否則科目前列不在茲選庶幾學校科舉自此少變而朝廷收得人之實效矣從之　十月九日禮部言依條省試係用正月九日鎖院淳熙〔十〕六年臣僚奏陳省試乞用二月一日引試紹熙元年四年正月並小盡用二十四日鎖院來年正月係大盡欲乞用二十五日鎖院從之（以後省試鎖院准此）十一月一日臣僚言建康通判王萬樞以其二子王達王遂囑試官劉大臨皆預薦書雖未行根究而衆論決知其是事臣今攷遂家狀則萬樞為見任建康通判攷王達家狀則萬樞為前任建康通判若以為見任則從來見任守倅子弟例不敢於隸官處就試蓋避計囑觀望之嫌若以為前任則萬樞實以今年八月七日受代必未離建康則叶囑觀望之嫌猶在為同官監試何

卷一萬六百四十五

所不可行其私合駮放者一也今進遂均為萬樞之子而戶實異同進作江州遂作真州而萬樞家状則江州况遂方年十二決未能文代筆私取其理甚明合駮放者二也乞下所屬追逢遂到部取旨覆試若其能文與真卷不異亦合照臣所言二事而與駮放如見得委是代筆及有私囑偽冒等事乞送有司追人照勘依法施行從之十五日禮部言國子監檢舉四川類省試乞依舊一事件施行　一牒試得解人依指揮除見任師臣監司子弟赴南省試外餘牒試類試並依類試舊法所有在任差遣去本貫戶籍二千里者照紹熙二年五月指揮止許牒隨行本宗緦麻以上親　一陝西州軍舉人

卷一萬六百四十五

許赴類試昨紹興三十二年四月指揮本路係是新復合該免解人若有干照難得保官令不拘路分召文官二員結罪委保本人曾經應舉年甲詣實經所屬陳乞驗實批保官印紙許行赴試如有偽冒申取指揮　一紹興二十七年五月指揮監司帥臣守倅親屬門客依法牒試及屬官幹官以上去戶籍二千里隨行本宗異姓緦麻以上親赴漕司試得解人並令赴南省試其餘得解人願赴南省者聽仍給口劵并依紹興二十九年八月指揮合該免解進士如願赴南省無州軍保明公據不在收試之限其人得免解進士合赴省試令制司置院依累舉例類試以十六人取一名仍具合格等第

選舉五之一五

村

推恩內願赴御試者令給劵於三月以前到行在祗備御試若後到人依本司已考等第推恩　一該特奏名進士依累舉例係本司置院差官試時務策一道將中人分立五等推恩　一將來類省試下合該特奏名人乞照紹熙四年行在定例指揮遞趲施行　一淳熙六年指揮特奏名二人取一名人數冗濫欲三人取一名實在第四等以前謂如三百人赴試則取一百人出官其餘並入第五等聽納勑再試後止納勑一次淳熙十一年三月增而為三至今遵用及每舉免解進士丁憂疾病并門引不到赴試不及人並理為一舉今欲將實請到省終場人方許理為舉數遂舉準此並從之　二年正月五日臣僚

卷一萬六百四十五

言天下之治亂由於人材之盛衰人材之盛衰由乎科舉之當否明歲春闈之詔有司所試之士必經術醇深文章典麗問學該博論議中正者然後充選其有詭怪迂僻膚淺蕪陋狂訕狡訐阿諛側媚者並行黜落如所取不當有輙聽聞考官降罷士人駮放庶幾積弊一空人才輩出以副設科取人之意從之同日臣僚言科舉之弊無甚於今日近者臣僚論列可以槩見來院無廷對省試尤當關防大抵試院簾內簾外之弊略等簾內知舉必差臺諫官可以糾察若內外則自淳熙八年以來差卿監郎官一員封彌雖比向前差局務及在部官事乃稍重然而職非彈劾其權尚輕小人覬利無所畏

選舉五之一六

憚姦弊自若檢照景祐五年貢舉封彌官則殿中侍御史方偕慶曆六年貢舉封彌官則侍御史仲簡今欲廉外改差監察御史一員專一監督封彌等事如有姦弊申舉彈劾庶幾塗抹試卷漏泄字號移換印縫等弊可以稍革詔令於卿監郎官內選差

二月十二日宰執進呈內出御筆付知貢舉葉翥等朕既群天下之秀彥試于春官期得器識偉厚議論正平之士副異時公卿大夫選屬要衰疾不能親策于廷唯賴卿輩協意悉心精加衡鑑網羅實才毋使浮夸輕躁者冒吾名器朕則汝嘉余端禮奏乞宣付史館上曰今年無殿試省試事體不輕欲得試官留意致校他日大用人材皆由此出

卷一萬六百四十五

三月十一日吏部尚書葉翥等言二十年來士子狃於偽學涸喪良心以六經子史為不足觀以刑名度數為不足考專習語錄詭誕之說以蓋其空疏不學之陋雜以禪語遂可欺人三歲大比上庠校定為其徒者專用怪語暗號私相識認輒寘前列遂使真才實能反擯不取臣等孰識其弊比知貢舉試取經史之疑以質之多不能對觀其文理亦有可采而怪誕尤甚深可憐憫蓋由溺習之久不自知其為非欲望因今之弊特詔有司風諭士子專以孔孟為師以六經子史為習毋得復傳語錄以滋其盜名欺世之偽更乞內自太學外自州軍學各以月試取到前三名程文申御史臺考察太學

習

以月諸路以季太學則學官徑申諸路則提學司類申如仍前不改則坐學官提學司之罪如此何憂文風之不變士習之不革哉從之文獻通考寧宗慶元二年以亢陰不觀策省試進士得正奏名鄒應龍等自韓侂胄襲秦檜故習指道學為偽臺臣附之上章論列詔榜朝堂而劉德秀在省闈奏疏至云偽學之魁以匹夫竊人主之柄鼓動天下故文風未能丕變請將語錄之類並行除毀既而葉翥上言士狃於偽學專習語錄詭誕之說中庸大學之書以文其非有葉適進卷陳傅良待遇集士人傳誦其文每用輒效請內自太學外自州軍學各以月試合格前三名程文上御史臺考察太學以月諸路以季其有舊業不改則坐學官提學司之罪是舉也語涉道學者皆不預選

同日都省言正免解并國學該遇覃恩免解臨安府學職事及臨安慶元安慶英德府曾該赦文免解國學諸州選赴慶壽恩覃恩等免解人依紹興四年取放分數十七

卷一萬六百四十五

人取一名零分更取一名其慶元安慶英德府連三舉不改名人慶元府取四人安慶府取二人英德府取一人內英德府如無應取合格卷子即聽闕從之

四月二十九日禮部言檢會乾德咸平典故省試開院合格舉人內有任兩省臺諫侍從以上有服親屬權要親族者從本部取索具名奏聞覆試從之以後準此

三年五月六日監察御史沈繼祖言昨備數省闈較藝恭拜御札有曰期得器識偉厚議論正平之士副異時公卿大夫選毋使浮夸輕躁者冒吾名器臣竊謂教養有素則所取皆有用之材訓迪不先則舊習無驟變之理昨者宸翰雖遞頒于禮闈而綸音未播於郡國況今去科舉止有

年餘訓迪磨勵令正其時乞詔郡國俾四方士子精勤肄習博通古今種學績文以應明時之需主司出題必指事寔毋事虛泛庶幾寔材輩出從之　十二月十八日臣僚言嘉定府係是潛藩該遇登極赦應鄉貢進士曾經連三次終場不改名之人免文解一次本府有赦前一舉終場四千五百八十九人緣去失前兩舉號簿無因見得連三舉終場不曾改名之人難以取放礼部勘當欲於慶元四年科舉除取本府解額外於內就取五百名以補上項人數特與赴省試一次令項攷校乞量立省額或有事故赴省不及之人不許後舉還試其試下人亦不理為到省舉數都司擬定以三人為額餘

卷一萬六百四十五

並從之　四年正月十一日右諫議大夫姚愈言乞詔天下將來秋試春闈司文柄者惟取文辭根本理義鯁直明白無所阿佞擢寘高等或文辭可采而議論涉於柔佞諂曲則黜之庶幾皆有挺特剛方之操以備器械仍乞戒勅太學儒官州牧教官於訓誘攷校之際嚴加激厲俾之涵養氣質習為忠鯁如此則人材輩出仰副教養作成之意從之　四月二十九日右正言劉三傑言曩者以科舉之文虛浮迂僻典貢舉者摘其辭而顯黜之一洗異時之弊矣然而四方士子傳聞不審但見主司命題欲求寔學率皆採取傳注編摭故實或搜求陳腐之類書以備場屋之用至於詞采議論殊不留意

今歲大比竊恐外方出題發策搜及隱僻致使耆士晚生專務記錄倖中程度而敢言之氣有用之學或抱遺才之歎乞將來試闈校文必取學問典寔文采華贍氣識明達議論淵源兼是數長乃可中選仰副設科取士之意從之　六月十六日臣僚言科舉所以收天下之英俊且為孤寒之地比年百計徇私內而省闈廷試則有暗記牢籠之弊如黃度羅點輩私取陳亮以魁多士是也外而諸路如福建考官黃廣被差之後受金入院尋即事發為言者論列是也屬當大比來歲春闈萬一考官私相結納陰取黨類接受賄賂欲與計偕者更令監試留意舉覺不得容令復蹈前轍春闈委在院臺諫

卷一萬一千六百四十五

官覺察否則事發併坐其罪從之　十九日臣僚言近者臣僚有請自今試場出六經合題深中場屋之弊但本意正恐題目有限士子得以準擬返使寔學不能見一日之長臣謂若出合題則合題亦自有限士子仍舊準擬乞下礼部令遍牒諸路自今出題或盡出全題或三篇中欲合一題聽從有司庶幾不致拘泥不為舉人所測從之先是礼部侍郎胡紘言國家三載大比以經義詩賦籠天下之士群試于有司者必精通所習之業可以中選今之詩賦雖未近古然亦貫穿六藝馳騁百家有駢四儷六之巧惟經義一科全用套數積日窮年搜括殆盡溢篋盈箱無非本領主司題目鮮有出其揣擬之外欲令有司令歲秋試所出六經各于本經摘出兩段文意相類不致牽強者合為一題庶使舉子有寔學者得盡已見足以收一日之長而挾策僥倖者或可退聽矣從之至是臣僚復有請焉　七月二十一日臣僚言仰惟陛

下臨御以來聞明公道訓飭士類天下皆知以孔孟為師一洗偽學之陋甚大患也然今日偽習既除天下雖知趨嚮之方聖經未明學者猶有疑似之惑乞詔有司自令於六經論語孟子中有發明正心誠意道德性命處仍舊出題以審觀程文引用趨嚮之邪正庶使聖經復明於天下學者無疑似之惑仍令有司考校之際惟不背經旨議論正平者取之如有竊假聖經語涉虛浮包藏奇僻矯誕之意或亂衆聽者痛行屏黜從之　五年正月十七日礼部郎官陳讜言祖宗以來以三場取人蓋有深意今日以經義取士觀其異時之經筵講席也今日以詞賦取士觀其異時之詞林翰苑也今日以論

卷一萬一千六百四十五

策取士觀其異時之崇論竑議也夫他所期甚大則今日所取不可輕臣早游庠序猶及見先生長者嘗言舉子詞賦固不敢望如三都得如三元元祐賦足矣論不敢望如過秦得如紹興前後論粹足矣策不敢望如晁董得如頃時擢犀擢象策足矣義不敢望如張庭堅得如周葵陳宋霖礼記義徐履書義足矣此皆明儒正論非臣臆說乞今後士子須以前輩文字為法務為質寔義理之文不可復肆不根泛濫之說仍令有司精加考校期取寔學其有浮靡邪說詭論皆在黜落庶幾文弊可革所取人材亦得醇正以備他日之用從之　既而礼部尚書黄由等言竊見向來臣僚奏請凡書坊雕印時文必須經監學官看詳比年所刊醇疵相半未足盡為楷則業

復拘於近制不許刊行乞將今來省試前二十名三場程文並送國子監校定如詞采議論純正可為矜式即付板行仍乞檢會陳讜所奏瀰三元元祐衡鑑賦紹興前後論粹擢犀擢象策同加考討拔其尤者併付刊行使四方學者知所適從由是追還古風成資時用從之　二十七日詔賜黄由等曰朕永惟治要作新人才令雖天下士試之礼闈又將拔其尤異親策于庭待遇顧弗至歟而習尚未淑論議多渝安固陋者莫追於古風事浮靡者寧資于時用豈朕求才之意卿等典司文衡其既乃心公乃聽審于擇採俾得為文爾雅持論從厚之士極一時選厥功茂矣故茲札示咸體至懷　六月四日詔四川類省試上三名與依省試上十名例並授教官差遣　八日臣僚言國家設科以取士士由科目以進身一得一失所係不輕

卷一萬一千六百四十五

至若封彌撰號例以三不全字湊成一號蓋防漏泄也殊不知點畫之間便有同異夫字號皆用千字文且如方之與文闕其一畫不知其為方耶為文耶以至目之與且才之與材亦然若不全成何以分別前後差誤率皆由此乞應封彌撰號並用全字以絶差誤之失礼部勘當除毋頭十千等仍用不成字外餘依所乞從之　七月十七日知興化軍葉端衡言今日貢舉之制最為嚴密獨于漕司牒試未免有啟偽之端夫守倅有門客有本治所異姓親之牒試一命而上去鄉二千里有隨侍同宗親之牒試二弊不可槩舉以守倅牒一門客人情法意無可言者至於異姓親如所謂女夫兒婦之兄

第姊妹之親家彊速牽合皆平生素昧之人苟有親黨多處于注擬之際自當迴避今以舉人家狀與其父祖告命觀之鄉貫異同又有親兄弟各自異其鄉貫者玩侮朝廷一至於是去鄉二千里有隨侍牒試者本為子孫況皆監當兵將之類職卑而俸薄決無隨侍之多使果有族類瀕期涉遠猶之可也今皆以同姓冒牒不過應親要囑託甚則貨賂請求而已乞除守倅合牒門客一人外其異姓避親牒試乞行罷免如有異姓服屬親為倅者則不許監試合差以次官其隨侍之人照指揮許牒子孫弟姪仍召陞朝保官二員弁牒官重甘罪罰柢書印紙苟有敗露必實憲典從之　嘉泰元年二月

卷一萬一千六百四十三

十七日右諫議大夫程松言科舉以文章取士文章關時之盛衰儻以浮靡之文蓋其空疎之學豈惟無補於寔用殆將有累於盛時乞飭有司屬意命題示之趨嚮考校之際審觀其文委是器識宏遠學問淹該然後充選雖或質實固亦無害或立說祇於注疏措辭乖於理趣而空疎浮靡者悉置勿取若有司所取不當他時上徹聽聞則考官降黜所取駮放從之　四月二十二日臣僚言近來朝廷懲科舉牒試冒濫之弊因臣僚有請立為限節增損舊法稍加詳密使士子各安分誼而當官者遵守法禁不為欺罔非不盡善但試期漸逼却有委寔隨侍在遠未知新制當有後時之嘆乞且循前舉

體例放行一次姑俟後舉遵用前來指揮從之　十二月十八日臣僚言日者士風趨僞繆相傳習於是場屋之文始有肆為迂僻者臣淳熙間蒙孝宗賜對乞將日來妄立名字私著論說策議講解雜文等遵用舊法非經國子監看詳輙刊行者並令毀板得旨從之而僞徒蓄怨施行未竟而禍已及今幸衆正復明文風知嚮方多士計偕近在來春乞明詔四方務為純正之文有襲前弊必行黜落仍飭有司公於去取稍或狗私當令臺諫預考校者機察以聞重寘于罰從之　二十四日臣僚言陛下聖孝純篤迨今未御正殿來歲臨軒策士亦應暫輟則是進士科第全趣南省事體甚重非常時比

卷一萬一千六百四十五

故臣敢以省闈利害四事以聞　一曰近歲有司沮抑詞賦大甚取人分數已暗侵削其所取者多置後陳乞今後如經義詩賦所取人數小有那融不得過侵如詞賦卷中可置前列大體既正雖有小疵且與闊略庶幾此學漸振　二曰近歲有司專尚春秋蓋復春秋習者少姑務誘進歲月積久假借太過今歲諸處多以春秋首薦而西蜀類試十名之前輙占其三春秋雖有三傳士子臨時結社相與分記況其巨題絕少易以牢籠迨今後所考春秋有經旨通明文辭卓異不妨巍占外儻其所與諸經無大相過不必置在前列其取人分數比之諸經不得侵額　三曰治經以經旨為旨文辭為輔近者

經學惟務遺文不顧經旨此非學者過也有司寔啓之
蓋命題之際或于上下磔裂號為斷章他處牽合號為
關題斷章固無意義而關題之顯然渾成者多已經用
往往搜索新奇或意不相屬文不相類漸成乖僻士子
雖欲緣經為文勢有不可是有司驅之穿鑿乞今後經
義命題必本經旨如所謂斷章關題一切禁約庶幾學
者得以推原經文不致曲說四曰國朝正史與凡實錄
會要等書崇護惟謹人間私藏具有法禁惟公卿子弟
或因父兄得以竊窺而有力之家冒禁傳寫至於寒遠
士子何緣得知而近時乃取本朝故事藏匿本末發為
策問是責寒遠之士以素所不見之書欲其通習無乃

卷一萬一千六百四十五

不近人情乞今後策題如係本朝事寔並須明白指問
不得藏匿本末庶幾草茅寒士不至獨為所困並從之
二年正月二十四日詔大學生該遇淳熙十六年紹
興五年兩經覃免及往學通前十五年曾經公試或私
試中選人並權特令赴今來省試一次其因事不赴人
將來不得陳乞收使令國子監開具寔該恩人數結罪
保明申尚書省　三月二十八日御史臺言慶元四年
十月指揮令後諸路運司牒試數多之人令覺察聞奏
本臺今據兩浙運司開具令舉諸州府知通申到避親
赴試人數比照數內牒試最多人朝請郎通判婺州汪
德範牒一十四人朝奉大夫通判台州林謙牒一十三

人令照指揮合行舉覺詔汪德範林謙各特降一官
五月一日國子監　試所言已降指揮武學量立
國子員依太學國子體例收補比擬太學額共立九人
令來武學國子生有額七人就試終場二十人取放人
數乞施行詔取放四人　六月十四日秘書省校書郎
楊炳言近者再行太學混補四方士子雲集京都慶元
二年之數二萬八千餘人今歲三萬九千餘人前者四
處試院合經義詩賦為一場今則分為兩場鎖院之後
不許納卷來者不已有司臨時措置隨宜訖事臣覩紹
興二十七年以來申嚴挾書代筆之法士子入場凡包
裹筆硯之屬皆用青紙其畏憚至此比年以來寬縱太

卷一萬一千六百四十五

甚每試內侍與八廂巡察往往袖手不敢誰何玩法者
得志畏法者不能平素空疎者得恣其剽竊燈窗記問
者無以見其所長筆端稍敏者又有檢閱遂可兼人而
庸妄無能者率資假手如此則文藝能否又未易覈其
真乞申飭有司自今貢院試無大小挾書代筆者斷在
必行庶幾人情畏戢公法復伸從之　九月六日臣僚
言宗正少卿兼權禮部侍郎施康年同知貢舉其子清
臣合行迴避別院既以孤經牒回卷首字號人皆知之
康年溺愛終不迴避果然中選乞以康年補外其子清
臣自取聖裁詔施康年與監司差遣施清臣駮放　三
年四月二十三日左司諫宇文紹節言竊惟貢舉所以

公天下人材之選利害至重條例具嚴比年以來寖以隳壞臣請舉一二言者知舉參詳必以諫臺官參之所以嚴其事也而不能無弊者知舉三人雖是侍從兩省官然議論題目去取高下率惟臺諫意向無所可否其未能盡饜人心者多矣揆以近制宰執臺諫子孫並授祠祿蓋仕途妨嫌而獨於科舉乃可就試夫以勢要所在人心共趨縱其負學懷才率是公選不能無瓜李之嫌臣以爲知舉參以臺諫固不可廢當專付糾察之任不與議論去取庶幾權尊勢一無得而議如公試類試監試亦差察官而未嘗與考校何獨於省試不然乎其參詳官不必更差臺諫庶幾考官人人得盡所見而無

卷一萬一千六百四十五

畏縮之患見任宰執臺諫子孫自今免令就試更加涵養以俟他日決科亦未爲晚在上者出於至公則場屋之弊如代筆懷挾皆可次第而革乞先革二者之弊其他候引試日委之礼部國子監條具利害隨事而嚴其制從之　二十八日詔興州自置貢院既而以利路轉運司言興州每舉赴試士人併就興元府試院收試今興州係籍士人共三百六十三人願于本州自置試場委是利便故有詔是命　四年二月七日臣僚言今後漕試若非用省闈分日之制則宜倣太學私試分廊之法將礙格與不礙格人合分別試毋令雜處不惟絕假手之弊而無力圖試之人自安于鄉舉冒濫之弊將不革而自革詔令有司看詳既而礼部國子監言兩浙漕司引試自今後科舉並

仰諸路運司將礙格及牒試門客并避親人與不礙格人於比近去處分作兩院同日引試可革代筆之弊乞下諸路運司遵守施行從之既而兩浙運判陳景思言臣僚奏今後漕試將礙格與不礙格人分別引試以革假手之弊臣竊謂礙格不礙格人辭試于有司其爲三場命題則同其于立號取解則異臣欲將漕司礙格與不礙格人今主文三場各自命題題目既殊人心不能二用各自運思爭奮以説一日之長決無餘力更及其他其于嚴選舉利孤寒不爲無補乞自今舉爲始行下諸路運司一體施行詔依仍照二月七日已降指揮施行　八日都省言勘會大學混補已是難行所有諸州解試取放待補人數自鎖院至開院日分有限是致考取滅裂多有紕繆疏脫卷子甚失選擇待補之意詔自今年爲始仰諸路運司以逐州累舉終場人數斟酌多寡量行添展日分支費行下試院精加考校

卷一萬一千六百四十五

將來解到待補卷子令國子監抽摘點檢如見得有紕繆疏脫定將元考校官鐫降施行　十一月十三日右正言林行可言詞科之設先攷所業有同制舉其選至重紹興以來所取人物班班可考比年累試曾不得一稍從濶略始有中選間有公然挾書略無愧恥曰博學曰宏詞果何取於是名哉胄子之試取人稍寬豈非念其父兄涖官中都而優之歟比年嚴恭功之令應牒頗艱明注於牓帖之下防閑亦密矣既而復寬釐務官所牒之負待之甚厚乃或非其本宗矯揉冒濫無復顧忌果何取於胄子之名哉省闈事體一經籍奏榮進可期曩時棠設一定不敢越次今不惟移棠且越廊而東西

晷時寸紙不容不敢交語令不惟往來且夫交臂於廊
廡四方士子辛勤燈火正欲角一日之長以取科級而
挾書代筆務為姦巧人人有僥倖之心而實學反以黜遺
以至漕試之仍舊正欲以優遠方隨侍子弟令西北流
寓冒貫福建類皆軍中將校書鋪立價僅出數千便得
一試豈牒試之本意乎武舉之弊工文墨者或不習弓
箭試弓之日多以善射者代名是一試而兩人共之蜀
道科場以春東南以秋乃有見黜本處冒試東南是一
舉而就兩試也是數者其法未嘗不嚴積弊滋甚嚴以
濟寬正在今日乞詔攸司檢坐貢舉條令鏤牓申嚴兼
照得省試大院臣僚奏乞差臺諫官如監試體例令乞
卷一萬一千六百四十五
別院亦差察官以重省闈事體從之　開禧元年正月
十五日礼兵部言武舉發解王蕭等狀伏覩國家設貢
舉科立法嚴切蓋欲選真材寔能以副上用每舉多被
勢力用錢計嘱封彌所通同所弊或拆卷頭或謄卷子
或第一場卷子已納次日別作破題冒頭密付封彌所
人改抹其弊不一寔由別試所差封彌人皆是市井游
手充役不懼條法恣行作弊乞將別試所依大貢院例
差六曹寺監等處重祿正身公人入院封彌庶免弊倖
從之　二十三日臣僚言側聞仁宗皇帝朝李淑奏謂
考官以所試分考不能通較故士之中否係幸不幸頗酌
舊制以論策賦經通較工拙毋以一場得失為去留比

比年以來名為三場通考往往考校之時或倦披覽之
難遍或局好惡之不同經義詩賦獨取於一破題捨是
弗考乞下礼部將來考試悉以三場通考定為去留仍
於未奏號前令知舉參酌於參詳考試官內差四五員
總類三場試卷字號混為一處以諸房已批等數次第
編排以三場分數俱優者為上二場分數優者次之一
場優者又次之三場俱劣者為下毋以片言隻字遽在
中選編排既定然後更從知舉詳審以定高下庶幾均
平永為通考之法從之　二十五日詔更差同知貢舉
一員餘依已降指揮以都省檢會嘉泰三年四月二十三日臣僚奏請故有是詔　二
十九日臣僚言竊惟礼闈之所禁者曰代筆曰挾書曰
卷一萬一千六百四十五
傳義曰繼燭法令昭然皆所當戢比年談習為常移易
卷案挾帶書冊往往有之代筆之弊最其甚者顯行賄
賂累無忌憚或替名入試或就院假手故有身蹤儒科
而不能動筆汙辱搢紳至于孤寒之士雖有真材寔學
反不預選者多矣令引試在即本院自有條約然簾外
之事有簾裏不得盡察者乞令內侍省曉諭八廂除依
條巡邏外如有代筆之人須管根緝押赴簾前依條施
行不得故意生事其八廂能捉獲者具奏推賞如或隱
匿以至臺諫風聞得實即論列取旨根究情弊重寘典
憲所有巡鋪官併從朝廷戒諭依公巡按施行從之
三月六日權礼部尚書蕭逵中書舍人陸峻諫議大夫

李大異權礼部侍郎李壁言竊惟國家三歲一開礼闈羣天下貢士而試之專務網羅俊乂以備他時器使事體至重蓋被差擇而職選掄者不下三四十人使悉心殫慮猶懼有闕然常人之情羣臣則喜退(追)逐檢局則思放肆而考校程督有限稍或怠墮立見廢事兼礼闈嚴肅之地尤防褻慢臣等被命入院除體例外未嘗置酒燕與屬僚一意考校雖其間識見精力不齊而頹墮不爱者亦鮮矣乞申飭今後內外科試凡在院官各思罄竭無得非時燕會妨廢本職立為定制庶幾用志不分多得儁秀之士以副明詔從之　同日權礼部尚書蕭逵等言竊覩比年場屋之文氣體卑弱詞藻浮虛以經

卷一萬一千六百四十五

學言之則未嘗精思熟究安能探索微妙以史學言之則未嘗博覽彊記安能貫通顛末此外如諸子前賢文集則罕曾誦習皆用時文套類是以學多寡陋文多凡下其間學粹而文典者百不一二蓋歲知貢學(舉)者薦請于朝令監學官選擇時文百篇以為模楷有旨從之然竟寢不行臣等究其源流蓋緣疇昔以儒決科而今顯官者甚衆使監學官遽去取於其間則未免愛惡之嫌是以雖有詔旨而中格也乞檢會指揮委監學者(官)公共選擇紹興以來累舉所取六經義詩賦論策擷其文詞典雅學問該贍而膾炙衆口可傳誦習者數十篇特令刊行使士子有所矜式如是累舉時文委有可稱其人

招

降

見仕于中外並免預選擇之數庶幾無愛惡之嫌易以揀選仍限三閱月了畢如此則虛浮之文可歸於典寔多士幸甚從之　二十一日臣僚言國家開設學校冑子之試尤優搢紳之士固宜自知愛重詎容竄名易貫僞冒服屬以壞良法屬者嘗有泛及緦麻濫至同姓求試者既不安於命義而牒試者又不知有法禁靡然趨之寖失本意乞令礼部申嚴牒試之法如敢冒濫併將保官照條重賜責罰從之　閏八月十四日詔謝采伯裴伯並駁放先是嘉泰二年宰相謝深甫令其二子同赴省試未鎖院之前密諮當差試官預計會題目又令朝士能文者代筆付與試官果寘高等人已將言其後諸子忿諍交相訐於是傳播是時深甫任相仕無敢言者至是臣僚有言故有是詔文獻通考開禧二年詔諸道運司判府軍監凡發解舉人合格試

卷一萬一千六百四十五

卷姓名類中禮部候省試中牒發御史臺同禮部長貳參對字畫關御藥院照應廷試牒字畫不同者別榜駁放舊制秋貢春試皆置別頭場以待舉人之避親者自緦麻以上親及大功以上婚姻之家皆牒送惟臨軒親試謂之天子門生雖父兄為考官亦不避是年始因議臣有請詔自今在朝官有親屬赴廷對者免差考校　開禧元年檢詳毛憲為考官其子自知以迎合用兵冠多士韓侂胄既敗乃用言者奏奪憲次對而黜自知為第五甲末　三年六月二十九日臣僚言科舉之弊如漕司差考試官及州郡挾書繼燭代筆傳義二者不可不革令礼部同國子監看詳既而禮部國子監言一照得漕司差考官惧其泄而容私也乃不明示以其州給付字號俾于經由州郡對同字號貼親書填以防吏姦而州郡例于前期差監門官以漕司所給字號俾之對同彼監門率小官下吏寡少廉恥將所給字號為高貲者得之前途伺候以行私囑臣謂欲革私託之弊莫若以漕司所給字號付之監試監試非通判則漕屬官稍高則自愛稍切對同字號庶不泄漏而其弊稍去矣令看詳所買字號之弊不獨在逐州監門其原在于發號關防不察致吏輩漏泄作弊乞下諸路運

司過差試官發號之日濬臣同屬官躬親差排分發不得令吏人干預仍立限疾速牒本州守臣收管不入吏筆之手庶革買解之弊一照得挾書繼燭代筆傳義禁防周容務求寔才令州郡不行挾書繼燭之禁矣此又有因繼燭而每試一場輒歇一日次日既午納卷未畢視以為常曾不禁約彼真才寔學窮日之力已為有餘既繼以燭難免代筆況盡一晝夜繼以次日予於是人率備三五卷或父代其子兄挾其弟而太半以貲取故有名買能書而口尚亂與行佰計吏而胥則市鄙士方由于解額之窄病于糊名之無據又苦于此欲革代筆莫若去州郡繼燭之弊勿許以歇日彼憚革弊者則日場屋幸怗息爾禁戢太嚴必至鼓譟是則法令旨不可行乞引試前期條具法令嚴示舉人納卷之限其過限者別立字號不考彼優于應敵而切于自受者必無後犯則廣境嘗求代筆者不乏卹也令看詳挾書繼燭代筆傳義自有貢舉條法乞遵守施行從之十一月二十一日國子博士朱著言竊惟場屋之禁尚矣比年以來陛下加惠士子至矣士當斯時疇不願所長其或非才志在倖得恃其有貲計所必取場屋之弊猶故也

卷一萬一千六百四十五

內而礼部貢舉之所掌外而封彌謄錄對讀之所分苟有利焉雖曰四所如一家然臣嘗備數簾外有持一卷周章而過者索而視之卷中有片紙識云某州某縣某秀才卷子又得一卷其識如初詰之則云胥所授也有經義五篇畧無寬易者因竊疑焉默識其號及得論與策而較之三卷如一非精書之吏不能蓋昔聞有不終場次日併納首卷者有徑自外潛得而入者有密伺考中之號則以所售白卷謄之輒廢取中之卷者此其故令欲去弊莫若戒令封彌所逐場精見已納之數載之專籍以日上之董試其一職之封彌俾官吏無得出又揭榜之後委官以所取中經義錄一義頭試錄一二韻

逐舉吏互惟所委官以意命之羅姓名于礼部以曉天下之士乎是說既行昔弊自革矣謄錄善否最關考校嘗聞有司委官較字不過書云某縣謄錄人姓名數字其能否未甚別也一時急於集事未免苟容以紙封臂往往文具掌謄錄者率皆宣差局務忽焉被命莫得而稽及課工程善書者或規避不善者多強勉始焉斬斬成字夜以繼日卤莽滅裂十脫四五顛倒句讀反覆塗竄有不可曉者胥有利焉則擇善者而授之書其或文字本工傳抄多失對讀之官目力不逮而考校督迫工而失者有之不工而得者亦有之欲去斯弊莫若於選差局務數內先期下臨安守臣選委通判責以揀擇就

卷一萬一千六百四十五

臂印押凡謄錄之事悉以委之彼知此責實身任焉烏合之輩亦自知警是說果行則昔弊自革矣詔令礼部勘當既而本部言所陳關防場屋積弊委為切當乞下逐處遵守施行從之以上寧宗會要

全唐文

宋續會要舉士十二

貢舉雜録　嘉定元年正月九日臣僚言仰惟國家數路取士得人最盛莫如進士設科近年姦弊滋甚據權勢者以請囑而必得擁高貲者以賄賂而經營實學寒士每懷憤鬱今有管見一考校差官要當精擇蓋考官精明去取允當否則是非易位遺才必多乞詔大臣精加選擇無取昏謬充數其間一省闈差官有知舉參詳點檢之别蓋欲參稽互考必求其當向為知舉者不此之思乃謂試卷去取可得自專至有參詳點檢去取一同知舉獨不以為然而得失遂定往歲宰臣臺諫有子

卷一萬六百四十六

登科繼行駁放多是參詳點檢以為可黜而知舉自行取放凡為知舉絶無私意猶不可專用己見儻或藉此行私豈不為考校大弊臣謂參詳點檢可否不同正須知舉平心參酌擇其是者從之若參詳點檢去取相同而知舉或有異見要當更與考訂至當以定去留如此不惟參詳點檢各得與知舉詳議盡其所見為知舉者亦可無自用之嫌乞令禮部候鎖院日詳此施行一試卷去取雖賴考官精明而謄録對讀尤當加意謄録脱誤對讀鹵莽文義舛訛必誤考校每舉所差對讀官員數特多正欲訂正謄録脱誤以便考校惟是差官不加選擇雖昏耄衰病亦使備數所以待遇者又皆簡薄位次猥監蹕漏上雨旁風不能自庇而幕帟器用油燭薪炭之屬亦多不備何以責其盡心遂致草卷雖經對讀脱誤尚多簾内考校倍覺費力乞加選擇無以昏耄衰病者充數凡所供備如位次幕帟器用油燭薪炭之屬無得苟簡擇之精待之厚儻不敬謹其事罰亦不貸一謄録試卷所差謄録人率是雇代充應只求雇直稍輕雖疾病癃老不慣書寫俱不暇問當其謄寫之初老病與不善書者尚能彊勉數日之後精力疲茶多不成字再三詳訪方見意義若多脱誤又不可讀實為深害乞令禮部下所屬須管選擇慣熟書寫精力彊健之人充應仍令長吏保明（長吏謂縣押録州府之都吏）如吏循襲充數仰謄

卷一萬六百四十六

録所申試院牒報元差官司將承行長吏斷勒一代筆傳義挾書移坐之禁貢舉條制甚明近歲姦弊滋多甚至應博學宏詞乃雋文字公然檢閲其他可知至為代筆傳義之地者率以賄賂計囑排坐否則入試之時交互改移尤當禁止乞令禮部申嚴成法措置關防庶使人知警懼姦弊可絶從之　十五日禮部言已降指揮將開禧三年發解舉人取中試卷并省試合格試卷並行牒發御史臺同本部長貳參考字畫關御藥院殿試字畫不同之人照指揮駁放施行今來諸路州軍免解進士合赴今年省試若有過省既無解試卷子比對無由辨驗字畫今欲告報書鋪如有免解進士赴省投納

試卷並親身題寫卷首三代家狀，即不許令人代書。如不遵告報，致本部驗出，定將犯人書鋪送所屬根究施行。如免解人過省，從本部再行告報，簾試親書三代家狀一紙，印押同過省試卷類聚，牒發御史臺，同本部長貳參考，將字畫比對，如有不同之人，遵依前項指揮施行。從之。先是大常博士張聲道言：諸州科場多有填妻驟或之患，僕主混殺，莫可誰何。此蓋豪民上戶不務實學，專以抄寫套類為業，廣立名字，多納試卷，將帶筆吏假儒衣冠，分俵書寫，僥倖萬一。至揭榜，或數卷兩得，全中待補，則父子兄弟分認名目；及赴省試，則以多貲換易試卷，或全身充代，竊取科第。上緣朝廷不曾比並字迹，最是補試公然將待補文牒售賣，士屬不美，覔此為甚。臣謂每舉諸州科場，俟開榜日，將所得解試及待補卷子御舉送監試、考試官等並於真卷背上列銜，封緘發赴禮部、國子監，不許稽留，以啓吏姦。其省試奏名之後，禮部將省、解試兩項卷子申發御史臺，臺部長貳參考字畫，同者關御藥院殿試，字畫不同，別榜駮

卷一萬六百四十六

放。其補試之後，國子監依比施行。所有銓試，雖有簾引，不過關防文理不通之人，其換卷代筆之弊元不曾革。乞將試中卷子更與比並筆迹。魚臣昨備員學省，曾條具奏，卷前草紙書寫文藁並須存留，不許塗抹。詔從其請。至是省試，禮部舉行。

二十四日，臣僚言：比年省闈取士，弊倖百端，最是挾書代筆，尤為場屋之患。蓋曩由宰相門客懷挾敗獲，反將邏者施行，自後習以成風，絕無忌憚。又緣巡案例差局務小官，其曾應場屋者，皆充對讀選擇之餘，方及巡案，勢力既微，待遇又薄，全不加意。所差內侍亦多官微位下，不能誰何，入廂目擊其弊，類皆容隱。紹興初，秦檜用事，專以子弟親故竊取科第，士子扼腕。其後高宗皇帝總攬權綱，嚴行禁戢，特命湯鵬舉典領文衡，一洗宿弊，場屋肅然。今遇更化之初，凡前日變亂舊

章，次第懲革。惟是省闈之禁，尤不可緩。乞詔三省選差朝士有風力者充巡案官，假以事權，示以體貌。遇獲到懷挾代筆之人，飛申簾內，仍申三省。所有內侍，乞詔內侍省選差近上可制八廂者，互相覺察。若相容庇，致他人覺察，乞重行鐫罷。庶幾士子知畏，無犯典憲。從之。

四月五日，臣僚言：國家三歲設科，以待天下之士，又立待補，收拾遺才，可謂良法。間或放混補，條出特恩，然必先降指揮，使四方士子遠近畢集，庶為均一。臨安府學係駐驛之地，每從優厚，然在學多外處士人。昨開禧元年臨迫試期，放行在籍二千餘人，以致冒濫，幾成喧鬨。續有陳乞，自開禧元年為始，每年將堂試中選分數高者

卷一萬六百四十六

校二百人，并職事遇補試徑行收試，其選校不及一分以上人，遇補試前一月類試，取四百人赴太學補試，見令施行。今來更化之初，四方士子喜觀上國之光，不期而集，若一切杜絕，又恐士子遠來不得一試，亦有可念。乞將見在都下不應赴補試士人，做漕司附試例，特於漕司收試，候見終場人數，量與取放一次。仍下國子監曉諭士人，各體朝廷優厚之意，許赴今來補試。外其諸州取中待補及臨安府學校定類試條法指揮，日後遵守，永不衝改。從之。

閏四月十三日，大理少卿費培言：比者董視封彌，竊見五幕所置于中門外廊之上，列於謄錄所。請官受卷，往往皆遂外到選之人，至於幕吏則

漕司天府之所差無非囑託充役志在姦利無所顧藉以遠外到選之官御無藉之吏既無事權何能鈐束不過俛首聽其自為方士人納卷之初幸而尚蚤猶可書曆投櫃昏黑之後奔迸填壅勢只向幕㨨擲吏輩須其小定方行收拾代納櫃眼至大已入之卷復可探取櫃固不足恃也所謂監董之官只候中門下鎖倏然揚去簾內深遠無從考察封彌所相去尚在百步之外亦無誰何吏輩肆姦了無顧忌欲拆換卷頭以甲為乙謄寫程文以僞為真受他人之囑毀壞有名試卷亦可也此而不革為害不細臣有說於此無大更革不必差官乞於封彌所前旋創幕屋仍舊差謄録官受卷　其省試封

卷一萬六百四十六

彌院門官皆郎曹以上稍可彈壓吏輩自餘程試本所亦有長官遇晚出至幕所同董其事所納試卷不必投櫃只用布囊盛貯遇滿即封俟試人出絕請在院封彌官出至幕所與受卷官計數交授不入吏手姦計莫施夫內而邏察有官外而對號有簿幕所關防復加嚴密場屋之弊雖未盡去亦十革其七八矣乞下吏禮部國子監日後行在貢院不拘是何程試並令一體施行從之

三年五月二十一日侍御史劉棐言國家以經義詩賦取人習詩賦者或踈於經義類治經者多不閑聲律士大夫往往不肯自謂非素冒疆加去取被黜之士不無遺恨乞今後省解等試分房考校之際令監試擇

試官之元習詩賦者顓考詩賦治經義者類考經義或詩賦卷多經義卷少則以論策卷補之論策通考固不拘也詞賦雖若雕蟲末技士之器質於此乎見先朝王曾范仲淹為舉子時識者固因所作賦知有輔相之器近年主司多謂詞賦疵病易於指摘恐人得以議已故試者雖多其最優者僅置三五名之外深失國家通尚詞賦之本意乞今後省解等試擇詞賦優長者與經義閒居前列用革考校偏尚之弊臣少游場屋每遇科詔將下士類相謂曰某人饒財某人有夤緣將必獲薦及牓揭則向所擬議者十一二臣未敢深信近年此風頗熾有實不諳文墨或居上游蓋上則私記下則假手相

卷一萬六百四十六

與表裏而得之如頃者泉州黃廣之獄可信不誣臣熟詢其弊始由點差考官之時漕臣或不經意屬官胥吏得以容私陰定所差之處考官多申親嫌合避以取必其所往之州及考校分卷監試官或不精明所謂封彌謄録等人陰相指授以達所分之房士夫知自愛者固不肯為此其或昧心黷賄十有一焉凡前之私得行矣乞下諸路州郡凡漕臣差試官監試官分試卷必躬必審務革欺弊其有考官多引親嫌則密加審究擇其欺罔者按治之用革計囑私記之弊從之

六月七日禮部國子監看詳臣僚言乞太學解試將赴試士子之數撥出四分之一與避親士子同試別院仍於大院撥差

試官與取額人數並以四分之一為準照得臣僚所陳
別試利害欲以大院人數分撥四分之一就別院引試
委是可行比來省試治經人數其最少者亦近二百人
隨所取之額分撥以四分之一甚易區處惟是太學解
試係是十三人取三人詩賦數多儘可分撥其間經義
恐有數少者難拘四分之一欲得或全留或全撥或不
一半在監試臨時隨宜區處其待補國子生係是二十
五人取三人若太學生分撥別院者合與待補國子生
各出題目仍分東西廊嚴行隔截庶幾不至混殽其別
院屋宇窄狹合行增廣欲下臨安府措置所有別院省
元從來止陞本甲首今取人既多欲將上二名準大院
卷一萬六百四十六
省試上十名恩例庶得公平從之　七月六日權禮部
尚書章穎言竊惟科舉之法行之既久苟無大弊不可
輕有變更伏見慶元二年正月指揮宗室並不許差充
試官齊監試續準嘉泰元年為常州申明差監試官下
國子監看詳若通判雙員去處或有宗室任通判自不
許差監試其獨員通判或係宗室若不許差監試則以
次職曹官權輕望淺恐不能彈壓遂從常州所申差通
判趙師岌監試獨有常州雖蒙許差而四方州軍尚拘
指揮不差宗室通判監試伏緣諸路每[三]歲科舉最為重
事大郡至萬餘人小郡亦不下數千人試院之內事務
浩繁監試職在彈壓以至分撥士人試卷支遣錢量關

防漏泄革絕欺弊事不勝數誠難委之於官卑望輕之
人嚮來權臣意在沮抑宗姓臣僚觀望風指遂有前請
當時州郡皆明知其不可獨常州首先四明已從其請
夫科舉之法一也既許行於常州而獨不行於他郡可
乎今科舉日邇竊慮外路州郡尚以前降指揮為疑惑
差曹職官監試四方士子皆不以為便乞速賜行下以
嘉泰元年七月常州所得指揮差宗室通判監試行之
四方以慰士子從之　八月二十九日太府寺丞唐吉
先言省闈考官雖盡出天下選近年所出之題詩賦如
太宗得至治之體聖人之道猶日中義題如上天之載
無聲無臭儀刑文王萬邦作孚與諸州解鄰然一律以
卷一萬六百四十六
至策目大概不過据擬時事鄉舉與省闈所問間有一
二之殊大體亦類甚至省闈策題不相照應臨時參會
皆已撰定不復更改事意俱同者夫以群賢會聚肩摩
袂接六經百氏堆案盈几豈無可命之題可問之目緣
諸路闊絕無從稽考遂致重複恭閱祥符中嘗令禮部
貢院錄諸州發解試題進內史臣以上將親試貢士慮
其重複也自是用為常例然則類解試題以防重複蓋
取士家法獨不可舉行於今乎乞詔諸路漕臣於科舉
檢將所屬諸州解試題類聚成集上之禮部類聚諸司
所上申送省闈使出題之際必以三舉題目參考發策
命題講論時事品藻人物質問疑難各出己見無致重

復從之　十一月八日臣僚言自昔省闈獨嚴他試八廂貌事羅立四隅士子提壺而入未嘗敢懷挾也據案端坐未嘗敢傳義也覃思所學未嘗肯假手也自偏胄竊權內畏人言縱弛試禁邀譽士子蠅頭冊子山積案上往來交加無異闤闠持文衡者又復觀望容私士懷不平莫不憤惋更化以來首嚴其獘搜出懷挾者四人雖與免罪駮放一時觀聽聳然近年省場頓覺弛慢夫一事一目不守其常則大經大法所從以壞而況省闈中選公卿將相由此塗出可不嚴禁而曲防哉今秋試已畢南宮伊邇乞亟下禮部先期申嚴條令敢有懷挾傳義假手者必駮放殿舉其閒考官觀望容私者例與

卷一萬六百四十六

坐罪貼黃近者臣僚論年來省闈試題多與諸州解試題目相犯閒或預名多有全寫古來者而真才實學多致無落乞依祥符舊制預期下禮部類聚國子監及諸路諸州解試三舉題目使省闈命題之際精加參考毋使重複以防僥倖從之　四年二月十七日禮部貢院言今來省試諸州軍國學赴試經義詩賦進士貢院終場四千三百一十一號內有國學該赦恩免解及還赴省試等人其取人分數乞指揮施行詔依嘉定元年攽放分數每一十七八取一名零分更取一名　四月十一日臣僚言竊聞考試院謄錄所自來循襲體例以士人試卷凡有犯科舉條制不考式者並聽謄錄人點對

舉覺與免謄錄由此謄錄人急於書寫輙為改易正本書人諱字以免書寫甚則有焚匿遺棄之患雖有合格之文無由得達於考試官士子三年勤苦千里來試乃為謄錄者毀棄試卷暗遭黜落試卷有第一場第三場而無第二場者有裂去一半不可謄錄者雖一時攙併所致而封彌官亦有不親臨於其閒明知其獘多不以聞乞今後士子試卷應有犯諱及不合考校格者並令依本謄錄寫發入裏聽試官考察不許謄錄所暗行黜退其試卷首尾不全亦須具數以告簾裏又須簾裏試官中專差一員以封彌所日納試卷之數及謄錄所日受封彌之數參考異同至拆號五日之前以諸位試官

卷一萬六百四十六

分房所受之數總而計之稍有不同須加究見如此則官吏知畏封彌謄錄必無毀棄文卷改易字畫之患從之　十二月二十七日禮部言國子祭酒兼權刑部侍郎劉爚言國家以科舉取士三日之試雖兼策論而去留之際必本經義詩賦近年經學不明命題斷章學者以巧於遷就為工不以推本經意為正略傳注之說侮聖人之言詞賦抑又甚焉體字全類歇後用字不考理致蓋檢閱於類書非根原於實學文義無取器局何觀乞令學官選擇中興以來魁選義賦根本經旨詞氣渾厚者數十篇刊降以為體式今後命題不許斷章長短不拘春秋一經照嘉定四年省試例以事實通貫者為

題令禮部下諸路於差試官牒内備坐施行本部看詳乞下國子監令監學官精加選擇刊本頒降所有經義命題亦下國子監諸路遵依施行從之　六年正月二十三日臣僚言試院有平安曆不過以報平安則不然其出也所書項目監門莫得而見其入也所傳件數監門莫得而稽囊複封識不知所藏何物名為藥裹安知無簡札往來號為家書安知無消耗漏泄其弊有未易言者嘉泰間議臣亦嘗推究關防矣未聞許其發視而後通傳乞下所屬自今平安曆早暮出入監門官逐一點檢不許帕複纏裹私自封緘雖藥貼家書亦先開拆方得收傳監試覆視則考試者無得容其私就試者無以售其私從之卷一萬六百四十六　三月十七日臣僚言自中興以來取士幾三十科積習既久弊倖滋深今歲科場若不申嚴竊慮愈甚試舉數事以明之鄉貢士着令甲非不嚴也游手之士奔走遠郡或買同姓為宗族或指丘壟為墳墓百計營求以覬一試於是妄冒詭譭之風成矣假手傳義罪名非輕也饑貧之士貪於近利竭其素蘊甚人之田有一人代二三名者有二三人共為一名者億則屢中竟遂其私於是銅臭假儒之志得矣差官考試逐州對號此漕司之措置也好賄之吏不念燈窗之舊作度辭密授親僕所至求售滿意而歸於是富室子弟相徵行賕矣通判之牒館客蓋避監試之嫌也而別廳

亦復援例士倖速化不遠千里假作土着以希漕舉於是始進欺君之惡不暇顧矣封彌謄録就差本州縣吏此定例也俗士通同密取同經卷子增減字畫妄謂雜犯暗行黜落或拆換卷首於是實學之士無所赴愬矣校藝既定編排申號此有司之事也而長官入院妄作聰明舍合格之人取備卷之繆或私舊識或示已恩於是漕司所差之官不得徇行其志矣因令之制華令之弊嚴冒貫之法俾各歸鄉土重代筆之罪永不得入場屋試官鬻舉計贓除名違法牒試專坐主者至於書吏為姦長官越職並合科斷仍誡諭考官專取醇正博雅之文痛掃聲浮剽竊之習如是則鄉舉里選真才實學相繼而出以副聖朝設科取士之意從之既而兩浙轉運司言臣僚奏科舉通判之牒館客蓋避監試之嫌而別廳亦復援例因令之制華令之弊違法牒試車生主者乞令首部施行本司檢點每次科舉諸州有暖員通判雖有不差充監試者依條示許牒門客一名赴本司收試令來奏請審將來有不充監試通判牒到門客合與不合收試照得諸州軍府通判條同舉送官其門客合牒運司收試詔令諸路轉運司照應舊來體例施行卷一萬六百四十六　四月二十七日殿中侍御史石宗萬言國家俾郡國興賢能之書蓋求實才非徒應故事而已夫涵養作成在朝廷選擇去取在考官至於董事試闈關防弊倖雖曰有司之事關繫不輕今州郡例差通判漕司例差主管文字惟從舊比不問能否其間才力不逮不諳場屋事體冒然為之鮮有不害事者蓋緣場諸經多寡不齊而考官治經亦不同是知去取全繫

分房使俗吏為監試必不能以經賦斟量多寡今考官各占所長分考不過令胥輩照舊例耳此利害最甚者至於門禁不嚴則有傳遞漏泄之弊封彌不謹則有折換家狀之弊納卷有曆結算稍稽則有增減之弊字號有簿緘識不密則有揩改之弊謄録之吏錢米燈火不以時給欲無差誤得乎至有就坐而不得題目日已升而未啟棘門欲無喧鬨得乎凡此皆監試之責莫若令諸路轉運司於主管幹官内諸郡於通判幕職内擇有才力諳知場屋事體者先期發實封文檄遞至各郡候鎖院日開拆請所差官入試院不得容情妄差庶幾監試得人弊倖稍革從之

卷一萬六百四十六

五月一日臣僚言竊見貢院中簾内弊倖監試隨宜裁處智慮可及簾外之事有耳目所不接者誠難關防今科舉在邇敢不預陳一貢院墻壁本自低矮年來頹圯如西邊一帶抵靠別試所晨華館而斷垣及肩踐踏成路傳泄之弊多由此出最後正通大理寺前居民搭蓋浮屋於墻上亦作弊處莫可隄防東畔墻雖稍高却與封彌謄録所相隣而縫穴最多關防須密乞將貢院周圍内外墻並就舊基增築高闊裏邊掘成溝池闊五六尺許深濬亦如之不惟得土築墻可省般運而四傍瀦水亦可泄貢院卑濕墻裏加以池則人不得而踰矣仍約束居民不得因墻起造浮屋庶革傳泄之弊一往時試院於中門外挾屋萊夾幕

帟為納卷之所士子便之後因建議於封彌所門外自中門迂轉百許步方到納卷處試人每至昏暮不復認記轉路遂只直行闇有携卷出外始覺錯誤不容復入誠為可念況所創蓆屋苟簡風雨漂濕甚難愛護今欲仍就中門外兩挾屋下作納試卷所誠為兩便一謄録所自夜達旦列燈燭於廊廡止用蘆蓆夾截別無打火之處亦只就廊屋置竈釜易惹風燭乞自未鎖院前令排辦官司於謄録封彌所各置水桶運水其中每遇封彌謄録官入院須先點檢如有減裂徑申試廳施行庶幾有備無患一諸處差到謄録人多是游手所得雇直隨手已盡空身入院每日食錢五百十文既無汁羅處

卷一萬六百四十六

往往就院買飯日夜謄寫不休食不飽腹乞令後每人日支米二升半令錢糧官點檢發赴謄録官當官給散以防吏輩減剋却於食錢照價除剋一封彌試卷必有簿籍抄記姓名以備點對打號尋常漏泄折換皆出於此若對卷打號監官親臨封記不入吏手則弊倖可革無真卷對畢發歸封彌所合置櫃封鎖或遇鈞卷監開以防偷竊今乃置之架上並無關防安得不有換易之事乞自後鎖院先令臨安府就封彌所夾截庫屋可以封鎖置架開庫監官親臨庶革前弊貼黄照得二廣科舉所差試官正當秋暑瘴癘之時常有十餘人弊於道路極可憫念臣謂廣南士人貧無常產能文之士亦自

可數廣東則廣潮二州西南靜江皆號多士時有請囑所差試官必須遴選以絶外議至於他處但須鄰郡或隔一二州差往庶幾道里稍近可以齎辦行李饑食渴飲不致乏絶喪身之患乞下兩路漕司照應施行從之　二十六日監察御史倪千里言朝廷取士莫重於大比士子求仕莫重於始進近歲士夫徇私而壞法士子冒試而犯法蓋不一試且如漕試棄鄉井而貫他郡背父祖而冒同宗貿鬻成風廉耻掃地近者俞廷臣之請重保官之罰謂漕牒之弊雖未盡革較之曩歲已免泛濫至於國子設科以待公卿大夫子弟謂其承父兄之訓識政事之體故優其選而偽冒尤為可怪前舉補

卷一萬六百四十六

試有許其姓者託本寺法官名為族屬而冒試牒攘奪同經之額具見臺諫章疏此其事之敗露者其他蹤跡詭秘漏網佚罰使胄子之才不獲自見即非類不檢之士並緣竊取士心憤嫉臣照貢舉條令國子所牒已有定制秋試在即若不申敕竊恐舊習未悛或假托宗枝或遷就服屬旁招廣引復成偽濫乞下臣此章戒敕朝士各守成法無得妄陳服屬多牒人數揭榜審劾如有偽冒定與駮放牒官保官並行彈奏庶幾法行自近士心胥服貼黄竊見諸路漕賦若江東西湖南北福建廣南等處牽多惟務是視惟巧是圖臣嘗分教漢東親聞湖北漕闈第一場經義及賦破題次日傳録在外有寫

出全篇者若試官則預知其士係其官所牒其官子弟係某經應舉或憚其勢或謂其吻或受其宛轉或惑其虚譽必與擢取取媚上官為進身計使寒畯白同殿舉一黜三年殊可憫恤本臺體訪彈奏外乞下諸路漕司備牒試院須管從公考校不得循習故態私行選取從之　七月二十三日臣僚言國家設科舉以網羅天下士比年姦弊滋甚有司去取未如人意夫差官考校遂州對號以防請囑今富室子弟先期計會漕胥密知考官姓字要之於路潛行賄賂預買題目暗為記號僥倖中選銅臭得志而真材老於巖穴矣此考官鬻解之弊舉人所試經賦論策各有所長如三場傳均方在取數

卷一萬六百四十六

令或頭場經賦偶合主司之意先入為主則論策一切不問亦有但取破題而終篇不暇考究論策未嘗過目此專取頭場之弊逐州解額經賦多寡不同而考官治經者或不工於賦習聲律者多於經旨未能深究今漕司差官拘於員數艱于通融彼既各有所偏誰肯自處於不能求其通情從公商確難矣此考官執己見之弊主文命題去取當以古註正義為的庶幾持論平正人無異議今所見不同各騁臆說徒啓後進穿鑿之私而老成博學棄而不録此舉子求異立說之弊迺者換易試卷謄吏與富室表裏或拆換卷頭或暗毁真卷姦弊百出此曹但知貨賄可貪不知士子得失利害凡此數

端省科舉深弊今秋闈在目乞下禮部遍牒貢闈密切體訪革帶解之弊嚴通考之法考官則通融考校勿執偏見出題去取須以古注正義為的仍檢察吏胥換易卷子嚴為關防如是則真材碩能在選中矣從之　八月七日臣僚言竊見諸州考校正額之外待補多不留意或於落卷中取以充數經義但看冒頭詩賦僅閱一二韻論策全不過目其尤無狀者只點檢無雜犯便寘選中出院辭州亟為遁計士子怨嗟在在有之今試期雖近以待補為重者不過兩浙江東西福建等路亟行申飭尚可以及乞令禮部速牒諸州嚴責考官精擇正解之外待補卷子亦加精考並要分明批抹與選者批

卷一萬六百四十六

文理何處優長黜落者批文理何處紕繆卷首具考官職位開院後將所取草卷解發運司點檢如有鹵莽定加責罰其卷子多試官少去處量展日子毋惜小費庶幾試官留意選擇不敢循習忽略從之　十二月十五日臣僚言比年省試差官有前期懇免不願就者公道不明人莫不親其親子其子趨寬畏狹情所不免自避親別試取人至窄朝士宜為試官者規避求免臨期無官可差或以千堂到部充數外官視朝士等級有差惟務順承不敢可否臣嘗熟思士不樂於別院者就試人少也使試者衆而取亦衆何避之有今莫若盡撥諸路漕司新舊發解礙格不礙格之士而別試之蓋凡取解

之優自太學及胄子外則有諸路漕試爾以天子之教養與公卿之子弟於法宜優而四方遊士非其親故寅緣請託僥倖於二十人之中者所得已多臣嘗略計前與諸路運司取數幾四百人參以舊請漕舉還試該免解者亦不下百餘以數百人之場屋取放之榜視昔大為有間然後以大院避親者歸別院而別院避親者歸大院將見就試與考試者兩得其便無復求避矣今既減大院人數而增別院試合於大院參詳及點檢試卷官內分撥二三員添別院考校仍展拓位次所有試中前三名乞依四川類省試例與授教官庶幾無偏重之患竊見近制差臺諫一員同知貢舉既不預考校而貢

卷一萬六百四十六

院一行事又使知舉裁處恐心力不能兩用乞自今貢院內外事務皆決於同知舉臺諫使得一意檢柅吏姦關防弊倖其三知舉專主去取勿以他事為累庶幾各舉其職詔令禮部看詳申尚書省　二十九日臣僚言恭惟國家三歲大比經義考講學之源流詩賦觀詞章之潤色論以見評議古今策以試潦通時務真材實能雖非紙上語所能盡得使其參求互考詳觀精擇則胸中抱負大略可見矣舊制點檢試卷官批高下參詳覆考供納知舉欲使三場互考不以一人之見為去取一場所作定得失除知舉出房卷子餘發赴過落司類等分數同者以本經高下次第排比累舉以來雖差參詳

官一員掌過落司將卷子未嘗經由得失取決於一時精力有限卷數實繁類聚之時決擇不暇得此遺彼升況隨異闈有掣肘不容致力謂如知舉三房甲批一場可取而兩場在乙丙房釣取不到遂致平沉或占吝不發兩俱失之至有一場可採兩場批下而叨預選掄者有專主本經而論策不稱亦得備數或兩場雖優本經稍怯者不在見取之列此無他視過落司為文具捨分數而不用也夫三場取士不獨取一日之長分房互考不欲局一人之見立法之意非不詳密柰何循習而不察乞下禮部將來省試考校除出房卷子其餘盡付過落司類聚三場紐筭分數取放更欲加詳委官覆筭從之

卷一萬六百四十六

七年正月六日監察御史倪千里言治道以人才為急人才以培養為先先朝蘇軾有言仁宗皇帝蒐攬天下豪傑不可勝數既自以為股肱心膂以致太平又留以為子孫百年之用猗歟盛哉列聖相承世為家法中興以來培養封殖又且百年高宗以寬厚得士然未嘗不量材授任孝宗以精明得士然未嘗不遠覽廣求既能任用於翕受之餘又復儲養於[illegible]之後猶作室之木養之於拱把取之於成材若[illegible]場屋人才之所自出而禮闈引試嫉士如仇主文舉子互騰口舌淵源正論類加憎惡迎合時文必見收取或一二字之不合便謂道學者流盡行黜落奏號有日額數不充窘迫無策妄取塞數此人才之壞於場屋者也今省闈在近宜加申敕革假手懷挾之弊擇實學多聞之士識見取淵源議論必醇正毋循故事視為虛文乞下臣此章風示多士如板行監學所選經義賦格每經凡十數篇賦餘百篇不過士子從來所嘗觀覽間有古義一二亦非必欲模倣句法蹈襲緒餘而遠方之士不知有司姑借是以為可法之文初不以為文之可法者專在是乃區區誦習惟務掇拾土苴竊取形似投有司之好尚意見局而不廣議論拘而不通文義卑弱而不振古作源流之益遠他日或致見黜又以為主司之過夫多文為富各隨所長期通諸理粹然一出於正前輩之文可師何止一家不必盡泥此十數之作也培養人才之道無越於師從之

卷一萬六百四十六

二十四日禮部言湖北轉運司據鄂州申學生鄭次僑等八十三名狀照得禮部頒降韻略內指揮凡詩賦落韻係犯不考式今來本州所申解額第四名宋倬賦壓官韻有字係合於上聲四十四有內照音釋文理壓韻其宋倬第六韻內詔勸農桑及守令守其守令字係去聲四十九宥韻內收載釋云諸侯為天子守土曰守即與上聲有字韻內守守義理不同委實落韻合在不考之列乞補申朝廷依貢舉條制施行州司已將宋倬解牒寄收軍資庫及將次僑等錄白到宋倬落韻賦粘連在前備申轉運司乞施行一據鄂州

鄉貢進士宋倬狀伏覩本州揭榜倬叨預名續據江夏鄭次僑等妄狀訴倬第六韻押守字為落韻蒙本州備申運司仍將解帖拘收軍資庫至今日久蒙行下給付竊緣倬當來所押守字於禮部韻及攷質經史并古文時文皆有據其鄭次僑等誣玷之意止緣今歲科舉蒲圻士人合狀經使臺陳訴江夏積年私號之弊蒙行下禁戢公意既伸下邑士子遂獲聯名預薦鄭次僑等抱此不平所以妄詞念倬燈窓勤苦僅獲一舉今去試期逼迫若不哀鳴必是趂赴省試不及乞送鄂州日下結解帖與倬赴部授試本司尋送鄂州教授契勘據教授鐘興伏乞備申禮部下監學詳議令守字合與不合於

卷一萬六百四十六

上聲通押仍乞備兩詞告示宋倬徑自赴部陳乞施行本司除已備詞告示宋倬外禮部連送國子監聚議既而國子監言據太學博士陳與行等申照得禮部韻守字於上去聲內皆有其上聲守字無注去聲守字在狩字下注云諸侯為天子守土曰守即令守也今宋倬賦押官韻有字併押令守即係去聲韻內委是落韻不合格本部再送監更切契勘詣實國子監再行契勘依貢舉條式宋倬詩賦委是落韻不合格合行駁放乞施行詔依禮部所申駁放

三月二十二日刑部尚書曾從龍禮部侍郎范之柔刑部侍郎劉爚言竊惟國家以進士一科網羅天下之英雋義以觀其通經賦以觀其博古論以觀其識策以觀其才異時謀王斷國皆由此選臣等濫司文衡加意考覈期得真才實能為明時用而場屋循習文氣不振比來滋甚其間學問深醇文詞雅建者固不

乏人然晨星相望稀疎寥落盖亦絕無而僅有也大抵學不務根柢辭不尚體要有蹈襲古作至二三百言者有終篇雷同僅易數字者涉獵未精論議疎陋綴緝雖繁氣象萎薾若此之類雖黜而不取然恐四方士子習為故常未能丕變乞下此章風厲中等之士仍令禮部每遇大比申飭漕司遴選考官俾精去取澄源正本莫切於斯從之

二十四日國子監言太學補試數內太學生闕二百四十七人從嘉定四年七月三日指揮撥十五名充蜀中待補入學之數其餘二百三十二人係諸路赴補試士人合使闕額先是嘉定四年七月國子正張方言蜀去天日遠焉萬里士非貢于類省無路觀上國之光而三歲大比州郡漕司例放待補徒為虛設挾才抱藝者豈不願奮於

卷一萬六百四十六

賢士之蹤待以困於僻遠不能自至間有至者不過一二使作入之意不偏於海宇臣甚惜之朝廷念蜀士之遠取士有類省選吏有外銓獨於帝輦始進可不示其恩意哉莫若每舉於太學闕額內分撥二三十人於蜀中類省之後合六十州待補之士中選者令往大太學其於學額所占不多使遠方之士常達於王都作興士心所補不細乞付有司施行禮部言國子博士樓覩等看詳待補之法所以錄貢舉之遺作成于天子之學也蜀中三歲大比州郡漕司例取待補人數蜀去行都萬里士之一試得失未可必是以中待補者多不克試幾成虛設張方所陳允當令議每舉撥太學闕額一十五名充蜀中待補試中太學之數詔從其請至是補試本監申請舉行

二十五日詔權貨務監官照左藏庫官許依權務官牒試既而以監行在權貨務都茶場宋濟唐仁傑言各係陞朝官經作縣入乞援左藏庫監官奏士遜等照舊法依權務官放行牒試從其請也

四月七日詔閤門祗候職任與職事官事體相類與放行牒試既而以鄉貢進士邢澈等言堂叔鏌見任閤門祗候雜壓在太武學博士二令之上與職事官一同凡編入雜壓係入職制之官今太武學博士二令既以職

事官牒本宗試而闕門祇候未得比類牒試激等粗習舉業豈不覬援胄子之例仰副作成教養之意乞比職事官放行牒試從其請也五月二日監察御史黃序言士莫難乎其始進三歲大比獻賢能之書而親策之公卿大夫皆比為出然犇趨愈下則大為之防當自今始進士唱名之三日期集於別試所有旨賜之餐錢進士前三人得自擇同升之彦而分職由糾彈牒表而下數在紹興纔四十人淳熙至八十人紹興乃過百人開禧適二百人前歲雖少損猶百八十九人夫進士通榜不過四五百人職其間者幾半期集所非有大利而頭錢競趨何哉意為異日請托之地下省小錄口腹之須比年臚唱甫徹請囑交馳於是略其當差濫其不當差者今廷對有日

卷一萬六百四十六

乞下此章於進士期集所合差職事當先甲科省試上十名太學上舍生諸州路類試首選及名望之士酌紹興淳熙之數而取裹焉亦涵養士風之一端也從之

九月四日通判臨安府孔元忠言準差監類試所門兼撰號檢會試卷封彌打號母頭既同從來以千字文排去其間相類可以添改如乃可為及王可為玉白可為百止可為正心可為必比可為此旦可為且壁可為璧又可為叉中可為甲之類共一百五十四字萬一或出姦弊甲能文乙不能文或有清囑將甲乙兩卷及字玉字中選字號却以乃字王字試卷添一筆持出有司倉猝但見草卷真卷一同不假以文比對便行開拆何緣

辯白豈不為試者之不幸乞下封彌所不許重行施用併下禮部國子監契勘既而禮部言國子博士曾煥等看詳孔元忠點檢得字畫相類不合應用所乞委是允當如過試場即合遵守施行從之

八年九月二十八日殿中侍御史黃序言竊惟國家設科目以取士惟進士得人為盛故於三歲大比每加詳焉然世變愈下姦弊愈滋四蜀為甚蓋蜀號多士邈在一方為主司者不勝其弊者利者賣號於多貲之室嗜進者納號於勢要之門分卷不至本房則宛轉旁搜於比鄰已黜之文或出他房則回護揩改其批鑿或差在所事上官之鄉或差在同官所居之郡皆得以行其私豈不負國求賢之意臣嘗採蜀中輿論則四路漕試諸州解試四川類省試皆有

卷一萬六百四十六

私取之弊而廷對之士則有行役之艱夫漕試之有別院所以待舉子與試官之有妨嫌者也今聞四路漕試於正試院內夾截數間為別院同門出入三日試罷往還無間故父兄為正院試官而子弟別院預薦每舉有之而一路有出身合差人亦自可數前期於漕司計會暗號轉相授受期于必中此漕試之弊也諸州解試有監試一員或通判幕職官在法不預考校而寡廉鮮恥之徒先受計囑以其所私轉懇考官必為歷諸房搜尋委蛇曲折無不遂意而試官又有鬻號私取之風此諸解試之弊也四川之類省試朝家幸恵遐方之士別院之設所以待舉子之有妨嫌者也凡有親嫌宜試別院

今聞簾外官親戚則以有妨嫌而送入別院簾內官親戚反為無嫌而標作避房前後以私中選者非簾內官之親則其館客皆以避房待之雜雜以他卷然卷數既少尤易辨認又如蜀士中類試前名及居廷試鼎甲適當見任度其必預考校莫不先有所禱累舉物論不平此類省試之弊也至若類試仲秋之末揭榜季秋之杪而夔利路越半月始得見榜故廷對之去行役萬里不易辦集登舟率在窮冬既為舟人所邀又苦津務之阻所過至飛瓦石挾弓矢傷其舟楫每舉必有數輩殞於非命此又廷試在道之弊也乞下四川運司於並試院之側更置別院令試官不得與大院相通其所部選差

卷一萬六百四十六

監試責其覺察考校不得私撿謄卷旁搜暗號所有考中卷子聚廳會考定其去留監試不得干預乞下四川制置司令後類省試凡舉人有妨嫌者不許分簾內外皆於別院就試不得避房如下願就別院仰寄舉以俟後科更下制司及諸路運司搜訪場屋之弊痛加更革精選文學德行廉潔之士以充考校有合廷試之人委自制司下遂州津發催促於歲前起離約東沿江稅務仰即時通放待士之意詳盡而孟夏之朔尚未入國門者更不賜對庶幾臨軒不在盛夏之時亦可革遷延之弊貼黃竊見行在每歲類試大法止取一二人以待評事之闕而四川亦有此一科凡應試者於法令皆非素習中選者率是私取士矣類能言之名器之濫誠可太息乞下四川大法試今後任罷厭愜公論從之以上寧宗會要

嘉定九年三月二日臣僚言賓興之禮非不重州郡視為具文貢舉之制非不詳有司未嘗加意臣擇其甚者言之一曰考官闕少二曰謄録鹵莽今若於遂州人數多處增差考官省解試銓試太學公舍等試先期選擇楷書人撥入貢院其謄録冊紙增價買辦不至薄爛官司所費亦自不多使士子積三年之勤角一日之技文藝優長必可預選無復枉黜幸中之弊從之　六月三日監察御史李楠言邇者場屋之文根本之學淺而務為剽襲純實之意少而類多浮靡簧鼓譸張自回至計

卷一萬六百四十六

初無謀國之忠險躁詭激胥動浮言寧有愛君之誠文弊極矣致之甚簡用之太濫秋賦春闈一掛名其間取青釋褐易於探囊視古人官於論定之後爵於任官之餘蓋又相遠上以虛文求實才下以一日之長決去取終身富貴烏可以文章為小技不思所以作新之乎轄移闌闕顧上之人何如耳先朝景德中李迪賈邊省試迪以賦落韻邊以論命意與注疏異皆不中選時王文正公旦為相謂落韻出不意立異則務為穿鑿遂收迪黜邊張方平知貢舉建言比來文格各出新意相勝為奇以怪誕詆訕為高以流蕩猥煩為贍且謂策試有置所問妄肆胸臆條陳他事今日之弊何以異此乞下臣

此章布宣中外，俾學者知所趨嚮，考官知所去取，一以王旦、張方平為心。凡屬辭尚體要，論事不怪迂，名之必可言，言之必可行，有關治體、益風化者，擢寘選中，庶幾一洗陋習，少振頹俗。從之。

九月二十七日，臣僚言：竊惟國家設科取士，得人之盛，視古無愧。近年條制寖寬，士氣日卑，上之人務無容為寬德，不加檢覈之嚴，下之人以苟進為得計，益萌僥倖之望。況由秋試選之春官，苟不加精覈於始，則何以考察於其終乎？夫挾書有禁，舊制也。今郡至棘闈，日未及中，殘編散帙盈於階戺，甚者以經史纂輯成類，或賦論全篇刊為小本，以便場屋巧於傳録者，既以倖得，而真有問學者未免見遺。代名

卷一萬六百四十六

有禁，舊制也。今不在計偕者或擅就省試，切貢籍以故之名為假手之地，部胥書鋪羣比為姦，攬名納卷，入場代筆，趨利者多冒法日衆。乞申明戒敕，嚴挾書之禁。凡免舉試人於本貫勘會，召保官批書給據保明。有游學在京不能歸者，召朝士委保，庶幾一掃舊弊。從之。既而禮部言：臣僚奏，凡免舉就試人各於本貫州軍召保官一員批書給據保明，本部照得今去試期不遠，若遵申請，再下諸路州軍更別保明，切恐諸州軍申發後時，其士人起離在道，却使復回陳乞，必致往回赴省不及。今照臣僚所請，且與今舉收試，俟將來嘉定十二年免舉省試人，却照今次指揮遵守施行。從之。

十年正月九日，臣僚言：科場之弊不一，有司之見不同。國家三歲取士，蓋將網羅英俊，以資他日之用也。苟條約不明，弊倖百出，好惡各異，去取不精，關繫豈不大哉！夫巡鋪以

察懷挾，令八廂容情，略不之問，披卷閱帙而挾書無憚；排案以防傳義，令吏胥受賕，巧為道地，同廊並坐而傳寫尤便。分差謄録，許令雇債，所書草卷至不可讀。有司拘限，率多鹵莽，給使厮役不令整肅，乞覓紛譁，擾亂文思，士子迫於晷刻，寧不窘困？陳虞法令，明禁詎可不申飭之乎？初考以點檢為名，蓋點檢程式，別白優劣，而上於覆考；覆考以參詳為職，蓋參訂辭義，精詳工拙，以上於知舉；至於知舉，則取舍方定。今初考批卷，人各不同，謹畏分守者雖遇傑作，未敢過予；率意任情者偏有所合，徑批優分。雖知舉參詳，或陞或駁，而過落攢分之祭，合數而總計之，得失不能不差矣。其他如換專門之學者，自是所見，取舍不合於公論；喜穿鑿之論者，不顧經意，權衡莫當於人心，使辛勤實學者有不遇之歎。乞下禮部，候將來鎖院，

卷一萬六百四十六

者備送試闈，嚴切關防懷挾、排案等弊。謄録書手，必令官司先驗字畫，封臂押送貢院，門官覆試，然後押入，如不諳書寫，亟行退換。初考批分，必從知舉先集考官議其去取高下，所批字號分數，務適其當。過落司如遇初考分數方於參詳知舉，許當職官繳申試廳，公共予奪，庶幾弊倖稍革，真才不遺。從之。

二十八日，臣僚言：臣聞一法立一弊生，禁防已密而姦倖復出防禁之外，苟不逆折其萌，則姦弊愈滋，法制不足恃矣。議者謂省闈之弊視數舉之前為特甚，懷挾之來

革巡視之處文排案之作弊傳義之紛紛此其弊曉然易見日來多有冒名入場之人頗駭人聽如甲係正名赴省乙乃冒名入場方州士子紛揉錯雜書舖莫辨安然入試略無顧忌十年之前安得此弊預榜之後獨有參驗字號真偽非不嚴也曾不知姦弊之生出人意外場屋裹備卷以防正卷之闕失今乃預買備卷冒名出試則以場中之文令正身謄上及至中榜計賂吏胥抽換場中之卷雖一二千紙亦不憚費吏輩為地何計不遂則此字號之設不足恃矣備卷條印通印卷首以防拆換此曹多是買下或於簾前妄請潛地袖與正身謄寫簾前紛陳之備卷何所稽考此弊之尤者非懷挾傳義之比乞下禮部自今省試只許監中印士人正卷所有備卷只許白卷納入省場令監試專差官監印計數封起引試之日有請備卷必逐名監給抄上姓名鄉貫以為後日稽考私買濫請之弊仍令巡按等人巡緝有正卷又請備卷冒名入場人必罰無恕庶幾偽冒可革從之　三月二十七日禮部尚書黃疇若等言猥以庸虛叨司貢舉竊伏思念恭惟祖宗隆平垂意多士選舉具嚴當面命從臣精求藝實又賴有司澄清澆薄至景德二年之詔則曰屬詞未成於師資專經莫曉於章句攘竊古人之作懷藏所習之書假手成文遥口授義士人之干祿豈其然乎於是著為章程不得移易坐次懷

挾冊書披出試闈仍嚴殿舉之令紹興二十六年之詔則曰近年以來士風寖薄違至禮闈不遵規矩挾書代筆傳義繼燭種種欺弊靡所不為夫出禮則麗於法按察糾劾務在必行聖聖相承重規疊矩謹言如此夫豈樂為是禁防哉蓋冒濫不去則才藝莫伸比年場屋日寬玩習成弊有勤問學知畏者入無所挾則窘一時之偶遺工剽襲慢令者懷藏既多則掩衆人之不及臣等入院之初檢舉條制申首恭承給降黃榜士子翕然知改引試凡十有七日一二未悛不逃糾摘其餘廊廡肅然入自謦竭舊來試畢擲冊滿前今茲決句庭下如掃是知先庚後甲已日乃孚亦何効驗之速也然申嚴之初近者固已知遠則未必知人之常情始知所畏久未必畏乞下此章播告中外今省試甫畢令士子各務進修崇尚實學無懷舊習以革誕謾自今科舉申敕有司斷依貢舉條制庶幾人知鄉方皆務力學從之　十二月二十七日臣僚言竊見祖宗祧廟之諱試闈多用命題甚失陛下恭事祖宗之意乞凡試官於出題之際並不許犯若舉子程文只依舊法從之　十二年六月二十六日監察御史張次賢言立法貴於守法夫三歲取士國之成法於法之中特優其選國子是也豈私於公卿大夫子弟哉蓋以親父兄之訓識政事之体講聞素熟選而舉之惟恐不寛為公卿大夫士者体朝廷之美

意守一定之成法可也苟或挾私徇情旁枝別族夤緣攀附何以示公竊攷紹興間文武職事官本宗同居五服內居異大功親釐務官文臣京官武臣朝官本宗同居小功親並許赴監取應慶元間職事官許牒子孫親兄弟兄弟之子釐務官牒本宗同居大功前後因革雖若小異優是選者槩於此見也然懼牒之不實有牒官欺隱保官不實僞冒殿舉駮放之罪方牒之初長官核實入試之際卷首書係某官某親揭榜之日名下書牒官服屬既得之後不許歸宗防閑非不嚴密申明戒敕屢勤奏請誠以法意既優人情倖得旁蹊曲徑冒而求之亦何足怪獨惜夫廩稍上國垂紳朝行不顧廉恥恣

卷一萬六百四十六

壞成法豈非權勢相臨貨賄相悅乎職事官牒止小功法也或以緦麻為小功釐務官牒止大功法也或以小功為大功此猶冒法之微至於服外為服內以姪為弟姪孫為姪彊就服屬紊亂昭穆甚而隔州隔路平生蹤跡風馬不及苟同其姓一旦梯援遂或嫡派成法雖存略不顧恤則倖門一闢上行下傚冒濫相矯以至濫牒姑姨滿里同宗紛紛售僞者勢所必致今公道彰明國維振飭未必有前者之慮私憂過計切謂名以國子進士者朝廷以為公卿大夫士之裔使寒素之士不得儕其列其特之異矣正宜廉恥相先扶植公道詎容狃於舊習或肆僞冒有負優厚之本意乞下臣此章戒敕朝

士毋徇人情紊國法痛革假托宗枝遷就服屬之弊一正廉隅各安命義或麗于法當照紹興指揮必行無恕從之

七月二十六日詔步軍司中軍統制時暫權照管侍衛馬步軍司事務黃之頡令禮部特與放行牒試先是以都省言黃之頡乞牒子姪監試據禮部備國子監申雖未有行遺體例緣之頡目今管幹馬步軍職事即與其他小使臣任軍將官事體不同合議施行故有是命

九月二十七日國子司業玉棐言科舉取士自唐以來蓋數百年鴻儒名士社稷之臣由此塗出方其應試也雜糅汎取濫得幸中不知其幾故我藝祖常難其選興學校專師儒欲教而後用養而後取之蓋鄉舉里選其法既廢策採譽望有司猶得以執其權自糊名謄錄之法密則一於言語文字

卷一萬六百四十六

工拙而已法行既久未易驟變來者愈多有司考校精神有限去取苟且則併其言語文字擇之不精毋怪乎人才之愈下南渡以來嘉尚正學中閒諸老先生雖所得源委不能盡同究析義理昭若日星士子手抄口誦講疑問難上者有深造自得之功下者不失為規矩準繩之士權臣誤國立為標榜痛禁絕之以中庸大學為諱所趨者惟時文前後相襲陳腐愈甚夫積漸於數十年之久其說之方行大壞於數年之閒其論幾熄更化以來崇獎雖至丕變未能故體貼愈精字面雖新而不貫於義理華藻愈盛浮言雖多而不本于義理務為纖巧而氣益卑更相蹈襲而見益下臣謂當此大比戒諭

考官悉心選取，必據經考古、渾厚典實、理致深純、辨析
該通、出於胸臆、有氣槩者，理勝文簡爲上，文繁理寡爲
下。秋闈既精，上之春官，進之天庭，爲異時天下之用，豈
云小補。從之。　二十八日，右諫議大夫李𣗳言：「自昔取
士，必由學校，後世變爲可舉，尚謂學而後仕也。厥今之
弊，曰傳義，曰挾書，曰見燭，未若代筆最失本意。蓋科舉
以其業儒能文而後設，棘闈之防，門闌之禁，監試有官，
巡邏有人，隄防伺察，慮其有弊。今賂賄公行，代筆中選，
十常二三。秋試已畢，省闈在邇，乞檢照科舉條法，申嚴
行下，重立賞格，如有代筆，許人告首。仍下州縣，預令通
知。」貼黃：「臣竊見丙子舉奏請州郡召保，給據前赴省試，

續以試期迫近，權就禮部檢元解帖給據就試。而貪婪
無藉之徒，乃用情解已死姓名投狀，或用弟兄親戚同
鄉姓名，脫漏給據，專爲假手試訖，委而棄之。乞下所屬
照指揮，就各州保明給據赴省，如違，定不收試。此革代
筆之一端。至有門外假手，遞藁入院，或內外通同，交卷
曆子先上姓名，旋將見成卷子傳入填納；或封彌之初
私置別本，記其名號，計囑吏人塗改，以圖必取。乞立罪
賞，嚴戒巡邏官吏，其令人代試及代人試者，從條科罪。
如有行賕計贓，重作施行。」從之。　十二月九日，臣僚言：
「考校差官，力有所限，居有不安，詎能運我精神，校人優
劣？歲當大比，試于春官，知舉主文衡，參詳審當否，至於一

考校去取之責，實繫點檢試卷官。每舉例選二十員，奧
非文藝器識，試越一日，分房考卷，自朝抵夜，一月甫能
竣事。脫有病者，又難分考，莫若就點檢官內添一二員，
俾我能勝文，文不我窘，所謂力有限者此也。貢院地勞
卑下，春陽地氣上騰，非有板居，恐爲濕氣所襲。有司已
鋪一半，莫若鋪足，俾四體展布，一意文字，所謂身有不
安者焉可誣也。乞下臣此章，詳加討論，亟賜施行。都省
照得近來宗子到省人數倍於常舉，其點檢試卷官若
仍舊止差二十員，竊慮考校不精，合議施行。詔更添置
點檢試卷官二員，專一考校宗子試卷。　二十二日，臣
僚言：「場屋弊極，法禁當嚴，請言秋試一二，復以省闈當

謹者陳之。近甸今歲貢闈，詞賦過額，實之前列，小義錯
繆處之魁選，有以杜預、左氏之序出爲傳題，鹵莽可知。
甚者身不入場，榜出高中，詞訟未已。浙漕類試，其弊尤
多，或名貫年代一同而納兩卷，或次場央賦卷而同納。
或二名貫雖異，祖父名諱、年甲則同。別試之所，蓋避親
嫌，漕闈合避二百六十餘人，類以孤經牒還大院，別院
所試僅二十人，安有孤經若是之衆？借曰避考，擇寧保
其無囑託？別院考畢，仍歸太院同考，別院之設，將具文
爾。試卷封彌，所用塗注印記，而謄録所爲無稽，稍發還
封彌不止一二，豈非吏貼輙毀其卷，近者取獲塗改，皆
此類也。近郡若此，四方可知。精選詳擇，所藉甄別，特爲

試爾八廂伺察以防挾書代筆比年玩習鎖試之前冨室勢家結約入試包藏所携首為奇留試題一出密令檢閱蝇書滿庭莫之惮也郡聚假手八廂所合巡視頂名入試書鋪所當認識囑託既行皆不之問傳義以線從地引入飲食公然傳入彈圍隨水注入機巧百出封彌謄録獘倖尤多監官貼書不許相見正心傳泄公然往来封彌既畢擒過謄録號簿付之吏手姓名皆得而知豈容不關防哉夫群天下之士試之禮闈被抱實學正欲自見而聖時望於得人姦欺冒濫材能湮鬱豈選舉之意乞諭大臣嚴為措置巡視八廂書鋪知情故縱重寘于法封彌謄録乞差朝士二員機察引試之日令

卷一萬六百四十六

臨安府多差廂官四圍巡邏簽廳官提督如有捕獲準條推賞因事敗露亦議責罰注水之地引試之日廂官監視卯時注人入場之後不許注水照得貢舉制舉人懷挾殿四舉有官人衡替注令人為人同非不至嚴士子類多挾書堆積盈滿條制蕩然今秋宗子解試有懷文入場所出之題一人有十二篇已用其一餘以惠人悉皆預榜真才黜落莫不惋憤多器以計得固自不可況清官要職皆由此選今来省闈深慮循習乞以臣此章嚴行禁止專委監試措置捜邏違犯之人必罰無赦巡鋪八廂不行覺察取旨責罰從之　二十六日右諫議大夫李楠言恭聞高宗因輔臣進呈殿試升降格當

曰初召考官以鯁正居上諛佞居下此以示朕好惡凡士人須自其初進便當別其忠佞庶可冀其有為大哉聖謨誠選舉之良法近世科舉亦古人明試以言之意顧以之才為嘆何耶是非人才之罪也欲正六律音必委善知樂欲得千里駿責之善相馬今欲得碩大英偉忠諒鯁正之人以為世用則必選擇中正而不嬾識趣而詳練氣剛而肅恭究以學問該通付以較藝之責庶乎其可矣然更有千慮一得之見甲戌省闈臣備數點檢試卷以撤棘日淺考官焚膏繼晷頃刻不暇得無點檢稍緩乎乞比常限略展三日量增日用使考官精詳編次去取不其美歟從之　十三年正月二十二日殿

卷一萬六百四十六

中侍御史胡衛言照得知貢舉一員同知貢舉二員皆擇其從近臣儒學時望又以臺諫參之嘉泰閒謂司諫司考校不無迎合乞專糾察而於議題去取高下勿預焉即增置同知貢舉一員但更制之後所差臺諫既無卷子可考至於貢闈獘倖如懷挾假手之類合措置關防者玩愒其間僅與三知舉通簽文書而已蓋不司考校不應謂同知舉既專糾察不應不正監試之名今科舉之法諸州解試別院省試皆有監試官安得省試大院獨無監試今宣鎖在即乞將臺諫同知貢舉一員改作監試其校文之官有勤惰不一者察之執事之吏有内外容姦者糾之凡貢闈事不屬考校去取者悉聽於

監試然後名正言順責有所歸且使知舉免親瑣務專
意文衡誠非小補從之　四月二十七日刑部員外郎
徐瑄監六部門張國均大理評事郭正己言竊見貢舉
莫重於省試利害關係莫重於封彌往歲常聞掇換卷
首深為切齒然未若今身履而目見者以效事不復條
陳則此弊無可革之時矣謹條列於后一換易卷首皆
是部監點吏與書鋪通同封彌所作弊中間務欲景弊
臨時於百司抽差吏貼雖是生疎可免掇換所謂書鋪
與部監吏交通此兩窠人常在簾裏弊根無由可除且
如卷縫長條背印之設正防此弊而條印不印卷身多
印家狀亦有不及縫者亦有全不印至封彌處者又有

卷一萬六百四十六

封彌後寫奉試及作文處全無正面縫印者公然掇換
乞下部委郎官一二員監印背須管印至封彌後第一
第二縫背面齊全仍要鎖院前一日印絕不得於貢院
用印候引試日榜示簾前如無印縫許即陳乞補印仍
逐卷用主行人印記如仍前簡漏重行斷降有情弊送
獄根治一封彌所置號簿納卷書姓名三代注籍稽考
日前付之吏手至拆榜全不用及只將草卷對真卷拆
取號簿遂為虛設掇換竄易皆無所考乞監封彌卷首
院門官銜內添專拘號簿封鎖卧內直候臺官拆榜齎
置知舉前將真卷對簿見姓名三代同然後書榜仍於
卷身第二幅紙角添寫字號以備參對可革掇換一掇

換之弊亦有未試前先將真本白卷寄封彌謄録吏貼
收藏入試卻請備卷吏貼受囑專候鈎卷全篇謄上其
元納備卷卻行毀匿遂無稽考乞合備卷之時先具姓
名報封彌所於簿內明注第幾場係請備卷候拆榜如
係真卷不係備卷即行根究一封彌所交到試卷即時
封印送謄録所間有漏印打回印押亦有不印押而謄
録作弊私拆家同已謄者發還封彌所臨時兩處相推
無從稽考或掇換或漏泄乞就封彌謄録所官內各以
一員專點印押出入如漏印押限刻內發回補足如違
留一時已交入謄録所收管不許以漏印為詞打回及
已謄畢發回封彌點檢如擅拆封限刻內申試廳追入

卷一萬六百四十六

根究一謄録書手動是三百餘人例係縣科吏貼轉雇
游手混雜其間亦有士人流落家同抄寫書鋪等受囑
為地比至謄録揀作文合格者掇換卷首倣做字跡書
寫奉試某經之後不過一二行止非楷字畫決不能分
真偽掇換卷首委難關防乞科差之際下逐縣結罪每
五人為一保覺察不許容流落士人混雜解府先委通
判察視封臂併委謄録官伺察如有作弊併將同甲一
例送獄一書鋪納卷多不依式或卷身行數奉試字外
只寫第一道字幅紙盡絕其作文處已入第二幅又粘
縫占寸許合掌連粘亦為揭起再粘之地並合榜示士
人如有欺弊簾前自陳改正違者封彌出別項架閣如

條取中辨驗稍涉擬換取旨駮放一書鋪無非熟於姦弊之人凡富室經營未有不由書鋪設有官吏公心弊亦難絶乞于未納試卷之前約束書鋪三人結保如一名造弊併三名决配籍沒乞嚴賜施行專為省試約束劄付禮部候將來省試年分預期撿舉既而禮部令遵指揮條具一試卷用印漏落致有換易卷首事照得書鋪收接試卷停積在家亦有士人稽留不肯投納直候鎖院將白卷發入但院內人力不敷致有條縫印漏落今次省試增免解二三千人委是繁冗非唯換易亦恐書鋪舉人通同夾帶不諳試人乘此為姦實難稽考今欲立限試卷仰鎖院前三日投納限外並不收接乞下部遍牒諸路州軍曉諭士人知委如書鋪收藏不即投納送獄根究一封彌所置號簿乞差監封彌院門官勑牒內添拘號簿字從本部牒封彌所照指揮施行一請備卷報封彌所事乞下本部關貢舉案照指揮施行一封彌所發送卷子付謄錄所漏印事乞從本部牒封彌謄錄所遵指揮施行一謄錄所書手不許着流落士人混雜事照得嘉

定十五年指揮令後應鎖院收試謄錄人務要慣習書寫曉文義正身充應劄付禮部扁牓外合取指揮施行一約束書鋪牓示士人試卷依式界行如不依式黨前改正事乞從本部嚴示士人書鋪依式界行粘縫如違重作施行一約束書鋪三人結保如一名造弊併三名同罪乞從本部告報施行從之　五月二十五日臣僚言臣聞古者教胄子之意不存於後世而僅存國子諸試爾皇家優國子之選待士大夫厚矣儻易宗而參姓委法以狥情是上之待下者厚下之自處者薄其可乎今歲監試終場八百四十餘人方之前二舉數逾一部夫濟濟周行員不加益所牒乃多寡遼絶何也比歲嘗有痛革假託還就之請近者復有申明保官狀書之令但玩弛已久寬嚴不常奉行具文拔本塞源必有其道照得牒試僞冒最甚者一曰武臣二曰外朝

士武臣非必冒于貨賄皆以利鬻力量既輕怵於權勢有不容不從者泉福多士之鄉每舉所牒率占上游或道里隔涉實牒本宗而轉以售人者甚衆乞下臣此章風厲中外俾之存不欺之心遵至公之憲凡冒濫中選者劄下牒官照指揮許之自陳雖已批書並限五日申省矜其循習咸與惟新自今不悛却乞加嚴紹興頒降凡牒官保官重行鐫罷受牒入殿舉至於武臣只牒武舉試外宗丞薄糧料權貨等官牒子及孫蓋武舉趨之者少子孫難於還就如是則事為之制曲為之防又以輔法令之所不及也從之　九月二十八日殿中侍御史胡衛言臣聞河洛由文興六經由文起雖天地之自

然而與時高下則理亂興衰所關不可不察也典墳誥誓尚矣漢唐之隆皆足以自成一代之制皇朝承五季陵夷之後士氣卑弱二三聖人作而新之朝廷之上號大手筆如楊億王元之雖尚拘崑體而場屋間王曾試有物混成賦識者即以公輔期之自從歐陽修尹洙專以古文相尚天下競為模楷於是風一變遂跨於唐矣熙寧以來凡典章號令若王安石之造意雅蘇軾之發語純明體律之至弗可及已譬猶執木在扶質以立榦不止於垂條而結葉也程顥程頤又以洙泗之源流興于伊洛間士之所趨一歸於正於是文風再變遂越於漢矣南渡之後視草代言之任間有作者大抵屬對精

雜加之溫麗而其弊至以頌上之辭為謟下之語近在淳熙惟文祖嘉尚正學學有洪儒所傳益粹薰陶漸染一時學者皆根抵乎義理發明乎章句文風三變幾至於道而權姦不學疾視善類明立標榜痛禁絶之以務學為迂以談道為諱紕畧短淺末之能革柰何聽其所趨邇下不有以濯磨而作成之邪乞明詔四方一新文體俾小大試闈自今以往精於取士其有六經之旨於章旨詞賦之乏諷詠議論之昧於趨向荅策之專於套類芟夷蘊崇望而屏去則真才實學或得於詞語之閒而制誥王言亦必翦浮剔冗諭理垂訓斯為得體將見斯文之盛貫乎上下郁郁乎無愧成周之治矣從之

卷一萬六百四十六

十四年五月二十八日詔令禮部行下諸路轉運司并諸州軍遵依淳熙四年七月五日元降指揮每解試終場人以百人取八人充待補人數既而以都省言檢會淳熙四年指揮科舉年分諸州解發不到試卷每百人取三人赴補試又淳熙十年指揮解試終場人以百人取六人充待補其取放既優反滋弊濫以致臣僚有廢待補之請欲從州縣校定令二若不依舊制無以重待補之選故有是詔

十五年二月十二日禮部言祕書郎何澹奏祖宗之制諸科舉人問大義十道能以本經注疏對加以文辭潤色發明者為上或不指明義理但引注疏備者次之若引注疏及六分者為粗其不識本義或連引他經文意乖戾章句斷絶者為下夫經本注疏則學有源流文先義理則士有器識世之所謂時文者亦非不知注疏之

文獻通考文武雜職以下均於行注

當考義理之當精然求於命題之短長沮於立說之闕健穿鑿為奇牽合為工殊以經旨為難拘先儒為難從為主司者但見循習之文多可命之題少於是強裂句讀出其所不擬專務斷章試其所難通在我已先離絶旨意破碎經文何以責其盡合於大義無怪乎舉所得類多新進坐失老成之才也乞及科詔之將頒預下有司命題不許斷章許出關題惟意所擇不必盡拘每舉句之多寡求其字之對類惟務明綱領而識體要則學有本原文不浮靡至於詩賦命題不拘經傳子史惟體要之當先毋怪僻以求異同論策參考理致兼通以道義淑人心器識取人才則士習美而風俗厚矣從之

卷一萬六百四十六

部看詳既而禮部送國子監據國子博士鍾震等聚議所陳考校命題事其取士不為無補但經義關題一節慶元四年指揮許於本經摘兩段合為一題又令盡出全題或三篇之中欲合一題聽從有司之便從縁外州場屋命題多是牽合而求對更不考究經旨如以在璿璣玉衡以齊七政合七句有苗弗格之類但合七字更無義理豈不有礙經旨所以關題自嘉泰元年後不曾再出今來奏請以全題有限自後場屋若聞關題理亦可行從之文獻通考新進士舊有期集漁江後置局於貢院特旨賜之錢集英殿賜第之三日赴馬上三人得自擇同升之彥分職有差朝謝後拜黃甲其儀設褥於堂上東西相向皆再拜已擇榜中年長者一人狀元拜之復擇最少者一人拜狀元所以侈寵靈重少長也又數日赴國子監謁謝先聖先師用釋奠禮送賜聞喜宴侍從已上及知舉官館職皆預焉

皆預焉以上均大字

文獻通考文武雜試高宗建炎元年追復祖宗故事於科舉之外有文武傑特者試而官之時鄒國萬士四人適至命中書省各試策一道何烈對策依廷試禮稱臣上以其寒遠一體推恩既而有言其陳者於是除充末名補下州文學考官汪藻等皆坐黜而軍中便宜借補者衆詔內有武勇之人委諸道提刑安撫司依弓馬所格法比試合格入赴御營使司審試擬定名目上大省部給進

字

武進義校尉兩等文帖換授。既而上言者云：「立功之人色目不一，或輸家財助國，或齎蠟彈冒險阻，或以進以獻策。今來試以弓馬，而舊補授至陞朝官大使臣者例得校尉，未為允愜。宜令借補文臣試兵書戰策，以為殿最，餘並驗實免試注官。」東萊呂氏曰：取士科目，自夏商以前不見於經，其可見者至周始有。自周後數千載，凡其間廢置沿革輕重，就所備者皆有可考。然而考論須見得所以廢置因革輕重之所以然。以大略觀之，大抵向前重，向後然輕。且如周禮以鄉三物教民，謂之賓興。又看賓之一字，當時蓋甚尊事。詳考前一段，他時一個本處來數精詳，與倫同不必說。又看他賓興之三年大比，獻賢能之書于王，王拜受之，登于天府，內史貳之，如此其重。及至後世，如飲[illegible]如賓席脫容方如棘闈，如糊名，若防姦盜然。為士若須深思其故，何故古如此重，後世如此輕，須當深究之。三代之時，士一个進修之至，惟上之人自求之，故如此重。又須看當時之於士待之甚重，而然之則甚詳；後世待之既輕，政之又略。且如王制論鄉秀士升於司徒曰選士，司徒又論其士之秀者而升之學曰俊士，然後方免其徭役。大樂正又論造士之秀者升諸司馬曰進士，遣選方可受爵祿。司馬政官也，以其可使從政也。凡經四級，然後始可從政。然猶未也，司馬又辨論官材，論其賢者以告于王而定其論。論定而然後官之，任官然後爵之，特其位定然與之以祿。一人之身，未入仕之前凡經四級，已入仕之後凡經三級，經七級然後始得祿，其考之之詳如此。成周之時，見得官爵皆天位天祿，不敢輕授。至後世與之甚遽，全以文字高下為進退，蓋有以一日之長而決取中身之富貴者。當時放之甚詳如此，然論其大畧，漢唐以來，大抵自重而漸輕，自幾而漸遠。由漢以來雖不能如三代拜受之禮，然猶州長身勸為之駕，雖以當時號為諂敗如公孫洪者，猶是鄉人勸勉而來，未嘗自進。到得幾來，唐始令投牒自進，流士始漸輕，此所謂自重而漸輕。自漢至唐，進士登第者尚未釋褐，或是為人所論薦，或再應官中，或落方辟舉，然後始得釋褐。至本朝始於進士及第即放釋褐，此所謂自幾而漸遠。科目雖多，其間歷代常行自有數。自漢至隋以前，惟孝廉與秀才常行；自隋唐至本朝，惟進士、明經常行。至熙寧[illegible]王荊公罷事，改取士之法，自是進士獨存，明經始廢。熙寧四年。明經科廢罷，此其大畧可見。其次便是制科。制科却歷代常行不廢，漢則因事而舉，六朝亦間舉，至唐及本朝亦未常廢。到得熙寧間，王荊公得政，孔文仲對策譏新法，制科始罷。至元祐初又再復，得兩三舉。至紹聖初章惇為相，欽行荊公法，又再罷。景德四年，帝曰：「比設此科，欲求才識，若但考文義，豈有濟時之用，安得如今

卷一萬六百四十六

策問宜用經義，參之時務。」熙寧二年，賢良孔文仲考入第三等，詔謂蹊薄時政，不足收錄，告示發付本任。天聖八年茂才異等。景祐二年罷，用吳育。嘉祐六年賢良蘇轍、蘇軾。大抵三代之時，不專是語言文章，至漢以來則有所謂射策對策。是時已成科舉之習，雖然，尚理會經義，又與時議。到隋煬帝之時，風俗浮華，始有進士之科，方有律賦。自唐以來，孝廉秀士之科尚在，但只是明經、進士二科盛，而秀孝衰。是時有記問者則得者則得明經，有辭藻者則得進士。當時南北分兩邊，各自設科。既分之後，周進士未設，尚自理會秀孝二科。是時南人高南師，北人高北師，各守家法，莫之能定。當時主司有欲優劣之者，反為所難。隋煬帝時風俗浮華，進士科始立。至唐初間，進士、明經都重，及至中葉以後，則進士重而明經輕。蓋當唐之時，文筆之士多，于故如此。到得本朝，待遇不同。進士之科往往皆為將相，極通顯；至明經之科，不過為學究之類。當時之人為之語曰：「焚香取進士，嗔目待明經。」才設進士試時，便設香案，有拜跪之禮；才到明經試時，則設棘監守，惟恐他傳義。當時進士却有帖經之制，他文士都不肯去記這傳義，於是有贖帖。才是進士科試帖經不知，是或作一篇文，或作一賦，便可贖帖經。及至熙寧間，荊公罷詩賦、帖經、墨義，併歸進士一科。齊魯河朔之士往往守先儒訓詁，質厚不能為文辭，所以自選士科一併之後，榜出多是南人，預選北人預者極少。自稽廟以後，立齊魯河朔五路之制，凡是北人皆別考，然後取人南北始均。慶曆中，范文正公、富公、韓魏公執政，欲先試論策，使工文辭者言古今治亂，簡其程式，使得以逞，問以大義，使不專記誦。自是古文漸復。一年而三公罷政，此制遂停。王文正公為相，南省試進士當仁不讓於師論，時邊讓、李迪皆有名場屋，及榜出，二人不預試。公取其文觀之，李以落韻，邊以新為家與注疏論，特奏令御試。王文公以為落韻者不審，不若舍注疏而立說不可許，遂取李出邊。前輩之守注疏如此嚴。至王荊公始以經，疏不用，作三經說，令天下非說三經者不預選，罷詞賦。又以春秋有三傳難，遂罷之。至元祐間始復詩賦，增春秋。又至紹聖章惇執政，復介甫法，遂復罷詞賦，去春秋。後來至欽宗又始復元祐制。大抵須是有鄉舉里選風俗，然後方行得鄉舉里選之制。所以楊綰復鄉舉里選，未幾停罷，緣是未有風俗。今已為士，須思所以為風俗者何由，又須深習三代之所以後，而後世之所以薄者何故，則亦庶乎復古。

二十二日，禮部言：「直秘閣、知潼川府魏了翁申：據潼川府學教授費洸狀：竊見學校課試士人程文內有

卷一萬六百四十六

犯祧廟諱字，先準嘉定十年指揮，祖宗祧廟之諱，試闈多用命題，甚知恭事祖宗之意，乞降旨凡試官出題並不許犯，若舉子程文只依舊法，已行遵守外，照得祧廟諱字收入韻略，公私行用日久，朝廷用之制誥，臣僚用之章奏，士大夫用之名字，考官用之題目，舉人用之程文，相承已就。今來上項指揮止是不得出題，若舉子程文只依舊法，舉人為見不得出題，故亦私相避忌，亦有更不迴避，考官往往過於謹畏，以為不可出題，故亦不敢取放，或捨長取短，不稱朝廷取士之意。乞意乞備坐舊法及新頒指揮，行下本學曉諭士人，得以遵守。科舉在近，仍備牒試院分明曉諭，庶免疑惑。本府照得州縣聞奏有此弊，緣元降指揮考官不得出題，舉人只依舊

法，考官舉人元是一體，今來避就之間似有牴牾，無舊法二字，舉人或有不能遍知，若止從本府舉行，終是未允衆論，乞下國子監看詳，明降指揮，於四川解試前行下，以憑曉諭，庶幾考官舉人議論歸一，不致互有疑惑，枉被黜落。送禮部看詳。既而禮部送國子監看詳，據國子博士鍾震等聚議，撿照禮部韻略文書式內該載名諱，如順祖、翼祖祧諱，即不合迴避，各於韻略內收入訖。後因本監申審傳宣二廟祧諱合與不合除去，禮部行下照應昨來翼祖祧廟體例，尋即於上聲篠字韻并平聲登欣字韻收入訖。後因臣僚奏祧廟之諱不許試官出題，若舉子程文只依舊法，其所謂舊法者，即文書式內該載不合迴避之文。且本監申審之後，已於韻內收入，則舉子臨文不須迴避分明，只緣外州試官惑於不許出題一句，是以舉人亦被黜落，致令潼川府有前項申請。今看詳合照元降指揮，其祧廟之諱舉子不須迴避，卻照新制試官不許出題，行

下遵守，仍乞禮部符下諸路貢舉司一體遵照，庶幾今歲科舉有司不致疑惑，實為利便。本部今欲從國子監看詳到事理施行。從之。

三月十七日，臣僚言：「設科取士，務在得人。鄉舉學校之外有漕牒以網其遺，大比登名之餘有免舉以振其滯。法久而弊，冒濫百出，比年以來禁防益周。嘗論其故，互有得失。嘉定九年奏請免舉赴省試，有游學在京，許就禮部陳乞，召朝士一員委保赴試。近者禮部乃以免舉冒名，難於防檢，欲使今後必經本貫及元得解處給據前來收試，曲為之防，誠未為過。然事體有不同，人情有不通，而限以一切，不權可否，因噎廢餐，所失多矣。彼論秀于鄉，名著桑梓，其存亡可舉籍而知，是否可稽貌而定，使從本州請據，理順勢便，夫復何疑。惟諸路漕試與此不同，若隨侍子弟東西南北蝟集一時，

已難盡考，況至免舉，事久日深，乃復使就元得解處經理公憑，道里阻脩，歲月浸久，吏牘不無散落，聲迹豈復相聞。臣往年從官外方，目擊其弊，類皆以貧乏孤寒不能自致，甘心束手於不得試者多矣。茍其力足以輕營，勢足以請託，則是非存亡安所從考，不過市吏以便文，賄賂以求必是，則將以採弊，適以啟姦。夫使請于禮部，要當稽之至嚴，責之搢紳，以保任之至重也。捨此不取，而取信于外方之吏文，此何為哉！乞下禮部，除諸州鄉舉免解人就本貫保明給據外，其諸路轉運司免解人須與稽考當來漕司所申省試卷子，辨驗委非僞冒，許

依元游學在京指揮就部陳乞召朝士委保給據赴省從之　四月十五日臣僚言閩浙數郡每一大比終場之數加多於前而元立解額甚少士病進身之艱故冒貫以求漕牒偽親以覬胄試買帖以赴監補躐進誠若可厭然多士之鄉每數百人纔預一薦亦可念矣臣聞救弊之法有當寬者有當嚴者議臣嘗患待補買帖之欺欲放鄉舉里選之遺意繼以待補法久未欲輕廢姑使解試每百人取三人為待補窃聞買帖就試者多是解額窄少數郡之士向也百人取六猶為不足詎損其半弊將愈甚若江湖淮襄紛待補預名其來試百不一二至二廣則闔郡無就補者比者胄監請申嚴鄉郡保官方許參學所謂救弊有當寬者此也國子解補取人實優闔牒偽濫甚以貲取前歲懷不自安者既首陳駁放矣頑然無恥者亦多倖免照得國子牒試年分本監移文牒官非不詳備而監丞權輕牒官保官例不批上印紙及中選然後批所謂救弊有當嚴者此也孝皇在御料目取士開導之方防閑之道兩盡其至解試每百人以六為待補淳熙十年之制也國子試牒官保官必用批書印紙淳熙累行申嚴之制也乞仰酌祖道下臣此章令禮部遵用舊制如其欺偽犯者必罰詔令禮部看詳既而禮部國子監言據國子博士葛從龍等聚議臣僚乞復待補六人之額皆是見行條制委實可行今嘗再下看詳未應已降指揮契勘待補百人取三人係熙寧四年初行之法方行兩舉至十年遂以百人

卷一萬六百四十六

取六人日今行之四十餘年近來偽冒者衆乞更待補之法為鄉舉里選之制欲變其法未損其數亦百人取六人施照逐補常有二百四十人額若百人取三人所取未常加損若百人取六人所取未常加增已降指揮乞取三人令乞復六名皆淳熙已行之法本監難以定從禮部契勘事理申尚書省指揮施行鄉省照得國子監牒試官批書印紙係是淳熙累行申嚴之制及太太學待補生每百人取三人係是淳熙四年所行之法照有嘉定十四年五月指揮今來科舉在日自合遵守詔令禮部照應已降指揮施行　十六年正月十一日臣僚言比年場屋多弊前舉增巡鋪官以防懷挾傳義旋有敗露姦蠹非一春官設棘近在邇月偽不中嚴警飭則偽冒滋長據取其尤凡十二事陳之曰門關曰納卷曰內外通傳曰全身代名曰換卷首納白卷曰吊卷曰吏人陪謄略錢曰簾內胥吏乞覓簾外胥吏曰試宏博人懷挾傳義曰諸色人之弊曰簾外諸司官避親曰印卷子謹條於後臣紬繹諸弊為日久如門鑰當責胥吏收買牢固者監門官點檢不容滅裂其引試日引放既畢每日辰酉請門官監開傳送飲食如遇緊要文字取覆監試旋請匙鑰監視封閉不至傳送不絕庶革宅弊引試納卷乞選職事官將本轄人吏監封彌所貼司交納卷訖點數書姓名入號封押具申簾前不許私錄已封卷子發赴謄錄對讀訖發回封彌入櫃封鎖印押嚴加關防簾內吊卷須經監試批出謄寫庶弗紛雜仍許辰午兩次其所吊卷請官開櫃監謄封鎖止許白日書寫來早續謄庶免夜深作弊封彌交納卷子監寫吊卷職事繁碎官止兩員不足以辨乞添兩

卷一萬六百四十六

員充封彌官，庶乎揆卷稍革。小册韻畧本計百五十文，交收之際，書鋪有錢，若詩賦卷每名就交卷吏人拘償胄監數百千之費，不必拘收。封彌吏人食錢，禮部提轄臨入貢院日於主令內點差，仍用解試例，於御史臺差近上吏人兼提轄應干事務，不許乞覓諸色等人。仍令禮部逐關合屬，將前入院人不許再差，如違將元差人決配。試卷限鎖院半月前委郎官監印，試前三日發入。其係疑印不許將入，如漏印，請監試帶到印用之。鎖院後納卷，依例令別院收試。如簾外諸司官與考官避親，更不用兩員，係法並牒別院收試。應宏博人巡鋪八廂巡緝，如有懷挾，拘赴簾前取旨驅斥，仍支賞錢五百貫

文。若傳題出外，文字入內，代名入場人，令探賞錢二千貫文，許人告首，重作行遣，追賞償官。其內外收買食物，臨安府輪差職官從便收買，不許科抑。將來試場斟酌措置。詔令禮部疾速嚴切施行，仍令封樁庫撥二千貫付臨安府，五百貫付禮部貢院監試所，推賞充賞使用。

七月十日，國子博士楊璘言：「恭惟陛下光履帝位今三十年，慕道益勤，求才益切，追茲大比，登進多士，親策于廷，豈曰應故事而已。邇來士習卑陋，志在茍得，編寫套類，備懷挾。一入場屋，羣趨簾前，以上請為名，移時方散。人數叢雜，私相檢閱，秋于卷首，旋即擲弃，巡案無從檢察。所作牵多雷同，極難選取，僥倖者衆。今書坊自經

子史集事類、州縣所試程文，專刊小板，名曰夾袋册，士子高價競售，專為懷挾之具，則書不必讀矣。竊見科舉條制，懷挾殿五舉，不以赦原。見有三數舉前犯人，並從實殿，不與就行，而書坊公然誠禁。若不約束，將見循襲，學不務實，文不識理，科目之設，愈難得人。乞申嚴挾之禁，仍下諸路運司，令州縣拘收書坊挾袋夾小板，並行焚毁，嚴立罪賞，不許貨賣，自臨安府書坊為始。」後批送禮部看詳。既而禮部國子監據太學博士胡剛中等言：「懷挾之禁非不嚴切，近來場屋違戾，書坊規利，撰印小册，名曰夾袋，以便其用者，不痛革此弊日滋。欲從禮部行下諸路運司，遍州縣應書坊夾袋小板懷挾，日下焚毀，不許貨賣，嚴立罪賞，務在必行。」本部欲從國子監看詳施行。從之。

十一月九日，臣

僚言：「乞下禮部明立取士之制，令後科舉委諸路漕臣證逐郡應舉經義、詩賦人數，各擇試官。其有經多處，則用習經人點檢試卷；賦多處，則用習賦人點檢試卷。餘所差官，俾從元習分考。省監等試，凡差考官經義、詩賦，各隨所習，先自考校，與主試官斟酌定分數，以次取捨。郡學二補除試，中教官人外，習賦不同者，仰守臣選官兼考。仍不得求異出題，有乖旨趣。辭章必求雅麗，經術必取醇明，毋穿鑿為奇，毋怪僻為異。趨嚮已定，考擇已精，自此彬彬文學之士，無愧祖宗之盛時矣。」從之。以上寧宗會要

宋會要貢舉印

仁宗天聖七年十月詔鑄封彌院印三面謄錄所印三面發解印三面送禮部收管遇科場給付逐處行用又神宗元豐六年閏六月十四日尚書禮部言舊制貢院專掌貢舉其印章曰禮部貢舉之印遇鎖試則知舉官總領昨廢貢院毀舊印以其事歸禮部準格遇科場牒印并公事伏緣本部分曹治事凡十有五貢舉乃其一事若遇鎖事牒印即從曹事實有關乞別鑄禮部貢舉之印從之

卷一萬五千五百十四

一作殿試

宋會要舉士十三

親試　太祖開寶六年三月十九日帝御講武殿覆試新及第進士宋準并下第進士徐士廉終場下第諸科等內出未明求衣賦懸爵待士詩題（召殿中侍御史李瑩右司員外郎侯陟國子監丞郝益為考官）得進士宋準已下二十六人諸科五經已下一百一人乃詔曰國家懸科取士校藝求人有司雖務於搜羅積歲不無其漏落所以親臨考試精辨否臧或憫其年深或允其才進俾咸登於上第諒克叶於至公其進士宋準等百二十七人並賜及第出身（先是礼部放準等十一人五經郝鎔等二十一人及第謝于講武殿進士武濟川三傳劉濬以人質蕞陋及占對失次命黜去又下第進士徐士廉等擊登聞鼓上言以久困場屋無由奮發及訴知舉李昉取捨非當即詔貢部籍入策進士并終場經學與準等並親覆於殿庭御試舉人自茲始也仍賜準等錢二十萬令宴會濟川乃昉之鄉人既黜昉亦責太常少卿　文獻通考開寶六年李昉知貢舉取宋準等十一人上以進士武濟川三傳劉濬材質最陋詘去之濟川昉鄉人也上頗不悅會有訴昉用情取人者上乃令籍終場下第人姓名得三百六十人皆召見擇其一百九十五人并準以下乃御講武殿各賜紙札別試詩賦命殿中侍御史李瑩等為考官得進士二十六人五經四人開元礼七人三礼三十八人三傳二十六人三史三人學究十八人明法五人皆賜及第又賜錢二十萬以張宴會尋昉等皆坐責自茲殿試遂為常式　是歲新修開寶通礼成詔鄉貢開元礼宜改稱鄉貢通礼本科並以新書試問　江南進士林松雷說試不中格以其間道來歸並賜三傳出身　是歲詔貢士之下第者特免將来請解許直詣貢部　馬端臨曰按殿前試士始于唐武后然唐制以考功郎中任取士之責后不過下行其事以取士舉非考功已試之後再試之也開元以後始以礼部侍郎知貢舉送中書門下詳覆然惟元和間錢徽為侍郎知貢舉宰相段文昌言其取士不公覆試多不中選黜坐免官長慶以後則礼部所取士先詳覆而後放榜則雖有詳覆之名而寔未曾再試矣五代以來所謂詳覆者間有升黜入宋太祖乾德六年命中書覆試則以帝疑陶穀之子不能文而中選故覆之亦未嘗別為之升黜至開寶六年李昉知舉放進士後下第人徐士廉等打鼓論榜上遂于講武殿命題重試御試自此試始昉等所取十一人重試共取二十六人然于昉等所取十一人內只出武濟川一人餘十人則高下一依元次而續取到二十六人不過附名在此十人之後共為一榜亦未嘗有省試殿試之分也至八年覆試礼部貢院合格舉人王式等於講武殿內出試題得進士三十六十而以王嗣宗為首王武者礼部所定合格第一人則居其四蓋自是御試始別為升降始有省試殿試之分省元狀元之別云）

卷一萬六百四十七

一

八年二月二十五日帝御講武殿試禮部奏名進士內出橋梁渡長江賦龍舡習水戰詩題得王嗣宗已下三十一人賜及第出身翌日試諸科得三礼紀自成已下三十四人賜本科及第出身

太宗太平興國二年正月七日帝御講武殿試礼部奏名進士內出訓兵練將賦主聖臣賢詩題得呂蒙正已下一百九人並賜及第（命翰林學士李昉扈蒙閱所試定其優劣為三等）九日試諸科得九經已下二百七人並賜本科及第九經五經一人不合格帝憐其老亦賜同三傳出身（自隋大業中始設進士科至唐以來尤盛當時每歲不過三十人咸亨上元中增舊額為七十人尋亦復故開成中連數歲放四十人旋復舊制進士外以經術登科者亦不及百人自帝即位以州縣闕官故句決之中貢士幾三百人將以補缺員而振滯淹也　文獻通考太宗太平興國二年上初即位思振淹滯顧謂侍臣曰朕欲博求俊彥於科場中非敢拔十得五止得一二亦可為致治之具矣於是礼部上所試合格人姓名上御講武殿覆試內出詩賦題賦韻平仄相間依次用李昉扈蒙定其優劣為三等得呂蒙正以下一百九人越二日覆試諸科得諸科三百餘人並賜及第又詔礼部閱貢籍得十舉以上至十五舉進士諸科一百八十餘人並賜出身九經七人不中格上憐其老特賜同三傳出身凡五百餘人皆先賜綠袍靴笏賜宴開寶寺上自為詩二章賜之第一第二等進士及九經授將作監丞大理評事通判諸州其餘皆優等注擬寵章）

卷一萬六百四十七

二

殊異歷代未有也薛居正等言取人太多用人太驟不聽　唐朝有勑賜及第以表特恩至是御試中第者皆稱之其後文學之臣有不由科第者或獻文別試亦勑賜進士及第　馬端臨曰按是年諸道所發貢士得五千三百餘人賜第者共五百餘人為十取其一　石林葉氏曰國初取進士循唐故事每歲多不過三十人太宗初即位天下已定有意于脩文嘗語宰相薛文惠公治道長久之術固曰莫若參用文武之士是歲御試題以訓兵練將為賦主聖臣賢為詩蓋示以參用之意特取一百九人自唐以來未之有也遂得呂文穆公為狀頭李參政至第二人張僕射齊賢王參政化基等數人皆在其間自是連放五榜通取八百一人一時名臣悉自兹出矣

三年九月二日帝御講武殿試禮部奏名進士內出不陣而成功賦二儀合德詩登講武臺觀習戰論得胡旦已下七十四人並賜及第翌日試諸科得九經已下八十二人並賜本科及第先是去年諸州已發解遽詔罷貢舉帝恐場屋間有留滯者復詔郡國除三礼三傳學究外悉以今年八月至闕下及是帝親試而特放焉故事礼部唯春放榜至是秋試非常例也　文獻通考興國三年九月上御講武殿試礼部貢試舉人進士加論一首自是以三題並準故事礼部惟春放榜至是秋試非常例也是冬諸州舉人並集會將親征北漢罷之自是每間一年或二年乃置貢舉　按選舉志言是年試進士始加論一首然考登科記所載建隆以來逐科試士皆是一賦一詩一論凡三題非始於是年也

卷一萬六百四十七

三

五年閏三月十一日帝御講武殿試礼部奏名進士內出春雨如膏賦明州進白鸚鵡詩文武何先論題得蘇易簡已下一百一十九人並賜及第出身十四日試諸科得九經已下五百三十四人並賜本科及第出身文獻通考興國五年覆試進士得蘇易簡以下一百二十一人並分甲乙之第賜宴時顏明遠劉昌言張觀樂史等四人皆以見任官舉進士上惜科第不與特授近藩掌書記　是歲有趙國昌者求應百篇舉謂一日作詩百篇不設此科求應者即試之上出雜題二十字曰松風雪月天花竹鶴雲煙詩酒春池雨山僧道柳泉各賦五篇篇八句逮日旰僅成數十首率無可觀上以此科久廢特賜及第以勸來

者仍詔有司今後應百篇舉約此題為式

八年三月十五日帝御講武殿試禮部奏名進士內出六合為家賦鶯囀上林詩文武雙興論題得王世則已下二百二十九人並賜及第出身翌日試諸科得九經已下七百六十四人並賜本科及第出身　雍熙二年三月十五日帝御崇政殿試礼部奏名進士內出潁川貢白雉賦烹小鮮詩玄女授兵符論題得梁顥已下一百七十九人第為三等翌日帝臨軒唱名面賜及第出身顥先以程試上進帝嘉其敏速以首科處焉十七日試九經已下得三百一十八人第為三等並賜本科及第出身是日召考官分出問目舉人就坐既定遣左右監視非預考試者不得入殿門是日詔殿前不合格南省已奏名進士內文采可取者許

卷一萬六百四十七

四

令再試十八日帝復御崇政殿親試內出庭燎賦淡交如水詩題又得進士洪湛已下七十六人並賜及第以姓名附本等湛以文采遒麗特昇為第三人翌日又試御前下第三傳毛詩尚書學究三科得三百二人並賜本科出身時有五經王從善能并注誦其書帝取五經舉其端從善應聲念之甚嗟賞賜九經及第文獻通考雍熙二年令考官親試別試是年親試舉初唱名賜第得梁顥以下一百七十餘人諸科百餘人李昉呂蒙正之子皆入等上以勢家不宜與孤寒競進罷之左右言尚有遺材復試又得洪湛等七十餘人諸科三百餘人並賜及第

端拱元年閏五月十七日帝御崇政殿試禮部不合格進士內出暑月頌冰詩題得馬國祥已下五十四人翌日又出冰壺詩題得張熙堯以下四十七人十九日又試諸科內出夏雨翻萍詩題得王又言已

下六百二十一人令樞密院給牒以試中爲目（先是南省下第舉人投登聞鼓乞再試，至是復親臨試。）六月十一日帝御崇政殿試武成王廟合格進士內出一葉落知天下秋賦堂上有奇兵詩題得葉齊已下三十一人並賜及第又試諸科舉人得盧範已下八十九人並賜本科出身（時郡縣鈌官甚多，前詔禮部放榜，帝慮有司遺才，故復命王世則等於武成王廟重試諸道進士諸科，得合格者數百人，復親試焉。）二年三月二十一日帝御崇政殿試礼部奏名進士內出聖人不尚賢賦五色一何鮮詩禹拜昌言論題得陳堯叟已下百八十六人並賜及第翌日試諸科得九經孫奭已下四百七十八人並賜本科及第出身（時越州進士劉少逸年十三，中礼部選，及帝臨軒親試，少逸詩賦之外，召升殿別賜御題詩數章，皆有旨趣，特授校書郎，令于三館讀書。

卷一萬六百四十七 五

文獻通考：端拱三年親試舉人，有中書吏人及第，上令奪所授勑牒，及詔禁吏人應舉。）淳化三年三月四日帝御崇政殿試礼部奏名進士內出卮言日出賦射不主皮詩儒行論題得孫何已下三百五十三人第爲五等並賜及第出身（時御出賦題，孫何等不知所出，相顧愕駭，閤筆不敢措詞，人教之上請，因相率叩殿檻乞指示，帝初不爲言，既所請再三，始爲陳其大義焉。命三司使、翰林學士、丞郎、兩省給舍已上、三館職事官等糊名考校，定優劣爲五等，第一至三賜及第，第四第五賜出身。）七日試諸科得九經王惟慶已下七百四十七人並賜本科及第出身 真宗咸平三年三月十七日帝御崇政殿試禮部奏名進士內出觀人文以化成天下賦崇德報功詩爲政寬猛先後論題得陳堯咨已下三百六十五人等爲六等並賜及第出身同學究出身時命翰林

學士承旨宋白侍讀學士夏侯嶠呂文仲工部尚書張宏給事中董儼右諫議大夫李若拙知制誥梁周翰師頏朱昂知雜御史馮拯爲考官列於殿之東閤又命直昭文館安德裕句中正直史館姚鉉孫何曾致堯祕閣校理舒雅諸王府翊善張蔚楊澈郭成範三司判官施護爲考官列於殿之西閣又命國子博士雷說著作佐郎梅詢於殿後封印卷首始命德裕等考訖次命白等覆之然後取入等者帝親覽之賜第一二三等及第四等出身五等同三傳學究出身翌日試諸科得九經馬龜符已下四百三十二人第爲三等並賜本科及第出身同出身命翰林侍讀學士邢昺等十五人爲考官

卷一萬六百四十七 六

賜第一等本科及第第二等同本科出身自餘第降同諸科出身又試進士五舉諸科八舉已上及曾經先朝御試洎年五十以上者內出禮樂刑政致理何先論題時帝謂左右曰此輩潦倒場屋皆已遲暮儻例試三題則遺落多矣故止令試論一篇粗觀其智識也得進士張浩然已下二百三十六人第爲四等並賜同學究出身授試銜官第一二第賜同學究出身第三等授試校書郎第四等授試主簿 十九日試諸科得三史劉昌已下六百九十七人第爲二等並賜本科出身（文獻通考：咸平三年親試舉人，上臨軒三日無倦色，得進士陳堯咨以下四百九人，諸科四百三十餘人，又試進士五舉、諸科八舉及嘗經御試或年踰五十者，得進士及諸科凡九百餘人，共千八百餘人，其中有着天福隨計者，較藝之

詳推恩之廣近代未有詔曰孔門四科德行爲資言合近歲倫薄成風務肩朋指以圖進取潛相話病指摘弄此有玷士倫頗傷俗化自令兩京諸路所解舉人宜先廉諮行實或藝文可採而掾籍有爲授書逐名飾詞諭上之類並嚴加德斷勸歸鄉縣課役永不得就舉加部敢解送所由官吏必嘗論罪仍令御史臺覺察之　又親試河北貢舉人賜進士齊華等十三人諸科三百四十五人及第同出身有下第求試武藝及量材録用者五百餘人卷賜業錢慇道之命礼部叙爲一舉　容濟洪武隨華向國朝科舉敢士及太平興國以來恩典始重然各出一時制旨未嘗輔同士子隨所得而受之初不以官之大小有所祈許也太平之二年進士一百九入呂蒙正以下四人得將作丞餘皆大理評事充諸州通判三年七十四人胡旦以下四人將作丞餘並爲評事充通判及監當五年一百二十一人蘇易簡以下二十三人皆將作丞通判八年二百三十九人自王世則以下十八人以評事知縣餘授判司簿尉未幾世則等移通判簿尉改知令録明年並遷守評事雍熙二年二百五十八人自梁灝以下二十一人才得節察推官端拱元年二十八人自程宿以下但權知諸縣簿尉二年一百八十六人陳堯叟曾會至得光祿丞直史館而第三人姚揆但防禦推官淳化三年三百五十三人孫何以下二人將作丞二人評事第五人以下皆吏部注擬咸平元年孫僅但得防推二年孫暨以下但免選注官蓋此兩榜真宗在諒闇礼部所放故殺其礼及三年陳堯咨登第然後六人將作丞四十二人評事第二甲一百三十四人節使推官軍事判官第甲三事甲推八官十人防禦軍事推官

卷一萬六百四十七　上　七

五月十八日，帝御崇政殿試礼部奏名河北進士，內出以賢爲寶賦、膏澤多豐年詩題，得齊華已下十三人，第爲三等，並賜及第、同出身、同三傳出身。召直集賢院梅詢於殿內糊名，命兩制、侍讀、樞密直學士等考較，取藝業優長者觀覽之。翌日，試諸科，得通理已下三百四十五人，第爲三等，並賜及第、同本科出身。是日召殿試下第舉人暨先試武藝及乞量材録用者五百六十八人各賜裝錢三千慰諭遣之仍詔礼部並理爲一舉且令歸募勇士行隱務有勞効當以官秩

五年三月二十三日，帝御崇政殿試礼部奏名進士，內出有物混成賦、高明柔克詩、君子黃中通理論題，得王曾已下三十八人，並賜及第。翌日，試諸科，得九經高內已下一百八十二人，並賜本科及第出身。文獻通考五年親試舉人得進士王曾以下三十八人九經諸科百八十人是歲貢舉人集闕下萬四千五百餘人陳恕知貢舉所取士甚少進士諸科共取二百一十八人約六十六人取一人諸州舉送官被黜責者甚衆

景德二年三月六日，帝御崇政殿試礼部奏名進士，內出天道猶張弓賦、德輶如毛詩、以八則治都鄙論題，得李迪已下二百四十七人，第爲五等，並賜及第、出身：第一、二、三等賜及第，第四、五等同出身。又得特奏名五舉以上進士江白已下一百一十一人，第爲三等，並賜同進士、三傳學究出身。翌日，試諸科，得九經已下五百七十人，第爲三等，並賜本科及第、出身、同出身。

卷一萬六百四十七　八

又得特奏名諸科三礼已下七十五人，第爲三等，賜同學究出身，授試銜官。時命翰林學士承旨宋白等糊名考校帝取封彌試卷親之謂宰臣司考官特無所私不以取士爲急一勿考入未等內郎贊尤甚如此則例多擯斥非所以助朝廷求才之意也遂命知制誥李宗諤等十人宿于殿東覆加考較其中選者甚衆文獻通考景德二年親試舉人得進士李迪等二百四十餘人特奏一百餘人諸科五百餘人諸科特奏七十餘人先是迪與賈邊皆有聲場屋及礼部奏名而兩人皆不與考官取其文觀之迪賦落韻邊論當仁不讓于師以師爲衆與注疏異特奏令就御試參知政事王旦議落韻者失於不詳審耳捨注疏而立異不可輒許遇士子從令故蕩無所準的遂取迪而黜邊當時朝論大率如此虞部員外郎知鄭州王矩上書自薦求進士第上以矩自燕薊歸化居官清白而自强學業特賜及第驛召疑聞壹宴上以去歲河湖用兵氏甚業獲其奏城擇卷多出士人故廣示甄採　詔應賜進士諸科同出身試將作監主簿者並令守選故事登科皆有選限近制及第即命以官上初後是試賜出身者亦宪選至是策名之士九衆多設等級以振淹滯雖藝不及裕悉

賜同出身試秩解褐故令有司循用常調以示甄別詔貢舉之門因循爲弊縣說斯甚繆濫益彰宜令權任二年庶使服勤吏專學問無失大成之術式符虛佇之懷仍委礼部貢院自今科場務精考試無容濫進用革澆風比又有州郡全無解送是謂曠官其諸路府州將來秋風當職官如依前廣避全不解人致有上言必行朝典　礼部貢院上言請諸邑舉人各歸本貫取解不得寄應及權貫田產立戶諸州取解發寄應舉人長吏以下請依例科罪犯者罪亦如之有鄉里遐遠久任京京師許於國子監取解仍須本鄉命官委保判監引驗乃得附學發解日奏 五月十三日帝御崇政殿試禮部奏名河北舉人內出建用皇極賦昭德塞違詩漢文宣二帝政理孰優論題帝召王欽若等一十一人於內閣糊名考校分爲六等別錄本去其姓名召兩制尚書丞郎兩省給諫館閣官凡三十八人分處殿東西閣覆考之帝遣中使宣諭令盡公平無得壓降等第令欽若總詳之是夕內

（卷一萬六百四十七）

九

閣十人於殿後及試諸科舉人糊名考定如例得進士洸昭已下一百四十六人第爲三等並賜及第同出身同學究出身翌日試諸科得九經已下六百九十八人並賜及第本科出身同出身授試監簿諸州助教十六日試特奏名進士內出射不主皮詩文武之道何先論題召樞密直學士邊肅李濬於殿東閣考校得馬至已下二百五人並賜及第同出身試監簿助教補三班奉職十七日試特奏名諸科及瀛州防城舉人得九百九十七人並賜及第同本科出身授試監簿州助教攝州助教補殿侍隸三班帝以河朔用兵之際士民驚擾或乘城抑寇率多勞苦故廣示甄采無所遺棄復慮自覽閱所問經義中有兩說者貢士或具引爲對考官將加擯落帝

特爲發明爲有特奏名進士李正辭所試論以爲文者本乎靜武者本乎動動止亂以至乎靜則先後可知矣帝賞其達理將擢以上第會言其嘗犯杖刑遂補三班奉職 大中祥符元年四月十二日帝御崇政殿試禮部奏名進士內出清明象天賦明證定保詩盛德大業論題初於殿廊設幔列坐席標其姓名又揭牓表其次序令視訖就座命翰林學士李宗諤等八人爲考官直史館張復等八人爲覆考官侍御史周起祕閣校理慎鏞糊名給事中張秉知制誥周起詳等第帝徧至幄次諭宗諤等各務精詳勿遺賢俊時南省下第舉人周叔良等百二十人訟知舉官晁迥等抑塞孤寒列世家子弟四十餘人稱文學淺近不合奏名帝曰貢舉是非前代不免朕今召子弟令別座

（卷一萬六百四十七）

就試既而叔良所陳皆妄命配隸許州試奏名諸科前命李宗諤等出義題復令孫奭詳審以進仍錄題解刻板模本命中使就座給之先是有進士牟穎就試未訖自言有疾試諸科日復召試詩賦論三篇考官言詞理稍次帝詰之穎對以前日午至殿庭周章失次是以不副明試詔殿三舉及宗諤等上考定進士文卷十有五名詔宰臣王旦等同加詳定具名次以進帝乃臨軒拆封唱第得姚曄已下三百七十人第爲四等並賜及第同出身同三禮學究出身帝召曄等誡約曰須知名第難得各修官業無廢筆硯皆感恩再拜而出是日詔吏部尚書張齊賢等觀放舉人　十六日試諸科得九經

已下三百二十人並賜及第同出身試監簿諸州助教初考官定諸科義卷通不差外帝召宗諤等詰之宗諤等惶駭頓首以謝即命王旦等與孫奭考正之二年六月二十七日帝御崇政殿試服勤詞學經明行修舉人内出大德曰生賦神無方詩升降者禮之末節論題得進士梁固等三十一人並賜及第同進士三禮出身得諸科九經五經三禮學究明法五十四人並賜本科及第同出身前試一日命職方員外郎判國子監孫奭直史館劉鍇同定諸科義目又命翰林學士晁迥等十人為考官設次於崇政殿後廡直史館查道等十一人為覆考官設於景福殿西廡龍圖閣待制戚綸等二人編排試卷直史館王希逸等二人封彌卷首於玉篇中取字為號乃錄本考較始命以進士程試為五等曰上次曰中次曰下上曰下次帝取考官覆考官所定試卷參校等第有不同者命再考之又付右僕射張齊賢等詳審仍以高等十卷付臣重定王旦請以班字號者為第一帝然之因閱晁迥等所正以班為首卷即梁固也

〈卷一萬六百四十七〉

四年十一月七日帝御崇政殿試服勤詞學經明行修舉人内出禮以承天道賦神以知來詩何以為大道之序論題得進士張師德已下三十一人並賜及第同出身得諸科五經已下五十人並賜本科及第同出身是日進士既得題叩殿檻請諭所出帝命錄示之令賦論中不得用小臣儒有字命翰林學士李宗諤等為考官直史館張復等為覆考官遣中使齎新定條制示之帝徧至考官幕次以景短復不許繼燭詔旦朝退令中書樞密院奏事于崇政殿常務悉罷又以考官所定等第多差互者中書問狀李宗諤等奉未待罪有詔釋之　馬端臨曰按自雍熙端拱而後取士之法省試之後乃有殿試已為定例獨此二年會要所載乃停貢舉年分禮部未嘗放進士然則此六十餘人者迺是封禪特恩所試如後來免省到殿之類是也

五年三月二十二日帝御崇政殿試禮部奏名進士内出鑄鼎象物賦天險不可升詩以人占天論題得徐奭

已下一百二十六人並賜及第出身時以御題摹印賜之官給起草紙自是為定制命兩制三司使龍圖閣學士待制館閣官凡二十六人分詣殿後幕次考校先是考卷入第四等者止九十人又令取五舉已上者再考始充此數詔入第四等者以賦論為先詩次之又以入高等者凡十卷命輔臣重定之始詔放為翌日試諸科得九經賀有孚已下三百七十七人並賜本科及第同出身　七年九月十五日帝御景福殿試經明行修服勤詞學舉人内出道無常名賦沖氣為和詩天地何以猶橐籥論題得進士張觀已下二十一人並賜及第得諸科毛詩李規已下二十一人並賜本科及第出身時詔

〈卷一萬六百四十七〉

旨中書以短景起居退未奏事即御後殿慮舉得稍遲也張觀本名上一字音同仁宗廟諱詔去之林宥今名肖詔改之八年三月二十三日帝御崇政殿試禮部合格奏名特奏名進士内出置天下如置器賦君子以恐懼修省試順時慎微其用何先論題初有司請以六舉已上特奏名者各試之帝曰且令同試其中或有及格便隨正奏名人入等益彰至公也得蔡齊已下一百九十七人並賜及第出身特賜不合格進士許大同已下六人同五經出身六舉特奏名進士郭震已下七十八人進士同進士三禮三傳出身　二十七日試諸科得九經李周武已下六十五人並賜本科及第出身特賜不合格九舉三禮三傳賈德潤等二人同本科及第學究

出身十舉特奏名不合格三禮張敦化已下四人同本科及學究出身張之才已下六十六人試監簿初帝之試貢士也前一日悉取三京天下州郡發解題目及科目義題一一閱視慮於重出也天喜三年三月九日帝御崇政殿試禮部奏名進士內出君子以厚德載物賦君子居易以俟命詩日宣三德論題得王整已下二百四十人等為五等並賜及第同出身同學究出身翌日試諸科得九經已下一百五十四人並賜本科及第同出身試監簿命翰林學士承旨晁迥學士盛度龍圖閣直學士陳堯咨諫議大夫朱巽張士遜王隨知制誥宋綬張師德直文館張復直集賢院祖士衡為考官直史館崔遵度兵部員外郎李若谷都官員外郎張谷屯田員外郎上官秘鄭立直史館郝湜舒右正言劉燁太常博士郭稹太常丞福言著作郎張錞為覆考官知制誥晏殊起居舍人呂夷簡為參詳官太常博士閻夢松蕭貫為封彌官直史館陳堯佐右正言陳執中為編排官設次於崇正殿之後帝作七言詩賜考官舉又出別本以賜輔臣乃皇太子書也咸名次翰十日幸考較官幕次撫問久之殿試之制密人納卷先付編排官去卷首鄉貫狀以字號第之付封彌官謄本比較始付考官定等訖復封彌送覆考官再定等仍送參詳官啟封閱其同異參詳著庭始付編排官取鄉貫狀以字號合之第其姓名差次試卷以聞即放牓為編排之職無覆考之驗第據參詳所定而已是歲堯佐執中撫有所改易翌日內定覆驗多不同書出卷子付中書命魯宗道馮元審驗召堯佐等洎元考覆考官對辨具狀聞奏之各奪官歷務其已落復收及第者進士二人諸科二人免首試者進士十四人諸科二十三人令解者進士十四人已及第出身而復追奪者二十一人　四年六月二十二日帝御崇正殿試禮部下第特奏名舉人李宗孟已下一百五十五人內出澤及四海詩禮樂何以合天地之化論題命翰林學士楊億已下充考試官翌日已宗孟已下一百五人補三班奉職內五科所試不合格者特與

本州上佐及東西班殿侍三班借差餘以藝業全疏若補本州長史司馬文學　仁宗天聖二年三月十八日禮部上合格進士吳感已下二百人詔翰林學士晏殊龍圖閣直學士馮元編排等第翌日帝御崇政殿召對賜宋郊已下一百五十四人及第翟翁已下四十六人同出身曹平已下七人同三禮出身諸科李九言已下三百五十四人並賜及第同本科出身文獻通考仁宗天聖二年賜舉人宋郊葉清臣鄭戩以下及諸科凡四百八十餘人賜及第出身有差先是上封事者言經學未究經旨乞於本科問策一道對者紕繆上以新經肄業不善為文特令取其所長周廣仕路並不黜落國朝以策擢高第者自清臣始郊與弟祁俱以詞賦得名時奏祁第一太后不欲弟先兄乃擢郊第一祁第十時天下登者不數年翰林然顯貴取士之路可謂盛矣雖耄儆之士數詘於試數多故入仕頗謂之特奏名至或困踣不學徼倖以應令乃詔曰學猶殖也不學將落恭遜務時敏厥修乃來朕慮天下之士或有遺也既已臨較得失而憂其屢不中科則衰遲而無所成退不能返其里閭而進不能預於祿仕故常數之外特為之甄采而狃於寬恩遂隳素業頽弛苟簡寖以成風甚可恥也自今宜篤進脩學無習僥倖焉四月二十三日帝御崇政殿賜禮部特奏名六舉已上進士李宗道已下四十三人八舉已上諸科王播已下七十七人諸州司馬長史試將作監主簿　五年三月二十日帝御崇政殿試禮部奏名進士內出聖有謨訓賦南風之薰詩執政如金石論題進士吳育等以聖題淵奧上請帝宣諭久之後錄三題所出經疏以示之命翰林學士宋綬已下二十六人於崇政殿各設幕次封彌謄錄考校編排等第得王堯臣已下三百七十七人第為六等並賜及

卷一萬六百四十七

第同進士學究出身試銜第一第二第三等及第四等
同進士出身第五等同學究出身第六等（試）銜翌日得九
經楊中和已下八百九十四人並賜及第本科出身試
銜文學　四月三日帝御崇政殿召禮部特奏名舉人
進士試天地節而四時成論經科止試墨義五道仍命
翰林學士宋綬已下考覈優劣以聞得進士孟楷已下
考覈優劣以聞得進士孟楷已下一百九人賜同學究
出身及試監簿四門助教諸州文學長史諸科崔用化
已下二百三十四人授試監簿國子四門助教文學
八年三月十一日帝御崇政殿試禮部奏名進士內出
藏珠於淵賦溥愛無私詩儒者可與守成論題進士歐
陽修等以聖題淵與上請帝宣諭久之仍錄所出經疏
卷一萬六百四十七
琉示之命翰林學士章得象等三十五人於崇政殿後
各設幕次封彌謄錄考校編排等第得王拱辰已下二
百四十九人第為四等並賜及第同出身第一二三等
及第第四等同出身拱辰本名拱壽詔改令名　十三
日試諸科得九經徐摭已下五百七十三人並賜及第
本科出身　景祐元年三月十八日帝御崇政殿試禮
部奏名進士內出房心為明堂（賦）和氣致祥詩積善成
德論題命翰林學士承旨盛度已下三十六人鎖宿考
試如新制得張唐卿已下七百一十五人第為五等並
賜及第出身同出身第一第二第三等及第第四等出

身第五等同出身翌日試諸科得九經王元亨已下四
百八十一人並賜及第本科出身二十一日試禮部特
奏名進士諸科內出六律為萬事本論群玉山詩題得
田諒已下八百五十七人並賜及第出身授長史別駕
五年三月十七日帝御崇政殿試禮部奏名進士內
出富民之要在節儉賦鯤化為鵬詩應吏民之表論題
得呂溱已下三百一十人第為四等並賜及第出身第
等同元年後遂定為例翌日試諸科得九經傅襃已下
六百一十七人並賜本科及第出身長史文學　十九
日試特奏名舉人內出修詞立誠詩大德曰生論題得
進士錢仲師已下二十六人諸科李安上已下五百八
十七人並賜同出身長史文學助教　慶曆二年三月
卷一萬六百四十七
十五日帝御崇政殿試部奏名進士內出應天以實不
以文賦吹律聽鳳鳴詩順德者昌論題得楊寘已下四
百三十六人等為五等並賜及第出身同出身翌日試
特奏名進士內出親將征關外詩五帝憲老不乞言論
題得劉嘉正已下三百三十二人並賜五經同禮三傳
學究出身授諸州長吏文學十七日試諸科得九經已
下若干人　（戊）六年三月十三日帝御崇政殿（試）試禮部奏
名進士內出發祀國之大事賦形盛象詩賦兩漢循吏
執優論題得賈黯已下五百三十八人第為五等並賜
及第出身同出身翌日試諸科得九經劉孝顯已下四

百十五人並賜本科及第出身　十六日試特奏名進士內出宜木名社詩安危在出令論題得郭震已下二百二十三人並賜同九經五經三禮學究出身授長史司馬文學同日試特奏名諸科得一千六百五十五人並賜本科出身長史司馬文學　皇祐元年三月十三日帝御崇政殿試禮部奏名進士內出蓋軫象天地賦日昃不暇食詩天聽君人之言論題得馮京已下四百八十九人第為五等並賜及第出身同出身翌日試諸科得九經于觀色已下五百五十人並賜本科及第出身　五年三月十三日帝御崇政殿試禮部奏名進士內出圜丘象天賦吹律聽軍聲詩樂本人心論題得鄭

獬已下五百二十人第為五等並賜及第出身同出身翌日試諸科得九經夏侯圭已下五百二十六人並賜本科及第出身　十六日試特奏名并廣南進士內出致美黼冕詩彊兵務富民論題得吳曦已下百六十六人並賜出身試銜文學長史　同日試特奏名諸科得王德潤已下四百三十人並賜出身試銜文學長史　嘉祐二年三月五日帝御崇政殿試禮部奏名進士內出民監賦鸞刀詩重巽命論題得張衡已下三百八十八人第為五等並賜及第出身同出身翌日試諸科得九經單至誠已下三百八十九人並賜本科及第出身　七日試特奏名進士內出齋居決事詩乾坤示人易

簡論題得張應已下一百二十二人並賜同五經三禮學究出身授文學長史　同日試特奏名諸科得一百二人並賜同本科出身授文學長史　四年二月二十八日帝御崇政殿試禮部奏名進士內出堯舜性仁賦求遺書於天下詩易簡得天下之禮理論題得劉煇已下一百六十三人第為五等並賜及第出身同出身翌日試諸科得明經一百八十四人並賜本科及第出身　三月一日試特奏名進士內出雲霞叢著詩中者天下之大本論題得康師服已下二十九人並賜同五經學究出身授試監簿長史　同日試特奏名諸科得五經張亨已下一十六人授試監簿助教長史　六年二月十七日帝御崇政殿試禮部奏名進士內出王者通

天地人賦天德清明詩水幾於道論題得王俊民已下一百八十三人第為五等並賜及第出身同出身翌日試諸科得明經呂房已下一百二人並賜本科及第出身十九日試特奏名進士內出作樂薦上帝詩謹用五事明天道論題得瞿韶已下四十四人並賜同五經三禮學究出身授長史文學　同日試特奏名諸科得四十一人並賜同本科出身授長史文學　八年三月九日崇政殿試禮部奏名進士帝不御殿內出寅畏以饗福賦樂通神明詩成敗之機在察言論題翌日試諸科奏名進士內出溫洛呈圖詩治天下自五事始論題

同日試特奏名諸科。二十二日，帝御延和殿，賜進士許將已下一百九十四人及第、出身、同出身，諸科一百四十七人本科及第、同出身，特奏名進士劉景陽已下七十二人，諸科程駘已下二十八人，並賜同五經、三禮學究出身，授長史、文學。以上國朝會要。

神宗熙寧三年三月八日，上御集英殿試禮部奏名進士，內出制策曰：朕德不類，託于士民之上，所與待天下之治者惟萬方黎獻之求，詳延于庭，諏以世務，豈特考子大夫之所學，且以博朕之所聞。蓋聖人之王天下也，百官得其職，萬事得其序，有所不為，為之而無不成；有所不革，革之而無不服。田疇闢，溝洫治，草木暢茂，鳥獸魚鼈無所不得其性

卷一萬六百四十七

者，其富足以備禮，其知足以廣樂，其治足以致刑。子大夫以謂何施而可以臻此？方今之弊，可謂衆矣，救之之道必有本末，所施之宜必有先後，此子大夫所宜知也。生民以來所謂至治，必曰唐、虞、成周之時，詩書稱其迹可見。以至後世賢明之君，忠智之臣，相與憂勤以營一代之業，雖未盡善，要其所以成就，亦必有可言者，其詳著之，朕將親覽焉。舊制，殿試進士以詩、賦、論，特奏名進士一論。至是進士就席，有司又猶給禮部韻及試題出，乃策問也。上顧執政曰：對策亦何足以實盡人材，然愈於以詩賦取人耳爾。得葉祖洽以下三百五十五人，第為五等，賜及第、出身、同出身。翌日，試特奏名進士，內出制

策曰：子大夫閒學日久，閑義理多矣。唐虞三代所以治中國、無夷狄，與夫秦漢以來天下所以存亡興壞，其要可得而聞歟？堯舜聖而不可知也，而以能哲而惠為難，乃至憂驩兜，畏巧言令色孔壬，而不能使有苗化其道，要在乎其為神也。伯夷、柳下惠皆古聖人也，而孔子曰我則異於是。楊朱、墨翟雖不合大中之道，然其一以為為我，其一以為兼愛，於義未甚悖也，而孟子紲之以比禽獸，此其故何也？各以所聞詳著于篇。同日試特奏名明經諸科大義十道，得許銓以下四百七十四人，賜本科及第、同出身，授試監簿、諸州文學、長史、助教。文獻通考：熙寧三年，親試舉人，初用策。舊制，進士一日而試詩、賦、論，謂之三題，特奏名人止試論一道。至是進士就席，有司

卷一萬六百四十七

猶給禮部韻及題出，乃策問也。葉祖洽對策言祖宗多因循苟簡之政，陛下即革而新之。初考為三等，覆考為五等。上令宰相陳升之面讀，以祖洽為第一。考官蘇軾嫉其阿諛，因擬進士策一篇以進。是年南郊，赦為訪求節行才識學術之士，諸路監司以室蒙等二十一人應詔，送舍人院試，而命以官。熙寧初，詔進士、諸科經仁宗朝殿試或亞進士、明經三舉殿試、五舉者，試下，諸科五舉殿試、七舉者，試下，並免解，因應舉推諸州司士、長史、文學、助教、參軍，不理選限，年未六十，注權入官。三年，又詔景祐五年以前禮部試下進士一舉、諸科二舉，六十五者遞加一舉，則不限年，州縣以名聞，特與推恩。府監舉人以京朝官二人保識，進士七舉、諸科八舉，年四十，禮部會奏名者，並特赴殿試。惟河北、河東、陝西三路各減一舉，以優之。舊止試論，至是如進士試時務策一道，自同五經出身而降為九等，上等注官，次守選，次過部注官，及不理選限，各有差。詔諸州舉送發解考試、監試官凡親戚若門客，毋得試於其州，類其名上之轉運司，使與鏁應同試，率七人特立一額以解，不用其所避州解額。六年三月六日，上御集英殿試禮部奏名進士，內出制策曰：古之明王求賢而聽之，擇善而使之，法

不足以有行也改之而已人不足與有明也作之而已以守位則安以理財則富以禁過則聽以討罪則服以交鬼神則饗以來蠻夷則格以上治則日月星辰得其序以下治則鳥獸草木得其性朕夙興夜寐心庶幾焉而未知所以為此之方子大夫其各以所聞為朕言之朕即位于茲七年行義政事之失加於天下多矣往者或不可救來者尚可圖也以所見言之毋隱餘中已下三百四十八人並賜及第出身同出身同學究出身七日試特奏名進士內出制策曰唐虞三代聖人之迹熄久矣然其所以治心其所以修身其所以知人其所以養民其所以事天地其所以交萬物見於載籍蓋有道

卷一萬六百四十七

矣子大夫其各推原所學明以告朕論語曰謹權量審法度修廢官四方之政行焉四者之政行特此而已乎又曰興滅國繼絕世舉逸民天下之民歸心焉天下之民歸心特此而已乎且如何斯可以謂之逸民也得進士李仲熊已下四百七十五人諸科廖舜元已下二百一十七人並賜同出身本科出身試監簿諸州文學長史助教　九年三月六日上御集英殿試禮部奏名進士內出制策曰朕欲士之知德也故造之以經術欲吏之知政也故迪之以刑名欲民食足也故本業而振貸之為之除其徭賦而脩地之利欲兵之彊也故選將蒐卒什伍丁壯而教之旗鼓坐作進退之法士亦知所學

矣而忠信可用者尚寡吏亦知所守矣而慢令犯法者尚多一方水旱民輒流亡莩踣而蠻夷之驕悖未艾也意朕設施之方有未善歟不然其故安在朕聞先王之為民也有禮以道之中有樂以道之和致天地位焉萬物育焉其本數末度宜有可考而複用者其詳為朕言之無隱得徐鐸已下四百二十六人並賜及第出身同出身同學究出身翌日試特奏名恩澤舉人內出制策曰先王之于民也知所以教之及其不服也又知所以刑之故皆安富順善莫為邪慝辭之詢事則覈其誠卒以犯辜則致其死及道之衰非不欲生之也而適所以害之非不欲教之也而適所以壞之非無刑也而或不在於有罪民始窮困失職鄙詐以誣其上而莫為之用

卷一萬六百四十七

蓋先王之治也為之必有數後世之亂也失之必有本子大夫所宜知也其為朕詳著于篇得進士楊燁已下四百四十七人諸科李均已下一百九十四人並賜同出身本科出身試監簿諸州文學長史助教　元豐二年三月十一日上御集英殿試禮部奏名進士內出制策曰上古人材之盛莫如唐虞之際以為司空則水土平以為稷則百穀殖以敎五典則從以明五刑則服至於器用利動植和禮樂成出納允與夫內岳外牧相為倡應以成天功者凡以材也茲非其盛歟其次莫若周然有婦人焉九人而已則夏商之間與夫文武之後材

之不足為可知也夫天下之事常有餘而人材每不足以不足之材治有餘之事則彼聖賢之君作而成功者孰與濟也抑其材雖不及唐虞成周之全而得其傑然者足以興之歟將其君自為之而無特乎材之富也不然其所就安得與之班乎自嬴秦至于五代或君擅天下或霸據一方其所與所為及乎所成之功於傳故可見也子大夫其各以所聞言之得進士明經諸科時彥以下總六百二人第為五等賜及第出身同出身同學究出身十三日試特奏名進士內出制策曰朕惟前代聖帝賢王稽道度時制法御事雖隆於不同然收功顯名卒皆有成可觀焉朕以不德繆承先烈自初嗣服蓋

（卷一萬六百四十七）

竊已有志乎天下之政矣故登延師臣作成治法行之四方逮茲累年而效不著見俗未丕革何也豈設施後先失其序而朕之寡陋不足以倡之歟抑好惡未宣姦邪尚得以震蕩搖惑奉令者之心歟不然已日乃孚歟子大夫學先生之經久矣當世之務宜有以證之也其各為朕詳言之無隱得進士明經諸科總七百七十八人賜同學究出身授試將作監主簿國子四門助教長史文學助教

五年三月十一日上御集英殿試禮部奏名進士內出制策曰朕聞禮以辨上下法以定民志三王之時制度大備朝聘鄉射燕享祭祀冠昏之義隆殺文質高下廣狹多少之數尺寸銖黍一有宜稱貴不

以僭賤不敢踰所以別嫌明微釋回增美制治於未亂止邪於未形上自朝廷下迨閭里恭欽撙節懽忻交通人用不偷國以無事降及後世陵夷衰微秦漢以來無足稱者庶人處侯宅諸侯兼弁冕貧以不給而廢禮富以有餘而僭上宮室之度器服之用冠昏之義祭饗之節率皆紛亂苟簡無復防範先王之迹因以熄焉傳曰禮雖未之有可以義起也後之學者多以為非聖人莫能制作嗚呼道之不行也久矣斯文不作也亦久矣抑恐其廢而莫之救歟將因今之材而起之也得進士明經諸科黃裳以下五百九十二人賜及第出身同出身翌日試特奏名進士內出制策曰古之學校廢興未嘗

（卷一萬六百四十七）

不關世之治亂也鄭之子衿魯之泮宮載於詩人頌刺周衰秦以夷狄擅天下於是先王教養之遺跡絕滅不復有聞於後世故歷世有為之君雖慨然思有以髣髴治古之盛迨考其所成終始則亦為一時美觀而已非有先王之故也朕以不敏荷祖宗積累久大之業思與有德有造之士共承之故尊延師儒發釋經訓庶幾學者迪德矣若夫以事示之以象數之則寤寐以思弗獲于懷今欲使為士者外備其文內美其質用修文事而無不宜用作大師而無不及子大夫以謂何施而可趣於此乎其為朕詳著設施後先之叙稽於古而宜於今者條著於篇得進士明經諸科八百三十六人授假承

務郎文學助教攝助教　哲宗元祐三年三月十日上御集英殿試禮部奏名進士内出制策曰：朕肇膺駿命，涉道寡昧，懼無以奉承太母之慈訓而彰先帝休德，夙夜以思，樂得天下之忠言嘉謀，庶以濟茲。令予大夫群至在庭，朕甚嘉之。蓋聞天之災祥以類而至，古之善言天者能推斯變以應斯事，若合符節。自去冬大雨雪，至于春二月不止，人大失職，廣罷凍餒，莩踣者衆。夫常寒之罰，以陰之異，必有以召之，其故安在？朕為政于茲四年，於是蠲天下逋負，輕征而散利，尚可益下，無不為者，而民力猶未裕也；捐今幣之賜，廓信義之度，以安邊柔遠，而戎心猶未革也。豈所謂至恩者未可謂本務歟？將施設之序或失其當歟？官之流至多門也，舉天下之職不足以居其人；財之費至無藝也，量天下之入不足以為之出。將革之乎，或疑於傷恩；將因之乎，懼無以善後。必有至數，未燭厥中。先王之時，上之陰陽和，風雨節；下之稼穡茂，衣食充；官簡而士貴，財通而禮行；四夷款附，邊場按堵。又何修而至斯歟？夫切而不迫，緩而不迂，朕非求于空言也，蓋將有考而行焉，其悉心茂明之。得李常寧已下五百二十三人並賜及第、出身、同出身。翌日，試特奏名諸科進士，内出制策曰：古之聖王，士必有原，故廣設學校；任人必以職，故分建六官；使民必有法，故均定力役；胥徒必有養，故祿農夫。先帝知是為政之端

卷一萬六百四十七

也，興太學，修教養之法，將以隆經行，而學者或泥於誕迂一曲之説；建省臺寺監，使人專其官，官任其事，而文移期會有迂滯之譏；等差庶民之産，以多寡出金，所以寬力役，而編户多病於歲輸；第群吏而賦之祿，所以養廉恥，而有司每患於冗費。論者及此多矣，輸金而免役既罷，從舊法矣，然或者猶不以為便。伊欲學校盛而士向方，六官修而政務敏，力役均而民不勞，群吏養而冗費節，何施而可以臻此？予大夫固嘗講聞其要矣，其明著于篇。得王鄰臣已下五百三十三人賜同出身、假承務郎、京府助教、諸州文學助教。　六年三月十日，上御集英殿試禮部奏名進士，内出制策曰：朕以眇躬嗣承大統，思所以仰奉太母之慈訓，無忝祖宗之盛烈，若涉淵冰，罔知攸濟。是用詳延天下之士，咸造於庭，冀有所聞，以輔不逮，故虛懷而問焉，其悉心以對。嘗聞漢興四十餘年，孝文專用德化，遂能移風易俗，興於禮義，斷獄數百，幾至刑措；章帝繼建武、永平之政，事從寬厚，人賴其慶，郡國所上符瑞合於圖書者數百千所。嗚呼盛哉！朕屬當六聖之次席，造邦百年之休，寅畏以事上帝，哀矜以臨兆民，而歲報重辟至以千數，或既貸之又相隨以就死也，乃至寒燠僭差，水旱為沴，況敢望美祥之還至哉！彼何修而臻茲，今何由而反是，朕甚悉焉。夫捨樂成之業而事紛紛者，朕所不取也；端拱無為，遊於巖廊

卷一萬六百四十七

者朕所欣慕也天何言哉四時行焉百物生焉比朕之所恭聞也然而賢鄙之未明徭賦之未平法令之屢更戒羌之不誡蠻徼之未清蝻欲革而正之要得無擾而定也農先王之首務也何道可以盡其力禮治世之盛典也何時可以制其宜何以使人不趍利而務節何以勸士不憚勞而奏功古之典刑必有切於今者其用孰先令之施設固有戾於古者其失孰大抑又聞患生於宴安而事藏所忽地大物夥孽芽其間以天下之廣黎元之衆無乃有未萌而當豫防者乎其消之弭之之術又如何也子大夫其具條之勿猥勿弃務求其當不激不謟以適厥中惟存之从者事詳得之深則理暢其勉之哉朕將親覽得馬涓已下六百二人並賜及第出身同出身翌日試特奏名諸科進士內出制策曰朕嘗觀漢世以經術舉士而春秋之學尤見施用凡朝廷有大議天地有大變賞刑有未中風俗有未入必詢于外廷繼以經義故董舒之陰陽公孫洪之典法劉向父子之洪範並推原天意附益時政前史稱述朕甚嘉之昨詔有司復經傳之舉譽髦造士稍稍在選令將循往漢之制遵一王之法以之明是非定猶豫推天意合人事又慮未見至隱徒起異端以之讞獄辭辨枉直善善而惡惡一以義斷得無與令律令之文有不合乎或曰古今異宜將置而不講則夫素王立教豈特空言學者潛心

卷一萬六百四十七

乃爲無用乎大夫修先王之道達當世之宜試爲條陳以釋滯論得劉必已下三百二十三人並賜同出身假承務郎京府助教文學州助教　哲宗紹聖元年三月十四日上御集英殿試禮部奏名進士內出制策曰朕惟神宗皇帝躬神明之德有舜禹之學憑几聽斷十九年之間凡禮樂法度所以惠遺天下者甚備朕思述先志拳拳業業夙夜不敢忘今博延豪英策于廣殿策以當世之務冀獲至言以有爲也夫是非得失之迹設施於政而効見於時朕之臨御幾十載矣復詞賦之選而而士不知勸罷常平之官而農不加富可差可募之說雜而役法病或東或北之論異而河患滋賜土以柔遠也而羌夷之侵未弭弛利以便民也而商賈之路不通至于吏員猥多兵備刓缺饑饉荐至寇盜尚蕃此其故何也夫可則因否則革惟當之爲貴聖人亦何有必爲子大夫其悉意陳之毋隱得畢漸已下五百一十三人並賜及第出身同出身翌日試特奏名諸科進士內出制策曰古者極治之時法度修教化明學術正論議一士之習于學者皆原於道德之意天地萬物之理及人材得其位也輔佐人主治天下國家與夫修身正心一以六藝爲法以保民則惠以發政則平以制用則上下足以更化則刑罰措何其盛哉朕甚慕焉方今承六聖之烈太平百有餘年兵革不試澤流無窮功化之盛度

卷一萬六百四十七

軼漢唐遠矣然而議者猶以謂典章文物禮樂度數傚之先王未備也學校之制舉選之法人材之盛較之治古未及也至於習俗則廉恥仁厚之節薄侈靡夸詡之風成所制之產不足於用或遇水旱則散之四方抵法者衆雖詔書數下勞徠安輯而吏或不能奉承此何謂歟夫欲因今之勢協用群策以一二追先王之治則損益因革當繇何道矯薄從忠當自何始傳曰先王之道必有偏而不起之處故政有眊而不行又曰三王之教所祖不同夏尚忠商尚質周尚文漢宜少損周之文致周夏之忠繇今言之則舉偏補弊者何先允治天下者何尚若夫欽五事以明天道介景福以成太平用九驗

卷一萬六百四十七

以觀君子謹三聽以同國人尚賢能以立功名息邪說以明法度此皆先王以試之効也子大夫道問學通世務宜條其是非得失與可施於今者著為無牽於文切磋究之朕將親覽為得陳希伋以下三百四十六人賜假承務郎助教文學有差　四年閏四月二十四日上御集英殿試禮部奏名進士內出制策曰古之明王以道揆事以賢任官人得以盡其才法足以行其意小大之分得遠邇之俗同因之以輔志而上無疑謀勞之以輔志而上無疑謀勞之以勸相而下無拂心以修在地之政則省山而木允猶河而水翕以協在天之紀則日星順其行歲月得其序至於禮備樂作而告其成功於

嗚呼何施而可以臻此歟朕獲奉宗廟懼不敏明無以章■先帝之休德故故自親政以來嘉與卿士大夫修明厥緒申喻朕志累年于茲而推原本旨或未盡察人自為義澤不下究此其故何歟書不云乎勑天之命惟時惟幾方今之務所當損益應時而造者必有其序為之于未有謀之於未兆必有其幾乎大夫之所宜知也蓋自唐虞至于周更六七聖人而後其法大備今其書具在可考而言也然則孰鑑而不合孰可推而行之其詳著于篇朕將親覽為得何昌言已下五百六十九人並賜及第出身同出身翌日試特奏名諸科進士內出制策曰朕聞先王之時因任原省而繼之以賞罰之

卷一萬六百四十七

政善惡別曰賢才衆多人羞其行而百志用熙為之君者垂拱無為而天下治矣此黎獻共惟帝臣所以稱於虞而濟濟多士之詩所以作於周也朕紹休聖緒以眇耿之身託于王公之上永惟萬事之本要在乎得人是故修學校之政建師儒之官所以養之至詳開薦進之路略資格之拘所以求之至廣也是宜俊乂並出至於不可勝用矣今則不然庶工多曠而分職不治因事求才患莫之得豈朕作人之道未至歟不然其弊安在以至助耕斂而民不富旌功實而吏不勤養士卒而兵不足嚴刑罰而姦不止其故又何歟子大夫講聞於此舊矣其悉為朕言之毋隱賜同出身諸州文學助教有差

内謝師古陳漢奇以遠人各賜絹二十匹又李惟岳以高年賜十匹　徽宗崇寧二年三月八日上御集英殿試禮部奏名進士内出制策曰昔者聖人之用天下也任之以道立之以政又之以人故數五典則遜修九功則敘迪百工則羈綏四夷則服朕甚慕焉而未知所以為此之方永惟先帝盛德大烈施及後世博矣追而復之罔敢墜失蓋以恩睦族故為之品制禄秩而辨疏之等以經造士故為之眾建師儒而興庠序之教平其市價通其有無以修理財之政明其功賞復其境土以宣禦戎之威彰善癉惡以明君臣父子兄弟之義凡此於朕志謂庶乎其可矣然而道德之難明風俗之不一何

卷一萬六百四十七

也儀刑緝熙欲其効見有加而澤被生民賴及萬世則必有道以致於斯也子大夫其悉意為朕言之無隱得霍端友已下五百三十八人並賜及第出身同出身特奏第一名賜及第餘闕　五年三月八日上御集英殿試禮部奏名進士内出制策曰朕稽成周之隆以善養人而士由里選以武禁亂而兵本於農以八法八柄建邦詔王以九職九賦九式豐財裕民格于上則七政以齊達于下則萬物以遂去古既遠人之不明久矣惟我神考追法先王作新其材造之以學校聯比其民教之以兵法治官府馭羣臣任萬民斂財賄而均節之與周匹休中更誣誣改革殆盡肆朕纘承永悼先烈夙興夜寐舉而措之天

下累年於茲好惡明而民未丕變國是定而士未退聽法度彰而政未大成者獨何歟豈緝而熙之者未究遵而揚之者未至歟子大夫其考周驗今推原先志明以告朕若夫古聖人輔相裁成而和同天人之際都俞疇咨而坐視天民之阜何施而可以臻此其著于篇朕虛心以聽焉得蔡薿已下六百七十一人賜及第出身同出身特奏名闕　大觀三年三月六日上御集英殿試禮部奏名進士内出制策曰昔者先王治定而制禮功成而作樂以合天地之化禮之數五施之七教形之八政有典有職定親疏決嫌疑別同異明是非然後小大貴賤之分定樂之數六文之五聲播之八音有序有政和邦國

卷一萬六百四十七

諧萬民悅遠人動物然後神示人物以和朕嗣承祖宗休烈述而作之以追先王之緒而繼神考之志子大夫以謂如之何而可以臻此禮廢樂壞久矣去古愈遠矯拂其俗非常之元黎民懼焉或曰三王不相沿襲今樂猶古之樂無事於改則先王事神治人移風易俗終不可幾歟今樂成而人未化禮議而制未頒其考古驗今為朕詳言之毋隱得賈安宅已下七百三十一人賜及第出身同出身特奏名闕　政和二年三月十二日上御集英殿試禮部奏名進士内出制策曰昔者明王以道御世而已德化之教以三物糾以八刑其民恭而不苟遜而不爭親而不怨和而不乖故道德一而民志定分守明

而禮俗成，是非取舍皆當於義，而無有私智犯上。餘風遺烈雖衰，世之公子、干城之武夫、伐條之婦人、漢上之游女，莫不好德無思犯禮，勉其夫以正。朕嘉與萬共由斯道，夙夜以思，未知所以為之之方。朕若稽古以善天下，去古綿邈，世流於末習，卑逾尊，下僭上，貴賤失分，疆弱相陵，小大先後無復防範，忘義昧利，交相為痛，習以成俗，士無操術，偷薄浮偽，朋邪罔上，無有忌憚，朕甚不取。夫易其俗，革其獘，以趨先王之盛，何修而可以致及乎？傳曰：「子帥以正，孰敢不正？」如漢之文帝躬行節儉，身衣弋綈，而庶人屋被文繡，豈其習俗之久有不能化歟？豈其施為舛戾不足師歟？子大夫其攷古騐今，為朕詳言之。卷一萬六百四十七 得莫儔已下七百一十三人賜及第、出身、同出身。

翌日，試特奏名諸科進士，内出制策曰：孝莫大於嚴父，嚴父莫大於配天。先王宗祀文王於明堂以配上帝，仁之至、義之盡也。永惟神考天德地業，施之萬世，可謂博矣。朕嗣有令緒，夙興夜寐，靡敢遑寧，期於報稱，而尊嚴之典有所未至。頃嘗詔有司度地鳩工，將以作之，而議者或取四時五行之象、五室九室之儀，或謂在寢、在郊、在國之南，欲稽於古，有所不合，欲循於近，恐或固陋，將以義起，恐不師古。然其義、其位、其數、其制必有稽焉，子大夫當茂明之。昭事昊天，崇報烈考，不其韙歟！文獻通考：政和二年，親試舉人，始罷賜詩，改賜箴。先時，御史李章言作詩害經術，自陶潛至李杜皆遺譏詆，詔送敕局立法。

宰臣何執中遂請禁人習詩賦，又詔士毋得習史學。吳氏能改齋漫錄曰：先是，崇寧以來專意王氏之學，士非三經字說不用。至政和之初，公議不以為是。蔡嶷為翰林學士，慕容彥逢為吏部侍郎，宇文粹中為給事中，張琮為起居舍人，列奏欲望今後時務策並隨事給以漢唐歷代事實為問。奉御筆：經以載道，史以紀事，本末該貫，迺稱通儒，可依所奏，今後時務策問並參以實代事實，庶得博習之士，不負賓興之選。未幾，監察御史兼權殿中侍御史李彥章言：夫詩書之禮，三代之故，而史載秦漢隋唐之事。學乎詩書禮者，先王之學也；習秦漢隋唐之史者，流俗之學也。今近臣進思之論，不浹堯舜之道，而建漢唐之陋，不使士專經，而使習流俗之學，可乎？伏望罷前日之詔，使士一意于先王之學，而不流于世俗之習，天下幸甚。奏御筆：經以載道，史以紀事，本末該貫，迺為通儒。今再思之，紀事之史，士所當學，非上之所以教也。況詩賦之家，皆在乎史。今罷黜詩賦，而使士兼習，則士不得專心先王之學，流于俗好，恐非先帝以經術造士之志，可依前奏，前降指揮更不施行。時政和元年三月戊戌也。馬端臨曰：按尊經書，抑史學，廢詩賦，此崇觀以後立科造士之大指，其論似正矣。然經之所以獲尊者，以有荊舒之三經也；史疾詩之以遭斥者，以有涑水之通鑑、蘇黃之酬唱也。群憸借正論以成其姦，其意真以為大籍儆於還固李杜也哉。卷一萬六百四十七

五年三月九日，上御集英殿，試禮部奏名進士，内出制策曰：古之聖人以道蒞天下，處無為之事，行不言之教，用之不窮，而物自化。朕昧是道，君臨萬方，夙興夜寐，欲推而行之，神而明之。然物或行或隨，或噓或吹，或彊或羸，或載或隳，相生相成，相形相傾，莫之能一，此道之所以難行；姦軌亂常，所以難化。如之何而解其紛，合其異乎？昔之言道者曰「天法道」，又曰「道之大原出於天」，道非陰陽，又曰「一陰一陽之謂道」。道無為，而曰生之、長之、成之、養之；道無名，而曰可名以大，可名以小。道一而已，其言之不同何也？堯舜三代以是而帝，以是而王，由漢以來時君世主莫或知此。朕方近述

於千載之後齊萬殊之見明同異之論以解蔽蒙之習未知其方子大夫無流於浮僞爲朕詳言之得何㮚已下六百七十八人賜及第出身同出身特奏名闕七年二月九日上御集英殿試高麗學生金端等策曰朕惟道之在政事以上治而觀於天則七政可得而齊五辰可得而撫以下治而察於地則萬物各得其宜山川裕如鳥獸魚鼈咸若通於神明則裁成輔相贊天地之化育和同天人而使之無間顧何施而可以臻此昔武王盡意而問箕子盡道而陳始之以五行次之以五事終之以五福子大夫所常學而知者悉著于篇朕將施之於政無俾前人專美有周不其韙歟賜學生權適等上舍及第

（原）卷一萬六百四十七

釋褐以適爲承事郎趙奭金端並文林郎甄惟氐從事郎令隨進奉使李資諒歸本國　八年三月十六日上御集英殿試禮部奏名進士內出制策曰朕惟昔之聖人提挈天地把握陰陽以前民用故黃帝始正天綱臨觀八極考建五常原陰陽之化類萬物之情窮性命之理以迪後世堯舜乃命羲和曆象日月星辰在璇璣玉衡以齊七政箕子叙洪範協水火木金土推而見之於貌言視聽思之五事左丘明有取於六氣之說則曰陰陽風雨晦明而已前聖後聖其揆一也而其言其用之不同何也今歲戊戌赫曦之紀太陽主之太過之年過與不及相爲終始過者抑之不及者舉之然五者相生

相克相沿相繼高下之相召升降之相因其變不窮如之何可以財成其道輔相其宜使之適平無有餘不足之患而和同無間乎朕將仰觀俯察運於一堂之上兼明天下後世子大夫其詳著于篇毋略得嘉王已下七百八十三人賜及第出身同出身特奏名闕宣和三年三月十二日上御集英殿試禮部奏名進士內出制策曰朕稽法前王遹求先志顧德弗類永惟神器之大不可爲不可執故以道蒞之夙興夜寐惟道之從祖無爲之益以馳騁乎天下萬世無弊者也然爲道在於日損物或損之而益益之而損損之又損至於無爲則是無弊之道損益隨之子大夫以爲如之何而無損無益乎朕學

（原）卷一萬六百四十七

自初載念承百王之緒作於百世之下繼志述事罔敢怠忽立政造法細大不遺庶幾克篤前人之烈推而行之間非其人挾姦罔上營私背公故庠序之教雖廣而士風凋喪理財之術益多而國用匱乏務農重穀而饑饉薦臻禁姦戢暴而盜賊多有比詔有司稍抑浮僞事有弗利於時弗便於民者一切更張之悉遵熙豐之舊矣蓋可則因否則革權時之宜也揆之於道固無損益然當務之爲急則因革損益其在今日乎子大夫詳延於廷爲朕言之毋隱得何渙已下六百三十人賜及第出身特奏名闕六年閏三月二十三日上御集英殿試禮部奏名進士內出制策曰在昔聖人以道御氣以氣御化

以化御物而弥綸天地經緯陰陽曲成萬物因其盛衰奇偶多寡盈虧之數左右之紀上下之位而範圍裁成之道著爲後世弊於末俗淺聞單見不足與明朕承天休憲法上古思所以和同無間以惠元元然物生而後有象象而後有數數之不可齊也久矣夫天數五地數五而有曰天以六六爲節地以九九制會又曰二而成天三而成地三而成人此天地之數錯綜之不同何也易曰當期之日凡三百有六十書曰朞三百有六旬有六日内經曰七百二十氣爲一紀歲紀之數可坐而致乃不一何也夫道生一一生二二生三三生萬物而傳曰萬有一千五百二十當萬物之數數之不可勝窮不可齊不可一也如此將何以原始要終合其同異一其旨歸通其變極其數以盡天下之道朕將有所施設爲

卷一萬六百四十七

子大夫詳言之毋忽得沈晦已下八百五人賜及第出身同出身特奏名賜以上續國朝會要

全唐文

宋會要　舉士

親試

高宗建炎二年八月二十三日上御集英殿試禮部奏名進士内出制策曰蓋聞治道本天天道本民故視聽從違不急於算數占候而惟民是察捬以至誠無遠弗届古先哲王罔不由斯道也朕承宗廟社稷之託於儆擾阽危之後懷父母兄弟之憂於擕貳單微之時念必撫民以格天庶幾悔禍以靖難踰年于茲寢興在是故府庫殫匱軍費倍滋而賦斂加薄外患未弭寇盜尚多而追胥有程撑守令以厚牧養責按廉以戢貪暴命令

卷一萬六百四十八

爲民而下者十常六七凡曰聚所欲去所惡者朕有弗聞未有聞而不恤恤而不行也然而迩親之使接武在道而敵情未孚保國之謀刻意在兵而軍勢未張躬純儉以厚本而驕侈之習未悛擴大公以示訓而私枉之俗尚在勝刑賞不足以振偷惰之氣播告不足以革狂迷之心田畝未安旱蝗害歲豈朕不德無以動天抑政令失宜而民以爲病乎何精誠之弗効而禍患之難戢也伊欲復親族奠疆埸清寇壤善風俗使百姓安業而亹亹迓衛何修而可以臻此子大夫涉艱險以副詳延誠亦勤矣其必有至言欲爲朕陳者其悉言之毋隱若乃矜空文而無補於實咎既往而無益於今者非朕之所

欲聞也其以朕所未聞而宜於時者言之朕將親覽焉
得正奏名李易以下四百五十一人第為五等賜進士
及第出身同出身內何元仲等五名同學究出身是歲
以兵興道梗諸路進士赴殿試不及者河北路李彙等
二人京東路祝師龍等二人四川類試正奏名進士八
十三人陝西類試正奏名周忠厚等十六人並賜同進士
出身特奏名進士張鴻舉以下賜進士及第同進士出
身同學究出身登仕郎京府助教上下州文學諸州助
教諸州助教特奉名自來常格第一等第一名賜同進
士出身第二名第三名並賜學究出身時上初即位御
殿試舉人特恩也

卷一萬六百四十八

紹興二年三月二十三日上御集
英殿試禮部奏名進士內出制策曰朕承中否之運獲
奉大統六年于茲顧九廟未還兩宮猶遠夙興夕惕靡
敢康寧閔國步之久艱悼已事之失策虛心求治不憚
改圖故詳延子大夫于廷咨當世之急務冀聞長計以
興大業將覈其言收其用非特循故事設科舉塞人情
而已古先辟王繼中微之世秉思治之民芟夷大亂事
半而功倍少康一旅而復有夏宣王興衰以隆成周光
武三年而興漢祚肅宗再歲而復兩京皆蒙前人之緒
業撥亂反正若此其易也今賴四方黎獻翊戴朕躬列
聖之澤未遠也朕焦心勞思不敢愛身以勤民然屈己
以和戎而戎狄內侵招攜以弭盜而盜賊猶熾以食為

急漕運不繼而廪乏羨儲以軍為重選練未精而軍多
冗籍吏員猥并而失職之士尚衆田萊多荒而復業之
農尚寡嚴贓吏之誅而不能革貪污之俗優軍功之賞
而無以銷冒濫之風方今非外攘夷狄則不足以靖民
取於民有制則不足以給車徒之衆為人父而擁其子
則又何以保民而王哉朕弗明治道仍闇事機凡此數
者常交戰于胷中徒寢而不寐當食而嘆也子大夫與
國同患難久矣宜考前世中興之主其施為次序有切
於今者祖宗傳序累世其法度有可舉而行者平時積
學待問奇謀碩畫本於自得可以持危扶顛者其悉意
以陳朕將親覽是日上批賜御試考校官曰今次殿試

卷一萬六百四十八

對策直言之人擢在高等諂佞者置之下等辭語尤諂
佞人與諸州文學仍限十日考校得正奏名張九成以
下二百五十九人第為五等並賜進士及第出身同出
身是歲四川類試正奏名楊希仲等一百二十人第一
人依殿試第五人恩例餘並賜同進士出身特奏名石
公輒以下一百五十八人賜進士出身同進士出身同
學究出身登仕郎京府助教上下州文學諸州助教文獻
通考紹興二年親策進士張九成等府淩景夏為第二呂頤浩言景夏詞寔勝九成請更寘第一上曰士人初
進便須別其忠佞九成上自朕躬下至百執事一言之無所畏避乃擢首選九成以類試及親策俱第一特進
一官四川類試正奏名第一人依殿試第五人恩例五年八月二十二日上御
集英殿試禮部奏名進士內出制策曰朕德匪陋紹承

大統遭家多難永濟未獲是以博延豪俊咸造在廷覬聞治道之要子大夫其必盡精極慮樂為朕言之蓋聞在昔聖王之治天下正心誠意躬行乎上者固自有道而措諸事業之間則或寬或猛或質或文變通隨時不膠於迹故其成效布在方冊昭昭乎其可觀也朕甚慕之越自即位九年於此矣思欲雪父兄之恥而復祖宗之烈夙夜祗懼罔敢荒寧而施為繆盭治效缺然深惟其故不憚改作間者乃下銓量之令以擇吏而真才猶未顯也嚴科歛之禁以卹民而寔惠猶未孚也謹簡練之法以治兵而冗食猶未革也夫吏道未肅民力未蘇兵勢未疆朕之治所以未效也顧何以濟事功弭禍亂

卷一萬六百四十八

哉而建議之臣并欲考課以核殿最省官以抑奉稍力役不足以供餉饋也為之屯戍營田以寬之賦入不足給調度也為之平準均輸以佐之爵賞未艾也為之定武功之等紀律未明也為之參府衛之制凡若此者其合於古便於今乎其或有不然者耶雖然此治之迹也上之欲三辰明四時序災沴不生而動植遂性下之欲風化行習俗厚姦宄不作而中外協心茲可以占天人之助矣夫何敵不克何難不濟興復大業其庶幾乎子大夫以為何修何營而可以臻此其條列而茂明之務適於用朕將有稽焉得正奏名汪洋賜名應辰以下二百二十人第為五等賜進士及第出身同出身內王日

休為雜犯賜同學究出身特奏名汪喬年以下二百七十二人賜同進士出身同學究出身京府助教上下州文學諸州助教　八年六月十八日上特御射殿引見禮部正奏名特奏名進士由正奏名同四川類試合格人參定第為五等得黃公度以下二百九十五人賜及第出身同出身特奏名林格以下賜進士出身同出身同學究出身登仕郎京府助教上下州文學諸州助教　十二年三月二十二日上御集英殿試禮部奏名進士内出制策曰朕以涼薄之資撫艱難之運宵衣旰食未知攸濟今朕祗承上帝而寵綏之効未著述追光烈而紹開之勳未集至德要道聖治之本也而欲未得

卷一萬六百四十八

散利薄征王政之所先也而勢未行設科以取士而或以為虛文休兵以息民而或以不武至若宗社遷寄邑衛單寡士狃見聞而專用私智民習偷惰而莫知返本子大夫所宜共憂也其何以助朕極幾墜之緒振中興之業詳著于篇朕將親覽焉得正奏名陳成之以下二百五十三人第為五等賜進士及第出身同出身葉佬雜犯與同學究出身林觀國犯諱與下州文學特奏名胡昂才以下五百一十四人賜同進士出身同學究出身登仕郎京府助教上下州文學諸州助教　十五年三月二十四日上御集英殿試禮部奏名進士内出制策曰蓋聞古先哲王博求賢能而任使之故治功昭著

名声流聞遯乎不可以致後及朕甚慕焉今朕託士民之上不敢不明鬱于大道所賴以濟者惟真賢寔能是望然扶世導民須德行也廼或同於鄉原排難解紛須智略也廼或專於謀身爲政苟趣辨則不修廉隅摘文徒華藻則不本忠信平居或輕朱紱爵肆貪得之心臨事避劇就易蔑首公之節甚古之所謂德行智略政事文章心術節槩與今舉異歟將教化不明狃於末習而然歟士大夫學優而仕於斯數者其自處固已審使風俗曠然大變必有術悉之復之詳著于篇朕將親覽焉得正奏名劉章以下三百人賜進士出身及第出身同出身內汪安仁雜記特賜學究出身徐涓李理犯廟諱嫌名特與下州文學特奏名林洵美以下二百四十七人賜同進士出身同學究出身登仕郎京府助教上下州文學諸州助教

十八年四月三日上御集英殿試禮部奏名進士內出制策曰朕觀自古中興之主莫如光武之盛蓋既取諸新室又㳄一代宏模巍乎與高祖相望垂統皆二百祀朕甚慕之令予大夫達通國體咸造于廷顧聞今日治道何興補可以起晉唐之陵夷何馳驟可以據東漢之軌迹夫既抑臧宮之銳謝西域之質則柔道所理必有品章條貫要兼創業守文之懿視夏康周宣猶有光焉固予大夫之則諳積也其著于篇朕將親覽得正奏名王佐以下三百三十一人第爲五等賜進士及第出身同出身特奏名俞舜觀以下四百五十七人賜同進士出身同學究出身登仕郎將仕郎是年京府助教改將仕郎上下州文學諸州助教

二十一年閏四月十七日上御集英殿試禮部奏名進士內出制策曰朕惟祖宗創守之宏規舉可掩迹三五然而中遭厄會變起弗圖蓋許國之臣無幾而自爲謀者總總也今朕秉中興之運任撥亂之責所賴于有官君子爲至切矣顧狃於聞見小慧相先謂了官事爲癡謂履忠信爲拙以括囊爲深計以首鼠爲圖機如此則國家何望爲子大夫讀先聖之書通當世之務其爲究復何洒濯可以華舊習何陶冶可以成美化明著于篇副朕虛佇且以見子大夫入官之志毋忽得正奏名趙逵以下四百四人第爲五等賜進士及第出身同出身內杜特可爲四犯犯廟諱嫌名特與下州文學特奏名昌永以下五百三十一人賜同進士出身同學究出身登仕郎將仕郎上下州文學諸州助教

二十四年三月八日上御集英殿試禮部奏名進士內出制策曰朕承烈聖之休偶中否之運遭大艱罔知攸濟賴天悔禍中外寧一及閒暇之時延見儒生博詢當務子大夫竄然咸造其精思經術詳究史傳具陳師友之淵源志念所欣慕行何修而無僞心何治而克誠不徒觀于大夫之立志抑國家收取士之寔效夫豈小補其詳著于篇靡有所

隱得正奏名張孝祥以下三百五十六人第為五等賜進士及第出身同出身特奏名呂克成以下四百三十四人賜同進士出身同學究出身登仕郎將仕郎上下州文學諸州助教

二十七年三月八日上御集英殿試禮部奏名進士內出制策曰蓋聞監于先王成憲其永無愆遵先王之法而過者未之有也仰惟祖宗以來立經陳紀百度著明細大畢舉皆列聖相授之謨為萬世不刊之典朕纘紹丕圖恪守洪業凡一號令一施為靡不稽諸故實惟祖宗成法是憲是若然畫一之禁賞刑之具猶昔也而姦弊未盡革賦斂之制經常之度猶昔也而財用未甚裕取士之科作成之法猶昔也而人

卷一萬六百四十八

材尚未盛黜陟之典訓迪之方猶昔也而官師或未勵其咎安在豈道雖久而不渝法有時而或弊損益之宜有不可已耶抑推而行之者非其人耶朕欲參稽典冊之訓講明推行之要俾祖宗致治之効復見於今其必有道子大夫學古入官明於治道蘊蓄以待問久矣詳著于篇朕將親覽得正奏名王十朋以下四百二十六人第為五等賜進士及第出身同出身上宣諭宰臣沈該等曰殿試卷子其間極有直言者論理財有言欲省修造如崇臺榭起樓閣以為虛費之事朕雖無此事然喜其直言至說銷金鋪翠朕累年禁止尚未盡革當禁之通衢並可立法必於禁止前後廷對未見有此朕謂

祖宗設科非特網羅人材蓋將以求直言之士朕前日諭考試官令取直言置之上列非為虛文可將任賢輝字號卷居第一特奏名李三英以下三百九十二人賜同進士出身同學究出身登仕郎將仕郎上下州文學諸州助教文獻通考紹興二十七年先時蜀士赴殿試不及者皆賜同進士出身上念其中有俊秀能高第者不宜皆置下列至是先期諭都省寬展試日以俟宰相沈該奏天時向暑臨軒非便請後至者臣等策之中書定高下上曰三年策士朕豈憚一日之勞及唱第王十朋為首第二人閻安中第三人梁介安中梁介皆蜀士也上大悅

三十年三月九日上御集英殿試禮部奏

卷一萬六百四十八

名進士內出制策曰朕承祖宗之休德臨御丕圖于茲三紀宵衣旰日逑以治功志勤道遠未知攸濟今詳延子大夫於廷冀聞古昔之宜以裁當世之務其悉意致思朕垂聽而問焉蓋聞善為國者仁以得民義以制事寬猛相濟政是以和無異道也而記稱商周尊而不親親而不尊之異議者乃有尚嚴者尊尚恩者親之說為史述齊魯有舉賢上功尊尊親親之異議者乃有齊政近商周公治周乃所以治魯之說為聖賢之為國若是其不同歟抑道初無二而因時制宜有不可得而同者歟施之當今亦將有所取舍歟漢之制皆賢君也太宗躬行恭儉以德化民寬足尚矣而議者謂不若孝宣之

嚴明顯宗法令分明幽枉必達嚴足尚矣而議者不若章帝之長者然則治道所尚又將孰從而可歟今世之當務多矣吏道之未勤也士風之未醇也民力之未裕也將寬以御之則無以革媮惰之習將嚴以督之則懼其有苛察之失伊欲風流而令行寔修而名立比迹兩漢而庶幾三代其何道以臻此子大夫茂明之朕將親覽焉得正奏名梁克家以下四百一十二人第為五等賜進士及第出身同出身特奏名黃鵬舉以下五百一十三人賜同進士出身同學究出身登仕郎將仕郎上下州文學諸州助教以上中興會要 孝宗隆興元年四月十二日上御射殿引見禮部奏名進士正奏名木

卷一萬六百四十八

待問以下五百三十七人第為五等賜進士及第出身同出身翌日引見特奏名梅瑛以下二百七十七人賜同進士出身同學究出身登仕郎將仕郎上下州文學諸州助教 同日引見武舉進士正奏名孫顯祖以下三十七人顯祖補保義郎餘悉補承節郎藏磨勘年有差材武汪國材降二等補進義校尉 乾道二年三月九日上御集英殿試禮部奏名特奏名進士內出制策曰朕以不敏嗣承大寶循堯之道于茲五載寤寐俊秀始得親策于庭子大夫褎然待問必有崇論遠慮副朕詳延蓋聞唐虞之世法度彰禮樂著不賞而民勸畫像而刑措御俞賡歌不下堂而天下治朕甚慕之今朕夙

興具食兢兢業業懼無以協帝華而繩祖武若涉淵氷未知攸濟間者設舉薦之科下聘召之命而寔材猶未出也塞僥幸之門申奔競之禁而公道猶未行也廣言路恢治具而紀綱未立擇守令務寬卹而民俗未裕贓墨之刑非不嚴而未能使人皆君子之行錢穀之問非不勤而未能使國有積年之儲屯田以實塞下或謂兵不如農改楽以糴邦用或謂鐵不如楮宜為之不得其要歟抑文勝而弊難革歟何視古之弗及也夫內修政事宣王所以興周綜核名寔中宗所以隆漢考之方策其施行之迹何如子大夫通達古今明於當世之務凡可以移風易俗富國疆兵者悉陳無隱朕將覽焉得正

卷一萬六百四十八

奏名蕭國梁以下四百九十四人第為五等賜進士及第出身同出身特奏名黃碩以下二百九十五人賜進士出身同進士出身同學究出身登仕郎京府助教上下州文學諸州助教 同日試武舉進士內出制策曰有陣必有名有名必有數吳之常山鄭之魚麗太公之五行李靖之六花即其名可以知其義即其數可以知其法固有不待考而明者至於握機之陣其制出於黃帝因丘井之法而開九方因方隅之位而分奇正雖後世有天智神略莫能出其闢闔今考其問對之辭所謂數起於五何以不起於四數終於八何以不終於九四為正不知何者為正四為奇不知何者為奇陣間容陣

隊間容隊所容者何地散而成八復而為一所別者何
形其後又有論風后八陣者謂衡抗於外軸布于內風
雲附其四維所以備物虎張翼以進蛇向敵而蟠飛龍
翔鳥上下其勢所以致用不知又何以分乎子大夫講
此熟矣其詳者于篇朕將親覽焉得正奏名蔡必勝以
下二十人必勝補成忠郎餘悉補承節郎藏磨勘年有
差第二名李可久第三名林桂與第一人恩例可久先
有官復進官二等用龍飛榜恩例也　五年三月八日
上御集英殿試禮部奏名特奏名進士內出制策曰蓋聞
虞舜無為而天下治周文王則日昃不暇遑食漢文帝
寬厚長者務以德化民而宣帝則嚴綜核之政以法繩

卷一萬六百四十八

下此四君者為道不同同歸于治然則勞逸寬猛之宜
亦各因其世耶朕以菲薄獲承丕緒循堯之道兢業萬
機罔敢逸豫亦惟治古帝王是訓是式八年於此矣而
德有所未至信有所未孚闕政尚多虛文尚勝敦朴以
示化而踰制者尚繁欽恤以祥刑而祇法者尚衆嚴入
仕之塗而銓曹猶未清察長民之官而循吏猶未著至
於士風之未厚民俗之未淳廣儲蓄而食未豐蠲賦租
而人未裕有勸農之官而田不加闢任觀風之使而民
或告冤側席幽人而賢才尚遺伏軾勇士而猛將猶闕
屯田積穀或以為兵不如農擇帥安邊或以為文不如
武救弊之術時措之宜子大夫之謂講聞也其悉以對
毋枉執事朕將親覽焉得正奏名鄭僑以下三百九十
一人第為五等賜進士及第出身同出身特奏名劉昌
以下二百九十一人賜同進士出身同學究出身登仕
郎將仕郎上下州文學諸州助教　同日試武舉進士
內出制策曰昔唐太宗與其臣李靖講論兵法至終篇
發最深之問靖則等而三之一曰道謂神武不殺也二
曰天地謂天時地利也三曰將法謂任人利器也太宗
亦以不戰而屈人兵為上百戰百勝為中深濬池高壘為
下要使學者繇下以及中繇中以及上其言是矣然任
人利器深池高壘此在我者固可以自善其術至若不
殺武不戰之功雖我之本心然有不可得而自必者彼

卷一萬六百四十八

欲待之以誠信彼且復我以詐謀我欲懷之以德義彼
且應我以疆暴若之何其使學者習而進於上乎太宗
身百戰以平禍亂李靖窮兵沙磧每出於中下之舉終
莫能踐其上者豈亦言之易行而之難乎抑自治之策
伐謀之兵精神之折衝道德之安疆亦有說乎子大夫
儒而談兵者也其悉以法之最深者為朕條陳之毋略
得正奏名趙鶚以下二十九人鶚補保義郎餘悉補承
節郎特奏名鄭礪進武校尉吳嘉賓進義校尉減磨勘
年有差　八年三月十七日上御集英殿試禮部奏名
進士內出制策曰朕丕承大命司牧兆人寅畏嚴恭懋
德弗類是以順考帝王之憲鋪尋載籍之傳求其可師

以齊于治惟七制之明後若三宗之顯王國本培基則有務德之君振旅治兵則有雄材之主習聞其號亦觀厥成咸有所偏未臻於極若孝文之德則罪不孥宮不女惜露臺之費除租稅之征可謂仁矣然而悟芒刃之施釋斤斧之用唯尚寬厚其威不伸朕以孝文之文也而能厲之以武不亦善乎若孝武之功則選明將討不服匈奴遠遁百蠻嚮風可謂盛矣然而積尸暴骨快心胡越財略耗而不贍干戈困以日滋朕以孝武之武也而能本之以仁不亦善乎嗚呼文者王帝之利器武者文德之輔助也文之所加者深則武之所服者大唐之太宗實惟兼之觀其內平禍亂外除戎狄安堵黎元各

卷一萬六千四十八

有生業史氏所以稱其功德衆隆由漢以來未之有者也聽言清風切所嚮慕伊欲規其能事跋其成績何脩何飾而外戶不閉行旅不齎何取何營而斷獄幾刑措米斗直三錢獸家給人足厥道曷由仁義功利四者之宜當安所施子大夫習先聖之術通當世之務合志度義其知之矣其明以啓告朕悉意正論毋枉執事朕將親覽焉得王奏[illegible]黃定以下三百八十九人第為五等賜進士及第出身同出身特奏名陳瑀以下四百八十一人賜同進士出身同學究出身登仕郎將仕郎上下州文學諸州助教　同日試武舉進士內出制策曰朕惟在昔修攻戰之具設守禦之備常出於國家無事之

林宗臣一作林習下同　三十三人一作四十三人　保義郎一作承義郎

減字上一本有繁展二字

時而富國雖兵之道率皆取於人事鋤耰以當矛戟蓑笠以當甲楯春鏺夏耨乃其步騎也四里相伍乃其符信也凡所以取於民者何其順且便而教其民者何其簡且易歟今江淮荊漢搖薺千里故號沃壤加以推古人已行之事而時措之留屯萬人如趙充國之在金城歟則兵不妨於農而或妨於閱習將兵民雜耕如諸葛亮之在渭南歟則兵農不能以相安而或至於兩廢何古人行之功効如此之可必而今日為之如此其難也豈規畫之未盡抑奉行之不得其人耶子大夫為朕推原其所以然無略得正奏名林宗臣以下三十三人宗臣賜武舉及第補保義郎餘悉賜武舉出身補承節

卷一萬六千四十八

郎特奏名呂庭彥補進武校尉李元老補進義校尉減磨勘年有差　以上乾道會要

寧宗慶元元年五月二十三日宰執進呈來年臨軒策士依祖宗典故合權免上曰今以國恤當俟後舉施行余端禮等奏曰後舉方爲龍飛牓卻行臨軒之禮　同日詔慶元二年禮部奏名進士可依祖宗故事更不臨軒策試

二年三月二十八日閤門言已降指揮慶元二年禮部奏名進士更不臨軒策試依故例閤門引見退赴幕次祇授勑牒袍笏訖引門謝分作兩日引見先是一引見舉人日依儀於後殿引係七拜大起居班首出班致詞歸位五拜訖退　一檢會紹興八年六月引見舉人係在徽宗皇帝顯肅皇后服制內未純吉服其舉人止令四拜起居致詞訖再兩拜　一令來引見舉人係在孝宗皇帝服制內未純吉服依例止令四拜起居致詞訖再兩拜　一檢會紹興八年隆興元年引見舉人並係射殿坐不引見謝辭上殿班止三省密院奏事畢移椅子皇帝臨軒坐見舉人若係假故日分令閤門官已下祗應諸司官承旨修注管軍御帶環衛官行門起居次三省密院起居奏事餘官並免赴　一舊例引見舉人訖出殿俟有司給散勑牒并袍笏畢逐甲赴殿門外謝訖退　一舊例引見舉人前二日閤門差舍人一員承受二人就淨慈寺習儀令禮部告報　一舊例引見舉人俟禮部牒編排到黃甲姓名閤門取旨引見

卷一萬三千二百四十五

詔爲在孝宗皇帝服制內權於後殿引見依例分作兩日止令上三甲入殿立班餘門見並令入出和寧門經由門戶並早一刻關餘從之　五月十二日上御後殿引見禮部奏名進士正奏名鄒應龍已下五百六人第爲五等賜進士及第出身同出身特奏名程維顯已下五百七十八人賜同進士出身同學究出身登仕郎將仕郎上下州文學諸州助教同日引見武舉進士正奏名周虎已下五十九人虎補秉義郎林仲虎游叔昌補保義郎並賜武舉及第餘悉武舉出身補承節郎特奏名補進武校尉進義校尉減磨勘有差

五年四月十八日上御集英殿引見禮部奏名進士得正奏名曾從

龍已下四百一十二人第爲五等賜進士及第出身同
出身特奏名謝藻已下七百八十九人賜同進士出身
同學究出身登仕郎將仕郎上下州文學文諸助教同
日試武舉進士得正奏名陳良彪已下四十五人良彪
胡應特並補從義郎李亮補成忠郎並賜武舉及第餘
悉武舉出身補承節郎特奏名補進武校尉減磨勘有
差　十九日上御崇政殿引呈武舉人射射　二十六日
上御崇政殿引呈文士止奏名射射　二十七日上御崇
殿引呈文士特奏名射射　五月七日上御集英殿臨
軒唱名賜進士及第至第一第二甲畢進膳御藥院欲
用近例自三甲已後只遂甲撥宗鐘等同入劄子乞遵
卷一萬三千二百四十五
祖宗故事遂一宣名上欣然從之至再臨軒鐘等奏曰
臣等適來僭越陳情此乃祖宗舊制孝宗皇帝晚年艱
于久坐只一兩舉權宜如此自後遂以爲例陛下一旦
復舉舊制多士在廷皆得一一仰望清光實爲盛事臣
等與多士不勝榮幸上曰既是祖宗舊制豈可輕廢同
日詔曹一龍可改名從龍　十三日宰執進呈次宗鐘
奏曰凡是祖宗法度皆不可輕改如臣等前日冒昧奏
陳第二甲以後進士遂一宣名蓋自來舊制陛下從善
如流即賜施行上曰當日雖覺得汗浹體亦不以爲勞
鐘奏曰三歲一策士他日多有爲國家用者遂一宣名
之制誠不可廢非特龍飛之初爲然後舉亦合如此謝

深甫奏曰唐憲宗與宰相論治道日旰暑甚汗透御服
宰相求退憲宗留之曰興卿等論治道殊不知勸青史
書之以爲美談上曰嘗見史冊載憲宗此事深切嘆慕
十四日詔正奏名射射將中垛帖箭依格推恩特奏
名免射射從禮部言照紹熙四年例故也　嘉泰元年
五月二十六日詔嘉泰二年禮部奏名進士可依祖宗
故事更不臨軒策試　二年五月十八日閤門言已降
指揮今次省試舉人更不臨軒策試所有正特奏名進
士引見日分詔用今月二十六日二十七日引見　二
十六日上御後殿引見禮部奏名進士正奏名傅行簡
已下四百三十九人第爲五等賜進士及第出身同出
卷一萬三千二百四十五
身特奏名何嶧已下四百九十七人賜同進士出身同
學究出身登仕郎將仕郎上下州文學諸州助教同日
引見武舉進士正奏名葉漴已下四十二人漴補秉義
郎林貫道繆震補保義郎並賜武舉及第餘悉武舉出
身補承節郎各減磨勘有差特奏名補進武校尉進義
校尉減磨勘有差　開禧元年四月二十六日上御集
英殿引見禮部奏名進士得正奏名毛自知已下四百
三十三人第爲五等賜進士及第出身特奏名陳思已
下六百一十一人賜同進士出身同學究出身登仕郎
將仕郎上下州文學諸州助教同日試武舉進士得正
奏名鄭公侃已下四十六人公侃補秉義郎方震孫應

龍補保義郎並賜武舉及第餘悉武舉出身補承節郎特奏名補進武校尉進義校尉各減磨勘有差　二十七日上御崇政殿引呈武舉人射射　六月六日上御射殿引呈文士正奏名射射　七日上御射殿引呈文士特奏名射射　三年八月七日詔大行太皇太后上僊已降指揮宮中自服三年之喪來年係殿試年分合與不合臨軒令兩省禮官討論既而吏部尚書陸峻等討論國朝典故哲宗皇帝元祐八年九月三日宣仁聖烈皇后上僊以嫡孫承重嘗有詔實行三年之喪於宮中次年紹聖元年三月十四日御集英殿策進士詔從典故施行　嘉定元年三月四日詔毛憲落職放罷毛自

卷一萬三千三百四十五

知降第五甲進還第一名恩例既而以臣僚言恭聞紹興更化之初首革大廷策士之弊高宗皇帝嘗曰秦塤中甲科對策皆檜熺語朕卻之置在第三不使興寒士爭先既而淮東提舉宋冠卿奏對言政相當權前舉曹冠秦塤等八人濫竊儒科英斷赫然並行駁放比者姦臣盜權破壞祖宗法度貢舉公選亦復徇私前後臣僚奏陳止及省闈欺弊未聞廷對可以計取往歲陛下親策多士毛自知唱名第一公論籍籍皆謂自知本名自得冒其弟之解叨預奏名其父憲時為都司與蘇師旦素厚經營傳出策題前期策成全篇憲之筆居多差為編排文字可認優批分數遂膺首選自知無以報師旦

私已之恩親造其門拜而謝之都人至為歌詞譏誚喧傳眾口師旦復興為地除憲察官而懷不平者始不敢言矣方乙丑之春邊陲清晏兩淮荊襄全蜀之民熙熙如也自知獻策以為天亡此胡決在此一二年今不乘其機以定中原竊恐必有豪傑之士仗大義據關中以令天下者又慮議不堅決復于終篇言廟堂之勢未尊臺諫之權未重意欲鉗天下之口而決用兵之策不知自知何所見而然即自知邀媚時好以取世資謀身則善矣如社稷生靈何況臨軒策士今復其時若不大正紀綱痛革前弊則忠言讜論何自而前欲望睿斷先將毛憲將賜罷出以為阿附匪人欲私其子忍于欺君之

卷一萬三千三百四十五

戒所有自知一名取自聖裁施行故有是命　六日禮部太常寺言討論御試臨軒皇帝服著等檢照宣仁聖烈皇后上僊哲宗皇帝以嫡孫承重於紹聖元年三月御集英殿策試進士今來御試即應得紹聖已行故事所有御服緣未純吉欲乞就見服黃袍黑鞓犀帶詔依討論施行　四月三日臣僚言竊覩貢舉條制應牒赴國子監就試者有差而所牒止于同姓至於被差考校凡就試之士法所應避者同姓則不以服屬為限若母妻姊妹之緦麻已上親皆牒赴別頭所以防閑人情杜絕私意迨省試奏名之後見任兩省臺諫侍從親族必具名來上俾于後省覆試以開塞睽之塗以防權要之

辭奏名之士陛下親策于廷訪以治道去取之意雖盡
出於陛下而有初考覆考編排詳定等官其子弟親屬
預試者元無避親之法間或名在前列往往人得而議
之而彼亦安于無法不自以爲私乞自今廷對當做後
省覆試之制行下禮部開具應在朝之官有服親族過
省見今赴廷對者並與免差庶幾杜絶倖門昭示公
道從之　嘉定元年五月六日上御集英殿引見禮部
奏名特奏名進士得正奏名鄭自誠已下四百二十五
人第爲五等賜進士及第出身同出身特奏名劉敞已
下六百四十一人賜同進士出身同學究出身登仕郎
將仕郎上下州文學諸州助教同日試武舉進士得正
卷一萬一千三百四十五
奏名周師鋭已下四十四人師鋭補秉義郎楊煜周軾
補保義郎並賜武舉及第餘悉武舉出身補承節郎特
奏名補進武校尉減磨勘有差　七日上御幄殿引呈
武舉人射射　六月二十三日上御射殿引呈文士正
奏名射射　二十四日上御射殿引呈文士特奏名射
射　七月十二日詔保義郎勅授全州文學趙汝易特
興附五甲末出身　汝易殿試中第二甲第七名緣犯廟諱嫌名勅授文學汝易乞依昨來進士林一鳴宗子希旦犯廟諱例比附降甲改正出身特從其請　四年五月
八日上御集英殿引見禮部奏名進士得正奏名趙建
大已下四百六十一人第爲五等賜進士及第出身同

出身特奏名石繼喻已下六百七十九人賜同進士出
身同學究出登仕郎將仕郎上下州文學諸州助教同
日試武舉進士得正奏名林汝泱已下四十人汝泱補
秉義郎黄宋祥王國定補保義郎並賜武舉及第餘悉
武舉出身補承節郎特奏名補進武校尉進義校尉減
磨勘有差　九日上御幄殿引呈武舉人射射　六月
十三日上御射殿引呈文士正奏名射射　十四日上
御射殿引呈文士特奏名射射　七年五月四日上御
集英殿引見禮部奏名特奏名進士得正奏名袁甫已
下五百四人第爲五等賜進士及第出身同出特奏名
張徽已下六百六十九人賜同進士出身同學究出身
卷一萬一千三百四十五
登仕郎將仕郎上下州文學諸州助教同日試武舉進
士得正奏名劉必萬已下四十八人必萬補秉義郎林
景衛林武子補保義郎並賜武舉及第餘悉武舉出身
補承節郎特奏名補武進校尉進義校尉減磨勘有差
七日上御射殿引呈文士特奏名射射　二十七日
左諫議大夫鄭昭先言仰惟陛下踐祚以來宵衣旰食
求士如渴豈不以草茅之論足以仰裨闕失故歲當大
比涣發明詔舉四方之士以八月答試于其鄉明年舉
鄉貢之士以二月試之于春官其中程度者奏名于朝
陛下欲諮以當世之務於三月内親策于廷又于四月
唱名于集英殿朝有定法士有定志率皆如期而至四

川之士去闕廷遠慮其犇趨不逮其試于鄉則以二月其試于春官則以八月先期半年畢此二試庶可趨赴廷對此定法也今蜀士多遲其行若貫胡之留滯未免于四月末旬選日以待之期而不至又未免于五月上旬選日進退遲速惟彼之聽雖陛下急於求言不憚爲之遷就而士子稽滯不進豈不有辜延待之意乎若以地遠言之則嶺表落南之地有踰三四千里者窮冬登途皆能趨赴省試則蜀士奚獨濡滯如是哉矧當仲夏暑氣漸祥陛下躬御盛服早晚臨軒豈臣子之心所安而四方待試之士雲集京師行囊有限又未免有滯留之歎是可不立爲一定之說乎乞下禮部繼自今定試

卷一萬三千二百四十五

三月或四月擇日斷不改易預行告諭令四川州軍牓示通衢庶俾士知有定日不至遲遲仰副陛下虛己延待之意從之　八年九月二十八日臣僚言國家取士惟進士得人爲盛故于三歲大比每加詳而致意焉蜀邈在一方而赴廷對之士則有行役之艱至于類試仲秋之末揭牓季秋之杪夔利二路越半月而見牓故廷對之士萬里行役登舟率在窮冬爲舟人所邀津務所阻乞自制置司行下遂州津發于歲前盡要起離約束沿江税務即時通放如此詳盡而孟夏之朔舉人尚未入國門者更不賜對庶幾臨軒之日不在盛夏之時亦革廷對遷延之弊從之　十年四月二十二日上御集

英殿引見禮部奏名特奏名進士得正奏名吳潛已下五百二十三人第爲五等賜進士及第出身同出身特奏名陳珏已下六百六十三人賜同進士出身同學究出身登仕郎將仕郎上下州文學諸州助教同日試武舉進士得正奏名朱嗣宗已下四十五人嗣宗補秉義郎華岳朱同宗補保義郎並賜武舉及第餘悉武舉出身補承節郎特奏名補進武校尉進義校尉減磨勘有差　二十七日上御幄殿引呈武舉人射射　五月二十二日上御射殿引呈文士正奏名射射　二十三上御射殿引呈文士特奏名射射　十三年五月二日監察御史徐龜年言國家以策取士蓋古人敷奏言揚之

卷一萬三千二百四十五

遺意然知人固難知人以言尤難昔唐陸贄有云人胡可以一酬一詰而謂盡其能哉今聚天下之士而親策之天子之庭蓋將因其所言以覘其所存即其胸中之抱負以觀其異日之施設豈特應故事而已臣伏覩高宗皇帝策士大廷嘗謂宰臣曰朕此舉將以求人材爲時之用若其言鯁亮切直他日必端方不回之士其言詭佞委靡他日必無可用之實也故朕因此舉崇獎切直冀士知所尚習成風俗猗歟休哉此眞我朝取士之家法也比年應對之士率蹈襲紙上之空言言之直者不矯則訐言之泛者非誇則誕往往揣摩事情迎逢時好競一日之長以竊取科第而已他不暇計也國家列

嘉熙十四年疑嘉定

聖相承愛護相材蓋將以養其心厲其行而為豐芑數世之用況巖穴窮困之士庠序淹滯之材固有抱負所學久不得徹而上聞者一旦使之咫尺天顏鋪陳得失此誠韋布平昔之素願是必有以崇獎激昂使之得以展盡底蘊而後可也乞下臣此章風厲多士開不諱之門以來直言示激勸之意以收實才其於治道誠非小補從之　二十七日上御集英殿引見禮部奏名進士得正奏名劉渭已下四百七十五人第為五等賜進士及第出身同出身特奏名湯若霖已下六百四十七人賜同進士出身同學究出身登仕郎將仕郎上下州文學諸州助教同日試武舉進士得正奏名陳正大已下

卷一萬三千七百四十五

四十四人正大補秉義郎曹有戴鷹揚補保義郎並賜武舉及第餘武舉出身補承節郎特奏名補進義校尉減磨勘有差　六月一日上御幄殿引呈武舉八射射　七月二日上御射殿引呈文士正奏名射射　三日上御射殿引呈文士特奏名射射　嘉慶十五年八月十六日臣僚言竊見國家取士自太祖開寶六年以三月覆試於講武殿累聖相承廷試率以三月南渡以來篤念蜀士道理阻修分類省於成都預試以便其入對自紹興至淳熙廷試皆不出三月類省得者速裝治行不敢濡滯遂于冬至前就道間緣丁卯偶類省過期行色稍緩廷試展用五月蓋出異恩嗣後即習

為故常至次年正月方啟行向者士子必四五人共為一舟舟楫易辦數舉以來或一二人為一舟舟人復戚稽緩水陸萬里風波險阻滯歷州縣關津滯留必至夏始達行都數紫審省展期以俟其集盛夏炎赫望上軒汗遝御服臣子殊不遑安嘉定七年十三年臣僚屢次申明而玩弛既久終不能革望勤朝廷為之進類試之期以圖其速至今類省將軍乞下四川制司嚴行戒諭期以冬至前登路並行起發舟楫所至州縣隨即通放不得苛留所有廷試日分遵照祖宗舊制於三月內選擇更不展期庶使四方之士雲集奉對皆適其時以副朝家作成之意從之　九月十九日臣僚言恭惟

卷一萬三千七百四十五

國家重士三歲大比解試以八月省試以二月皆有一定不易之日獨是廷對唱名臨期取旨每舉不同臣向叨甲辰末第省試猶是正月十五日引類場三月二十三日殿試四月十一日唱名淳熙已兩經臣僚奏請省闈引試展就二月一日若以廷試常在省榜已揭一月之後則四月間擇日殿試自不相妨累舉以來殿試最遲亦不過五月初旬末旬而唱名至六月十五日特庚辰年為然前此未之見也陛下樂于待士當暑臨軒初無倦色而群臣侍立蹴踖不安況在廷之士露立終日炎赫所迫間有委頓者甚非所以肅堂陛之分也臣契勘庚辰年殿試緣蜀道多梗恐赴廷對者未來齊是所以

五月二十六日二十七日兩條移後章溢下

屢至辰日續掾劍南節推任一嗎申請以潼川夔利路至成都頤遥欲進十日用八月十五日類試特俞其請別來赴大對比之常年人可先期十日治行豈不甚便臣採之輿論以蜀士遷邇而來蓋自有說在法凡赴廷對許量帶稅物隨行以助旅費向也一舟五六人共之行計易辦後來人各一舟貸物未足卒難起離遂成濡滯夫不汲汲於功名而孳孳於財利則是入仕已畏所守矣欲望聖慈令四川制司行下諸路州軍今歲類試既進十日來年士人並要三月初到闕如循習滯留止將已到蜀士收試更不再展庶幾臚唱之日未至闕畧朝儀憖齋以副臨軒策士之意從之　十六年四月十

以上卷一萬四千二百四十二

九日上御集英殿引見禮部奏名特奏名進士得正奏名蔣重珍已下五百四十九人第為五等賜進士及第出身同出身特奏名李大同已下六百七十九人賜同進士出身同學究出身登仕郎將仕郎上下州文學諸州助教同日試武舉進士得正奏名杜幼節已下五十八人幼節補秉義郎陳夢靁程一飛補保義郎並賜武及第餘悉賜武舉出身補承節郎特奏名補進武校尉進義校尉識磨勘有差　二十三日上御幄殿引呈武舉人射射　五月二十六日上御射殿引呈文士正奏名射射　二十七日上御射殿引呈文士特奏名射射

十六年四月二十七日臣僚言至和間富弼奏請一舉三十年推恩之法欲使久困場屋差足自慰景迫桑榆者聊以自娛至今行之恩至渥矣為士者要當上體聖恩安于命義可也比年以來特科富室之士不顧三尺行險僥倖百計經營預為道地厚賂御藥院人於廷試之後密寫卷頭一二百字令其收執俟考試畢比對真卷載在五等擦入四等此冒易姓名之弊臨軒試射又將程其中否以示陛出天威咫尺敢肆欺罔前期厚賂唱箭撤箭人不以中帖之矢入于中帖之數于是五等濫陞四等此冒易帖箭之弊遂使多資廣繆之徒得側仕版而學古老成之士終厄窮途乞下臣此章明諭詳定編排官自第一等至第五等並大字恭書于奉試

以上卷一萬三千二百四十五

御策之下唱第之後將前四等真卷發下禮部委自長貳就御史臺公共點對或有偽冒重作施行庶革冒易姓名之弊仍差清疆官監視中否之箭重立賞罰禁戢唱箭撤箭受賂之人苟有犯者士人押歸本貫聽讀其過財受財之並送所司根究重作施行可絕帖箭之弊從之　四月二十七日臣僚言竊惟國家取士之制臨軒親策禮遇優渥至於場屋困躓之人又有特科以示燾收不遺之意上恩大矣臣聞之衆言以為間有多貲賓緣請托名在五等易寘于前僥倖一官前舉有嚴州特科進士進狀訴印榜名在第四等乞改正紛紜不已雖其說不足信而物論籍籍謂並舉有此臣伏思事関

幸從下接五月二十六七兩條

御藥院主持有官從未必然第將以釋寒士之疑則莫若加之申嚴區處至於特科射射亦有代名而進前舉第五等射射多補官者人愈議之惟主尊天臨之地事體至重豈容果爾寧信之而無萬一有之關繫不細乞令詳定編排所同御藥院長官相度將特奏名真草卷嚴密措置毋致胥吏移易併下禮部明示以關入之令將特奏名射射人每五人三姓結保有犯則保內同罪其正奏特奏名對御射弓入並令書鋪認識給牓于宮殿皇城門各置簿出入親書鄉貫將來射射比對省殿試卷子字跡稍異輿行根究庶革僞濫以厚士習實有文藝者之幸從

卷一萬三千一百四十五

親試雜録

真宗景德二年三月九日賜輔臣酒果翰林學士等宴於本院館閣官宴於祕閣以御試考較之勞也自是遂為定制 天禧四年六月十八日詔今後御試舉人前殿不視事放起居 仁宗天聖五年三月十八日詔崇政殿引試舉人不得將帶文字書冊入殿門讀略官中至日給散 二十四日閤門言今日放舉人緣並在內門外欲告報貢院點檢姓名放入彬門外祇候詔令只引進士崇政殿門外祇候 八年三月十三日詔試舉人應文武臣僚三班使臣幕職州縣官等見謝辭并正衙宜令閤門

御史臺並權放候至十九日即却依舊　七月二十三日詔今月二十五日御試應制科人當日是大忌前一日假後殿公事更不引　九年五月六日詔今月九日崇政殿御試應書判拔萃科并武舉人等七人仰閤門告示兩制并三館祕閣直館校理等是日於崇政殿門外祗候　景祐元年二月四日中書門下言今後殿試舉人差初覆考詳定官並委中書選擇有文學官充仍興限十日精審考校詔依　十一日詔後殿試舉人畢皇帝還內考校舉人試卷未了崇政殿後門令入內內侍省差使臣嚴切監守仍令逐上內臣提舉其崇政殿延和殿例依呈引公事東與歸內並依常式　三月十

卷一萬六百四十八

四日詔御試進士諸科舉人宜令閤門告示兩制并三館祕閣校理並仰至日於崇政殿門外祗候　二十三日天章閣待制張宗象殿中侍御史龐籍言御前續試特奏名進士諸科人等送到卷子依例封彌送逐處考校伏緣上件舉人並是南省考落人數聖慈念其老於科場特推恩澤其藝業多無所取不消覆加考校欲乞分作等第委自中書據其等第及年數舉數取旨詔令宗象籍編排　二十五日詔為放舉人令宗室允寧以下并駙馬都尉赴崇政殿祗應　三月十六日詔御試進士三題據出處義理令御藥院隨題目雕印至日各賜一紙更不令解元上請　六月二十六日臣僚言乞

今後御試舉人就集英殿及乞條貫封彌謄録編排卷子并賦覆考諸科舉人詔減覆考不行餘從之　四年三月七日御藥院言內降丁度奏貢舉條制御試舉人就集英殿考校位次閑防事件並須改易詔仍舊崇政殿試　五年四月十六日知制誥李淑言昨充崇政殿試詳定官竊見考試條貫元是貢院編次頗稱備之處又緣旋差到官不悉前後体例以至元有拘執頻煩聖聽又初覆考定等之際多不照會相甚頗遠詳定官既不別定等只是斟量就一或未達中朝廷擇士授官所繫至重欲望下御藥院取索應該條貫於昨來祗奉御試官內委經歷編次之人參詳添修條制或併考官一

卷一萬六百四十八

處考定别置點檢官三五人令先點檢然後考校亦恐却得精審所冀立制經久上副求人之意詔可　慶歷六年三月二十四日詔為放舉人畢依宴後一日例放歇泊假一日前後殿不坐永為定式　皇祐元年三月九日翰林學士趙槩等言差權知貢舉今已考校畢乞依前次科場例免正衙從之應昨充貢院考試官等仍令御試及放榜日殿門祗候　十九日閤門言放舉人日曾宣皇親并管軍臣僚使相節度使已職至刺史詔特宣正任刺史已上　嘉祐四年三月五日天章閣待制錢象先等言昨赴資喜堂出明經諸科義題義由已畢見祗候崇政殿放榜竊聞南省小試官並許入殿門

祇候伏乞依例從之　十三日光祿卿直秘書趙彥規
等言伏聞崇政殿放牓竊知舊例並預召赴詔令宣入
二十五日翰林學士明宿等言自來南省點檢進士
試卷諸科出義考試官等御試日赴殿前起居并放牓
日殿前立班近年却只在殿門外祇候欲乞依舊例取
到閤門儀制知舉官等御試日並於崇政殿門外祇候
知奉宣即入候放牓畢承受於殿門外報知舉官入起
告謝勘會近例內知舉官候放牓日宣入殿起居祇候
告謝貢院考試官等於御試及放牓日殿門祇候詔宣
令閤門每遇宣知舉官其南省點檢試卷諸科出義考
試官等並令同入　六年四月十二日權御史中丞王
卷一萬六百四十八
疇言伏以殿庭親試所切者漏露之禁切見放牓日聖
駕未座而殿後考校官定官乃有輒至殿門者蓋因祇
候起居立班之際遂得出與外人相見誦念舉人程試
豈不漏泄雖近去唱第數刻之間尤當慎密緣素無條
制理合關防欲乞今後放牓日殿後臣僚不得輒至殿
屏外候駕座方得下殿立班起居如違許閤門彈奏從
之以上國朝會要　神宗熙寧三年正月二十八日詔將來於
崇政殿御試舉人考校臣僚并諸司幕次依令來御藥
院圖子貼定去處應合行事件令本院檢舉施行　三月
五日詔中書門下令別定御試舉人封彌式樣送御藥
院仍本院謄錄兩本分送初覆考官　七日閤門言自

來假日崇政殿視事帶御器械先廷和殿起居今來其
英殿御試舉人起居祇應次第依假日例其帶御器械
欲令於需雲殿先起居其軍頭司祇應軍員緣別無公
事引呈欲令更不入從之　十八日詔御試詳定所如
令來初覆考官考到試卷內等第相遠者更酌中別立
等第　十二月十四日編修閤門儀制例冊所奏諸發
解考試對讀官等並門辭入見殿試官更不見只隨班
起居今參詳除知舉官門辭入見外其封彌發解考試
對讀等官只門賜敕不門辭只門見殿試官更不見只
隨班起居欲乞修入儀制從之　六年三月十一日中
書言御藥院謨以義田散通禮義張篹等五人作義題
卷一萬六百四十八
欲別試篹等於中書從之令御藥院具指以聞　九年
三月二十四日詔自今南省第一甲十人以上放牓日
第四甲唱名未到者取旨　二十六日詔殿試進士初
考官翰林學士陳繹集賢校理孫洙王存崇文院校書
練亨甫范鏜審官東院主簿陸佃各罰銅二十斤覆考
官翰林學士楊繪龍圖閣直學士宋敏求同條起居汪
錢藻秘閣校理陳睦崇政殿說書沈季長檢正中書刑
房公事王震各罰銅十斤並坐考校第一甲進士不精
也　元豐五年三月二十七日詔御試所考官蘇頌等
六人覆考官安燾等六人詳定官蒲宗孟等三人各罰
銅三十斤頌等考黃裳等下等上親擢為第一故罰之

文獻通考：元豐五年，先是帝見黃裳所爲文，愛之，至是禮部奏進士有裳名及進士讀試卷在前列者，皆不稱旨。命求裳名，至末甲始見，乃擢爲第一。考官以高下失定，贖金。

八年四月六日，詔再試進士及諸科、武舉人。罷今年御試，內應直赴殿試者，以前舉者等第名次編排在今來正奏名之下；不曾赴省試者，即與正奏名進士同場別號試策一道。先以貢院大試卷三分收不及一，故再試。以上在亮陰罷御試。

哲宗元祐三年二月十六日，詔殿試經義、辭賦舉人並試策一道，從監察御史趙挺之請也。

三月二日，三省言：奏旨集英殿御試舉人，欲依天聖故事，皇帝御崇政殿試舉人。二十二日，太皇太后、皇帝御延和殿垂簾，宰臣以下進呈文卷。皇帝御崇政殿唱名放牓，賜公服、靴笏訖，次班於延和殿謝太皇太后。詔：舊例崇政殿試舉人，景福殿考覆，自熈寧後移於集英殿，可依已降指揮，就集英殿試，進呈文卷、唱名放榜，並皇帝御殿。候賜公服、靴笏謝恩訖，移班赴內東門謝太皇太后。

卷一萬六百四十八

四年八月二十二日，詔自今考校特奏名舉人，進士入第四等中以上，諸科入第三等以上，各不得過就試人數之半。

六年三月二十六日，太皇太后宣諭曰：今歲御試考校定後，兩日方唱名，於內中火禁非便，其令[自今]候見考試次第施定唱名日。

八年三月二十三日，中書省言：進士御試答策，多係在外準備之文，工拙不甚相遠，難于考校。祖宗舊制，御試進士詩、賦、論三題，施行久遠，前後得人不少。況今朝

廷見行文字，多係声律對偶，非學問該洽，不能成章。若不復行祖宗三舊法，則學者未知朝廷所向。檢會已降指揮，將來一次科場，如有未習詩賦舉人，許依舊法取應，解發[合格]人不得過解額三分之一，以後並兼試詩賦。取到國子監狀，太學見管生員二千一百七十五人，內二十九十三人習詩賦，八十三人經義不兼詩賦，以此可見中外學者習試詩賦人數極多。詔來年御試，將詩賦舉人復試三題，經義舉人且令試策，此後全試三題。其雜犯舉人未得黜落，別作一項聞奏。

紹聖元年二月二十三日，禮部言立御試三題條并約束，從之。

二十六日，三省言：今來南省下第舉人，進士七舉、諸科八舉曾經御試，九舉、諸科十舉曾經省試，並年四十以上；進士六舉、諸科七舉曾經省試，並年五十以上。內河北、河東、陝西舉人，於逐項舉數內特與各減一舉。曾經嘉祐八年以前到省進士前後實得兩解、諸科實得三解，及嘉祐八年以前到省進士并免解共及兩舉、諸科共及兩舉、諸科共及三舉，勿限年。欲令禮部貢院審會，並特與奏名，許就殿試，及關御藥院依例施行。

卷一萬六百四十八

三月六日，詔令次御試舉人依舊試策。

十四日，詔南省下第舉人已曾經嘉祐八年以前到省進士前後實得兩解、諸科實得三解，更不限年，並特與就殿試。仍進士第四等以上、諸科第二等以上，各不得過就試人數十分之

三會經嘉祐八年以前到省進士并免解共及兩舉諸科共及三舉更不限年亦許就殿試仍進士只以第四等以下諸科只以第三第等以下為等第閑御藥院依例施行　十七日中書省言諸科初考所奏元祐八年四月敕復置通禮科御試墨義五道本經義三道又五路通禮科經義委初考所刪統義通禮墨義委諸科初考所兼管其書鑿等第行遣約束並依進士試卷法今欲申明將五路通禮所科墨義只依舊諸科墨義以通祖考校從之　三年八月十一日禮部言舉人御試而懐挾代筆傳義者並取旨送所屬其罪賞並依省試貢舉法從之　徽宗大觀三年三月七日御筆貢士興於

卷一萬六百四十八

鄉而科舉較一日之藝則貢士當冠科舉比覽貢士已試程文未足以魁多士可令詳定所以貢院所奏中選試卷與庭試卷參較取最優者一名為殿試之首若所取非貢士則貢士次之　四年八月十三日詔策士于庭諏以世務深惟神考盛德美意所宜遵承以詔萬世比聞學制貢士入上等者引見釋褐止以有司參校而不復策試于庭豈神考之志哉自今入上等者與中等並留太學以候殿試其上等人遇唱名取旨於已降學制内增入　十九日詔宗子陞補上舍係比舊日宗室應舉之人得解其赴貢士舉試係比省試令不經殿試使分三等命官緣熙寧未有此法可依貢士已降指揮

並留候殿試其上中等人遇唱名日取旨　政和五年三月二十三日詔集英殿唱名入内褚永為不對所問其言狂妄押出令開封府押歸本貫仍下學士司具師儒官職位姓名聞奏取旨責降并所試乖謬程文送國子監曉示行下　八年三月十一日詔十六日嘉王楷令赴集英殿試仍給食就東廊排設幕次什物　二十五日詔王嘉楷依貢士唱名賜敕謝恩　二十六日上御集英殿唱名詔嘉王楷有司考在第一不欲令魁多士以第二人王昻為牓首　宣和六年四月十一日手詔獎諭周武仲朕承祖宗之宏規招賢能於數路取士以制親策于庭蓋將酌士論來讜言以廣九重之聽

卷一萬六百四十八

倚在選掄副茲虛佇朕實主文衡差次精密凡預高科之目悉皆魁選之英臚唱初傳輿情共契舉善以善固宜從類之求惟賢知賢斯有不遠之則惟予以懌時乃之休　以上續國朝會要　高宗建炎二年九月十日宰臣黄潛善奏曰昨日唱名至中時聖體良勞上曰昨日歸内觀書良久方憩朕以艱難中四方之士來會行在策以時務高等多得遠方之士朕意甚喜不覺勞也同日上宣諭宰執曰御藥院嘗奏殿試上十名例先納卷子御前定高下朕謂取士當務至公既有初覆考詳定官自足憑信豈宜以朕一人之意更有陞降已處分令次勿先進卷子　紹興二年三月十六日御藥院言

自來御試進士引試唱名並作兩日，第一日正奏名并應舉宗子等，第二日特奏名并武舉取應宗子。昨揚州御試，緣特奏名并舉人數不多，共作一日引試唱名。今來未審合作幾日？」詔並依揚州例。二十六日，權禮部侍郎趙子書言：「御試正奏名，其取會不圓之人先就試，不給唱名號。內有試在上三人，或高甲合殿前祗授恩命，別有曲謝，欲乞權給號唱名，其敕牒候取索圓備給付。」從之。紹興五年九月九日詔：試在第一甲人先給敕。二十七年三月八日、三十年三月九日詔：第一甲上三人先給敕。

二十九日，詔特奏名進士如試在第五等人，特依揚州例補下州文學。四月一日，進呈殿試陛

卷一萬六百四十八

降冊，因奏有犯御名及文理紕繆者。上曰：「犯御名，格當扶出。然使文理可采，亦可惜。至於紕繆，乃不當復收。」宰臣呂頤浩等曰：「聖度如此，真得取士之體，後當守以為法。」五日，唱名殿試進士，有犯廟諱者。上曰：「犯宗廟諱，當依格降等。」至犯御名者，上曰：「此雖格法，朕豈以己名妨士人進取耶？」特命收寘本等。十七日，進呈新第正奏名助教乞依特奏名例推恩。上曰：「初降旨令考官以鯁正為上，諛佞居下，此以示朕好惡。凡士人當自初進便須別其忠佞，庶可冀其有立。如張九成對策，上自朕躬，下逮百執，言之無所迴避，擢在首選，其誰曰不然？然而舉子遠來，朕惓務優容，命助教九人者並依特奏名

例推恩。」閏四月一日，上宣諭宰輔曰：「廷試舉人，以鯁直者為上，諛佞者降之。朕此舉將以作成人材，為異時之用。若其言鯁亮切直，他日必端方不回之士；其言諛佞委靡，他日必無可用之實。故朕因此舉崇獎直言，冀士知朝廷所尚，習成風俗。崇寧已來，宰相惡人敢言，當時士氣不作，流弊至今，不可不革也。」五年六月九日，中書舍人劉大中言：「薦舉登第注官之人有紕繆尤甚之日，四方傳笑，頗詒有司。精加考校，勿尚浮虛，勿諱切直。其文不乖於理，其言有補於治亂，則以充選，庶幾所得皆可用之實材。乞前期牓諭。」從之。八月九日，翰林學士知制誥孫近言：「祖宗廷試進士，差官初考、覆考、詳定，

卷一萬六百四十八

蓋欲參用衆見以求寔材。初考既定等第，乃加封印，以送覆考，復定等第，而詳定所或從初考，或從覆考，不許別自立等。至嘉祐間，因王安石充詳定官，始乞不用初覆考兩處等第，別自立等，至今循襲為法。如此則高下升黜盡出於詳定官，而初考、覆考殆為虛設。欲望復用祖宗舊制，如初覆考皆未當，即具失當因依奏稟，方許別立等第。」從之。右諫議大夫趙霈言：「崇寧御試貢舉令，自有隔二等累及五人許奏之文。臣近充詳定官，以試卷與初覆考等第不同者聞奏，奉御寶令編排所定奪，是使編排官得以兼詳定之職，非特廢法，恐自此遂為定例。乞令後隔二等累及五人，各開具集號，某說可取合

陛某等某說非是合降某等許依令奏聞免令復加定奪從之 二十四日御藥院言進士祝公達妄稱該免解赴試過省詔特免駁放候唱名降等推恩 九月四日詔唱名應不給敕人依例並賜袍笏 同日特奏名進士呂衍等狀祖宗優䘏五路人唱名乞特賜陞等從之（七年二月九日詔王嚴叟等三十四人八年五月二十九日詔李嬰等各並陞一等）六年十二月十五日詔川陝進士合預殿試人發赴行在仍破五人衙官驛券經由州縣依條施行 七年八月二十五日詔來年禮部奏名進士可依祖宗故事更不臨軒策試（時上居諒闇有司檢照典故預行申請故有是命） 十二年三月十四日御藥院言在京御試舉人引試唱名並作兩日建炎二年以

〔卷一萬六百四十八〕

後三舉赴試人數不多各作一日將來御試欲作一日引試兩日唱名從之 四月十三日詔唱正奏名進士進卷內陞一甲字下可添入末字其降一甲字下亦合添入首字餘舉人陞降依此以為定法 十八日詔張㢮於唱名唐突又進狀告論有司為係舉子不欲付於理令臨安府差人押歸本貫收管日後更不得奏名 十一月二十五日詔特奏名不該出官人與免納敕牒許赴十五年再試 十五年三月二十三日上宣諭宰輔曰廷試策題亦欲使士人初入仕途皆知趨向之正秦檜曰士人趨向不正久矣亦風俗使然正在陛下力與變革上曰朕觀五十年前人材皆是仁宗時涵養所

致以正在作成也 四月三日詔太學博士楊邦弼御試進士對讀試卷有所脫漏罰銅十斤 二十六年十一月五日詔今後內外臣僚不得輒以子弟親戚陳乞特赴殿試 二十七年二月二十八日宰執奏事上曰蜀中舉人前此有赴殿試不及者皆賜同進士出身恐其間有俊秀能取高第之人例皆置之下列甚可惜也今次若來者尚少宜相度展日以待 三月十四日御筆宣示殿試官曰對策有中指陳時事鯁亮切直者並寘上列無失忠讜無尚諂諛用稱朕取士之意 十六日上宣諭宰臣曰今次策士考校官編排處極詳審內有犯諱雜犯之人亦令且與考校所戒飭有司抑諂諛

〔卷一萬六百四十八〕

進忠亮蓋以臨軒策士正欲聞切直之言也 十八日上宣諭宰臣曰今次殿試舉人程文議論純正仍多切直自此人才極有可用 二十四日宰執奏事宰臣沈該等曰兩日唱名上勞聖躬上曰今次所選文武皆得人朕樂於得士雖臨軒終日不覺倦也 二十二年五月九日詔來年禮部奏名進士可依祖宗故事更不臨軒策試時以欽宗喪故有是命（以上中興會要） 紹興三十二年（孝宗即位未改元）六月二十三日詔紹興三十三年禮部奏名進士依祖宗故事更不臨軒策試 乾道二年三月九日有司言唱名日取會未圓人三名前權與給敕上問輔臣三名以後人洪适等奏以後人圓備

方給從之　十日上御幄殿引呈武舉人射　十六日御藥院言正奏名寧遠嘉字號試卷犯不考式洪造等奏寫御題外僅及二百字上曰此必假筆朕欲先拆見姓名取省試卷比較使見情跡御筆一面取開造等奉詔進翌日呈拆見姓名乃宗子忠訓郎伯山為鎖試兩獲文解昨遇覃恩特免省造等乞與換授文資帶右字以文不合格法當不考罷之　四年七月十四日禮部言太學士舍生楊應紹興三十一年陞補下等上舍至紹興三十二年用上舍恩例免解隆興元年到省試下乾道二年合該免省赴殿試以下憂不赴今合還赴乾道五年殿試乞比類赦文計理龍飛恩例詔候將來殿試許收使

卷一萬六百四十八

五年三月七日詔四川正奏名進士李延上馮直臣文伯振權赴殿試候畢日各令陳乞改正户貫施行延上等各用西北户貫有司引紹興二十六年併東南户貫指揮謂不應法試日既迴以其狀聞而有是命仍不逐路漕司將似此西北之人改正　十一日上御幄殿引呈武舉人射　二十九日御試主管文字使臣劉伯造言今月二十日二十一日兩日不赴唱名舉人正奏名第二甲第二十人楊子方等計六人並為患不赴詔令尚書省有將子方等六人較降付禮部候逐人癸安各召保官二員當官給付　八年三月十三日詔四川正奏名進士雍太榮令殿試大榮遺失赴殿試公

據以券歷為驗及召保識四人禮部以聞許之　十八日上御幄殿引呈武舉人射　四月一日詔蜀州正奏名進士趙甲等六人並與依格例陞名以甲等援太上皇帝潛藩例自言也　二月御藥院言契勘御試舉人內有應舉宗子漏寫限一千字以上雜犯不考自紹興二年以後來有此例檢為紹興二十四年趙不同係應舉宗子合陞一甲為犯懷挾合降一甲得旨此折更不陞降今欲依趙不同例比折更不陞降從之　十月八日詔自今御試唱名第一日唱文舉正奏名應舉鎖應宗子武舉正奏名第二日唱文舉特奏名取應宗子武舉特奏名以上乾道會要

賜及第 賜進士及第 賜本科及第

賜出身 賜同出身 賜三傳出身 賜上舍出身 賜本科出身 賜同三傳出身 賜同上舍出身 賜進士出身 賜学究出身 賜明経出身 賜同進士出身 賜同学究出身 賜同明経出身

賜童子出身

賜及第 太宗雍熙二年正月詔著作佐郎樂史先賜進士及第宜附太平興國五年第一甲進士之下

卷一萬六百五十三

五十

淳化三年三月賜太常寺奉禮郎楊億進士及第億時年十二讀書秘閣因擬文選兩京賦作東西京賦二道以進太宗覽而嘉之詔學士院試舒州進甘露頌譯時而就帝益賞其俊才故有是命 至道元年四月十四日詔布衣潘閬對賜進士及第試國子四門助教閬賣藥京師好交結貴近有言其能詩者因召見而有是命未幾追還詔書 真宗咸平二年正月十二日賜隰州進士楊尹本科及第仍附春榜尹上疏言邊防事召試舍人院中第命之 四年九月五日賜太子中舍張宗誨進士及第宗誨兵部尚書齊賢之子獻屯田論三篇命試舍人院有是命 景德

二年三月九日虞部員外郎知鄭州王矩上書自薦求賜科名帝以其自燕薊歸化歷官清白勤於詞學特賜進士及第仍附新榜 大中祥符三年八月十八日賜大理評事蘇耆進士及第耆禮部侍郎易簡之子獻文召試而有是命 五年正月十三日賜太理評事舒昭遠進士及第昭遠因對自陳命試于中書帝以辭旨為優賜第仍遷寺丞 五月四日賜進士范太及第祀汾陰歲獻文召試而命之 八月十六日賜虞部員外郎賈守正進士及第守正禮部侍郎黃中之子獻文召試命之 六年十一月一日賜大理評事李昭迥進士及第昭迥故相昉之孫獻文求賜故命之 天禧元年四月十四日賜進士楊偉及第是歲大禮獻賦頌者甚衆詔近臣詳考偉等詞藝可采故召試學士院而命之 二年九月十四日賜太常寺奉禮郎錢曖進士及第曖翰林學士惟演之子獻醴泉賦召試命之 三年九月十二日賜大理寺丞王質進士及第質故相旦之姪獻文召試命之 仁宗天聖五年八月十四日賜衛尉寺丞趙良規進士及第以上乾元節祝聖壽古賦召試學士院中第命之 九月十二日賜大理寺丞公孫覺王舉善進士及第覺等召試學士院覺策稍優頌舉善策優論 六年五月二十五日賜光祿寺丞集賢校理李淑進士及第時淑預修國史同修史官劉筠等列奏淑風

卷一萬六百五十三

五十一

爵詞學時稱爲敏召試學士院頌甚優而有是命　八
年五月二日賜將作監主簿唐詢進士及第
學士院中第命之　十年三月二十六日賜太常寺奉
禮郎館閣對讀書盛申甫進士及第申甫翰林學士度
之子表求試命舍人院考較賦稍優詩稍堪特奬之
以上國朝會要　神宗熙寧元年八月七日賜茂材異
等科王安國進士及第先是上書以安國翰林學士安
石之弟安國素有行義學術爲士推尚近聞所著序言
文辭優贍理道該明可令舍人院召試策論以所試中
優等命之　三年七月五日賜大理寺丞王欽臣進士
及第先是參知政事趙槩薦欽臣文藝有吉候任滿與

卷一萬六百五十三

五十二

試至是學士院召試中優等命之　五年十二月十一
日賜太廟齋郎王震試將作監主簿陳彥弼進士及第
以試經書律令大義詞理稍優也　以上續國朝會要
中興就道會要無此門　賜出身賜同出身　太祖開寶三年
十二月賜進策人樊若水進士出身若水江南舉進士
不第遂謀北歸因詣闕上書言江南可取之狀以求進
用召試學士院有是命　四年十二月十三日召九經
李符問經義於內殿賜本科出身　五年十一月四日
賜進策人鄭伸同進士出身仍授開封府酸棗縣主簿
賜襲衣銀帶器幣伸即樞密使李崇矩之門人依崇矩
以圖仕宦經十餘年無所成伸不勝其忿乃摭拔崇矩

陰事詣闕上言故崇矩有華州之行而伸有是命　六
年三月二十九日賜故右贊善大夫陸光珊子垣同進
士出身監察御史王楷子裒同三傳出身先詔朝臣有
將命遠方死事錄其子孫有司以垣等來上命學士院
試所業而命之　八年八月賜草澤王德方同學究出
身以上書言河堤利害也　太宗太平興國五年六月
賜江州陳裕三傳出身裕以講學爲業帝聞而有是命
雍熙四年九月二日賜殿前承旨徐半千同進士出
身仍賜綠袍及錢十萬以上章言時政也俄又賜名嚴
叟授陳州司戶參軍　淳化四年十一月一日賜襄州
旌表門閭劉方同進士出身方五世同居長幼凡百口

卷一萬六百五十三

五十三

雍熙初本道以聞特賜旌表至是以壽寧節來貢召對
而有是命　五年五月十日賜鄉貢學究楊允升同本
科出身授漢州綿竹縣令允升即綿竹縣人王小波之
亂糾合子弟募鄉黨敢死者併力攻賊屢挫其鋒仍爲
王師鄉導所向成功照宣使王繼恩以聞有是命　至
道三年四月十二日賜進士張庶凝楊嶠同進士出身
嶠即諭德礪之子與庶凝同勘書于春坊帝即位遂有
是命尋並除光祿丞直史館　真宗咸平二年閏三月
二十八日賜草澤邱續同進士出身續上書言事召試
舍人院而有是命　五月五日賜進士高輿本科出身
輿言自太祖朝應舉歷場屋三十年召試舍人院而命

之　三年四月十一日賜御書院祗候夏温其同進士出身授保信軍節度推官温其自陳本進士求試所業，令舍人院召試而有是命　八月十一日賜草澤張嵩同進士出身嵩上書言邊事召試舍人院而有是命　九月十七日賜太子左贊善大夫宋貽序進士出身貽序故相琪之子幼嗜學好言邊事召試學士院而有是命　六年六月二十日賜滄州諸科舉人孫壁等五人學究出身壁等皆常經蕃寇侵掠本州以聞帝憫之而有是命　十月十六日賜進士羅白本科出身白上高祖隱文集召試學士院命之　景德元年二月六日賜進士柳察同出身為楚州團練推官察少志學嘗詣闕獻文召試賜出身至是又獻白居易作策問七十五篇目為贊聖策林又續李德裕丹扆箴五篇以獻復召試而命之　七月十四日賜翰林院天文周克明進士出身克明素陳頗習詞業願從明試故命舍人院試賦而命之　十月九日賜進士張起同出身為壽春縣主簿起詣登聞上書論邊事帝覽而嘉之始賜出身復有是命

卷一萬六百五十三

二年四月九日賜進士董經同進士出身以父為滑為安定郡王府姻善致仕推恩也　五月十五日召撫州進士晏殊試詩賦各一首大名府進士姜蓋試詩六篇賜殊進士出身蓋同學究出身後二日召殊試詩賦論三題於殿內移晷而就擢為秘書省正字賜袍笏令讀書

於秘閣就直館陳彭年習諸科時殊年十四蓋年十二咸以雋秀聞是日帝親試禮部舉人特召殊等面試而有是命　七月初五日前隴州汧源縣主簿劉贊賜同進士出身授試秘書郎知陳州項城縣事贊上書獻邊防兵要論召試中書而命之　十一月初二日賜進士姚孝友同進士出身孝友上書自言昨應詔舉賢良著政通十卷有司考校闕罷不能預試且孤貧無依願霑一命之秩以自給命令中書召試而命之　三年十二月十三日賜進士李仲嫺本科出身仲嫺岫之後獻文召試而有是命　四年二月二十三日賜河南府進士李籍本科出身籍帝幸西都籍邀車駕獻所業特令召試中書而有是命

卷一萬六百五十三

十月十四日詔祠部員外郎何炳三子習學進士知道習學究知古知常並賜本科出身炳知衆州陳進之亂守團有勞既優令遷秩而并其子有是命焉　大中祥符三年正月十四日賜進士孫籥同出身籥獻書言封禪告成皇帝盛美然願以特恩守成為念帝嘉之召試中書而有是命焉　六月九日賜草澤許申進士祖高進士及第洪矩同進士出身先是東封邀車駕獻文者數百人帝閱中等文有可采召試賜科名既而有以高即監察御史之子生嘉賦死高不合齒於科第命補三班借職　四年七月十三日賜進士晏穎出身穎殊之弟幼能文東封歲嘗獻文業至是殊病帝遣中

使裝潢德扶醫視之圖索類文纂類獻十卷帝甚嘉獎
以示輔臣尤賞其宮沼瑞龜賦俄召至便殿試三題而
命焉十七日賜進士出身晏樞密直學士李衡等薦晏文行
召試學士院而有是命 五年五月四日賜進士陳槩
同出身祀汾陰歲郊獻文召試中書而命之 天禧元
年四月十四日賜進士賈昌朝同出身大禮之初貢舉
人獻賦頌者甚衆詔近臣詳考惟昌朝與楊偉可采故
召試學士院而命之 六月二日賜秘書省校書郎夏
有章同進士出身 二年九月十四日賜衛尉寺丞錢
延年同進士出身延年故鄧州觀察使若水之子以父
文集為獻召試而命焉 十二月十六日賜宣州學究

卷一萬六百五十三

陳畫出身畫上宣州涇縣茶場利便歲增課十萬故也

五十六

三年五月二日賜梁山軍山人馮允同學究出身以本
路提點刑獄處孝基薦其人文行也 四年二月十六
日賜光祿寺丞沈惟溫進士出身惟溫故相倫之孫獻
太祖與倫御書求賜科名也 仁宗天聖四年閏五月
十六日賜奉禮郎楊紘同進士出身紘翰林學士億之
子召試舍人院策頌並稍優帝諭輔臣曰紘頗聞好學
詞業如何王旦等曰觀此程試詞語雖未精當頗似敏
贍勤苦不已亦未可量 五年二月二日賜將作監主
簿范宋傑同進士出身宋傑權三司使雍之子以雍陳
乞召試學士院策稍堪論平命之又從雍請附王堯臣

榜第四甲科名 五月二日賜進士顧洵美高輔元同
學究出身洵美久歷場屋常預開封府首薦輔元即故
荊南節度使從誨之孫 十二月九日賜奉禮郎張子
思同進士出身子思宰臣知白姪知白陳乞召試學士
院中格命之 六年二月六日賜鄉貢進士馬房同出
身房召試學士院策優論稍堪故命之 八年五月二
日賜將作監丞夏安期太祝李徽之前越州新昌縣主
簿蘇舜元並同進士出身召試學士院中等命之 九
年八月二十一日賜殿中丞范亢同進士出身亢樞密
副使雍之兄嘗舉進士賜學究出身雍請回磨勘賜科
名故也 十年二月十九日賜前京兆府長安縣尉盧

卷一萬六百五十三

五十七

咸同進士出身咸鎖廳華州就試合格丁母憂其父閤
門使知秦州盧鑑陳請召試學士院中等命之 明道
元年十一月二十一日賜將作監丞秘閣校理張友直
同進士出身友直言父士遜遇覃恩乞不轉官援樞密
副使范雍奏兄例換一出身故也 二年五月九日賜
大理寺丞呂公弼進士出身召試學士院中等命之
六月八日賜大理寺丞陳宗古進士出身 八月十三
日賜國子博士李定同進士出身以定七次獻文召試
舍人院中等命之 十二月十六日賜國子博士呂居
簡同進士出身召試學士院中等命之 景祐元年四
月三日賜高麗賓貢進士康撫民同進士出身召試舍

人院詩論稍堪，故命之。仍附今年榜第五甲。 四日賜進士出身。廢中御前賜同出身，以疾不到，及是召見，以前名次命之。 十二日賜光祿寺丞劉玘同進士出身。玘樞密副使李諮婿，諮以恩陳乞，召試學士院中等，命之。 二年八月五日賜大理寺丞王舉元同進士出身。召試學士院中等，命之。 九月二十七日賜太子中舍陸東同進士出身，仍換太子中允。以獻所業，召試學士院中格，命之。 四月八月二十五日賜祥符縣丞王端同進士出身。兄集賢校理質以磨勘恩陳乞，召試舍人院中格，命之。 五年五月二日賜右班殿直李正卿同進士出身，仍換將作監主簿。正卿真定總管高化婿，以

卷一萬六百五十二

以恩陳乞，召試學士院等中，命之。 四日賜國子博士向約同進士出身、殿中丞張子奇進士出身。約、子奇召試學士院中等，命之。 八日賜說書進士張宗雅同進士出身。宗雅國子監說書經義通，命之。 寶元二年四月二日賜太常寺太祝宋敏求進士出身。敏求參知政事綬之子，以恩陳乞，召試學士院中等，命之。 康定二年正月二十四日賜太常寺太祝李壽朋、將監主簿李復圭同進士出身。壽朋、復圭以祖若谷罷政府，及納任子恩陳乞，召試學士院，命之。 五月十一日賜贊善大夫周延雋同進士出身。上父起家集，召試學士院，命之。

五六

六月十一日賜太子中允王顧、大理寺丞呂公孺、將

作監李仙卿同進士出身。顧等召試學士院，皆入等。公孺等優，以賦內少字，特命之。 八月七日賜殿中丞王績、太常寺太祝晏承裕、韓繹、齋郎李孝孫並進士出身。績等皆執政子，以恩陳乞，召試學士院中格，命之。 慶曆二年二月六日賜右贊善大夫趙承裕同進士出身。承裕故參知政事安仁之子，以恩陳乞，召試學士院中等，而命之。 六月二十八日賜國子監直講王純臣同進士出身。以端明殿學士李淑薦，召試學士院入等，命之。 閏九月二日賜延州通判、國子博士馬端同進士出身。樞密直學士韓琦、范仲淹薦端材，免試，命之。 三年二月二十三日賜殿中丞任顓同進士出身。 五月

卷一萬六百五十三

六日賜太常寺太祝宋敏修進士出身。敏修故參知政事綬之子，以遺恩陳乞，召試學士院中格，命之。 四年六月二十六日賜歸明人大理評事蒙守中進士出身。 八月五日賜將作監主簿楊紘同進士出身。 九月十九日賜蔡州汝陽縣主簿裴明允進士出身。以宣徽使夏竦薦，召試學士院中格，命之。 十月十九日賜大理寺丞晁仲綽、大理評事劉宗憲、太祝孫珪並同進士出身。召試學士院入等，命之。 五年五月六日賜光祿寺丞謝韡同進士出身。端明殿學士李淑上韡所編集鑒，召試學士院中等，命之。 十二月四日賜進士朱亶同進士出身。亶居澧陽，持父母喪，負土成墳。天聖中嘗

五十九

詔州縣存撫之至是應湘廟詔書而本州復以其孝行聞故特旌録之　六年三月十九日賜前延州司户參軍雷憲同進士出身召試學士院入等命之　六月五日賜大理評事李呂希道太常寺奉禮郎王拱己進士出身大理寺丞楊士彦同進士出身希道太尉致仕夷簡之孫以遺恩陳乞拱己以資政殿學士王舉正薦士彦參知政事宋綬遺恩並召試學士院入等命之　八年九月二十一日賜將作監主簿楊公度同進士出身

皇祐元年十月十三日賜新歙州歙縣尉張唐民同進士出身以資政殿學士任仲舒薦召試學士院命之　十一月二十四日賜泉州晉江縣主簿陳世昌同進士出身召試學士院入等命之　二年五月九日賜將作監丞程嗣隆同進士出身嗣隆使相琳之子以恩陳乞召試命之　十一月一日賜將作監丞杜訢太常寺太祝任逸同進士出身　十日賜淮南江浙荆湖制置發運使金部員外郎許元進士出身　閏十一月八日賜貴妃張氏從弟衛尉寺丞希甫太常寺太祝及甫並進士出身　三年四月二十二日賜國子博士馮潔已大理評事張德淳同進士出身潔已故司徒兼侍中拯之子德淳故大傅遜孫以恩陳乞召試學士院中等命之　九月十三日賜國子博士梅堯臣同進士出身以宰相宋庠薦召試學士院中等命之　四年四月二十四日賜大

卷一萬六百五十三　卒

理評事張上卿進士出身大理評事張子理同進士出身　五年四月九日賜大理寺丞宋克國太常寺太祝鄭民彝進士出身克國宰相庠之子以恩陳乞民彝獻父戩家集並召試學士院命之　至和二年三月十八日賜光祿寺丞梁彦昌同進士出身彦昌宰相適之子以恩陳乞名試學士院命之　九月二日賜光祿寺丞麗元英太常寺奉禮郎郭源中並同進士出身元英宰相籍之子籍出鄆州以恩陳乞源中工家集並名試學士院命之　嘉祐二年五月二日賜衛尉寺丞葉均同進士出身均故翰林學士清臣之子上家集名試學士院中等命之　六月二十二日賜虞部員外郎張仲松大理評事盛南仲同進士出身仲松獻家集南仲樞密使賈昌朝薦名試命之　三年五月十五日賜大理寺丞楊南仲同進士出身以翰林學士王洙薦名經有勞名試學士院命之　四年五月十六日賜太子中舍張宗益同進士出身以樞密副使張昇薦名試學士院命之　治平三年七月賜大理寺丞姚復同進士出身以樞密副使文彦博薦名試學士院命之　以上國朝會要

卷一萬六百五十三　卒

宋會要舉士

神宗熙寧三年七月賜祕書省正字唐坰進士出身坰以屢言事召對特試而命之　十二月十一日賜布衣陳知彦進士出身太原府進士王輔同出身知彦以樞

密副使吳克等薦輒以太原府薦並召試舍人院中等
命之　四年四月二十三日賜太子右贊善大夫吳安
度進士出身先是宰臣富弼言安度召試舍人院閣考
試入三等論四等止以綠竹青青詩不依法解砌篇竹
遂定入五等因此改一官報罷切詳安度命意謂王芻
篇竹以柔脆常草不足以詠衛武公有德之人以注說
透曲非詩人本意也又據史記河渠書下淇園之竹則
知淇澳之〔竹祇是〕竹箭之竹也又據陸德明釋文青止音菁茂
盛之貌故安定度直以綠竹茂盛立主為題意於理甚
通未為不識題義乞賜再取安度所試〔五題〕詳定如俱入等
圖其文藝特與一科名下學士院看詳所試並為合格
卷一萬六百五十三
惟詩不合自出自見亦非紕繆故有是命復追還先授
一官　五年十二月十一日賜祝康李舉之明經出身
以試經書律令大義詞理稍優也　七年六月二十二
日以端明殿學士王韶男淳為大理評事賜進士出身
詔遣淳特木征賀表至京而賞之　八年四月二十二
日詔大理評事梁子野賜同進士出身以試經書律令
大義斷案上等故也　閏四月十五日賜大理寺丞歐
陽發進士出身以三司使章惇薦其有史學乞特〔加〕獎
擢真之大館故有是命　五月七日賜太學進士楊伋
進士出身伋初獻撰李靖兵法并圖令擢武學傳授後
復召試中等故也　十月二十九日賜故龍圖閣直學

士知渭州王廣淵子得君同進士出身　九年六月九
日賜遂州布衣馮正符同進士出身以御史中丞鄧綰
薦召試舍人院既而綰坐姦邪黜正符亦以附會追奪
遞歸本貫　元豐二年七月三日賜右千牛衛將軍叔
盎進士出身以祕閣考試中等也　哲宗紹聖二年十
月九日太常少卿王子韶言奉禮郎陳覺民於熙寧七
年選中國子監上舍生登科是時第五甲賜同學究出
身欲望用丁執古等免省試陞甲恩例改賜出身詔陳
覺民特依陞甲例與當年第四甲同進士出身　元符
元年七月十九日詔特賜承務郎李景夏進士出身為
祕書省正字　十月十八日賜士暕進士出身以三省
卷一萬六百五十三
言考試所試宗室藝業合格者八人詔各遷秩內士暕
進士出身　三年四月十八日徽宗即位未改元賜太學
上舍生何大正同進士出身以應詔上書可採故賞之
徽宗崇寧二年六月四日賜尚書右司員外郎林攄
進士出身　三年正月十九日賜通直郎鴻臚寺丞蔡
攸進士出身仍除祕書省祕書郎以上殿應對詳明該
博儒雅詔特賜也　九月三十日賜宣義郎陳彥文進
士出身為尚書屯田員外郎　四年八月二十五日詔
宋喬年可特賜進士出身仍除集賢殿修撰充京畿轉
運使以委察訪熙河一路利害條析來上精微該博文
理優贍也　同日詔宣德郎議禮武選編修官王相可

依貢大典作泮貢

特賜進士出身秘書省校書郎以上殿奏對詳審學問
該博故有是命　大觀元年閏十月二十九日賜皇叔
祖右監門衛大將軍秦州刺史克家進士出身　四年
八月八日賜承議郎開封少尹張叔夜進士出身　政
和元年二月二十九日假將仕郎黃藻光特賜進士出
身以貢院別試所言勘會春試出官擬准敕條推恩合
格優等人取旨推恩賜出身　三年五月六日賜承議
郎徐禋同上舍出身臣寮言舍法革千載科舉之弊進
士之科因以罷去禋之所賜尚仍舊制於名實有所未
正故有是命　四年五月二十二日詔曹芬駱庾芝同
上舍出身以大司成馮熙載國子監小學生合格優等

卷一萬六百五十三

六十四

曹芬駱庾芝舜於太學私試日復令二人在敦化堂出
本經義題當面試驗文理可採故也　五年二月十五
日賜盛草上舍出身　九月二十二日禮部言荆湖北
路靖州新學上舍生田交汶為試中合格係文理優長依
條補充上舍乞依楊晟等體例推恩取會辟廱稱雖與
楊晟等事體一同緣楊晟係特舍同上舍出身詔田汶
許依例特賜同上舍出身如今後更有似此新民子弟
陞補上舍人止依貢士法依貢前來辟廱依條選試施
行　六年閏正月十一日賜王鼎上舍出身　八年七
月二十九日賜趙適上舍出身除秘書省校書郎以生擒
卜漏拓地千里一方底定蕃夷震疊奏請編次事迹以

傳永久子永裔奏書來上故也　宣和元年九月二十
九日賜中散大夫知襲慶府錢伯言進士出身直秘閣
二年十二月十四日賜故吳王弟二女夫承事郎李
源上舍出身詔依故益王女夫郭璋例特賜也　二十
四日賜程俱上舍出身　三年十月三日賜王義叔同
進士出身　十二月十三日詔通議大夫克徽猷閣待
制知河陽王序特賜進士出身　二十五日賜保和殿
學士中奉大夫禮制局詳議官校正內經同詳定官蔡
脩進士出身　四年八月十四日賜王□進士出身以
安石親孫故特賜也　六年五月二十日詔通議大夫
守殿中監兼校正御殿前文籍蔡行特賜進士出身

卷一萬六百五十四

六十五

七月三日賜朝散郎郭毅進士出身為尚書考功員外
郎　十一月七日賜開封尹燕瑛進士出身兼侍讀
七年二月十二日特賜奉議郎開封尹蔡紹進士出身
三月二十九日賜蔡條進士出身　四月三十日特
賜新除京東東路常平楊逵進士出身以奏對有理人
物疎秀及曾國學與薦也　八月二十九日特賜新知
孺州安泳進士出身以進周易解義也　欽宗靖康元
年二月六日詔太學生雷觀進士張炳上書論事可嘉
並與同進士出身　三月二十八日詔陳東補迪功郎
賜同進士出身除太學正錄少宰兼中書侍郎吳敏言
太學生陳東遭遇聖朝忠義憤發首陳去奸之議維上

十月十三日賜徐俯進士出身御批志氣剛方早聞於世其於文學直餘事故命之　添二年十二月三日下

用賢之請陛下虛己即聽其言伏望録其忠誠加以官使東力辭不拜　四月八日賜秘書少監顔岐進士出身　九日詔布衣江端友為承務郎賜同進士出身以上續國朝會要　光堯皇帝建炎四年九月十五日賜御史臺主簿韓璜同進士出身璜以召試中書故有是命　紹興元年四月三日賜太學免上舍生高閌元盌同進士出身以依德音免赴殿試故也　二年二月三日賜朝散郎李彙同進士出身彙措置招收王企中一行蓄賊前來歸朝自陳嘗發解於河北轉運司類省考試合格以道阻赴殿試不及乞依例賜出身故有是命　十月十八日賜右朝請郎尚書左司員外郎曾統進

卷一萬六百五十四

士出身以統言新除殿中侍御史國朝故事無出身人不任臺職乞行寢罷詔統係元祐名臣之子特有是命　五十六　三年八月十二日賜右通直郎唐恕進士出身除太常少卿制以恕經術深醇議論堅正奉身引退隱晦累年故有是命　四年九月六日賜史館校勘鄧名世進士出身見樂道遁門　十二月九日賜右迪功郎王蘋進士出身除秘書省正字蘋以權發遣平江府孫祐薦授右迪功郎繼賜出身蘋辭免上謂輔臣曰蘋起草茅而論議進止若素宦于朝大抵儒者能通世務乃為有用卒賜之　五年五月一日賜右承務郎尚書禮部員外郎任申先進士出身是日九日除秘書少監制

曰朕念黨籍之人若子若孫無不甄録所以來忠節也然賢者之後未必皆賢向者匪人迎意掠美乃援子薄不肖輿爾同升爾於是時守正不阿為不肖所惡奉身而去其後顛蹶甚如爾言先見特立有如此者朕方招延英俊養之書省道義相率尤資老成往司省事其克欽哉　十月二十八日賜蘇符同進士出身除司勳郎官　十一月四日賜右迪功郎周孚先同進士出身添差克臨安府學教授　六年二月八日賜右朝議大夫試兵部尚書諸路軍事都督府參議軍事折彥質進士出身是日十六日除書樞密院事　七月七日賜右朝奉郎主管台州崇道觀呂本中進士出身除起居舍人制以本

卷一萬六百五十四　六十七

中學術淵源本於前哲文采聲譽絶於縉紳更歷險夷遂為耆舊故有是命　九月二十三日賜布衣胡憲進士出身添差建州教授憲先召赴行在以母老辭召故命之　十月九日賜張解同進士出身與陞權差遣以上殿奏對可采故命之　十一月十六日賜趙衡同進士出身與差諸州教授以上殿奏對稱之故命之　八年八月三日賜右丞事郎陳淵進士出身除秘書丞淵争臣陳瓘從孫學有師承通達國體故有是命　十月三日賜右朝奉大夫郡博進士出身行秘書省校書郎制以博祖父道德學術為萬世師而父經明行絜慷慨操文詞不忝父祖故命之　十二月二十五日賜右朝奉

郎莫將同進士出身除起居郎九年正月二日除司農卿制以將雖疎遠上封事議論慷慨故命之　九年正月五日詔右朝奉大夫王倫除端明殿學士簽書樞密院事仍賜同進士出身是月十七日除東京留守制以倫將命殊鄰修兩國之好且以境土復歸輿圖故命之　六月十七日賜史愿同進士出身　十一年九月二十四日賜直秘閣判湖南路提刑何麒同進士出身以引對可采故命之　十二年六月四日賜張本同進士出身以上國中興會要　三十二年十一月四日壽皇即位未改元賜樞密院編修陸游尹穡並進士出身樞臣薦游等力學有聞故有是命

壽皇聖帝隆興二年十一月二十日賜兵部尚書兼戶部尚書錢端禮同進士出身尋拜端明殿學士簽書樞密院事兼權參知政事兼提舉德壽宮　閏十一月十四日賜少保尚書左僕射陳康伯男安節同進士出身依慶曆宰相龐籍子元英例故有是命　乾道四年二月十二日賜兵部侍郎王炎同進士出身尋拜端明殿學士簽書樞密院事　七月七日賜遂寧府布衣雍山進士出身添差遂寧府府學教授　九月二十七日賜興化軍仙遊縣布衣林桑進士出身添差興化軍軍學教授　十二月十八日賜建寧府布衣魏掞之同進士出身除太學錄以知福州王之望等言掞之節行孤高才識超邁不求聞達召對

稱旨故有是命　八年二月十四日賜吏部侍郎王之奇同進士出身尋拜端明殿學士簽書樞密院事　二十七日賜戶部尚書曾懷同進士出身尋拜參知政事　三月十七日賜吏部員外郎蘇嶠同進士出身尋擢起居郎　八月十六日賜工部侍郎姚憲同進士出身尋擢左諫議大夫　九年十一月四日賜幹辦行在諸軍審計司陳昇卿同進士出身以上乾道會要

宋會要　童子出身

太宗淳化二年十月十日，賜秦州念書童子譚孺卿出身。

至道三年七月二十三日，賜念書童子段祐之出身。祐之，東班重會之子，年十一歲，念得四經書，詔送國學考試，命之。

真宗咸平二年正月二十五日，以睦州童子邵煥為秘書省正字。煥嘗召對，賜帛遣歸。至見後至京師，始十二歲，帝聞之，令閤門引對，面賦春雨詩一篇，援筆而就，賞其敏速，遂命以官。

四年五月二十日，賜南康軍童子重輌出身。輌六歲，善誦書，江南延撫使夏侯嶠嘗以名聞，帝召入，使誦周易數卦，頗精通。又賦詩一章，亦援筆而就，遂蒙錄焉。

十月，賜撫州童子陳炫出身。炫年十二歲，能誦書，本州以名聞，而命之。

五年四月三日，賜童子張待用出身。待用始七歲，詣闕自陳，能誦周易、論語及獻書詩一紬，召付使殿誦易二卦，試詩二首，賜緋而命之。

大中祥符元年四月一日，賜饒州童子夏有章出身。有章年九歲，能為詩，本州送至闕下，帝親試之，而有是命。

四年五月十三日，賜吉州童子黃敎出身。時召敎於內殿賦詩，又送中書再試，而有是命焉。

五年正月十三日，賜建州童子劉濟出身。濟年十三，父為建州監軍，上言其能文，召試中書而命之。

六年七月十日，賜童子李仲芳、仲安出身。仲芳年十一，仲安九歲，皆閤門祗候惟正之子，以念書聞，召對，視閣附有是命。

七年正月二十五日，賜童子李淑進士出身。淑，即通判亳州若谷之子。乘輿朝謁太清宮，制置使丁謂言淑年十二，獻頌以述盛禮，召對行在，面命賦朝謁太清宮詩，援筆立成，帝嘉賞之，詔中使引送中書，而有是命。

二月，賜楚州念書童子徐世長、世昌出身。世長年十二，念五經，世昌年八歲，念三經，本州以聞，召見而命之。

五月二十六日，賜代州念書童子姚育材出身。育材年十一歲，通三經，本州以聞，引對試之，故有是命。

八年閏六月二日，詔以念書童子蔡伯俙為秘書省校書郎。伯俙四歲善誦書，帝賞其俊異，特有是命，仍以御書賜之。王氏揮塵錄曰：真宗實錄召試神童蔡伯俙授官之後，寂無所傳。明清因於故書中得其奏狀一紙云：代念臣先於大中祥符八年，真宗皇帝遣內臣毛昌達宣召賜對，試誦真宗皇帝御製歌詩，即日蒙恩釋褐，授守秘書省正字。臣遭遇之年，方始三歲，及賜臣御詩云：七閩八水多才俊，三歲奇童出盛時。續崇宣赴東宮，侍仁宗皇帝讀書，朝夕親近，蒙歷歲年。其後臣年一十七歲，以家貧陳乞差遣，仁宗皇帝聖念於憐，特依所乞，仍有旨餘人不得援例。自茲累歷任使，今來本任土末年二月當滿，重念臣生事蕭條，累族重大，又無得力兒男可以供侍一日捨祿無以爲生幸遇皇帝陛下至仁至治無一物失所其於老者恵卹尤深臣以祥符八年三歲甲子庚申即本至衰老欲望聖慈特賜許臣再任管勾江州太平觀一任滿仍廩稍得養單貧蓋元豐初計其年尚未七十司農少卿令之朝議大夫也碌碌無所聞豈非聰明不及於前時耶朱興仲續歸田錄云伯俙字景蕃與晏元獻俱五六歲以神童侍仁宗於東宮元獻自初便介蔡最柔媚每太子適門闈高指蔡伏地令太手履其背而登既踐祚元獻被知遇至宰相蔡竟不大用以舊恩常領郡頗不循法令或被勅取旨上識其姓名已曰藩邸舊臣且令轉官凡更四朝元符初致仕已八十歲矣監司薦之乞落致仕與宮祠其辭略云榮伯俙年八十歲食祿七十五年余謂人生名位固可得罕得綿長如此者　馬端臨曰按史言晏殊以景德二年召試年十四仁宗以大中祥符三年生則仁宗有生之年殊年已十九今謂殊與蔡伯俙俱以五六歲爲神童侍仁宗於東宮誤矣

仁宗天聖元年九月六日南康軍都昌縣進士王用舟言男國祥年八歲念得五經書及詩賦望賜呈試詔候年長令應舉以文獻通考仁宗朝童子賜出身者凡十人寶元元年以爲無補而罷之

三年四月二十九日賜江寧府童子夏錫出身錫幼能爲文本州以聞召試而命之

七年二月三日賜童子樂九臯出身九臯以誦書召見試而命之

三月十日賜階州讀書童子劉應祥出身令於國學聽讀

十月二十日賜楚州童子周應期出身

景祐元年十月二十一日和州童子朱思顏朱公誼楚州童子周應辰年八歲念孝經論語周易毛詩雜詩召見各賜綃二十匹

五年六月十三日婺州童子廖之才七歲念誦經書召見賜綃二十匹詔今後不得奏念書童子

康定二年正月二十六日賜童子譚仲衍出身仲衍年七歲召對便坐念書精通有是命

慶曆四年二月十四日賜念九經童子郭永爭出身

六年五月十一日賜念書童子鄧漢卿出身

七年五月十三日賜念書童子鄭佐堯出身仍許國子監聽讀

皇祐二年十二月二十四日賜念書童子曾天麟出身

三年九月十五日詔今後諸處更不得申奏及發遣念書童子赴闕以上國朝會要　韶州府曲江志宗諱必字子思仕汪市人六歲通九經天聖間殿中丞王益出守韶州時嶺表自五季兵革之後文風凋喪人未有知童子舉王荊公喜其聰慧日誦萬言遂狀其事以聞必至京師引試稱旨特免文解厚賜銀帛以賙路費

神宗元豐七年四月八日賜饒州童子朱天錫五經出身天錫年九歲禮部試誦七經通上召入禁中取諸經試之隨問即誦數日其童誦書不遺一字無所畏體乃天稟也又賜錢五萬使買書以歸戒以後無廢學文昌雜錄四月初五日禮部試饒州童子朱天錫年十一念周易尚書毛詩周禮禮記論語孟子凡七經各五道省全通無一字少誤者是日禮部侍郎召本曹郎官赴坐左右觀者數百人此童諷誦自若畧無攝懼後數日召至睿思殿賜五經出身昔晏元獻公貢撫州近年何正臣各占臨江省童子[illegible]江南多奇偉亦山川之秀使然耶

十月十四日賜童子朱天申五經出身禮部言天申對於睿思殿誦十經通也　文昌雜錄十月四日禮部試饒州進士朱天申年十二念周易尚書毛詩周禮禮記孝經論語孟子揚子老子凡十經合一百通前日所試童子天錫之再從兄也亦召至睿思殿賜五經出身

十一月六日詔賜撫州童子黃居仁五經出身禮部言居仁年十一試五經通也　文昌雜錄二十七日禮部試撫州進士黃居仁年十一誦尚書毛詩并正義禮記周禮孝經孟子老子及太元經凡九經合七十五通又試論語大義三通文理精通勅賜五經出身閤門送祕閣至禮部給賜爲

哲宗元祐元年三月十六日賜秦伯祥童子出身仍賜服先是路州進士秦鵬言男伯祥年十二歲通誦孝經論語孟子周易尚書周禮禮記楊子荀子莊子乞依例召試詔禮部試驗以聞繼而禮部言試驗通也

二十一日詔　州童子張師古特賜童子出身仍賜服以禮部試驗所誦並通也

五月十

二日詔禮部自今乞試童子誦書所屬毋得令收接
六月二十二日詔朱君陟賜童子出身仍賜服朱君陞
賜絹三十匹以禮部言試到朱君陟誦易詩書論語孟子老子並通為第一等朱君陞誦易詩書論語孟子各十通粗者為第二等　徽宗大觀四年五月二十八日詔童
子李天寵支賜絹一十匹林天與等令尚書省試驗如
委精熟亦各支絹一十匹今後更有似此之人不許陳
乞試驗　政和二年二月十一日知成都府吳拭奏蜀
州小學生張通安年七歲通誦詩書易禮記周禮春秋
論語孝經孟子等書無一字脫誤願依近此寵以一命
詔從之　九月七日詔童子陳乞誦書今又九人愬見
滋多所有近令辟廱長貳等通試人數并令來並不試

卷一萬六百五十三

驗時饒州進士范天佐等上書並為有弟姪孫能誦書乞召試故有是命　十二月詔童
子陳乞誦書兩月又復八人可依已降指揮速行告示
止絕以饒州進士朱天錫等上書並為有子能誦書乞召試故也　四年五月二十
二日詔金時澤李徽賜童子出身並赴將來廷試以大司成葛興載奏國子監小學生合格優等李徽金時澤尋於太學私試日對眾學官在教化堂出本經義題當面試驗文理可採故也　文獻通考政和四年小學生近一千人尚有繼至者分十齋以處之增數論俸不許受束脩自八歲至十二歲以誦經書字多少差次補內舍上舍若能文從博士試本經小經義各一道稍通補內舍優補上舍後書成以文優賜同上舍出身　崇寧五年參在京小學規約頒之州縣小學州隸教授縣隸學長其小學生皆自備餐錢附食　至宣和罷其法　童子科元豐以後賜出身者五人　元祐時詔禮部自今請試童子誦書毋收接　大觀後復其科賜補官者五人
六年五月二十四日詔
念書童子十歲以下許試　宣和二年十二月十二日

詔童子十歲以下許試指揮更不施行　六年五月二
十二日詔饒州童子包茂實程淵誦書貫通並補將仕
郎以上續國朝會要　高宗建炎二年初試童子祖宗朝皆天
子親試其命官免舉皆臨期取旨無常格也　紹興二
年三月二十二日詔以饒州童子朱虎臣為承信郎虎臣十歲誦七書排衛方陣兼習步射　八月二十三日詔以汀州童子萬
頃為文林郎仍改賜名嚴頃十歲誦經子書十一種內殿引見詔頌既通文武誦習如流累無差誤故有是命　三年三月十一日輔臣進呈誦書習射
童子來試於有司者凡九人上曰上有所好下必有甚
焉蓋緣昨普推恩一二童子故求試者雲集此雖善事
然可以知人主好惡不可不審也有旨各賜束帛歸本

卷一萬六百五十三

貫　四月二十一日詔以童子彭興祖為迪功郎劉毅
為進武校尉興祖神武右軍將官彭勝之子毅小校劉武之子各年五歲本軍部統制張俊以聞內殿引試興祖能誦孝經語孟毅善騎射皆中格既賜袍笏而有是命　五月八日詔以
饒州童子張揉為迪功郎揉九歲誦經子書九種習為古風詩孫子論皆應題答問
上親試之故有是命　六月一日詔徽州童子林國佐與免文解
一次賜絹十匹國佐九歲誦經子書十六種　二十二日詔童子鄒
庭闈林次融與免文解一次　七月二十日榮州文學
郭滋自陳政和五年準敕賜童子出身歷任成三考用
收補建州軍賊功賞轉從事郎今來吏部將滋作崇觀
以來不係科舉補官需量進改榮州文學乞賜改正詔
與給還迪功郎　八月五日詔饒州童子卓璵與免文

十三日（一作二十三日）

解一次賜束帛（與十歲誦經子書十七種及能說詩二科覩引試並通） 九年五月二十六日詔饒州童子王文明與免解文一次賜絹二十匹（文明十歲誦經子書十三種兼習步射） 十年五月十三日賜廬州孝童周智童子出身（智六歲喪父哀毀過制不茹葷廬墓芝產于側父老列狀于州守臣以聞故也） 九月十七日詔饒州童子安晏求免文解（晏十歲誦經子書十二種兼習步射排雙陣章） 十一年五月二十五日詔饒州童子江安國江定國與免文解一次（安國九歲誦經子書九種定國七歲誦經子書六種） 十二年三月二十五日詔饒州童子程宏遠與永免文解程宏父免文解一次（宏遠十一歲誦經子書十經兼習詩賦論策宏父九歲誦經子書七種） 四月五日詔饒州童子章林與免文解一次仍賜束帛（林九歲誦經子書九種兼習步射排諸葛八陣形勢） 十二月三日詔童子張巖叟張巖卿各與免文解一次（巖叟）仍支絹十匹（巖叟九歲誦經子書十四種巖卿九歲誦經子書十二種） 十三年五月十九日詔福州童子陳丕績與免解一次（丕績十歲誦經子書九種及書大字） 十二月五日詔饒州童子朱綬與免文解一次（綬九歲誦御製勸學漁父詞及經子書十四種） 十五年正月二十一日詔饒州童子甯伯拱與免文解一次（伯拱七歲誦御製建炎古詩漁父詞及經子書十六種） 四月四日詔童子潘汝功與免文解一次（汝功十歲誦經子書十一種） 十一月一日詔饒州童子戴松戴槐與免文解一次（松十歲誦御製漁父詞及經子書九種講高貢說命無逸周官槐八歲誦御製漁父詞及經子書九種） 二十八年三月四日詔福州童子莊大成與免文解一次（大成七歲誦御製宣聖七十二賢贊及經子書十種上謂輔臣曰朕自即位以來童子以誦書推恩多矣未聞有登科顯名者向有蔣頎自言能詩嘗指金唾壺命題試之筆閣不下蓋出其不備耳沈該等奏曰此等但能讀誦未必能通義理作文） 六月五日禮部言討論童子引試典故大中祥符四年吉州童子黃教以能賦詩送中書再試推恩合遵依祖宗故事今後遇有奏乞及諸州保明到童子即合先送國子監驗記如合格取旨送中書覆試（宰執聚廳各人批試）如入格取旨推恩若記誦外更能賦詩作文別具取旨從之 八月八日詔饒州童子孫材與免文解一次仍賜束帛（材八歲誦御製為君難說及諸子書十種） 三十年三月十三日詔童子姚億年與免文解一次仍賜束帛（億年誦御製稍齊記及九經兼習步射弓矢引試並通故也又獻過考高宗一綱童子求試者三十有六人授官者五人蔣頎彭興宗一張掞朱虎臣劉轂永免文解者一人晏章免文解者一人絲與三年林佐國始賜帛罷遣者九人紹興三年四月兄弟童子三人饒州江安國定國戴松戴滋人幾嵓叟嵓卿未知何許人惟朱虎臣背能排陣步射及誦七書故補承信郎劉轂小校子五歲善騎射故補校尉虎臣浮梁人既召見特又賜金帶以寵異之此亦前所未有）

壽皇聖帝隆興元年四月十五日詔福州童子念書陳繹永免文解（繹八歲誦經子等書十八通送中書再試而有是命） 二年八月十二日詔念書童子柯仲傅免解一次（仲傅誦詩書易二禮孟御製贊記十三通送中書覆試而有是命） 乾道元年四月七日詔福建路念書童子何邁永免文解（邁八歲誦經子等書十六通送中書再試而有是命） 二年二月三日詔右承事郎韓格免文解一次（格十四歲誦易詩書周禮春秋道德經御製贊記文選賦十一通送中書再試而有是命） 二年二月四日詔平江府念書童子呂伯奮免文解一次（伯奮年八歲誦易書詩二禮論孟御製贊記十三通送中書再試而有是命） 閏七月

十日詔福州念書童子高應免文解一次應八歲誦易書詩二禮春秋論語孟子孝經老子御製贊記十八通送中書再試而有是命

十月七日詔福州念書童子張光祖免文解一次光祖誦五經論孟孝經楊子御製贊記二十一通送中書再試而有是命

五年二月三日詔平江府念書童子呂仲堪呂叔獻並免文解一次仲堪九歲誦易詩書二禮論孟御製贊記賦論二十一通叔獻八歲誦易詩書二禮論孟孝經老子御製贊記春賦二十通送中書再試而有是命

四月十二日詔念書童子陳驥免文解一次驥八歲誦易詩書二禮論孟孝經御製贊記等十八通送中書再試而有是命

十二月三十日詔福州念書童子陳師孔免文解一次師孔八歲誦詩書易禮春秋論孟十通送中書再試而有是命

六年二月十一日詔泉州念書童子陳應之免文解一次應之八歲誦六經論孟孝經御製春賦送中書再試而有是命

七年二月二十七日詔福州念書童子詹倫免文解一次倫六歲誦詩書易周禮孟他書十通送中書再試而有是命

三月二十日詔隆州念書童子張壽免文解一次壽五歲誦易詩書論孟御製贊記等十九通送中書再試而有是命

七月十九日詔隆州念書童子張維永免文解維七歲誦六經子書等二十三通初免文解一次維援陳繹等例自言再降是命

八年二月十一日詔賜衢州呂嗣興童子出身補右從事郎嗣興四歲誦易詩論孟孝經并天官中庸儒行經解序及他雜文虞允文等奏近應此科者多然皆六七歲以上如四歲者絕少上曰已賜束帛俾其試罷復與推恩送中書再試而有是命

十一月十四日詔饒州念書童子方宋英永免文解宋英十歲誦易書詩周禮論孟孝經揚子老子及禰春秋左氏傳禮記荀子御製詩賦諸家故事及排比陣法闕財乃失全篇為詩賦送中書再試而有是命

九年三月二日賜吉州李如圭童子出身補迪功郎如圭

語

六歲誦詩書易論語孝經老子全摘誦二禮春秋孟子及御製詩賦三百篇各禮記篇名周禮三百六十官名詩書易禮記論孟老子重句羣書大義皆通及書易六十四卦故有是命

六月二十七日詔福州念書童子鄒應祥永免文解應祥八歲誦詩書易禮御製詩贊又能講書堯典禮學記論語學而篇及孝經楊子諸章篇呼吸切字送中書再試而有是命　以上乾道會要

文獻通考孝宗淳熙八年始詔分為三等凡全誦六經孝經論孟及能文如大經義三道語孟義各一道或賦及詩各一首為上等與推恩誦書外能誦一經為中等免文解兩次止能誦六經語孟為下等免文解一次覆試不合格與賜帛　孝宗一朝童子求試者七十四人而命官者七八有呂嗣興者衢州人也四歲能誦書切韻寶四聲盡八卦上召見面俾吟詩遂授右從政郎賜錢三百緡令伴皇孫榮國公讀誦乾道、、年春也又有臨川王克勤尤為警敏初命右從事郎盧陵李如圭三山林公淦何擢並右迪功郎三山何致遠將仕郎盧陵郝洵直下州文學　寧宗嘉定十四年詔自今歲取三人期以季春集闕下先試于國子監而中書覆試為定制焉　光宗一朝童子求試者十七人無補官者惟從事郎吳剛年九歲能誦六經語孟以壽聖親姪孫特改承務郎仍依初補法王子四月也　晏元獻初以童子召試遂賜出身令秘閣讀書久之即以為正字乾道末上謹故事以臨川王克勤敏叔為秘書省頗書制祿視正字之年淳熙初上幸秘閣館職皆遷官遂人改京秩有司言克勤于上詔以為文林郎久之臺官有言其過者遂除初等職官後復以鎖廳中第為大學博士自後未有總者自置童子科以來未有女童應試者自淳熙元年夏女童林幼玉求試中書後省挑試所誦經書四十三件並通詔特封孺人

念書童子

宋會要　試判　一作書判拔萃科

太祖建隆三年八月二十三日，詔曰：書判拔萃，歷代設科，頃屬亂離，遂從
停罷，將與得士，特舉舊章，宜令尚書吏部條奏以聞。九月十六日，有司上
言：准選舉志及通典，選人有格未至而能試判三條者，謂之拔萃，應者各
取本州府本司文解，如常選舉人例。十月三十日，以前隨解赴集，有出
身已授京官使府賓佐州縣官新及第進士，並許赴集，如未有官不得稱
試，設揭頭銜取解准格差官考試，當日對訖，送知錄銓尚書侍郎同考覆
聞奏。考判之制有五等：上二等超絕輩流，可非次拔擢，前代罕有其人；第
三上等取理優文贍者，超資擬授；次等或理優文省，緊慢授擬；第四等取
文理切當者，依資擬授；次等不甚切當者，量緊慢擬授；第五上等放選授
官，次等放選赴冬集，不及格者皆落。從之。　乾德元年閏十月八日，召翰
林學士中書舍人內殿覆吏部試中應拔萃田可封、豫遼宗白譯、利用，帝
臨軒觀之，試畢稱旨，以利用為左拾遺，白為著作佐郎，各賜襲衣犀帶，可
封遷並授勅縣尉。　真宗景德四年閏五月二十七日，龍圖閣待制陳彭
年言：請許流內選人應宏詞拔萃科。詔可。　大中祥符六年二月十三日，
流內銓引對前泉州觀察推官公孫簡，帝閱所試判辭荒繆，止命加階，簡

卷一萬六千三百　　一一

不謝，自陳有勞，乞改京秩，帝令示所試判辭，簡堅乞不已，聲甚厲，詔付御
史劾之，翌日責授房州文學。　天禧三年十一月十九日，南郊赦書：應任
銓曹未注擬幕職令錄及初入令錄人，兩任五考無公私過犯，三任八考
無贓罪者，令銓司檢會以聞，當命近臣與判銓官同試身言書判，考校歷
任，並以所試進呈取旨。乾興元年二月一日御樓，天聖二年十一月十三
日、五年十一月十七日、八年十一月十九日南郊赦並降此制。　十二月，
詔翰林學士盛度、樞密直學士王曉、右諫議大夫王隨與判銓陳堯咨就
銓同試，度等以所試聞，令送中書，其判優者與京官，次判幕職，循資令錄
與幕職，又次者補近便大郡官。　乾興元年四月十三日，翰林學士李諮
等以準勅試幕職令錄六十五人身言書判等第來上，引對便殿，前懷安
軍判官宋文禮等六人並除京官知縣，前武安軍節度推官王瑜等二人
各循一資與家便官，前連州桂陽縣令劉希孟等十六人並除節度推官、
前知鄆州觀察支使王信臣等四人加階敷檢校官試御，自希孟而下、入
遠者與近地，入近者與家便，循兩資，錄事參軍孫士衡等三十二人入遠
者與近，仍循一資，入近者與家便，循兩資，前泉州觀察支使蒲傅慶等五
人與近地。詔曰：國家思皇政經，詳覆吏治，念銓常調，慮或淹才，爰因滯常

之路，具有淹官，其久慎行，寡尤，藏軫服勞，庶從振滯，惟三銓之著式，本四
事以程能，特命從臣同加精試，覽其第奏，中以對敭，表錄甚之無遺，遴推
懇而有次，或序遷賓職，或擢寘幕庭，至於優以常資，處之便地，階勳假秩，
並示甄陞，體予責實之方，勉乃自公之節，宜令李諮等與流內銓同注擬，
仍並用成資闕。　仁宗天聖三年二月七日，翰林學士晏殊等以準勅試
到身言書判選人五十四人引見，第一等前惠州軍事推官林冀等七人
與京官知縣，第二等胡比與循一資，前湖州司法參軍郭鴻第二十二人
並與節察推官，前知和州含山縣雍銓與右班殿直，第三等荆仲舉等一
十六名合入遠者與近地，入近者與家便官，仍加階試檢校官勳有差，並
注成資闕，內令錄入遠者循一資，入近者循兩資。　六年三月二十二日，
翰林學士章得象等以準勅試到身言書判選人共八十二人引見，第一
等常希錫等八人並與京官知縣，第二等吳利用等並與職官知縣，第三
等注擬有差。　七年閏二月二十三日，詔置書判拔萃科，應選人非流外者，
如實負材業，不曾犯贓及私罪情輕者，並許投狀，乞應上件科目，仍先錄
所業判詞三十並上流內銓，委判銓官看詳，如詞理優長者，具名聞奏，當降
朝旨召赴闕，差官試判十道，以二千字以上為合格，即御試。　十月六

卷一萬六千三百　　二一

日，流內銓言：準勅置書判拔萃條例，聞奏竊以國家精求理道，博採俊髦，
既設禮闈，親訪多士，復張科目，拔擢異才，斯誠善建之永圖，守文之長策
也。其書判拔萃科先錄所業判詞，於內銓投下，委判銓官看詳，如詞理優
長，明言堪應得上件科，具名聞奏。今詳詔旨，蓋欲擢彼洪英，致之異等，不
獨取於刀筆，盡將觀彼才能。今較納到判詞，或纔出文場，未更事任，或方
登官路，殊昧政經，或潛恐移官，志防遠適，或見隸邊郡，意望早還，各設詭
謀，全非實効，懷不伸於約束，必難副于詳求。今具畫一條，若蒙俞允，非惟
塞奔競之塗，抑亦助澄清之化。又詳投納所業，雖於文彩粗有規程，慮假
手以自媒，恐責實而無狀，若令判銓官明言堪應，非敢輒逃於公累，切虞
未盡於事宜，欲將判詞編排，作三等具名申奏，乞兩制別差官考定，應初任
官考定求試，須任四考以上方得投狀，其見任沿邊川廣福建及見係
銓司起請移官人，並須廻日投狀，庶無濫進，稍合中規。事下兩制，翰林學
士章得象等言：伏詳判銓官並是朝廷選任臺閣臣僚，看詳判詞優劣，必
盡允當，望止依元勅，令判銓官看詳，如詞理優長，明言堪應上件科目，具
名聞奏，更不別差官考定，仍依舊制不限任數，奏第若見任沿邊川廣福
建不搬家地，必及見係銓係起請移官人，如合係移入沿邊川廣福建不

槪家地分郎依銓司起請未得未試詔應歷官三考以上方許投狀仍令判銓官看詳分三等聞奏如兩制之議　八年正月二十六日流內銓言看詳到書判拔萃分三甲余靖等二十四人詔兩制覆詳定等第以聞　二月七日中書門下言銓司選到職官知縣多是人材書判平常歷任無勞績公過情重欲令銓司一依元勑子細看詳須是歷任實有勞績公過情輕人材書判堪預掄選方得具歷任并書判卷子進呈引見從之　五月二十五日命龍圖閣待制唐肅庶濟梅詢直集賢院胥偃考試拔萃余靖等二十五人于秘閣殿中侍御史王嘉言直集賢院柳植封彌謄六月　六月二十三日帝御崇政殿試應書判拔萃選人宣州司理參軍余靖考入第四等為將作監丞知縣安德軍節度推官知邵武軍光澤縣尹洙考入第五等循一資近地知縣　九年二月十七日翰林學士段度等准勑試到身言書判選人三十人引見詔信州判官蕭禋均州判官周湛邕州推官黃中真州判官鄭維黃州判官周渭明州推官顧祥並為著作佐郎知縣于房等二人循資知縣王永等七人循資注家便官劉範等十人注近地知縣趙定基等五人應入遠者與近地入近者與家便並許注成資闕其首罷者許不時赴集自今應書判及奏舉人曾經引對已受恩澤者

卷一萬一千三百　四十

無得再預選試　四月二十五日命翰林學士盛度知制誥鄭向直集賢院胥偃同試應書判拔萃科于秘閣五月九日帝御崇政殿試應書判拔萃科及武舉人設幄南廡命座內出科題十道勑問召資政殿學士晏殊翰林學士宋綬為考校官翰林學士章得象知制誥石中立為編排官侍御史王鼎為封彌官集賢校理王洙錢延年為對讀官申後上所試卷召宰臣備閱賜茶久之　十二日詔應書判拔萃科入第四等前穎州司理參軍李惇裕為大理寺丞知秀州華亭縣洪州新建縣主簿毛詢為鎮東軍節度推官家便知縣潁州汝陰縣主簿張孝孫為忠武軍節度推官家便知縣第五等湖州歸安縣主簿吳感為江州軍事推官不入等魏京李宗寵之　景祐元年二月四日詔書判拔萃科今後更不置　六月四日詔應書判拔萃人更不御試十七日翰林侍讀學士李仲容等言試到書判拔萃科潞州司法參軍江休復七人詔休復所試稍優為大理寺丞知長葛縣閻詢等三人授官有差魏申以下並落　十二月十三日知制誥李淑言幕職州縣官舉充京朝官者別差官與判銓同試望自今更不逐次奏請差官只委自判銓官考定優劣如辭翰稍優或刑名全否者即令貼黃進呈詔吏部銓詳定聞奏後請如所奏從之　神宗熙寧元年十一

推官近

月十八日南郊赦書見在銓選人注擬官內職官令錄并初入職官令錄人歷兩任六考無公私過犯并三任八考無贓私罪曾有舉主兩人以上者仰銓司勘會具名聞奏當議選差官與判銓同共試驗身言書判考定等第以磨勘歷任隨卷子引見取旨　三年三月八日以翰林學士呂公著知制誥蘇頌與判流內銓官試驗選人身言書判初議差公著等上問試判故事因曰此人足以見人材輔臣或對先朝有與京官者或以為京官可惜上以為然　五月十六日翰林學士呂公著等言準手詔舉到滯蹇之人內選人不該磨勘者依身言書判人例施行續準勑考試到三十七人分五等令流內銓連逐人卷子依赦引見具指定引見日先申中書欲令月二十一日上殿引見詔閤門依所定日數引見　二十一日詔舉到滯廢之人第一等京兆府法曹參軍汪輔之劍南西川節度推官趙炎前龍州江油縣令許醇輔之一犯私罪杖宜只與陞一資炎醇並與陞兩資第二等前恩州司理參軍李逢前同州司法參軍蓋士安前信州司理參軍黃敏用前雅州錄事參軍齊詔前深州司理參軍崔闢前江寧府左司理參軍劉嵩前威武軍節度推官宋瑜逢不經考宜只與先次指射家便差遣士安等六人與陞一資第三等前吉州司戶參軍潘鯤前海州東海

卷一萬六千三百　四

縣令張師尹前權鄭州觀察支使劉忠舉前黎州軍事推官李仲舒西川節度推官王采前權知集州軍事判官明注前江陰軍司理參軍董叙前信陽軍信陽縣令劉琮山南東道節度推官顧希甫前權知融州軍事推官[illegible]前權知和州防禦推官李世康前曾定府司錄參軍劉舜理前饒州錄事參軍陳延範鄭州司理參軍宋㬉一犯公罪徒勒停一犯私罪徒勒停師尹一犯私罪杖衝替一犯私罪徒勒停宜並只與家便差遣忠舉等十二人並與先次指射家便差遣第四等前知興州順政縣事王穀前京兆府觀察推官何應淵前權知鄧州觀察推官馬照前權知潭州軍事判官周彭孺前權知歙州軍事推官喬震前辰州司理參軍王保民前郢州長壽縣令于穀言前鳳州司法參軍周純錫第五等前戎州僰道縣主簿兼知縣事仲淡成彰德軍節度推官前興國軍司事崔宗望前權知莊州軍事推官李彭前權知眉州防禦判官趙庭堅前權知施州理參軍陶稷等十三人只與家便或先次指射差遣　四年十一月日中書門下省言自來幕職州縣官及未出官選人每因恩赦例與放選設為未均緣選人有完守選三年或罷任便會赦放選以至奏補初出官之人二十五已上試詩一首方得注官尤無取其間有材能者須候年久頗為

守選人許於流內銓投狀試斷案或律文大義或議差官同曹主判官注官考試列等申

補在第三行替合中書上

淹滯中常之材亦未嘗試其能使之蒞務往往廢職又銓曹令注官人例須試判三道因循積弊遂成虛文今欲應得替合中書其上等並免選注官入優等者依判超例陞資無出身者與賜出身如經試不中或不能就試者須實及三年方與注官即不得入縣令司理司法其錄事參軍司理司法仍自今更不試判亦不免選即歷任有舉官職官縣令五人者與免試注官內得替合叙官人亦許依得替人例狀試

宋會要　制科　舉賢良方正能直言極諫等科　三

國初制舉有賢良方正能直言極諫經學優深可為師法詳閑吏理達於教化凡三科應內外職官前資見任黃衣草澤人並許諸州及本司解送上吏部對御試策一道以三千字已上成取文理俱優者為入等太祖乾德二年正月十五日詔曰爰劉得人自賢良之選有唐稱治由制策之科朕纘纂前王精求理本焦勞罔怠寤寐思賢期得拔俗之才訪以經國之務其舊置制舉科一曰賢良方正能直言極諫二曰經學優深可為師法三曰詳閑吏理達於教化並州府解送吏部試論三道共三千字已上當日內成取文理優長人物奥秀者中選自設科以來無人應制得非抱倜儻恥恥局於常調效峭直者難罄於有司必欲直對朕躬以伸至業士有所蘊予能發焉今後不限內外職官前資見任黃衣布衣並許直詣閤門進奏請應朕當親試以進時賢所在明揚無隱朕意　乾德二年四月一日以請博州軍事判官穎贄為祕書省著作佐郎時制科久廢詔許詣闕自薦臨軒召試贄應賢良方正直言極諫科召試稱旨故有是命　乾德四年五月二十七日帝於紫雲樓下召翰林承旨陶穀學士竇儀知制誥王著盧多遜王祐祕書監尹拙刑部郎中姚恕國子監丞馮英等同試應賢良方正直言極諫經學優深堪為師法科郝益涉等

卷一萬六百六十九

所試文理疎畧不應策問並賜酒食以遣之宋史選舉志：制舉無常科，所以待天下之才傑，天子每親策之。然宋之得才多由進士，而以是科應詔者少，惟召試館職及後來博學宏詞而得忠鯁文學之士，或起之山林，或起之朝著，召之州縣，多至大用焉。

真宗咸平三年四月十五日賜應制舉人林陶同進士出身陶既試學士院不及格帝方欲招來俊茂故特獎之

咸平四年二月二十五日詔曰漢命諸侯舉賢良方正之士唐詔吏部設直言極諫之科所冀寤寐英翹詳延遺逸朕嗣守寶歷于今五年曷嘗不日昃忘飡宵分輟寐憂勤庶政景行前王教化是脩咨詢罔倦其或有德者尚沉下位懷才者不顯公朝則何以慰我旁求輔予不逮宜命多士明揚所知其令學士兩省御史臺五品以上尚書

〔卷一萬六百六十九〕 二

省諸司四品以上於內外京朝官幕職州縣官及草澤中舉賢良方正之士各一人當策以時務朕親覽焉

三月十九日詔所舉賢良方正應已貼館職及任轉運使者不在舉限

咸平四年四月十三日帝御崇政殿試賢良方正秘書丞查道道著作佐郎李邈前定國軍節度推官王曉前奉國軍節度推官魯驤進士陳越制策曰漢詔賢良垂三百餘載唐策俊造懸四十餘科得十者昌於斯為盛用能佐佑帝業焜燿儒風歷代已來其道中廢皇朝開國復舉而行朕奉祖宗不敢失墜思得天下方聞之士習先王之法明當世之務者以輔朕之不逮傳曰三皇步五帝驟三王馳五霸騖斯則皇帝王霸

之異世其號奚分步驟馳騖之殊途其義安在稱詔之旨臨御之方必有始終存諸典故加以姬周始之三十六王劉氏承之二十五帝受授之端治理之要咸當銓次務究本原而又周有亂臣孰為等級秦非正統奚所發明勤燕然之石者屬於何官剪陰山之虜者指於何帥十代之興亡足數九州之風俗宜陳辨六相之後先論三傑之優劣淵騫事業何以首於四科衛霍功名何以顯于諸將究元凱之本係叙周召之世家述九流之指歸議五禮之沿革六經為教何者急於時百氏為書何者合於道漢朝丞相孰為社稷之臣晉室公卿孰是廊廟之器天策府之學士升輔弼者爲誰凌雲閣之功

〔卷一萬六百六十九〕 三

臣保富貴者有幾須自李唐既往朱梁已還經五代之亂離見歷朝之陵替豈以時運之所繫教化之未孚耶或者為皇家之驅除開我朝之基祚耶是宜考載籍之舊說稽前史之遺文務釋羣疑咸以書對命翰林學士承旨宋白等考所對道越入第四等曉入第四次等以道為左正言直史館越為將作監丞曉為著作佐郎邈驤皆不入等

咸平四年八月十日帝御崇政殿試賢良方正秘書丞何亮懷州防禦推官孫暨舒州團練孫僅大名府成安縣主簿丁遜制策曰朕祇若元符為人司牧昧旦丕顯虔恭寅畏懼德之弗類慮政之未孚昔者周命百官皆箴王闕漢設三道用求直言誕舉舊章

五字疑誤　條字疑衍　必疑作爰

思聞讜議茲子大夫逢時奮庸有犯無隱之秋也夫五材並陳去兵未可八政具舉足食是先今國家北扞强胡西禦羌項歲遣介士以防戍秋飭邊備則越軌之是虞窮兵釁又饋發之為擾堅壁罷冦困役車之未休繼好息民復文治之靡及故蒸庶不得安堵弓矢無由載櫜至于人獲四鬴之餘始免艱食國有九年之蓄乃為太平今壤土尚多游手未復勸課之道非不至賦斂之數無所加萬鍾之藏淺聞於都鄙一穀不熟遂抵於流亡今欲倍算舟車五驅之未盡歸而貿遷斯壅給復租税又患之未及富而經費不充復常平之倉則市井之價或有二條平水土之法則經界之制未可行自非時

卷一萬六百六十九　四

和而年豐不免困窮而轉徙又如總領衆職莫急于求賢審官中嚴百刑莫先於明罰飭法今疆宇遼邈吏員衆多必得其材然付以任故文王之德在於能官人東漢之隆本於責吏事今但委有司之考課亦第闕閲以求精只遣使者之察廉又錫廚傳而為患漢武之欲除吏田蚡非其擅權德宗之擇縣令柳渾譏其失體遵荀寔省官之議則自難減者寔多體薛宣縣〇之規則才適用者殊少雖名循貴實之期切而政平訟息之未臻至若金科玉條竹書丹以禁多辟所期無刑其屬三千蓋防於踰矩斷獄四百用冀於勝殘雖然慕陶唐之盡冠且免而無恥體漢初之疎網姦乃益生必待皐陶作

士師法寧可廢豈須定國為廷尉民乃不寃俟論報則久繫是虞但責成則舜文斯衆苟四目之周及乃一人之向隅或罹非辜足傷和氣子大夫策慮愊臆智畧韜湊兵者凶器必使歸馬放牛食為民天必致家給人足考建官之意當俾百工之允釐稽立辟之由期措五刑而不用並陳歷代之畧兼搉方今之宜揚搉而言朕將親覽命翰林學士宋白梁周翰師頏知制誥李宗諤趙安仁薛映楊億考定所對遜僅入第四等亮暨入第四次等以遜僅並為光禄寺丞直集賢院亮為太常博士暨為光禄寺丞唐貞元中魏弘簡以狀元舉賢良自是無繼之者至是暨僅同以賢良登科近古所未有也

景德二年七月十八日詔曰朕纂紹丕圖畧章

卷一萬六百六十九　五

前古並建衆職允釐百工用廣詳延庶臻茂異至於懸科而較材等前席而待敷陳舉爾所知屢博詢於卿士無忤後害當再策於賢良莫不登於公朝縻之好爵尚慮耿介之秀遺逸於丘園高尚之姿隱淪於屠釣抱文武之術莫効於當年懷經濟之謀頗沉於下位十室豈無于忠信大國固多於賢才儻進善之未周或俟時而興歎今復置賢良方正能直言極諫博通墳典達於教化才識兼茂明於體用武足安邊洞明韜畧運籌決勝軍謀宏遠材任邊寄等科宜令尚書吏部徧下諸路許文武群臣草澤隱逸之士應此科目程品之制方策具存考其否臧必先於公府刈其翹楚乃揚于王庭蓋所

慎重選掄遵行典故委中書門下先加程試如器業可觀具名聞奏朕將臨軒親試旰食疇咨較藝寔於至公推寵榮於不次宣布中外咸使聞之（帝謂寇準曰方今文武多士豈無才識優異未升達者至於將帥之任尤難得人前代試以制策觀其能否用求才寔亦為國之遠圖也因出唐朝制科之目采其六用之）三年三月二十三日詔開封府應制舉人投牒者並待以客禮　七月二十九日以應制舉人所納文卷付中書詳較初命翰林學士晁迥等考定又命「侍讀學士呂文仲呂祐之龍圖閣待制戚綸陳彭年重考帝猶慮遺才故命輔臣裁定　八月二十二日詔曰朝廷所設制科蓋期得士比申推擇頗慮遺才朕聽政之餘遂加親覽其間綴述亦有可觀特廣示於搜羅宜

卷一萬六百六十九　六

並從於較試其趙宗古陳高陳絳令狐𩈈陳貫令依例赴中書試（初學士院考宗古等所業文皆不中式特命就試馬時陵儀尉祁居表應賢良當試未召而卒特賜錢五萬）景德二年九月十七日帝御崇政殿試賢良方正光祿寺丞錢易廣德軍判官石待問制策曰朕踐修聖訓慎守丕圖深虞政經未協彝範是用詳延豪雋博訪謀猷貴然來思副此虛佇所宜詢適時之要務舉救弊之宏綱夫高以下為基國以民為本聖人設教勤卹居先皆欲臻富庶之期躋仁壽之域然而蓄衍盛大之謂庶利用阜材之謂富勝殘去（殘去）殺之謂仁永錫難老之謂壽兆民所賴四者難并何施何為得以臻此農處四人之急食標八政之端將圖足食之方式重務農

盡　疑盡

之道而游手逐末甫田多荒懲而勸之其術安在先王制辟君子盡心舜有惟恤之言禹有泣辜之事人罹于法良用盡然姑務好生常思慎罰若唐虞畫像而恥格成康刑措而不用各用何道使之然乎天災流行國家代有故水旱之作沴雖堯湯而病諸書云燮治陰陽易曰財成天地唯茲二道可以行之欲聽多言不能無惑阻之則忠讜道閉誘之則纔詖路開填于聽焉必辨邪「正邪正之說欲辨何從推賢讓能貫經訓而不朽難進易退列儒行而相高近世以來此風不競馳騖旁午安潛下衰亦思塞奔競之源流建風教之根本激勸之要其將曷先祀之與戎緩急不類俱曰大事其何故哉古

卷一萬六百六十九　七

聖指歸布在方策周禮八柄馭下之洪規伊訓三風守邦之深戒令王之制可舉而行為予指陳咸爾敷納齊委仲父下令如流水湯任保衡致君有格天之業何術比於流水何故言其格天苟辨其由可資成務用民必順無昆虫之災饗帝於郊得寒暑之序出何經據當述厥由大易彖辭老聃經旨化成天下何者謂之人文而不可示人何者謂之利器賢良文學固所周知俟聞讜言以稱朕意命翰林學士晁迥知制誥楊億周起朱巽為考官（初詔兩制並撰策問帝擇晁迥所撰用之）待問易策並入第四次等以待問為殿中丞易為祕書丞　十一月十五日進士李孜上書言昨應詔舉賢良著（通政）十卷有司考

校閲罷不得預試且孤貧無依願霑一命之秩以自效
帝憐之令中書召試詔授越州餘姚縣主簿　四年閏
五月四日中書門下言考試應制科陳絳等十人文論
内絳與夏竦史良三人詞理稍優帝曰比設此科欲求
才識若但考文義則積學者方能中選苟有濟時之用
安得而知朕以為六經之旨聖人用心固與子史異矣
令策問宜用經義參之時務王旦曰臣等每奉清問語
及儒教未嘗不以六經為首邇來文風丕變蓋由陛下
以茲道化之故也因命兩制各上策問而擇之　初七
日帝御崇政殿試賢良方正著作佐郎陳絳昇州溧水
縣史良閬州丹陽縣主簿夏竦制策曰朕克謹先訓惟

卷一萬六百六十九　八

懷永圖期化成於人文爰順考於古道猶慮視聽不廣
心志未明鑒寐增勤忠規是佇所以博延髦士渴聽嘉
謀昔姬德之隆周官爰作建中立極經世惠民乃致頌
聲以措刑辟王風不競戰國交興理貴從宜俗多變古
炎漢政令十志粗存有唐憲章六典備載既沿革而不
一諒損益而可知曲禮三千經禮三百誠難悉數試為
敷陳施之于今往古之事何久捨之於古方今之法孰
非勉商権其大猷無自執於小道仲尼之志在乎春秋
考舊史之文明將來之法善惡各顯懲勸在茲由是後
王遵為彝訓至若朝聘祭祀之禮刑賞兵農之政君臣
勵翼之績官師寅亮之辭或可舉而行當直書其事精

英是取糟粕勿陳六籍之存日星為喻百氏之説爝火
攸同惡寔尚華寔繁厥類斷雕為朴豈無其時欲使薦
紳之民並宗經術青衿之士專習聖言能黜異端俟聞
讜論貢舉之設茂異斯求爰自唐朝獨考辭賦雖云小道
壯夫恥為然而定妍否於有司覩工拙於作者苟為捨
茲衡石誠慮失之毫釐將俾俊乂用章文風丕變其用
何術以副虛懷禮有四民農居其一書有八政食在其
先務勸力耕亮由薄斂或輕其賦調則邦家之用不充
或重彼課役則編甿之力彌困至於榷酤之法關市之
征將以惠人亦思省去復慮經費不給游惰寖多盜鑄
復民租不禁山澤而使野無曠土府有羨財下靡趨於

卷一萬六百六十九　九

末利上益豐於儲蓄必有説也宜無隱焉寧字之任斯
民所託在乎銓擇尤所注懷亦嘗閲考績於明庭聽保
任於端士暨于涖職繼以敗官或邊幅罔修簠簋靡潔
或佩韋罔誡冠虎是倖雖國有常刑然民已受弊今若峻
其督責必興嘆於凝脂緩彼簡書將漏罪於疎網水火
相濟琴瑟改張爾其謂何予實翹想緬惟致治誠在得賢
常恐下僚寔沉英彥或以類舉或自薦陞清白著名每
從加等幹蠱仲效亦俾峻遷然而鮮覩狗公頗聞濫進
始由朋比終陷刑章言念于茲夙夜無已欲必懷才者
使達薦士者絶私奏牘上陳美惡可覆爵賞下降名寔
罔違極言澄汰之方用資宵旰之慮列子大夫蘊蓄器

業洞明政經副我詳延森然就列靡蹈後患各施讜言令兩制考定其策絳竦入第四次等良不中式以絳爲左正言竦爲光祿寺丞　十月二十三日以前京兆府鄠縣主簿高志寧爲大理評事志寧明經中第請應識洞韜鈐科日試三千字亂而不能成帝念其歷官無過故特遷秩大中祥符元年四月十四日詔曰乃者六科之建三道疇咨務求茂異之材尤重詳延之意爰有縉紳之列洎茲逢掖之流自薦公車召試宰府賢良方正能直言極諫草澤劉若冲周啓明等雖敏贍可賞而理道未周方當責寔之辰難副揚廷之選聊伸甄奬用廣搜羅若冲等並許應舉仍免取解知南康軍都昌等縣江任草澤徐陟高問徐奕進士陳高陳宏文理無取聽其從便文獻通考大中祥符元年時上封者言兩漢舉賢良多因兵荒災變所以詢訪闕政今國家受瑞建封不當復設此科於是悉罷凡特旨試藝者有於中書學士舍人院或特遣官專試所試詩賦論策頌制詔或三篇或一篇景德後惟將命爲知制誥者方試制誥東封及祀汾陰時獻文者影試業[illegible]得官天聖七年閏二月二十三日壬子上御延和殿宰臣曰近夏竦奏自古得賢則治失賢則亂漢唐之間多選賢良文學之士以條時政得失朕亦欲天下英豪皆登于朝宜廣科目以收賢才乃下詔曰王者撫有多方務恢至治博求髦士以助政綱冀臻出類之賢用叶思皇之美朕嗣纘崇構于今累稔何嘗不緬稽古道愼擇庶官顧荐闢於貢闈亦親程於明試間下舉知之詔申嚴敎課之文尚慮魁磊之英或沉於下位卓異之秀

久蔽於中材式廣搜揚畢諧登進惟漢唐之盛際有科目之舊規矧在先朝已恢前烈其有著名朝序引籍京司浹洽典彝練明治體則必詢之策慮式竚條陳又若常調三銓夙懷四事俾敷揚於辭制將銓品於吏能至如養素丘樊採微銓畧並咨大對庶極所長而皆考士論之無瑕采鄉評之共許咸抒文而來上乃較寔於攸司仍命試官先從辨等朕當躬臨軒陛訪以才謀思獲方聞之人副我至公之舉刈薪分爵奚吝於推恩懷寶逢時無宜於自晦今復置賢良方正能直言極諫博通墳典明於敎化才識兼茂明於體用詳明吏理可使從政識洞韜畧運籌決勝軍謀宏遠材任邊寄六科應內外京朝官不帶臺省館閣職事不曾犯贓及私罪輕者並許少卿監已上上表奏舉或自進狀乞應上件科目仍先進所業策論五十首詣閤門或附遞投進委兩制看詳如詞理優長具名聞奏當降朝旨召赴闕差官試論六首以三千字已上爲合格即御試又置高蹈丘園沉淪草澤茂才異等三科應草澤及貢舉人非工商雜類者並許本路轉運逐處長吏奏舉或自於本貫投狀乞應上件科目州縣體量實有行止別無玷犯者即令納所業策論五十首本州看詳委寔詞理優長即上轉運使覆寔審訪鄉里名譽選有文學再行看詳其開封府委自知府審訪行止選有文學佐官看詳委寔文行

可稱者即以文卷送尚書禮部委判官看詳選擇詞理優長者具名奏聞當降朝旨赴闕差官試論六首以三千字以上為合格即御試又置書判拔萃科武舉條目各見本篇其逐處看詳官不得以詞理平當（常）者一例取旨如違必行朝典仍限至十月終已前具姓名申奏到闕更有合行事件委逐司條例以聞帝謂宰臣曰文武少人應下位草萊沉淪材彥令復置制科中書門下逐具條件行之

宋史選舉志仁宗天聖七年詔曰朕開數路以詳延天下之士而制舉獨久置不設意吾豪傑或以故見遺也其復置此科於是增其名曰賢良方正能直言極諫科博通墳典明於教化科才識兼茂明於體用科詳明於體用科詳明吏理可使從政科識洞韜略運籌帷幄科軍謀宏遠才任邊寄科凡六以待京朝官之被舉及起應選者又置書判拔萃科以待選人之應書者又高蹈丘園科沉淪草澤茂材異等科以待布衣之被舉及應書者又武舉以待方畧勇功之士其法先上藝業于有司有司較之然後試祕閣中格然後天子親策之

後數歲李淑上書言吏部政事選人以格限未至者能試判三節謂之拔萃此特有司之事耳而陛下乃親策之非其稱矣又所謂茂材異等本求出類之俊也而士之不利鄉薦者始出而應焉臣以為此二者皆非國家求材之本意也宜有以易之於是罷書判拔萃科令幕職州縣官皆得應賢良方正能直言極諫等科諸常試鄉舉被黜者毋復應茂材異等科其後十餘年又詔自令制科須近臣論薦毋得自舉初御史唐詢與參知政事吳育有隙帝數稱近歲制科得人以育為賢而詢奏言自古究異乃策賢良令者六科率不用公鄉推引而特視進士之期凡應此科者至自稱曰賢良方正曰茂材異等曰博通墳典臣以為習肩使淨莫甚於此可悉罷之而育復奏曰策賢良自罷錯始錯非以災異舉也幸以育言為然由是制科得不廢而特禁薿其自薦而已

文獻通公（考）有劉氏雜著曰夫自舉之與人舉之所以厲世矯俗豈可同曰而語哉今不惟進士自舉而已至於賢良方正亦自舉也豈不過乎夫賢良美稱也方正善行也古之當此名者方將高則塔處不知藹雁瑋壁之聘三四至而遂能起乎今皆循循然窺顏色求便利名進矣爭門躇措不足以論其情側肩攫金不足以況其態鼓腹自鬻不足以比其差無乃其實與名不相符哉今世皆知高賢良

卷一萬六百六十九

十二

于進士矣不知賢良之害于俗于進士也何以言之邪人有言曰南賊之澤有兎焉可逐而取也彼聞之者必爭先致力焉然其至者必游手情貴耳又有言曰有鹿焉則不獨游手情而後爭之必將有舍業而往者矣則兎小而鹿大故也夫進士兎也賢良鹿也二者皆足以動貪利之心而賢良之所動者多可不慎哉

六月二十三日翰林學士宋綬等言屯田員外郎劉夔請應制科詳前詔臺省官不預此舉今夔任尚書省六品官未有此例詔罷之

十月二十二日中書門下言昨降勑許幕職州縣官應茂才拔萃科頗聞不詳詔意其有授官未赴任所者望曉諭各歸任所聽旨奏可

十二月四日工部郎中判尚書禮部康孝基上考覆茂材異等科富弼等一十人詞理並優帝以孝基品藻非當命禮部郎中知制誥李仲容判禮部覆令看詳以聞故事茂材異等三科委禮部考定至是孝基改同判焉

八年三月十六日詔應制科人今後遇有科場許依七年勑命投下文字

六月十六日命翰林學士盛度龍圖閣待制韓億就祕閣考試制科度等上何詠富弼論各六首兩儀生四象刑罰何以任治治世渾礼同邦國育材之道如何凡儀之命正邦國拱璧駟馬何以不如進此道論

七月二十五日帝御崇政殿試賢良方正太常博士何詠茂才異等進士富弼詠制策曰朕獲纘基緒撫臨方域咨詢治體庶保治平是用詳延雋髦分設科選嘉聞讜論以輔遠猷子大夫褒然舉首揚于軒陛必有宏畧建明永圖國家思皇政本精求官效並置職局俾申練覈若其授任中

卷一萬六百六十九

十三

外攬務大小陞降之序鈎考之期卒有定規著之甲令逮其從政多致癈官或選愞以自安或苟累而刻下或縱肆而侮法或貪墨以成私乖於頗（優）用興歎蓋辨論之者止視其閥閱而已若夫行己之枉直居位之善否察以何道乃克周知昔京房考功之法劉邵都官之制三元之用捨九品之是非崔鴻之勿拘階級既濟之專行辟命前編可復當為具陳稽之於今必存折衷又曰食「曰貨王政所先今富有中區牢籠至廣田畝之賦率著經常山澤之產且無滐利而量之之數用度弗充亦嘗撙節未臻饒衍關市所以抑末流也而浮竊尚多榷酤所以防靡費也而資業罕殖何以致民財豐阜咸保於

卷一萬六百六十九　十四

厚生邦儲充羨乃得以寬禁至於復租庸而罷兩稅均貨幣而適重輕使戶靡雜傜市無翔價農賈兼遂豐乏用齊參考歷代之文合於當世之務聿國政作式妤昌言又如邊鄙雖安戍守之兵未能減吏員有限占闕之官日以增貢舉之設也千名益多藝成益鮮徒滋於僥倖刑章之具也重辟雖少而配隸彌衆不忘哀矜詳究其端著乎條對乃至俗化之尚彝政綱之未舉悉當揚摧務叶便宜副朕虛懷無有所隱　弼制策曰昔者周室尚文興賢能道藝之士漢庭稽古舉方正茂異之人皆所以登用俊髦俞咨讜直以裨治道用致和平故卜世踰三十之期饗年盈四百之數垂之竹素煥若日星我

國家奄有多方撫寧四海仰祖宗之治範頎沖眇之守成秩歷代之舊文興前王之墜典尚慮朝廷之政經或闕民俗之壽域未躋申明舊章周詢嘉話此誠子大夫强學待問發藥決科之辰也然則將御於今必求諸古苟方策之博達在取捨以咸宜若夫百代殊風總其道曰皇帝王霸六經異說立其教曰禮樂詩書思適用於茲時當槩陳其大略且堯之為君也八元不舉四凶未流洪水懷山庶民艱食其慮患大矣而夫子稱聰明光宅何也舜之為君也省巡方嶽類祀神祇數教恤刑耄期無怠勤勞至矣而夫子稱其無為恭己何也夏禹之有天下也奠山川平水土底慎財賦致孝鬼神上帝錫以

卷一萬六百六十九　十五

龜書箕子述為洪範其理要何也文武之有天下也綏兆民恭天命體國經野治事惟能成王作乎周官公旦著乎經理其會歸何也又若嬴劉而下隋唐之間務立便宜以濟邦國其理財也晁錯議乎貴粟趙過稱乎代田桑羊置均輸之官壽昌興常平之制其選士也則仲舒言其擇吏左雄取其限年杜預陳黜陟之規楊綰述貢舉之弊此皆見用當世垂法後人盡為發明以資折衷子大夫辭章雅麗學術兼該究文史之精微洞聖賢之指趣所宜辨論用副詳延詠策考入第四等弼入第四次等詔以詠為祠部員外郎通判永興軍弼為將作監丞知河南府長水縣　明道二年六月五日中書門

下言制科舉人自今須緣貢舉許準詔投文就試詔可
景祐元年二月四日詔賢良方正能直言極諫等六科自今後應京朝官幕職州縣官不曾犯贓罪及私罪情輕者並許應內京朝官須是太常博士已下不帶省府推判官館閣職事并發運轉運提點刑獄差任者其幕職州縣官須經三考已上其見任及合該移入沿邊不般家地分及川廣福建等處者候迴日許應高蹈丘園沉淪草澤茂材異等三科及武舉應進士諸科取解不獲者不得應　六月十六日以翰林侍讀學士李仲容知制誥宋郊天章閣待制孫祖德直集賢院王舉正就秘閣考試制科仲容等上吳育蘇紳張方平論各六

卷一萬六百六十九　十六

首治民事天莫如當九德咸事天保采薇治內外道何以萬世無弊六經之道禮樂為急周秦之士貴賤論　二十一日帝御崇政殿試賢良方正能直言極諫太常博士蘇紳才識兼茂明於體用大理寺丞吳育茂材異等張方平制策曰朕膺淳耀之烈守神明之器兢兢業業罔敢暇佚思底于道浩如涉川內雖有股肱之良外則憑藩屏之衛而化或靡洽政有未昭思聞讜言以輔不逮子大夫負卓爾之才當褒然之舉必有究天人之學明道德之淵効爾所長副朕虛佇期得良畫式康兆民夫治天下必上參五帝下法三王至於霸者之規聖門之所恥說詳思致治之要必任惟賢之臣朕未明求

衣側身思道雖達聰明目祗服於聖謨而易俗移風尚韋於俗吏豈求之不至將教之未孚極陳其方以開未悟禮義廉恥有國之所施張陽德陰刑求端之所取舍求其所用詎無所先居土階之尊唐堯之稽古也安事舟浦之征游嵓廊之上虞舜之無為也奚有三苗之舞若曰天道云遠宋景何以退三舍之星如曰人心不同武王何以有十亂之佐又夏后之德休明何以鑄鼎周家之俗忠厚專以尚文高臺深池不能害霸而十家之產何以不為織服不征所以救歲六關之廢何以興刺皆前修之所未究有國之所宜明子大夫極思其精發凡舉例規其所不至彰厥所未來勿事猥并悉其言諫

卷一萬六百六十九　十七

帝王之大願舉其詳古今之宜請言其狀朕將親覽爾無面從勿遺遠圖以蹈後害育策考入第三次等紳入第四次等方平所對不及三千言詔以育為著作佐郎直集賢院通判湖州紳為祠部員外郎通判洪州方平特擢為秘書省校書郎知蘇州崑山縣　閏六月二十七日詔今後殿試制科武舉人各日就試制科設次賜食　五年六月十六日命御史中丞晏殊翰林學士宋郊知制誥鄭戩直史館高若訥赴秘閣考試制科殊等上田況張方平部郎亢論各六首（樂者天地之命三公為鄉老治莫善於助帝嘗治國之本聖王處民於齊士治亂刑重輕論）二十四日詳定科場條貫所言賢良方正博達墳典才識兼茂茂材異等四科今後親

試同出策目須援引古義以質今宜其詳明吏理或涉於武經之舉者並別出策題從之　七月二十七日帝御崇政殿試賢良方正能直言極諫太子中允田況祕書省校書郎張方平茂材異等進士邵亢制策曰朕荷幅員之廣寅畏天命以康元元思欲恢祖宗之遠圖追皇王之極摯躋俗於仁壽之域陶民於礼義之化兢兢業業不敢怠遑焦心勞思十有七年于茲矣而明不燭遠智不通幽奉承謨訓惟恐失墜故詔有司詳延天下特起之士冀聞忠讜寔至之言以輔朕之不逮子大夫卓出羣萃褎然造庭必有宏讜以鑒虛佇國家誕膺寶命奄甸中區三聖繼明萬邦作乂除殘而革暴蠲苛而薄

卷一萬六百六十九　十八

賦稼政修礼文縟爰人甚於赤子繫賢同夫白駒奇傑魁壘之士列位于朝循良慈惠之長分政于外求治若此可謂勤且至矣然而格之前載猶或異論法制寖講而未協厥中經費寔繁而未得其節樂未諧於韶濩刑未措於成康官師或昧於康平風俗頗虧於素樸夷貊雖率化而時有陵犯邊鄙雖嘉靖而時有儆戒災異者朕之不德使之然耶抑物之數適當然耶子大夫其精心極慮無有所隱古之制度可用於今今之章程有質於古並宜條例勿事猥并立樂之方何以格神祇而來瑞物詳刑之要何以空囹圄而致和氣至於遴選多士懋建庶官咸有前規可為來範唐氏考功之格善最悉

陳漢家刺部之儀科條具舉士民之類愚衆賢豪奢僭相尚習以成風不嚴而化其術安在蠢爾徼寇何以革其非心漠然大鈞何以致其順序且道者萬世無弊而前代有忠文相救之說法者百王不易而舊典著輕重異用之宜戴記爲國有九經所宜銓次周官辨地以五物咸爲數陳式副洽詢且覬殫洽國將施之於行事匪獨取之於應文悉意以陳無撓執事況策考入第四等方平入第四次等亢不入等詔況為太常丞通判宣州方平為著作佐郎通判睦州　慶歷二年七月十一日命翰林學士吳育權御史中丞賈昌朝直集賢院張方平就祕閣考試制科育等上錢明逸齊唐論六首左氏崇君

卷一萬六百六十九　十九

父存何以在德上下王吉貢禹得失孰優經正則庶民興有常德以立武事序爵雜卦何以始終不同論八月六日帝御崇政殿試才識兼茂明於體用殿中丞錢明逸賢良方正直言極諫處州軍推官齊唐制策曰朕茂纘先構遹遵聖烈咨詢周訪期底靖嘉四詔郡國科舉賢俊庶聞讜論助輯政綱子大夫懷術造庭待問必有淵蘊用副詳延夫治亂之理有經有權有隱有顯上監百世賁然可求非博學遠照未之前識予欲聞姜姓三正之典周官五礼之別以辨章上下以定治冷州律閭之義指閒皇尺度之名數以立均考器以作樂汝言予欲聞呂訓疑罰之條司寇止糾之禁以邦國制臣之二柄治民之七法以一憲令汝明予欲辨貢賦功

式之會參山海田數之書以制財用修九法四教七正四守以起軍旅汝陳予欲稽虞氏之黜陟魏晉之考課以釐庶官本二雅之謹征伐春秋之正夷狄以靖外臣汝記今夫礼溫叟崇義之所刋也器服之數朝祀之容寧有所未善邪今夫樂王朴如峴之所考也均聲知量察風候氣何以得至術邪語刑者謂折杖之令為仁盜贓之格為縱仁固未有罰清民服之効縱蓋多已肆吏亡之害語令者謂關塞之易知創華之繁互然事屢興則不得習故常俗已弊則不得專督責若仍與變安適其宜何以使不費上損下奪人違時而貨益充不暴師宿戍轉餉屈力而邊益斥庇職左右宣力四方者何以使盡得其人畏威服德摯寔世見者何以使弗猾于境並資至畧以濟遠猷子大夫所當條述前言通究時事省括正臬務協厥中如其悠繆之辭不周於用記槩而舉又非純學策才之意豈所望焉其悉心明敬無侵執事明逸策考入第四次等唐不入等詔以明逸為太常博士通判廬州唐特授許州節度推官（唐初命權處州軍事推官用左正言田況請牀而使推官）復九月初二日詔自今幕職州縣官應制科不及三考者亦許取應　六年六月十八日詔禮部貢院自今制科並用隨貢舉為定制亦須近臣論薦毋得自舉（初監察御史唐詢言漢制丞相御史列侯中二千石二千石諸侯相舉賢良方正直言極諫之士由漢涉唐雖用其科而不常置若天見災異政有闕失則詔有位使薦之於朝冀聞讜言亡有所諱又有茂

卷一萬六百六十九

孝元初疑有脫誤

識才異等科本朝稽用舊文詭真宗之世三建此科自陸下即位始修六科以未多士令兩者若少卿監以上各得奏舉又只用賢良茂才二科隨進士科設之近年率不用保任之官皆自名科目作賢良方正茂才異等皆名號之美者使舉而為之猶曰近古即自類其美碩所未閣未經親試前集有司而所出論目丞用經史名數其於治亂之體問無所補及對詔策大率不過條對義例稽合注解又復韋於文字之數縱使魁畧之士習中難有奇言不得聘况又人之所習主于強記博蘭多辭泛說而已至其校輔國體聞陳治策則何賴哉故初應詔才數人後乃至十餘人今殆至三十餘人既升本科曾未果歲悉至觸官躋非其人例不可抑况直言極諫非當世事而求茂材異等豈謂循常之選其弊若此願宜圖之令具兩漢始置賢良方正茂材異等並因究異詔舉賢良方正前漢武帝建元元年詔丞相御史列侯中二千石二千石諸侯相舉賢良方正直言極諫之士元封元年以名臣文武欲盡詔州郡察吏民有茂材異等可為將相等凡五十四年間一舉賢良一舉茂材孝昭始元元年詔三輔太常舉賢良各二人地節三年令內郡國舉賢良方正可親民者元康四年遣太中太夫彊等十二人循行天下察吏治得失舉賢材異倫之士凡二十五年閭二舉賢良一舉茂材孝元初元元年詔以地震令丞相御史中二千石舉茂材異等直言極諫之士永光二年日蝕令內郡國舉茂材異等賢良直言之士凡十六年間一舉直言一舉茂材成帝建始二年以元年災異屢見詔三輔內郡舉賢良方正各一人河平四年日蝕水災遣光祿大太嘉等行循河郡舉惇厚有材能直言之士鴻嘉二年詔以數遣水旱舉敦厚有行能直言者元延元年詔以日蝕星閒令內郡舉方正能直言極諫者名一人凡二十六年閒四舉能方正直言後漢光武建武六年日蝕勑公卿舉賢良方正各一人七年日蝕詔公卿司隸州牧舉賢良方正各一人凡三十二年兩舉賢良守帝建初元年地震詔令太傳三公中二千石二千石郡國守相舉賢良方正能直言極諫之士各一人五年日食詔公卿以下舉直言極諫者各一人凡十三年兩舉直言和帝永元六年詔以凶從令三公中二千石二千石內郡守相舉賢良方正能直言極諫之士各一人凡十年閒一舉賢良方正永初元年日微詔公卿[illegible][illegible]衆官郡國守相舉賢良方正直言極諫各一人五年日蝕地震詔公侯千二千石二千石郡守諸侯相舉賢良方正極諫之士各一人凡十年閒兩舉賢良循帝延光四年京師大度詔公卿郡守相閒舉賢良方正能直言極諫之士永和六年日蝕詔大將軍公卿舉賢良方正者各一人凡十七年閒兩舉賢良

卷一萬六百六十九

本朝但用兩漢之名而不用兩漢之制請自令更不與進士同時設科若因國家災異屢見非特舉擢賢雋臨時詔近臣審舉之其所舉之人宜如漢故事親策當世要務罷祕閣所試六論參知政事吳育言自三代以來取士之盛莫漢唐惟漢之興高惠未遑暇至文帝十五年九月詔衆賢良文學之士上親策之則有若晁錯者出焉是時即無災異而舉也至武帝建元元年冬十月詔舉賢良方正直言極諫之士及元光元年詔賢良對策則有若董仲舒公孫弘者出焉所舉亦不因災異但策中語或及者亦陳事之端耳唐開元二年六月甲子制其有茂材異等咸令自舉是年設直言極諫科至憲宗元和閒制科之盛有若元稹白居易皆特出之材觀當時策目所訪者皇王之要道邦家之大務可以覆視固不專於災異也此漢唐故事有足據者其或因天變又非時親策者則亦有之厥後時唐或居常自逸謂毋關政及天災已著時曩已形然後下詔舉之欲救於臨事此則取士之弊風而後王之未造也宣足以為師矩哉陛下自復制科于茲累年隨貢舉而開疎數適中忽以一人之言欲議變常之制若必候災請而後詔舉非惟失建科之本意且尤有不可者三一則使天下賢雋之士滯淹待災異而進身非所養廉耻也二則平居不詢造形乃問非所以懼災異也三則輕改信令示天下毋渴士之心非所以廣賢路也且漢唐所立孝廉及進士等科皆每歲常選故制舉不隨而開今禮闈凡數年一啟因以制舉隨之則事適其宜何害于時須此紛易況災異之出不常厥期或彌年所毋則此舉異設或比歲而有則於事大煩既不因乎天災又不隨乎貢舉而曰非時詔舉語無始悅乃是遂廢此科留第稍論則言路有寄餼羊一去則禮意都忘令無故而更張使遺材絕望其傷國體不亦大乎乞并下臣奏令兩制詳定若漢唐故事非專為災異而設則但當執守毋令輕變以惑羣心臣曾應制舉毋容不知知而不言於罪為大及中書進呈帝以育議為是不下兩制詳定而降是詔

涑水記聞魯平曰宋初以來至真宗方設制科陳越王曙為之首其後夏竦等數人皆以制科登第既而中廢仁宗即位天聖六年始復置其後每闈科場則置之有官者舉賢良方正無官者舉茂材異等餘四科多不應皆自投牒獻所著文論差官考校中者召試閣下試論六首又中選則于殿廷試策一道五千字已上其中選者不過二人然數年之後即為美官慶歷六年賈昌朝為政議欲嚴之吳育參知政事與昌朝爭論于上前由是賈吳有隙乃詔自今舉制科者不聽自投牒皆兩制舉乃得考校

七月二十八日，命權御史中丞張方平知制誥

彭乘、楊偉、集賢校理胡宿就祕閣考試制科，方平等上錢彥遠、齊唐論六首。大有上吉、三王之郊用夏正、史記不記少皞、道非明民、大史掌敘事之法、樂循理為君子論。唐以言者為無德行罷之。

八月十六日，帝御崇政殿試賢良方正能直言極諫太學博士錢彥遠制策曰：朕奉承廟社，惟御海寓，永惟致理之大，浩若涉川之廣，夙夜寅畏，弗遑底寧。是以博延雋良，射策殿陛，冀獲嘉話，以毗庶績。子大夫精蘊識慮，該明體要，必有以繹數古道，「開助予意。且二帝三王之遺則，淳仁厚義之餘澤，丕隆至治，總集大和者，是必舉之有綱，而導之有源爾。若夫王者政教上通於陰陽，何以使黎民厚生，無饑饉扎瘥之困；賢人履行下繫於風俗，何以使衆士修正，無矜沽險偽之巧。語官者謂郡縣之任權小而勢輕，儉人得以肆欲；論法者謂律令之書議繁而科密，暴吏得以舞文。吾欲一富貴，均強弱，俾家亡兼并，平貴賤，通有無，俾貨不壅積，何術可以馴致？吾欲願皐陶九德之法以任人，參周官六計之旨以弊吏，何施可以詳究？令夫兵戎非不練，而戰攻守禦之志未盡固；農業非不恤，而汙萊原隰之田未盡墾。比綏遠服，數示恩信，而蠻區夷落尚據險而繹騷；閭閻編戶，復除徭賦，而寇盜緻擾，猶承閒以竊發。茲惟寢弊，安所權制？至若九官命於舜，其職任之重輕；十亂稱於周，其勳謨之高下；賈讓治河之三策，刁雍築城之五利；管子言稼政之大在明四順，淮南述為君之要當用六律皆見載籍並資條釋所宜講大體鋪善經參往古之安危酌方今之利病事稽于寔理適厥中無隱言無高論朕當詳覽焉彥遠策考入第四等詔以為祠部員外郎知潤州

不字疑誤

舉賢良方正能直言極諫等科

皇祐元年七月二十八日命觀文殿學士丁度知制誥稽顗李絢直龍圖閣王洙就秘閣考試制科度等上吳奎論六首損益常違之吉孰先教詩以六德為本三有俊克即俊因神以明道辯延壽楊阜人不忍欺優劣聖人文質論八月二十日上封者言伏見國家每設制科以收賢材中選之後多至大用以此知不獨取於刀筆蓋將觀其器能也舊制秘閣先試六論合格者然後御試策一道先論者蓋欲探其博學後策者又欲觀其才用近來御前所試策題其中多問典籍名數及細碎經義乃是又重欲探其博學竟不能不觀其才用豈朝廷求賢之意耶欲乞將來御試策題中止令問事關治亂體繫安危用之則明昌捨之則微弱往古之已試當今之可行者十餘條限三千字已上成所對人若文理優長試識慮深遠其言真可行於世其論果有補于時者即為優等若是文意平常例無可采者即為末等量與恩澤所有名數及細碎經義更不詳問如此則不為空言可得實效詔撰策題官先問治亂安危大體其餘所問經史名數自依舊制十四日帝御崇政殿試賢良方正能直言極諫殿中丞吳奎制策曰朕祇畏天明以臨萬寓陟降在上日監在茲至

卷一萬六百六十九

於禮樂政教刑辟威獄罔弗是憲以起大治故親策俊良及此而六宜謂得人之盛無媿古先且欲詢變化之道而知神之所為求述作之原而察聖明之所本燭理於昧圖安（危）於安子大夫窮天人之端識治亂之兆其恭聽朕命著之數言書曰在知人在安民能哲而惠惟帝其難朕惟取群材以班庶職而才有未敘職有未修何也愛育兆民若視赤子賦不加重而人已匱役不奪時而衆已困寢薄益厚貧富不均何也記曰禮樂刑政四達而不悖則王道備矣朕勑天之秩寅庸五禮因民之和考正大樂未有露泉象物之感何也慎令詳刑允於出納無有師保如承祭祀尚乖有恥且格之應何也向

卷一萬六百六十九　二十五

若大河決溢水不順道較財潺力將議堙補而年穀不登人用流轉軍師屯防無事而厚費不給姦宄盜寇有時而竊發弗禁求之彝倫其咎安在彼劉毅損難之議唐官善最之目周人荒政之數管氏版法之經禮樂所損益者孰知刑罰世輕重於何代東漢而上塞河之術安從西魏以先為兵之制奚見酌古之利屬今之宜別白以言無悼患害奎策考入第四等詔以為太常博士通判陳州　五年八月初三日命觀文殿學士高若訥王舉正端明殿學士楊察直史館專詢就秘閣考試制科若訥等上趙彥若論六首（哲人惟刑貸以國服息五官為上公辨明庶物治天下審所尚施孟梁年易學如何論）十五日帝御崇政殿策試賢良方正

能直言極諫太常寺太祝趙彥若制策曰蓋聞治古之隆民風淳王道易心通誠孚而天下之理得是以六氣順三光明祲厲屏釐祥臻羣靈豫安諸產茂嘉朕甚慕焉後世寖薄智偽日滋為君者難習俗多弊故善氣罕應而陰陽尠和朕承祖宗之休執天地之政深惟大器至重大麓至繁寅感兢業罔敢暇豫所懼明有未燭道有未昭天時舛宜民業重困故間歲下詔舉遠學絕才之士以直言補闕子大夫懷業儇博識年為舉首期有以荅揚精微闡論朕志夫王者之道有統有運有文有質歷世之序或慭或促豈所遭之時不同抑所尚之術有異者邪五帝邈遠弗可得詳三代繇承其規足術二

卷一萬六百六十九　二十六

漢以降七制為美暨鼎列南北光靈不競陵夷至于唐室正觀開元之主接軫於二百年間大盜三發不絕如綫五季之末極窮而復皇天眷我烈祖之丕命二聖繼武重光協華肆朕繼承彌越三紀未嘗一喜怒以賊刑賞一奮欲而耗財用一偏聽以咈諫諍一力役以奪民務虛心至懷率蹈公路蓋欲大先猷而恢帝步也何則比年以來星躔變行蠻夷驟聳烈風迅雷間成驚暴河流坤載頃常震溢蟊旱作沴風俗寖漓居位者或拱嘿以養名懷道者或隱身而遜志人力尚屈王澤未流夙宵浩然若涉淵水今欲遠鑒列古興壞之本近迹當世得失之宜上求天端消復變眚下革時弊化行忠厚使

大臣亮而小臣力仁惠洽而泯細紓嗚呼何道而臻此邪子大夫其詳之著之茂之明之副朕觀覽又王政之急在知人在齊俗在務本在阜財經之以文物輔之以武事而治具備矣然而碔砆類玉蕭稂亂穡能哲而惠惟帝攸嘆侈縱犯上貧富正等流弊日久於變甚難四人之生常屈於倚耒之士九歲之蓄未逮於三登之年伊欲任忠而判邪敦風而軌俗因財理以辨人物則九偏七似或盧於大頗尚法制以正上下則六柄四位未知其要執稽任地授田之職以限農畝可適于令乎設平準均輸之令以御物貨果便于世乎仲舒之明情性賈誼之言國體於道孰粹管氏之陳七法荀卿之條六術

卷一萬六百六十九
二千七

論兵誰至商因夏禮所因者何文漢雜霸道所雜者何迹至於今世之務最切者何事前朝之政可循者何規既往之失孰者宜懲將然之虞奚者宜備子大夫其悉意極慮正辭以陳興自朕懷毋惘有司彥若策考不入等而罷

嘉祐二年六月十九日詔曰國家之所以為國者以有士也豈有抉其所取之路而輕其所付與哉士之所以為士者以有道藝行誼也豈可不自重愛而額於進取哉古先帝王之於士審於所求而裕於所用詩云翹翹錯薪言刈其楚審於其所求也濟濟多士文王以寧裕於其所用也朕承祖宗之休思與天下之士偕之至治故設賢良而下凡九科其取之豈一路哉每

一詔下而應書者不過數十人中選者才一二豈有司課試之未精而或有遺逸邪抑士不自勵以自取棄邪此皆非朕之所以待天下士之意也自今太常博士而下充臺省閣職及提點刑獄以上差使選人不限有無考第幷草澤人並聽待制以上奏舉即不得自陳內草澤人並許本路轉運使採察文行保明奏舉如程文荒淺中選才行不如所舉並坐舉者有司務精考校以廣搜羅毋致遺逸其初中選所推恩命別加裁定厥後須視才行能否差次進用不得更援舊比無名超擢餘從舊制布告中外明諭朕指先是以制科得人數少詔兩制詳議及絛暨等上議乃降是詔

八月七日命三司使張方平龍圖閣直學士陳升之

卷一萬六百六十九
二千八

知制誥吳奎直祕閣王疇就祕閣考試制舉科方平等上王彰夏噩論各六首設卦以盡情偽德者性之端作稽中德以君子知微知顯周定助法兩漢儒林治經孰深論

十九日帝御崇政殿試賢良方正能直言極諫祕書丞王彰材識兼茂明於體用明州觀察推官夏噩制策曰朕纘祖宗之洪業撫區夏之重器臨政思治于茲三紀何嘗不中夕惕厲昧旦丕顯延訪茂士詢求讜言冀臻治平以垂久大子大夫褎然充賦咸造在庭得不欲攄發智蘊閎沃朕心邪方今庶務小康至化猶鬱兵戎雖戢餽餉頗勞學校雖興禮讓殊鮮官冗而浮食者衆民疲而失職者多陰陽爽和昔沴間作經瀆弛於常道淫雨溢於舊防賦調尚繁啓蟄靡息豈朕明

有未燭德有未孚致咎之來在予為懼自昔繼體守文
之君承前聖之烈藉累世之資致圜空之隆騰頌聲之
美惟建武中興極修文德正觀特起驟致太平豈天時
之協符將人事之胥濟功業遲疾奚其不同側席求懷
望古盈愧夫聖王之制世也必本仁義之統帥道德之
說飾以儒雅頒其教令尋考宣之治尚於刑名迹顯宗
之政本於理法當二后之際信賞必罰刑清國富鳳凰
屢下於郡國神雀比集於京師致茲美祥繄何然哉今
公卿大夫與朕總萬畧美風俗而吏治未甚淳民德未
甚厚豪右踰制姦猾冒禁以至守宰之任循良罕聞廚
傳侈於使客繇役迫於下貧始有愁嘆之聲未弭讟煙

卷一萬六百六十九　二九

之氣豈躬化之弗類而圖治之匪章歟昔晁錯舉於賢
良公孫對以文學深陳政道並先術數仲父治國之器
內史詔王之柄咸垂格訓當安設施至于春秋之稱一
元洪範之推九類何行而正其本何施而建其極子大
夫習先聖之術熟當世之務識古今王事之體究天人
精祲之原思所以蕩讖致祥革弊興利受冊應問咸以
正對毋諱有司稱朕詳延之指焉亟策考入第四等彰
不入等詔亟為光祿寺丞亟既磨勘自當改著作佐郎
又對策第四等宰相富弼以親嫌而裁之　三年閏十
月十二日詔自今制科入三等進士第一人及第並除
大理評事簽書兩使幕職官廳公事或知縣代還陞

侍疑俘

張字疑溪

通判再任滿與試館職制科入第四等進士第二等第
三等人並除兩使幕職官代還改次等京官送審官院
制科入四等次進士第四第五人並除試銜知縣任滿
送流內銓與兩使職官鏁廳人比類取旨　四年七月
二十六日命翰林學士吳奎權御史中丞韓絳知制誥
范鎮起居舍人知諫院范師道就秘閣考試制科奎等
上陳舜俞錢藻汪輔之論各六首（萃致考饗魚麗發則法度缺漢制因時之宜皐陶叙九德君子所養徐有功比于張論）　八月十三日帝御崇政殿試材
識蕭茂明於體用明州觀察推官陳舜俞賢良方正直
言極諫宣州旌德縣尉錢藻汪輔之制策曰朕承先聖
大業守天下重器兢兢萬務旰而後食進見公卿師尹

卷一萬六百六十九　三十

與圖試事復延方正茂異之材以咨治道思欲躋時於
仁壽昭前之光明三紀于茲策問者八矣子大夫褎然
來思造庭待對必有奇論進當虛佇夫天地之道帝王
之功豈非久而成哉今朕志治而未洽躬化而未孚飾
禮而教未馴制樂而功未章法用中典而刑辟未措賦
從薄斂而頌聲未作山澤畢入而倉府未充邊塞既寧
而轉餉未息災害或作盜賊間興必世而後仁將非妄
歟重以承五代之交喪歷百年之全盛官制殊駮吏員
大溢文昌之職不還於中臺京師之官猶莅於外任必
也正名重於改作伊欲用夏之忠嘗救時弊可條其施
設參漢之制斥去霸道試陳其用舍省方之礼廢將受

郡國之計以勸其風俗何以使人知耻格而俗識廉讓藏績之法弛將書内外之考以課文武何以使吏稱其職而官宿其業北方厚戍欲收三品之吏以贍屯衛得無有加賦之譏乎南徼屢警欲按五管之略以經蠻夷得無有留兵之費乎書法不隱春秋所譏有四議事以制甫刑其罰且千申韓之原道家理將安在遷固之贊循吏義有不同災害消復之原水旱變正之術洪範之學六沴皇極之斂五福馴致之宜必有其要子大夫講於上古之學通於經世之務蘊蓄有素詳定在茲悉心以陳輔朕不逮舜俞等制策並考入第四等詔舜俞為秘書省著作佐郎藻為秘書省校書郎無為軍判官輔之雖同入等而言者以無士行而罷之

卷一萬六百六十九　三十二

六年八月十七日命翰林學士吳奎龍圖閣直學士楊畋權史中丞王疇知制誥王安石就秘閣考試制科奎等上王介蘇軾蘇轍論各六首（王者不治夷狄礼義信足以成德劉愷丁鴻孰賢礼以養人為既醉備萬福形勢不如德論）二十五日帝御崇政殿試賢良方正能直言極諫者著作佐郎王介河南府福昌縣主簿蘇軾河南府澠池縣主簿蘇轍制策曰朕承祖宗之大統先帝之休烈深惟寡昧未燭於理志勤道遠治不加進夙興夜寐于茲三紀朕德有所未至教有所未孚闕政尚多和氣或盭田野雖闢民多亡聊邊境雖安兵不得徹利入已浚浮費彌廣軍冗而未練官冗而未澄庠序比興禮樂

未具户罕可封之俗士忽廉讓之節此所以訟未息於虞芮刑未措於成康意在位者不以教化為心治民者多以文法為拘禁防繁多民不知避叙法寬濫吏不知懼纍繁者衆愁歎者多仍歲以來災異數見乃六月壬子日食于朔淫雨過節煖氣不效江河潰決百川騰溢永思厥咎深切在予變不虛生緣政而起五事之失六沴之作劉向所傳吕氏所紀五行何修而得其性四時何行而順其令非正陽之月伐鼓救變其合于經乎方盛夏之時論囚報重其考於古乎京師諸夏之根本王教之淵源百工淫巧無禁豪右僭差不度治當先内或曰何以為京師政在摘姦或曰不可撓獄市推尋前世採觀治迹孝文尚老子而天下富殖孝武用儒術而海内虛耗道非有弊治奚不同王政所由形於詩道周公豳詩王業也而係之國風宣王北伐大事也而載之小雅周以冢宰制國用唐以宰相兼度支錢穀大計也兵師大衆也何陳平之對謂當責之内史韋賢之言不宜兼於宰相錢貨之制輕重之相權命秩之差虛實之相養水旱畜積之備邊陲守禦之方圜法有九府之名樂語有五均之義富人強國尊君重朝弭災致祥改薄從厚此皆前世之急政而當今之要務子大夫其悉意以陳毋悼後害軾策入第三等介入第四等轍入第四次等詔軾為大理評事僉書鳳翔府判官公事介為秘書

卷一萬六百六十九　三十三

丞知通州靜海縣轍為商州軍事推官文獻通考石林葉氏曰故事制科分五等上二等皆虛惟以下三等取人然中選者亦皆第四等獨吳正肅公嘗入第三等後未有繼者至嘉祐中蘇子瞻子由乃始皆入第三等已而子由以言太直為考官胡武平所駁欲黜落復降為第四等設科以來止吳正肅與子瞻入第三等故子瞻啟云誤占久虛之等　八年六月十七日英宗即位未改元詔令歲應制科舉人趙卨等十七人權罷將來科場便赴秘閣就試　英宗治平元年八月二十一日命「天章閣待制司馬光直史館邵亢直集賢院韓維祕閣校理錢藻就祕閣考試制科光等上范百祿李清臣論各六首一為君德禮以本民性五經簡易道體君德盡變五古從其多早陸非純臣論　九月十二日帝御崇政殿試賢良方正能直言極諫秘書省著作佐郎范百祿晉州和州縣令李清臣制策曰自昔欲

卷一萬六百六十九

三三

治之主曷嘗不進圖賢材以共論天下之務哉終之名發事施以傳休于無窮朕甚慕之近代設策士之科而失取人之實所問或非要而所言未必所合至使還忠憤之極論角靡曼之虛文情讐事遠上下相失曾何大道之補焉朕享國之日淺永惟任大而守重欲聞讜直之言以鑒不逮而未始云獲子大夫褒然應書其考於往古而不迂質諸當今而易行為朕端思而茂明之夫天人之際災祥各緣類而至也故至治之時必有休符發為星辰雨露草木鳥蟲之祥皇極之不建乃六沴並作害于民而君人者儻不思復天變則遂至譸繆而不可扶持此皆前世已然之效也朕即位以來非不歌鍾

狗馬之虞與夫家女寵爵賞賜之過也迺二月乙巳大風晝見四月丁未白氣起西方丁丑太白晝見經天八月庚寅大雨霪京師半年之間鉅異四發豈朕不恭不忱不決不達之致與是以夙夜顧省厥德之靡寧也矧今吏治之未醇民風之未厚官溢而濫入之原未塞兵眾而選用之法未精工作淫巧於都中豪右僭侈於公上田野雖加闢而農有飢寒之患關市雖弛禁而商無貫貨之通豈不欲人蹈名節而廉恥常不立豈不欲人遠刑罰而抵冒常不止將以六政八疵察迹夫忠邪之端則悼不能以情見以七教三法化陶乎善惡之鄉則患不能以家撫來遠臨人節禮易為異同之論生利事

卷一萬六百六十九

三四

神保民豈無後先之旨設飲于鄉以歲行之使知有恭老悌長之節古獨以為宜乎歛穀于社以時發之使知救貧恤荒之政今獨以為難乎宋景一言而勝妖眚朕下罪己之詔甚祇懼也而未有轉禍之感漢宣終世以核名實朕發責吏之書甚丁寧也而未有飭職之應昔仲舒之推災異專治春秋之學劉蕡之對闕失深陳社稷之計遠鑒百王興壞之所繇近慕四聖功業之所就何道而適世變何修而當天心予大夫其思銷異致祥救弊起治之術熟之復之毋枉執事以稱朕詳延之意焉百祿等策並考入第四等詔百祿為秘書丞清臣為秘書郎以上國朝會要宋史選舉志治平三年命宰執舉館職各五人先是英宗謂中書曰水潦為

讜下疑有脫誤

求

災言事者云咎在不能進賢何也歐陽修曰近年進賢路狹往時入館有三路今塞其二矣進士高科一路也大臣薦舉一路也因差遣例除一路也往年進士五年以上皆得試第一人及第不十年有至輔相者今第一人兩任方得試而第二人以下不復試是高科路塞矣往時大臣薦舉即召試今只令上簿候缺人乃試是薦舉路塞矣惟有因差遣例除者率是年勞老病之人此臣所謂薦舉路狹也帝納之故有是命韓琦曾公亮趙槩等舉蔡延慶以下凡二十人皆令召試宰臣以人多難之帝曰既委公公等舉之苟賢豈患多也先召試蔡慶等十人餘須後時神宗熙寧二年十二月九日詔令後科場制科入第三等進士第一人及第者第一任回更不與陞通判差遣及不試充館職並令審官院依例與差遣餘依嘉祐二年詔書　三年八月二十三日命翰林學士司馬光直舍人院呂大防集賢校理孫沭李清臣就祕閣考試制科光等上呂陶錢勰孔文仲張繪論各六

卷一萬六百六十九

三十五

首先王上禮禘郊祖宗不報如何天則不失時治道在知邪正凡家皆股肱之材王爾不好鄭學論　九月二十四日上御崇政殿試賢良方正直言極諫太常博士呂陶殿中丞錢勰台州司戶參軍孔文仲太廟齋郎張繪制策曰在昔明王之治天下仁風翔洽德澤汪濊四序調於上萬物和於下兵革不試刑辟弗用內則俊賢居位以熙于王職外則夷狄向風以修於歲貢建皇極以承天心斂時福以錫民庶然後日星雨露鳥獸草木効祥荐祉書之不絕朕甚慕之其何術以臻此歟朕承祖宗之業託士民之上明有所未燭化有所未孚而任太守重艱于負荷故詳延魁壘之士思聞讜之言以輔不逮庶幾乎治蓋人君即位必求端于天而正諸己惟五

事得其常則庶政協其應朕享國以來靡敢自肆而和氣猶鬱災異數見迺元年日蝕三朝洎仲秋地震數路而冀方之廣為災最甚豈朕弗德之至歟夙寐晨興思其所以是故圖講政務則日致中昃而猶多苟簡之習然蒸進人材則官無虛假而頗乏績用之美種羌非不懷徠也而邊候或時繹騷以至臨遣輔臣憯明神武蒸民非不愛養也而生業或未孚富以至外馳使者宣布惠教國用雖節而尚煩於調度兵籍雖衆而未精於簡稽寬關梁之禁而商靡通損器玩之巧而工弗戒夫風俗浮薄根於取士之無本道教之不明而詢臺閣之論所執者不一豈無救弊之道焉刑罰煩重出於設法之多門沿襲之不革而將加恩仁之政使死者少緩必有

卷一萬六百六十九

三十六

可行之術焉予欲興乎七教兼乎三至以底聖人之道則宜條其先後之次予欲明乎六親盡乎五法以極天下之法則宜叙其本末之要乃至仲舒之言班固謂切於當世其可施於今者何策崔寔之論范曄謂明於政體其有益於時載無以謂古人陳迹既久而不可舉無以謂本朝成法已定而不可改惟其改之而適中舉之而得宜不迫不迂歸於至當書曰言之非艱行之惟艱子大夫其悉心以陳朕亦不憚於有為焉　文仲所對策考入第三等手詔殿試所初覆考詳定到詞字號卷子定為第三等詳觀其條對大抵尚流俗而後是非又

毁薄時政援正先王之經而輙失義理朝廷比設直言極諫之科以開廣聰明來天下賢智之士者豈非謂能以天下之情告上者謂之直言人君有汚德惡政而能忘其卑高之勢以道爭之謂之極諫者乎此人學識恐不足收録以惑天下之觀聽可别具進呈既而詔流内銓告示文仲發赴本任陶升一任堂除差遣繪堂除判司簿尉總不入等文獻通考玉山汪氏曰范子功亦入制科第三等後熙寧間孔文仲考中第三等以忤王安石特旨黜之六年八月二十一日命權御史中丞鄧綰直舍人院許將集賢校理劉攽館閣校勘黄履為考試制科　七年五月十四日中書門下言勘會策試制舉并以經術時務今進士已能辭賦所試事業即與制科無異於時政闕失即諸色人自合許上封論其賢良方正等科自今欲乞並行停罷從之先是中書條制所乞罷制舉馮京曰漢唐以來豪傑多自此出行之已久不須停廢上曰天下事可罷而未及如此者甚衆此恐未遑改革呂惠卿曰制科止於記誦非義理之學一應此科或為終身為學之累朝廷事事更之則精小治可致大治不須更有所待繼而秘閣考試所言應制科陳彥古所試六論不識及字數皆不足準式不考蓋自秘閣試制科以來空陳未有如彥古者是歲制科遂無中格者而制科亦自此罷　文獻通考石林葉氏曰富公以茂材異等登科後召試館職以不習詩賦乞免仁宗特命試以策論後遂為故事制科不試詩賦自富公始至蘇子瞻又去策論正試論三篇熙寧初罷制科其事遂廢

卷一萬六百六十九　三十七

哲宗元祐元年閏二月二日侍御史劉摯言乞貢舉進士添詩賦復置賢良茂材科新科明法添兼經大義及減人數詔禮部與兩省學士待制御史臺國子監司業集議聞奏所有將來科場且依舊

法施行　二年四月二十六日詔制科之設舊矣祖宗以神聖文武繼繼承承設六科之選三策道之要以網羅天下賢儁百餘年閒號稱得人先皇帝興學校崇經術以作新人材變天下之俗故科目之設有所未遑今天下之士多通於經術而知所學矣宜復制策之科以徠拔俗之才裨於治道蓋帝王之道損益趨時不必盡同同歸于治而已今復置賢良方正能直言極諫自今年為始令尚書侍郎兩省諫議大夫以上御史中丞學士待制各舉一人不拘已仕未仕以學行俱優堪備策問者充仍畧具辭業繳進餘依舊制　七月四日詔自今制科入第二等并進士第一人及第並除承事郎僉書

卷一萬六百六十九　三十八

節度或觀察判官廳公事或知縣代還升通判任滿與試館職制科入第四等除兩使推官代還改次等令入官第四等次除初等職官任滿除兩使推官有官人比類取旨　十二月二十三日礼部言令來初復制科其舉官遇科舉許收接投試人文字限省試前十月先奏姓名到闕及前一年十月奏舉並須於狀内明言以學行俱優堪備策問仍具辭業策論五十首繳進令欲依舊制試論六首御試策一道從之　三年正月十二日詔幕職州縣官雖未經考聽舉賢良方正能直言極諫科　九月八日御史中丞孫覺户部侍郎蘇轍中書舍人彭汝礪祕書省正字張績考試應賢良方正能直言

極諫科覺等上謝悰論六首（論題闕）二十四日上御集英殿試賢良方正能直言極諫謝悰制策曰朕以沖眇奉承先帝遺緒託于士民之上燭理不明涉道猶淺嚮下不諱之詔詢于芻蕘親臨便殿策訪多士而未有魁礨拔出之材殊無倜儻之論以開朕之耳目也深惟賢良方正之士曠歲不舉明詔執事薦其所知拂巾袵褐進者十輩待問于庭子大夫一人而已朕甚嘉之其精乃心以聽朕命蓋聞正已所以治人得人所以立政自朕即位于茲四年夙夜兢兢罔敢逸豫臨朝默非禮不動歌鍾狗馬子女玉帛之玩未嘗邇也朕之自治亦庶幾寡過矣而風俗不加厚何也登延老成搜訪幽隱其未得之側席以待其既得之委已以聽人望所在收拾無遺朝廷之官殆無虛位朕之求人亦庶幾有得矣而政事不加飭何也輕傜簡役責已施惠欲以裕民而百姓之力未寬罷不急之務損無名之費欲以豐財而公私之用益屈吏不勝其冗選部補授至三人共一官刑不勝其煩歲報大辟至五十餘數二者祖宗以來所未嘗有甚可駭也以至四方水旱之災連歲代有冬春嘗寒之異京師為甚河失故道迨今未復陰陽之沴既如彼氐羌擾邊士不得息交趾邀地溪猺弄兵震以威則易玩懷以利則無厭夷狄之患又如此豈朕施設悖繆失其統歟抑任賢使能未得其理歟不然俗固不變變弊

卷一萬六百六十九　三十八

固不可革歟何其為日久而見効遲也孔子曰百年可以勝殘去殺又曰必世而後仁又曰三年有成今言其時則過之矣豈聖人之言有不必然者歟以堯之為言內則有丹朱外則有共兜其下則有瞽象洪水泛濫百姓艱食禽獸逼人苗民為虐然則聖人之德亦有不可為者歟子大夫明天人分際通帝王制作凡今之不逮于古必知其原所以救之必有其術其為朕詳言之至於九德九驗以知人材九賦九式以制邦用清心省事果省官之本乎參辟刑書果救世之要乎自國朝至今河流遷徙幾歲而一決視漢孰為疎數以天下之大歲斷死罪率幾口而一人視漢孰為多寡生齒之數郡縣之地以今視古孰為盛衰以至孔明之破羌戎諸葛之服夷衆威懷禽縱其術如何條次其名數指陳其得失使朕聞所未聞見所未見直諒多聞之益非子大夫而誰哉悉意以陳毋悼後害朕將親覽焉所對策考入次等賜進士出身除初等職官　五年十月四日詔今次奏應舉制科日限且依舊制限十月終　六月八月秘書省考試應賢良方正能直言極諫上王普司馬槱王當論各六首（因民常而施教　大教在適人情　以蒙養正　人主權斷　漢行先王之政　二劉學通南北）（試日及差官闕）九月八日上御集英殿試應賢良方正能直言極諫左宣德郎新知瀘州合江縣事王普河中府司理參軍司馬槱眉州眉山縣布衣王當制策曰皇帝若曰

卷一萬六百六十九　三十九

蓋聞昔堯舜誠身明德以化天下，故族姓百官惇勵於內，庶邦黎民和應於外，爰及海荒無知之俗，罔不祗率。是以天地應之，四時和平，生物茂遂，民無凶札，刑措兵寢，用不犯于有司。嗚呼，曷其盛歟！朕甚慕之。朕以寡昧獲承祖宗之休緒，永惟天下之重，治安之久，不可以忽，思所以事天保民之道，潔粢玉帛以奉郊廟，尊有德，詘凶佞，飭躬勵行，敬修而力行之，庶幾前王之効，以圖稱太母慈訓，于今七年矣，而未克有獲。乃五月朔日有食之，陰陽不調，水旱並作，吾民飢艱，父子流散，朕甚懼焉。往數赦州縣崇施惠，平力役，務以厚農。今田甚闢而民食不足，役甚省而民力不給，寬刑罰，多赦宥，而歲斷獄不衰于前，損金帛，棄土地，厚之以德信，而蠻羌猶侮邊不寧。百吏簡惰，考績無實，風俗媮靡，士節不勵，朋黨蘊伏，衆正猶豫。嗚呼，何志勤而功鮮若茲乎！以視前王，朕甚惡焉。意修己之未誠歟？將施之不得其要歟？抑亦遇時令非古歟？其猶可以庶幾乎？昧旦而興，輟食以思，若涉大水，未知攸濟。故深詔中外，博舉方正直言之士，親訪于朝。子大夫通於天人之要，明乎事物之變，皇帝王霸之異，尚道德刑政之殊用，既熟於胷中矣。其為朕究言其所以失得者，具以經對，周之極之，明諭其方，無得高言以為夸誕，無諱有司以悼後害。若夫人道先五而不及民，九經不同而行以豫，至治之道極於賞罰，天下

卷一萬六百六十九　四十

之將至於權術，為國家者不可不先知，必有精理可得聞乎？漢魏而下，其議考課中正之法衆矣，與夫正論寬嚴之辨，昌言損益之要，有於今而可以捄失者，各條陳之，朕將親覽焉。王普所對策初考第四等，次覆考第四等，詳定從覆考。司馬槱初考第五等，覆考第四等，次詳定從初考。王當初考第五等，覆考不入，詳定從初考。詔王普遷一官，除僉判差遣；司馬槱特賜同進士出身，堂除初等職官；王當特堂除簿尉。　七年五月十一日，詔祕閣試制科論於九經兼經正史、孟子、揚子、荀子、國語并注內出題，其正義內毋出。　紹聖元年五月二十三日，翰林學士承旨曾布等奏看詳到應科人辭業，三人並優長，五人並次優，七人並平常。詔次優已上人召試。

卷一萬六百六十九　四十一

八月十五日，以御史中丞黃履、中書舍人朱服、左司郎中劉定、祕書丞李昭玘並赴祕閣考試應賢良方正能直言極諫。履等上張咸等論各六首。舜得萬國之歡心　謙事成六德（餘闕）

二十三日，三省進呈祕書省考試到賢良方正直言極諫科陳暘等四人，內第二名趙天啟考中第四等。上曰：「天啟累上書言事狂妄，豈可令就試？」初，諫官翟思嘗言天啟無行，又嘗經尚書省訴元祐三年閣試考中第五等，合直赴殿試，為大臣沮抑，極詆當日考官出題非是，又屢投匭獻書，書奏不出，有旨令鼓檢院不得收接文字。翌日，上謂章惇曰：「趙天啟嘗上書極狂妄，朕始欲

令羈管叉思之不欲如此恐阻塞言路所以只令不收文字至是祕書省奏號名在選中特旨黜之會御史井亮采亦言其凶險上曰此衆論不與爾　九月八日上御集英殿試賢良方正能直言極諫劒南西川節度推官華州州學教授張咸右通直郎吳傳布衣陳暘（制策闕）命權吏部尚書王震吏部侍郎楊畏中書舍人林希國子司業龔原右正言張商英祕書省正字葉傳考定所對咸傳暘中第三等以咸爲宣德郎與僉判差遣傳升一任暘除初等職官並與堂除　十二日三省言試制科張咸吳傳陳暘三人第三等推恩上曰前日覩所試策亦與進士策何異先朝嘗罷此科何時復置章惇等對

卷一萬六百六十九　四十二

曰先朝初御試進士策即罷制科元祐二年復置試無所補初舉得謝悰次舉得王當司馬槱等閳極疎謬上曰極不成文理李清臣對曰在漢亦不設科遇選獲異材或因材或因災異策問大事即臨時特召上曰今已復進士殿試策此科既無異進士策況進士策其文理有過於此者鄭雍對曰顧其人何如爾然自來多言時政闕失上曰今進士策亦可言時政闕失因詔罷制科（以上續國朝會要）　光堯皇帝紹興元年正月一日德音祖宗設良方正能直極諫科不惟朝廷闕失得以上聞蓋亦養成士氣近屢詔內外士庶等直言朝政闕失雖有不當並不加罪尚慮所聞未廣仰有司講求賢良方正直言

紹興元年　紹聖

極諫科舊制條具取旨禮部講求到典故一舊制科場年春降詔九月赴試命尚書兩省諫議大夫以上御史中丞學士待制各舉一人不拘已仕未仕命官不拘有無出身仍以不曾犯贓私罪人充各具詞業繳進（詞業謂策論五十篇分爲十卷隨舉狀繳進入舉詞）送兩省侍從參考分爲三等文理優長爲上等文理次優爲中等文理平常爲下等考試繳進次優以上召赴閣試看詳天聖七年復置賢良方正能直言極諫等六科召試首云皆考士節之無瑕采鄉評之共許嘉祐二年詔舉賢良方正而下九科亦令采察文行若不如所舉並坐舉者四年旌德縣尉汪輔之已試六論過閣及殿試亦考入第四等而言者以無

卷一萬六百六十九　四十三

士行罷之故蘇軾有云凡預中書之召命已爲天下之選人然猶使御史得以求其疵諫官得以攻其業一陷清議輙爲廢人蓋國家自昔制科取人中選之後多至大用其攷察之嚴不得不爾今朝廷設科之所取固不在於文記問而已欲乞今後遇有應賢良方正能直言極諫科並須尚書兩省諫議大夫以上御史中丞學士待制三人奏舉先攷其素行無愧於清議然後召試舉非其人者坐之欲將今來條具指揮並依舊制施行一閣試一場論六首每篇限五百字以上成差搢書祗應題目於九經十七史七書國語荀子楊子管子文仲子正文及注疏內出內一篇暗數一篇明數如紹興元年

閤試舜得萬國之驩心論（出史記樂書舜彈五弦之琴歌南風之詩而天下治云云夫南風之詩者生長之音也舜樂好之樂與天地同意得萬國之懽心故天下治也此謂暗數所引不盡爲粗）事成六德論（出毛詩皇皇者華箋注此謂明數）四通以上爲合格仍分五等入四等以上召赴殿試（論引上下文不全上下文有度數及事類謂之暗類所引不盡謂之粗）差翰林學士兩省官考試于祕閣御史臺官監試及差彌封謄録官考訖以合格試卷繳奏御前折號看詳舊制無注疏内出題今來復科之初切恐疏義繁多士大夫鮮能通習欲乞除權罷疏義出題外餘並依舊制一殿試皇帝臨軒制策一道限三千字以上自成試卷用表紙五十張草紙五十張舊制宰相撰題（紹聖元年特命翰林學士林希撰題）依進士殿試有初考覆考詳定官赴試人

卷一萬六百六十九

四十四

引見賜坐殿廊兩廂設重簾幃幕青褥紫案差揩書祗應（舊制差内侍賜茶藥仍謝恩）對策先引出處然後言事第三等爲上等四等爲中等第五等爲下第四第以上係制科人第五等進士出身不入等與簿尉差遣（天聖七年故事入第三等比進士第一人授大理評事僉判或知縣一任滿與通判第四等比進士第二第三人授兩使職官二任回磨勘改合入官第五等比進士第四第五人授令録一任回兩使職官以上並爲白身人）有官人應中取旨比類推恩（天聖八年景祐元年故事有官人入第四等以上並轉一官各陞擢内外差遣）看詳嘉祐二年詔書其初中選所推恩命别加裁定厥後須視才能否差次進用不得更援舊比無名超擢詔疏義出題及撰題官臨時取旨其將來考校中選推恩依天聖景祐年故事餘並依舊制并禮部看詳到事理施

行（宋史選舉志初復館職試凡預詔者學士院試時務策一道天子親覽焉然是時校書多不試而正字或試或否）二年正月二日詔曰朕纘承基緒若涉淵水夕惕晨興焦勞願治永惟萬事之統慮失厥中納諫求言思補闕失尚懼圖回康功未之獲也乃復考西漢元光之詔憲本朝制舉之文爰命攸司講明其舊益廣求賢之道庶幾方正博洽之士英偉拔俗之才進繇此塗敷陳讜言有補當世之務以輔予治豈特修故事崇虛文而已也祖宗以來百餘年間嘗以此科獲致豪俊有顯聞於天下矣朕方求才以濟艱難之運尚期得人遠追前烈庶亦無愧於斯焉今後科場復置賢良方正能直言極諫科自尚書兩省諫議大夫以上御史中丞學士待

卷一萬六百六十九

四十五

制各舉一人不拘已仕未仕以學問俱優堪備策問苑充仍具本人詞業繳進以聞（宋史選舉志紹興二年詔舉賢良方正能直言極諫科一遵舊制自尚書兩省諫議大夫以上御史中丞學士待制各舉一人凡應詔者先具所著策論五十篇繳進兩省侍從參考之分爲三等次優以上召赴祕閣試論六首於九經十七史七書國語荀揚管子文中子内出題學士兩省官考校御史監之四通以上爲合格仍分五等入四等以上者天子親策之第三等爲上恩數視廷試第一人第四等爲中視廷試第三人皆賜制科出身第五等爲下視廷試第四人賜進士出身不入等者與簿尉差遣已仕者則進官與陞擢）四年三月十一日詔曰漢策賢良博究天人之學唐分科目廣收卿相之才爰及本朝亦循前軌咸平立制繼傳而至仁宗天聖臨軒一舉而得富弼肆英髦之輩出考名迹以相望迨今論世之隆最號取人之盛頋予纂紹履此艱難思貽則之永圖悼設

科之久廢，間嘗下詔俾復舊章，迄兹三歲之期，靡覿一人之舉。豈耿躬涼薄無能徠天下之賢，將俗學湮淪未克振斯文之敝。屬當秋試，申命春官，徧咨侍從之臣，别進多聞之士，采鄉評而無玷，必先行誼之修，訪時務而可稽，斯取藝文之富，觀其素業，待以規程。庶因選擇之公，獲觀治安之策。惟爾羣雋，體予至懷。

七年二月九日，詔曰：朕以寡昧御艱難之統，明不能燭，德不能綏，思聞讜言以輔不逮，迺稽舊章，設賢良方正之科，而歷載寖兹未有應令，豈朕菲德不足以來四方之賢，蠻抑搜揚之道有未至也。朕既遺家不造，煢煢在疚，而天戒朕躬，大陽有異，氛氣四合，朕甚懼焉。中外侍從之臣其遵前後詔旨，各舉直言極諫之士一人，朕將詳延于廷，詢以過失，次第施行，用承天意。呂祉舉選人胡銓，汪藻舉布衣劉度，上即日除銓樞密院編修官，而度不果召。

卷一萬六百六十九

十年三月二十三日，詔曰：朕遭世艱難，臨朝願治，思得一時俊傑博古通今質直忠讜之士，講求治道，以成當世之務，乃遠稽漢唐之遺文，近循祖宗之舊制，屢下詔書，開賢良方正之科，將加詳延，冀聞至言，以輔不逮。十年于兹，未有稱薦以名來上者，豈訪求之道有未至邪？何為久之而未有聞也？侍從之臣其思為朕益廣搜擇，以副側席之求，庶幾得人追配前古，以共濟於斯時。宜體至懷，欽承毋忽。

十四年三月二十八日，詔曰：朕以寡昧奉承聖業，夙興夜寐，罔敢自暇自逸，思得海内方聞之士咸造于庭，冀獲嘉言以助不逮。歷載于兹，而賢書鈌焉。夫古之人不借才於異代，而十室之邑豈無忠信之士乎？公卿侍從其為朕博選賢良，遣詣公車，朕將虛心以聽，待以不次，庶幾異才輩出，如我祖宗之時，顧不美歟。

十七年四月二日，詔曰：國家踵漢唐舊制，賢良之科蓋以待天下非常之士也。暨朕纂承，亟議斯舉，屢詔中外博加搜訪，而歷年于兹，曾未有卓然為舉首者。夫何世無材，豈今宇宙不復見古之人，孱抑招延未備，欝而不得通也。公卿侍從其為朕各舉所知，俾咸造于朝，朕將臨軒親試，詢以治道，亦庶蒙得賢之福，顧不休哉。

二十年五月四日，詔曰：朕以寡昧承聖，奉宗廟戰戰兢兢，若涉淵氷。永惟四方之賢良，明於古今王事之體，冀獲讜言以輔不逮，詔書數下，越二十年于兹，未有應者，豈朕所以求之之道未至，而方正博洽之君子壅於上聞，與抑敎之不明，弗能振起之與？朕甚惡焉。侍從之臣朕所親礼也，天聖、嘉祐詔書具在，其參酌咸憲，博問旁招，使獲天下方聞之士，以薦于朝，朕將發策寀問，極優崇之遇，以厲賢才焉。

二十三年五月一日，詔曰：昔漢命公卿薦延特起之士，唐設科目待遇非常之才，言備究於天人，道或侔於伊呂。暨皇朝之稽古建制，舉以興賢，萃人物於一時，軼治功於二代。朕紹休謨烈

卷一萬六百六十九

瞿字疑衍

也字疑已字

注意方聞頒詔札以屢求闕公車而未集茲當大比申飭通臣舉爾所知擇四方之豪雋輔朕不逮應三道之諮詢庶敷納於讜言以章明於洪業其承敦諭來副虛懷　二十六年四月三日詔曰朕以菲躬託于士民之上宵旰圖治罔敢康寧仰惟祖宗設科目以待非常之材所得名臣前後相望肆朕纂承遵用成憲冀聞讜議登濟丕平然詔書屢下而未有應者豈國家招延之禮有所未盡歟夫十室之邑必有忠信何海內多士而無其人也抑奉吾詔者不虔不能悉心詢訪而賢良方正之士或壅於上聞歟方今恢張庶政廣開言路適茲大比之歲公卿侍從宜體朕意各舉所知俾造于庭朕將

卷一萬六百六十九　四十八

虛懷訪以治道庶幾得人之效無愧于古顧不休哉

二十九年三月十九日詔曰昔漢設賢科欲聞大道之要唐開制舉以待非常之才迨及本朝參用前憲故所得多天下豪傑之士而所言皆國家治亂之端其在當時豈云小補朕自紹履休運旁招雋能圖治功者逾三十年猶懼有闕下郡國者也八九詔未見其人屬當大比之期敢廢詳延之舉凡茲通列各為明揚俾熟然而造庭將諏爾以當務必有崇論紘議可行於今庶幾博問遐觀無愧於古　三十二年三月詔曰朕屈羣策以康濟躋數路以詳延參稽歷代賢良之科冀得天下方聞之士顧歲月之寖久亦詔旨之屢頒曾無卓爾之才

來副褒然之舉豈器業之茂有慚於古抑招徠之道未備於今惟予侍從之臣宜廣搜揚之術使異人輩出無愧漢唐之時庶治具畢張盡復祖宗之盛其體予意毋怠欽承

以上中興會要

壽皇聖帝乾道元年三月二十六日詔曰朕祇迪先猷參稽古制設賢科而取士自漢已然繇制舉而得人我宋為盛豪英輩出名迹相望茲議著乎當時豐功顯於來世凡信史之所載視歷代而有光肆纂紹於丕基期奉遵於成憲思得天下方聞之彥咸使在庭極陳國家治亂之原以輔不逮屬當大比申飭通職選于衆以明揚舉所知而程奏庶聞論有補治功咨爾攸司體予至意令歲科場其令尚書兩省諫議大夫

卷一萬六百六十九　四十九

以上御史中丞學士待制各舉賢良方正能直言極諫一人仍具詞業繳進以聞

文獻通考苗昌言奏國初嘗立三科景德增而為六仁宗皇帝時李景請依景德故事親策賢良祕閣六論專取六經及問時務其史傳注疏乞不條問帝亦以為問隱與觀其博不若取其能明世之治亂有補闕政又詔以景德六科定為制科之目俾少卿監以上奏舉內外京朝官增置書判拔萃科高蹈丘園科沉淪草澤科茂材異等科總為十科並許布衣應詔於是何詠富弼余靖尹洙蘇紳張方平江休復張伯玉輩出焉其立法寬故得士廣也自紹興復科三歲下一詔垂四十年未聞有一介魁器豪傑之士出應制書豈盛治之世無其人即蓋責之至備而應之者難求之不廣而來者有隔爾臣請參稽前制問歲下詔椎於正文出題其辟書注疏不得以為問日追復天聖十科開廣荐揚之路振起多士積年委靡之氣太平之治不難立也上詔礼部集館職學官議之皆曰注疏誠可略科目不必廣天下之士屏息山林滯逆遐遠侍從之臣豈能盡知伏見國初制科止令監司守臣解送乾德中以無人應御許直詣閤門請應若依乾德故事恐起僥倖請如國初之制詔可

二年六月七日臣僚言自建

災南渡以來每三歲大比聖詔丁寧命以制科薦士如承平之舊陛下纂承鴻烈遵而勿失歷載亦已久矣猶未聞有一人應書者竊意責之至備而應之者難求之不廣而來者有隔故爾欲望参稽前制間歲下詔權於經史諸子正文出題其僻書注疏不得以為問目追復天聖十科開廣薦揚之路詔禮部集館職學官同議以聞禮部侍郎周執羔等參議切見國初制科止令諸州及殿司解送乾德二年又以無人應制下詔許直詣閤門請應令若舉乾德自請之詔則將啟任妄使倖之心或恐浸成煩濟不若微國初之制少加酧酌許用侍從薦舉或守臣監司解送及罷注疏出題其餘悉依舊制庶幾真才寔學不致遺而有以副令日搜揚之意從之四年三月二十三日詔曰蓋聞自漢以來衆建科目網羅天下之士而賢良文學寔為之首本朝襲其制

卷一萬六百六十九

五十

增重選元臣碩輔繇此塗進十五六焉太上皇思得其人屢下明詔於四方朕率而行之曾未聞褎然為時而出者嘗與議臣深求其故以為學有原本則不貴太泛故畧注疏之命題身在幽隱則無繇自達故許監司守臣之勸駕抱負器業者庶幾不壅於上聞矣適茲大比肆命執事博問旁招有能應朕所俟將延納而尊顯之令歲科場其令尚書兩省諫議大夫以上御史中丞學士待制各舉賢良方正能直言極諫一人仍許監司守臣解送具詞業繳進以聞布告中外體朕意焉五年三月六日詔應賢良方正能直言極諫科眉州布衣李垕詞業令繳進用翰林學士汪應辰之薦也十二月二十五日禮部言

李垕詞業已經御覽詔特令來年三月依格召試中書臣僚言李垕詞業未曾參考而又止一名召試恐非典故詔兩省侍從官參考聞奏其後戶部尚書曾懷等參考校證既詳遣詞亦贍欲為次優詔中書召試七年四月四日詔曰蓋聞制科取人盛於兩漢然或陰陽靡調或以方內靡安乃勑郡國舉而行之本朝則不然無事而勤求有為而獲用上下交應為後世法肆朕紹服于今十年詔書數下懇懇懇問復畧傳註寬舉薦幾以招徠脩潔博習之士輔朕不逮屬者有司嘗以一二應書既命待詔公車矣歲當大比其博求之夫瘖瘵忠言寧厭孚多士抱負器業或患孚無時朕之誠意子大夫其著聞矣來游來歌以矢其音不在此時令歲科場其令尚書侍郎兩省諫議大

卷一萬六百六十九

五十一

夫以上御史中丞學士待制各舉賢良方正能直言極諫一人守臣監司亦許解送仍具詞繳進以聞初宰臣奏降詔上曰數十年未有此選者虞允文等曰昨李垕已得旨召試或有與其文彙不相樂聲言欲沮之垕以此乞隨侍之任得旨已許其請上曰令可以召試矣允文又言昨紹興指揮春降詔九月召試上因令其九月試中九月二十七日命翰林學士王曮起居舍人李彥穎就中書後省考試參詳制科曮等上李垕論六首明主有必治之道場法三聖人者天地之心律歷更相治三家言幾得失楊雄張衡孰優論十月二十七日禮部言檢照祖宗故事策試賢良方正即無唱名之例令欲候初覆考詳所考定等第繳奏再付朝廷取旨推恩從之　二十八日御藥院言已降旨應賢良方正直言極諫科李垕令赴殿試契勘御試舉人唱名畢其正

奏名進士第一甲策文並寫作冊進御，并進德壽宮及焚進諸陵，令李垕策文伏乞指揮。詔依例修寫。二十九日，權禮部侍郎周必大言：「初復制舉，事體至重，欲斟酌是日駕坐，文臣常參官以上、考試六論官、貼職、祕書省官並常起居訖，依舊就殿門外祇候，宣召即入。」從之。

十一月四日，上御集英殿試賢良方正能直言極諫李垕。制策曰：「朕承太上之詒謀，紹祖宗之丕緒，宵衣旰食十年于茲矣。日與一二大臣圖回治道，興起治功，庶幾無負付託之重。然躬節儉以先天下，而侈靡之俗尚衆；持公正以杜羣枉，而阿私之習未革。富國在所先也，而理財或未盡其術；强兵亦所急也，軍政或尚多宿弊。

卷一萬一千六百六十九　　五十二

非不適選守令，而未聞撫民有方，盡如古循吏；非不廣求將帥，而未見智勇兼備，盡如古名將。田野雖闢，倉廩尚虛；法令雖明，犯法多有。夏秋以來，雨不時若，江湖數郡民多乏食，救荒之政何施而可使無流離失業之患？國家經費多資榷海之利，比緣江湖歲事不登，而榷貨所入頓減常歲，樁還之術何為而可使商賈通行，以足軍士之須？論役法之未善者非一日，其法孰爲最善？言楮幣之爲弊者非一端，其弊何以拯救？是數者皆今日之急務，朕所樂聞也。今子大夫褎然而起，副朕久虛之選，朕甚嘉之。其盡心悉意以陳，毋忽。」垕策考入第四等，賜制科出身。五日，禮部言：「策試賢良方正即無唱名

之例，若照做逐舉進士皇帝御殿推恩，足以彰崇儒求言之盛。」從之。先一日，上謂輔臣曰：「策試制科既已臨軒，推恩事體尤重，雖不唱，亦須引見受賜。」至是遂從其請。七日，詔今月八日御殿賢良方正推恩，依逐次舉人唱名例，殿內賜應奉官等茶酒。以上乾道會要

卷一萬一千六百六十九　　五十三

續宋會要　制科

淳熙元年四月十日詔曰朕惟制科之設所以待非常
之才也昔我仁祖臨御親選天下士十有五人崇論谹
議在方策慶曆嘉祐之治上參唐虞下轢商周嗚呼何
其盛也肆朕纂紹洪業側席茂異深詔執事搜聘來上
冀聞切直輔朕之不逮十有三年于今應書者蓋鮮豈
朕詳延之禮未至歟抑人材之多寡自有時歟不然何
望吾仁祖之盛而莫及也夫士之韞藏器能考槃巖穴
者固恥於自獻非吾公卿明揚而歷選之則奚繇進詔
下其各以所知對朕將親策于庭收得人之效焉今歲
科場其令尚書侍郎兩省諫議大夫以上御史中丞學

卷五千六百九十七

士待制各舉賢良方正能直言極諫一人守臣監司亦
許解送仍具詞業繳進以聞　二年閏九月十八日翰
林學士主淮兵部侍郎兼直學士院周必大舉眉山布
衣李塾堪應賢良方正直言極諫科　三年五月六日
台州守臣趙汝愚舉宣教郎姜凱信州守臣唐仲友舉
迪功郎鄭建德堪應賢良方正能直言極諫科詔以其
詞業令兩省侍從官參考聞奏同必大李燾為有妨嫌與
免參考　九月二十五日吏部侍郎趙粹中舉亳州布
人馬萬頃堪應賢良方正能直言極諫科詔粹中繳進
詞業　四年三月八日吏部尚書韓元吉等言舊制賢
良詞業繳進送兩省侍從參考分為三等文理優長為

上等次優為中等平凡為下等考訖繳奏次優以上
召赴閤職臣等衆參考得李塾姜凱鄭建德馬萬頃詞
業為次優詔並令中書召試　七月八日中書後省言
昨來閣試止係李塾一名宣差制舉考試官一員參詳
官一員今召試四人稍多欲於參詳官內增差一員比
附省試差知等舉官例臨期特降御筆點差仍差封彌
謄錄對讀監門官各一員其巡鋪官於入內內侍省差
引試前一日宣押入院詔試所止就後省餘並依　二
十四日中書後省言本院官吏將來引試賢良方正緣
就試員數增多欲乞以十日開院於引試前二日鎖院
引試閉院通限六日　八月十九日詔以二十五日引試

卷五千六百九十七

應賢良方正能直言極諫科李塾姜凱鄭建德馬萬頃
命中書舍人錢良臣為制舉考試官太常少卿兼崇正
殿說書齊慶胄左司諫蕭燧並為參詳官宗正寺主簿
胡南逢為監封彌官大理寺主簿陳資深為監謄錄官
武學諭王蘭為對讀官論六首一曰因者君之綱二曰
易數家之傳孰優三曰前世歷法多差四曰十二節備
如何五曰王學本賈氏六曰動靜繁寡如何二十六日
詔制舉六論已擢罷注疏出題可以五題通為合格先
是監察御史潘緯言制舉以待非常之才漢唐素重茲
選聖朝尤號得人如富弼張方平蘇軾與其弟轍皆由
此科進既號大科欲孚衆望必鄉評共許士行無瑕無

愧斯名始可應此舉陛下崇尚科目獎拔人才舊制命尚書兩省諫議大夫以上御史中丞學士待制各舉一人令許用特從薦舉或守臣監司解送舊制試論於經史諸子正文及注疏内出題令已罷注疏皆所以誘其来也竊謂應是選者一繳進詞業二試六論三對制策所謂繳進策論共五十篇類多燈窻著述之文策限三千字以上雖曰無所不問以致博通之識亦豈無平日備對之語唯是六論於注疏命題人以為難况此一場謂之過閣乞尤當加意令引試有日者據令再於注疏出題亦已何及如依舊制以四通以上為合格則與應進士舉一場試經義五篇者何異臣愚欲六題皆通方為合格之適則其得之也榮故有是命

卷五千六百九十七

四年三月十日詔曰朕為乾德興邦咸平熙載天聖御圖之始紹興復古之初皆設制科博詢讜論粤于涼德欣慕前規茲當貢舉之秋仍下方聞之詔翹翹其楚冀賢儁之無遺諤諤而昌抑家邦之有賴咨爾閭臺之彦暨夫嶽牧之官或薦進於中朝或搜揚於外服俾摅所藴陳古今致治之原將策于廷振臣庶敢言之氣毋借才于異代庶彼德於我家布告多方明知朕意今歲科場其令尚書侍郎兩省諫議大夫以上御史中丞學士待制各舉賢良方正能直言極諫一人守臣監司亦許解送仍具詞業繳進以聞

八月二十七日中書舍人兼侍講錢

良臣等言準敕考試制舉試卷四號臣等依準近降指揮以五題通為合格今考到試卷内多有不知題目出處又引用上下文不盡止有僅及二通者詔並賜束帛

五年八月三日臣僚言國家設制舉必先試以六論雖注疏悉皆命題以觀其博洽今乃去注疏命題謂宜復其舊有詔令禮部監學官看詳既而條具欲從所請并檢照祖宗朝自天聖八年試冨弼等至元祐六年試王普等閣試六論並出經題一篇或兩篇方雜以子史注疏令六論欲依故事出經題作第一篇然後雜出九經語孟内注疏或子史正文題目從之

七年三月十日詔曰蓋聞求賢能尚忠直此二帝三王所由昌也朕承

卷五千六百九十七

太上慈訓託於王公之上常懼不逮亡以紹休聖緒夙夜興念宣招四方之士而官使之永惟通儒明於古今王事之體朕所嘉尚乃即位以来詔書三歲一下而應是選者未能盡當朕意豈詢求之未廣而考擇之法或嚴耶將朕誠意未孚而真賢實能莫為時出也且望之重則責之宜備待之異則取之宜精中外侍臣若部使者郡守國家所賴以廣聰明美治化將何以助朕闢四門来衆善哉其各悉心搜選俊異以名来上名儒茂才有能稱吾詔者當崇顯焉今歲科場其令尚書侍郎兩省諫議大夫以上御史中丞學士待制舉賢良方正能直言極諫一人守臣監司亦許解送仍具詞業繳進以

閭　十年三月十日詔曰朕惟招尊方正賢良文學之士師舉直言漢唐之君所以稽參政事咨訪闕遺達民心而通治道洪惟祖宗率繇斯義朕祗若前憲詔書比下充賦蓋闕昔漢策晁錯董仲舒對者以百數唐舉姜公輔等所取二十五人國朝異人輩出視古爲盛今朕思政求賢歷載彌長效未云獲其故安在豈德薄道寡化不下究賢人君子鬱於上聞吁異銷志思以廣宣厥道宜遵近制特俾詳延庶收茂才以鑒不逮成朕虛己勤求之意今歲科場其令尚書侍郎兩省諫議大夫以上御史中丞學士待制各舉賢良方正能直言極諫一人守臣監司亦許解送仍具詞業繳進以聞　十一年

卷五千六百九十七

六月五日詔曰朕紹纘尊明宣招畯茂思得方聞之益講求治理之原越暨累年尤廑虛己雖賢書大比之歲每務於詳延然制舉非常之才難循於定次肆敷明旨申命通臣蓋急聞切直之言將令受策而察問宜廣選修潔之士庶幾崇化而厲賢俾悉究於昌辭曾靡拘於前制咨時群彥體我至懷今後遇有應詔之人令尚書侍郎兩省諫議大夫以上御史中丞學士待制不拘科舉年分各舉賢良方正能直言極諫一人各守臣監司亦許解送仍具詞業繳進以聞以宰執進呈祕書省校書郎吳商衡奏制科取士勿拘三年之制上曰賢良得人國家盛事故有是詔　十二年二月二十六日起居

舍人兼國史院編修官兼權直學士院李巘言漢自文帝以來始有賢良之舉不過求其讜言以裨闕政未聞責以記誦之學也後世崇其科目遴其選取乃始窮以所未知彊以所不能要之舉才之意惟端正修潔是務而區區記誦之末則非所先也近年以來固嘗舉試數人止用經子諸史正文爲題皆以記問不精旋即罷遣議爲疏矣後乃兼用注疏試者愈難夫前者未用注疏而不能試今復增之而欲其應詔宜乎累年于此而無有其人仰惟陛下收攬英才朝咨夕訪惟恐有闕去歲嘗下明詔特舉賢良不以三歲爲限甚大惠也然士猶未有以薦舉聞者良以注疏默記之難而已然臣以爲

卷五千六百九十七

國家取人之實要不盡在於此使其才行學識如晁董之倫雖注疏未能盡記於治道何損哉乞特加參酌令依舊除指揮免用注疏出題則士之應詔者不無其人而可得端慤有用之才庶幾上副陛下側席求賢虛懷求諫之意從之　十月八日宰執進呈池州守臣陳良祐奏福州布衣冶堪應賢良方正能直言極諫科上曰向來李垕文字頗冗雜鄭建德卻善作文今安在王淮等奏曰嘗爲删定官不祿上曰卿等看莊治文字如何淮等奏文字亦有源流但不知記問兼一人恐不可試上曰不必拘此可令後省看詳聞奏既而給事中葛邲看詳治議論文詞詳而有據堪應召試詔令中書召試

十三年三月二十二日，中書後省言：「今来召試賢良方正能直言極諫科莊治、滕宬係是二人，即與昨李垕一名事體不同，乞依淳熙四年引試過李塾等前後申請已得指揮。」從之。五月二十五日，詔以六月八日引試應賢良方正能直言極諫科莊治、滕宬，命禮部侍郎兼國子監祭酒顔師魯爲制科考試官，秘書監兼國史院編修官兼太子左諭德沈揆、侍御史陳賈並爲參詳官，宗正寺丞宋之瑞爲監謄録官，軍器監主簿王厚之爲對讀官。論六首：一曰身者治之本，二曰聖人通天地之心，三曰五星爲經緯，四日歷術本於易，五曰六德以一民爲紀，六曰岑彭馮異之功孰大。六月十三日，朝散大夫、權尚書吏部侍郎兼國子監祭酒、充制舉考試官顔師魯等言：「今到考校到莊治、滕宬試卷二號，各有二題不通，係不知出處，外雖有四通，而文理亦多平常，不應元降指揮五題通爲合格之數。」詔既不合格，可並賜束帛。十五年二月十八日，提舉浙西常平茶鹽公事羅點言：「竊見平江府布衣滕宬學問淹該，行義修潔，詞章博贍，明習世務。昨因守臣丘崈薦舉，蒙朝廷召試六論，内四題全通，雖似不逮近制報罷，然較之近時應此科者，記誦頗爲精詳。宬自報罷之後，杜門力學，益務修飭，臣輒再行保舉，堪應賢良方正能直言極諫科，乞賜召試。其詞業昨守臣丘崈繳進，已經降付侍從考中次優。」詔令後舉召試。

卷五千六百九十七

紹熙三年四月十五日，詔曰：「蓋聞制科之設，肇自漢世，所以延特起之士，致非常之功也。皇朝稽古上文，苑擧茂異，視前代尤盛，一時鴻儒輩出，翼成隆平之業，朕甚慕之。粤自踐祚以来，率循舊憲，祗奉慈訓，所宜旁求博舉，訪以大道，而歷歲于茲，薦進猶缺，豈詔令未申，莫宣指意，招徠弗虛，難於自獻之故歟？蓋惟萬務之統，兢業持守，未知攸濟，講議剴切，繄賢是賴。儻使懷才抱道，囂而弗伸，將何以興飭政化，紹休前躅乎？茲當大比，爰示明旨，俾造于庭，咸攄讜言，以正朕之不逮，庶幾保邦厲俗，同符帝王之治，不其偉歟！令歲科場，其令尚書侍郎、兩省諫議大夫以上、御史中丞、學士、待制各舉賢良方正能直言極諫一人，守臣、監司亦許解送，仍具詞業繳進以聞。」開禧元年五月十日，端明殿學士、簽書樞密院事劉德秀，權禮部侍郎李壁言：「臣等於今年正月内舉永康軍布衣何致堪應賢良方正能直言極諫科，許令繳進詞業。令何致繕寫詞業一十冊，乞令有司公共看詳取旨。」詔令兩省侍從官參考聞奏。既而臣僚竊以：「名者實之賓，名至而實不副，是殆盜名以欺世者。臣嘗歷攷自古取士，惟賢良方正一科世俗之所歆豔，而士心之所深重，蓋非德義醇粹、操行無玷，不足以當賢良之名；非綱毅不撓、直大無私，不足以當方正之名。繇漢已来，凡應是科，鮮不爲汗青所識者。以本朝蘇文忠公

卷五千六百九十七

兄弟文章標準一世議論横放四海終其身無一瑕可指其初猶曰應材識兼茂明於體用科初不敢以賢良方正自居今有人焉持心浮薄而輕於立論媒身淺躁而急於干進冒焉居之略無媿色清明之朝詎宜有此欺世之佞哉謹按應賢良方正能直言極諫科何致初不知其為何如人但繳進詞業詳觀所撰二十五篇其間歷詆伊尹而併及於湯凡五六百言謂湯有心自王而摯說之以伐夏救民謂太甲不明既放又復之使一切惟己之聽其始負堯舜之道而終為天下閒陵犯之端夫伊尹有商名臣孔子定書孟氏垂訓紀述稱贊照映今古致本何人敢於詆誣膚非持心浮薄而輕於論立者乎繳進詞業令兩省侍從參考其意蓋曰是非付之公論咸以為可是以國人皆曰賢之義數乃干懇權貴封狀遍求薦名有為臣言初不暇讀其文之為如何繼而三人被薦已欲先試竟為給舍中省有浮兢之語致不勝憤懣呈劄輒肆忿言謂言多辭取憎疾必觸報罷乞寢已降召試指揮者是而曰不要君臣不信也膚非媒身淺躁急於干進者乎臣嘗恭覩高宗朝鄭厚作藝圃折衷詆孟子有賣仁義等語臣僚論列特降指揮不得與學官試官差遣仍下所屬劈版所以杜訕上之萌也致之文學遠不遠厚而詆毀伊尹殆與詆毀孟子同科又嘗恭覩真宗張師德兩及王旦之門旦曰師德狀元及第榮進

卷五千六百九十七

素定不應兩及吾門所以抑奔競之士也致將奮身大科富貴特其分內事何用汲汲扶貴有請師德謁時宰於已仕之後且猶以為貪進今而視致其將謂何夫持心浮薄而輕於立論媒身淺躁而急於干進有斯二者敢曰賢良方正非愚則誣矣謂之盜名以欺世誰曰不然況夫議論厚薄出處靜躁關繫風俗識為非輕乞將致罷歸使之退自循省進德修業習尚醇厚而涵養恬靜他日錄用未晚也從之以上續宋會要

卷五千六百九十七

經明行修科　哲宗元祐元年四月二十四日詔每遇科舉詔下令文官陞朝以上無贓罪及無私罪重者於應進士舉人不拘路分但不係有服親各奏舉經明行修一名候將來發解及南省奏名合格者內有不係所舉人數於牓示及奏名內每人名下注經明行修字至殿試唱名陞一甲姓名如歷官後犯正入已贓及違犯名斷訖收坐舉主並依舉選人轉京官法減一等

卷一萬六百五十二

二一四

六月十六日御史中丞劉摯言經明行修人宜使知州以上舉之為便詔京朝官通判資序以上人許舉　二年正月十五日詔舉經明行修京東西河北陝西路各五人淮南江南東西福建河東兩浙成都府路各四人荊湖南路廣南東西梓州路各二人荊湖北夔州利州路各一人委知縣當職官同保任申監司監司再加考察以聞仍(究)[充]本州解額無其人則闕之　三年正月六

日禮部言河南福建路轉運司奏考到經明行修進士並不經提刑司考察同奏舉令來省試日恐誤取應令欲乞且依轉運司已奏許合逐人先次就試將來省試如提刑司考察得內有違礙及與轉運司奏舉不同即行駮放從之　三月六日詔經明行修人如省試不應格聽依特奏名進士例就殿試　四年五月二十五日詔今後遇降詔方許奏舉經明行修人先降每遇科場奏舉指揮不行　八年二月二十四日監察御史黃慶基言向者薦經明行修之士既與免解赴省試不合格又例與特奏明是凡被薦舉者皆可以入官也臣聞元祐二年諸所薦者甚有不協士論乞朝廷申諭諸路

卷一萬六百五十二

二一五

監司郡守凡薦經明行修之士必須精加考察委有術業行義為鄉黨所尊士論所服者方許奏薦或不如所舉則以貢舉非其人之法坐之從之以上續國朝會要

國朝中興乾道會要無此門

制科　宏詞科

真宗景德三年龍圖閣待制陳彭年奏請條制育部宏詞科采擇經術詐流內選應宏詞拔萃科明經人投狀自薦策試經義以勸學者哲宗紹聖元年罷制舉無以收文學博異之士於是置宏詞以繼賢良之選所試以章表露布檄書用四六也頌銘戒諭序記雜用古今體不拘四六也許進士登科者就試試以春試上舍日附試不立院也四題分二日試者雖多取毋過五人惟詔誥赦勑不以為題入制誥四題內二題以歷代史故事　徐輯大典無卷數

宏詞　哲宗紹聖元年五月四日中書省言有唐隨事設科其名不一故有詞藻宏麗文章秀異之屬皆以眾之所難勸率學者今來既復舊法純用經術取士其應用文詞如詔誥章表箴銘賦頌赦勑檄書露布誡諭之類凡諸文體施之于時不可闕者在先朝亦嘗留意未及設科詔別立宏詞一科每科場後許進士登科人經禮部投狀乞試依試進士法差官考校試詔誥或表章雜文共三篇應者雖多所取不過十人中程者申三省看詳仍分為兩等上等循兩資中等循一資承務郎以上比類推恩詞格超異者臨時取旨文獻通考紹聖元年罷制科自朝廷罷詩賦廢明經詞章記誦之學俱絕至是而制科又罷無以兼收文學博異之士乃置宏詞以繼賢良之科　三省言唐世取人隨事設科其名有詞藻宏麗文章秀異之屬究其所試皆異乎進士明經今既復舊科純用經術諸如詔誥表章箴銘賦頌赦勑檄書露布誡諭其文皆朝廷官守日用而不可闕先朝已嘗留意特科目未及試二年詔立宏辭科歲許進士登科者詣禮部請試若見守官須受代乃得試率以春試上舍日附試不自立院也差官鎖引悉依進士惟詔誥赦勑不以為題所試者章表露布檄書用四六頌箴銘誡諭序記用古今體亦不拘四六考官

取四題分二日試，試者雖多，取毋過五人，中程者上之三省，三省覆視，分上中二等，推恩有差，辭格超異者恩命臨時取旨。七月二十四日，詔宏詞今後每年許經禮部投狀，仍附春試，雖多所取，不得過五人。　九月三十日，禮部狀：鼎州桃源知縣姚孳、汾州靈石縣令楼异乞就試宏詞科，緣逐人係在見任，今欲乞依試學官法，在外見任人候得替許於禮部投狀就試。從之。　二年正月九日，禮部言：宏詞除詔誥赦勑不試外，今擬立程試考校格一十條：章表依見行體式、賦如唐人斬白蛇、幽蘭、渥洼馬賦之類、頌如韓愈元和聖德詩、柳宗元平淮夷雅之類、箴如揚雄官箴、九州箴之類、銘如柳宗元塗山銘、張孟陽劍閣銘之類、誡諭如近體誡諭風俗或百官之類、露布如唐人破蕃賊露布之類、檄書如司馬相如喻蜀檄之類、序如顏延之、王融曲水詩序之類、記亦用四六。　以上考試官臨時取三題作一場，試其章表、頌、檄書、露布、誡諭、序、記，並限二百字以上成，箴、銘並限一百字以上成，賦八韻，限三百字以上。一考格五條：詞理俱優者為上等，詞理次優者為次等，詞理超異者取旨，上等循一資，承務郎以下比類推恩。　二十八日，再立到考試格：其近降試格更不施行。今修立九條：章表、露布、檄書以上用四六；頌、箴、誡諭、序、記以上依古今體，亦許用四六。考試官

臨時取四題分作兩場引試，並限二百字以上；箴、銘限一百字以上成。從之。　二月六日，詔宏詞科別差考試官二員，候類省試畢日就試院引試。　三月一日，臣寮言：本朝自景祐初至今凡六十餘年，惟熙寧六年、九年兩牓共百六十餘人係同學究出身，乞比前後牓同甲人改為左列。先朝雖以此兩牓末甲名為學究，然其官名不分左右，所以不礙諸般差遣。今既分為左右，雖欲應近日宏詞不可得也。六十年間獨此兩牓偶然一時名為學究，遂爾終身不為清列，何相遼耶？當元豐間不礙差遣，猶之可也；今既動有拘礙，誠為未安。詔熙寧六年、九月第五甲人許應宏詞科。　二十四日，三省言：試宏詞衢州司法參軍黃符、滁州司法參軍羅畸、開封縣主簿高茂華、真定府戶曹參軍趙鼎臣、瀛州防禦推官知鄂州崇陽縣事慕容彥逢題曰欹器銘、誡諭三省樞密院修樂先朝政事、邇英閣無逸孝經圖後序、代嗣高麗國進貢表考入次等，各循一資。　三年三月三省言：試宏詞開封府開封縣主簿許定、軍馬司勑例刪定官林虞、宣德郎知嘉州峨眉縣劉弇、昭慶軍節度推官知舒州望江縣滕及題曰太史箴、代宰相以下謝賜重修都城記表、紹聖元會頌、誡諭士大夫敦尚名節考入次等，各循一資。　四年閏二月二十一日，貢院言：試宏詞新授陳州項城縣令吳兹、宣義郎周燾、新授杭州餘杭縣

尉王孝迪、瀛州防禦推官知潭州湘潭縣丞方叔震。題曰尊洛通汴頌、誡諭學者詞尚體要、代宰臣謝實錄成賜宴表、籍田記。考入次等，各循一資。同日，別試所言：試宏詞澧州司理參軍吳幵，題曰北郊大禮慶成頌、元豐新修尚書省記、賀安西西域沿邊番部徹識、諭精對臣僚言事要切。考入次等，各循一資。元符元年四月，貢院言：試宏詞宣州涇縣主簿邱鄘、江寧府右司理參軍音觀國、辰州司理參軍王天倪，題曰大河復東流頌、三朝寶訓序、代親王謝賜外第表、司文殿記。詔觀國為河中府教授，天倪為華州教授，邱鄘差遣闕。二年三月，三省言：試宏詞睦州司理參軍謝䋠，題曰代宰臣以下賀老人星見表、御書孝經及千字文勒秘閣賀碑陰後序、詔賜宗室生日詔記、分賜錢文紅管御筆銘。考入次等，循一資。三年，徽宗即位未改元。三月，三省言：試宏詞知河中府錄事參軍充兗州州學教授萬勝中，題曰瑞成殿芝草頌、代高麗王謝賜太平御覽表、重摹太宗皇帝御飛白玉堂記、諭清唐種落徽。考入次等，循一資。徽宗建中靖國元年三月，三省言：試宏詞新信陽軍司理參軍羅詠之、勅賜進士出身程量、新潁昌府戶曹參軍孫宗鑑，題曰皇帝恭謝郊祀頌、代皇子謝賜生日禮表、誡諭守令勸課農桑、宗子學記。考入次等，各循一資。崇寧元年三月，三省言：試宏詞定州司法參

軍王雲、勅同進士出身石忠、前衢州司理參軍謝潛，題曰代宰臣重修神宗皇帝御集表、玉磬銘、試百官修舉職事、重修秘閣記。考入次等，各循一資。二年三月，貢院言：試宏詞儒林郎新耀州州學教授祝天雝、登州防禦推官知會州新會縣杜林，題曰崇寧聖德頌、重修都亭驛記、代宰臣賀慶雲見表、上大寧年歷序。考入次等，各循一資。五年三月，貢院言：試宏詞前衢州司理參軍孫近、通仕郎新虔州贛縣令王勵，題曰崇寧聖政頌、代育士碑額謝賜宴并御製詩表、新建殿中省記、試諭諸路監司奉行詔令。考入次等，各循一資。大觀三年三月，貢院言：試宏詞將仕郎保安軍司理參軍樊察、通仕郎越州餘姚縣尉李靴、登仕郎李子奇，題曰誡諭學事司理行教法詔、考行能開封府賀[illegible]大慶殿受八寶頌、新建書學記。考入次等，各循一資。四年五月十六日，詔：紹聖之初，嘗患士之學者不復留意文詞，故設宏詞科，歲一試之。然立格法未至詳盡，不足以致實學有文之士。可改立詞學兼茂科，歲附貢院引試，聽有出身人不以京朝官、選人，經禮部投狀就試。歲中有取不得過三人，如無合格則闕之。仍於舊試格內除去檄書，增入制詔。臨時取四題，分作兩場，內二篇以歷代史故事借擬為題，餘以本朝故事或時事。其合格人分兩等考定，中三省看詳，上等循兩資，中等循一

資京朝官比類推恩，仍並隨資任內外差遣。已係堂除人優與陞擢。內文理超異者取旨除館職。所有試格令禮部比擬立定，申尚書省取旨頒降，仍自大觀五年春試為首。宰臣執政官親屬不許與試。擬立到程試考校格式如紹聖二年正月宏詞之制。　政和元年二月二十三日，三省言：試詞學兼茂前郴州教授譚世勣、儒林郎蔡經國、通仕郎俞授能，題曰雄武軍節度使開府儀同三司授侍中制、夏禹九鼎銘、代宰臣以下謝賜御製冬祀慶成詩表、唐集賢殿書院記。考世勣、經國入上等，詔詞學兼茂科尤宜加意獎進，教育以資潤色王猷之英材。今後可歲中所取不得過五人，餘依舊制。今來考校中格人屬辭消勁，文理與贍，宜與陞等收錄，以為詞學該博者之勸。可特依下項：世勣與改合入官，仍除館職；經國與改合入官，仍堂除差遣；授能與循兩資，仍堂除差遣。　二年四月十二日，貢院言：試詞學兼茂文林郎滕康、盧益、李熙靖、奉議郎薛倉錦、通仕郎曹輔，題曰保大軍節度使授檢校司徒、保平軍節度使制、漢六輔渠記、代宰臣以下賀野蠶生繭表、漢宣德殿為式銘。考康等五人合格。奉御寶批：試卷已經省覽，文詞優裕，考校合格，可依格推恩，仍更量加甄擢，以勸來者。康為秘書省正字，益試辟雍博士，熙靖試太學正，倉錦為大僕寺丞，輔充詳定勅令所刪定官。　三年三月貢士舉院

言：試詞學兼茂文林郎、隆德府司兵曹事孫傅，題曰資政殿學士授奉寧軍節度使制、充大章所新修六典序、唐修文館記。考入合格，循一資。　四年三月二十四日，貢士舉院言：試詞學兼茂將仕郎孫覿、通仕郎王志古、滕庚，題曰鎮洮軍節度使除太尉制、黃帝封泰山頌、代高麗王謝宴樂表、唐學士院記。考入次等，各循一資。詔依格推恩外，覿除秘書省正字，志古充國朝會要所檢閱文字，庚充詳定九域圖志所編修官。　五年三月貢院言：試詞學兼茂科儒林郎胡交修、將仕郎李木、張志，題曰鎮海軍節度使除檢校少保開府儀同三司授檢校少傳加食邑食實封制、漢祀雍獲一角獸頌、代公相以下謝賜御筆書夏祭神應記表、唐洛陽宮記。考入次等，各循一資。　六年二月二十九日，貢士舉院言：試詞學兼茂科宣義郎曹中、宣教郎艾晟、王諶，題曰平川軍節度使授開府儀同三司制、漢函德殿金芝頌、代公相以下謝宣詔赴禊清殿賜宴表、唐大微宮記。考中入上等，晟、諶入次等。詔餘依格推恩外，中除秘書省正字，晟除寺監丞，諶與書局差遣。　七年三月十六日，貢士舉院言：試詞學兼茂科迪功郎李正民、薛嘉言、文林郎宋恩直，題曰觀文殿學士中大一宮使授右僕射制、漢麒麟閣名臣圖記、圖象徵猷閣奉安隆嚴頌、唐西海道行軍大總管破吐谷渾露布。考正民入上等，嘉言、恩直入中等。

詔正民與改合入官除祕書省正字嘉言惠直合依格
循一資與書局差遣　八年三月二十八日貢士舉院
言試詞學兼茂科迪功郎新河中府河東縣主簿崔嗣
道奉議郎前高郵軍軍學教授宇文彬從事郎前越州
會稽縣丞張守題曰睿文殿學士中大一宮使兼侍讀
撿歷道軍節度使上清寶籙宮使制漢神魚辭河圖代
雲南節度使大理國王謝賜歷日表唐史館記考嗣道
入上等彬守入次等依格循資推恩　宣和元年三月
貢士舉院言試詞學兼茂科朝奉郎海州州學教授陸
韶之從事郎新冀州州學教授王俊廸功郎新泗州司
士曹事李長民題曰彰化軍節度使熙州路經略安撫
使撿校少保雄武軍節度使制漢三雍頌新修龍德
太一宮記唐大衍曆序考入次等詔依格與循兩資減
年外詔之除書局官王俊除博士李長民除宗學博士
三年三月貢士舉院言試詞學兼茂科從事郎前鄂
州州學教授范同通仕郎劉才邵從政郎歐陽𤩰題曰
資政殿大學士提舉上清寶籙宮兼神霄玉清萬壽宮
副使兼侍讀撿資寧軍節度兼河東路經略安撫使制
漢宣室箴代公相以下謝賜御製宣德樓上梁文表唐
開元禮序考入次等各依格循資推恩　三年四月二
十一日貢士舉院言試詞學兼茂科承議郎新詳定一
司勅令所刪定官李公彥題曰保和殿大學士提舉上

六五

清寶籙宮兼侍讀授威德軍節度使加食邑實封制漢
開井籍田頌代夏國謝賜御製聖濟經表唐花萼相輝
樓記考入次等詔依格推恩外特除祕書省正字候有
闕差　四年三月三省言試詞學兼茂科文林郎建州
州學教授曾益柔題曰試翰西官漢守熙豐法度漢甘
露降未央宮頌代宰臣謝賜御製賦同大成殿詩表唐
群書四錄序考入次等依格循資　五年三月三省言
試詞學兼茂科廸功郎前密州州學教授秦檜題曰代
宰臣以下賀日有五色雲表唐擒頡利露布新修東都
志序漢楚龍淵記考入次等依格循資七月二十七日
守尚書職方員外郎陳磷奏紹聖初哲宗皇帝嘗患學
者專經不復留意文詞故設宏詞科來天下異能之士
大觀中以其所立格法未至詳盡改為詞學兼茂科然
設科既久來者寖少歲一試之有司取以備數則不
無幸中而朝廷所以待遇亦輕矣今來既罷每歲春試
上舍欲乞應詞學兼茂科許於省試院附試從之　六
年三月貢院言試詞學兼茂科迪功郎何掄奉試郎來
植題曰資政殿學士特進授檢教少傅鎮潼軍節度使
河北雲中府路經略安撫使加食邑食實封制漢單于朝
甘泉宮頌代燕山府路進士謝賜及第表大唐雅樂記
考掄入上等植入次等依格推恩以上續國朝會要
國朝會要無此門　光堯皇帝建炎二年七月禮部言

六六

渭清按宏白是博字見宋史選舉志

試詞學兼茂科朝奉郎秀正功題曰誡諭佯上塵之戒守唐八坊記代宰臣以下謝宣召赴經筵應非表英定若三十五家兵法序考入次等循一資比類施行紹興三年七月六日都司言工部侍郎李擢奏乞令紹聖宏詞與大觀詞學兼茂兩科別立一科事看詳紹聖法以宏詞為名大觀後以詞學兼茂為名今欲以博學宏詞科為名以制誥詔書表露布檄箴銘記贊序一十二件為題古今雜出六題分為三場每場一古一今願試人先投所業三卷朝廷降付學士院考其能者召試依宣和六年指揮以三年一次附省試院試不用從臣薦舉應命官不以有無出身除歸明流外進納人及犯贓罪人外並許應詔命官非見任外官許經赴禮部自陳若見在任經所屬投所業應格名試然後雜任每次所取不得過五人若人材有餘臨時取旨具合格等第字號同直卷繳納中書省看詳內制詔書依例宰執進呈推恩則例比舊制更加優異以三等取人試入上等有出身人轉一官選人與改官無出身人賜進士及第並免召試除館職中等有出身人減三年磨勘與堂除差遣無出身人賜進士出身擇其尤名試館職下等有出身人減二年磨勘與堂除差遣一次無出身人賜同進士出身遇館職有闕亦許審察召試從之　五年七月禮部貢院言試博學宏詞科左迪（脩）職郎新詳定一司

勅令所刪定官王璧左迪功郎明州州學教授石延慶題曰觀文殿學士江南西路安撫大使授永興軍節度使開府儀同三司都督川陝荊襄路軍馬事制漢宣室箴御書無逸圖贊唐折衝府記號元歷序唐天下兵馬大元帥充復京師露布考入下等各減二年磨勘　八年六月一日禮部貢院言試博學宏詞科左迪功郎新鄂州武昌縣尉詹叔義右迪功郎新平江府司法參軍陳嵓肖左迪功郎新饒州鄱陽縣東尉王大方題曰觀文殿學士提舉醴泉觀兼侍讀授護國軍節度使開府儀同三司江淮制置路宣撫大使制漢輔渠銘慰諭川陝詔漢減長安記代宰臣以下賀收復京西路表唐會要序叔義考入中等減三年磨勘與堂除差遣嵓肖大方下等嵓肖賜同進士出身大方減二年磨勘　十二年二月二十七日禮部貢院言試博學宏詞科右承務郎新提轄行在雜買務雜賣場洪遵勅賜同進士出身沈介右從政郎新浙西提舉茶鹽司幹辦公事洪适題曰皇叔慶遠軍承宣使授昭化軍節度使封安定郡王同知大宗正事制周成王蒐岐陽頌代樞密使謝賜玉帶表漢五家要說章句序克敵弓銘唐勸政務本樓記遵考入中等賜進士出身介适下等介減二年磨勘适賜同進士出身　十五年三月禮部貢院言試博學宏詞科右從政郎新建州政和縣令湯思退右朝奉郎太

府寺主簿王曮右承務郎新兩浙路轉運司幹公事洪邁題曰少保鎮南軍節度使充兩浙東路安撫大使兼知紹興軍府事授少傅鎮南靜江軍節度使充江南東路安撫大使兼知建康府事兼營田大使行宮留守加食邑食實封制唐凝暉閣渾天儀記代守臣謝賜御書周易尚書表漢麟趾裹蹏賛明道籍田頌漢中和樂職宣布詩序考入中下等賜進士出身同進士出身　十八年三月礼部貢院言試博學宏詞科左迪功郎新常州武進縣尉周麟之左從政郎新婺州州學教授李南壽題曰保信軍承宣使提舉萬壽觀授寧遠軍節度使充萬壽觀使進封加食邑食實封制黄帝景鍾銘兵部侍郎除寶文閣直學士樞密都承旨誥漢上林清臺箴紹興新修大學記唐通典序並考入下等各減二年磨勘　二十一年四月九日礼部貢院言試博學宏詞科左迪功郎監潭州南嶽廟莫沖左迪功郎臨安府錢塘縣主簿葉謙亨題曰安遠軍節度使龍神衛四廂都指揮使御前諸軍都統制授太尉殿前副都指揮使制漢石渠議奏序代守臣進瑞麥芝草五色雀圖表漢瑞玉銘皇祐崇寶殿大安樂頌唐慶善宮記並考入下等各減二年磨勘　二十四年二月十二日礼部貢院言試博學宏詞科左從事郎平江府錄事參軍莫濟左迪功郎監潭州南嶽廟王端朝題曰端明殿學士知洪州軍州事江南西路安撫使授保寧軍節度使知福州軍州事福建路安撫使加食邑實封制漢靈臺十二門詩序代中臣賀慶雲臨眾野蠶成繭表漢寶鼎序象頌咸平龍圖閣五經圖記漢芝草銘並考入下等各減二年磨勘與堂除差遣一次　二十七年二月九日礼部貢院言試博學宏詞科左迪功郎周必大題曰檢校少保寧國軍節度使提舉祐神觀使授檢校少傅武昌軍節度使知荆南府荆湖北路安撫使馬步軍都總管進封加食邑制漢白虎議奏序代交趾進馴象表漢紫壇頌隋太廟簿記漢廟鼎銘考入下等減二年磨勘　三十年二月七日礼部貢院言試博學宏詞科左迪功郎衢州西安縣主簿唐仲友題曰捧日天武四廂都指揮使華容軍承宣使充階成西和鳳州安撫使兼知成州授武泰軍節度使侍衛親軍步軍都虞候充京西路安撫使馬步軍都總管兼營田使兼知襄陽府制少師氏官箴記代提舉國史進哲宗皇帝徽宗皇帝寶訓表漢考工令箴寶奎殿太宗皇帝御書贊唐文思博要序考入下等減二年磨勘以上中興會要　壽皇聖帝隆興元年四月十五日翰林學士承旨知制誥洪遵兵部侍郎周葵中書舍人張震言昨知貢舉切見宏詞卷仁義張字號所撰講武頌及露布等文字冠絕一場偶表制中有疵纇不敢開拆係左迪功郎前舒州懷寧縣尉陳自修學問

文詞委皆贍技望稍進以職詔吏部注近闕教官五
月一日礼部貢院言試博學宏詞科右迪功郎新嚴州
桐廬縣尉主管學事呂祖謙考入下等上所試文六篇
皇兄保大軍節度使檢校少保河陽三城節度使權主
奉吴王祭祀進封加食邑實封制周師氏箴代提舉編
類聖政所進建炎紹興詔旨哀漢輿地圖序太祖皇帝
開便殿頌晉征虜將軍征討大都督破苻堅露布詔減
二年磨勘堂除差遣祖謙既中選賜同進士出身相繼
放進士榜又登上第故有是命乾道二年二月十三日
礼部貢院言試博學宏詞科右迪功郎新紹興府新昌
縣尉魯可宗考入下等上所試文六篇定江軍節度使
提舉祐神觀特授檢校少保崇信軍節度使知廬州軍
州事淮南西路安撫使馬步軍都總管兼營田使加食
邑實封制舜韶簫頌代常德府謝賜府額表漢武功爵
記通英延義二閣記注序漢玉卮銘詔減二年磨勘堂
除差遣　五年二月六日詔考校博學宏詞如更有文
理優長許通取二名八年同此制四月九日礼部貢院
言試博學宏詞科左迪功郎新筠州州學教授姜觀左
從政郎新廣德軍軍學教授許蒼舒考入下等上所試
文各六篇題龍神衛四廂都指揮使武信軍承宣使利州
西路駐劄御前諸軍統制特授武當軍節度使振日天
武四廂都指揮使主管殿前司公事進封加食邑實封

制漢陸賈新語序代講讀官謝賜尚書正義表蜀諸葛
亮八陣圖賛武學箴唐義倉記詔各減二年磨勘堂除
差遣　八年二月十日礼部貢院言試博學宏詞科左
迪功郎新建昌軍軍學教授傅伯壽右迪功郎前臨安
府富陽縣主簿湯邦彥考入下等上所試文各六篇題觀
文殿學士特進授少保醴泉觀使兼侍讀制唐涇陽受
回紇獻功頌代文武百官為光堯壽聖憲天體道太上
皇帝壽聖明慈太上皇后加上尊號冊寶礼成賀皇帝
表周太常銘天禧御製元良述賛南北軍屯記詔伯壽
減二年磨勘堂除差遣邦彥賜同進士出身以上乾道
會要
文獻通考博學宏詞科　紹興三年立此科凡
十二題制誥詔表露布檄箴銘記賛頌序於內雜出六
題分為三場每場一古一今試人先投所業三卷朝廷
降付學士院考其能者召試遇科場年應命官除歸明
流外入貲及嘗犯贓人外公卿大夫子弟之俊秀者皆
得試每次所取不得過五人若人材有餘臨時取旨具
合格字號同真卷繳納中書看詳推恩則例比舊制更
加優異以三等取人上等轉一官選人改秩無出身人
賜進士及第並免召試除館職中等減三年磨勘與堂
除無出身人賜進士出身下等減二年磨勘無出身人
賜進士出身並許召試館職大觀中有詞學兼茂科建
炎初猶有應者至是始更立焉自復科以來所得鴻筆

麗藻之士多有至卿相翰苑者紹興中得十有七人隆興至淳熙得十有三人紹熙一人開禧至嘉定三人初洪遵入中等洪适入下等高宗覽其文歎曰此洪皓子耶父在遠能自立忠義報也即以遵為祕書省正字适為樞密院編修官詞科即入館自遵始後三歲洪邁繼之真德秀留元剛應選有司書德秀卷曰宏而不博書元剛卷曰博而不宏寧宗喜其文命俱賓異等其後有司值郡試必摘其微疵僅從中省或降旨陞擢而已容齋洪氏隨筆曰本朝宏詞雖用唐時科目而所試文則非也自乙卯至于紹熙癸丑二十榜或三人或二人或一人并之三十三人而紹熙庚戌闕不取其以任子進者湯岐公至宰相王日嚴至翰林承李献之學世陳子象兵部侍湯朝美右史陳峴方進用而予兄弟居其間文惠公至宰相文安公至執政予冒處翰苑此外皆係已登科人然擢用者唯周益公至宰相周茂振執政沈德和莫子齊倪正父莫仲謙趙大本傅景仁至侍從葉伯益季元衡至左右史餘多碌碌而見存未顯者陳宗召也然則吾家所蒙亦云過矣　葉適論宏詞曰法或生于相激宏詞之廢久矣紹聖初既盡罷詞賦而患天下應用之文由此遂絕始立博學宏詞科其後又為詞學兼茂其為法尤不切事實何者朝廷詔誥典冊之文當使簡直宏大敷暢義理以風曉天下典謨訓誥諸

書是也孔子録為經常之詞以教後世而百王不能易可謂重矣至兩漢詔制詞意短陋不復髣髴其萬一蓋當時之人所貴者武功所重者經術而文辭者雖其士人諱然自相矜尚而朝廷忽畧之大要去刀筆吏之所能無幾也然其深厚溫雅猶稱雄于後世而自漢以來莫有能及者若乃四六對偶銘檄贊頌循沿漢末以及宋齊此真兩漢刀筆吏能之而不作者而今世謂之奇文絕技以此取天下士而用之于朝廷何哉自詞科之興其最貴者四六之文然其文最為陋而無用士大夫以對偶親切用事精的相誇至有以一聯之工而遂擅終身之官爵者此風熾而不可遏七八十年矣前後居卿相顯人祖父子孫相望于要地者率詞科之人也其人未嘗知義其學未嘗知方也其才未嘗中器也操紙援筆以為比偶之詞又未嘗取成于心而本其源流于古人也是何所取而以卿相顯人待之相承而不能革哉且又有甚悖戾者自熙寧之以經術造士也固患天下習為詞賦之浮華而不適于實用凡王安石之與神宗往反極論至於盡擯斥一時之文人其意曉然矣紹聖崇寧號為追述熙寧既禁其求仕者不為詞賦而反以美官誘其已任者使為宏詞是始以經義開迪之而終以文詞蔽淫之也士何所折衷故既以為宏詞則其人已自絕于道德性命之本統而以為天下之所能者

盡于區區之曲藝則其患又不特舉朝廷之高爵厚祿輕以與之而已也反使人才陷入于不肖而不可救且昔以罷詞賦而置詞科今詞賦經義並行久矣而詞科迄未嘗有所更易是何創法于始而不能考其終使不自爲背馳也蓋進士制科其法猶有可議而損益之者至宏詞則直罷之而已矣　四朝聞見錄嘉定間來嘗詔罷詞學有司望風承意太過每遇郡試必摘其微疵僅從申省予載之詳矣水心先生著爲進卷外藁其論宏詞曰宏詞之興其最貴者四六之文然其文最爲陋而無用士大夫以對偶親切用事精的相誇至有一聯之工而遂擅終身之官爵者此風熾而不可遏七八十年矣前後居卿相顯人祖父子孫相望於要地者率詞科之人也既已爲詞科明其人已自絕於道德性命之本統以爲天下之所能者盡於區區之曲藝則其患又不止於舉朝廷高爵厚祿輕以予之而已蓋進士等科其法猶有可議而損益之至宏詞則直罷之而已矣先生外槀蓋草於淳熙自姑蘇入都之時是書流傳則盛於嘉定間雖先生本無意於嫉視詞科而與於望風承意者然適值其時若有所爲文忠真公亦素不喜先生之文蓋得於里人張彥清之說以爲先生之文失之支離文忠得先生習學記言觀之謂此非記言乃放言也豈有激歟水心先生之文精詣處有韓柳所不及可謂

集本朝文之大成者矣文忠四六近世所未見如史相服闋加官制詞云素冠欒欒方畢三年之制赤舄几几爰新百揆之詹又謂史相云陳平之智有餘蕭相之功第一戒詞云天難諶斯當無忘惟幾惟康之戒民亦勞止其共畜既富既庶之功撫諭江西寇曲赦詔其中一二聯云自有乾坤全於今日未聞盜賊可以全驅又曰弄潢池之兵諒非爲志焚昆岡之玉亦豈予心又行永陽郡王制詞云若時懿屬可限彝章其登公朝位隸之尊仍疏王社苴茅之貴蓋文忠公既入劇廣堂謂二恩恐不可得而兼故致微詞云　宋史選舉志理宗嘉熙三年臣僚奏詞科實代王言久不取人日就廢弛蓋試之太嚴故習之者少今欲除博學宏詞科從舊三歲一試外吏降等立科止試文辭不貴記問命題止分兩場引試須有出身人就禮部投狀獻所業如試教官例每一歲附銓闈引試惟取合格不必拘額中選者與堂除教授已係教官資序及京官不願就教授者京官減磨勘選人循一資他時北門西掖南宫舍人之任則擇文墨超卓者用之其科目則去宏博二字止稱詞學科從之淳祐初罷景定二年復嘉熙之制　初內外學官多朝廷特注後稍令國子監取其舊試藝等格優者用之熙寧八年始立教授試法即舍人院召試大義五道元豐七年令諸州無教官則長吏選在任官上其名而監

學審其可者使兼之元祐中罷試法已而論薦益衆乃詔須命舉乃得奏紹聖初三省立格中判科及進士甲第禮部奏名在上三人府監廣文館第一人從太學上舍得第皆不待試餘名試兩經大義各一道合格則授教官元符中增試三經政和二年臣僚言元豐召試學官六十人而所取四人皆知名之士故學者厭服近試率三人取一今欲十人始取一人以重其選從之自是或如舊法中書選注又嘗負外添置八行應格人爲大藩教官不以壯職隨廢或用元豐試法更華無常高宗初年復教官試紹興中議者謂欲爲人師而自獻以求進非禮也乃罷試而自朝廷選差已而又復之凡有出身者許應先具經義詩賦各三首赴禮部乃下省闈分兩場試之初任爲諸州教官由是爲兩學之選十五年從國子監丞文浩所言於六經中取二經各出兩題毋拘義式以貫穿該贍爲合格其後四川制置司遇類省試年亦倣禮部附試自嘉泰元年始

全唐文

宋續會要

淳熙二年二月十八日禮部貢院言試博學宏詞科承務郎監行在左藏庫中門李巘修職郎荊門軍錄事參軍趙彥中合格所試六篇題目擬授少傅昭慶軍節度使四川安撫制置使兼知成都府事特授泰國軍節度使開府儀同三司判建康軍府事充江南東路安撫使兼行宮留守加食邑實封制唐帝範序代宰臣修進四朝國史列傳表唐黃道游儀銘淳化大射圖贊漢灃渠記詔巘賜同進士出身彥中減二年磨勘比類施行與堂除差遣一次又詔彥中係宗室試中宏詞特循文林郎　五年二月十日禮部貢院言試博學宏詞科從政郎監建康府戶部贍軍東酒庫周洎從事郎筠州軍事判官倪思合格所試六篇武康軍節度使左金吾衛上將軍特授保寧武軍節度使侍衛親軍馬軍都指揮使鎮江府駐劄御前諸都統制兼知揚州兼州事充淮南東路安撫使加食邑實封制唐獻犧大安宮頌代文武百僚謝宣赴光堯御書閣觀石經表周來馬法記御製敬天圖贊漢十八家歷譜序詔洎思各減二年磨勘比類施行與堂除差遣一次　八年二月十日禮部貢院言試博學宏詞科從政郎滁州州學教授莫叔光合格所試六篇題目寧江軍承宣使侍衛步軍副都指揮使授安慶軍節度使侍衛步軍都指揮使加食邑實封制漢元公候籍序代宰臣進修仁宗皇帝英宗皇帝神宗皇帝玉牒表南待贊虞銘天禧太清樓觀書記贊漢洛陽十二門記詔叔光減二年磨勘與堂除差遣先取到二名內一名第六篇漏落限三百字以上雖犯不考今止考校到一名十一年二月八日禮部貢院言試博學宏詞科從政郎臨安府臨安縣丞李拱合格所試六篇題目保寧軍節度使提舉萬壽觀授武安軍節度使右金吾衛上將

卷五千六百九十九

車制漢大初官名記代史官進資治通鑑長編并舉要表漢漏刻四十八箭銘皇祐明堂樂舞頌唐車輿衣服
令序詔拱減二年磨勘添差堂除差遣一次二月三日詔令次考校博
學宏詞令取二名既而禮部貢院言本院今次考校博學宏令取二名令考校止有一名合格更合取自朝廷
指揮詔止取一名十四年二月二十日禮部言院言試博學宏
詞科從事郎陳峴合格所試六篇題曰中大夫知樞密院事特授太中大夫樞密
使加食邑實封制漢步壽宮記代宰臣以下賀奉安仁宗皇帝英宗皇帝玉牒四朝史列傳令上皇帝會要禮
成表周司會箴新製鐵箴銘唐武德正觀兩史序詔峴賜同進士出身二十二日宰臣
王淮等奏今春試宏詞者二人餘人取到陳峴昨已繳奏上曰何故只取一名淮等奏貢院中明合格者只此
一卷上曰峴文字古可謂合格鐵箴銘題目甚新峴為名亦好以上孝宗會要紹熙四年二
月二十一日詔令次考校博學宏詞令取一名二十三
日禮部貢院言試博學宏詞科宣教郎新知池州貢池

卷五千六百九十九

縣陳宗召合格所試六篇題曰觀文殿學士提舉臨安府洞霄宮授保信軍節度使開府
儀同三司判紹興軍府充兩浙東路安撫使加食邑實封制漢建武封功臣記代提舉實錄院進高宗皇帝御
集表漢綏和銘景德龍圖閣中庸圖贊唐羣書治要序詔宗召減二年磨勘比類
施行與堂除差遣一次以上光宗會要慶元四年三月十一日
兵部尚書劉德秀權工部尚書錢象祖吏部侍郎謝源
明吏部侍郎黃由中書舍人高文虎權刑部侍郎張孝
伯宗正少卿兼權中書舍人范仲藝言伏覩承直郎主
管戶部架閣文字陳晦學問該通議論平正性資溫醇
而不事表襮文辭典雅而不為奇怪紹熙庚戌試博學
宏詞科記問文采迥出流輩主司考校入等即以合格
試卷繳申尚書省進呈不謂時相忸於私意擿晦所試

周五射記周襄尺字以為犯濮王諱遂尼其事未
與推恩元亦不曾報罷臣等竊攷令甲濮王之諱與廟
諱及御名不同上辟正字從言從襄不諱嫌名今既單
用襄字初不從言雖曰同音即是嫌名自不應避正如
哲宗舊諱從人從庸秀安僖王諱從人從爯若止單用
庸字用爯字蓋亦未嘗避也況近來兩舉詞科皆不曾
取人今既取中入等合格式卷又指其微纇而終棄也
實為闕典伏望睗之甄擢式寘之文字之職必有可觀
又審陳晦宏詞試卷昨來貢院已係考中合格所有試
卷內引用襄尺事攷官批鑿甚明亦已奏明緣同試之
人私意忌嫉妄有陳訴以濮郎諱為御諱是致久未予

卷五千六百九十九

決令來照得濮郎諱不當作御諱亦不避嫌名指揮內
只合書不成字見得妄訴分曉於是詔陳晦與下等推
恩賜同進士出身先是晦於紹興元年試博學宏詞科
試文六篇皇叔祖太尉定江軍節度使提舉萬壽觀特
授武昌軍節度使開府儀同三司充醴泉觀使制周五
射記代安南國王謝加恩并賜對衣金帶鞍轡表魯鼓
銘紹熙孟春皇帝朝獻景靈宮禮泉頌晉摯虞文章流
別集序禮部貢院已申合格未曾推恩至是德秀等言
故有是命　開禧元年正月二十九日詔從事郎南劍
州軍事判官真德秀減二年磨勘與堂除差遣一次承
事郎兼福州海口鎮稅鹽倉兼烟火公事留元剛特賜

同進士出身，以試中博學宏詞，故有是命。嘉定七年
三月十五日，刑部尚書曾從龍、禮部侍郎范之柔、左諫
議大夫鄭昭先、刑部侍郎劉爚言：「竊見宏博一科，所以
爲異日詞臣之儲，其選蓋甚遴也。累舉以來，所取僅一
二人而止，至或闕焉，人材之難如此。今歲以是科進者
二十有四人，而其間詞采精純，記問該貫者，一人焉。偶
以援引差訛，不中程度，臣等深惜其才。及啓卷而視之，
則從事郎新國子監書庫官徐鳳其人也。歲在辛未，有
司嘗以鳳程文可采，擬爲詞科之次，今茲所撰六篇，視
前作尤勝，可見其修學之功月異而歲不同也。臣等竊
謂取人以格法者，有司之事；至於朝廷擢用，則不以常
卷五千六百九十九
格拘。伏乞特與鳳陞擢差遣，或令中書省籍記姓名，以
備他日翰墨之選，是以激勵人才之一端也。又聞鳳登
科之日，有祖母在，鳳兩任嶽祠以便侍養。及祖母服闋
之後，方始出仕，鄉評莫不稱其孝，以鳳之詞學優長，而
行義又足以副之，儻蒙擢用，誠愜士論。」從之。先是，禮部
貢院言：「今來省試，內有博宏附試二十四人，已行考校。
內有一號，制表文詞溫純，體制典雅，頌、記、贊、序尤爲工
緻，本末該貫，考究精詳，可謂詞學兼全，傑出衆作。但序
中引《周禮》簭人巫咸事，按本處注，巫字當爲筮，即非敍
之所謂巫咸，然是旁證，即非本處，有差大體，純粹一誤，
可畧，未敢擅行取放，不報，故聞。」院日知舉有此請。以上《宋會要》

明經科

太祖建隆四年八月十三日，詔曰：「一經皓首，十上干
名，乃前史之明文，見昔賢之苦節。自今禮部貢院所試
九經舉人落第者，宜依諸科舉人例，許令再應。」文獻通
考：馬端臨曰：案自唐以來所謂明經者，不過帖書、墨義
而已。愚嘗見東陽麗澤呂氏家塾有刊本呂許公夷簡
卷一萬六百五十一　十八
應本州鄉舉試卷，因知墨義之式，蓋十餘條。有云：「作者
七人矣。」請以七人之名對，則對云：「七人某某也，謹對。」有
云：「見有禮於其君者，如孝子之養父母也。」請以下文對，
則對云：「下文曰：見無禮於其君者，如鷹鸇之逐鳥雀也。
謹對。」有云：「請以注疏對者，則對：注疏曰云云。謹對。」有不
能記憶者，則只云：「對未審。」蓋既禁其挾書，則思索不獲
者不容臆說故也。其上則具考官批鑿，如所對善，則批
一通字；所對誤及未審者，則批一不字。大槩如兒童挑
誦之狀，故自唐以來賤其科，所以不通者殿舉之罰特
重，而一舉不第者不可再應。蓋以其區區記問，猶不能
悉，則無所取材故也。藝祖許令再應，待士之意亦厚矣。

開寶六年四月二十四日，詔禮部貢院：先有開元禮科，自今宜改作鄉貢通理，遂乎考試之時用新出本墨義。七年二月十四日，詔曰：學古入官，歷代垂訓，將期進用，必藉該通。其毛詩、尚書、周易三經學究，自今宜併為一科，及第後依三禮、三傳選數資序入官。太宗太平興國三年三月十七日，詔禮部貢院：自去年十月已前諸科貢舉人，除三禮、學究等三科外，餘並聽於貢院投牒，次以八月朔俱至都下，侯引試。四年十一月十日，詔曰：禁民為非者，莫大於法；陳力就列者，當習其書。苟金科玉律之不明，雖食蘖飲冰而何益？宜申詔革式，著典彝。自今禮部應進士、九經、五經、三史、通禮、三傳引

卷一萬六百五十二 十九

試日，宜於律及律疏中問義三五條，或執卷發其端，令面對一兩事。先是，學究通習三經之約，恐難精至，今分為三科，令各習一經，仍通習明法所習律令等書，并準格以考試。雍熙三年四月二日，詔曰：夫經術者，王化之本也，故設科取士，要在得宜。明經入用，期於專業。向者以毛詩、周易、尚書三經各為一科，顧其大小不相倫等，況復序選之致，豈容學藝之不侔？今後以周易、尚書各為一科，而附以論語、爾雅、孝經三小經；毛詩卷帙差大，可令專習。法家之書，最切於時，廢之已久，甚無謂也，可復置明法一科，亦附三小經。進士、九經已下更不習法書，庶使為學之精專，用功之均一。淳化四年十二

月十四日，詔曰：國家設取士之科，廣得人之路，各懋專門之業，用為筮仕之資。至若三史之書，尤為奧博，括九流而無倫，與六籍以並行；通禮諸科，近經刪定，酌百王之損益，別五禮之等差。如其執卷之流，罕著絕編之效，宜更條例，以勸精專。舊條三史、通禮各試三十場，今特減其半，餘一十五場，每場令知貢舉官抽取三卷發其端，俾之習讀，能曉大義及識音字者，並為合格。真宗景德二年十二月五日，詔禮部貢院：自今周易、尚書學究試本經日，各問經注四道、疏義六道，以為定式。明法比來六場，自今依學究例七場：第一、第二場試律，第三場試令，第四、第五場試小經，第六場試令，第七場試律，

卷一萬六百五十二 二十

仍雜問疏義五道、律文五道。三禮、三傳自今每場十道義中，問經注六道、疏義四道為合格。先是，貢院有請，下其奏，令翰林侍讀學士邢昺等議，詔昺更與學官等同議可否。初，昺請令尚書、周易學究并明法各雜問疏義五道，緣此二科經籍不多，宜問疏義二道、經注四道，通六為合格，餘皆依昺奏，故有是詔。大中祥符四年十二月初三日，詔曰：眷彼設科，存乎舊制。惟禮經之經，與經傳學之文繁，念其研習之勤，特踰條對之數，冀申獎勸，式廣搜羅。自今試三禮、三傳，宜各特與減一場，仍以五道為格。八年正月十七日，詔禮部貢院：所試諸科舉人有六道已上，而卷中點污粘綴，若涉記驗者，未

得駁放次場令主司當廳考試以辨真僞時貢院言有
雜犯者並已駁放故也　二月五日詔曰經術之人科
舉定試每俟復其等第方特校其藝能俯念專勤特從
簡便貢院諸科舊人宜各復場後引試即行考較其舊
經御試者送終場引試考較　仁宗天聖三年三月一
日詔貢院所試諸科例只於經義內考較如對策紕繆
及對答不得者並特免退落先是上封者言經學不究經旨乞於本科問策一道至是對者多無所取帝以執經肄業不善爲文特令取其所長以廣仕路　九月十
六日詔貢院將來考試諸科舉人有明習經義長於講
說及三經以上者許經主司自陳量加試問委是可取

卷一萬六百五十二

即具名聞當議別遣官試驗特與甄擢　十一月國子
監言諸科舉人唯明法一科律文及疏未有印本是致
難得真本習讀欲望差官校定雕版施行從之　八年
六月二十六日上封者言禮部考試尚書周易學究緣
此本是兩科先朝以其習書少遂併一科然後舉人至
今猶多偏習一經蓋以每場各於兩經內問經注五道
每對只記得一經以答五道頗爲僥倖欲望自今依禮
傳例每經分場各試貢令後學之人並經二經書疏又
明法一科文字亦少易爲習讀昨登第人數至多欲望
添習一經或添至七經通爲合格詔兩制詳定既而請
令尚書周易二經分場各試其明法所習文字比兩科

學卷數稍請更不別添經書止添義七道爲合格奏可
八月十二日資政殿學士晏殊言唐有經明舉人並
試策問蓋欲驗其所業本經大義以參廣性識然後入
官政令諸科舉人既無策問但能記誦不經師授非所
以求人任官之意乞自令經終場試後量問策一道以
合舊規詔內外制官詳定以聞後不果上請　景祐元
年二月十一日詔諸科舉人實應七舉者不限幾年別
作一項奏名未得退落　慶曆四年六月二十六日詳
定貢舉條貫所言舊制應諸科舉人對義如使字不合
元出經義及將同音三兩字連寫對所問[illegible]裕
豫三字之了每一道內但犯二字已上並通降爲粗粗

卷一萬六百五十二

降爲否今據考所考到諸科人第一場卷子每道多有
誤寫同音及聲韻相近字並依前條通降粗似此退
落至多今乞將所問義每二字內如用一字不合元出
經義並依前條降通粗添詳舊條若每對義一道內犯
二字七道內犯五字已上通降通粗於理太峻續降條
貫每間二字內用一字不合元出經義始依前條即是
百字之內誤用五十字方始通降粗否於理大寬欲以
懲汰繆濫欲應經學對義使不合元出經義將同音字
對者每義一道以百字爲率內犯十字者並通降爲粗
粗降爲否仍隨義多少準此以定分數從之　皇祐五
年閏七月二十日詔諸科舉人自令後終場問大義十

之字疑衍

道每道舉科首一兩句為問能以本經注疏對而加以文辭潤色發明之者為上或不指明義理但引注疏備者次之並為通明若引注疏及六分者為粗其不識本義或連引他經而文意乖戾章句斷絕者為否並以四通為格合九經五經正問大義而不須注文全備其九經場數並減二場仍不問兼經　嘉祐三年七月二十九日詔應明經舉者內三禮三傳科兼經中小二經以上國朝會要　神宗熙寧四年二月一日中書門下言明經科欲行廢罷并諸科解額內元解明經人數添解進士及更俟一次科場不許新應人投下文字漸令改習進士仍於京陝東西河東河北京西五路先置學官使之教導其南省所添進士奏名仍且令別作一項止取京東等五路應進士并府監諸路應諸科改應進士人所貴合格者多可以誘進諸科嚮習進士科業從之

卷一萬六百五十二

八月八日知德州關兗國言乞許舊讀春秋舉人且於三傳中治一經為業看詳諸路舊應三傳明經人如不願改科應進士舉者欲令依舊應本科仍依明經舊條考校如合格即於諸科額內解送將來科場非曾應三傳明經人不得輒應此科從之文獻通考熙寧八年頒王安石詩書周禮義于學官謂之三經新義　先是王安石奏學官試文止言黎侁張諤文藻而還經古帝曰今談經者人人殊何以一道德卿有所著可以頒行使學者歸一安石曰已令陸佃沈季長纂釋[illegible]六帝曰佃等信能發明經旨乎安石曰雖命之訓而臣實商度也舊制開封府發解三百餘額國子監額不及其半生員合試而通取之　哲宗元祐六年四月六日詔復置通禮科其解額分數及考格式等令禮部立法以聞仍令太常寺將開寶通禮重行校定送國子監頒行其後紹聖元年四月二十五日詔罷五路經律通禮科其額撥入進士正額以上續國朝會要中興乾道會要無此門

八行科　徽宗大觀元年三月十八日詔曰學以風俗明人倫令有教養之法而未有善俗明倫之術蓋設學校置師儒所以教孝悌朕考成周之隆教萬民而賓興以德六六行否則威之以不孝不悌之行刑比已立法保任孝悌睦婣任恤忠和之士去古綿邈士非里選習尚科舉不孝不悌有時而容故仕官臨政趨利犯義詆訕貪污無不為者比官非其人士不素養故也近因餘暇稽周官之書制為法度

頒之學校明倫善俗庶幾於古諸士有善父母為孝善兄弟為悌善內親為睦善外親為婣信於朋友為任仁於州里為恤知君臣之義為忠達義利之分為和士有孝悌睦婣任恤忠和八行見於事狀著於鄉里者鄰保伍以行實申縣縣令佐審察延入縣學考驗不虛保明申州州孝悌忠和為上睦婣為中任恤為下保明如令不以時隨奏貢入太學免試為太學上舍司成以下引問考驗較定不誣申尚書省取旨釋褐命官優加拔用士有全備上四行或不全一行而兼中等二行為州學上舍上等之選不全上二行而兼中等一行或不全上三行而兼中二行者為上舍中等之選不全上三行而兼中一行或兼下一行者為上舍下等之選全有中二行或中等一行而兼下一行者為內舍之選餘為外舍之選中三舍之選者上舍貢入內舍在州學半年不犯第二等罰陞為上舍外舍一年不犯第三等罰陞內舍徵貢入太學者上等在學半年不犯第三等罰司成以下考驗行實聞奏依太學貢士釋褐法取旨推恩中等依太學上等法待殿試推恩下等依太學中等法上舍上等其家依官戶法中下等免戶下支移折變借身丁內舍免支移身丁　八月十七日資政殿學士中太一宮使兼侍讀鄭居中劄子奏近蒙聖慈賜臣御筆八行八刑書欲望以所賜模寫于石立之學宮次及太學辟廱

天下郡邑如石經比從之　十二月一日提舉福建路
學事陳汝錫奏乞今後諸路不限在外在學惟其人則
舉之上抵凡八行八刑之士所在皆得以名聞法無在
學不在學之限可令學制局申明行下 文獻通考自元
祐倣古創立經明行修科主德行而略藝文聞取禮部
試黜之士附賓恩科其時御史既已咎其無所甄別矣
及八行科立專以八行全編為三舍高下不間內外皆
不試而補則往往設為形迹以求入于八行固已可厭
至於請託徇私尤難防禁大抵兩科相望幾數十年迺
無一人卓然能自著與名格相應者而八行又有甚焉
士子斷殘公私交患若之不能誰何乃借八行名稱納
卷一萬六百五十二
之學校使其冀望無罰應貢則稍且自戰而長史實恐
二十七
緣舉從坐故寧使之占額不貢以是知略實藝而追古
創其難蓋如此也　三年二月十六日提舉黔南路學
事戴安仁狀契勘所管多是新創州郡新民其間亦有
孝悌睦婣任恤忠和之性蓋為生於僻陋之邦習俗鄙
夷不知禮儀方今朝廷廣設學校雖遐方僻邑皆置師
儒教導必有其人今欲曉諭鄉村團落間有孝悌睦婣
任恤忠和者次第保舉一二人量與推賞以激勸風俗
從之　四年正月一日臣寮言陛下躬御翰墨裁成典
訓俾得以八行保任非特考其藝能而已所以優待行
已修潔學術已成之人可謂至矣待之既已如此之至

則責之不可以不嚴切聞迩來諸路以八行貢者多或
違詔旨失法意而有司不以為非臣恐由此浸以成弊
令略取其一二事狀著明者論之如親病割股或對佛
燃頂或刺臂出血寫青詞以禱或不茹葷常誦佛書以
此謂之孝或嘗救其兄之溺或與其弟同居十餘年以
此謂之悌其女適人貧不能自給取而養之於家為善
內親又以增窮窶妝而教之為善外親此則人之常情
仍以一事分為睦婣二行嘗一遇歉歲率豪民以粥食
饑者而謂之恤夫饗饑者乃豪民共為之而已獨謂之
恤可乎又有嘗收養一遺棄小兒者嘗救一跛者之溺
皆以為恤如此之類不可遽陳令所保任多不言學術
卷一萬六百五十二
意皆其鄉曲尋常之人非所謂士者願下之太學俾長
二十八
貳博士考以道義別白是非澄去冒濫勿使妄進務在
不失法意而已詔太學辟廱長貳等并諸路學事司考
以道藝別白是非澄去冒濫　政和三年十一月二十
日江南西路提舉學事司言士州助教孫德臣有孝悌
睦三行吉水縣筠州上高縣主簿曾緘孝行顯著及本
人有睦婣任恤四行事迹朝廷敦勸八行以厚風俗而
未許舉八行明文恐未盡搜賢士之意詔許令奏舉
四年九月二十三日臣寮上言陛下制為八行之德傳
豪傑異能之士自崇觀迄今海內蒙化比雖民庶田野
之間有節義顯白如詩書之所稱者朝廷旌賞四方萬

里之民有不獲知宜令有司裒聚頒降中外從之　五年六月十八日臣寮言昨者江南東路提舉學事司言前饒州知通教授縣令佐審察八行貢士萬宗孟補上舍陞入太學本學考驗别無顯跡已行退黜宗孟近因赴試到闕復肆論訟朝廷灼見狂妄謂宗孟全無士行寡被旨先次駮放依屛斥法而本路當職官謬舉之罪迄今尚稽典憲詔提舉學事官降一官教授衝替係公罪事稍重知通令佐罰銅十斤　六年二月七日權發遣陝州吳羽奏乞令後每歲終令有司類聚八行已推恩人各著事實雕印頒之郡縣庶薄海內外咸知陛下德意之美從之以上續國會要　國朝中興乾道會要無此門

[卷一萬六百五十二]　[千九]

宋會要　童子科　紫童子考試原分童子科童子試賜童子出身各自為類今亦仍之

嘉定五年正月二十三日臣僚言竊見進士一科試以三場限以三載間有舉子多而貢額窄者每數百人取一人為選如此其艱童子一科近年應舉者源源不絕此皆明作人小子有造之效然有恩數太濫之弊照得童子能九經者免一解無講說書免兩解今之所講說者不過父兄以講義與之誦念實未嘗通曉義理以背念九經方免一解背念一經講義亦免一解是以講說免者不其大僥幸乎乞今後通念九經及講說者只於免一解之外特賜束帛以示優異從之　四月十一日臣僚言女童子吳志端令中書覆試竊謂童子設科所以旌穎異儲器業也本朝名公鉅儒如楊億晏殊之倫載在史冊後世歆慕今志端乃以女子應此科縱使盡合程度不知他日將安所用况艶粧怪服遍見朝士所至聚觀無不駭愕嘗考禮記女子之職惟麻枲絲繭織紝組紃是務又曰女子出門必擁蔽其面志端既號習

[卷五千二百九十五]

讀而昧此理奔走納謁略無愧怍其執以為詞者不過淳熙間有林幼玉一人以九歲中選令志端但知選乾倖附八歲申乞不思身已長大十目所視其可欺乎儻或放行覆試必須引至都堂親総非便乞收還指揮庶幾崇禮化厚風俗若以其經國子監挑試則量賜束帛以示優異從之

十四年十一月四日臣僚言童子設科蓋幼而業精或中是選人以為榮已亦無怍咸平中有惠輌六歲召入誦易精通覆使賦詩援筆而就遂奬錄之元祐中有朱天錫九歲亦召入取諸經試之隨問即誦不遺一字嘉其天稟賜書以歸是二人者始可以言神童邇來應是科者或年至十二三甚而十四五俱

卷五千六百九十五

七

冒稱十歲以下方居齠齔而已示之以誕異時見諸事業欲其著誠去偽亦難矣竊自己卯訖辛巳僅踰二載而取中者已四十有六冒濫若此顧足以為貴乎政和二年童子陳乞誦書有詔並不試驗特以其數滋多故也紹興三年輔臣進呈誦書習射童子求試於有司者凡九人高宗皇帝嘗有聖諭上有所好下必有甚焉蓋緣昨嘗推恩一二童子故求試者雲集此雖善事然可以知人主好惡不可不審各賜束帛令歸本貫大哉言乎今之童子固未欲遽凡其來當思有以嚴其選每歲取放人數毋俾太濫合行對酌立為定額自本縣試驗保明申州或其人能誦而齒似長亦必黜而不陞以至

胄監後省試亦如之考察既詳偽冒斯革欲望亟賜施行庶於此科作成有用都省照得童子設科從來未曾立定試期并取放名額比年以來多有暗减歲數州縣復不審覈遂成冒濫臣僚有此奏請合該指揮詔自今後童子舉每歲以三人為額仍令禮部行下諸路州軍須管精加覈實平甲挑試結罪保明申禮部國子監定以三月初七日類聚挑試將試中合格人具申朝廷用三月十七日赴中書後省覆試

卷五千六百九十五

八

宋會要 唱名 卷八千二百四八

全唐文

雍熙二年三月十五日太宗御崇政殿試進士梁顥首以程試上進帝嘉其敏速以首科處焉十六日帝按名一一呼之面賜及第唱名賜第蓋自是為始

宋會要 恩科 即特奏名 卷五千七百

紹興三十一年（壽皇聖帝已即位未改元）六月十三日登極赦書應合該特奏名人並與免試內曾經六舉以上到省人與補將仕郎五舉上州文學四舉下州文學三舉諸州助教合補助教人願赴將來特奏名殿試者亦聽 壽皇聖帝隆興元年正月十一日詔將來特奏名入進士請解並免解因事故不曾試今次試人與理為到省一舉兩處取解已及今來特奏名舉數人雖已違限未曾經所屬保明併舉之人特許併舉推恩紹興四年得解貢合赴五年省試因事故至八年以前到省試下理先得解貢年及前舉已降旨諸路進士許將展過省殿試理為一舉赴特奏名殿試令如有四舉年五十七年四十以上應曾展過省殿試之人並許理為一舉若在七年得解八年到省試下之人與理作六年到省並許赴特奏名試進士門引不到因事故赴試不及若舉數已該特奏名依南省下第人例施行如合該取會并合下所屬保明之人且令就試其將來合推恩敕牒等並令禮部收掌候勘會台保官給赴若有違礙即具因依并勅牒繳申尚書省今年既不臨軒策試應該特奏名人於省試院接日試策一篇同日詔禮部貢院今舉省試進士貢士年四十以上六舉曾經御試八舉曾經省試年五十以上四舉曾經御試五舉曾經省試內河北河東

陝西舉人特與各減一舉及曾經紹興五年已前到省前後實得兩解貢或免解共及兩舉各不限年令禮部勘會許特奏名試其五年以前到省一舉見年五十五以上者令本貫州縣當職官勘實別無違礙結除名罪保明中禮部內開封府國子監即各令名見任承務郎上以貳員亦依前結罪保明本屬關送禮部勘驗聞奏當議特與推恩 三月二十五日詔今年特奏名進士試在第五等人並與特依下州州學例施行 四月三日詔建寧府特奏名進士翁德輿特賜同進士出身德輿試入第二等以皇帝潛邸援紹興八年袁煥章例自言故有是命 九月七日吏部言將仕郎蘇驤蔡雍馮蓋

（卷五千七百）

臣張光庭言係四川六舉奏名詣闕補官令以銓試離制未獲參部伏見川蜀正奏名進士第五甲人於格亦合銓試已蒙自朝廷特免試參注伏望許依第五甲人例從之 十月五日詔吉陽軍免解進士符昌言特補下州文學昌言貫南海嘗請四舉遇登極覃恩自言有司以昌言荒遠士人且實獲四舉在海外為罕理宜優恤以其事聞而有是命 十一月八日資州特奏名進士陳齊年言於紹興七年請解當年試下赦前實四舉年五十以上準赦文應該特奏名人並免試推恩合該下州文學禮部誤稱紹興七年無展年例未放行欲望委官參行放行推恩詔陳齊年補諸州助教特依下州文學

恩例 二年二月十二日詔雷州進士王掄與補諸州助教特與下州文學恩例以掄自陳紹興四年請解因事不曾赴省依指揮理到省一舉計應舉二十七年推恩也 二十日中書門下省言進士張士謙胄廣孫庭光任天林朱躬厚並於紹興七年得解當年試下檢排至赦前及二十七年並合符隆興元年四川特奏名試緣各州保明作免試推恩以故不曾赴試即與其他緣事不曾赴試事體不同合比附第五等人推恩詔並補諸州助教特依下州文學恩例施行 九月十四日守右正言龔茂良言特奏名進士自得解免解以至該恩赴殿試大約皆嘗五試於禮部每次必有繳到本貫公

（卷五千七百）

據與夫家保狀可照也今有初未嘗預薦到省止憑保官狀作開封府及西北陷絕州軍得解人直乞赴特奏名試及乞用覃恩徑行補授無片紙可以考驗一切用賄得之此不可以不痛革者也欲望明詔有司立賞許告重賞之法仍乞先立寬限聽其首原應今後特奏名人本部差無元得解及逐次到省可照文據並不得名保放行從之 乾道元年三月二十五日尚書吏部侍郎葉顒言臣仰惟陛下自即大位首霈異恩至於累到省試人自四舉以上即授以官或試入下等與陞等恩例德至渥也但比來到部毋慮數百人無闕可以處之彼該恩者無非迫於晚景欲丐寸祿欲乞將特奏名見

在部人依西北留京人例權與嶽廟差遣一任，願就者聽，庶人被實惠而無淹滯之歎。詔三省看詳。其後省看詳，特奏名進士難放西北流寓注格，格嶽廟緣該大霈，欲特注破格一任文學助教，仍理為權官，已注官者不許更援以為比。從之。

二年八月九日，詔令舉係龍飛特奏名第三等、四等令吏部特與依建炎二年赦放行參選，其第五等人元係諸州助教，已降指揮特與依下州文學恩例，自合待郊出官。

十二月十六日，禮部言：國子監看詳臣僚所請，將諸路進士八舉年四十以上、五舉年五十以上，并初舉甲子紹興十四年得解、十五年到省試下之人，即不曾經展過省殿試，年自合依舊制自解到省試下實及三十年，並許赴特奏名殿試。

卷五千七百

伏乞詳酌施行。從之。臣僚言：隆興元年言者乞立定法，進士自紹興甲子以來，必一舉三十年而後推恩，而國子監看詳不曾推原，乃後舉而為三十年之數，是致今舉猶守舊比，來二十七年人年未及五十、不及五舉赴特奏名試者有四倍之多，乞行釐正，再下看詳，而有是命。

十八日，詔令舉四州特奏名進士第一等第一名為該龍飛恩例，特賜同進士出身；第二等至本等末並賜將仕郎；第二等至第四等並賜下州文學，依建炎二年赦放行參選；第五等並賜諸州助教，特與依下州文學恩例施行，仍待郊赦出官。

十三年十一月二日，南郊赦：

書會勘，昨於乾道二年內均命赴特奏名進士例，係該龍飛恩例緣事赴試不及之人，將來殿試唱名，特與依前舉龍飛恩例陞等施行。

六年十一月六日，南郊赦：書同。

五年十一月二十七日，禮部言：四川安撫制置使司試院考校合格特奏名進士王獻明等九十一人，乞推恩依故例，及已獲旨合依乾道五年行在殿試未陞降以前比赴行在特奏名進士人數紐及分數，開其五等推恩。前所具逐等內有剩取之人，亦從本部依例遞償於次等內，從上名次安排。謂如第一等剩取一名，遞償作第二等首之類。數內該赴乾道二年特奏名試緣事赴試不及，欲將似此之人照所降旨特與依下州文學恩例待郊出官。從之。

卷五千七百

六年十一月六日，南郊赦：紹興十二年以前到省一舉年五十一上者，已降旨揮令本貫州縣驗實結罪保明，乞推恩，竊慮其間有本貫阻隔，致未霑恩。如有似此之人，許依開封府、國子監進士已降指揮，於所在州縣詣見任承務郎以上二員結降名罪委保，當職官同罪保明，申禮部驗實以聞。

九年十一月九日，赦書：遞越一舉及該述育士外，悉同此制。

八年三月六日，禮部言：昨臣僚申請特奏名自合依舊制自得解到省試下實及三十年許殿試定例，並無實及三十年之人。當時臣僚一時申請大率以十舉為三十年，今將定

和六年舊制定例參照自紹聖四年至宣和六年係十
舉二十九年即於今紹興四年省試下到乾道八年恰
及十舉二十九年比較舊制一同今欲依舊制定例將
紹興十四年得解十五年省試下之人許赴今舉特奏
名事內有因事至十八年到省試下人許理元得解年
為省試下逐舉帶行後舉亦依此遞趲從之　十四日
禮部言國學進士該覃恩已許理為舉數其藩邸州軍
進士有實請解免解舉數尚少一年之人乞許將到省
該覃恩一舉接舉赴特奏名試從之　紹興五年九月
十五日明堂赦應進士年五十以上五舉到省合赴紹
興四年特奏名殿試人係事赴試不及若將來殿試唱

卷五十七百

名入第四等以上合補授文學之人雖係年六十以上
與理紹熙四年甲令年赦恩合保參選特差嶽廟一資
自後郊祀明堂大禮赦亦如之　同日赦勘會該遇登極赦恩用舉數推
恩補授文學并特奏名文學之人依法遇赦日年已六
十者許二年次參選注權入官其年六十三歲以上內
該登極補授如之　嘉泰四年五月二十六日詔特奏
名試在第五等人願再試者諸特勅三次自今舉為始
嘉定二年二月二十一日禮部侍郎吳奕言四川特
奏名試不入等人鄧拱辰等六人令來逆曦誅殛之後
垂白之士喜見天日萬里遠來狼狽可念乞依紹興二年
指揮特與推恩一次　詔禮部勘當既而本部言國子

監聚議竊見高宗聖政紹興二年詔四川特奏名進士
於道路艱阻之際遠來赴試理宜優恤其試在第五甲人
特依楊州例並與依下州文學恩例施行今乞照紹興
二年指揮特與推恩一次如日後再有陳乞之人不得
援例從之　七年五月二日監察御史倪千里言竊惟
國家網羅人才特奏有科以處場屋淹滯之士德至渥
也然自第一名得同進士出身之外餘自第一等至四等
雖補攝官職有差較之通榜止三分之一餘不過諸州
助教實同黜落彼得姓名占第四等以上者厥惟艱哉
竊聞考次雖係考校既發姓拆號外則不與其拆號吏
容姦受囑不知寒士利害將第五等人姓名易置四等

卷五十七百

以上考官勢難致詰陞黜例置寒士扼腕況若入等日
慕遂遠苟有倖門何憚不來今日既已重費得官他日
筮仕必將取償於民何所不至竊見策士在即所以革
弊乞申敕攸司於唱名日將考校官已排定特奏名進
士試卷預同編排官對號公共開拆連銜聞奏庶免私
易名次之弊從之　十年五月四日臣僚言比年以來
赴特奏名試者其間有富室大家他日未嘗學問臨時
專事經營與書鋪人等議定價值計囑御藥院等處通
同作弊試後各寫所有舉主二員特奏名補授有舉主
三員可權差破格嶽廟一次自後郊祀明堂大禮赦亦如之
慶元二年二月二十五日詔今舉特奏名試在第五等

人候遇郊含日許部嶽廟一次願繳納敕牒再試者聽　五年四月二十九日詔令來龍飛恩例特奏名進士如試在第五等不應出官者依紹熙元年四月十八日指揮陞等推恩　五月十四日三省言令歲龍飛策士特奏名第三等第四等補授文學之人已降指揮與免次第保明止令遞相委保仍減陞朝官舉主一員及舉官權行添舉一人仍不拘次序許舉一次竊慮出官人數頗多舉官人窄更與減舉主一員其舉官每員更權增舉二人餘依已降指揮　二十一日三省言今舉特奏名試在第三等至第五等內有年及不應出官之人緣該遇龍飛恩數合行優異詔特與免舉主放行參選

卷五十七百

注授嶽廟一次令吏部日下出榜曉諭自指揮下日限三日赴部陳乞仰本部即時擬注具鈔上省不管阻滯令條特權差一次仍令州軍每月特與支俸錢一十貫米一石須管按月支給　二十七日詔令次特奏名進士射射為係龍飛及值兩所有兩箭中垜以上人權比附下等推恩一次　六月五日詔將慶元五年龍飛二廣特奏名試在第五等人候將來郊祀後參選日與陞陞朝官舉主二員及舉官亦許權行增舉三人向後科舉却合照應條格施行餘依已降指揮命固不容於曠官又不欲使之失職則差注斟酌尤不可不當如蒙采納及賜施行從之　十五年正月十日玉寶赦文應特

奏名文學見年七十以上依法不應出官許召保官三員委保正身於所在州軍陳乞保明申吏部與差嶽廟一次其第五等有恩例曾經嶽廟一次者更與嶽廟一次　同日赦文應嘉定十三年特奏名進士試在第五等之人並特與補下州文學

卷五十七百

試法　太宗雍熙三年九月十八日詔曰夫刑法者理國之準繩御世之銜勒重輕無失則四時之風雨弗迷出入有差則兆人之手足何措念食祿居官之士皆親民決獄之人苟金科有昧於詳明則丹筆若為於裁處用表哀矜之意宜行激勸之文應朝臣京官及幕職州縣官等今後並須習讀法書庶資從政之方以副卹刑之意其知州通判及幕職州縣官等秩滿至京當令於法書內試問如全不知者量加殿罰　端拱二年九月二十九日詔應朝臣京官如有明於格法者即許於閤門上表當議明試如或試中即送刑部大理寺祗應三年明無遺闕即與轉官　仁宗天聖十年二月流內銓言前澶州濮陽尉張嘉言初任丁憂免喪請試律斷案檢會編勅試中律義人並注火州倅多處司法錄事斷案因難合格止以試律升降如才一考太為僥倖請自今選人求試律斷案者須任三考以上奏可　景祐三年六月七日流內銓言乞自今應試律斷案選人律義通外更須斷案一道通或二道粗通方與注優便官如第

卷一萬六百四十九

二度乞試律除合入法寺餘只依常注官詔再試不行餘並從　四年六月十二日審刑院御史臺言今後應試法選人明法出身即試律義六道以通疏議兩道者為合格別科出身即依舊考試外仍並試斷大案二道中小案一道如中小案通考大案內得一道粗者即為中格從之　康定元年十二月四日流內銓言前全州清湘縣令溫宗賢先試律斷案合格銓司依勅免選注近便官或料錢多處錄事參軍其人願注清湘縣令今來得替未該參選復乞就試看詳選人乞試律斷案多是苟避限欲今後只許一次試從之　慶曆二年八月二十六日詔御史臺考試選人試律斷案并舉選到刑部大理寺法官等令與審刑院譬畫關防精加考試無令儌倖餘依前後條勅施行　八年十月二十八日侍御史李兌言今後應奏舉乞試刑法之人不得懷挾文字入試如敢故違重行朝典詔御史臺嚴行禁約　嘉祐四年七月二日御史臺言選人乞試斷案逐時令與審刑院大理寺同共考試近據前鄜州司法韓嘉言等八人乞試尋會問並各御待闕或已赴任欲乞自今後逐年立定時限令如期赴試候考較得中依條送逐司上簿免成限滯詔今後選人乞試律斷案如三月後投狀即八月引試九月後投狀即來年二月引試　六年三月一日權御史中丞王疇言前齊州司戶參軍趙宏

卷一萬六百四十九

等乞試律斷案緣差同知貢舉引試相妨審刑院詳議及大理寺斷詳官並差人貢院乞候過御試舉人權於三月內考試從之以上國朝會要　神宗熙寧元年十二月十二日詔自今被舉試刑部法寺官者流內銓收闕便住正官如就試人不中別與差遣並以後來到銓名資序注擬先是赴試刑法官往還未有日限往往因事規避州縣多闕正官至是始立法　三年三月二十五日詔京朝官選人歷官二年以上無贓罪許試刑名委兩制刑法寺主判官諸路監司奏舉歷任有舉主二人亦聽就試日試斷獄一道刑名十事至十五事為一場五場止又問刑統大義五道斷獄通八分已上不失重罪合

卷一萬六百四十九

格分三等第一等選人改京朝官進一官並補審刑大理刑部官第二等選人免循一資京朝官減二年磨勘第三等選人免選京朝官減一年磨勘法官闕亦聽補考試關防如試諸科法　同日詔試用法官條貫候法官皆是新法試到人即依此施行立定試案鋪刑名及考試等第式樣一卷頒付刑法寺及開封府諸路州仍許私印出賣　六月二十八日判刑部劉謹奏舉權柳州軍事判官宋諤試刑名中書門下以諤經試律略吏人竊斷案欲不許試御批緣試法雖實律亦恐不免如此其宋諤令就試不妨苟不中格自當退黜　九月十二日以同勳員外郎權刑大理寺崔台符殿中丞權發遣大理少卿公事朱溫其太子中允崇政殿說書曾布並赴錫慶院考試法官國子博士楊淵殿中丞吳安度巡鋪屯田員外郎董倚監門祕書丞章楶封彌自後試官皆如例　十三日詔考試法官所分為三等考定所試之人如無合入上等之人即止從本寺仍逐場未得駁放各具等第通數聞奏　四年十月二日中書門下言檢會自來幕職州縣官并未出官選人每因恩赦例與放選最為本均緣選人到任月日不同有得替守選實及三年或纔罷任遽已免選者其間實有官業之人守選歲久候及恩赦方得注官無以旌勸能吏以至奏補初出官之人自來並須年二十五以上試詩一首方得注官尤為無

卷一萬六百四十九

取緣其間有才能者須候年及格勅實為淹滯兼中常之才嘗試其所能使之釐務往往廢贓及銓曹合注官選人自來例須試判三道因循積弊遂成虛文皆未為允今欲改更下項應得替合守選幕職州縣官並許逐年春秋於流內銓投狀乞試或斷公案二道或律令大義各聽取便乞試限二月八日以前投狀至次月差官同銓曹主判官員同試應約束事件並依試法官條約指揮其試公案即令所差試官旋撰文案每道不得過七件刑名須明具理斷歸著及所引用條貫斷遣刑名逐一開說其律文大義即須具引律令分明條對如不能文詞直引律令文義對答者亦聽其試義即須援引經

清按八日八月之誤見宋史選舉志選舉四

典法令質正是非明述理趣以上並許齎所習文字入試考校編排作上中下三等申中書看詳如得允當即取上等第之人依名次與免選注官內考入優等者別作一項開說當議看詳與依判超例升資內無出身者與賜出身如經試不中或不能就試得替實及三年者亦許經南曹投狀並特與放選即不得入縣令及司理司法差遣其錄事參軍司理司法令後更不免選應條貫內理爲勞績事件亦令編勅所取索類聚相度事理可與免選者先次詳定令幾遇赦恩更不放選合注官人更不試判即歷任有京官職官縣令舉主共及五人者亦與免試放選注官其差替衝替放離任等人亦許

卷一萬六百四九

依得替人例投狀注官者亦準此所有試公事及大義并依法官例差官撰立式樣頒降施行應奏補京朝官及選人年二十以上並許逐年經審官東院流內銓投狀依進士例試所習經書大義十道者亦聽如所試及得合放選人等第便與差遣入優等者亦與賜出身仍並與上條合試選人一處差官考試通定等如試不中或不能就試候年及三十方與差遣內元奏授時已年三十以上即候奏授及三周年方得出官以上京朝官仍展三年監當如歷任於合用舉主外更有舉主二人即與免展年以上自來合試詩者更不試詩如係熙寧四年以前奏授者見年十五以上不能就者且依舊條

施行京朝官仍依上條展年詔並從之　六年二月二十七日檢正刑房公事李承之言自今試刑法人如經再試當推恩者唯上等依例陞擢外餘並比較前得恩例併計施行或貲重令輕者更不推恩從之　三月二十六日詔試中刑法人莫君陳遷一官爲刑法次四人送法寺試斷案或充提刑檢法官次五人各循二資次十一人各循一資餘各不依名次路分射差遣一次及止免試注官京朝官比類酬獎仍自今試法官斷案刑名約七件以上十件以下文獻通考熙寧六年詔進士諸科及選人任子並令試斷案律令大義或時議始出官其後又詔進士第一人以下並試初詔自三人以下始令試法中書習學練亨甫言高科任簽判及職官預一州之其於習法豈所宜緩前此試刑法者世皆指爲俗吏今朝廷推恩雖厚而

卷一萬六百四九

應者尚少若高科不試則入不以爲榮矣乃詔悉試帝因言近士大夫多不習法令吳充曰漢儒陳寵以法律讖受徒家常數百人又有律學在六學之一後來縉紳多私此學明法一科又徒能誦其文罕通其意近歲狩士補官者之聚而試之此有以見恤刑之意舊制進士諸科以甲次高下率錢期集貧者或稱貸是年始賜錢三千緍爲則集費　舊制新進士入謝進謝恩銀百兩至是罷之十年四月十九日中書省言京朝官選人小使臣試中經書律令大義及議并斷案上等欲與遷官循資堂除差遣中等堂除下等注官　五月二十六日中書省言京朝官選人滿兩考及非見任者雖無舉主並許試刑法試中京朝官減磨勘一年選人得堂除並候成兩考及舉主應格日推恩從之　二十七日中書省刑房覆考試中刑法第一等除詳斷之官第二等循兩資第三等京朝官減二年磨

勘選人循一資第四等京朝官減一年磨勘選人堂除一次第五等京朝官先次指射優便差遣選人免試注官從之　八月十八日知諫院鄧潤甫言近制試刑法者闕許離任緣知縣縣令所總事繁多及推行新法不可闕人自今知縣縣令不許赴試從之　八年四月二十五日詔自今試刑法官不及兩考者並許就試如試中刑法在寺供職及兩考與推恩　三十日詔試刑法人上七人差充法官餘循資堂除差遣免試其京朝官即比類推恩　八年五月十五日詔諸發轉運提舉司及州學人吏不曾犯徒刑及贓罪如通曉法律許三年一次試判案於當年三月一日已前經州陳狀要本

卷一萬六百四十九

州體量行止名職員五人對保五月一日已前申轉運司類聚於八月內差官鏁院前三日投納所習律令格式刑統編敕附令敕書德音五服年月敕大禮御札約束九域圖歷頭祠部休假名廟諱等赴試院點檢如到夾帶可以準備斷案答義文字者先次駁放其位委試官於逐場試前一日排定仍逐日移易通試五場每場試案一道約七件已上十件已下刑名委考試官撰案依試舉人例封彌謄錄考較已就試不得上請如的有差誤引斷不行許白巡鋪官引赴簾前白試官改正仍五道通考所斷及八分已上重罪不失為合格如合格人多即別引一場比試刑統大義五道不取文采止以通義理為

上如不合格具所引刑名差錯曉示內有不當聽次日經試院分析與改正重定去留雖所說不通亦不坐罪若不為改正許經監司次第陳述當與不當各依條施行本司具合格姓名并試卷聞奏中書詳覆每路不得過三人仍一面出給公據付逐人限次年二月一日已前到京於刑部投狀其在京諸司人吏許經中書投狀依此名保并兩巡院前行依條試驗到臺者並一處差官比試取十人為額以曾經制勘獄推勘公事人充御史臺主推書吏若各經勘鞫即以試到名次高者先補餘充審刑院糾察司書令史內未係正名并職級者且充守闕祇應給與請受候通理人仕及五年即與補正

卷一萬六百四十九

如未有闕即補守闕願歸本貫及本司守者亦聽其試不中者內係巡院人與三司大將諸路人吏委試官取轉運司試卷并見試卷看詳如各有可采亦許具名聞奏當議特與轉資　七月二十三日中書門下言據專切編修熙寧政錄練亨甫狀檢會熙寧六年七月二十五日詔令後科場除三人及第依舊外餘並令試律令大義斷案據等第高下注官看詳立法之意蓋為先時官吏多不曉習刑法決獄治訟唯胥吏為聽所以令於入仕之初試律令大義斷案入等然後注官此誠良法然其間獨不令三人就試於義未安切緣進士第一名及第便入上州簽判第二第三名便入兩使職官通與

一州之事比之判司簿尉事任不侔於曉習刑法豈所宜緩兼前日官吏有講習刑名衆皆指為俗吏雖昨來試中法官恩例甚厚而初應者少今若獨優高科之人不令就試則人以不試法為榮以試法為辱滋失勸誘士人學法之意欲乞今後進士及第自第一名已下並令試律令大義并斷案所貴編入聖政使後世無以復議從之　九年正月十七日中書門下言中書主事已下三年一次許與試刑法官同試刑法第一等陞一資第二等陞四名第三等陞兩名内無名可陞者候有正官比附減年磨勘餘並比附試刑法官條例施行從之

三月一日中書門下言貢院考試中刑法人欲依熙

卷一萬六百四十九

寧八年例第一等充法官第二等循兩資第三等循一

五等大典作五名

資第四等與堂除第五等與免試京朝官依例比附推恩内第一名王栢案數通粗合在親戚所第一名之上以貢院言柏大義優長乞與旌擢今欲陞作上名從之

四月八日中書門下言貢院考試到京朝官選人班行經書大義斷案律令議等内中等稍優者與堂除其中等京官與先次差遣選人與不依名次注官下等與注官差遣換官者準此從之　十年三月十六日權判尚書刑部胡援言乞立定每年合舉到試法官人數其擢用恩例亦乞申明將得改轉京朝官人擢用令看詳舉到刑法官每員合立定人數其試中人如京朝官合

得減年磨勘選人合得堂除已上并監司不得過七人若歷任有監司一員或他官二人奏舉亦聽於銓院及所在外官司投狀乞試從之　四月四日中書門下言勘會去年新科明法及第出身人多就當年秋試刑法其間有試第二等循兩資第三等循一資第四等堂除差遣第五等免試緣新科明法人既係試中斷案律議登科若更以本業再試刑法等第推恩頗為大優況進士及第人既不許試經義出官武臣武藝出身人亦不許試武藝弓馬豈新科明法人獨許以舊學再試今欲應新科明法及第人就試刑法如試中除入第一等合差充刑法官人與依例推恩外其合入免試以上等第

卷一萬六百四十九

並與免試更不推恩若就銓試中即許投下文字其合得堂除以上恩澤亦更不施行如願試經義入等自依等第推恩從之　元豐元年閏正月十八日詔任緣邊及黄河地分官試刑法者並須任滿待闕在一季内者亦如之　五月二日詔試中刑法官第一等充法官第二等循兩資第三等循一資第四等堂除第五等免試京朝官比類推恩　八月十一日詔自今科場考試刑法並中書差官　三年五月十一日詔自今見任外官不許試刑法　十五日詔京朝官選人班行試經義律令大義上等一人減磨勘二年試法官人第二人差充法官第三等四人充習學公事第五至第七人循兩資

下三人循一資，餘以次推恩。四年五月二十三日，中書言：刑房覆考試刑法官第一等欲充法官，第二等下三人欲循一資，第三等上十人與堂除，第三等中八人與免試，仍陞一季名次，第三等下十二人與免試。從之。
五年九月二十二日，尚書吏部上重編排考試刑法所等第。詔第一等孫輔道令大理寺試斷案三十道，如堪充職委長二保明；第二等、第三等與占射差遣、免試、陞名次有差。十二月三十日，詔諸路務郎以上及幕職州縣官并未入官人，歷任無私罪徒及入已贓、失入罪，併勒停衝替後已經一任者，許試刑法。無人奏舉，聽於尚書吏部及所在官司投狀乞試。見在外任官及授黃河地分見闕者，不許就試。諸舉官試刑法者，尚書刑部、官大理寺長貳歲各十人，侍從、三省、六曹、御史、開封府推判官及監司各七人。八年九月二十九日，刑部言：修立到考試刑法官等斷案粗分三等條約：一、罪名當而剩引上下文及他條於所斷罪名無害者，皆為通。罪名謂公私之類。上粗，視通七分半。漏條貫內要切字，謂如藏匿條規令得隱避之類。漏要切情節、節案，或引條入生語、漏聲絕，謂不聲說除其事條輕及除免在下項聲說之類，即受贓項內不聲說除免重罪，又不聲說者受贓與重罪合罪合為否。不依體式，謂將私罪謂私自犯在定斷之後，及不應追奪而追奪，或

卷一萬六百四十九

差互

引條全而不追奪，即誤以重罪為輕罪，致却於輕罪追奪者，其輕罪聽為通。條貫引文差互，謂如合引巡檢注令別兼幹當者，亦同差出，不得差出却引不得差出在別兼幹上之類。中粗，視通五分。引用皆當，差刑名。刑名謂徒年杖數除免之類。差誤，謂應用從減外而不言用官蔭減外之類，但於刑名無害者，即一事引兩法斷者，若以斷遣制又斷遣失之類，自為否。漏條貫罪名不當，謂應公言私及不言私之類，不礙官當者，即刑名不當，或刑名偶同而所引條意義全非者，為官文書杖一百，却引請求杖一百之類，自為否。下粗，視通二分半。漏本犯條，漏餘貫五分已上，直斷受贓或請求，謂如斷請求枉法不斷出入罪及斷不枉法，不引罪人本犯條貫，其後刑部更以為格式內有差互，未明奏重行修立到考校通粗格式以引用皆當若刑名罪名當而剩引上下文及他條於所斷刑名無害。刑名謂徒年杖數除免，罪名謂公私之類。為通。漏條內要切字，謂如藏匿條漏令得隱避之類。漏要切情節、節案，或引條入生語、漏聲說，謂不聲說除某事條輕及除免在下項聲說之類，即受贓項內不聲說除免重罪，又不聲說者受贓與重罪，自為否。不依體式，謂將私罪諸私自犯在定斷之後，及不應追奪而追奪，或引條法全而不追奪，即誤以重罪為輕

卷一萬六百四十九

罪致却於輕罪追奪者其輕罪聽爲通 條引文差玄謂如合引迴檢法令別兼斜當者亦同差出不得差出却引不得差出在別兼斜當上之類 爲上祖差誤謂應引從輕入重條而引從皆入杖條及應言從減外而言官蔭減外之類各於刑名無害即應引從減條而引官蔭減條并一事引兩法若已斷違制失之類自爲否 漏條罪名不當 謂應公言私及不言公私之類不礙官當者即刑名不當或刑名偶同而所引條意義全非者若詐爲官文書杖一百却引請求杖一百之類自爲否 爲中粗漏本犯條漏餘條五分以上直斷受贓或請求 謂如斷請求枉法不斷出入罪及斷不枉法不引罪人本犯罪 爲下粗從之 時元祐三年正月也

卷一萬六百四十九

哲宗元祐元年五月十一日詔大理評事以上無得更試刑法 三年三月十八日吏部言試刑法人久來每年春秋兩試昨準勅罷秋試即令每年只是一次春試依條每年旋立到限闕日限令欲乞將試刑法人限當年二月十五日以前到闕遇科場於前一年十二月十五日到闕從之 紹聖元年七月九日御史中丞黄履言大理判斷刑之官神宗初立選試之法第一等取數常艱惟中等得入大理爲斷刑官元祐中以其恩典常重竟孝任舉主而增以嘗歷刑法官與縣令優課爲奏舉法其試入優等者不得預焉欲自今專用先朝選試之法刪去嘗歷刑法官縣令優課等條自非試預上選者不得爲斷刑官監察御史郭知章亦乞用熙豐試法詔令刑部大理寺依元豐選試推恩法立條 二年二月十六日大理寺言承務郎已上及幕職州縣官試刑法須歷任有舉官不犯贓私罪并失入死罪方許試及立到程試格目取人分數推賞等詔行之 元符二年十二月十六日刑部言選試法未得允當今重別修立承務郎已上及幕職州縣官歷任兩考非見任外官投黄河地分見闕於交替月分有姑青與見任同有舉試刑法或監司舉主一員無即於官舉主一員每歲聽於尚書吏部或所在官司投狀申本部乞試刑法其舉主未足或歷任未兩考亦許試

卷一萬六百四十九

未入官人將來應注官特奏名人應舉人準此如得減年磨勘占射差遣以上候舉主考第足推恩任免試到部以下即歷任曾犯私罪徒或入己贓及失入死罪并停替未經任者並不許乞試及推恩一願試法官者不得更赴吏部試其試法官等第一等上斷案三場到刑名不失重罪通刑統大義及八分以斷案刑統義通考下文準此也第一等下六分第二等上五分半第二等下五分第三等上四分半第二等下四分第四等上二分第四等下二分半一承務郎以上推恩第一等上轉一官免試斷案及公事充大理寺評事或司直未及所考無舉主者充供職候考第舉主應條與幕官第一等下減磨勘年九第一等下減三年磨勘免試斷公事差充評事或司直

第二等上減三年磨勘第二等下減二年磨勘第三等上減一年磨勘第三等下陞一季名次注近地官第四等上注近地第四等下陞半年名次選人推恩第一等上免試斷案及公事合入官差充大理評事司直未及兩考與舉主者先供職俟考第舉主候應條與改官第一等下准此第一等下大理寺試斷案三十道如堪充職官二正保明聞奏改合入官差充評事或試公事三月依上文保奏改官差充司直第二等上循兩資第二等下循一資第三等上不依名次路分占射差遣第三等下免試一季名次第四等上免試第四等下陞半年名次從之　徽宗崇寧元年八月十六日臣僚言乞捡會元豐進士試論日兼試律義之文參酌行之詔依仍俟後次科場施行

卷一萬六百四十九

三年四月二十一日刑部奏神宗皇帝立春秋二時吏部試出官法復許就試刑法官皆使習法以從政所以作成人材見於實用後來有司申請試出官人不許兼試法官其意不過以一人就試不容兩被推恩不知試出官與異法官藝業難易不同賞典厚薄各異欲乞今後試出官人依熙寧舊法許兼試刑法官其試斷案者亦依熙寧定式從之　九月二十七日通仕郎陳州西華縣丞李龜長狀伏覩崇寧三年四月二十三日敕今後試出官人依熙寧舊法許兼試刑法官欲乞追熙寧在任就試之法畿三百或五百里內雖不許差出之官如令丞司理司

法之類亦許就試試畢限五日還任如涉詐冒重行刑典詔依熙寧法　宣和三年五月二十五日詔近年以來試中刑法人數絕少選任官多是避免法寺掌斷天下獄案刑名稍有差失所繫非輕可專委大理卿宋伯友遵依元豐制令條具措置以聞　八月二十八日大理卿宋伯友言奉詔令遵依元豐試刑法條制措置捡照前後條格均減六場內元豐時試刑名及三十九件至十七件皆為合格考試分數稍優所以就試合格者多見行試法每試刑名須四十四件至二十七件方為合格元豐時試及二分半便入第三等下今試及五分方預第三等下雖見行賞格差優而考試之格分數增倍是至就合格者少今參酌元豐崇寧舊制修成格法

卷一萬六百四十九

以八分以上為第一等上六分為下五分半以上為第二等上五分以上為下五分為第三等上四分以上為中二分半已上為下乞賜頒行從之　七年五月十九日尚書省言臣僚言比來法官之選寖輕試法雖存而試者日益鮮少不經試入等人宜毋使預法官之選奉詔令尚書省措置取旨勘會堂除大理評事昨降指揮許比附試斷案第一等已上人例改官雖續降指揮當除比於試中得恩例人內選差緣試中等第恩例高下不一若但霑恩例便得堂除候及一年改官顯屬太優兼試中第三等上人承務郎以上減一年磨勘承直郎以

下占射差遣内承務郎已上既得預選法官則同等試中人承直郎已下理合亦聽預選從來未經申明補完法意今措置欲今後承直郎以下試斷案第三等上人亦許預選法官上得用常法改官其堂除人仍須於試中第等上及第三等二人内選差除條試中第二等上人自依本法改官外餘許依元豐七年及崇寧三年法改官仍增一考所有政和七年二月十六日堂除人改官指揮更不施行從之已上續國朝會要　光堯皇帝紹興二年二月六日詔權住引試刑法官自來係附選人銓試，以選人免銓試故也。　四年五月十八日大理路正路彬言考校試刑法官分數格條以五十五通分作十分爲率第二等下五分以上第三等上五分第三等四分以上即是二十七通七釐半爲第二等下二十七通五釐爲第三等上二十二通二釐半爲第三等中切詳第三等中至第三等上條隔五通二釐半第三等上至第三等下止隔二釐半分數不倫人情法意未得周盡欲取四分半以上爲第三等上庶適中從之　五年閏二月二十六日中書舍人劉大中言李洪等稱曾試刑法入第一等改官吏部既稱無干照又稱無似此體例自合告示乃於法外令名本寺官一員委保啓倖之路乞將已降李洪李志行改官指揮追寢不行是日宰執進呈趙鼎曰古者以刑弼教宜崇奬之上曰刑名之學其廢久矣不有以崇

卷一萬六百四十九

奬之使人競習則其學術絶誰復繼之沈與求曰漢詔以獄爲重事蓋刑罰失中則民無所措手足雖法家者流別是一科然所繫非輕不可不重此選於是有旨令吏部重別取索有無的實干照開具供申尚書省　十三年八月二十四日右司諫詹大方言春秋銓試官係朝廷選差至於附試刑法則許銓試官入院後臨時辟差二員其所辟官本爲撰刑法問題號爲假案非深於律者不能也比年以來棘寺之官利於試院請給支相計囑故所辟之人未必皆通於法律乞並從朝廷選差曾經試法中程之人從之　二十五年四月九日四川安撫制置使司言乞依四川安撫司申降到指揮校試檢法官每三年就類省試院別差應格考試刑法官二員專一校試從之已上中興會要　壽皇聖帝乾道六年十二月十七日四川宣撫司言校試刑法官係差四路提刑司檢法官畢舉依紹興二年五月四日指揮遇科舉歲預取會就類省試院校試其監試封彌謄録及簾外諸司等官就用類省試院官外止依舊制別差應格考試刑法二員專一考校乞行下遵守施行從之已上乾道會要　文獻通考試刑法者亦自熙豐間始舊附銓試院兵火後廢停紹興三年始復後又降勅別差試官二員專撰刑法問題號爲假案其合格分數例以五十五通作十分爲率五分以上入第二等下條二十七通七釐半四分半以上入第三等上條二十四通七厘半四分以上入第三等中係二十二通以上凡試入二等者選人改京秩義趙忠蕭爲相以刑名之學其廢日久故白請優之今遂爲大理評丞之選四年刑置司請每

卷一萬六百四十九

三年試額者，試院別差刑法官二員校試從之。

卷一萬六百四十九

神宗熙寧四年二月罷明經諸科其後有詔許曾於熙寧五年以前應明經及諸科舉人依法官例試法為新科明法科　六年四月二十六日詔只許應明法舉人止願依法官條試斷案大義者聽如合格仍編排在本等人之上令所試場第及考格式樣行之　十年十月四日中書門下言勘會去年新科明法及第出身人多就當年秋試刑法其間有試中第二等循兩資第三等循一資第四等堂除差遣第五等免試緣新科明法人既係試中斷案律議登科若更以本業再試刑法等第推恩頗為太優況進士及第人既不許經義出官武臣武藝出身人亦不許試武藝弓馬豈新科明法人獨許以舊學再試令欲應新科明法及第人就試刑法如試中除入第一等合差充刑法官人與依例推恩外其入免試已上等第並與免試更不推恩若就銓試試中即便投下文字其合得堂除已上恩澤亦更不施行如願試經義入等自依等第推恩從之　元豐二年三月十三日詔令歲特奏名明法改應新科明法人試大義三道　二十二日御試編排官李承之等言熙寧九年御試新科明法正奏名三十九號上以通粗資賫次編排令一百四十六號比前數倍欲以二通為合格分兩等從之　七月十八日詔應新科明法舉人試斷案許以

律令敕自隨　九月八日詔五路禮部進士與新科明法人通理人數均取　哲宗元祐元年閏二月二日侍御史劉摯言乞貢舉進士添詩賦復置賢良茂才科新科明法添兼經大義及減人數詔禮部與兩省學士待詔御史臺國子司業集議聞奏所有將來科場且依舊法施行　三年閏十二月二十三日詔五路不習進士新人今後令應新科明法許習刑統仍於易詩書春秋周禮禮記內各專一經兼論語孝經發解及省試分為三場第一場試刑統義五道第二場試本經義五道第三場論語孝經義各二道以三場通定高下及以諸科額十分為率留一分解本科舊人一分解新科明法新人不及十人處亦準此如無人赴試及無合格人即存留更不許添解進士第若向去銷盡諸科舉人即當留二分解新科明法新人　四年四月十九日詔元祐二年以前諸科舉人改應新科明法聽取應外自今更不許改其獲冒應人仍增舊賞從禮部刑部請也　七月二十九日禮部言立到五路不習進士新科明法新人欲與諸科改應進士及五路進士新科明法舊人衮同均取分數并考校等第應諸科奏名每十一人取一人剩額以舊應諸科改應新科明法及新科明法新人并改應進士五路進士每路作一項到省人衮同通細分數均取謂如剩額三百人到省通計一千九百人即每

九人五分取一人之類餘分湊新科明法舊人令從御試本經義二道刑統義三道考校分為五等其經義刑統義兩處考校初覆考訖即詳定官合以兩處等第參定所有發解及省試刑法考試官止是考定得刑統義通粗否其去留自合是考試經義官以三場通定去留高下從之　六年正月九日詔五路進士及新科明法人就試終場零分不滿十人許解一人仍取文理優長者　八年四月二十二日禮部言大名府新科明法侯弼等狀先朝發罷明經及諸科舉人許改應新科明法自不許新人取應欲銷盡明經及諸科舊人當日務從朝廷之意而改應新科者十有七八昨於元祐三年又准朝旨置籍拘定人數更不許新人取應今來五路都將新科舉人與進士一例須要就試終場人十人已上方許解發一名顯是立法不均欲乞依諸科例十分中留一分解額解發新舉人看詳存留一分解額有礙條制如朝廷早要銷盡各人許留一分解額乞自朝廷指揮詔五路新科明法舉人令從取應人係就試終場每實及七人許解發一人如取應終場人止有六人已下亦許解一人　紹聖元年七月二十五日詔經律科曾得解人許改應新科明法願試進士者聽仍並通理舉數　四年二月四日詔貢院考校五路進士據合得分數人二分五路通取三分與府監諸路通取新科明法

依諸科例每十一人取一名以上續國朝會要　國朝會要無此門　光堯皇帝建炎二年正月八日大理少卿吳瓌言神宗熙豐間將舊科明法念誦無用之科改為新科明法令來此學寖廢法官闕人乞復立明法之科諸進士曾得解貢人就試多取人數增立恩賞誘進後人以備採擇從之　紹興十一年七月四日禮部言將來御試新科明法合賜出身御藥院擬定第一等本科及第第二等本科出身從之　十四年七月十八日臣僚言新科明法得解人亦許取應更不兼經白身得官其科反易於有官試法禮部看詳前舉立定取解務發五人取一名省試七人取一名零分亦取一名比之進士取解太寬欲發解及省試各遞增二人其發解內本路若就試人不及七人止有五人已上亦許收試取一名其省試零分不及不在收試之限所試斷案刑名粗通以十分為率斷及五分所試刑統義文理全通為合格若不合格雖有人數亦不許收取雖刑統義全通斷案不及分數許行駁放仍自後舉兼經從之　十六年二月三十日禮部言熙寧以來詔罷諸科許令曾應明經及諸科舉人依法官例試斷案刑統義至崇寧元年上件解省額盡歸為進士解省額訖兼見今自有官人許試刑法其新科明法欲自後舉廢罷從之已上中興會要　國朝乾道會要無此門　文獻通考新科明法

者熙寧間改舊明法科為之崇寧初廢取其解額歸
禮部建炎二年正月大理少卿吳瓌言法官闕人請復
此科許進士曾得解貢人就試從之紹興十一年始就
諸路秋試每五人解一名省試七人取一名皆不兼經
明年御試御藥院請分為第二等第一等本科及第第
二等本科出身十四年七月言者以為濫請解省試各
遞增二人 解試七人取一省試九人取一 一所試
斷案刑名通粗以十分為率斷案及五分刑統義文理
俱通者為合格無明闕之仍自後舉兼經十六年二月
遂罷之迄今不復置矣 新科明法始就諸道秋試每
各五人解一省試十取其一御藥院又擬恩例第一等
賜本科及第第二等本科出身後三歲議者謂得解人
取應更不兼經白身得官反易於有官試法乃詔自今
斷案刑名通粗以十分為率斷及五分刑統義文理全
通為合格及雖全通而斷案不及分數者勿取仍自後
舉兼經 淳熙七年秘書郎李巘言漢世儀律令同藏
于理官而決疑獄者必傅以古義祖宗朝詔學究兼習
律令而廢明法科後復明法而以三小經附蓋欲使經
生明法法吏通經今所試止於斷案律義斷案稍通律
義雖不成文亦得中選故法官罕能知書讀宜使習大
法者兼習經義參攷優劣以定去留上曰古之儒者以
經術決獄若用俗吏必流於刻宜如所奏乃詔自今第一

五

一第二第三場試斷案每場各三道第四場試大經義
一道小經義二道第五場試刑統律義五道明年詔斷
案三場每場止試一道每道別名十件與經義通取四
十分已上為合格經義定去留律義定高下 嘉定二
年臣僚上言棘寺官屬頗難其人獄案來上致多差舛
其原在於習法之不精試法之不詳也自昔設科本以
六場引試內斷案五場各以刑名八件計四十通律義
一場計十道斷案以試其法令律義以試其文理自後
有欲便其所習始增經義一場而止試五場律義各居
其一斷案止三場而已殊失設科之初意僉科玉條鎖
塗繁碎自非終日研究未易精熟乃辜於程文以移其
功考試主文類多文士輕視法家惟以經義定去留其
弊一也法科之設正欲深明憲章習熟法令察舉明比
附之精微識比折出入之錯綜酌情法於數字之內決
是非於片言之間故和紹興案題字不過五七百多不
滿千比年不求題意之精密專務繁冗以困人數行支
離動止二千字自朝至于日中飢倦能騰寫題目豈暇
深究法意其弊二也邇來考官凡有出身皆可充選刑
法考官不過在朝曹中法科丞評數人由是請托之風
盛換易之弊興其弊三也臣以為宜罷去經義仍分六
場以五場斷案一場律義為定所問法題稍簡其字數
而求精於法試官各供五六題納監試或主文臨期點

六

定如是則激試行人並從之。六年議者云：今止試刑統，是盡廢義理而專以法律為事，雖流進納之人皆得就，又可徑除職事官，非所以重科目、清班級也。請復試經義一場，以尚書、語、孟題各一篇，與刑統大義通為五場。所出經題不必拘刑名䠀倫類，以防預造。雜流入仕人安得放試。

鎖廳　太宗太平興國五年閏三月

卷二萬七百四十九

廿一日，京兆府戶曹參軍顏明遠、衍州萬泉縣主簿劉昌言、洛州雞澤縣主簿張觀、德州將陵縣主簿樂史並應進士舉，殿試合格，帝惜科第不與，乃除明遠中正軍、昌言歸德軍、觀忠武軍、史武成軍並為節度掌書記。雍熙二年六月七日，中書門下言：「近日諸道州府解到官吏去官赴舉者，禮部貢院考試多是所業未精。欲望今後鎖廳應舉者須是文學優贍，才器出群，歷官無負犯之，檢身有可觀之譽，即委本處先考程試，如藝合格，以聞，特報解送禮部考試。如所業紕繆，發解官與送長官必寘重罪，本人免所居官。」從之。淳化三年四月五日，滁州軍事判官鮑洄、鄧州錄事參軍楊令問、滁州清流

縣尉胡咸秩並鎖廳舉各賜及第以咸為忠正軍節度
掌書記令問為本州觀察支使咸秩為楚州山陽縣令
是後合格者皆賜及第七月令官升其遣有差　真宗天禧二年七月十二
日詔自今鎖廳應舉人仰逐處長吏先依發解例考試
藝業合格者即令取解如萬發判者不及格前後考試
官舉送長官並重行朝典本人勒停　九月二十三日
左正言劉爗言今歲秋賦食祿之家鎖廳應舉者頗衆
望詔諭中外自今食祿之家弟姪子孫如文藝必可程
試者即不得就[illegible]廨如有官者即不得與孤寒競進詔
自今諸州精加考試　仁宗天聖元年閏九月十三日
開封府言準詔[illegible]舉薦等並許應舉見選人

卷一萬六百四十九

官考試次所有將作監主簿劉既經是權發遣開封府
公事劉燁男乞別差官考試詔既差判國子監官考試
四年閏五月二十六日翰林學士宋綬等言准詔與
禮部貢院詳定貢舉其合條約以聞檢會天禧二年七
月詔書應命官乞鎖廳應舉須先行考試藝業合格即
許取解如爲發判者卻有紕繆不及格其前後考試官
舉送官並重行朝典本人勒停又雍熙二年六月詔書
鎖廳應舉者須是文學優贍才器出群歷官無負犯之
尤檢身有可觀之譽先試藝文合格以聞特賜解先或
禮部考試紕繆發解官與舉送長官並當重罪本人免
所居官參詳鎖廳舉人既歷任從復勤詞業非如與數

恐急進修而命官之內少有全無意聞者須至於例經
重欲乞今後除歷任有贓私罪并見勒停殿責降衝替
未經敘用人等不許取應外餘並許奏候朝旨依舉人
例薦解即更不先行考試將來省試實顯紕繆即乞以
雍熙二年詔書從事仍檢會天禧三年天聖二年禮部
貢院奏考試鎖院不及格人奉敕令御史臺各罰銅一
十斤放仍令後不得鎖廳應舉看詳若不及格便加責
罰不得取應恐非誘勸之道今後欲乞與免責罰並許
取應奏可　二十七日詔應見任中書樞密院至知制
誥侍制已上臣僚之家今年秋賦如有弟姪兒孫乞鎖
廳應舉者並從之　七年六月二十八日詔應鎖廳應

卷一萬六百四十九

舉人在京及見權務并開封府界任官者令於國子監
開封府取解見在外任者委轉運司無干礙州府取解
如已罷本任許隨親在外並令於國子監開封府投
狀仍於[illegible]家保狀[illegible]自諸州府取解爲嫌諸[illegible]奏指定鎖廳人
[illegible]詔今後鎖廳舉人許文臣兩
次武臣[illegible]祥符元年四月三日開封府試鎖
廳[illegible]不合格罰銅十斤先是
[illegible]若爲[illegible]不以格者罰金爲私罪乃詔流
內詔鎖廳應舉不合格經省罰者並與除落罪名　四
年七月十九日河北轉運司言懷州河內縣主簿晉從
爲先赴官稽遲罰銅二斤爲私罪看詳私罪蓋輕本官

有文乞特許應舉，從之。自後鎖廳人如私罪輕，並許應舉。　五年八月十四日，命屯田員外郎、集賢校理曾公亮，右正言、直史館、同修起居注梁適考試鎖廳舉人。舊制，每秋賦別差官考試親戚，謂之別頭。至是以鎖廳人多，頗侵寒士解額，乃令府監互送親戚，而專差官試鎖廳人。　九月，詔鎖廳舉人自今舉文臣應三舉，武臣兩舉。　寶元二年閏十二月四日，禮部貢院言：「鎖廳舉人見任者自來止與鄰近州軍取解，不曾立定解額。昨來並於本州舉人額外解發，朝廷例皆收試，遂降勅旨，不得於額外解發。本院看詳逐州試官多以親戚舉人送鄰州取解，妨占本土孤寒舉人解額，遂送轉運司別差考試，每十人解三人爲額。今來却將鎖廳人於州額內解內發，妨占本土孤寒舉人，深未便。乞送鎖廳人於轉運司考試，別立一項解發。」詔兩制詳定。翰林學士丁度等言：「鎖廳人今後在京於別試所，在外於轉運司，差官與親戚舉人同試，十人解三人，不及十人與二人，五人以下與一名，餘並依親戚發解例施行。」從之。　皇祐四年六月二十五日，詔應鎖廳武臣係與宗室女爲親補轉班者，不得收試。　嘉祐三年二月二十四日，禮部貢院言：「近制不許臣僚門客受恩澤出官，而又鎖廳取應限以一次，倘不中第，遂廢終身，甚非勸學之意。請自今更不限舉數。其長史、司馬、助教、文學及曾應武舉人

舉　原典作舉人

非因事安置羈管，並令鎖應人、進納人亦聽應舉，中第者不理前資，仍與除去進納之名。」從之。　八月六日，詔禮部貢院言宗室婿不許鎖廳應舉。　六年六月十五日，詔禮部貢院內外鎖廳并親戚舉人並同引試，解十分之一，如不及十人，亦許解一名，四人以下送鄰路聚試。（涑水記聞：先朝時鎖廳應進士者，時有一人爲奇異，試不中者皆有責罰，爲私罪。其後詔文官聽兩舉，武官一舉，不中者不復責罰。景祐四年鎖廳人最盛，開封府設勝者至數百，國子監及諸州者不在焉。是時陳堯佐爲宰相，韓億爲樞密副使。既而解榜出，堯佐子博古爲解元，億子孫四人皆無落者，陳議諠然，作河滿子詞以嘲之，流聞達於禁中。殿中侍御史蕭定基時掌曆錄，因奏事，上問河滿子之詞，定基因詞之。先是，天章閣待制范仲淹坐言事左遷饒州，王宮待制天宗道因奏事，有陳爲王府官二十年不遷，詔改章服，龍圖閣學士權三司使王博文言於上曰：「臣老且死，不復得望兩府之門。」因涕下，上憐之，數日遂爲樞密副使。當時輕薄者取張祐詩，蓋其文以嘲之，曰：「天章故國三千里，學士深宮二十年。殿院一聲河滿子，龍圖雙淚落君前。」於是詔令後鎖廳應舉者與白衣別試，各十人中解三人，在外者就試於轉運司，差其坊白衣解額故也。慶曆中又詔文武鎖廳者不復限以舉數，故事錄聽及第注官者皆升一甲，今不復升云。）　英宗治平元年六月九日，禮部貢院言：「準皇祐四年詔，緦宗室女補官者不得應舉。按貢舉條制，進納人及工商雜類有奇才異行者亦聽取解。今宗室婿皆三世食祿，有人保任，乃得充選，比工商雜類納才受官，流品爲勝，豈可以連姻皇族，遂同賤私罪戾之人？乞許其應舉，以廣求賢之路。」從之。（以上國朝會要）　哲宗紹聖二年正月十七日，詔今來科場承務郎已上鎖廳賜及第出身、同出身人，依元祐三年臨軒第一牓例，並與堂除合入差遣一次。（其後四月十七日詔）

進士出身承議郎韓純彥權判登聞鼓院以上續國朝會要　中興乾道會要無此門

【卷一萬六百四十八】

發解

太祖乾德二年九月十日，權知貢舉盧多遜言：伏以禮部設科，貢闈校藝，杜其濫進，是曰宏規。所以發解之時，必精程試，取其合格，方可送名。豈有經試本州，列其貫籍，考其藝能，動非及格，殊乖激勸之道，漸成虛薄之風。請準周顯德二年勅，諸州解發進士，差本判官考試，如來判官不曉文章，即于諸從事內選差，所試並得合格，方可解送。諸科差錄事參軍考試，如錄事參軍不通經義，即於州縣官內掄選。本判官監試，如有遞口相授傳與人者，即時遣出，不在試限。紙先令長印書，至時給付。凡貼經對義，並須監官對面同定通否，逐場去留，合格者即得解送。仍解狀內開說當州府元若干人請解，若干人不及格落下，

訖若干人合格見解。其合申送所試文字，並須逐件朱書通否，下試官、監官仍親書名。若合解不解，不合解而解者，監試官為首罪，並停見任，舉送長官聞奏取裁。諸科舉人第一場十否者，殿五舉；第二場、第三場十否者，殿三舉；其三場內有九否者，殿一舉。其所殿舉數，於試卷上朱書封送中書門下，請行指揮，及罪發解試官等。令重舉舊章，庶絕僥濫。從之。　開寶五年十一月十四日，詔曰：鄉舉里選，先王之制也；朕之取士，率由舊章。宜用申明，俾從遵守。應天下貢舉人，自今並於本貫州府取解，不得更稱寄應。如化外人，即述歸依因依，預於開封府投狀，長吏具事取裁。其國子監舉人，須是元在監

【卷一萬六百四十八】

習業，方許校藝解送，不得妄稱監生。仍並令禮部貢院分明勘會，違者具名以聞。餘儀制委所司詳酌行下。文獻通考：開寶九年，詔翰林學士李昉等閱諸道所解孝弟力田等人，試問所業，無可採，乃悉退去，詔劾本部官濫舉之罪。見孝廉門。

太宗太平興國三年九月二日，詔：自今進士及諸科貢舉人被廢疾者，諸州不得解送，禮部不投牒。雍熙四年九月一日，詔河南、西川、兩浙、荆湖、淮南三舉曾御試、四舉曾薦名舉人年五十已下者，東西京各三十人，節鎮各一十五人，防禦、刺史、餘州軍各一十人，委長吏揀選人材心力，召官吏委保，別無行止踰濫者，具姓名解送赴闕。如不及數，即據揀到人解送，當議

量材錄用如有違犯官吏保人並當連坐十二月十日翰林學士知貢舉宋白等言今進士諸科八千餘人其間終場落者四百九十餘人御前落者六百八十餘人伏請應已曾解送舉人在千里內委本處重加考試發解在千里外及兩京發解者仍乞試覆試官務令精覈從之　五年正月六日開封府發解官直史館王世則等言千里外舉人并今年赴試人數不少欲展限至二月二十日箓乞下開封府晚亦須正月十五日已前到京投狀納文卷試紙從之仍令登聞院出限進狀者不得收接　文獻通考興國八年詔曰劄當試職是日或章奏自今年遂罷前制止一皆於計吏許常舉於南闈豈是程功頗容微倖復歸舊貫允叶至公自今諸道下第舉人依舊申請文解　是歲解試進士始分五甲第一甲並知縣

卷一萬六百四十八

淳化三年三月二十一日詔曰國家開貢舉之門廣搜羅之路挾其鄉曲之譽登於俊造之科近年舉人頗隳前制不於本貫取解多是隨處薦名行止莫知真虛罔辨乃至工商之子亦登仕進之途令式文明固合遵守宜特行於條貫庶永絕於混淆應舉人今後並須取本貫文解不得偽書鄉貫發解州府子細辨認如不是本貫及工商雜類身有風疾患眼目曾遭刑責之人並不在解送之限如違發解官當行朝典本犯人連保人並當駮放如工商雜類人內有奇才異行卓然不群者亦許解送或舉人內有鄉里是窮秋未通之地許於開封府河南府寄應具本貫取解人許通理自前舉數　至道三年五月九日詔曰朝廷為官擇人設科待士當懲濫進方盡至公應州府諸道州府進士諸科舉人發解及貢院考試條貫宜令翰林學士中書舍人參議先具發解條貫以聞翰林院承旨宋白等議曰國家封域至廣州郡甚多每歲舉人動以萬數將懲濫進理在精求欲乞不限兩京國學及諸道州府應新舊進士諸科舉人每秋試各依前後勅命委本處選差官考試須是文章經義最精者每進士一百人只解二十人九經已下諸科共及一百人只解二十人赴闕如有

卷一萬六百四十八

來考試或有繆濫其逐處發解官並依先敕殿罰內州府不及一百人處亦令約此數目解送但十分中只解送二分詔依所奏仍令今年秋賦舉人並於本貫州府取解不得寄應逐處各選清廉通經業官與本州官錄事參軍同考試如本州官錄事有文藝通經即不更差試官仰知州通判躬親監試但取合格有藝之人不必依所定分數雖有曾經終場及到御前者如不合格亦不得解送若合格人少據見考試到人解送不得將不合格中充數如於分數外輙受情妄為將來考試有諸科十否進士紕繆者仰貢院舉奏發解官並當勘罪勒停干繫官吏各重行朝典舉人勒出科場更不得應舉

仍仰逐路轉運使副提舉盡公稍違敕條亦加深罪如
落下舉人實無藝業敢妄披陳並仰勘罪依法區分不
得赴舉仍令都官郎中黄夷簡權收接首卷家狀候畢
日具奏取旨　真宗咸平元年五月二十三日禮部貢
院言竊見諸州府及貢院考試諸科舉人於義卷上多
書粗字蓋試官庇容舉人免作十否觖舉今後並須實
書通否不得依前以粗字庇容如有固違乞行朝典又
舉人中有工商雜類曾犯刑責及素無行止之人輙玷
士流冒取文解並許諸色人陳告犯人勘罪決訖永不
得入科場官司輙有容隱人吏並決停發解監試官追
一任又舉人中或曾經御試或稱是舊人有司須校藝

卷一萬六百四十八

能逐舉但增場數自今後不問新舊人並須文辭典雅
經學精通當考試之時有紕繆不合格者並逐場去留
如有容庇發解監試官並乞準前條勒停自來兩京及
諸道州府解送舉人將近二萬春闈校藝及格非多去
歲朝廷特許十分內量解二分自立規程已稱倫貫今
欲乞更不定分數只嚴示誡懲專委知州通判判官選
差清强官程試精選德行詞學之士到南省考校不及
格人數多並乞依前項紕繆十否條例停放將來知舉
官不得庇容如先舉行並當連坐從之　十月二十二
日命修太祖實錄官錢若水等覆考開封府得解進士
試卷故事府解十人已上謂之等甲非文學優贍者不

處時以高輔堯首薦錢易次之易頗為流輩所許遂
上書指陳詩賦論策題言涉譏諷輔堯亦遜避投牒開
封府請以易為首進士數百輩日詣府詐薦名不當本
府以聞乃有是命仍令兩制議其所訟題說而帝以為
士流爭競不可啓其端且欲戢伏浮俗於是中輟止令
若水等擢文行兼著者一人為首乃以孫暨為第一輔
堯第二易第三餘並如舊　二年五月五日詔天下貢
舉人應三舉已上者今歲特免取解外自餘依例舉送
務得俊賢必求藝實勿以孤貧遺至業勿以豪勢取非
材其有文行著稱安潜自守宜加薦拔無致沉淪當俟
奏名朕當親試若發解者顯不公之狀主文者彰黜遣

卷一萬六百四十八

之賊必振科條定行黜責　三年四月十一日詔兩京
諸路所解人宜先察訪行實或藝文可採而操履有虧
投書匿名飾詞訕上之類嚴加懲斷勒歸鄉縣俾從課
役同保人永不得入科場如輙敢解送其長吏發解官
並當論罪仍令御史臺覺察　五月一日詔河北諸州
軍幷青淄齊三州曾經蕃賊蹂踐處貢舉人特免解赴
舉四年七月復下此詔　七日詔去歲天下舉人數餘
萬計考覈之際謬濫居多蓋其薦送輙容僥倖合伸典
憲以儆官司適會曠恩恕其弛職又自前貢院舉奏諸
州不合格舉人朝廷每慮停殿人多或與寬宥懲前弊
再示明文當議必行固無苟免自今濫有解薦及遺落

選舉一四之一九

孤寒藝宜之士並從覆試務盡至公有不當者悉論如
律　景德二年七月二十日龍圖閣待制戚綸與禮部
貢院言今歲諸道取解免解進士僅三千人諸科萬餘
人其中文理紕繆經義十否九否者甚衆苟非特行約
束必恐益長因循又慮官吏坐此殿罰因而避事全不
薦人載惟取士之方合由經遠之制今請諸色舉人各
歸本貫取解不得寄應及權買田産立戶諸州敢解發
寄應舉人長吏已下請依解十否人例科罪曲吏嚴加
加斷責開封府委官吏覺察犯者罪亦如之內有鄉里
遐遠久住京師者許於國子監取解仍須本鄉命官委
保判監引驗仍得附學發解日奏請差官考試自今開

卷一萬六百四十八

封府國子監諸路州府並請據秋賦收狀舉人解十之四
如藝業優長或荒謬至甚則不拘多少今歲秋賦請止
解舊人新人且令習業西川廣南舊取解舉人並許免
解帝曰所定分數至少約束過嚴恐阻仕進之路當酌
中立制乃詔兩制與知貢舉官同詳定以聞　文獻通考
文武升朝官嫡親詣附國學牒試之始　貢院言昨
詳進所編公卷多假借他人文字或用舊卷或為傭書
人易換元本是致考校無準請自今並令舉人親自投
納於試紙前親書家狀如將來程試與公卷全異及所
試文字與家狀書體不同並駁放之或假用他人文字
辨認彰露即依例扶出永不得赴舉其知舉官亦望先

七月條移十月條上

選舉一四之二〇

一月差入貢院考校公卷分為等第如事業殊異者亦
日更精加試驗所貴抱藝者不失搜羅躁進者難施僞
濫　四年正月十八日朝陵赦書河南府孟鄭二州舊舉
人特免將來文解其新舉人秋賦依例考試未得解發
先定等第奏聞已免解者至省試亦先定所試奏聽朝
旨　大中祥符元年十月二十五日東封赦書車駕所
經州府及開封府有服勤詞學經明行修者如發解例
考試開封府兗州各五十人鄆州四十八人澶濮州各
三十人進士諸科相半來春薦送闕下　七月二十八
日內出新定州郡考試舉人格式付宰臣等參定令與
禮部格式同方可施行　二年四月六日令國子監舉

卷一萬六百四十八

服勤詞學經明行修進士諸科各十人　前詔止下開封
府及所過州郡至是本監上言故及之　五月二十四
日詔曰朕恢崇儒術博訪賢能因有司之上言限歲貢
之常數永言俊茂宜廣搜羅其令禮部於五年最多數
中特解及五分　初禮部言準詔議定國子監兩京諸
道州府軍監於五次解發舉人內取一年最多者為數
今後解十之三永為定式帝意欲廣掄材之路故有是
命　四年二月十八日祀汾陰赦書開封府國子監及車
駕所歷州郡舊舉人並免解又令考試服勤詞學經明
行修者開封府五十人國子監二十人河中府五十人
西京四十人陝鄭州各三十人河陽汜水縣虢州虢略

縣同州朝邑縣華州華陰縣各七人進士諸科相半令
年七月送闕下　五月十八日詔曰國家選中擇才設
科取士蓋詳求於器業期適用於官常仍歲以來諸道
所進（薦）造秀之目或辭藻之（林）工經術之流乃對義而全
否以至懲解送之失寔革（考）試之非精舉職有虧因難寬
貸停官者衆復用軫懷今將啓貢闈方從秋賦特申前
詔免陷常刑今後所舉人（解）必求材寔無容謬濫自取悔
尤如其專仰孤平靡求後彥潛圖避事或致遺材當别
設攸司精加覆視稍違平允必示嚴懲務盡至公用符
虛竚其應解而不解不應解而解者並行朝典　二十
七日翰林學士晁迥等言竊見今歲諸處解到并免解
卷一萬六百四十八
進士僅三千人諸科萬餘人貢院試多不合格其中文
理低次經義荒謬十否九否者甚衆蓋逐處發解多不
精考又慮自今州府官吏以紕繆十否累及發解官殿
罰者多因茲避事全不解發取士之方益為未便望令
國子監兩京諸路取咸平三年至景德四年凡五次解
數內以一年最多者定解十之五或臨時體量與定人
數自來三兩人已下者亦許全解中有才業不羣者别
具名聞從之　七月十八日開封府言進士郭顏與孫
碩等五人共為一保應服勤辭學科考官以碩辭學獨
優薦為第三人顏等退黜即詣府自（首）首有慘恤不當赴
舉碩亦合駮落府司按問議罪皆坐違制帝謂宰臣王

旦曰郭顏但欲孫碩落解不悟不得首原且為偽干進
用心如是頗可罰銅永停取應配蔡州衙前碩等罰銅
各殿三舉　文獻通考詔曰如聞河朔諸州解送舉人報
於考覈頗多黜落宜令轉運使於逐路解舉人最多處內
有顯負若卒者選（遣）官别加考試及格人送禮部五年上
闕貢院監門官以諸科舉人挾書為私惹解衣閱視失
取士之體亟令止之又令貢院錄諸州發（解）試題以聞以
將充試處或重複自是用以為例　詔令自今貢舉人
曾預南省試者犯公罪特聽罰贖　先是挾書赴試者
并同保（人）人殿一舉是歲試諸科以挾書扶出者十八人
計同保九十三人而十二人當奏名有司以聞上特令
卷一萬六百四十八
赴殿試乃詔禮部裁定殿舉之例禮部言諸科懷挾書
策比對義十否謬理紕繆者情理稍輕其進士所挾未
必全是所試文字請自今挾書犯者依條殿舉其同保
殿舉指揮更不施行奏可　八月二日翰林學士晁迥等上
準詔詳定諸州發解進士條例詔曰比者有司著式以
定計偕蓋考覈之惟精庶賢才之並進朕以春官辨等
即寘於設科列郡薦能始諳於觀國倘循定制慮或遺
材用廣搜羅俾加裁損其令禮部頒下諸州　初龍圖閣
直學士陳彭年言所下諸路發解條式與禮部新試不
同慮官吏（惑）於行用望申明之故有是命　十一月初一
日詔如聞河湖諸州解送舉人難于考覈頗多黜落諒

由避事靡副來才言念孤平重加搜求宜令轉運司於落解舉人至多處內有顯負藝業者遣官別加考試及格人送禮部貢院　五年六月十五日翰林學士李宗諤言準詔分定監試發解官薦送紕繆十否九否舉人刑名今請諸科第一至第三場所對全不涉本經或例寫義題進士只白紙縿但有一人監試考試官勒停諸科第一第二場內十否進士紕繆一人已上監式考試官從違制失定斷幕職州縣官替日常選外守殿一選如遇赦放選從放選日理所殿選京朝官與監當差遣如已監當即與遠地二人已上亦從違制失定斷幕職州縣官衝替京朝官遠地監當如已監當即與遠地小

卷一萬六百四十八

處五人已上並停見任如元解諸科五十已上有一人十否百人已上有三人十否者並依前法罰銅外與免殿選及監當差遣進士紕繆亦依此例諸科第一第二場九否第三場十否並二人當一人十否之罪進士即不得定次紙縿其通判官亦同舉送長官例如曾充監試考試官即從重法從之　八月二十八日詔自今諸衙將軍諸司使副三班使臣知州府軍監處舉官人委通判幕職錄事參軍及所試官依格式解發其武臣吏不當勾比同書解狀所解不當亦不同罪如敢徇託當重行朝典　先是禮部貢院言解試舉人皆是考校文藝有武臣知州軍監或遇解發舉人不當亦作舉送

長官一例處斷似允穩當從之　七年正月二十二日親祀太清宮赦書應車駕經由州府有服勤詞學及經明行修者如發解例考試所業開封府應州各五十人國子監二十人進士諸科相半限八月一日薦送闕下應經歷州府隨駕人並衛[illegible]免解　二月十八日詔諸處舉人因事殿舉及示不得入科場不得[illegible]者許將來依例取解　八年正月一日[illegible]月[illegible]一日二十二年一月十八日天聖五年十一月[illegible]十日[illegible]九十日一月十九日景祐二年十一月[illegible]十一月十八日慶歷元年十一月二十四日[illegible]十五日七年十一月二十五日[illegible]

卷一萬六百四十八

皇祐二年九月二十七日[illegible]九月十二日四年十一月[illegible]二年十一月十六日熙寧元年十一月十[illegible]月十日南郊明堂赦[illegible]五月二[illegible]禮部貢院言諸道舉人取解得格並於十月二十五日[illegible]以解文試卷到省違限日限敕頭[illegible]郡從之　七月四日知開封府王博文言本府解舉人承前每場以過落姓名及奏帳文字送開封[illegible]讀自今望給奉使印行從之　七日[illegible]官楊偕言所試服勤詞學舉人未敢以依[illegible]試官吏元封彌卷首先別差人從之　十六日[illegible]州[illegible]

日令爲送定名外別解三人以其遠方多學者故也
九月二十四日詔進士劉濈未階庀善衆干有司失士
行以躁求狀試詞而恐動具招顯過台寘嚴刑尚屈法
以申恩使還善而遠罪止從配隸蓋亦務寬顧詢美等
以告戒不明過悞有犯欲其恥格亦令罪歸况朝廷取
人條目甚備宜再從於誕告俾共守於成規應進士并
諸科舉人等今後除取本鄉文解赴舉外如是顯無戶
籍及雖有籍已離本貫難更往彼者即許召曾經省試
舉人三人或御試舉人二人或命官一員保明行止仍
只許保明一人但不是負犯殿責及勅出科場之人即
明其元本貫鄉宗狀許於開封府投納引驗便與收接

卷一萬六百四十八

依例考試發解並於卷頭分明開坐元本鄉貫并寄應
去處餘並依舊勅如違必行前制 先是進士劉濈韓曦
等訟韓詢美等寄籍求薦開封府得濈等狀即捕詢美
等付府窮逆圖拼得科舉之制罕相因數言貢舉之設
本待賢俊今反爲罔繁望輒濈等以僥薄俗故釋詢美
等罪而濈曦等先伏配隸外州御史臺逆使高紳言濈
訟詢美得寬而詢美無過濈等配隸似未允適王曰等
取解日本府不以勅文告示濈之所訟本非公心蓋得
解則止落解則訟如此擾履而起經明行修科試絃繙
紳之蟲誠也朝廷責之以勵薄俗諫官御史所宜樂聞
帝然之仍應前後條約人未盡知令再申明之故有是詔

二十二日詔諸州解送舉人內黜落多處仰轉運司選
差官覆試取藝業優長者送禮部以二月一日爲限諸
科曾至御試內河北陝西曾至南省終場并別路州軍
兩曾南省終場下第者亦與免解帝以諸州府發解官
權以累已去人稍多未副搜羅之意故有是詔 文獻
通考容齋洪氏隨筆曰天禧三年京西轉運使胡則言
滑州進士王世質等訴本州黜落即取元試卷付許州
通判崔立看詳立以爲世質所試不至紕繆已牒滑州
依例解發詔轉運司具所不先奏裁直令解發緣由以
聞其試卷仰本州繳進世質等仍未得解發尋取到試
卷詔貢院定奪乃言詞理低次不合充薦復黜之而劾

卷一萬六百四十八

州判崔立之罪蓋是時貢舉條制猶未堅定故有被黜
而來訴其枉者至於省試亦然如蔡齊之類曰此登第
後來無此風矣 八年四月六日詔自令諸路發解官本
處闕進士出身者令轉運司於部內選隣州官充不得
以舉人所就他郡試 先是懷衛濮等州以部內官少進
士登科者乃取鄰州進士所試之因降條約 閏六月一
日詔應諸道州府准大中祥符七年十月二十二日勅
命載考試進士諸科續解發到京赴省試不及者將來
特免取解先因事殿舉及永不得入科場衙前編管不
曾被刑者並特許將來依例取解從之

發解

真宗天禧元年正月十一日南郊赦書開封府國子監曾經省試階位舉

人將來科場特與免取文解　六月五日詔以西京奉安祖容聖河南府舊舉人特免將來文解　二年十月三日開封府發解官任布等上言望依南省例謄錄進士試卷及前一日先進詩賦論題目御筆點定詔題目依奏進入餘不許　十一月二十九日命翰林學士錢惟演盛度樞密直學士王曉龍圖閣待制李虛己李行簡於秘閣再考定開封府得解舉人試卷令秘閣校理王準封弥定為三等具名以聞　十二月二日惟演等再考定試卷以聞詔從上依定百五十人與解　五日命翰林學士承旨晁迥知制誥陳堯咨於秘閣再考校國子監解過及落進士文卷　八日迥等再考定試卷以聞詔國子監從上解二十人太常寺六人

卷一萬六百四十八

三年正月六日京西轉運使胡則言得滑州進士楊世質狀訴本州黜落當司取元試卷付許州通判崔立看詳得逐人所試不至紕繆已牒滑州依例發解詔轉運司具析不先奏裁直令發解緣由以聞其逐人試卷仰本州繳進世質等未得發解上京及滑州取到試卷詔貢院定奪且言詞理低次不合先薦詔落世質等而劾京西轉運使胡則韓庚泊崔立之罪　四年正月十八日詔曰諸州進士諸科舉人久在科場未階祿仕頗多淹滯特示搜揚宜令三京諸州取三舉已上曾經御試委是士著無愆犯者量試藝業審其人材筆劄保明解送當議考

試所業量材於班行録用開封府進士八人諸科十二人河南府國子監並進士四人諸科六人應天府進士三人諸科四人節鎮進士三人諸科三人防團軍事州進士一人諸科二人軍監進士或諸科一人如諸科中中經御試者數多許於五舉已上南省終場下第人內揀充即不得已寄貫犯刑人預數其川廣福建江浙荆湖自來諸科全少止進進士節鎮二人防團軍事州監一人仍限七月終到闕初工部郎中滕涉言天下舉人老於場屋者望委逐州長吏察其有履行者送京師量材録用帝因命宰相具條目以聞而有是命 三月十八日詔諸州軍所取曾經御試進士如不滿數以舉者充

卷一萬六百四十八

二十八日翰林學士承旨晁迥等言準詔以開府舉人稍多屢致詞訟令議定條制竊詳諸州舉人多以身有服制本貫難於取解遂奔湊京轂寓籍充賦有司但考材藝解送本府土著登名甚少交構喧競亦由於此欲請自今舉人有朞周尊長服者依舊制不得取解餘服丧聽寄應舉人寔無戶籍者許召命官保任於本府戶籍人數外別定分數薦送詔從之仍令於大中祥符七年寄貫人數中定額許召有出身京朝官充保所保不過三人考試合格別立項中解保舉後本人有偽冒曾犯刑憲保官當行朝典開封府具到大中祥符七年寄應請解額進士四百四十四人諸科三十二人續詔解

進士十之三諸科十之五 二十九日詔曰朕詳延俊造匪間遐邇頃因歲貢之差粗立計偕之限如聞畓驗之域巴庸之鄉肄學益增舉送爲局務求藝寔底廣搜揚自今川峽廣南諸州依前定條制解合格舉人外更有藝業可取者並許解發後天聖七年六月又詔川峽四路於解發額外各添人數益州添四人梓州添二人餘不及三人者並添爲三人 四月九日詔諸州嘗經御試下第進士不限舉數並令轉運使司檢勘解發 仁宗天聖元年閏九月二十二日詔開封府應未有保官舉人特與展限十日詔京朝官不以有無出身人充保應舊舉人等除讁免解外特許將見取解人依元額分數解發

卷一萬六百四十八

二十五日侍御史高弁等言奉敕差考試秋賦舉人欲乞特許依舊額解發五分人數及將無戶籍召到保官進士各解分數充同考試從之 十月十二日國子監言欲乞今來取解進士除元額外量添數十人以為定額諸科免解人外依舊數解發詔進士將添二十人餘依舊 十一月十一日中書門下言開封府國子監得解進士二十八人所試到策論卷子詔送祕閣仰張永和等封彌卷首送翰林學士晏殊等覆考具有無失粘落韻及重疊用韻不合格式開坐人數并卷子進呈翌日殊言竊聞差中使勾書吏寫進狀舉人文卷施行其中小葉素無士行遞相鼓扇澆求覆考欲望

此條移二十五日前

東録旁

令中書只差官取進狀入卷子看驗特與戒勵從之
三年八月二十日知益州薛田言本州解舉人依例支
給驛券三司牒於干繫人吏處均攤入官當州雖元無
宣勅支給蓋自張詠知州已來每解發人支與一去驛
劵如依三司行下又緣相承久例帝曰遠方貢士給劵
發遣亦非過外支用官物何必填納特令蠲放　十一
月十六日應天府言自建部以來學徒益多望於合解
發舉人額外量添人數詔特添三人　四年五月二十
四日詔曰命鄉論秀舉孝興廉雖沿革之異宜寔行能
之兼取如聞舉送之士操履罕修黜於有司則紛然起
謗升于科選又多以敗官由習尚于浮虛宜特行於敦

卷一萬六百四十八

戒自今諸州解發舉人並須考訪履行或有乖僻彰暴
雖所試可取不得一例解送使瑕瑜不掩善惡自分有
玷精求必加常憲　二十二日詔應諸道州府軍監貢
舉人等內進士曾經應三舉諸科經應五舉已下者特
免取解外餘依條勅考試舉送將來貢舉部必慎柬求
俟較藝以奏名當臨軒而親試苟程材之失實固明罰
以期行誕告多方咸知朕意帝自纂綱以來方居諒闇
礼闈取士止命有司將復臨軒之試故預是詔入以其
累舉不第困于場屋者特免秋賦詔下之日寒素之士
無不忻戴　閏五月二十六日翰林院士宋綬等言準詔
詳定貢舉未便事件切詳條制科場之時本州府吏有

特恩免解應舉人即除免解人外其取解舉人並於元
勅五分只解三分次舉即依元勅分數參詳今來只是
進士三舉諸科五舉已上方得免解如只解三分恐有
虧抑欲乞合試解人外其取解舉人並許于元勅五分
內解發四分其四川廣南有免解人處即以今來參定
薛田等起請分數為額詔禮部貢院依奏施行　八月
十九日詔解發舉人竊慮妄有保委寄貫戶名宜令開
封府下司錄司及諸縣並依前後條貫施行更不得妄
保寄戶名如有違犯重行斷遣將來秋賦限至九月終
試畢　九月二日國子監言大聖九年新舊進士百九
十八人除免解外添二十人今年人數稍多乞依例特

卷一萬六百四十八

與添人從之　十月十二日中書門下言應三京諸道
州府軍監進士諸科舉人除已發解免解外有諸科曾
經終場進士曾經御試今來不該解薦者並乞特許將
來赴省試餘不得妄有陳述收接文狀如違必行嚴斷
從之　七年八月八日詔國子監發解舉人今後進士
以五十人為定式餘如舊　九日中書門下言舉人告
論主司不公事件雖有條貫略無畏避欲請自今如知
舉發解官有不公事並須單名告論詔開封府揭牓曉
諭仍只消詣鼓院投進不得詣檢院　十日上封者言
京府秋試進士不下二千人舊制先引諸科三場方試
進士緣五科三場以前人數尚多每場分為五甲計已

半月即進士卷子尚未考校及諸科四場以後方併考
進士試卷緣五科甲次已少不十數日便是終場恐垂
精詳有誤去留與起爭訟今請進士才引保訖如千八
已上分為二甲每甲先試詩賦次引諸科兩場若詩賦
犯不考試使先次駮落更不引試其試論策亦逐場駮
落緣南省進士直至入策方理一舉今既逐場駮落望
勘會如不是紕繆並許理舉詔分甲先試委自主司相
度餘如所請　十月六日知郢州錢惟演言本州依條
解進士三十一人諸科百六人令試到進士三十一人
諸科八人外進士王寅等十五人辭理可采欲試諸科
額三十人添進士額十五人自今為定詔與寅等數中
選八人委合格者解發餘不行　十一月十九日上封
者言貢舉條制進士諸科如顯無戶籍及雖有戶籍久
離本貫者許召官委保就試仍於卷首具標本貫寄應
二處若雖無田業見存墳域久居舊貫顯有行止亦許
召保取應伏見近年每開科場外州舉人競奏京府寄
貫召保多違此條昨廬州進士王濟因兄修己於祥符
縣買田十八畝投狀之際遂以修己為父又有王宇亦
貫齊戶遂以濟之三代為己名諱不顧憲章換易親諱
虧損孝行無甚于茲欲請自今開封府進士除舊有戶
版十年以上見居本貫者許投狀未及十年或雖已十
年不居本貫者無得投狀其在京無戶之人許先經縣

卷一萬六百四十八

投狀責鄰者保驗委是久居別州亦無戶籍者結罪書
狀委縣官訪驗行止無有虛矯保明上司録司告示召
保取解具外州先有戶籍之人各勒就本貫請解與理
舊來數場第如鄉里別無親戚但有墳墓亦許召保取
解如旋置田土妄召保官寄立戶名冒鄉縣一事非
寔許人糾告應干犯人皆以違制一等科罪舉人有蔭
亦勿聽贖詔兩制集官議定翰林學士章得象等言按
貢院條制臣僚在任所有親屬者無得旋置田土買戶
取解令緣京師四方所聚即與外州不同請今舉人如
有戶籍及七年以上見居本處即許投狀未及七年不
居本貫者不在收接之限其委無戶貫者舊制許召有
出身京朝官保明行止仍不得過二人無出身京朝官
曾當事者亦許保一人如有違犯保官以違犯失論舉
人勒出科場永不得取應同保者殿五舉如涉請囑自
從重論令上封者請先經所隸縣投狀及責村耆察訪
行止望如所請仍聽諸色人糾告其外州舉人與理舊
舉數場第及止有墳墓亦許召保取解若一事違條貫
用違制一等科罪望並依所請奏可其舉人妄認鄉貫
三代如用賂者雖有蔭不以贖論如不用賂亦奏裁
八年十一月十九日南郊赦書應三京及諸州軍進士
諸科舉人曾經先朝御試者並與免將來文解南省未
得退落具考試到合格與不合格聞奏　十年八月二

卷一萬六百四十八

十八日赦書應諸道進士諸科舉人曾經先朝御試者
與免將來文解及自前因事殿舉并永不得入科場不
曾犯刑憲者並許將來依例應舉　明道元年十一月
六日赦書應進士諸科舉人曾經御試及進士五舉諸
科七舉至南省者並與免將來文解　二年五月十二
日詔禮部貢院許天下解發進士明經七月十二日詔
自令諸州府軍監考試解發舉人一依先降條制應在
試解發人處衆令依省試例封彌卷首後考較過落仍
令轉運司於本州及轄下州軍等處選差京朝幕職州
縣官　景祐元年正月十三日知青州夏竦言考試舉
人內合格係額進士劉槩等二十二人外更有合格進

士王子厚等一十四人乞充填諸科闕額人數知永興
軍范雍奏本府發解舉人除額定九人外有竇瑋等八
人文理可采欲乞收試詔貢院並依例收試　二年十
一月十五日南郊赦書應進士諸科舉人曾經景德年
以前南省下第者並與免將來文解　三年六月一日
翰林學士承旨章得象等言上詳定到科場發解條制
詔付有司　四年二月十一日詳定科場條貫所言直
集賢院賈昌朝奏諸州舉人親戚守任在本貫遠地官
僚子孫在任處發解官親戚三等舉人乞今後並申轉
運司類聚別差官考試每十人解三人見守任處去本
貫二千里內者並歸本貫取應看詳牒送舉人須是五

服內的親自餘不在移送之限違者科違制之罪令來
二千里內舉人各勒歸本貫深慮奔赴後期及令貢院
於三月一日起請轉運司差官試到舉人與限十一月
二十五日到省餘依昌朝所奏施行從之　六月二十
四日詔令開封府國子監發解舉人并鏁廳人並依南
省例封彌謄錄　八月十日翰林學士丁度等上準詔
修定開封府國子監發解條制乞付貢院從之　十一
月十五日詔三京諸州進士諸科除已發解免解外有
曾經御試令來不該解者并先曾取到景祐四年文解
祥符元年南省下第曾應三舉令來不該解者特許就
南省試　十六日詳定科場條貫所上發解考試巡鋪

及巡捉傳義支賞條數詔付貢院施行　五年三月八
日詔應該景祐四年十一月十五日特勑免解舉人住
遠赴試不及者免將來文解　寶元元年十一月十八
日南郊赦書應三京諸道州軍進士諸科舉人曾經先
朝御試及令日已前得解及三十年進士寔應五舉諸
科寔應七舉並與免將來文解　康定元年十二月一
日詔考試遣事不中人已令各支錢十貫宜更勘會內
進士寔應三舉諸科五舉及曾經殿試者並補諸州文
學不願就者特免將來文解　慶歷元年四月二十八
日詔進士寔應兩舉諸科三舉及曾御試並特免將來
文解令秋解發進士諸科元額不及十人之處權添解

五人十人以上添三人　五月二十七日國子監言近制本監舉人無戶籍者聽召京朝官有出身者保三人無出身者保二人今秋賦在近而遠方寒士難於求保欲請應見仕并在銓幕職州縣官非伎術流外及歷任有贓人並聽保從之　八月十一日權知開封府賈昌朝言故事舉人秋賦納公卷今既糊名謄録則公卷但録題目以防重複不復觀其素業請罷去從之　十七日詔國子監今歲解發進士諸科各增二十人　十一月二十日南郊赦書應三京及諸州軍進士諸科曾經殿試及進士寔應四舉諸科寔曾經六舉南省下第者并昨來開封府本土進士多聞因郡外舉人虛冒戶名

卷萬六百四十八

妄稱鄉貢就試致解送本土舉人全少重其鄉選特示推恩昨經本府就試不預解送舉人進士曾經兩舉者令名命官三人并本縣官吏委保寔是本府土人明有戶貫方得投狀特許更赴南省就試如將來考試合格別作一項奏名今後科場不得為例其保官并本縣官吏如虛妄並科違制之罪其外郡舉人仍仰有司勘會舊額特與增添人數此後須得就本貫請解開封府將來發解仰別定條約嚴設關防勿容詐妄　二年五月十六日升大名府為北京德音應大名府及河北諸軍舉人內進士寔應三舉及曾到御前者不以舉數並與免將來文解　九月二十四日詔國子監生自今須聽

讀五百日滿乃許應舉　四年五月二十二日詔近制舊舉人聽讀一百日新人三百日方許取解今天下建學而未盡有講說教授之人其舊舉人且與免聽讀新人於聽讀限內以故給假而逼秋賦補日不足者與除之其州軍學校未成聽至後次科場為始　六月二十八日詳定貢舉條貫所言準詔刪定新貢舉條制取解進士諸科國子監開封府為保人數欲令諸處取解進士諸科舉人每三人已上為一保國子監開封府五人已上為一保內須有書到省舉人從之　七月五日詔近令逐州軍學校未成及講說日近處即將來一次秋賦未拘聽讀日限所有外縣新舉人合依條貫內日限

卷萬六百四十八

聽讀如內有不願赴國子監及郡學者即許就縣學其縣教授更不差官仰學徒經本州軍求舉有德行藝業之人充只委本縣令佐專切提舉管勾其本州縣未有學校或雖有學校而未有教授處並許就隣州或隣縣有學校處聽讀仍仰逐處召保或執到本縣無違礙過犯公憑即令入學至取解時令本學據聽讀日數給與公據歸本貫投納秋賦　八月十一日禮部貢院言準詔詳定試官與長吏解試舉人分等定罪令請解送舉人有保明行寔不如式者知州以下坐罪仍以州縣長吏為首解試日有試院諸般情弊止坐監試官考校官精妄有充薦至省試日拖白紙緣十否止坐考試官者

所差試官非其人考校不公坐所差官司若試官因緣受賄有發覺者其所差官司於不按察罪名之上更加嚴譴其考試官坐罪即不分首從奏可　十一月二十五日南郊赦書諸州舉人舊條南省下第者並特與免將來文解其新人取應者特許舊額上添二人其陝西諸州軍舉人解額少處令貢院別定分數聞奏　五年三月二十五日詔禮部貢院增天下解額既而上言請以景祐四年慶曆元年科場取解進士人數內擇一年多者令解及二分爲率就試人雖多所添人數各不過元額之半其陝西路惟永興軍鳳翔府兩處就試人多解額尚少用慶曆四年赦恩已增及分數自餘州軍所

卷一萬六百四十八

增未寬令欲于定額上每州軍增一名保定鎮戎德順三軍自來未有解額令各許解一名其河北河東沿邊州軍自來少人修學解額已寬難更增益令總諸州軍凡增三百五十九人乞永爲定額從之　二十七日陝西德音應陝西舉人進士一舉諸科兩舉並特與免今年文解　十月九日升祔赦書天下舉人進士寔應三舉諸科五舉並增經省試并進士兩舉諸科三舉曾經御試者並與免今來文解　七年七月十一日南京德音應本府舉人進士三舉諸科五舉曾經省試及經殿試者特與免將來文解　十一月二十八日南郊赦書應舉人曾經先朝取解南省下第內進士前後寔應五

舉以上諸科七舉以上並與免將來文解　皇祐二年九月二十七日明堂赦書應貢舉人曾經先朝省試下及進士三舉諸科五舉殿試下者并進士五舉諸科七舉省試下者並特免將來文解內先朝舉人如省試不合格者別具名聞奏　四年七月二日詔廣南東西路曾經蠻賊焚劫去處舉人令轉運司勘會如委寔曾經南省下第并得解後丁憂疾病不曾到省並與免本州文解其未曾得解者西路舉人仰湖南路轉運司於全州東路舉人令江南西路轉運司於虔州考試如合格更不拘人數解發赴省　五年二月十三日廣南曲赦書應新舊貢舉人已令免解及優加收薦并不係南省

卷一萬六百四十八

奏名別具姓名聞奏外其有高蹈林藪不求名達服膺墳典可爲人師者委安撫轉運使歷加搜訪具寔以聞　七月二十七日詔國子監如聞監生多以補牒貿鬻於人使流寓無行之士冒試于有司其加察驗之　閏七月二十日詔開封府國子監進士自今每一百人解十五人其試官親嫌令府監互相關送若兩處俱有親嫌即送別頭　十一月四日南郊赦書應貢舉人曾經先朝省試者昨雖盡與搜揚尚慮或有遺落仰逐處吏切檢會及進士兩舉諸科四舉殿試下并進士四舉諸科六舉省試下者並特免將來文解內先朝舉人如省試不合格者別具名聞奏應川峽四路昨來曾經免解

南省下第舉人言念寒儒奔馳遠道累經擯落良用憫嗟將來科場並特與更免文解　嘉祐元年九月十二日恭謝赦書應貢舉人進士兩舉諸科四舉殿試下并進士四舉諸科六舉省試下者並特與免將來文解　三年五月三日國子監言舊制每遇科場即補試廣文太學館監生近詔間歲貢舉須前一年補試比屋科場多就京師私賣監牒易名就試及旋冒畿内户貫以圖進取非所以待遠方孤寒之意請自今遇科場復補試監生如故仍以四百五十人為額從之　四年十月十二日祫饗赦書進士三舉諸科五舉殿試下進士五舉諸科七舉省試下與免將來文解士人有節行學術為

卷一萬六百四十八

鄉里所推者委轉運司提點刑獄同加搜訪每路各三兩人仍與本處長吏具其事寔連書結罪以聞委中書門下再行詢察特加試用諸路解發有就試人多解額少處令禮部量添解額　五年二月七日禮部貢院言準祫饗赦書增諸路州軍進士解額絶少處今請據明常衢睦州共十一人歙饒州共四人洪州建昌軍共八人福建泉南劒漳汀州邵武府興化軍共四十五人廣韶新端康州共八人桂賓州共八人益眉陵綿漢嘉邛州永康軍共三十二人遂資果普合昌州廣安軍共二十人渝州雲安軍共三人從之　五月六日詔西川廣南罷任官有侍行子孫歸本貫取解不及鏁廳又在川廣

福建人見任在本鄉守選待闕者並許就本路轉運司取解（罷及元係川廣福建人見任）應明經諸科省試三場以前九否十否者今貢院再考校本處解送試卷若其間以否為粗以粗為通出義不依條制致有妄薦者以舊條坐之不在末減若考校通粗及出義依條別無差謬省試三場以前有九否十否即考試官與於元條下減一等定罪舊條合殿選者與免選選人該衝替者十殿一選京朝官勒停者與衝替衝替者與監當者與遠處差遣先是祕閣校理陳襄等言諸科之弊在于傳義雖禁而考試官止校其文豈能檢察及列者所對十否而考試官多坐罪勒停原情定罪宜在末減乃下兩制與貢院議而裁定之　七年

卷一萬六百四十八

九月十日明堂赦書應貢舉人進士三舉諸科五舉殿試下進士五舉諸科七舉省試下者並特與免今來文解開封府本土進士訪聞因外州舉人寄貫致預解者少應昨來本府落解進士内曾經三舉省試下者許召有出身命官三人并本縣官吏委保的是父祖已來寔有户貫經府投狀具錄申奏當議與免今來文解如將來考試合格別作一項奏名其保官并本縣官吏如委保不寔許人陳告並科違制私罪　英宗治平二年十一月十六日南郊赦書進士諸科慶歷二年以前殿試下并進士三舉諸科五舉殿試下進士五舉諸科七舉省試下並與免解舉人殿舉及永不得入科場人已經

三赦者許取解熙寧四年九月十日七年十一月二十
五日十年十一月二十七日赦書数舉人並用此制永
不得入科場人仍限赦到半年内于所在投状繳申貢
院定奪情理取旨　以上國朝會要　四年神宗已即
位未改元　正月一日西京德音將來南省所試進士除
元定額外更添五十人奏名明經諸科不得過進士所
添之数今後不為常例應先朝舉人嘉祐二年以前進
士一舉諸科兩舉殿試下進士三舉諸科四舉省試下
並特與免今來文解其趂試不及者即與免將來文解
二十三日禮部貢院言欲將貢舉條制内解額自至
和二年後不曾增添者即用為舊額依令敕施行　三年
卷一萬六百四十八
六月六日詔今後宜每三年一開科場應天下所解進
士諸科並以本處舊額四分中解二分内開封府國子
監以皇祐四年所解進士諸科数各于四分中以三分
為額所有礼部奏名進士以三百人為額明經諸科不
得過進士之数見寔録　若曾經增添者更將新添人数
併在貢舉條制元額内通計為数然後于四分中解三
分永為定額又勘會逐州軍解額人数不等其間有二
人三五人六人七人者雖析分数今欲乞應將舊額四
分中解三分不滿一人並許解一人假設舊額十人今
四分中解三分合解七人外更有餘分即解八人之類
從之　四月十三日禮部貢院言檢會貢舉條制諸舉

人雖是外處人事曾預府解者本土雖有産業亦許只
依舊取解如願歸鄉者經本院陳狀與通理舉数其外
處雖有解数不係本府户籍即不得理入在京舉数嘉
祐二年四月二十八日勑今後並須在本貫取應其日
前已在他處寄應取到解者許經逐處官司陳首勘會
詣寔即與移牒并給付自公據令還本貫及具前來得
解并陳首因依申省許通理舉数又三年正月二十四
日詔先無户令有户先有户今無户并鄉貫移徙者許
經貢院投状召京朝官委保詣寔與叙舉数場第者近
日舉人多以典賣田産為名不無偽濫欲乞或有典賣
田産移往別州者並令隨契經本屬州軍開析典買某
卷一萬六百四十八
處因依保明申禮部改正貢籍施行更不用京朝官充
保無本屬州軍保明即不在叙舉之限又六年五月十
九日本院奏欲乞自今嘉祐二年降勑以前應開封府及
別州軍寄貫人方許陳首通理舉数仍限至今年終不
經逐處陳首更不在收接其係嘉祐二年以後寄貫人
並不在陳首之限詔可看詳上項條貫蓋欲舉人盡歸
土著取應則官司可以詢察履行稍近鄉舉里選之法
雖嘉祐六年本院奏乞限至終許令陳首通敘舉数還
本貫取應其舉人多是不曾依應陳敘欲乞應開封府
并外州軍舉人自來於三兩州户貫并一州三兩縣户
貫請到文解者與限至今年終許經本貫州軍陳述因

依合併歸一處戶籍仍令本貫州軍結罪保明申貢院勘會三代年幾並同與通敘舉【數】如出限及無本貫州軍保明更不在敘舉之限即不得將外州軍文解移從入開封府國學從之

卷一萬六百四十八

鏁廳

全唐文

宋會要發解

治平四年十月四日三司言國子監等處解發舉人並占寺院檝汙未便欲乞自今後鏁廳以嘉慶院國學以高翰宅充考試院翰宅倒塌見在一千八百間相度只修一百二十五間從之 神宗熙寧元年十一月十八日南郊赦書應貢舉人進士諸科曾經仁宗朝皇祐元年以前殿試下并進士明經前進士諸科曾經嘉祐二年以前省試下嘉祐四年以前御試下并進士明經御試下兩舉省試下三舉諸科御試下四舉省試下五舉並與免取將來文解應舉人從前因事殿舉者特許候

鎖廳

卷一萬六百四十九

有科場依例取解其今日以前永不得入科場人候經三赦亦特許依例取解自是至元符赦書殿舉人並用此制永不得入科場人限數到半年內於所在投檄中貢院尚書禮部定奪情理逐旋聞奏 二年六月二十二日詔諸州軍監舉送發解考試監試官親戚門客類聚送轉運司與鎖廳明經一處考試各十分取一分半為額即餘分或應舉不滿十人並五人以上聽解一名其四人以下如灼然有文藝可稱者準此以上並不係諸州軍解額從禮部請也 十二月十一日詔禮部下第進士五舉諸科六舉嘗經殿試進士六舉諸科七舉經禮部試者年五十以上名聞內三路人第減一舉其慶歷二年以前禮部試下進士兩舉諸科三舉並具姓名年

甲鄉貫以聞　三年三月六日詔景祐五年以前禮部試下進士一舉諸科兩舉年六十五以上令本貫州縣以名聞當特推恩如開封府國子監舉人令止名見任京朝官二人結罪保明其進士兩舉諸科三舉更不限年若進士七舉諸科八舉曾經殿試年四十以上並令赴今殿試內慶歷三年禮部試下進士兩舉諸科三舉亦不限年與免解　四年八月十八日德音進士禮部下三舉御試兩舉諸科禮部下四舉御試三舉並免解嘗殿舉者許應舉　七年十一月二十五日南郊赦書應諸路進士諸科曾經皇祐元年以前省院下嘉祐三年以前御試下嘉祐二年經御試下三舉者試下五舉

卷一萬六百四九

諸科御試下五舉省試下七舉及開封府國子監進士科曾經嘉祐六年以前省試下嘉祐八年以前御試下并進士明經御試下兩舉省試下三舉諸科御試下四舉者試下五舉並與免取將來文解　八年七月二十三日詔開封府國子監舉人併就一處考試仍以兩處解額通計取人　十月十六日詔國子監上舍生顧襄安惇丁執古虞筥葉唐稷如不得解與免解已得解免禮部試　九年正月二十四日詔熙州舉人自今解二人河州一人須戶貫實及七年　十年二月二十五日廣南西路德音應本路進士南省下三舉並特免將來文解南省雖不合格別作一項奏名其因事殿舉者並許將來取應　十一月二十七日南郊赦書應諸路進士諸科曾經皇祐五年以前省試下嘉祐四年以前御試下并進士明經御試下三舉省試下五舉諸科御試下七舉及開封府國子監進士諸科曾經嘉祐八年以前省試下治平二年以前御試下并進士明經御試下兩舉者試下三舉諸科御試下四舉省試下五舉並與免取將來文解　元豐元年六月十一日詔武學上舍生在學一年不犯第二等過委主判同學官保明免解從上無過二人內於貢舉法自應免解及已該免解後又在學二年以上無殿罰免閤試　七月五日詔開封府國子監舉人並通取解額併試其諸州不滿百人者委

卷一萬六百四十九

轉運司取近便州各用本處解額就一州考試　八月十三日詔在京發解進士據入試人數解額隨所治經以十分為率均取之禮部準此　二年九月十九日穎州德音本州到省進士一舉諸科二舉及曾到御前不以舉數並免將來文解內曾到御前者如將來南省考校不合格奏取指揮　十二月四日詔自今解發進士大學以五百人開封府以百人為額舊制開封府三百三十五人國子監百六十人熙寧八年合為一以解額通取至是復分而為太學生數多故損開封府解額以益之　三年正月十三日穎昌府德音本府到省進士一舉諸科二舉及曾到御前不以舉數並免將來文解內

年以前殿試下並進士明經殿試下兩舉禮部試下三舉諸科殿試下四 添十行四字下

曾到御前者如將來南省考試不合格奏取指揮　五月三日編修學制所言奉旨立勢要及國子監生太學官親屬許不以鄉貢就開封府應舉之法臣等看詳監以國子為名而無國子教養之實恐未稱朝廷建學育士之意乞應清要官親戚並令入監聽讀以二百人為額解發毋過四十人從之　九月二十二日明堂赦書諸路進士諸科嘉祐二年以前禮部試下六年以前殿試下并進士明經殿試下三舉禮部試五舉諸科殿試下五舉禮部試下七舉開封府國子監進士諸科治平二年以前禮部試下四舉禮部試下五舉並免解　十二月十二日詔開封府解額並撥屬太學其國子生解額以太學分數取人　五年二月二十一日梓州路赦

卷一萬六百四十九

文本路進士禮部下四舉殿試下兩舉諸科禮部下五舉殿試下四舉並免解禮部不合格特奏名今來到禮部人亦準此　六年十一月五日南郊赦書諸路進士諸科經嘉祐四年以前省試下嘉祐八年以前御試下并進士明經御試下三舉省試下五舉諸科御試下五舉省試下七舉及開封府國子監進士諸科經治平四年以前省試下熙寧三年以前御試下并進士明經御試下兩舉省試下三舉諸科御試下四舉省試下五舉將來並與免解　七年十月八日御史程思言乞自今在京發解禮部試進士據入試人數以解額隨所治經

約十分數均取有餘不足相補各毋過三分從之八年二月十八日禮部言濟博棣州舉人狀本州用熙寧四年勅取諸科解發添解進士及本科解額盡解新科明法致考諸科合格人無額解發看詳今後進士及新科明法人各合於諸科額內發解者以諸科額十分為率留一分解本科舊人外以解進士及改應刑法人通紐分數均取謂如諸科元額十人留一人外剩額九人假令增多進士并改應留法人共一百三十五人即每十五人取一名之類餘分更解改應人一名如無諸科取應及無合格人方許盡數亦依此解發若諸科解額不及三人者依舊詔將來一舉據今來逐人合格諸科人從上博州三人濟州七人棣州四人並與免解外仍在今

卷一萬六百四十九

來諸科留一分解諸科人外候第二次科場即止依舊科一分指揮餘從之文獻通考元豐八年濟博棣三州諸科舉人訴于禮部言諸科舊額多歸進士僅有存者又是以盡解新科明法今試而中無額可解於是常留諸科舊額十分之一以待不能改業者　知徐州蘇軾上言乞為京東西河北陝西十一五路之士則開仕進之門　事見胥吏門月十四日詔還開封府解額百人熙寧中罷開封府解額併歸大學至是復之　哲宗元祐元年九月六日明堂赦文諸路進士諸科經嘉祐六年以前省試下治平二年以前御試下并進士明經御試下三舉省試下五舉諸科御試下五舉省試下七舉及開封府國子監進士諸科經熙寧三年以前省試下熙寧六年以前御試下并進士明經御試下兩舉省試下三舉諸科御試下四舉省試下五舉將

來並與免解　二年十一月十二日詔進士以經義詩賦論策通定去取明法增論語孝經義一次科場未習詩賦人依舊法取應解發不得過元額三分之一令禮部立詩賦格式以聞　四年四月八日詔進士不兼詩賦人於本經外增治一經增試一場與兼試賦人各解五分令禮部立法以聞　十八日禮部言經義兼詩賦進士聽習一經義進士並習兩經並以四場通定高下去留不以人數多少各取五分即零分及元額解一人者聽取辭理優長之人從之　九月十四日明堂赦文諸路進士諸科經義嘉祐八年以前省試下治平四年以前御試下并進士明經御試下三舉省試下五舉諸

卷一萬六百四十九

科御試下五舉省試下七舉及開封府國子監進士諸科經熙寧六年以前省試下熙寧九年以前御試下并進士明經御試下兩舉省試下三舉諸科御試下四舉省試下五舉將來並與免解　十二月二十四日禮部言諸路申諸百舉勑經義兼詩賦進士及經義進士解額各取五分竊慮兩科應者不齊拘定五分則似未盡允行下取看詳進士兩科試法不一舉人互有輕重難易之論兼就試人數不定則解額難以均當終非通法不可久行詔來年科場以試畢舉人分數均取後一次科場其不兼詩賦人解額依元祐三年六月五日所降朝旨如有未習詩賦舉人許依舊法取應解法合格人

不得過解額三分之一以後並依元祐二年十一月十二日勑分為四場以四場通定去留高下內仍減時務策一道　五年十月二十二日詔近制府監發解省試舉人經義每道不得過五百字策不得過七百字如過二分雖合格並降一等諸州發解舉人依此　六年正月九日詔五路進士及諸科明法人就試終場零分不滿十人許解一人仍取文理優長者　七年十一月十四日南郊文諸路進士諸科經治平二年以前省試下熙寧三年以前御試下并進士明經御試下三舉省試下五舉諸科御試下五舉省試下七舉及開封府國子監進士諸科經熙寧九年以前省試下元豐二年以前

卷一萬六百四十九

御試下并進士明經御試下兩舉省試下三舉諸科御試下四舉省試下五舉將來並與免解　八年七月五日禮部言五路進士及新科明法等欲將舊諸科并經通禮三科舉人許於諸科額內各與一分解額詔以諸科解額分為十分內以一分解舊諸科一分解經律科一分解通禮科其餘七分人數通入進士額以進士及新科明法人共紐分數均取仍須就試終場進士每十人新科明法每七人各許解一人零分亦各許解一名

紹聖二年六月二十三日詔將來科場除本貫開封府人外其外路舊人自參假上簿後新人自補中後計理月日實及一年並聽權附國子監取應別行考校以

見闕上舍人內舍國子生及外舍一時請假闕額解名據數發解每十人解一人就試人雖多不得過剩合取人數仍今後毋為例

九月十九日明堂赦文諸路進士諸科經治平四年以前省試下熙寧六年以前御試下并進士明經御試下三舉省試下五舉諸科御試下五舉省試下七舉及開封府國子監進士諸科經元豐二年以前省試下元豐五年以前御試下并進士明經御試下兩舉省試下三舉諸科御試下四舉省試五舉將來並與免解

三年八月十九日詔開封府解額令今後依元豐三年十二月十二日指揮並撥屬太學

四年四月二十四日德音赦文陝西河東路沿邊州軍

卷一萬六百四十九

進士南省下三舉御試下兩舉諸科南省下四舉御試下三舉並特與免將來文解

元符元年四月二十七日詔今後科場及太學公私試將所存留三分解額均作十分先取二禮合格人不得過五分取次他經從國子監請也

十一月二十日南郊赦文諸路進士諸科經熙寧三年以前省試下熙寧九年以前御試下并進士明經御試下三舉省試下五舉諸科御試下五舉省試下七舉及開封府國子監進士諸科經元豐五年以前省試下元豐八年以前御試下并進士明經御試下兩舉省試下三舉諸科御試下四舉省試下五舉將來並與免解

三年六月二十八日詔開封府進士許依

舊發解以一百人為額紹聖中罷開封府解額併歸太學至是復之

徽宗建中靖國元年十一月二十三日冬祀赦文應諸路進士諸科曾經熙寧六年以前省試下元豐二年以前御試下并進士明經御試下三舉省試下五舉諸科御試下五舉省試下七舉及開封府國子監進士諸科曾經元豐八年以前省試下元祐三年以前御試下并進士明經御試下兩舉省試下三舉諸科御試下四舉省試下五舉並與免將來文解

崇寧元年八月八日禮部言臣僚奏五路諸科舊人見在應書者今已無幾願以所存進士解額悉解進士使熙寧誘進諸科嚮習進士之意至是始得純一欲遍行指揮應有諸科解額今來無

卷一萬六百四十九

人取應者並許併入進士解額從之

二年正月二十五日曲赦荊湖南北路應本路進士省試下四舉御試下兩舉諸科省試下五舉御試下四舉並特免將來文解

四月二十一日赦書除興慶軍進士諸科元符三年十一月五日已降指揮外興仁隆德軍到省進士兩舉諸科三舉並與免將來文解一次

三年十月二十六日冬祀赦書應諸路進士諸科經元豐二年以前省試下元豐八年以前御試下并進士明經御試下兩舉省試下四舉諸科御試下四舉省試下六舉及開封府國子監進士諸科經元祐六年以前省試下元祐九年以前御試下并進士明經御試下一舉省試下兩舉諸

科御試下三舉省試下四舉將來並與免解應舉人因事殿舉並特候有科場依例取解其今日以前永不得入科場人如經今三赦亦限到半年內於所屬投狀立便繳申禮部令本部定奪情理不至深重特逐旋聞奏許令取應　五年九月三十日禮部尚書朱諤奏今將諸路元符二年崇寧元年四年三舉就試終場人數以國子監諸州解額及已撥開封府額充諸州貢額并五路諸科剩額發解人數除出一分充貢武士額外共二千三百三十四人紐計約三十四人取一名均撥諸州共計一千六百四人其畸零撥不盡數亦以逐州人數多者零十二人以上更添一人共計八十二人其逐州

卷一萬六百四十九

解額元多於今來所約人數者更不增減詔東南占用五路解額其五路多勇士宜增一分為二分以貢武士餘可就整立額不及百人者留以待天下孝悌特起之士再可分撥聞奏　十月十三日禮部尚書朱諤言五路剩額并諸科正解人數共六百五十四人內除二分計一百三十人充貢武士外有五百二十四人依御批指揮就整將五百人分撥諸州餘二十四人留以待天下孝悌特起之士尋以應舉人及諸州解額紐計人數分撥內有不該添撥州軍亦各添撥一名充貢令將上項五路額并國子監解額再分撥諸州貢額元約三十四人添一名詔福建州所增太多福州可撥四十人建

州三十人高州十人眉州二十人餘依所奏其所減人數留待天下孝悌特起之士　二十六日德音赦書到省進士一舉諸科二舉及曾到御前不以舉數並免將來文解內曾到御前者如將來南省考試不合格奏取指揮　十一月九日禮部尚書朱諤言國子監解額四百七十六人已奉朝旨同五路剩額一處添撥諸州了當所乞留三分發解計一百四十三人今於已添撥諸州貢額內措置均減留充本監將來一次科場發解人額其權留外并不該權留處已添撥人額並合與本處七分解額充今來三年分貢之數從之　大觀元年正月一日改元赦文應諸路進士諸科曾經元豐五年以

卷一萬六百四十九

前省試下元祐三年以前御試下并進士明經御試下兩舉省試下四舉諸科御試下四舉省試下六舉及開封府國子監進士諸科曾經紹聖元年以前省試下紹聖四年以前御試下并進士明經御試下一舉省試下兩舉諸科御試下三舉省試下四舉並與免將來文解　二年八月二十二日詔有官雜出身人殿侍攝官醫學祇候博士助教取解每就試終場十人解一人若零數及四人或請解不及七人者亦解一人　宣和三年二月二十一日詔太學內舍國子上舍及未曾赴上舍試貢士并國子生並與免解赴將來省試以合就上舍試次數理免解次數　十一月二十二日詔太學解額

依元豐貢舉勑以五百人為額內除撥二十四人歸滑鄭州外合解四百七十六人國子監依元豐貢舉勑以一百四十人為額開封府依元豐貢舉勑以一百人為額崇寧分撥五路解額係以剩額并諸科正解人數均撥合依崇寧五年指揮撥六百五十四人與諸路令禮部均撥　四年七月三十日三省言已降指揮五路剩解額「依崇寧五年指揮令禮部撥六百五十四人與諸路續「取到禮部狀崇寧五年分撥五路剩額并諸科正解等人數與東南等路係將諸路已應與就試終場人數紐計分撥緣當時係有九百二十二人每三十五人九分二釐一毫三絲八忽均一人今來除撥還太學額外止

卷一萬六百四十九

有六百五十四人合以五十人七分四釐均一名均撥過六百五十二人外有均撥不盡零數二人詔一名與杭州一名與湖州餘並依　六年七月一日禮部言轉運司發解就試避親門客依元豐法合行就試終場每七人解一名依崇寧貢舉法避親門客合行就試終場人每十人解一名詔依元豐法　七年十一月十九日南郊制應諸路進士曾經大觀三年以前省試下及貢士大觀三年以前退歸本貫合理舉人并政和五年以前御試下開封府國子監進士政和五年以前曾經省試下及貢士昨因政和五年以前退歸本貫合理舉人并曾經政和五年以前御試下及諸路進士曾經省試

下并貢士退歸本貫合理舉人及四舉并學生昨貢至辟廱曾經升補太學內舍宣三年以前退歸本貫合理國學一舉人並特與免將來文解以上續國朝會要

發解

光堯皇帝建炎元年五月一日赦靖康元年得解及州學職事人並與免將來文解一次 二年十一月二十二日南郊赦應諸路進士曾經政和二年以前紹興元年明堂赦政和五年四月明堂赦政和八年七月明堂赦宣和三年十月明堂赦宣和六年十三年郊赦建炎二年十六年郊赦紹興元年二十二年郊赦紹興五年二十五年郊赦紹興八年二十八年郊赦紹興二十一年省試下貢士退歸本貫合理舉人并政和八年以前御試下開封府國子監進士貢士政和八年以前省試下退歸本貫合理舉人并曾經政和八年以前御試下以上三項紹興元年赦宣和三年四年赦宣和二年六年七年赦建炎二年十年赦紹興二年十三年赦紹興五年十六年赦紹興八年二十二年赦紹興十二年二十五年赦紹興十八年二十八年赦紹興二十一年御試下開封府國子監紹興十八年三十一年赦紹興二十四年

卷一萬六百四九

及諸路進士曾經省試下貢士退歸本貫合理舉各及四舉并開封府國子監進士貢士兩舉到省並特與免將來文解紹興四年赦免七年文解七年赦免十年文解十年赦免十四年文解十五年赦免十七年文解十六年赦免二十年文解紹興八年御試下人特免十七年文解十九年二十二年二十五年二十八年赦並免將來文解 同日赦應諸路舉人合於元得解路轉運司類試昨緣道途艱阻却就別路類試下特許理為一舉紹興元年九月十日明堂赦同 四年三月九日禮部言建炎三年十一月三日赦昨因用兵展後舉殿試一年所有建炎四年合下詔月日令禮部檢舉詔許發

二十日條移二十四日前

火

解 四月二十四日詔淮南西路殘破州軍建置科場未得者令轉運司分就別州附試 二十日禮部言諸路解額除不經殘破去處乞依靖康元年額發解外宣和五年諸路解試並用均添人數為額靖康元年七月七日詔用為例內經殘破州軍就試人數稀少乞以終場人數權取前舉例分數解發謂如某州元額二十人靖康元年終場二千人即以百人解一人有零分者聽更解一名從之 五月二十一日權禮部員外郎侯延慶言行在職事及釐務官隨行有服親若門客之類欲乞立應舉法以國子監進士為名其解發人數依舊制以就試終場人為率七人取一名餘分亦聽取一名詔門客請解取人合依崇寧貢舉令外餘依所乞仍就轉運司附試

卷一萬六百四十九

二十二日詔京畿京東京西河北陝西淮南路士人許於流寓所在州軍各召本貫或本路及鄰路文官兩員結除名罪保識每員所保不得過二人仍批書印紙聽附本州軍進士試別為號以終場二十人解一名餘分或不及二十人處亦解一名不及五人附鄰州試從都官員外郎侯延慶請也 二十七日祠部員外郎章傑言諸路舉人貫籍兵火燒毀不存乞下諸路轉運司取索諸州軍令舉人各名保官二員結除名罪委保元符二年以後節次得解并貢等因依及戶貫三代治經狀作冊從之 六月四日禮部言宣和五年立定解額指揮并案牘自渡江並皆散失將來諸路解發到合格人數難以檢察欲

下轉運司令遍下所部州軍候發解開院畢具合格人數姓名并試卷及繳連本部元立定解額指揮真符赴部如曾經兵火州軍令當職官及考試官結除名罪人吏結編配罪保明若稍涉虛冒不依元立解額致大放舉人雖已出官令行改正仍乞不以去官赦降原減從之　七月四日詔京畿京東西淮南荆湖北路既已分鎮監司並罷其本路科舉令提舉茶鹽司差官於逐路可置科場州軍分赴就試紹興元年正月一日德音應該恩賞免解舉人昨因兵火毀失公據有去失處陳乞因依干照文據者召京朝官二員各結除名罪委保經所在州軍勘驗出給公據訖仍具元連干照保狀繳申

卷一萬六百四十九

禮部注籍　四月二十日禮部言昨詔免解人令召保官二員并五人結為一保申國子監注籍給據令來若委實無同路及一般赴試進士結保欲比附貢舉令更增名承務郎以上二員一員添充保明一員充職官並結除名罪保識請實即與給據赴試從之　六月十日禮部言宣州申到建炎四年發解併試建康府太平州廣德軍舉人稱各依元額解發建康府應舉二十四人合格一十人太平州應舉一十九人合格一十人廣德軍應舉二十一人合格五人詔各取一名其餘多解人數並行駁放　八月二十日國子監丞袁正功言昨詔國學兩次得解進士并罷貢法貢士及太學內舍試數來

盡及太學守禦免解之人並令召京朝官兩員委保五人結為一保本州保明申轉運司勘會申國子監注籍給據令試期甚邇若更經國子監陳乞給據委是遲滯欲乞有當時所屬給到公憑照驗本州已勘實給據之人令轉運司一面實審收試仍類聚繳申公子監注籍如將來本監勘驗見得却有違礙即行駁放從之　九月十八日明堂赦朕駐蹕會稽行將三載應越州舉人曾得解者並特與免將來文解一次　三年二月一日尚書省言昨建炎四年八月依條發解合至紹興元年省試殿試緣當年行明堂大禮展至紹興二年三月殿試所有發解自合理紹興二年殿試年分詔於紹興四年發

卷一萬六百四十九

解　四年六月五日禮部言荆湖北路州軍累經殘破士人全少除德安府已令解二人外其餘州軍發解並依建炎四年四月三十日指揮如無合格卷聽闕從之　十四日國子監丞王普言科舉士元豐法與崇寧法不同者已詔並依元豐法元豐貢舉令轉運司發解每七十解一人崇寧貢舉令每十人解一人前舉諸路運司所解人額奉行不一乞下諸路遵依建炎二年二月九日已降指揮從之　七月二十五日詔應流寓舉人應合召保官不拘本貫及本路鄰路官並許充保　五年二月二十一日詔臨安府曾得解舉人依紹興府駐蹕恩例與免文解一次　六月二十日詔惠賀州南安

軍合駁放舉人內已到行在人憫其遠來特許收試如試下不理為舉三州皆殘破處合依建炎四年四月指揮解發乃以舊額多取人禮部言合駁故不許故有是命　六年六月二十八日四川制置大使言科舉冒濫之弊無甚於牒試欲乞今後帥臣監司并諸司屬官子弟親戚門客等合避試者並令本司長官保委州縣官令知通縣令保委責結罪狀審驗無妄冒方許就試如有不實許人陳告除依條施行仍將保官先與降一官然後取勘從之　同日詔流寓舉人每十五人解一名餘分或不及十五人亦許解一名不及五人處預牒本路轉運司類聚附試仍名文臣二員委保不得過三人　七年五月二十一日詔行在職事釐務官并宗子應舉取應及有官人並於行在赴國子監試　八年二月六日詔建康府本貫曾得解舉人並依臨安府駐蹕例特與免文解一次　三月九日詔平江府本貫曾得解舉人依建康府駐蹕例特與免文解一次　九年正月五日赦應進士諸科曾經劉豫偽命後得解者將來並與理為舉數　十年九月十日明堂赦河南新復州軍已詔於逐路類試發解近緣賊虜侵犯不曾引試去處與展至紹興十一年秋試　十月十六日禮部言轉運司就試舉人與試官合行迴避者欲比附國子監發解體例於試院內別行擗截一位視就試人多寡於所差試官內分差一二員專引考校於外試避親位前安

卷一萬六百四十九

排避親舉人坐次別出題目其試卷令封彌所用避親字印別號關送謄錄所專置歷送避親官考校候考校中號訖先次出號狀委轉運司官專行收掌草卷實封送彌封官候差拆號官對號開拆立項放榜從之太常少卿陳桷請也　十三年二月二十一日國子司業高閌言諸路舉人以住本貫學半年或雖不住學而兩預釋奠及曾于鄉飲酒禮者聽學同仍籍記姓名本學次第委保教授審實申州聽取應仍自紹熙十四年為始從之　八月十五日詔祖宗舊法諸路州軍科場並限八月五日鎖院緣福建去京師地遠遂先期用七月川廣尤遠又用六月今福建二廣趨行朝不遠可並限八月五日鎖院內川陝州軍特以六月若依近例類省試即示以八月五日鏁院以臣僚言試下舉人生冒貫而再試於他州或作親嫌而冒試於他路失於使者未必不得於此故有是命　九月二十一日詔令秋試補不合格終場人赴釋奠不及令國子監報本貫並許趁將來取應　十八日詔科舉在近諸路舉人有不曾預釋奠鄉飲酒之禮或因期喪丁憂至來年科舉有住學月日不足之人並許赴來年科舉取應一次　十月十五日詔川陝發解科詔到日便行鏁院逐路運司並令六月前鏁院當月中開院以知成都府張燾乞就春月鏁院得解士人可赴行在引試禮部言係三月降科詔月分相妨故也文獻通考紹興十三年初立同文館試凡在行朝去本貫及千里以上者許附試國子監舊諸州皆以八月選日試士舉人有就數州取解者至是詔諸道發解並以中秋日引試四川則用季春而仲秋類省焉　太學博

卷一萬六百四十九

士王之望言舉人程文或純用本朝人文集數百言或歌頌及用佛書全句舊式皆不攷建炎初悉從删去故犯者多詔中嚴行下 十四年二月三日詔秦州見在舉人權附成州引試依流寓舉人例每十五人終場解一名不及十五人亦解一名 四月二十七日禮部言盱眙軍係册置州軍未有立定解額欲依崇寧貢舉條令滿二十人解一人不滿三十人解二人三十人以上解三人候至後舉別行參酌立定解額從之 八月二十八日禮部言國子司業宋之才陳請欲立同文館收試士人見在行朝去本貫及一千里以上無處取應之士令實通鄉貫五人為一保名文官二員結罪委保鄉貫士行等詣實仍齎保官付身赴監官呈驗訖許納試卷應舉令附

卷一萬六百四十九

本監發解試別立號考校每三十人取一名通取不得過三十人看詳欲依所乞保官每員所保不得過十人如不實其保官依委保轉運司就試人不得實例先降一官取責罪犯申取朝廷指揮仍令本監續行取會就試舉人本貫州軍審察勘會於貢舉條制如有違礙不該赴試或兩處應舉雖已得解過省即行駁放犯人并保官保人依法施行從之 十五年十一月三日臣寮言行在宗室並赴國子監試如在外任并宮觀嶽廟並赴轉運司試其赴國子監試者有官鎖應每七人取三人無官應舉每七人取四人無官袒免親取應文理通者為合格不限人數唯赴轉運司所取之數即與進士一

一同非所以獎進宗子之意欲諸路宗室不以有官無官願赴行在應舉鎖應者依熙寧制並許赴國子監請解赴省如不願即依崇寧通用貢舉條施行從之 十一日詔通判眉州李彥輔嚴實避親舉人失當致有僥濫展二年磨勘彥輔婣曾敍特有是命 十六年五月八日詔諸路解試若經義詩賦人數相等即依終場人數紐取或有餘不足即以文理優長聽通融相補不得過三分從禮部請也 十八年二月四日上宣諭宰執曰兩浙運司舉人發解間有勢力之家行賂假手濫占解名甚喧士論令貢舉鎖院在邇可令禮部重立賞格明出文榜許人告捕務在必行庶使士人心服 五月六日詔郭印

卷一萬六百四十九

前任永康軍通判牒試避親舉人不當特降一官印雖會赦特有是命 十九年十一月二十四日南郊赦紹興五年省試下人本合紹興二年取解紹興三年赴省試昨緣展退省試至五年可特與理作三年省試下及紹興十二年以前御試下人並與免將來文解二十二年郊赦紹熙八年省試下人理作六年又紹興十五年以前殿試下人二十五年郊赦紹興十一年省試下人理作九年及紹興十八年以前殿試下人二十八年郊赦紹興十五年省試下人三十一年明堂赦紹興十八年省試下人並同此制 二十六日禮部言臣僚奏乞今後於未下科詔以前令諸州軍及屬縣長吏籍定來歲合應舉人數姓名關縣學職事限來二月令縣官將家保狀繳申本州行下州學遍行鄉飲酒之禮令州學職事前期覈實申教授

預先引保一次或有事故出在外州或隨侍他處並具因依申本州關送試院外若有臨時投狀射保者並不收試欲並依所請具在諸路流寓舉人亦乞依此從之

二十四年正月二十日詔令後國子監臨安府兩浙轉運司與諸路州軍并轉運司依條並以八月五日鏁院十五日引試　二月二十四日詔今後請到解或理年衆依條免解舉人合該赴省試內有不及之人與比附定例免經所屬陳乞名保理為到省得一舉得解舉人若後舉還試下與理作今舉年分試下舉數如不願還試亦理為到省試一下舉（以肇慶府進士王時赴試不及乞援例試下禮部看詳故有是命）

二十五年十一月十九日郊赦免解進士昨緣

卷一萬六百四十九

散失案籍增名保官二員令來禮部自有文籍除流寓無本貫士人外與免增名保官　二十六年二月七日詔諸路州軍將紹興二十三年各州土著進士就試終場人計若干人取一人將當年發解就試流寓終場人數每及土著人分數即添解一人或零分及流寓人少去處依土著所解人十分為率及三分亦解一人若已後發解就試人多不得過紹興二十六年所取之數仍立為定制若已用流寓戶貫得解之人許自陳併入東南戶貫其已得舉數即合通理如有違犯並依貢舉條法若州軍輒行大解當職官吏并發解官依法徒二年科罷舉人即從下駮放（以荊湖北路轉運判官程敦臨言乞流寓進士并避親門客移

試之人與土著人通立為額混試故也）　四月十七日執政進呈禮部狀參酌均定諸州解額溫州添解額五人台州婺州各添解額之人融州福州靜江府明州衢州湖州嚴州賓州嚴州秀州欽州汀州各添解額二人上可其請因宣諭曰解額窄處自當量與增添寬處却不可減皆欲優之也又曰今次科舉措置詳密如挾書代筆及冒牒試之類悉已革去庶得實有才學之人尋常之見往往以此為末事不復留意朕以此最為大事人才所自出士風之所係皆本於此豈可不留意耶　二十七日臣寮言欲乞科舉保任並依舊制雖不預鄉飲酒者皆許試赴從之　七月三日詔諸州試院於常限之外如三千人

卷一萬六百四十九

以上與展開院五日五千人以上倍之（以臣寮言每州以三千人就試則程文數萬卷而使六七人考之限以三四十日之期不能徧覽研究故有是命）　二十九日詔令舉行在職事釐務官隨行親屬如依得服屬不已未有官並令赴國子監請解其有官人即不得依前循例陳乞赴兩浙運司試（從禮部請也）　二十七年五月十一日詔□川監司帥臣守倅親屬門客牒試及屬官幹辦官以上本貫別路隨行緦麻以上親去戶籍二千里外應合赴運司試得解人並令前來行在省試其餘四川依舊類試如願赴行在省試人並沿路給券（以臣寮言議者乞折四川解發舉人盡赴省試道遠艱阻欲望且仍舊貫若監司帥臣子弟力足以致僥濫可令前來下禮部看詳故有是詔）　二十八年八月八日詔瀘州添解額三人遂寧

府西和州閬漢嘉邛簡雅忠涪資欽昌石泉永康長寧軍仙井監各添解額二人　二十九年八月九日詔四川等處見在進士為路遠歸鄉赴試不及可特令就兩浙轉運司附試一次仍别行考校取旨立額先是二十六年終場四百二十八人詔令發解八名至是歸附免解復請文解三次各自陳故有是詔　十二月赦應今來新復州軍進士將來科舉年分所屬檢舉條法許今應舉見年五十以上特與免將來文解一次其諸科曾經金國得解者並與理為舉數　三十二年閏二月十九日禮部言唐鄧二州乞依本路諸州例於襄陽府併試以一路諸州軍人數通衮二十人終場取一名餘分亦取一名從之　六月十日詔應福建路額取應宗

卷一萬六百四十九

子依二廣體例比附國子監條法初試許於所在州軍名保結保勘驗於貢舉條制别無違礙連宗枝圖保明申送轉運司勘驗别場引試將合格人數繳申禮部行下大宗正司勘會如有僞冒違礙雖已赴試合格先次改正駁放其犯人并保官申朝廷取旨其覆試合赴行在所有取人分數依例初試附國子監發解南外宗正司言宗子趙棠之等乞只就本路轉運司取應故也以上中興會要　紹興三十二年六月二十九日壽皇聖帝即位未改元殿中侍御史張震言太學免解已非舊典今當免者千二百餘人其間固有已得解者令此一免數舉之後不失一官已為優幸而此外或以駐蹕或以藩邸或以節鎮皆得曲為之辭轉相攀引則

是當免解者幾二萬人竊慮來春取人數倍常舉乞下禮部須行條約庶幾上不失推恩之旨下不啟僥倖之路詔禮部看詳其後禮部言建洪宣州進士各以今上皇帝藩邸乞依故例推恩太上皇帝登實位舊領州鎮進士並各等推恩今難有建炎故例緣今降條約之旨欲將三州七舉擬舊例特奏名候殿試唱名取音免解進士並歲一舉特奏名如該正奏名候唱名取音鄉貢進士及應鄉貢進士曾三應舉終場並免將來文解一次從之　十一月十七日禮部言宣洪建鼎劒州條令上皇帝藩邸得旨進士應舉三經終場并曾得解之人免解一次竊慮遂州不明諭舉人依試名應作保之官結罪委保知通驗實保明鹵莽申發致悞赴試及以不應免解人與合免解人混雜保明作不圓申發既過試期遂欲許先次收試致多端冒濫今欲前期立式行下

卷一萬六百四十九

須逐人責令確實名保知通審察驗實結罪保明至期稍有不圓並不許依放舊幹訴乞先次收當職官從本部按劾從之　壽皇聖帝隆興元年三月二十一日禮部言太學生郃南一等引登極赦書訴乞在籍學生免解恩例其南一等各請長假除程限已滿一年之人依條各除籍緣降赦日並在籍詔南一等準條除籍與免文解一次　乾道元年正月一日南郊赦書勘會諸路進士各有立定額解比年間有緣事在路不能趁赴本處解試雖昨權令附兩浙轉運司緣人數太多解額至少日後難以更行附試慮悞舉人進取令禮部遇科舉年分預期行下諸路轉運司并諸州軍分明散榜曉諭

舉人通知各就本處解試庶免奔馳道路赴試不及却成殿舉　四月五日禮部言前舉行在職事官自監察御史已上許牒門客一名赴兩浙轉運司請解今舉乞依前例施行其門客依條須秋試前寄見任官實及半年即許牒試若輒請託妄稱門客牒送者自有立定責罰條法論罪從之　六月二十九日臣僚言科舉之制州郡解額狹而舉子多漕司所解其數頗寬士取應者往往捨鄉貫而圖漕牒至於冒親戚詐户籍而不之恤且牒試之法川廣之士用此可也而福建則密邇王都亦復牒試見任官用此可也而待闕得替官一年内亦許牒試本宗有服親用此可也而中表緦麻之親亦許

以上卷一萬六百四十九

牒試或宛轉請求或遷同託囑至有待闕得替官一人而牒十餘名者倘不稍加禁約竊恐冒濫太甚欲乞明頒睿旨申嚴詐冒之禁其見行條法後令舉既畢付之有司重詳損益立為中制從之　八月十二日　皇太子教書應國學進士免曹請到文解又該遇昨來登極覃恩免解係一請一免之人特許理為兩舉到省試下與免文解　二年五月十六日禮部言參酌舊制除隨行本宗大功以上親許牒試及諸州守倅本宗大功以上親有户貫在所任州軍許牒本路運司帥臣等官本宗大功以上親在所置司有户貫者許牒鄰路運司就試外餘並令本貫州軍取解武臣任準備差遣巡轄馬

遞鋪之類除親子孫許牒試外餘並不許權攝官雖親子孫亦不許仍令轉運司自今以二十人解一人零數亦解一人外有發解年稱緣事到行在赴鄉試不及訴乞赴兩浙轉運司附試之人亦皆泛濫欲自今並不許亦不有不陳詔並從之省額仍依舊制　三年十月四日禮部尚書兼吏部尚書周執羔言檢照乾道二年十二月敕書特奏名進士紹興十四年得解十五年到省試下緣不經展試須實理三十年方許試特奏名進士免解即與特奏名事體齊同欲望將進士免解年限自紹興十四年甲子歲以後並依舊制得解到省試下方州理十八年府監理十二年方許免解即諸州軍得解紹

以上卷一萬六百四十九

興二十四年省試下國學進士得解紹興三十年省試下人俟年限及祖宗舊制方許免解從之　四年正月十九日詔臣僚集議牒試冒濫等事將舊法刪修立為成法應本貫川廣而任别路差遣或本貫别路而任川廣差遣者隨行本宗及異姓緦麻以上親願應舉而無户籍二千里外許所在州投狀勘實申送轉運司試其武臣大小使臣以上本貫川廣任别路及或别路任川廣倣此外止許牒親子孫知州通判親戚本貫在所試州即牒本路若經畧官安撫總管鈐轄監司或發運提舉主管茶事買馬提點坑冶鑄錢制置解鹽提舉市舶官親戚有本貫在所轄路應避者即牒鄰路謂進納之類非吏部

應舉者士典作舉人

注授格法者請解者每四十人解一人外有零數或請解不及四十人者亦解一人在京職事官文臣監察御史以上武臣任在京職事而職事雜壓在監察御史以上者各牒門客一人並須鎖院前在遂門下及半年者聽牒本路運司試在京職事官監察御史以上及武臣任職事官班序在監察御史以上者並名京朝二員委保大功以上親牒待補國子解其後兩浙轉運司申明牒例於是禮部言昨免員四半立牒試除法緣臣僚屢陳舊法之濫是以措置之時多方前去其闊有戶貫絕違之人都處避流兹至殿舉令以兩浙運使申參酌本立法之意欲所在京職事官親歷門客若及諸州知州通判監司親戚門客若該錄新法已牒而所牒官在鎖院前一月替任者本聽牒試武臣大小使臣合牒子孫若替任在鎖院前一季者其所牒人亦聽收試諸路運司依此施行諸路監司守倅牒試門客所牒官到任踰年及半年與門客貴貫本州及爲門客貫及半年者依條亦聽牒試並收之 六月十二日國子監發解剝試所言收試庶姓有官應舉者右修職郎汪棠治書忠翊郎沈嘉猷治春秋並孤經若止有二人委難以取放欲乞依逐舉例將汪棠等牒試兩浙轉運司取人分數即與本所庶姓有官不礙格人分數皆同所責兩不有妨相從之 卷一萬六百四十九

二十二日國子監發解所言發解數內不滿年太學生終場止五人無額取放兼滿年國子生以終場人數紐取外餘一人三分有奇無額取放及待補國子生紐取人外有零數三人九分九釐九毫以上無額取放狀乞詳酌施行詔零數更取一名 六年八月五日隆州言本州元隸四縣後廢兩縣今蒙仍復貴平籍

兩縣歸隸本州解額自合增添乞詳酌比類增添施行禮部措會宣和間龍三舍法分立諸州解額時貴平籍縣士人已累舉在成都府簡州取解今既將貴平籍縣撥隸州欲將成都府解額撥一名還籍縣及將簡州解額撥一名還貴平縣並入隆州立爲解額從之 十一月六日南郊赦書諸路紹興二十四年省試下進士昨承指揮自到省試下實理十八年方許免解前舉科場不曾免解可將二十四年省試下人與免將來文解及國學進士先請後免或先免後請已得解人可並與免將來文解一次施行九年十一月九日赦書亦如之一衆及不該赴前舉科場不曾免解外餘同九制

同日南郊赦書應諸路進士貢士兩舉府進士貢士實請到本府文解并國子監進士貢士兩 卷一萬六百四十九 舉人並依舊制與免將來文解九年十一月九日南郊赦書同 同日南郊赦書應諸路進士曾經紹興三十年以前御試下及開封府國子監進士昨承指揮自到省試下實理十二年方許免解前舉科場不曾免解可將紹興三十年省試下並紹興三十年以前御試下並與免將來文解

七年二月八日冊皇太子赦書勘會建寧隆興寧國常德府劍州進士貢士如內有實請到二舉文解到省試下之人許將紹興三十二年覃恩一舉議成四舉免將來文解 十四日四川宣撫司言來年科舉被受降旨恩澤補官之人親子孫合收試外餘本宗異姓有服

親頒欲應舉未嘗從違緣法無該載明文欲望詳酌如許收試乞下所屬各令名文臣二員結罪委保州縣次第勘驗審實保明仍依礙格人分數取放庶幾有以激勸從之　五月二十四日詔寧國府特增解額一名以皇子判寧國府魏王愷言寧國解額并流寓舊十一名自併試止解十名乞增依舊也　六月二日尚書省勘會命官本貫川廣福建任別路差遣并試院官及所試州知通牒試條令緣新法未得適中令刪潤舊法將命官川廣福建任別路遣還或本貫別路而任川廣福建得替一年內未起離許牒試緦麻以上親之文政作替在鎖院前一季及諸司應避舊不載避之目令增入親戚有本貫在所轄路九字從之　十八日皇太子領臨安府尹惇言臨安府學生董元鼎等陳乞附兩浙轉運司取解契勘注歲科舉朝廷矜恤四方孤寒士人無力歸鄉取音附兩浙轉運司試已於前道四年住罷不行今董元鼎亦係四方孤寒見住學人詔許收試　七月五日臣僚言命官牒試貢舉條法亦既詳備循習舊弊尚或結託改移鄉貫以就遠或遷服屬以為近宛轉干求至預作保官文書交通書鋪公立價出賣族墳姓名冒濫百出欲乞嚴行禁止詔禮部行下諸路轉運司檢坐見條嚴行核實如或違戾告者賞錢五百千取受者以贓論仍並依貢舉條制書鋪知情受賂重加配流施行　十四日成都府言進士杜庭珍等披訴

註：卷一萬六百四十九

本府係西南大藩舉人率常增添又西北流寓多在本府混試侵占解額今以廣都縣籍鎮割隸隆州仍割本府解額一名展轉侵損乞量添解額取放禮部勘會欲給還一名從之　十七日中書門下省勘會諸路運司解額其避親門客及有關礙格人已有定數舊法每十人解一人乾道新法乃以四十人解一人誠為大狹今以酌中之數依乾道二年之制令二十人解一人試人雖多亦不許踰元立解額之數取放從之　八年正月三日詔應國學進士不曾請舉該覃恩免解之人後如實得解并曾經外路請舉後入學該覃恩免解之人並理為一免以上乾道會要

淳熙元年八月二十四日，兩浙轉運司言臨安府學生陳大有等見在學一百七十一人並係川廣等處士子無力歸鄉已逼試期試特令就兩浙轉運司附試別考取旨立額自今不得援例終

卷萬五千八十九

場八十七人詔令解發一名自今各赴鄉舉不許陳乞附試三年六月二十四日禮部言四川州軍依紹興二十八年九月八日指揮並用四月五日鎖院十五日引試聞四川諸州赴試舉人最多去處至有四五年人最少處亦不下千餘人舉人皆有暑途奔走之患乞遇科場解試年分許並進用三月五日鎖院十五日引試從之四年正月二十二日禮部言逐舉科場依條于三月一日降旨許發解仍令學士院降詔續承淳熙三年六六二十四日指揮四川州軍發解改用三月五日鎖院即與降詔書日分相違詔後科場于二月一日奏裁仍令敕令所立法

三月三日詔淮南京西人戶有產業如烟爨實及七年以上應舉即許依貢舉法就試兼詳定一司敕令單夔言乾道敕非本土舉人往緣邊久居或置產業為鄉貫者杖一百押歸本貫今據廬州條具到乾道敕與貢舉法文意相妨乞詳酌行下遵守施行竊詳國家立法務在便民若民戶有願徙居寬鄉者即合聽從其便況緣邊州郡惟要招集四方人戶置產久居以壯邊勢豈有逆行禁止斷罪押歸之理故有是詔

七月十六日詔自今兩學諸州漕司解試及將來省試公試所差試官並令先考腳色將習詩賦經義之人相半差充候到院許監試各以所治經與詩賦分撥考校

其有年高昏眊視聽以衰之人，在不致選者，見任官不足，在內前差到部人，在外許通融于比近州縣官選充。其封彌所换易家狀，謄錄所隱匿試卷不與盡行謄錄，及對讀所不躬親對讀，點檢並請監試官督責嚴行關防，稍有違戾，按劾以聞。諸軍州士人赴試襴幞入院，或有犧袒，並令扶出；或有鼓譟場屋，令所屬官司依已立定法條，得試殿舉，仍連坐同保。從殿中侍御史謝廓然請也。

二十九日，詔以少保、觀文殿大學士史浩前知福州規畫編類科舉事件，下臨安府雕版印造成册，遍牒諸州參照施行。以浩言昨守福州，適當科場，嘗為規畫數十事，是歲試者二萬人，濟濟有序。臣當時措置曉示編類成書，令以上進，若有可采，乞降付禮部、國子監行其一二。禮部、國子監看詳浩措置條項，委可頒行為式，故有是詔。

卷一萬五千八十九

八月十四日，詔游學人黃鑑大等四百餘人特令就浙轉運司附試一次，仍别行考校，依例取旨立額。後舉令禮部先一年行下約束，不許附試。王佐奏曰：「鑑大等陳乞同文館試。」上曰：「何不歸本貫應舉？」李彥穎等奏：「臨安府學、錢塘縣學多是外處士人就試，前舉曾行一次，只解一名。今共有四百餘人陳狀，令赴漕司附試，豈取二三名足矣。」故有是詔。

五年五月十一日，右諫議大夫蕭燧言：「比言諸路士人，並有寄應辭恥，貪他郡解額之寬，詐冒以僥倖于一得。土著士人爭訟紛紜，場屋鼓譟，無所不至。乞下諸州嚴為之禁，自今士人赴鄉舉，皆必須實係土著，方許赴試；仍從本縣保明姻戚，中州以憑結保。若揭榜有非姻戚冒貫得解人，並行駁放，其借以戶名與之受認者，同底于罰。」從之。

六月二十四日，權禮部侍郎齊慶胄言：「流寓解額併歸本州，凡姻戚及七年以上，許與本貫士子混試。國子監昨來申請，又令流寓戶貫得解人併入東南戶貫，後生晚輩但見生長于是，慷慨仗義，誰與共之？乞自今科舉流寓士人，姻戚七年與土著混試，自依新法外，其貫籍聽依舊間西北舊貫。」從之。

七月十一日，禮部言：「已降指揮，待國子生併已補滿年、不滿年國子生盡赴别院收試，比之遊學人數增倍。其别試所差試官，依例止差考試官一員、點檢試卷官二員，委是考校不逮。」詔添差點檢試卷官一員。

卷[illegible]

六年正月二十三日，詔閬州解額仍舊作七名取。以禮部、國子監言：「閬州元應舉七百九十八人，立額取放止名。乾道六年緣本州貫平鎮改縣，撥隸隆州，將解額七名內撥一名入隆州。時貫平縣止有四十七人赴試，卻僥取簡州解額一名。今據四川安撫制置使司申，淳熙四年簡州解發就試終場一千二百二人，止取六名，委是虧額故也。」

七年五月一日，臣寮言：「川廣福建漕試冒濫，止緣所牒緦麻、姑姨之子等皆異姓，可以為欺。乞將舊法命官本貫川廣福建而任别路，差遣或本貫别路兩川廣福建者隨行緦麻以上親改為隨行本宗緦麻以上親仍令召保官二員結罪保明批書如有委保不實從貢舉甲明保官先降一官然後勘罪上曰若改作本宗親方許牒試則冒濫自革矣四川臣寮言科舉條制自八月十五日爲始連日引試三場此天下通法獨饒川試院迺是隔日入試凡五日方始終場之下漕司嚴飭饒州今歲科舉須接連三日引試如敢冒籍將鼓倡之人寘于法從之八月八日詔臨安府見有遠方游學士人試期在近歸赴舉不及特令就兩浙轉運司附試一次別項考校候見終場人數取旨量立解額九月四日禮部言淳熙六年指揮宗室有官鎖應取解諸路

卷一萬五千八十九

運司每七人取一名續有旨宗室解試有官鎖應每七人取三人與昨降指揮不同兼不曾該載運司取解明文今浙轉運司試院有宗室終場止有五人詔取一名九年十二月十六日右諫議大夫黃洽言諸命官本貫川廣福建而任別路差遣或本本貫別路而任川廣福建者隨行緦麻以上親願應舉而無戶籍或去戶籍二千里外許于所在州投狀申送轉運司此見于祖宗舊制然也但以官司奉行不謹故勘會止于文具無不取應牒官及保官印紙批書是以偽冒生焉夫有服親牒試而至于偽冒因在所察議者因而改緦麻親應牒之法無乃非祖宗立法本意乎其有服親牒試乞只依祖

宗舊制唯嚴批書之法從之十二年十二月十七日禮部言國子監指定歸正歸明歸朝捕官之人親子孫願應舉者委的見隨侍在任所別無赴試去處欲令召陞朝官二員委保經見任州軍陳乞本州勘驗得別無詐冒取索印紙分明批書從本州知通結罪保明送本路漕司與試格有官及門客等人混試施行從之以從義郎閤門祇候添差兩浙西路兵馬鈐轄滕忠信乞歸正等人赴試故也十三年七月二十五日臣僚言三年大比士子進身之始國家所甚重而前歲科舉所謂冒貫代筆之弊猶或有之輕犯有司深爲可惜今秋試在近乞下有司申嚴條制防于未然之前從之閏七月四日

卷一萬五千八十九

臣寮言士人詐冒戶貫妄引宗枝以規圖就試者已行下應諸以伯叔兄等爲戶者雖有條制施行外仍各于家狀前畫宗枝圖須要與家狀內同曾祖結罪詣實方許就試如後果契勘得委是偽冒將應人駁放其同姓知情容縱一例坐罪從之淳熙十六年二月四日登極赦應太學國子學武學生見在籍人並與免文解一次（詳見進士門）閏五月十七日臣寮言伏覩貢舉舊法有所謂隨行緦麻以上親牒試者行之既久與姓稍疏誠有冒濫故淳熙七年指揮改作本宗緦麻以上親之法及熙淳九年指揮又改新法將隨行有服親牒試只依祖宗舊制惟嚴保官批書之法行之兩舉今有司復請

從淳熙七年指揮竊謂川廣福建去朝廷遠者或二三
千里或四五千里或七八千里今去秋試無三月指揮
到日已迫試期竊見淳熙七年五月一日已降指揮當
時士人不得已而奔歸隆暑修程或絶粮于道途或暍
死于舍館其有歸至本貫者秋試已無及矣今來指揮
又復差後深慮士人奔逬狼狽甚于昔日欲乞收還今
降指揮特依舊法牒試此一舉仍申嚴保官批書之法
亦可以革冒濫却俟後舉早降指揮施行詔特與行今
舉已後依淳熙七年五月一日指揮施行先是礼部言
舊法命官本貫川廣福建而任別路差遣或本貫別路
而任川廣福建隨行緦麻以上親願應舉而戶籍或

卷萬五千八十九

去戶籍二千里外許于所在州投狀勘會無違礙申送
轉運司并淳熙七年五月一日指揮欲將舊法隨行緦
麻以上親改作隨行本宗緦麻以上親淳熙九年十二
月十六日指揮將川廣福建任別路差遣或別路任川
廣福建者隨行緦麻以上親牒試只當依祖宗舊制本
部竊詳前項條法行之太寬每舉牒試既是異姓冒濫
為甚雖有保官並皆請託今乞依淳熙七年五月指揮
施行故也九月一日兩浙轉運司言臨安府見有遠方
游學士人試期在近歸赴鄉舉不及奉旨特令就兩浙
轉運司附試別考取旨立額終場一千三百一十一人
詔令解發十名三年八月二日降旨亦令附試紹熙元

年二月十五日詔進納補官理選限人元係漕司七人
取一人者不許陳乞理免及不許依恩科人推恩從礼部侍郎李巘請也十一月二十四日詔龍州置科場收
試舉人從本州申請以就試者三百人以上故也二年
十一月十八日知廉州沈杞言曩者廉州并試雷州每
遇科舉涉海而往屢有風濤之患本州乞自置科舉所
有合用錢物不敢于漕司支撥乞下轉運司許令本州
自置科舉送礼部國子監勘當從之二月七日南郊赦
應諸路進士淳熙二年省試下實理十八年國學進士
淳熙八年省試下實理十二年並與免將來文解應諸
路進士實請四解并國學進士兩舉人並依舊制與免

卷一萬五千八十九

將來文解其國學先請後免或先免後請人並依此三
年五月二日淮南轉運司言廬州仍舊併試濠州安豐
軍士人各別立號考取所有本司合收試有官避親門
客等併附江東轉運司收試從之二十四日侍御史林
大中言乞申嚴行下令諸路轉運司偏牒諸州如委保
親戚則牒官及保官照牒寔批印紙如有偽冒亦合照
條科罪仍令內外臺嚴行覺察既嚴偽冒之門稍寬進
取之路乞照前舉例取旨量立解額但比本州取解無
異彼非甚不得已者亦各歸赴鄉舉從之二十七日禮
部言已降指揮文職武事官本宗同居五服內并異居
大功以上親豋務官文臣京官武臣朝官以上本宗同

居小功以上親並許赴監取應合召京朝官二員委保國子監照得武臣任職事監務官所牒親赴監取應逐舉體例係通召文武京朝官混同作保致有冒濫本部乞自今舉爲始將行在文武臣任職事釐務官及諸軍將領朝官以合該牒應試文舉之人所召保官並用文臣京朝官結罪憑保批書赴監收試如所保不實即照應淳熙二年六月六日指揮舉人假舉雖試中亦行駁放元牒官及保官各降一官仍取勘不許自首改正及照應見行貢舉條法斷罪所其有餘事節仍照應紹熙二年五月二十五日已降指揮施行從之五年五月二十八日詔成都潼川兩路轉運司解額各與存留二十

卷一萬五千八十九

名餘額令四川制置司成都潼川轉運司取會諸州解額及終場人數參酌多寡分撥取令均平從成都漕臣王溉所請也紹熙五年七月七日登極赦應太學國子學武學生見在籍人並與免文解一次九月十四日明堂赦應諸路進士寔請四解并國學進士兩學人並依舊制與免將來文解其國學先請後免或先後免後請人並依此自後郊祀明堂大礼赦亦如之同日赦應諸路進士淳熙五年省試下寔理十八年國學進士淳熙十一年省試下寔理十二年並與免將來文解自後郊祀明堂大礼赦亦如之十月二十八日四川制置司言諸路所部牒試不勝其繁乞各與存留十名以待諸州

守貳門客及礙格有官人及東南游宦于蜀寔及二千里同姓緦麻親得旨各存留二十名餘額令本司取會諸州解額及終場人參酌多寡撥令均平本司契勘昨緣兩漕司解額太寬故士子梳求移試今來所當移試者不過諸州守貳門客并內地官任川蜀差遣及二千里之人隨行本宗緦麻親其考試官親戚漕司自當先期取會無親戚合廻避處方得宣差外其知通寔合廻避親人每員多亦三二人而矣約一路合移試者多不過三數百人今若將兩路漕司解額各與存留二十名比之諸州尚為寬優竊慮士子仍前奔競今相度各存留二十名外餘均與諸州兼照得見行條法每二十人

卷一萬五千八十九

解一人如將来就試人少所取不及十二人即據二十人解一人之數取放不必拘十二人之數從之慶元元年八月三日省言勘會臨安府見有遠方游學士人試期在近歸赴鄉舉不及理宜措置詔特令就兩浙轉運司附試一次令項考校候見終場人數取旨量立解額既而本司言附試終場一千五百六十二人詔依淳熙十六年指揮特與取放十八人四年終場一千六百六十七人嘉泰元年終場一千四百四十九人四年終場一千三百八十九人開禧三年終場一千三百八十四人逐舉詔令取放五人嘉定三年終場一千六十九人詔令取放四人六年終場一千九百二十四人詔令取放

七人九年終場一千六百七十一人詔令取放六人十
二年終場一千九百九十三人詔令取放七人十五年
終場二千四百九十三人詔令舉特與取放十人以曾
省照得兩浙運司附試士人緣今舉誤遇進宝大赦係
是非常特恩所有取放人數即與逐舉事體不同故也
十二日詔武學生繆夢辰等與依大學生王劉等例放
行免解以夢辰等各以丁憂待服誤過紹興五年七月
登極赦恩令來參學乞依例免解國子監保明來上故
有是命十七日詔國子監發解待補國子生取放外零
依逐舉例更取一名二十五日詔大學生余游與依不
滿年大學生收試令項精加考校如文理優長申取朝
廷指揮取放以游自陳于紹興四年補中緣當年四月
卷萬五千八十九
丁憂至今年七月一日服闋已行參學竊緣應在籍人
並已免解獨游一名係合赴試之人情願折分與待補
國子生一處收試國子監看當照得淳熙七年內發解
有不滿年大學生汪鈞陳竭止作本色收試各是孤經
將試卷考校如文理優長申朝廷取放了當今來考校
到草卷一副文理稍優礼部竊詳稍優比之優長輕重
不遠欲行取放故有是命二十六日臣寮言兩浙州郡
知通避親牒試紹熙三年諸州所牒止五十人今歲乃
三百三十七人夫以親戚多寡事不同至于遽增六倍
則事理可見乞付三省令都司取兩浙轉運司兩舉人

數公共比照多寡以分次所牒最多三數人職位姓名
將上取旨或與罷黜或與降官或展磨勘等施行遣庶
幾稍肅官箴稍嚴士則從之十月二十六日權禮部侍
郎楊輔言近者以成都潼川漕司解額太優除存留外
令均平撥與諸州去冬制置司申到未能盡當緣試期
已逼權從已撥發解一次臣以元申列考之如瀘州合
添四名今但添三名普州合添三名今頓添十一名隆
普同為多士之鄉多寡頓異以類推而可以槩見照得
昨來制置司先以漕司終場人數一例分配與諸州却
于向上均撥解額不計寬趂漕試之多寡緣此大致不
均又無諸州終場人數或有虛中不定今來合衆解試
之後下兩路漕司日下盡行抽索封彌所號簿并考校
卷萬五千八十九
號簿委官專一點對取見終場的確人數如尚有差互
更索元謄錄卷考覈然後參以本州元額之廣狹遠處
文物盛衰舉登第之多寡從公分撥其除荒陋遠郡解
額素優去處不必更增從之嘉泰三年十一月十一日
南郊赦文臨安府係駐蹕之地進士寬請到本府文解
兩次者可依開封府例與免將來文解一次自後郊祀
堂大礼赦亦如之十一月二十八日冊皇太子赦文嘉
定慶元安慶英德府進士如內有實請到三舉文解到
省試下之人許將紹熙五年覃恩一舉湊成四舉與免
將來文解嘉定三年七月六日權禮部尚書章穎言竊惟

科舉之法行之既久苟無大弊不可輕有變更慶元二
年詔宗室並不許差試官并監試至嘉泰元年常州申
明國子監看詳若通判雙員去處或有宗室任判通自
不許差監試其獨員通判或係宗室若不許差監試則
以次職曹官權輕恐不能彈壓況監試不與考校雖宗
室通判亦無妨礙已從所請而四方州軍尚拘前降指
揮並不差宗室通判監試獨有常州許差伏緣諸路科
舉大郡至萬餘人小郡亦不下數千人試院事務浩繁
監試職在彈壓試難委之于官卑望輕之人所有路諸
州軍乞依常州申請令宗室通判監試從之十一月十
四日福建路轉運司言今年科舉本路漳州試院中有

卷萬五千八十九

破落不逞者皷扇率衆各持竹段木截唱噉行兇將秫
圍門戶撞踏打開奔入考試監試諸位內將教授楊宏
中毆打傷損其餘試官盡遭毒手踏開試院後門趕逐
出院恃其黨熾莫敢誰何乞將漳州士人例行殿舉詔
知州錢亹特降一官仍將本州舉人並停一舉解發九
年二月九日禮部言廣西轉運司據化州申特奏名進
士黎時舉等狀竊惟設科必由本貫蓋法古命鄉之意
自舍法初罷初置科場多將諸州比附就試如欽附橫
州廉附雷州潯附藤州鬱林附容州賓附邕州後來士
人陳乞各得拆試獨本州猶附高州本州取高州阻隔
大江并小溪無數一值秋雨暴漲若滄海然況石城一

縣取州凡六七日前舉兩下旬霖潦甚衆向來終場不
下五百餘人其年石城雨潦阻水感疾終場止有一百四
十餘人坐是受殿舉一半為害至重乞備申禮部許別
置貢院免附高州本部行下國子監勘當既而國子監
言準令科場發解一州舉人不滿百人者指定近年便
州軍申轉運司行下併試各用本州解額化州試士人
已及四百餘人合令自置科場所有解額並照久例施
行從之十一月十四日詔知榮州楊叔蘭放罷朝奉郎
劉光特降一官以潼川提刑權運判魏了翁言榮州解
試拆號後士人趙甲等訴試院欺弊事叔蘭係舉送官
關防不謹以致官吏作弊朝奉郎劉光不能訓其子使

卷萬五千八十九

抵冒法禁故也十一年十一月十一日詔榮州發解監
試官承直郎簽判何周才特貸命追毀出身以來文字
除名勒停免真決不刺面配忠州牢城免籍沒家財考
試官石伯酉邑自中馮寅仲各特降一資並放罷劉順
並徒二年私罪贖銅二十斤仍照舉人犯私罪不得應
舉楊元老徒二年私罪蔭減外杖一百贖銅十斤劉濟
特送五百里外州軍劉順楊元老特分送三百里外州
軍並編管以周才充發解監試受劉光賕賂用楊元老
之謀約以策卷中三有字為暗號取放光之子順改名
宜孫及其孫濟二名既為趙甲經漕司告試院孔霰之
獘下遂寧府鞫得其實具按來上從大理擬斷于是臣

條言周才光等罪犯皆得免當伯酉自中寅仲不合擅令周才干預考校又聽從取放乞併鐫罷故有是命十二月二十六日禮部言準令諸開科場每三年于二月一日降指揮許發解令降詔照得四川解試逐舉用三月五日鎖院十五日引試近降指揮四川解試改用二月二十一日鎖院三月一日引試所有嘉定十二年開設科場竊恐降詔日分相逼詔用正月十五日十五年二月十九日左司諫張次賢言竊謂考藝興能視遠若近此　聖朝公天下之心至於俗有不同法有未便時解而更張之亦　聖朝之所不免也二廣之俗授之中州不同人才多寡文物盛衰何啻十百千萬而科舉之法乃與中州無異則其間不便之尤者可不爲之釐正乎國家駐蹕吳會且將百年中州近地士類日繁引試不分州則無以息冐貫之弊考試不分官則無以責校藝之精若夫二廣風俗烏可以此例視之哉一氣常燠四時如夏草木寔于窮冬虵虺遊于既蟄人之冐瘴得疾者鮮克自全其風氣之異如此茅葦弥漫居民鮮少業儒之家既踈能文之士益寡闔郡應舉多者三四百人少者不滿百人其士子之稀如此風氣之異則遠官之人勿令深入士子既稀考試之官不必分州令科舉分遣考官一用中州之例當暑蘊隆驅之深入瘴鄉動千餘千呼吸支風濡染毒霧其間固不能無斃于往

卷一萬五千八十九

來之逐故任于廣者每以考試爲懼一遇賓興之歲百計營免如逃冦攘爲漕臣者亦慮之畏避而倉卒無以充數故自正月以後行下郡縣應有出身僚屬並不詳給假側聞往歲廷臣以京西士子稀少乞將本路六州軍士子並就襄陽一處收試各用本州解額取放行之已久歲以爲便令二廣士風與京西一同獨其間州郡數多地里遼絶難以一處收試若取其地之相比近者合三數州而併試之亦屬中之一便乞下二廣漕司令倣京西類試體例隨宜措置取相近州郡合三數州就一州併試所有解額仍各自依逐州之數如此則天地隆恩無往不被不獨爲考官者免于畏避而漕司與州郡亦得以省事詔從之令禮部國子監看詳同日右正言龔蓋卿言臣竊惟自鄉舉里選之制壞而朝廷取士舍科舉之外無他法士子進身舍科舉之外無他塗本朝科舉之法最爲嚴密將試而委官已試而鎖院慮考官之容私也胡立糊名謄録之法慮士子之飾欺也故立代筆傳義之法三百年間名卿才士皆此塗出近年以來奬端而滋往往溢于禁防之外甚者則有冐貫之弊焉夫諸路牒試有門客有避親其爲冐貫豈法禁所能盡防至于方州土著則不容有一毫之僞臣未暇他舉姑以見一路之事槩言之歲在丙午有冐潭州之貫者場屋喧閧蹂踐斃死者數人帥守私意不肯實冐貫

卷一萬五千八十九

者于罰反將士著人坐罪事至省部人皆知之歲在丁
卯有冐衛州之貫者場屋喧閙如潭州監司憑冐者之
言追逮凡六十三家既至庚午冐僞滋甚當時監司主
臣與冐貫人同鄉堅主其說有林大亨者冐試冩試案
奉兩臺牒試林大亨之語假臺府之威以鉗衆人之口
壞朝廷之法以濟旅士濫得之私爲彼之說不過以法
有烟爨七年許就試之文爲辭爾抑不知　祖宗立法
之初意以當時北虜西夏之人或流寓于中國元無土
著故創此法以待之南渡之後遵行益謹其東南士人
有鄉貫可歸者非此比也今生長東南既有本貫可以
收試乃欲舍塗之遥而就迩舍解額之隘而就寬妄引
卷一萬五千八十九
此法以自利不惟失國家立法之意且使士人喪其所
守每及科舉之期爭競紛然攪亂場屋爲害罙深一路
之弊若此他路可以類推今大比伊迩乞下諸郡應東
南有本貫可歸之人不得妄引烟火七年之說陳請冐
試戒約諸縣不得受私縱容結保仍專委漕臣覺察如
得其寔參考貢舉條制重寘于罰仍許本貫士人赴禮
部越訴行下别司追究如守令詢私意漕臣失覺察並
行降黜所有已中牓人與行駮放其或有日前冐試得
解人並行勒回本貫收試以塞爭端以革弊源以善士
風庶幾人安所守爭自淬勵以俟上之選擇　國家所
以養多士之心術而厚風俗其機寔在此所宜亟作施

行詔令禮部國子監看詳三月一日監察御史方猷言
竊惟本朝科舉一務至公全蜀人才素號爲盛然地遠
而私容易法玩而弊獨捴賓興在迩苟不申嚴其禁竊
恐僞冐愈滋才否無别甚非　聖朝選士之初意且蜀
之省類試例自朝廷遴選試官多擇東南士夫于彼者
爲試文主點檢試卷等官故其弊稍減若夫諸州解試
官雖自漕司選差然其弊有可駭者試官不校文以賣
解爲常例士子不修業以買解爲捷徑歲及大比置局
立價上下交通公私爲市題目得于未試之前姓名定
于未考之始因循習熟恬不爲怪如曩歲榮州解試寄
居劉光與監試何周才合謀鬻解光之子直入棘闈就
卷一萬五千八十九
試官位置酒納賂洎揭牓劉氏一門親戚館客殆居其
半由是士子不平訴之有司推鞫按奏之牘今可覆也
夫天下之士公私不能並行利害不可兩立此豈幸而
失思厥遐方寠士終歲矻矻得以姓名達于天府獨有
三年一試耳顧爲徇私者奪之則其憤者必多矣西蜀
之地祖宗視爲殿之西角致賢與能弊一至此詎可縱
而不問乎乞下四川每遇解試三場仍自三房互考取
放之際須令應在院試官公共參詳見得合格即於所
取卷子内同列名御異時或有疎失一例坐罪有曾考
試徇私被按之人並不許監司守臣薦舉則會冐者知
懼抑鬻者獲伸遐陬知里選之公寒士無陸沈之患其

於科舉誠爲至便從之十七日四月二十五日詔令刑
部行下淮西轉運司將秦萬全夏蜚英柯介然林洙涇
各特從徒二年聽贖仍分送千里外州軍編管以刑部
言淮西轉運司申光州進士秦萬全妄訴林應辰冒貫
就試群衆打林應辰瀕死士人驚散幾壞科舉若以中
州律之合盡法科以徒罪編管故有是命

選舉一六之三七

卷之一萬五千八十九

紹興三十二年孝宗即位未改元七月八日詔宗室及第人令後不許陳乞注授教授乾道八年五月六日權尚書吏部侍郎韓元吉言今歲黃定榜内應舉宗子趙師烜係第一甲第十六名進士及第竊詳殿試第一甲依格合注授教官即與其他宗室有出身事體合稍優異欲乞將宗室及第殿試第一甲應格之人許集注教官差遣外餘並不許陳乞及注授詔從之前降紹興三十二年七月指揮更不施行　八月二十四日有旨信陽軍教授可罷見任人許令終滿願罷者聽已差下人依省罷法以荊湖北路諸司奏其極邊教官無職事故也　十月四日詔復置秦州教授先是淮南並罷教授至是知泰州劉祖禮狀竊見揚州教授乞存留本州係次邊比揚州事體一同乞特賜存留故詔從之　孝宗隆興元年十月二十日武岡軍綏寧縣申從義郎權綏寧縣管界都巡檢充七洞都首領楊成等狀叙陳乞依徐時邁體例差建寧府進士李大年充本軍綏寧等縣新學教授候徐時邁年滿日便行供職訓誨溪洞生員下詔特依所乞　十二月十二日有旨武岡軍綏寧縣新學教授徐時邁依詹木李申劄補上州文學既而兼中書舍人馮騏奏據武岡軍徐時邁以進士教溪人

援崇寧政和指揮補上州文學武岡軍狀内稱崇寧政和間補詹木李申係教導及三年令徐時邁於紹興三十一年十一月方承指揮差充教導至保明日未及二年又自政和三年以後不曾補官其紹興三十一年指揮亦無許補官之文崇寧政和指揮本部法令之所不載若與放行無以杜絶僥倖之門有旨前降指揮更不施行乾道二年三月二十四日詔有出身選人曾任縣令終滿無遺闕初改官方許授教官如不曾任縣令並令依薦舉人先注知縣差遣　六月四日詔令後諸州教授不得理作實歷親民資序其餘堂除差遣並依選任法許理當實歷親民資序　臣僚上言伏覩五月二十六日詔令後諸州教授不得理作實歷親民資序終入闕陞條當日又承都省劄子考功供到契勘知縣資序人闕陞通判除堂除宫觀嶽廟不許理當實歷親民外其餘堂除差遣並依選任法許理當實歷親民闕陞通判資序契勘國家立法當要昭如日月信若四時使一定而不易今來聖旨指揮教授不得理作實歷親民資序而考功供到選任法堂除差遣許理作實歷親民萬一將來有堂除教授備陳乞闕陞猾吏欲不令闕陞則引用五月二十六日指揮欲使之闕陞則引用選任法除理作實歷如此則國家立法適所以為猾吏舞文乞取之資用欲望

睿旨裁定施行故有旨於元降指揮内添入其餘堂除差遣並依選任法許理當實歷親民資序　五年五月七日詔復置真州教授從前知真州張郯請也　八月十二日通州無為軍各復置教官一員　九月十七日詔劍州教授令後堂除以利州路轉運判官梁益言劍州藩郡舊領已陞普安軍乞依節鎮例堂差也　六年六月二十六日詔德慶府教授堂除差人　以本府言舊係康州建炎元年陞為府乞依節鎮例堂差故有是命　七年七月十二日詔復置和州教授一員　以本州州學正何啇等乞依通州真州無為軍已得指揮復置也　二十一日詔復置房州教授一員從轉運司請也　八年五月十七日詔復置廬州教授一員從淮西安撫司請也　先是宰執進呈虞允文等奏曰州縣因闕官以致廢事亦多有之近日有數郡守臣乞復置判官司戶之類上曰諸州教授稍已復置今未復者亦當復之虞允文等奏曰容具上員闕取旨施行故悉復之　六月三日詔復置隨州教授以本州乞依真州房州已得指揮復置也　十一月十一日詔諸州軍將歸正士人許與本貫士人混同補試入學聽讀不得非理邀阻　京西運判張棟奏歸正士人乞照已降指揮申嚴行下許於所居州縣赴學破食聽讀禮部勘會依條諸路進士入學聽讀

係赴補試考中合格方行入學聽讀今來若徑令入學破食即恐士民混雜敗壞規矩故有是命　十六日詔威茂金鳳西和文龍州大安軍並復置教授　先是左通直郎前階州州學教授毋丘惇劄子乞將四川昨來所罷教授去處依兩淮例並與依舊復置其差注依見行條法施行送四川宣撫使司相度申尚書省本司契勘除潼川府夔州兩路元無廢罷教授員闕外有成都府路威茂二州并利州路金鳳綏和文龍州大安軍六處自乾道之初廢罷教授共止八員所省廩俸不多雖差有出身官兼權各緣職守相妨或因事罷去或州軍見任職官並係無出身之人不免逐旋差官權攝曠廢學校有失朝廷崇用儒術敦尚教化之意故有是命　九年十一月二十四日吏部言近承指揮堂除教授五十闕並令吏部使闕本部宜從尚書左選教授格法選注曾試中詞舉兼茂科曾試中内外學官先學官次教官殿試第一甲及曾試上舍上十名轉運司類試第一名舊法大學上舍試公試上三名國子監開封府取解上三名曾任太學辟。廱宗學官為等次並不限資序名次考任年甲過犯並先注應格數均之人即以應格高下差注若限内無應格之人依舊再榜半月又無應格人雖磨勘改官唯注　縣亦許資次依大學舊法曾陞補内舍人。次曾任

教授經任人次進士上舍出身并三十以上曾歷任人所注擬下空除教
授等員闕今欲將格内自曾任太學辟廱宗學官以高下等應格之人兩
選同日通注外其不應格法人即先令尚書左選差注候滿一月方許通
差選人施行若同日有官指射即先差承務郎以上官有言依　淳熙元
年四月十六日詔桂陽軍三縣應有蠻峒去處令差人入峒說諭首領擇
其可教子弟前來軍學聽讀依在學生員例每月支破錢米養贍　知桂
陽軍徐消言本軍管下三縣各有溪峒蠻徭緣素不知書繈畧識字亦莫
曉義理由是好暴喜亂臣親訪傜人見其宮峒中亦有子弟讀書但無訓
導之人乞令擇可教子弟發遣前來州軍學聽讀選有學行士人專一教
導使稍知理義即遣歸轉相教訓化積為良故有是命　二年二月二十
七日詔滁楚二州復置教授　六月二十日詔武岡軍溪峒子弟能向學入
許入軍學聽讀將來願應舉人令與本軍士人通用本軍解額取放　三
年四月三日詔臨安府府學學正錄三名該遇太上皇帝慶壽並特與免
文解一次餘大小職事學生等各賜束帛有差十年十二月太上皇后慶
壽同　四年正月十一日詔自今學校策試必以時務發為問目詳見貢舉
七年三月二十六日詔省威茂兩州教授　六月四日詔郴州宜章縣桂
卷二萬一千九百五十八
三
陽軍臨武縣並置學從知桂陽軍徐大觀及帥臣辛棄疾請也　八年二月
五日詔高郵軍依真陽通泰滁楚例復置教官　閏三月二十七日詔臨
安府府學學生實補試中在籍之人從教授保明指實委無偽冒申州勘
會給據比類諸州待補太學生許赴太學補試一次即不得用府學遺籍
等人　四月十三日詔武岡軍許復置教授　十一月二十九日詔南康
軍復白鹿洞書院所有陳乞經書具數行下令國子監印給以知南康軍
朱熹言太宗皇帝嘗因江州守臣周述之奏詔以國子監九經賜廬山白
鹿洞書院既又以其洞主明起為蔡州褒信縣主簿以旌儒學書院故基
正在本軍星子縣界而陳舜俞廬山記又載真宗皇帝咸平五年嘗敕有
司重加修繕今即故基為小屋二十餘間教養生徒一二十人但其數額
官書皆煨燼散失望降勅命仍舊以白鹿洞書院為額仍詔國子監印造
太上皇帝御書石經及板本九經注疏論語孟子等書給賜詔養士一二
十人令本軍隨宜措置所有經書具數行下　九年八月四日詔省減靖
州教授一員見任人許終滿已差下人依省罷法從判湖北路提點刑獄
公事周嗣武請也　十年十一月十八日詔自今教授依州縣官例任滿方
許赴部改官從臣僚請也　紹熙元年六月二十四日臣僚言今者臣僚有

此條移前九年八月四日前

請乞能待補甚當物論但其引用紹興間高閌申請尚覺商榷臣竊有憂
見州學每歲自有春秋兩補但於太學放試年分先期收補隨其士人多
寡令此司之主學事者於諸郡添差考官若干員不唯考校差精而出題
考卷互相檢柬亦莫得行其私意若其所取名數只依逐州待補元額以
其中選者申州保明給據赴太學補試其它一無所更張豈不簡且便哉
欲望行下禮部國子監與近日臣僚所請一就看詳從長措置庶為永久
之利實天下士子之幸　從之　五年正月十一日慶壽赦臨安府府學正
錄並依淳熙十年十二月三十日已得指揮推恩仰所屬保明委實合推
恩人姓名開具應得恩數聞奏學生并有官學生各倍賜束帛小學府學
生各賜束帛　淳熙八年輔臣進呈湖南安撫轉運司申郴州宜章縣桂
陽軍臨武縣雖與溪峒接境實國家省民欲重泝鄉校招誘溪峒子弟入
學訓導上曰開設學校使强暴子弟知有禮義庶幾移風易俗詔從之

卷二萬一千九百五十八

四

宋會要　武舉

真宗咸平三年五月十三日詔兩制館職詳定武舉武選入官資序故事　五年十月四日以應武舉進士王淵為海州懷仁縣主簿　仁宗天聖七年閏二月二十三日詔置武舉應三班使臣諸色選人及雖未食祿實有行止不曾犯贓及私罪情輕者文武官子弟別無負犯者如實有軍謀武藝並許於兵尚書兵部投狀乞應上件科先録所業軍機策論伍首上本部其未食祿人召命官三人委保行止委主判官看詳所業閲視人材審驗行止試一石力弓平射或七斗力弓馬射委實精

熟者在外即本州長吏看詳所業閲視人材行止弓馬如可與試即附遞文卷上兵部委主判官看詳如委實堪召試即具名聞奏當降朝旨召赴闕差官考試武藝并問策一道合格即從試其逐處看詳官不得以詞理平常者一例取旨如違必行朝典仍限至十月終已前先具姓名申奏到闕　十月二十三日判兵部馬元言應武舉人除策論外當部無弓馬試射之處欲俟考定詞理稍堪人材有行止者牒送馬軍司引試如弓馬精熟堪與召試即具聞奏如詞理平常人材小弱曾有贓犯弓馬不精先次落下從之　八年五月二十五日命龍圖閣待制唐肅直集賢院胥偃試武舉人于祕閣（後自與制科同命官試于祕閣）

卷一萬六百七十三

十一

六月四日詔應武舉人令內園使內侍右班都知楊珍等於軍器庫試弓馬（自後命入試弓馬皆如例）二十三日帝御崇政殿親試武舉人以張建侯楚宏並補三班奉職劉翊胡遠崔道並補三班借職李固孟淵丁問並補三班差使陳異等六人策不入等射不中格並落下（文獻通考宋有武舉武選咸平時令兩制館閣詳定入官資序故事而未嘗行仁宗天聖八年親試武舉十二人先閲其騎射而後試之）　九年五月九日帝御崇政殿試武舉八以李膽等補三班借職　明道二年十一月十六日尚書兵部言準中書批送應武舉進士史詢張存狀昨天聖八年六月中御試下第乞比類貢院舉人免取文解今狀接文狀隸審合投下文字為復與免考試詔與免馬

軍司試武藝　景祐元年二月四日，詔應進士諸科取解不獲者不得應武舉　六月二十三日，帝御崇政殿試武舉人，以許思純、鄭賓借職，李良臣並策不入等，武藝中格，並補三班奉職；王安仁、李宗良、成傑、張睿策第五等，馬射不中格，並補三班借職；鄭旦、劉稷臣、勾宗諤策不入等，馬射生疎，並補殿侍、三班差使；史詢、張存與下班殿侍；樊純、段儀、劉翊不中選　三年五月十六日，帝御崇政殿，召輔臣觀新知廣信軍、洛苑使、端州刺史趙振所上陣圖。振男右班殿直珣、奉職瑜呈試武藝，左右馳射，括雙箭，蹶彊弩，繫叙槊稍，凡二十七枝，中選八九。帝悅，稱善，詔振升殿，策問方略，珣補閤門祗候，瑜右班殿直　六月一日，樞密院言：「閤門祗候本侍邊要任使，比來所舉未允衆望。欲令近臣各舉一員，擇官試驗，須弓箭步射九斗、馬射七斗為合格，仍送三班量策邊事，具上能否，而臨軒復試。」從之。（文獻通考：景祐四年，韓億言武臣宜知兵書，而禁不得傳，請纂其要以授之。於是出神武秘略以授邊臣。）　寶元三年二月十八日，詔：「自今武舉人程試，並以策問定去留，弓馬定高下，餘依兵部舊制考校。其合格舉人除官後，並免監臨，只差沿邊任使，如三班差使、殿侍以下，即與指使及捉賊差遣。其馬軍司、軍器庫所試射弓，並用實石斗為定，不得用加數斗。」　康定元年三月四日，詔自今文臣換武職及試中武藝之人，並遣赴陝西任使，觀其才用　九

月二十七日，命翰林學士丁度、西上閤門使李端愿、內侍省押班藍元用同共試驗武藝，仍御三班院、殿前馬步軍司曉示使臣及諸軍班將校兵士，如實有武藝精彊、膽勇敢戰、謀慮出衆者，許經試驗官自陳，當與揀擇。初，范仲淹請令官軍武臣選諸軍班材武人，故有此制。及度等校試，差為五等，中選者百八十一人　慶曆二年八月九日，帝御崇政殿試武舉人，以金景先等三十八人武藝次第授官　十一日，陳院張方平言武舉中選人請除京東捉賊，從之　六年八月十八日，帝御崇政殿試武舉人，以王珉等三人補奉職，俞獻臣十七人茶酒班殿侍、三班差使，顏處約七人下班殿侍，又以三班借職張問為奉職。（文獻通考：慶曆六年策武舉，馮維師奏武舉以策為去留，弓馬為高下。）　七年十二月二十七日，詔自今策試武舉人毋得問陰陽諸禁書　皇祐元年八月二十五日，帝御崇政殿試武舉人，以何景略補三班奉職，李勳之等四人補借職，王珉等十七人補三班差使、殿侍，戴挺等十六人補茶酒班殿侍，曹基等九人補下班殿侍，並邊上差使　九月五日，詔曰：「國家採唐室之舊，建立武科，每隨方聞之詔，並舉勇略之士，條格之設，歲序已深。然而時各有宜，今異於古，今籍之衆，既以旅力日奮於行伍之間；武弁之流，又用其韜鈐自進於軍旅之任。來應茲選，殆稀其人。如聞所肄習者，率逐捃諸生編戶年少，以至捨學業而

事藝策矯溫淳而務麤猛紛然相効為之愈多朕方悵
隆文風敦厚俗尚一失其本恐循末流宜罷試於兵謀
俾專谿於儒術尚慮積習具久頓更為難就其等倫裁
為規制其將來科場武舉人曾經祕閣考試者即許投
下文字外更不許新人取應以後科場令罷武舉一科
五年八月二十五日帝御崇政殿試舉人以董君予
補三班奉職韓琳侯爽補借職戴捷等五十一人補三
班差使殿侍臧昌齡等七人補下班殿侍並還上指使
前詔罷武舉今所擢者皆祕閣經試薦人 嘉祐八年十月八日樞密院言文
武二選所聞治亂不可闕一與其任用不學無術之人
臨時不知應變以撓師律不若素習韜略頗閑義訓之

卷一萬六百七十三 十四

士緩急驅策可以折衝圖勳況今朝廷所用武人稍有
聲稱者由武舉而得則此舉不可廢罷甚明詔尚書兵
部與兩制詳議所舉〔習〕舉業及較試舉人推恩之數條件
以聞 英宗治平元年三月二日翰林學士王珪等言
參詳復置武舉除依舊制欲乞較試以策略定去留以
弓馬定高下其間以策略武藝俱優者為優等策〔沒〕藝平
者為次優藝優〔策〕平者為次等策藝俱平者為末等如策
下藝平或策平藝下者並為不合格朝廷既設此科必
欲招來豪俊推恩命官直稍優厚欲望中優等者與殿
直次優者與奉職次等者與借職末等者與殿侍三班
差使如有策略雖下而武藝絕倫者未得落下別取旨

其已有官人並於舊官上比類推恩仍並與三路沿邊
差遣試其効用詔可仍令後武藝差直學士已上或正
任或橫行使各一員與軍頭司共試驗 二十一日翰
林學士賈黯言近詔復試武舉臣愚以為如果欲得智
勇武幹之人則於韜略孫吳司馬兵法或經史事涉兵
機者取為問目以能用己意或引前人注說解釋義理
明暢者為通從之 四月九日詔令諸路都總管安撫
鈐轄司凡以武藝求薦依三等格考試以聞候到闕覆
驗及上等者弓步射二石弩踏四石五斗力以上更兼別
事藝三般以上者如並中補借職中等弓步射一石七
斗弩踏四石力以上更兼別事藝三般以上者如並中

卷一萬六百七十三 十五

補差使殿侍下等弓步射一石五斗弩踏三石五斗力
以上更兼別事藝三般以上者如並中補披帶班殿侍
如〔以〕有弓或弩中書取旨安排不中者於逐便已仕比
類陞擢 六月十五日樞密院言近復武舉除已定條
約外有未備事節其武舉並隨科場開設應武舉人不
拘食祿子孫并已仕未仕人等內已仕人不曾犯贓及
私罪情輕者未仕人別無負犯並許奏舉在京委管軍
臣僚及正任橫行使副使知雜及三院御史諫官省府
推判官府界提點朝臣使臣在外委安撫轉運判官提
點刑獄知州軍及路分總管鈐轄都監具所業人材行
止堪應上項科舉於十一月三十日以前各具保明聞

奏人得奏舉一名於十二月終令兵部類聚申奏次年二月初差館職二人試策考定等關送馬軍司試弓馬訖却送兵部叅校名聞從之　八月十九日樞密院言近復置武舉所策略定去留弓馬定高下弓步射一石一斗力馬射八斗力各滿不破體及使馬精熟策略武藝俱優者為優等與右班殿直弓步射一石一斗力馬射八斗力各滿但一事破體及使馬生踈策優藝平者為次等與奉職弓步射一石馬射七斗力各滿不破體及使馬精熟藝優策平者為次等與借職弓步射一石力馬射七斗力各滿但一事破體及使馬生踈策藝俱平者為末等與茶酒班殿侍三班差使弓射二石力弩踏

五石力射得策略雖下而武藝絶倫者未得黜落別候取旨允頭優為破體詔可二年九月十四日帝御崇政殿試武舉人以康修等七人遷左侍禁餘遷補三班借奉職下班殿侍三班差使以上國朝會要通鑑續編宋英宗治平元年九月復武舉治平四年十二月十一日知諫院吳申言延州應武舉李巖夫試策中第一等弓馬不中再試中第二等弓馬不係奏名巖夫對策理有可採伏乞特授一官與沿邊差遣詔與茶酒班殿侍鄜延路指揮使　熙寧元年十一月十八日南郊赦昨復武科特新選法如聞三路頗有遺材應河北河東陝西臣僚令後當舉奏武舉人者路分都總管副都總管各委舉三人轉運使副提點

刑獄路分鈐轄勾當路分軍馬各三人餘依舊制仍須是本路土著不得以游士寄貫人冒充數　二年七月二十八日詔今後三路知州軍舉到武舉本路土著人　三年八月二十三日翰林學士司馬光言奉敕考試武舉人而法當先試弓馬若合格即試策略合緣弓馬者選士卒之法非所以求將帥者也不幸而不能挽彊馳突則雖有策略將帥之材不得預試恐非朝廷建試武舉人之意況試弓之法挽與把齊猶不應格自今欲乞試優策并挽弓及把者皆聽就試中書請如舊制上批相度卒如中書所奏　九月一日詔秘閣考試所應就試舉人所取合格不得過五分　十八日上御崇政

殿策武舉進士以右侍禁康大同為左侍禁借職王寔為右班殿直殿侍孟永吉為借職奉職高興宗減二年磨勘餘二十二人各隨試等補奉職借職茶酒班殿侍三班差使仍並與三路沿邊差遣　十二月十二日三班院言據殿直雷珣狀乞試六韜孫吳三家兵書義理十道仍乞射弓尋試義理十道內二粗二否六道及考試到弓馬并係貫腳色以聞詔免短使催遞驛監押巡檢理監當資序支驛料一任回依武舉人例差注三班使臣乞試兵書自珣始　五年六月二十七日樞密院請復置武學詔選文武官知兵者充教授凡使臣未叅班并門蔭草澤人並許召京官兩員保任先試驗人材弓馬應武舉格者方

許入學願試陣隊者量給兵伍隸習在學及三年則具藝業保明考試與等第班行安排未及格者逾年再試中三班使臣與三路巡檢監押寨主白身試中與經略司教押軍隊准備差使三年無遺闕與親民巡檢如至大使臣歷任中無贓罪杖以上及私罪情理輕者令兩省或本路鈐轄以上三人同罪保舉堪將領者並與兼諸衛將軍外任迴歸環衛班闕以尚書兵部郎中韓縝判學內藏庫副使郭固同判賜食本錢萬緡　七月五日詔武學生員以百人為額遇科場前一年委樞密院選武臣路分都監及文臣轉運判官以上各降宣命令奏堪應武舉人具所業人材行止保明聞奏其被舉人遇

卷一萬六百七十三

十八

生員闕願入學者聽仍免試生員及奏舉白身人應舉其不得過二百人其今年武舉並依舊法保舉後次武舉即從今來新法

文獻通考神宗熙寧五年樞密請建武學於武成王廟選文武官知兵者為教授使臣未參班與門蔭草澤人召京官保任人材弓馬應格聽入學給食習諸家兵法教授纂次歷代用兵成敗前世忠義之節足以訓者講釋之願試陣隊者量給兵伍在學三年具藝業考試等第推恩未及格者逾年再試凡試中三班使臣與三路巡檢寨主末有官人與經略司教隊差使三年無過則陞親民至大使臣有兩省待制以上或本路鈐轄以上三人保舉堪將領者並兼諸衛將軍外任迴歸環衛班闕以尚書兵部郎中韓績判學內藏庫副使郭固同判賜食本錢萬緡生員以百人為額科場前一年武臣路分都監文官轉運判官以上各奏舉一人驗免試入學生員及應舉者不過二百人春秋各一試步射以一石三斗馬射以八斗矢五發中的武習武使副之策略難弓力不及學業卓然並為優等補上舍以三十人為額

八月十七日樞密都承旨曾孝寬言詳定武臣試格應大小使臣

恩澤奏授得官年及格合出官者並於三等試條各隨所習事藝呈試上等內七事下等內八事有試中一事以上皆為合格等第擢用每年二月八日以前具所應事藝供家狀開坐於審官西院二班院投狀候次月具乞試人數申奏差官同主判臣僚引試內武藝即送武學試外所試兵書大義策畧筭計並依春秋試文臣僚貫訖其等第及封試卷申樞密院看詳如得允當即奏畫依條施行如累試不中或不能就試者於出官合格歲數外更增五年若授官日年已過合格須授官及五年方得依舊條寫家狀讀律訖與出身初任仍且與員處監當如有舉主方得陞入親民無舉主即更展一

卷一萬六百七十三

十九

任監當如諸般勞績陞入親民者即依舊條熙寧五年以前授官見年十五以上不能就試者候年合格日且依舊條施行從之　六年四月二十四日侍御史劉孝孫言武科之設以大義為本參之策問與明經進士不甚相遠欲依補試入學生員例問大義十道與策問分作三場詔送中書取旨　八月二十一日命權御史中丞鄧綰直舍人院許將集賢校理劉攽館閣校勘黃履為考試制科武舉官龍圖閣直學士張燾權樞密副都承旨張誠一同軍器監官考試武舉武藝武舉合格所取無過三十人　九月十一日上御崇政殿策試武舉進士同日詔應御試武舉人御藥院初考官撰策題策

入優等武藝優等與右班殿直弓步射一石一斗馬射八斗各滿不破體及使馬精熟武藝次優與奉職弓步射一石一斗馬射八斗各滿但一事破體及使馬生踈武藝次等與借職弓步射一石馬射七斗各滿不破體使馬精熟武藝末等與三班差使減三年磨勘弓步射一石馬射七斗各滿但一事破體及使馬生踈策入平等武藝優等與奉職武藝次優與借職武藝次等與三班差使減二年磨勘武藝末等與三班差使　十六日賜武舉進士文煥及第注兩使職官熙河路准備差使侯抱真而下二十三人授以三班奉職借職差使與沿邊差使復賜進士及第為梓夔路察訪司准備差使十

卷一萬六百七十三　二十

月九日以三班奉職申詡為右班殿直閤門祗候武學教授初三班使臣入仕年已及格當調官者雖有試法尤草畧至是命立新格程其能否而進退之詡弓馬策問皆入高等故特擢之　七年九月二十八日詔三班院告示使臣如有能射親弓力八斗以上并熟於使馬及輪弄器械者在班人並許經本班投狀乞試候及十人即闕赴軍頭引見司考驗如所陳不妄當議引見在外使臣仰經本州軍投狀委知州通判兵官同共試驗如中格未得發遣先以聞　十月二十三日樞密院言檢會熙寧五年八月曾孝寬詳定大小使臣出官三等試格內一項應已歷任及諸色出身不該就試人願試

馳

者候得實[替]亦許投狀除不許算錢穀并元係軍班及武藝出職人更不試武藝弓馬外餘並許乞試詔今後武舉使臣更不試策其乞試弓馬人仍於元試中上添斗力方許依條收試　八年三月九日中書門下言據武學進士王致堯狀伏覩條制武學比科場開設自来進士唱名後四五月間方始差官兵部鏁試發解以此致進士兩處投下文字先解後旋看兵法權習弓兵馬意務苟進就試日多懷匿文字飾以虛辭弓馬不甚精習不唯有悞朝廷緩急使用兼使學者不專其業欲乞將來武舉與進士同時差官鏁試欲依所請從之　十七日詔自今武舉與進士同時差官鏁試　五月詔兵部

卷一萬六百七十三　二十一

應丁憂不曾就試武舉人許就試　七月二十七日詔武舉人先試孫吳六韜大義共十道為兩場次問時務邊防策一道限七百字以上成仍與鏁廳人一處考試馬軍司試弓馬差官監試（以試條前後參錯至是裁定）　八月七日兵部言三路臣寮奏舉武舉人並須土著人不得以游士寄貫充數今來所舉非本路人即有礙條貫欲乞雖係別路別州有戶貫者並許收試內有因礙非本路土著本部已牒所舉官更不發遣赴闕者亦乞候後次科場召保官一員不用舉主許令就試從之　同日別試所言武舉人試孫吳六韜大義六韜本非完書辭理訛舛無所考據欲止於孫吳書出義題從之　九月七日別

試所言近據武舉進士宋昇等六人乞射絶倫科弓弩尋牒馬軍司試到石力緣策義並在下等不合格未敢黜落取所試策義赴中書密院看詳詔候殿試武舉人弓馬日引呈　十月十三日武舉言上舍生員曹安國昨來不預薦名契勘本人未建學已應武舉兩試祕閣中選兼元充職掌委實材畧可用欲乞將來依得解人例赴祕閣再試從之　十二月九日詔武舉人罷祕閣試令止就貢院別試所考試　十三日中書門下言據編修貢舉敕式練亨甫狀祕閣考試武舉人所差官吏供具煩費昨來應武舉近二百人只就別試所收試人數至少欲乞只就貢院別試親戚所收試極為利便從之（卷一萬六百七十三）

九年三月七日上御集英殿策試武舉進士　十一日上御崇政殿試武舉人弓馬以郭瑔以下三十一人補殿直三班奉職借職差使有差　元豐元年三月九日詔文臣在京監察御史裏行在外路諸提點刑獄府界提點以上武臣在京閤門副使在外路分鈐轄以上各舉堪應武舉一人　十月四日詔兵部以貢舉敕式内武舉敕條再於諸處索文字刪類成武舉敕式以聞　三年三月十三日上御集英殿策武舉進士　五月二十八日詔引試武舉生用促張弓減指箭射兩石以上者減一斗　三年六月九日尚書兵部言武舉故事隨制科鏁院試昨兩試武舉並隨進士今用新制進

士舉罷方試武舉重復差官於事無補但有浮費與進士同時鏁試為便從之　八月八日詔兩制臺諫至總管監司各舉堪應武舉進士一人以名聞奏　四年正月十二日中書禮房請令進士試本經論語孟子大義論策之外加律義一道省試二道武舉止試孫吳大義及策從之　五年三月十一日詔武舉人御試日馬射十二日上御集英殿策武舉進士　六年閏六月十二日詔尚書兵部自今後文臣待制三省郎官正言監察御史提點刑獄以上武臣橫行及路分都監以上各舉應武舉一人　七年十一月十一日詔武舉依進士試大義一場第一等取四通第二等取三通第三等取二通並為中格（從司業翟忠生服新定也）（卷一萬六百七十三）

八年五月二十五日武舉進士趙圖徽等三十九人並賜袍笏銀帶　十一月十六日詔武舉人犯學規或貢舉法被罰聽依進士量罰等級叙理從蹇序辰請也　哲宗元祐三年三月十一日上御集英殿策武舉進士　十六日試武舉進士射藝于崇政殿推恩補官者十有五人　六年三月十一日上御集英殿策試武舉進士　十四日三省言武舉絶倫八辛育等十六人弓應法弩射得與三班借差減五年磨勘邊工指使差遣依令支賜弓不應法弩射不得欲且令溫習事藝内借職郭彥卿弓應法欲減二年磨勘特賜袍帶靴笏從之　五月十一日詔府監貢舉敕

紹聖止四年九疑元之誤

考校武舉內武藝絕倫策義不入等而文理稍可採者奏裁一節勿用　紹聖九年正月十八日詔改差禮部侍郎孔武仲試得解武舉人武藝　三月十五日上御集英殿策試武舉進士　十八日三省言呈試武藝人楊達等三十人聽候指揮絕倫人王士言等五人欲與三班借差減磨勘五年射不得人且令溫習從之　二十四日兵部請增修武舉得解免解舉人等條從之　同日三省言擬到武舉人推恩策入優等上三人與右班殿直四人不下與三班差使減磨勘年外并武藝絕倫及上舍人各減磨勘年有差從之　二十五日尚書省言三班差使頻充狀係省試正奏名據熙寧法武學

卷一萬六百七十三

二十四

已有官人於舊官上比類推恩接充元擬定於合得名自外為係差使更減磨勘二年已賜詔可欲更增減一年推恩其入優等上三人策入優等第四人以下及策入平等人推恩外係差使者更賜減三年磨勘有差從之　三年四月十二日詔依熙寧貢舉式諸武舉絕倫策義不入等並奏裁　四年閏二月二十五日上御集英殿策試武舉進士　二十七日上御崇政殿軍頭司引見武舉人張閱等五十六人試武藝張閱等三十三人候指揮劉師中以下二十三人與三班借差減五年磨勘邊上指揮仍依令支賜　四月十三日翰林學士同知貢舉林希等言應武舉人止試策一道大略欲乞

依進士試三道詔自今發解省試添試策一道　十一月二十三日兵部言武舉騎步射中程遞陞等策義入平等者不陞若騎步射絕倫而策義不應選者不得以名聞從之　元符元年二月二十九日兵部言呈試武藝人依敕限十二月以前到部有疾故趁限不及期者許令次年就試緣其間不無違限冒稱疾病之人若便與收試即到部條限徒為空文乞召保官經所屬自陳給據保明申兵部驗實許次舉就試從之　徽宗大觀元年十月十日詔材武之士騎射應格為上等然絕倫之藝世不乏人法未該載深恐失士若文入優等而武藝超越可令隨文士歲貢依上舍上等法　二年七月

卷一萬六百七十三

二十五

二十七日詔諸州武士試補與文士別場引試馬射九斗三上垜為五分八斗三上垜為四分七斗三上垜為三分七斗二上垜為二分七斗一上垜為一分令學制局立法改正馬射八斗九斗一上垜二上垜並與理作分數（從前宿州教授胡及請也）　四年八月十三日詔學校之法天下奉行之初設官屬厚餼廩所以勸勵趨向及今累年頗見就緒武舉舊來奏名三十人武學三人許免省試一人量材錄用每舉以官者三十四人近以四海之大人材之衆令以貢士每三人取一名為上舍增至百人為額比舊命官之數計增兩倍積之累年入流頗冗兼近者所貢人數不多若寬立額所取既廣不無僥濫況三

人取一名比之文士所取分數大段隔遠可自今後諸路所貢武士試上舍以合格者取十人為上等四十人為中等五十人為下等補武學內舍遂等合格人不足者聽闕餘不入等並充武學外舍一諸州昨因教養武士專以都監案闕選注武舉呈試事藝及諸軍教頭出身人充委以兼充教導令詳學制教諭聽與武士就學質問七書兵法即不令指教武士弓馬事藝除武學出身人可以通曉七書兵法外其呈試事藝及諸軍教頭豈能通曉不唯於學制違背兼於差注實有妨礙可令後諸州都監許先注武舉及武士上舍出身人兼教諭外餘依近降指揮遵依元豐法差注其教諭闕止委知

卷一萬六百七十三　二十六

通於本州見任使臣內選諳曉七書兵法人保明提舉學事司差兼又闕即依大觀三年正月二十五日朝旨對移武舉及上舍出身人　九月十四日兵部言禮部檢准大觀四年八月十二日朝旨自今取貢額三分解發立為永法其進士免解事務合行依舊外即未審武舉有無指揮作進士例發解本部契勘今來即未審武舉令後合與不合依進士例為永法若亦合依文士為永法其牒官奏舉條令合與不合行使本部契勘今來若三分發解為永法額比舊額少有依舊令內舉官職任人慮難依舊合行改修緣元豐法後來有增添舉官職任人欲乞只依元豐法施行詔依進士例其保舉官

依元豐法　十月十四日兵部言開封府武舉人崔奕等狀伏覩今年八月十三日指揮多士悉由鄉校必月書季考歲升積久而後至然士無常產久矣事親治家單丁自營艱於從學者有遺逸之嘆可自今取貢額三分為大比前一年發解許不入學之人及雖入學而係退黜者取應奕等元係武學生止以侍親治家貧窶不贍難以守學遂致除籍令乞明降指揮許奕等依前項指揮許將來於大比前赴部投納家狀收試看詳欲乞將今日已前應元係在武學因請假落籍不在學及退黜之人非因犯罪屏斥別無違礙者令經國子監自陳勘會詣實申部依已降指揮許令來年取應從之　政

卷一萬六百七十三　二十七

和元年正月二十六日大司成張邦昌等言奉御批學制局劄子將分撥到五路諸科解額二分一百三十人并州學解額八十人充京畿等諸路武士貢額令諸路以指揮到日在學人數每十五人五路每十四人貢一名尋取會修立到諸路武士貢額共一百六十九人兵部具到已得朝旨武學依文士存留科舉三分許在學三舍生并嘗經在學已除籍人取應并於貢額內除豁三分永充解額看詳大觀二年武舉依進士三分科場係於武舉舊解額八十人內取二十四人令來若依兵部符令本監於見立到一百六十九人數內除豁三分即是合取五十一人比之前三分發解計增一培以上

顯屬太優兼虧損天下貢額亦慮未便今來欲於舊解額八分人數內除豁三分以充武貢發解額武舉既已降指揮依進士例在學武士不合取應緣今次未有奏舉人欲依文士許入學而不因罪犯見係退黜之人取應仍紐分數每一十人解一名無人可解則闕之武士貢額仍依所立一百六十九人之數下諸路武舉省試舊來正奏名止三十人自大觀元年已後所增多二十人本為貢士今來科舉於舊省試奏名額內除豁三分充科舉奏名詔可依國子監與勘到事理施行　八月二十八日大司成張邦昌等奏檢會大觀四年八月十三日聖旨貢士入等者自今與中等並留太學以俟殿

卷一萬六百七十三

二十八

試其上等人遇唱名日取旨又准大觀重修武學令諸貢士應補上等者取旨釋褐中等俟殿試欲望武士上等依文士上等已降指揮留武學以俟殿試詔並依大觀四年八月十三日貢士等已降指揮　五年七月一日詔武士曾經崇寧五年以前省試下依開封府國子監進士例許赴將來大比試　六年八月六日禮部奏昌化等軍州學生陳善長黃理祥環覃德興吳拱狀為整會本路學事司檢坐政和元年正月二十七日敕修立到本路武士貢額五人照會武士既用本路元立武士額發貢即是諸州解額內元樁留一分文士貢額充武士自不相妨本司指揮出給公據貢發前來今來本

路諸州並不曾將一分武士額樁留例各充貢人數合行駁退施行本路今勘當逐人所乞難議施行尚書省勘會陳善長等並係逐州不合用武士樁留一分人額陞貢前來雖當駁退緣係官司差悞自廣南遠地已貢到都理可矜恤詔陳善長黃理祥環覃德興吳拱五人並特許陞貢參入辟廱仍令學事司各理充逐州大比前一年貢額　七年五月十九日兵部言充貢武士張暉狀乞依政和六年十一月冬祀赦文赴將大比試本部勘會赦文止為進士別無該載武士之文詔武士與文士同令兵部申明施行　宣和五年十一月十一日殿中侍御史恵柔民祕書省著作佐郎柳約言准勅差

卷一萬六百七十三

二十九

充府監發解別試所考官九月二日具武士合格字號奏聞數內字號係內舍試上舍試卷其當行人為是同場引試却悞同外舍試內舍印子致有差誤除已改正將當行人施行并元封對號官已舉覺外所有臣等罪犯伏望重行黜責詔恵柔民可罷殿中侍御史柳約罷著作佐郎　欽宗靖康元年五月二十七日詔諸路州府軍監有習武藝知兵書人仰知通不限數保明解發赴闕朕將親策於廷量材擢用其籌策深遠藝能絕倫當不次陞擢在京武學士仰禮部擇日考試具等第以聞不係在學人亦許自陳收試策義弓馬優異者與推恩其太中大夫及侍從官至路分都監以上奏舉武舉人

自依條法施行　六月十九日太常寺主簿劉定言伏覩近有旨令府州軍監有習武藝知兵書人並解發赴闕親策于廷竊惟武藝之人間有知書者州縣應其不文無以應大廷之問則不敢解發願詔州縣有武藝精强而不知兵書者令赴所在投狀州縣閱試別作一項解赴殿前司按試藝能使之前詣邊陲收大功效以稱彊邊卻敵之用從之令殿前司候解發到按試武藝精熟人於崇政殿引呈以上續國朝會要

光堯皇帝建炎元年五月一日赦應去年錫慶院試中武士未經推恩人仰本部限一月開具等第姓名申尚書省　六月十三日赦應諸路解發到材武人并錫慶院材武人昨有緣事故趂赴不及之人仰經禮兵部投狀勘實特與別行收試具合格人姓名申尚書省取旨推恩　二年二月二十六日兵部言武舉人自來州軍即無解發額止是赴兵部取解依條以七十人赴省試係軍頭引見司於內弓箭庫試驗弓馬及省試別試所附試程文今行在揚州即無省試院軍頭引見司亦無處試驗欲乞應就試得解及免解武舉人並依文士例各召京朝官二員結除名罪委保齎所屬給到公據赴兵部呈驗引保於行在殿前司試弓馬訖就淮南轉運司所在別場附試程文從之　三月四日詔諸路已解發到材武人令兵部將元給公據勘驗如不曾揩改姓名月日及所給公據在

卷一萬六七十三　三十

建炎元年六月十三日赦前投試文狀在今年三月初三日已前並許收試其靖康元年五月二十七日指揮更不施行　三年八月五日詔武舉發解依文舉人展至來年春取旨　紹興四年十一月十一日以武舉正奏名進士楊蓬補承信郎建炎依文舉進士楊布仲等例乞引用二年九月四日赦書免殿試補官例故有是命

五年八月二十二日上御集英殿策試武舉進士　二十三日上御集英殿策試武舉弓馬　九月五日尚書省言擬到武舉進士正奏名張深以下六人推恩策入優等二人與保義承節郎平等四人第一第四人與承節郎第二第三人武藝不合格與進武校尉各展減磨勘年有差從之　十二年三月二十二日上御集英殿策試武舉進士　二十三日上御幄殿閱試武舉弓馬　四月八日尚書省言擬到武舉進士正奏名陳鶚以下五人推恩策入優等一名與承節郎平等二人與承信郎進武校尉特奏名潘璋以下一人平等並與進義校尉各展減磨勘年有差從之　十五年三月二十四日上御集英殿策試武舉進士　二十五日上御幄殿閱試武舉弓馬　四月九日尚書省言擬到武舉進士正奏名應襃然以下五人推恩並策入平等正奏名二人與承節郎特奏名三人並與進義校尉各展減磨勘年有差從之文獻通考紹興十六年始建武學兵部上武士弓馬及選試去留格凡初補入學步射弓一石若公私試步騎射不中即不許試程文其射格自一石五斗以下九斗凡

卷一萬六百七十三　三十一

五等上可其奏因謂輔臣曰國家武選政欲得人今諸將子弟皆恥習弓馬求换文資數年之後將無人習武矣宜勸誘之凡武學生習七書兵法步騎射分上內外三合學生以百人為額置博士一員以文臣有出身武舉高選人為之學諭一員以武舉補官人為之十八年四月三日上御集英殿
策試武舉進士　四日上御幄殿閱說武舉弓馬　十
八日尚書省言擬到武舉進士柯熙以下八人推恩正
奏名七人策入優等第一名與保義郎平等六人第一
名與承節郎第二第三人武藝不合格與承信郎第四
至第六人與承節郎特奏名一名策入平等與進義校
尉各展減磨勘年有差從之　二十一年閏四月七日
上御集英殿策試武舉進士　八日上御幄殿閱試武
舉弓馬　十八日尚書省言擬到武舉進士正奏名湯
鶩以下六人推恩第一名策入優等與承節郎平等五
人並與承信郎各展一年磨勘從之　二十四年三月
八日上御集英殿策試武舉進士　九日上御幄殿閱
試武舉弓馬　二十二日尚書省言擬到武舉進士正
奏名鄭砬以下一十六人策入優等四人第一人保義
郎第二至第四人與承節郎平等一十人內八人與承
信郎張彥述岳建壽各轉一官特奏名二人第一人與
進義校尉第二人雜犯與下班祗應各展減磨勘年有
差從之　二十六年九月十五日太學博士兼武學博
士周操言武舉登科者第一人與巡檢差遣外其餘例
處以監當使其捨平日所習一旦從事於管庫之間似

卷一萬六百七十三

三十三

非選練武舉之本意乞自今武舉登科人高等者樞密
院籍記姓名候一任滿日無過犯有勞績即加擢用其
次者亦免充財穀管庫之任從之　二十七年三月八
日上御集英殿策試武舉進士　九日上御幄殿閱試
武舉弓馬　二十二日尚書省言擬到武舉進士趙應
熊以下一十六人推恩正奏名一十五人策入優等第
一名武藝絶倫又省試第一名特與保義郎閤門祗候
餘人並與承節郎特奏名一名與進義校尉各展減磨
勘年有差從之　二十七日宰執進呈趙應熊擬江南
東路安撫司準備將上曰應熊所試弓馬甚精文字亦
可採徽宗時如馬擴備馬識遠者皆以武舉擢用式術
命出疆今來所得亦不可謂無人　二十九年二月二
十五日左正言何溥言乞將武舉一科參照祖宗典故
修立入官資格歷從戎事免使監當其有才略出倫許
令帥司保舉試之陣隊以觀其能禦侮扞城量加擢用
吏兵部看詳武舉舊法未入親民注三路鎮寨都監監
押初任雙員注巡檢駐泊捉賊無遺闕注監當次任餘路進
武校尉注經使監當昨來指揮武舉正奏名保義郎以
上注沿江巡檢承信郎承節郎注兩浙江南福建末等監
當闕一次又臣寮乞武舉第一人與堂除差遣餘保義
郎以上注巡檢駐泊捉賊押隊承節郎承信郎校尉注
准備差使緝捕盜賊欲自今武舉承節郎承信郎與通

卷一萬六百七十三

三十三

注沿邊親民巡檢縣尉或監當窠闕其校尉止依已降指揮差注從之　五月十七日詔武舉人依府監年數與免解　三十年三月九日上御集英殿策試武舉進士　十日上御崇政殿閱試武舉弓馬　二十二日尚書省言擬到武舉進士樊仁遠以下二十人推恩正奏名一十九人策入優等七人第一名與保義郎六人並承節郎平等一十二人並承信郎特奏名一名與進義校尉各展減磨勘年有差從之以上中興會要　壽皇聖帝隆興元年正月八日兵部言武舉省試例附禮部貢院別試所今降旨更不臨軒其免省還試特奏名武舉人合試兵機策一道欲乞就差本院考試官出題考校從之

卷一萬六百七十三

三十四

三月二十三日殿中侍御史胡沂言國家艱難以來屢頒詔旨數路搜揚將臣然臣竊以謂猶未盡也夫設武舉立武學蓋將有所用也及臨軒唱第名在一二者固嘗褒擢餘皆吏部授以摧酤征商之事所養非所用所用非所養殆非上之求材下之應舉之本意欲望與大臣審度計義取近歲應中武舉之人量其高下與其考任之淺深定為品格分差沿邊屯駐將下準備差使舊沿邊各有巡檢其下士卒亦有部伍令之資歷深者亦可為之乎淮甸荊襄之間邑各有尉其下弓級亦習武藝令之資歷淺者亦可為之乎如是則武藝之士豈獨已中選者人人思奮而邂方遠邑方習舉業者亦皆欣

然相率而上之所求矣從之文獻通考孝宗隆興元年御試得正奏名三十七人殿中侍御史胡沂言臣觀唐之郭子儀以武舉異等初補右衛長史歷振遠橫塞天德軍使祖宗時試中武藝人並赴陝西任使文武舉中選者或除京東捉賊或三路沿邊試其勁用或經畧司教押軍隊準備差使今率授以推酤之事是所取非所用所用非所學也臣請近歲中選人數量其材品之高下考任之深淺授以軍職使之習練邊事諳曉軍旅實選用之初意也　二年正月十四日詔應武舉第三名已上人一任回仍赴樞密院陳狀銓量與合入差遣具才識卓越者具名以聞　乾道元年五月十一日詔成忠郎籍荆湖南路安撫司準備將領孫顯祖昨應武舉程文第一武藝絶倫補保義郎可依趙應熊例加閤門祇候仍改殿司軍中差遣應熊例在紹興二十七年　二年三月七日絶倫人須晉記與免省候唱名日降等推恩先是晉乞依趙應熊例奏裁洪适等曰絶倫人在法不以策義優平或一場可採者並奏裁昨試院推行已失法意上問程文如何适等言文理亦粗可採上以有時法遂命之　十七日兵部言舊例皇帝登寶位臨軒策試係推龍飛恩例今舉已降旨依典故施行武舉進士合推恩數緣崇寧建炎年該龍飛典例自渡江案牘散逸無憑契勘伏乞許酌詔比附進士正奏名例第一名特更與轉一官第二第三名依第一名恩例　十八日中書舍人蔣芾言國家開設武學教養智勇之士然既第之後問其所職則莞庫而已夫孫子吳起之術非可用於句稽由基飛衛之技非可施於錢穀也願詔本兵大臣議定其制繼自今以武舉登第者悉授以軍中之職安知異時無郭子儀者出於其

卷一萬六百七十三

三十五

閒試，詔應武出身人候闕𨻶，觀民實歷一任，如有材能，許監司帥守薦舉，取旨與將副差遣。上顧問宰執巡檢比將副高下，洪逢等曰：在巡檢則為親民，武舉初任人亦可入，止帶權字，所以欲闕𨻶後始命以將副。上曰：恐太驟，須試之。

六月八日，詔武舉正奏名承節郎吳瑨差充侍衛步軍司准備將職事。以主管步軍司陳敏言瑨素蘊韜畧，願從軍効力，故有是命。

七月二十七日，中書門下省言：紹興重修貢舉令，諸應武舉被舉人限六月到闕，承前多以七月中引試。自紹興二十四年指揮，定用八月十五日。今若令舉人六月終到闕，恐在旅日久。詔自今應舉人並限七月到闕，限內不到，並不收試，餘依見條。

五年二月二十五日，樞密院檢詳諸房文字林栗言：竊見省試舉人考定字號，聞奏，準

卷一萬六百七十三

勅差臺官拆號，放榜。武舉絕倫並委封彌官，輕重不等。欲乞自今武舉省試並依避親舉人，考校字號先具聞奏，併付拆號官下考試院考校。承前並以舉人三場分送三房，各隨一場最優處攢類編排，蓋欲參取所長，兼防姦弊。近者被命考校，獨武舉程文前後兩場試卷併入一房，深慮非宜。遂令五考理或可行，欲乞詳酌。從之。

三月二十七日，詔監司帥臣管軍侍從於見任待闕寄居武舉人內薦嚴具有無文狀以聞，諸州軍監守臣做之。文獻通考：乾道五年，廷試始依文舉給黃牒，同正奏名三十三人。榜首賜武舉及第，餘並賜武舉出身。上垂意武科，以授官與文士不類，詔自今第一人補秉義郎，堂除諸司計議官，序位在機宜之上；第二第三人保義郎，諸路帥司準備將領，代還轉忠翊郎；第四第五人承節郎，諸路兵馬監押，代還轉保義郎，皆敘進

七甲科恩例。四年，又以文舉狀元代還例除館職，亦召武舉榜首閤門舍人。五年，御試得正奏名四十四名，始立武學國子額，收補武臣親屬，其文臣親屬願赴武補者亦聽。七年，初立武舉絕倫并從軍法，凡願從軍者殿試第一人與同正將，第二第三名同副將，第五名以上省試第六名以下並同準備將。從軍以後，立軍功及人材出衆，特旨擢用。上曰：武舉本求將帥之才，令前名皆從軍，以之年為限，則久在軍中，諳練軍政，他日可備擢用。武臣試換文資，祖宗朝許從官三人薦舉。紹興令：敦武郎以下聽召保官二人，以經義詩賦求試。其後太學諸生又不第者多去從武舉，已乃鎖廳應進士第，凡以秉義、武翼郎皆換京秩，恩數與第一人等。後以林穎秀言武士舍棄弓矢，更習程文，襃衣大袖，專效舉子。夫科以武名，不得雄健喜功之士，徒啓其僥倖名爵之心。於是詔自今毋得鎖換。

六年正月十九日，敷文閣待制、提舉佑神觀劉章乞復武舉制科，不必如漢唐科目之繁，召試天下士，以備將帥之用。上曰：此一事甚善，當令詳酌立科。

三月二十六日，詔武學生李國勳將來省試令還省試

卷一萬六百七十三

絕倫弓弩一次，如合格許赴殿試絕倫。即有不中，依舊赴三等弓馬。國勳該絕倫，乞赴廷試絕倫，下兵部勘會，而有是命。

七年六月二十二日，試秘書少監兼權兵部侍郎周必大乞將應試武舉人雖發奏在三月以後，權許收試。虞允文奏曰：文士應舉初不用保奏，臨期投卷便可就試，武舉須保奏，又限以當年三月以前，拘矣。上復問舊法限以三月何故，允文曰：蓋慮試人太冗耳。上皆然之。

七月十七日，國子監司業劉焞等言：紹興二十六年復興武學之後，就解舉人數浸多，非復向日之比，而逐舉將免解人數等除額日就瓜狹。今欲將免解人赴省試外，該赴解試人立定若干人為額，庶得允愜。詔正解以五十人為額。

八

月三日，中書門下省勘會：在法，奏舉武舉人内外各許奏舉一名，人數太狹。詔自今内外各許奏舉二名。十二月十七日，中書門下省：應武舉絕倫進士李岳、顧諒狀，已於比試弓弩合格，程文取中；又於解試弓弩皆合格，試程文被黜。在法，武藝絕倫，不以策義優平，或一場稍可採者奏裁。具李岳、顧諒弓弩並應法，外試卷文義稍有可採。詔李岳、顧諒並特免解一次。二十八日，武舉解進士游夢協等言：武舉每當大比，到省率以七十人為限，合格不許過三十人。緣今絕倫人到省已十餘，上舍免省又加三四，皆在三十名省額筭除之數，比之常舉虧數已甚。乞以絕倫人別作一科，及免省人勿復筭陳省額。勘會令舉正解五十人，免解二十人，絕倫十一人，省試三十人為額，免省三人。詔令武舉省試除免省三人外，以上十人為額取放。

卷一萬六百七十三

三十八

八年正月十八日，詔武學生誅過紹興三十二年覃恩，先曾升補内舍生，或在學已及五年，曾經公試或私試中選人，並特與放行，令赴省試。

三月二十三日，兵、吏部言：已降旨，武舉正、特奏名進士並依文舉例，唱名日給黃牒，補賜進士及第、進士出身、同進士出身。承前武舉唱名止給付身，稱保義、承節、承信郎、校之類，并及展減磨勘。今欲於武舉勑牒前銜作「武舉正奏名某」，絕倫人於正奏名上添「絕倫」二字；其後擬第一名賜武舉及第，餘並賜武舉出身，并所補官。特奏名前銜作「武舉特奏名某」，後擬所補官資、展減磨勘，一師候黃甲指揮下，令吏部出給公據。從之。

四月一日，集英殿武舉唱名，其間有策條優等、絕倫武藝並應格者，反具在平等之後，如第一名亦止補保義郎。上顧虞允文等曰：此恐未當，宜別措置。同日，詔唱名武舉進士本貫係潛藩人，令兵部比附文舉陞名。其後唱名第十六人吳克孝、曹建、宋甫係皇帝潛藩舍陞名。有司言：武舉比之文士即無五甲，武令吳克孝用陞名恩例，將已展一年磨勘，不展一年，從之。吏十二月二十一日，臣僚言：祖宗採李唐之法，置武舉以待四方英俊，此將才淵藪也。自渡江以來，西北之士流落蜀漢者，往往無力以進，而又限以保奏之官，寒畯何由可得？故每舉就試不過數十人，其取人不廣如此。欲望頒武舉之法於四川，令四路師臣、憲漕、知州軍監、鈐轄、路分及寄居侍從以上，每舉各保一員；而興元府、利、閬、金、洋、階、成、西和、鳳州各保三員。較其藝能，命之以官而任使之，他日諸將中未必無郭子儀輩出也。兵部勘會：四川文士解額七百二十五人，紐筭武舉合取二十一人，省額六，大比試額四十二人。欲乞令四川宣撫司酌度均撥下逐路轉運司，照本部條旨收試。其已得解人並赴宣撫司類試，仍令本司將合格省試人發赴行在，與本部武舉人混雜殿試。今四川武舉既初創行，恐試者尚寡，欲乞令本路轉運司據數比試，以二人解發一名。如四川得解人通未及二十一人之數，即三人五分與放省額一名。他有未盡，令宣撫司

卷一萬六百七十三

三十九

續具申明從之。其後四川宣撫司言：昨臣僚奏請盡為西北流寓素習武藝之人多寄居利州路，所以許興元府等處所保人數比他路所以獨多。今先以省部所立四川武舉解試比試額通四十二人，參酌以十分為率，分撥利州路四分，計十六人，餘六分依內部勘當，以三路文解多寡，酌度均撥成都府路十二人，潼川府路十八人，州路四人，並為額。從之。九年九月八日，御前弓馬子弟所言：幹辦公事黃飛乞以新差京畿第二正將比換殿前司額外正將差遣。上曰：武舉之人能自陳從軍，尤可激勸。從之。以上乾道會要

卷一萬六百七十三

全唐文

續宋會要　武舉

淳熙元年二月二十三日，兵部言：武舉依逐舉例，係八月初二日或初三日先試比弓馬。今舉係奏舉二名，比前舉增添數多，恐舉人皆七月終到闕，不唯於比試弓馬日逼，又恐內有詐冒，稽考違礙不及。乞依條於六月終以前到闕，如限內不到，並不收試。其被舉人往往於比試前一兩日投下奏狀，使有司倉卒難以辨驗，乞自今須管於六月終前投下，如在七月一日已後，並不許收換。今舉奏舉增倍數多，若依例於八月初二日或初三日比試弓馬，竊恐是日值雨泥濘，於引試程文日分相逼，乞從本部於七月下旬擇日比試弓馬。從之。

卷一萬六百七十四

八月一日，臣僚言：武舉進士試期已近，而無保舉者尚多，乞令兵部關報應合舉官未曾保奏武舉人者，各令依數保奏。其無保官者，令入狀互保，依前舉例放行比試，試中即赴解試，候解試中，仍召陞朝保官一員赴省試。試依候試畢，令敕令所別行立法。先是，進士諸葛文明等言：今舉已奏人數方及二百餘人，在外已得奏狀未投者凡五十餘人，而未得保官者五倍，乞展限收接奏狀。詔展半月。至是臣僚以為遠方士子赴舉，欲求到奏識未易得，故有是請。二年正月二十四日，詔：今次武舉緣有免省九人，令通取三十九人。五年正月二十八日有免省十一人詔通取四十一人三月十八日，上御集英殿策試武舉進士。每舉同二十三日，上御幄殿閱試武舉弓馬。每舉同

同日，尚書省言：擬到武舉進士正奏名蔣介以下四十一人推恩，第一名補秉義郎，第二、第三名補保義郎，策入優等七名、平等三十一人内三十人與承節郎，有官人郭光轉一官；特奏名二人與進義校尉，各展減磨勘有差。從之。　二十四日，詔武舉正奏名殿試策入優等一名補秉義郎，堂除三衙、并諸軍計議官；第二、第三名補保義郎，注授諸路安撫司準備將領，一任回與轉忠翊郎，不隔磨勘；第四、第五名補承節郎，注授諸州兵馬監押，一任回與轉保義郎，不隔磨勘；餘人並依逐舉例補官及舊法注擬差遣。已上如曾經省試上三名、武學上舍生，與注諸路安撫司準備將領。舊指揮：武舉絶倫

卷一萬六百七十四

二

人并三平等人殿試程文俱入優等，即絶倫人合陞在優等人之上；若平等人已係第一名，即絶倫人不陞，止與第一名恩例；如絶倫人係優等第一名，除推恩外，臨時聽旨。先是上宣諭，令武舉人比類進士及第第一人以下所授官亦并合注差遣，授量輕重作守通。進呈舊制武舉第一人補保義郎，堂除三衙或諸軍主管機宜文字。上曰：「可補秉義郎，令與進士第一人承事郎相等，所差機宜元不得領軍州事，須創置一官，令於機宜之上，使得裨贊主帥，庶見所長，以備擢用。自第二人以下，並以進士賜第人恩例為準，取旨裁定。」又令吏部自今省試前一并制闕，依黃甲注授。若第一名係絶倫，合得第一名恩數外，其第二名亦係絶倫，止依今來立定第二名格推恩。如又係省試第一名，即與第一名恩例。餘絶倫人候一回任，各更轉一官，並不隔磨勘。内第二人如已該第一名恩例，更不加轉。吏部自今省試將見騰諸路安撫司準備將領二十員闕，依黃甲例，留充前項武舉人集注。　四月三日，詔自今武舉特奏名進士唱名日，各特賜紫羅窄衫一領、一

十兩數金鍍銀五子荔枝腰帶一條。　五日，詔武舉特奏名樊仁邁許推能並策入平等，馬步射一事應格，授進義校尉，減三年磨勘。　十三日，詔武舉朝集增給錢三百貫。自此每舉如之。　五月二日，宰執進呈忠訓郎張世英狀元係武舉出身，授殿前司主管機宜文字闕遠，願從軍，乞差殿前司正副將。上曰：「若自外從軍便為正副將，恐妨軍中陞轉。」令别路外路諸軍差遣陳乞。　七月二十五日，詔今次武舉比試量增一十人，通取一百一十人為額。　五年四月十一日，尚書省言：擬到武舉進士正奏名陳説以下四十四人推恩，第一名補秉義郎，第二、第三名補保義郎，策入優等十人、平等三十一人與

卷一萬六百七十四

補承節郎，或鏞轉兩官，候一任回更轉一官，各展減磨勘有差。從之。　八月二十七日，臣僚言：「武舉登科人願於軍中任不隔磨勘，通及七年無遺闕，願離軍者，差充三衙并江上諸軍書寫機宜文字或幹辦公事，任滿入諸路副將。第四名、第五名并省試第一名堪充兵將官，願從軍人，依舊法補官，差充三衙并江上諸軍同準備將，依正額人支破請給，到軍及七年無遺闕，願離軍者，差充三衙并江上諸軍準備差遣，任滿入諸路安撫司準備將領。第六名以下堪充兵將官，願從軍人，依舊法補官，差充三衙并江上諸軍準備差遣，任滿入諸州兵馬監押。已上若後來立到軍功，或人材出衆，特旨擢用

不拘此限，其堪充兵將官願從軍人，令樞密院銓量，如不願從軍或雖願從軍人材不應選人，並依乾道八年已前舊法，第一名補保義郎、沿江巡檢駐泊捉賊押隊，不入等承節郎、沿邊親民巡檢縣尉准備差使緝捕盜賊；第二名以下補承節郎，不入等承信郎、沿邊親民巡檢縣尉准備差使緝捕盜賊。上曰：武舉本欲取將帥之才，今前名皆令從軍，以七年為則，久在軍中諳練軍政，將來因軍功擢為將帥，庶幾得人。十九日，詔武舉解試省試只依舊額，其保官自今許文臣陞朝官、武臣正使以上各保奏二人。乾道二年三月有詔：監司、帥臣、管軍、侍從、諸使習熟武藝、講論兵機、諳識調發，委以帥任則凡絕倫把藝者得以効其長，望令有司詳議，就軍中別立優異賞闕，如準備之類，使經歷兩任，然後擢之朝列，他時將帥之儲取用於此。詔令兵部相度。本部相度：武舉出身人有立定注授差遣條法，乞從朝廷指揮，參酌立定賞闕任使施行。從之。

卷一萬六百五十四

七年三月三日，兵部尚書王希呂言：淳熙元年及四年兩舉承指揮，將武舉無保奏人放行比試，今舉悠士人臨時復引前例陳乞，如循例放行，不唯衝改成法，兼無以機察姦弊。乞明示舉人依條召保奏舉，如無保官，不許收試。從之。四日，宰執進呈兵部措置武舉貢舉補官差注格法，並從之。武舉貢舉格：絕倫弓兩石，兼馬射九斗力，策入優等，三平等並依舊法：第一等弓一石一斗力，兼馬射八斗；第二等弓一石力，兼馬射七斗；第三等弓九斗力，兼馬射七斗已上。殿試令用馬射，令就大教場內引試，宰執按閱。其補官差注格法：第一名堪充兵將官、願從軍人補秉義郎，差充三衙并江上諸軍同正將，依正額人文破請給，到軍及五年無遺闕，願離軍者除諸軍計議官，任滿，入諸路正將；第二、第三名堪充兵將官、願從軍人補保義郎，差充三衙并江上諸軍同副將，依正額人文破請給，到軍及五年無遺闕，與轉忠翊郎、州軍監守臣薦舉武舉人。七年八月又詔：自令內外各許奏舉二名。至是，閤門舍人林宗臣言，乞詔有司寬保官之法，增其人數。上曰：武舉之欲廣，擇之欲精，故有是詔。

淳熙七年七月十一日，兵部言：前舉奏到武舉止有二百餘人，今舉緣文武臣許保奏二名，已奏到約有七百餘人，若不申明分場引試，竊恐連夜試驗弓馬不精，別生姦弊。乞將絕倫弓并三平等人步射先作一日呈試，將合格人照元給呈試弓馬關子於次日絕早赴教場門，首令馬軍司差有心力識字使臣三五員照驗放令入赴馬射，如代名呈試，並依貢舉條法科罪。詔分三日引試，餘依。

八年三月二十四日，尚書省言：擬到武舉進士正奏名江伯虎以下四

卷一萬六百五十四

十四人，第一名江伯虎補秉義郎，第二名黃萬石補保義郎，餘皆平等補承節郎；特奏名四人，一人補進武校尉，三人補進義校尉，各展減磨勘有差。從之。江伯虎等十八人願從軍。

閏三月九日，宰執進呈武舉特奏名依文舉當殿給敕牒，擬稱賜武舉特奏名補官。上曰：其間恐有下班副尉之類，未合稱官，乃改作武舉推恩。

同日，宰執進呈蜀中武舉進士薛九齡以疾趁今歲殿試武藝不及，次日却曾赴策試，兵部欲比作一事不中之人唱名補官。詔令承旨司就大教場按試。

四月五日，詔武舉進士從軍人欲令習知軍務，以候器使，如因職事已見委係利便，許赴主師陳述，遇有過犯，合加罪責，申樞密院

取旨施行　五月十一日，武舉進士及第江伯虎等乞先次參部出給料錢文曆，卻行從軍差遣；其料錢文曆乞依不願從軍之人一例幫行，及比附不願從軍人歷巡尉知縣差遣，從軍及六考，並許理作關陞資序。從之。

十四日，詔武舉進士出身人已有淳熙七年三月四日指揮，其淳熙二年、五年武舉不願從軍人，並合依乾道八年指揮施行，內已歷過差遣人與依舊差注。　九年五月七日，詔訪聞武舉從軍之人往往自高，不親戎旅，如自今職事勤恪，從主帥具名保奏陞差；其或懶惰不虔，亦許按劾以聞，當行黜責。　十一年正月八日，詔刑部侍郎兼權兵部侍郎曾逮監試武舉弓馬。　四月

卷一萬六百六十四

十一日，尚書省擬到武舉正奏名進士林嘌以下四十三人推恩：第一名、第二名補保義郎，策入優等餘皆平等補承節郎；內陶大麟係以絕倫首解、省試第一名，特補保義郎，更減二年磨勘；特奏名一名補進武副尉；各展減勘有差。從之。　五月九日，詔殿試武舉第一名林嘌與堂除計議官，第二名林可久與準備將領。　十三年四月八日，詔武學生年七十以上網冀特與補承信郎；免省上舍朱濤、于震、周應遇、蔡紱依太學免省上舍生釋褐恩例，並特與補承節郎；內顧紀淳熙十四年殿試者聽，習年免省上舍生鄭覺與徑赴淳熙十四年殿試；永免解內舍生陳昌齡等並候將來遇省赴殿試唱

名日，各與減二年磨勘；內永免外舍生沈仲剛等各與減一年磨勘。（以兵部檢會慶壽赦恩來上，故有是命。）　二十九日，兵部言：「今歲係武舉比試發解年分，乞令武舉人已有保官合該收試之人，並於六月終以前到闕具奏狀，並是展限至閏七月半以前投下，已後更不收接。如此，逢今來立定日限，並不許收試；其無保官及不該收試之人，即不許臨期引例陳乞。若許從本部所申，候指揮下日遍牒諸路曉示。」從之。　七月十三日，馬軍司狀：「今來武舉科場年分，依已降指揮，令於八月內引試發解兩場弓馬事藝，乞下內軍器庫依例關借絕倫兩石弓一百張，發赴本司打硾封記應副，至日使用，候引試畢發還。今後如遇闕少，依此關借。」詔今後準此。　十四年二月八日，詔添省額三人，權以三十三人取放一次。（武舉進士會陽侍等狀竊見武舉省試自來除上舍免省外以三十名為額隆興元年武學生該遇覃恩免解者五十餘人八餘解者一十三人當舉省試添省額五名今來太學生員該慶恩免解一百二十餘人在外發解者須取三十名又年免者一十餘人欲之隆興元年到省之人數委是兩倍欲乞將隆興元年與今來免解發到省之人特與敕奏故有是詔）

卷一萬六百七十四

五月十四日，尚書省言擬到正奏名進士黃寰然以下四十七人推恩：第一名補秉義郎，第二名補保義郎，餘皆平等補承節郎，各與減磨勘有差。從之。（以上孝宗會要）

淳熙十六年十月二十三日，詔自今武舉人不許試換文資。（以孝觀進士知歸州林琪言武舉一科所以存選惡諜鍊嫌以為提然則是科經可廢也乞明賜戒諭或議條約其間識有學業優長才武者乞令在內清望官外臺監司帥臣考察如委堪保舉）

方得繳奏所業引試庶幾其人一意戎事稍重武科上曰此說可從既以武進人卻換文資非專設武科取人之意哉有是命

十二月十二日詔武舉從軍人今後年限已滿願留軍中者仰主帥保奏與依諸軍體例格法陞差不願從軍者照應淳熙八年閏三月十一日已降指揮施行以臣僚言近得旨武舉人不得試換文資恐捨其故習而失其所長可謂審矣既抱其文資之望亦宜為關陞進之路雖有指揮武舉從軍人職事勤恪即從主帥具名保奏陞差累年未見引用是人條陞差一人豈其果無堪用者乎亦詔樞臣明立陞差格法如武舉出身人從軍年滿有智勇藝能精熟者令主帥述其所長保奏來上人命樞府加審察焉自同準備將以上可以節次差補故有是命

同日詔今後武舉比試弓馬務於城東大教場可差兵部長貳郎官及殿步帥統制等官監試作一日引試從武舉比試弓馬所請也

卷一萬六百五十四

紹熙元年四月十五日兵部言武舉進士該龍飛恩例比附進士正奏名體例第一名特更與轉一官第二第三名依第一名恩例所有今來武舉第一第二第三名願從軍不願從軍人並依本部見行條格補官差注施行從之以乾道二年三月十七日指揮故也

十七日上御幄殿閱試武舉弓馬

十八日詔省試第一名武學上舍生不願從軍人照應乾道八年格法施行候一任回與陞一等差遣以兵部言武舉殿試第一至第六名省試第一名已有格法補官差注即無該載上舍合得恩數竊緣太學上舍登第例與省試上十名並注教官而武舉上舍不應全無優恩故有是命

二十五日上御集英殿策試武舉進士策題見親試門

二年八月十日臣僚言乞詔兵部長貳措置將來解試弓馬人各先次當聽親書家狀一本然後拍試將令格人家狀畫時逐

紙印押類聚牒送發解所為照候引試義策考校了畢於拆號之次將真卷比驗兵部所發家狀如字畫異同雖已中選亦行究實如果有偽冒即交驗放並照科舉條制施行既而本部言比試弓馬已有措置外若從今降指揮拍試之前先令書寫通家狀不惟叢雜交互恐於射弓之際難以識認正身不能革弊今措置欲下所屬司約度今來赴解試人數預期印押白紙排立千字文號於引試日將試鑒等人當官親書家狀候馬射應格類聚牒送試院遵從今降指揮施行從之

四年二月十四日殿前司言已降指揮武舉從軍人今後年限已滿願留軍中者仰主帥保奏與諸軍體例格法陞差不願從軍者照應淳熙八年閏三月十一日已降指揮施行本司契勘諸軍入額管事兵將官陞差格法如準備將及二年陞副將人二年陞正將正將三年陞統領統領三年陞統制雖有立定年限係有策勵本司先以究心職事管幹廉懃弓馬精熟衆所推服之人然後再選擇履歷月日深淺保明申乞差填闕額今來武舉從軍將佐係是差充同將官在八額將官數人即不填闕若從諸軍格法年限陞差不十年間便可致身統領統制官本司今欲將武舉將官自今後年限已及能弓馬管事廉懃之人照年限次第陞差至正將止後遇諸軍入額正將有闕從本司於內選擇有武藝廉勤為衆所推服之人保明申朝廷撥填入額依例放行供給若有過犯即從本司責罰却乞除落節次所降有犯申取朝廷指揮如不願撥填入額照應淳熙八年

卷一萬六百五十四

閏三月十一日指揮與離軍注授差遣從之。

四月二十日上御崇政殿閲試武舉弓馬。

五月四日上御集英殿策試武舉進士（策題見殿試門。以上光宗會要）。

紹熙五年十月十一日臣僚言武科許試換文資蓋不止責以兵略騎射誠欲益其學問而大其成就耳比年以來不許試換雖曰使之從軍以備將帥之選而陞差之法止於同正將既塞其試換之門又艱其仕進之路使士以才氣自負者將有不屑就之意乞令後依舊許令武舉人試換文資從之。

閏十月二十三日臣僚言方今取才之道不爲不盡獨武舉人尚有可言向來紹興乾道間願從軍人填闕之後入額管幹軍馬若職事修舉則必隨例陞差至統制都統自淳熙以來止令同副將之類不復填闕管幹自此絶陞差之望乞將武舉從軍人先充同準備將或同正副將二年待其諳曉軍務即令本軍保明主帥備申許令撥填正額如委是職事修舉許其陞差統領統制官庶幾人材得以展布詔依仍照應節次指揮施行。

慶元元年八月一日兵部言四川四路武舉解額共取二十一人其省試以五人五分取一名共取六名爲省額零分不及三人五分更不取放緣今年係類試年分内有自淳熙元年四年得解到省之人並令及一十八年并有四舉到省人合與理年理舉免解赴今次省試省額恐比逐舉人數過多所有取放省額

欲取放正解六名外有免解實到省終場人如及五人以上權取一名通計七名爲額一次仍同正解人混同考校如不及五人更不取放候試畢日具終場人數申明朝廷以憑參照後舉取放省額施行從之。

二十一日兵部言國子監武舉取放解額照得今舉解試武學生係該七月七日覃恩免解外有赴試終場絶倫三十人平等四十七人共七十七人比之淳熙十六年絶倫人數爲多難以比擬七人取三名平等三人三分有零取一名若照淳熙十三年體例二人九分六釐有零取一名則係合取二十六人若照十六年三人取一名則係二十五人尚剩二人零分今參酌欲依淳熙十三年指揮權以二十六人爲額取放一次内絶倫以十分爲率取四分合取十人尚剩四分平等取一十五人尚剩六分以二項通剩分數計之則合更取一名但今舉絶倫比之逐舉人數稍多更優取一名湊及二十六人之數從之。

十二月二十七日兵部言武舉省試殿試引見唱名及過省并還試特奏名係與文士一體今來更不臨軒策試乞參照紹興三十二年故例施行從之黄牒令本部給散（一紹興二十二年武舉人補官推恩儀將貢院則院參考到合格過省人牒齎御藥院例格内取指揮推恩淳熙八年正奏名只宣名賜進士及第出身特奏名亦宣名並給黄牒其補官差遣優減磨勘合照前後指揮推恩令欲依故例施行一免省人例合赴御試弓馬程文令不臨軒策試令依紹興三十二年故例弓馬隨省試赴軍頭司呈試程文隨赴省試進士後接連引試別立考校參入省榜優平二

等高下即不復省題人數如有適當不曾赴殿試人合行遝試弓馬程文已照免省人一體施行照得紹興三十二年即無特奏名合就試人今舉如有願試之人已然改例引試施行　文獻通考寧宗初復武科鎖換僉

慶元二年正月二十九日兵部尚書張叔椿兵部侍郎楊大灋著作郎兼兵部郎官王爽言武舉省試係絕倫平等各立字號考校先次將程文公優平二等混同放牓然後却以弓馬參放各隨武藝等第其絕倫人盡數處在平等人之上殿試用武藝參考專以程文立優平等考校若絕倫平等俱入優等當取第一從淳熙二年指揮絕倫人止與第一名恩例不許陞在平等之上今來已降指揮更不臨軒策試令將省牓作殿牓推恩即是省元合推殿元恩例事體甚重適承批下武學生周振等係平等人乞於省試不用參考依殿試例止以程文排定高下及絕倫人諸葛武等經部陳乞依法參考武藝及照紹興三十二年故例取放本部開具指揮乞朝廷詳酌處分累承批送本部分明指定叔椿等竊詳絕倫及平等人所乞互有得失若用省試法參考武藝絕倫人程文不以優劣盡數必在前列失於太優若以殿試指揮排定高下其所取文理優長之人必多是平等未免於省試常法稍有不同況紹興三十二年故例當時絕倫人雖參考在前緣止有孫顯祖等二人第三人以下皆是平等之人今舉絕倫應取放者不要十五六人自不可循守故常今欲將今舉絕倫平等且與混同以程文精粗分優平二等取放若絕倫平等俱中優等須平等人程文高出絕倫人分數方取第一名若文理與絕倫人不甚相遠即以絕倫居首選其餘高下如之不惟兩無偏勝庶幾所取足以厭服人望今指定如或可采乞下試院精加考校所有後舉省殿試遵用條法指揮從之

二年二月二十五日兵部言四川今舉省試合格共取六名行在武舉適省人已從紹興三十二年故例候省試院申到人數照應淳熙六年立定補官格法擬中外共四川武舉創自乾道八年即無紹興三十二年故例可以擬定照得當年止有四川省試進士一百二十七人推恩體例第一等第一名趙雄於第一甲第五名安排依行在第三名推恩第二名游桂於第六名安排餘並三人中參入一人禮部已從故例擬定推恩畢今來武舉止有六名若將上件故例比擬緣人數多寡不同兼不曾分優平二等今指定欲將第一名於省牓第五名安排第二名以下於第六名以次每九名參入一名照策入平等格法補官諸第一名於省牓第五名安排仍比類行在三平等策入優等推恩補官餘從之

四月二十九日詔武舉特奏名第一名令端義與依格補官減二年磨勘指揮更不施行以臣僚言伏覩武舉推恩特奏名第一名策入平等馬步射二事並應格補進武校尉減一年磨勘此格法也端義乃前宰相端禮之親兄縱中選公論極爲憮令致內陳元朝等陳乞理等補

宮迓回下部端禮懋稿同州選就勘當必欲逞其私意乃時優端義餘旨不須照得進武校尉三年磨勘便可特承信郎令端義已補校尉減一年磨勘美而又補減二年則是正該承信郎乞將權減二年磨勘指揮特賜寢罷故有是命 五年四月十八日上御集英殿策試武舉進士策題見親試門 十九日上御幄殿閱武舉射射 六月二十日詔賜武舉絕倫進士及第胡應時與第一名恩例以應時係絕倫又策入優等故也 八月二十八日臣僚言兩淮荊襄皆楚地也山川之勝風土至厚鍾為人物往往豪氣磊落有足觀者漸磨之以學問勸誘之以爵祿莫不奮起出為時用臣觀武舉通榜所謂兩淮荊襄之人絕不見有中是選者夫豈無材可取特未有招來誘進之方耳乞將京西一路六州軍湖北沿邊信陽軍并江陵德

卷一萬六百七十面

十四

安府復州荊門軍及兩淮沿邊廬光濠楚滁州盱眙安豐軍土著士人照兵部及四川試武舉法許令就試詔兵部檢坐條法行下逐州軍如委係土著士人召文武官保奏須要選擇人材精於武藝於解試年分二月內聽於本路安撫司指引弓馬合格不限人數並行取放仍就本司差官比試程文將文理稍通人並赴行在解試別立字號令項考校取撥十名為解額仍於省試見取放人內撥五名為省額如解發人數稀少臨時取旨其冒貫不實許人陳告定行真決不以蔭論保官降三官資同保人殿五舉餘照見行條法既而兵部言淮西安撫司申審保官一節係是創行之初若候奏狀到部出給告示令逐路次試竊恐往返留滯欲照四川武舉體例將合該奏舉

武舉加無遺礙先次試續行繳奏降付本部照會從之 嘉泰二年正月二十七日兵部言武學內舍生賴嘉言繆南明程君舉李叔瀛陳天驥伏竊見兩學學生程有徽王飛英等陳乞兩該覃恩免解事已蒙朝廷下部監指定緣嘉言等尚有五人未曾陳乞下部監一就施行批送兵部國子監指定據本監中一兩經覃恩上舍生見赴嘉泰二年省試人何大明一兩經覃恩係有公試及私試中選內舍生住學十五年人龔澤朱之奇李秀實業際一兩經覃恩係有公試及私試中選外舍生住學十五年人劉思顧可沈蕣朱次韓陳天驥周致遠程君舉李叔瀛王飛英陳浩兵梁許一十一人乞比附太學生已得今降免解一次指揮施行乞將今該免解之人或因事故今舉不赴省試之人後舉更不收使本部契勘數內何大明係武學下等上舍生從條已係免解見赴今年省試之人並賴嘉言繆南明據國子監稱逐人即不曾該遇淳熙十六年覃免是以不合開具今指定上件事理乞施行詔依兵部國子監指定到人數權特令赴今來省試一次內上舍生何大明亦止許赴今來省試一次日後不許作恩例收使從之 開禧元年四月二十六日上御集英殿策試武舉進士策題見親試門 二十七日上御幄殿閱武舉射射 二年十月二十五日臣僚言武舉設科政將以搜羅方略之士為異時儲用將材之地恭惟孝宗皇帝淳熙八年特降勑旨令後武舉及第出身人許令從軍願與不願者聽自第一名以至第二十四名之人各依名次高下分撥殿步司馬軍行司及沿江諸都統司軍分每司止許三人指占闕額管幹職事其餘不在從軍之數者乃許注授在外巡尉差遣願吏兩朝率循舊章凡登武舉進士第者莫不各隨其資次或授殿司同正副將或授馬步司與諸都統司

卷一萬六百七十面

十五

同準備將既從銓當各供乃職服勞戎事悉閑教閱近年倖門一開諸武舉及第人元不預從軍數者夤緣朝旨而復許入軍令在江上都統司軍分者申乞改換而復撥入殿步司蹤等躁進不安職業遂為武舉之累乞令後每遇臨軒策士之歲先令三省樞密院類定廷唱名次先後與從軍次第別為一籍令撥三衙及諸都統司軍分者不得驀越別乞改撥如名次不在從軍人數須令差注外任巡尉差遣毋使計囑再與入軍又考限未滿不該離軍者亦不得妄亂陳乞廟堂陶鑄從之

嘉定元年五月六日上御集英殿策試武舉進士（策題見親試門）　七日上御幄殿閱武舉射射　四年五月八日上御集英殿策試武舉進士（策題見親試門）　九日上御幄殿閱武舉射射　五年二月一日臣僚言武臣之至郡守素不閑於民事一旦驟用徒謀富溢滋病於民蓋先朝舊制文武臣皆以磨勘遷轉文臣自選人至京朝官止以考第所以考察者詳且密矣仁宗皇帝以改官猥衆始立舉員之制不足者不改也武臣則仍其舊時武臣登用者少而入仕之途未多今之為郡視為常典而廉汚能否真之條任可不斟酌其法而損益乎今武臣從軍或為計議不省民事乃遽為郡安有高材異能不待嘗試如彼其易哉往年知邕州陳良彪為武舉第一進士其政乖繆有勘杖一百而杖之如數財賦悉以營私官

無俸兵無糧冬衣不支軍士劫掠幾至大變乞自今武舉初官須歷巡尉次歷諸州都監更任知縣無過犯有舉主方可與郡庶使習熟民事宅主重寄皆得循良諳練之士從之　七年五月四日上御集英殿策試武舉進士（策題見親試門）　七日上御幄殿閱武舉射射　十年四月二十二日上御集英殿策試武舉進士（策題見親試門）　二十七日上御幄殿閱武舉射射　十二月十二日兵部侍郎趙汝述言文武並用長久之術有天下者不可偏廢近世武舉進士甫得賜第多棄所學必欲鎖試換文回視兵書戎器往往恥談而羞道之夫科目之設不惟士子以此自致其身國家亦將各賴其用今既由武藝入官又復慕為文臣是右科徒為士子假塗之資而非為國家儲材之地此科遂成無用矣比年以來韜鈐之士無聞將帥之材當之邊塵有警所藉以禦侮者類不勝任使得右科智勇之人而用之宜其必有可觀者乞自今武舉出身不許再應文舉仍令考校之官精選其藝業廟堂之上稍優其除授俾之練習謀畧趨事赴功自偏裨制領而上至帥三衙繇此其選庶幾右科增重不為虛設上曰祖宗設右科正欲選將帥若令換文則分明是闕將帥一科汝述奏云誠如聖訓　十二年八月八日兵部言武學生邵剛克等狀國家自更化以來場屋情弊革去殆盡惟武舉解試積弊顯然每舉闱八

月十四日揭比試榜十五日試弓馬十六日試程文七
書義恰與太學第二場論試同日一篇之論片時可辦
各以餘力助其武舉朋舊賄賂公行倖中者半今乞就
八月十三日揭比試牓十四日試弓馬十五日同太學
頭場試七書義庶幾寸晷各自為謀無暇他及則材能
自見」不負設科取士之意送兵部同國子監勘當（既而本監）
（「據武學博士劉垂虎言所陳十六日引試七書義正值太學試論之日恐有餘力可為武舉士人之助此弊不可謂無之但每舉用十五日試弓馬者所以防武舉趂兩試也今就十四日試弓馬則試弓馬不合格之人可於十五日赴當試此風不可長若不展處無以革文人為武舉代筆之弊若展退一日就十六日試弓馬十七日試七書義如此則可以防其赴兩試之弊其日正是太學士人第三場必無餘力可免七書義矣從之）
十三年五月二十七日上御集英殿策試武舉進士（策題）

卷一萬六百五十四

（見親試門）六月一日上御幄殿閱武舉射射　九月四日右
正言張次賢言竊惟國家取士由武舉策第許換試文
資此網羅全才之意紹興畧行沮格未幾仍就放行比
者臣僚復沮格之且入貲門蔭之流猶許換試而武舉
進者獨可沮抑其所能乎至如文士擢第猶必程其武
藝而慣於兵機者可不容其通習文事乎此武舉試換
不可不復也夫武舉歷任作邑既滿或可得郡此固優
假右選然把麾一方民社攸重苟使官卑資淺之人幸
而得之何以重藩宣之寄哉且文臣三考作邑而任作
倅方許典郡今武舉作邑雖用舉員其視文臣五削脫
選難易不侔或試邑甫畢即便得郡寧不太驟此武舉

典郡不可不革也或慮其得武復換以文則是假途而
進遺以輕武然能中兩科者不過挺特魁楚之輩豈能
一一捨武就文乎人慮作邑之後未許作郡非所以為
誘掖戎行之意然歷任以來或以功績顯著廟堂自應
如之賞遇豈一例拘以格法乎乞應武舉出身照舊例
聽其換試其已作邑人受郡闕及已赴上者且循舊格
「外自今合體左選格法須歷計議路分差遣比當兩任
「通判而後與郡庶幾文武兼通之才可致而郡國作牧
之寄不輕矣從之　十四年四月二十四日兵部言四
川武舉正奏名李炎卯言西蜀賤士濫叨奏名自去歲
正月萬里東裝趁赴廷對實以船小偶遭風浪遂被沮

卷一萬六百五十四

留以致愆期趕試不前已引用文舉體例附牓推恩兵
部不照文舉舊例不蒙施行照得紹興十八年指揮四
川類省試合格人趕廷試不及第一等賜進士出身餘
賜同進士出身優待蜀士恩寵甚渥即不分文舉許附
牓武舉不許附牓況今舉左選正奏亦有三五人趕試
不及皆蒙注授而歸獨炎卯未蒙放行頓失進望無復
歸鄉之計詔李炎卯特與放行推恩（既而本部言文舉與武舉等甲第體不同在法舉人已奏名而有故許次舉就試本部即未曾準四川武舉正奏名赴御試不及推恩條例乞指揮施行詔李炎卯特補進武校尉）　十五年九月十四日臣僚言竊惟關
設科目羅致英俊貴而三事亦由此進可謂重矣至如
武舉素多代名之弊如今次比試有試卷與引試弓馬

日書薄字跡絕不類者年甲不同者已申省部不令就解試訖今後更加關防兵部引試弓馬之際欲令五姓五名先當試廳親書情願結保如有一名偽冒保內同罰然後引試弓馬將來武舉省試亦合一體施行之下禮兵部常切遵用毋為具文少戢吏姦誠為士子之幸從之　十六年四月十九日上御集英殿策試武舉進士（策題見試門）　二十三日上御幄殿閱武舉射射　十七年五月二十五日詔保義郎差充侍衛馬軍行司同準備將陳宗臣特降一官擬承節郎差充侍衛步軍司同準備將陳姓追毀冒授付身特殿三舉（以臨安府言陳姓陳宗臣招丑不相識各習武舉嘉定元年宗臣作本貫臨安府取中比試赴解試下不顧次年赴補寫比試三代戶貫今陳文傑貴與陳姓得錢二十二貫文嘉定十年陳姓隱下本貫福州及三代妄作陳宗臣姓名戶貫三代赴補中格撥入中圭劉嘉定十二年科舉宗臣爲前舉比試責與陳姓今赴補嵩致重疊以此作曾祖不記名起比試兵解試並中嘉定十三年通省赴殿試賜武舉出身幾前件識見在任陳姓在學累試補進內舍優等校定牍至賚被免解嘉定十六年通省赴殿試賜武舉出身撥前件轄被終伯恭得知圖依經部前陳訴劍府追勘貫招情犯故有是命以上宋會要）

卷一萬六百五十四

平

宋會要　宗室應舉

紹興三十二年六月十三日壽皇聖帝登極赦書宗室曾經鎖試兩次得解人許赴將來殿試曾經鎖應人許赴將來省試一次　同日登極赦書宗室實請文解之人並與推恩宗室無官人依建炎元年五月一日赦與量試推恩　八月十三日禮部言宗子無官人該登寶位赦量試推恩看詳並依國子監公試附試例別場引試願試經義量試本經義二道試詩賦各一首試論人論一首作一場引餘並依建炎二年二月之制合格人從本院具姓名申朝廷推恩從之　二十六日禮部言無官宗子依赦量試推恩之人若不立定年甲例皆陳乞竊恐太濫欲自今降赦文以前凡無官宗子見年二十五歲以上方與量試其行在無官宗子經大宗正司在外經宗正司即去宗正司遠經所在州軍陳乞各勘會年甲無違礙給據赴部下大宗正司勘會取試從之　十一月十九日禮部言宗子量試止一場難以比附取應條格補官將合格第之人補承節郎餘合格人並

卷一萬六百五十四

七十五

補承信郎如不合格自不在推恩之限取應宗子到省試下若年及二十五歲欲乞比附宗子實請文解之人免量試並補承信郎其合陳乞今已立定期日或以赴不及爲辭並不在推恩之數所貴不致冒濫從之 十二月二十九日大宗正司言無官宗子依赦量試推恩在外宗子並召見任文武臣宗室委保緣在外宗子亦有未曾召保先給文據已赴行在之人引試日逼若候取會慮使徒費往返相度如年果及於引試前齎所請州軍赴量試公據乞看詳先次引試以俟審無增年詐冒即與放行推恩即有虛僞自依所獲旨治罪從之

壽皇聖帝隆興元年正月十三日詔宗子進士趙不悈等五人並補將仕郎 卷一萬六百五十三 登極覃恩無官宗室曾請兩舉並免省赴廷試不悈等止一請解先有旨并取應得解人並補承信郎不悈等訴乞比附兩舉人推恩故有是命 七十六 二月十一日禮部貢院言宗子量試終場七百餘人約三分文理稍通餘程文皆不答所問或全寫他文者若止取文理稍通并答允題爲合格僅可取三分以上雖文理稍通偶爾雜犯亦多有之詔取放文理合格人合格雜犯於榜後仍展二年出官 三月十七日詔量試不中宗子年四十以上特補承信郎展三年出官餘餘人許將來省試年再量試一次 四月十三日上御射殿引見宗子彥瑗特賜同進士出身 以取應省試第一人推恩也第二第三人補保義郎餘四十人承節郎七人承信郎舊例取樂第一人許赴廷試以是樂不臨軒策士故彥瑗有是命 乾道二年正月五日大宗正司言有旨量試不中宗子年不及四十之人許將來省試年再試昨偶以服制或疾病赴不及亦並令前期陳乞如在遠州軍未曾召保先給據到行在之人難以伺候取會欲依舊旨施行從之 二月十七日禮部貢院言量試不中宗子許今來再試考校合格彥橚等二百十有六人合格雜犯彥逵等五人詔趙彥橚補承節郎餘並補承信郎趙彥逵等五人展二年出官 宰臣洪适等奏前舉試者七百餘人榜首補承節郎今試人數不多然爲榜首者乃前舉丁憂今方就試即非已黜再試之 卷一萬六百五十四 人上曰前舉未試可依例補官适等又言前舉黜落人續降指揮年四十亦推恩承信郎仍展二年到部今舉取聖裁上曰前此一時指揮今豈得援例 七十七 四月二十五日上御集英殿唱名取應宗子師份以下三人特補保義郎汝舟以下三十六人特補承節郎 十一月二十六日禮部言無官宗子趙巖夫南夫善歎於紹興三十二年請成都府路轉運司取應文解未曾到省乞依赦文推恩年六十以上處赴試假名傳義冒濫不實令措置無官宗子赦前取應合格未曾到省之人依已赴省試下赦前委年及二十五歲方與補官從之 五年

正月十二日量試宗子彥輔、致夫、彥京等言：昨該覃恩
量試，不中，准指揮許再一試，以憂制未赴。竊見五州該
恩士人令已還試，乞許還赴量試施行。禮部勘會，更許
附今舉一試，後舉再有做此之人，下諸州軍無得保明
申發，本部亦不受詞。從之。　二十六日，禮部貢院言：引
試有官鎖應宗子七十三人，一名春秋，一名詩；無官應
舉宗子五十五人，一名周禮，一名禮記，一名易，各係孤
經。欲依公精考，如文優合格，前期具真草卷，尚書省取
裁；即不合格，經從本院黜落。後更有無官取應孤經之
人，乞依此施行。從之。　三月七日，禮部言：量試宗子經
隔兩舉止有八人，即無黜落，第一名難依前旨補承節
郎，欲將今舉合格公俁、伯進、伯康、陞之、彥輔、致夫、師邈、

卷一萬六百五十四

六十八

彥撝八人並補承信郎。從之。　二十一日，上御集英殿
唱名，取應宗子善寬以下三人特補保義郎，彥儭以下
三十五人並特補承節郎。　七年正月二十五日，勑賜
進士出身成忠郎趙師愷言：登極赦書，宗室曾經鎖試
兩得解，許赴殿試。臣幸預兩請文解，附未待問榜，準勑
賜進士出身。伏見祖宗以來格法，應宗室武臣因應舉
換授，並於元官上先轉兩官，然後改換文資。於去年陳
乞改換，吏部謂臣已用恩例免省，不許又行轉官。竊詳
同榜免省宗子趙善洙等二十餘人，與臣事體實同，已
皆用恩赦轉官換授。伏望與臣於見官上轉兩官換授

效士

施行。詔特與轉官上換授文資。　八年四月二日，上御
集英殿唱名，取應宗子知夫以下三人特補保義郎，公
茂以下三十八人特補承節郎。　五月六日，權尚書吏
部侍郎韓元吉言：應舉宗子趙師烜，乾道八年四月黃
定榜，勑賜進士及第第一甲十六名，依條合注教授。昨
經吏部自言，緣有紹興三十二年七月之制不許。竊詳
殿試第一甲依格合注教官，即與其他宗室有出身事
體合稍優別，乞以宗室及第一甲應格之人許集注教
官差遣，餘不許除注。從之。紹興三十二年七月初二日
不行。以上乾道會要。前三書無此門。

效士

光堯皇帝紹
興二年六月二日，詔進士陳獻邊事利便，內有可採及

卷一萬六百五十四

七十九

有自河北、京東遠赴行在之人，理宜優恤，並收充效士，
每月各支錢一十貫、米一石，令樞密院檢詳官置籍總
轄，以便差使。　六年十二月十八日，詔應令行在所及
行宮樞密院都督府效士，並令附來年春選人類試所
就試時務策一道，分優平兩等考校，具合格姓名申尚
書省。其試中優等人再令學士院召試，以時務文理優
異者取旨推恩。　七年五月二十三日，行宮吏部言：類
試所考校到效士合格人陳壽昌等在優平等計一十
人，不合格人計四十三人。認試中優等人依已降指揮，
平等人與免將來文解一次；如已係免解人，與永免文
解；已係永免人，即此比附優等推恩。不預等人令吏部

支賜束帛各從其便　十年七月二十九日詔前東京留守司效士夏顗達孫定張漢呂弥文　李光朝並與免文解一次差克諸州效士自東京脫身來歸故也八月十一日詔前東京留守司效士林雲與免文解一次差克江州效士自東京脫身來歸故也以上中興會要餘無此門

卷一萬六百五十六

百篇

國朝不設此科來應者即命試　太宗太平興國五年四月八日應百篇趙國昌始自陳求試帝御便殿親出五言四句詩為題云松風雪月天花竹雲鶴烟詩酒春池雨山僧道柳泉凡二十字為五篇篇率四韻國昌至

卷一萬六百五十四

晚僅成數十首皆無可取帝欲激勸後學故特賜及第仍詔今後應此科者約此題為式呂原明雜記自唐來有應百篇舉者每詩一篇二韻但日力能辦即中選太宗時總為二題以試之曰夫子七十二賢賢何德光武二十八將將何功皆不能措辭遂廢此科　真宗景德三年八月十七日召應百篇太子右贊善大夫張化基赴中書試百題至日晡僅成六十五篇罷之以上國朝會要後三書無此門

全唐文

續宋會要四南 童子試

林公洽四歲誦六經語孟孝經御製史贊詩賦碑銘等凡十種　林公潤四歲誦易書詩三禮篇名論語孝經春秋御製贊記詩賦孫子歷代名賢傳及雜文排證舊武侯方圖陣凡二十一種能開弓發箭

續宋會要六歲

林公濟六歲誦詩書易周禮禮記篇名春秋穀梁莊問傳文六公論語孝經御製贊跋詩賦及雜文講書禮記論孟孝經大義畫卦切韻凡三十五種

續宋會要七歲

何致遠七歲誦六經語孟孝經揚子吳子御製詩論書卦太元潛虛圖探大衍太元潛虛數排八陣圖推河圖落書數能寫大字開弓發箭凡四十九種　黄拯七歲誦六經語孟凡八種　杜元定七歲背誦六經語孟孝經

續宋會要八歲九歲十歲

林公江九歲誦尚書毛詩周易周禮禮記春秋語孟孝經凡九種　鄭台孫九歲誦尚書周易毛詩周禮禮記春秋語孟凡八種　廖應韶九歲全誦九經

續宋會要十一歲

畢應禄十一歲背誦六經語孟

續宋會要五歲

趙斌五歲誦易書詩周禮詩孟孝經禮記篇名御製贊序諸家雜史凡二十二種

羅鈞五歲誦六經語孟孝經御製詩賦畫卦切韻書字凡二十種

林公澤五歲誦詩書易周禮子書篇名春秋左傳序孟子孝經御製贊跋記詩賦及雜文又通孝經大義畫卦書字切韻凡四十一種

續宋會要八歲

張築八歲背誦六經語孟孝經及講說語孟尚書大義

葉行之八歲誦周易尚書毛詩周禮禮記春秋語孟孝經凡九種

林呂八歲誦六經語孟孝經御製詩贊能解毛詩全義及開弓發箭凡二十種

續宋會要十歲

盧端夫十歲全誦六經語孟及講說春秋論語孟子孝經

林梅十歲試春秋義三道終場合格挑試九經講說春秋

胡仲龍十歲皆誦六經

郭本誠本歲背誦九經及講說尚書大義

卞昨十歲誦毛詩尚書周易周禮禮記春秋論孟凡八種

邑時習十歲背誦九經講說論語孟子梁惠王上下篇

試官

太宗太平興國元年十二月一日，命太子中允直舍人院張洎、右補闕石熙載考試諸州所貢進士，戶部郎中侯陟、贊善大夫侯陶、太子中舍陳鄂考試諸科舉人。 三年八月八日，命兵部員外郎劉兼、太子中允直舍人院張洎、左贊善大夫郭贄考試諸州特解送舉人。 雍熙二年正月十八日，以翰林學士賈黃中等權知貢舉，水部員外部闕象、春秋博士袁逢吉、毛詩博士解損、秘書丞張雍、著作郎杜新殺、中丞趙化、右贊善大夫

吳淑、著作郎杜鎬、大理寺丞王炳、國子監丞楊文舉等試諸科舉人。 二月二十五日，詔左諫議大夫滕中正、兵部郎中楊徽之、屯田郎中孔承恭同試知貢舉官親戚。賈黃中等同知貢舉，各以子弟甥姪籍名求別試。特蘇易簡妻兄進士崔范，故職古員外郎憲之子也。憲死，易簡以外服請告，範服未闋，易簡隱而不奏，薦名在高等。又有王千里者，故水部員外郎孚之子也。孚在蜀為為翰林學士，易簡父協即孚之門生，易簡以故薦千里。太宗聞之甚怒，範及千里並加罪，仍令御史臺劾易簡選私第，乃罷知制誥。 端拱元年五月二十七日，命直史館王世則、國子博士李覺、秘閣校理杜鎬重考試進士、

西

諸科舉人。 淳化三年正月六日，以翰林學士承旨蘇易簡等權知貢舉。易簡等以貢舉重柄，義在無私，受詔之日，五人便赴尚書省鎖宿，更不歸私第，以杜絕請託，物論嘉之。 二月一日，命直昭文館趙化成、張秉、右贊善大夫畢道昇同考試知貢舉官親戚舉人。 至道三年九月二十一日，命直集賢院李建中、直史館盛玄元、太常丞陳堯佐考試開封府舉人，直史館路振、殿中丞杜壽隆考試國子監舉人。 真宗咸平元年正月十九日，以翰林學士、給事中楊礪等權知貢舉，對於崇政殿，升殿賜座。帝諭之曰：「貢舉重任，當務選擢寒俊，精求藝業，以副朕心。」礪等拜謝而退。 六月三日，密州發解官鞠

傳則薦送非其人准法罰銅九斤詔特停見任仍令進
奏院傳報諸路以戒官吏　九月十六日淄州鄒平縣
令正可象坐考試舉人受錢三萬法當絞詔貸死決杖
配少府監役知州通判各停官帝曰官吏如此何以東
拔寒俊令刑部別定條制以聞　二十五日以三司度
支判官馮拯直史館孫冕史館檢討杜鎬太常丞歐陽
隨同考試開封府舉人直史館曾致堯考試國子監舉
人　二十八日詔遣官試開封府國子監發解官親戚
舉人故事二司文互考試帝慮涉情弊故專命官焉　二
年正月十日以禮部尚書溫仲舒等知貢舉刑部員外
郎董龜正太常博士王陟同試舉人及封印卷首仍當
日入院　二月二日命殿中侍御史譚堯叟監鐵判官
度支員外郎鮑中和於太常寺試知貢舉官親戚舉人
四月二十六日命直史館劉蒙叟曾致堯直昭文館
尹少連秘閣校理刁衎於武成王廟考試河北及青齊
等州舉人　九月二十七日命直秘閣黃夷簡直史館
劉蒙叟直集賢院劉蟠考試開封府舉人直秘閣潘慎
修直史館孫何考試國子監舉人所要小試官各令舉
奏　四年九月二十六日命直集賢院田錫梅詢直史
館孫冕考試開封府舉人直史館劉蒙叟直集賢院李
建中考試國子監舉人蒙叟死亡以直史館陳堯佐代
十二月二十二日以翰林學士晁迥等權知貢舉既

受命帝召對諭以取士之意務在至公擢寒俊有藝者
仍別命官封印卷首令考定合格者進入當遣人覆考
帝又曰外言薦囑舉人者先以姓名達兩制詞臣卿等
受得當速遣之入院後如有簡札請求者並即時以聞
二十三日命監察御史嚴穎張士遜監貢院門知制
誥周起祠部員外郎滕元晏封印卷首殿中丞李道監
封印院直集賢院任隨著作佐郎陳舉點檢進士程文
大理寺丞馬龜符江瑩張有則光祿寺丞田航開封府
法曹參軍韓允左軍巡判官郝擢考試諸科程試　景
德二年正月二十八日命侍御史鞠仲謀直史館陳彭
年於國子監考試知舉官親戚舉人　四月一日命直
史館張復何亮考試知舉官親戚河北舉人　四年九
月十三日命殿中侍御史王好古太常丞王曉直史館
李迪考試開封府舉人直集賢院劉蟠任隨考試國子
監舉人　大中祥符元年三月十九日詔給事中張秉
直史館陳知微王隨三司戶部判官殿中丞滕涉校勘
圖經官秦唐佐李垂王夷簡劉爽鎌宿於御書院覆考
禮部不合格特奏名進士諸科舉人試卷遣中使監視
八月命殿中侍御史王好古直集賢院劉蟠太常丞
判三司催欠憑由司王曉直史館李迪同考試開封府
國子監舉人好古等解送舉人有初場十否者准法當
停官會赦第降諸州監當自是諸州軍率以為例二年

四月二十一日命直史館高紳與國子監同考試解送經明行修服勤詞業舉人　五月十五日命工部侍郎張秉知制誥周起於武成王廟試開封府國子監充鄆澶濮州解送服勤詞學經明行修舉人　六月十一日命工部侍郎馮起給事中薛英龍圖閣待制戚綸陳彭年於秘閣鏁宿覆考試院所進試卷　四年十月七日命直史館盛元劉鍇直集賢院初暐同考試開封舉人直集賢院錢易秘閣校理王旦同考試國子監舉人易旦後坐誤送諸科十否者降諸州監當　十三日命右諫議大夫謝泌知制誥王曾考試服勤詞學經明行修舉人　十一月十二日詔句令知貢舉及發解官並令門辭遣官伴送入院鏁宿不得更求上殿及進呈題目

五年正月四日以翰林學士晁迥等權知貢舉知制誥朱選屯田郎中判三司開拆司尚賓同知封印院直史館劉鍇太常博士孫沖監貢院門右司諫陳絳監給試卷職方員外郎徐泌直史館楊嵎覆考試卷比部員外郎梁吉崇文院檢討韓允國子監直講王昭明夏侯戩王世昌馮元考試諸科又遣內侍二員承受奏報帝作七言詩賜迥等　九月毛詩學究王元慶自陳所試一通粗有司定作十否當黜三舉有詔案驗如所陳考試官前寧州司法參軍國學說書王世昌特勒停知舉官翰林學士晁迥等特罰銅三十斤　七年七月五日

命直集賢院楊侃崇文院檢討馮元考試開封府服勤詞學舉人集賢校理宋程考試國子監服勤詞學舉人　八月十七日命翰林學士王曾知制誥錢惟演於武成王廟試經明行修服勤詞業舉人　二十三日詔今後所差考試發解并知舉官等宜令閤門候勅出各到晝時令閤門祗候引伴指定去處鏁宿更不得與臣僚相見言話如違仰引伴使或閤門彈奏並當重行朝典如候鞍馬未至即閤門立便於左騏驥院權時供借先是王曾等授勅知貢舉與李維偶語於長春殿閣子至審刑院伺候鞍馬遲留久之押伴閤門祗候曹儀慮其請囑因以上言即令曾惟演分析與李維詞同特放曾等乃有是詔　七年九月二十五日命金部郎中李虛己直史館麻溫舒集賢校理宋程考試開封府舉人直集賢院張象中秘閣校理慎鏞考試國子監舉人　八年二月六日詔禮部貢院官暴得疾者委監門使臣舉無干礙官視其所苦速令歸第　天禧二年九月十二日命屯田員外郎判度支勾院任布直集賢院徐奭麻溫其考試開封府舉人直集賢院楊侃丁度考試國子監舉人直史館張復太常寺別試親戚舉人布等後以解送不當遞降諸州監當復罰銅三十斤　三年正月九日以翰林學士錢惟演等權知貢舉命國子監直講馬龜符刑部詳覆官王名與御名音同大理寺丞張嶠大理

寺詳斷官趙繼武國子監說書盧自明馮誠為考試官
戶部員外郎兼太子右諭德魯宗道直龍圖閣馮元封
印卷首秘閣校理李垂國子監丞王準點檢試卷集賢
校理陳寬館閣校勘晁宗慤覆考諸科試卷直史館陳
從易國子博士李成務考試知舉官親戚舉人　二月
十四日禮部下第舉人陳損詣登聞鼓院訴貢舉不公
詔龍圖閣學士陳堯咨左諫議大夫朱巽起居舍人呂
夷簡等於尚書都省召損等令具析所陳事理及索視
文卷看詳考校定奪以聞繼而進士黃異等復訟武成
王廟考試官陳從易不公詔堯咨等如前詔詳定堯咨
等言禮部所送進士內五人文理稍次武成王廟進士

十九

內二人文理荒繆損等所訟亦有虛妄詔損異等決杖
配隸連狀人並殿兩舉惟演等過降一官　四年四月七
日命直集賢院石中立蔡齊同考試開封府經御試舉
人　七月四日命直集賢院石中立錢易考試諸州續
解到舉人　九月六日命翰林學士劉筠直龍圖閣馮
元於武成王廟考試諸州續解舉人又命知制誥祖士
衡覆考　仁宗天聖元年閏九月十二日命侍御史高
弁職方員外郎判三司開拆司吳濟直集賢院胥偃考
試開封府舉人監察御史王軫封彌卷首殿中侍御史
王碩直史館張觀考試國子監舉人直史館章得象太
常寺考試親戚舉人監察御史張億封印卷首弁等後

坐折舉人策卷及券面解策詞同進士姓誤弁降兩官
濟偃軫各降一官諸州監當　二年正月二十一日以御
史中丞劉筠等權知貢舉龍圖閣待制滕涉判三司戶
部勾院刑部郎中李若谷封印卷首筠等言乞差覆考
官及別令近上臣僚詳定帝曰朝廷文柄比是委選近
臣若別令覆考乃是過有規避但令筠等依公考試又
請差校理陸軫聶冠卿李宥校勘彭乘充點檢試卷官
及下省官院差巡鋪官六員從之　二十三日命三司
戶部判官祠部郎中杜詹秘閣校理李垂太子中允趙
周考試知舉官親戚舉人　四年八月十四日命直集
賢院鄭向直史館張觀監察御史王沿考試開封府舉

廿

人秘閣校理王準監察御史張須考試國子監舉人殿
中侍御史張億封彌卷首宰臣王曾等言自有唐以來
慎選儒臣授以文柄可否進退委自攸司或陞黜之間
不副公議即覆行考試嚴加懲責比來條目繁密關防
周至善則善矣然於推心責成求賢拔俊之理恐未允
愜今言事者必曰此皆先朝舊規不可輕議改革殊不
知先帝孜孜選士務要盡公思皇之念本不如此蓋當
時近臣不悉淵衷罔知大體有此肇畫更乞聖慈漸次
體當事理他後別加詳定　五年正月十二日以樞密直
學士劉筠等權知貢舉殿中丞劉華大理寺丞王宗道賈
昌朝公孫覺衛尉寺丞王康國子監直講郭稹充考試

官集賢校理王舉正李宥錢仙芝李昭遘館閣校勘彭乘點檢試卷工部侍郎趙稹監察御史鞠詠充封印卷首集賢校理陳寬祕閣校理謝絳爲封印院覆考官御史知雜王騤太常博士蕭貫武成王廟考試知舉親戚舉人太常博士孫昱集賢校理劉立禮充武成王廟覆考官　七年八月十一日命殿中侍御史張逸直史館高餗宋祁考試開封府舉人殿中侍御史陳琰封彌卷首殿中侍御史張逸祕閣校理吳遵路考試國子監舉人屯田員外郎司馬池封彌卷首集賢校理錢仙芝祕閣校理范仲淹考試親戚舉人屯田員外郎王渙封彌卷首　八年正月十四日以資政殿學士晏殊等權知貢舉殿中侍御史張存屯田員外郎張首監門集賢校理李宥館閣校理王琪國子監直講宋祁大理寺丞淩景陽充點檢試卷審刑院詳議官馬尋崇文院檢討王宗道國子監直講王奎大理寺詳斷官劉隨楊安期國子監直講楊中和充諸科考試官集賢校理葛昂王湜充封印覆考官右司監范諷監察御史崔暨封印卷首集賢校理陸軫開封府推官張夏殿中丞趙国武成王廟考試知舉官親戚舉人　明道二年八月十二日命三司鹽鐵判官楊日華直史館鄭戩開封府推官明鎬考試開封府舉人侍御史郭勸封印卷首度支員外郎邊調直集賢院劉沆考試國子監舉人集賢校理趙良

規封印卷首　景祐元年正月十六日以翰林學士章得象等權知貢舉侍御史蔣堂右正言滕宗諒封印卷首直史館張子奭集賢校理陳商充覆考官侍御史楊偕直集賢院王舉正崇文院檢討王宗道考試知舉官親戚舉人直集賢院韓琦充覆考官　四年八月十三日命殿中侍御史蕭定基直集院韓琦吳育王拱辰考試開封府舉人侍御史程戡集賢校理李宥直史館蘇紳考試國子監舉人直集賢院修起居注聶冠卿集賢校理楊偉張宗古武成王廟考試親戚舉人　五年正月十八日以翰林學士丁度等權知貢舉三司度支副使姚沖孫殿中侍御史裹行方偕貢院彌封卷首　二十三日命集賢校理郭稹直史館同修起居注葉清臣考試親戚舉人　慶歷元年八月八日命侍御史魚周詢工部郎中馬絳集賢校理楊偉司封員外郎齊廓太常博士于房國子監直講趙師民考試開封府舉人侍御史掌禹錫集賢校理李宥嵇穎考試國子監舉人集賢校理同修起居注梁適屯田員外郎曾公亮祕書丞周沆考試親戚舉人　二年正月十二日以翰林學士聶冠卿等權知貢舉龍圖閣學士孫祖德直集賢院田況封彌卷首天章閣侍講楊中和集賢校理陳經國子監直講范鎮李嶠孫錫太子中舍盧士宗大理寺丞竇軻張宗言鄒定吳奎趙僅大理評事葛閎充考試官

十八日以直集賢院知諫院張方平集賢校理歐陽修考試知舉官親戚舉人　五年八月三日命監察御史包拯集賢校理張瓌何中立考試開封府舉人監察御史孫抗集賢校理彭乘天章閣侍講趙師民館閣校勘范鎮考試國子監舉人殿中侍御史梅摯集賢校理楊儀考試鏁廳舉人　六年正月十四日以翰林學士孫抃等權知貢舉侍御史仲簡三司度支判官周陵封印卷首王疇萬閣部必曾公定王安石王淑蔡振沈康充點檢試卷官韋堯輔孟開張師顏許遵甯軻充諸科考試官　二十二日命祠部員外郎錢象先祕閣校理李惇裕考試知舉官親戚舉人　七年八月十一日命集賢校理掌禹錫直集賢院修起居注李絢直集賢院韓絳集賢校理吳充同考試開封府舉人殿中侍御史何郯尚書屯田員外郎王疇祕閣校理楊石休集賢院王珪同考試國子監舉人集賢校理孫錫祕閣校理李大臨同考試鏁廳舉人錫大臨坐奏名舉人詩有落韻者降諸州監當皇祐元年正月十二日以翰林學士趙槩等權知貢舉侍御史李兊直史館張昷封印卷首范鎮司馬光解賓王蔡杭江中孚陳洙張芻充點檢試卷官陳中立畢田侯僅黃從政趙如昌任顯忠王維熙江拯充諸科考試官　二十三日命集賢校理李昭遘監察御史陳升之考試知貢舉官親戚舉人　四年八月五

五日命監察御史吳祕集賢校理馮浩曾公定館閣校勘邵亢考試開封府舉人監察御史梁蒨集賢校理趙宗古賈黯謝仲弓考試國子監舉人集賢校理司馬光范鎮江休復考鏁廳舉人　五年正月十二日以翰林學士王拱辰等權知貢舉起居舍人知諫院韓贄直龍圖閣薛紳封印卷首太常博士黃洎祕書丞宋敏修大理評事韓維國子監直講裴煜編修唐書官呂夏卿充點檢試卷官天章閣侍講盧世宗屯田員外郎王元亨太常博士王維熙國子博士王九思大理寺丞傅亶充諸科義考試官　二十三日命直史館唐詢集賢校理孫錫考試知舉官親戚舉人　嘉祐元年七月十三日命侍御史范師道直祕閣王疇集賢校理胡俛韓宗彥王權宋敏求考試開封府舉人右司諫馬遵集賢校理沈遘祕閣校理李綖史館檢討韓維考試國子監舉人集賢校理陸詵群牧判官太常博士王安石考試鏁廳舉人　二年正月五日以翰林學士歐陽修等權知貢舉天章閣侍講盧士宗集賢校理張師中封印卷首館閣校勘張洞王獵充覆考官梅堯臣張子諒張唐民董儵吳秉鮮于侁充點檢試卷張師顏劉坦李昌言孫岡崔台符充諸科考試官　十五日命直集賢院祖無擇集賢校理錢公輔考試知貢舉官親戚舉人　三年八月十二日命侍御史朱處約太常博士祕閣校理陳襄

集賢校理錢公輔史館檢討韓維考試開封府舉人集賢校理江休復沈遘邵亢祕閣校理李綖考試國子監舉人祕閣校理吳及集賢校理滕甫考試鎖廳舉人 四年正月十一日以翰林學士胡宿等權知貢舉國子監直講吳申年景先祕書丞齊惲大理寺丞王廣淵充點檢試卷官集賢校理司馬光鄭獬考試知舉官親戚舉人 五年八月六日命右司諫趙抃直集賢院王安石鄭獬集賢校理滕甫考試開封府舉人殿中侍御史陳洙直祕閣司馬光祕閣校理李大臨集賢校理楊繪考試國子監舉人左正言王陶祕閣校理裴煜考試鎖廳舉人 六年正月八日以翰林學士王珪等權知貢舉殿中侍御史呂誨太常博士齊惲封印卷首 十四日命祕閣校理陳襄集賢校理蘇頌考試知舉官親戚舉人 七年正月八日命侍御史韓縝直集賢院同修起居注鄭獬集賢校理邵亢楊繪陸經考試開封府舉人侍御史陳經祕閣校理李綖雍子方館閣校勘鄭穆孫洙考試國子監舉人右左正言王陶集賢校理同修起居注錢公輔考試鎖廳舉人 八年正月七日以翰林學士范鎮等權知貢舉權三司鹽鐵判官楚建中監察御史傅堯俞貢院封印卷首 二十一日命集賢校理王獵陳繹考試知舉官親戚舉人 英宗治平元年七月十七日命殿中侍御史趙鼎集賢校理王獵李綖張

洞館閣校勘孫洙考試開封府舉人直集賢院韓維祕閣校理文同錢藻編校史館書籍孫覺考試國子監舉人監察御史林大年祕閣校理陳襄考試鎖廳舉人 二年正月九日以翰林學士馮京等權知貢舉龔鼎臣封印卷首劉攽顧臨黃履王存王覿充點檢試卷官張師顏傅卞蔡冠卿孫固朱公綽王廣廉充諸科考試官集賢校理宋敏求滕甫考試知舉官親戚舉人 三年八月七日命監察御史蔣之奇祕閣校理陳襄賣卞曾鞏國子監直講劉攽考試開封府舉人修起居注滕甫直集賢院章衡集賢校理鄭穆考試國子監舉人殿中侍御史吳申集賢校理孫覺考試鎖廳舉人以上國朝會要 治平四年正月二十五日神宗即位未改元以龍圖閣直學士司馬光等權知貢舉都官郎中郭瀨屯田郎中趙衆監貢院門屯田郎中范道御監察御史裹行劉庠封彌永興軍掌書記呂惠卿三司檢法官李常編校昭文館書籍沈括編校祕閣書籍顧臨高密廣平西院小學教授黃履點檢試卷權發遣大理少卿大理寺詳斷官孟開審刑院詳議官呂孝廉諸科出義大理寺檢法官陳確大理寺詳斷官李逵刑部詳覆官胡揆開封府法曹參軍靳綬司農寺主簿姚舜諧考試國子監直講黎錞楚王宮教授張叅韓王宮教授李寧實覆考集賢校理孫洙陳繹考試知舉官親戚舉人 熙寧二年

八月十四日以祕閣校理同修起居注陳襄集賢校理王權祕閣校理王介安燾李常館閣校勘劉攽考試開封府舉人虞部郎中陳偁監門監察御史裏行張戩直史館蘇軾集賢校理王汾胡宗愈館閣校勘顧臨考試國子監舉人比部郎中張吉監門集賢校理王益柔祕閣校理錢藻考試鏁廳舉人都官員外郎許懋監門　三年正月九日以翰林學士承旨王珪等權知貢舉虞部郎中盧盛職方員外郎徐九思監貢院門監察御史裏行張戩御史臺推直官張景真封彌祕書郎李清臣著作佐郎鄧潤甫館閣編校林希西京留守推官蘇轍國子監直講王汝翼張巨崇文院校書邢恕館閣校勘蒲宗孟點檢試卷審刑院詳議官王彭朱太簡韓晉卿刑部詳覆官胡援諸科出義刑部檢法官王圭大理寺詳斷官邵奎孟璋刑部詳覆官陳端前鄆州中都縣主簿傅宏殿中丞表廷之祥符縣丞田箴考試刑部詳覆官朱溫其御史臺主簿錢長卿吳王宮睦親廣親小學教授張元輿宋璋覆考天章閣侍講吳申監察御史裏行程顥考試知舉官親戚舉人　四月二十五日以兵部郎中集賢校理王益柔著作佐郎館閣校勘王存考試武舉進士駕部員外郎陳叔夏監門職方郎中李芬封彌著作佐郎李大昕許宗舉謄錄對讀　十二月十四日編修閣門儀制冊所奏諸發解考試對讀官等並

門辭入見殿試官更不見只隨班起居今參詳除知舉官門辭入見外其封彌發解考試對讀等官只門賜勑不門辭只門見殿試官更不見只隨班起居欲乞修入儀制從之　五年八月以監察御史裏行張商英祕閣校理錢藻館閣校理蒲宗孟太常丞鄧潤甫崇文院校書張諤考試開封府舉人命集賢校理兼直舍人院同修起居注張琥集賢校理李定國子監直講龔原沈季長王沇之曾肇考試國子監鏁廳舉人　十二月九日詔應發解有試於鏁院一月前不許官員乞假出外差官畢仍舊　六年正月以翰林學士曾布等權知貢舉虞部郎中胡淮職方員外郎穆珣監貢院門權三司户部判官張諷監察御史裏行盛陶館閣校勘梁燾封彌司農寺丞丁執禮流內銓主簿張璡大理評事葉祖洽崇文院校書黎侁張諤國子監直講周諶龔原王沇之孫諤陸佃審官西院主簿錢豊北京留守推官上官均試將作監主簿陳彥獮新南京國子監教授莫京前南京宋城縣尉孫鼈抃新蔡州汝陽縣主簿趙彥點檢試卷祕書丞胡援屯田員外郎元凱國子博士傅豊屯田員外郎虞肇大理寺法直官劉賡諸科出義著作左郎董唐臣太子中舍徐育邵奎大理寺詳斷官周孝恭刑部詳覆官湯希言程君陳考試魯王宮大學教授胡宗堯睦親等北宅講書張詳國子博士霍大備著作佐郎

周定辭覆考館閣校勘蒲宗孟黄履考試知舉官親戚
舉人　八年八月以監察御史裏行蔡承禧集賢校理
李定館閣校勘徐禧國子監直講周諶龔原考試開封
府國子監舉人崇文院校書練亨甫權檢正中書刑房
公事王震國子監直講彭汝礪考試鏁廳舉人　九年
正月以翰林學士鄧綰權知貢舉集賢校理同管勾國
子監黄履國子監直講龔原彭汝礪秘書丞周諶參詳
職方郎畢彥輔屯田郎中王克存監貢院門御史臺推
直官許懿秘閣校理陳睦館閣校勘虞太熙封彌國子
監直講周常上官均葉濤葉唐懿曹確都提舉市易司
勾當公事歐陽成秘書丞葉謹審官東院主簿陸佃武
充
學教授文渙國子監丞王白睦州清溪縣令李如臁前
杭州司法許彥太學正趙叡前安州安陸縣主簿王迪
殿中丞張須潁川郡王院太學教授王汝翼點檢試卷
祠部員外郎胡援屯田員外郎李山甫監國子監書庫
常諤臣光祿寺丞劉賡諸科出義屯田郎中虞肇刑部
詳覆官陽希言刑部詳議官周孝恭大理寺詳斷官蓋
士安著作佐郎陳龍輔三司檢法官王振考試都官郎
中萬公儀秘書丞安宗彥度支主簿王彭年太常寺主
簿楊傑覆考試　十二日以太子中允崇政殿說書沈
季長著作佐郎余中考試知舉官親戚舉人　元豐元
年七月二十五日御史黄康言國子監生員著述論議

盡得講官緒餘將來逐官例差考試切恐去取之際或
未能判然無疑雖未必私徇以辭名實其如參校所長
多就己見此蓋人情所不能免如此則外方疏遠之人
偶不相合遂致黜落甚非朝廷兼收博采之意臣愚欲
乞將來止選近歲科人為試官或差近郡教授詣候差
官取旨　八月十一日詔自今科場考試刑法並中書
差官　九月三日自今科場奏策問並具撰人職位姓
名先是別頭試官撰策問辭意有不當而不著氏名上以問中書莫知其誰撰故有是詔　二年六月十五日知
制誥張璪光祿寺丞陸佃赴秘書閣考試宗室　五年
正月十二日詔自今毋以大理寺官為試官　六年二
三千
月二十七日三省言國子監公試所策問諸司之務寺
監有所不究寺監之職六曹有所不察六曹之政都省
有所不恣任其責者殆未足以盡小大相維上下相制
之道豈制而用之者法未足與守推而行之者人未足
與明乃起居郎蔡京撰詔京具所問事理當如何救正
其所取諸生如何者為上等既而京言策之於諸生而
諸生皆未能有至當之論其等上者多以經義為主至
於對問之言或取其文詞而已　八年正月九日以尚
書戶部侍郎李定權知貢舉給事中兼侍講蔡卞起居
舍人朱服同權知貢舉國子司業翟思監察御史鄧材
為別試所考試官　三月二十七日以兵部侍郎許將

給事中兼侍講陸佃、祕書少監孫覺並權知貢舉，右司諫蹇序辰、太學博士黃裳充別試所考試官，以遺火再試也。

哲宗元祐三年六月一日，翰林學士蘇軾等言：「將來科場既復詩賦，令來禮部新立條，將來經義一員、詩賦兩員者各差一員。今欲乞後差試官不拘曾應差經義舉者，專務選擇有詞學人充，更不指定員數。」從之。

六年十月二十二日，詔今後省試罷差參詳官，差知舉官四員。從翰林學士范百祿請也。

八年六月五日，禮部言：「檢準元祐五年二月十六日勅，科場新兼詩賦，慮諸路闕詩賦試官，其通判內有可差之人，亦許差充。」

十二月二十四日，翰林學士范祖禹言：「伏見祖宗時差知貢舉官常以晝日入省，近歲每宣名知舉官至閤門，須等候其餘官作一番押入，或已昏晚，則受勅於宮城門外，往往夜深方入試院。元豐八年孫覺同知貢舉，臣為點檢官，親見覺宿於東華門外衛士牀上，天將曉方隔門受勅而去。切惟朝廷差侍從近臣兩省以上官知貢舉及同知貢舉，委以進退天下多士，其體不輕，而近世陵遲至此，恐非所以觀示四方、為國光華也。臣欲乞自今宣知貢舉官到閤門已上，令便受勅，先次差內臣一人押入。乞下禮部施行。」從之。

紹聖元年正月十八日，禮部言：「諸州軍就試進士及千人已上，差點檢試卷官二員，每增五百人添一員，人數雖多，不得過六員。」從之。

十九日，詔今後禮部貢院以點檢試卷官二十人分屬知舉官，使之相通考校。從翰林學士范祖禹請也。祖禹言：「切見禮部貢舉差點檢試卷官二十人，自來久例點檢官先考校書鑒等第，送知舉官，然後知舉官再考定去留高下。點檢官自入試院未謄錄到卷子以前，及將卷子以送知舉官以後，別無職事，止是中間考校及候知舉考畢，然後分定合格卷子，點校雜犯試前後。空閑之日常多，考試點檢之日常少，而知舉官以夜繼晝，力猶不給。臣愚欲乞將點檢官二十人分屬知舉官，每員各得屬官五員，使之相通考校，去留高下可以共議。如此則不獨任一人之見，又得稍均勞逸，必更精審。」

二十五日，右通直郎蔡安持言：「貢舉勅五百人以上差點檢官一員，既與考官分校，然以應黜試卷為中程，止坐點檢官，而考官不坐，考官將無肯協心考校者。欲於貢舉勅內改點檢為考試官字，庶幾條約均一，士無遺濫。」從之。

二年二月二日，國子司業龔原等言：「太學公試，除依元豐舊制差長貳監試、輪差博士五員入院外，乞朝廷差官五員同共考試。」從之。

元符二年十月二十三日，起居舍人周常言：「將來春試更增知舉官一員、參詳官二員，使之分力考校。」從之。

三年二月十四日，徽宗即位未改元。以尚書吏部侍郎徐鐸權知貢舉，給事中趙挺之、寶文閣侍制何執中、起居郎吳伯舉同知貢舉尚書司封員外郎朱京太常丞吳紹為別試所考試官　徽宗崇寧元年十二月六日試給事中王能甫言陛下明年臨軒親策進士號為龍飛而預試于庭者皆南省合格之士南省合與不合皆繫於考校官之手謹按省試點檢試卷官名為點檢實預考校除朝旨選差外並主司奏辟夫主司苟能盡公而或因親戚或緣故舊不觀其學術不審其趣向偶有出身逐具聞奏朝廷因是差焉而一失其人則安在其為取士以稱陛下龍飛之時哉欲將來點檢官除朝旨選差外令主司於曾充太學上舍內舍并學諭以上職事人及於殿試第一甲省試府監發解十人內舉辟如上件人數不足即以近離科場久有聲稱人所貴考校至精無負多士進身之望從之五年正月五日以兵部尚書朱諤知貢舉御史中丞侯蒙吏部侍郎白時中大司成薛昂同知貢舉起居郎侯綬起居舍人李圖南考試官宗正少卿姚亮仁祕書少監羅畸辟廱司業余深何昌言禮部員外郎李夔祠部員外郎畢漸太常博士葉唐稽著作郎王孝迪祕書省校書郎翟汝文參詳官辟廱博士謝孚俞臬趙資道太學博士劉安上路瓘閻旦曾楙點檢試卷官　大觀元年正月二十三日以吏部尚書余深知貢舉給事中蔡薿中書舍人霍端友同知貢舉刑部郎中朱維監察御史楊勣大理正王宗辟廱司業路瓘校書

郎宇文粹中為別試所考試官　五月二十九日禮部言宗子博士毛若沖劄子州郡通判合差監試並依差試官條不得輒有規避如前期在假委監司審察於試院事更加嚴密應副不到責在郡守看詳監試官已有不得差出及在假等條將來科舉發解所差監試官如前期在假更委監司審察其試院關防事件並已有貢舉條制及應干州郡合應副事自當責在郡守施行從之　八月十四日發解所差監試官殿中侍御史劉安上考試官辟廱司業陸蘊國子司業潘兊起居舍人余稟符寶郎鄭南　政和三年正月十九日以朝散郎試兵部尚書俞稟知貢舉朝請郎給事中宇文粹中奉議郎試中書舍人張漴並同知貢舉朝奉郎宗政少卿耿南仲朝奉郎殿中侍御史郭沔奉議郎祕書少監柯槃奉議郎尚書禮部員外郎黃齊朝散郎祕書丞李邦彥朝散郎監察御史許尚志承議郎祕書省正字王俁承事郎議禮局檢討官莫儔並充參詳官將仕郎太學正康執權宣德郎辟雍博士盧天驥李隲周因宣德郎太學博士張僉炳文林郎太學錄林徽之將仕郎辟廱錄張穆從事郎國子正顧文並充點檢試卷官朝請大夫尚書刑部郎中錢歸善宣德郎尚書司封員外郎方闡通直郎大理寺丞晁宇奉議郎祕書省著作佐郎黃頴並充別試所考試官宣德郎辟廱錄李才伯文林郎

國子錄黄哲文林郎辟廱正王禮承直郎大理評事高
得仁從事郎國子正辛炳並充別試所點檢試卷官
八月十九日臣僚言竊見以謂凡試院之事雖盡在主
司至於關防周悉全籍封彌官謹密詳察號既已定豈
容復有差互臣今月十四日差赴考試吏部參選出官
人考試所拆號開拆到京選人試出官一封而字號是
假將仕郎施塤真字號是假將仕郎宋皋續拆到判字
號又是假將仕郎施壎憯字號瘢字號又是假將仕郎
宋皋顯見封彌所並不子細點檢對二人卷子重疊用
號所失甚大伏望重行黜責詔管號官朝請郎周勁特
降兩官依衝替人例施行係公罪事理稍重　五年八
月十八日臣僚言河北東路學事司奏河間府考試官
引試上舍出書義題無輕民事惟艱作為難字陛下赦
其過失止從薄罰而合格學生張修等四人學事司以
其引題用字與本不同悉已駁放今看詳於經意別無
違戾欲望定奪其罪詔元出題官特衝替係公罪事理
稍重張修等免駁放　七年六月一日新差權發遣提
舉河北西路學事丁權言乞今後差考試官教授兩員
以上者常留一員獨員者勿差則不惟訓迪無闕章程
不紊亦所以絕姦弊之端從之繼而臣僚上言諸路州
縣有出身官雖比年以來並出學校然既為州縣有出
身官雖文吏則惟簿書期會獄訟錢穀是急回視平日

所學遂成陳迹使當考校之任與平時專以教導為職
而朝夕於其間者其為工拙誠不相侔也將元奏請諸
路差考試官教授兩員以上者常留一員獨員者勿差
指揮改正從之　八年二月十八日權發遣提舉荊湖南
路學事李侗言今後校定官免差入上舍貢院庶使專
一管句從之　四月二十六日梓州學事司言瀘州公
試上舍題目內有差漏并錯引事迹及試經義題目失
先後之序除已重別差官前去別行引試學生外所有
考試官資州龍水縣尉王行合州司錄錢挺顯不子細
出題致有差錯違誤詔行挺並放罷　二十八日詔瀘
州今春引試上舍考試官出策義題錯誤致學生尤沔
等率衆論訴顯屬失職可並先次衝替仰本路提點刑
獄司疾速根勘具案聞奏其提舉學事官差官不當可
案後收坐取旨施行　十一月一日禮部言保慶軍申
欲今後監試官入院後果有疾病依法同職官先行審
實申知通限當日差醫官看候是實別差官承替許出
院如被差官委託疾病并同職通情保明及醫官看候
不實並乞一等科杖一百私罪　重和二年正月二十
五日詔縣令今後不許差充試官從聶山請也

試官下　從輯大典無卷數　宣和

元年正月二十一日以御史中丞陸德先知貢舉給事中趙野起居郎李綱同知貢舉參詳官國子司業梅執禮辟廱司業程振吏部員外郎周固祠部員外郎劉彥

適司勳員外郎倪濤膳部員外郎權邦彥祕書省校書郎胡松年參詳兼點檢試卷官大理寺丞張璞大理寺正高述牒避親官大理司直任林點檢試卷官校書郎曹大同九域志編修官翁彥約國子正傅崧卿太學博士臧瑀曾幾辟廱博士鄭庭芳鄧純亦辟廱錄夏承太學錄何大圭祕書正字李本國子小學博士申迎文林郎杜開樊瀚新廣親宅宗子學錄李唐俊新湖南學句滕葵太學錄劉國瑞太醫局考試點官太醫學司業李康太醫學同上舍出身林充太醫錄李則翰林醫官梁暐保痊大夫張公愬保安郎李保仁太醫學博士鄭續翰林醫診孫琳　三年四五日詔御史中丞陳楊庭近充殿試覆考官考校精密特賜詔書獎諭　五年七月五日詔縣丞并常平主管官並特許差充考試等官

六年正月二十三日以翰林學士承旨宣奉大夫知制誥兼侍講修國史宇文粹中知貢舉朝議大夫尚書吏部侍郎同修國史王時雍朝奉大夫試中書舍人沈思降授承議郎試中書舍人兼資善堂直講王綯朝奉郎左司諫高伯振並同貢舉承議郎尚書水部員外郎龔端承議郎尚書職方員外郎陳磷朝奉郎尚書禮部員外郎孫傅朝奉郎尚書職方員外郎胡交修宣教郎尚書都官員外郎孫覿朝奉郎尚書都官員外郎胡彥實朝奉郎祕書省著作郎樊察承議郎尚書禮部員外郎

潘果通直郎祕書省校書郎潘良貴承議郎尚書屯田員外郎張綱奉議郎開封少尹鄭滋朝奉郎符寶郎周離亨承議郎大晟府典樂兼國史編修官劉國瑞奉議郎尚書吏部員外郎王俊乂朝奉郎祕書省著作郎康執權朝奉大夫國子司業黄哲並充貢舉參詳官朝奉郎祕書省校書郎劉棐朝奉郎諸王府贊讀尤深承事郎太學博士祖秀實奉議郎祕書省校書郎郭孝友朝奉郎諸王府直講黎確從事郎祕書省正字何大圭並充貢舉點檢試卷官以上續國朝會要

光堯皇帝建炎四年九月十一日詔利州試官宋愈陳協各特罰銅十斤臣僚言駐蹕會稽是爲首善之地愈出策題訣牢相爲得王佐夏旱秋霖而協以爲雨暘時若導諛如此何以求切直言故有是詔

紹興三年十月二十七日臣僚言科舉之設實用人材之根本而省試最爲重事必於六曹尚書翰林學士中擇知貢舉諸行侍郎給事中擇同知貢舉卿監郎官爲參詳官館職學官爲點檢官又以御史監察其中故能至公至當厭服士心間因軍興遂以此權付之諸路漕司所差試官不過數人其選皆出於漕臣姦弊百端乞今後省試並就行在遴選近臣付以茲事詔檢坐累降指揮施行

四年六月二十五日詔禮部貢院更添差參詳官一員點檢試卷官二員別試所更添差參詳官一員點檢試卷官二員

二十七日詔今歲科舉權免差知縣縣令充諸郡考試官以知婺州李擢言今歲應辦大禮錢帛若知縣縣令差出考試不免付之權官百尼斷絕難以辦集故也

五年六月二十五日以翰林學士孫近知貢舉給事中廖剛中書舍人劉大中同知貢舉中書門下省檢正諸房公事呂祉殿中侍御史張絢吏部員外郎董弅禮部員外郎許搏都官員外郎董將工部員外郎程克俊並充參詳官祕書省正字李彌正高閌胡理張嵲祕書省校書郎李公懋御史臺主簿閭丘昕御史臺檢法官方庭實大理寺丞黄邦俊主管官告院宋棐司農寺丞金安節諸王宮大小學教授劉長源錢觀復監尚書六部門孫蓋太常寺丞王普莊必彊將作監丞張宇知大宗正沈禹卿國子監丞張戒樞密院編修官王鉌李誼樞密院計議官方雲翼李案並充點檢試卷官大尚少卿陳桷充別試所考試官司勳員外郎林季仲吏部員外郎范同樞密院編修官孫汝翼勑令删定官左時並充點檢試卷官

七月八日禮部貢院言參詳官張絢爲祖母疾依條先次出院合行補差詔差監察御史周蔡

九月四日廣南東路漕臣特降兩官以差無出身人陳溪充封州考試官故也

七年五月十三日殿中侍御史石公揆言乞諸州發解令轉運司取詞賦經義兩等各差考試官以校試人多少定其數不得鹵莽偏異先期選

合差之人密行㩀定免致臨時無官可差却將昏老庸
謬之人充數並不許輒有規避及請求免差詔令禮部
行下諸路轉運使司照會　八年四月二十七日以翰
林學士朱震知貢舉給事中張致遠起居舍人句龍如
淵同知貢舉右司員外郎程克俊吏部員外郎莊必彊
戶部員外郎錢觀復宋瀚祠部員外郎高閌工部員外
郎李良臣監察御史施庭臣黃縱並充參詳官左朝散
大夫李鞉諸王宮大小學教授施鉅樞密院計議官陳
沃監登聞檢院詹肇樞密院編修官胡銓秘書省校書
郎許忻秘書省正字常明黃衡凌景夏孫道夫主管官
告院徐洼幹辦諸司糧料院石嗣慶左宣教郎蔡安強
樞密院計議官李琳左宣教郎馬竑左宣義郎周執羔
黃豐勅令所刪定官方疇臨安府府學教授周孚先左
從政郎石延慶並充點檢試卷官尚書司封員外郎王
鉌充別試所考試官倉部員外郎高儼宗正丞陳確著
作佐郎宋松勅令所刪定官周林並充點檢試卷官
二十八日中書門下奏禮部國子監言程克俊黃豐並
曾充紹興七年國子監發解試官不合更考省試詔考
功員外郎鄭剛中差充參詳官太常博士孫邦差充點
檢試卷官替程克俊黃豐出院　五月十二日詔樓璹
為貢院對讀官規避親黨牒試託故出院特降一官
十年十一月二十二日詔諸州遇科場年分封彌謄錄

錄之類先從本州取會見任官有無親戚赴試如別無
應避之人方許差若本州皆有應避親戚少人充被差
官不得託故辭免　十一年八月十五日禮部言臣僚
乞科詔下日令逐路漕司先次取會本路知通戶貫並
不許差本任官充本貫試官及監試官本路兩有戶貫
亦令預申運司不得臨期申請若轉運司故違法禁或
本路隱匿戶貫不預申供從朝廷依貢舉已得降指揮
斷罪欲依所乞從之　十二年正月二十四日以給事
中程克俊知貢舉中書舍人王鈇右諫議大夫羅汝楫
同知貢舉軍器監劉才郃吏部員外郎江少齊梅魁實
戶部員外郎吳傳刑部員外郎周林比部郎中林保監
察御史施鉅秘書丞孫汝翼並差充參詳官太常丞吳
棫秘書省秘書郎周執羔張漢彥秘書省著作佐郎王
揚英秘書省校書郎程敦厚陳之淵秘書省正字張闡
范雩太常博士吳秉信諸王宮大小學教授石延慶陳
惇持大理司直錢周材大理寺主簿周楙詳定一司勅
令所刪定官周之翰潘良能吳芾凌哲監登聞鼓院孫
傅左朝奉郎句龍庭實臨安府府學教授許叔微並差
充點檢試卷官刑部郎中晏孝純差新科明法出題參
詳官大理評事表相差充新科明法點檢試卷官太常
少卿施垌充別試所考試官宗正寺丞江邈國子監丞
何許太常博士王言恭御史臺檢法官闡人穎並充點

檢試卷官　十三年三月六日國子司業高閌言舊法
補試條止録初考博士覆考令學官共置五員若就試
人多闕官分考欲乞遇就及千人以上許差丞簿同考
其封彌職事許本監申吏部差在任有出身官從之
四月七日詔吳鏞考試刑法官出題失當特降一官從
殿中侍御史李文會所劾也　閏四月十三日國子司業
高閌言春秋銓試雖分場考校經義刑法其在院事務
自合專歸主司貢舉通用法稱主司者謂監考試官考
試官同以官最高者近來銓試院既分場考校其合行
事務亦分為二乞今後類試所除依見行貢舉條法外
其條所不載者雖有舊例並從主司裁決從之　十四
年四月二十八日詔諸路選差試官如不足或無經術
精通之人即許於見任宮祠中通選從臣僚請也　八
月以右正言何若充國子監發解監試官秘書少監游
操吏部員外郎嚴抑戶部員外郎邊知白充考試官詳
定一司勑令所刪定官駱庭芝賈庭佐秘書省校書郎
陳誠之秘書省正字沈介太學博士楊邦彥太學正闕
注充點檢試卷官刑部員外郎吳㮚充小院考試官駕
部員外郎葉庭珪將作監主簿施德脩充點檢試卷官

紹興十五年正月二十四日以右諫議大夫何若知貢
舉權吏部侍郎陳康伯秘書少監游操同知貢舉右司
員外郎錢時敏吏部郎中王言恭司封郎中李朝吏部
員外郎周執羔司勳員外郎胡涓監察御史黃應南李
稷丞假並差充參詳官刑部員外郎許太英太常丞王
湛大宗正丞陳惇時大理正李穎士大理寺丞周楙樞
密院編修官王墨卿魏元若詳定一司勑令所刪定官
陳擀鄧文饒國子監丞文浩諸王宮大小學教授陳孝
恭馮雲夫御史臺主簿陳夔宗正寺主簿詹械監進奏
院余堯弼幹辦諸司糧料院沈虔中監登聞鼓院范彥
輝國子監主簿陳彥脩大學録王之望國子正馮諤浙
西安撫司准備差使鮑同並差充點檢試卷官駕部員
外郎孫傅充別試所考試官大理寺丞周贊秘書省
正字黃公庭臨安府府學教授錢察國子監書庫官孫
仲鼇並充點檢試卷官　十七年八月以監察御史宋
敦朴充國子監發解監試官司封員外郎湯思退司勳
員外郎沈介祠部員外郎陳誠之刑部員外郎吳㮚充
考試官樞密院編修官唐稷詳定一司勑令所刪定官
喻彥先曹筠國子監丞陳孝恭秘書省正字孫仲鼇太
學博士王之望國子正馮諤國子録吳武陵充點檢試
卷官諸王宮大小學教授林大鼎充國子監小院發解

選舉二〇之九

官時以附銓試院小院止差一員　十八年二月十二日以吏部侍郎邊知白知貢舉權禮部侍郎周執羔右正言巫伋同知貢舉左朝奉大夫鄭鬲司農寺丞周莊仲國子監丞沈虛中左朝散郎周林祕書省正字葛立方御史臺主簿陳夔太常寺主簿林大鼐宗政寺主簿王葆並差充參詳官監尚書六部門張頡監登聞檢院余仔太常博士蔡宰詳定一司勅令所刪定官　丁婁明國子監丞李琳諸王宮大小學教授葉綝皇太后宅教授秦從周大理評事蔡埴大府寺主簿余賡與幹辦諸司審計司湯允恭左承議郎郭彥參黃汝能主管官告院章夏左宣教郎祝閎錢密元益王悅臨安府府學教授何溥知臨安府仁和縣方升之左迪功郎孫良輔並充點檢試卷官殿中侍御史余堯弼充別試所考試官樞密院編修官林機幹辦諸司糧料院謝邦彥監行在左藏東庫鍾世明監行在雜賣場鮑同並充點檢試卷官　二十年八月以監察御史湯允恭充國子監發解監試官祕書少監湯思退中書門下省檢正諸房公事陳夔吏部員外郎沈虛中充考試官宗正寺丞王葆國子監丞李琳祕書省校書郎葛立方祕書省校書郎孫仲鼇太學博士吳武陵太學錄周麟之充點檢試卷官監察御史林大鼐充小院考試官祕書省著作郎林機詳定一司勅令所刪定官魏師遜充點檢試卷官

選舉二〇之一〇

二十一年三月七日以權禮部侍郎陳誠之知貢舉殿中侍御史湯允恭右正言章夏同知貢舉左朝議大夫劉將吏部郎中沈虛中左朝奉大夫洪興祖禮部員外郎林機左朝請郎邱嫣左朝散郎王揚英太常博士丁婁明祕書省校書郎孫仲鼇並差充參詳官左朝散大夫吳騏浙西安撫司主管機宜文字余時又大理寺丞謝邦彥詳定一司勅令所刪定官魏師遜將作監主簿施彥輝監尚書六部門鍾世明幹辦諸司審計司史祺孫左朝奉郎黃輅國子監主簿史才太學博士吳武陵新通判廣州羅長民權知臨安府錢塘縣事魏惡左承議郎富元衡左奉議郎林仲熊左宣教郎朱三思太學錄周麟之監行在文思院下界門王復監行在贍軍激賞西酒庫林安國左文林郎季南壽臨安府府學教授何溥並差充點檢試卷官左朝議大夫余應求充別試所考試官左朝請郎劉無極新通判婺州王翬左承議郎葉義問臨安府府學教授王綸充點檢試卷官　二十三年八月以監察御史胡襄充國子監發解監試官吏部郎中沈虛中祕書省校書郎董德元祕書省校書郎王佐充考試官諸王宮大小學教授王義朝司農寺丞鍾世明諸王宮大小學教授王綸大理寺丞謝邦彥左承議郎王之望宋似孫充點檢試卷官太府寺丞史祺孫充小院考試官國子監主簿鄭仲熊左文林郎鮑

彪充點檢試卷官　二十四年正月十九日以御史中
丞魏師遜知貢舉權禮部侍郎湯思退右正言鄭仲熊
同知貢舉吏部郎中沈虚中秘書省著作郎丁婁明秘
書省校書郎董德元太學博士王義朝宗正寺主簿張
士襄諸王宮大小學教授劉珙左朝請大夫孫蓋左朝
請郎陳孝則左宣教郎張扶並充參詳官左承議郎林
邁臨安府府學教授王俊左奉議郎元益左宣教郎呂
邈余翔鞏湘左儒林郎黄士龍左從事郎李綺左從政
郎周之翰商言詩戴覺左迪功郎王常袁觀曹明之何
溥周直清王執中張之岡包府並差充點檢試卷官左
朝請大夫木楹充別試所考試官左朝奉郎范津左宣
教郎魯訔兩浙西路安撫司準備差使張允恭臨安府
鹽官縣主簿周囧並充點檢試卷官　二十六年正月
九日殿中侍御史湯鵬舉言近年試官容私公道不行
故孤寒遠方士子不得預高甲而富貴之家子弟常窃
巍科將期預差試官以通私計而知舉考試官皆登貴
顯天下士子歸怨國家伏乞申嚴革去容私之弊挾書
代筆繼燭必欲盡禁封彌立號謄録必欲依條考校定
去留分高下必欲至公如知舉參詳考試官臨期御筆
點差以復祖宗至公之法從之　三月十五日詔諸路
轉運司所差發解試官務在盡公精加選擇如所差徇
私及庸謬不當令提刑司按劾御史臺禮部覺察聞奏

八月以殿中侍御史周方崇充國子監發解監試官
秘書少監楊椿國子司業王太（元考試官秘書省著作郎沈介）實吏部員外郎沈介充
考試官秘書省著作郎周麟之國子博士王晞亮秘書
省校書郎王綱中秘書省正字張孝祥太學博士何俌
國子正陳天麟充點檢試卷官監察御史樊光遠充小
院考試官太府寺丞方師尹國子録周操充點檢試卷
官　閏十月九日詔鄂州通判任賢臣監試不職容縱
舉人假手傳義特降一官進士王昌言論試官庸謬不
實有害士風特送鄰州編管　二十七年正月九日以
御史中丞湯鵬舉知貢舉中書舍人王綸起居郎趙逵
同知貢舉樞密院檢詳諸房文字劉章尚書倉部郎中
黄祖舜尚書吏部員外郎張洙尚書刑部員外郎邵大
授監察御史何溥監察御史王珪秘書省校書郎唐文
若秘書著作佐郎黄中並差充參詳官樞密院編修官
潘筆太常博士張庭實諸王宮大小學教授婁璋陳常
秘書省校書郎李南壽秘書省正字汪澈胡沂葉謙亨
御史臺檢法官褚籍宗正寺主簿祝閎國子監主簿方
淑皇太后宅教授左璿皇后宅教授林同太學正胡靖
史浩國子録汪貫太學録范成象主管尚書吏部架閣
文字王淮新明州教授鄭次雲並充點檢試卷官右正
言凌哲充別試所考試官太宗正丞俞樗秘書省正字
林之奇太常寺主簿任文薦太學博士鮑彪並充點檢

試卷官　二十九年三月一日詔今後四川類省試用九月十五日鏁院朝廷於師臣監司内選差監試考試官各一員於鏁院二十日前用金字牌遣降在院官吏如有挾私違戾令監試官徑行劾奏餘官制置司精加選差以吏部侍郎周綰言四川類試之弊乞選差行在清望官充監試以路遠不可差故有是詔　十九日禮部侍郎孫道夫言四川類省試别試所亦乞自朝廷選差監試考試官各一員從之　七月四日詔四川類省試院監試官差成都府轉運副使王之柔考試官差知嘉州何逢原别試所監試官差知邛州費行之考試官差知榮州李燁令王剛中將逐官差劄酌度鏁院日分給付候指揮到日起發入院供職監試官依監學條法取摘試卷詳定如監試官有故即所差考試官兼監試職事　二十七日諸路運司令後遇考試闕官合差縣丞須先期申畫指揮備坐移牒如無許差指揮聽縣丞準依專法繳納差牒不行在法縣丞不許差考試先是聞有闕試官處漕司嘗申乞差一次自後每舉沿襲吏部以為違法差出破壞考第臣僚申明故有是詔　八月以侍御史朱倬充國子監發解監試官秘書省少監任古吏部員外郎胡沂祠部員外郎張涣充考試官國子監博士陳豐秘書省校書郎陳之茂秘書省正字查籥太學博士李薦詳定一司勑令所删定官李浩太學正林

栗充點檢試卷官考功員外郎陳棠充小院考試官樞密院編修官劉藻主管官告院王瀹充點檢試卷官

三十年正月九日以御史中丞朱倬知貢舉右諫議大夫何溥起居郎黄中同知貢舉大理少卿張運吏部郎中楊朴工部郎中張庭實吏部員外郎虞允文吏部員外郎洪遵司勳員外郎陳俊卿比部員外郎沈樞監察御史沈濬並差充參詳官太府寺丞馬騏太常博士杜莘老樞密院編修官陳良祐諸王宫大小學教授王必中秘書郎劉珙秘書省校書郎王淮秘書省正字劉度馮方御史臺檢法官張闡司農寺主簿陳橐太學博士謝筌武學博士朱熙載太學正程大昌國子正張垓勑令所删定官唐閎主管官告院嚴致明主管禮兵部架閣文字王東里主管刑工部架閣文字程千里提轄雜買務雜賣場左友德點檢酒庫所主管文字錢豫並差充點檢試卷官監察御史任文薦充别試所考試官知大宗正丞祝公達國子監丞余時言太學博士鄭聞國子録鄒樗充點檢試卷官　二月七日詔監察御史任文薦與外任先是文薦為禮部貢院别試所考試官時福州進士劉度與浙傳文薦與同本貫不即依條扶出止令移往簾前仍舊收試故也　同日四川安撫制置使王剛中言類省試已從朝廷選差監試考試官所有特奏名進士試院亦合從朝廷選差詔監試官差利州路轉

運判官蘇欽考試官差知簡州房與之監試官取摘試卷同共詳定以上中興會要　紹興三十二年八月五日壽皇聖帝已即位未改元國子監發解命監察御史周操監宗正少卿劉度國子司業陳棠考試太府寺丞魏杞太學録鄭升之點檢試卷　是歲四川類省試詔成都府路轉運判官何逢原監試知邛州房與之考試權知眉州范仲愷別試所考試兼監試　壽皇聖帝隆興元年正月九日命翰林學士承旨知制誥洪遵知貢舉試兵部侍郎周葵試中書舍人張震同知貢舉祕書少監胡銓吏部郎中楊民望司勳郎中宋似孫都官郎中錢豫吏部員外郎吴龜年工部員外郎魏杞監察御史陳良翰尚煇參詳官祕書丞唐閎太府寺丞陳天麟樞密院編修官尹穡著作佐郎龔茂良國子監丞王悅諸王宮大小學教授吴祗若大理司直惠迪將作監丞鄧樗軍器監丞張之剛祕書省正字王東里方翥張宋卿御史臺檢法官鄭丙司農寺主簿陶去泰武學博士劉敦義國子録高適臨安府府學教授陳禾監登聞檢院單時監太平惠民和劑局范成大權行朝榷貨務都茶場潘慈明主管吏部架閣文字俞舉主管刑部架閣文字劉大辯臨安府府學教授莫冲點檢試卷　同日右正言周操言天下之事當權輕重而為之不可執一國家三歲省闈取士近年以來多以臺諫長官為知舉

蓋重之也此日處置邊事務各機宜蓋當以邊事重於禮闈可也所有知舉官欲望朝廷於翰苑六部兩省官内選差乞存留臺諫官在外相與參酌事宜樞密院官屬不可暫闕仍乞不令入院兼今歲緣免舉赴省人數至多與常歲不同其所差官欲望量加添增所貴依時開院不致滯留從之添參詳官二員點檢試卷官四員別試所點檢試卷官添二員　二年三月十三日銓試公試類試命監察御史閻安中監視吏部郎中楊民望兵部郎中吴龜年大理寺簿長言考試大理丞章譚太常博士何偁大理評事張綬肇術祕書省正字莫冲張宋卿武學博士劉敦義國子監主簿單時國子正程宏考試點檢試卷　七月二十四日右正言晁公武言今歲四川銓試就潼川府鎮院懷安軍教授馬知退監試潼川府銅山縣主簿樂純考試潼川府司户高昱監門知退私其鄉人樂純私其同官之子皆中高選高昱則傳送假筆程文又以所轉程文交互販賣事狀顯露凡千餘人人用賕三百緡皆監試官監門分取之及揭榜衆論沸騰各付於理然猶未竟望以見事各免所居官趣結案以聞從之乾道元年三月二十五日銓試公試類試命監察御史程叔達監試國子司業閻安中吏部員外郎梁克家大理丞蔡洸考試太府寺丞鄧樗祕書丞劉貢武學博士劉敦義大理評事徐子寅吴子康燕

世良祕書省正字施師點國子監主簿昌永太學正胡元質考試點檢試卷。七月七日，廣南西路轉運司言：「本路二十五州軍府先申明朝廷，將比近州併置試院外，靜江府等處及本司共置試院十四。緣地里僻遠，少有出身文官。舊例每試院差考試二員，合差二十八員本路出身官，今止二十四員，闕少四員，無官可差。今欲差特奏名文學出身人添同考試，又緣有礙見行貢舉條法，深慮差那不行，狀乞詳酌指揮。」禮部看詳，欲將特奏名文學權差試官一次。從之。八月五日，國子監解發，命監察御史張知刚監試，國子司業汪涓、吏部員外郎曾耆、將作監丞苗昌言考試，知大宗正丞尚輝、秘書郎鄭升之、正字胡元質、太學博士吳蘊古、國子監主簿昌永行、國子正黃鈞點檢試卷，秘書丞劉貢別院考試，國子錄關耆孫、太學錄范端臣點檢試卷。是歲，四川類省試，詔權潼川府路轉運副使何逢原監試，直敷文閣知遂寧府馬騏、權知漢州張行成別試所監試，權知眉州晁公遡別試所考試。二年正月九日，命中書舍人直學士院洪遵知貢舉，權戶部侍郎林安宅、起居舍人梁克家同知貢舉，宗正少卿胡沂、秘書少監陳巖肖、吏部員外郎汪大猷、戶部員外郎王伯庠、監察御史張敦實、單時、司農寺丞沈洵、著作佐郎黃石參詳，太常博士徐良能、樞密院編修官李遠、國子監丞鄭鐸、國子博

士李彥穎、秘書省正字梁介、王衛、施師點、宗正寺主簿劉大辯、武學博士李簡能、國子正龔滂、臨安府府學教授蔣繼周、嚴煥、左承議郎林信厚、新江州通判鄭升卿、監行在榷貨務都茶場潘慈明、左承務郎曾允、監潭州南嶽廟吳湯輔、吏部架閣文字萬鍾、戶部架閣文字葉份、監行在文思院上界鄭禹點檢試卷。四月二十七日，銓試，命考功員外郎程大昌、大理正吳交如考試，大理評事徐子寅、單夔、張綖、秘書省正字王衛考校點檢試卷。三年三月二十六日，銓試類試，命監察御史敦實監試，國子司業程大昌、考功員外郎沈夏、刑部郎中王彥洪考試，知大宗正丞唐孚、大理丞徐子寅、著作佐郎黃鈞、大理評事單夔、梁總、秘書省正字李遠、武學博士楊興忠、國子監主簿汪若愚、國子錄馮仲堯考校點檢試卷。十月十二日，太學博士吳飛英言：「諸州考試官以進士有出身者充，意者止謂見任人。近乃有差寄居不差見任之弊，止欲應副食閒之人。轉運司每遇大比，括責所部可充試官鄉貫及有產業親戚去處，試愿所差之地或有妨嫌，近乃有指地求差之弊。甚者一道十州，供具八州有嫌，者是二弊，士論切齒，為日已久。欲乞自今諸道考試官並止於所部見任中選差，如或不足舊例所差之數，不過少展考試程限，不必拘一月開院之例，則事無不辦，而考官所供避嫌州數大率三分

及二分以上者即不必差其有托辭指地求差者許漕臣按劾寘之典憲從之　四年三月二十一日銓試公試類試命監察御史李簡能監試國子司業程大昌吏部員外郎李浩刑部郎中王秀洪考試大理正賈選太常丞劉季裴知大宗正丞唐孚國子博士陳楨大理評事蕭世良周階祕書省校書郎范端臣太學正陳騤武學諭章謙考校點檢試卷　四月三日淮南路轉運司言本路赴試舉人楊真通泰楚州郵軍六郡置試院計合差考試官十二員本路有出身知縣幕官於鏁院前見任止計五員委分差考試不足禮部看詳於許淮南於江浙近便州軍選差淮東即差常州鎮江府淮西即差太平池州官仍先具合差官數牒逐路令留闕報淮南從之　五月二十八日淮南路轉運司言今歲科舉淮南合差試官十五員所管八州軍見任有出身官止五員分差不足具申朝廷許於江浙近便州軍選差淮東差鎮江府常州官淮西差池州太平州官切慮逐路所定州府有出身官員數有限雖本司臨期詳擇又恐本路士人巧生幹倖預有嘱托致艱於關防欲望詳酌將東西兩路所差考試官前期互行關會各據實用員數許於鎮江府常州太平州池州官內通融選差庶幾員數稍寬不致闕事兼可關防士子僥倖請託之弊從之　是歲四川類省試詔權成都府路轉運判官鄭丙監試權利州路轉運判官吳介考試權成都府路提點刑獄公事張行成別試所監權發遣簡州關耆孫別試所考試　八月五日國子監發解命監察御史李簡能監試國子司業程大昌吏部員外郎李浩鄭伯熊考試祕書郎李木國子司業（博士）陳損國子正濤叔憲太學正陳騤幹辦行在諸軍審計司徐宅主管官告院徐大忠點檢試卷考功郎中張敦實別院考試國子錄鄭汝諧太學錄沈清臣點檢試卷　五年正月九日命吏部尚書兼侍讀兼權翰林學士汪應辰知貢舉給事中兼直學士院梁克家右諫議大夫兼侍講陳良祐同知貢舉祕書少監汪大猷司農少卿胡襄禮部員外郎李燾兵部員外郎晁公遡都官郎中陶去泰金部員外郎芮燁國子監丞陳禾著作佐郎劉季裴參詳樞密院編修官施元之祕書省校書郎簡（楊）興宗劉惇國子監主簿盧傳霖太學正錢俣國子正薛鳳監左藏南庫劉國瑞臨安府府學教授周祐行在榷貨務都茶場陳從古右（左）從政郎鄭萬太學正樓鍔左通直郎施知彰新潼川府府學教授朱瑗左迪功郎陳善御史臺主簿宋敦書諸王宮大小學教授胡鎬左從政郎張騊左從事郎袁樞監潭州南嶽廟程宏圖點檢試卷　六年二月二十五日銓試公試類試命監察御史羅彙監試國子司業芮燁禮部員外郎鄭聞刑部郎中王次山考試祕書省著作佐郎

詹亢宗正字趙汝愚林光朝武學博士劉敦義國子監主簿盧傳霖太學正薛元鼎考校點檢試卷官　十月六日國子司業芮煇言本監補試已折號放牓所取試卷寧國府汪琚於第七韻落韻正係煇分考試卷內所取人數欲望將汪琚駮放仍將煇罷黜中書門下省檢準紹興御試貢舉令點檢試卷官專點檢雜犯不考詔汪琚駮放點檢試卷官薛元鼎特降一資文獻通考乾道六年詔自今諸道試官皆偶一郎選差後又令歷三郎令將乃聽入院防私謁也　七年二月二十五日銓試公試類試命監察御史劉季裴監試國子祭酒芮煇司農寺丞留正大理正胡仰考試祕書郎許克昌太常博士鄭憲國子博士楊萬里大理評事陳康俞子陵吳宗旦祕書省正字丁時發唐仲友武學博士徐顯祖考校點檢試卷　七月十七日兩浙路轉運司言紹興重修貢舉令試院以本州通判監試若無或闕若以次官令臨安府府學罷通判未審合差何官充監試詔差雜官　八月五日國子監發解命監察御史陳舉善監試國子司業劉焞將作少監蕭燧太府寺丞錢俣考試諸王宮大小學教授陳居仁太常寺主簿趙粹中國子正榮薿武學諭呂昌太學錄袁樞梁汝永點檢試卷知大宗正丞劉敦義別院考試太學正沈揆主管戶部架閣文字賈偉點檢試卷　十一月二十八日詔四川類省試

院進題目考試官何耆仲所撰第三場第三道策題用事差錯特降一官放罷令後不差充試官　是歲四川類省試詔直祕閣權知盧州梁介監試潼川府路轉運判官何熙志考試直敷文閣知潼川府馬騏別試所監試權潼川府路提點刑獄公事楊祖職別試所考試

八年正月九日命翰林學士知制誥兼侍讀王曮知貢舉中書舍人趙雄侍御史葉衡同知貢舉太常少卿黃鈞將作監劉季裴監察御史顏度太常丞趙思司農寺丞留正著作郎林光朝楊興宗著作佐郎趙汝愚參詳祕書丞尤袤祕書郎蕭國梁樞密編修官崔淵勑令所删定官楊恂王質王公袞國子博士木待問祕書省校書郎丁時發正字呂祖謙唐仲友蔡戡御史臺主簿柴衛宗正寺主簿王卿月國子監主簿邵說太學博士姚宗之太學正陳自修國子錄沈瀛主管吏部架閣文字曾植主管禮部架閣文字俞光疑監軍器所門李嘉言點檢試卷大理寺丞吳淵主管牒試避親　六月六日銓試命將作少監蕭燧大理丞晏緩考試大理評事俞子陵王嘉謨陳倚司農寺主簿蔣繼周考校點檢試卷

九年二月二十五日銓試公試類試命監察御史陳舉善監試國子司業林光朝祕書郎蕭國梁大理丞晏綬考試知大宗正丞劉敦義宗正寺丞錢俣著作佐郎木待問國子博士黃鈞大理評事呂公進沈公孫俞徵

祕書省正字陳自修武學諭盡經考校點檢試卷 以上

乾道會要 徐輯大典無卷數

宋會要 選試

孝宗淳熙元年六月二十二日四川類試詔成都府路轉運判官趙不息監試權發遣成都府路提刑李蘩考試知嘉州何耕別試所監試知利州崔淵別試所考試　八月五日國子監發解命監察御史陳升卿監試國子司業兼權禮部侍郎戴幾先戶部員外郎周澂將作少監兼權禮部郎官姚宗之考試刑部郎中徐宅太常博士許蒼舒祕書省著作佐郎鄭僑太學博士章穎國子正袁說友權監左藏東庫錢宇並點檢試卷宗正少卿顏度別試所考試太府寺丞元伯源太學錄樓鍔並檢試卷　淳熙三年二月二十五日銓試公試類試命監察御史齊慶胄監試吏部員外郎王速禮部員外郎范端臣軍器少監俞子濩考試大理寺丞商份樞密院編修官袁說友太學博士劉甄夫大理評事王尚之周祕國子監主簿柯宋英祕書省正字何澹諸王宮大小學教授宋宜之考校點檢試卷　大典卷一萬三千二百五十　四年二月二十五日銓試公試類試命監察御史傅淇監試國子司業鄭伯熊大理少卿吳交如著作郎何萬考試知大宗正丞劉濤太常博士章穎大理正燕世良大理丞梁總陳倚太學博士蘇總龜祕書省校書郎黃定大理司直徐存考校點檢試卷　是歲四川類試命潼川府路提點刑獄公事何耕監試知洪州杜民表考試知利州黃鈞別試所

監試知嘉州王允考試　八月五日國子監發解命監察御史徐詡監試尚書考功員外郎施師點尚書禮部員外郎范端臣太常丞黄洽考試詳定一司敕令所删定官樓鑰諸王宮大小學教授喻良能秘書省校書郎石起宗何澹國子監主簿王維之國子正髙文虎點檢試卷別院尚書户部員外郎邱宏考試樞密院編脩官葛邲太常寺主簿李巘主管户部架閣文字田渭並點檢試卷　淳熙六年二月二十五日銓試公試類試命監察御史余端禮監試將作監潘緯尚書户部郎官何耕刑部郎官潘景珪考試將作監丞吴天驥大理正王尚之大理寺丞張維大理評事錢蘷秘書省校書郎詹

卷一萬三千二百五

騤秘書省正字趙彦中籍田令葉子强迪功郎向榑考校點檢試卷　七年二月二十五日銓試公試類試命監察御史京鏜監試户部郎官陳居仁刑部郎中潘景珪將作少監王信考試樞密院編脩官汪義端大理正時佐大理寺丞杜䜣秘書省校書郎趙彦中太常博士宋之瑞太常寺主簿宋若水大理評事宋作賓主管刑工部架閣文字樊抑考校點檢試卷　八月五日國子發解命監察御史余端禮監試軍器監王信户部郎中陳居仁秘書丞袁樞考試秘書省秘書郎何澹太常博士宋之瑞軍器監丞葉子强將作監主簿王謙幹辦行在諸司審計司李舜臣幹辦行在諸軍審計司張伯垓

點檢試卷秘書省秘書郎范仲藝別院考試大宗正丞蔣繼周主管架閣文字李祚點檢試卷　九年十二月二十五日銓試公試類試命監察御史顔師魯監試將作少監朱時敏左司郎官王信刑部郎官吴宗旦考試宗正丞樓鑰秘書丞蔣繼周大宗正丞郎明復大理寺丞杜䜣大理評事莫柄王資之勅令所删定官徐瑀大理司直趙焯考校點檢試卷　十年二月二十五日銓試公試類試命監察御史陳賈監試將作少監蔣繼周軍器少監陳倚考功郎官章森考試宗正丞張叔椿秘書省秘書郎劉光祖大理正俞澂大理寺丞錢蒙大理評事沈樞秘書省正字羅點太學博士黄艾太學正章

卷一萬三千二百五

穎考校點檢試卷　八月五日國子監發解命監察御史陳賈監試秘書少監沈揆大理少卿章森司農少卿施溫舒考試太學丞劉穎宗正丞張叔椿秘書丞宋若水著作郎李巘司農寺丞方有開國子録趙焯點檢試卷將作監蔣繼周別院考試秘書郎何澹太府寺丞句昌泰樞密院編脩官李嘉言並點檢試卷　十一年二月二十七日四川類試命夔州路提刑楊槩監試知榮州錢盈考試　六月十一日銓試命吏部郎官尤袤刑部郎官陳倚並考試秘書省校書郎羅點大理評事范澄錢宇王訢並考校點檢試卷　十二年二月二十五日銓試公試類試命監察御史謝鍔監試右司郎中周頡

刑部郎官陳倚吏部員外郎楊萬里並考試秘書省校書郎莫叔光倪思大理寺丞沈樞國子博士喻良能勅令所删定官黄灝太學録張體仁大理評事許公陳杞並考校點檢試卷　十三年二月二十五日銓試公試類試命監察御史冷世光監試大府少卿胡晉臣考功員外郎鄭汝諧刑部郎中陳倚並考試秘書省著作郎兼權金部郎官黄倫著作佐郎兼權兵部郎官梁汝永大理寺丞謝深甫秘書省校書郎鄧馹國子監主簿黄黼大理評事錢宇李洪李直柔並考校點檢試卷　七月十八日四川類試命直徽猷閣知遂寧府徐詡監試權發遣利州路提刑張縯考試　八月十五日國子監發解命監察御史吳博古監試宗正少卿張叔椿試將作監京鏜並考試秘書省著作郎兼權金部郎官黄倫秘書郎倪思莫叔光詳定一司敕令所删定官劉崇之太常寺主簿林湜並點檢試卷　十四日詔國子監發解所監試官措置將合避親試卷盡送無親嫌官盡公考校其有避親嫌之官亦不許干與出題仍委監試官專一覺察于考校日不得往來因臣僚奏請得旨行下　十五年二月二十五日銓試公試類試命監察御史黄謙監試右司郎中范仲藝大理少卿陳倚户部員外郎羅點並考試太府寺丞范處義大理寺丞周珌將作監丞鄭湜秘書省正字衛涇大理寺主簿鄧驥敕令所

删定官陳謙大理評事龍準陳椽並考校點檢試卷　十六年二月二十五日銓試公試類試命監察御史黄謙監試軍器監劉立義刑部員外郎俞澂秘書省著作郎莫叔光考試大理寺丞李洪太府寺丞范處義樞密院編脩官馮震武國子監丞沈清臣秘書省正字李寅仲黄由太常寺主簿林湜大理評事宋思遠李珏武學博士蔡鎬考校　是年七月十日兵部言今來武舉係是比試發解年分從條先于侍衛馬軍司呈試弓馬其程文係附國子監發解試院合差本部長貳同馬軍司監試武舉人比試發解弓馬兩場詔差本部侍郎胡晉臣紹興三年差工部侍郎謝深甫　八月五日國子監發解命監察御史計衡監試宗正少卿耿秉吏部員外郎趙巽考試司農寺丞孫逢吉樞密院編脩官李沐秘書省秘書郎黄由宗正寺主簿鄭公顯秘書省正字吳鎰點檢試卷　紹熙二年二月二十五日銓試公試類試命監察御史郭德麟監試吏部員外郎彭椿年大理正李洪秘書省著作佐郎衛涇考試大理寺丞陳椽太府寺丞鄭公顯大理評事宋思遠王補之秘書省正字王容李壁太常寺主簿黄灝宗正寺主簿陳損之司農寺主簿鄭若容武學諭李興時考校　三年二月二十五日銓試公試類試命右正言胡璟監試吏部員外郎陳傅良大理寺丞李直柔秘書郎李唐卿考試閤門舍人

蔣介太常博士章穎太理評事李珏陳杞沈宗淵祕書省正字王𥲅蔡幼學宗正寺主簿俞豐大理寺主簿呂棐太府寺主簿彭寅考校　八月五日國子監發解命監察御史何異監試樞密院檢詳諸房文字李祥吏部員外郎徐誼度支員外郎王厚之考試司農寺丞曾炎太常博士陳橚太常寺主簿許介將作監主簿李大異提轄文思院林復主管吏部架閣文字陳希點點檢試卷　五年二月二十五日銓試公試類試命監察御史曾三復監試太常少卿詹體仁祕書少監孫逢吉刑部員外郎沈作賓考試閤門舍人林嵘大理寺丞周秘太府寺丞劉崇之樞密院編脩官楊方大理評事榮緝奚士遜將作監丞高文虎祕書省正字顏棫太常寺主簿張貴謨太學博士田澹考校　慶元元年二月五日宰執進呈國子監發解所監試官合差監察御史今有二員上曰當以供職在先者為之於是差王恬　十月二十五日銓試公試類試命監察御史劉德秀監試司農卿林湜度支郎官石宗昭刑部郎中周珌考試著作郎兼侍左郎官王容太府寺丞兼左曹郎官王寧祕書丞邵康大理寺丞陳景俊祕書省正字陳邕宗正寺主簿徐本太常博士劉誠之大理評事蔣蘭郎袤閤門舍人黃黻能考校　八月五日國子監發解命監察御史王裕監試軍器少監高文虎祕書郎兼司封郎官顏棫

考試著作佐郎李壁祕書省校書郎余復國子監丞孟浩祕書省正字陳峴司農寺主簿胡紘點檢試卷　三年二月二十五日銓試公試類試命監察御史張伯垓監試大理卿周珌右司郎中張釜樞密院檢詳諸房文字黃唐考試祕書丞張嶼大理寺丞奚士遜祕書郎費士寅太常博士汪義和大理評事郎袤蔣蘭祕書省正字易祓宗正寺主簿楊寅太學博士王炎武學諭㒟仲考校　是歲銓試公試類試命監察御史林行可監試著作郎兼考功郎官張嗣古著作郎莫子純大理正郗師成考試閤門舍人林伯成太府寺丞葉宗魯祕書郎楊炳周夢祥樞密院編脩官楊璹祕書省校書郎曾從龍太常寺主簿葉時大理評事葉正綱費埏沈繹考校　八月五日國子監發解命監察御史程松監試右司郎中張伯垓軍器監丁逢著作佐郎曾漸考試祕書郎王炎太常丞必先祕書省正字李亘主管官告院徐似道幹辦諸軍糧料院許與點檢試卷避親別試太府寺丞陳讜考試主管官告院程準主管吏部架閣文字張嗣古主管户部架閣文字陳晦點檢試卷　四年二月二十五日銓試公試類試命監察御史張巖監試吏部郎中汪義和户部郎中曾炎刑部郎中許及考試大宗正丞王執中大理正宋思遠閤門舍人金湯楫大理寺丞黃培司農寺丞陳希點祕書郎王炎曾漸樞密院

編脩官李景和、茜飛卿、大理評事薛極考校。　是日銓試公試類試，命監察御史林可行監試，秘書監俞烈、尚右郎官毛憲、大理正史彰祖考試，閤門舍人周虎、大理寺丞葉挺、秘書郎黄中、軍器監丞鍾將之、秘書郎校書郎徐邦憲、大理評事沈繹、葉子高、鮑澣之、軍器監主簿茁駿監尚書六部門方曉考校。　八月五日國子監發解，命監察御史婁機監試，左司郎官雷孝友、樞密院檢詳諸房文字毛憲、秘書丞兼考功郎官黄景説考試，太常博士葉時、著作佐郎鄒應龍、曾從龍、秘書省校書郎朱質、秘書省正字蘇大璋、太常寺主簿鄭膺之、軍器監主簿范子長點檢試卷。避親別試，禮部員外郎鍾必萬

卷一萬三千一百四十五

考試，太府寺丞王庭芝、司農寺主簿莫若沖、主管吏部架閣文字章良肱點檢試卷。　六年二月二十五日銓試公試類試，命監察御史林采監試，太常少卿虞儔、刑部員外郎王資之、著作佐郎易祓考試，閤門舍人林可大、樞密院編脩官章良能、王煇、大理評事翁瀟、向公擇、秘書省正字鄒應龍、張嗣古、大理寺主簿李揆、大理評事沈紡、主管刑工部架閣文字周夢祥考校。　嘉泰元年二月二十五日銓試公試類試，命監察御史施康年監試，太常少卿曾煥、大宗正丞李直柔、秘書丞鍾必萬考試，太常丞胡恭、司農寺丞聶有、太常博士陸峻、秘書省校書郎鄒應龍、太常寺主簿王柟、司農寺主簿熊令

憲、武學博士林管、大理評事李旻卿、鮑華、連文瑜考校。　八月五日國子監發解，命監察御史鄧友龍監試，軍器監林桷、吏部郎中李景和、度支郎中宇文紹節考試，秘書丞鍾必萬、大理寺丞胡元衡、太府寺丞王煇、趙夢極、秘書省校書郎莫子純、大理寺主簿張訴點檢試卷。避親別試，秘書省校書郎張嗣古考試，主管吏部架閣文字顧杞、主管戶部架閣文字黄纁、國子監書庫官高文虎點檢試卷。　三年十一月二十七日，吏部侍郎曾煥言：「本選小試官每歲仲春赴馬軍司呈試，立法非不詳密，玩習既久，詐冒居多。伏見文臣銓闈既差考官，復以御試監試拆號，蓋謂考官為背不足信，蓋欲重其事

卷一萬三千一百四十五

令之呈試，軍帥之外，止就委本選郎官視之，既輕毋怪乎為弊之易。乞略做銓闈之法，自來春始，更選委請强官一員以臨之，前期三日而差，使與郎官共議，所以革弊之宜，嚴為周防，以叶于公。」從之。　開禧二年二月二十五日銓試公試類試，命監察御史毛憲監試，太常少卿兼中書舍人衛涇、刑部郎中奚士遜、著作郎兼兵部郎官曹漸考試，宗正丞兼司封郎官苗駿、閤門舍人潘持美、太府寺丞胡槻、秘書郎胡有開、王介、國子監丞林孔昭、秘書省正字傅行簡、大理評事史淵、葉子高、林大章考校。　三年二月二十五日銓試公試類試，命監察御史葉時監試，句封郎中王公遇、工部員外郎史彰祖

宗正丞兼侍右郎官喬夢符考試，大宗正丞兼刑部郎官周震、閤門舍人陳良彪、太府寺丞章丱之、秘書郎莊夏、國子監丞曹莊、秘書省正字陳模、大理司直王益之、大理評事翁瀚、趙時適、沈寔考校。 八月五日，國子監發解，命監察御史黃疇若監試，秘書丞兼司封郎官林岊、著作郎兼考功郎官王居安、秘書郎莊夏考試，秘書省正字陳模、太常寺主簿任希夷、監登聞鼓院梁文恭、監都進奏院黃察、主管官告院劉允濟、范之柔、將作監主簿方祈點檢試卷；避親別試，樞密院編修官何刻考試，主管吏部架閣文字林琢、主管戶部架閣文字李琪、監権貨務都茶場丁端祖點檢試卷。 嘉定元年正月

卷一萬三千百五十

二十五日，命吏部尚書兼翰林院學士樓鑰知貢舉，兵部尚書倪思、中書舍人蔡幼學、右諫議大夫葉時同知貢舉，左司員外郎曾從龍、吏部郎中王柟、度支郎中商許、禮部員外郎陳晦、太常丞曹莊、秘書郎章良肱、樞密院編修官劉庶、何刻、著作佐郎莊夏參詳，秘書省正字陳模、林至、主管官告院劉允濟、章徠、幹辦諸司糧料院耿羽、太學博士潘涓、真德秀、武學博士滕強恕、武學諭陳剛、主管吏部架閣文字林琢、主管戶部架閣文字李琪、主管刑工部架閣文字黃以寧、國子監書庫官孫祁、監三省樞密院激賞酒庫蔣惟晚、浙西安撫司幹辦公事喬行簡、廣西轉運司幹辦公事柴中行、贍軍酒庫所

糴場門樓昉、臨安府府學教授胡林卿、前紹興府觀察推官孔煒、前福建安撫司幹辦公事李誠之、前漳州州學教授林復之、前泰州海陵縣丞許文蔚點檢試卷；避親別試，監察御史章燮監試，侍左郎官王介考試，秘書省校書郎陸峻、秘書省正字陳舜申、太學博士王益之、監贍軍激賞酒庫史彌謹點檢試卷。 二年二月二十五日，銓試、公試、類試，命監察御史范之柔監試，太常丞兼考功郎官袁燮、樞密院編修官兼禮部郎官陳武、刑部郎中部蔡考試，閤門舍人熊武、秘書郎陳舜申、秘書省校書郎林至、傅行簡、真德秀、諸王宮大小學教授秦椿、宗正寺主簿陳振、大理評事孫涇、樓澄、陳有容考校。

卷一萬三千二百五十

三年二月二十五日，銓試、公試、類試，命監察御史徐宏監試，著作郎兼戶部郎官何刻、著作佐郎兼考功郎官滕強恕、大理寺丞沈繹考試，閤門舍人方公輔、太府寺丞鄭昉、秘書郎傅行簡、諸王宮大小學教授林琢、秘書省正字陳貴兼司農寺主簿林復之、大理評事王洪之、許震、謝逵、主管禮兵部架閣文字姚師皋考校。 八月五日，國子監發解，命監察御史鄭昭先監試，吏部員外郎錢文子、著作郎兼戶部郎官何刻、秘書郎真德秀考試，太常博士李道傳、諸王宮大小學教授林琢、秘書省校書郎楊汝明、秘書省正字喬行簡、司農寺主簿林復之、監都進奏院徐自明、幹辦諸軍糧料院周之瑞點

檢試卷避親別試軍器少監兼禮部郎官陳武考試監
尚書六部門楊宜中大社令陳貴誼主管戶部架閣文
字蔡關點檢試卷　四年正月二十四日命吏部侍郎
汪逵知貢舉吏部侍郎劉榘禮部侍郎曾從龍左司諫
范之柔同知貢舉倉部郎中張斗南秘書丞兼尚佐郎
官丁端祖大理寺丞程卓司農寺丞趙汝譜太府寺丞林
復之秘書郎薛紱太常博士李道傳著作佐郎趙崇憲
參詳太常寺主簿陳璧監登聞檢院陳卓監都進奏院
程遇孫幹辦諸司粮料院應武石宗萬武學博士金武
太社令劉靖之國子監主簿俞建國子正張方武學諭
陳貴誼太學錄丁焴提轄榷貨務都茶場朱端常主管
卷一萬三千一百五十
禮兵部架閣文字黄伯劇國子監書庫官葉蓁監雜買
務雜賣場門羅仲舒前惠州通判應元袞前無為軍學
教授陳殊兩浙轉運司幹辦公事許儀前太平州州學
教授王同前潭州善化縣令謝伯常點檢試卷避親別
試監察御試徐宏監試軍器少監陳武考試秘書省正
字喬行簡監登聞鼓院董居誼幹辦諸司審計司商逸
卿太學博士林坰點檢試卷　五年二月二十五日銓
試公試類試命監察御史金式監試軍器監余嶸工部
郎中徐應龍大理寺丞趙時適考試閤門舍人潘特美
秘書郎陳貴謙太常博士劉靖之秘書省校書郎林坰
宣繒大理評事林大章江褀任永年幹辦諸司審詳司

康仲穎主管吏部架閣文字薛舜俞考校　六年二月
二十五日銓試公試類試命監察御史黄序監試將作
少監任希夷著作郎兼考功郎官李道傳大理寺丞林
大章考試閤門舍人周師銳將作監丞陳貴誼諸王宮
大小學教授林士衡大理評事徐瑄王洪之趙善璙太
常寺主簿葉蓁主管吏部架閣文字陳伯震主管戶部
架閣文字張處主管禮兵部架閣文字陳殊考校　八
月五日國子監發解命監察御史倪千里監試宗正少
卿滕强恕秘書少監李垔秘書丞兼右司聶子述考試
大理寺丞應元袞樞密院編修官葛洪太常寺主簿葉
蓁武學諭危積主管吏部架閣文字陳伯震主管戶部
卷一萬三千一百四十
架閣文字張處主管刑工部架閣文字林椅點檢試卷
避親別試太常博士林士衡考試太學錄孫德輿主管
禮兵部架閣文字陳殊國子監書庫官方灼點檢試卷
　七年正月二十四日命刑部尚書曾從龍知貢舉禮
部侍郎范之柔左諫議大夫鄭昭先刑部侍郎劉禴同
知貢舉吏部郎中黄宜軍器少監劉靖之宗正丞兼工
部郎官林夢英著作郎兼侍左郎官楊汝明司農寺丞
吳格國子監丞蔡關國子博士曾煥太常寺主簿袁韶
參詳宗正寺主簿周騤監登聞鼓院任一鶚主管官告
院吳囦監都進奏院楊迪幹辦諸司審計司盛章李擿
幹辦諸軍粮料院馮令圖鄭之悌太學博士陳黼孔煒

太社令方秉哲籍田令趙崇𩆜國子正張己之提轄文思院余鑄通判臨安府孔元忠主管戶部架閣文字楊宏中監左藏西庫王仁前知建寧府崇安縣傅雍臨安府學教授陳公益前房州州學教授王瀹點檢試卷避親別試監察御史黃序監試著作佐郎兼考功郎官康仲穎考試將作監丞陳貴誼秘書省校書郎鄭自誠幹辦諸司審計司丁黼西浙轉運司幹辦公事何必點檢試卷 八年二月二十五日銓試公試類試命監察御史李楠監試將作監黃宜著作佐郎曹煥大理寺丞趙與夫考試閤門舍人鄒泰諸王宮大小學教授危稹秘書省校書郎趙建大秘書省正字葉澄太常寺主簿孔

卷一萬三千一百五十

元忠大理司直臧格大理評事安伯恕趙善瑹俞果主管戶部架閣文字周勉考校 九年二月二十五日銓試公試類試命監察御史李楠監試著作佐郎兼尚石郎官鄭自誠大理寺丞沈寔秘書省校書郎趙建大考試閤門舍人潘伯恭軍器監丞陳伯震太常寺主簿盛章太府寺主簿丁黼大理評事孫溼朱憲孫叔謹秘書省正字葉澄幹辦諸司審計司黃巠主管戶部架閣文字桂萬榮考校 八月五日國子監發解命監察御史劉槃監試將作監何澹考功郎中丁端祖兵部員外郎林垌考試大宗正丞施衆秘書省校書郎孫德輿趙建大太常博士盛章太府寺主簿王仁籍田令方灼國子

監書庫官黃克仁點檢試卷避親別試都官郎中杜孝嚴考試國子監丞張處諸王宮大小學教授危稹國子博士張己之主管吏部架閣文字徐鳳點檢試卷 十年正月二十四日命兵部尚書黃疇若知貢舉工部尚書任希夷右諫議大夫黃序禮部侍郎袁燮同知貢舉軍器監楊汝明屯田郎官林岊軍器少監丁焴太常丞兼兵部郎官孔燁宗正丞兼刑部郎官趙懋天大宗正丞兼度支郎官施衆著作郎兼司封郎官李鳴鳳大理正范擇能恭詳太府寺丞孔元忠秘書郎張處張己之監都進奏院徐澄主管官告院趙元儒幹辦諸軍審計司王夢龍幹辦諸司粮料院蕭舜咨趙希齊太學博士

卷一萬三千二百五十

陳德豫何應龍方秉哲大理評事朱憲國子正王珪武學諭樓昉主管吏部架閣文字徐鳳主管戶部架閣文字許應龍主管刑工部架閣文字陳公益浙西安撫司幹辦公事葛從龍臨安府府學教授黃灝點檢試卷避親別試監察御史盛章監試吏部員外郎林垌考試太學正桂萬榮監左藏西庫洪彥華主管禮兵部架閣文字劉孟虎提領戶部犒賞酒庫幹辦公事陳無損點檢試卷 十一年二月二十五日監試公試類試命監察御史盛章監試吏部郎中康仲穎著作郎張處大理寺丞鄭定考試秘書省校書郎黃桂宗正寺主簿黃溼提轄文思院牛斗南太社令陳畏大理評事趙善瑹朱憲

業炭主管三省樞密院架閣文字淩次英主管刑工部架閣文字盧祖皋考試　十二年二月二十五日銓試公試類試命監察御史蔡斛考試考功郎官樓觀度文郎中朱著刑部郎中胥垙考試閤門舍人陳元龍秘書省校書郎袁甫吳翊甫監都進奏院王藻籍田令許應龍大理評事蔣誼史改之郭正己主管三省樞密院架閣文字林萬考試　八月十五日國子監發解命監察御史徐龜年監試侍右郎中林岊考功郎中樓觀著作郎危稹考試太府寺丞方灼秘書省正字兼翰林權直徐鳳秘書省正字盧祖皋籍田令黃灝太社令王夢龍主管吏部架閣文字楊璘主管禮兵部架閣文字陶崇

卷一萬三千二百辛

監左藏庫中門皇甫暐點檢試卷避親別試祕書郎蕭舜咨考試主管戶部架閣文字葛從龍朝奉郎應鏞監贍軍南外酒庫胡剛中點檢試卷　十三年正月二十五日命禮部侍郎宣繒知貢舉右諫議大夫俞應符監試禮部侍郎楊汝明起居舍人李安行同知貢舉國子司業王棐吏部郎中林岊太常丞兼支郎官臧格著作郎兼尚左郎官陳德豫司農寺丞馮多福樞密院編修官兼右司方猷著作佐郎何應龍秘書省校書郎兼翰林權直徐鳳恭詳國子博士王藻將作監丞李昴軍器監丞李畏秘書省正字盧祖皋宗正寺主簿何焯大理寺主簿牛泚南太府寺主簿趙汝侃幹辦諸軍審計司

應鏞太學博士許應龍周瑞朝陳公益太社令宋倚軍器監主簿曹璽武學諭陳無損主管戶部架閣文字徐範國子監書庫官皇甫暐浙西安撫司幹辦公事林棐兩浙轉運司幹辦公事謝興甫臨安府府學教授楊遹從事郎潛敎點檢試卷主管禮兵部架閣文字陶崇主管刑工部架閣文字范鍾點檢考校宗子試卷避親別試監察御史張次賢監試吏部員外郎鄭自誠考試武學博士劉孟虎太學錄葛從龍主管吏部架閣文字楊璘臨安府府學教授周直方點檢試卷　十四年二月二十五日銓試公試類試命監察御史羅相監試禮部郎中曹暌刑部郎中趙愨夫太常丞兼尚左郎官諸葛安

卷一萬三千二百辛

節考試太府寺丞曹璽太府寺主簿盧子章太常寺主簿應鏞國子監主簿李伯監閤門舍人林汝泱大理寺丞趙立夫大理評事趙崇暉劉槐主管三省樞密院架閣文字高熙績臨安府府學教授楊遹考校　十五年四月十七日銓試公試類試命監察御史李伯堅監試秘書少監鄭伯誠倉部員外郎黃桂刑部郎中沈寔樞密院編修官兼侍右郎官盧子章考試秘書省校書郎劉政一太社令胡剛中籍田令方淙閤門舍人陳大紀大理評事江楧趙崇暉劉槐主管禮兵部架閣文字葉武子臨安府府學教授潛敎監左藏庫都門富𡓁監軍器院田克悉考校　八月五日國子監發解命監察御

史李伯堅監試工部郎中秦李頎國子監丞鍾震考試
監左藏東庫李知新主管戶部架閣文字陳登主管禮
兵部架閣文字葉武子主管刑工部架閣文字富㬇國
子監書庫官鄭清之點檢試卷　十六年正月二十五
日命權吏部侍郎程珌知貢舉權刑部侍郎朱著起居
舍人鄭自誠同知貢舉左司諫李伯堅監試宗正少卿
方猷大理少卿曾煥直煥章閣樞密副都承旨吳格司
封郎官魏了翁工部郎中秦季槱將作少監權直學士
院盧祖皋太府寺丞王克恭秘書郎鍾震宗學博士陳
公益國子博士葛從龍恭詳將作監丞卯橚秘書省校
書郎陶崇揚萬邁秘書省正字方淙太常主簿趙至道宗
卷一萬三千二百十七
正寺主簿馮特卿主管官告院李大有陳觀監都進奏
院李勲幹辦諸軍審計司李知新太學博士楊璘國子
監主簿王與權國子正高熙績太學正李宗勉宗學諭
周直方主管戶部架閣文字陳登主管禮兵部架閣文
字葉武子主管刑工部架閣文字富㬇兩浙轉運司幹
辦公事林良顯李劉臨安府府學教授潛敷監車輅院
田克恭監草料場門戴栩從事郎照畧點檢試卷避親
別試監察御史康夢庚監試吏部員外郎黃桂考校諸
王宮大小學教授范楷監左藏庫中門衛洙文林郎宋
巷繆師晏點檢試卷　十七年二月二十五日公試銓
試類試命監察御史康夢庚監試著作佐郎鍾震考試

主管戶部架閣文字王伯大主管刑工部架閣文字何
萬齡臨安府府學教授周儒行監左藏封樁下庫葉麟
之考校
卷一萬三千二百十七

不考課與職官會同存目不錄

宋會要　考試

淳熙元年四月二十八日詔乾道七年十月二十三日
指揮自今考試官並不許差知縣合于舊法內注文改
縣丞不得差充考試官為知縣不得差充考試官　五
月九日臣僚言諸路漕司今秋考試官除知縣不許差
外其餘並止於見任官選差如或不及舊來所差之數
則聽那展考校程限不必拘一月開院之例如或其間
窠有闕少員數過多去處即欲令轉運司申取指揮從
之　六月九日詔考試刑法官一員于郎官卿監內差
點檢試卷官三員于在京職事官內差依紹興二年七
月指揮施行知閬州吳宗旦奏試大法官常附銓試故
事差大理少卿或刑部郎官一員充考試正丞評事共
三員充考校比年以來止差丞一員充考試評事三員
充考校所出題目語言太繁使人迷惑鋪引錯謬乞自
今依舊差少卿或郎官一員充考試正丞評事共三員
充考校但當任左斷刑官雖在別部他寺監亦乞通差
所出題目限以千字直問法意毋事詭譎故有是命
十二月二十六日詔省試近在旬浹比年試官不以三
場通融取人至有一言一對偶同其私意遂以為合格
自今有司須參考三場以較優劣從臣僚請也　三年
二月九日命翰林學士知制誥兼太子詹事兼侍讀王
淮知貢舉試給事中胡元質試侍御史范仲芑同知貢

舉尚書右司員外郎王暕吏部郎官王希呂司封員外
郎聶湘倉部員外郎江溥軍器少監薛元鼎太常丞傅
伯壽秘書郎王公衮並參詳秘書郎吳飛英司農寺丞
何萬太府寺丞沈揆刪定官曾植國子博士葛邲太府
寺丞朱繹之太學博士劉溥劉甄夫刪定官石起宗蓋
經樂備國子監主簿彭椿年國子正胡一之武學諭何
澹國子錄胡南逢太學錄王維之知江陰軍蔣雝宣教
郎張騆臨安府府學教授周碩陳易迪功郎鄭鍔並點
檢試卷　六月十一日銓試命將作監徐子寅少監吳
飛英考試大理丞燕世良商汾大理評事劉敏文考校
點檢試卷　六月十五日詔自今差充貢院簾內試官
並不得出簾外干預簾外職事如違令本院長官覺察
具名聞奏重作施行從國子監請也　七月十一日詔
自今國子生監試補試其合避親並別院收試其或避
親嫌官不得差充別院試官　四年三月二十日詔四
川類省試令就安撫制置使司置院類試時已罷宣撫
司故也　六月七日江南西路轉運司言本路諸州軍
合差試官舊例係五十員計闕一十六員乞于本路寄
居待闕官內曾經試中宏詞及教官或進士殿試第一
甲省試前十名曾經陞補上舍人內選差一次從之二
十五日詔今歲科舉淮東西兩路所差試官許于太平
州池州管內通融選差如所差不足即依淳熙元年五

月九日已降指揮那展考校程限不必拘一月開院之例　五年正月九日命禮部尚書范成大知貢舉尚書刑部侍郎兼侍講兼給事中程大昌右諫議大夫蕭燧同知貢舉太常少卿兼崇政殿說書齊慶胄司農少卿戴幾先太府少卿傅淇尚書吏部員外郎兼太子侍讀閻蒼舒尚書兵部員外郎何伯謹監察御史潘緯徐詡並参詳宗正丞沈揆大宗正丞劉溥秘書丞袁說友大理正林元富太常博士章謙樞密院編脩官宇文作詳定一司敕令所删定官吳天驥秘書省著作佐郎鄭鑑諸王宮大小學教授何鹿秘書省校書郎胡晉臣葉山宗正寺主簿胡南逢大理寺主簿陳資深監登聞檢院

卷一萬三千二百卒

黄闡幹辦行在諸軍審計司吳博古提轄文思院萬鍾提轄行在雜買務雜賣場張商卿監行在草料場周文擢臨安府學教授高槼監行在編估打套局門陳義並點檢試卷　六月十一日銓試命秘書少監鄭丙金部郎官梁總考試秘書省秘書郎葛邲大理正元藏之大理評事張維吳師尹考校點檢試卷　七年二月二十五日武學公試詔蔡必勝充武學公試考校官宰臣趙雄言必勝係武舉魁首故也　七年四月二十四日江西轉運司言今歲科舉本路諸州軍見任出身官共四十六員内一十員係六月以前任滿計闕一十九員若用淳熙四年體例差寄居待闕内試中教官宏詞省試

上十名殿試第一甲人緣本路昨来所差寄居待闕今已赴官事故别無應格之人乞權于本路寄居待闕官選差文學優長曾充試官者一次從之　八年正月七日命試吏部尚書兼脩玉牒官兼脩國史王希呂知貢舉試禮部侍郎鄭丙侍御史黄洽同知貢舉左司郎中杜民表吏部員外郎沈揆刑部員外郎吳宗旦監察御史余端禮顔師魯著作郎朱時敏袁樞秘書郎范仲藝並参詳太常丞汪義端宗正丞王藺樞密院編脩官李嘉謨徐誼删定官郭明復奚商衡著作郎詹騤李巘校書郎趙彥中熊克楊輔尚書六部監門趙大猷秘書省正字劉光祖將作監主簿王謙主管吏部架閣文字吳

卷一萬三千二百卒

天驥主管工部架閣文字樊柳監行在豐儲西倉門周袠朱監行在惠民南局徐玠提領戶部犒賞酒庫所幹辦公事劉德秀監行在太平惠民北局方有開點檢試卷　十一日詔自今省試封彌官依祖宗典故差郎官卿監以上在院供給並依参詳官例臣僚言封彌謄錄巡捕官多是差刑部及權務官既不諳事體又官卑人微不敢誰何弊倖多在封彌所至有塗抹試卷漏泄字號折換印縫能文者反被其害景祐五年翰林學士丁度知舉其封彌官則三司副使姚仲孫殿中侍御史方偕也慶歷二年翰林學士聶冠卿知舉其封彌官則龍圖閣直學士孫祖德直集賢院田況也慶歷六年翰林

孫抃知舉其封彌官則侍御史仲簡三司判官周陵也封彌所差官多清望之官故蔽獎亦消于未然近時差官既輕吏輩益無忌憚其弊有不可勝言故有是命　六月十一日銓試命吏部郎官詹儀之刑部郎中吳宗旦考試秘書省校書郎姚穎大理寺丞俞澂大理評事陳桼部師成考校點檢試卷　九年二月十八日太常少卿俞端禮言試院全藉門禁嚴密以防姦弊緣監門多差監當及在部小官皆得慢易乞自今監門官並差六院官及臨安府通判從之　十年三月十九日兩浙漕臣言本路合差試官八十二員其間有任滿事故疾病替移之人不及所差員數昨淳熙四年江西轉運司

卷一萬三千一百五十

已蒙朝廷許權于本路寄居待闕官內將曾經試中宏詞及教官或進士殿試第一甲省試前十名并陞補上舍人內選差一次本司今乞于前項寄居待闕官內權行選差從之　十一年正月九日命戶部尚書王佐知貢舉中書舍人兼侍講王藺右正言蔣繼同知貢舉監察御史朱安國太常少卿王信宗正少卿史彌大秘書少監沈揆尚書右司郎中朱時敏宗正寺丞張叔椿秘書省著作郎何澹著作佐郎范仲藝並參詳官太常[illegible]丞李嘉言秘書丞黃倫大理寺丞趙善譽趙大猷司農寺丞方有開太府寺丞趙塋敕令所刪定官張濤王三怹程宏圖國子監丞彭仲剛諸王宮大小學教授梁汝

永國子博士莫叔光太學博士章穎太常主簿謝修軍器監丞胡長卿司農寺主簿張遜監都進奏院王厚之張伯垓主管官告院計衡監左藏南庫郭彖並點檢試卷監登聞檢院趙善堅大理評事錢宇並差監大門提轄榷貨務都茶場孫逢辰差監中門大理評事王訢差主管牒試避親官監察御史陳賈充別試所考試官太理司直鄭湜校書郎奚商衡太常博士倪思太學博士王叔簡並點檢試卷　十三年七月十三日臣僚言切見近年諸路州軍科舉轉運司所差考校官以見任官不足聽于待闕合格者選差又考校官習詩賦者未必熟于聲律的不恭酌于其間所取未必盡應程度故所

卷一萬三千一百五十一

差不可不均乞令諸路轉運司凡待闕被差者止令考校不與出題其有學生就試者試官自陳迴避如或隱而不言後因事發覺重寘典憲從之　二十一日福建路轉運副使趙彥操轉運判官王師愈言竊見福州每歲就試之士不下萬四五千人而考試官止差十員建寧府亦不下萬餘人而考試官止差八員且以建寧府計之通三場則三萬三千卷分之八房每房皆四千八百餘卷在法不滿三百人試官二員每添五百人添官一員乞于福州添[illegible]三員建寧府添試官二員庶幾稍分其勞不至以繁冗失士從之　八月五日臣僚言向來鮮試不差學官豈不以月書季考習熟其文去取

高下之間雖未必容私是非衆多之口然易以興謗與
其決去防閑欲使人各自盡其公心孰若防閑具存能
使人不得議其私意目今科場差官在即乞依舊例免
差學官非特釋舉子之疑亦足弭學者之謗從之 十
二日臣僚言乞自今監學首試差官以至諸路州軍科
舉並須酌量經義詩賦兩科就試人數均差治經人專
考經義習詩賦人專考詩賦若文卷多寡不等即以論
策通融叅酌仍乞令兩淮及其餘遠小州郡若士人稀
少去處亦須至本月末方許開院人數稍多即量與展
日庶幾差擇精詳鑒裁加審不失國家設科務在得人
之本意從之 十四年正月二十日命翰林學士知制
誥兼侍講兼脩國史洪邁知貢舉權刑部尚書兼侍講 卷一萬三千二百卒
兼太子詹事葛邲右諫議大夫陳賈同知貢舉監察御
史吳博古秘書監兼太子左諭德國史院編修官沈揆
太常少卿朱時敏左司郎中兼太子侍讀楊萬年樞密
院檢詳諸房文字兼國史院編脩官范仲藝吏部員外
郎石起宗尚書考功員外郎鄭汝諧秘書省著作郎兼
權倉部郎官黃倫著作佐郎兼權兵部郎官梁汝永知
大宗丞兼權刑部郎官李詳並叅詳官宗正寺丞宗之
瑞秘書丞謝脩太府寺丞劉崇之大理寺丞謝深甫秘
書郎倪思太常博士黃黼樞密院編修官張濤詳定一
司敕令所刪定官鄭湜馮震武沈清臣王齊輿秘書省

著作佐郎兼魏惠憲王府教授黃唐諸王宮大小學教
授戴億大理評事陳杞秘書省校書郎鄧馹將作監丞
王厚之太社令趙伯成主管官告院曾三復提轄行在
雜買場雜賣場霍篪幹辦行在諸司審計司周曄孫逢
吉提轄行在左藏庫李知己主管尚書禮兵部架閣文
字毛憲主管尚書刑工部架閣文字沈有開並點檢試
卷中書門下省檢正諸房公事兼國史院編修官兼太
子侍講尤袤差別試所考試太常寺主簿林大中宗正
寺簿許及之監行在左藏西上庫段世監行在草料場
陳秉儀並差點檢試卷 六月一日銓試公試命吏部
郎中石起宗刑部郎官呂公進並考試太常博士黃黼
大理評事錢宇陳杞高諷之並點檢試卷 十一月二 卷一萬三千二百卒
十五日右正言黃掄言國家以文章取士莫盛于進士
之一科名公鉅卿項背相望比年以來文風不振士氣
卑冗爲學者不根于經籍從政者罕識于教化故文章
委靡詐僞日滋選用之際常患才難豈非積習使然耶
唐室中葉文尚偶儷破碎大道韓愈以六經之文爲諸
儒倡然後一變而爲純粹本朝嘉祐中劉幾倡爲怪僻
之文士子翕然傚之歐陽脩適知貢舉痛加排斥然後
文體復歸于正厥今韋布之士數千萬輩求售有司莫
不以文藝相高取其中的者以爲程式彼司文柄者縱
未得人人如韓愈歐陽脩亦宜妙極一時之選近年往

往推擇不精，所取之士不厭人意，有司不明，誠或有之。臣嘗推原其弊，其一起于朝廷以考校之官應副人情，其一起于朝廷以親戚就試而海行關具以聽御筆點差。副人情則不開其能否而惟視其厚薄，每行關具則莫知其底裏而惟付之于幸不幸，此有司所以多不得人也。今來省試在近，加以卑恩免解而來者甚多，尤非常年之比。乞預詔大臣精加選擇，勿以人情之故而為場屋之害。其或不免于關具，亦不多其數，而具其所可具者以備採擇。如或老或病，雖登科祿祿無聞，勿以充數。從之。

紹熙元年正月二十四日，命權吏部尚書鄭僑知貢舉，右諫議大夫何澹、權吏部侍郎陳騤同知貢舉，太常少卿邱宦、戶部郎官謝源明、謝深甫、將作少

卷一萬三千二百五十

監兼直學士院倪思、宗正丞張濤、大宗正丞鄧驛、秘書丞黃艾、秘書省著作郎鄧馹、著作佐郎衛涇、黃由參詳，司農寺丞孫逢吉、太府寺丞曾三復、秘書郎李寅仲、樞密院編修官陳士楚、校書郎王叔簡、國子監丞虞儔、秘書省正書石宗昭、太常寺主簿徐琳、宗正寺主簿鄭公顯、國子監主簿閭丘泳、監登聞檢院黃灝、監都進奏院李謙、主管官告院孟浩、幹辦諸司審計司何異、幹辦諸軍審計司俞言、幹辦諸軍審計司祝禹圭、主管吏部架閣文字呂宗孟、主管刑工部架閣文字李大異、國子監書庫官方廷堅、朝奉郎王源、奉議郎彭龜年、彭寅、宣教郎陳棟點檢試卷；別試所監察御史林大中考試，考功郎中樓鑰、太常博士汪逵、樞密院編修官李沐、司農寺主簿李唐卿點檢試卷。

六月十日，銓試命大理少卿呂公進、考功郎中樓鑰考試，大理寺丞許岱、大理評事高詠之、沈宗淵、太學博士沈有開、太學正田澹考校。

十三日，詔幹辦諸軍審計院俞豈差充類試封彌官兼監謄錄官，其先差姜堯章却令出院。以臣僚言太學補試周賦魁爭訟事送有司勘鞫，聞者怪駭，此弊起于封彌謄錄之不謹，乞于六院四轄及在京局務官內選差有風力之人，充滋吏姦，故有是命。

三年六月十八日，詔諸路轉運司考試官並須依公選差，毋得聽受請託，容其有所避就。及諸州試院封彌官專差幕職官一員，其對讀官亦差粗識文理者為之。以臣僚言州郡待試官之禮厚薄不同，嗜利之人計囑漕臣乞差優厚去處，知彼州所得之薄則妄申有親戚就試以避之，漕臣迫于請託，未免曲從；封彌官不得其人，則吏因緣為姦，取受情囑，戳匿有名士人文卷；對讀官全不曉文理，則程文之詳謄者或為謄錄人節畧首尾，以至見黜。正緣州郡所差官不過丞簿監當，素不經歷，又無事權，不能檢束吏姦，遂使士人優長之文暗遺毀棄，故有是命。

卷一萬三千二百五十

八月三日，禮部侍郎倪思言：太學解試考官選自朝廷，無事關防，惟是外處考官所差未必一一得人，其怠惰

者嚴文卷之多其輕率者有忽畧之意至有謾取數卷應數其餘或不加點抹或妄批一兩字于卷首而初未嘗過目者士子程文或不幸而遭之雖是優長不免黜落又有考官入院之後偶爾病患雖欲考校力所不及而同時考官不肯為之分考則分一房之卷亦將平沉至于去取之際執私占吝不相通融或一房之中合格者多不容兼取或全無文字堅欲取之則是士子程文去取不係工拙特出于幸不幸耳凡此等弊皆不可不革者也乞下諸處試院命考官精加考校雖是落卷必須批抹所以落之之由其試官入院萬一果有病患考校力所不及則令監試隨宜分與衆考官均考至于所〈卷一萬三千一百九十〉取合格卷子亦令公心商議務相通融不得徇私如此則前弊庶乎其可革矣從之　四年正月十日監察御史曾三復言太學解試不差學官蓋員數不多易為駘那若省試乃合諸路進士考試官不下四五十員若不差學官安所遴選且學官無非朝廷擢用之人其選素精倘于考校之際不務為國掄材而尚徇私情則豈但不可為省試考官而已況前此固有逼省試之期方遷為學官而不差者又有數日之間偶移他職而被差者何其作公作私之異也乞明詔大臣畧去嫌疑不必拘泥不差學官之說如差點檢試卷官則乞多選去科場未甚久者庶得省記近時舉子之文可以革廣場蹈襲

之弊從之　二十四日命吏部尚書趙汝愚知貢舉給事中黄裳左司諫胡澋同知貢舉度支員外郎王厚之將作少監黄艾監察御史汪義端太常丞李謙宗正丞鄭公顯秘書省著作佐郎沈有開司農寺丞彭龜年秘書省著作佐郎李唐卿参詳大理寺丞彭演秘書省秘書郎范仲黼太常博士陳橡諸王宮大小學教授楊大法秘書省正字蔡幼學宗正寺主簿李景和監登聞檢院楊大全幹辦行在諸軍審計司范蓀太學博士部康曾秘太社令陳峴國子監主簿王源將作監主簿李大異國子正田澹太學正顏棫國子録陳邕太學録雷孝友奉議郎吳獵主管尚書戶部架閣文字孫元卿從事郎蘇大任點檢試卷別試所秘書省著作郎黄由考試〈卷一萬三千一百九十〉太府寺丞程九萬秘書省校書郎王爽太常寺主簿張貴謨軍器主簿曾三聘點檢試卷　六月初十日銓試命吏部郎中林湜度支郎中沈樞考試秘書省著作佐郎王容大理評事錢藻黄培陳景俊大理寺主簿王寧考校　慶元二年正月二十四日命禮部侍郎木待問知貢舉起居郎王容右正言施康年同知貢舉樞密院檢詳諸房文字宇文紹節倉部郎中孟綸監察御史鄧友龍宗正丞兼金部郎官張布著作郎兼考功郎官蕭逵大理寺丞汪文振胡元衛秘書郎陸峻参詳司農寺丞盛庶太府寺丞趙夢極國子監丞朱欽則秘書省校

書郎周夢詳太常寺主簿，葉宗魯大理寺主簿張訢監登聞檢院鍾將之監都進奏院曾槐主管官告院黄景説幹辦諸司審計司陳鑄幹辦諸軍審計司林行可幹辦諸糧料院葉時武學博士朱質國子監主簿談鑰大理評事李燮鄉提轄文思院黄謙主管吏部架閣文字顧杞主管户部架閣文字黄犧主管禮兵部架閣文字王庭之監推貨務都茶場尚朴點檢試卷避親別試禮部員外郎顏棫考試司農寺丞余崇龜提轄榷貨務都茶房單㟪國子監書庫官高文善點檢試卷　二十五日命吏部尚書葉翥知貢舉吏部侍郎倪思右諫議大夫劉德秀同知貢舉左司郎中張濤國子司業高文虎

卷一萬三千二百五十

吏部郎中鄭公顯吏部郎官張貴謨吏部員外郎官衛涇監察御史胡紘姚愈著作郎王厚著作郎兼司封郎官顏棫著作佐郎兼刑部郎官李壁恭詳大宗正丞范蓀大理正羅克開大理寺丞陳樸宋思遠司農寺丞楊大全秘書郎費士寅太常博士劉誠之樞密院編修官陳廣壽秘書省校書郎余復陳峴太常寺主簿張經大理寺主簿陳希點主管官告院黄闢幹辦諸司審計司商飛卿幹辦諸司糧料院周芊太學博士沈繼祖國子正曾漸武學諭楊寅國子録潘友端太學録陳晅主管户部架閣文字吳仁傑主管禮兵部架閣文字王申主管刑工部架閣文字鍾必萬監左藏封樁下庫葉挺點

檢試卷避親別試宗正丞兼倉部郎官雷孝友考試太府寺丞傅伯成國子博士陳宗名宗正寺主簿楊克忠太學正易祓點檢試卷　六月十日銓試命樞密院檢詳諸房文字張貴謨刑部員外郎朱翺考試大理寺丞宋思遠李玨樞密院編修官陳廣壽大理評事奚士遜太學博士俞烈考校　同日銓試命禮部員外郎顏棫刑部郎官陳景俊考試大理正宋思遠司農寺丞盛庶大理寺丞鄒衮大理寺主簿陳鑄大理評事史渊考校

慶元四年三月二十五日臣僚言國家三歲大比賓興賢能異時公卿大夫皆繇此塗出苟不正其始于有司文衡者泛焉無擇使得以異端邪説鼓倡于其間一

卷一萬三千一百五十

旦入仕其愚有不可勝言比年以來偽學相師敗亂風俗所賴聖明力挽狂瀾一歸于正學校文詞之體官吏薦舉之式關防曲盡然士風已正而異端邪説之弗戒則足以害至治科場試文之官寔司進退予奪之柄儻或不知所擇使偽學之徒復得肆其險詖之説則利禄所在人誰不從必至疑誤學者乞頒詔旨將來科場諸路運司須管精擇議論正平委非偽學之人充諸州軍考試官仍開名銜照應舉格式如涉偽學甘寘典憲中尚書省御史臺照會此去科場不遠乞下諸路漕臣預先體訪所爲合差試官之人究見是與不是偽學的寔庶幾臨期差撥不至牴牾從之　五年正月十九日臣

漕言諸郡與漕闈考官必差一員為點檢主文凡命題與所取程文皆經點檢以防謬誤比年以來徒為具文一時考官各騁己意異論紛然甲可乙否以致題目多有乖謬去歲秋舉諸州所申義題或失之牽强文理閒斷而不相續或失之鹵莽文理齟齬而不相類賦題論題或失之破碎文理扞格而不相貫以至策問專肆臆說援引失當皆由點檢官不擇才望之士考官中有矜能挾氣者不同心商確故有題目出于一人之見其他官旁睨不欲指其疵纇及有摘發其失出題之官獨被譴責而無點檢之名乞令後漕臣若非由科第即別委本路提刑提舉總領有出身者每舉從朝廷畀委一司選差試官須擇其素有文聲名望士論所推者充點檢官專以文柄責之諸考官先供上題目點檢官斟酌審訂擇其當理而不悖古訓兼通時務者然後用之及考官所取合格試卷點檢官仍加詳校公定去留禮部俟其中到題目及程文再行點檢如有乖謬將點檢官重行黜責從之

正月二十五日命權禮部尚書黃由知貢舉吏部侍郎胡紘侍御史劉三傑同知貢舉太府卿楊王休大理少卿趙介禮部員外郎陳讜監察御史程松太常丞李景和宗正丞孟必先大理正奚士遜秘書郎易祓叅詳太常博士鍾必萬諸王宮大小學教授許開秘書省校書郎李壆宗正寺主簿王煇監登聞鼓院趙夢極主管官告院徐似道汪文振幹辦諸司審計司俞崇邑太學博士蕭逵武學博士高似孫國子監主簿楊濟軍器監主簿俞亨宗朝奉大夫林采國子正王克勤太學正陳晦國子錄胡元衡主管禮兵部架閣文字王茂良點檢試卷避親別試樞密院檢詳諸房文字汪義和考試秘書郎毛憲國子監丞王聞幹辦諸司糧料院朱欽則主管户部架閣文字留駿點檢試卷

六月十日銓試命刑部郎官王補之禮部員外郎陳讜考試大理寺丞蔣蘭太府寺丞楊潛大理評事史彰祖俞潾主管吏部架閣文字張嗣古考校

嘉泰元年二月二十二日知滁州許奕言三歲科舉至重事也乃者諸路所差考官或非其人命題乖張考文紕繆或章句之不相屬或援引之非所宜經義至失本旨詩賦至失音韻朝廷固嘗小懲之矣今科詔既頒而差考官一節其可不申嚴乎夫經義詩賦各從其習故習經義者聲律之不知猶習詩賦者不明經旨也今而强之使叅考幾何其不失士耶乞敕諸路漕司今歲所差考試官一則審覈其人之真僞擇端正而不墮浮靡者以充考校次則稽考逐官鄉色量逐州合差官之數其詩賦多而經義少則以三分為率一分治經義官二分詩賦官俾專攷之若經義多而詩賦少所差亦然庶幾各效所長取

卷一萬三千二百五十

予精當從之　三月二十九日臣僚言士子程文不過三場而其定去留者多在經義詩賦然此二者罕能兼通今之學官即向時之生員今之考官即向時之舉子未有以經義登科之後復習詩賦未有以詩賦進身之後復習經義昨來太學補試有取魁賦而重疊用韻及落官韻者此攷官不習詩賦之病前舉諸州解試有出經題而本文不相連屬者有不應作題目而出為題者此試官不習經義之病且以今日學官言之監學官十餘員而習詩賦者纔一二人又諸路鄉舉多是提舉學事司臨時差官應數奚暇選擇乞今後差國子監太學官宜照各人元來所習為之均差自今歲始所差上舍

卷一萬三千二百五十

試及發解試官並參照所習分令均平並下諸路漕司制置司依此參照均差仍開具試官所習申省部照會從之　十二月四日臣僚言竊惟國家設貢舉之科重考官之選以求真才寔能法至密也士群試于有司經義詩賦各分所長而考官之通于詩賦者未必通于經專于一經者于他經或不能以通習令使之兼任考校而欲其精于去取不亦難乎曩者議臣嘗欲均差經義詩賦之人其說固已施行矣使登第者衆固可選擇若其稍關則均差之說將何所施大郡考官員多或可通融若小郡員少則均差之說亦將安取臣竊謂均差既非通論兼習又難其人莫若分遣諸郡教官或可任責

蓋為教官者非殿省試之前列即學校之上游其他或以履歷得之亦皆當世之名彥況郡有月試經義詩賦考校既熟鑒裁必精乞敕諸路漕臣自來歲大比為始郡無大小必差教官一人專主文衡而他官則參預考校令禮部看詳本部言國子監集學官聚議科舉選差攷官合以經義詩賦兼通之人專主文衡欲每處必差教授一人委是允當但照得諸路漕司選差考官多以本司場屋為重若以教官盡分諸郡則漕司必致闕人今欲于諸路幹官及諸州職官內有前名登第或試中教官之人與諸州教授通融選擇仍于差帖內帶兼檢點試卷則場屋之人事體歸一從之　四年三月二十

卷一萬三千二百五十

八日兩浙轉運司言向來科舉年分本司未建試院之時旋于餘杭門外辯截香積化度寺權充試院後來本司慮恐騷擾寺院科差人匠借索什物遂踏逐江漲橋之北空閑地段建成試院備辦但干什物動使等逐舉引試委是利便絶無毫髮科擾近本司奏請乞將礙格不礙格人令主文三場各自命題可革假手之弊又因臣僚奏請乞將礙格不礙格人做太學私試分廊之法國子監勘當卻將礙格不礙格人于此近去處分作兩院同日引試竊詳試院之側皆居民屋宇別無空閑去處可分兩院縱分兩院必須增差監試簾裏外一行官吏添置合用什物等種種非便所費竹木蘆席不止此

況近日府城居民遺火延燒官舍本司見行分頭蓋造尚自闕少豈有餘力可以陽截試院今欲將礙格不礙格人且與分廊各自出題引試詔令本司將試院措置擗截作處引試每數交互仍各出題自更不增置試官

開禧元年正月十九日臣僚言進士一科寔為至公之選比年以來士大夫盡公者鮮科舉之弊日滋或先與試題或私為暗號殊不知科第前列與中選之人異時朝廷往往擢用乃以計較得此何理哉臣頃歲再叨學官比者充員後省備見本末敢以一二弊陳之其一如公試上舍試銓試之類皆循舊例不置別試所間有合避親試卷止是避房往往並在收取之列其初不顧

卷一萬三千二百卒

嫌疑繼之遂成私曲臣謂莫若于公試銓試上舍試仍置主管避親官不置別試所俾之牒試以示至公如是省試年分即分別試所有孤經令改經就試數內上舍試人數不多或恐多是孤經而試官員數亦少若于百執事內選其無親戚在內舍者委以考校于理勢尤便其二則省試近例有諸房旁通考校圖分與諸試官每遇卷子入院分散諸房考校謂如第一場在某房第二第三場在某房披圖可見以此試官之挾私者使于尋索公然較計取其私黨莫若于省試卷子在簾案之日委官知舉分係諸房考校然後來上所有旁通考校圖但置知舉房中以俟穿卷奏號更不付之諸房如此則

試官挾私者不知卷子在是何房分又不可明言尋索則姦弊自然銷弭其三則太學私試以每月試中分數理為校定將來可以免省事體非輕然自長貳博士正錄丞簿下暨吏人皆與諸生相接曩者以公存心自得其平比歲私取之謗動輒騰沸臣謂太學內舍校定當以公試上舍試為上而以私試次之凡公試上舍試不中選者雖是私試中選亦不得預校定之數更不拘較到本年分數若干自開禧元年為始每歲止校定內舍優等一名但以諸生公試或上舍試已中而私試又中分數最多者置在優選仍以公試或上舍試合理三分者壓私試四分比較餘照見行條法施行如此則歲終

卷一萬三千二百卒

校定皆得公試上舍試中選之人寔為公當而私試分數止可湊數收使于禮為順詔令禮部契勘聞奏既而本部言據國子博士趙大全等看詳累舉體例省試四川類試太學諸路解試並皆置別試院所以杜絕親故私取之弊法意已詳獨銓試公試上舍試凡有親戚止是避房不令別試難以他巻謂之裹送其間豈無私嫌今令別試避親寔可以痛革其弊其省試人多使就別院其上舍試緣赴試少差無親嫌官考校委得允當但公試一節如遇省試年分係差試官及簾外等官共四十餘員避親人數稍多即令別院收試臨時照人數多少申朝廷分等取放如不係省試年分公試鎖院試官

止有八人避親人數必少竊恐取放不行難爲分等乞于無省試年分公試上舍試差官體例取索在朝官與太學在籍生員無親嫌官考校方充試官其省試年分却令避親人就試別院庶得公當宗室省試人數不多其避親一節欲照紹熙四年省試及逐舉鎖試體例並發過別院收試庶于別院差考官數少免避親嫌疑大全等照對三場取士正欲士人各盡所長自當三場分考以見優劣知舉按圖穿卷以定去取若今諸房各有旁通圖恐有計會互批之弊臣僚所請委是允當大全等照對臣僚奏請太學內舍校定分數及內舍生如遇上舍試公試年分私試分數止可以湊數收使委可施行但每歲內舍校定分優平二等共校十人以當年公試私試或上舍試分數同湊今來既只用上舍試公試分數緣從來公試內舍外舍生通同混試往往內舍取人不多謂如慶元六年公試止有內舍生六人合格嘉定元年公試止有內舍生四人合格今若依舊混試竊恐當來校定必不及十名之數今乞將內舍生另項考校以十分爲率所取不得過二分半仍定取二名入第二等取四五名入第三等餘合格人並入第四等豢同系入公試大榜取放外有當年新陞補人既無公試分數難以一年不令就試趕趁校定乞令赴私試如有分數從臣僚所請內舍公試三分歷私試四分其新補

人有四分却在公試三分之下如遇已十分校定次年仍舊以公試式校定從之　二十五日臣僚言知舉雖忝以諫官當付之以糾察之任不必與議論去取于其間庶幾權尊而勢一人亦無得而議詔更差同知貢舉一員　是日命禮部尚書蕭逵知貢舉中書舍人陸峻右諫議大夫李大異禮部侍郎兼直學士院李壁同知貢舉太常少卿陳樸秘書少監陳峴左司郎中雷孝友吏部郎中汪文振趙夢極著作郎鄒應龍秘書郎葉時著作佐郎朱質恭詳太府寺丞陳嘉猷太常博士蘇士能樞密院編修官卓洵商許國子監丞留駿將作監丞莫若沖秘書省校書郎張從祖許奕秘書省正字蘇大璋太常寺主簿高文善宗正寺主簿常褚太府寺主簿黃疇若主管官告院晁伯談幹辦諸司審計司喬夢符幹辦諸軍糧料院程卓籍田令余嶸國子監主簿范子長主管禮兵部架閣文字唐吉先主管刑工部架閣文字陳振點檢試卷避親別試監察御史徐柟監試右司員外郎陳希點考試秘書丞兼考功郎官黃景說秘書郎陳晦監登聞檢院魯圩幹辦諸司糧料院莊崑點檢試卷　六月十日銓試命禮部員外郎徐似道大理正薛極考試著作郎曾從龍國子監丞范子長大理評事史復祖林大璋蔣誼考校　三年六月二十九日臣僚言科舉之弊如漕司差考試官不可不革詔令禮部同

國子監看詳照得漕司差考官慢其泄而容私也乃不明示以某州特給付字號俾于所經由州郡對同其字號則躬書塡以防吏姦似可革弊而州郡例于前期差監門官以漕司所給字號界之俟其對同俾監門率小官下吏寡以廉恥自將所給字號又為高貲者得之前途伺候以行私囑又不容革矣臣謂欲革私託之弊莫若以漕司所給字號付之監試監試非通守則漕屬官其官稍高則自愛稍切對同字號之法庶不至漏泄而其弊去矣今看詳委是利便但所買字號之弊不獨在逐州監門其原在于發號之時閑防不密致吏輩漏泄作弊乞下諸路轉運司遇差試官發號之日漕臣同屬

卷萬二千三百五十

官躬親差排分數不得令吏人干預仍立隅眼疾速牒本州守臣收管亦不得入吏輩之手可稍革買解之弊乞行下遵守施行從之　嘉定元年六月十日銓試命禮部員外郎陳晦刑部員外郎薛極考試秘書省校書郎陸峻秘書省正字陳楧大理評事李叟卿趙懋大留普考校　三年四月二十四日臣僚言三歲大比弊端不一漕司所差考試多是寄居待闕官而見任有出身人或無勢援近處以簾外職事以至寄居待闕被差者本貫相去不遠率多私囑之弊每一揭榜不能免人之議州縣創添寄居考官一員則有一員人從批券之應辦諸費而寄居待闕挾勢求差者諸郡考官員數有

限豈能徧及乞下諸路轉運司所差諸郡考試官刷其見任內有出身官盡數從公差委如或欠少一二員許量展揭榜日子令盡心考校亦不至闕誤外有寄居待闕並不許差充試官庶可以得真才其有違戾者令臺諫覺察重寘于罰從之　四年正月十九日權禮部尚書章穎言比年以來每遇出勅宣差省試官自早至暮至者不齊以致宮殿門閉不可入殿受勅乃望拜于皇城門之外遇雨則拜于漏舍之前甚非所以重貢舉尊王命也蓋由宣押之際賓客及門不容排遣遂致日晚秉燭入院人從喧雜夜半乃定尤費閑防乞凡當差官自正月二十一日以後並不許出謁受謁至鎖院日宣

卷萬二千三百五十

喚及門即時上馬前赴殿門以俟班齊而入仍乞內侍省是日早發差官姓名并勅牒戒諭快行所至催督不令稽緩庶幾不至容暮紛擾之患從之　六月十日銓試命著作郎兼都官郎官任希夷大理寺丞鮑澣之考試太學正宣繒大理評事趙時適江楧任永年幹辦諸軍審計司楊宜中考校　五年六月二十八日銓試命兵部員外郎何郯大理寺丞費埏考試秘書省正字孫德輿主管戶部架閣文字楊宏中大理評事趙懋大安仲恕趙立夫考校　六年十月二十六日禮部侍郎范之柔言臣今歲科舉輔郡試官有昏耄不能視閱卷子至令書吏讀而卧聽論詳銓法年六十不許注縣與尉

蓋恐精力不逮，況于校文去取，豈容毫髮僭数。自今年六十以上不許差充試官，如所差不及累舉之數，則以卷子多寡紐筭展日放牓，却以空員供給均補考官。經義、詞賦不同其習，節次臣僚申嚴分經考校之令，可謂允合人情。今歲科場考官仍有混考經義詩賦者，則是不遵指揮。乞下諸路轉運司，今後試官須將經義、詩賦人分經考校，或有違背，將監試并本房試官從漕臣聞奏鐫責；如漕臣不覺察，許御史臺彈劾。從之。　九年六月二十四日，右諫議大夫應武言：臣竊聞四川類省試有考官徇私納賄，去取不公，預選之人不協輿論，固當奏罷矣。近年所聞，或謂徇私之弊已久，朝廷不能盡知。

卷一萬三千二百十五

蓋監試一員、考試一員係朝廷勑差外，自餘考試、點檢試卷官並令制置司自行選差。近有有勢力者于差官之前先事請託，或立暗號，或求題目，或私付文字于考官、點檢官，内多所請囑，雖封彌謄録而寔知其姓名，雖文理踈謬而曲為之收拭。方其未揭牓之前，某人為某人所屬，某人為某人所主，士子相與指目，逮至揭牓，悉如所言。又聞劾差考官與制置司所差考官各稱職事既同，勢不相統，監試官雖許捆摘試卷定然，一人之力不能遍周，既不足以禁考官之私。且考試官或係本路知州，而本路監司乃為監試，則考官限于職守之相臨，又不足以止監司之私，而是蜀士抑鬱無訴。乞將考試官

員數盡從朝廷選差，或將所差考官一員別立名稱，同監試遍閲諸房卷子，或差東南人充監試，或監不係監試官所部知州充考官，其被差者不必專取文詞之人，惟以公心取士為主，嚴行戒飭。從之。　十年六月二十五日，銓試命秘書丞樓觀、大理寺丞沈繹考試，太學録徐鳳、主管三省樞密院架閣文字何郯、大理評事蔣誼、鄭定更改之考校。　十一年十月四日，臣僚言：竊見昨來朝廷凡遇差官考校，頗費選擇。乞詔二三大臣博求科第碩望、學問器識僉論推重布列班著，以備考官之選。從之。　十二年十二月九日，臣僚言：歲當大比，試于春官，知舉主文衡，參詳審當否，至于考校之初，去取之

卷一萬三千二百十五

責寔由點檢試卷官。每舉例選二十員，考卷一月甫能竣事，脫有病者，又難分考。莫若就點檢官内添一二員，俾我能勝大文，不我窘。都省照得近來宗子到省人數倍于常舉，其點檢試卷官若仍舊止差二十員，竊慮考校不精。詔更添置點檢試卷官二員，專一考校宗子試卷。　十三年七月二十五日，銓試命金部郎官龔蓋卿、大理寺丞趙善瑑考試，太常寺主簿黃灝、措田令鍾震、大理評事史湜、邢近、趙汝捍點檢試卷。　十五年十一月二十九日，臣僚言：詔得宗子省試添差點檢試卷官二員，專一考校，務欲精切。竊詳宗子係二月九日引試，十一日方得考校，至二十七日揭號，計得十七日，且以

應舉鎖廳取應言之，共計一千二百七十四人，合賦
論策計之，則有三千四百九十四卷，内取應三百二十
八人。兩場試官二員，品搭分房，各當一千七百四十七
卷。若賦論日考百卷，尚可僅了所分之數；若經義并策，
窮日之力，可考五十來卷，十七日内不過八百五十卷，
則尚有未考九百餘卷。推原其故，自二十五日入院，半
月方引宗子試，前既空閑，自然擁併在後。欲將宗子考
官二員添入省試官内，證太武學官試例，同共考校。既
多二員，決不致卒，又前來宗子就試別院元差五員，今
過太院，似可減省一員。況別院終場以今年論之，有一
百六十四人，若只四員，儘可從容，却以所減撥過太院

卷一萬三千一百五十

添作三員，數無增損，而考校勞逸却有通融。乞賜詳酌。
小貼子：若欲宗子專員考校，不撥別院試官，擬將宗子
引試趲向初一日以前，庶得寬展，無先逸後勞之患。劄
付禮部，候將來省試年分檢舉施行。本部連送國子監
指定，據國子博士葛從龍等申：證得省試凡半月方引
宗子，雖專差二員考校，至十一日方有卷考，拆號既迫，
擁併在後。一欲別院減一員，撥入太院，同共考校；一欲
宗子引試趲向初一日以前；一欲宗子試官二員添入
省試内，證太武學試例，同共考校。竊見三說皆是通融，
但別院試官四員，主文一員，却有避親并武舉省試宗
子及太學避親公試，題目既多，拆號有限，恐難減入太

院。欲就初一日以前引試，緣正月二十五日鎖院，收領
卷子，排比座圖，恐難趲試。内將宗子試官二員添入省
試官内，證太學公試例，同共考校，委寔可行。今欲從所
陳，將考宗子試官同共考省試，却于考省試後，令諸考
省試官同考宗子試卷，亦無擁併，彼此通融，勞逸皆等，
可精考校。今來寔散亮舉既多，乞檢慶元二年體例，增
添試官，乞指揮施行。詔内簾詳官添一員，點檢試卷官
添二員，對讀官添六員。　十六年六月二十五日，銓試
命司封郎官陳貴誼、大理寺丞江楧考試，秘書郎高似
孫、國子監主簿姚子材考試。

卷一萬三千一百五十

宋銓選

吏部 詳見職官

審官東院 與職官同存目不錄

兩朝國史志吏部判部事二人以帶職京朝官或無職事朝官充凡文吏班秩品命令一出於中書而小選還院不復置本曹但掌京朝官叙服章申請攝官祠祭及幕府州縣官格式闕簿辭謝稜萃舉人兼南曹甲庫之事南曹掌考驗選人殿最式狀而送流内銓試勾黄給歷之事令史九人驅使官一人　庫掌受制敕黄闕給藏符優牒選人改名　置之事令史三人驅使官一人　元豐官制吏部左右選各置尚書侍郎郎中員外郎分掌其事　以上續國朝會要

神宗正史職官志尚書吏部掌文武官選卷一萬六千七百八十四擬勳封考課之政令凡分選有四文臣之祿官自朝議大夫職事官自大理正以下非中書省敕授者歸尚書左選武臣外朝官自皇城使職事官自金吾街仗司以下非樞密院宣授者歸尚書右選自初仕至州縣幕職官歸侍郎左選自借差監當至供奉官軍使歸侍郎右選凡分職有三封爵贈官之事則司封主之賜勳定賞之事則司勳主之官資課最名謚之事則考功主之凡應注擬升移叙復蔭補及酬賞封贈者隨所分隸勘驗法例團郎以上尚書省即法例可否不決應取裁者亦如之若中散大夫閤門使以上則例其選叙之狀上中書省樞密院得畫給告身則通書尚書侍郎及所隸郎官

尚書左選上

神宗正史職官志審官東院舊止名審官院及置西卷一萬六千七百八十五院掌武選乃以為東院官制行歸吏部尚書左選　神宗熙寧二年五月十八日審官院言職方郎中張子膺當升知州軍差遣以子膺再犯私罪停降取旨上令且與通判因宣諭曰主判官司須得人凡如此事若非主判申請則朝廷或不得知　三年五月詔以審官院為審官東院置主簿時置審官西院乃降是詔　六月九日詔審官東西院之印各六字為文令少府監鑄造送禮部給付　九月審官東院言看詳川廣福建皆屬遠官欲乞今後到院合入福建京朝官如有骨肉在川廣守任者依入川廣人例權免入遠與近地一任只是於本院編敕内入川廣字下添入福建二字差遣官員見有同居大功已上親字下以在彼二字改為川廣二字外即别不衝改前後條貫從之　四年二月十七日詔審官院定差知州軍監人並當日具姓名申中書次日赴中書審察堪任差委即引見取旨畫其應申奏磨勘到京朝官外任者便於應任前貼出轉官月日取進旨畫與轉官或展年除中書入熟狀取旨在京者依此進畫更不引見應有將轉官或減二年已上磨勘酬獎願換堂除差遣並聽施行如曾任陞擢差遣因罪降黜者並送審官院與合入差遣從中書編修條例所定也　十一月詔應知州知軍通判令審官東院自今具名赴中書門下審察人材

五年五月四日，詔增中書審官東西三班院、東部流内銓、南曹、開封府吏祿，其受賕者以倉法論。　元豐元年正月十八日，審官東院言：廣南兩路員闕願就之人少，欲乞水土惡弱處爲一等，繁難處爲一等，其餘並爲一等，令運司保明聞奏。從之。　十二月二十四日，詔審官東院、三班院、流内銓各減主簿一員。　二年十一月十二日，知審官東院陳襄乞委本院官重定本院敕令式。從之。　三年正月五日，御史舒亶言：銓院事無正條，止憑吏人檢到例，因緣或致姦弊。乞委官以例删定爲例策。詔銓院合施行事並編入敕令格式。　七月六日，上批：早進呈審官東西三班院爲本條尚書省職事，只令用公牒往還。緣司農寺、群牧等司亦皆六曹職事，今乃獨許三處不用近降旨揮，若非朝廷特委，隨見今主判爲廢已行之命，則取此捨彼，殊失均直之道，未知所以。先是有旨審官東院於吏部皆用申狀，中書以爲不當申，祇當用牒，後再進呈審官東西三班院、司農寺、群牧司等皆用申狀。　四年二月十三日，詔審官東院所請重詳定令敕並歸官制所。　八月一日，詔中書自今堂選並歸有司。　十一月二十五日，寶文閣待制何正臣言：伏見朝廷比以遠官迎送之勞，特於八路立法差注。計之八路，蜀爲最遠，往於其鄉者比他路爲最衆。今自郡守而下皆得就差，而一郡之中土人居其太半，僚屬既同鄉里，吏民又其所親，難於徇公，易以合黨。乞收守令員闕歸於朝廷，而他官可以兼用土人者亦宜量限分數，庶幾經久不爲弊法。兼聞本路差注往往未至盡公，蓋緣地遠，朝廷不能編察，而審官吏部所見不過文具而已。仍乞八路凡有員闕及遇指射，將使提點刑獄司通知，如有情弊，亦許取索點檢聞奏。詔八路差官自今委提點刑獄司逐季取索點檢，如有違法，具以聞，仍令中書本房立法。　二十六日，詔自今堂選堂占悉罷，以勞得堂除者減磨勘一年，選人不依名次路分占射差。　五年二月一日，詔吏部擬注官過門下省，並侍中侍郎引驗訖，奏候降送尚書省。若老疾不任事及於法有違者，退送改注，仍於奏鈔内貼事因進入。　五月，改審官東院爲吏部尚書左選。　九月十六日，詔應尚書吏部陳乞留臺、宫觀、國子監人，年六十以上兼用執政官恩例者，通不得過三任。　六年五月十二日，詔臣寮恩例陳乞差遣，承務郎以上與減磨勘一年，大小使臣減一年一季磨勘，選人免試，執政官依五年五月内旨揮。五年五月旨揮實錄不載。　六月十八日，詔尚書吏部四選應犯人合入遠小處監當差遣人，並不許叙祖父母、父母老疾指射家便差遣。　閏六月七日，尚書吏部言：二廣承務郎以上任煙瘴處

卷一萬六千七百八十五

差遣除知州係朝廷差外，餘過滿一年乞放罷。從之。　八月九日，上批：吏部尚書李清臣依先面諭，編集本部見隸籍承務郎以上鄉貫、出身、歷任及所歷差遣功過，目爲備選具員，凡十冊，於朝廷官使人材實亦有助，宜令依本録上中書省照用。　二十八日，尚書刑部言：乞應吏部補授大理寺左斷刑官，先與刑部、大理寺長貳雜議可否，然後注擬。仍取經議得循資以上人充正闕，以丞補丞闕，以評事補詔刑部吏部同著爲令。其後著令：司直、評事闕選尚書及侍郎左選人，丞闕止選尚書左選人，仍經任司直或評事係親民資任者。以上二件其初改官應入知縣人亦選正闕。選丞或司直、評事見係通判以上資序。以上所選仍不限見任，授訖未赴即。曾失入徒以上罪以決，或死罪若私罪情重及贓罪，或停替後未成任，各毋得入選。　七年正月十三日，吏部言：准詔定奪繪像臣僚之家食祿人法，看詳致仕停俸年七十以上，受官事故勒停無叙法，殘疾不堪入仕，不理選限之官，欲並不爲食祿人。從之。　哲宗元祐元年閏二月八日，資政殿學士曾孝寬言：乞下吏部取官制以前舉官名數，委官司裁定，有可以仍舊者著爲令。詔可。　二十八日，詔八路知州、通判、簽判、監司屬官、承務郎以上知縣、大小使臣員闕並歸吏部差注，内接送人合支顧錢者並合只差兵士，内有專條并奏差及一時旨揮及其餘闕并水土惡弱及自來差遣官處並依舊。　六月一日，詔新復郡縣知州軍並堂選，餘吏部選差。　十四日，詔吏部重修簡要選法以聞。　十月四日，詔内地及川廣知州通判除堂除人外，並以三十箇月爲任。　二年八月十六日，三省言：應曾歷省府推判官、臺諫、寺監長貳、郎官、監司人並合堂除，而知州軍闕少，欲於吏部取差，有妨本部擬授。詔以前後條約酌使兩不相妨，立法以聞。於是以知州軍闕一百四十上，朝廷以九十八分吏部。　三年十一月四日，三省言：在京堂除差遣累有增改，而吏部闕少官多。今裁定寺監主簿、太常寺太祝、奉禮、光祿寺太官令、元豐庫、牛羊司、京東排岸司、諸宫院教授、太康東明考城長垣知縣並吏部差，俸錢依在京分數。從之。　四年八月二十六日，吏部言：比詔内外官司舉官悉罷，令本路立定合舉官處。今請尚書在選除榷貨務等仍舊舉官外，左右廂店宅務、文思院、太常寺協律郎、内酒坊、法酒庫、作坊、八作司、通判、軍使、准備勾當、市舶司、經撫庫務等；尚書右選除都大巡河及御廚等仍舊舉官外，法酒庫、内酒坊、街道司、作坊、八作司、便錢博易務、排岸司、都監、巡檢、軍使、知監縣、監修營房等；侍郎左選職官、令録、判司簿尉并鳳翔司竹監獨員縣令、城寨主簿、監當縣尉等

卷一萬六千七百八十五

侍郎右選武學學諭巡檢寨主催綱押綱文思院作坊八作司等臧寨軍使知縣縣尉巡檢監押巡防勾當公事指使准備差使部役押隊退背河埽催綱監當等並從本部注擬從之　五年正月十八日中丞梁燾言尚書左選有本等人不就知州通判知縣員闕數多雖許權宜發遣須俟過滿起請致常有積壓乞許以次等人指射差注詔吏部相度以聞　四月十一日吏部言大理寺并太學正録等官及編修敕令式之類應不用舉主轉官者乞差承務郎以上詔除秘書省正字太學博士大理寺官外從之　八月二十二日吏部言官員犯私罪若老疾差替者依近敕便令罷任外其公罪差替並候替人願罷者聽從之　六年五月十八日吏部言按條官員不因罪犯體量離任注謂擧辟及對移就移避親丁憂罷任之類別授差遣各願補滿前任月日者聽所補不及二年願再滿一任者亦聽有詳條元無對移之文亦無添入意義所有對移二字欲爲虚文今欲於注文内除去從之　六月十八日御史中丞趙君錫言近論臣僚堂除差遣令歸吏部者既衆其闕至注擬不足欲除清緊繁劇由朝廷除授外餘闕並送吏部詔見今堂除闕内單利耀温州知州穎府石州順安軍通判並送吏部差注　十二月二十二日御史中丞鄭雍言伏見吏部員多闕少堂除遷從太數遲速不齊非常行之法乞今後吏部所差知州通判人並依舊以二年半爲任六曹郎官除非次遷進外並實以三年爲任如以員多闕少即乞量減年月或以差除難定即令少延歲時每有闕員隨材進補不必通遷如任滿朝廷考察顯有才効雖不次褒擢亦足以風勸在位其堂除知州及監司如非朝廷須合選召並不以無名除改詔應内地知州通判除堂除人外並依元祐元年十月四日法差注　紹聖元年四月二十一日殿中侍御史來之邵言先帝嘗詔有司撰選格以堂除辟差遣悉歸正吏部選授當時士論號爲至公元祐初始罷選格愈益奇紛請按元豐法參以祖宗舊制庶幾闕至公之路監察御史郭知章言願詔大臣少革堂除猥濫之弊爲之節限應舊屬吏部闕者皆復還吏部又言願令吏部循用元豐選格推而行之則堂除之弊可以少去詔給事中中書舍人裁定　五月八日監察御史郭知章言先朝有八路官員指射差遣之法最爲利便元祐廢令請復行然止於選人可也若京朝官以上職任稍優必使歸於吏部詔吏部立法以聞　九日吏部侍郎彭汝礪言乞稍責吏部薦拔才能上于朝廷應尚書左選待差遣官有才能事効可陞擢者委尚書與郎官同共銓量具名以聞每歲毋得過三人三省等策

考察上等取旨引對中等隨才試用下等退送本部其人材書狀不可入本等差遣者亦具名聞奏取旨送部與降等差遣毋得過三人如有銓量不當依貢舉非其人律從之　十五日門下中書後省言奉詔按元豐選格參以舊制裁定堂除今請沂博唐　濮隰衛洺通泰滁和舒漢解州淮陽軍知州軍荆南應天河南大名成都府鄆杭州成德永興軍通判左藏南北庫元豐庫係元祐後來收入中書省差人欲復歸吏部差注詔左藏南北庫元豐庫并解州知州仍舊中書省差人餘並從之其吏部選格令本部看詳具未盡未便事理申尚書省　七月六日吏部言本部選闕舊法不限名次並校量功過分數優劣定差後來改立選法只用名次致有功人或在無功人之下有過人或在無過人之上欲更下有司以前後條制參酌修立詔令吏部四選同看詳門下中書後省所修分數選格有無室礙具合增損申尚書省　三年十月五日吏部員外郎何友直言伏見諸案文書多有舛訛朝省既憑用行遣尋復覺舉追改不惟費煩瀆於士人身計有妨而元行之人但用赦降首原滋長姦弊無以懲艾今將舊條參合修立應差注升改牽復違戾若賞罰升降不當謂已行訖者吏人斷罪有差仍不以赦降首原若未行而於賞罰無僭差者自從原減仍並量輕重理過名上簿事理重者申尚書省從之　四年四月三日三省言元豐差官職位高下稱事立爲畫一草去臨時旋有申請輕重不倫之弊元祐中罷去今欲並依元豐條施行從之　元符元年二月十五日吏部言林希乞八路員闕用熙寧元豐舊條并紹聖新制一處參酌修完成書詔令吏部四選同共編修乞將川峽福建湖南路李闕並去替一年使闕從之　二年四月四日朝奉郎檀宗旦言熙寧八年差官條見任官去替一年内許在任指射差遣乞依熙寧舊制吏部看詳除廣東西夔州路已令在任指射外請將五路合使員闕去替半年依舊制許在任指射從之　六月四日吏部言八路合使員闕除二廣已仍舊在任射闕外四選勘當欲將本路合使員闕悉依熙寧元豐舊法并見行條約施行其已修夔州路差官條仍乞重行改定從之　徽宗崇寧元年十一月二十八日臣僚上言臣欲乞聖斷嚴立條式每歲終委省寺監之長攷其屬官之成六曹尚書考其郎官之成尚書都省視六尚書之成者陟之不成者黜之如周官大計群吏之治而誅賞之法庶幾官師相規夙夜率職趣事以上副陛下董正治官之意詔令吏部修立每二歲黜陟之法聞奏　三年六月十一日講議司奏臣等竊以本朝承平日久民事滋多而所置員額未增

或一員通攝數職，難以責其治辦；又入仕之路寖廣，吏部常患員多闕少
注擬不行。今參酌諸州軍合增置通判、簽判、職事曹官共三冊，如可施行，
乞下尚書吏部注擬。從之。　五年九月二十二日，詔：夔州知州令吏部依
格選三人，申三省審差。　大觀三年五月十六日，新差提舉永興軍等路
常平韓蹈奏：臣伏讀八寶赦書，應行重法州縣並特與免重法地分，天下
莫不知陛下仁民愛物，無此疆爾界之異，元元鼓舞，孰不遷善遠罪，歡仰
聖澤。然臣竊見吏部曉示闕榜，尚仍舊有重法地分之文，依格注官。今陛
下已免重法之刑矣，而有司選注猶循重法之格。臣愚願詔有司釐正，仰
稱陛下一視同仁之意。詔吏部去重法二字，仍改立選格，由尚書省。　六
月十五日，詔：知州、通判、知縣闕，緣臣僚陳請收作堂除去處，令後並歸吏
部差注。帥府、望郡職官，今後並選差資序應入人，聽超一等。如曾犯贓私
罪及停替後未經任者不差。以言者論堂除差遣侵吏部員闕甚多也。
八月二十一日，朝散郎、新差權福建路轉運判官柳庭俊奏：臣聞用人有
二：資、望而已。以資用人，則拘攣常格，其弊至於賢愚同滯；以望用人，則毀
開要津，其弊至於奔競成風。蓋前世之所以誡，而今日所當稽者。欲望明
降睿旨，申敕有司，使循守資格以待積勞平進之士，時用望實以擢卓立

特起之才。二者相為用而不滯於一偏，品式不廢，足以弭消僥倖苟得之
風。詔令吏部看詳，見行格內有不合元豐法者條具，將上取旨施行。　九
月二十日，吏部言：進納出身人不許奏辟。從之。　政和元年正月二十日，
朝請郎、試吏部尚書兼詳定一司敕令王襄奏：契勘吏部尚書左選都管
朝議大夫以下至承務郎四千餘員，都管知州至監當闕共二千餘處，一
人在任，一人待闕，方得均遍。目今在本部官共四百餘員，兼日逐不住官
員到部，近奉指揮，剗刷一年三季闕，祇得七十餘處，顯是差注未行。臣竊
見諸路轉運、提舉鹽香礬事、陝西解鹽、河北糴便等，同奏舉官闕共六十
處，例各優厚，去替不遠，虛有拘占，未見辟人。銓總之職，散於四方，實滋奔
競請託之風，有害元豐設官之旨。欲望聖慈加惠寒俊，特許上件六十處
闕於本部榜示，依條差注一次。及乞於一年一季外，更借兩季闕次，庶幾
可以發遣二百餘人，庶免留滯小官。從之。　三月十六日，臣僚上言：昨論
尚書左選差注壅滯，蒙降付吏部，令措置條畫聞奏。本部尚勒人吏，督其
稽滯凡數月不能與奪者，不出旬日盡行注擬。雖已條畫得旨施行，尚有
未盡者。吏部舊法，每集注通已射非次經使共許就三處，不得其上必得
其次。令每集注止許就一處，一處不可得，須俟來月，則滯留之源又將肇

於此。如舊法通就三處宜不可廢，吏部越外修立此項，惟資吏便於定擬，
以應一時之急，而待次之官舉為非便。臣欲乞特降睿旨，更令吏部詳度
條具以聞。詔集注據許就三處，仍作一時指揮。　二年六月三十日，手詔：
朕紹休考烈，獲承丕緒，地日以闢，民日以庶，事日以繁，而建官之數循仍
祖宗之舊，逮至于今，員多闕少。世知以官為冗，而不知多士以寧之美；患
事不舉，而不知官少力不任之弊。乃者有司不深究其本，又減員額，削祿
廩，欲省官裕國，實無所益，而士之仕者仰不足以事，俯不足以育，朕甚憫
之。在熙寧中，先帝董正治官，嘗詔宮觀置員，縣置丞，屬實在乎是。所有宮
觀、縣丞闕，依大觀三年四月以前指揮，其餘裁罷官可令尚書省具合存
廢以聞。　三年三月十八日，吏部奏：奉議郎、新差兗州司錄事曹定國狀：
今任司錄職事，正管糾察刑曹，合與不合理為實歷。本部勘會承議郎以
上須要一任實歷親民或刑獄差遣，方許關陞，今來曹定國未敢許理作
實歷。詔諸州司錄許理實歷親民，并六曹官係第二任知縣資序人依此。
閏四月二十五日，宣德郎呂頤浩奏：祖宗時內外差遣并付審官院、流
內銓，堂除窠闕不少，士大夫自今有調官之路，故請謁奔競之風息。近世
以來，堂除闕多侵占注擬，士人失職，若不改更，為患滋甚。欲望聖慈下吏

部考祖宗朝故事，除監司、知州軍及舊格堂除通判外，如監司屬官、鹽場、
坑冶、錢監等窠闕，一切撥還吏部。自監察御史、省郎以上及秘書省官、書
局詳議編修官堂除外，如寺監丞、法寺官、外路學官，亦依祖宗及熙豐間
故事，令吏部依格法注擬。如此則數十年以來奔競之風必衰，士人既有
入仕之路，則自知廉恥矣。詔依內武臣依樞密院條格，并準備將領、正副
將以上依舊樞密院差注外，餘弓手部將、縣尉、州指使已下並撥歸吏部
注擬。　十二月二十八日，詔：守臣令吏部今後依格選擬，申三省審擇。
五年四月二十九日，詔：二廣、四川沿邊處不注授宗室女夫，令尚書省立
法。　六年三月二十九日，吏部侍郎劉煥等奏：伏見諸路州縣官有任滿
酬賞，如廣南新邊及其他路分因事立賞之類，非得替罷任須所屬次第
保明方行推賞。然諸處保明多不依條式，不免再行會問，往復報應，動經
歲月，蓋為自來未有行遣日限。欲乞今後合保明推賞去處，並依任滿得
替文書到日，本路州軍應所屬去處並立限次第申奏。如出違日限，或不
依條式，致推賞不行者，其合干人並科罪施行，庶使職事修舉者早霑恩
賞。乞下有司立法施行。詔依，令詳定一司敕令所立法，由尚書省。　五月
七日，吏部言：乞今後初改官人須入知縣，其擬入近地人限注見闕六十

日不就依次直注一次即無衝改舊文從之　八月六日詔令後合轉官廢止法人回授與本色本宗有官有服親　十一月二十三日吏部奏勘會假將仕郎係本部出給補帖假承務郎承奉郎承事郎係朝廷出給黃牒其自將仕登仕通仕郎並係出給官告今承御筆旨揮假將仕郎除去假字可為將仕郎假承務郎可為通仕郎欲本部未敢依舊出給付身黃牒補牒亦未敢並依階官出給官告所有今日已前見帶階官之人亦已依崇寧二年九月三十日旨揮並隨本資帶階官更不出給告身從本部行下本州本司本處一面改正帶行勘會見帶階官合改官名人已降旨揮令吏部出給公據外詔並出黃牒　以上續國朝會要　尚書左選下

政和七年三月二十四日詔成都府利州路州軍縣鎮文武等官多闕正官內成都府路見闕一百三十餘員利州路見闕六十九員或已擬差避怕川遠故意遷延一年已上更不赴任或久闕正官時下差官權攝一切職事悉皆苟簡課入虧失良民受弊仰吏部將前後川任之官條格參酌立為永法限半月上尚書省取旨施行　六月二十八日新知陝州李延熙奏竊以川陝四蜀是為地遠而蜀道之難利路尤劇山峽路險棧閣崎危羊腸九折上摩蒼穹故仕宦者畏而不敢來長途遠涉艱挈尤難係

卷一萬六千七百八十五

入微薄所得不償其費故東西之人知而不敢授以此本路闕官一郡之闕或止有一人總而計之一路十州闕官無慮數十員則隳廢職事從可知也近者陛下詔有司立法減舉官員數以勸仕宦之人臣仰惟立法之初四方遠宦未有知者臣切見吏部待次之人甚多而川路待次之人極少方今川路闕官之際宜在從權欲望將四川轉運司見使員闕不以遠近權取歸部以注在部之人仍將減舉官法揭于吏部之門其事故之人合添舉官展考任者並特與免候及一二年逐路不至闕官却依舊差注庶幾東南遠宦之人皆願入川四路州縣必不患闕員矣詔吏部令使員闕令本部限十日差注　十月二十三日臣僚上言承平日久士日益衆入流日益多蓋天下員闕不足以充選每三人守一闕一名在官一名被替一名待次凡五七年纔成一任其有取急一時或憑藉勢援又請宮觀嶽廟以去今任宮觀人已及千員京師寓居僧舍賃寄邸店盈滿所在不可勝數其間蓋有嘗為監司郡守郎官寺監者旅寓雜揉動一二年朝廷既無闕以除授吏部又不敢收係欲乞付三省討論議永久之法以寧多士三省契勘欲堂除人得超一等謂初任知縣不許除授通判之類并未經任及見係衝替放罷若歷任有贓罪並不得堂除未經堂除人不許

陳乞諸州軍軍資庫並專置文武監官一員令吏部於承務郎以上及選人大小使臣內通注諸路州軍應置六曹去處並隨曹置官更不得互相兼領其差注等法並依見行條令施行內有様官去處並依舊應未應出官人及選人小使臣并大使臣武功郎以下並不得陳乞宮觀諸路州軍甲仗備城庫未置監官去處並專置監官一員令吏部通注大小使臣其差注賞罰等並依見行條法施行諸路監司各添置准備差使指使各二員帥郡准備差使二員指使三員節鎮准備差使一員指使二員列郡准備差使指使各一員內准備差使許保義郎以上指射指使許承節郎以下指射令吏部各依本資序差注諸路知縣縣丞員闕許令尚書侍郎左選不以資序並許通行差注諸縣萬戶以上及素多盜賊去處並添置小使臣縣尉一員令與見任官同共主管職事諸州軍應未置通判司錄去處並許添置通判司錄一員鎮市人戶繁多處置監官一員人吏諸色人並不得用減年或恩例陳乞改官并為陳乞人並科罪詔依擬定違者並以違御筆論人吏陳乞詳見職掌門　八年五月三日臣僚上言京東路諸州縣令多有闕官雖本州或監司差權然移易不常職事廢弛民受其弊伏覩河東路闕官處近已措置差注諸路視河東雖勞逸繁劇不同而百

卷一萬六千七百八十五

里之寄則事體均一欲乞令諸路具久闕縣令去處下吏部申嚴差注之法或假攝官之期滿後不闕正官職事廢弛民無所訴詔仰尚書吏部詳臣僚所言檢會諸路久闕縣令正官之處依條疾速差注或有違礙相度措置作一時指揮申尚書省取旨施行已差下人並限三日催促赴任其推避不赴者依尋醫侍養人例施行以戒墮吏　九月二十九日吏部奏奉御筆因事設官或有定額日近州郡官額外添差至多不唯冗濫騷擾州縣實滋交結營私之弊侵紊官制莫甚於此自今諸路監司官屬諸州掌兵及曹掾官非奉御筆不許添差雖係御筆而已添差一員者執奏不行其添差人已到任且令候成資罷任其未到任人更不前去違者以違御筆論仰御史臺常切糾察本部勘會宗室依條不注見闕唯內地州軍滿不注替人今承前項御筆指揮本部即未審宗室及歸明蠻猺大小使臣各有立定添差員數條法依今來指揮許與不許添差又奏三路都總管司教押軍隊緣自來止是添差即無正額並滿日不注替人詔宗室并歸明蠻猺人許依舊條添差並不釐務總管司教押軍隊依舊添差　宣和二年八月九日吏部奏檢准政和五年六月十一日敕勘會選堂闕自

來雖有吏部已差下替人若未及半年便行衝罷顯屬非幸得旨令後合還堂闕如有已差下替人未及一季朝廷使闕差人勘會已差下人雖未及一季亦係衝罷詔令後應還堂闕未還堂以前已差下替人許令赴任後來卻還堂一次　十九日中書省尚書省言送到吏部供到下項一元豐年選人曾任下項窠闕太學博士正録律學博士正録國子監博士正録武學博士正録大理寺司直評事秘書省正字敕令所删定官國子監書庫官一見今選人任在京窠闕下項秘書省正字辟雍博士正録直學太學博士正録國子博士正録武學博士正録律學博士正録大理寺司直評事敕令所删定官國子監書庫官吏部架閣文字及户禮兵刑二部架閣文字編估局劉刷折抄官打套新法香藥開封府學博士河南河北諸石炭場京西軟炭場抽買石炭場豐濟石炭場城東新置炭場醫藥中惠民局管勾礼部貢院平貨東場平貨東場交易官在京都茶庫大觀東庫大觀東庫門大觀西庫大觀西庫門封樁竹木務東場封樁竹木務東第二場封樁竹木務西場皇后宅小學博士睦親宅宗子學正録睦親北宅宗子學正録睦親西宅宗子博士周王宮宗子學正廣親北宅學正廣親南宅學正尚書吏部官告院書利門管勾尊一入明塩事作坊料物庫門

卷一萬六千七百八十五

作坊料物庫東作坊庫西作坊門金耀門文書庫開封府架閣文字西南北抵當所東退材場管勾監轄炒造丹粉所在京裁造院東永豐倉門在京木炭場京東箔場京東抽稅竹木箔場皮角四場廬管勾外排岸司麥料下第八界軍器監准備差使粳米上第八界粳米下第八界文繡局天駟監倉草場麥料上第二界安肅門廣利門籍田令榷貨務窠器什物庫太社局令城西炭場大理寺習學公事並元豐選人窠闕并學官並依元豐法差管勾六曹架閣文字並罷令本部未曾郎官兼領打套新法香藥併歸榷貨務官吏更不差編估局劉刷折抄官物併為一局差文武陞朝官各一員餘并抄鈔吏額令尚書省措置存廢内合存留官止差京朝官大小使臣　三年閏五月十日中書省尚書省言勘會文武官用恩例陳乞親屬差遣非奉特旨依格止合作減年免試收使詔令吏部申明行下　九月十六日吏部尚書宇文粹中奏乞令逐路州軍委通判司録或曹官一員專置文簿驅催應見任新差官職位姓名到任年月日若有諸般事故違年之類并限當日申本部照會使闕差注等看詳已有條法并不須立文今擬修下條諸命官到罷事故（元官限滿不赴同）已申尚書吏部者限三日再申仍委通判或曹官專一置簿銷注轉運司每季取索點檢從

之　六年閏三月六日臣僚言唐太宗省内外官定制為七百三十員曰吾以待天下賢材足矣今四選無慮一萬六千餘闕而當有員多闕少之患者其害有二有姦法弗守屬法弗懲公擾陰奪之害諸奏辟官不許權注職任并衝移已差注替人及半年者此法也自今乞應辟官並遵守成法不許衝移已差注及半年人違法奏差許吏部執奏不行則公擾之害除矣諸州員闕並以三狀一處訪所一吏部一御史臺使吏無所隱則陰奪之害除矣從之　七年五月八日吏部奏奉御筆吏部取索應已授被改欲赴被罷及待次累年考諸疏具以聞當隨材録用又據吏部申宣和七年二月以前已授被改欲赴被罷并待次三年以上文武臣共二百四員等奉聖旨令吏部四選將已授被改欲赴被罷并待次三年以上官員數及採刷見缺闕下項尚書左選吉陽知軍等闕五百三十一處尚書右選三十七員陝府潼關都監等闕五十八處侍郎右選五十九員勾當廣親宅門等闕共計四百處侍郎左選七十二員解州户曹等闕共計二百四十七處詔已授被改欲赴被罷及待次三年以上官據今來吏部刷到窠闕令逐官指占合入闕次内堂除人與理作堂除　欽宗靖康元年四月五日詔令吏員猥多注授闕少皆有留滯之歎有旨依熙豐法監司守

卷一萬六千七百八十五

貳並替成資闕其榷茶司提舉茶鹽坑冶鑄錢輦運撥發糴便市舶諸州司録及太學博士正録寺監丞簿删定京朝官并開封府官準此内係監當資序人即替年滿闕　十三日監察御史胡舜陟言天下無惡如織蕪織郡縣吏部充塞無闕以擬注版曹空匱不給於祿廩願詔吏部稽考歷官凡由楊戩李彥之公田王黼朱勔之應奉童貫譚稹等西北之師孟昌齡父子河防之役與夫蔓蜀湖南之開疆關陝河東之致弊吳越山東陂田宮觀池苑營繕之功後苑書藝文字庫等之賞溫明兆德各從其類又如近習所引獻頌可采妙用宣力應奉有勞時赴殿試之流此皆殃民蠹國敗俗躲賢務冗取位誅睄買官所以恩數不限高卑一切褫奪還其本秩若非此族而橫竊名器如節度橫行之貴往秘殿延閣之華資或以童稚奴僕而濫膺或以商賈屠沽而貿取人人論列簡牘徒繁願令吏部略昇間閑闕諸臺諫分使胥辯上之朝廷次第裁抑其坐以田等事如辭于可等非理竄逐置自六已月日後其資秩恩數量才旌擢以勸忠諒然後位著可清賢能可進生民可安國用可節昔唐去斜封墨敕之官一日停數十員不以為疑則今亦何難之有從之　七月二十八日詔吏部四選將逐曹條例編類成冊鏤版印賣從尚書莫儔之請也　八月四日臣僚

言諸路監司多於屬部妄以公使為名轉託買物州縣之吏掊斂於民細戴以獻或狀稱請錢而實不支給或雖給價直而十無一二及其敗露率蒙寬假寅緣請託更得美官雖告戒丁寧而犯者益衆誠以防禁之法未周也乞令諸路監司互相察舉擇其甚者置之重典仍令吏部籍記姓名應有除授先具有無贓罪彼貫盈者自當終身廢棄所犯雖輕勿使遷擢庶幾為贓吏者知有戒懼從之　十六日臣僚言祖宗時未有宗室參部之法神祖廣惇叙之恩時時選擇差注一二用以勸勵不為常制至崇寧初大啟僥倖混亂選舉遂使宗室任意出官又優為立法令日參選即在一部名次之上雖有年月深遠勞効顯著之人悉為所壓名州大縣并差遣優便廩入豐厚之處悉為所占以天支之貴其間秀茂文學政事不為無人而膏粱之習貪淫縱恣出為民害者不少議者頗欲懲革不注郡守縣令罷百十人之私恩為億萬人之公利以臣觀之誠為至當然臣竊慮聖慈以親愛未忍施行今來只乞與在部人通理名次亦可以明德意示至公稍塞僥濫之門從之　以上續國朝會要

高宗建炎三年六月二十日詔京朝官願替先差下人將來成資闕選人願替將來任滿闕者聽並申部別給付身其有願別注授者即依條理元參部名次不拘路分在外指射合入窠闕　四年十一月二十一日吏部言左選見榜窠闕數多在部應格人少乞權行措置破格差注一次從之

卷一萬六千七百八十五

紹興元年五月四日吏部言本選見曉示縣丞并朝廷送下監當闕百餘處並係合注第二任知縣監當等人其合入之人往往不肯指射乞限滿一月無合格人願就許令初任監當無舉主人并新改官未經任人衮同差注從之　二年四月三十日臣寮言自來吏部闕並以三年為一任今員多闕少乞應在部知州軍通判簽判及京朝官知縣監當闕並令權以二年為一任庶可撥遣淹滯從之　五月七日吏部尚書權邦彥言勘會舊來齊州諸鎮並不用選法差注今來尚書左選案牘昨緣兵火散失遂於建炎三年五月內申請到差注盡一內監鎮兼煙火公事差知縣資序次第二任監當人更不較量功分見行遵用今承朝廷送下湖州新市鎮闕令吏部依舊用選法差京朝官本部若將官員功分較量竊慮將舊來恩例陳乞無案牘憑驗乞比附舊日齊州諸鎮例止依建炎三年指揮差注從之　二十八日詔主管兩南外敦宗院太宗正司宗室財用權貨務都茶場並依舊堂除御史臺檢法官依舊本臺奏辟鹽場官依舊本路提舉官舉辟寺監丞主簿登聞鼓檢院官告進奏院左藏庫糧審院官外路節鎮簽判兼鹽知縣市舶排岸司監官並令吏部按格法差注先是呂頤浩等乞當闕自監司屬官鹽場坑冶錢監等一切撥還吏部寺監丞法寺官外路學官亦依祖宗及熙豐故事令吏部按格差注緣有合堂除及專法奏舉去處吏部以為言故有是詔　七月二日吏部侍郎綦崈禮言尚書左選昨將縣丞窠闕如限滿一月無合入人願就許差破格承務郎以上第二任監當無舉主并初任監當及新改官未經任合入監當人欲乞將見在部官并已後到部官并已後到部人限至今年終許破格差注一次從之　二年十一月二十二日吏部言近承指揮如寺監丞法寺官等並撥還部按格注擬除已措置其餘闕外有該載未盡如官告檢鼓院並係熙豐後來堂除今擬歸部未立定差法欲比附糧審院元豐法注知州次通判次知縣人從之　三年正月十九日詔今後應用舉主初改官人許依法注見闕外亦許通注吏部見榜示知縣縣丞待闕差遣從吏部請也繼而侍御史辛炳言訪聞見今吏部稱係一時申請無今後依此之文顯有妨阻欲乞應有非次并季闕知縣縣丞待次窠闕並許通注從之　四月十三日吏部言本選所掌承務郎以上至特進遷轉除授奏薦致仕遺表特恩等文字近因遺火燒毀案牘其間有整會特旨諸被恩賞轉官人已繳干照或元降許行收使指揮文字在部或取會諸處及元保明官司未到并見申朝廷

卷一萬六千七百八十五

候指揮間緣火燒毀並作無干照告示難絶詞訟乞將前項似此之人如所屬見有當時干照及曾有本部取索符帖等或但有官印押文字一件可以照驗召本色官二員委保本部勘驗依條施行從之　五月四日詔二廣荆湖南北應承務郎以上官并大使臣窠闕任滿已差下替人一員去處雖未曾申到任亦從本部行下進奏院取會剗刷出闕以出闕須候州軍報到任月日往往違滯尚書洪擬言故有是詔　六月十三日吏部言諸路縣丞曉示已滿一月無人願就者破格差注初任洲縣改官未經任依條合入監當人并第二任及初任監當無舉主人所責在部合入監當不致留滯從之　二十九日吏部言前監爪洲鎮朱公彥在任遺火胡虜焚棄出身以來文字得旨時許用王岡曾保舉印紙作干照公彥係在通直郎被舉陞陟即未有奉議郎以後干照詔公彥召當時在任陞朝官二員委保諸實依條施行　六年五月十四日吏部言勘會尚書左選官員責降或緣罪犯到部合入遠小差遣之人依法以去京千里為遠州以二萬戶縣以五千戶為小今駐蹕兩浙其合入遠小差遣人已依待右申請到比附紹興令權以在行在處千里為遠州以單事州縣以下縣為

未候還闕及户部取到户口帳籍並依舊從之　十二月十八日詔知州通判除依舊格堂除并量留外餘闕并寺監正丞博士登聞檢舉進奏官告文思諸司諸軍糧審院倉場庫務局所法寺官外路學官並令吏部按法差注先是檢會紹興二年閏四月呂頤浩秦檜劄子近來堂除闕多及占注擬乞在外除監司郡守及舊格堂除通判在内除監察御史省郎以上及秘書省計議編修官盡發還吏部又檢會紹興二年閏四月吏部侍郎鄭滋劄子本部承指揮堂除無通判窠闕可差在部人無知州注授今措置知州軍堂除共八十九處本部使闕共二十七處通判堂除六十二處本部使闕二十三處内吏部使闕知州軍二十七處知兩月無本等人差注即取朝廷指揮勘會知通等闕近往往取作堂除致吏部員多闕少差注不行故有是詔後復有釐革　七年正月二十四日吏部措置到堂除知州軍共一百九處吏部六十一處堂除通判八十處吏部六十一處内通判雙員依舊一員堂除一員吏部使闕從之　四月七日右司諫王縉言近詔吏部注擬知州通判知縣並長貳精加選擇而差注之日例出文引差人追請又令醫者診視小人無知因緣邀乞士大夫實耻之乞只告示應差注人召赴部以俟選擇與免醫人看驗以示禮重士夫之意從之　五月八日行宫吏部言契勘梅州已改為程鄉縣仍帶程江軍使兼知縣事令本路帥司辟差願就人其第二政即合吏部使闕欲送尚書左選差京朝官從之　七月十九日臣僚言朝廷立銓量之法付之吏部所以盡公無私也近陳正同除提舉茶事考其資歷纔為監當而正同乃引曾除郎官欲免銓量契勘正同得旨除郎資淺言罷實未嘗經任也況今銓量士大夫正謹於資序若或放行則舉例者衆乞下吏部依法施行從之　十月十四日臣僚言頃朝廷欲革内重外輕之弊郎官館職三年並除外任以至堂除部闕稍加更易故寺監丞至釐務官教授送部者百闕而取知縣隸堂除者四十處未幾郎官館職廳去而請者紛然既不克行止今别聽指揮但堂闕送部部闕隸堂尚仍近制欲乞兩還其舊詔堂除部闕並依紹興六年十二月十八日指揮以前舊制施行　閏十月四日尚書省言分撥歸吏部知通窠闕内知州軍榜示兩月無本等人授申取朝廷指揮詔將吏部通判闕依知州軍例施行　八年三月二十三日中書門下省言已降指揮吏部注擬知州軍通判知縣縣令首闕並令長貳將應格人精加選擇非癃老疾病及不曾犯贓及不緣民事被罪者内繁簡不同縣分即審度合入人材力方許具鈔仍申門下省審察旬具注擬

卷一萬六千七百八十五

過人腳色闕送御史臺知注擬非人許彈奏勘會吏部注擬知州通判知縣縣令自有成法兼舊制知州軍人定日過門引驗其通判已下即無審察之文詔今後守倅知縣縣令除内曾被罪及疾病者仰吏部申取朝廷指揮餘並依舊制　四月十八日御史中丞常同言吏部守倅知縣縣令員闕先降指揮令長貳精擇非疾病犯贓及不緣民事被罪者方許注擬後來朝廷察見逐項情節係在格法之外今年三月二十三日再降指揮除内有曾緣民事被罪及疾病者仰吏部申取朝旨餘並遵守舊制切詳民事一項初無立定名色失之泛濫遂使人吏因此得以阻抑在部之人欲乞自縣令以上非自犯民事得罪而因人連累者止令依格法注擬更不申取朝廷指揮從之　九年十月十七日吏部言見使通判知縣等窠闕若曉示半年以上無人願就作破格差注新復州軍窠闕滿一季亦准此所有兼兵其餘知縣闕乞並依已立定廣南淮東西湖北知縣窠闕破格差注施行從之　十一月八日臣僚言近年士大夫奔競僥求之弊初改官人唯注知縣謂之實歷蓋欲其改官之後更練民事以成其才雖不拘常制不得奏差此祖宗之法紹興新重修也比年以來纔得改官求堂除差遣内則欲為寺監丞貳等官外則欲為倅貳自知縣以下皆不欲也宛然干求必欲得之寧涉歲月不顧參部遂使實歷之法幾廢尚左之員常少而奔走於執政之門者止之復來也願降睿旨初改官人未經實歷選人未經州縣並令赴部依法注授不得輒至朝廷干求差遣有違戾者懲懲一二以示必行至於諸路辟置屬官員數猥多與夫臣僚泛乞添差不已亦緣僥求所至致耗費廩祿頗喧物論若量事減員及杜其陳乞在士大夫未為失職而撙節國用實非小補詔令吏部措置申尚書省率執進呈右正言巫伋奏比來調官行朝者纔自改秩無意作縣不肯參部干求堂除差遣者比比吏部亦不遵用祖宗條法依限注授欲望特降睿旨申嚴約束行下吏部依祖宗格法初改官人並與知縣差遣上曰銓曹注授自有祖宗成法可令吏部常切遵守　十一年八月十日吏部言本部通判闕見依紹興七年指揮使四年闕簽判依紹興四年指揮使三年闕即自通判簽判闕不多欲乞將通判使五年闕一次庶易於發遣從之　十三日吏部侍郎魏良臣言本部所行官員整會贓汙磨勘酬獎差注等事繳到真本付身告勑宣劄帖牒之類並追篆文官辨驗往往因致留滯紹興五年八月二十六日指揮並從本部長貳保驗不用篆文官見行遵用續承八年七月二十七日勅四川換給便宜付身復追篆文官辨驗

卷一萬六千七百八十五

竊詳川陝止是大使司出給付身本部長貳郎官自可參審欲乞遵依五
年八月已降指揮所責杜絕姦弊從之　十二年六月七日吏部檢准十
一年十二月十五日詔監當資序初除郡守其已除未到具姓名罷之內
曾任監察御史以上職事則不拘此令勘會新知秀州劉卑民係監當資
序曾任侍制落職今來復除秘閣修撰職名係在監察御史之上詔許之
任　二十二年七月十四日吏部郎官沈虛中言已降指揮知通縣令妄
吏部長貳銓量而知州又定日過門下省審察今在部官止還在外指射
之文及銓量過門經時不至乞比附四選銓量過門六十日不到許以次
人權注從之　十一月十八日赦應承務郎以上及小使臣不因贓罪降
充監當並與牽復差遣或乞新資監當人願理元資序者聽　二十六年
三月一日詔二廣容貴新郴南恩州吉陽萬安軍見闕守臣令吏部措行
差注一次如一季無人就即破格差初任通判人　先是正月二十八日
通判肇慶府黃公度召對上司嶺外弊事公度奏言二廣數小郡如貴州
新州之類有至十年不除守臣者蓋緣其闕在堂要者不與與者不要上
日若撥歸部當無此弊繪因臣僚上言故有是詔　二十八年八月十三
日詔尚書左選見榜監當闕滿一月無京官就許右選通差滿一季者破

卷一萬六千七百八十五

格差注從吏部侍郎周綰請也　以上中興會要　孝宗紹興三十二年
已即位未改元　七月十二日吏部言該登極赦應文臣承務郎武臣承信
郎以上并內臣及致仕官並與轉官令措置乞將在外并臨安府承務郎
以上參經磨勘之人令召保官一員委保無詐冒違礙其已經磨勘之人
并行在見任官隨侍子弟雖未經磨勘並免召保從之　隆興元年五月
二十七日吏部言廣南路係僻遠之地轉運司使闕差注少有京官願就
措置欲將高化昭州簽判員闕依象蒨等州已降指揮本司依見行條法
破格差注如大藩節鎮注第二任知縣次初任合入知縣資序人餘州注
初任知縣次第二任監當資序人如榜諭滿一季又無京朝官願就即許
差職官人昭州簽判候今定差仍舊本部使闕從之　八月五日吏部狀
依指揮併省吏額尚書左選見管主事一名令史二名守當官二十六人
貼司楷書共二十人今欲權以當官內減罷四人止充貼司祗應於權貼
司內減罷五人並從下裁減其減罷權貼司候將來有闕日却依元名次
從上撥填詔見在人且令依舊如將來遇闕更不遷補　十一月五日權
吏部侍郎余時言劉子翼勘左朝奉郎崔延祖乞換給付身本部照得本
人係從政郎上循儒林郎兩資不合收使今乞將本人前件不該收使兩

資比附三選條法指揮除豁填排將該遇建炎覃恩循承直郎一資收使
於真命從政郎上循文林郎却於文林郎上乞依格改轉左宣教郎告命
其元給左奉議郎告并承直郎劉子翼從本部案後拘收毀抹所有磨勘
轉承議郎并未曾換給朝奉郎兩官令尚書左選於宣教郎上依條施行
從之　二年六月五日廣南東路提舉常平茶事石敦義言英州知州見
闕正官之久乞將上件窠闕下本路轉運司許破格差注通判資序人一
次委轉運使躬親銓量保明申尚書給差敕仍令就權吏部勘當欲令本
路轉運司照應本部破格條法差注第二任通判次初任通判如同日都
有本等人願就先差本等人仍許先次就權施行候本司差人一次訖日後如
從本部使闕從之　乾道元年二月六日權尚書吏部侍郎葉顒言京朝官
合使家闕除知州軍通判知縣依指揮係四年以下闕其餘簽判縣丞監
當數授安撫司幹辦公事並使三年以下闕內檢法官到任使闕緣京
朝官在部員多年限太窄乞依知通已得指揮使四年以下闕從之　二
年六月二十七日吏部侍郎陳之茂等集議承前改官人理知縣資序兩
任內一任實歷知縣方許關陞通判自後循襲將堂除差遣理此實歷遂
致士大夫往往不恤民事越次關陞欲乞將初改官所歷兩任內須實歷

卷一萬六千七百八十五

知縣一任外一任知係內外堂除及到部或舉辟注授並與換理為任關
陞宮觀嶽廟非奏補承務郎以上關陞知縣及宮觀授理親民人準此
詔吏部看詳已而吏部言初詳既不得越次關陞其初任知縣人亦難以
注授通判欲自今合理第二任知縣資序須自理知縣後曾實歷知縣一
任方許注授通判及別差遣如不曾實歷知縣一任止注知縣雖作縣未
滿二考或尋將侍養並不理任理第三任以上知縣資序人準此從之其
後臣僚復言乾道二年集議條目非不嚴盡近年自承務郎合闕陞知縣
資序人經干通判幹官差遣履歷淺近即除知軍州如此則初理知縣資
序必欲實歷知縣正行於磨勘改官人而不及關陞知縣資序之人伏望
下吏部自今以往凡初改承務郎闕陞知縣資序必備申朝廷并須實歷
知縣一任詔復下其言吏部因備列見行條令以聞詔常切遵守　六年
五月四日吏部狀尚書左選見管主事一名令史二人書令史九人守當
官一十一人正貼司一十六人內二人係元額權手分私名二人楷書三
人法司一名今欲將正額書令史守當官內各行減罷一人正貼司內減
罷四人及法司一名其法司令書令史兼管詔依擬定各從下裁減將來
見闕日依名次撥填其減下人願依條比換名目者聽　八年五月二十

八日，臣僚言：「已降指揮，臨安知通等已復置簽判推官，令堂除使闕一次，日後吏部差注。臣以謂凡在吏部待選者，無非孤寒寄援之人，幸而有此三四見闕，又堂除一次，則有夤緣之人常得見祿，而孤寒在部之人永無所望，非所謂大公至正之道。」詔臨安府簽判推判官闕並令吏部依格法差注。　八月二十九日，權吏部尚書張津言：「宗室使臣因應舉登科改授承務郎以上官者，注縣丞或監當，理親民資序一任回，有陞陟舉主二員注知縣。切詳上條，意謂宗室任使臣未曾經歷民事，於試換後須注縣丞、監當一任回，有舉主方注知縣。切詳緣其間使臣任內有累曾實歷親民釐務及有舉主二員試換登科，若拘上條一槩差注，即是反因登科試換再入監當，冝陞而降，輕重不均。今欲措置登科宗室於使臣任內不曾實歷親民差遣，自依條制；如先任使臣自監當闕陞親民資序，後曾實歷親民釐務及有舉主二員，許通注知縣、縣丞。」詔從之。　九年三月二十五日，門下省言：「勘會四川到行在初改官人乞四川定差闕，吏部供到四川不該定差窠闕方許注授四川闕事到部人，令來四川定差窠闕照得當堂堂除過一十員，目今除成都府郫縣外並無定差到人。」詔令吏部將眉州青神縣等闕許注授四川初改官人。以上乾道會要

宋銓選

審官西院　典職官令同存目不錄

尚書右選

神宗正史職官志：審官西院

熙寧三年五月二十八日置詔曰國家以兩樞內輔賛翊本兵任為重矣而狃於舊制自右職陞朝以上必兼樣而除授之是以三公府而親有司之為非所以遇股肱之意也令使臣增員至衆非張官置吏以總其事則不足以一文武之法而厲中外之才宜以審官院為東院別置審官西院置知院二領閤門祗候以上至諸司使磨勘及常程差遣事俾銓敘有常經黜陟有常守官修而紀律振任專而攷察精庶假治綱以副朕志乃以天章閣待制齊恢為知院兵部郎中韓縝同知以舊太常禮院為治所始上論大使臣磨勘及常格注授欲歸有司樞密使文彥博等不欲曰閤注差遣累與使臣相見尚猶患不知其人若付之審官則愈不可知緩急難為選擢矣上曰欲知之不在數見使臣常程差遣何足與王安石曰省細務乃可論大體韓縝曰此事於樞密吏人不便彥博曰果合如此亦不論吏便與否安石曰密院亦止是五代始置曾公亮曰欲分宰相權爾上曰前代亂豈緣不分樞密院乎安石曰綱紀修視聽不蔽則人主權自然歸一不然則樞密亦能專權如史洪肇之徒是也五代用武故政出樞密宰相備位而已非治法也於是降詔卒置之仍省樞密院六十有二事歸之官制行歸吏部尚書右選　神宗元豐二年八月二十三日審官西院

卷一萬六千七百八十五

言磨勘供備庫副使劉希與歷任內以邊功遣官在格當與常調詔希與與轉七資仍詔自今身經戰鬬酬獎遣官方理為戰功著為令　三年正月五日御史舒亶言銓院事無正條止憑吏人檢引例因緣或致姦弊乞委官以例刪定為例策詔銓院合施行事並編錄入敕令格式　五年五月改審官西院為吏部尚書右選　哲宗元祐二年五月四日詔大使臣如曾任將副不因罪犯替罷見今合入親民差遣年五十七以下並許依條選具脚色仍於引驗狀內別立項開排申樞密院　三年四月十三日詔吏部擬兼管買馬官並赴樞密院引驗　徽宗崇寧元年五月十四日吏部言勘會小使臣年七十以上在選長官體量堪釐務注監當止一任使令致仕歷任有軍功捕盜曾經轉官者加一任唯大使臣年七十以上應入監當人至有年八十以上尚赴部承授差遣顯見難任職事別無止法本部相度乞將大使臣今後依小使臣法施行如允所請見在部授差遣之人亦乞依此施行從之　二年二月二十九日吏部侍郎劉拯等劄子臣等切詳舊法主兵使臣內地以三十箇月陝西河東城寨以三年滿替所以重邊任也監當以三年水土惡弱處以二年滿替所以優恤瘴癘之地也元祐七年因右侍禁陳師式乘剛廷欲變亂法度之際徼倖連理

資任奏乞但以三年為任者並以二年或三十箇月為任於是差遣不以親民監當事務不以緩急水土不以善惡但理正親民資序者一例以三十箇月為任甚無謂也臣等欲乞衝改不行詔依舊法　大觀二年十月三十日詔吏部遂月合引驗將副依格選識字人子細審擇　四年正月二十七日臣僚上言竊謂官吏能否未易遽知故薦舉之法必俟成考功緒可稽然後公舉其能以備任使豈有未經正任而可預薦論者臣伏見吏部右選大小使臣未曾經任尚充吏職如手分楷書之類因緣干請例薦陞陟京師局務多是從官提領而省府寺監咸有歲薦常員承例奏舉一員累至十數銓部密院凡有差使校定等差每以舉主多寡為優劣他日出職無與爭其優者臣愚欲乞使臣充吏職人吏不許薦陞陟其舊充吏職日所得舉狀仍不得收使從之　政和四年八月二十六日詔應自今雜流入仕因功賞推恩謂吏人公人作匠技術之類至武功大夫止不還橫行遙郡雖奉特旨許執奏　六年十一月二日詔武臣自今應雜流入仕還至橫行者其恩數請給奏薦等並依武功大夫法著為令　七年二月十二日吏部尚書張克公奏伏覩修立到吏部四選通用令諸路沿邊不得注授宗室女夫竊詳立法之意蓋為不欲宗女遠涉煙瘴之地而

卷一萬六千七百八十五

其夫或怯懦有誤任使遂行禁止然其間實有武畧練習兵機曾立戰功及累經邊任之人因娶宗女遂屈之內地誠為可惜欲乞宗室女夫曾立戰功及曾沿邊兩任無遺闕除二廣四川外應三路沿邊並許注授使實有材武之人得以自效詔依所乞仍於元條內添入有戰功非　十一月六日詔吏部大小使臣員額盈溢差注不行訪聞多緣吏職混淆未經區別勘會吏人叨冒一命寅緣請託規求罷去往歸銓選注授差遣冗猥之由實自此出自今內外諸司閤位應緣人吏補副校尉承信郎者依格支破請給不罷吏職不得參部御官吏部未得注籍候轉至大夫日赴部參選呈試依法若武功郎以下應因械放罷職不得奏辟止許差充他處吏職祗應如有該載未盡事件尚書省取索勘當條具將上取旨申明行下今日以前特免追改或日後續降處分並許執奏不行如有違犯並以違御筆論委御史臺彈劾御史臺失彈三省互糾以聞務在百執恪意遵守著為永法無或衝革　宣和二年七月七日臣僚上言比者詔令數下有所釐正率由舊章至訓敕在位衝改元豐法制以大不恭論甚盛德也然有司奉成法雖知其或戾不敢輒請臣請粗陳一二謹按吏部右選知州闕元豐格率注知州人雖有曾歷或實立兩任與一任之文要之知州人

見知州闕即得射也至資序之深淺功過之多寡下狀雖衆差注自有本
法崇寧改格唯四十五處遠小依舊又多朝廷取闕為謫降之地其餘並
注曾實歷知州資序人夫必待曾實歷人設偶無之則榜闕雖久初任合
入知州者終不得指射又其尤遠小煙瘴處元豐格内取通判知縣人者
方許注知州人既非本等人願就而以次人亦須候經三集而集乃注滯
闕可知也通判闕元豐格雖有注曾任一任知州及第二任通判之文然
間曾歷一任知州及鈐轄大藩通判者青州一處爾但注知州人者成都
府一處爾注知州兩經集注第二任通判者十處爾其佗則本等人見闕
皆可射也崇寧改格除青州略同外但注知州人者二十四處注知州三
經集方許注第二任通判人者一百二十三處注知州及第二任通判人
者兩經集方許注初任人者四十三處注本等人者纔三十二處爾又皆
遠小煙瘴非本等人所願就也夫榜闕而本等人睥睨不得射縱其得射
又三兩月而後可若權住俐闕則又展月矣至有百餘日而不注者臣懼
夫賢愚同滯也二者之利害較然方今減罷緔局裁省冗員鐫損宫觀差
遣吏之集于銓部者不可勝數如此等弊政為急務兼契勘諸路知縣闕
因崇寧格差注不行政和七年十月敕許不以資序通行差注文雖小異

卷一萬六千七百八十五

實元豐法也獨知州通判格尚未仍舊安有事同而法異乎詔依元豐法
六年閏三月二十二日臣僚上言竊謂武臣横階髙爵也蓋非親勲佛
居觀察使而上則禄秩恩數又非他官可擬今胥吏雜流入仕者類多得
之雖法有不許轉行之文而寅緣請寄希求恩旨丐易出身則非常法所
得限也臣願申敕條禁凡以胥吏雜流入仕者嚴其止法仍不許妄有干
請謂如實非蔭補之類不得求假蔭補之名脱有成勞宜在褒賞願如賜
金帛而已詔令檢會見行條法申嚴行下常切遵守　十二月二十九日
吏部奏勘會宗室先承御筆指揮依熙寧法常許占射不拘遠近差注仍
並替成資今承御筆指揮内外官並三年為任今來所擬宗室替闕未審
合依專法替成資唯復亦合依今降御筆指揮替三年滿闕尚書省勘會
合替成資詔申明行下　欽宗靖康元年七月二十四日詔今後河北河
東陝西路州縣兵官每處止許差宗室一員見任人候任滿日罷　十一
月十一日詔吏部將到部人内應合入路分都監將副并係將副已上替
罷滿闕及武舉出身有戰功曾歷邊任之人並行籍記不許差借短使專
候朝廷選任　以上續國朝會要　高宗建炎元年七月十日詔吏部大
小使臣不許移名次歸入路候邊事寧日依舊法　先是在部使臣多規

避差使乞歸八路尚書路允迪以為言故有是詔　二年三月八日詔今
後初除職察及主兵官巡檢武臣縣尉非邊功材武不許差注　十一月
二十二日赦應使臣未得差遣及短使者並仰於所屬投狀依例施行應
小使臣參部違限合罰重難綱運限一月許令參部免罰應命官因出戰
及捕盗中傷者仰經所在自陳保奏大使臣以上議加優卹小使臣差嶽
廟令一次　紹興二年五月二十九日詔大小使臣校尉緣軍功補授而
於軍中解罷者到部日驗發遣詣貢送殿前司依第三等法呈試事藝馬
射弓弩斛力直背射三箭各把以裹右為合格如合格本司給據許參選
若未經呈試或呈試未中各不在參選及堂除辟差之限兩試不中及不
赴試不理軍功材武滿五年許參部諸下班祗應緣軍功補授依大小使
臣參選法著為令自靖康元年軍興以來應緣軍功補授之人如已到部
以前有差遣雖已到任得替候再到部日亦依今來指揮施行　先是臣
僚言軍興以來竄名兵籍之中濫被恩命而實無武藝往往纔得補正官
資遂便宛轉干求堂除舉辟欲乞應授差遣之人並先經殿前司呈試馬
射中選出給公據方得放行故有是詔　十月十八日吏部尚書沈與求
言檢准建炎三年指揮今後應堂除并巳後堂除並權替二年為任目今

卷一萬六千七百八十五

在部大使臣員多諸路申到闕次稀少乞將應大使臣已注授未赴任人
并今後注授差遣比敘堂除人權替二年成資闕從之　三年二月二十
八日樞密院言近准指揮堂除闕並撥歸吏部契勘下項闕未有立定差
法乞令御廚翰林司儀鸞司牛羊司依元豐令先注親民次監當人權幹
辦金吾街仗司先注武功至武翼大夫親民資序人次注大使臣經兩任
親民人行在諸司監門欲依立定行在倉場庫務監門已得指揮先注親
民次監當人從之　五月七日吏部尚書洪擬言本部大使臣守城隨軍
被賞轉官減年依元豐格並作材武人注授差遣近大使臣到部有隨軍
被賞補官者亦乞指射材武窠闕緣舊法未有此條欲乞應隨軍被賞補
官者並與比敘隨軍被賞減年磨勘材武條格從之仍照會紹興二年十
一月一日已降指揮　先是紹興二年十一月一日吏部尚書沈與求言
近武經郎王壽元隨軍差使充掌管降賜庫物帛乞指射宣州兵馬都監
切詳法意隨軍被賞謂出戍經戰之人若使收支官物抄轉簿籍者一例
將作材武委是太優欲乞告示王壽指射非材武窠闕仍令幾似此等人
准此施行從之　六月二十三日吏部言近詔淮南西路見闕吏部未差
人去處特令胡舜陟奏差一次緣大使臣在部者衆若本路奏差恐注擬

不行乞將淮西路見闕依舊出闕注授若未擬差人去處却有本路奏到人即乞元差奏差人㢠不相妨今開具到駐泊兵馬都監等親民闕二十一處真州拆船場監當闕八處除犯贓人不注外召官指射其到任任滿酬賞並依舊法從之　十月十九日詔吏部尚書右選添置郎官一員以臣僚言文案積壓故也　十二月十二日吏部言武經郎閤門宣贊舍人宋源乞改換武翼郎兼閤門宣贊舍人告勑會本官所繳告命係靖康元年三月二十日下即無年號係偽楚所給緣該遇今上皇帝覃恩已改轉武經郎其乞改換合取朝廷指揮詔別給付身其前項告身令吏部拘收毀抹　四年正月十八日吏部尚書鄭滋言建炎四年五月二十日指揮大使臣窠闕到任使闕差人及近降指揮每遇季月首許將應赴任人闕剗刷使闕尚慮無闕差注近頒紹興新法載諸闕並去替一年使臣員多闕少深慮積壓乞權依前項指揮候闕多日即依新書條限從之　二月十三日吏部尚書胡松言大使臣用舉主自來遇有諸處奏狀到部係依專法置籍抄轉昨緣二年十二月遺火去失不存自今年正月一日以前本部已用照牒作舉主狀使判成了當緣降到紹興新法不許用照牒本部除已遵依外乞許因火去失奏狀人權用照牒施行從之　五年三月七日詔縣鎮酒稅窠闕見差大使臣去處除四年正月指揮外改差小使臣其小使臣見差去處却及三萬貫以上許差大使臣先是侍郎鄭滋言縣鎮州稅諸路會到往往課額多不及三萬貫例皆侍右使闕差人其尚左止有合使闕三十餘處而大使臣見在部者凡五十餘員難以發遣故有是詔　四月二十三日吏部尚書晏敦復言尚右舉行功賞其常程文字每數積壓乞依尚左已得指揮將奏薦司改為賞功司兼行奏薦文字從之　五月九日詔兩浙江南福建四川二廣淮南等路創置闕係合差大使臣者榜闕非次限滿作經使闕立限一月召大使臣指射如無人願就即送侍郎右選通差小使臣從吏部請也　八月十六日吏部尚書晏敦復言尚書右選差注係選窠闕依元豐舊法合通較官員出身歷任功過負犯以優者定差緣渡江之後為官員去失印紙遂權宜申請只用前一任定差非元豐舊法已脩為紹興令其勑令所又將許只用一任指揮修為永法顯見與通行較量條法相妨乞刪去從之　二十一年閏四月十一日詔成都府石泉軍比倣吏部親民差注正使以上親民資序曾經堂除知州軍以上差遣有舉主無贓私罪應材武人先是成都府轉運司言四川守臣依舊堂除外其通判知軍監悉付漕司緣石泉軍别無差注

格去故有是詔　二十九年閏六月九日詔今後武臣不得以綱賞轉至武翼大夫以上　以上中興會要　孝宗隆興元年八月五日吏部言依指揮并省吏額尚書右選見管主事至守當官並乞存留正貼司權守當官正額三人并遞權三人共六人今乞裁減一名充正貼司法司一名承信郎道陝係有官人別具申外正貼司一十三人見闕二人今乞減見闕二人更不試補私名權貼司一十人并遞權五人今欲減罷五人詔見在人且令依舊如將來遇闕更不還補　十一月十三日吏部言永州防禦使兗鄂州駐劄御前諸軍都統制趙樽申鄂州駐劄御前諸軍統制統領將佐大小使臣校副尉下班祗應印紙功過歷合批考第轉官因依乞候將來班師回軍日一併批書施行從之　二年二月五日詔吏部如過有給降祠部等專差大使臣方許差撥仍與依小使臣格法推賞　十八日臣僚言大使臣正副使注授差遣大禮奏補並合用年甲參照緣諸處出給付身並無年甲鄉貫三代竊慮其間有減落歲數改易鄉貫三代冒行蔭補承襲詭名無以稽考今後如遇出給付身除功賞及命詞給告不及聲說係已曾該載外其餘出身初補及應干磨勘告內並行寫上年甲鄉貫三代免致日後減落改易承襲詭名之弊從之　九月六日吏部言尚書右選契勘修武郎以上親民都監巡檢并監當場務釐務準備差使指使等窠闕乞依侍郎右選小使臣例並通作去替四年使闕差注一次從之　乾道二年七月二十六日吏部狀乞將尚書左選侍郎左選立定員額見差歸正文臣窠闕內分撥一半差注帥府欲撥三員節鎮并軍州事各二員候今降指揮下部日與尚右通行使闕差注從之　三年九月十五日詔訪聞赴部注授或求望差除在旅日久之人尚多仰三省樞密院疾速照應依格差除仍令吏部措置注擬毋得留滯繼而吏部措置欲將準備差使不釐務窠闕依嶽廟窠闕應赴使闕召見在部應修武郎以上官指射以先親民次監當恩例名次高下差注一次并見榜諸州軍橫行嶽廟二十八闕即目別無橫行以上官在部委是無人願就乞將上件見榜橫行嶽廟窠闕借差應修武郎以上官以先親民次監當恩例名次高下差注一次如同日却有本等橫行人指射即先差本等人日後並依舊使闕差注施行故有是命　五年正月七日詔宗室大小使臣依舊無州添差親民兵馬監押一員釐務日後更不差注外官　詳見侍右門　六年二月詔行在権貨務左藏庫監官通差武臣大使臣以上第二任親民資序人　五日樞密院言今後武臣橫行如願赴部注授之人照應大使臣參

部格法差注施行從之　四月十日吏部狀准乾道六年三月十九日勑將應離軍注授添差指使巡檢下使臣嶽廟之人並令具鈔候畫聞下部日吏部出給差帖當官給付本部勘會前項指揮照得止爲小使臣校尉緣本部尚書右選大使臣離軍注授添差准備差使巡檢下使臣聽候使喚不釐務并剩部注授諸軍及監司帥司添置准備差使并注授嶽廟之人即未有指揮該載明文竊慮亦合一體伏乞朝廷指揮詔依侍郎右選已得指揮施行　五月四日吏部言依指揮併省吏額尚書右選額管主事一名令史二人書令史九人守當官一十三人正貼司一十一人内二人元額權手分法司一名私名貼司一十人今欲減罷書令史一名守當官二人正貼司三人其法司職事於書令史内差人兼管詔依擬定各從下裁減將來見闕日依名次撥塡其減下人願依條比換名目者聽　七年五月六日權吏部侍郎王之奇言殿前馬步軍司揀汰大使臣添差兩浙東西福建路州軍差遣見闕員數並足今又揀汰殿前步軍司大使臣一百餘員委無見闕若増員注授又慮州軍闕之無以供給若令待闕則闕食很狽有失朝廷優恤之意措置欲令先次赴部注授待闕差遣仍下戶部別出曆給半俸居所隸軍免執役闕到之任從之　八年六月一日

卷一萬六千七百八十五

吏部言見待次修武郎以上官百餘員員多闕少見使横行嶽廟闕罕有本等人指射欲乞將見榜横行嶽廟員闕借差一次如同日有本等横行人指射即先差本等人從之　十一月十五日吏部尚書張津言勘會侍郎右選昨申明諸州軍及監司下差置准備差使不釐務及嶽廟差遣内遠地二廣荆湖南北路京西路見榜數闕多緣在部人嫌於地遠不肯指射前去而已在遠地任滿寄居人糧無力前來赴部注授虛榜闕次已降指揮令經州軍繳連録白出身以來文字委官對讀眞本并具立功次數資序高下召保官一員委保正身不拘州軍陳乞指揮五闕本州保明詣實申部從上擬差如同日有在部人指射先差在部人其指揮内即無該載大使臣明文令來不住援遠地州軍依已降指揮申到陳乞本部即未敢便行比類小使臣已降指揮施行詔依侍郎右選已得指揮施行詳見侍右門九年四月二十三日詔令授離軍横行使令樞密院審察與差將副若年六十以上精力未衰有戰功依已降指揮與差宮觀餘差嶽廟

以上乾道會要

侍郎左選

太祖建隆三年八月詔吏部流内銓選人並試判三道只於正律及疏内出判題定爲上中下三等其超降準元敕指揮仍限敕出後一年依此施行流外出身不在此限　十月詔銓司與門下省官考定循格及前後制敕要當條約堪久行者餘皆删去有司言參定循資格一卷長定格一卷并入格交判去外見行敕條共二十二道編爲一卷詔選人三十以下依舊不得入令録餘並依仍付所言　乾道六年八月詔曰三載考績有虞之典也四時聽選臣唐之制也朕参酌古道條制銓衡貴無滯於選人俾隨時而赴調如聞近日勤致淹留自今南曹銓司門下省三處磨勘注擬并點檢　謝辭等並給限一月日並須行遣了畢　南曹應有納解授狀選人等自初下納文書及批判諸司引驗磨勘直至判成送銓都給限八日銓司應有南曹判成選人自初到銓引納家狀告示逐旋磨勘便令試判并覆闕注擬寫省牓及進黄并引對謝辭等都給限一十五日門下省應有銓司諸色注官人等點檢告身文字及移牒諸司勘會事節退黄甲寫奏狀并引准黄甲等都給限七日畢　所有約定通堂更不別給日限其已上諸司更有合行催促事件各委本司施行選人中若更別論課績或負過尤須至諸處勘尋者即仰行遣具狀以聞或是無關注擬及次序不相當者並不在此限　開寳六年七月詔翰林學士盧多遜知制誥扈蒙張澹等重詳定吏部流内銓循資格從澹之請也　太宗太平興國二年十二月詔曰流内銓常選人所試判自來不較識否並判下者自今選人所試判三道定爲四等二道全通一道稍次而文翰俱優者爲上等一道全通二道稍次或二道通一道全不通文翰而精者爲中等一道通及稍次二道全不通或三道全次而文翰無取者爲中下等三道全不通而文翰紕者者爲下等判上者即與超一資注擬如入職事官即不超資與如一階判中者即依資注擬判中下者注同類官黄衣人即除一資如初入令録内降一資注擬至下州下縣不降判下及全不對者落下殿一年赴殿滿日赴集凡兩經試判皆中下者擬同類官　淳化元年十一月詔吏部南曹選人自今赴調所授牒並須於京朝官内求一人爲識官

書姓名用府縣諸寺監印進者，有司弗受　四年二月，以磨勘幕職州縣官院為考課院　五月，以考課院歸流內銓，俾翰林學士承旨蘇易簡知制誥王旦同領之　先是，州縣課績並於此院考較功過，與銓司職分無異，會併歸銓司。從判銓蘇易簡之請，省吏部員而併司，向議者咸以為當

真宗咸平元年三月四日，詔銓司所擬官告身勿書其過犯　二年十二月，詔選判司簿尉二員充吏部流內銓南曹主事　景德元年八月，詔流內銓凡引選人，齎所試書判以備親覽　真宗因言選人書判有紕繆者，寇準曰：其中亦有書字不成者。請自今令銓司引對日，齎所試以備奏御。從之　二年二月，帝閱前深州饒陽主簿張上達判詞荒繆，書字不成，令宰相問狀。判銓呂祐之言：先準敕，銓司選人試判二道，定為四等。昨考較張上達判三道，第一道稍次，第三道不通，第二道雖判詞不應題目，然論刑名即是，故書稍次。伏以敕選以來，赴調者擁併，難於獨力審隸，問面陳，亦嘗奏請矣。今蒙制問，甘伏其罪。帝特釋之　二年九月，詔流內銓依審官院例，前一日具選人歷任進內，次日引對　舊制，每選人赴調，即檢勘歷任功過并出身以來事迹，至便殿引對日進呈，帝親閱而甄擢之。至是特令預先進入，且欲詳觀其能否　二十八日，詔選司常選人有疾者，已經引對即依合入資序注擬，未引對者留合入員闕，俟痊損施行　三年三月，詔流內銓自今幕職官判上者超一次，內判中合循資者具歷任末并所試引見取裁　大中祥符元年十詔，選人敕符并破官物書寫給付，舊例納官錢，並特免　二年正月，命戶部尚書溫仲舒、右丞向敏中同流內銓注擬選人　舊制，引對官吏三班差遣不過十人，奏課不過三人，銓司不過十八。近以官吏稍眾，三班增引奏課至五人，銓司至十五人。至是三班所引使臣已少，銓司頗有稽滯，故令仲舒等同領其事，以督之。時陳堯叟奏往有鏁銓之制，帝曰：今員多闕少，四時許選，猶慮壅塞，鏁銓無乃不可乎。堯叟又請復舊者員缺，宰臣王旦曰：今選待缺者二千餘人，縱增二三百員無益也　天禧四年正月十七日，命翰林學士盛度、樞密直學士王曉、右諫議大夫王隨與吏部流內銓試準敕無過犯幕職令錄　仁宗天聖元年九月，流內銓言：準太平興國二年十二月敕，并景德三年三月詔，檢詳上件條貫所定刑名通與稍次及不通三等體式，未明考較之時，難於區別。今欲乞以每道刑名全合者為通，刑名及七分者為粗，不及三分者為不，仍於逐奏頭定詞理書札優、稍優、次、次紕繆為五等。以二通一粗而詞理書札俱優者為上等，一通二粗或二通一不而詞理書

劄並稍優者為中等，三粗及二粗一不、二不一粗而詞理書劄頗次或紕繆者為中下等，三不而詞理書劄俱紕繆者為下等，其全無詞理者，縱刑名通、書劄優，亦只入中下等。其上件四等超資、加階、循資、降資、殿年，並依舊例外，更取判中下內二不一粗及詞理書劄俱依次紕繆者，並注入缺官處所，冀稍申旌別，以合舊規。從之　十月，門下省言：吏部銓所注選人欲依故事過堂，神定詔令復磨勘選人歷任，引對前一日於中書門下審驗，先經改更，今關報門下省，事依舊例施行　七年三月，詔流內銓每季支廚料公用錢并三銓過院紙筆錢共四十三千，並折支茶貨，賣見錢一十八九千供用，自來令三司於見折支茶更特與添支九十五斤，充在銓公用官　十二月，流內銓言：銓司自來有逐季請到公用折支茶二百六十餘斤，變錢貸支使，外別無公用，帳設物元指揮三司支借。從之　八年七月，詔銓司言與南曹、門下省、官告院、甲庫等詳定，欲自今銓司每有移注、改注、對換、對移、就移、就注選人，候移改定後，限一日關帖過院，過院限三日修寫黃甲送南曹，勿勘限一日，卻送銓，當日牒送門下省，本省限五日印書進入，御俟降出中書，即依元限一日卻付門下省，限次日卻付都省承敕入，限次日送入甲庫，限兩日，如及十人已下，甲庫出給發符及關南曹格式司、官告院，限七日南曹出給曆子，限七日官告院出給官告。其官告、發符、曆子，如是人數稍多，依限修寫不及，即逐處旋具因依申銓，相度文字多少量展日限，出給所定日限，並除休務假外計日。從之　甲庫舊制，流內銓注官後牒過院，逐甲牒送門下省，押定後卻送銓司，銓帖送南曹司勾勘印書，納送銓，牒門下省進納入內，候內中降到中書日，卻付門下省給付都省承敕人，送入甲庫，出給發符及關送南曹格式司、官告院，其南曹出給曆子，官告院出給官告，以其元限日數頗多，稽滯選人，令並約之　九年十一月九日，吏部銓請自今應丁憂服闋及以領勞績揀近便者，如入遠不計有無職田，從便注擬。詔除有勞績者不行，餘悉從之　十年五月十九日，吏部銓上言：福建、江浙、荊湖等處官擬選人合入及情願乞注者，除本貫不注外，餘請不限地里許注。從之　明道二年十一月二十八日，詔令銓司今後分見選人及奏舉人歷任劄子，仰關經修寫，不得漏落過犯，仍以別印擦貼黃於劄子前粘連進呈　景祐三年六月七日，流內銓選人資考合注西川遠官者，或稱親屬在彼，乞免遠官，權移近地，候親屬得替卻注合入遠官。又父母年及七十，便稱年老無人侍養，乞折資注近官，法亦聽許。自今應合入川遠處選人與注近官者，親屬

得替便行注己折資注近官者須是父母實年七十已上方得從之　十
月十三日龍圖閣直學士李紘言幕職州縣官前任有自條奏舉該磨勘
引見未改官者今任並闕說其人奏舉已經磨勘說別作一貼黃取旨從
之　慶曆四年正月詔流內銓如批降指揮後有合奏請事令主判官別
取旨從判銓王質之請也（事見三班院）　二月命天章閣侍講曾公亮同定
流內銓條貫　英宗治平元年二月權判銓錢公輔奏請選人祖父母年
老得家便官者免硬注從之　三年五月吏部流內銓進銓曹格敕十四
卷詔行之　以上國朝會要　侍郎左選　流內銓

神宗正史職官志吏部流內銓

國初張昭為尚書猶掌京官七品以下選及昭致仕以他官領之始但掌
幕職官以下選事知制誥蘇頌熙寧二年神宗嘗問比改官者多對曰真
宗以前引見選人或與改官或止循資上曰若此則有幸不幸者今入仕
之路多科場之取士衆既多取之而撓其進用使人窮困而不為有理須
別議其法舊制五日一引當改官選人對便殿不過二人其後待次者寖
多至有滯留逾二年者上閔其坐困四年乃詔每甲引四人以救其弊士
人便之元豐三年將改官制先詔流內銓稱尚書吏部官制行歸吏部侍
郎左選　神宗熙寧二年三月一日命翰林學士呂公著知制誥蘇頌與
判流內銓官試驗選人身言書判初議差公著等上閤試判故事因曰此
何足以見人材輔臣或對先朝有與京官者哉以為京官可惜上以為然
三年置主簿二月七日以著作佐郎楊完為主簿編條例等任使從吏
部流內銓所請也時判銓陳襄請置屬官又取依曾所用例去其不可行
者編為策　五年閏七月詔吏部南曹併入流內銓　初吏部別有判官
二無判南曹掌考驗選人殿最狀而送銓及磨試勾黃給曆之事於是
判銓許將等請省南曹入流內銓故有是詔　元豐元年六月二十九日
詔滄州清池冀州任丘霸州文安大城秦州成紀隴城清水延州膚施延
長延川慶州安化合水全州清湘灌陽邵州邵陽武岡澧州石門慈利十
八縣具舊條監當闕送流內銓差注　九月二十八日詔京朝官選人并
使臣換文資所試上等第一還賜進士出身中等稍優與堂除差遣中等
與不依名次注官下等與注官內未出官與出官已出官與免短人無短

四

使者升半年名次　二年八月二十四日新賜進士第二人及第馬涣之
特升注官涣之年十九礙銓故也　十二月二十四日御史舒亶言流內
銓選人舊無籍記其閒姦胃偽濫之弊官司莫得而知乞置簿以備檢入
從之　三年正月五月御史舒亶言銓院事無正條止憑吏人檢到例因
緣成致姦弊乞委官以例刪定為例冊詔銓院合施行事並編入敕令格
式　亶又言天下選人名在吏部者且萬人索其家牒以式注籍　八月十
四日詔吏部流內選自今稱尚書吏部　五年二月一日詔吏部擬注
官過門下省並侍中侍郎引驗訖奏候降送尚書省若老疾不任事及於
法有違者退送改注仍於奏鈔內貼事因進入　七月十四日詔諸改官
於官名應避者擬以資官資品恩數並依合改官法　六年閏六月七日
尚書吏部言二廣承務郎以上任煙瘴處差除知州係朝廷差外餘過滿
一年乞放罷從之　八年二月二十三日門下省言中書錄黃前權南節
度推官呂公憲等狀各磨勘當改官乞下吏部先引驗吏部已引驗四人
奏已降出正月庚子當引見及未引驗八人見磨勘十九人詔轉官人依
舊例除官餘候舉主有事故並不礙引見候御殿日依舊　哲宗元祐元
年四月四日三省言吏部曹經堂除選人除曹歷省府推判官臺諫寺監
長貳郎官監司並歸吏部差注內不因罪犯替罷者令入遠與近合入近
與先次指射差遣其朝廷特差者不在此限從之　同日詔應合試選人
年五十以上歷兩任六十以上一任無贓罪及私罪情重并令任非停替
者並與免試　十八日詔八路選人員缺除有專條并奏差及一時指揮
并水土惡弱及自來差攝官處並依舊外餘歸吏部　又詔八路選人員缺
歸吏部者接送顧錢並依詳定該法所奏　二年二月十六日詔吏部選
人改官每歲以百人為額從侍郎孫覺請也　三年三月十八日詔奏舉
改官職官縣令人過犯輕重或刑名特旨不同令吏部斟酌事理看詳比
附取旨　五年十一月十二日三省言元祐五年秋季入流一百二十八
人四年秋季入流一百三人五年比四年多二十五人今以前次科場大
禮奏薦轉員換授人數以三年分為十一季約算內一季約一百五十四
人有畸并元祐五年秋季入流百百二十八人合為二百八十二人復以
身亡致仕刺配放歸田里勒停丁憂尋醫侍養假滿落籍分司及叙用服
閡尋醫等參部人比折外其事故多二十一人　六年五月五日尚書二
十日三省樞密院言元祐六年春季入流九十六人五年春季入流一百
四十七人六年比五年少五十一人又將前次科場大禮奏薦轉員換授

五

人數以三年分爲十二等以一季約一百五十四人并元祐六年春季入流共二百五十四人除身亡數仕勒停丁憂尋醫侍養假滿落籍及闕用服闋尋醫年滿比折外其入流多十七人　紹聖元年閏四月七日右司諫朱勔言元祐變法選人改官歲限百人而有司奏請作三甲引見以三人爲一甲積累至今待次者已應二百八十餘人率二年三季始得引見請以元豐令詳酌增損詔引見磨勘改官人權依元豐令每日引一甲每甲引三人每年不得　一百四十人淹待次不及百人取旨　七月二十一日吏部言元祐三年進士內特奏名經明行修人賜同五經出身王鄰臣等狀邵禮等與免試注經便缺賜文學邵閔之等候大禮畢與免石保一員依條差注令來科場已依元祐三年指揮詔並依特奏名例　二年年正月二十五日中書省言制敕庫修例到得替若蔭補進納及應舉出身假官京府助教并得替合注官者每春秋試議三道或刑統大義五道或斷案二道斷案七分以上時議刑統經義辭理俱優爲優等斷案六分以上時兩通一但刑統經義各四通爲中等斷案三分以上時議兩通刑統經義各三通爲下等即悉任有舉主五人攝官初到選試官權官歸司年滿新及第者並免試每百人就試取優等一人試卷中納中書省取旨

六

權恩上等二人第一人補一資餘人占射差遣承務郎以上減一年磨勘中等五人並不依名次注官承務郎以上與近地陞一年名次餘並下等注合入官從之　三年六月四日考功員外郎何友直言在部已待次人請每甲權添引三兩人約半年可以引盡自今下到文字人別置部籍候引盡舊人卻用見行條數每一甲止引三人仍於引驗日截會詔每甲權添二人引見候引盡見在人數日罷　七月四日吏部言准敕引見改官人權依元豐令五日引一甲每甲引三人不得過一百四十人令准敕每甲權添二人本部看詳既依令降指揮五日引見五人其至歲終難以限定人數將有前降指揮每年不得過一百四十人合行衝罷從之　四年四月二十三日御史蔡蹈言吏部差法新進士諸科及第官用元豐二年指揮引法關先注新科明法次注明法人切詳先朝既廢罷明經學究科特設新科明法以變革舊業欲優爲恩例使取趣新習賜第之優率先進士並注司法蓋變法之初所以示勸令經二十年舊人爲新科者十消八九恩例之優乃損欲乞司法與其餘判司闕衮同從上差從之　十二月二十三日成都府路轉運司言乞逐路將用舉主升資選人先與舉主考第到司公參月日申吏部候符下方理名次射闕從之　元符元年正

月二十二日三省言吏部侍郎左選諸縣簿尉相兼處請不注流外人又言成都府轉運司陳察乞監司歲舉明從律恕善治獄者充錄事參軍詔令吏部立選法聞奏　二十七日左司諫陳次升言四改官人除緣邊有急難外餘乞下得奏辟從之其已差李偕中令吏部改正　徽宗崇寧二年五月二十五日吏部侍郎劉拯等奏令後不經部注授差遣不願存二及十年者並移入別籍根究施行并吏部供到長定格諸色選人除本選數及願是侍集外過格十年已上者於吏部南曹投狀准格較磨勘依舊例合清資朝官保明委無偽濫違礙即與送銓降兩資注擬如無資可降江選選司類官具過格二十年已上者銓曹不在施行之限詔依長定格施行如十年不到部與降一官十年已上別置籍拘管限滿施行二十年已上並落　二年七月八日吏部奏請今後選人納却色外更令依熙寧式樣別供家狀再子從之　五年十一月三日吏部尚書虞策奏檢准節文頻補滿前任者到任三十日內申又准諸令節文乞用恩賞注闕而到選缺者聽留後任收使授告敕五日內自陳緣外官多不知吏部合用條令偶出違上件日限吏部便將合待恩賞又補滿前任指揮更不施行欲自今後出違上件日限並只降名次違十日降一月違一月已上降一季

七

其補滿前任及曾用恩賞改任收使指揮自依舊詔續補前任者到任限半年用賞注闕而別就選闕者聽尚後任收使授告敕限一月內申陳政和二年七月二十九日詔訪聞有官人以員多缺少積累年不調多致匱困朕甚憫之應合出官人待次半年以上無缺注擬及停廢者無已經一期可各隨本資序注擬一次每州不得過三人登科人並添差　三年正月二十七日吏部侍郎劉煥奏檢會本選令恩賞補資者任滿資非幕職官奏舉縣令及別領職任人與就任改正資序餘取射缺狀移注令來曹掾官若有該恩賞補資雖未有就任改正之文緣上件前闕皆許從事郎潰上及令錄判司通注令相度欲將在任曹掾官該恩賞補資之人並令就改正資序從之　十月十八日吏部侍郎劉煥奏本選近承朝旨編類選人名籍已分姓編排逐人鄉貫三代甲出身補資歷任舉官功過立定草本修成四百冊本選郎官劉烽日輪家自早至暮難於務功皆人吏編成草帖錄寫淨冊了畢本官委日宣力伏望優與推恩詔劉經依鄭烽例轉一官鄭烽事見侍左　五年十二月五日吏部侍郎劉煥等奏承吏部左選令諸非本部注擬之官而被旨送部與合入差遣或因體量貪犯到部其資序遠近並依本部條法本部與勘選人非本部注擬如被旨送

部與合入差遣之人，即未有明文，令欲乞依立選法，並依本部條法施行。從之。

七年五月二十五日，吏部侍郎劉煥等奏：與勘選人恩賞循資合隨見任官資序遷轉，內修職郎循一資擬從事郎，若該改官有出身人賦宣義郎，其修職郎無恩賞一任因該磨勘并關陞從政郎、改宣教郎，即是從事郎恩賞循資比之不該恩賞之人却降一等改官，顯屬未均。從來本有申請，令相度，欲乞應修職郎因賞循入從事郎該改官，如考依令入從事郎，並從政郎法改，所貴各霑恩賞。從之。

八年六月二十八日，吏部奏：據福建路提舉學事司申，保明判李衡昨任從政郎充福州教授，任內政和七年分教養學生六百人以上，合該循一資，仍減舉主一員改官。申部乞推賞。檢承敕：臣僚上言，吏員增多，本因入流之冗，嘗考吏部磨勘，除依舊法外，有以任諸局減考而改者，有以任川遠減舉官而改者，有恩例賞比類而改者，有因大臣特降舉而改者，有說因事到闕而改者，有雖刑寺遣殿先次而改者，積之歲時，殆將復倍。伏望並行措置。詔除川廣水土惡弱去處減舉官外，餘並依元豐法。勘會元豐法內即無福建路教授減舉官賞格，既承上件指揮，無減舉官酬賞，緣未有遞等推賞條格，合行申明。給李衡與減二年磨勘，其選應減舉官一員改官酬賞者，與占射差遣一次。

宣和三年四月二十七日，中書省言：吏部狀，宣和二年十二月二十日敕：政和八年三月二十日，尚書省劄子，檢會諸路買納鹽場官並監押鹽袋官，自來合依本路提舉鹽香司舉辟。去歲升權貨務官押袋，薄使臣及昨來新置鹽倉鹽官，其間闕並改作堂除，今後且令逐處依元降朝旨辟官施行。二月二十六日，詔聽具名申尚書省差。又劄子奉御筆：令後遵依元豐四年七月二十八日詔書，內外舉官悉罷，令尚書省依做元豐舊制措置聞奏。恭依御筆，體做元豐舊制措置，到欲依下項，數內一項：元豐四年後來創置奏舉窠缺，令措置除事於陵寢，欲特存留依舊奏舉外，餘並罷歸吏部，內緣新法差官窠缺，仍具名申差，等並堂除。檢會宣和元年五月十二日敕，勘會諸路罷舉內事干新法合朝廷差人窠缺，如朝廷未差人間，已入使闕條限，詔令吏部別立選法，以榜限五日召人指射，具應選履高人擬定，申尚書省。又敕勘會上件窠闕，既指射之人應選劄無違礙，若更申尚書省聽候指揮差注，顯屬往復留滯。詔令吏部四選將應選擇資高之人便行差注，除依已得指揮。十二月十七日詔：應事干新法朝廷差人窠闕已入使闕條限，依宣和元年十月十六日指揮施行，如滿一月無人願就，申尚書省，令其溫州永嘉雙穗買納鹽場寨窠過滿闕等三闕

勘會上件闕已是限滿，依上件指揮合申朝廷候指揮。詔應事干新法合朝廷差人窠闕已係過滿見闕及已入使闕條限，如經一季別無關報到朝廷，并吏部已差人指揮，合充辟官司踏逐除犯贓私罪人外，餘並特許具名奏差，候到，仰吏部限五日擬差。其差鈔鹽路分自來私鹽多處巡尉，令鹽司同提刑司踏逐有武勇人依此奏差，餘依已降指揮。

七年七月十三日，吏部尚書李松等奏：勘會本部差注並依名次及功賞高下，昨緣蔡京奏請因廷見使殿觀加識擢，有例選調而改合入官者，代望立法。奏請有舉主改官人上若遂獻當奏首選，後來數令所立法諸奏御筆特改官官人在應改官人之上選闕，仍聽充選。本部見遵依施行，每與勘元初起請上謁觀加識擢，自選調改官人，令來其間有因臣僚陳乞因功賞闕具奏御筆特改官人，即本部合與不合與親擢人一例，在應改官人同選闕，仍聽充選。尚書省勘會，蔡京元奏請係謁引對觀加識擢，御筆特改官人。詔中明行下。以上續國朝會要

高宗建炎元年五月一日赦：應恩澤補授文學，並許依法召保注擬入官。

十二月十一日，吏部員外郎林現言：吏部差注常患員多闕少，而遠方僻郡有久缺正官，蓋其弊在於權官利於所得，計囑運司入吏，匿缺不申，及僻遠繁難窠缺，人所不就，至經年無人注擬。吏部既不差注，州縣不復再申，昨雖限以月日令轉運司具缺申部，今成虛文。欲乞缺官所在，令本州徑申吏部，仍許監司互申，則求屬之弊可革。及令本部條具僻遠繁難縣分，揭示於闕榜，則自有願授之人。從之。

二年正月十六日，吏部侍郎劉珏言：選人尋恩轉官，緣流品冗積，吏多舞文，欲乞如不係殘破州軍，並先保明，其選人在職如奔喪丁憂，逃避等，在五月二日赦後者，即許循轉；五月一日赦前者，不許陳乞，仍諸州保明狀內開具任滿停替事故及權攝之類，候應使日給告。從之。

十月十一日，吏部言：諸路闕官已擬注承直郎以下官，其合赴人近多避遁不赴，欲乞從本部劄下，令日以前應違年在之官程限外不赴官者，許本部不候報到，一面使闕，別行差人，待下本處照會。若新差官欲赴而元差下官，先以到任，即將新差官令赴部別行注擬。從之。

四年五月二十五日詔：選人授下改官文字，日以姓名及到部月日關御史臺，置籍拘定，依限勘會赴鈔雖小節未圓，案牘不在，而舉官別無事故，奏檢具存，可以照驗，並聽先次施行。

同日詔：選人改官引驗訖，不限成甲，並許關報軍頭司，不候有公事權令引見，候駐蹕定日依舊。

同日詔：兩浙、江東西路各差使臣一員，前去轉運司，令即時行下逐州專差通判根括文武官見闕及到

任未差替人去處嚴立近限逐旋申發赴部仍將見闕到缺一面先作非
次注擬所差使臣除程限五日發回　先是選人改官多因違限不爲結
絶以致循析察主又兩浙等路自經兵火闕兵去處往往權攝或宣撫司
便宜差遣多非其人侍御史沈與求有請故有是詔　八月三日吏部侍
郎綦崇禮言朝廷出給選人劄子並於所降劄子内稱説添注是何酬賞
或何人奏舉或考任關陞所貴日後有以照據從之　九月八日詔今後
逐路官到任并任滿推恩指揮並不施行　先是京畿京東西陝西淮南
路曾經殘破州縣例皆闕官到任人與轉一官選人循兩資候半年給告
任滿更轉一官選人改合入官緣無人願就故有此恩例後臣僚言今決
西路係宣撫司差注其餘路分亦鎮撫使一面辟置多是使鄉及村於私
計之人與前來事體不同乞賜廢罷故有是詔　紹興元年六月十日吏
部言文林郎嚴柳所集注授本工察推後緣重疊改除洪州州學教授以
親老路遠乞再歸部用元名次指射差遣從之　十二日詔八路窠闕除
四川外已行借使差注者令吏部更借闕差注一次　七月十三日吏部
侍郎李正民言見待缺選人約二百餘員雖有見使員闕一百五十餘處
又多不應格令欲權宜措置並不以拘礙止以恩例名次高下差注一次

十一

巧職官許令録人令録許判司簿尉人縣丞許當調從事郎以上人奏舉
從事郎以上如縣縣令許修職迪功郎人通注并親民零闕人須候有舉
試人注使不盡當日依此差注内任滿應賞者更不推賞從之　十二月
二十七日吏部言攝官出身人到部擬迪功郎如遇破格闕即不礙差注
令有破格與注不留窠闕許行差注攝官一次候任滿更不推賞從之
二年四月二十五日吏部侍郎黎確等言廷試日近依自來體例前半年
内將本部應千窠闕權暫停差任副勘會職官令録監當等近降指揮將
到任一季之人並使尚差注不行若更住剩副剩在部人實難銓選欲乞
候將來唱名日將到任人使行使闕應副詔自四月一日以後判司簿尉
缺權停候散及黄甲人數同依舊　二十八日吏部侍郎綦崇禮言今次
新及第人自四甲以上並合依條集注恐臨時發遣不盡乞將司理并判
司簿尉如係見今闕滿及過滿見闕已差下人未曾申到任者並許作黄
甲闕差注合替已差下人將來到任年滿缺候集注了日依舊詔司理將
許權注一次餘從之　五月三日吏部言第五甲合參選者與在部人衮
理名次欲乞將黄甲不盡缺以恩例名次高下較同差注從之　六日詔
令吏部將黄甲集注不盡二百餘缺作夏季集注一次　十日吏部言將

後有三年閏二月四條移此四年上

仕郎木元飛祖侍御史係元祐黨籍人欲乞送部先次注擬合入差遣從
之　後三年六月十日將仕郎李昉陳乞先父深係在黨籍人將仕郎曾
愉陳乞先祖肇係在黨籍人並欲依例先次注授從之　十月二十三日
吏部侍郎席益言本部尚書左選見今官員才到便行使缺侍郎左選昨
中明須候一季以上見今在部選人約四百餘人無闕差注乞依尚左例
施行從之　四年四月十六日吏部侍郎劉岑言紹興新書應用舉官奏
狀到部方許收使承指揮自今年二月七日奉行本部未降新書以前升
改外餘用舉主入遞較量分數從事郎有舉主三人從政修職郎有四人
通注縣令知縣並止繳照牒或奏檢其用舉主免試爲正繳奏檢似此收
理名次判成行闕人數頗多若一一須要奏狀深慮留滯欲乞且依舊制
其彼奏在今年二月七日以後自合遵依新書施行從之　同日吏部言
左選係行選人酬獎升改參選注授之類並合會問有無過犯欲從本部
取索批書印紙照驗如無批上勒令自供結罪文狀就本部裁定施行候
會到刑部大理寺所報已斷刑名有礙即改正庶免留滯從之　五月三
日吏部侍郎劉岑言選人丁憂服闋舊來但曾到任本部作歷任人與免
試恩例今紹興新書乃稱歷任爲二年以上尋取會係用元豊本選人條

十二

定緣舊法止是京朝官雖與選人一例混同欲乞將歷任爲二年一節依
元豊舊制躔爲尚書左選令所有選人歷任亦乞依舊法以任曾到任之
即與前項恩例從之　二十六日詔文學參選依條注見缺如願權注侍
闕差遣者聽　先是文學權官注簿尉無見闕差注即臨時申稱吏部侍郎
劉岑乞與降指揮故有是命　六月二十二日三省樞密院賞功房言川
陝等路宣撫司申張演元係太學生用蔡攸門客恩例補登仕郎緣今來
防護綱運有勞乞理選限本司已從宜出給照劄乞給降付身從之　二
十九日詔選人待次未赴因朝廷差被或辟差之人如不曾到任卻已遂

三年閏二月以上四條移前四年上

闕與收理元任部未差以前名次朔行射闕從吏部侍郎劉岑請也　三
年閏二月八日吏部侍郎鄭滋言侍左見縣員多缺少遂申請將選人應
赴任去處每月剩刷去闕其已注人已是待缺三年又將福建湖南廣東
闕借使尚慮於遠不肯近來逐路更使又係明到見任官依八路差官法
之行展考即人加一年其待闕官與緣卑得赴任乞自今如福建湖南廣
東西路有文字到部乞權不許展考候將來本路使闕日從舊從之　三
月六日吏部侍郎鄭滋言春秋銓試及試刑法教官并應文武官舉升等
官應舉試中之人爲去失初補付身赴部陳乞或乞收使已前試中恩例

雖有許名保次使及別給條令終雖考驗欲令所官官司將前項人具録元摘試中名次保明給據候應使日繳連陳乞訖仍批鑿公據給還從之

二十三日部省言選人因貲備資歷改升資序依條合行攝任其注資殘破州縣差遣該到任賞人事體不同自合欲備在任從之　七月二十四日中書門下省言已降指揮諸路監司屬官差令錄以上資序人將內有未經任人理難一概擬差詔令後並差令錄以上資序曾經任人　六年正月二十七日權吏部侍郎吳敦復言勘會初出官人雖試中刑法合在歷任二考之下差注今乞將初出官試中刑法得充試以上人與經任二考人作一等依名次差注從之　五月十四日吏部侍郎吳敦復言商懷集縣主簿黃庭端等狀判司簿尉資序人在部待次有二百餘員積壓差注一人行情願乞待兩任缺一併破格與集注今乞盡行判司簿尉四年以下窠闕差注一次從之　八月二十一日吏部言登仕郎葉趣昨因駕幸外祖府第推恩於政和二年准授假承務郎與凡補官數係是崇觀後來該載不盡非依格法補授之人詔降為文學　九月二十七日吏部侍郎吳敦復言檢會八月二十二日指揮小使臣校尉注諸州窠闕并諸路屬官判任任滿應有酬賞自來緣監司保奏以兵火之後往往州軍一面保明申部若更取會決致遷滯可與當實依條實令待右選人到任實本有該載乞依待右指揮施行從之　八年九月三十日吏部侍郎晏敦復等言諸州錄參司理並係獄官內司理已許注經任成考任二考以上人今有錄參兼司戶處依然與令注初入官人表尾輕重不倫今欲將應諸州兼錄參司戶去處差注經任或歷任成一考以上不係犯罪缺任之人一等衰理名狀差注從之　九年四月二十三日江住判析等路經使司言契勘鹽場買納官吏部格法係通四選差注今前許淮東提舉茶鹽場胡紡狀稱近來多差監當小使臣成初任人寡致敗事欲乞選差經任有舉官無過犯文臣本司欲依本官所乞從朝廷選差施行從之　七月十五日流外出身見差吏職令後並不許用占射恩例放四年二季以上員缺使臣依此　先是吏部言流外人緣現任吏部有不妨注擬差遣指揮又多訓獎占射既許占本使闕欲擇優厚有職田去處求問五六年乞行榜示情願注授緣見充吏職自有請給久待不妨遂致優厚闕次多為流外人所占契勘簿尉司戶見使四年一季選闕其餘闕見使四年乞令後四年三季闕占射恩例人止許占簿尉司戶未使除闕許占四年三季如日即令依常調並處半年其餘並不許指射從之　十一月八日臣僚上言選人才出身則有貴甲注擬無出身則參部財缺與亦祖宗之除今具存也比年以來選人才出身則多欲求為行在正字之職無出身者又求為教授屬之官未有一日君第未常一見史氏自此改祇七則為監司郡守其次猶為倅貳於法令慢不知於人情未知察宦矣於人者多矣非人才有不能未更歷故也倘使經歷州縣一兩任然後而真之朝廷與時出入中外必有可觀是乃所以養成之也與選人之奔競不可不抑也詔令吏部措置申尚書省　十年三月二十日詔河南諸州并織官及縣令見闕去處如本部出缺已滿一月無人願就即行下本路許守臣選辟一次具名申取朝廷指揮　四月七日詔諸路檢法官如遇破格即許差曾任親民人　十二年八月二十六日詔選人有占射恩例願占未使闕者止許占已差下一政皆八未使窠闕　十三年二月二十八日吏部言有官人見吏職不妨注擬即係在任待次往往占佳闕闕至闕到又行陳乞降指揮令以次人赴任其以後下人卻復改替願是有妨本部差注今欲乞將應有官見吏職之人並不許理資任及不許理名次注授差遣及在職待缺無致壯絕僥倖從之　五月十一日詔流外出身人並許注破格司理　十四年三月二十三日吏部言紹興十一年九月敕選人應任四考五考赴部注授日如願成資罷任者依本部勘會上件人其射闕日少得舉主應格皆是於後任猶足無有堂除舉辟史並及廢闕之類並不該載許令成資罷任之人今乞依上件指揮施行從之　二十九年六月八日詔諸路司法除廣南已有紹興十年許行破格差注初官指揮外其餘司法并諸路鹽場窠缺並依前項指揮施行又詔應諸處重疊奏斷罪敕條鏤板諸路帥切遵守　先是吏部侍郎葉義問言選人到部利害有二一曰破格差注緣在部人七百餘員而闕示止及三百昨降指揮錄參縣丞司理並許不依資序破格差注獨司法未有許破格之文更有鹽場窠缺非係親民多無願就亦乞破格差注二曰重疊奏斷昨來紹興增修荐舉法應當發照牒及重疊奏裁並以違制論法令具在而近者士人校狀乞升改其所發奏狀乃多違法重疊保奏欲乞嚴降指揮如諸路有重疊奏舉者從本部檢舉一依敕令施行故有是詔　三十一年六月十四日詔侍郎左選合使縣令窠缺如久極無人願就許吏行破格差注一次從吏部侍郎凌景夏請也　九月二日赦應承直郎以下所注差遣有因事廢罷元置司去處不及批書之人許在外召保官二員委保批書供到部令吏部照驗出身文字實歷放行　以上中興會要

孝宗紹興三年

二年乙卯任不被九九月十三日吏部言該登極赦應承直郎以下在職任年被薦人與循一資亦合入調始吉具調語定冬乙脩坐具鈔候畫聞下部日付當吉院依赦書寫出給從之　十一月二十一日吏部言選人該覃恩循資依條就任改正資序通理年月滿替外其餘合行移注所得循資內有資序不同合行破考勘詳普恩即與自陳循轉之人破考事體不同本部指定止依前本身舊資序請給許令終滿合任其循正資序之後所歷過考第月日許據以前月日作實考收使更不移注從之　其後吏部復言選人依條因恩賞循資應試者仍免試昨因任任滿遇覃恩所得循資移注之人並收使循資帶免試移注自承前降指揮之後覃恩循資之人更不移注近累有選人罷任後陳乞在任該遇覃恩循資合帶免試參選緣有前降許免移注指揮即未改作應試人收使循資帶免試指置欲將選人在任該遇覃恩合行循資之人並許帶行免試從之　孝宗隆興元年正月二十二日凌景夏言乞將選人若有過犯停替降資衝任三十二年六月十三日覃恩赦前之人許依大禮赦書減降收使酬賞如元犯係是私罪若以經刑部除落依得與過犯人例亦許方行差遣注授收使酬賞并考功令議定欲乞將命官如有似此因過犯展年之人即與比附大禮赦恩免展施行從之　四月五日詔令後選人改官每歲以八十員為額內將十員充歷任及十二考識舉主改官人數如不足並聽缺內自今年為始　十三日吏部言左迪功郎衢州司法參軍林思絃用前任三考舉主關陞從政郎緣本人任內該遇覃恩循文林郎係判司簿尉系合就任移注差遣本人不願關并止乞用覃恩循從政郎終滿令任從之　八月五日吏部言依指揮看併吏額侍郎左選見管主事二人令史四人守當官三十六人貼司楷書共三十八人令於守當官內減罷三人上充貼司祗應并於貼司減罷六人卻充私名祗應楷書減罷五人以上減罷人數並依名次從下裁減其所減罷人候將來有闕卻依元名次從上撥填詔見在人且令依舊如將來遇缺更不選補　二年三月二日吏部侍郎葉顒條具弊事選人改官承直郎至修職郎用六考迪功郎七考舉主應格方許磨勘自今並不許用迪功郎一色月日作六考并用減年非嘗考及擬滿月日放行磨勘從之　四月二十二日臣僚言選人任曹幕官縣丞監當者皆有三考在任一年而薦章及格即該關陞許外移既注新任自可去官而輒匿命不赴苟延歲月無由察見其弊乞自今選人關陞外移者限一月離任於給降外移文字日經自使關行下本處使

令罷任仍報後官赴上從之　乾道二年三月十七日宰執進呈吏部長貳措置到選人改官引見令立班移近軒陛逐一宣名具聞聖意或有所疑之人即乞指名宣諭吏部侍郎公同到都堂審驗如不中選即取旨別作施行上曰如此施行今在御前盡公方得其實洪适等奏曰陛下既指定姓名雖臣等子姪亦豈得容私如果非才即與改次等或更一任間改官仍重行謬舉之罰庶胃濫改官者鮮矣　先是議者乞將初改官人特出聖意擇一二臨軒引問吏部侍郎陳之茂以為不可乞下部措置從之吏部既言故有是命　十八日吏部言令擬依推龍飛恩例與存留料舉年分不同本部若止以見闕指闕將來集注委是應副不行令措置將職官權展一年使闕司戶簿尉更展半年使闕約四川每次上副職官六闕令參欲副職官三十闕司戶簿尉一百五十餘闕應副從之　六月二十二日詔轉運判官補發前官使副舉狀許作職司收使從吏部申請也　三年正月二十八日吏部狀近承乾道二年八月四日敕節文令後應奏補出身更不許用補授及三年年三十免試參選仍自令降指揮日為始見行遵守外竊詳未降指揮之前本部有初出官選人用上件恩例已參選判成見待次及已注授差遣未上鈔之人乞許的指揮施行詔令吏部放行　五月二日吏部左右選狀勘會選人年六十小使臣年七十以上及存留年滿人并文學到部參選每日翰林院差醫官一員赴部診視委係文具合措置如遇有似此等人到部參選從長貳當官體量精力不衰別無疾病許依條注授從之　七月四日宰執進呈選人用舉主改官太濫乞歲立為定額上曰如此不至太冗人情否葉顒奏曰只是遲得半年上曰舊賊功賞改官人知不可立額於是詔從吏部所擬每歲用存舉改官以一百人監司三人四川換給改官以二十人立為定額歲終不足聽闕仍逐色各置簿其引見改官人以進奏下日其行在職事官及外路就任改官獲私鹽及盜賊四川換給等改官人並以取會圓備上鈔日為先後次第之序至年終如各有溢額員數許於次年施行仍理為次年之額　十月七日臣僚上言乃者吏部有請引見行在職事官及外路就任改官人一百員為額四川換給改官人以二十人為額已降指揮施行臣契勘四川見官六十二郡每歲止得二十人東南共管一百二十九郡每歲卻得百人除當職學官外從改授磨勘十餘員外以郡計之東南約三郡則改官者二人四川約六郡則改官者二人其多寡不均灼然可見緣此東南止令繞七十餘員而四川七月內已滿二十員之數其餘文字圍

備主待來平貧闕者不啻十有餘人豈無滯留之歎也照得元祐中從吏部侍郎孫覺之請舊勘截限其數而四川係在數內紹興元年用臣僚之言立定員額亦未嘗摘出四川別爲一項今來叔立防限將摘四川置之額外來見其可乞將引見并行在職事官外路就任四川陝路人通以一百一十人爲額並以承會圖簿上鈔日爲先後之序庶幾遠近均一從之

十一月二日大禮赦舊法初官補授及三年并年三十到部與免試自近降指揮並須銓試方得參部其間有年及五十以上之人令吏部權與放就試零闕參部一次　同日大禮赦承直郎以下赴部注授差遣除犯贓私罪外其犯公罪狀以以會到刑寺見有公案未結絕合取旨之人且與放行參選注授俟有特旨即依改正

四年二月二十三日權尚書吏部侍郎薛良朋言勘會選人祖父母父母年七十或篤疾各無男丁兼侍者年八十並前一年內召保官三員申尚書吏部應授差遣者聽指射家便續承乾道元年四月十八日指揮將陳乞家便趁例人若非本貫臨安府並合依條就本貫或流寓人於寄居州軍召保陳乞竊詳上件指揮係單官員經本府召保陳乞之弊其間却有官員於本任州軍召保陳乞本部却作合經本貫或流寓人於寄居州軍陳乞行下要是行遣迂回今乞將除先任選人有祖父母父母年七十以上許經本任州軍召保陳乞外其主着人經本貫州或流寓人於寄居州軍召保陳乞申發到部之人自合遵依乾道元年四月十八日已降指揮施行從之　十月二十一日中書門下省言歸正右文林郎孫子倫乞添差平江府支鹽倉替趙均年滿闕續准吏部告示稱本部即無替闕條法批送吏部勘當申本部勘當侍郎左選即無歸正文臣添差許替闕指揮依批送令狀下部告示本人知委詔依孫子倫所乞今後如有似此願就替闕之人依此　十一月九日臣僚劄子奏乞明詔吏部立爲定格今後選人任獄廟者忽不理考第庶幾革偷情僥倖之弊從之　十二月二十六日詔除隆興元年恩科人所授獄廟已得指揮許理權官外餘並依乾道四年十一月九日指揮施行

五年十月四日試尚書吏部侍郎薛良朋劄子本部侍郎左選初官并歷任待次選人計五百餘員其見闕諸州教授屬官職官錄參司理司法縣令縣丞縣尉監當共二百四十餘缺緣所闕並是遠惡去處多不願就本部欲除屬官職官錄參縣令縣丞不法進獻納流外等人外乞將應見闕窠闕如已係破格去處許不以資序考第舉主路分年甲與法差注初官無過犯人一次從之　十年二月二十八日詔四川選人陞改所用舉

主令宣撫司截實如無違礙即行放散出給公據係明申奏令吏部與免會問理作舉主狀使　先是吏部侍郎陳良祐言竊見選人到部改官惟是川蜀遠道往返萬里小有參差經隔年歲所以立法先令經制司放散蓋欲優恤遠人不使淹滯然到部會問得舉主有事故違礙在未放散日前即又不該奏舉謂如蜀中已行放散而其人或經論列或以致仕在蜀中未徹之前即行下制置司告示本官及致本官再求舉狀經制置司乞行放散尚未到又行告示即無再放散條法並申部陳乞吏部又不為照用舉主以致往返迂回動經歲月補華未辯而前狀已析被散不再而補舉不行栖栖道塗甚可憐憫乞令四川選人照用舉主與理元放散月日放行陞改故有是詔　五月四日吏部言侍郎左選見管吏額主事二人令史四人書令史一十六人守當官一十五人正貼司一十七人私名三人楷書五人共六十二人為額內三人私名元無請給今欲減罷書令史二人守當官二人正貼司二人楷書一人以五十五人為額詔依擬定各從下裁減將來見闕日依名次撥填或下人願依條比換名目者聽

七年正月二十三日詔今後選人功分每高一任與當十分　以吏部言選人差注格高一任理當十分或高兩任三任將綠格內未有理當功分明文故有是詔　九月二十八日中書門下省言舊法稱職司者謂轉運司副提點刑獄及朝廷專差宣撫安撫察訪路同知州承直郎以下改官應有舉主者若轉運判官二員安撫使副八數與使為職司近年以來稱法不稱職司一時申請將所舉官特降指揮理作司職改使有失祖宗舊法詔應節次降許理作職司指揮更不施行令後並遵依舊法仍自來年正月一日為始　十月三日中書門下省言改官員數每年通以一百二十員為額令年員數已足有溢額三十餘人等候來年引見班次詔令吏部將已放散舉主人依條施行其見待班次人具奏引見放行改官今後更不限定年額

八年七月一日吏部員外郎錢佃言遇有應入遠小窠窠闕循見行格法川廣福建為遠地其小處窠缺依本選舊法諸州二萬戶縣五千戶以下並為小處本選遇有應注小處窠闕之人闕會戶部注往皆一萬戶以上無交縣言乞數目皆稱帳次未到致差注不行伏覩尚書省左右選侍郎右選續修參附令諸差注應入遠小者去闕下千里外為遠州以軍事縣以下縣為小欲乞比附三選條法差注施行從之

九年八月三日吏部言勘會承直郎以下官除無虧應磨勘條法外有放罷依差替人例到部合降兩月名次從之　九月四日權尚書吏部侍郎韓元

古言選人指射縣令尉錄參司理在外即下所在州軍如通銓量限六十日昨緣報應稽緩申請除程止限半月緣立限太狹報應仍前今欲將注外令銓量人比舊法六十日減半除程及假故外限一月不到許注以次人若到部選人願就縣令尉錄參司理而欲下歸鄉狀亦聽願試充就本部銓量在外指射即免更下所在州軍其已銓量而在一年外射者依舊下州軍銓量四川二廣收使舉主通注令丞并用舉主免試之人比類照用入關即非陞改文臣令中發文字到部勘經歲月其間亦有舉主在中發後事故者今欲將四川二廣定差應用舉主入邊遠或免試人並依四川文學收使舉主條制仍以三司判成日爲始依蜀川廣注授事體一同從之　同日吏部言依法有出引差遣之人許出本部已差下兩政官未使員闕續承許事指揮並不許指占未使員缺緣在部選人員多缺少其間待缺之人有丁憂事故住程所在州軍不即時申聞或進奏院同行應選不因占射恩例之　指盡本部無緣得知必致虛閑闕久今乞今後人有占射恩例許依舊法并已差下兩政未使員缺從本部會問到備所占闕因依榜示五日在部人通知如上名不就方許差注占缺之人仍委諸路監司按月行下所部去處若有待缺人丁憂事故即時入遞報程限申部省及吏部仍令進奏院畫時分時注籍以防隱匿之弊從之　以上乾道會要

十八

真宗咸平二年十一月，左贊善大夫魏廷式同勾當三班時，初授使臣殿最，命廷式與樞密都承旨趙鎔、李著同主其事。三年十一月，詔三班院公事不少，不許接見賓客。　四年五月，詔三班院：應差使臣如縣邊差替行止者，不得以衙前及宮觀、商賈親班行者充，仍令編察院吏切揀選。　六月，詔三班院使臣應經磨勘已轉班行者，改轉後七周年再與磨勘。其供奉官、侍禁、殿直奉職著請班行及四年以上，借職三年已上者，並依例與磨勘。所有曾經磨勘轉不得者，候住程一周迴起，自磨勘日後及三年以上，再與真勘，後亦依例七周年更與磨勘。所有已經磨勘不轉者，及得指揮更一次差遣者，並三年後更與磨勘，若更不轉者，即候三年後更與磨勘。所有元得指揮依例差遣者，即七年後更與磨勘。

閏十二月，三班院言：「所磨勘使臣功過內，監押、巡檢、監當場務者，除係收趁課利場務一一牒省會問增虧錢數外，其餘捉賊盜及巡欄私茶鹽并場務收到出剩物色功過等，本院自來只以使臣執到遞齎批書印紙解由爲憑照證磨勘。既降宣命令逐處依印紙批上勞績過犯，別録實封狀一本，先具聞奏，送三班院磨勘。其間亦有會問諸處文字齊足，只是未有奏狀者，卻下本州軍勘會，每有住滯。況所奏文狀亦與批書印紙一般，乞自今只以使臣執到印紙解由照證磨勘。」從之。　五年正月，詔自今鄜延路差供奉官、武遇少供奉官時，即差歷事有武勇侍禁；內地州府兵馬監押、巡檢、同巡檢差殿直已上；遠地小處州軍監押、巡檢、同巡檢并廣南小郡知州差奉職以上；緣邊小可城寨監押如有曾立邊功，借職亦差；餘依本院舊例施行。其內地小可縣鎮及漳、泉、福建、荆湖、江南、兩浙遠地州軍，元不係屯駐禁軍去處，即揀選奉職內有人材勇武、經歷勾當得事堪任監押巡檢差遣者，品量定差。　景德元年三月，詔三班使臣年七十以上視聽未衰者，且與家便監臨。其有不願，及年七十五以上，或雖未及七十五而老昧不任驅驅者，即依先降指揮，除曾犯贓罪令逐使外，其借職與除近便支郡上佐官，許於本州居住，如本貫是支郡，即以授之；奉職、殿直與除近便節鎮上佐官；不願者，即放歸鄉里。　先是，有司言使臣年七十已上頗有壯健可以涖事者，其老昧不任差使者，欲除贓罪放逐使外，借職與近便宣補散從使，奉職、殿直與長馬別駕，侍禁、供奉官與致仕官，餘並依前詔。真宗曰：「使臣無過致之，可較甚不可也。」因有是詔。　二年九月，詔：「應三班使臣等，多是朝廷選掄，或承門閥補蔭，其間有歷塞使久在班行，智勇出群，績効殊衆。若朕雖博詢輿議，旁察暨於中外，有司精加者擇，尚闕材幹，必與甄陞。至於如武備者委遭此職，懷謀略者渾薦事任，每於銓品，恩在當詳，倘意既遺，誠多淹抑。特行旌擢，用示優崇。自令使臣得替及差使回京者，並許上此宣命，具狀陳述出身以來歷職功勞勾當去處，是使度數并勞績過犯月日，因依一一開說，及自叙平生所學并身所能之事，乞朝廷如何任使，實封詣閤門通進。其狀不必繁文，並須直述。內有不識字者，亦許令人依此條貫書寫，並呈所說當日奏章，仍幸述。如顯可選擢，必別有指揮，即不得紐妄數陳，如經審覆，所稱有異，同當重行貶配。其借職所進文狀，即仰三班院收接，實封以奏。其已進文狀者，有指揮之人，有合該磨勘差遣者，仍且依例施行，不得因此住滯。」　三年正月，詔：「應三班院使臣已各立定磨勘年限，內有嚴差遣引見及非次已特與改轉，從來未及元立限，三班院爲是不因應限改轉，皆使依例再磨勘引見。自今後如有似此已經改轉者，並須依應勘已改轉，洞候年限滿日方再與磨勘。其應選宣揚進狀并論叙功勞有指揮令磨勘及特奉指揮磨勘引見者，即不拘此。」　六月，詔三班院磨勘使臣以七年爲限，其間有贓過致罪至徒已上者，可令自今後再與理年限磨勘引對。　四年閏五月，詔諸路轉運司仰體量應部中使臣內委實有所能事件者，仰具姓名、勾當所能之事，分析同罪奉舉，仰樞密院候奏到處，送三班院令置簿記名，及於腳色下子細抄上，候差遣時將此照證品量差遣。所有曾犯入已贓使臣，如經七年，顯有勞績，仰具事狀以聞，當議如與磨勘判勘差遣。若是經十年，雖無勞績，別無贓私罪犯者，亦與磨勘引見。　八月，詔三班院自今後磨勘不得過三人，差遣不得過十人。如非次特令磨勘引見并急速差遣，不拘此限。其引見磨勘差遣劄子，仍進納兩本。　大中祥符元年二月，詔三班院、閤門：自今每有差遣使臣，將劄子合除係賞識驗事件盡錄出，更粘連白紙，用印，候辭仰當面令本人子細看詳訖，只於白紙上各令書職位、名姓，甚使勾當去處及具知委，如有違犯，甘當效違之罪。親書者，子即不得更委使臣供應寫知委識認文狀，仍令於辭橋子內閑設所有誡勵事件，已蒙曉示知委，書字訖，數內抽兵士使臣仰常切鈐轄兵士依隊伍行李，不得或前或後，取便行座，經過州府縣鎮鄉村道店，信任兵士擾攪人戶，掠窃物色，及收受軍都羊酒情儀，及抽兵士當直隨行，將挈物色、騎馬落路，令軍人擬趁。并鈐轄兵士不得踐食人戶田苗及收刈餵馬，不得斂掠錢物。如有違犯，當行決配；若錢數多，並行處斬。及每到州府，令指揮使等先具軍分人數、有無衣甲器械申報州府，自己不得拋離兵士，闖城寨止宿。并經過關津口鋪，依例供付軍都甲名，不得容縱喫酒至醉，有所妨。馬草須鈐轄依時飲飼，撿舉驗馬，不得信任走騾及非外梢搭物色。仍於押兵內差定員僚節級十將充攔前收後及指揮先牌，每至下程處，即不得不依軍滅（次），致有爭競及相毆打，亦不得離程行李。

二年五月，詔：應狀補列臣僚弟姪兒孫充班行者，內有年未及二十，雖年二十以上未任差使者，並未得與差遣，令本院常切體量，候堪任勾當，即依例差使，無令出外勾當。　十月，樞密院言：三班使臣外有遇衛替及降任者，皆候替人，動踰歲月，所蒞事務，並復隳棄，請自今詔命到日即令離任，釋官權蒞其事。從之。　三年十二月十一日，詔三班使臣有素負材能久沈下位者，聽其自陳。　五年六月，詔三班院應使臣內有七人已上同罪應舉者，並令磨勘引見。　七月十六日，上封者言：奏舉使臣皆無期限，雖至七人，有止一月內連有五人奏舉者，當令樞密院於引對文字上具言奏舉年月。從之。　二十一日，詔三班院自今應勘或非次引見使臣內有興改轉者，並於中樞密院狀內坐舉主職位姓名，集其舉奏年月。　六年五月，詔三班院自今引見差遣使臣內有疾患者，並附脚陳說進呈。　先是，選使臣任使引對日有背跛者，故有是詔。　是歲，詔三班院據合該磨勘人數，將奏擬事件取問本人有何所能，試驗可否，及開坐舉狀一處磨勘，因閤門祗候劉承渥上言也。　七年四月，詔三班使臣自今有已試弓箭者，其今本院官員與帶御器械臣僚同共試驗，其等第以聞。　九月，詔三班使臣到京，除勾當急速公事外，餘並與限七日內朝參，便赴本院祗候差遣。或非次急要使臣闕人，即遂入門榜子，定急差遣如故。有規避者，送宣徽院勘聞。　十一月，詔三班使臣當入遠地差使，求還鄉者，令三班院試驗武藝，擇任職者授之。　八年七月，詔下三班院：自今廣南往程使臣年滿得替到京者，特免短使，依例便與往程差遣。　天禧元年三月，詔三班使臣受往程差遣，須替人年滿，即得赴任，不得預往新任處守闕。見今已離發者，逐路轉運司曉諭知委。　三年二月，詔三班院自今抽到開封府正名前行，充勾當押官，候及五年；若守闕前行充司押官，即候及七年，並奏取指揮。其本院逐選前行候及三年，從上轉補一名充押司官。將有轉上前行闕額，更不補填。其官押司候及三年，如有司押官員闕，即與遞遷充勾押官，候及七年奏取指揮。仍自今從敘舊，以十一人為額，補置勾押、押司官各一人，前行二人，後行七人，即更不於外別受抽人充勾押官。如是非次有押司官、勾押官員缺，須候及定年限，即得改轉。

三月，三班院言：年小使臣三百餘人，自來曾到班，不知所在，望立日限起院供通鄉邑文狀。從之。　十一月，三班院言：先准詔，應使臣差遣去處職位姓名，自今每歲於四季月一日進納一本。者緣院司遵行，所職紛冗(?)，改轉後至今例該磨勘，日逐行遣文字甚煩，欲乞依流內銓州縣官等帳例，每半年一度具狀進納一本。　十二月，詔應見勾當帶職(?)並已上至供奉官帶閤門祗候，自今及五周年未轉遷者，不以在京及差遣出外，並令樞密院磨勘，遂入歷任功過進呈取旨。若欲前已及五周年并放當降後，其計放前年限及五周年者，並依欲書磨勘。見在外勾當者，令鄰近奏院移文告示。　四年四月七日，三班院言：乞曉示使臣，自今應授往程差遣，才候授宣五日內須曾赴院呈宣上曆。物官內有係川陝路不許般家合將帶人馬公憑赴任者，限十日內據合使將帶數目分明具狀開坐，以憑申奏。若授宣後有違前項日限，即申奏乞行朝典。從之。　十七日，詔三班院自來寄班祗候未曾立定年限磨勘遷轉，令下本院，許依使臣年限例與磨勘。或有新授寄班祗候人，亦仰指許，如是年中合格，曾歷外任或在京任城程勾當一任合該磨勘者，即得依例磨勘，餘並依三班使臣條例施行。　七月，詔昨緣舉人補三班差使、殿侍者，應就外合注(?)。並年四月，詔三班院自今合入往程差遣使臣數多，差填季闕已盡，即將次季及後來一季缺次，供申樞密院勘會，候降下御卸依季分次第定差，不得隔驀差使。　乾興元年（仁宗即位未改元）五月，詔諸州三班院使臣等邀滯使臣乞取財物，及因安中改轉棄失文簿等，自今再犯，當嚴加懲責，仍榜示使臣。　仁宗天聖元年六月，詔：自今初任監當使臣得替到日，奏本官所兼印紙勘會，若在任別無贓私過犯、不了，即候短使足日，與監押、巡檢。如或內有巡轄馬遞鋪一界孳生馬駒數少，拋死及二十匹已上，并監場務所收課利虧少三分已上，及諸雜勾當使臣若因公事但係私罪斷遣，不拘曾與不曾責罰，候短使足日，與合入遠近監當。如所任依前不了，亦依此施行。　十月，三班院言：近來差定短綱遞伏(?)使臣三十人，祗候引驚近日多稱年已及二十已上，乞免執役，伏依例短使差遣。欲自今應執役此使臣祇應及三年，并年及二十已上乞替者，即與免執，依例短使。從之。

三年十月，詔三班院：文臣到班，合短使者，除川陝、廣南、福建、荆湖遠處抽押兵士與兩次差遣外，其餘須將輕重遠近品量差遣三次。如次候及半年以上，即除資次與住程，差遣其使臣到班，有假故者，須是除出假故月日外及得半年，仍經三兩次輕重差遣者，即依資次與住程。如得替及新補到班未經短使，便有假故及諸般爲事者，不得更叙初到月日，並以後來到院公參月日理爲資次。若在京勾當得替，須候諸處繳送歸班，以公文到院月日理爲資次，仍與在京及近處回畢短使各一次，足日方與住程差遣。

四年二月，詔：自今使臣如有已經兩任近地差遣，情願降等更乞近地監當，許依舊例更與小處文武鎮料去處差注。如已三任近地者，即更不得陳乞。候將父親兄弟骨肉稱名知，依舊施行。

六月，詔三班院：供奉官已下至借職，並出及在京監當去處，依舊注名銜次，資每年一度寫成策子進納。

五年六月，詔三班院、閤門祇候下到磨勘文字，內有曾過犯使臣及與監當差遣并爲年老與監當者，仰具歷任畫一開坐奏取指揮。

八月，三班院言：自今有疾病年老者，除使臣因差遣體量申奏衝替到闕，令當院體量差遣者，乞且與小處監當。若在任別無體量，成資一任得替，即如與合入差遣；或再被體量衝替，即更不差注任程，仰三班院具歷任、職色、衝替因依申樞密院，再行審驗。如無贓罪，即依年考（例）除致仕官名。

同日，詔：自今應有上件年老昏昧疾患不堪差使勾當使臣，仰逐旋具本人歷任年歲、有無病患贓罪奏取指揮。

六年正月，詔：三班使臣近年已來例皆一任監當便入監押、巡檢差遣，自今並須兩任監當方得差充。如有殊常勞績及奏舉人數多者，令三班院奏取指揮。

七年二月三日，詔：使臣諸處勾當得替，內該與家便差遣者，自來合係樞密院點差，自今並劃與三班院，令先次與差。

四日，詔：殿直至供奉官、閤門祇候已磨勘者，須勾當及祇候除出假故月日實及五周年者，方得該例磨勘。並內有年限雖足，曾有贓私過犯及因事差替并年老病患者，未得磨勘，並奏取裁。

閏二月，詔：文武臣僚家奏乞三班使臣請官中俸料，留在門前曾勾家事，自今宜行絕止。如違，許御史臺彈奏。

五月，詔：自來諸處勾當事三班使臣，內有轉運使司及本州并總管、鈐轄等奏稱在任爲理弛慢，不諳邊事，或爲性懦弱不得力者，亦有使舉使臣乞衝替，朝廷以逐司皆是委任，只憑被處別致闕事，皆依奏差替到闕後，三班院依條與降等差遣及隔住磨勘。日近不住有使臣進狀伸雪，卻稱在任別無罪犯及弛慢緣由，亦無不了事件，或是轉運司等別欲存舉人，徇私協情，不明言所犯的實情罪申奏，致日近被訴者多，須議特行指揮。自今諸路體量得轄下州軍勾當等使臣在任爲理弛慢的實事件及不得力，緣申奏不諳邊事，思依須分明指定事件事狀，方得以聞，或乞差人充替，務在責實。公當即不得更似日前固稱申奏，致衝替使臣到闕別有詞訴。

七月，詔：三班院磨勘外任使臣文字，自來本班遇雙日先進入內，乞降付樞密院，自今更不先進，便仰入封送樞密院。

九月，詔三班院：自今應歸明使臣差遣，如本人元是外界人歸明補充班行，即依例與樞密院定差遣；若歸明人子孫及先因隔過蕃界，後卻思鄉過來，即並令三班院依例差遣。

八年三月，三班院言：乞自今依舊將使臣得替到班公參月日挨排資次，置簿拘管。令逐人將先陳乞兩路以下去處，即不得指定差遣名目，仍於簿上鑿定路（分）遇有合缺到院，即依曆降下差遣，檢詳條貫，依資次從頭揀選合入之人，聽副定差。如內使臣別有事故及情願乞不就差遣，即乞待闕者，欲只許容於下次一季內，依元指射路分定差，即不得更乞於以次季分守待。貪闕所有廣南、西川、陝路、荆湖畫邊上下諸處闕處，並不肯承就，蓋緣自來許容待闕，是致積滯下員缺，差遣不行。欲自今如有上件遠近路分偏僻員闕，無人陳乞者，相度內有遠滿及見闕催促差人去處，除使臣曾有聖旨及該條貫與家便差遣者許容待缺外，其無指揮人，即將脚色勘會歷任中不曾並住本路住程勾當者，並以到班月日合入資次依資缺次第從頭定差。如在班別無見闕通滿，次來至急要差人去處，即一依前項定奪事理，許容下次季分差注。從之。

十月，三班院言：準宣，三班使臣監當迴合入監押、巡檢，自今後一任監當迴，別與通缺，並依舊條卻與監押、巡檢差遣，所有天聖六年正月敕更不施行。

景祐三年五月十六日，三班院李淑言：本院起請事件一條，准條，使臣所舉使臣乞閤門祗候，其舉主須是見任知州、知軍、通判、鈐轄、都監、員外郎、閤門祗候已上及總管、轉運副使、提點刑獄、朝官使臣方得奏舉，如及七人以上，仍須內有轉運使副或提點刑獄，方得依條例磨勘，閤奏其舉主。須是見在任勾當，如有事故，不得理作七人之數。自來爲會舉主，如外任已得替，便作不在任，切見流內銓磨勘選人舉主，若外任得替，並理作見任，惟是降着差遣而不理人數。今來本院磨勘舉主，如充係知州、通判後授三司、開封府判官、并防差遣，卻係例作不在任數，欲乞今後凡是舉主除有事故及降差遣不該舉主者即不理為入班，自餘並許理為舉主一任。宣應初入班行借職三年，殿侍至供奉官四年方許磨勘；經差使殿侍五年方轉借職。從之。使臣曾經磨勘例，別理五年方與磨勘。會殿侍不帶差使者及三司大將、諸處軍大將因管綱運請假勾當酬獎直補借職者，又卻並理初磨勘。以此比之，多未均一。今乞差使殿侍轉借職，亦合只理初入班行人例。欲乞自今後應殿侍、借職、本院差使轉補借職者，並依使臣初任年限磨勘施行。一、本院每差使臣往諸處勾當，其逐州軍申奏到任月日文狀，並不降付本院，是諸月分到替，是致多有差誤。有欲差遣近之一年有餘，未見到任，及其得替使臣亦有不便赴闕，或妄託事故，蓋緣未有約轄。欲乞今後應使臣到任及得替，使臣到闕，委逐州軍具到任月日申奏，外別具狀報本院。其差人並於具員缺簿內分明書鑿，候到闕之時，將此勘會。其得替使臣，亦委逐州軍具，又到起離月日先行遞實封報院。如經隔時月不到者，候到，委本院取索勘會，如涉稽延規避重難差使，即具名聞奏，乞行朝典。一、凡任宣憑得替，並檢提職使臣到缺條，已獲未獲賊數，凡較如十分中獲七分已上，特與磨勘升遷；五分六分，依例差遣；不及五分，如無監當若三分已下，勘罪取旨。當院勘會天禧已前並依上下條貫遞慶弓

見闕官軌與後來為該軍恩改轉，稍涉不引見，只合依例比較，仍注宣別具本人親提殺分釐間奏。自來提捕十分以上，親提一分以上，只免短使，家便差遣；不及一分，只免短使。如無親提人數，只是依例差遣，具青降條例，即依舊施行。以此本院每差巡檢使臣，多是規免，雖為定差，有詳巡警既無充稽遲，乃之人今來有貴無奬，恐非激勸之道。欲望自今後凡得替，首令具一界賊盜，即比較如五百人已下，捉及八分以上，親自捉獲七釐以上；如五百人以上，捉及七分以上，親自捉獲五釐以上者，許依先降宣命，磨勘引見，特與酬獎。若只捉及八分以上，無親捉者，亦許親捉，卻不及八分七分者，並不引見，只免短使差遣。又舊條須巡檢、縣尉各自捕捉本管賊數，以此多有[illegible]，欲[illegible]自今如[illegible]之內弓手捕獲別[illegible]為[illegible]人數，卑士補獲以理為巡檢人數，如會依提獲到，若即聽分理入數如[illegible]依[illegible]本院使臣任[illegible]川[illegible]並[illegible]以[illegible]止於[illegible]自今後應有未川陝差遣之人，委本院先取腳色照會如歷任內無贓罪私罪，經隔一任以上者，施與差遣，只不得連併在彼。又川陝使臣任見闕係貫如並無人依倚，許召官三人委保狀家

赴任，每見名到保官亦有三人，並是合入遐遠之人，雖已退卻，終是未有條貫。欲望自今凡召保官，並須是近地差使之人，庶防姦詐，頗為穩便。一、本院應承受宣敕條貫，凡是起請臣僚劄事件，除一司編敕外，合有行用者，自來雖曾編錄，不得齊整，亦慮或有遺漏，妨誤檢會。無勾當官交易不定，亦恐不曾盡見。欲乞委本院勾當官將前後條貫文字逐一看詳，係見今行用者，別置簿冊，分明盡底抄上，專差手分主管，庶免散失，得以遵守。一、本院應管使臣腳色人為一本，功過旋次抄上，歲月既久，不無散失，亦有外任就轉不曾添上腳色。欲乞委本院取應係使臣殿侍舊納腳色，別選使差職員等將舊係取索，或閱報到文字，逐一點對，重新添塗謄寫，類成文冊印書。有不完備處，即因磨勘或差遣到院之際，照會改正。仍自今後凡使臣赴程到京者，並依審官院西[illegible]人先投納家狀一本，具言出身歷任，如有隳落功過一事虛詐，甘伏除名之罪。候到班，將家狀與腳色參會使用，庶得不漏功過，易為檢證。仍下三司量給紙墨抄錄。一、應使臣自來有請長假或侍養者，本班別無簿籍拘轄，人無所往州縣去處，直至本人參假方始勘會。差使令欲乞委本院將長假或侍養使臣別置文籍，差人管勾抄上，如內有卻出參假者，逐時勾銷，其現係長假自來不知所往去處者，委自本院移牒根究，上簿拘管。並從之。　康定元年九月，詔三班院、殿前馬步軍司曉示使臣、諸班、諸軍有武藝謀略者，並許自陳，當試而擢用之。　慶曆四年正月，詔審官院、三班院、流內銓，如批降指揮後有合奏請事，令主判官別取旨從權。同判吏部流內銓王質之奏也。質言：「先朝磨勘並臨時取旨。天聖兼慶曆前一日入文字，內中批定，雖有功過，有司不敢復有所陳。今請如故事，不預進文字，並於引見日面取旨。」　五年三月，三班院言：「自今特服使臣服除，前望北京朝官例，特免短使，許半年與家便差遣。」從之。　六月，三班院言：「舊制使臣係同罪奏舉，使臣並意雖不行，而犯許改就選擢，其舉狀卻依司請於所保宣勒具載舉主姓名，後或得罪，亦當連坐。」從之。　是月，詔三班院自今使臣參班止令寫家狀。　六年六月，詔檢察院凡臣僚應詔敕奏舉使臣，其三班院錄記姓名，候歲終錄一本進。　至和元年五月，詔自今三班使臣合入遠地而父母高年者，許比文臣例，各保官與近地。　十一月，三班院請下諸路轉運司具知州[illegible]之數為上中下三等，凡差遣不許連入上等。從之。　嘉祐一年五月，詔三班院今後更不許自投文字磨勘，其往西川廣南官滿前三月，餘路前兩月，令本院預牒行之。　三年二月以太

當將士韓縝、楊關詳定三班院編勑所乞比附流內銓各有明敘資　四年二月詔歲滿路分指使使臣呈驗凡一年敕十人者今留七人，不及十人留四人，四人留三人，二人以下如舊　七年四月詔三班使臣侍闕而願出外者聽，仍限一年歲者更不得所欲直注差遣　八年正月詔徙三班院于文思院之西。院舊在宣徽院，蓋內客省使廳，以所差使臣出入禁中非便，故從之　英宗治平元年九月七日詔三班院使臣無私罪有課績及存舉，仍差遣十年已上者，許經本院敘述，或吏幹可以理繁劇、武略可以捻姦盜，並須一一各言所能，委主判官先驗材器可否，如領職試遣事時務眾者量試一道，的有可采，即送密院再加考覆，取旨漸與試用，仍每年不得過十人　閏五月一日樞密院言：欲應臣僚隨行指使、勾轄借職後河北等路路前兩府充安撫使并都總管四年理為一任，諸路兩府充知州及學士以下至正任充四路安撫使并都總管五年理為一任，其餘路分知州總管鈐轄安撫都巡檢之類六年理為一任。從之　二年九月翰林學士承旨張方平言：嘉祐五年諫官陳升之言三班供奉官以下八千八百餘人，乞裁定選立條制，于時定議事頗兩中。升之始言八千八百餘員，及此又已五年，數當增倍。且蓋如此而不去，數何以立？憑度建治功，乞下兩府檢會前所奏議，早為裁定頒行，亦救緣積弊之一端。詔以付樞密院，而財三班使臣六千五百三十四人而已，遂無所更議　十二月詔三班院磨勘使臣權免引見　神宗熙寧二年六月六日三班院言：先於三月中准朝旨，應諸州軍沿河知州軍縣并諸般場務勾當任滿得替，依條合該酬獎者，盡仰逐處保明，申樞密院、流內銓、三司、都水監等處，並已施行。自有元無條項合該特乞指揮者，即本司開奏，即未審在京諸般庫務等處酬合有酬獎去處，許與不許依班一面勘會。詔今後今年三月條貫施行　三年十一月三班院言：殿直當珣乞試六韜、孫吳三家兵書義理十道，仍乞射弓步試。驗到義理十道內二粗二否六通，及試驗到弓馬并條貫參人例，已詔先經使樞密巡案監押巡檢理監當資序，及將料一任迴依武舉人例差充三班使臣。乞試兵書自珣始也　四年六月七日左侍禁劉琢言：先任齊寘監押得替，熙寧二年十一月二十六日到班，與供奉官鄭餘闕同押茶赴廣信軍。餘闕熙寧二年閏十一月九日到班，在臣之下，以在季闕在臣之上。緣餘闕與臣同押茶綱迴，同是升一年，本班却用六月闕月除在臣之下。詔以劉琢在鄭餘闕名次之上，今後到院使臣在外有勞並依此，所有磨勘即依舊條　七年九月二十八日詔三班院本

九

班應管川內外使臣，如有能射親，弓力及八斗以上，并於陣內見騎弄器械者，在班人并許經本班投狀乞試，候及十人即關赴軍頭引見司考驗，如所陳不妄，當議引見；在外使臣仰經本州軍投狀，委知州、通判並召同共試驗，如中格，不得發遣，先已聞　已上國朝會要　侍郎右選上舊係三班院，元豐五年改今名。其五年以前仍具載于此。兩朝國史志：三班院勾當院官無常員，文臣以兩制以上，武臣諸司使以上充。掌置籍以總使臣之名，均其出使、監務，定其任使遠近之等級，及考其殿最而上於朝。凡借職以上至供奉官皆隸焉。勾押官一人，前行三人，押司官一人，後行十一人　以上續國朝會要　侍郎一人，郎中一人，掌殿副侍以上較試擬官、行賞、換官、考其殿最。案十五：曰從義，曰忠訓，曰誠忠，曰承節，曰承信，曰進武，曰差注，曰定事，上下曰掌闕，曰資次，曰知雜，曰催驅，曰甲庫，曰法司，曰架閣。吏額：主事一人，令史四人，書令史二十五人，守當官一十八人，正貼司二十五人，私名七人，楷書一十八人，法司一人　以上中興會要

神宗正史職官志：三班院舊制，置局禁中，嘉祐八年出之。熙寧三年置主簿二員。元豐初又詔與審官東院、流內銓各省主簿一員。官制行，歸吏部侍郎右選　熙寧五年八月十七日，樞密都承旨曾孝寬言：前定武臣試格，應大小使臣恩澤奏授得官年及合格出官者，並於三等試條各隨所習事藝呈試，上等中等內七事，下等內八事，有試中一事以上，皆為合格，等第推用。每年二月八日以前具所應事藝供家狀，關生於審官西院、三班院投狀，候次月具已試人數申奏，差官同主判官僚引試，內武藝即送武學，試外所試兵書大義、策略、算計，並依春秋試文臣條貫。諸等第及封試卷申樞密院看詳。如累試不中或不能就試者，於出官合該歲數外更增及年，若從官日年已過合格，須候官及五年方得依隨家狀請降試與出官。如任仍且與雙員處監當，如有舉主方得陞入親民；無舉主即更展一任監當，如諸般勞績陞入親民者，即依舊條。熙寧五年以前投官見年十五以上不能就試者，候年合格，入官依舊施條施行。從之　七年十月二十三日，樞密院言：檢會熙寧五年八月曾孝寬詳定大小使臣出官三等試格內一項，應已歷任及諸色出身不該就試人願試者，候得替亦許投狀，除不計等殺數并元係軍班及武藝出職人不更試武藝，若為外餘並許乞試，今後武舉使臣更不試策，其乞試弓馬人仍於元試中上添得弓力，方許依條狀試　元豐元年六月十九日，詔滄州清池、莫州任邱、霸州文安、大城、秦州成紀、隴城、清水、延州膚施、延長、定川、慶州安

十

化合水全州清相灘陽邵州部陽武岡澧州石門慈利十八縣自今委三班院選差使臣爲兩具舊條監當闕差流內銓差注　十二月二十三日中書言五大小使臣呈試弓馬藝業出官試格第一等步射一石發兩矢射親十中三馬射七斗發三矢馬上五種武藝問孫吳大義十通七時務邊防策五道或文理優長律令大義十通七如中五事以上與免短使減一任監當三事以上免短使陞半年名次兩事陞半年一事陞一季第二等步射八斗射親十中二馬射六斗馬上三種武藝孫吳義十通五策三道成文理律令義十通五如中五事以上與免短使陞半年三事以上陞半年兩事陞一季一事與出官第三等步射六斗射親十中一馬射五斗馬上兩種武藝孫吳義十通三策三道成文理律令義十通三計算錢穀文書五通三如中五事以上陞半年三事以上陞一季兩事與出官已上步射並發兩矢馬射三矢從之　三年閏九月十二日詔宗室三班使臣如犯罪贖罰並令大宗正司關牒三班院照會五年五月十一日改三班院爲吏部侍郎右選　[illegible]月二十四日尚書吏部言立到選官格各隨所任職事以入任功狀立格如選巡檢捕盜之官則以武舉策試武學生或因任條以武略論薦或自陳兵略得出身之人他格倣此從之　七年五月一日涇原路經略司言自今沿邊將官城寨使臣坐事衝替者乞再下本司審察軍前得力人量事大小於酬獎折除或展年降官依舊在任從之令尚書吏部立法　哲宗元祐元年十月四日吏部請本貫川人聽三班內一任歸川其因酬獎得家便優使及不拘路分者亦不注川闕從之　三年閏十二月十四日詔陝西河東蕃官蕃兵三路廣西川陝荊湖民兵及敢勇効用之屬並隸樞密院兵部依舊主行其餘路民兵令兵部依舊上尚書省應小使臣初補及改轉並吏部擬抄畫聞訖送樞密院降宣　四年五月二十四日吏部言沿邊使臣差遣有見闕處欲以遠近添立日限無故違限者論如之官不赴律滿一年沿邊主兵官滿半年不以有無事故本處三十日內報所屬別差官添奏舉者報元奏舉處並不得放上承中報闕到任者聽上候到吏部並降一等差遣無等可降者降一年名次俱於遠小處從之　紹聖元年九月二十八日詔吏部右選額外置權視左選拘轄功過從侍郎葉祖洽請也　元符三年閏九月二十三日詔兵部侍郎兼權吏部侍郎黃裳言乞巡檢除三路依材武格外捉抗重法去處五日以限滿更限五日無應格入即取守闕隨軍被賞免短使及呈試武藝陞半年名次以上並曾歷巡檢監押任滿無遺缺人充幾差

十一

注捕盜從之　徽宗崇寧元年十二月二十日東頭供奉官薛仲孚等狀稱見侍郎右選守待差遣使臣見有數百員蓋爲元有闕出十中八九須用材武伏覩元豐格內一項保舉沿邊重難使使亦人材武格自有元祐閑刪去自此阻節差注乞賜取會元豐格看詳特將舊格改正及乞將自來曾經保舉法邊重難任使之人并令依被舉使臣並許依舊作材武格差注詔保舉沿邊重難任使依元豐格作材武注注　二年四月七日吏部言所擬小使臣一萬餘員若止以勞績舉主過犯考任一概選取難於銓總今用元豐舊法酌以時宜將窠闕職務隨時增損修立選格其有事干邊防黃河埽岸或職務要劇并繁官置缺之類請並從舊法從之　二十六日吏部員外郎張康伯劄子勘會侍郎右選所管小使臣約及二萬人有經數十年未常到部者幾三千人伏乞朝廷指揮將上件姓名隨鄉貫分下諸路令根括逐人不赴部因依委逐路長史結罪保明供申候到令吏部點對關鑿籍爲貫數門委逐州半年一次具轄下使臣到任罷任寄居土著事故已發遣一開鄉貫姓名三代申吏部知有稽違並乞從本部奏劾施行從之　三年二月十二日詔吏部應注材武格內保舉沿邊重難任使一項刪去并崇寧元年十二月二十日保舉沿邊重難任使作材武差注指揮更不施行　四年五月十八日上謂輔臣曰武臣入流頗濫有右班殿直在外后閣中掌嚴奉乃改充五工出身須立法革其濫武試弓馬或試刑法方許出官即流品自清可令三省措置　大觀元年八月十日尚書吏部員外郎張樸劄子契勘侍郎右選差使臣等二萬二千餘員自來改轉官告入遞多爲鋪兵盜取燒毀官司雖依條行遣緣歷歲時不能拜命大觀元年正月鄜延路安撫司狀稱沿路去失官員改轉官告二十七軸一路如此諸路可知將欲乞諸州軍專委通判職官點檢進奏院引目有四選告勅宣劄帖牒之類被盜失者限一日保明入急遞申尚書吏部勘當先給公據降付與轄元官或使赴任合干官司一面依自來條例勘會施行所貴天澤下逮物莫能間亦使限年彌級之吏咸知所勸從之　二年十一月二十八日中書省言尚書吏部侍郎慕容彥逢等奏奉詔將本部具員名數依倣舊制考正差誤編爲籍凡差注舉選及應用條格等並隨缺注入令注勘員缺七十餘處已編修成書詔各特與轉一官　三年三月十七日樞密院言殿前司呈試吏部出官使臣其射法依元豐格而軍整多不應法皆係有官人止爲呈試出官不復責以技能而材武之士無以推刷欲依元豐法如願試材武者試以五事若應格與

十二

充一任，滋當注授三路沿邊差遣，其次充極使陞名。若抗攩不如法，許習學再試，從之。　八月二十六日，中書省奏：臣僚上言，乞應有官無吏職人並不許理任及帶前任新注請給，如與元豐條例不同者，可依減罷如條吏人出身，令後轄官自合遵依此法，雖被受特旨許令放行，亦乞三省止具奏如不行，如已轄官行人，令從吏不得改轄，仍令御史臺彈奏，從之。令後合具奏如不行事，仍具劄子繳進。　十二月十四日，吏部侍郎范致虛奏：奉詔裁損冗員，檢元豐間小使臣八千餘員，今至二萬三千餘員，入流之路太濫。乞詔中外官司應有入流或因事推恩並依元豐舊制，毋得輒增。無者以他司元豐舊制比類施行。從之。　政和元年十月七日，樞密院言：檢會大觀元年春頒選試令，諸使臣元係呈試武藝出身或軍班呈試事藝換授而乞試者，須比元試弓加一碩，弩加兩石，方許乞解發赴大觀元年春頒選試令內使臣元係呈試武藝出身及軍班呈試事藝換授人許奏乞解發條更不施行。　二年五月二十九日，吏部奏：勘會內外使臣鏁應及第并因試換文資，雖通任使臣資考若已關陞親民，如資考、舉官等不應條法，止合理作監當資序，緣使臣所歷差遣與文資考任輕重不同，今有宗室任使臣與監當一任，滿有舉官保明陞親民後理過一兩任親民，試充文資，從來尚書左選據使臣日已經關陞換官後使隨歷過任數理知縣資序，更不經由考功，依條會官後畫別關考功，只依尚書左選據使臣任內歷過親民差遣理當知縣資序關陞通判，緣熙寧元豐武臣試換關陞條內並不分別宗室，乞再勘會關陞之文，凡止同本部相承體例行遣，緣是有礙舊制，令相度除已前用過使臣歷任理當親民關陞之人乞免追改外，今後並遵從熙寧條法施行。詔依。　三年二月四日，吏部侍郎姚祐等劄子：勘會小使臣下歷勘文字內有充巡檢縣尉及駐泊捉賊，得替到來，並會資任業比較盜賊，該與不該降監當照會添展磨勘并并有巡轄馬遞鋪得替，亦會問馬數，該與不該展年磨勘、紐數日勘會四報及辨已經比較，閱看選乞其腳色內取例無文，可以照據，却須再行取會，關有往復住滯之累，欲乞應使臣充巡檢駐泊捉賊并巡轄馬遞補得替，參部繳到印紙，陳乞比較賊盜馬數了當，且令該賞罰，回依批上印紙照會，免致臨時會問住滯，無於見行條法別無衝改，如允所請，即乞行下其八路得替在外指差人依此，所貴減省行遣。詔依。　二十六日，吏部侍郎姚祐奏：侍郎右選小使臣進武進義校尉改換武選漢官，蓄官已給告牒都計二萬七千七百三人，取到吏部狀，修武郎以上改換武選漢

十三

官蓄官都計五千二百六十四員。詔姚祐與復元降功官，兩選郎官各支賜銀絹五十匹兩，職級各十匹兩，吏人各六匹兩，告身案人吏依此。姚祐可復正議大夫。　五月二十八日，吏部奏：小使臣具員重行編立為闕籍成書，計七千一百二十五員。詔侍郎姚祐、員外郎峰轉一官，內姚祐回授有服親，職級三年磨勘。　七月十三日，吏部侍郎潘元奏：本選自大觀二年承朝旨編名籍，累年不曾編造，近已成書了當，計六百五十八策，已具劄子呈納訖。契勘為籍以載一選小使臣等鄉貫、三代、出身、年甲、功過、舉主、轄官、歷任，實為選事根本，差注磨勘既然可見，胥吏不得高下其手，正所謂扼其咽喉。前此入而不編者，非獨功力浩大，且胥吏之所不欲也。昨因本選侍郎官鄭縡到任措置申畫，於數月之間遂克成書，以振條綱。委見本官精彊敏吏，悉心任職，伏望朝廷特賜優異推恩。詔鄭縡補一官。　四年正月五日，戶部尚書王甫奏：措置到侍郎右選自來任宮觀差遣任使，居任之人任滿即不係吏部使闕，差人頻替，見任人往往不申官司批書罷任，及不依條限赴部公參，吏部觀以無法，吏不催促歸選，遇有干取會事，緩急無處根逐，虛繫名姓。四選除已依去年十一月二十三日都省劄子置籍發遣元闕揭貼，緣到罷事故未有所在州縣申吏部除法寄書逐選與過檢照，今措置已乞行下諸路，應任宮觀嶽廟人每遇到任罷任事故，並令限一月具到罷年月日申所在州縣，報吏部銷注揭貼。從之。　六日，吏部侍郎霍端友奏：勘會諸路押隊使臣在任職事修舉，依條去替半年前許本將保明申帥司審察奏舉再任，無可再任，申部差注。其見任人內有已入條限未見保奏申發到部，自來移文取會，動經累月，即報應有妨本部供闕差注。令相度，欲乞將見任人如在任職事修舉，今所屬遵依上條於去替半年前審察保奏再任，內近地，又滿一季，遠地至任滿日，無保奏再任文狀到部，即行使闕，若已注官後方奏到，更不施行，所貴減省行移，使闕不至留滯。從之。　五年十二月十九日，吏部奏：右選侍郎韓粹彥面奉聖旨，侍郎右選使臣增多，人吏闕少，文字積滯，委本選措置取旨。契勘本選將掌從義郎至校尉腳色家狀功過等，逐一重行編排，乞降指揮，除在戶部小使臣校尉本選取會外，在京未到人，委開封府，在外委諸州軍監各選差強幹官一員取索腳色，仍各齎真本經所差官點對，限一月，保明申部，所差官依限申發及照對無脫漏，量行推賞，違限脫漏科罪，不以去官赦降原減。並從本選保明申奏。又奏：吏部郎中右選從義郎至校尉腳色家狀功過等重行編排修完，名籍合用腳色本部令

十四

並劄小使臣等腳色狀等式，除下開封府、諸州軍監差官外，見在部人即勒逐官依式供具，同書鋪繳書繳納，并齎應干付身文字赴部照對。所供應涉不實，官員並科除名之罪，在外官同。書鋪科杖一百，不許用蔭，仍並追不以赦降、首失原減。詔並從之。　二十二日，吏部侍郎韓粹彥奏：「陳州中差劄徽郎司錄向子貞取索劄從義郎楊直中等四十五員腳色家狀，依限無脫漏，仍各錄白逐官應干宣告等真本，全文申部參照，尤為詳備。欲望依仏降指揮先次量行推賞。」詔向子貞與減二年磨勘，從之。　六年七月六日，吏部侍郎韓粹彥奏：「本選見管使臣比之元豐滄多數倍，緊時叢冗，事務繁重，乃六曹及諸選為最，昨緣人吏缺少，文字積滯，選事廢弛。仰煩睿訓，別令措置。臣等欽承德意，將關防約束應干合行事件逐一條上，並已得旨施行。今見事就緒，恐源浸華，吏所當一意奉行，以圖經久。尚慮日後姦吏狃習，辨於施檢，營私自便，將已經措置條件妄意陳述，規圖更改，依前作弊，深為不便。欲乞將降聖旨應緣今來措置已得指揮施行事件，逐一不得輒有申請更改。違者乞從重斷，嚴立法禁，所貴吏事永遠修舉，仰副陛下訓迪百官之意。」詔依所奏，如違，徒二年。　粹彥係右侍郎右選，素為難冗，承積弊之後，照正舛訛，選事漸增損，廢置五萬四千一

十六

百餘事，委請增置的官一員，內敕當立之關防，以修全大書而揭之門。　十月十八日，開封尹王革奏：「臣承府令錄欲，本月吏部差小使臣於部城東外救濟寒凍倒臥并以與衣赤露乞丐人，送居養院收養，狀點下諸廂地分，測度見倒臥使臣收救三人，每月盡收往來收濟窮乏紫西曾劄吏部，所差使臣係欲審驗使人即無例，欲乞今後應放赤無道乞係吏部依條差劄，今乃外官行四項以上，特減二年磨勘，不以四月等，以官到過月日已經有部縣減轉試半年監。」詔依。　七年四月十九日，吏部侍郎韓粹彥奏：「然武部呈校尉腳色家狀，切遍進承朝旨重行編排，除已供到編排外，諸門使臣多有避匿，不肯供申。欲乞特降朝旨下諸路州軍、開封府界宣司，再限一月，取索知因繳部點檢。如有漏供之人，元保明去處官吏各科杖一百，不以赦原減。諸路未官原減，所有不供使臣校尉，並落班籍，降及二年方許參部，編閱逐一次，了日立賞差遣，未出官不候年次，餘日依此施行。」從之。　八年九月四日，尚書省言：「除閱吏部侍郎右選史訓賞堂缺等行遣違滯，並杖命各有迁枉住滯，承減文案月日，顯見避免取索，然檢違限除法代之，附申賜施行。」詔從官除一官，當行人吏降一資。　宣和九年十一月十六日，吏部侍郎陳

侍等奏：「見今初出官使臣并校尉，將改轉之人，後來別無立定到部期限，并使臣待替等亦不依時限參部，蓋緣未有立定日限約束，訪聞亦有循庚。欲乞將初補使臣校尉，自前日並武中試出官人，限三日申部，以由劄到出官日，使臣校尉不以人亦自投告敕補牒日并試出官人，各限五日赴部公參。其待替并短使綱運回使臣，並不應總差權局，除差劄外，其差人許待外，雖有許差人指揮，亦不許參選外，乞假之人，並仰開封府即時申報，從本部依條下內侍省差人去如祖諒官人出違令式立定日限，并得替患假使臣不依條限參部，並行重斷，一次更不推賞。」從之。　宣和九年十月二十日，吏部侍郎李森等奏：「勘使臣取押竹木、并軍器綱運等應干短使，並係本部以見在部人差撥應副。近年以來，使臣到部數少，綱運短使應副不前，緣使臣多是尋求奏辟，或指差路逐差遣，更不參部，以避免短使，致有累任不到部者，而冥逃之人別無所圖，不免到部，每來曾參部，參經短使人，今後並不得奏辟。」　二年七月四日，吏部侍郎王羆奏：「竊以吏部侍郎右選使臣校尉人數最多，務繁重，視四選為劇，係所總三部注擬、磨勘、酬賞外，比之他選，尤要諳閱差綱運、短使等事，凡目浩瀚，吏緣為姦，積弊非一。臣奉詔與當今臣措置。關奏承所繳數，始舉一二大者。本選所隸小使臣校尉共二萬三千餘

十七

員，然每有短使，常患乏人，負數有餘而不濟任使，其弊最大。蓋緣無人參部，差撥不行，使臣校尉所以不敢參部。正因畏懼借差押綱重難額外路等避劉來踐係以尚免。又若於最貴不給，但於賞罰未重之類，若不措置，必致繁積。謹條畫具如左：一、欲乞工縣措置右選十曹內，第一項押村使臣，訪聞諸路，曾本官司除欲已稱難是多，係前期申奏，差官取押，比到本處往往裝閣未有綱，官押使臣右選措置，欲乞第五項，相路辭暴交繳給裹角物色，違滯第六項，交割綱拖，繳違限官吏並減二年，許使臣遞許支給繳裹角物色，及出給繳遣文字，所限三日。第繳酬賞，經由官司限一日，第十項立限一月，陳首欠承條差借綱運短使一次。違限、參以違制論，仍罰竹木、檔械重難綱運一次，吏不推賞。諸門見簿見在陝西等使臣校尉許赴所在投狀等事，欲所乞第二項，乞將本選見榜小使臣校尉親民、監當、經使任程，關並與關格差注一次。第三項，乞將左部使臣借差押綱，人回日，別無少欠，除合得減年占射外，更特與減四年磨勘；其餘綱運曾押人，及二千里以上，與減二年磨勘，占射差遣一次；千里以上，減三年磨勘；不及千里，依再差法。其借差短使，並依押綱人格推賞。內

經再差人每次與減磨勘半年如及五次更不推賞止與先次占射已
來差員缺一次其伍滿得替若短使綱運使畢或初補出身參部違限及
不依程限赴闕之人除依本法外並計日倍展磨勘年月兄押綱人罰重
難綱運一次第四項乞將以前應違程限參部合罰重難綱運若限滿依
前不參除所罰外更計月倍展磨勘第七項乞將本選使臣得替之後規
避綱運久不參部之人依元豐舊法限九十日令後依此第八項乞應今
後小使臣校尉短使綱運人並從本部印給行程單如程赴闕依限朝
見參部如不經所屬出給行程到部罰綱運短使一次第九項乞令後應
初補小使臣校尉除係八更非泛出職人外有投進告補牒日限一年呈
試參選年幼人候及二十歲并今日已前已補授人自指揮到日理限第
二第三第四第五第六第七第八第九項並依奏　二十七日吏部侍郎
王巖叟奏按本部小使臣員額素號猥衆欲諸路官闕概久不補至於上煩
宸斷程督差注蓋到官窠任及事故替移州郡稽慢不即申部致成過滿
不即得去及久已替未差人權攝如此等類了不及知外方但見闕官而
本部無悉用闕稽弊至於有失措置臣近將吏籍稽考諸處未申到任使
臣校尉無慮八百餘缺雖檢舉施行外緣未有明降約束臣愚欲乞令
後小使臣校尉到官窠任或非次替移所屬州軍限當日飛申本部仍月
具見任官到罷月日及見闕正官窠名類聚供申候到進奏院一月赴部
投下令部檢照負闕依條限差注所貴事無壅滯官吏得從祿賞為公私之
利詔依奏內月具到罷月日等令所屬半年一次供申　以上續國朝會
要

全唐文

宋會要

景德二年十二月上封者言京百司每
年十月二十五日已前於吏部納文字是本司申奏差

官宦試比驗書札人材刑名引見諫中與補正名叙理勞考竊聞多是吏部手分預前商量傳本抄寫轉送入試亦有懷挾律策以此對義僥倖紕繆薦託而得叙勞常調深可痛惜欲望自今後只令就尚書省考試至日鏁閉中門權住六房行事一日及先引保各納坐處上書司分姓名試日於都堂前每三步一人稀行排坐其刑部大理寺即坐階上或遇風雨只移就兩廊前一日旋牒開封府抽散從官二人把門選差京朝官三人一人監門提檢二人分兩面提舉才候放人就坐下關鏁門令吏部手分二人分依卷子試官出問題三道堂上堂下各義牌抄訖即時歸坐次對義不得遞相指教逐

口傳授考試官每廳只留一二人當直此外不得别放入人其供飲食者只在後廳試人先寫了卷旋納押出所納卷子止於試官前堆垛未得看讀直候齊了實封印在司収掌次日入省交互考較內人材書札對義優者擬定名適上若人材低次書札對義稍通者爲次或無此合格人其間人材對義書札一事稍通亦與相度品量揀選若雖人材對義書札不通或人材不中對義紕繆縱有書札並不在試中之限從之　三年二月五日詔中書及諸司人吏犯贓叙理在諸司者永不與外官　十八日詔京百司人有不經考試補正名者只令在司祗應不得叙理勞考　大中祥符三年四月流外銓言諸司寺監依例叙理勞考該附奏人自來合給優牒準長定格每年六月一日至二十日已前收狀檢勘至八月三十日已前奏畢今檢會二年敕甲除已給優牒外有附奏挾名人司天監禮生孔若愚等四人累行曉示未來請給兼舊有至選滿日併給挾名落書字優牒不惟年歲深遠難爲照據竊慮别作欺詐按編敕諸司人每覃恩授敕留官限兩月請官告如不請更不在給限其孔若愚等欲更限一月今後應該附奏挾名落書字內除丁憂事故人候敕甲下立便曉示赴省出給優牒兩月不來與展一年勞考過一季更不出給從之

天禧三年三月翰林學士盛度等言奉試京百司

人藝準景德二年條詔刑部大理寺於都堂上别貼問題其餘諸司人於堂下别立義牌每年就試不下百五七十人除刑部大理寺外人數尚多若只作一牌即聚處傳授難爲止約今欲約人數多少寫問目十本已上分散抄寫稍涉口授具名報覆又先寫了卷旋納押出所納卷子止於試官前堆垛未得看讀直候齊封印在司収掌次日入省交互考校者今欲令試人旋寫了卷子對提舉官納下封印卷首旋送考校如當日未了一時鏁宿奏訖方出其考校義通否定名訖拆封令念過更選人材得中者方爲合格從之　仁宗天聖元年五月翰林學士晏殊等言定奪殿中侍御史李孝若奏請

百司年滿授官人得替之後乞依格却勒歸司祗應其正名爲公事勒停後遇赦敍理却送諸司降充承闕須候再試中方得理選如限滿日只注判司　仁宗令京百司已出外官更不歸司今後並依長定格施行　近年百司人吏頻經慶恩多減放選限出官甚速至是得替之後依長定格歸司祗應至和三年四月五日詔百司入流今後並依吏部格敕及逐司條例依年限出職外不許別敍勞績乞充班行及減年限出官其臣僚抽帶差使者更不得陳乞出官減年恩澤　皇祐二年正月二十二日御史中丞張觀等詳定今後申明　神宗熙寧六年七月十七日詔定兩府臣僚初除轉官廳解罷陳乞使臣公人並衮同推恩只令中書施行　宰臣樞密使相七人樞密使知樞密院事五人樞密副使同知樞密院四人

侍郎右選下　流外銓　宣和四年四月二十七日尚書省言昨因臣僚言雜流授官之路大廣有旨措置今後使臣雜流授官已有指揮又都官所供曾配充軍人雖磨勘不許入流并方場庫務選狀到剩員廂軍剌配工匠手分不許出職合與吏部通行遵守從之　五年四月二十日中書省言勘會使臣因恩例得武監當任數既闕陞親民資序即係無可敍使並未往往陳乞比換減年顯屬僥倖詔應使臣今後不許用監當任數比換減年　七年三月七日吏部侍郎右選奏勘會使臣校尉任滿得替短使綱運事畢并初補人已有立定參部日限及不依程限赴闕之人計日倍展磨勘並罰重難綱運緣使臣校尉內有違之人避免責罰多不敢參部本部今相度欲乞將已前應違程限合罰重難綱運之人並許限一月參部陳首與免展磨勘并合罰重難綱運短使在外及差出短使指差勾當者與除程仍乞自降指揮日爲始如限滿不參部自合依元法

令來所乞別無衝改已賜詳酌施行從之　六月十六日臣僚上言契勘吏部右選小使臣狠冗衆多無若今日之甚在昔元豐中止八十餘員大觀中增至二萬三千員今則三萬一千八十二員視元豐幾四倍之數舉天下内外窠闕九七千八十六處空闕肯教疑若不勝其多今在部者不過九百餘員除宗室軍班已入仕程并恩例免差使及請假人外可備急切綱運短使者不過一二百人試借差有至於再至於三四又不足也逆備及大使臣每一差使訟訴紛爭爭欲求免怨嗟之聲所不忍聞而又本部無闕可擬動經二三年方有所授故在部使臣羈旅凋弊窮悲日甚而在外者愈不肯至究其所因其弊有二爲臣請言之在外使臣以賄賂已直交結權貴帥臣監司干求辟舉有連三任自承節郎至大使臣並未嘗緩吏部門者此不到部之弊一也使臣進仕類多雜流無復功名之望惟得不絶廩禄不避廢勸足矣故不擇差遣但圖権局以苟歲月此不到部之弊二也不惟在外者日享安佚無重難差使之憂在部者愈加窮悴誠爲可憫比肩事主同爲王臣何勞逸不均之若是也臣愚欲乞今後使臣凡出官須先到部注授一任滿替方許舉辟一次復歸吏部注擬如初若是則注擬與舉辟均矣若未應辟而輒辟其從辟與辟之者並加罪責則一弊可除也大小使臣任滿得替參授差遣及未曾參部之人不許在外干求權攝若不應權而輒差權與差者與權者亦重加罪責如是則二弊可除也二者之弊既除則在部不患無可擬之闕在外不患無不到之人到部之人既多則急切重難必無頻併借差之患矣願詔有司嚴立法禁杜絶弊源其見任在外從辟之人既得替已多亦當少加裁抑乞令吏部根刷見今在外連經三次辟舉之人不以曾未赴任並嚴歸部稱示其闕許在部人依條法擬如是則使使得均無偏勞之歎孤寒使臣不勝幸甚詔參措置立法申尚書省　以上續國朝會要

高宗建炎元年九月二十日詔今後小使臣自初出官給印紙至爲大使臣及遥郡横行縱身不許移易武侍郎鐵伯言請也　二年三月十四日詔使臣副尉判行在者各以頭身照驗文字經部自陳經尚書省參驗訖一面參部收理叙次仍申尚書省量才録用　十一月二十二日赦應御營下班祗應副尉因罪特旨及依法合該展年磨勘降資敘降名次展年參選罰短使之類者並特與放免　三年正月二十七日詔保義郎差監法酒庫門田宗義依已降討論指揮追其官先是宗義係徽宗作藝學宣和間愿奉有勞特授承信郎出身吏部言合行審量追所得官上曰討論人甚多若宗義免

退則何以行法宗義善造頭巾朕嘗用錢役使之豈可與官尚濟吾同陞下以至公之道守已行之法天下孰不信服　紹興元年六月二十八日吏部侍郎高衛等言侍郎右選待次員多欲將監當并課利場務窠闕到任半年便闕其八路窠闕除四川外依昨降指揮更借使一次從之　十二月十二日詔今後吏部右選注擬出闕並依侍郎左選體例施行有合會問宗室進納人角數年紀並限兩日如違人吏從杖一百科罪　先是臣僚言銓選之法其貴通用而右選行事略不相侔如非次闕於左選則日逐别爲一榜開具闕若干數與所言無指定第六日名人指射差遣令右選但逐以長紙有闕或書上或不書上更不逐日榜説究其所以蓋欲存留闕出賣候人注擬則旋次書上人如注擬差遣左選則截日類聚合射闕人出爲一榜曉示某人用某年月名次或恩例内某人名次或恩例且上合注某人令右選更不言某人用某年月日名次或恩例合注某人却只言某人陳乞見已施行亦不明言合注某人究其所以蓋欲誅求合得之人人從而洗垢索瘢期於爲賂而後已又如左選初一日出四闕初五日限滿投狀指射已注下兩闕即時作缺使闕牌示名入注擬令右選則不然其已注兩闕既不即時開具某人已注其合作缺使闕人不即行曉示合人注擬逐使已注非次之人懷狐疑觀望之心未注擬之人拒爭先賄賂之弊此三事乃侍郎右選人吏與書鋪通同作弊不可不革故有是詔　二年五月十日詔吏部小使臣闕權差大使臣隨官使闕依法差注訖大使臣員闕稍寛即仍舊法　先是吏部員外陵長民言武臣准備將領以上令已依舊法該院差注外於手部將縣尉州指使以上雖已擬歸吏部緣舊來使闕去處如縣尉州指使有朝廷特差大使臣者依條本合差小使臣令以大使臣員多缺少乞權隨宜使闕故有是詔　八月十一日吏部侍郎張譏言侍郎右選應監當指使准備差使緝捕盜賊窠闕依條諸處申到到任方行使闕縣州軍占吝窠闕要差權官不依限供申欲乞並將見任人已滿差下應闕任人未有申到到任文字從本部先次刷使闕差注庶使在部侍次者不致留滯從之　十二月十六日吏部侍郎韓肖胄言右選學行小使臣校尉差注删駁轉官陞復資序等事自來推憑照名籍簿參照行遣近以遺火文字散毀欲乞將在部小使臣校尉限十日具家狀一本實出身以來文字赴部照對編類在外委通判限一月取索見任并寄居待闕官各具出身文字并腳色具狀申部以憑照使從之　三年六月二十八日司諫唐煇言吏部侍郎右選主事舊制

滿一年三季通入仕三十年者補承信郎，令乃有滿年乞降等補將仕郎，它部皆援以為例，驟廢成法，欲乞並行改正，已補者與免追改，今後不許妄請。詔考功依舊法補將仕郎，餘從之。　四年正月十二日，詔諸縣鎮酒税有不及三萬貫場務者，見有大使臣去處，並差小使臣。　先是縣鎮酒税多隨闕注擬以大使臣，適差其歲入有不能支辨監官俸給者，又有添差官吏，須別行措置，郎中宋昊並為言，選部勘當，故有是詔。　四月二十九日，詔應呈試中材武五等之人並依舊法，除與免短使，臣陞三季名次外，作材武行使，仍在任獲姦惡被賞陞名之上，呈試武藝得減年之下。先是小使臣校尉呈試材武五等中及隨軍被賞之人一例酬獎，無以甄別試中材武，條繼劉允勤乞依舊參材武格推賞，侍郎鄭滋以為言，故有是詔。　同日，詔應差下大使臣替小使臣，其小使臣並依舊法滿三年為任。　先是尚書劉松年言本部小使臣除堂除、辟舉滿二年為任外，其注擬人合依舊法，故有是詔。　五月一日，詔諸小使臣繳到去失及廢干照、戍補注文字並不許作材武注授。　先是總監押、巡檢、校尉、堡寨駐泊等缺，依條差材武人，而小使臣繳到去失付身、給劄文字并隨軍守城名色補轉者，並陳乞作戰功等材武收使，吏部言便作戰功者亦即恩例太優於常調，故有是詔。　六月十六日，吏部侍郎鄭滋言：本部侍次親民六人，監當五百人，乞將應親民窠闕若令免合使條限，雖在部親民人少，而監當應入人多，並行依限劄副出榜，召人指射，從之。　九月十五日，敕應小使臣參部選限合罰重難綱運人，限一月許參待與免罰，應使臣且與短使及未得差遣者，並仰於所屬投狀，與收入住程，及合得差遣。　五年三月一日，詔侍郎右選依舊差郎官二員。　先是以減員例，併侍郎晏敦復以為言，故有是詔。　四月二十七日，詔小使臣所歷資序人二年為任，並去替一年使闕，從侍郎晏敦復請也。　十年九月二十一日，臣僚言：頃者獻議之臣立留量之說，在建炎則有十八項，在紹興則有二十四項，其後又有九項，著之文冊，遂彰先朝過舉，頃蘊留量士大夫莫不歡呼，然有司猶執靖康元年十一月指揮，應泛濫補官若白身祗應、應奉有勞或待詔減年出職等，如合參部之人，並在武舉等人名次之下，不得通比分數，仍先注遠地差遣，若用赦恩例亦不許入近地。又紹興八年三月指揮，小使臣因應泛濫補授名目之人，雖已經關陞，不許注擬親民等官。竊詳兩項與前日留量名異而實同，今既罷留量，而吏部執此，使侍次之士留滯淹久，乞已經關陞者許注親民及收使分數恩例，從之。　十八年八月六日

詔：今後小使臣校尉付身已即於所寄居或見任州縣即時申官，取索付身，分明批上身故月日，於付身告敕等文字背後用印記給還本家，仍申吏刑部、殿前司、諸監司照會。　先是使臣赴任遠方，有其家亡而隱匿付身，詭名承代者，有不幸身故，明娶其室而冒名影帶替，或有付身頂冒，或存印紙，後歲改易姓名，撰造初補，其弊百出，臨安府內判某次狀以為言，故有是詔。　二十七年十月二日，詔從準讀奏，將有任校尉吏部已給差帖人，可向轉承信郎，以上日理年限放行。　二十八年，權吏部侍郎劉章言：小使臣校尉在遠回令見使去替四年闕，除遠地劄副注擬外，見有待次八百餘員，所補親民監當止二百一十九缺，乞將見使闕條限更行撥使半年，劄闕差使，所有宗室添差釐務及岳廟使闕條限亦乞依此展半年，從之。　二十九年六月七日，吏部侍郎沈介言：小使臣校尉，蓋嘗非次關陞，依條牓及五日限滿無人指射，即作經次闕，又與應格人指及半年方許破格差人，見今在部官常不下千員，其破格半年無是處占，月日乞令滿止牓一季，從之。　以上中興會要　紹興三十二年八月十八日，孝宗皇帝即位未改元，臣僚言：吏部出官格法，左選則有銓試，右選則有呈試，其制一也。今左選銓試約束甚嚴，考校甚密，至於使臣校尉呈試則因循弊倖，遂成空文，雖稀循指例以應格中部，或免短使，或申名次，便得注授差遣，至於五等中格者，皆作材武徑注親民主兵窠闕，更不經歷監當指使之類，乞詔有司嚴立法禁，務絕請託之源，不惟以正銓法，而右武之世使人人閑習弓馬而後從仕，誠今日之先務。詔令後呈試出官，令吏部郎中一員同共監試。　十一月二十一日，吏部言：小使臣校尉繳到官告綾紙，後無背紙，竊慮隱匿背批過犯，今乞召本等保官二員，委保別無隱匿罪犯，放行參部施行，從之。　孝宗隆興元年三月十日，吏部侍郎徐林言：檢會紹興三十一年六月十三日赦文內一項，武臣承信郎以上並與轉一官，今來小使臣陳乞轉官，內有二十年不到部之人，依紹興令合行落籍，致本部未敢便與依赦轉行。竊詳立法之意，不到部日久之人，恐其偽冒，故去其籍，而其官初未嘗追奪，蓋與有罪而停廢之人異矣。今也有罪停廢之人猶與之甄敘，而久不到部之人乃不霑霈澤，似非施恩之意，欲乞凡二十年不到部之人，並令召陞朝官二員結罪委保，經本州保明申部，依赦施行，從之。　五月七日，詔將堂除窠闕撥付吏部，可依格法盡行差注一次。　以吏部侍郎徐林言：與勘侍郎右選近承指揮，幹下堂除窠闕全本部差注，在部人先已條具使闕條限差注格法申省，今承指

揮內一項將曾經堂除并宮觀嶽廟人先次注授勘會左選參附令曾經堂除人若兩任以上與先次注授一任與占射差遣部堂除不終任許陞壓同等名次人緣侍郎右選小使臣即無曾經堂除得替許行指占差遣條法指揮若不申明無以遵執又緣小使臣校尉所得堂除差遣即非薦舉選除陞擢謂如縣官資序人差監軍兩庫及指使之類難以與左選一等行使恩例本部令相度欲乞將小使臣比附侍郎左選格法曾經堂除兩任滿替到部之人與占射差遣一次選缺部較量功分一任人同一任滿替人與陞壓同等名次一次其不終任及不曾到任并曾經任嶽廟之人不理堂除與常調人一衮理名次差注從之仍照應隆興元年五月七日已降指揮施行故有是詔　七月二十二日司農少卿楊倓言竊見吏部四選各以名籍吏員之實防奸胥之姦自渡江以來文籍散逸今三選已備惟侍郎右選吏員猥衆過有取會無從稽考議者因嘗有請式以取會諸軍為授式以徵淺州縣報應不時比因章恩自一命以上皆以姓名來請臣適備員本選謂非此時無以盡得其數遂行背責隨時拘籍將已及二萬員所有未到員數懼復因循欲乞命侍郎右選嚴加檢察接續拘注仍令按月具轉官員數報左右司從左右司照對以防漏落庶幾侍右之籍自此全備天下吏員可以盡見不為小補從之　八月五日吏部狀依指揮併省吏額侍郎右選見管主事二人令史四人書令史十五人守當官二十八人貼司二十五人私名七人楷書五人法司一名令乞減楷書七人私名七人貼司四人詔見在人依舊如將來遇闕更不遷補　乾道元年正月一日大禮赦昨降指揮諸軍揀汰大小使臣校副尉下班祗應內付身不圓之人權許添差一次竊慮無力釐會致失祿可令吏部更與添差一次餘依已降指揮諸軍揀汰離軍已經添差一任回到部許注授諸州准備差使及嶽廟差遣其間有實緣殘廢不能親身赴部之人令召本色官一員結罪委保止身許實狀赴部陳乞差注以示優恤　六月十日試吏部侍郎陳俊卿言勘會在部侍次小使臣校尉日令見有一千餘員每日接續參部不下十數員雖逐季剗刷季闕親民監當校尉共不過百餘闕委是員多闕少發遣不行今措置欲乞比附兩選已展借使闕指揮於見今使闕年限上展使一季候今降指揮下部日先次定日集注已後亦乞依此使闕差注所貴在部使臣不至旅中留滯從之　二年正月二十四日權吏部侍郎陳天麟言小使臣校尉曾經從軍添差任滿到部之人乞將添置指使施候使與並依嶽廟一等作二年使闕差注施

行從之　同日天麟言四川從軍小使臣校尉已降紹興元年正月三十日指揮許理資任所有合給理任差帖印紙令相度乞將應差赴行在會到干照并真本付身經部陳乞出給之人先次出給後經制置司依指揮審實保明批上印紙照會訖方許行使從之　同日天麟言小使臣校尉前任批書不圓或不依式其合批考第及滿罷月日若在隆興二年閏十一月五日詔書之前自合照應詔書免降如偶緣州府批書在詔書後之人乞指照本官成考滿罷月日施行從之　同日天麟言照得選人依三年為任使臣以二年成任使臣任內偶因被對移或衝替放罷之類令乞比附選人條法止願犯時一考施行庶幾文武臣陞改事體均一從之　十月二十九日吏部言臨安府龍山浙江紹興府漁浦西興監渡官缺緣係創置窠闕本部未有立定條法今相度並注經無贓私罪及不注老疾就監當人并不注進納及補事若招出人仍各隸本府乞從本部榜闕差注從之　三年五月二日吏部左右選狀選人年六十小使臣年七十以上及尋醫年滿人到部參選從長貳當官體量精力不衰別無疾病許依條注授從之詳見侍左門　十一月二日大禮赦應命官下班祗應副尉因罪特旨及依法合該展期或展年磨勘降資殿降名次展年參選罰短使之類並特與放免　四年三月九日吏部狀准乾道三年十二月二十五日都省劄子侍郎左選申請到指揮乞將選人參部待次官注擬短缺縣令並赴都堂審察外所有在外指射并移注人四川二廣定差諸處奏辟知縣縣令欲依舊法止令本處知通精加銓量保明申部差注施行其尚書左選未有申到指揮理合一體勘會本部侍郎右選小使臣知縣窠闕見依格注保義郎以上經親民人仍當官試書劄百字以上試中許差今准尚書左選關到前項指揮緣小使臣亦有到部注授及四川二廣差注到官本部未有許依侍郎左選已申請事理乞降酌指揮施行詔依侍郎左選已得指揮　七月十二日尚書吏部侍郎林栗言本選小使臣校尉曾經從軍立功循累降勅旨注諸州軍添差指使聽候使喚不釐務及嶽廟差遣任回願就前任州軍貧缺有司礙以格法不許差注緣揀汰離軍類多貧乏攜家之任曾未安居遽以滿罷則又般挈坐困逆旅欲乞將離軍添差指使嶽廟比附宗室嶽廟不釐務差注不礙前任州軍則任滿之日可免般挈道路之勞仰稱優恤之意從之　其後吏部復言前旨止為小使臣本選離軍添差大使臣未有該載明文亦合一體差注從之　八月二十三日詔小使臣校尉在福建湖南路替回參選之人並依內地

差撥短使滿一季住程特與減作兩個月收入住程　十二月十九日吏部言昨將武臣親民監當更逆使半年並四年闕監嶽廟及准備差使不釐務更逆使半年並二年半闕即目在部侍次武臣四百餘員多缺所差注不行欲乞朝廷將親民監當并嶽廟准備差使不釐務窠缺各添半年使闕差注從之　五年正月七日吏部言大小使臣宗室依條每　添差親民兵馬監押一員係釐務昨緣一例作不釐務致鎮江府請之差外官續承指揮宗室添差兵官依舊釐務欲日後更不差注外官從之　七月十五日試尚書吏部侍郎陳彌作言本部小使臣校尉軍功補授合注授添置不釐務指揮并聽候使喚及嶽廟三色差遣見用應赴任三年缺近軍功補授人積壓在部員數頗多欲將不釐務指使聽候使喚嶽廟窠缺更逆使半年令後用二年半闕從之　八月二十三日陳彌作言小使臣校尉參選合著籍定重難并常程短使本部除前任請大添支合著籍定重難短使之人員數不多合將見行條法指揮理兩個月收入住程外所有應副常程短使人近來每月不下七十員收附入籍其所差短使每月不過五七人委是虛將在部人拘占月日令相度欲乞止理一箇月收入住程庶幾待次之人不致久淹逆旅從之　十月六日湖北提舉常平謝師揆言竊見辰沅靖州地邊溪洞見任官月俸每至積下無以支給欲望自今免添差及養老使臣諸辰沅靖州合添差使臣并養老軍兵自今各減半差見任已差下使臣并養老軍兵正依舊　六年二月二十三日陳彌作言所掌小使臣校尉在部侍次一千六百餘人以闕籍對刷諸路不釐務指使聽候使喚嶽廟及指使監當親民計四百六十缺並未申到任遠年事因其中九十二缺皆乾道二年以前應赴任人雖取會未至本部理算自擬差月日至今各已係遠年相度欲從本部刷具先次依條用闕仍下逐路提刑司究官吏淹換之罪庶在部人不致積壓留滯從之　三月十九日陳彌作言宗室小使臣添差親民差注經任初任人外並次常一百餘人今在部軍功補授人員多缺少差注不行欲乞將宗室監當見闕權改作嶽廟稱呼差注一任任滿復撥還宗室使缺庶可以時暫發遣在部軍功補授之人詔從之仍先注曾立戰功人　四月十日吏部言軍功補授離軍之人類皆貧乏不能自給久在旅底守候注闕詔應離軍注授添差指使巡檢下使臣嶽廟之人並令具鈔狀畫聞下部吏部給差帖當官給付大使臣離軍注授添差准備差使巡檢下使臣聽候使喚不釐務並到部注授諸州軍及監司帥司添置准備差使并差授嶽廟之人一

體施行從之　五月四日吏部言侍郎右選見管吏額主事二人令史四人法司一名書令史一十五人守當官二十八人正貼司二十一人貼書三人郎自通吏額七十七人令欲減罷書令史一人守當官三人正貼司五人并權守當官八人權正貼司一十二人更不幫勘添權請給詔依擬定各從下裁減將來見闕日依名次撥填其減下人願依條比換名目者聽　二十七日詔進義校尉已上資敘令依舊吏部掌行　十月二十八日權吏部尚書侍郎張津言小使臣校尉日令在部一千三百餘員到部日久無缺發遣乞將不釐務指使并聽候使喚窠缺許注不係軍功之人一次以資序恩例名次高下差注如同日有軍功人指射即依見行條法先注軍功人庶得可以發遣在部歲久待次之人從之　七年二月八日冊皇太子赦書勘會諸軍將校緣功賞合轉承信郎偶不曾繳到付身及續紙錢未鈔及差漏三代名銜致妨給告止出轉官公憑後來因軍恩或他賞已轉承信郎以上方行陳乞吏部却引用入資法比折減三年磨勘甚失當時立法之意如有似此之人仰吏部特與作一官資轉行　四月三日張津言本部侍次小使臣校尉共一千二百餘員無每日接續參部不下十數員委是員多缺少竊見侍郎左選缺闕見使六年本選乞於見令使闕年限上展使一年差注其已後依此使闕差注庶幾不致積壓留滯從之　六月九日張津言吏部侍郎右選見管諸路州軍及監司下差置指使聽候使喚及嶽廟差遣專注從軍立功揀汰之人每日除地近州軍下任據在部官指射外內有遠地如二廣路見榜一有五十七闕荆湖南北路京西路見榜一百九十一缺日久無人指射蓋緣從軍立功見在部人憚於地遠而已在遠地任滿寄居人復無力前來赴部注授不惟食闕之久蠹亦本部虛榜闕次令相度將二廣及荆湖京西路截日終見闕員數行下本路州軍並許任滿寄居曾經從軍立功揀汰使臣經州遞連錄白出身文字委官對讀真本并具立功次數資序高下委保官一員委保正身不拘州軍陳乞指射五闕本州保明詣實申部從上擬差如同日有在部人指射先從在部人庶幾遠地均濟從之　十月十四日中書門下省勘會使臣出官昨過季孟月呈試近旨以半年令在部官趙遵等自陳候久乞放行十月呈試詔吏部放行一次（新制自來年正月為始）　十六日詔饒州南康軍隆興府江筠州興國臨江軍潭州江陵府令差揀汰離軍及歸正添差員闕處逐州境內亢旱無以贍給令吏部權免差注候秋成取旨　九年閏正月二十四日詔應從軍小使臣令後在職丁憂與

免試賦。五月八日，試太常寺少卿王淮劄子：欲將揀汰離軍到部人除授釐務差遣，又有前任請大添支一年以上，依條合差短使，外其願就添差不釐務嶽廟差遣之人，年六十已上並免短使，庶幾戰士獲霑厚恩。從之。以上乾道會要。　嘉定八年九月十五日，明堂赦文：應從軍曾經立功大小使臣、校副尉、下班祗應，已經揀汰離軍添差一任，回合注正缺闕，有實緣殘疾不能親身赴部注授之人，理宜優恤，許召本色官一員結罪委保正身，令家屬賫狀赴部陳乞差注諸州准備差使或嶽廟一次。十一年明堂赦亦如之。　同日赦：州府合依條保明到小使臣校尉陳乞祖父母、父母老疾合得家便恩例參選及在外指射差遣之人，其間有不曾連到保明正身并勘驗公據致礙參選注授，具鈔并小使臣校尉召到保官內有不是本等見擬注闕，可令吏部將與放行一次。十一年明堂赦亦如之。　同日赦：小使臣校尉參選年七十以上，從條合展五十貫以下場務窠闕，緣無五十貫以下場務，是致年及七十以上之人並無闕可入，窮窘失祿，可與注單功嶽廟一次。其四川州軍元無單功嶽廟窠闕去處，許注單功指使、聽候使喚、不釐務差遣一次。十一年十四年明堂赦亦如之。　同日赦：宗室於在外州軍及經部陳乞嶽廟，各合召保官二員，除初官參部，已召保官及已與部判成合注授差遣之人，若注嶽廟，自合就用。其經任小使臣已再參部見理在部名次之人，如欲指射嶽廟窠闕，亦與免再召保官。十一年十四年明堂赦亦如之。　九年三月九日，吏部郎中程覃言：臣備員郎曹，職司侍右，本選一命以上皆有簿籍，光遺闕到指揮詳批劄罷月日，獨有諸司抽差吏職殊無稽考。比因官賫偽局之後，遂編類頒降諸百官司，令差吏職負數行下本部遵守。臣自供職以來，但見遂數陳乞三年供奉無失，乞行推賞，所索案籍稽考月日，初問當來有無朝廷劄下，悉無有焉，惟止取會刑部都官，都官保明，皆賫本部，便與放行。往以諸司既有公文保明，都官又行勘當，度其無弊，但右選無所稽考。乞自今以始，凡諸司差撥吏職，先應供奉，令各司先申朝廷，批下都官，都官闕報右選兩部置籍，一如注闕分明，拘上到罷月日，仍令勘部出給功過印曆，遂考經所屬批有過犯，候滿日陳乞推賞，須要繳付身赴部辨驗，照條格施行，庶幾命令出自朝廷，有司可以遵守。從之。　十一年九月十二日明堂赦文：宗室小使臣依條須實歷釐務一任，遇不釐務四考，方許關陞。緣從來宗室並作四年出闕，是致艱得釐務窠闕，可入多有在部守待動經年歲，窮窘淹留旅邸，可將宗室釐務監當窠缺權展作四年半例具使

使闕出榜，許令指射一次。十四年明堂赦亦如之。　同日赦：小使臣校尉陳乞戚里添差初任，合召陞朝官二員委保，所供家狀圖本即無隱漏，閔送禮部，行下太常寺參定本服紀，畫降指揮下部，與注授添差差遣。內有任滿再陳乞添差人，又令召保，委是重疊，可將似此添差經任已曾召保之人，照前任已承指揮，與免再召保，放行添差。十四年明堂赦亦如之。　同日赦：小使臣校尉任滿到部，合繳印紙陳乞磨校，其間或有已成考任批書皆該本官任內別無不了事件及無諸般過犯，止緣州府吏人一時不依條式批書，在法合召保官及降名次，可將上項人與免召保、名次放行，參部注授一次。十四年明堂赦亦如之。　十四年九月十日明堂赦文：小使臣校尉親民監當指使等正闕見用五年兩季為限出闕，令來尚有在部待次之人，員數頗多，窮窘淹留旅邸，委實可憫，仰將遂項正任窠闕除見榜外，權展作五年三季，刷具使闕出榜名窠指射一次。　同日赦：四川二廣州軍申到使臣校尉陳乞酬賞，定差自合照應見行條式保明，其間有州府案例一時漏行驗說，脩葺器甲、監利并法官點對，因依與保明二字，及有定差遣合行當官鎔量讀律試寫書劄，百字以上方許差注。近來間有定狀畫一項內雖該說已親身赴司當官讀律試寫書劄，因依其後項保明內却止稱已體量或審量事因，不曾分明聲說已當官銓量訖三字，若使行下取會，動經歲月，窮窘近迴留滯，仰將上項人自令赦到日如見得別無違礙，令吏部特與放行一次。　同日赦：宗室嶽廟及添差不釐務窠闕，依條並係二年或資滿罷，不候替人，截日離任，並以四年為限出缺。近來往往諸州軍並不依時申到遂闕到罷，是致本部使闕不行，有妨在部人指射，可自今赦到日，將遂項窠缺照應赴月日見係四年以下缺次，即令刷具盡行使闕出榜名官指射。　同日赦：使臣校尉每年陳乞呈試，自合經本貫或見寄居州軍陳乞保明給據，並申部照會放行。緣試其間有已曾保明給據申部了當，偶因呈試不中，若次年陳乞再試，內有地里遥遠貧乏無力歸鄉陳乞保明再試，以致淹留在旅，狼狽失所，情實可憐，仰將上項人與照已經保明勒元書鋪委保正身，放行再試一次。內有及三年以上不到部之人，自依見行條法保明給據施行。　十六年五月二日，臣僚奏：州縣之吏於職則卑，於民為親者，令是也。為親民之官，百里戚休所繫，詎可以為卑而忽之。小使臣注授縣令，窠闕自有成法。近以來武臣不拘經任或初官人，與任子同試文銓中選，許注縣尉，候將來資格當入兩淮縣令，即與差注，窮僻近劇之行，蓋謂親民之官，儻以稍通

文墨有光之施于有政當亦可觀初意未常不善然冠職業備功名自許固不乏人而挾貲並緣傳義假手弊亦不少僥倖一中則由尉而令如耿如嬀以若人而寄百里之命立見嬌闕況兩淮要害之地哉將銓試中仍須應試中注官與侍左通用令也左選猶爾况右選乎乞下臣此章令後使臣校尉文銓試中選人参用左選銓中體例定日應引仍索真卷比對字迹一同方許從準嘉定五年以後節次指揮參注非惟可革代筆之弊亦足以重字人之選從之　以上寧宗會要

銓試　右選呈試附

紹興三十二年八月十八日壽皇聖帝已即位未改元　臣僚言吏部出官格法左選則有銓試右選則有呈試其制一也令左選銓試約束甚嚴至於使臣校尉呈試則因循弊倖遂成空文往往惟務請託例以應格申部欲望明詔有司嚴立法禁務絕請託之源不惟稍謹入仕之路況右武之世使人人閑習弓馬而後從仕誠今日之先務從之仍自今呈試出官令吏部郎官一員同監試　壽皇聖帝隆興元年二月五日臣僚言今日官冗之弊極矣欲清入仕之源莫若減任子之法三歲大比所取進士不過數百人三歲一部以父兄任官者乃至數千人積累既久無怪乎員日益多闕日益少國用日益不足也詔臣僚任子見遵祖宗法令理難遽改可令吏部嚴銓試之法自今初官不許用恩例免銓試呈試並候一任回方許收使雖宰執亦不許用恩例陳乞回授初官免試在令旨前不曾銓試呈試見在部并已出官人差注並在曾經試中本等人之下如願試者聽仍参照格法條具取旨其

後吏部條具條所獲旨施行外不經銓試已出官人有曾歷累任或已關陞知縣通判處一概無別欲止將不曾銓試見在選并出未歷兩任差注之人在已中銓試之下使臣校尉在外就補諸軍揀罷使臣等並呈試即試不中或不願試並依軍功補授到部呈試不中人著令聽滿五年參選詔從之其使臣校尉等並依舊法免試二年三月二日臣僚言近多有初官年二十五以上不曾銓試止用父祖西北戶貫陳乞有礙臣僚奏請初官須銓試之制措置應官年二十以上離父祖西北戶貫如未曾銓試中並不許陳乞應格嶽廟從之　乾道元年五月二十七日臣僚言蔭補初出官人法當銓試承前堂除輒許免試已有禁約近覩將仕郎魏好信等特差嶽廟乃蔭補未銓試之人無法免試止殿近制臣恐自此源源而來復啟僥倖不止免試而已欲望應蔭補及初出官人除因許乞特旨與差遣外餘合赴銓試人無恩例及違格法而冒干堂除得差遣免試之人並追寢成命庶杜僥求詔自今應初出官人未經銓試並不許陳乞堂除條入勅令為定法　二年正月七日都省言今年廷試第五甲進士并特奏名第一第二等人並不該減所有今年吏部秋試出官人欲權附春試從之　五月二十六日中書門下省言自來文臣銓試每年春秋兩試以下十分為率取七分為合格近者每年

止一試十分以半為合格武臣初出官呈試弓馬或七書義未有去取格式及取人分數欲令吏部兵部比類施行從之　七月十四日詔都謙亨嶽廟差遣罷之自今執政當遵近制仍戒諭後省官毋更忽慢臣僚言方中嚴銓試之法謙亨初未嘗試忽更竊為文而執政受其欺乞賜施行仍自今初出官陳乞差遣先令吏部供具已未銓試從之　二年二月六日四川安撫制置使汪應辰言被旨措置四川銓試舊例成都潼川兩府兩路轉運司輪年併試元無立鏁院引試日辰今措置試院定用三月二十一日鏁院二十五日引試如類省試四川舉人即將當年銓試附別試所接續收試承前轉運司銓試止差本司屬官監試所差之官以預知則僥倖之流未免妄意請託措置欲於諸州見任京朝官內選差有出身文字兼全之人充監試考官并於見任京朝官及選人大小使臣內選差監門封彌謄錄對讀巡鋪官若赴試不及百人即令封彌兼巡鋪謄錄兼對讀承前四川銓試議往往試官以意出題未必皆有來歷今欲令出題令於經史子集須該涉時務庶幾有所考據舊例轉運司銓試皆試院一面拆號放榜今欲於開院前一日具等號狀實封申制置使司長官躬親詣試院拆放所有假名代筆之弊蓋緣門禁不嚴得以傳送又多見燭以至達旦就試人得以餘力為人代筆欲選差

監門官巡鋪官嚴切督責仍不許見燭謄封彌謄錄監門官依吏部差有出身官餘並從之　十五日前權通通判融州唐孝顏言竊謂銓試許廣南漕司蓋緣有本案關試中即就定疑此祖宗八路之法以去朝廷稍遠故優之也近年吏部銓試之法一嚴則有自別路移籍廣南漕司銓試者暨試中却有移籍赴吏部注差者原立法之意豈如是哉欲乞詳酌行下二廣漕司每遇銓試止許本路土著官并委係西北流寓人在路寄居及七年以上各召保官二員次第經州縣結罪保明方許收試仍試中人不得更移籍赴吏部注差從之　十月十一日吏部侍郎薛良朋乞將初受官年滿五十之人特免銓試許令參部免殘零闕一次從之上謂輔臣曰近官銓試之法甚良若不能銓試何以治民然而過年五十恐不復能習程試之文可與放行蔣芾曰若受殘零闕動五六年及其到官且老矣不過易得一階官上曰善十一月二日南郊赦書勘會舊法初官補授及三十年并年三十到部與免試自近降指揮並須銓試方得參部其間有年及五十以上之人令吏部權與放行就殘零闕參部一次　四年正月二十六日國子司業程大昌言使臣出官内有不能拍試弓馬人令附武學私試即與見今文臣銓試一同緣上件人附試武學正與習七書義士人同場雖不住嚴密關防其附試使臣

往往妄有生疑緣每年春季常有銓試欲乞朝廷附吏部銓試庶幾杜絕疑議為便從之　二月六日臣僚言銓試代筆之弊欲令就試三人以上止五人結為一保並須知識願同者書鋪不許輒與名字射入過吏部引保當官引問別取審實正身朝典文狀仍每保卷子別為一束發下銓試所遇引試日試官於簾内次第逐保再問正身然後分保試卷蓋在外引保雖正身至試場則代筆人冒入苟不於簾前引問同保欲察無由其代筆並令人代筆自有貢舉條制但關保人未有關法欲將同保人降兩月名次定罪如就試日於試場指識非正身經簾前陳告特與免罪從之　十七日持服楊倓乞添差姪右宣義郎直秘閣文昺差遣詔以為添差簽書寧海軍節度判官廳公事不釐務中書後省不書行錄黄其命遂寢先是宰執進呈楊倓劄子上曰此合得否蔣芾曰未曾銓試然前此未有直秘閣而銓試者上問當如何芾曰若特旨與之則出陛下聖意上曰勳臣子何可特與添差於是上批楊文昺為勳臣子孫特與添差五年三月十三日詔正奏名進士談斌乾道二年殿試因事故不曾試赴殿試人令躐試唱名如在第五甲與免銓試　四月十五日新湖州潮陽縣主簿劉伯益言竊見諸路州軍發解鎖院皆有定日而銓試令獨不然名為春銓以二月二十五日鎖院而臨期申展或

以半月或以旬日遠方之人滯留伺候實不易支多有失職之難欲望每年定以二月二十五日鎖院如遇省試年分則展至五月不許再展移吏部勘會自來眷銓試為始每年定以二月二十五日鎖院如遇省試年分展至五月十五日更不申展從之　六年二月二十四日成都府轉運司言乞將四川銓試中中等第一名與不依名次餘人止許出官從之仍自降旨日為始　四月一日詔令四川銓試人並就宣撫司收試餘依見行條旨施行　五月二十五日臣僚言朝廷嚴銓試之法近却因緣作八路就廣中銓試臣謂二廣銓試可以併罷或已試中而願就外差注者聽就部射闕詔吏部將廣東西路銓自乾道八年為始並罷　十一月六日南郊赦書舊法初官並須銓試方得參部其間有年及五十以上之人并因功賞特旨補文學已經注權官一員四年及五十以上人並令吏部權與放行就殘零闕參部一次九年十一月九日南郊赦書並同此制　同日南郊赦書二廣州軍依條合差攝官去處依舊制施行若補京官選人如兩經銓試不中願就二廣州縣合入京差遣者許赴吏部投狀權行注授一次任滿依條施行九年十一月九日並同此制　七年九月二十四日詔今後武臣每半年一呈試呈試不中年三十文臣銓試不中年四十選出官仍令勑令所參酌舊法修立　十月

二十八日詔諸軍揀汰來經添差或曾經添差來赴任及雖赴任不曾終滿之人令後到部並免呈試　八年五月六日詔參經銓試不許堂除令三省院常行遵守　二十八日左文林郎陳師正言古者敦宗睦族之道不患於無恩而患於無教我宋之興恩之教之可謂兩盡然有未盡者惟宗室恩任子弟而已欲　宗室恩任子弟於出官日量試銓曹如士大夫子弟銓試之法但多立其額而優為之制可也吏部勘會欲將宗室除依舊法曾經應舉得解給到干照之人依條許行參選外銓並量行銓試依見行條法比之外官特優其選別行考試三人取二人外餘數如文理可採亦聽盡取其三試終場不中之人亦許不拘年限參選即差注在餘試中宗室名次之下庶得宗子有所激勸從之以上乾道會要

國朝會要續國朝會要中興會要無此門

淳熙元年二月十二日吏部侍郎趙粹中言銓試弊倖
令將書鋪五人結為一保如為赴試人尋討代筆冒名
卷一萬三千二百四十九　七
傳義及自外傳入文字犯人每名追賞錢三百貫徒二
年斷罪永不得充書同保人一例施行如保內人告首
與免罪支賞赴銓試人對面親書結保如非正身許人
告首亦依冒名罪賞試大法人別廊不得放令與銓試
人交互相見赴試人擅移案桌並行扶出其巡捕守分
等人失覺察重行斷罪祗應公人等多是逐年作過之
人計囑承替名字或有士子承替入院代筆自今所差
封彌謄錄對讀巡鋪監門所人吏及應干祗應人并兵
級元差官司去處先次責狀保明委是正身如有代名
人赴門頭點名仰諸色人指出每名追賞錢二百貫重
行斷罷廂禁外祗應兵級等並不得差曾經入院之人

從外傳入文字如把門等人捉獲比類支賞錢二百貫
吏人更與本處墜名監門官捉獲取旨推賞並許人告
首所有立定賞錢乞令臨安府先次官錢代支後犯人
名下追理從之　三年二月十一日臣僚言文臣初出
官有銓試之科武臣初出官有呈試之法其試中者始
得放行參選比來指揮則有銓試不中者年四十呈試
不中者年三十亦許參部注授之法銓試詩賦各一首
或經義五道則有與有司所問之題略無一語相關涉
者呈試至有弓不能張矢不能挾者雖不中選而年已
及格何害於參部乞自今不與理為已試不中雖已年
及亦不與放行須候再試從之　三月二十七日太學
卷一萬三千二百四十九　八
錄黃維之言銓試無出身人以經義詩賦時議者欲使
之知經史而諳世務也以律義斷案者欲使之習法律
而通文義也程文兩場而試一場者亦聽律義斷案亦
如之令任子之不學者悉試斷案引法斷罪要歸於同
同則均為合格場屋間以次傳授不害其為皆得也律
義必欲能文則不習焉彼所恃者斷案一場可以傳授
甚者身不至場屋賂買他人冒名入試而又門禁不嚴
有自外傳藁而入者乞明詔有司銓試無出身人程文
以經義詩賦時議為去留刑法以律義為去留斷案次
之斷案一場雖有分數而經義詩賦議律三場俱不中
程度及分數最少並行黜落其合格者參選日召保職

官二員批書印紙令吏部覆試依太學簾試諸生法別可以革去冒名代筆之弊從之　四年七月十二日馬軍司言吏部侍郎司馬伋奏第二場呈試人不以斗力多寡通以本等弓射射取其中的中帖中垛以箭之分數多寡爲應格本司照得武臣授官依法呈試爲其有斗力高下名次相壓今乞並令射親仍於本等弓斗力内立定分數昨來呈試到垛便爲應格令來既中的中帖中垛箭分數多者爲應格其射不到垛箭作不應法黜落一項合行除去所有射親箭數欲依法以一中的比二中帖一中帖比二中垛四中垛比二中帖材武并第一等呈試人共取二分半第二等呈試人共取一分

卷一萬三千二百四十九

九

半如分數不及與材武并第一等呈試人通取四分第三等呈試人取一分從之　五年二月六日侍御史譚廓然言小使臣初官呈試宜與銓試一體今乃不然凡曰出彊曰接伴曰館伴曰使相舉執奏辟使臣一或占此不三數月或旬日間便可作經任人暗免呈試參選孤寒無力乃始就試往往試人絶少乞自今如前四色許遵依元降指揮依舊辟差外内未經呈試人將來到部亦候呈試預選方得注授從之　八月二十七日詔出官人銓試呈試雖已各立定格目深慮講明未盡尚有遺材合再添場數内銓試雜文字一場如宏詞六件文字内聽習一件有司明其出處命題書判一場同唐

人格呈試添斷案一場書判一場各聽以所長求是如有數場並試文藝優長之人有司臨時具奏當議陞擢以旌其能令吏部參酌考校等第并分場格目條具以聞　六年正月九日詔近已降指揮令武臣呈試材武或三等弓力事藝或七書義三色依舊法外内呈試第二等第三等弓力人並令添試斷案一場仍止試一道問目少立條件比文臣銓試題一半　三月一日臣僚言文官每歲止銓試一次其使臣出官却於春秋仲月兩次呈試乞自今依文武銓試例每歲止於春季收試一次從之　五月七日詔右選呈試除武學及軍班出身曾經打試及身力戰功人或揀汰年及五十人并陣

卷一萬三千二百四十九

十

亡人親子孫許與免試外其他不以名色出身及何恩例並須呈試中方得出官如經試不中須文臣年及四十已上方得參選注從吏部尚書程大昌請也　七年二月十二日臣僚言國家嚴銓試之法爲主文者固亦不可不重其事比年斷案命題乃輙加以藏諱之詞取花果藥物以爲人名乞自今合用人姓名一遵舊例只以姓之偏傍或甲乙丙丁設爲問目詔自今只用人姓名爲題　二月二十四日臣僚言武臣呈試出官係是材武及三等弓力以十分爲率取五分昨來措置將材武與第一等人共取二分半第二等取一分半第三等取一分緣當時不立定合格箭數故第一等有數箭中

緊而本等分數已足致取不到其第三等却只一箭中
緊取中者因有詞訴後來更不分等馬軍司止從上件
及五分乃爲足餘人未嘗得試便當黜落兼照得近降
指揮第二等第三第呈試弓力人添試斷案一場目今
陳乞試此二等弓力人數少令參酌措置三等人所試
如射親箭數同以等第爲次若等第同以元牒字號先
後爲次馬軍司看詳除材武人依舊法取放將三等人
不拘等第以親射四箭以上人爲合格通材武共取五
分之數如取及五分餘雖合格並令次年再試如取不
及五分亦欲以次三箭已下依等第從箭數多者取之
吏部看詳自今呈試第一等第二等事藝並令於每歲

卷一萬三千二百四九　十一

二月上旬爲始赴部投納試卷往類試所收試就銓試
官出題考校分優平二等不拘分數取放內文理全不
通者即行黜落從本部牒馬軍司於牒到本月內選差
依馬軍司已措置事理將材武并三等人盡行呈試以
箭數多寡比較十分取五分合格之數內第二等第三
等添試斷案文理優通之人即與陞一等比較其通平
者止依本等若呈試不中或箭數少不及之人理爲已
試中斷案令次年止呈試本等事藝從之　八年八月
二十五日詔自今恩澤降等文學出身並須銓試以潼
川府路轉運判官虞似良言銓試之法實作成人材之
要術而恩澤降等補授文學乃獨免銓試赴部注擬蓋

謂恩澤降等文學初任權入不理爲任所以免試殊不
知當官臨民則一也若權入一任得舉主次又可免試
則終身不試矣今宰相子弟第五甲出身尚且銓試何
獨於降等文學而可僥倖故有是命　九年正月十九
日詔二廣土著人權令就本路呈試許定差外其諸路
戶貫之人自來年爲始更不許赴二廣呈試如違從貢
舉條制施行以吏部侍郎蕭燧言頃年因臣僚言有請
乞罷二廣銓試以革僥倖之弊乾道七年三月詔吏部
將廣東西路銓試自乾道八年爲始並行住罷惟是武
臣呈試弓馬或七書義二廣仍舊其試中人定差一次
却移籍參部亦有本部試中未經定差徑來參部者事

卷一萬三千二百四九　十二

體未均故也　六月十八日詔除恩科人外自今文學
銓試中並許出官以吉州文學方若水狀近準指揮除
恩科外令後應文學並銓試出官若水近赴銓試中給
到公據乞參選準告示過赦方許出官吏部指揮定文
學既令銓試若試中人自合依已降指揮出官難以更
令待郊祀故也　八月四日詔右選呈試打硾弓弩鑒
箭喝法令殿前司馬步軍司將校等監視依元差撥外
差識字諳曉弓馬大小使臣二員充監視打硾弓弩官
及掌儀散弓弩一員充監視鑒箭喝法官及掌試材武
射親從樞密院於呈試日臨期於三衙將副內差撥令
吏部馬軍司各置帳籍遇揀到中箭呈過馬軍主帥及

本部監試官兩處當官各行注籍　十年三月二十八日詔銓試添試雜文指揮更不施行以工部尚書王佐言添試雜文所試一制纔二百餘字格式有定儻能黙誦一二十篇便可參錯迭用非若詩賦拘以聲律限以押韻之難故也　十一月〔年〕二月二十一日宰執進呈郭鈞奏乞今後呈試四箭已上槷取不到之人理作次年合格之數上曰且已難姑息目前若積聚得人數多却不可行不如只依舊法　六月十一日臣僚言仰惟治朝百度振舉尤嚴銓試之法姦弊至多革去殆盡惟傳題代筆之弊今猶存也臣嘗深究其端蓋緣試院所差兵士等人多非正身往往臨時顧募致令老姦宿猾熟

卷一萬三千二百四十九　　十三

於試院者得以詭名執役因而在外先與代筆人私議賄賂俟引試日內外通同巧為假手之地試題程文旦出暮入有司防閑愈備而小人姦計愈生雖嚴為法禁以曉之然惟利是圖曾不顧也乞自今試院合差兵士等並須合干人委保正身不得以曾被差人充如有違戾必寘于法庶幾姦弊盡革以示取人之公不為小補從之　七月二十九日詔今後四川銓試刑統義添作三道從臣僚請也　十二年六月十八日詔令後小使臣呈試出官如遇有擬定差遣合試驗弓馬人依舊用春秋仲月兩次引試從吏部侍郎余端礼請也　十一月二十七日詔令後呈試材武令吏部馬軍司嚴行約

隶合干軍校等人須管依法打硾唱放毋縱仍前作弊從臣僚請也　十二月二十一日臣僚言竊見銓試之法近至於權貴遠至於寒畯其子弟以門蔭補官者非中銓試不許出官此近世之至良法然臣竊惟有以國戚而與宮觀差遣者如張似續有以勳臣之後而特差帥司幹官差遣者如楊文昌有特令吏部差充憲司差遣者如劉球此三人者問其嘗中銓試乎則曰未也臣聞古之行法者必自貴近始捨貴近而行於踈遠則天下不服而法廢矣今有未嘗中銓試之人而得出官是銓試之法為虛器也乞明詔執事自今以始有出於一時之除授而未察其嘗中試與否者令吏部勘當申中

卷一萬三千二百四十九　　十四

書省及給舍臺諫如係未經中銓試之人許給舍得以〔繳駁臺諫得以〕彈罷雖獄廟宮觀帶貼職者亦在所不與蓋貼職者天子之優恩也非可假此而免試也獄廟宮觀者雖非臨民也然已經出官臨民之漸也非中銓試不以貼職而出官不以獄廟宮觀而臨民則倖門塞矣然後銓試之良法可以經久而不壞出官臨民可以得人而不濫從之　十三年二月二日詔令後呈試材武人並令依格射弓踏弩從吏部侍郎余端礼請也　十五年六月三日宰執進呈給事中鄭僑繳奏王良輔免呈試故令參部上問從軍人如何出官免得呈試周必夫〔大〕等奏舊法呈試中方得出官淳熙十年放行曾經從軍免試一兩

入遂以為例。上曰：「鄭僑繳章説既曾從軍，自合習熟武藝，何憚呈試？如赴呈趣[試]不得，前此從軍所習何事？此説甚當，可依舊法施行。」於是詔依，已後準此。僑奏：「仰惟陛下創法立制，犁然當於人心，可以萬世通行而無弊者，文臣出官銓試、武臣出官呈試是也。歷歲以來，有司謹守奉行，不敢加毫末私意於其間，可謂嚴矣。偶緣淳熙十年有進義副尉何大亨者以蔭補出官，自陳元係充効用人，乞免呈試參部。有司巧為中明，遂蒙特旨與免呈試。此弊一開，後來之人遞於攀緣，遂使一時特旨直作永遠成例。故十一年則有保義郎項致明、承節郎裴守、承信郎杜可大，十三年則有承節郎劉珣、承信郎王簡，十四年則有承信郎陳斌、承節郎湯信，皆是用例陳乞，並特降指揮免試參部。今來王良輔又安得不引此而求免呈試乎？此例已行，臣恐數年以後，呈試之法遂為虛設矣。契勘在法，諸蔭補人應赴選者，依三等格選馬軍司呈試，此意甚明白也。其間亦有免呈試者，謂江海船立功補官之人，則法許免呈試；諸軍揀汰離軍之人，則法許免呈試。即未嘗有初投効用後因蔭補出官人則[免]與免呈試參部之法也。惟淳熙元年指揮：軍中奏補有官子弟不須從軍之人，特免審驗，故令參部。夫審驗者，謂察其身；年呈試者，謂校其藝。此法又不相關矣。若曰被嘗從軍，何必呈試？此則法之所在，又不容以幸免也。

卷一萬三千三百四十九

十五

使彼果精於武藝，則一試之頃，又何畏而求免乎？今若聽其展轉相承用例，廢法，則他日徼幸之徒，必有竄名冒籍於軍伍之中，以為免試張本者，弊未已也。臣竊謂淳熙十年以來至于今日，其免呈試者，幸恭至泛濫，尚可革而絕之，以防他日之弊。伏望申嚴此法，自王良輔始，特將今來免試參部指揮更不施行，仍照有司恪守成法。自今雖曾從軍人，後用蔭補出官離軍，必須呈試中選，方許參部。庶幾杜絕冒濫，循法而行，知所勸免矣。」

淳熙十六年十一月二十三日，詔宗子[聽]來見行陳乞覃恩補官人，並候銓試出官；其已參選人，候一任回銓試中方許到部，不許用舉主、免試等恩例。從吏部所請也。

卷一萬三千三百四十九

十六

紹熙元年六月十一日，吏部侍郎余端禮言：「竊見年來試闈姦弊百出，因吏部掌行銓試，察加考究，見得六曹寺監等處差到人吏，下至翰林帳設司等人，例皆竊帶游手入院，以為肘腋，通同作過。萬一事敗，令代罪名，主謀受賄，略不相及。今銓試鎖院日逼，深恐未易頓革。乞今後似此等人，並不許私輙帶入試院。如果是局分事繁，令本局人吏踏逐保明素有行止人，申乞條籍，或作[徇]過，與同罪，庶幾少破姦謀，以戢弊源。」從之。

八月九日，國子司業計衡言：「乞下吏部，今後將銓試中選之人，令長貳郎官遵倣中書覆試太學纂引之法，量試小經義一首，或小賦一韻，或省題詩一首，試中然後參

部出官注授差遣否則再候銓試如此則膏粱之子皆
知向學而假手傳義代名之弊可以盡革雖有高貲者
亦無所施其巧矣從之　二年四月二日吏部條具下
項　一簾試去處合就本部長貳廳前排設座次引試
一京官選人簾試各隨本選長貳郎官出題引試如
有避親請不干礙官出題考校　一引試日官員各合
冠帶入試令書鋪戶責狀識認正身　一合令試人投
納試卷前連家狀并草紙仍聲說所習名件　一照得
臣僚申請所降指揮內係令試小經義一道却緣銓試
人只試經義五篇不試小經義今合令試本經義冒頭
一首或小經義一道或賦一韻或省題詩一首　一候

卷一萬三千二百四十九　十七

指揮下部日出榜令銓試中人投納試卷不拘日分人
數引試合下國子監關借韻畧一百本并合用出題經
書及試案一百隻　一所有宗子係是量試中出官更
不簾試　一所有銓試不中終場之人引用年及四十
陳乞出官之人自有見行條法更不簾試　一所有同
進士出身并恩科人銓試止試刑統或斷案若試中之
人不須更令簾試　一四川安撫制置使司銓試乞候
令來本部簾試了日行下本司照會一體施行　七日
國子監供具太學簾試節次如右　一引試日請長貳
判請博士正錄各一員同共垂簾出題引試　一士人
試畢親於簾前納卷先呈博士正錄考畢呈長貳定高

下資次揭榜曉示所有考校例不糊名更不謄錄若文理通並無黜落　一照得淳熙十一年顏師魯任內有
補中學生沈良傑係簾試文紕繆尋勒再試亦紕繆已
行駁放以後別無文理不通紕繆之人　二年二月十
四日詔自三年以後任子不試律義者無得獨試斷案
如已試律義而後欲試斷案者聽惟不得以斷案輒當
律義之數從禮部尚書李巘請也　四月二十七日宰
執進呈黃由奏銓試已添律義不須更用簾試上曰簾
試正以革代筆之弊正當加嚴豈可廢也　十一月二
十七日南郊赦初官不曾銓試其間有年及五十以上
并因功賞特旨補文學已經注權官一任回年五十以

卷一萬三千二百四十九　十八

上並令吏部權與放行參部注殘零闕一次初官依條
年四十銓試不中注殘零闕之人如一任回應有恩賞
恩例許收使一次　同日赦應材武格法年六十以上
人可使吏部長貳銓量人材精力未衰堪充兵官者與
免呈試許指射　三年八月二十四日權工部侍郎兼
權吏部侍郎謝深甫言銓試不中年及四十人許注殘
零闕夫既云銓試不中則其於文義未必通法理未必
曉豈應遽然授以職任乞將銓試不中人到部日令本
選郎官就長貳廳寫律一條以授之俾之解釋律意不
問文采止直說數語如定奪公事之辭或願試省題詩
小賦小經義者亦聽但義理稍通使與參注如或不通

許再到部如此則不致以情然不通曉之人而使之從仕也從之　紹熙五年九月十四日明堂赦勘會初官不曾銓試其間有年及五十以上并因功賞特補文學已經注權官一任回年及五十以上並令吏部長貳銓量權與放行參部注殘零闕一次自後郊祀明堂大禮赦亦如之同日赦勘會初官依條年四十銓試不中注殘零闕之人如一任回應有恩賞恩例許收使一次自後郊祀明堂大禮赦亦如之慶元元年三月二十五日臣僚言臣竊近者差充類試監試官因見有關防盡他日合行措置事件　一訪聞代名就試之人自入都門已代其身書鋪保官皆不知也既中之後簾試注擬亦是

卷一萬三千二百四十九

九

代身及他時之官始是正身至罷官到部別移書鋪則其迹泯矣今欲乞令書鋪具見在鋪銓試中人姓名申部照證如後來移鋪則令前來書鋪識認如有差異即與從條坐罪庶息代身之弊　一尋常銓試第一場係在簾前逐保令書鋪識認至第二場則不復至簾前止將試卷縛在試案上緣就試人多是移案坐次難尋乞今後逐場令保頭赴簾前請領卷子分給同保之人并申嚴搬移之法庶息此弊　一謄錄人係於臨安府轉運司差撥貼司其人多是避免入院雇募頑猾曾經作過之人抵替兼恐損壞試卷通同裏外作弊乞今後須要正身仍封臂書其姓名差手分一名管押入院如有

改換差誤即將手分并代名人重作行遣　一謄錄官多差在部選人而監中門則是臨安府通判是致謄錄吏輩全無忌憚乞今後通判專監謄錄却差職官充監中門庶幾輕重得宜可以無弊從之　十月五日臣僚言竊謂官冗之弊莫甚於今日而初官為尤甚凡一闕而三四人共之需次至八九年之久良由入仕之源不清僥濫者衆故賢愚有同滯之歎國家每歲春銓任子率二人而取一選至優也使所取皆得其人則位無虛授何患官冗比年以來世祿子弟不務力學但以貨取假手傭義冒名入試至有全不識字而僥冒中選者異時使之臨政不能書判則委之吏手必為民害竊見特

卷一萬三千二百四十九

二十

奏名進士殿試元係二人取一名項因議者謂入仕冗濫請增為三孝宗慨然從之由是所取頗精欲乞自今任子自來年為始銓試亦以三人取一姑以三年為率俟其藝業稍精則復舊制庶幾任子皆知勉學而無貨取之私異時從政且有得人之効官冗之弊可以少革從之　二年二月二十七日吏部言每年銓試於二月二十五日鎖院如遇省試年分依指揮展至五月二十五日更不申展竊見國子監申混補用四月十五日鎖院照得乾道八年大學混補係於六月內附銓試一處鎖院所有今來銓試出官緣今年係諒闇榜恐有合就試之人委是相妨乞照逐舉省試年分依紹熙四年用

六月十日鎖院從之　六月十三日詔進士第五甲并恩科人銓試照舊法兩人取放一名餘並照近降指揮施行先是勅賜同進士出身李大有等陳乞竊見臣僚奏請以任子藝業未精權將銓試三人取一人於有出身人難以雷例施行都司擬到進士第五甲係曾過省及特奏名者於場屋之人即與其他宗室推恩并任子不同故有是命　九月二日宰執進呈京鏜等奏內批太皇太后姪孫通直郎吳銓用其兄鈞例添差轉運司屬官差遣以通直郎而得屬官不為過當但此人未經銓試昨來吳鈞乃在未厳銓試之前今來吳鈞乃在指揮之後恐於銓法有礙上曰既礙銓法不若已之　三

卷一萬三千二百四十九　二十一

年十月六日宰執進呈內批婕妤楊氏親姪承節郎楊谷等差充閤門看班祗候京鏜等奏兩人未曾呈試莫若候來春試中而後與庶不礙法上曰未呈試於法有礙遂已　四年二月三日吏部侍郎謝源明言乞遵用孝宗隆興之詔銓試十八而取五誠為中制若代筆倖義挾書照累降指揮禁止所有宗室銓試亦依此施行詔依自慶元四年為始　六年閏二月三日臣僚言吏部每歲一銓蔭補子弟各召保官二員然後收試其中選者即將籍引再引兩中然後參部注授若使人人務學下筆能文銓試之名是其自取則學優而仕馴致通顯今則不然每遇就試即擁高貲而來經營書鋪等人

代身代筆安然中選前後約束非不就試〔嚴切〕犯者或至失官此風既久漸不可革竊見所在士人應鄉貢漕司進士舉及就鋪到省人並是本貫節次勘會保明申州申漕申監申部其間亦有召保官者蓋緣就試之人惟本貫知之最詳今蔭補子弟受父祖世賞居鄉亦父賢否優劣人所共知及其就銓不責以本貫保明反就此間書鋪求保及其引試却關集鋪使之識認正身是何切切於士子而闊畧於命士乞令後應赴銓試人須經本貫州縣先次勘會保明指實并召本等官兩員委保正身堪赴銓試結罪保明申部方許收試其隨侍在京任人亦仰於隨侍去處如前召保施行兼慮州縣保員不多拘於五次作保之限乞特許七次庶幾保員稍寬免有沮格從之

卷一萬三千二百四十九　二十三

嘉泰元年正月二十日臣僚言臣嘗具奏欲將日後就銓試人各經本貫保明併從本貫就取試人親書家狀連申以憑將來比對字蹟免有代筆之患去年明堂臣僚合該奏補其諸州保明文字到部或有先後兼大礼以後假故頗多奏鈔亦有遲緩尚有合該奏補人親身在部伺候至今未得綾紙者亦有隨侍遠方或居在遠郡伺候綾紙未到一面起離前來待試者似此之類各未有綾紙可照若聽其逕回保明則其間遠郡必有赴試不及之人今取試期尚有四十餘日乞將慶元六年該遇明堂大礼奏補合赴今年銓試之人

續得綾紙未能經本貫保明者且許就所在州軍陳乞辯驗如委是去本貫稍遠仰即時批書保官印紙就取親書家狀保明連申一次其當年大禮以前應係補官就試或已經試下再來就試人並照已降指揮及親書家狀連申一節事理施行仍令吏部疾速遍牒合屬去處及出文牒曉示詔今後如遇大禮年分合赴次年銓試之人吏部前期檢舉行下所在州軍照此施行

開禧元年正月十九日臣僚言皇朝用人以進士一科為最重比年以來盡公者鮮挾私者衆科舉之弊日滋或先與試題或私為暗號往往得志如公試上舍試銓試之類皆循舊例不置別試所間有合避親試卷止是避房往往並在收取之例其初不顧嫌疑繼之遂成私曲

卷一萬三千二百四十九

二十三

臣以謂莫若於公試銓試上舍試之類並仍置主管避親官不置別試所俾之牒試以示至公如是省試年分即分別試所有孫經者令改經就試詔令禮部契勘既而本部言國子監看詳累舉體例省試四川類試太學諸路解試並皆置別試院所以杜絕親故私取之弊法意已詳獨銓試公試上舍試凡有親戚止是避房不令別試雖以他卷謂之裹送其間豈無私嫌令今別試避親寔可以痛革其弊其銓試人多使就別院從之

二年二月二十五日臣僚言銓試之設政欲取能文曉法之人出仕近年以來弊端百出至有把頭兜攬者交結

合干吏卒計會題目在外撰述所謂試人但塊坐守待傳入謄寫上卷又有詭名入場者謂如中有官卻不就試止將名字厚價賣與乙代名入院為人假手或有官之人公然受財代筆甚者至於折換真卷移易姓名洎至揭榜往往多是懵不曉事之人預選是致真才碩能枉被黜落欲令監試多方措置重立罪賞嚴行禁戢務要盡革宿弊使孤寒才學之人得遂寸進詔令日下措置關防出榜曉示具已措置事件申尚書省仍仰臨安府選差有心力總轄使臣於貢院四圍及毗近寺觀邸店舟船去處廣行緝捕如失覺察重作施行

九月十八日臣僚言應科場試中卷子乞與比並筆迹以革代筆之弊且如銓試雖有吏部簾引亦不過關防文理不通之人其換卷代筆元不可革今乞將試中卷子文理優通之人更與比並筆迹則代筆之弊自不容於不革及簾試卷前草紙書寫文藁並須存留不許塗抹從之

卷一萬三千二百四十九

二十四

嘉定四年六月二十八日臣僚言臣聞周官之訓有曰學古入官議事以制政乃不迷蓋非斷制則不能議事非學古者不能斷制今銓試之法有詩賦經義以考其平昔之所習有刑統大義以驗其律令之所長而又立為時議一場采取前史施行之迹俾得詳論而熟討之因古之事而可達於今日之用揆今之宜而不失於古之意斯亦周官之遺訓觀人之要法也然自立法以

來其習時議與不習者從其所顧因此銓闈專以本經律義為定其一日之長僥倖以得者固多而預剽旁竊乞靈借助亦已猥衆反或籍此羅取前例而真才寔學之士或拘於一篇之聲律或困於一辭之屬比至於遺逸而不收事體倒植誠為非便夫銓試雖曰聚華朕之子弟而名門俊秀種積充富俛首於其間者亦非一人誠得以時議展布其所學則雖不待於科舉之遍試建陞之射策而有用之才大畧可見今已鎖試乞戒考官於時議一場精加考校以時議被采擇者俾居前列庶幾公卿子弟翕然興起博覽史籍以副選掄其於國家儲養才用非為小補且使假手偽冒之輩不得僥占前

卷一萬三千二百四十九　二十五

例之所懲戒是亦革弊之一端也貼黃照得銓試之弊多是白身士人假借不赴試或已亡任子綾紙影帶入場有一人而代四五人者有買囑合干人自外傳入者有多帶懷挾公然抄寫者占名之後雖有簾試姦弊尤甚乞行下試院申明行條令務在必行毋為具文從之

舉官一

全唐文

宋會要

太祖建隆三年二月詔翰林學士文班常參官曾任幕職州縣者各舉堪為幕職令錄一人如有近親亦聽內舉即於舉狀內具言除官之日仍列舉主姓名或在官貪濁不公畏懦不理職務廢闕處斷乖違量輕重連坐八月左拾遺知制誥高錫言近詔朝臣各舉所知恐有納賄得薦者請許人詐告所告不實者罪之如得實告事人者白身授以官有官請優與獎擢如是奴婢辟親戚相告非仕宦者即給錢五十萬充賞從之四年詔自前藩鎮多奏衙官人為掌書記頗越資序自今歷兩任有文學者方得奏辟又詔自今諸州吏民不得輒詣京師舉留節度觀察防禦團練等使刺史知州通判幕職州縣官等若實有治行尤異固欲借留或請立碑頌德者許於本處陳述以候報真宗咸特俟詔禁之平乾德二年七月詔翰林學士承旨陶穀等四十五人於現任前任京官幕職州縣官中各舉堪為藩郡通判官一人除官之日仍列舉主姓名如敢徇情致其人不職並量事狀輕重連坐文獻通考乾德二年詔翰林學士等四十二人各舉才堪通判者各一人又詔吏部南曹以人才可副升擢者送中書門下引驗以聞上患銓衡止選資歷或英才沉於下僚故也五年三月詔曰進賢受賞為官擇人古之道也朕憂勤政理寤寐求賢思得周才寘之著位九百執事各舉所知宜令翰林學士及文班升朝官以上各於見任前任藩郡賓幕京朝官州縣正員官中舉堪為升朝官一人除授之日仍列舉主姓名如或臨事乖方罪狀顯著並量輕重連坐　是月又詔曰洛於列藏

唐堯舊章責在諸侯姬周故事近詔有位各舉所知將廣敷求宜詢牧伯其令諸道於部內官吏中有才識優長德行尤異者節度使留後觀察使各舉二人防禦團練使刺史各舉一人赴京朕當躬自諮詢以觀器業勉思進善用副朕懷開寶三年四月詔翰林學士及文班升朝官等各於見任前任藩郡幕職京官州縣官中舉堪為升朝官一人除官之日仍列舉主姓名後或抵罪並當連坐文獻通考開寶四年詔自令諸州不得以攝官視事其闕負處即時以聞當奏有司除注十一月又詔近以諸道攝官悉令罷去及懸若更民政欽著吏能當同遐棄良可惜也且委有司擬其歷任經三攝無曠敗即以名聞任為舊者不在此限　五年先時令諸州印發春季選人文解自千里至五千里外分定日限為五等各發離本處及京百司文解並以正月十五日前到省餘季準此若州府選限及解狀內少

全唐文　卷一萬六百六十四

欠事件不依程式本判官錄事參軍本曹官罰直殿選諸州負罰並卸神闕解除以未央重封題號逐季入遞合格日四時奏半滿侯勅下準格取本司文解赴集流外銓牓狀中奏依四時取解參選至是國家取劄並交廣闕土號演史負多闕是以戲常放選選入南曹投狀判成進銓銓司依次注授其後選部闕官即特詔免解非時赴集胄之放選習以為常取解季集之制有名而無實矣六年十一月詔應文班常參官進士及第者各舉有文學一人具名以聞文獻通考太宗太平興國九年先是選人試判三道考為三等二道全通一道稍次而文翰俱優為上一道全通二道稍次而文稍堪為中三道全次而文翰紕繆為下判上者職事官加一階州縣官超一資判中依資判下入同類資衣人降一資至是詔擬為四等以三道全次文翰無謬者為中下依舊格判下之制以三道全不通而文翰紕繆若為下殿一選太宗太平興國六年正月六日詔曰令佐之任最是親民而所司掄材未能允當況今封疆盡闢縣邑繁多動皆缺員歷年未補銓衡則拘資敘而不擬州

郡則緣下吏以為奸朕思其所長別立規制與其循資而授任不若核實以取材宜令諸路轉運司下管內州軍長吏於見任判司簿尉內有清廉明幹者具奏舉當召赴闕引見選充知縣俟三年滿無遺闕當與酬獎如有勞績別議升陟　二十八日詔諸州知州通判及監莞事務常參官等如有履行著聞政術尤異及文學優贍者委逐路轉運使各舉二人以聞即當量材甄獎　八月詔翰林學士承旨工部尚書李昉等十一人於常參官內保舉堪任三司判官及轉運使各一人　七年六月詔曰古者設進善之旌下求材之詔並命有位各舉所知蓋慮有被褐懷玉而不聞拔茅連茹之靡及也然

全唐文　卷一萬六百六十四

而冒進者或出於僥倖舉能者或因於請託一言必召若為其所竊百里之賢亦恐乎難致爰舉舊典式新規章士伯之受田不避於賞何忌之辭酒恐任其罰故事彰灼可舉而行自今文武常參官所保舉人有罪連坐者犯私罪無輕重減一等論公罪即減二等論仍著為令　八月十九日詔翰林學士承旨李昉等十一人於常參官內保舉堪任三司判官及轉運使各一人文獻通考八年詔自今應臨軒所選官吏並送中書門下考其履歷審取進止時上選用庶僚不專委有司皆引對觀其敷納有可采者悉與起擢後慮因緣攀飾徼幸冒進乃有是詔雍熙二年正月詔翰林學士兩省御史臺尚書省官保舉京官幕職州縣官可升朝者各一人所舉人若強明清白當旌舉主如犯贓

賄及疲弱不理亦當連坐　四年八月詔曰進賢推士當務至公行爵出祿固無虛授苟舉得其材實亦何恡於寵章近日諸處奏薦多是親黨既傷公道徒啟倖門用塞津蹊宜行條約自今諸路轉運使副及州郡長吏並不得擅舉人充部下官如有闕員當以狀聞違者科違制之罪　端拱二年八月詔諸道轉運使知州軍通判監當京朝官使臣不得舉奏幕職州縣官乞行陞陟及有改移如敢故違科違制之罪其闕官處速具聞奏當議注填若幕職州縣官全闕即轉運司於員多處權差如無即於縣令主簿全員處抽差即不得差前任及丁憂官文獻通考端拱二年令宰相以下至御史中丞各舉朝官一人為轉運使是日詔曰國家詳求

全唐文　卷一萬六百六十四

幹蠱之吏外分主計之司錢日轉輸得無概察襟覽郡局職任允重物情舒攀辭不由之尚廳徵功周常責實交相經撥於理攸宜自今轉運使凡發華旅務平反獄訟漕運金穀成績居最及有建置之事果利於民者令諸州歲終件析以聞非殊異者不得條奏詔三司三館職事官已升擢者不在論薦其有懷才外任未為朝廷所知者方得奏舉四年令內外官所保舉人有變節踰濫者舉主自首原其罪上勵精求治聽政之暇因索兩省兩制清望官名籍問朝士有德望者悉令舉官仍令自今中外所舉之人並須析其爵里及歷任殿最以聞不得有隱所舉責實無驗者罪之如舉狀者有賞典淳化元年四月詔知制誥已上每兩人共於常參官內保舉一人堪充轉運使副者員外郎已上每兩人共於京朝官內保舉一人堪充知州通判者限兩月內以名聞仍令御史臺催督　二年九月詔起居舍人司諫正言三院御史郎中員外郎等各於前任見任判司簿尉內保舉堪任河北令錄者

各一人在外任者附傳以聞　三年正月詔陞朝官於京官內各舉奏一人堪充陞朝官者若有勞績事件並仰條陳如覆問不同當罪舉主諸司使副使及三班供奉官已下今後為人所舉者亦准此具諸實勞績事件所舉官將來任使後有犯私罪者舉主連坐　二月三日詔宰相參知政事樞密副使翰林學士尚書丞郎兩省官給諫已上御史中丞各於朝官內舉堪任轉運使者一人京官內有才用強明者亦許稱舉其見任轉運使副并三司王府審刑院職任不在舉限　四月詔曰比令薦舉京官將議選擢陞朝慮於下位尚有遺才具或已知姓名見當任使且非沉滯何假薦揚所舉京官

全唐文　卷一萬六百六十四

除見在三司三館并朝廷知名已擢用外宜令御史臺曉告於見任前任京官中有堪任擢用未為朝廷所知者方得奏舉　四年五月一日詔曰向者上命有無各舉所知其有外寬內深先廉後黷脩飾邊幅初刻意以取容汙染脂膏或中道而改節既革面之可畏信知人之為難敗政事彰從坐斯及有位之事在責實以宜然中庸之材亦求備而非允特申明詔用示至公自今內外官所保舉內有改節為非者並許舉主陳首免其罪　七月詔諸道轉運使副使知州通判知軍監等各於部內見任幕職州縣官舉通明吏道及精修儒行者各一人　八月詔宰相參知政事樞密副使翰林樞密直

第二行公字疑沒字或名字

學士尚書丞郎兩省給舍已上及三司判句各於京朝官內舉廉勤強幹明於錢穀堪任三司判官者一人其見任轉運使副使及年齒邁者不在舉限　九月詔翰林學士承旨蘇易簡給事中陳恕左諫議大夫魏庠寇準右諫議大夫趙昌言起居舍人知制誥呂祐之等於幕職州縣官內舉堪充五千戶已上縣令者各二人先是太宗嘗覽兩省御史臺班簿親擇給舍已下令舉官祐之新出舉妻族東野宜疑秩至是卒復帝聞之宰臣言前舉無狀帝曰此正可令贖過故有此詔　閏十月二日詔今後文武臣僚轉運使副使知州通判等推勅舉官及京朝官使臣因使採訪到京朝官使臣幕職州縣官在官廉幹及及蹤違弛慢者並須具逐人歷任勞績過犯件析以聞如經

全唐文　卷一萬六百六十四

磨勘覆問不同當罪舉主及所言之人如將來任使有犯入己贓者亦當連坐　四日詔曰為國之道不過稱其善人立身之方亦在伸於知己向者並令慰薦思振滯淹而乃蔑視憲章公行請託盤辟雅拜昔者猶坐於左遷朋黨比周今茲不畏於輿誦宜別申於約束庶漸致於澄清自今中外官所有論薦并須列所舉官爵鄉里及履歷殿最件析以聞不得有隱　五年十一月詔宰相呂蒙正參知政事蘇易簡呂端寇準知樞密院事劉昌言向敏中至兩省給諫知制誥已上各舉有器業可任以事者一人初帝因言多士滿朝求一材中轉運使三司判官者了不可得蓋人不易知國家之要莫若責舉因詔蒙正已下各舉所知蒙正曰臣備位宰相可以進退百官今獨一二人其示天

下臨也帝曰宰相舉官前代當有故事詔史館檢討史館具故實上之帝謂蒙正虞丘子舉孫叔敖崔祐甫舉吏八百員狄仁傑自薦其胄光嗣何謂無也因書優孟對楚莊王錄孫叔敖之嗣故事為一幅以賜蒙正等使各以名聞　至道二年閏七月三司言諸州縣監當京朝官共五十餘員詔左丞李至等八十四人各於州縣幕職中保舉廉恪有吏幹可任以事者一人　真宗咸平元年六月四日詔三司使尚書丞郎給諫知制誥知雜御史等各於朝官內舉廉慎強幹堪轉運使副者不限人數如任使後犯贓罪並當連坐曾任轉運使副使及三司職官者不在舉限　八日詔諸路知州軍通判自今舉管內京朝幕職州縣官各具勞績及委實公廉幹事如經擢任有違犯並當連坐　十二月詔見任三司判官主

全唐文　卷一萬六百六十四

判官王渭等各舉常參官堪知州者一人如有贓污不治即坐之　二十三日詔今後應諸路轉運使副奏舉官並須坐保明以聞　二年正月詔尚書丞郎給諫知制誥各舉升朝官一人詳明吏道可守大郡者限一月內以名聞俟更三任有政績當議獎其善舉有贓私罪亦連坐之　六月詔如聞州縣闕員甚多可選朝官有清望者不限員數令各舉所知以補員闕　九月詔宰相張齊賢已下各舉曉錢穀朝官一員如不稱職連坐舉主文獻通考真宗咸平二年秘書郎陳彭年請復舉官自代之制詔秘書直學士馮拯陳充史參詳之拯等上言竊詳往制常參官及節度觀察防禦使刺史少尹畿赤令并七品以上清望官授訖三日內於四方館上表讓一人以自代具表付中書門下每官闕則以見舉多者量而授之今緣官品制度沿革不同伏請令

時言事者十七字似應作雙行小字

兩省御史臺官尚書省六品以上諸司四品以上授訖具表讓一人自代於閤門投下方得入謝在外者授訖三日內具表附驛以聞詔可　三年二月詔翰林學士給諫知制誥尚書丞郎郎中御史中丞知雜三館秘閣三司官舉員外郎已下京朝官有材武堪邊任者知雜而上各二人郎中而下各一人限五日以聞後不如所舉並當譴責　四年三月四日詔史館修撰韓援等各舉御史臺推勘官　十一日膳部郎中兼侍御史知雜范正辭言牧宰之官最為急務今舉屯田員外郎吳蒨等五人堪知大郡令蒨等於前資見任京官令錄判司司理參軍簿尉內各舉知縣縣令三人從之　六月詔諸路轉運使副使自今薦舉官屬當具歷任無贓私罪及條其績効以

全唐文　卷一萬六百六十四

聞異時擢用不如所舉連坐之　五年四月詔兩省五品已上保舉御史臺推直推勘官大理寺詳斷官時言事者請勿令本司長官奏薦防朋比也　景德元年七月詔西川河東等三路見闕幕職官七十八員宜令諸路轉運司所部州縣內保舉以充仍具歷任功過連坐以聞　八月詔常參官二人共舉州縣官一員充幕職如犯贓私罪並連坐時流內銓言天下幕職官多闕滿者常選中少正入資序人注擬因有是詔　九月九日詔翰林學士承旨宋白已下七十二人於京朝官及諸司使以下閤門祗候以上舉歷任無贓罪堪充大藩及邊郡知州各一人具歷任功過以聞如任用後犯贓及不如所舉並連坐之　二十八日詔內

外文武臣僚自來所舉官其有中道變節致悞公舉若或不令陳首必慮連累滋多宜令御史臺告報今後舉官如因奏任用後其人改節踰違不如舉狀並許舉主陳首特免連坐其被舉者當申懲責　二年十一月十八日詔河北河東陝西路緣邊知州軍不得舉官為通判幕職巡檢從河北轉運使劉綜之請以既為所舉則在職依違不能協正公務也　十二月詔翰林侍講學士兼國子祭酒邢昺尚書戶部侍郎權知開封府張雍龍圖閣待制杜鎬諸王府侍講孫奭同於京朝官及幕職州縣官中保舉儒學該博德行端良堪充學官十人　三年五月以寧州推官田航為光祿寺丞充國子監

全唐文　卷一萬六百六十四

直講翰林侍講邢昺等承詔舉學官言航好學有操行可副此選因召至京令學士院洎中書試講三傳書皆如其言故有是命　四年六月詔三班使臣中頗有員材能者朝廷雖切旌擢恐未周悉宜令吏部尚書張齊賢已下三十人各保舉供奉官至殿直謀略武勇知邊事二人具名以聞當議優嘉進用　七月詔文武官連坐奏舉京朝官使臣幕職州縣官自今須顯有邊功及自立規畫特著勞績者乃以名聞如考課改官與元奏不同當行朝典或改官後犯贓舉主更不連坐如循常課績歷任奏舉者改官犯罪並依條連坐其止舉差遣本人在所舉任內犯贓即用連坐之制其改他任縱犯

贓罪亦不須問　十月詔翰林學士晁迥等各舉常參
官堪充大藩知州者二人，具歷任功過以聞。如任使後
不如所舉，並當連坐。（自宗親閤班簿擇朝臣有公望大者付迥等五十人令保任焉）大
中祥符二年四月二日詔群臣保舉幕職州縣官不得
舉經一任及無勞績者　十八日詔自今諸路轉運
發運使副使提點刑獄官保舉京朝幕職州縣官使臣
如改官後一任或兩任及五年無遺闕有勞績幹事者
具本官及舉主並特酬獎，除私罪外，雖有遺闕係杖以
下公罪者亦别取進止。若歷任內犯入已贓，並同其罪
（文獻通考：大中祥符二年詔幕職州縣官初任未成考者雖文道群臣勿得薦舉）三年正月詔內
外官所舉幕職州縣官並須經三任六考　四月詔曰
全唐文　卷一萬六百六十四
朕以六合之大，萬務之繁，思獲時才，共興郅治。欲廣官
之咸允在慎闡，以為宜顧。惟綱條未甚振舉，廣為揚之
路則身競滋多，絕保任之文則俊英易失。爰議酌中之
制，用成可久之規，冀協僉謀，以防過聽。自今每年終翰
林學士已下常參官同舉外任京朝官、三班使臣、幕職
州縣官各一人，明言治行堪何任使，或已自諸姿或衆
共推稱。主時令閤門、御史臺計會催促。如年終無舉官
狀，即具奏聞，當行責罰。如十二月內差出，亦須舉官後
方得入辭。諸司使至內殿崇班曾任河北、河東、陝西及
川廣鈐轄親民者，亦同此例。諸路轉運使副、提點刑獄
官、知州軍、通判結罪奏舉部內官屬，不限人數，明言在

任勞績。如無人可舉及顯有踰濫者，亦須指述，不得顧
避。以次年二月二十五日已前到京。如有違限，委都進
奏院具名以聞，當依不由考帳例科罪。三司使副使即
結罪奏舉在京掌事京朝官、使臣。並令中書置籍，先列
被舉人名銜，次列歷任功過及舉主姓名、薦舉度數（一本留中書）一
本常以五月一日進內。次年籍內係計向來功過人，薦
舉度數。使臣即樞密院置籍。兩省、尚書省、御史臺官凡
出使迴，並須採訪所至及經歷隣近群官治迹善惡以
聞。轉運使副使、提點刑獄官、知州、通判到闕，各具前任
部內官治迹能否，如鄰近及經由州縣訪聞舉官善惡，
亦許同奏。先於閤門投進，後方得入見。或朝廷要人任
全唐文　卷一萬六百六十四
使，及有不治州縣，于公事並於上件籍內選擇過犯
數少、舉任課績數多并資歷相當者差委，仍於宣敕內
盡列舉主姓名。或能一任幹集，即特與遷轉；苟不集事，
本犯雖不去官，亦移閑慢僻遠處。內外群臣併舉及三
人幹事者，仰中書、樞密院具名取旨，當與酬獎。如併舉
三人不集事，坐罪不至去官，亦仰奏裁，當行責降，或得
或相參，亦與折當。諸路轉運司、諸州軍管內有未中倫
理及繁難事務，須朝廷選官臨涖者，三司、審刑院有累
經會問舉劾未了殘殺刑獄公事，委是州縣不能結絕
須自朝廷遣官者，亦於籍內選差幕職州縣官三任七
考已上、使臣在班十年以上，歷任無私罪，實有課績，無

人奏舉者許經所由司自叙令主判官驗問材地可否
選人試刑名時務各三道使臣願試邊事及刑名時務
者亦聽如實有可取即送中書樞密院再加考覆取裁
如流内銓三班院體量得選人使臣别無殿罪顯有勞
績書判材職實堪任使者亦許先送中書樞密院參詳
別與引見每年各不過十人不得將勢家子弟充數近
臣除郊祀承天節及委寄差遣舊有恩例外更不得非
次為親戚陳乞恩澤　祥符四年七月詔刑部自今每
有審官院牒問舉主負犯並疾速結絶供報　十一月
法寺言自今連坐保舉京朝官使臣幕職州縣官欲乞
所保舉犯私罪入己贓罪至死者舉主減死一等斷遣
全唐文　卷一萬六百六十四
餘依前後條貫施行從之　五年二月詔翰林學士已
下准詔所舉京朝官百七十一人具舉主及本官歷任
薦進入已曾進入者止具舉主及本官新授見任以進
　六月詔曰朕向慮下位尚有遺材務廣搜揚俾從保
任盈庭之士削牘繼臻苟或久處外官未能自達共形
封奏諒協至公其有來赴闕庭方參選調軒墀引對備
著於常規課最陟明何煩於外奬兹為昧進非可久行
自今京常參官二員共舉幕職州縣官一員充京官者
聽舉見任在外官其已得替赴闕參選者不在舉限
七月上封者言奏舉使臣皆無期限雖元限七人有一
月中連五人舉者詔樞密院自今引對具奏舉年月日

以聞　八月二十二日詔應保舉官有誤犯私罪非故
違者自今勿連坐舉主　六年四月詔今後臣僚舉奏
三班使臣並須件析本人履歷勾當及有何才術廉幹
候至三班院磨勘日更令問驗引見　七年正月詔樞密
院王欽若陳堯叟御史中丞馮拯吏部侍郎林特各於
見任供奉官侍禁殿直内舉一人素謹行藏兼資武勇
或勵精民政或練習軍機勤幹可以剸煩智能足以取
衆並須無贓濫及習識文字明具所長堪何任使限一
月内以聞如擢用後犯入己贓悉當同罪自餘贓私及
不如舉狀亦當連坐其閤門祗候諸路走馬承受公事
者不在舉限　四月中書門下言文武臣僚年終舉到
全唐文　卷一萬六百六十四
幕職州縣官令欲定五人以上同罪保舉者替日令吏
部流内銓磨勘引對從之　十二月詔王欽若陳堯叟馮
拯趙安仁林特各於見任京朝幕職州縣官内共舉兩
人或博知民政或更練刑章或可涖繁劇之司或可守
邊防之寄並須自來無贓濫及幕職州縣官考限合得
元勅者各具所長堪何任使如任用後犯入己贓並當
同罪其餘贓私罪及不如所舉狀亦當連坐仍限十日
内具名以聞　八年正月八日中書進呈御史中丞馮
拯應詔舉太常博士知桂州王專大理寺丞河南府軍
巡判官趙喻帝曰此所舉官當與常異並令轉官專與
轉運使副使喻與通判差遣宰臣王旦曰王專前後十

六人保舉轉官亦已三年誠如聖旨處分趙喻近得京官欲止升差遣今後舉官欲并以考第歷任進呈帝然之　二十三日中書以准敕舉官姓名進呈請以歷任及為人所舉多者入大藩知州提點刑獄為一等大藩通判小郡知州為一等幕職州縣官年限及元敕歷任無過者令銓司注替磨勘引見從之　閏六月詔內外文武臣僚一年內或准詔或使迴或年終許就一次舉官並須同罪轉運使副使自依元敕　十月詔馮拯曰下於見任京朝官內自來無贓濫者各舉一人充川峽知州知軍通判如任使後犯入己贓或酷刑枉法及生事者並當同罪不如舉狀亦當連坐如顯勞效候得替

全唐文　卷一萬六百六十四

日當議別與升陟繼續兩任差使別無不了其舉主亦加酬獎先是上封事者言朝廷採幕職州縣官衆所保舉者授京官知川峽縣邑多得良吏而川峽知州通判審官院以資引差往蜀有老病不理者故有是命　九年三月十八日詔曰國家屢詔有位各舉所知俾獲幹材用委事任而多乖精擇深誤京求雖濫薦以當辜亦徇私之難恕尚敷戒諭庶叶至公應有同罪保舉官員其所舉官或犯入己并枉法贓等罪勘到舉主公案內有不至追官停任及該赦恩原免并減降者仰審刑院具情理取旨當議量輕重降官秩或差遣如日前所舉官卻聞有貪濁亦許陳首今後即常切慎擇廉能方形公薦更不在陳首之限　二十一日詔樞密院自今臣僚奏舉三班使臣內有

在外舉奏同官者勘會以聞其朝官諸司使副本歷外任差遣而舉官者不得行用是歲河陽陳堯叟永興駐準許州石普各奏舉本任內使臣忠能之　八月二十五日上封事者言近日所舉三班使臣多非素諳才器但受請託到闕之後章薦交上願失國家擢才之旨乞自今見任知州通判本路鈐轄都監諸司使副以上乃得發奏所舉之人須經兩任監押巡檢無遺闕考其舉主見在任即許行用內有事故者不得理為七人之數從之　二十七日詔令後臣僚等或罷在京及外處官員政治有聞公忠可舉意不掩善欲達朝廷及貪贓徇私踰違番跡志慝嫉惡欲以盡規並抑明獻封章當行覆驗虛實之際賞罰攸存不得更固

全唐文　卷一萬六百六十四

上殿口有陳奏又上封者言乞自今文武臣僚舉官須是歷知州知軍通判鈐轄都監係升朝官及諸司使副使已上并制置發運司及轉運使副使提點刑獄方得舉官其所舉之人須是曾經監押巡檢兩任無遺闕者并乞令三班院合磨勘使臣其舉主須是見在任內當者如有事故不得一例理作七分之數庶無濫舉以副詢求　十月十一日詔戶部尚書馮拯尚書右丞趙安仁吏部侍郎林特已下四十八人於見勾當事供奉官侍禁殿直內舉一人素守廉勤兼資公器精通民政詳練武經咸以名聞仍須曾任監押巡檢自來無贓濫及識字者明具所長堪何任使其幼小未歷事務年老不

任委用者不在保舉如朝廷擢用後犯入己贓並當同
罪其餘贓私罪及不如舉狀亦當連坐仍限一月內具
姓名實封閤奏所舉之人內有權要骨肉及親戚者並
於狀內開說其閤門祗候寄班諸路承受公事使臣並
不在保舉之限　二十八日詔秦州曹瑋於內殿承制
已上至諸司使內舉兩人堪充鎮戎軍知軍者密以名
聞見任要衛者不在舉限　十二月詔臣僚准詔舉三
班使臣內曾經兩次監押或巡檢每次各及二年半已
上者方得理兩任　天禧元年四月五日詔三班院今
後臣僚准詔保舉使臣別無違礙者依例施行內歷任
曾犯私罪者奏取進止　二十五日向敏中等言近日
全唐文　卷一萬六百六十四
朝臣舉官有一歲之中舉十餘人者又部內監當朝官
舉本處幕職官者或傷於泛濫或涉於嫌疑欲釐革其
弊帝曰可檢詳舊制別如條約　五月御史知雜權同
判吏部流內銓呂夷簡言今後轉運使副使提點刑獄
朝臣使臣并知州通判只得保舉本部內幕職州縣官
應監當物務知縣京朝官并在京常參官並不得輒有
奏舉詔因罪降充監當者不得舉官并知縣朝臣不得
舉所統攝處幕職曹官其餘並仍舊所舉到幕職州縣
官歷任及四考已上並與勘會施行　六月上封者言
邊鄙雖寧武備難闕望令群臣各舉將帥之才如邊上
未有員闕即且於內地州軍差遣緩急足副推擇乃詔

宰臣王旦等各舉所知三兩人具名以進　二十八日
樞密院言又請令宰臣以下各於京朝官幕職等官及
閤門祗候已上舉堪任將帥者各三兩人向敏中等曰
執政之地日奉僉諧苟有見聞便可論薦若更特降詔
旨明述封章不惟結於私恩亦恐別興輿議帝然之
二年二月二十三日詔應准詔舉到京朝官候得替令
審官院勘會知縣與通判差遣通判與知州并合入知
州通判者更升藩鎮差遣所有縣令候得替令銓司磨
勘奏裁　是月三班院言保舉使臣有歷三四任及八
九年者以每任不及二年半為礙詳覲詔意蓋欲更事
歲久即為甄敘望自今但兩任已上不因公事移替計
全唐文　卷一萬六百六十四
五年者悉許施行從之　四月詔自今命官使臣犯贓
不以輕重並劾舉主私罪杖已下不問　閏四月詔戶
部尚書馮拯已下并諸路轉運使副使提點刑獄朝臣
並令於幕職令錄知縣內同罪保舉一人充京官監當
十月樞密直學士王曉言今後轉運使副使提點刑
獄朝臣舉官望不許預先移牒報知免立私恩庶臻公
道詔令別行條約　三年十月中書言群臣舉幕職州
縣官充京朝官者欲候舉主及五人即以名聞庶懲濫
進從之（文獻通考：天禧三年吏部銓言本司令錄稍多員闕甚少請權借審官院京朝官知縣闕注擬
一任詔審官院以五千戶以下縣借之）　四年四月詔自今臣僚奏舉幕職
州縣官充京朝官合磨勘者其所舉官更不候得替令

銓司磨勘歷任功過申中書依例取旨許引見者候本
人參選勘會今任過犯除贓罪踰濫及私罪徒已上及
因公罪非次替罷即別候指揮自餘速申中書差官考
試不須候三兩人逐旋試判磨勘引見　九月詔翰林
侍讀學士張知白等一十二人（玉清昭應宮副使林特三司使李士衡龍圖閣學士陳堯咨樞密直學士薛映李及馬元方張士遜兵部侍郎陳堯佐給事中李應機王隨右諫議大夫段曄）於朝官內各舉堪充錢穀州獄任使二人工部尚書晁
迥等九人（翰林學士楊億劉筠晏殊龍圖閣直學士呂夷簡戶部侍郎李維知制誥李諮宋綬張師德）於朝官內各舉文學優長履行清素二人給事中樂
黃目孫奭等八人（右諫議大夫趙稹龍圖閣待制李虛己李行簡少府監薛顏太常少卿趙湘）於朝官內各舉堪充大藩郡知州各二人轉運使副
全唐文　卷一萬六百六十四
使勸農使於前任見任幕職州縣官內各舉堪充京官知
縣二人知制誥祖士衡錢易等五人（知雜御史劉燁直龍圖閣魯宗道馮元）於太常博士已上各舉材堪御史者一人所舉須素
無贓濫如遷擢後犯贓並當同罪不如所舉亦從連坐
限十日內具名以聞　五年五月同判流內銓劉燁言
自經奏舉已經磨勘引見不轉京官選人雖在假告者
望令銓司依合入遠近資叙注擬曉告候公參日習儀
入謝再有人奏舉乞因請託專務僥求者乞不與施行
詔應轉運制置發運提點刑獄勸農使副使等自今在
任并得替到闕並許依常例奏舉本路轄下幕職州縣
官外若是非次特勑令舉官須是本任轄下無官可舉

仍於奏狀內開說方得舉別路官員并內外升朝親民
官等保舉到官員亦仰勘會在任日曾有人同罪保舉
并不是選人得替後一併奏舉非涉前項請託者及應
得元條貫人數即與依例施行若是曾經磨勘引見未
與改轉并得指揮候更有人舉者並逐旋行下銓司依
劉燁所請速與注官如再有人舉吏候此任迴日方得
施行　乾興元年六月（仁宗即位未改元）詔御史臺遍牒諸路
轉運制置發運提點刑獄勸農使副使并合該舉官臣
僚自今依應御劄詔勑所舉人充京官者須是出身歷
任勞考無贓私過犯方得同罪保舉聞奏付銓司取索
委實即申中書取旨　十月詔近降舉官約束或慮選
全唐文　卷一萬六百六十四
人因小私過致有滯淹自今選人歷任有私罪杖已下
許轉運或提刑二人同罪保舉即依舊施行如轉運或
提點刑獄一員即更候朝臣二人如無轉運提點刑獄
即許朝臣七人方與磨勘　仁宗天聖元年八月中書
門下言准詔升朝官每年准御劄舉官不得過三人如
已及三人餘並不行從之　十一月十三日兩浙轉運
使任皋准御劄同罪保舉知秀州崇德縣向昱堪充京
官親民任使以舉主少罷之仍令今後似此者更候兩
人奏舉即施行　十四日樞密院言臣僚准御劄及劄
承遷起請同罪奏舉使臣堪充閤門祇候除依條者即
送三班院外不應條者除轉運提點刑獄朝臣舉狀內

少畫一事件或才術者付迥本處令依條舉奏其少任數并見在任該舉官臣僚並令樞密院別置簿拘管所賣（責）令後舉到使臣備見履歷次第以備緩急差遣從之
二年六月監察御史李紘言近年臣僚奏舉幕職州縣官例及五人已上及所舉之人四考以上者並得磨勘引見其間有在任已是一兩人奏舉替後還延告滿外任官員論薦或請託初得外處差遣臣僚發章奏欲望自今轉運制置發運提點刑獄勸農使副使知單州通判鈐轄都監崇班已上並令奏舉本部內幕職州縣官在京大兩省已上並許舉官其常參官及館閣官任知州通判升朝官許依條舉奏餘升朝官未經知州軍

全唐文　卷一萬六百六十四

通判已上差遣者不在舉官之限所舉之人須是見在任所舉主但有轉運制置發運提點刑獄勸農使副使兩人使與依例施行如是一名舉到無本處知州軍通判即更候常參官二人保舉並乞與磨勘仍自今有犯罪至徒者唯贓私踰濫挾情罔違不得奏舉外餘因公致私罪至徒事理不重亦許奏舉從之
八月福建路提點刑獄王耿等言群臣准詔舉官保舉之後雖見本人貪濁爲不許陳首坐受追削兼被舉者緣此多務因循罔修廉恥況同罪舉官法亦稍重恐今後臣僚懼罪難於舉薦翻致下位多有遺才望別定條制詔審刑院刑部大理寺參詳以聞既而定議請自今因保舉轉官

後部有改節貪濁並許元舉官具實狀陳首據所陳體量得實即依法斷遣舉主免同罪所陳虛妄亦當勘罪從之（三年光祿卿知汝州王曉等同罪保舉本州團練判官盧庠吏部銓磨勘引對詔授庠太子中允而晚陳首庠在任踰越者事詔有司勘劾得實遂止送銓小處官）
三年九月詔自今但係提點刑獄句當不以官資並許舉官
四年六月詔禮部尚書晁迥四方館使高繼志等五十五人保舉諸司使已下至閤門祇候堪充邊上差使者各一人趙稹已下保舉三班使臣有膽勇諳會武藝堪充巡檢捉賊差使者各一人
九月詔翰林侍講學士孫奭龍圖閣直學士兼侍講馮元於外任京朝官內同奏舉深明經義長於講說歷任無入己贓罪者三五人
十一月詔

全唐文　卷一萬六百六十四

令後臣僚所舉並須依元敕於狀內具言所舉人有無親戚骨肉見任在朝文武職官
五年六月詔今後兩省五品已上官每年許依御制同罪保舉幕職州縣官五人
七月詔令樞密直學士李及薛田趙稹龍圖閣直學士劉燁右諫議大夫姜遵於曾任知州通判太常博士以上同罪保舉堪充錢穀刑獄繁難任使者各兩人
九月詔開封府曹官并兩赤縣丞簿尉並依奏舉判外任幕職州縣官體例磨勘施行（先是侍御史李紘言依給舉言上言諸路不及開封府主是祥符縣主簿周威言請許比附施行故降是詔）
六年八月詔錢惟演曹瑋李迪晏殊及令御史臺告報宋綬等五十五人限一月內各同罪保舉人材機略諳歷邊事或精熟武

藝殿直已上不曾犯贓罪使臣一人曾經監押巡檢或
知縣寨主一任者並許奏薦當議相度任用其所舉人
明言是與不是親戚故舊及有無親戚見任中外文武
職事即不得舉兩府臣僚親戚并走馬承受閤門祗候
已上　十二月詔今後應臣僚准御劄并年終詔敕同
罪奏舉到幕職州縣官充京朝官者若已有准御劄舉
到人數得足合該劄下磨勘者更不得帶下年終舉狀
如準年終詔敕舉主人數得足更不得帶下御劄舉狀
一處行遣又獻通考天聖六年詔審刑院舉常參官在
京刑法司者爲詳議官大理寺詳斷刑部詳
覆法直官皆舉幕職州縣曉法令者爲之自請試律者
須五考有舉者乃聽試律三道疏二道又斷中小獄案
二道通者爲中格時舉官擢人不當其制闕予監
講官嘗詔諸路轉運使舉經義通明者或缺不次用人

全唐文　卷一萬六百六十四

又嘗詔近臣舉常參官歷通判無贓罪而才任繁劇者
己之覩及歟致近爲册侍舉諸官諸邊要亦嘗詔節度
使至閤門使知州軍以轄諸司使衆致直以上材勇
選任者或令三司使下至天章閣待制舉奏之遺有譽
人或詔諸轉運使提點刑獄升朝官舉所部官才任將
帥者三路知州通判縣令皆詔近臣舉薦幹吏選任之
毋拘資格至於文行之士錢穀之才刑名之學各因時
所求而薦焉而守選者吏部敕誡與赴調從立法所舉
末還而罷贓暴露者免約自天聖後進者頗多物議患
其冗始戒近臣非受詔毋輒舉官又下詔風厲毋以薦
褒爲同私其任所已至部使者毋得保薦失舉增已擢
用聽自害不實帶爲負　又詔磨勘還京官者增四考
爲六考增舉者四人爲五人犯私罪又加一考爲舉者
多無本道使者亦爲不應格議者以身言書判爲無出
乃罷之而試判者亦名文具因任無所去取　御史主
擶以爲法用舉者兩人得爲令爲令無過譴遣職事官
知縣又無過譴遂得改京官乃是用舉者兩人保其三
任也朝廷初無參伍考察之法偏聽無過輒信而遷之
是以緣緣之人皆得自進因仍苟且其弊將深乃定令
被薦爲令任內侵有舉者如得遷否則如常選無例升
補時嘗設禁限常參官已授外任毋得奏舉京官現任
知州通判升朝官兵馬都監諸司副使以上及在京員

外郎嘗任知州通判諸司副使嘗任兵馬都監者乃聽
明年流內銓復載內外臣僚歲舉數文臣待制至侍御
史武臣自觀察使至諸司副使舉吏各有等數毋得輒
過而被舉者須有本部監司長吏按察官乃得磨勘睦
州團練推官柳三變到官未踰月而知州呂蔚薦之侍
御史知雜郭勸言蔚未觀善狀而薦之蓋私之也乃限
判官一考方得薦又詔選人六考改官而嘗犯私罪者
加　考知雜御史觀察使以上歲舉京官不得過二人
其嘗參官毋得復舉自是舉官之數省矣　又命監司
以所部州多少劃易之差爲舉令數非本部無輒舉其
後文增舉主至三員蓋官冗之弊浸極故保薦之法大
抵知略而掾辭也　仁宗朝凡以變人遷京官爲重雜
有司引對法當與商亦者舉其當否乃可之　蘇戰策
別日國家取人有劃策有進士有明經有諸科有任子
有府史雜流凡此者雜眾無害也其終身進退之決在
乎吾見改官之日此冗不可以不愛惜慎重者也今之
議不過曰多矣貢考而責之以舉官之數且抵有免強
而已資考既足而舉官之數亦以及格則將執文墨以
敢必於我雖千百爲輩莫歲不盡與臣扣以爲令之悲
正在於任文太過是以爲一定之制便天下可以歲月
必得甚可惜也方今之便莫若使文六考以上皆得以
名闕于吏部吏部以其貢考之遠近舉官之眾暮而次

全唐文　卷一萬六百六十四

是故漪然無所不至方其在州縣之中長史親見其廬詳勤幹之郎則其勢不可以不舉徵又安知其於身之所為哉故曰今之法書人以其亦不亦者請此也一縣之長察一縣之令一郡之長察一郡之屬賦可者寧其蜀郎者也此三有其蜀無然耳其貪其廉其寬任其能與不能不可謂不知也今且有人收牛羊者而不知其肥瘠是可復以為收人數夫為長而蜀之不知則知國可以罷免而無足惜者今具屬官有罷而其長不則以閒地曰有以告者則其長不過為失參而去官者之以不坐夫失參天下之職罪也職司察其屬郡郡縣卷察其屬此作人之所不能而罰之其輕亦可怪也今之世所以壹發賊吏賞何也夫吏之貪者其始必詐以條求舉舉者皆王公貴人具下者亦卿大夫之列以身任之居官莫不受其問類等吏之人段其擬根年團而不可動連出者常六人人甚者主十餘人此如盜賊貫封良民以求尚免身去法之弊至於如此亦可變矣如臣之奏以職司守令之罪罪舉官以舉官之罪罪職司守令令使舉官與所舉之罪均綱又如之舉官求無如之何終不能送知終身之屬官而發怨特推之於幸不幸而已苟以其罪察臨司守今彼其黜論有以皆察之臣如貪吏小人無名花之地久何以以舉官處難之　石林華氏曰祖宗時監司郡守按部吏初無定員有其人則

全唐文　卷一萬六百六十四

爲之故人容謹重不肖雖掌政官人每歲遷至數倍事有賊革變而以為弊閑不得不謹其和治平中貢真儀為中司嘗以為言朝廷終莫能改蓋人情沿習既久頗使復舊亦不可為也　七年九月，詔兵部侍郎李迪已下至知雜御史於一任通判已上朝官內慇任無贓濫者各同罪保舉一員堪充選擢繁難任使，不得舉執政臣僚及自己親屬。　十月，詔諸路轉運及知州軍監朝臣并內殿崇班已上於見任判司簿尉中不以任數，有出身四考已上廉勤幹濟無贓私罪堪充縣令者，除轉運使不拘人數外，其知州軍監各同罪保舉一人。如未有人可舉，亦許審細察訪，續次並以聞，即不得保舉親屬。其得替常參官不在舉限。有兩人奏舉，即送銓司於縣令員闕處就近移注。如在任無贓罪

其公私罪情理稍輕及能區決刑獄不至枉濫、催理稅賦不致追擾，本州府軍監具詣實理通聞奏，得替日與職事官，再令知縣。如考滿依前無贓罪，雖有公私罪情理不至重，及有上件理通，候到闕引見，特與京官。　十二月，中書門下言：「文武臣僚准御劄奏舉到幕職州縣官充京朝官，檢會天禧元年五月敕，兩省五品已上每年許舉五人，其升朝官舉三人，即與依例施行。欲令諸道州府軍監應合該舉官文武臣僚，除轉運發運使副使依舊不限人數外，餘並依前項敕旨，仍合具狀以聞，不得一狀內聞坐兩人或三人。如一年內舉人數足，即更不得聞奏。」從之。　八年十月二十八日，御史中丞權

全唐文　卷一萬六百六十四

判吏部流內銓王隨言：「在京文武臣僚奏舉幕職州縣官充京官，奏狀多無印記，難辨真偽。欲乞今後應舉官並用舊條，奏狀須印，如勾當處無印，即於不係刑獄錢穀司牒借使印，及於奏狀年月邊貼黃，明言使某處印。其貼黃亦須用印記，方許於閤門投進，所貴久遠有憑。」從之。　九年二月二十三日，詔大兩省官出外知郡，不得奏辟同判職官；其諸處知州亦不得保舉見任同判。　十月二十一日，詔應在京升朝官及崇班已上已授外任差遣者，不得依御劄奏舉幕職州縣官充京官。　景祐元年五月一日，詔今後所差知州、轉運使副、提點刑獄未到任，不得預先奏舉官員於轄下勾當。　二年

十月十八日詔諸路轉運司令部內知州知軍通判鈐轄都監員外郎諸司使已上及總管轉運使副提點刑獄朝臣使臣今後如準御劄奏舉使臣除依條外更須明言本人好人材曾歷邊任諳會弓馬件析以聞三班院如奏舉到使臣依條七人已上及今來指揮方得聞奏仍委審量乞差官呈試弓馬如得中即取旨　寶元三年二月二十一日三司戶部判官郭積言乞令諸路轉運使及提點刑獄之官保舉所部諳邊事臣僚詔依所請仍許并舉有武勇者所奏並須同罪　康定元年十二月二十三日詔諸路轉運使提點刑獄及知州府軍監朝官武臣今後舉縣令其舉主兩員內但一員現

全唐文　卷一萬六百六十四

任本部一員現任別路州軍許令保舉其舉狀送銓量簿舉主數足依奏舉人例申中書候降下就近移注餘依天聖七年條制　二年六月二十九日詔應內外臣僚所舉幕職州縣官每年文臣待制已上三人知雜御史已上二人侍御史已下一人武臣觀察使已上三人閤門使已上二人諸司使已下一人諸路轉運使副使提點刑獄臣僚依舊不限數每人只作一名舉主今後文臣知州軍通判升朝官已上武臣知州軍內殿崇班已上每年並許舉三人其開封知府推判官依知州通判例每年各舉本部內官三人在京文臣除知雜御史已上武臣觀察使已上每年許舉二人外其餘常參官

更不許舉官其舉狀已到中書者且與施行　是月又詔河北陝西河東三路方用兵之際而知州通判縣令有司銓授頗拘務格其令翰林學士承旨丁度已下各同罪舉廉幹吏　慶曆三年五月二十二日詔臣僚舉幕職州縣官充京朝官判司簿尉充縣令流外出身州縣官充令錄班行其奏狀式樣頒令遵用施行　四年四月二十六日詔三司丞郎給諫已上兩省待制已上御史中丞正卿監歲得舉正郎已下朝官不得過三人起居郎舍人三司副使知雜御史少卿監歲得舉員外郎已下朝官不得過二人左右司郎中司諫正言三院御史并館職知諫院天章閣侍講三司判官開封府推

全唐文　卷一萬六百六十四

判官并員外郎已上及正郎見任知州有出身無贓罪者並歲得舉太常博士已下朝官不得過二人安撫制置發運使轉運使副提點刑獄朝臣於本部內得舉正郎已下朝官提點刑獄使臣發運轉運判官得舉本部內員外郎已下朝官並不限人數仍於狀內開說其人堪充何任使同罪以聞　七月二十九日詔諸路轉運按察使副提點刑獄朝臣使臣於常法舉官外仍於轄下知州軍知縣令中選清白勤恪政在愛民不專委刑人自悅服者具的實治迹以聞當議特行旌獎令御史臺遍牒催促如所舉謬妄即時彈奏雖舉未行亦坐上書不實之罪　五年二月詔曰比者京朝官須用人保

任而始得遷官朕念廉士或不能以自進也其罷之(時監察御史劉元瑜言近年考課之法自朝臣轉員外郎員外郎轉郎中郎中轉少卿監合須清望官五人保任方許磨勘浮薄之人日趨權門非所以養士之廉恥也望酌祖宗舊規別立黜陟之法庶幾可行故降是詔)八
月二十三日詔廣南西路轉運鈐轄司體量邕欽廉邊
海三州宜融柳近溪洞三部知州監押寨主巡檢使臣
內無心力武幹者並許舉官以聞仍常令修完城壘
十月十三日詔今後臣僚下列舉閤門祇候狀須依祥
符六年中劉承渥起請事件方許投進　六年十月二
十二日詔以三司近奏舉幕職州縣官監京師新城門
比舊三班使臣仍添食直錢所舉之官或規避遠適或
涉干禱悉令放罷却差歷外任使臣凡二年理為一任
全唐文　卷一萬六百六十四
食錢仍依新例(熙寧中復差幕職州縣官)八月六日詔近臣舉文武
官才堪將帥者以名聞　皇祐三年五月宰臣文彥博
等薦工部郎中直史館張瓌殿中丞王安石大理評事
韓維皆以恬退乞賜甄擢詔賜張瓌三品服召王安石
韓維試于學士院　六年詔臧茂黎集壁等知州及戎
瀘州通判自今轉運司舉本路京朝官知縣前任成資
令任一年或前任一年令任一年者為之候滿三年理
初任通判　十月詔十路都總管安撫使舉諸司副使
閤門祇候材堪將帥者一人　四年八月詔文臣御史
知雜已上武臣觀察使已上舉諸司副使至閤門祇候
堪提點刑獄任使者各一人　是月詔侍制觀察使已

上舉文武官任邊要者各一人其已在邊及歷路分都
監者勿舉　五年七月十三日詔御史臺察訪中外臣
僚奏薦如有所舉非其人者立須彈奏必行之罰宜自
近始其已係提點刑獄已上差遣者並不得薦舉(嘉祐六年正月御史臺乞申明此詔有旨本臺每於歲首舉行頒布)十月七日詔今後臣僚許
令指射差遣者不得乞係舉官之處革僥倖也　至和
二年二月十五日侍御史毋湜言乞今後新除經略安
撫使及沿邊總管知州等未到任間不得奏辟武臣及
班行充本路差遣如到任後果有怯懦昏昧年老疾病
之人即具以聞從朝廷審察其實即許辟人衝替所冀
權臣之門稍息奔競邊隅差遣不至豪奪從之　十一
全唐文　卷一萬六百六十四
月詔吏部流內銓南曹自今合舉官文臣知雜御史少
卿監武臣閤門使以上并江淮發運諸路轉運使副使
提點刑獄朝臣使臣開封府推判官府界提點更不限
贓私罪餘犯私罪杖已上並不理為舉主若私罪笞者
聽之　嘉祐元年二月吏部流內銓言請入令錄選人
舉主不犯贓濫及非致仕分司者聽許收用從之　二
年五月詔凡舉官已施行者後雖有改節不許陳首及
被舉之人毋得納舉主至七月復詔近制舉官不許陳
首其在部內守官而改節者許發摘同自首法　九月
樞密院言自今舉使臣須本路安撫轉運使提點刑獄
知州通判方理為舉主其在京文臣非知雜御史武臣

非觀察使已上所舉毋得施行從之　十二月詔大臣所舉館職自今令中書籍記姓名選文行為衆所推者與試其考校毋得假借等第　四年六月十一日詔天下才行之士慮有遺滯宜令諸路經略安撫轉運使提點刑獄各於所部舉見任前任文資行實素著官政尤異可備升擢任使者同罪保舉三人前兩府臣僚許通舉內外官並限一月聞奏其已帶職及見任兩府與自已親戚毋得舉　八月二日天章閣待制知諫院唐介言近制令諸路監司各舉官三員以備擢任切觀嚮者進用之人仍於趍時靡然成俗宜稍澄清之應舉到官委中書門下先擇材行惇樸忠厚孝友聞於衆者任用

全唐文　卷一萬六百六十四

其輕躁干進之士雖名幹集亦乞稍賜裁抑從之　五年八月吏部流內銓言諸州幕職官常闕八九十員無合入資序人請下知雜御史三司副使待制以上各舉令錄判司主簿尉二人有出身四考無出身五考無贓私罪有京官舉主三人者為之從之　六年八月詔自今諸路知州軍監知縣縣令有清白不擾而實惠及民者其令本路安撫轉運使副判官提點刑獄官同罪保舉再任委中書門下別加訪察如其政迹尤異當議更與推恩　八年十月詔自今陝西四路極邊城寨主都監監押巡檢令帥臣舉官

舉官二　英宗治平元年二月樞密院言請自今使臣衝替及降監當者歷任曾經親民實有

武勇堪捕賊者元犯情輕許舉充權巡檢理監當資序其入親民差遣曾犯贓私罪皆武勇者亦聽舉沿邊任使從之　九月二十三日詔文臣自待制已上及三司副使御史知雜三院御史諫官外任安撫鈐轄轉運使副提點刑獄武臣自正任已上及右職橫行使副諸路路分鈐轄沿邊安撫並許奏舉諸司使已下至三班使臣堪充將領及行陣任使內知雜已上及正任橫行使并權路分總管並許奏舉二人餘並一名除已係將領任使并曾犯入已贓徒已上及親屬不舉所舉之人只是將領及行陣戰鬬不如所舉即坐舉主之罪外有他犯不坐　十月四日詔前任兩府及三司使已下至知雜

全唐文　卷一萬六百六十四

御史外任待制以上保舉文資官二員諸路經略安撫轉運使提點刑獄保舉轄下見任前任文資官二員行實素著官政尤異可備升擢任使者以聞　二年三月二十四日權御史中丞賈黯上言近日官冗之弊數倍往時蓋由舉官者衆人有定員以應所舉之格乞申戒中外舉官臣僚以革其弊　至四月十二日乃詔曰天下之治在於得人人之賢愚繫乎所舉舉而失當猥濫至多今吏部磨勘選人待次者二百五十餘人須二年方克引對留滯之弊乃至於斯且歲限定員本防其濫而舉者不問能否一切取足以閒徒有塞詔之名且非爲賢之禮以至奔競得售而實才者見遺請託得行而恬

守者被棄蓋其毀譽之是徇殊非淑慝之能明章交公車充數而已以是濟治其可得乎宜令中外臣僚合舉選人者務在得人不必滿所限之數所貴材品辨別仕路澄清惟爾輔臣深體朕意

文獻通考英宗時御史中丞賈黯又言今京朝官至卿監凡二千八百餘員可謂多矣而吏部奏累磨勘選人未引見者至二百五十餘人臣不敢遠引前裁且以先朝事較之方天聖中法尚簡選人以四考改官而諸路使者爲部吏數未有限而在京至闕及常參官吉法如州通判者類非部吏皆得薦時磨勘改官者歲纔數十人後資考頻增而如州薦吏親屬邑多少裁定具數又常參官不許薦士其餘約比天聖漸繁而改官者固已衆矣然磨勘應格者猶不越旬日即引對未有待次者也皇祐中始限監司奏舉之數具法益密而審勘待次者已不歲六七十人皇祐及今纔十年具而倍多至于三路向也法疏而其數有今也法密而其數增此何故哉正在薦吏者歲限定員務充數而已如一郡之守歲許薦五人而歲終不滿其數則人以爲遺已當舉者避謗畏譏欲止不敢此薦者所以多而真才實廉未

全唐文　卷一萬六百六十四

免恩於級能也謂宜明詔天下使有人則薦不必滿所限之數天子納其言下詔申勅焉

三年四月詔流內銓磨勘選人願入職官者與循資注官今任無贓罪及私罪已下情輕有舊舉主三人或新舉主三人與磨勘引見歲舉選人充京官者自今以三分之一舉令錄判司簿尉充職官舉主滿三人歷任無贓罪或私罪杖已下情輕者判司簿尉有出身三考無出身四考皆與注合入職官應舉官充縣令須到任一考乃得舉

文獻通考治平三年命宰執舉館職各五人先是上謂中書曰水潦爲災言事者云咎在不能進賢何也歐陽修曰近年進賢路狹往時入館有三路今塞其二矣進士高科一路也大臣薦舉一路也因差遣例除一路也往年進士五人以上皆得試第一人及第有不十年即至輔相者今第一人兩任方得試而第二人以下不獲試是高科路塞矣往時大臣薦舉即召試今只上簿選數人乃試是薦舉路塞矣惟有因差遣例除者半是年勞老病之人此臣所謂薦舉路狹也上納之故有是命韓琦曾公亮趙槩等舉蔡延慶以下凡二十人皆令召試宰臣以人多難之上曰既委公等舉之苟賢豈患多也先召試蔡延慶等十人餘須後時　石林葉氏曰國朝以史館昭文館集賢院爲三館皆寓崇文院其實無別舍但各以庫藏書列於廊廡閒爾直館直院謂之館職以他官兼者謂之貼職凡狀元制科一任遂即試詩賦各一而入否則用大臣薦而試謂之入館官制行廢崇文院爲秘書監建秘閣於中自監少丞正字劍（列）爲職事官罷直閣直院之名而書庫仍在獨以直秘閣爲貼職之首皆不試而余盖時以爲恩數而已　治平四年陳故纂試學士院中等除集賢校理御史吳中言比擇十人先試館職而故義亦預漸至冗濫無詩賦非所以經國治民請用兩制爲議仍罷試詩賦代之以策詔兩制詳議其年試胡宗愈等仍用詩賦熙寧元年罷試詩賦而更以策論二年王介甫五人始以策論試于學士院皆除館職後比年有試者蘇軾陳以時務論劉摯王欽臣等皆以試除四年太常丞禮將以所業獻呂惠爲集賢校理五年呂公著薦王安崇文院大用呂對嗣音欲峻用之其兄安石薦乃以爲甫制職校書曾布常舉鄧潤甫可備經筵離稍錕坦潤[illegible][illegible]制科入之視之擇爲集賢校理　舊制[illegible]該試以待命士而入之

全唐文　卷一萬六百六十四

較注老官蔭補銓試之外有進士揀義武臣呈試材武及所爲等官而銓試所爲特蔭補初赴選皆試律登仕已仕而無勞績舉薦及無出身試恩皆試判熙寧更制以後縣試律義斷案議後人增試經義中選者皆得遊銓擬法是銓試之九也　馬端臨曰按是時進士選人之守選者亦皆試而後放無特解於蔭補云

四年十一月同判吏部流內銓蔡抗言歲舉人二百五十餘人度二年乃引絕檢會每歲舉狀約千九百員被舉者既多則磨勘者愈衆欲乞權罷在朝知雜御史觀察使已上歲舉京官從之

以上國朝會要　文獻通考是年詔中外官僚流得學京官有視凡數以三分率之一分舉職官有舉者三人任滿選切法所以分職舉者數省京官也是歲判吏部流內銓蔡抗言奏舉京官人尚多度二年引對乃可畢封奏歲所舉無慮千九百員被舉者既多則磨勘者愈衆且今天下員多闕少率三人而待一闕若不然及後拆除吏愈艱自患以爲可罷知雜御史觀察使以上歲得恩官法從之自是舉官之數損者矣

治平四年十一月三日（時神宗即位未改元）詔御

绝字疑误

濮疑僚

史臺告報翰林承旨以下至知雜御史以上各於內外文官歷一任通判以上人內同罪保舉一員堪充刑獄錢穀繁難任使皆須節行素著才幹有實仍於舉狀內明言本官才器所長堪何任使限一月內聞奏內在京者當令引對在外者候替回引對即不得舉已係帶職及兩府或自己親戚　十二日詔曰故事二府初入各舉所知者三人蓋欲以觀大臣之能也比年以來請謁干譽之說勝而薦者或不以公既已任職之後多以虛名相尚而實効蔑然甚非上臣事君以人之道其令來中書樞密院準例各舉官三人各言其人才業所長堪任何事以副朕為官擇人之意速以名聞仍候逐奏上

全唐文　卷一萬六百六十四

令中書取旨當議量才試任　二十一日手詔孔子曰脩廢官舉逸民則四方之政行焉朕以天之靈獲守大器永惟興治之本必待賢而後成方今中外群才輻湊並進不為不多矣尚慮藏器抱道之士沉於下濮而未伸宜令內外兩府兩制文臣三司副使武臣正任已上下至臺諫官并逐路提刑轉運使於京朝官使臣幕職州縣官選人內各舉所知者二人見任兩府三人或恥於自媒久淹下位或偶因微累遂廢固行者或以名聞以佐吾顯側陋振淹滯之意仍各明言其人臨事已彰實狀堪何任使朕將量才而用之其所舉須實負才業淹廢之人即不得舉懷姦養譽閒於事情陰趣進用

選舉二八之五

者及權要族屬可共昭至公之道焉　神宗熙寧元年二月十一日詔翰林承旨以下知雜御史以上各於內外文官歷一任通判以上人內同罪保舉一員堪充刑獄錢穀繁難任使翰林承旨王珪等奏舉虞部員外郎張諷等二十員詔見在京及得替到闕者並令上殿　十八日詔近復諸路武臣同提點刑獄勘會舊制提點刑獄奏舉選人充京朝官須連狀共舉頗聞不便今後奏舉選人充京官職官並據逐路充條合舉人數各舉一半更不連狀　三月七日命諸路經略安撫使轉運使副提點刑獄朝臣使臣路分副都總管各同罪保舉本部內大使臣堪充主兵官二員堪充知州軍二員疾

全唐文　卷一萬六百六十四

速具姓名以聞以選任之人故也　六月十四日詔在京并外任兩制及知雜御史以上各同罪保舉大使臣堪充主兵官二員　十九日詔諸道州府軍監所有長吏奏舉選人更不裁減外通判奏舉選人並令權罷　是月詔今後諸路轉運判官奏舉選人充京官數比提刑朝臣並特減二人　七月七日詔諸路安撫轉運提刑總管及內外兩制知雜御史以上各保舉有武勇謀略三班使臣二人　十一月一日樞密院言河南河北監牧使欲令每年各許同罪奏舉有牧地縣分選人知縣縣令主簿充京官職官共五人送流內銓理為舉主從之　二年七月十七日詔兩府臣僚初入準例舉官

選舉二八之六

三員今後更不施行（先是知樞密院陳升之崇侍叔獻等上劄其奏以輔臣薦士不考材實即陞一任此何理也然而久例行之至是降詔） 閏十一月十八日詔應文武官今後因罪犯降差遣經赦合該牽復者如元犯情理輕責降後有所轄官一員同罪奏舉元犯情理重者有所轄一員監司一員同罪奏舉即與依赦牽復如係在京無監司處即只用所轄官爲舉主內有元係臟司及路分差遣仍更委二府體量理應才行取首所有兩省內臣並準此若在京句當無所轄管句即許本省都知押班依此奏舉（上初令中書議法遂呈上上以爲責降官有罪有無罪同處恐致冤降詔　文獻通考熙寧二年御史已罷室惡知制誥觀執不可令曰擇判著官人付之何爲不可王安石曰中書所總已多通判未有獲當選者拔當序不能精擇陽不有司且也課試信生有司之事也今以邊郡考核爲未當）

全唐文　卷一萬六百六十四

（而必從平觀案進退百官宰相之事也今以中書選擇爲留滯而一守之害宮輕重失一條失所救之任十里林戚所係非他官比而殿宣一不之所所謂中書所總已多者其事豈有遺乎不賢退不肖者乎） 三年二月四日詔今後諸路知州軍不該舉京官職官處如通判別無違礙許依編勑人數舉官 六月詔中書門下薛向等所總東南諸路財利刑事之務實藉所諳官吏遠近應接方可集辦近雖累曾指揮如向等奏辟官吏並與應副尚恐有合入遠官朝廷引條不行可令後如有礙條之人特與差任滿如無勞績句當過犯事件即後注遠官 七月二十四日詔東西審官三班院流內銓今後所舉主簿並須舉不該入川廣京朝官（先是權判吏部流內銓陳襄等爲舉者作佐職處主簿充係地遠特依所舉而降是詔） 是月詔今後應在

京及外任舉官去處並許於見任官年滿三季內奏舉 十六日御史知雜謝景溫言欲乞應受詔勑特舉官者發奏日並具所舉官姓名關報本臺從之 八月編修中書條例所看詳應中外官司合舉辟官員狀到中書即下諸司取人吏文狀契勘奏差欲乞取索諸房舉辟名件可歸有司者盡一類下審官東西院流內銓三班院今後只批送逐處令檢詳前後條貫及本官資序所入路分遠近令中書點檢施行其不合得即仰逐司一面回牒本官別行奏舉若曲有門難即亦仰本官具因依聞奏所有前來已送歸有司者亦乞准此從之 十月七日詔發運司諸路轉運司本司管句文字及諸

全唐文　卷一萬六百六十四

路掌機宜官今後並許舉合入川廣之人 十一月八日詔諸處奏舉使臣差遣等並送樞密院勘會施行 四年二月十二日詔自今在京官司各舉官並先關牒所屬勘會歷任於條無礙方許奏舉 十七日中書編修條例所乞諸路知州軍通判若轉運提刑連銜奏舉者許再任知縣縣令有安撫轉運使副判官提刑知州通判奏舉再任須通及五人內有職司二人者亦聽再任從之 四月二十七日詔權發遣江淮等路發運副使皮公弼如薛向在任例舉官 八月二十四日詔發運司自今犯贓及見衝替合當硬差若奏舉縣令職官知縣及起請員闕人毋得奏舉 十月一日詔江淮發

運使每歲舉官毋得過本路轉運使副所舉之數 十一月七日詔諸路提舉常平倉朝臣歲中通舉京官或職官縣令共三人 十二月八日中書門下言提點廣東刑獄周之純言新制提點刑獄並除同字所有舊條分同正舉官多少不同今欲自京東京西河東淮南路京官七人職官三人縣令五人兩浙路京官六人職官三人縣令四人成都府梓州江南東西路京官五人職官三人縣令四人福建利州荊湖南北廣南東西路京官四人職三人縣令二人夔州路京官三人職官二人縣令二人從之 五年閏七月二十八日樞密院言檢會先降宣命委官保舉大使臣堪充知州軍或主兵任

全唐文 卷一萬六百六十四

使本縣籍記姓名遇有要人去處於此更加采擇歲月既久選用略徧或已在委寄或嘗試無取或事故凋喪乞依故事差委文武近上臣僚各舉大使臣堪充知州軍或主兵任使者各兩人從之 八月十五日詔諸路安撫及文臣帶路分鈐轄舉知州軍主兵各一員轉運使提刑只舉知州軍一員武臣總管鈐轄安撫只舉主兵一員文獻通考五年詔堂選堂占悉罷吏部始立定選官格其法各隨所任職事以入任功狀立格以待擬注 權開封府推官蘇軾上言大抵名器爵祿人所奔趨必使積勞而後遷以明持久而難得則人各安其分不敢躁求今若多開驟進之門使有意外之得公卿侍從跬步可圖其得者既不肯以僥倖自名則其不得者必皆以沈淪為恨使天下常調舉生妄心恥不若人何所不至欲望風俗之厚豈可得哉選人之改京官常須十年以上薦更險阻計析毫釐其間一事聱牙常至終身淪棄今乃以一人之薦舉而與之猶恐未稱

舉職還並使積勞久次而得者何以厭服哉夫常調之人非守則令員多闕少久已患之不可復開多門以待巧者若巧者僥舉已甚則拙者進遴擬斯利害相頃不得不察故進歲朴拙之人愈少巧進之人愈多按歷下重之悟之賓之救之如近出三司獻言使天下郎選一人催輪三司文字許之先以捐射以補其勞則數年之審官吏部與頁三百餘人得先占闕害頭皆大不甚意難此外勾當發運均輸撥行農田水利已根監司之體各懷進用之心轄對者望以稱皆而驟遷本誤者求善僥等而遠化相籍以力相高以書而名實亂無惟陛下以闕易為法以消學為心技無無所緣兩民德驕屬丞之所願學風俗者此之謂也 馬端臨曰極寵謝司之薦舉付銓選於吏部此興爭所文之法善所以亦至公而絕倖門也令東坡公所言乃如此豈此法特所以待守第設分之人而兩設時擢附會新法如所謂六七少年使者四十餘輩則初不在此限乎 六年五月三日詔諸察訪官河東京東兩浙路許奏舉選人充京官職官縣令共十二人餘路十人若舉陞陟並不限員數 七年十月四日都官郎中新差知夔州鄭佖

全唐文 卷一萬六百六十四

言諸奉特敕奏舉邊臣者若任用後不如所舉與同罪至死者減一等如致城寨不守其舉主雖會赦不得原減竊以戰守之職所繫甚重失舉者既責同罪而得功者未聞推恩晉臣舉冀缺為軍大夫及其之役有功者被其賞賞罰並行人用勸沮乞立新制應特降宣敕舉官被舉者如擢用後因戰守得功事迹尤異轉三官以上者其舉主亦乞等第量行旌賞詔今後邊臣功狀顯著者勘會舉主取旨 十四日詔都提舉市易司歲舉京官五員 九年正月十三日詔令新知廣州劉瑾不依常制舉將官文臣使臣共十人以瑾乞於江西文本路散行召募射生獵戶及勇力亡命者軍前効用支與上單請受量遣近與起發盤纏所經州軍內有彊勇可使者亦許選帶

前去詔送安南招討司田有見旨 八月十二日中書門下言南平軍係新
賴別無縣分近將涪州隆化縣割屬本軍其合奏舉選
人員數欲令依信安軍例許知軍奏舉一員從之 十
年正月十二日詔自今在京諸寺監丞有闕並從朝廷
選差更不舉官 六月四日中書門下言吏房刪定到
選人舉充職官已移注者不得別奏舉差遣其舉充縣
令職官知縣雖不依常例亦不許舉辟如願依常調資
序舉辟者聽從之 八月二十四日監察御史裏行黃
廉言申飭兩制近臣諸路監司求其才行優異者各舉
一人詔內外待制以上及臺諫官發運轉運使提點刑
獄轉運判官各於文臣內舉才行堪任陞擢官一員令
全唐文 卷一萬六百六十四
中書審察如所舉不謬取旨隨材試用仍限一月內聞
奏即不得舉已係帶職及兩府自已親戚 十月二日
中書門下言同知審官西院竇下乞應係不拘常制奏
舉官並行寢罷令看詳閑慢去處若令依舊誠恐罪累
遷擬之人得以干求欲令後除事干要切且令依舊外
餘並令依常制舉辟從之 元豐元年閏正月初九日
詔刑部大理寺自今後奏舉習學公事並舉曾試刑法
得循兩資以上人 十九日詔提舉官其當舉官於開
封府界提點諸路轉運使副判官提點刑獄見舉官數
內均減立法詳見提舉常平門 二月二十五日三司言在京倉
庫支納浩瀚自御廚至店宅務其監官乞奏舉從之

五月二十一日提舉茶場李稷言三路三十六場大小
使臣殆及百員乞不限員數舉三班使臣從之內歲許
舉官十員候三年茶法成序取裁 六月七日京東路
體量安撫黃廉言本路被水之初乞委監司察災傷縣
令不得力者聽於不經水災若事簡縣對移如闕人即
於得替待闕人不依常制奏舉從之詳見水利門 十一日提舉
成都府等路茶場蒲宗閔言乞依李稷舉劾官吏詔宗
閔與理轉運判官資序所舉京官縣令及使臣陞陟比
李稷所舉人三分之一其州縣官吏於茶場司職務有
違亦許按劾 二十一日詔應內外臣僚昨舉才行堪
陞擢官令中書察人才取旨 七月一日詔御史臺推
全唐文 卷一萬六百六十四
直官虞肇渦如海年齒衰遲資性疲懦不足稱辦職事
可並送審官東院令本臺舉官以聞 十月十三日詔
三司司農寺各同罪舉陞朝官五人充諸路提舉官限
十日以名聞 二年五月十三日詔右贊善大夫同提
舉成都府等路茶場范純粹薦舉官分李稷之半聽稷
純粹同轉運司舉官知洋州並從稷請也 十一月二
十八日詔豐州許依威茂州舉選人為京職官縣令
三年五月一日詔御史臺復六察擬立法之始職事甚
劇無容久闕正官以稽功緒其見闕御史二人令李定
限十日以名聞 二十一日以御史何正臣言近日舉
官鮮以寒士為意利祿所厚多在貴遊之家而市易為

以中書下似
官以行小字

悳望詔中書取索在京應舉差或權差已到未上官有無本族外姻在朝食祿取旨去留以示公議乞自今舉官並依舉京官縣令式具親屬詔劄與都提舉市易王居卿仍令中書立法　六月十六日詔朝廷及省寺遣官至諸路安撫監司不得奏舉以中書言所差官事干三四路者衆暫干請得舉主不少恐不能無徇情苟簡之弊請立法故也　十二月十一日知都水監主簿公事李士良言黃河見管大小使臣一百六十餘員並委監丞已上奏舉其所舉往往有因緣未必習知水事欲乞令後河埽罷舉官之制並委審官西院三班院選差其都大提舉官即乞且如舊從之仍詔內外官司自來

全唐文　卷一萬六百六十四

舉官汎濫數多處中書舉此立法以聞　四年三月八日詔在京官不得舉辟執政官有服親以御史知雜舒亶言近論蕭宗孟不當薦舉同知樞密院韓縝姪宗洞乞立奏舉法故也七月三日詔陝西緣邊見聚兵馬其經營轉輸全賴諸郡守倅同力幹辦其間多審官用格差法必恐不任今日職事宜令轉運司體量舉差聞奏要地令依準此　二十八日詔內外官司舉官悉罷令大理卿御史台符同尚書吏部審官東西三班院議選格　五年正月二十六日詔誠州置兵馬監押職官司戶參軍各一員並令知沅州主管沅誠州緣邊安撫公事謝麟舉官一次誠州官任滿依沅州酬獎　二十九日鄜延路經略使沈括等言所奏舉文武官應

有違礙並乞追差諸處不得占留詔本路使臣直追赴仍以聞其餘並稟朝旨　二月十五日詔提舉熙河等路弓箭手營田蕃部共為一司隸涇原路制置司許奏舉幹當公事準備差使使臣三員　十一月八日都大提舉成都府永興軍等路榷茶公事陸師閔言每年舉選人改官令乞依舊條通計當舉九人欲特添三人外有縣令小使臣陞陟數止依舊條併舉從之　十二月十三日提舉茶場陸師閔言乞川路買茶趂綱場監官十員並許不依常制指名奏差從之　六年六月一日詔京東路轉運副使吳居厚具所知通判以上及別路監使提舉官可充本路轉運司官協力推行鹽法者及

全唐文　卷一萬六百六十四

本路行鹽法當選委知州通判處以聞　七月十七日知鎮戎軍張世矩言嘗舉知轄州郭忠紹為路分鈐轄今得知麟州訾虎臣書稱近嘗出師忠紹怨朝廷指揮照應虎臣詳忠紹懷怨君父固非忠孝乞不用前狀詔世矩挾情論忠紹及繳私書特釋罪　七年六月十五日詔都大經制熙河蘭會路邊防財用李憲乞選差蘭州守城小使臣五人赴安疆米脂塞門浮圖義合寨計度守備委劉昌祚以名聞李憲毋得占留　八年八月四日詔按察司所至官有才能顯著者保明以聞　哲宗元祐元年二月八日詔應內外待制太中大夫以上限詔到一月各舉曾歷一任知州以上聰明公正所至

選舉二八之一五

有名堪充監司者二人委中書籍記遇轉運使副提點刑獄有闕選差若到官之後才識昏愚職業墮廢薦才按罪喜怒任情即各依本罪大小并舉者加懲責　閏二月二日詔歲舉官陞陟者承務郎以上並依合舉改官及充幕職官縣令之數大使臣準小使臣法通判許舉承務郎以上依知州舉充幕職官之數　八日資政殿學士新知潁昌府曾孝寬言官制以前舉官名數乞委官裁定取可仍舊者著為令從之　二十六日詔尚書侍郎學士待制及兩省御史臺監察御史以上國子司業限一月內舉經明行修堪充內外學官者二員

四月一日左司諫王巖叟言廢罷諸路提舉常平司等

全唐文　卷一萬六百六十四

減削逐歲舉官狀數不少竊恐寒素之士愈艱於進乞復通判舉官條詔諸州軍通判每年許舉選人一名幕職州縣官改官判司簿尉充縣令仍相間舉　十一日詔內外待制太中大夫以上舉第二任通判資序曾歷親民差遣堪充轉運判官者各二員餘依今年二月二日舉監司指揮　同日詔應沿邊州軍城寨巡檢都監監押寨主防巡諸路捕盜官及課利係三萬貫以上場務舊係舉官員闕處許依舊奏舉如數內今來事務稀少不銷奏舉及事務煩劇合舉官去處具因依窠名限一月聞奏　十四日詔三路知州帶安撫使者許奏辟本州官二員餘路知州帶安撫使或太中大夫以上帶

選舉二八之一六

一路鈐轄及知河南府應天府不以官序知雄州各許奏辟本州官一員使相及曾任執政官添舉一員雖不係合辟官處亦許奏辟本州官一員仍各同罪保舉聞奏　五月六日三省言尚書侍郎內外學士待制兩省臺官左右司郎中諸路監司限一月舉公明廉幹才堪治劇仍係合入知縣或縣令一員令吏部不依名次差重法地分知縣縣令次差賊盜多處萬戶以上縣從之　六月十三日有司言新制諸州軍通判每年許舉選人一名幕職州縣官改官判司簿尉充縣令間舉然郡府有大小不可無等殺請分州軍為三等十邑以上歲舉三人改官職官令各一五邑以上二人令一改官職

全唐文　卷一萬六百六十四

官互舉一人五邑以下如新制無邑者不舉從之內兩員通判者分舉　七月一日尚書省言舊制中外學官並試補近詔尚書侍郎左右司郎中學士待制兩省御史臺官國子司業各舉二員宜罷試法從之　六日宰臣司馬光言臣切惟為政之要莫若得人百官稱職則萬務咸治然人材各有所能或優於德而嗇於才或長於此而短於彼雖皋夔稷契止能各守一官況於中人安可求備是故孔門以四科論士漢室以數路得人若指瑕掩善則朝無可用之人苟隨器授任則世無可棄之士臣誤蒙甄擢備位宰相論選百官乃其職業而智識淺短見聞褊狹知人之難聖賢所重寰宇至廣俊彥

如林或以恬退滯淹或以孤寒遺逸被褐懷玉豈能周
知若專引知識則嫌於狹私難服衆心若止循資序則
官非其人何以致治莫若使在位達官人舉所知然後
克協至公野無遺賢矣臣不勝狂愚欲乞朝廷設十科
舉士一曰行義純固可為師表科（有官無官人皆可舉）二曰節操
方正可備獻納科（舉有官人）三曰智勇過人可備將帥科（舉文
武有官人）四曰公正聰明可備監司科（舉知州以上資序）五曰經術
精通可備講讀科（有官無官人皆可舉）六曰學問該博可備顧問
科（同上）七曰文章典麗可備著述科（同上）八曰善聽獄訟盡
公得實科（舉有官人）九曰善治財賦公私俱便科（舉有官人）十曰
練習法令能斷獄讞科（同上）應職事官自尚書至給舍諫

全唐文　卷一萬六百六十四

議寄祿官自開府儀同三司至大中大夫職自觀文殿
大學士至待制每歲須得於十科中舉三人（非謂每科舉三人各
隨所知於十科內一歲共舉三人）其狀云臣切見某人有何行能（蓋須指陳
實事不得徒飾虛辭位在上者得舉下下不得舉上）臣今保舉堪充某科如蒙朝
廷擢用後不如所舉（謂舉行義純固而違犯名教之類）及犯正入己贓
臣甘伏朝典不詞候奏狀到日付中書省置簿抄錄舉
主及所舉官姓名別置合舉官臣僚簿歲終不舉及人
數不足按劾施行或遇在京及外方有事須合差官體
量相度照檢磨勘刻刷催促推勘定奪則委執政視檢
逐簿各隨所舉之科選差合試管勾上件事務若能辦
集即別置簿記其勞績遇本科職任有闕（謂若經筵或學官有闕即

用行義純固經術精通等科臺諫有闕即用節操方正科之類）則委執政視檢逐簿選
名實相稱或舉主多或有勞績之人補充仍於本人除
官敕告前盡開坐舉主姓名於後或不如所舉其舉主
從貢舉非其人律科罪犯正入己贓舉主減三等科罪
若因受賄徇私而舉之罪名重者自從重法則在必行
不可寬宥雖見為執政官朝廷所不可輒者亦須降官
示罰所貴人人重謹所舉得人從之　八月一日御史
中丞劉摯言舊例舉官皆有定員唯京朝官大使臣陞
陟每歲不限其數請應在京臣僚依外路比類限定員
數詔吏部立法以聞　六日太皇太后諭輔臣曰臺諫
官言近日除授多有不當司馬光言朝廷近詔臣僚舉

全唐文　卷一萬六百六十四

可任監司者既令各舉所知必且試用待其不職然後
罷黜亦可并坐舉者呂公著曰舉官雖是委人亦須執
政審察人材擇可用者試之光曰自來執政只於舉到
人中取其所善者用之餘悉棄去何嘗曾審擇韓維曰
光所言非是朝廷極士大夫之選擇執政七八人豈可
謂掄選無益而直信舉者之言且刑罰但可施於已然
之後今不先審察待其不職而後罰之甚失義理李清
臣曰若待其不職然後罷黜人必有受其弊者　十一
月二日詔吏部選在部大使臣年五十五以下曾經親
民兩任內邊任一任成資以上不曾犯贓私罪情重有
本路帥臣監司總管三人以上同罪奏舉者具歷任申

家字有误

家院習察人材上將詞有關與在院人家同取旨定差
薄候

四日，中書省言：臣僚上言，比詔大臣薦館職，又設十科舉異材，請並依元豐薦舉令關報御史臺，非獨內外之臣各謹所舉，廉使言者聞知，得以先事論列，不誤選任。從之。二十二日，吏部言：準勑，尚書、侍郎、內外學士、待制、兩省臺官、左右司郎官、諸路監司各舉公明廉幹材堪治劇仍係合入知縣或縣令一員，令吏部不依名次差充重法地分知縣、縣令。今差賊盜多處萬户以上縣，任滿，委監司保明治狀，作三等推賞。有任滿酬獎者聽從重。仍令吏部考較等第以聞。今詳立到考較等第，其舊有任滿酬獎者聽累賞。從之。文獻通考：哲宗元祐時，司諫蘇轍言：祖宗舊法，凡任子年及二十五方許出官，自餘進士、諸科初命，及已任而應守選者，非逢恩不得放選。先朝患官吏不習律令，欲誘之讀法，乃減任子出官年數，除去守選之法，禁令試法，通者隨得注官。自是天下爭誦律令，於事不為無補。然人人習法，則試無不中，故蔭補者例減五年，而選人無復選限，吏部員多闕少，闕今已用元祐四年夏秋闕，官冗至此亦極矣。且遂復祖宗守選舊法，而選滿之日，兼行先朝試法之科，此亦今日之便也。蔭補入學肄業一年，不犯上三等罰，方許就銓試。御史上官均言定差不便有七諸路赴選中試乃差八路隨意即射不均一也諸路吏選有待試有當次率及七卒方成一任略計八路就注者及七年已吏三任矣不均二也八路雖坐然得罷隨許射注而吏選無怨紀人既資試法人待次大率四半方再得祿況八路待名又許權攝祿無處日不均四也八路五人得特奏名者免試就注家便年高多德不從望遠性往營私廢職其獎五也任八路又如識既多土人就射本路不無親故請囑真獎六也八路監司地遠而專便使漫減功遇名次人亦不敢爭校故有力者多得優便而孤寒滯部其獎七也況差本悉止因消逆送願肯然事極獎生八路闕宗有餘吏部闕常不足參立法互季近用而運司定差獨古其卒是半卻年不約也如闕近遠願直歲計不甚

全唐文　卷一萬六百六十四

多用坊場河渡錢已可給用，請併八路定差盡歸吏部，殊為均便。光又言：朝廷執政只八九人，若非交舊，無以知其行能，不惟涉徇私之嫌，亦所取至狹，豈足以盡天下之賢才？若採訪毀譽，則愛憎惰毀，情偽萬端，與其聽遊談之言，曷若使之結罪保舉？故臣奏設十科以舉士，其中一科公正聰明可備監司，誠如請屬拔私所不能興，但有不如所舉者，嚴加謹責，無所寬宥，則今後每然謹擇，不敢妄舉矣。詔旨從之。詔大臣奏舉館職，並如制召試除授，其朝廷特除不用此令。宋史選舉志：元祐元年，復制科，奏上而次年試論六首，御試策一道，召試除官推恩略如舊制。凡廷試前一年，舉奏官具所舉省策論五十首。右正言劉安世建言：祖宗之待館職也，備之英傑之地，以飾其名節，觀以古今之書，而開益其聰明，稍優其廩，不責以吏事，所以滋長德器，養成名卿賢相也。近歲其選寖輕，或緣世賞，或以軍功，或酬聚斂之能，或徇權貴之薦，未嘗較試，遂獲貼職，多開倖門，恐非祖宗德意。望明詔執政，詳求文學行誼，審其素可長者，然後召試，非試毋得輔命，庶名器重而賢能進。元祐三年，乃詔大臣奏舉館職，並如舊召試除授，惟朝廷特除不用此令。安世復奏曰：祖宗時入館，鮮不由試，惟其望實素著，治狀顯白，或累持使節，或移鎮大藩，欲示優恩，方令貼職。今既過聽臣言，追復舊制，又謂朝廷特除不在此限，則是人材高下、資歷深淺，但奏舉皆可直除，名為更張，獎源而臣願倣故事資序及轉運使方可以特命除授，庶杜僥倖，以重館職之選。二年三月六日，詔左右廂店宅務、諸司諸軍專計司、糧料院、香藥庫、北抵當所、粳米上中下界、芻料上下諸界舊隸三司舉官，其令户部奏辟，著為令。十六日，詔內外待制、太中大夫以上歲舉第二任通判資序人堪知州者一人，送吏部籍記，遇三路四縣以上知州軍闕，先差本等，次差歲舉通判資序人，如資序舉主同罪，兼用本部格差注。其見任知州王子文、霍唐佐、張堯士、趙袞不可為郡，令逐路轉運司體量治狀以聞。先是，殿中侍御史呂陶言四人者治郡無狀，請命從官以上薦，故有是詔。文獻通考：三年，殿中侍御史呂陶言：郡守提封千里，生聚萬衆，所係休戚，而不察能否，一以資格用之，凡再為通判有薦者三人則得之矣。

全唐文　卷一萬六百六十四

不公不明十郡而居三四是天下之民半失其養請令内外從臣歲舉可為守臣者各三人略循序而採公言庶其可以擇才庇民也詔内外侍制太中大夫以上歲舉再歷通判資序堪任知州者一人籍于吏部遇三路及一州而四縣者其序守臣有闕先差本資序人次第籍以及所薦者　八月殿中侍御史
韓川言近委太中大夫以上歲舉守臣而薦所不及雖
課入優等皆未預選此倚薦以為信也然太中大夫以
上率在京師唯馳騖請求因緣宛轉者常多得之遐遠
地寒雖歷郡久治狀著課入上考偶以無薦則反在通
判下不許入三路及四縣州且州以縣之多少而分簡
劇亦為未盡蓋繁簡在事不在縣固有縣多事不繁亦
有縣少事不簡者願參以考績之實著為通令仍不以
縣之多少而為簡劇詔吏部立法以聞已而歲舉猶多
全唐文　卷一萬六百六十四
吏部無闕以授四年遂罷太中大夫以上歲舉法唯奉
詔乃奉焉　四月二十一日詔在京職事官歲合舉官
歷涉者文臣六曹尚書以上各六人待制以下各四人
左右司郎官以上各三人軍器少監以上各二人武臣
觀察使以上各二人著為令　二十六日詔臣僚所舉
十科堪充將帥武臣令樞密院别置簿録記姓名内未
經擢用人雖不應路分將官選法遇有闕委執政體量
精力材實取旨特差　五月二十六日詔聞臺官令學
士院舉官二員兩省諫議大夫以上同舉四員御史中
丞侍御史同舉二員以聞　八月十六日殿中侍御史
韓川言朝廷之於人材常欲推至公以博采及其立法

則幾於利權勢而抑孤寒常欲取勤績以起用而要其
終則莫不取虚名而廢實効近委太中大夫以上歲於
知州通判人内舉充知州遇三路及諸路四縣以上處
闕先差本等次通判皆謂被舉者餘雖考課上等亦不
得預朝廷之意固欲得人而所薦未必公也今太中大
夫以上率在京師唯馳騖請求因緣宛轉者得之為多
遐遠地寒者固鮮夫寒士雖久歷為郡及治狀已著考
課入上等偶無近法之薦則反在通判下不許入三路
又不許入四縣處彼獲一章即陞躐等級超壓老舊何
其幸耶又以州四縣以上為事劇三縣以下為事簡事
之繁簡在民户衆寡不繫邑之少多臣請以薦舉之意
全唐文　卷一萬六百六十四
績効之實相參修正此條庶幾無弊其所差知州軍吏
不限縣數詔吏部立法以聞　三年九月十六日詔諸
路帥臣監司文臣知州帶一路鈐轄歲終各察所部諸
司使以下大使臣可備選擇之人不限軍班雜流出身
並明具材行事實宜充是何任使不拘員數實封保明
聞奏委樞密院置簿參覈其人以備隨材擢用若所奏
不當論如貢舉非其人法從僉書樞密院事趙瞻所請
也　十一月十二日詔自今臣僚有特薦舉毋得列銜
聞奏　閏十二月十二日詔文臣監司武臣路分都監
以上不許奏舉充十科　二十二日詔諸路監司勿薦
侍從官以上及師臣從左司諫韓川請也四年二月二

日御史中丞李常等言朝奉郎何宗元學問通浹乞隨
才録用翰林學士許將言太學博士陳祥道尤深於禮
嘗增廣舊圖及考先儒異同之說著禮書一百卷望試
以禮官取所為書付之有司詔以何宗元為國子監丞
陳祥道為太常博士　五日吏部言元豐中立定薦舉
文臣承務郎武臣崇班以上陞陟員數自後薦舉官司
以所舉數足又汎為考察之薦於法不應收使詔今後
文臣係知州軍資序及武臣路分都監知州軍以上方
許奏乞考察　五月二十五日三省言太中大夫以上
每歲奏舉到知州見在部人數甚多致差注不行及經
明行修人係每遇科場奏舉詔今後並遇降詔方許奏
全唐文　卷一萬六百六十四
舉　六月六日中書省言尚書侍郎學士待制及兩省
官御史臺監察御史以上左右司郎官國子司業各限
一月舉內外學官二員今後有闕日亦合依此從之
七月八日詔亳州司戶參軍充徐州教授陳師道候太
學博士有闕差從左諫議大夫梁燾薦也　二十三日
吏部言選人任知縣縣令事務繁重舊法令監司知州
通判每歲限定人數舉充已是暗陞一資若到任有改
官舉主二人又得循資及比常調俊減舉主一人改官
近有不由縣道仍帶奏舉資序如諸州教授之類顯屬
僥倖欲今後教授并特許奏辟差遣如係奏舉職官知
縣縣令資序候得替合該磨勘並依常調本資考第舉

主陞改官資如願罷只就奏舉知縣縣令者聽其吏部
選注奏舉職官知縣縣令人所充差遣條更不施行詔
除縣丞及開祥兩縣尉係縣官外其帳司官及江寧府
等處八十九員録事參軍非元舉職事並依格注常調
令録其應差奏舉職官知縣縣令條貫並罷　二十四
日詔監司帥守今後薦舉官並於狀內具在任事迹及
素來行業方與上簿記録或有任用更加詳察從太師
文彥博請也　五年二月二日詔罷諸州軍通判奏舉
改官從殿中侍御史孫升之請也　五月八日詔三路
帥臣監司於本轄見任及前任武臣諸司副使以上係
軍班出身內精加選擇才略聲迹為衆所推之人一兩
全唐文　卷一萬六百六十四
員堪充路分以上主兵任使者限一月密具職位姓名
實封保明以聞如已係路分以上及將領亦聽選舉仍
令樞密院籍記姓名取旨陞擢　六年二月二十七日
大理寺言因舉官緣坐已經恩者如罪人不該原減聽
減一等若再會恩從原減法罪人該特旨及於法不以
赦降原減者舉主自依赦降從之　閏八月二十六日
詔今後左右廂諸監使臣並依舊河南北監牧司勅令
提點官奏舉　十月八日詔軍帥劉昌祚姚麟與河東
陝西逐路安撫使總管秦鳳路鈐轄蘭岷河環知州鎮
戎德順知軍河東麟府路鈐轄各奏舉大使臣有材武
謀略或曾立戰功勇於臨敵可以統衆出入之人二員

至五員以聞　紹聖元年四月二十三日右司諫朱敷
言應選人歷任未及三考上許奏舉職官縣令通及三
考以上及見係幕職令錄資序方許奏舉改官庶稍抑
權勢請託之弊均及寒畯効職之人從之文獻通考紹聖元年吏部
侍郎彭汝礪乞稍責吏部數別能否凡京朝官才能事効尚有可錄尚書郎官銓擇而以名聞三省分三年考察之高別引對次郎試用下者選之本選若資歷舉薦態入高而才行不副許奏而降其等凡皆略許出法而加陞紬各毋過三人　閏四月二日詔罷十科舉士法從殿中侍
御史井亮采請也　五月十三日三省言尚書侍郎學
士待制及兩省官御史臺監察御史以上國子祭酒司
業每歲許奏舉堪充諸路學官一員須進士或制科出
身年三十以上無私罪重及非衝替人其奏舉到學官
全唐文　卷一萬六百六十四
除元係制科及進士及第上五人省試上三人國子監
開封府廣文館發解第一人或太學上舍生該出官免
省試人更不試外餘並召赴闕附吏部春秋參選人試
几試兩經大義各一道以通曉經術文理優長為合格
其舉試到學官中書省籍記姓名遇有闕三省同選差
從之　六月十九日給事中王震言中書省修立舉試
諸路學官畫一其法至嚴元祐中嘗裁減恩例如選人
充教授添舉主轉降等官之類即是師儒之任不得比
縣令蓋緣當時曲有沮抑恐合改正詔元祐令諸州教
授磨勘改官加舉主一員更不施行　七月十三日吏
部言添立到尚書侍郎學士待制等每歲許奏舉諸路

學官一員於奏狀內聲說所舉官依條該免試或係召
試人字從之　九月二十六日詔提舉常平官舉官人
數依元豐舊條所有通判昨緣罷提舉常平官許舉常
平官許舉官人數並罷　二年四月七日殿中侍御史
郭知章監察御史董敦逸言乞循先帝之法令內外兩
制及臺諫官等各舉才行一人詔許將蔡京黃履蔡卞
錢勰林希王震不拘資序各舉堪備任使二員以聞
五月二日樞密院言諸路沿邊使臣奏舉差遣已經銓
量人即本院選注令吏部擬差本部每月具已入季限
未舉到官或已舉到人不應條格負闕者申本院從之
七月四日詔吏部應河東陝西奏舉到沿邊部隊將
全唐文　卷一萬六百六十四
並上樞密院銓量　八月十八日詔三路帥臣監司路
分總管鈐轄及管軍各舉大使臣材勇謀略為衆所
服可以備邊防要地守將之任及統衆出入之人三兩
員具名以聞即擢用後不如所舉其舉主取旨從陝西
轉運使張舜民請也　三年二月二十五日左司郎中
呂溫卿言京東路勾當公事及三萬貫以上場務乞並
依元豐舊法員數舉官從之　四年閏二月四日新河
東提刑徐君平言吏部關陞之法自知縣進通判自通
判進知州皆用舉者二人比年以來任知州通判待次
者極多此不擇而進之之弊乞薦舉承務郎以上陞陟
復用元豐令以重守倅之選從之　元符元年五月二

十二日，權禮部尚書蹇序辰言：按元豐四年三月詔，自今在京官司合舉辟去處，不得舉辟執政官有服親。欲望申明前詔，以昭至公之道。詔在京官司自今遵守，仍令御史臺覺察彈奏，其已舉過人契勘取旨。　八月十二日，詔在京侍從官、職事官中書舍人以上各舉所知二人，權侍郎以上一人，並指言所堪職任聞奏。從御史中丞安惇請也。　二十六日，翰林學士蔣之奇言應詔薦國子監主簿耿南仲堪臺閣清要，知開封府陽武縣陳亨伯堪不次煩難任使；權戶部尚書吳居厚薦太學博士薛昂任館閣，知汜水縣韓蹈任監司；戶部侍郎呂嘉問薦宣德郎鄒浩堪太學教導、臺閣顧問，知常州無

全唐文　卷一萬六百六十四

錫縣李積中堪言事官或監司；兵部侍郎黃裳舉監京東抽稅竹木務場周彥質、知開封府襄邑縣張臣並堪臺閣、監司；寶文閣待制、權知開封府路昌衡舉周彥質堪刑獄、館閣。詔薛昂、鄒浩、周彥質並令閤門引見上殿。　十月十八日，吏部言：以職任應舉官而被旨召赴闕者，候還任方許奏舉。從之。　二年二月一日，朝奉郎檀宗旦言：近令侍從官舉所知，臣恐尚有遺才，請下諸路監司於所部公共奏舉學行優異、才能顯著者一人以備選擢。詔每路監司同舉二員以聞。其後八月十一日，福建路轉運、提刑、提舉司奏舉鮑祗、江公望，江東路舉呂祝、耿樞，夔州路舉劉褱、李公彥堪備選擢，詔並乘傳

入對。　八月三日，朝請大夫賈青言：請立法，將合舉官臣僚每歲分上下半年奏舉。從之。　三年（徽宗即位未改元）三月一日，詔宰臣、執政官各三五人，尋詔宰臣、執政官勿預。　四月十八日，以同進士出身徐積為楚州教授。以臣僚薦積事親居鄉，以孝廉聞，東南之人服其道義，素有瞶疾，不可以仕，以經術教導三十年，故有是命。　九月十六日，臣僚上言：竊見應合舉陞陟員數減改官之半，所限員數甚狹，往往遺材不無滯淹之歎。欲乞合舉陞陟並依改官員數施行，諸舉朝請大夫以下陞陟者並依合舉改官、幕職官之數，通判減知州所舉之半，有零數者聽舉一人。從之。　十九日，吏部言：

全唐文　卷一萬六百六十四

準都省批送下開封府界提舉常平司狀，乞開封府界提點司管勾文字并管勾帳司官、提舉司管勾官許兩司互相薦舉，所有知開封府亦乞依經略安撫法。本部令相度安撫、發運、轉運、提點刑獄、提舉常平司屬官許本路逐司互相薦舉外，有開封府府界提點、提舉常平兩司屬官欲亦許互相薦舉，及府界提舉常平司屬官亦乞許依府界提點刑獄司檢法官、提點司帳司官許知開封府歲舉。從之。　徽宗崇寧元年三月二十八日，吏部言：檢准薦舉令，諸知州、縣令有治績可再任者，知州須監司、縣令須按察官五員連書，去替前一年具實狀保奏，年七十者不在保奏之限。又準吏部尚書左選

負字似誤

姒字恐誤

令知州到任一季使闕知縣去替一年半使闕契勘自
來監司按察官依海行令保奏知州縣令治績再任緣
吏部法知州到任一季知縣去替一年半使闕洎奏狀
到部往往已注替人承例符下不行即是使闕與保奏
條限相妨則保奏再任之法誠為虛文今相度乞將保
奏到承務郎以上知州知縣該再任者以元發奏日如
差下替人知州未及一年半知縣未及一年並許衝罷
令依條別授差遣如所差下人年月不該衝罷其保奏
再任之人候到部與陞一年名次詔令後知州縣令委
有顯著治績方許依條具實狀保奏再任每歲逐路知
州不得過一負縣令不得過兩負仍令尚書吏部申三
全唐文▇卷一卷六百六十四
省審察取旨施行　閏六月十一日詔具因奏舉擢用
之人仍於曆子前批所舉官名銜　同日詔諸路於知
州或通判改官知縣人內薦舉善最有聞治狀異等能
惠養蒸庶勸課農桑者帥臣許薦一人監司共薦一人
並中書省記錄姓名遇有差除參考擢用如所舉得人
當加旌賞若非其人重行黜責　三十日詔曰朕聞天
下雖安而武備不可忽故謀任將帥尤在博求而精選
之其令諸路帥臣監司於本路小使臣以上親民資序
人內選智謀宏遠紀律嚴明可備將帥者或守邊肅靜
敵不敢侵可以委任鎮防者鷙猛果毅䟴勇罕倫可以
率勵士衆破堅拔敵者帥臣許薦一人監司共薦一人

限一月具實狀以聞令樞密院籍記姓名度材擢用舉
能勝任量事褒陞稱匪其人薦者隨坐惟宜審擇以副
朕意　十一月十一日尚書右僕射兼中書侍郎蔡京
等言伏奉手詔以宗室蕃衍而無官者衆欲乞今後應
宗室非袒免以上親量試出外官者如有本轄長貳或
監司二人保奏堪任釐務方得供職未釐務者添支驛
券供給人從並減半支破從之　二年二月二十六日
吏部言詔內外舉官員闕可令吏部講求元豐所修格
尚書左選令來將內外舉官員闕講求內有緣近蠻夷
知州及諸路諸司屬官并在京課利浩大場務及係干
刑獄并事務繁難去處及協律郎理須奏舉通曉音律
全唐文▇卷一萬六百六十四
之人難以議罷內威茂黎璦州知州平準務戶部句當
公事麴院推貨務開封府諸曹官左右軍巡使判官新
舊城裏左右廂公事御史臺主簿檢法官太常寺協律
郎諸路諸司句當公事管句文字并機宜府界常平管
句官水磨買賣茶場雅州名山知縣將作監句當公事
左右廂店宅務黃汴河都大諸州軍茶稅場欲乞依舊
舉官從之　三月二日臣僚言爵位相先儒生之常也
侍從官初除三日內舉自代者恐英俊沉於下僚耳若
名已聞於朝廷位將逼於侍從何以薦為乞詔薦自代
者勿以左右史國子祭酒大卿監已上人從之　同日
吏部言準崇寧元年閏六月八日勑內外舉官員闕可

令吏部講求元豐所修格酌以時宜删成經久可行奏格，申三省裁議聞奏。侍郎左選除西安州會州職官、録參、司理、司法，會州會川城、新泉寨、懷戎堡主簿，河州安鄉關、來羌城、懷羌城主簿，蘭州金城關、玉關、西關堡主簿，西安州臨羌寨、征通堡主簿，通峽、盪羌寨主簿，定戎寨兼管天都寨主簿，平夏城、靈平寨主簿，並係緣邊及新置城寨，并沅州黔陽、麻陽縣令亦係正接蠻界緣邊縣分，并經畧安撫都總管司掌管機宜文字及河北路轉運司勾當公事官職事繁難，今相度欲並依舊奏舉外，餘闕並依元豐四年七月二十八日朝旨罷舉施行。内端州節推、資州内江縣令止係一時舉官一次，元非

全唐文《卷一萬六百六十四》

選闕，自合依常法差注。雅州名山縣產茶浩瀚去處，合依舊舉官外，罷舉縣令、茶場監官并諸司勾當公事、茶事司催發茶鹽綱運官，全要得人，合依舊舉官。帳司官舊法選差，舉職官、縣令人，今來罷舉，依奏舉法却合選差常調職官，次令録人充。從之。　四月三十日，詔令兩制侍從官各舉所知二人。　五月八日，臣僚言：「詔侍從官舉所知，其所舉之人或經召對已被聖知，或蒙選擢已預任使，則陛下德音遂為虛設。欲乞明詔有司，其已嘗召對及擢任省郎、館閣、監司之類，更不許薦舉。」從之。　六月十七日，臣僚言：「乞應今後曾經朝廷削奪差遣及見在責降之人，雖係官司踏逐，不拘常制，亦不許奏辟。」

從之。　九月二十一日，臣僚言：「竊惟諸路監司薦揚歲有定格，比歲緩於常格之外，廣有薦論，或稱宜真侍從，或稱可任臺省，不循分守，無補於實。」詔令尚書省立法：諸舉官不得薦充侍從、臺省（謂職未比侍從而薦充侍從，任未比臺省而薦充臺省之數），其停廢或責降差遣（內侍官散官或緣朝廷削奪者同）並不得奏舉差遣，待替未滿一任，不拘常制，仍不得舉辟。諸舉官而薦充侍從、臺省，即停廢或責降差遣而奏舉差遣者，各杖一百，仍委御史臺糾察。從之。　三年三月十六日，禮部尚書徐鐸言：「知縣闕陞通判，通判闕陞知州，合用陞陟舉狀內各要正監司一員。今來侍從臣薦京師在職官已許當監司官員數，如薦外州官即未有許當監司

全唐文《卷一萬六百六十四》

明文。欲乞應侍從臣所薦外州在任官陞陟並許當正監司員數，減陞狀收使。」從之。　八月四日，詔諸路帥臣、監司限一月於本路大使臣以上或小使臣擇材武、歷邊任、有戰功者以名聞，樞密院置籍以備選任。　四年二月七日，江淮荆浙福建廣南路提點坑冶鑄錢司言：「勘會管下諸路銅場，惟韶、潭、信州三大銅場最為出產浩瀚去處，全藉練事諳曉山坑之人監轄勾當。今來罷舉監官，從吏部差注，見今各是闕官。今相度，欲乞韶、潭、信州三大銅場監官并興發去處場冶，許令提點鑄錢司路逐文武官，不限資序，大小使臣、京朝官、選人及奏舉縣令、職官并初改官人監轄管勾。如能幹辦，數額內部

州夲水潭州瀏陽兩場並乞依紹聖四年十月十九日孫杞申請賞格欲望特賜詳酌施行從之　五月十八日詔令待制已上侍從官各舉蒞事敏明操修平允公私兼濟利澤生民者官各二人具行實以聞委令中書省注籍每季一次考舉被舉多者具職位姓名及合入資序取旨

全唐文　卷一萬六百六十四

乞字恐誤

舉官三

選舉

大觀元年二月二十日詔比常降詔令從官各薦人材逮今未聞薦上可申命之限一月聞奏俟到仰三省具名取旨　二年三月一日詔曰天下無全材作而新之不可勝用因而任之無所不宜令求材之路甚廣而所得未富殆任非所長也自今可博訪人材文學之士處之於文館幹敏之士處之於寺監丞簿求心計之才於漕計之屬養智勇之士于將帥之幕審而用之庶不失人　三年正月三十日詔比令尚書侍制以上各舉所知二員可申嚴日限須管于十日內奏舉數足無致違延　四月二日詔侍從所舉官赴三省審察在外人乘驛赴闕　六月二十六日詔內外官司奏闢員闕差遣并勾當公事等本以公舉練歷廉謹之官分委職務豈為辟舉權要子弟及易舉親戚陞養資任濫授恩賞雖有違犯條禁上下觀望隱蔽因而職事廢情即非元乞任能責成之意如選舉不當其元奏辟官可令刑部立法施行在京令御史臺在外委監司走馬承受按劾仍自今應奏辟官于奏狀前用貼黃具所辟官出身年甲三代歷任差遣并功過事件及在朝親戚職位姓名　七月二日詔侍從官舉所知孫穆等十七人並與陞等差遣朱袞等三十六人令中書省籍記姓名以備選掄

卷一萬六百六十五

政和元年三月一日吏部侍郎姚祐言契勘小使臣

差使借差總二萬三千餘員，凡舉辟差遣皆用年甲、識字與不識字、鄉貫、出身、歷任、三代名諱、功過、舉主、資序照使，其間若有外補授及連任就注久不到部未經供通之人，旋行取會。近降朝旨，應奏舉差遣並于狀前貼黃說年甲、三代、差遣、功過事件，以備照用。其舉辟官多是節畧事宜，不免開具違礙因依，銓量令取會具鈔擬差，洎至移文往往經隔年月，使見任之人不得應期交替，見闕處久無正官，被舉之人亦不能差注，似此窒礙。乞下有司立式頒行，于舉狀前貼黃聲說所責有補。從之，令吏部立式。　二年八月二十九日，吏部尚書張克公言：「窃見吏部選格惟才武為上，檢會元豐材武格內

卷一萬六百六十五

一項，保舉沿邊重難任使，從來未曾立定所舉員數。應內外臣僚薦舉大小使臣，往往作沿邊重難任使，而應材武者不可勝計，遂與曾立戰功、捕獲强惡及武舉出身等人同為一格，題處太濫。乞斷自聖裁，限以員數。謂如合舉大小使臣陞陟幾員，內幾員許舉沿邊重難任使，庶幾增重材武之格，紹隆神考獎勵人材之意。」詔于合舉陞陟員數內聽舉沿邊重難任使，不得過五分。

三年二月五日，詔令吏部將諸路州軍新添曹掾、縣丞員數參照舊額，契勘監司、守臣合增舉官之數，逐一開具申尚書省，仍限三日。尚書省勘會：自來諸路監司、守臣其舉官員數不一，若計數一槩增添，題處多寡不均，

令擬下項：京東路轉運司欲添及十人舉改官一人，及十五人舉縣令一人；提點刑獄司欲添及二十人舉改官一人，及三十人舉縣令一人；提舉司欲添及三十人舉改官一人。京西路轉運司欲添及二十人舉改官一人，及三十人舉縣令一人；提點刑獄司欲添及三十人舉改官一人，及五十人舉縣令一人；提舉司欲添及五十人舉改官一人。河北轉運司欲添及二十人舉改官一人，及三十人舉縣令一人；提點刑獄司欲添及三十人舉改官一人，及四十人舉縣令一人；保甲司欲添及三十人舉改官一人，及四十人舉縣令一人；提舉司欲添及四十人舉改官一人，及五十人舉縣令一人。河東路

卷一萬六十五

轉運司欲添及二十人舉改官一人，及三十人舉縣令一人；提點刑獄司欲添及三十人舉改官一人，及四十人舉縣令一人；保甲司欲添及三十人舉改官一人，及四十人舉縣令一人；提舉司欲添及四十人舉改官一人，及五十人舉縣令一人。陝西路轉運司欲添及二十人舉改官一人，及三十人舉縣令一人；提點刑獄司欲添及二十人舉改官一人，及四十人舉縣令一人；提舉司欲添及三十人舉改官一人；保甲司欲添及四十人舉改官一人。淮南路轉運司欲添及十人舉改官一人，及十五人舉縣令一人；提點刑獄司欲添及十二人舉改官一人，及二十人舉縣令一人；提舉司欲添及二十人

舉改官一人及三十人舉縣令一人兩浙路轉運司欲添及七人舉改官一人及十五人舉縣令一人提點刑獄司欲添及十二人舉改官一人及二十人舉縣令一人提舉司欲添及二十人舉改官一人及三十人舉縣令一人福建路轉運司欲添及六人舉改官一人及十人舉縣令一人提點刑獄司欲添及六人舉改官一人及十二人舉縣令一人提舉司欲添及十人舉改官一人及十五人舉縣令一人江東路轉運司欲添及六人舉改官一人及十人舉縣令一人提點刑獄司欲添及六人舉改官一人及十三人舉縣令一人提舉司欲添及十人舉改官一人及十四人舉縣令一人江西路轉

卷一萬六百六十五

運司欲添及五人舉改官一人及十四人舉縣令一人提點刑獄司欲添及五人舉改官一人及十一人舉縣令一人提舉司欲添及十人舉改官一人及十四人舉縣令一人荆湖南路轉運司欲添及十人舉改官一人及十五人舉縣令一人提點刑獄司欲添及八人舉改官一人及二十人舉縣令一人提舉司欲添及十八舉改官一人及二十人舉縣令一人荆湖北路轉運司欲添及十人舉改官一人及二十人舉縣令一人提點刑獄司欲添及十二人舉改官一人及三十人舉縣令一人提舉司欲添及十五人舉改官一人及四十人舉縣令一人成都府路轉運司欲添及六人舉改官一人及

十人舉縣令一人提點刑獄司欲添及七人舉改官一人及十五人舉縣令一人提舉司欲添及十五人舉改官一人及二十人舉縣令一人利州路轉運司欲添及八人舉改官一人及十人舉縣令一人提點刑獄司欲添及八人舉改官一人及十五人舉縣令一人提舉司添及十五人舉改官一人及二十人舉縣令一人梓州路轉運司欲添及八人舉改官一人及十人舉縣令一人提點刑獄司欲添及八人舉改官一人及十五人舉縣令一人提舉司欲添及十五人舉改官一人及二十人舉縣令一人夔州路轉運司欲添及八人舉改官一人及十人舉縣令一人提點刑獄司欲添及八人舉改

卷一萬六百六十五

官一人及十五人舉縣令一人提舉司欲添及十五人舉改官一人及二十人舉縣令一人廣東路轉運司欲添及五人舉改官一人及八人舉縣令一人提點刑獄司欲添及八人舉改官一人及十人舉縣令一人提舉司欲添及八人舉改官一人及十人舉縣令一人廣西路轉運司欲添及十人舉改官一人及十五人舉縣令一人提點刑獄司欲添及十人舉改官一人及二十人舉縣令一人提舉司欲添及十五人舉改官一人及二十人舉縣令一人知州自來以所管縣分依格奏舉人數多寡不等欲京東京西河北河東陝西添及十人舉改官一人淮南兩浙福建江南荆湖川廣及五人舉改

官一人，其縣令並不曾增添。發運司自來所管員數，係總領淮南、兩浙、福建、江南東西、荊湖南北、廣南東西九路通行奏舉改官縣令，今來欲共添改官二人、縣令一人，添舉員數並依舊舉官條例施行。承務郎以上官舉陞陟狀，合依條減、審職州縣官改官之半。提舉學事司已有敎授及十八處許添舉改官三人指揮，今來更不添舉。提刑、提舉保甲司內有分兩路者，如本路所添不及今來員數，許每路各舉一人。從之。謂如京東路提點刑獄司添及二十人，舉改官一人；本路提點刑獄司係分東西兩路，今來共新添三十八人，即是逐路各添不及二十人，許各舉一人之類。　八月十二日，詔舉主守改作舉官。

卷一萬六百六十五

五年七月十四日，中書舍人徐敷言：「侍從官舉官自代，行之已久，未見得人而拔用，謬舉而加罰者。乞令至都堂審察，量加陞擢；武非其人，則坐舉者。」從之。　九月二十五日，太尉、武信軍節度使、充中太一宮使、奉承御前處分邊防童貫言：「勘會西寧、湟、鄯、積石四州軍最處極邊，郡事繁重，兼邊防司近管認逐州軍歲計，合行事務不少。緣知州軍皆係武臣，須藉有才幹通判協力倚辦。欲望聖慈詳酌，特許邊防司奏舉上四州軍通判一次，並替見任人任滿闕，所貴遠邊得人幹當。」詔依先降指揮，奏舉一次，仍申尚書省差。　十月十三日，詔大名府等處都作坊院監官可依元豐法，並令軍

器監與本路提刑司輪舉。　六年二月七日，吏部侍郎韓粹彥等言：「檢會政和三年五月勑，奏舉窠闕如見任官過滿三月，其創添并非次見闕及三季，各奏狀不到者，更不候本處申到無官可舉，並從本部使闕差人。本部勘會上件窠闕，當時為員多闕少，申明到前項指揮，即無今後依此施行明文。竊緣奏舉窠闕內有河防、捕盜及三路沿邊掌兵并監事官，係被舉官司依專法奏舉便臣。若今後亦合依上件施行，即乞將前項似此奏舉去後，須候所舉官司申到無官可舉，本部依條使闕差人外，餘奏舉并接續申明到奏舉一次去處，依前項已依得朝旨施行。」從之。　四月三日，吏部言：「御筆：特改

卷一萬六百七十五

官人偶無薦舉，凡選闕校量在有薦舉官人之下，有司因循，失于建明。伏望明詔立法，許在有舉官之上。」詔令詳定一司勑令所立法。　五月十九日，臣僚言：「近降御前劄子，川峽路通判、司錄、曹掾、兵官、令佐闕，並差川峽人，仍州不得過三員，縣鎮寨不得過一員。臣訪聞東西兩川并利州路州縣久闕正官甚多，蓋為內地人入川遠涉數千里，少有願就。伏望特降睿旨，應選人往成都府、梓州、利州路指射差遣，如任滿不犯贓私罪，僕考第足日，與減改官舉狀二紙；磨勘合入通仕郎以上者，減舉狀一紙，闕陞本任，別有酬獎，自依元法施行。大小使臣乞比附立法，候三二年事就緒日，依舊照依所奏立

徽宗獨缺重和此注元年二年六年三段不知可提作大字另行補缺否

法　七月十五日吏部言承勑諸路應鈔鹽路分巡檢縣尉令鹽香司奏舉有膽勇人內淮南路鹽香茶礬事司承政和五年八月三日朝旨依產鹽場監官已得旨揮除贓罪外不以有無違礙踏逐奏舉其諸路鹽香茶礬事司奏舉乞依淮南鹽香茶礬事司已得旨揮從之

八月六日吏部言勘會諸路兼教保甲地分巡檢縣尉依條委提舉司踏逐奏差承政和五年八月八日朝旨應鈔鹽路分巡檢縣尉有地分闊遠自來私鹽多處令鹽香司奏舉有膽勇人緣鹽香司合奏舉巡尉官內有係教保甲地分合保甲司舉官去處今來鹽香司合舉仍係甲地分巡檢雖承朝旨今後依奏舉法差注亦未審合與不合兼用政和保甲舉法試驗事藝差注及係教保甲巡尉差遣並合申樞密院降宣其鹽香司舉到官申樞密院惟復申取都省指揮詔巡檢依縣尉已得指揮鹽香司合舉係保甲地頭巡檢兼用政和保甲舉法其鹽香司舉到官止申尚書省

卷一萬六百六十五

文獻通考徽宗政和六年臣僚言知縣縣令凡百七十餘闕無願注者命吏部措置已而吏部取在選應入者隨其資序自上而下不以願否從自差注如硬差法遂有貫戶福建而強四川者明年上知其遠難赴特許便鄉差注路雖遠毋過三十驛已注者聽改　重和元年臣僚言八路定差歲久弊多害究其原在付非其人而又舉職不專也

為法二字似宜移在選之下

且四選之在吏部尚書侍郎專總其事而八路則委之轉運既以軍儲吏祿供饋支移為己責而差注視為末務乃赴之主管文字官其人又以稽考簿書檢勘行移為先而不復究心差注乃付之士業卒吏胥擬定而僉廳特視成書判而已幾何而不廢法哉比年以來萌路公行隨其厚薄為注闕之高下甚者曰某闕供給厚選我一李之得則可差矣某地主相優歸我一料之資則以汝注矣爲賤不廉之士亦增賄以市而取償于至官之後闕有剛正而無賂者剗定差之牘脫漏言詞隱落節目暨其上部必致退却待其參會重上已半歲所矣士大夫以身在八路勢須畏忌若必投訴是訴所莅監司也以是闕多而不調者衆宜督察與領之官歲終取吏部退難有無多寡為之課而賞罰之可以公擬注而絕吏賕從之

卷一萬六百六十五

陞改薦任之法　選人用以進資改秩京朝官用以陞任舊悉有制自熙寧後又從而損益之改舉皆限員而歲又分舉制益詳矣　先是選人應改官必對便殿舊制五日一引不過二人其後待次者多至有踰二年方得引帝閔其留滯至元豐四年乃詔每甲引四人以便之　二年定十六路提點刑獄歲舉京官縣令額京東西河東路京官七人職官三人縣令四人成都府梓州江南東〃路京官五人職官三人縣令四人夔利州荊湖南北廣南東西路京官四人職官三

人縣令二人夔州路京官三人職官二人縣令二人
六年詔察訪官舉京官職官縣令者河東兩浙十二人
餘路十人陞陟不限數　選人任中都官者僅未有薦
舉法至是詔其屬有選人六員者歲得薦三員　又定
提舉市易司歲舉京官五員　元祐元年歲舉陞陟始
立額如舉改官及職令之數　復通判舉法詔歲舉京
官縣令各一員仍間歲而舉　用孫覺言吏部選人改
官歲以百人為額　紹聖元年右司諫朱勃言選人初
受任雖有能者法未得舉為京官而有挾權善請求者
職官縣令舉員既足又併改官舉員求之詔歷任通及
三考而資序已入幕職令錄方許舉之改官又言選人
改官歲限百人而元祐變法三人為甲月三引見積累
至今待次者亡慮二百八十餘人以數而計歷二年三
季始得畢見請附元豐令增損之詔依元豐五日而引
一甲甲以三人歲毋過一百四十人俟待次不及百人
別奏定　大觀四年裁減國學長貳成舉改官而立之
數大司成十五員祭酒司業各八員　政和三年尚書
省修立改官格承直郎至登仕郎六考將仕郎七考有
改官舉主而職司居其一即與磨勘如因坐公私罪犯
各隨輕重加考或舉官有差從之　七年臣僚言官冗
吏員增多本因入流日衆熙寧郊禋文武奏補總六百
一十一員元豐六年選人磨勘改京朝官總一百三十

卷一萬六百六十五

有五員近考之吏部政和六年郊恩奏補約一千四百
六十有畸選人改官約三百七十有畸其來既廣吏員
益衆欲節其來惟嚴守磨勘舊法不可苟循妄予而已
且令之磨勘有局務減考第者有川遠減舉官者有用
酬賞比類者有因大人特擧者有託因事到闕而不用
滿任者有納法還磁許先次而改者凡皆棄法用例法
不能束而例日益繁苟不裁之將又倍蓰于今而未可
計也請詔三省若吏部舊有正法自當如故餘皆毋得
用例詔惟川廣水土惡弱之地許減舉如制餘悉用元
豐法從事其崇寧四年之制勿行　高宗建炎初詔郎
駐蹕所置吏部時四選散亡名籍莫考始下諸道州府
軍監條具屬吏寓官之爵里年甲出身歷任功過舉主
到罷月日編而籍之　詔京畿京東西河北河東士夫
在部注授難銓衆中兩年及者皆聽注官二年詔京官
赴行在者令吏部審量非政和以後進書頌及直赴殿
試之人乃始參選在部知州軍通判簽判及京朝官知
縣監當舊以三年為任者令權以二年為任兵休仍舊
以赴調者萃東南選法留滯故也　四年言者論銓衡
之官守法不立自京師用事有踰堂及吏部闕者判一
取予雖已注人率奪予之甚至部有住闕盜獻以自效
惡衆遂患踰二十年望明戒吏部長貳自今堂中或取
部闕並須執守毋得徇縱從之　七年六月二十一日

卷一萬六百六十五

詔可令諸路帥臣各舉有材勇智謀諳練軍政緩急可以倚仗大使臣二員，仍開具逐人曾於甚處立功勞効顯著聞奏，樞密院置籍編録以備選用。如任用後功績優異，其保舉官即行旌賞；若不如所舉，有誤任使，其保舉官亦當量事黜責。　七月二十九日，吏部言：「勘會崇寧看詳考功條，脩武郎以上初該磨勘并武功大夫磨勘，緣元符、政和舉官奏狀式内即無同罪二字，再詳所須同罪保舉方與施行。緣所舉官只是依式發奏，自来雖已參用元符、政和舉官式磨勘，終是未有明文執守。伏乞詳酌施行。今擬添舉朝請大夫以下充陞陟任使等狀式，添入『如蒙朝廷擢用後犯入已贓，臣甘當同罪』。」

卷一萬六百六十五

從之。　八年五月二十九日，臣僚言：「通来任判舉者僞往虚發照牒，妄爲美詞，并稱已具奏聞，而寔未嘗發此，其罪豈止自欺而已哉！今士人到部乞用照牒磨勘了當，暨至會問，元未申發，却行追改，而虚發照牒之人殊不加罪。乞下有司明立條禁，以正虚發照牒不申歲帳之罪。凡遇舉官，即具奏檢申吏部，仍備坐違照牒付所舉官收執照用，庶幾息絶弊源，寒秦有賴。」詔：「舉官如敢妄發照牒及不申歲帳者，並以違制論。」　七月七日，臣僚言：「伏見任諫奏乞辟置東南通判，内有元被旨差除及堂除人，諫一例奏辟銜罷，臣寔未喻。欲望特降睿旨，除免見任及差下人係吏部注授者，權許諫奏辟銜罷

一次外，應特旨差除及堂除人，並不許奏辟銜罷者，並依舊，仍不得爲例。」詔除已係御筆差除外，堂除闕具姓名申朝廷選差，餘從之。　宣和元年正月二十六日，尚書省言：「奉御筆：今後遵依元豐四年七月二十八日詔旨，内外舉官悉罷，令尚書省依倣元豐舊例措畫聞奏。今恭依御筆，逐旋據吏部具到舉官員闕，體倣元豐舊制措畫，并具到旁通體制下項：一、元豐年不曾罷舉窠闕，今欲並依元豐舊制罷舉。一、依元豐舊制合罷窠闕，今措置内事干新法（緣新法事務具名申差者同）及帥府屬官，欲並歸堂除；其諸路管句機宜文字，並許具名申朝廷差；其罷舉窠闕並歸吏部。一、元豐四年後来創

卷一萬六百六十五

置奏舉窠闕，今係事干陵寢，欲特存留依舊奏舉外，餘並罷歸吏部；内緣新法差窠闕（及具名申差者）並堂除。一、應奉舉係屬樞密院管認窠闕，今欲並令樞密院施行。一、應自来奏舉及踏逐具名申差窠闕，今措置如後：奉承御筆及特旨或供奉應奉御前事務並應副急切委責才幹窠闕，欲各依元降指揮施行。一、應已得旨揮許令奏舉一次窠闕内未曾經奏舉者，欲並罷。一、應罷舉等窠闕，欲除合屬樞密院闕外，令吏部一依今来措置及旁通體制施行；内有合參立選格者，即逐旋修立申尚書省。一、應罷舉歸吏部選差窠闕，欲令本部候入使闕限每月一日刷具窠名腳鑿選格，先申朝廷，限五

日使闕如過限朝廷不曾差人即從吏部不候報一兩依格差注一自今降措置指揮日前已係奏舉在任之人欲令終滿今任其已授付身赴任之人亦許赴上候入合便闕限即依今來措置便闕差人一應罷舉窠闕如未立到差格闕已入便闕條限欲令吏部權依做元舉法差注一應該載未盡事件欲令吏部比做條具申請施行並從之　三月六日京畿轉運使王本言有旨徧詢所部察縣令能否以聞伏見密縣朱定國鄢陵劉湜皆弟臨民一境稱治考城吳充宗長垣馮向吏事詳明庶務畢舉乞名赴都堂審察從之　二年三月十九日詔陝西河東河北路應合樞密院銓量奏舉窠闕表

卷一萬六百六十五

曾恭部表經幄使人並特許奏辟餘依見行條格施行　十二月二十七日吏部言勘會涪州通判昨奉御筆王安王蕃奏舉清彊幹敏官具名聞奏所准夔州運判王蕃奏舉朝奉大夫常彥堪充上件差遣其常彥于格應入緣本官見年六十以上不任選闕詔特差　三年二月六日江浙淮南等路宣撫使童貫言勘會兩浙提舉常平俞胴已准朝旨勒停緣今究職作過之際全藉監司撫存彈過伏覩朝奉大夫新知均州章綜委有才幹特更任使兼本官係蘇州人備諳江浙民情可以倚仗臣已遂急差本官權兩浙路提舉常平先次管勾職事伏望特賜察旨差注施行從之　三月二十七日詔應

闕官去處仰吏部到制限三日速行差注如無本等應格人即破格差注一次自餘州縣闕欠場務及邊遠闕官半年以上除知通司錄兵馬都監監押外並特許帥臣漕司不以拘礙踏逐奏差一次勘會帥臣漕司依已降詔舉官自合隨兩司所隸奏舉如巡檢闕合帥司場務闕官合漕司奏舉之類若事干兩司自合同銜奏舉令吏部申明行下　閏五月二十三日吏部言陝西都轉運司奏舉將仕郎景材充秦州司刑曹事本部勘會初出官條年二十五以上許到部注授殘零闕緣逐人係未合到部之人近來官司卻以年未及格并犯贓私罪等人一例舉奏理當申明合除曾犯贓及私罪勒停

卷一萬六百六十五

并進納不應入人年未及格未應出官人外並遵依御筆旨揮不以拘礙奏差從之仍申明行下　六月十一日臣僚言昨詔通判不許帥臣奏辟著在令甲近帥臣復有奏辟程若藻通判冀州安勉通判之青州石資通判雄州陛下亦既俯從楷紳疑之尋有詔除石資特差外餘勿行緣所辟三人石資尤無聞望徒以豪賢交結令獨得辟是使蔽固之徒公違詔令而成詭私也乞併賜寢罷從之　九月十八日詔應內外官歲舉外其增添員數更不施行內京東輦運蔡河撥發河東京西江淮鑄錢陝西買馬河北京東鹽遷〔香〕司辰沅靖澧州刀弩手司提舉陝西〔司〕平貨務各許歲舉二員河北糴便司依

遥發

本路提刑陝西河東提舉弓箭手依本路提舉常平見舉員數並減半　十一月十五日詔今後不應奏舉改官人不許奏舉改官如有三省執奏不行仍于今年九月十八日措置歲舉選人改官指揮内自宣和四年爲始　四年九月十九日詔提舉成都府路茶事兼提舉陝西買馬監牧公事張有極奏辟奉議郎王肇知興州洋州爲礙資序並不行元豐六年四月令茶馬司奏辟知州指揮係一時旨揮令儀不合奏辟　五年三月十九日吏部侍郎盧法源等言竊見選人到部關陞磨勘中間嘗許先用照牒奏檢至有已陞朝改官資後因會問不實復行追奪者其獎定大今復遵依元豐成法須

卷一萬六百六十五

奏狀到部方許收使不復容有僞濫及誤行關陞改官誠良法也近年以來多有奏狀遺滯如川廣福建道路遼遠若俟取會往復之間動經歲月方當選舉人材之時未免留滯之患乞行立法詔應薦舉承直郎以下磨勘關陞于照牒前録白元奏狀檢仍聲說于某年月日某字號遞記如違及不實者並依虚發照牒科罪　六月二十日臣僚言邊帥屬官今皆帥臣辟置未盡得人詔應奏辟者許辟員數之半餘朝廷選差　同日臣僚言帥司屬官正儲養帥才之地今皆帥臣辟置不惟韋于請求未盡得人又隨府移罷去來不常其能究心一路之事哉欲乞朝廷擇選才術有志之士分置諸路帥

幕使講求一路邊機之任高其資序假以歲月仍于諸路更試以職有績効者就加陞擢或分符邊郡或將漕本路異日謀帥皆可取而用也伏望特降睿旨施行照依所奏應奏辟者據合辟員數許辟置一半並依舊制餘並朝廷選差應選差者並與通判資序三年爲任　六年十二月四日詔内外侍從官以上各舉所知堪充文武任使者二人中書省籍記姓名召赴都堂審察其才術優異可備獎擢者仍取旨引對不如所舉當以重罪論之　七年五月十六日臣僚言願詔帥臣保舉將佐下逮軍校有才略者監司保舉郡守以至縣令有政績者每歲逐路以三數人上之朝廷籍記姓名歲終類

卷一萬六百六十五

聚取旨擢用當則有賞否則有罰詔令吏部申明行下諸路監司遵守施行其帥臣保舉將佐軍校等錄送樞密院條畫取旨　六月十日詔陝西河北河東并諸路帥司于本路大使臣内選曾經邊防戰守可以倚仗五七人具名以聞　欽宗靖康元年四月二十八日詔令在京監察御史在外監司郡守及諸路分鈐轄以上限三日于大小使臣内選擇曾經邊任或有武勇可以統衆出戰之人各舉二員　四月二十九日詔令三衙并諸路帥司各舉諳練邊事智勇過人并豪俊奇傑衆所推服堪充統制將領者各五人　六月三日詔宰執侍從省臺寺監監司郡守將帥之臣並舉文武官才堪將

師不限人數以聞其人有已試之効即具疏其迹來經試用即言其才能所長密院籍其姓名從監察御史胡舜陟之請也 八月十六日詔昨降旨揮令中外臣僚舉有武勇可以統衆之人至今尚未有曾舉到者令刑部催督限十日奏舉其已舉到使臣劉鈞等十七人令乘遞馬發赴樞密院審察 九月二十四日臣僚言竊見臣僚集議置四道都副總管內副總管用武臣緣上件委任所責非輕惟人才寔可濟今日急難看用之不必如平時問其元初薦引役日前瑕疵以為窒礙庶幾可以得人若使集侍從臺薦同一處薦舉又恐人數不多難于推擇欲乞令六曹尚書侍郎開封尹同集一處

卷一萬六百六十五

翰林學士兩省侍制同集一處臺官在本臺各薦文臣可充都總管者四人內有議論不同許別為一狀薦舉以充其數外武臣副總管四員乞令三衙都指揮使樞密承旨同集一處公共薦舉必可得人從之仍並限一日以上續國朝會要

高宗建炎元年六月十三日赦應諸路有材勇謀畧衆所推服之人或曾經戰陣有功可以倚仗委本州具職位姓名保明解發赴行在御營使司當議量材錄用每州三人 十二月六日尚書省言檢會登極赦文內自禁從外自監司郡守各舉所知一名詔文武官並名赴都堂審察中書省置籍書職位姓名進呈除合待報人外餘告示發回本處白身人送

中書省各試策一道取旨 二年四月三日臣僚言乞文臣自從官至牧守各薦所知可備陞擢任使者二人武臣自管軍至遥郡各薦所知可備主兵任使者二人置為一籍留之禁中其副本降付三省樞密院每遇文臣監司帥守及武臣將官總管鈐轄等有闕除薦資序合入及已試有効并宰執薦引人外其餘並乞于令舉官籍內點差如擢用之後職事曠廢或犯贓私罪並坐舉者其舉官不當降官及降差遣者未滿三年雖遇赦恩不得牽復如此則人皆向公所舉無非寔才近日士大夫凡所奏請大抵多引罷廢及法不當得之人以入主爵賞市己私恩願加禁約詔今後除朝廷并緣軍興

卷一萬六百六十五

所差官外其餘舉辟並遵依薦舉條令如違令御史臺覺察彈奏 十一月二十二日赦近降旨揮令行在侍從官于廢放黜謫之中舉才幹強敏之士一名緣所舉不多慮有遺材可更聽別舉一名 三年二月十六日詔兵火之後闕員甚多許侍從及寺監長貳郎官以上限兩日舉有才術士大夫二人政事惟侍從官以上薦士不及郎官上特令薦之 三月十一日臣僚言承平日久再有戎狄之患忠義之士延頸企踵咸欲効忠戮力然而異能之士未聞為時而出宜下諸將旁求于外一藝以上悉皆上聞量材錄用詔自遥郡刺史以上許舉一名 四月十三日尚書右僕射呂頤浩知樞密院

事張浚言方今天下多事乞明詔庶僚各舉内外官及
布衣隱士材堪大用之人擢為輔弼庶幾協濟大功詔
令行在職事官以上限三日開具所知聞奏　二十三
日詔天下帥臣監司守令可多方搜訪所轄州縣見任
寄居待闕應文武官有智謀及武官武藝精熟者開具
聞奏仍籍定姓名當議採擇量材録用　四年三月十
三日詔提舉福建路茶事司歲舉官並依京東等路提
舉鹽事官例舉承直郎以下改官二員從事郎以上三
員迪功郎充縣令三員承務郎以上陞陟七員大小使
臣陞陟七員　十五日詔内外侍從以上各保舉可充
監司者一二人　四月二十三日詔監察御史林之平

卷一萬六百六十五

差往閩廣措置防扞海船許依提點刑獄官薦舉仍不
拘上下半年　五月二十日詔依三年已降指揮令臺
諫及左右司郎官以上各薦二人令所在州軍差人給
券限三日發赴行在仍令執政大臣同共採擇在外侍
從雖在謫籍别無大過而政事有學寔可用者廣行名
用以臣僚言諸路帥守闕人行在除臺諫外止有叅貳
權注藻兩人省曹百司多差外官權攝緩急大事何所
諮訪故有是命　七月十四日知樞密院事宣撫處置
使張浚言總領四川財賦所屬五十餘州乞依陝西路
轉運使例舉官從之　九月二十三日富直柔乞留蘇
遲為都司范宗尹曰都司宰屬如大府帥臣猶得自辟

置屬官蓋資贊畫之益如蘇遲雖名德之後然不可任
都司上曰臺諫以規過拾遺為職不當薦某人為某官
趙鼎曰惟不論薦臺屬　紹興元年正月十四日詔應
今後京朝官知縣闕並令三省選擇差除仍令内外侍
從官各舉堪充縣令京朝官二員中書門下省籍記姓
名以次除授俟有善政任滿陞擢差遣或犯贓罪連坐
舉官依保舉法　二十四日詔内外侍從官更許于京
朝官法薦舉選人二員特差京朝官知縣窠闕　二月
六日詔内外侍從官所薦充縣令選人並係令録以上
資序經任寔及三考方許薦舉仍于奏狀内分明開説
其已奏未應格人並令改奏　七月三日詔越州錢清

卷一萬六百六十五

鎮并蕭山縣文武尉闕並令安撫提點刑獄司共保舉
有材武人差一次如到任後有怯懦不職之人元保奏
官取旨責罰錢清有監鎮官及兩尉以失職充故特命
保舉　十一月五日兩浙路提點刑獄施垧言昨乞依
江南東西等路減罷武臣提點刑獄例許令通舉兩員
所舉改官數已得旨許通舉以十員為額按脩格本司
每歲舉改官九員依政和法以三分之一舉充從事郎
以上未審合于從事郎數外添舉詔舉從事郎以上三
員外許舉改官以十員為額　十九日詔百辟卿士各
舉所知應内外侍從須舉三人以上在外令三省行下
諸監司郡守限五日具名同罪保舉繳連以聞舉得其

人受上賞其或不當坐謬舉之罰仍無以先得罪于朝
廷及蔡京王黼門人爲嫌以時方艱難須才故也 二
十二日詔已降旨揮令侍從官各薦舉三人以上其起
居郎起居舍人依中書舍人薦舉 文獻通考紹興元年
詔館職選人到任及一年通理四考並自陳改官 選
人改官舊無定數紹興後多不過九十人少或至五十
人 紹興二十年八十八人二十五年六十八人三十
年七十四人三十一年五十人 捕盜及職事官皆不
在數三十二年遂至一百十三人孝宗患之隆興元年
四月詔以百員爲額乾道三年七月又通四川爲百二
十員七年十月有司請不限員奏可時虞丞相當國也

卷一萬六百六十五

淳熙初上以官冗稍嚴陞改之令於是六年引見改官
不及七十員而捕盜在焉周洪道爲吏部尚書七年二
月因請以七十員爲額是年四月又增八十員職事官
并引見改官六十五人四川換給一十五人特旨改官
不與十三年三月又詔職事官改官在八十員歲額之
外自是歲改京官者僅百員今遂爲永制奏舉京官祖
宗時無定數有其人則舉之太平興國後諸州通判亦
得舉京官熙寧中肥以爲提舉常平官員數元祐中嘗
暫復之至紹聖又罷淳熙六年九月上以歲舉京官數
濫命給舍臺諫議之王仲行希呂時兼給事中乃請大
曾寺監 戶部右曹郎官同 歲減舉員三之一諸路

監司減四之一禮部國子監長貳減三之二前執政歲
減二員諸州無縣者歲止一員歲終不除運副兩判官
補發者不理爲職司奏可慶元元年十一月復詔判官
補發副奏理爲職司又詔職司狀不得用二紙用姚察
院愈奏也在京選人舊無外路監司薦舉渡江後詔以
六部長貳作職司乾道七年九月罷之惟館學官通理
四考不用舉主改官蓋累聖優賢之意 二年三月七
日淮南東路宣諭使傅崧卿言臣到淮東已察見本路
諸州官吏能否乞不限員數保舉陞陟任使詔許保舉
十五員 五月五日詔觀察使以上各薦大小使臣有謀
畧精深武藝超卓可備將帥之選者二人令樞密院置

卷一萬六百六十五

籍 六月二十四日福建兩浙淮南東路沿海制置使
仇愈言昨得旨令依轉運副使舉官法緣逐路舉官員
數不等欲乞依兩浙轉運使合舉員數從之 十月三
日詔監司舉官員數若比嘉祐之數合行遵添可遵依
元豐舉官員數又昨罷諸路提舉常平其舉官員數以
三分爲率將二分爲轉運司一分與提刑司 文獻通考
二年呂頤浩言近世堂除多侵部注士人失職宜倣祖
宗故事外自監司郡守及舊格堂除通判内自察官省
郎以上館職書局編修官外餘閣并寺監丞法寺官大
茂等武臣川準備將領正副將已上其部將巡尉指使
以並歸部注從之 三年正月十七日詔宇文師瑗添

差福建路轉運判官其薦舉員數與依正任轉運判官
合舉員數減半奏舉　二月五日宣撫處置使張浚言
本司隨軍轉運使副下屬官內有係選人員闕在法合
用舉主陞改乞依發運司屬官體例許帥臣監司互舉
從之　四月六日詔外宗正司屬官許依本路轉運等
司屬官條法令諸司薦舉從主管南外敦宗院李詠請
也　五月一日詔諸路宣諭官所薦人材各以推賞仍
各候任滿日發赴行在引見朕當不次陞擢以勸能吏
先是諸路宣諭時有薦舉以應詔若江南東西路劉大
中所舉知信州鉛山縣陳洙建昌軍軍學教授李彌正
信州玉山縣丞張絢兩浙東路朱異所舉籍書紹興府
卷一萬六百六十五
判官廳公事張九成婺州義烏縣令閻丘昕知處州龍
泉縣汪汝則知温州瑞安縣熊彥詩紹興府嵊縣令姜
仲開建州觀察推官林安宅知泉州安溪縣江伯淮知
建州松溪縣林畝九兩浙西路胡蒙所舉知常州俞俟
知平江府崑山縣俞彥知臨安府於潛縣樓璹荆湖南
路薛徽言所舉通判衡州事趙伯牛通判永州事劉延
年祁陽縣令張詧皆賜秩一等選入比類推恩一日上
獨問曰劉延年如何人宰相呂頤浩等對曰不識上曰
人固未易知雖聖人猶難知之大臣既不識何由信其
賢否須召對以觀其才若實可用即用之通判非如縣
令之不可數易也遂命召之　十八日吏部言左迪功

郎張嘉賓闕陞考第舉主雖已滿應法內舉主李承造
緣應副趙立米稽違見行分析未報詔許先次放行闕
陞如將來有違礙即行改正　六月二十三日詔內外
侍從官各舉宗室一員從知大宗正丞謝伋請也　九
月五日中書舍人黃龜年言元祐間司馬光建議乞設
十科以網羅天下之士若施之今日切於事實者惟知
勇過人可備將帥公正聰明可備監司善聽獄訟盡公
得實善治財賦公私俱便練習法令能斷議讞五科願
詔有司檢舉施行詔送兩省官同共講究限十日聞奏
續據三省樞密院檢會到元祐元年司馬光申請十科
舉士劄子乞依舊例施行從之紹興元年閏二月二十
卷一萬六千六十五
八日中書門下省言檢會龍圖閣直學士汪藻資政殿
學士葉夢得薦右承奉郎徐度顯謨閣待制葛勝仲薦
左迪功郎胡理給事中胡交修薦左承議郎張宿堪充
文章典麗可備著述科汪藻又薦左承議郎王棠葉夢
得胡交修薦左朝奉大夫新差權發遣泉州汪愷堪充
善治財賦公私俱便科葛勝仲又薦王棠堪充善聽獄
訟盡公得理科龍圖閣學士沈與求薦左朝奉郎錢業
堪充節操方正可備獻納科詔徐度令中書舍人試策
一道胡理錢業張宿名試館職王棠汪愷與陞擢差遣
　十二月二十七日詔選人用舉主磨勘有贓數者吏
部牒所舉官許令再舉從吏部侍郎陳與義請也文獻

通考三年右僕射朱勝非等上吏部七司勑令格式一百八十八卷自渡江後文籍散佚會廣東轉運司以所録元豐元祐吏部法來上乃以省記舊法及續降指揮詳定而成此書　四年四月十八日詔今後選人考第舉主已足合該磨勘其舉主内職司舉狀却有前宰執舉狀與理當職司舉狀放行磨勘五年十月三日因臣僚陳請吏部勘當自來宰執舉狀無當職司之文有旨四年四月十八日所降指揮更不施行　七月二十七日户部侍郎梁汝嘉言郎相曾悟心術通疏吏道敏强欲望各與陞擢内外財計差遣詔郎相與轉運判官曾悟與措置茶鹽　五年三月四日侍御史張致遠言近降詔

卷一萬六百六十五

銓量郡守監司又採臣僚言遴選縣令甚大惠也夫欲定毁譽厭人心不稽於衆曷爲而可乞除言事官外自監察御史至侍從并館職正字以上各舉所知不限員數不拘官品某人可爲監司郡守某人可爲縣令舉詞並載事實無用虚文實封投進降三省編類籍記參考除授詔依奏在外侍從官以上監司郡守帥臣依此例限半月具名聞奏　四月九日右司諫趙霈言致遠之請失於太泛又舉監司郡守而責之館職輕據倫在祖宗時未有此例乞自監察御史至侍從通舉監司守令館職正字以上專主縣令從之　七月六日知湖州李光言諸路武士多有人材少壯弓馬趫捷武藝絶倫者

朝廷既未嘗録用往往散在諸軍無以自拔或委身盗賊不能自新乞令諸路州軍廣行招收其閒雖無武藝而通曉兵機能料敵制勝或造作攻守之具各爲一科令監司帥守按試保明發赴樞密院量材擢用庶幾韓彭之流或爲時而出詔諸路監司帥臣按試保明具職位姓名申樞密院　八月六日臣僚論列趙繼之趙不愚犯贓趙鼎以嘗薦此二人乞解機務上顧鼎曰事有輕重卿薦士之失甚輕而朕之罷相甚重不從文獻通考五年詔自今注擬並選擇非老疾及不曾犯贓與不緣民事被罪之人時選議者云州縣親民莫如縣令令率限以資格雖貪懦之人一或應格則大官大職得以自擇請詔監司郡守條上劇邑遴選清平廉察之人如

卷一萬六百六十五

前日預十科之目者爲之　六年三月十二日殿中侍御史周秘言自今侍從以下凡欲薦士者乞令明具事狀如傳記所載昔人舉官疏之類公薦于朝無得口陳私禱以誤朝廷除授從之　四月二十八日工部言乞依熙寧法舉選人充京官從之　紹興七年七月八日起居郎樓炤言比觀詔書嚴縣令之選除自授於朝廷保任責之侍從甚大惠也然監司郡守所繫尤重乞詔行在侍從官各舉通判資序或曾任監察御史以上可以任監司郡守者一二人皆例已試之狀保任以聞朝廷籍録姓名遇闕除授後有不如所舉明正謬舉之罪

庶幾監司郡守之選益精而四方萬里皆蒙實惠詔依仍令中書門下省置籍　閏十月十一日上謂輔臣曰朕思今日安民之要無若擇監司郡守可令侍從官不限員數舉可以為監司郡守者中書省置籍遇有闕卿等共議差填朕亦嘗書之屏風置諸左右以時揭貼其不任職事而無他過者與自陳宮觀又曰謬吏之害民甚於贓吏贓吏一身取錢爾謬吏為州則一州之胥吏皆取錢為縣則一縣之胥吏皆取錢其害民豈不甚於贓吏卿等可諭諸從官須妙選食實可為監司郡守者使實惠及民若苟求中材以應詔則所得不過常人爾他日若所舉稱職朕當賞其知人續詔兩省官亦許依

卷一萬六百六十五

侍從官薦舉　十二月六日上謂輔臣曰今後監司郡守有闕或已差人不足任當用薦人填闕　八年二月二十七日詔知紹興府餘姚縣陳時舉特轉一官候任滿日赴都堂審察以兩浙路諸司列其治最乞加旌擢故有是命　九年七月七日戶部言戶部長貳每年合舉本屬選人充京官紹興九年二月二十九日指揮止令長貳薦舉四員緣本部所轄庫務極多見今係選人二十四員比之刑寺事体不同若止依上項員數薦舉顯是數少又緣近歲以來差除長貳多是獨員一歲止可薦舉四員郎官及兩寺長貳別無許舉薦明文欲乞今後如遇長貳獨員將合舉選人員數許通行薦舉不

得過八員庶幾不致遺滯人材詔戶部長貳每年合選舉選人改官員數至歲終如係獨員權令通舉　十月四日詔行在侍從官各舉所知二人續詔兩省官亦許各舉二人令三省量材使任使內未經當殿人令閤門引見上殿　十年四月十九日臣僚言乞詔部使者一歲同舉廉吏一人上其事狀朝廷審實稍加擢用以寵綏之苟得其人則賜進賢之賞不如舉者坐之詔依　閏六月四日臣僚言乞詔三衙管軍及武臣觀察使以上各舉智畧勇猛才堪將帥者二人從之　十一年正月十九日詔令轄司屬官許依諸司例互舉　六月十五日臣僚言國家薦舉之制著在令甲可謂嚴矣而比年

卷一萬六百六十五

以來請託之私未殄謬濫之弊日滋凡由薦舉升改繼以貪墨聞者未嘗無之逮有司之獄已具乃始以狀自列則又置而不問夫罰太重則法難於必行罪可逃則人期於幸免今使舉與犯贓者同罪是罰太重也又聽以首得免是罪為可逃也上無必行之法下有幸免之路亦何怪人之多私哉乞詔有司取舊法而損益之稍輕舉者之罪除去自首之文示以必行俾知之知懼詔令吏部看詳申尚書省取旨　九月三十五日吏部言將作軍器監乞依大理司農太府寺長貳例每年薦舉本屬官一員充京官內選人三員以上舉二員六員以上舉三員從之　十月三日寶文閣直學士左承議郎

樞密都承旨充川陝宣諭使鄭剛中言巳得旨所過川陝州縣許按察官吏除治行顯著罪犯明白之人合行聞奏外乞許薦舉改官親民任使七員堪充從事郎縣令任使十員庶幾有奬進人材從之 十一月六日保慶軍承宣使同知太宗正事士㕘等言知太宗正丞段拂才識宏遠操守端方諸王宮大小學教授吳元美文學純雅不事榮進到任以來備宣心力糾謬教導寛猛得宜欲望朝廷特賜甄擢詔段拂吳元美並與陞等差遣 十二年五月一日詔巳降指揮户部長貳許舉本屬選人改官每歲四員近又將諸路户部贍軍酒庫許行薦舉員數稍多每歲欲添舉一員 十二月三十日

卷一萬六百六十五

詔陝西舊係六路五十州軍内除沙苑監係馬監司竹監係管竹木太平監係鑄錢監不係州軍外其轉運使副判官三員合舉改官十七員縣令二十七員今除割屬偽路外止有階成岷鳳四州通舉改官縣令等員數可以九員爲額仍自紹興十三年爲始從吏部請也

舉官四 附自代

紹興三年六月十九日詔全州文學師惟藩差權國子録以國子司業高閌薦其博古通今經士夫推服建學之始宜得老成如惟藩者以誘掖後進故有是詔 九月二十八日太府少卿總領淮東軍馬錢糧吳彦璋言鎮江府屯駐軍馬係本司拘催兩浙西錢粮應副近多愆期不到緣本司所得薦舉文字止發淮東官吏無以激勸

故也乞今後遇浙西見任官有職事相干許通行薦舉從之　十五年九月六日詔淮南路轉運司歲舉選人改官可依舊法初紹興七年權作東西兩路分舉至是援併為一從本司請也　十六年六月五日詔監户部總領所酒庫官令後許令本路總領官并户部長貳將合舉官員數通融薦舉　八月二十八日詔諸路常平司令後許與諸司互舉官屬從吏部請也十九年九月二十五日詔廣東南路市舶司屬官令後許依福建路市舶司屬官互舉從吏部請也　十月二十九日提舉江南東路常平茶鹽兼權提點刑獄張昌言江東一路久未差正任提點刑獄今臣暫時兼權不合薦舉致使

選人改官獨無職司文字詔許薦舉　二十二年七月九日右諫議大夫林大鼐言中興之初恩或非泛入得僥倖有以從軍而改秩者有以捕盜而改秩者有以登對而改秩者方今朝廷清明各惜名器士夫改秩祇有薦舉一路舍此則老死選調而無脱者改者第溢格之士至有不安職業過為佞巧佞不顧義分肆為擴斂貪躁者速化廉靜者陸沉法誠祖宗之法不知入流浸廣數倍加於祖宗之時也今欲取考第員數增減以便之措一任者減一員九考者用四員十二考者用三員十五考者用二員若二員則保舉之古法不可減也如減舉法行中須實歷縣令不得仍請獄祠其或負犯殿選

自如常坐士有應此格者行無玷缺年亦蹉跎無非孤寒老練安義分之人取奨老成不為濫恩乞付有司看詳條上以弭奔競從之文獻通考議者以進士登科門蔭子弟縂治一命不復參部多干堂除有奏銓法詔禁之　二十五年十一月二十六日右正言張修言乞降詔旨誥誡臣僚今後薦舉人才必三人以上同銜列薦庶無私于親黨之弊從之　十二月二日詔行在百司闕官甚多可令侍從共舉一二十人務選真材實能不得輒徇私意倘不如所舉必罰無赦　二十六年二月十五日詔諸路監司多闕官可令侍從臺諫各舉曾任知通治狀顯著堪充監司者二員聞奏仍保任終身有

犯贓及不職者與同罪　三月二十三日詔續除侍從兩省官並令依已降指揮各舉所知以名聞　四月二十四日侍御史湯鵬舉條具薦舉六科一曰文章典雅可備制誥二曰節操公正可備臺諫三曰法理該通可備刑獄四曰節用愛民可備理財五曰剛方愷悌勞績著聞可備監司郡守六曰知幾識變智勇絶倫可備將帥以此六科俾薦者隨才而舉錄用之後有改節者仍坐以謬舉之罰從之　九月二十九日詔薦舉之法未嘗不嚴邇年類皆徇私薦非其人至有鬻舉者及至敗露方行陳首自今仰吏部將舉主改官及關陞人置籍具所舉官職位姓名如被舉人犯贓罪具所舉官取旨

不知所薦未注中凌哲名

施行如已被人論訴及他司按發臺諫論列即不許施行首舉官須以裁額薦舉所舉不如額者吏部具名以聞　二十四日左正言凌哲言乞飭中外繼自今無得以舉官之詞干求差遣徧猶不悛必寘典憲從之　十月七日詔四川去朝廷遥遠守臣尤須得人可令逐路監司帥臣各舉京朝官知縣資序以上人堪充郡守者二人内制置總領都大茶馬各舉三人奏聞如被舉後犯贓罪及不職與同罪仍令尚書省籍記　十一月二十三日成都府路提點刑獄張杓等薦權知嘉州米昌裔夔州路提點刑獄楊朴等薦權發遣萬州李革民權知大寧監費行之文行治狀乞賜甄擢詔各轉一官

（卷一萬六百六十五）

二十七年正月二十一日詔侍從各薦宗室兩人隨材擢用從刑部侍郎張杓請也　三月十一日詔兩省官依侍從薦所知　二十六日詔侍從官所薦新改官人並與堂除知縣差遣一次任滿日取旨陞擢　五月四日荆湖南路轉運司等保奏知潭州長沙縣常禋名臣之後修潔自待東吏愛民衆所稱譽望賜擢用詔常禋特轉一官候任滿日與陞擢差遣　八月九日詔今後總領司互舉改官之人皆依憲漕等司舉官磨勘施行所有遂旋申明朝廷一節特免以左司諫凌哲言總領司巍年創立之初未有一定之法今雖比諸司互舉而尚有遂旋申明朝廷之文遂數陞改濡滯故有是命

十一月二十四日右正言朱倬言凡監司郡守所荐邑宰必須廉勤之吏區别刑獄毋寃濫催理賦税不追擾悉具寔狀條件来上大臣審當預給省劄許以推賞必候任滿不改其度然後給告不然則否從之　十二月三日詔諸路帥臣監司于本路武臣大使臣以上見任或寄居官内選歷任有勞効之人每歲各舉二員明具所長保明聞奏仍令樞密院籍寄姓名以備任使　二十八年正月二十三日詔臺諫侍從三人以上公共推薦監司具列治績聞奏三省考察取旨陞擢　三月十六日詔今後侍從以上薦引人才並須文行相副治績昭著仍指定事寔逐件聞奏務得寔才以副招延之意

（卷一萬六百六十五）

十月二十一日吏部言兩浙轉運使副依元豐法歲舉改官一十二員紹興元年十一月以副使徐康國奏請特令每歲權依嘉祐條格添舉改官三員通一十五員即無各舉一十五員之文紹興十年副使黄敦書又奏乞增兩浙轉運使副舉官各五七人以示巡幸之寵得旨每歲權添舉改官各五員候將来車駕還部日依舊今兩浙使副兩廳每歲共舉四十員寔為過數乞止限二十員令使副均舉從之　十一月十七日詔大司成祭酒司業奏舉諸州教授改官依大觀元年八月十二日指揮許作職司收使　二十九年三月二十二日詔侍從臺諫諸路帥臣監司各歲薦大小使臣二員閑

具才畧所長嘗立功効閣卷三省樞密院籍記姓名無人聽闕從校書郎汪澈請也　五月十六日尚書左僕射沈該等言乞做元祐間宰臣司馬光陳請舉按官吏八條令監司郡守按察所部官其舉薦四條一曰仁惠謂安民利物衆所思從非邀寵私不立曲取人情者　二曰公直謂心無適莫事不吐茹非內私外公定依詐直者　三曰明敏謂深察情理應機辨事非飾詐徇美利口矜功者　四曰廉謹謂安貧守分動遵法度非詐清鈎名偷安避事者　按察四條一曰苛酷謂用刑業苛殘虐聯法者　二曰狡佞謂傾險巧詐危人自安者　三曰昏懦謂不曉物情依阿無守者　四曰貪縱謂饕餮無厭任情不法者　凡監司州軍于所部之內皆得以此八條舉按官吏

（卷一萬六百六十五）

其薦舉者可舉則舉無有定數州舉之監司置簿記姓名監司舉之朝廷中書置簿記姓名各隨所舉行能任使以試之果有寔効則漸加旌異如身兼數善衆所共知者取旨不次擢用若受權貴請託或監司親故轉相貿易致朝廷臺諫檢彈及蒙朝廷録用之後所舉失寔並取旨重行竄責其按察者監司專按察知州軍通判路分都監以上知州軍通判按察在州兵職曹官以上及諸縣令丞以申監司監司體量申奏若有失覺察別致因事彰露其監司降知州軍知州軍降通判通判降一資其餘所部官吏監司知州軍通判皆得按察俱不坐失覺察之罪即挾情按察不以公者候勘鞫見寔自依常法從之　文獻通考二十九年勅令所刪定官閩人滋請凡在官者歷任及十考以上無公私過犯雖舉削不及格許降等升改或疑其太濫則取吏部累年改官酌中人數立爲限隔舉狀年勞參酌並用于是天子以其議下近臣而中書舍人洪遵給事中王希亮等上議曰自一命以上仕于州縣之間雖有真賢寔廉勢不能自達于上故爲之立薦舉之法必使之歷任六考所以遲其歲月而責其赴功必使之舉官五員所以名其保任而必其可用若舉之而非其人有才而不薦舉是則監司郡守之罪而非法之不善也今如議臣所請則有

（卷一萬六百六十五）

力者惟圖見次無才者苟與終吏率不過出官十餘年可以坐待京秩此不可一也今欲酌每歲改官之員減其分數以待無舉削者則當被舉之人必有失職淹滯之歎此不可二也京官易得驅至郎位任子之恩愈不可減非所以救末流之弊此不可三也夫祖宗之法非有大害未易輕議今一旦取二百年成法而易之此不可四也臣以爲如故便滋議遂寢三十一年詔初官有出身三考無出身四考方聽受監司郡守京削之薦

三十年正月十四日詔諸州守臣間有闕官可令六曹尚書侍郎翰林學士兩省臺諫官正言以上各舉曾任通判及通判資序公勤廉慎治狀顯著可充郡守者二

員闕奏以備銓擇仍保任終身犯贓及不職與同罪其曾任郡守雖有公累而才實可用者亦許薦舉　二十六日中書門下省言已降指揮令三省樞密院遇有薦到武臣闕互置籍記錄姓名召赴都堂審察取旨陞擢內見任人候任滿日審察如材藝超卓衆所列薦者別具取旨然有在軍中職次已高人未有陞擢員闕兼見在軍難以候任滿審察詔今後侍從臺諫右正言以上帥臣前兩府及侍制以上于所部舉薦武臣其薦到統制統領官與轉一官正任防禦使以上及礙止法人三省樞密院籍記候有內外近上兵官闕取旨陞擢將官以下令赴三省樞密院審察取旨若在遠不願赴審察

卷一萬六百六十五

人令本軍與陞一等差遣遇闕先次陞差三省樞密院籍記以備擢用餘人所薦并籍記三省樞密院審訪材能以聞　三月五日刑部言大理評事闕官左文林郎新差紹興府嵊縣丞吳交如已經試中刑法別無贓私過犯乞以充選從之　二十二日詔今後如有重疊奏舉令吏部具名劾奏以臣僚言在法薦舉重疊以違制論而近日四方奏牘不循格法如循請求致交薦人互相援奪有害士風故有是命　五月六日臣僚言乞將四十大縣堂除令兩省臺諫鄉監郎官各舉所知一二員為令　十七日吏部侍郎洪遵言薦舉之制祖宗所以均齊天下之至權行之百年講若畫一比年以來監

司郡守不能體國有同時一章而巧為兩牘並至而不疑者有歲薦五人而發奏削至以十數而不止者有當發職言而詐為京狀者有止係常調而詭稱職司者有轉運雙員交承各異而南廳北廳妄行攙補者有上下半年月日有限而先時後時了無忌憚者有被舉之人見存而假稱事故奪而之佗者有經隔數年而冒作交代即行補發者若此之類不可槩舉乞降睿旨今後奏舉輒有冒僞不實如前所陳許本部具姓名事由劾奏取旨懲責奏之吏亦各隨所犯斷罪勒罷從之　七月六日詔戶部長貳歲舉轄下選人改官五員內一員舉贍軍酒庫官令贍軍酒庫已專委官點檢措置其舉

卷一萬六百六十五

官一員仍還戶部　八月五日淮西提舉茶鹽公事張祁言本路係産茶地分多有興販私茶之人侵奪官課全籍當職官協力措置乞依兩浙江東西淮東福建湖北路提舉茶鹽司已得旨揮于歲舉從事郎任使三員內將一員撥充改官從之　九月詔今後舉到守令並令中書門下省籍記姓名遇見闕依次選除如有已撥差遣闕期在半年內應赴之人且令赴任候滿日取旨從右正言王淮請也　三十一年二月十八日詔侍從臺諫監察御史薦舉人才二員帥臣監司薦舉人才一員從臣僚請也　七月七日臣僚言乞內委臺諫督察外責監司刺舉應官吏有罷軟昏謬耆縮非材者並令

以祠録自請從之　三十二年三月二十一日臣僚言乞做漢武故事詔侍從臺諫各舉内外之臣可備使命者不限官之文武位之高下以名聞察其可用即加獎擢以須緩急之用詔令侍從臺諫各舉一員　二十八日詔尚書兩省諫議大夫以上御史中丞學士待制各舉賢良方正能直言極諫一人仍具詞業繳進　以上中興會要

文獻通考三十二年吏部侍郎凌景夏言國家設銓選以聽群吏之治其掌于七司著在令甲則所守者法也今陛倚丁胥吏之手有所謂例焉長貳有遷改郎曹有替移來者不可以復知去者不能以盡告索例而不獲雖有强明健敏之才不復致議引例而不當雖有至公盡理之事不復可伸貨賄公行姦弊滋甚嘗觀漢之公府則有辭訟比以類相從使不良吏不得生因緣尚書則有決事比以省請讞之弊比之爲言猶今之例臣謂令吏部七司亦宜詳置例册凡換給之期限戰功之定處去失之保任書填之審覆奏薦之限隔酬賞之用否凡經申請或白堂或取旨者每一事已命郎官以次擬定而長貳書之于册永以爲例每半歲則上于尚書省仍關御史臺而詳焉如是則巧吏無所施而銓敘平允矣先是劉珙爲吏部員外郎有才智善擿撿姦弊一日命汎中庭張幕設案置令式其中使選集者得出入觀閲與吏辯吏愕眙不能對時議翕然稱之

批　卷一萬六百六十五

紹興三十二年七月十七日孝宗即位未改元新除江淮東西路宣撫使張浚奏臣被讁十五年不獲推薦一士蒙聖慈特與罷政恩數逐年舉改官并陞陟文字不敢盡行陳乞今欲舉薦自二十九年至三十二年員數特從之　八月十三日吏部狀准付下權司農少卿史浩奏舉右迪功郎監行在省倉中界趙伯忱充改官親民任使係紹興三十一年分權司農少卿第一員之數本部會到司農寺狀本寺少卿即無立定額數元有正官都潔朱夏卿杜莘老三員同任内杜莘老已改除通權官史浩發奏日係三員在任本部令指定欲將似此權寺監長貳舉官員數收使從之　十月三日詔令侍從兩省臺諫卿監各舉可任監司郡守之人以資序分爲二等一見令可任一將來可任限一月聞奏仍保任終身限滿不舉必寘于罰所舉人令三省注籍仍作圖進呈朕詳加廉察才行治效果如所舉增秩賜金舉主同之不如所舉罰亦同之見任監司郡守才與不才者亦令侍從兩省臺諫限一月具臧否品目聞奏　九日吏部狀准内降劄子自來選人改官用前執政及在内所隸長貳外〔在〕外監司守臣薦舉比來習俗奔競舉官之法大壞自今除長貳外應在外合舉改官者每歲以一半舉已關陞或寘歷三考以上人一半舉歷任以來通及六考以上人如違仰吏部覺察舉官與被舉之人並

卷一萬六百六十五

行罷黜去官勿原本部契勘誠爲允當乞自來年正月
一日爲始如有補發依此從之　十一月一日殿中侍
御史張震言叅惟陛下念四海之未治思得賢部刺史
良二千石使之察吏牧民特命侍從臺諫御監各舉所
知天下之士如此其衆而在廷二三耳目之臣豈能盡
知之臣願明詔諸路監司舉部內守倅之賢者薦之于
上又命郡守舉屬吏之賢者薦之監司類聚以聞仍立
限一月使不容請託則不敢妄舉矣從之　孝宗隆興
元年正月一日三省樞密院奏奉詔朕嗣位以來收名
四方賢士大夫布列中外將集治功顧武舉之衆豈無
其人而拔擢之路未廣殊非朕意也其令觀察使以上各

卷一萬六百六十五

舉所知三人三省樞密院詳議立格以聞令立定薦舉
格式下項一謀略沈雄可任大計寬猛適宜可使御衆
臨陣驍勇可鼓士氣威信有聞可守邊郡思智精巧可
治器械已上五等令曾立軍功觀察使以上指陳實迹
薦舉通習典章可掌朝儀練達民事可任郡寄諳曉財
計可裕民力持身廉潔可律貪鄙詞辯不屈可備奉使
以上五等令非軍功觀察使以上指陳實迹不許別撰
舉詞詔依候逐官舉到並于樞密院置籍録用如誠立
功效其舉官取旨推賞如或敗事亦加責罰不許舉牢
執管軍并內侍官親戚如違令御史臺覺察以聞　三
月四日吏部侍郎凌景夏言承去年十月九日勑應任

外合舉改官者以每歲合舉員數將一半舉已關陞或
寔歷三考以上人餘一半舉歷任及六考以上人景夏
契勘若令寔及六考方得荐舉竊恐合在六考改官之
人無緣在前被舉今欲改六考作五考庶無妨礙從之
十八日權吏部尚書凌景夏等奏准尚書省劄子臣
僚奏荐舉選改之法歷時既久不能無弊令若立限員
之制命有司檢會紹興以來每歲所改若干取一歲酌
中之數立爲定額凡在選者較其年勞以次選改歲終
考核不得過所定之數關陞者亦如之所有薦章權行
寢罷得旨令侍從臺諫詳議景夏等今看詳欲將選人
歷十二考以上無贓罪與減舉主一員其餘並依祖宗

卷一萬六百六十五

見行條法詔依仍令吏部開具三年舉過員數措置立
額申尚書省取旨　五月四日中書門下省檢正諸房
公事余時言奏自今以荐舉上書登對者陛下察見其
真才寔能則無吝褒擢以來賢士其餘僅可備用者姑
令籍記姓名以俟選擢無狀者罷之或坐其謬舉庶幾
息僥倖而賢能輩出從之　八月二十六日吏部狀臣
僚言照得吏部放行改官叅照三年之數初年七十員
次年五十員至紹興三十二年頓添至一百一十三員
多是不依舊制用後來補發文字前後相乘更無限隔
合行裁減詔令吏部裁定申尚書省本部看詳下項一
臣僚言荐舉法諸舉官有員數而被舉之官身亡或因

与後二篇子潚係是一人恐有誤

罷停廢不該收使者聽别舉官若前官舉狀不該因到前一年有未舉之數並聽次年再舉切詳法意非是不當立定年限既有前一年未舉聽次年再舉之文則是不許以後年更舉今欲聽次年舉前一年未用合補之數若一年內偶有兩政或一政已補而事故者聽後政再補仍不得出一年限本部今看詳欲依所乞外有日前補發并已到部用考功收附之人候到部日許行收使其四川已放散舉主者奏狀自來年正月一日為始并舉主與被舉之官乞不用者聽依此補發一臣僚言在京如戶禮工部長貳國子祭酒司業司農大府卿少皆有許薦舉改官之法而不以一年之間除授幾人雖卷一萬六百六十五供職一日便各依員數薦舉並無損減今欲將諸部長貳及卿少等合舉員數分上下半年薦舉本部今看詳欲將諸部長貳及戶部左右曹郎官并寺監卿少等應在內有合舉官去處每歲依條分上下半年薦舉數若不等者聽上半年從多如未至半下半年因差除等罷去即不許薦下半年之數舉主與被舉之官或有身亡事故許令補發一所乞選人改官員額除七十員外欲乞量添二十員從之　九月十五日吏部狀准批下知明州兼沿海制置使趙子潚申乞依兩浙轉運使例每歲減半舉官仍乞將本司官屬許本路監司互舉侍郎左選勘會依格兩浙轉運使副歲舉改官二十員縣令

六員又條舉舉承直郎以下改官者三分之一充從事郎乞依諸歲舉所部官二員以上者分上下半年今勘當欲依本官所乞從之文獻通考孝宗隆興元年詔選人應十二考以上無贓私罪與減舉主一員用閑人淹之言也舊舉主須員足乃以其牘上若舉主物故或罷免則不許改有得薦牘十餘而不免磨勘者淳熙中始有逐旋放散之令人皆便之　二年二月十七日詔知太宗正事令詪知明州子潚子宗室文臣正郎武臣遥郡以上各保舉堪任宗官者二人以聞　六月四日吏部狀准批下階文龍州經畧使兼知階州權知成州吳排申本司係朝廷剏置每歲合薦舉員數檢照條格別卷一萬六百六十五無該載竊見諸路安撫使每歲許舉承直郎以下親民改官三員大小使臣校副尉陞陟二十人今來本司未審歲依是何格例薦舉兼知階州權知成州所有知州合薦舉員數未審作成州薦舉只作階州薦舉本部勘會本官見知階州自合依條薦舉本州州縣官外所有乞依安撫使舉官緣階文龍州經畧使止管三州即無舉官條格詔吳挺所帶三州經畧特與依安撫司所舉員數減半　十九日臣僚上言昨具奏用人之獘其事有四其一本無舉官假以朝旨時暫差權數日之間舉官數足而得改官者是也准吏部牒右文林郎朱希說陳乞磨勘本部稱本官昨權戶部激賞酒庫係奉聖旨

差權因舉主楊侯韋復差遣依條許磨勘即在朝旨又在今降旨揮之前得旨放行磨勘臣按朱帝說所用舉主皆係時暫權差又權省倉中界只及一十四日所乞楊侯舉狀正是省倉中界舉官以此相湊方得數足即與臣前奏更無少異都省信其舞文更不照應遂具奏聞放行磨勘詔放行旨揮更不施行　八月二十八日吏部狀准批下右文林郎監平江府吳江縣平望犒賞酒庫張淀劄子乞依諸州贍軍激賞酒庫用户部長貳及本路監司帥司守臣存舉陞陟闕陞改官本部勘會到户部及兩浙轉運司稱兩浙犒賞酒庫所趁課息應副大軍支遣係隸户部拘准與本部職司相干所有本

卷一萬六百六十五

路監司本州守臣即無統攝難以薦舉外所有用户部長貳薦舉欲依所乞從之　乾道元年三月二十八日權中書舍人蔣芾奏乞定歲舉武臣之制内而侍從臺諫外而諸軍統制官并觀察使以上各舉武臣知兵法有勇畧可為將者歲若干人悉以上聞令三省樞密院籍記姓名將校有闕以次遷補或以為諸路總管鈐轄都監正副將所舉漸多則内外兵官皆薦舉之人一旦用之皆良將也從之　五月一日中書門下省奏知明州兼沿海制置使趙伯圭狀前制置趙子潚任内獲旨每歲減半舉官仍將本司官屬許本路監司互舉緣所降旨揮未有明文竊慮將來互舉之人到部阻難乞依

逐路安撫使例互舉從之　十月十九日通判臨安府趙子潚言向者光堯壽聖太上皇帝嘗詔侍從各薦宗室文臣京朝官以上二人以備名用乞降旨令侍從于宗室中各舉所知一二人具以名聞陛下俯賜延見量其才而器使之不惟宗姓自此得以所長見于時亦足以廣公朝得人之路從之　十二月十六日尚書右僕射洪适奏乞令侍從臺諫兩省官舉風力堪為監司吏能堪為郡守者各一人三衙知閤舉材武可守邊者一人舉而不寔甘坐其罪俟舉牘既集臣與同列采其名寔相稱者一二除授或未有寘闕則籍記以待有闕仍録所舉官姓名他時有治行者聞則推進賞之否則

卷一萬六百六十五

隨其罪之大小取旨必罰從之　二年二月二日詔侍從臺諫兩省官舉監司郡守可依存舉舊法如犯入己贓當同罪餘皆畧之從宰臣請也　六月五日吏部狀准都省批下白劄子勘會諸路轉運係二員分東西廳舉官止有一員去處自合照應填日適是何廳分改除或替罷員闕近來多是不稱所填廳分却將久闕官廳分便行補發以前年分薦舉及至吏部會問本司臨時稱某官係東廳或西廳是致難以稽考本部看詳即無專一立定差除轉運填替東西廳係外其本司止有一員到任雖無填替闕脚自合將日後改除替罷之外許後官次年内依條補發如違一年條限自不合補舉所

有旨行補發之官許本部按劾從之　十九日吏部狀據右儒林郎路楞乞磨勘照會本官舉主五員數內莫濛係任淮南運判日補發前官轉運副使王柜不該收使員數緣條內別無該載補發使副舉狀許作職司明文本部未敢收使詔許作職司收使今後有似此之人依此　九月二十二日中書門下省言勘會累降旨揮令監司守臣保明知縣縣令治狀顯著者具姓名聞奏未見有一申到詔令諸路監司于部內各舉三兩人不許違衛守臣于屬邑各舉一二人具姓名保明申中書門下省籍記取旨甄擢如無聽闕　二十五日吏部狀淮批下監行在文思院下界門陳序御前軍器所幹

卷一萬六百六十五

辦公事蔡憲等狀與勘文思院軍器所並隸工部許長貳薦舉據格法稱六曹長貳歲舉本屬選人一員充京官三員以上舉二人六員以上舉三人今來工部止將文思院軍器所選人理作員數續見紹興三十二年四月五日已降指揮坑冶鑄錢司屬官并嚴州神泉監監官并許用工部長貳薦舉其坑冶司屬官錢監官既與文思院軍器所官並用工部文字自合通作本屬選人員數用工部長貳薦舉送部勘當本部欲依逐官所乞從之文獻通考乾道二年令科舉前一歲量留司戶簿尉職官教官稟闕以待黃甲進士　詔見任在京監當六部架閣等如係京朝官以上須實歷知縣一任始聽

闕陞通判資序初改秩者如之是時多以堂除理實歷越次闕陞故有斯詔先是有出身人許注教官理爲作縣是歲詔自今有出身曾任縣令初改官許注教官餘並先注知縣自是改秩者無不製邑矣　三年二月十四日執政進呈禮部尚書周執羔等薦武節大夫忠州團練使潘才卿留心學問孤立不群拘于武弁莫効其長若換文資必有可採上等保舉伏望睿斷與試換文資上曰亦何必換文只以環衛官處之亦可令內殿引見　五月十一日宰執進呈吏部侍郎薛良朋申有選人鍾確以薦者及格當改合入官却曾因言章論其贓罪放罷而未經勘正近有指揮不經勘鞫伏辯之人並

卷一萬六百六十五

與放行有司不敢于決上曰有司舉職甚善但未曾經勘又于法無礙可與改次等官　六月十五日吏部狀准付下武學諭章謙劄子乞依太學正錄例用長貳及禮部尚書侍郎爲舉主本部照得武學諭雖無申請到許依太學正錄條制循轉陞改緣武學諭雜壓係太學錄之上與正錄事體一同仍隸國子監及禮部今勘當欲依所乞用禮部國子監長貳每歲合舉員數內通行薦舉及依太學正錄條格在職一年通歷任滿三考循一資五考有舉主一員改合入官從之　九月八日中書門下省奏幹辦行在車輅院强修年等言窃見行在局務官吏屬諸部者即許本部長貳薦舉數內車輅院

監官見差遣人正係兵部所轄，欲乞舉行本部長貳薦舉之法詔許薦舉 十一月十七日叅知政事蔣芾奏竊惟當今急務莫先人材願明詔侍從兩省臺諫卿監郎官寺監丞監司郡守者十人各疏其所長附于姓名之下雖資歷未至而其才他日可任者亦許論薦限五日具名申奏降付中書門下省籍記仍不許出所舉官照牒并為所舉官求差遣每遇闕官臣等披籍檢照取舉官最多者較量人材高下資序深淺選擇取旨擢用庶幾得人從之 五年四月十四日吏部侍郎薛良朋劄子先據進奏院申廣南東西路轉運司舊係二員為額昨承隆興二年八月五日指揮各減

卷一萬六百六十五

罷一員後來逐司各有援下過歲終不差使副荐舉員数切慮省部不知上件因依已為收使令隨狀舉覺本部勘會緣本選從來不知上件省員指揮已前却有收使過歲終不差使副舉狀改官共七員尋下大理寺根究已將當行人斷遣將未曾收使員數已關報改正詔令吏部已改官七員與免改正 十一月十八日詔令侍從臺諫兩省官各舉京朝官以上才堪監司郡守三人保任終身仍具歷任定跡限五日聞奏其見任郎官以上不在薦舉之數 六年閏五月四日中書門下省檢會乾道五年三月二十七日已降旨揮令監司帥臣管軍侍從以上將武舉及第人有武藝絕倫可為將佐

者薦舉量材擢用或令注授屯駐諸軍机幕幹辦叅贊軍謀詔諸路監司帥臣管軍侍從以上遵依旨揮荐舉每歲具有無文狀以聞諸州軍監守臣依此 十九日詔會子庫監官令戶部長貳通舉 六月十七日淮西總領沈夏具到并淮東總領所畫一內乞將淮東總領所合舉改官員數依舊存留通舉三路官尚書左選勘會欲依本官所請從之 七月十五日吏部狀承批下兩浙轉運司申婺州蘭溪買撲酒坊轉運司正行辟官二員理為資任所有合用陞改文字乞許依諸州監贍軍酒庫例本部勘當候將來正差到選人日依本路諸州贍軍酒庫官許將逐處見舉員數依條荐舉詔令用

卷一萬六百六十五

監司帥守薦舉 十月四日詔諸路武臣提點刑獄舉官與文臣員數分半 七年正月十五日吏部尚書汪大猷言據前監襄陽府戶部大軍庫王總狀陳襄陽府大軍倉庫監官自隆興元年置亦係湖廣總領所給納大軍錢米與江州鄂州荊南事體一同乞依荊南江州大軍倉庫監官許令所轄六路監司荐舉從之 二月九日鄂州駐劄御前諸軍都統制趙撙申本司屬官往來幹集軍務與湖廣總領所官屬催發大軍錢粮事體頗同乞許依本司主管機宜文字幹辦公事用湖廣總領所湖北京西兩路諸司荐舉改官詔許互舉 十九日吏部狀准批下權廣南西路轉運判官姚孝資劄子

本路吏員之額倍于他路比因朝旨減省漕臣一員并罷歲終不除使副文字而轉運司每歲止舉四員何以為馭吏激勸之術乞依舊存留歲終不差使副併舉員之數或止依判官一員合得均舉及輪舉員數本部契勘廣西路若差使副合舉改官九員止差判官合舉改官四員今勘當如歲終不差使副欲依京西路獨員轉運已得指揮分舉改官三員充使副員數共七員三分之一舉從事郎從之　四月二十五日詔侍從臺諫兩省官限半月薦舉堪充刑獄錢穀及有智畧吏能各三人　五月四日詔淮東總領所既已復置其所舉官即合照應未省併以前員數奏舉　八月三日中書門下省奏在法奏舉武舉人各止許一名委是人數太窄理宜增添詔今後内外各許奏舉二名　九月二十八日宰執進呈六部長貳等歲舉改官人皆是後來許依職司收使令合依舊法上曰甚好梁克家奏曰在京選人無外路監司薦舉若六部長貳又不許作職司必不得改官上曰舊法既然當使人從法不可以法從人虞允文奏曰舊法承務郎以上謂之京官則京局不以選人為之故六部長貳不作職司亦可令皆用選人後來磨勘不行必重申陳却須更改上曰此事續議施行　同日詔舊法稱職司者謂轉運使副提點刑獄及朝廷專差宣撫安撫察訪應節次降理作職司指揮更不施行

舊法　十月九日詔興化府駐劄御前諸軍都統制司薦官許依二月九日指揮鄂州都統制司薦官許令諸司互舉餘路都統制司准此　十一月八日詔臨安少尹守國府長史司馬許依守臣薦舉　十二月二十三日中書門下省奏白劄子言竊見監司荐舉以遂路官員多寡定員數如兩浙既為行畿張官置吏頗異于舊轉運司荐舉亦已增員淮南兩路户口未復州縣官吏省併處多而荐舉尚用承平舊數則宜少減又監司有兼司去處所舉官亦當減于專司欲乞諸路監司見行兼司所舉員數如係所舉二員已上各合減半淮南轉運使副權減三分之一候州縣復舊日取旨送部子細開具所舉員數本部尋取到進奏院供到狀開具諸路監司銜内帶兼字并不帶兼字去處内帶兼字應如舉員數如係二員已上依已降旨揮各合減半外其銜内不帶兼字如提舉常平茶鹽係合舉兩員數如係二員已上亦各合減半薦舉吏部供到狀一諸路兼司共舉七十二員一員處不合減三員處止合減一員合減改官十九員從事郎四員縣令五員共合減二十八員除減外合舉四十四員一兩淮京西兼司共舉十三員一員處不合減三員處止合減一員合減四員除減外合舉九員並係改官一諸路不帶兼字去處共舉一百四十八員係依舊法若依兼司舉官處二員以上減半合

減改官九員從事郎九員縣令八員共減二十六員三項通減計五十八員從之　同日詔六曹寺監長貳以下並檢點酒庫等處所舉官各分上下半年前後官通舉　二十一日詔都統制歲舉所知二人統制歲舉一人以智勇俱全為上以善撫士卒為次以專有膽勇又為次將校士卒惟其所舉從臣僚之請也　八年正月十三日吏部狀准批下廣東運司申契勘轉運判官每歲依條合舉改官四員如是獨員至歲終不差使副方得分舉改官三員共舉七員三分之一舉從事郎照得元降指揮係罷二廣不除使副所舉員數今來廣西運司已准放行歲終不除使副分舉員數所有本路與廣

卷一萬六百六十五

西事體一同乞依廣西運司體例放行本部勘會廣東州郡比之廣西數少理宜量行增添詔與增兩員通六員存舉　二月八日吏部狀准都督批下起居舍人李彥穎劄子每歲選人改官雖有立定一百二十員之數來者漸衆常有溢額本部令相度欲將到部改官人以放散舉主日為資次不到部改官人謂四川換給外路就注以文字到部已圓判鈔日為資次各置籍排錄每月通放改官以十員為率以三員與到部人上鈔以七員充到部人進卷引見如不到部人不及三員聽增放引見人仍待引見畢日并鈔自乾道八年正月為始委本部長貳躬親照籍從上點放所貴每歲改官常不過

一百二十員之數其餘功賞改官及行在職事官等並依常法外有補發舉狀一項欲將應合次年補發奏狀除常程六十里為一程限一月到進奏院出限不許收使欲自今降指揮到日為始其日補發文字且依見行條法指揮施行仍限今年歲終盡到進奏院如出限並不許收使四川二廣准此從之　二十日吏部狀准批下主管淮南東路盱眙軍榷場吳邦老狀榷場正隸户部欲乞將選人主管官令户部長貳淮東路監司帥守通行薦舉改官本部下逐司會問據淮南路轉運司并淮南東路提刑司申稱盱眙軍榷場係是極邊去處日逐津發客旅過淮博易若有透漏許監司覺察按劾有

卷一萬六百六十五

此職事相干本部令指定欲依兩司申到事理許令互舉從之　七月二十八日詔利州路提舉鑄錢司措置撿踏坑治官許用本路監司存舉　九月二十八日詔瓊管安撫都監雖無合舉官員數既瓊州知州兼領許將本州合舉員數通行存舉瓊管司官屬　十一月二十七日提舉廣南路鹽事廣東常平茶事廖顒劄子乞令本司依元降指揮存舉特免裁減批送吏部勘當本部照得廣南路鹽事係提舉廣南東西兩路州縣官與其他諸路常平茶鹽司不同兼諸路常平茶鹽司未降兼司減半指揮之前內茶鹽司每歲合舉改官二員從事郎縣令三員內將從事郎一員換易作改官薦舉令

叅酌乞將廣南路塩事司見今每歲合舉改官二員從事郎三員縣令三員之數比附諸路昨降茶塩司指揮將從事郎三員内一員換易作改官薦舉庶得諸路事體一同從之　九年三月四日詔吏部令後舉狀已經收附而輙稱考第舉主未足別行舉官者更不收使如所舉之人有改節事狀即許申部依條將舉狀不用理為舉過員數唯死亡罪廢及舉主濫格退下方得再舉　四月二十七日權起居舍人趙粹中言乞詔宰執侍從歲舉可充將帥才者各一人具被舉者令赴都堂審察如委可任籍定姓名聞奏差充邊方帥司及都統司屬官或倅貳以儲才俟任滿日或陞機幕謀議或為監司

卷一萬六百六十五

邊郡俾之習熟邊圉利害山川險阻邊帥有闕即于數内選擢折衝禦侮必有可觀上曰帥才自是難得卿此論甚好若然則不待十年得人多矣　六月二十二日詔今後應薦舉官並須指陳事實不得徒飾虚詞如或違例令吏部不得放行仍委御史臺覺察奏劾　七月九日總領淮西江東軍馬錢粮單夔奏窃見淮西總領所歲舉改官四員近馬司移屯于此事務至繁調戲七路官吏被差往來比之他處事體尤難照得湖廣總領所歲舉改官至一十人内三分之一舉充從事郎以上欲望聖慈將淮西改官之數特增置二員異時馬司回日依舊庶幾官吏知所激勸從之　八月三日詔内外

諸軍主帥各限一月荐舉所部智勇才能堪任兵官三兩人具職次姓名申樞密院審察取旨上殿籍記以備陞擢　九月四日權尚書吏部侍郎韓元吉言契勘依條前官已舉官而因事降黜舉狀不經用聽後官于次年補發若前官復應舉官差遣在後官發奏日前者其元舉狀許收使若在後官發奏日後者聽用後官狀令來却有干求旋作前官未牽復之前月日發奏爭訟不一今措置將前官已舉過員數不該收使後官補舉到人具奏狀在未牽復之前到部許行收使若奏狀在牽復之後雖發奏在牽復之前亦不許收使從之　十一月十一日詔六部長貳歲舉選人改官狀許作職司

卷一萬六百六十五

十二月十七日臣僚劄子伏覩淮東西提刑司舊額荐員歲各九員因省罷提刑令漕司兼領後續得旨兼司止許三分舉一歲減六員止得荐改官三員内從事郎一員乾道八年六月十六日指揮將淮南兩路并京西未復州去處監司及兼司合舉員數各減半荐舉一員處不減三員處止減一員今來兩路提刑司遵依上條分上下半年各薦改官一員其吏部止令薦舉改官一員從事郎一員契勘兩路在任選人每路不下百餘人若舉改官二員已是兩經裁損七員之數今又被吏部沮抑歲止得改官一員寔妨選人陞改伏望詳酌送吏部遵依上條施行從之　文獻通考淳熙元年叅知政事

龔茂良言：官人之道，在朝廷則當量人才，在銓部則宜守成法。夫法本無弊，而例實敗之。法者公天下而爲之者也；例者因人而立，以壞天下之公者也。昔者之患在于用例破法，比年之患在于因例立法。故謂吏部者例部也。今七司法自晏敦復裁定，不無疏畧，然已十得八九，有司守之以從事，可以無弊，而拘情廢法，相師成風，益用例破法。其害小，因例立法，其大。法常靳，例常寬。令至于法令繁多，官曹冗濫，蓋緣皿也。望詔有司裒集參附，去及乾道續降申明，重行考定，非大有牴牾者不去。凡涉寬縱者，悉刊正之，庶幾國家成法簡易明白，賕謝之蔽絕，冒濫之門塞矣。于是詔從脩焉。既而吏部尚

卷一萬六百六十五

書蔡洸以改官奏薦磨勘差注等條法分門編類，冠以吏部條法總類爲名。十一月，參知政事龔茂良進吏部七司勅令格式申明三百卷，詔頒行焉。　三年，吏部言：六十不得入選，令文臣、武臣皆有隱減年甲之弊。詔柒之時，州郡上闕狀，指選多昇人私擇，乃詔下諸道，轉運司、州委通判、縣委縣丞、監司委屬官，以時申發，稽遲慮濫者罪之。　光宗紹熙二年，吏部侍郎羅點言：銓量之法，得以察其人物，覈其功過而進退之，而有司奉行，浸成文具，群趨而進，一揖而退，是非賢否，一不暇問，甚者循習舊例，總注差遣，更不銓量。乞自今令長貳從容接談，稍問以事，除癃疾已有定法，如絕不通曉及有通

曉者，別與注擬。從之。　寧宗慶元中，制改官人必作令，謂之須入。中興以來，數申嚴其令。今殿試上三名、南省元外，並令作邑。自後雖宰相子、甲科人，無不宰邑者矣。

自代與職官同存目不錄

全唐文

宋會要

辟舉

高宗建炎元年十一月六日詔應巡檢縣尉刑獄官闕許令提刑司具名奏辟一次文獻通考高宗建炎初兵革方殷詔河北招撫使河東經制使及安撫等使皆得辟置將佐官屬行在五軍并御營司將領亦辟大小使臣於是負才略武勇者或以醫筮從戎或以布衣援官入幕不可勝數而諸道郡縣自戎馬侵軼盜賊殘擾之餘官吏解散諸司誘人填闕皆先領職而後奏給付身於是江浙州郡守倅皆軍興之名換易官屬占使窠闕又有罪籍未該敘復得選未合參部者競趍馬朝論患之乃下吏部畫令改正使歸部依格注擬除陝西五路兩河兩淮京東等路經略安撫司屬官聽舉辟餘路皆罷諸道巡檢縣尉刑獄官闕許復刑司具名奏辟　十二月十五日中書省言昨降赦文許諸路監司郡守辟官令辟過員數已多有妨吏部差注詔除陝西河東路帥臣許依元得指揮及依條令舉辟外諸路監司郡守依赦辟官並罷其諸路合使窠闕除四川外權歸吏部　二年八月二十八日詔內外官司合差辟人幹辦事務者止得於閑居待次官內選差其見任官被諸處官司差辟不依常制輒承受而離任者科以棄城逃遁或擅去官守之罪　三年六月一日詔令後如係吏部窠闕及非奏辟去處並不許奏辟以臣僚言監司州縣將吏部窠闕指名奏辟見在任者則以不可倚仗罷去從請求者則以委有材幹為稱濫長奔競沮抑寒素乞悉改正歸部依格注擬故有是詔　四年五月十五日權知信州陳机言魔賊嘯聚上饒等縣巡檢劉昌醹口巡檢羅折奮不顧身戮力戰死兩塞土軍闕官部轄劉昌有親姪承信郎義羅折有子承節郎鎮各

卷一萬六百七十一

未有差遣已依便宜差權兩塞巡檢今乞差填正任從之　二十二日詔京畿湖北淮南京東西州軍並分為鎮應管內外州縣官並許辟置內知通令帥臣具名辟奏朝廷審量除授文獻通考四年臣僚上言南渡以來土宇未復宦游之所聯晚者江浙閩廣數路而已朝廷既從用吏部闕員而提領安撫司又奏辟其親舊貴游子弟稍有黨援則足不至銓部輒得便地占善闕凌邁超越無復資格長奔競之風塞寒畯之路臣謂大郡守倅及軍旅之事或須擇人從便者自從朝廷除授其餘員闕與諸司辟舉一皆付之銓曹使有司以法授之如郡縣曾經兵燹吏部一榜關無願就者即許權行辟舉從之起居郎朱震言方今經營荊楚控制上流遠方之民理宜綏撫如歸峽州四縣多用軍功或胥吏補知縣攝吏補監務民被其害願取各州官闕委安撫奏辟從之　紹興元年五月十六日臣僚言淮南新經殘破州縣官多不顧赴而中原南渡士大夫僅脫兵火者流寓江浙湖廣閩今歲米價增貴饑而殍者十八九乞令自一命以上願注淮南差遣者許於逐路宣撫司自陳量材受職先次赴官具名申給付身從之　七月三日詔應授堂除及辟差人赴任日令本州取索腳色勘驗如礙本貫不得放上　十二月二十日詔江南東路殘破州縣鎮酒稅務多是權官類皆苟簡可從轉運司奏辟監官一次　二年四月二十三日詔諸路官司近將不理選限官作應出官人蒙昧朝廷舉辟差遣或一面差攝職任令吏部行下諸路並罷如有應奏辟官並仰取索出身以來文字照驗詣實保明違者三省取旨重行黜責　六月二十八日福建兩浙淮東沿海制置使仇愈乞差官屬詔於見任

卷一萬六百七十二

得替待闕已未參部文武官內辟差與理資任月日將來結局許還任赴官文獻通考紹興二年呂頤浩以本僕射都督諸軍請辟參謀官以下文武七十七人戶部尚書李彌大秘書少監傅崧卿預焉而李彌大言於上曰東晉王導謝安為都督未嘗辟朝廷今邊圉幸無他虞頤浩不宜輕動且臣為天子侍從非頤浩可辟請於諸軍悉置軍正如漢朝故以祭官郎為之陛下必欲遣臣請與崧卿別為一司專伺其過失以聞彌大遂改命呂頤浩又言督府屬官不限員數從以開請謁縻祿縻請以準備差遣辟文資以準備差使辟武資臣各以十五人為限詔可七月議者言比年帥守監司辟官攙奪部注朝廷不能奪銓曹不能違又多畀以添差不釐務之闕上自監司倅貳以下至掾屬給使一郡之中兵官八九員一務之中監當六七員較祖宗朝殆三四倍存無事之官食至重之祿生民安得不重困乎請敕有司裁省其闕不得已則以宮廟之祿畀之奏可自今已就辟差理資任者毋得擬舊闕以妨下次三年正月二十五日詔諸路安撫大使鎮撫使安撫使司舉辟官屬令逐司就便取索所辟官出身以來文字

歷任等照驗詣實一面審量乞於狀內開說已審量文字名伴結罪保明奏辟先是官屬濫冒朝廷曾降審量指揮或者慮其迂廻故有是命二月六日詔饒州去江至近及所臨鄱陽湖為要津特許差辟幹辦公事准備差使各一員幹辦防守　六月十七日詔昨降指揮浙西安撫大使司許將準備差遣差使不限文武通融奏辟其江西安撫大使司并江東浙西安撫司準備差遣差使並依此　十月十一日中書門下省言四川帥臣監司知州軍及武臣知州通判自來並係堂除其餘窠闕各係逐路轉運司擬注及安撫茶馬等司奏辟近緣宣撫處置使司盡以便宜辟差有違舊制致使寒士久不得祿詔帥臣監司每遇有闕

令宣撫處置使司每一闕具奏兩三人聽旨除授其餘堂除及安撫茶馬等司奏辟窠闕候已降指揮選差其元係逐路轉運司擬注窠闕仰轉運司依舊法施行如遇軍興緩急州縣官有不堪倚仗之人仍許宣撫處置使司差官對移各不理遺闕　十一月六日吏部侍郎陳與義言諸路監司郡守昨緣州縣闕官數多各申請許行辟官指揮吏部即不曉闕差注若經隔歲月奏辟不到則虛占窠闕兼本部待次選人數多理宜措置今欲將荊湖兩路見闕及過滿去處并已差人違限不赴窠闕便從本部依條差注其餘應申請指揮許行辟官去處已過往來程限外更限兩月如仍前奏辟不到或

雖曾奏辟而不應格法亦從本部差注內帥司及專降旨揮統兵置司差辟屬官或準備差遣主管書寫機宜文字之類并鎮撫使辟官並不在此限其限內辟到官令進奏院即時具所辟窠名申本部照會更不使闕若出限並不許奏辟庶幾不留滯待次選人從之文獻通考三年遂勅不曾經吏部注授參選及雖有請受歷之類而別無省部手照文字人明勅諸路監司郡守並不許奏辟差遣四年三月二日詔諸路帥臣監司郡守今後奏辟官屬並令所舉官錄白付身印紙各委本州通判取真本覆實結罪保明繳連申奏如應參部之人方行給降付身以絕偽濫之弊　四月十三日知澧州孫世顯言本州累遭殘破州縣闕官乞許辟差一次以二年為任任滿無遺闕與轉一官選人比類施行在任官如有應辟

五月條移六月條上

乞與通理權過月日，庶幾有人願就，可以選使。從之。

五年二月十六日，詔：「諸帥所辟屬官，如才行顯著，能協力裨贊，仰三省、樞密院具職位姓名，取旨陞擢。」三月八日，中書門下省言：「川陝諸路監司、守貳以下除授差遣，昨緣道路阻梗，並聽宣撫司差辟。今道路稍通，理合悉循舊制。」詔川陝監司、知、通去替一年，令轉運司具狀申尚書省，餘並依八路舊法差注。六月十日，起居郎朱震言：「方今經營荆楚，控制上流，遠方之民，理宜綏撫。如峽州四縣夷陵、遠安、宜都、長陽兵火之後，多用軍功或胥吏攝知縣，攔頭補監稅，剥膚椎髓，民無告訴。乞取峽州、荆陵府、荆門軍、公安軍州縣官闕，令吏部破格差

卷一萬六百七十三　五

注，或委安撫司奏辟一次，庶幾荆湖之人得免塗炭。」吏部措置：「峽州、江陵府、荆門、公安軍州縣窠闕，除知、通依先降指揮，令帥臣具名奏辟，朝廷審量除授外，其餘窠闕，乞令本路安撫司舉辟一次。其曾充胥吏、攔頭等人，雖已補官，不得舉辟及權攝差遣，如違，各科以違制之罪。」從之。六年六月二十九日，江南西路安撫制置大使李綱言：「江西一路去歲旱暵，及虔、吉州盜賊連年作過，全賴州縣官撫摩討捕。其州縣官有事故闕員去處，乞許差辟一次。其老疾疲懦不職之人，乞許就本路擇能吏兩易其任，各通理前任月日。其虔、吉州知縣，乞依省罷法，許別行奏辟。」從之。三月七日，詔新授吉州軍

事判官、權虔州龍南縣事唐稷治事有古，於民無擾，可與正差。從知州事韓昭請也。文獻通考：六年，詔諸道宣撫司屬官許本司奏辟，內京官以二年為任，願留再任者取旨。自兵興所辟官有吏十年不退者，故條約焉。七年二月十三日，詔：「今後應諸處辟官差遣，並令中書門下省籍記所辟人姓名，如任內犯入己贓、徒以上罪，其奏辟官取旨行遣。」九年四月四日，詔廣南西路提舉買馬司準備差遣一十二員，元係差大小使臣，內特許辟差文臣四員。從本司請也。六月四日，太尉、武勝定國軍節度使、湖北京西路安撫使岳飛言：「湖北、京西路先為累經殘破，其州縣官無人願就，蒙朝廷許臣辟差。今已復河南，其兩路並係內地，自復差官，欲乞從朝廷差注。」從

卷一萬六百七十三　六

之。十二年五月四日，權工部尚書莫將等言：「監六部門，依已降指揮，六部長貳奏辟。切見左朝請大夫程元允委有材幹，可以倚仗，乞充上件差遣。」從之。六月一日，成都府路安撫使張燾言：「成都僻在一隅，去行在萬里，所辟官屬少有願就之人，乞依四川都轉運使李迨例，各與轉一官，仍與支賜。」從之。十三年四月五日，詔：「應非合舉辟窠闕而輒行舉辟，而不即具奏者，以違制論。其被舉之官不候得報而輒行赴上者，請給而納。」從吏部請也。十八年十二月二日，詔：「應四川命官，如未經換給付身，并不許奏辟，并令權攝差遣。」初，詔宣撫司便宜補轉，未經換給之人不許定差，至是往往干請奏辟，或一時權攝。自後前吉都大提舉茶馬韓球乞加禁約，故有是命。

二十六年閏十月二十六日詔見任及已注下知縣縣令人今後不許諸處奏辟　十二月十二日大理卿張杓言乞將四川見奏辟縣令去處盡歸銓選按格法差注從之　二十七年九月二十五日夔州路安撫使周執羔言夔州路城堡屯駐兵馬控制諸蠻並無正官已降指揮令逐路帥臣依條選辟少有應格之人乞從本司不論資序選年未六十付身圓備書歷邊任或經依條權攝一年以上替罷別無透漏及應材武無過犯曉諳夷情大小使臣具名奏辟詔依仍不得奏舉出職吏人并初任人　二十九年閏六月七日吏部侍郎沈介言諸路帥監司及諸州縣應合辟差小使臣校尉去處往往將付身不圖及有過犯不合參部之人權攝應占窠闕今欲除沿邊主兵官許依舊外具餘取到窠闕共四十員乞依見行條法差人其見任并已差下人曾正授朝廷付身許終滿今任如有違礙即行改正從之　十一月二十九日知金州王彥言管下六縣係是極邊其縣令並係選人往往憚於遠涉無人願就乞不限文文武官選擇辟差一次從之　三十年五月二十七日吏部尚書周麟之言依條八路定差權注見闕而勘當應差者所權月日聽理為任舉主仍許收使係奏舉官雖不應注而各已成資者亦許理為資任續承紹興二十七年六月十日旨揮係部大提舉茶馬司奏辟員闕及

卷一萬六百七十三

七

本司一時就權之人在任雖成資亦不許理為資任其間却有轉運司同茶馬司奏辟去處若在任成資如係轉運司合使員闕乞許理為資任從之　十一月七日江淮荊浙福建廣南路提點坑冶鑄錢司言乞辟置韶州岑水場幹辦公事一員從之　三十一年五月十五日詔建康府特許添辟通判一員從判府事張浚之請也　七月四日知化州廖顒言二廣諸縣多是尉兼主簿間有闕正官處多是差攝官權切詳簿尉各有專職闕一不可今乞將二廣諸縣無主簿處添置主簿一員却於本州咸指使一員內雷化高容廣等州有盜賊去處其縣尉窠闕乞差有材武使臣或無正官令帥憲司同選使臣差權即不得差攝官又化州管內有零淥茂暉兩場各係產鹽地分一歲鹽額凡八百餘萬斤兩場自來無正監官止令廣西轉運司同提舉鹽事司辟差或差官權攝但苟利祿不肯留意職事今乞將化州零淥茂暉兩場鹽官令吏部差注使臣如出闕兩季無人願就即送下廣西轉運司依格定差詔令吏部看詳申尚書省　八月六日詔四川宣撫司添置主管機宜文字一員從本司選差候事簡日罷（舊主管機宜文字宣撫司四員制置司二員自李璆為使日減罷至是宣撫使王剛中以文字繁夥乞復置一員故有是命）紹興三十二年七月十七日（孝宗以已即位未改元）張浚言兩淮兵火之後闕官處多欲望許令宣司辟奏一次從之　隆興

卷一萬六百七十三

八

元年三月十六日中書門下省言行在戶部贍軍諸酒庫監官欲令點檢贍軍酒庫所依舊辟差總領四川財賦軍馬錢糧所四川安撫制置司利州東西路安撫司金房開達州安撫司官屬欲令逐司辟差應內外諸處有專法指揮辟闕欲令依舊從之　二年十二月十六日德音敕楚滁廬光州盱眙光化軍管內并楊成西和州襄陽德安府信陽高郵軍勘會逐州軍因被擄及移治離任官吏已降指揮限五日還任令來人馬已退民戶漸次歸業全藉官吏招集撫存尚慮稽違可令本路監司催促回任有不職之人令守臣銓量　逐公廉能吏不以有無拘礙許辟差一次　乾道元年正月一日

卷一萬六百七十三　九

南郊赦應四川二廣奏辟定差通判以下差遣先次就權之人任內開破過應在官物及趂辦經總制無額上供酒稅茶息錢已及賞格如不該差注更不推賞緣已用心趂辦切慮無以激勸因而失陷官物可並與依正減半推賞　二年三月十三日詔令後二廣縣令闕正官一年去處許本路諸司奏辟不得差官權攝　九月十三日四川安撫制置使司言嘉州峨眉犍為兩縣令後於本路都鈐轄司同提刑司選辟諸練邊事合入資序人充知縣吏部勘會嘉州峨眉犍為知縣雖是本路運司定差窠闕緣並係邊縣欲許令本路諸司選辟從之三年八月八日詔令四川逐路帥臣監司審實繁難縣

分保明申尚書省於本路目今應有見闕知縣令公共辟差經任無過犯人一次申朝廷給降付身從臣僚之請也　四年六月二十四日新權發遣容州楊克弼言乞將廣西闕正官州縣特破格差注一任仍許本路三司公議奏辟惟不辟贓私罪犯若三司辟書到吏部已差注即將奏辟圓備之人代省部已差下人從之　六年七月十六日工吏部狀准批下許子中申勘會舒州同安監鼓鑄鐵錢所用鐵炭浩瀚乞置官屬兩員專一往來舒蘄路興發及點檢起置事件今勘當欲依所乞差置一員從本所踏逐文武官內辟差從之　八年正月九日樞密使四川宣撫使王炎言欲將夔利兩路

卷一萬六百七十三　十

合注京朝官知縣兩季無人願注窠闕依元旨破格差注令緣資序以上及經任有舉主無過犯人如再經一季以上無人注即許逐路帥司公選經任無過犯人辟差庶川遠縣邑得人濟辦從之　三月三日詔復置滁州司法泰州海陵縣主簿真州揚子六合縣主簿通判金沙餘慶鹽場巡檢并令逐州申監司保明辟差一次　九月二日紹興府言近申明諸暨縣楓橋鎮改立為義安縣乞辟差縣令丞主簿兼縣尉將本府監都酒比較務雙員各減一員并減贍軍酒庫監官一員主簿兼縣尉許辟差選人一任外知縣丞乞於見任待闕京朝官選人不以有無資格拘礙辟差一任日後從吏部使

闕從之　九年正月二十八日知揚州淮南路安撫使王之奇言淮西帥司省罷官屬乞依葉衡知荆南已得指揮許別行辟差從之　八月二十六日權發遣蘄州提領鑄錢韓璵言奉旨令分舒州同安監歲鑄鐵錢一十萬貫申乞差知監官一員惟(淮)旨揮就差蘄春知縣兼管契勘所置監係在蘄口鎮自州城往來即須三日蘄春知縣難以兼領伏望詳酌許令選差一員奏辟從之　十一月十九日詔自今諸路官非有著令及有原降指揮者不得創行辟差其合辟差者並須恭應條法方許放行間有見闕須是委無差下替人方得舉塡即不得(辦)已差下人替所辟人闕其或有申請者委御史臺察舉重如懲治

卷一萬六百十二

太祖乾德二年正月十日祕書郎直史館張去華上章訴居官久次且言祠部郎中知制誥張澹及祠部員外郎知制誥盧多遜殿中侍御史師頏等文學膚淺願與校其優劣帝臨軒策試命翰林院學士承旨陶穀學士竇儀吏部尚書張昭知制誥趙逢高錫考其程試以澹所對不應策問責授左司員外郎擢去華為右補闕賜襲衣銀帶鞍馬　開寶三年五月二十一日前揚州高郵縣主簿郲顧獻所業文召試學士院授右贊善大夫　七年五月七日布衣齊得一以㴩州上言能講五經喜教授鄉里士大夫子弟皆就而肄業布衣蔬食不樂仕進召試舍人院策入等命為齊州章丘縣主簿　太宗太平興國七年正月十四日元帥府長史元象宗上章求試詔學士院召試內外制數篇命為衛尉少卿（象宗錢俶之婿）淳化元年七月二日殿中丞尹畋上表獻所著詩賦雜文五十軸令學士院召試用何道使民知礼節論命為太常博士　二年九月二十七日著作佐郎李建中令學士院試詩賦命為殿中丞　真宗咸平三年五月十五日右神武大將軍錢惟演獻所著文及咸平聖政錄召試學士院命為太僕少卿七月六日祕書郎陳彭年學士院試論詞理中上等命為祕書丞　六年正月十六日河陽節度判官張知白上疏言事召

卷一萬三千一百四八

試舍人院，命爲右正言。景德元年二月六日，同進士出身柳察獻所著擬白居易策閒七十五篇，目爲贊聖策林，幷續丹扆箴五篇。召試策論凡三千字，授楚州團練推官。察前以獻文得試學士院，賜出身，至是再有所獻，故以命之。八月十五日，饒州浮梁縣主簿李慶孫上書自陳日能爲十賦，命中書召試之。雖至晡成文，而荒淺無取，帝猶獎其敏，以爲高康軍判官。景德二年十月二十四日，太常寺太祝宋綬、奏禮部邵煥並召試中書，命爲太〔大〕理寺評事。綬年十五，煥年十八。前一日，內出姓名付中書，帝嘉其敏贍，並命還秩，仍令綬讀書于祕閣。二十六日，童子出身重輒獻所業，召見，詩賦，命爲祕書省正字。三年八月十七日，前隰州溫泉縣尉楊操上書求試，命中書省召試詩賦各一首，稍有可采，特免選升兩資。四年八月十六日，神勇指揮使李縝男習進士玠獻所業文賦，帝覽其文理頗有其可采者，送樞密院考試，以閑習日以所進呈組合程式。帝曰：「將校之子，當補殿侍，觀其修學若勤而不止，必有所成。」可論之令依例赴舉。大中祥符元年五月七日，殿侍三班使臣侯曾進大中祥符頌，詔樞密院試補三班借職。曾累上封章，以誕妄擯於外郡，帝以其辯而知書，錄爲殿侍。至是復進文字，頗亦進理，詔樞密院試以時務而命之。四年十一月二十日，京兆府草澤李逢良以本

卷一萬三千二百四十八

二

路上言存心文學，不求聞達，召試中書，命爲試祕書省校書郎、復州軍事推官。五年正月十三日，舒州錄事參軍劉滋獻文求試，召試于中書，命爲著作佐郎。五月四日，以前彰武軍節度推官解旦爲著作佐郎，均軍參軍許洞爲和州烏江縣主簿，越州餘姚縣主簿李孜爲臨江軍判官。紀汾陰歲，邀車駕獻文者甚衆，命近臣考第之，以旦等詞學可採，詔試中書而有是命。天禧元年九月十一日，屯田員外郎杜詹召試學士院，賦平詩稍優；祕書丞黃總賦詩俱平。詔詹爲都官員外郎，弁總並升陟差遣。十一月二十一日，前江州瑞昌縣主簿劉若冲進所業，命試舍人院，以策論稍優，特升兩資。先是若冲建言，自今召試者並請試策，至是用其議而命之。四年六月十三日，進士姚嗣復獻其父舒州團練副使鉉所纂文粹百卷，召試舍人院，命爲亳州永城縣主簿。

天聖元年七月二十八日，大理寺丞李濤召試學士院，策頌並平，命爲殿中丞。五年二月二日，衛尉寺丞李安石召試學士院，策頌並平，詔依舊充館閣校勘。七月十二日，前泰州軍事推官滕宗諒召試覺〔學士〕院，策稍堪，論稍優，詔爲大理寺丞，依前知太平州當塗縣。九月十二日，太常博士李昭述召試學士院，策稍〔優〕，論稍堪，命爲屯田員外郎。七年五月二十二日，大理寺丞王素

卷一萬三千二百四十八

三

召試學士院賦詩平太常寺奉礼郎錢彦遠賦平詩落
韻詔素升陟差遣　八年八月六日秘書丞張逵召試
學士院賦詩平詔升陟差遣　十年六月二十六日秘
書丞監左藏庫鄭驤獻文召試學士院賦平詩稍堪命
為太常博士　明道二年六月五日鄂州進士李宗孟
年十二上書自言詔舍人院試所能帝嘉其幼且才命
為試秘書省校書郎　景祐元年八月十五日太常博
士施昌言召試學士院賦三下詩四上命為屯田員外
郎　二年七月三日屯田員外郎王素以判許州張士
遜薦有文藝命學士院召試賦三下詩三上詔與優便
差遣仍賜緋　十二月二十七日權常州團練判官閔

卷一萬三千二百四十八

四

從周召試舍人院詩賦並四上詔循二資　寶元二年
十月五日大理評事徐師閔獻所業命學士院召試賦
三下詩四下詔特與親民差遣　康定元年四月九日
大理寺丞譚嘉震召試舍人院策四上詔換內殿崇班
十五日草澤盧覲召試學士院策三下詔為防州軍事
推官權寧州判官　九月四日翰林學士晁宗慤等言
大理評事蘇舜賓獻學有文集歷代諫諍奏議之書成獻納大典一
百卷上之詔學院召試未有名試而卒　二年二月四日學士院試
郊社齊郎卯良孫策三下應茂材異等科鄭元策三上舍人院試
永興軍布衣宋賠策三下詔良孫元並陜西初等職官賠陜西簿
尉　七月九日學士院試茂材異等科龔懋進士華直溫策三上進士

張問策三下詔懋直溫陝西初等職官問試將作監主
簿　八月七日殿中丞苗振召試學士院賦四下詩五
上詔升知軍差遣　慶歷二年二月六日光祿寺丞錢
曈召試學士院賦四上詩三下詔與親民差遣　九月
二日泰州司戶參軍李肩白召試舍人院策三上詔與
初等職官　三年五月六日屯田員外郎凌景陽召試
學士院賦詩四下詔知和州　十一月七日舍人院試
草澤黃通策三下張定方策四上姚光弼張紘策四下
詔通試大理評事定方試秘書省正字光弼紘試將作
監主簿　四年九月二十七日舍人院試進士趙仁修
蔡若拙策四上詔若拙為司士參軍仁修三班借職

卷一萬三千二百四十八

五

十一月五日太常博士尹源召試學士院論七首四上
三下詔與堂除知州　五年六月九日澤州進士劉羲
叟召試舍人院策八等命為試大理評事　六年六月
二十四日權知威勝軍沁源縣薛恕召試舍人院策三
下詔除節度掌書記　七年六月十一日布衣劉絳以
翰林學士張方平等薦仍上所著皇極論召試舍人院
策中等命為試秘書省校書郎　皇祐五年四月十三
日學士院試供備庫副使李評賦詩論並四上殿中丞
宋敏修賦詩三上將作監主簿楊愷賦詩四下論四上
詔評換殿中丞敏修太常博士不隔磨勘愷太常寺太
祝評以魏國大長公主遺恩敏修以兩制上所著春秋

八月二十六日以下十九字重文

列國類纂愷以上父偕家集並命試　嘉祐二年九月十六日霸州防禦推官劉純以宰臣文彥博薦召試舍人院賦四上詩論四下詔與循一資　五年八月十七日祕書丞田洸召試學士院賦三下詩四下詔轉太常博士不隔磨勘優與堂除在京差遣　六年十一月二十一日大理寺丞羅愷召試學士院賦落韻犯不考式詔與知軍差遣更候一年轉官

英宗治平四年十月十一日神宗已即位未改元進士黄君俞召試舍人院策論入等詔為撫州司户參軍充國子監直講翰林學士玉（王）珪等薦君俞博通經藝為諸生景仰累被開封府優薦老於場屋兼據新及第進士

許安世等百五十人狀及知舉官司馬光三人累有論薦欲望依李覯例除一太學或國子四門助教令就盖說書庶幾激勸學者遂召試而命之　十二月三日布衣鄧子喬召試舍人院方畧中等詔補三班奉職　神宗熙寧元年七月七日詔布衣王安國賜進士及第仍注初等職官先是手詔安國翰林學士安石之弟久聞其行義學術為士人推尚近閱所著序言十卷文辭優贍理道該明可令舍人院召試試入第三等下故命之也　八月二十六日詔自令試館職並試策論罷詩賦

熙寧二年十一月一日尚書刑部郎中兼侍御史知雜事陳襄言近蒙授侍御史知雜事仍候知制誥有闕與試乞罷與試指揮從之　三年七月五日賜大理寺丞王欽臣進士及第祕書省正字唐坰進士出身欽臣以文彥博薦坰上書言事召對並試學士院而有是命

十月二十五日詔潁州進士常立試於舍人院以侍御史知雜事謝景溫言立行義修潔昨預敦遣以疾不及試故也　八年閏四月十三日雄州進士焦渥召試舍人院策入等詔與試街判司簿尉察訪使曾好寬言渥陳邊議可釆召試中等特有是命　十月十三日詔武學上舍生員曹安國依得解人例赴祕閣再試以武學言安國材畧可用故也　九年六月九日賜布衣馮正符同進士出身與試街大郡判司或縣主簿尉以御

史中丞鄧綰奏舉於舍人院試中等也　二十八日詔進士權武學傳授楊仍為越州山陰縣尉以仍獻兵說可采令權傳授候一年與試至是舍人院試策復中等故也　哲宗紹聖元年五月十三日左司諫翟思言熙寧初除諸路學官與更置太學博士正錄雖有朝廷特除然類令國子監長貳薦舉索所業攷第高下以次除授復立試法以覈材實其進士發解省試廷試在十五人内太學上舍内舍職事者並令召試不在此例許投所業國子監攷覆方預召命雖取之甚難然一時所得皆公義之所與元祐以來罷去試法特行除授請自今除學官依舊法召試更不令自投所業在内許國子監

長貳臺諫官外則監司皆得薦舉上副陛下教養之意
三省言尚書侍郎學士待制及兩省官御史臺諫官監
察御史以上國子祭酒司業每歲許奏舉堪充諸路學
官一員須進士或制科出身年三十以上無私罪重及
非衝替人其奏舉到學官除元係制科及進士及第上
五人省試上三人國子監開封府廣文館發解第一人
或太學生舍生該出官免省試人更不試外餘並召赴
闕附吏部春秋參選人試凡試兩經大義各一道以通
曉經術文理優長為合格其舉試到學官中書省籍記
姓名遇有闕三省同選差從之　徽宗大觀四年六月
十三日詔江州進士王易簡召赴中書省試策一道

高宗建炎二年二月十三日詔中書省召試布衣先是
敕書許臣僚薦舉草茅材德之士至是令試策一道潭
州進士胡昭係第三等中　與補登仕郎何烈係第四等
下江州進士王彥係第五等上撫州進士詹呈係第五
等下並補將仕郎內何烈策有數處稱臣緣係疎遠寒
不知體式特與一體推恩續因臣僚言改補下州文學
　四年九月四日詔御史臺主簿韓璜令中書後省召
試策一道　紹興元年五月二十五日翰林學士汪藻
言准尚書省劄子召試館職其本院條令案牘昨因渡
江燒燬殆盡今省記到合行事件一試時務策一道一
試人合避祖宗廟諱預行告示一試前一日進所試題

試官鎖宿一試前五日關內侍省差內臣一員至日監
門搜檢一告示赴試官預行納家狀試卷草紙一關儀
鸞司預行排辦帳設一試訖實封諮報送尚書省施行
一合依例差點檢錄事手分共四人行遣一有省記未
盡乞比附中書門下後省見行召試等條例施行從之
　七月三日詔成忠郎楊球令中書門下後省召試策
一道與換文資　九月九日侍御史沈與求言伏見陛
下追復祖宗故事間詔四方賢雋之士令中書省策以
當世之務觀其所長或用之臺省或儲之館閣皆極一
時之達若球者係蔡京使臣楊哲之子令為勅令所檢
閱文字蓋吏職也考之衆論初不聞其有才夫以使臣

而為吏職乃得四方賢雋之士並試於中書他日或有
興能之士陛下即欲召之其肯至哉乞罷球歸於右選
自此以後精加審擇從之　二年閏四月二十九日詔
樞密院編修官舒清國御史臺檢法官晏敦復並召試館
職　五月十二日敦復言去場屋適二十年加以年齒
寖衰舊學荒廢乞罷召試詔別與差遣　十一月八日
詔虞澐除校書郎沈長卿李綱已辟差遣令赴任石公
揆別與差遣　是日上謂輔臣呂頤浩曰試館職人當
取寔有文學議論若召試備礼非祖宗取人之意近日
三人試卷朕嘗親覽如沈長卿策尚懷朋附又不指陳
寔事朕不欲令供析頤浩曰沈長卿於題外別敘四事

皆是自外準備石公揆文詞荒畧惟虞澐答所問欲除校書郎其餘不可與選上然之　五年閏二月二十八日詔右承奉郎徐度令中書舍人試策一道以汪藻等應詔薦舉故也　六年三月十二日中書門下省言祕書省見闕校書郎一員而句龍如淵係紹興五年正月二十四日降指揮召試館職今已試訖詔除祕書省校書郎　十二月十八日中書門下省言樞密院都督府効士累陳利害備著忠勤占籍日久理宜旌別詔應見令行在所及行宮樞密院都督府効士並令附來年春試選人類試所試時務策一道分優平兩等考校具合格姓名申尚書省其試中優等人再令學士院召院訪以時務文理優異者取旨推恩　七年七月二十九日詔進士鄧酢上書陳獻利害文理可采令中書後省召試時務策一道　八月二十四日詔進士閻夏所進六論議論優長及召試中書後省文辭可採特與補右迪功郎令閤門引見上殿　八年十一月四日中書門下省言建州進士劉勉之已赴都堂審察訖詔令中書後省召試策一道　十二年七月十七日詔吳璘子援令川陝宣撫司召試策一道保明取旨與換文資

紹興二十六年九月十七日詔左宣教郎新差充爲軍教授任質言改差充諸王宮大小學教授質言先被旨召試館職引疾辭免故有是命　三十年三月二日詔

令後除館職並召試學官依格選除更不召試先是臣僚言比來館職選用頗輕士有僥覬之心乞行召試令禮部討論典故故有是詔　七月十七日詔左宣教郎太學博士朱熙載左宣教郎諸王宮大小學教授劉鳳儀召試館職熙載儀鳳各以久去場屋乞免召試從之

孝宗紹興三十二年未改元九月四日詔左迪功郎方翥召試館職　七日詔右從政郎曾憙令中書後省召試時務策一道　十一日詔左從政郎太學政戴先達左迪功郎新國子正張宗卿左儒林郎太學博士何偁並召試館職　隆興元年二月十一日詔左文林郎劉鳳左從政郎鄭伯熊左修職郎莫沖並召試館職九月十四日中書門下省奏左承議郎莫濟以中詞科第一名諸王宮大小教學授省罷詔候館職有闕日召試　十月三日詔左文林郎王衛召試館職　十二月十二日詔左從事郎唐仲友召試館職　二年閏十一月十三日太學博士鄭升之劉子准尚書省劉子祕書省正字欽望朝廷依例召試樞密院編修官范成大劉子先准指揮候館職有闕詔試令除目未敢安職乞檢會召試指揮容成大就試待命詔鄭升之范成大並令引試　乾道元年正月二十四日詔左迪功郎施師點召試館職　二月十七日詔左宣教郎張恪召試館職　五月二十四日詔左從事郎胡元質召試館職　八月

二十二日，中書門下省奏：左宣教郎新除祕書省正字
梁介狀，除授館職，例先召試，乞敕奏許令先次就試。詔
依。二年二月一日，詔左文林郎施元之召試館職。九月十二
日，詔左從事郎李燾召試館職。十一月四日，詔左從
事郎閻蒼舒、左宣教郎范端臣並召試館職。三年六
月五日，寄理左迪功郎員興宗、左從事郎詹亢宗、左宣
議郎劉焞並召試館職。四年十一月八日，詔左修職
郎陳騤、楊興宗並召試館職。十二月四日，詔左宣議
郎蕭國梁、趙汝愚並召試館職。五年六月十九日，詔
左承事郎林光朝召試館職。六年二月二十四日，詔

卷萬二千十二百四十八　十二

左文林郎馮田召試館職。閏五月二十二日，詔左宣
教郎丁時發召試館職。八月二十六日，詔左修職郎
王希呂召試館職。七年七月十九日，詔右宣教郎呂
祖謙、左宣教郎蔡戡並召試館職。十二月四日，詔左
宣教郎史彌大召試館職。八年十一月七日，詔左迪
功郎陳自修、左奉議郎蔣繼周並詔試館職。十一月
十三日，詔左文林郎崔敦詩召試館職。九年閏正月
五日，詔左宣教郎林枅召試館職。六年二月七日，詔
左承議郎張縯召試館職。

七年二月七日後移前七年六月十九日條上

宋會要　召試館職

太宗端拱元年正月八日，中書召試大理評事羅處約、
王禹偁。帝自命題云：詔直館吏和所進賀雪詩稱賞序
一首，履春冰一首。帝覽其文，詔禹偁為右拾遺，處約為
著作郎，並直史館，賜緋魚袋。六月二十日，中書召試
殿中丞夏侯嘉正，辨官論，詔為右正言、直史館兼直祕
閣，賜緋魚袋。二年四月十六日，學士院試祕書省校
書郎李宗諤詩頌，詔充集賢校理，以獻所業故命試。
淳化元年三月十九日，學士院試監察御史尹黄裳頌，
詔為左正言、直史館，以獻詩賦雜文故命試。二年十
月二日，學院院試殿中丞郭延澤賛善大夫董元亨、唐

卷二萬四百八十　一

書漢書問目十道，各通七，詔並充史館檢討。真宗咸
平元年九月七日，舍人院試祕書丞孫冕雜文，詔直史
館。冕監三白渠，上書言事，召入，賜緋魚袋，且令知制誥
王禹偁試文命之。二年七月四日，學士院試都官郎
中劉蒙叟作樂崇德頌，詔直史館。先是，蒙叟上言曰：陛
下已周諒闇，方勤萬務，伏望愈崇儉德，謹守前規，無自
矜能，無作奢縱，厚三軍之賜，輕萬姓之傜，使化育被於
生靈，聲教加於夷夏，且萬國已覩其始，惟陛下謹守其
終。思鮮克之言，戒性習之漸，日謹一日，雖休勿休，則天
下幸甚。帝嘉納之，召試而有是命。十七日，舍人院試
比部員外郎洪湛皇帝孝德頌，祕書丞劉隲審樂知政

頌詔湛直史館隲直集賢院湛前直館言事落職至是求章復隲補潭州從事過帝領本州節制因得謁見贄文被嘉賞至是復獻編著故并試而命之九月三日舍人院試秘書丞劉鍇詔直史館鍇右諫議大夫蟠之子以門資授官舉進士登第至是帝中夜觀書因得鍇所獻章太學頌嘉賞之且歎其幼孤能自立因出所獻文示輔臣召試而有是命　六年二月三日命吏部侍郎陳恕左司諫知制誥楊億試流内銓選中崇文院校御書官前秀州軍事推官馮翊等一十五人内大名府主簿劉筠等六人詞學稍優並於崇文院校勘依前官給月俸其職錢及太官供膳依直館例先是命三館秘閣

卷二萬九百十六　二

取四庫書正本繕寫入内僅數萬卷館閣官校勘不逮乃命銓管選進士及第無贓污者具以聞仍試可方預此選士人榮之餘不合格者並送銓依常調　大中祥符二年四月六日學士院試光禄寺丞晏殊賦稍優詩平詔充集賢校理以獻所業命試　四年六月二十五日學士院試秘書丞夏竦賦優詩稍優詔直集賢院先是詔令兩制識而有是命　七月四日中書試著作佐郎李垂前泗州軍事判官秦唐佐前河中府龍門縣令王夷簡前許州郾城縣尉劉爽前秦州興化縣主簿韓義論各一首詔垂守本官唐佐為著作郎餘並為大理評事仍並充秘閣校理垂等先奉詔重修天下圖經既

成命試而有是命　五年正月十三日中書試主客員外郎丘雍詔直集賢院以獻大命試　八年四月二十五日中書試監察御史李仲容詔為左司諫直史館仲容條對御題稱旨召試中書而有是命　天禧元年九月十一日學士院試光禄寺丞王舉正賦稍優詩平大理評事丁度賦詩稍優詔舉正館閣校勘度太子中允直集賢院以獻所業命試　四年三月十三日學士院試秘書省校書郎李淑賦詩優詔為守校書郎館閣校勘以獻文命試　五年正月九日學士院試職方員外郎章得象秘書丞程琳詔得象直史館琳直集賢院前詔兩制舉詞學清素之士翰林學士劉筠等以得象琳名聞

卷二萬九百八十　三

故名試而命焉　二月十七日以光禄寺丞謝絳為秘閣校理大理寺丞王質大理評事石居簡李丕諒大常寺奉理郎石昭遘並充館閣校勘初兩制列狀薦絳等四人丕諒即三司使七衡之子士衡上言願預讎校之職遂命諫議大夫李行簡知制誥宋綬試于國子監而有是命　十月四日以屯田員外郎潘洞充集賢校理殿中丞潘汝士為太常博士直集賢院殿中丞洪鼎大理評事蕭貫為太子中允並直史館洞貫獻文求試汝士鼎從文學清素之舉　仁宗天聖元年一月五日學士院試太常丞張觀策頌稍優秘書郎王堅策稍優頌平大理寺丞柳植策平頌稍優大理評事薛紳策稍優頌

平詔觀右正言直史館塈太常丞植著作郎並直集賢
院紳館閣校勘並以獻所業命試七月二十八日學士
院試大理寺丞向傳式策平頌稍優詔充館閣校勘以
獻所業命試　十二月四日學士院試前鳳州團練推
官彭乘策頌並稍優詔充館閣校勘以獻所業命試
三年正月三日學士院試殿中丞吳遵路策論並稍優
詔充秘閣校理遵路僉書江寧府判官以宰臣王欽若
自江寧入相薦才命試　九月十六日學士院試屯田
員外郎鄭向策稍堪論稍優詔直集賢院以獻五代閨
皇紀命試　十一月六日學士院試太常博士王皡策
稍優論優詔楊州江都縣主簿王琪策優論稍優詔皡
直集賢院琪爲大理評事館閣校勘先是琪上言時務
十餘事曰復制科禁錦綺珠具置營田立義倉罷榷酤
和糴行鄉飲藉田之禮公卿子弟入國學天下州郡設
郡學以育士罷鬻爵令進士專習經籍及直五經博士
減度僧尼行閱武之法帝嘉之召試而有是命　五年
七月十二日學士院試大理評事宋郊策稍優頌優詔
爲太子中允直史館　六年二月六日學士院試太常
博士高餗策稍優詔直史館以上所業命試　七月十
六日學士院試奉禮郎葉清臣鄭戩策頌稍優並詔爲
光祿寺丞充集賢校理以上所業命試　十二月四日
學士院試大理寺丞范仲淹策稍堪論優詔充秘閣校

理以御史中丞晏殊薦命試　七年閏二月七日學士
院試將作監丞館閣讀書張友直詩賦稍優詔充秘閣
校理刑部尚書知江寧府士遜之子士遜前奏入館閣
讀書至是表求兼職侍行召試命之　八年十月二十
二日學士院試將作監丞王堯臣詩賦並稍優趙槩賦
稍堪詩平詔堯臣爲著作佐郎直集賢院槩爲著作郎
集賢校理以上所業命試　十年二月十九日學士院
試大理寺丞館閣對讀書籍呂公綽賦稍優詩稍堪光
祿寺丞館閣對讀書籍張子思賦堪詩低次詔公綽充
集賢校理子思充秘閣校理公綽子思皆以在館二年
特詔命試　七月二十八日學士院試著作佐郎趙良
規賦詩稍優詔充集賢校理以資政殿學士王曉薦命
試　明道元年十二月十八日學士院試殿中丞宋祁
賦優詩稍堪太子中允韓琦詩賦稍優太常博士楊偉
郭稹並試賦稍堪詩稍優大理評事石延年賦平詩稍
堪趙宗道賦稍堪詩平江寧府上元縣主簿吳嗣復廬
州合肥縣主簿胡宿善賦稍堪詩平詔祁本官直史館
琦太常丞直集賢院偉稹本官充集賢校理延年宗道
嗣復宿館閣校勘琦獻所業宗道以父諫議大夫知永
興軍賀陳乞祁等特旨命試　二年八月三日學士院
試太丞劉沆著作佐郎孫抃各賦稍優詩平詔並直集
賢院抃仍轉太常丞以獻所業命試　十一月三日命

人院試校書郎知崇州靜海縣張宗古賦稍優詩稍堪
詔爲大理寺丞館閣校勘以參知政事王隨薦命試
景祐元年閏六月二十八日舍人院試前西京留守推
官歐陽修賦優詩稍堪詔爲鎮南軍節度掌書記充館
閣校勘以樞密使王曙薦命試　九月十九日舍人院
試山南東道節度掌書記尹洙賦三上詩三下詔充館
閣校勘以樞密使王曉薦命試　二年二月五日舍人
院試都官員外郎充崇政殿說書賈昌朝賦三上詩三
下詔直集賢院以五春秋要論命試　六月七日學士
院試秘書丞盛申甫賦三上詩三下詔充集賢校理申
甫先在館閣校勘書籍有詔候及三年至是歲滿命試

八月五日學士院試太常博士范宗傑賦三上詩三下
詔充秘閣校理以父戶部侍郎知永興軍雍陳乞故命
試　九月二十七日學士院試將作監丞王拱辰賦詩
並三上詔爲著作郎直集賢院以獻所業命試　三年
四月十三日學士院試太子中允崧頎賦詩並三上詔
充集賢校理以知應天府夏竦御史中丞杜衍薦命試
十月三日學士院試秘書丞館閣對讀書籍張亢賦
三上詩三下詔充集賢校理充宰相李迪增自陳對讀
書籍已二年詔更候一年至是歲滿命試　十二月九
日舍人院試鎮安軍節度掌書記楊儀賦三上詩三下
詔充館閣校勘　四年二月二十九日學士院試將作

監丞楊察賦詩並三上詔爲著作郎直集賢院以獻所
業命試　閏四月十五日學士院試大理寺丞王繹賦
三上詩四上詔充秘閣校理以獻集賢殿秋宴百僚頌
命試　五月二十三日學士院試祠部員外蘇蘇紳策
論並三上將作監丞富弼策三上論三下詔紳爲刑部
員外郎直史館弼爲太子中允直集賢院紳上時政書
五卷弼獻所業命試　寶元二年五月十一日學士院
試大理寺丞刁約賦三下詩三上詔充館閣校勘以判
天雄軍呂夷簡薦命試　康定元年九月五日學士院
試著作佐郎蔡襄賦三下詩四上大理評事陳經賦詩
各三上詔並充館閣校勘經以宰臣張士遜襄以禮部

尚書知河南府宋綬薦命試　二年七日學士院試大
理評事陳博古賦三上詩三下詔充館閣校勘　二年
二月四日學士院試殿中丞何中立賦詩並三上詔充
集賢校理以知陳州晏殊薦有詔候再任替回命試
三月二十二日舍人院試殿中丞韓綜賦詩並三上詔
充集賢校理以宰臣呂夷簡薦命試　五月十一日學
士院試太常博士李惇裕賦詩並三下詔以惇裕是李
至姪男曾應拔萃入等特除秘閣校理以獻所業命試
八月七日學士院試屯田員外郎曾公亮試詩三上
詔充集賢校理公亮獻所業有詔候及一年至是歲滿
命試　十月二十七日學士院試將作監丞呂溱賦詩

三上詔為著作郎直集賢院以獻所業命試　慶曆二年二月六日學士院試大理評事李絢賦詩三上詔為太子中允直集賢院以獻所業命試　九月一日學士院試太常博士孫甫秘書丞楊孜並賦三上詩三下詔並充秘閣校理甫以樞密副使杜衍孜以宰臣呂夷簡薦命試　三年九月二日學士院試著作佐郎國子監直講朱寀賦詩三上詔充集賢校理以樞密副使王堯臣薦命試　四年二月八日學士院試秘書丞孫錫大理評事蘇舜欽賦詩並三上詔充集賢校理以參知政事范仲淹薦命試　三月十一日學士院試兵部員外郎掌禹錫秘書丞張揆賦詩並三上詔充集賢校理禹錫以樞密副使任衍揆以宣徽南院使夏竦薦命試

〈卷二萬四百八十〉　八

五月一日學士院試殿中丞王益柔論三上詔充集賢校理以參知政事范仲淹薦命試　八月六日學士院試太常丞章岷論三上殿中丞晁仲衍賦詩三下詔岷充集賢校理仲衍充秘閣校理岷以參知政事范仲淹薦仲淹獻所業並命試　五年五月七日學士院試大理寺丞充國子監直講范鎮賦三上詩三下詔充館閣校勘以資政殿學士王舉正薦命試　十一月二十五日學士院試大理寺丞國子監直講邵必大理寺丞李中師賦詩各三上詔並充集賢校理必以刑部尚書晏殊中師以宰相陳執中薦命試　六年十月七日學士

院試大理評事王珪賦詩三上詔為太子中允直集賢院以獻所業命試　七年二月十四日學士院試太常博士林槩賦詩三上詔充集賢校理翰林丞旨丁度等上槩著史論辨國語命試　二〔月〕七日學士院試屯田員外郎陸廣秘書丞田諒詩三下賦二上詔充集賢校理廣以參知政事丁度諒以判大名府夏竦薦命試　七月二十二日學士院試大理評事賈黯賦詩三上詔充館閣校勘　八月二十五日學士院試太子中允韓絳賦詩三上詔為太常丞直集賢院以獻所業命試　八年三月二日學士院試大理寺丞國子監直講吳充賦詩三上詔充集賢校理以獻政本書十卷命試　七月七日學士院試殿中丞王起將作監主簿鞠真卿賦詩並四上詔充館閣校勘以宰臣文彥博薦恩州城下勤

〈卷二萬四百八十〉　九

勞命試　十四日舍人院試殿中丞李大臨賦三下詩三上大理寺丞沈康賦三上詩三上詔並充秘閣校勘大臨以宰臣文彥博康以判大名府賈昌朝薦並命試　九月二十一日學士院試光祿寺丁諷賦詩三下詔充館閣校勘以父度罷參知政事恩陳乞故命試　十一月十七日學士院試大理寺丞國子監直講司馬光賦詩三下詔充館閣校勘候二年除校理以知知政事龐籍薦命試　皇祐二年正月二十七日學士院試太常博士馮浩賦詩三上詔充集賢校理以宰臣文彥博

薦命試　四月十二日學士院試屯田員外郎郝澥賦詩三上詔充集賢校理通判鄭州以判鄭州賈昌朝薦命試　八月十三日學士院試將作監丞賈黯大理評事謝仲弓賦詩並三上詔黯爲著作郎仲弓爲太子中允並直集賢院以獻所業命試　三年三月二十七日學士院試職方員外郎王疇賦詩三上詔充集賢校理以宰宋庠薦命試　四月二十六日學士院試大理評事劉敞賦詩三上詔爲太子中允直集賢院以上所業召試　九月二十一日學士院試屯田員外郎張師中太子中允陸詵賦詩三上詔師中充秘閣校理詵充集賢校理師中以衆人薦詵以判大名府賈昌朝薦命試

卷二萬四百八十　十一

四年四月二十五日學士院試太常博士胡俛賦詩三上詔充集賢校理以參知政事高若訥薦命試　五年八月七日學士院秘書郎滿京賦三上詩三下著作佐郎沈遘賦詩三上詔並爲太常丞京直集賢院遘充集賢校理以上所業命試　十月二十一日學士院試著作佐郎錢公輔賦三上詩三下詔爲太常丞充集賢校理以上所業命試　至和元年五月二十七日學士院試屯田員外郎韓宗彥賦三上詩三下詔充集賢校理以宰臣陳執中薦命試　七月八日學士院試大理寺丞蘇頌賦詩上詔充館閣校勘翰林學士楊偉等上頌父紳家集命試　二年正月二十一日學士院試職方員外郎李及之北京留守判官周豫賦三上詩四下詔及之充集賢校理豫充館閣校理及之獻君臣龜鑑豫以宰臣陳執中薦命試　三月二十六日學士院試太常博士王權賦詩三上詔充集賢校理以宰臣執中薦命試　五月二十九日學士院試太常博士王哲賦詩三上詔充集賢校理以上春秋通義辭皇綱論議論四十九卷命試　三年五月六日學士院試殿中丞李綖賦詩三下詔充秘閣校理以宰臣文彥博薦命試　嘉祐元年十二月二十四日學士院試殿中丞張洞賦詩三下詔充秘閣校理以觀文殿大學士晏殊薦命試　二年七月二十四日學士院試職方員外郎林億光

卷二萬四百八十　十二

祿寺丞劉瑾賦詩詔億充秘閣校理瑾充館閣校勘億樞密使高若訥壻以罷政府恩陳乞瑾宰臣沆之子先是沆監護溫成皇后園陵畢因辭恩賚而爲瑾陳乞有詔候二年至是並命試　十月七日學士院試秘書丞陳襄賦詩三下詔充秘閣校理以宰臣富弼薦命試　十一月十四日舍人院試前西京留守推官陳繹賦三上詩三下詔充館閣校勘以樞密副史梁適薦命試　十二月二十三日學士院試太常博士吳及詩賦二下詔充秘閣校理以觀文殿大學士劉沆薦命試　三年五月十五日學士院試大理評事滕甫賦詩三下詔爲太子中允集賢校理以獻所業命試　十一月二日

學士院試將作監丞鄭獬賦詩三上太常博士蔡抗賦
詩三下獬為著作郎直集賢院抗本官充秘閣校理獬
獻所業抗以轉運副使孫沔薦命試　閏十二月二十
六日學士院試大理評事楊繪賦三下詩三上詔為太
子中允集賢校理以獻書〔秘書丞陳薦[illegible]〕詩古春秋辨要十卷命試
四年五月十七日學士院試太常丞文同　九月三
日學士院試屯田員外郎徐綬賦三下詩四上詔充集
賢校理以翰林學士承旨孫抃等薦命試　八日令入
院試太常博士裴煜賦三下詩三上詔充秘閣校理以
觀文殿大學士劉沆薦命試　五年二月一日學士院
試太常博士張瑗賦四上詩三下詔充秘閣校理以獻

卷二萬四百八十　十二

所業命試　三月十八日學士院試都官員外郎王昇
賦詩四上詔充秘閣校理以獻所業命試　八月十七
日學士院試殿中丞孫坦賦三下詩四上詔充秘閣校
理以獻周易析蘊十卷命試　六年四月八日學士院
試大理寺丞竇卞賦三上詩三下詔為太子中允充集
賢校理以獻所業命試　十一月二十一日學士院試
秘書郎韋衡賦三上詩三下詔為太常丞直集賢院以
獻所業命試　八年五月二十二日學士院試秘書丞
李育賦詩三下詔充秘閣校理以獻所業命試　英宗
治平三年二月四日學士院試殿中丞蘇軾策優詔直
史館以制科特旨命試　九月十三日學士院試太常

博士鄭雍賦詩三下詔充秘閣校理以獻所業命試
十一月六日召權提點陝西刑獄尚書度支員外郎蔡
延慶等十人就試館職　初帝謂輔臣曰館閣所以育
儁才比欲選數人出使無可者公等為朕各舉才行兼
善者數人雖親戚世家勿避朕當親閱可否於是韓琦
曾公亮歐陽脩趙槩所舉二十人皆令召試舉匠以薦
人多難之帝曰既委公等舉苟賢豈患多也時被薦者
蔡延慶夏倚王汾葉均劉攽章惇胡宗愈王存李常張
公裕王介蘇棁安燾蒲宗孟陳侗陳睦李清臣宋邦平
黃履劉摯二十人令先召延慶等十人餘須後試以上
國朝會要　治平四年三月二十五日神宗已即位未

卷二萬四百八十　十三

改元　學士院試祠部郎中陳汝羲詩賦中等詔充集賢
校理　閏三月十一日御史吳申言竊見先召十人試
館職而陳汝羲亦預漸至冗濫兼所試止於詩賦非經
國治民之急欲乞兼兩制薦舉仍罷詩賦試策三道問
經史時務每道問十事以上通否定高下去留其先召
試人亦乞用新法考試詔兩制詳定以聞其後翰林學
士承旨王珪等言宜罷詩賦如申言於是詔自今館職
試論一首策一道　二十八日學士院試著作佐郎胡
宗愈太常丞張公裕殿中丞李常屯田員外郎劉攽著
作郎王存詩賦入等〔[illegible]館閣校勘〕詔宗愈充集賢校理公裕常並充
館閣校勘　宗愈等皆以先朝得旨召試故也　九月

神宗熙寧元年以下[illegible]複文

六日學士院試也田員外郎王汾賦詩中等詔充秘閣校理汾以先朝得旨召試故也　十一月二日學士院試秘書丞韓忠彥賦詩入等詔充秘閣校理忠彥以父琦罷相恩命試　神宗熙寧元年八月二十六日詔今後試館職只試策論更不試詩賦　二年六月二十八日學士院試職方員外郎王介太常博士安燾策論稍優著作郎蒲宗孟陳侗光祿寺丞朱初平策論稍堪議介燾充秘閣校理餘充館閣校勘介等皆先朝得旨召試故也　三年四月二十三日學士院試虞部員外郎蘇梲秘書丞陳睦秘書郎李清臣江寧府推官劉摯策論優詔梲睦清臣並充集賢校理摯充秘閣校勘梲等皆先朝得旨召試故也　四年四月二日學士院試太常丞許將策論入等詔充集賢校理以獻所業命試　五年十月八日學士院試光祿寺丞黃履策論入等詔充秘閣校勘履以先朝得旨召試丁憂服闋始命試之

卷二萬四百八十　十四

哲宗元祐元年十月十四日詔應試中館職者內選人除正字改官請俸並依太學博士法　十二月六日朝奉郎畢仲游趙挺之並為集賢校理承議郎行軍器監丞孫朴承議郎行太學博士梅灝奉議郎張舜民奉議郎禮部編修貢籍趙叡並為秘閣校理宣德郎詳定役法所管勾文字李[illegible]承議郎盛次仲並為秘書省校書郎試太學錄張耒試太學正晁補之河南府左軍巡判官

禮部編修貢籍劉安世和州防禦推官知常州晉陵縣丞李昭玘宣德郎陳察並為秘書省正字仍令後除校理已上職並出告以學士院召試充選也　二年二月八日朝奉郎孔平仲為集賢校理奉議郎劉唐老為秘閣校理以召試學士院皆中格也　三年七月十八日詔應大臣奉舉館職並依條召試除授其朝廷特除不用此令以上續國朝會要

宗室召試　仁宗皇祐元年六月三日，右清道率府率叔詒試于學士院中格，特賜進士及第，還右領軍衛將軍，從將遣領文州刺史。先是叔詒上所業十卷，并獻父克己饒陽集，命試，賜第進官。後又自陳以試入高等，特進遷郎。　三年六月二十三日，右屯衛大將軍克悚召試于學士院中格，授右龍武軍大將軍。　九月四日，右領軍衛大將軍宗原、右監門衛大將軍宗憲、右領軍衛大將軍宗秀、宗辯進所業，召試學士院中格，還宗原、宗惠右屯衛大將軍，宗秀、宗辯右武衛大將軍。　五年二月二十四日，詔大宗正司：宗室有能習詩賦文詞者以聞。　五月二十六日，詔宗室進著述文字及乞就試武轉官者，慮競習詞藻不專以典籍，今後如有請經書內通得一經者，差官試驗。　六月十一日，詔右龍武軍大將軍克悚候二年再與試。

〔卷一萬三千二百四十八〕上

特只試兩題。先是克悚上擬試發解詩賦，詔學士院試三題，及是就試，特右衛大將軍克悚表辭新命，乞依李評例再試，故許之。　至和二年九月二日，右龍武軍大將軍克悚再試學士院中格，命為左千牛衛大將軍。　十二月二十一日，賜右屯衛大將軍克敦錢三十萬，以召試學士院罷推恩也。先是克敦進所業，求試院，而請以二日程試詩賦論，許之，詔即更不推恩，及試中格，故有是賜。　嘉祐六年九月五日，右監門衛大將軍、文州刺史叔詒進所業，召學試士院中格，還領康州團練使。英宗治平元年五月二十三日，右武衛大將軍、文州刺史叔衆進所業，召試學士院中格，還領果州防禦使。叔判宗室大學士年十五已上通兩經者大宗正以聞命官試論及大義中者度高下賜出身或遷官至是叔裒獻其所著春秋大義二十道論五首乃命召試　九月八日右驍衛大將軍衛州刺史克孝進所業召試學士院中格遷領高州團練使　神宗熙寧三年十月十二日右武衛大將軍洺州團練使克類進所業召試學士院中格遷領解州防禦使　五年五月八日右監門衛大將軍仲萇進所業召試學士院中格遷領文州刺史　九月十九日右武衛大將軍遷州刺史叔敖右監門衛大將軍叔豢進所業召試學士院中格叔敖遷領文州團練使叔彖遷領雅州刺史仍特不隔理年取旨

卷萬四千一百四十六　十四

六年七月六日右羽林軍大將軍巴州團練使仲碩進所業召試學士院中格遷領沂州防禦使　七年五月十五日中書門下言仲綰等令學士院召試令親伯宗彥年未審緣關尊長服內許與不許就試詔許就試　八月九日右監門衛大將軍仲真右武衛大將軍雅州刺史仲綰右武衛大將軍彭州刺史仲瑝進所業召試學士院中格仲真遷領文州刺史仲綰遷領開州團練使仲瑝遷領榮州團練使　十一月二十五日右羽林軍大將軍開州團練使仲淹右千牛衛將軍仲戡右千牛衛將軍仲紱右羽林軍大將軍池州團練使世本進所業召試學士院中格仲淹遷領文州防禦使仲戡仲

紱並遷右監門衛大將軍世本遷領秀州防禦使　八年正月十八日右千牛衛將軍令兪令志進所業召試學士院中格並遷右監門衛大將軍　十月六日右武衛大將軍資州刺史仲滂右武衛大將軍瀛州刺史仲當右千牛衛將軍仲選進所業召試學士院中格仲滂遷領榮州團練使仲當遷領德州團練使仲選遷右監門衛大將軍　九年七月十三日中書門下言學士院諮報檢會宗室試換未曾有試一中經體例今合始狀自來習說毛詩未委于詩中如何次第出題篇段令說多少字數今欲令學士院于本經內臨時參酌二百字以上當面講說以不悖義理為通從之　九月二十五

卷萬五千一百四十八　十五

日右監門率府率令始學士院說經中格為太子中允堂除路當差遣　元豐二年正月十七日詔宗室大將軍以下願試者試本經及論語孟子大義共于六道論一首大義以五通論以辭理通為合格　四月十四日知制誥張璪光祿寺丞陸佃赴秘閣致試宗室　五月三日右監門衛大將軍仲蕭右千牛衛將軍叔盎令攝令優令貫各遷一官叔盎賜進士出身並以秘閣考試中等也　四年七月八日右監門衛大將軍汎之領嘉州刺史右千牛衛將軍仲蘧之令關為右監門衛大將軍右監門率府率叔瑁令每百之為右千牛衛將軍汎之等並以秘閣試文論中等也　六年閏六月二十

八日右監門衛大將軍報之領文州刺史與之領雅州刺史士獲領茂州刺史右千牛衛將軍致之叔聚並為右監門衛大將軍臨之適之子游各遷一官試文論中等也

十月十三日右監門衛大將軍令綿為朝請郎賜緋章服與親民差遣以祕書省試經義應格也 七年八月五日右監門率府率子游換通直郎祕書省試應格也 八年十二月十四日詔右內率府副率士守為承事郎士琢為內殿崇班士守試祕書省士琢試律皆應格也 徽宗崇寧元年十一月十二日詔應宗室非袒免年二十五以上許於禮部試經義或律義二道取文理稍通者分兩等附進士牓優異者取旨其不能試義試不中者讀律于禮部別為奏名止推一時之恩勿著於令 高宗紹興八年三月二十一日中書門下省言武節郎趙令芹累經朝廷陳獻文字皆有可采昨括湖州兵馬都監本路監司辟頭等四員列銜保奏乞與換文資兼本人係已預貢合還赴省試詔趙令芹令中書後省召試時務策一道換授文資 九年正月一十八日詔忠訓郎趙子巖令中書後省試策一道依格與換文資 十年正月二十九日修武郎趙士毅言昨取到福建路轉運司文解兩次以家難未曾赴試欲望從條宗室令芹子巖例換授文資詔令中書後省召試時務策一道特補右宣義郎

召試雜錄

太宗景德二年十

月十四日詔諸王公主近臣無得以子弟親族賓客求賜科名時宰臣畢士安寇準以所親為請帝不得已而從之因有是詔 天禧元年九月十九日詔依前召試命官舉人止詩賦命題自今並問時務策一道仍別試賦論或雜文一首 二十一日前守江州瑞昌縣主簿劉若沖進詩賦十軸詔若沖試時務策一道仍于試或雜文或論中就本人所願更試一首應今後與試文字人等並依此例 三年九月六日學士院言準詔大理平事喬履與試緣是處受歸又繫惟演親戚欲乞下別處試詔送舍人院試是後有親嫌者並如例 仁宗天聖四年六月二十一日詔自今臣僚南郊聖節奏薦親族只與合授官資不得乞試進士出身 五年三月二十二日詔今後兩制試人令依舊試賦 八年十月十九日翰林學士盛度言將作監丞王堯臣趙槩送本院與試內堯臣是臣親家乞令宋綬等一面考試從之 十年四月十八日上封者言近歲以來獻文求試者多已經召試近臣有不因特詔非次舉官乞試望自條約詔自今除見有文學未曾試及不因除乞特召與試外其已經試者無得再獻文求試臣僚非次奏舉乞試者勿聽 明道二年正月二十日光祿寺丞燕中甫馬直亦亞自陳館閣讀書積年乞從帖職詔特給日食買三年試充校勘自今不置館閣讀書員 景祐元年四

月十二日詔今後獻文字及恩澤與試者以與出身同
出身　七月四日翰林學士承旨盛度等詳定到學士
舍人院試人等第文理俱高者為第一等文理俱通者
為第二等文通理粗或文粗理通為第三等仍分上下文
理俱粗者為第四等亦分上下不及格者為第五等今後
兩制試人依此等第施行先是試人等有優稍優堪稍
堪平稍依次低下次七等至是度等改為五等云　四
年四月五日詔將作監丞富弼學士院試策論今後制
策登科人並為例　康定元年四月十日上封者言校
進文字人所獻古器事涉邊机并所試策多傳本于外
望令有司緘藏詔翰學士舍人院今後試人並須嚴密
無令漏泄自餘就詞制詰章表不得傳寫于外　二年
八月十四日知諫院張方平上言請自今臣僚不得恩
緣恩澤陳乞子弟就試及兩制不得連狀舉官錄廳應
舉人望量加分數解送詔付兩制詳定以聞　二十八
日光祿寺丞錢暄上其父惟演撰集選學士院召試
詔自今後臣僚子孫所藏家集已經進獻外餘人不得
再進　慶歷三年六月四日帝謂輔臣曰自陝西用兵
以來策試換官人多矣其中甚有當緣奏薦以希爵祿
者及以任州縣之職多無顯效亦有以贓獲罪如李元
振是也宜令今後進獻文字及臣僚奏舉之人委逐處
看詳定奪可否奏聞其與試人亦仰精加考較務在盡

公　十一月二十六日詔今後見任前任兩府及大兩
省以上官不得陳乞子弟親戚入館閣職事并讀書之
類其進士及第三人以上一任迴日無過犯者許進獻
撰述經旨時務文字十卷下兩制看詳文理優通者進
呈取旨內名試入優等者方補館閣職事如通館閣少
少供職即取曾有兩地臣僚二人或大兩省以上三人
同罪保舉文學德行堪充館閣職事者令進所著撰述
經旨時務文字十卷依前項下兩制看詳等第進呈取
旨　四年正月二十三日詔自今臣僚毋得以奏薦恩
澤及所授命為親族乞賜科名及轉官升陟入通判以
上差遣其親族嘗降官降差遣亦毋得乞以恩澤奏復
若因累而為吏名奏薦者重坐之　四月六日諫官上
言館職剩人即乞朝廷先擇舉主方許薦人詔自後館
閣闕官即據合舉人數降敕委學士院與在京龍圖閣
直學士以上或舍人院與在京侍制同共保舉有文學德
行官員具姓名并所著撰述經旨時務文字十卷以聞
七月二十五日學士院言殿中丞馬仲浦進所業令
本院候令任得替迴與試勘會仲浦錄廳已賜同進士
出身詔更不試令審官院與免遠官　八年九月二十
四日殿中侍御史何郯言近年大臣罷兩府任使陳乞
子弟名試充館職或出身用為恩例望自今後館閣不
許臣僚陳乞子弟外其陳乞及奏舉名試出身候有科

場與免取解及南省試令赴御前與舉人同試以塞私倖詔令後臣僚言兒孫弟姪等乞出身及館職如有該合恩例者類聚一處候及三五人選學士院試詩賦論三題仍封弥謄錄考試其試官令中書具學士姓名進呈點定仰精加考試候試到等第臨時取旨　皇祐元年六月二十六日監察御史陳升之言切以三館職事文儒之高選近時無復與故用人益輕遂為貴遊進取之津要慶恩中嘗有詔旨今後見任前后兩府及大兩省以上官不得陳乞子弟親戚入館閣職事重諫寺横恩復廢不用其官清秘為國者所以端世磨鈍之具今是以私權貴之家天下寒俊伺所勉進朝廷賢才何所教育望中明詔勅嚴為科禁澄汰濫進激清其選使在位者皆得文行充實之人然後舉行數事時因閑燕延儒訪問則于治体不為無益詔令後近上臣僚使例奏乞子孫得試者如試中只與轉官或出身更不與館閣

嘉祐四年二月事

四年六月十三日詔令後學士院試人據所試文字依公考定不得假借優等　至和二年九月六日詔令後來有科名人許試者並依舊條試三題　嘉祐元年八月一日詔大臣自今毋得乞子弟及親戚自試出身

二年十二月十一日知諫院陳升之言比來館閣選任益輕不足以備天子顧問而堪公卿之事近制舉人進用不得專守舊比進士高科議者且循其舊試其中

可然後升擢欲望朝廷約令館閣在職人數限為定員其因任使特授者不以充數應二府及近臣每有論薦并令中書門下籍其名若員有缺即取其聞文學行義傑然為衆所推若方得召試仍不許大臣緣恩例試補親屬庶幾清選無濫者詔令後大臣舉官充館職令中書且與籍記涣狀候在館員數稍多即于數内選定有文行為衆所稱者取旨與試仍令學士院精加考較公定優劣不得假借等第　神宗熙寧元年八月二十六日詔令後試館職只試策論更不試詩賦

全唐文　宋會要　恤故舊辭

真宗咸平元年二月十一日賜故諫大夫劉保勳孫秘書省正字世長錢十萬保勳太平興國中死王事至是其妻卒故優恤之　三年七月二十九日康州刺史楊允恭卒詔昇州賜錢二十萬絹百匹又以錢二十萬帛五十匹給其家命揚州造第一區賜之王均之亂命允恭爲荆浙江湖都巡檢使卒于昇州故優恤之　大中祥符三年三月十九日賜故鄧州觀察使錢若水母漢陽郡太夫人盧緡帛羊酒弟前孟州河陽令若冲帛三十匹副以藥餌若冲以僕人張和酗酒詈之退有怨誹

卷一萬九千六百五十一

又詈之百數和夜竊長刀潛室中伺而害之斷其臂若冲叫呼鄰維周洎僕渠遠至皆爲所害遠父信及門人賈休復繼至皆被傷和將經入堂室值門閉燭至就擒詔磔和於若冲之門若水母年八十餘一子延年方數歲帝憫之特遣使存恤焉四月二十九日出内府錢五百萬太子少保呂端弟賜其子藩　先是藩以居第質錢而三弟尚幼不與之同居帝聞而憫之故爲贖還俾兄弟同處且令歲籍其家用度之數送入内侍者　九月八日詔襄州賜故盧多孫子察錢三十萬令葬其父母　四年十一月詔選使臣一人管勾故太師趙普家事時普妻和卒其家上言請遣使管勾家事故也　五

年四月二十日賜故翰林侍學士兵部侍郎楊徽之家錢十萬帛五十匹副以羊酒時徽之妻王卒帝以藩邸舊僚故優卹之將葬又賜錢十萬　七月十七日賜西頭供奉官李正言絹百匹錢二百萬正言故左千牛衛上將軍昱之孫也時正言女將出嫁故命給之李氏有田在常州官爲檢校帝聞其宗族有不濟者詔鬻其田之半令各置資產以供贍之　八年六月遣内侍藍繼宗定奪潘美家貲產務令均濟　先是美子惟正卒詔劉承規等掌其家財令贍給諸房凡吉凶慶吊悉令條列十餘年中亦有餘羨其後盡以物產給付其家仍不許貨鬻至是美孫衛尉寺丞宗上言請以京中邸舍田

卷一萬九千六百五十一

園之利均給故復遣繼宗往焉　八月二十四日賜故相呂端子國子博士藩等錢三百二十萬銀三百兩金一十兩又賜藩弟衛尉寺丞蔚聘財三十萬大理寺丞荀除西京添支差遣將家赴任仍命留守冦準常切照管無使失所如藩出京即房課委店宅務官爲收掠籍數付其家支外餘錢置籍收係如合支用即申樞密院　先是藩等貧窘至甚帝聞而憫之會藩等進納居第願賜錢以償逋債帝遣内侍計其所負息錢及金銀悉如其數賜之　天禧二年二月二十五日虞部員外郎畢世長丁母憂給俸終喪仍賜繒帛緡錢世長故相士安之子以藩府之舊故優卹焉　四月詔訪聞命官使

臣有任滿及移任之後身亡其家屬寓于任所或別處
州縣居住幼累無託不能還鄉里者委所在官司差人
護送還鄉無令失所　四年八月二十七日詔故相向
敏中家產日費令内侍省命使檢校之十二月二十七
日賜故左諫議大夫參知政事李穆家錢十萬時穆子
秘書丞致仕惟簡卒其妻魏表言家貧不能具葬事故
也　仁宗天聖元年十一月十四日詔故衛州司馬寇準
許歸葬西京準妻陳乞故也　四年閏五月二日内殿
承制趙從約言李家教授知潭州湘鄉縣事李延乙與
轉官卿鄉差遣中書門下言從約即趙普之子先帝以
本家兒男幼小闕人照管特許延守本官在彼教授令

卷一萬九千六百五十一

從約長立有此陳乞照延與職事官　九年十月四日
故崇信軍行軍司馬曹利用妻李上言夫沒之後家族
無庇四子先各降兩官望賜牽復詔長子淵特與近便
差遣餘罷之　明道三年十一月六日詔令河南府勘
會寇準本房兒孫見有幾人食祿未食祿具官名以聞
七日詔以準少親兒男其壻屯田員外郎張子皐特復
直史館令齎官告獎黃牲河南府給付本家仍破係官
料致祭　景祐二年四月十七日詔故曹利用兒男及
從降黜並替赴闕朝參如平小願在彼亦聽九月二十
三日福建路轉運使龐籍言昨知臨江軍竊見故兵部
員外郎直史館蕭貫是新喻縣人本家產業多為人力

欺隱子孫尚幼乞下軍縣覺察其稅物亦望令後特勉
析變只納本色詔與免五年析變仍仰軍縣常切照管
三年七月二十一日懷州言準詔分析盧多遜墳塋
莊田舍屋詔並給與盧察　四年閏四月十五日編排
錄用所言贈太傅中書令寇準孫乞錄用未敢依例詔
特與守將作監主簿九月二十七日詔丁謂孫僑為將
作監主簿蘇州側近監當差遣　皇祐二年正月二十
五日詔故宣徽使鄭戩家令常州借係官空廨舍居住
仍量修整六月十一日詔故天章閣待制杜杞第二女
許服内成親令江寧府借官舍三十間本家居止　至
和元年十一月詔故資政殿學士范仲淹家許州所居

卷一萬九千六百五十二

官舍服闋許令權居從其子光祿寺丞純仁所乞也
嘉祐元年十一月二十二日復内殿崇班周永清為閤
門祗候永清因養子凶悍欲訴其家事自首其祖美嘗
作子奏之奪閤門祗候至是知并州龐籍言美有戰功
身後唯一孫特復之　七年五月詔故侍講學士楊安
國家所居濟州官舍候服闋許再居三年從宰相曾公
亮所請也　神宗治平四年已即位未改元八月二十
一日遣内侍馮德誠往護故知泰州樞密直學士蔡抗
靈柩家屬歸南京　熙寧元年五月十五日手詔樞密
直學士給事中呂溱立朝最孤知事君之節絕跡權貴
故中廢十數年無人肯為達之者朕近擢領要務頗著

風續今忽淪亡甚可嗟悼又漆素家貧一子幼騃遺此大禍必至狼狽可令有司比本官常賻之外量與優給及一行葬事官為辦集庶示將來以勵臣節仍令屯田郎中新知秀州張次立管勾葬事令楊州借官舍居住候服闋依舊九月十九日詔訪聞資政殿大學士吳奎葬事及本家闕人照管處孤遺失所令京東轉運使陳汝義就照管既而汝義權知青州委轉運孫琳幹其事　二年五月一日詔遣內臣一員乘驛往三泉縣護新知成都府邵必喪及照管本家骨肉　三年九月二十二日詔遣使護新知成都陸詵喪如例七月二十七日詔遣內臣一員乘驛往環慶路護安撫使王舉元喪仍

〔卷一萬九千六百五十一〕

令河南府借官舍不得過四十間至其服闋十月十九日詔遣使護定州孫長卿喪揚州借官舍如例　四年三月十九日詔勳臣之後雖有致仕官亦無人食祿推恩先是明堂赦曾任兩府及節度使之家明有勳德而後嗣無人食祿者其子孫量材錄用既而有司以致仕官為食祿故有是詔閏七月詔故侍讀學士鄭獬家令安州借官舍居住不得過四十間候服闋依舊從權淮南轉運副使劉瑾所請也十二月詔故知制誥錢公輔家令常州借官舍三十間居住候服闋依舊　六年十一月二十五日詔西上閤門使知林州蕭註昔常有功令辛賜本家絹三百匹　九年三月十六日改三班差

使郭開三班借職閑贈節度使進之孫叙進從宋朝尅復河東之功乞換文資故有是命　元豐元年五月十四日詔以開封府界戶絶田二十頃賜曹利用家自今毋得更有陳乞　以內殿崇班宗奭言仁宗察知利用非罪嘗還其已沒財産尚有在京屋租河陰滎澤等縣田為西太一宮洪福奉先慈孝等常住及入左藏庫絲雜物乞盡給還故也十九日詔內殿承制符守臣先借拱聖營官舍更許居十年以守臣叙懿德皇后家故也　八年四月十四日以左侍禁權雄州王口寨監押杜臨左班殿直權誠州渠陽縣尉杜震之弟遘為三班借職　先是臨震乞以招安及戰功轉官減年回授遘官

〔卷一萬九千六百五十一〕

而朝廷委本路轉運司審問乃知遘昭憲皇后親弟審進之後故有是命　哲宗元祐元年八月二十二日權趙普曾孫西京左藏庫使思明為西上閤門副使從劉摯等薦也　六年四月二日三省言吏部奏供備庫副使趙思復乞以磨勘轉西京左藏庫副使一官回授男三班差使希元轉借職詔思復為是趙普之後特回授餘毋得引例　徽宗元符三年已即位未改元三月二十三日詔以趙普社稷殊勳其後嗣職任未甚青顯或孤遺未食祿者特與官其一子文思副使趙思恭為西上閤門使閤門通事舍人趙希魯為西上閤門副使左藏庫副使趙思忠為閤門通事舍人四月九日相州觀

察使真定府路副都總管曹評奏恭惟慈聖光獻皇后於仁宗倦勤之際方皇儲未建之時決策禁中輔翊英宗皇帝傳萬世之洪業英宗皇帝特於先臣佾每加恩禮逮至神考恩數日益加隆人臣莫比不幸身薨之後止依例得骨肉恩澤自元祐以迄紹聖不敢自陳若先臣得薨于熙寧元豐間必有殊常恩禮流及於臣今幸遇陛下誕膺駿命伏望特降睿旨推行先臣佾身薨日合得恩命尚覩寢衰家世再蒙雨露之恩詔曹佾諸子每名特與白身恩澤一名十一月八日詔賜太傅王安石妻越國夫人吳氏江寧府官屋六十間以安石舊宗師賜宅一區已納朝廷故有是命　政和三年六月十

【卷一萬九千六百五十一】

七日故通奉大夫知陳州宋喬年令所屬應副葬事借官舍不得過十間候服闋日拘收以喬年祖庠嘗相仁宗又以奉行新法首先就緒故也　宣和二年正月三十三日詔蔡確可封郡王賜第一區百間長子懋除延康殿學士提舉醴泉觀並除侍郎女與淑人婿三人各轉一官與堂除升等差遣確弟碩與落罪籍贈徽猷閣待制長次子改合入官並堂除升等差遣次子不有官與迪功郎女已有封號選二等未有封號並與封號婿白身者與初品官已有官轉一官燕達向宗回李嗣徽閤守懃昝佐建立謀議亦可嘉録特與本宗有服親初品官一名以確等輔立哲宗元祐間被誣竄斥故有是

命詳見再贈官門　六年八月十八日以收復燕雲大赦天下應曾任宰臣執政官及節度之家明有勳德載在史冊者見今後嗣無人食禄如有子孫許於本貫州府投狀委長吏以下勘會詣實保明聞奏當議量行録用若係宋朝以來勳臣即雖不曾任前件官亦依此施行　高宗建炎元年五月二十二日簽書樞密院事曹輔妻永嘉夫人張氏言夫欲扶護歸南劍州沙縣營葬本家别無食禄止有親戚何昌辰乞本路一差遣應副葬事詔通直郎何昌辰差通判南劍州　三年三月十六日詔轉運使范沖見患以司馬光家屬在沖家可特給寬假將治三月六日又詔范沖見存養司馬光親屬

【卷一萬九千六百五十一】

今具每月合用錢米申尚書省取旨特給如有長成子弟亦具名聞奏當議量才録用　八月十七日宰執進呈上曰如令奉使要如王雲者豈易得丙午冬朕與雲同奉使時親見雲通夕不寐理會明日合行事朕乘馬日馳二百里唯雲未嘗不追逐堪耐勞苦文臣中猶罕得念之可惜聞有一弟呂頤浩曰其弟見在東京係職方郎官上曰令召來當以一差遣與之　四年三月二十三日詔温州所借故尚書右丞許景衡妻胡氏居没官屋十五間可特賜其家先是進呈温州言其家所借屋以服闋合拘收上曰自朕即位以來執政中張慤第一忠直至誠遇事敢言無所回隱其次則景衡若郭三

益則善人而已參知政事王綯曰張慤嘗語臣景衡持論平直獨異他人且愛其孤忠莫助臣以是知景衡趣向與慤略同首言渡江被章論列罷政身没而言始驗誠如聖諭故特有是詔也八月二十二日詔故端明殿學士簽書樞密院事鄭瑴特依先降指揮賜田一十頃屋五十間　先是有詔賜田一十頃并屋五十間臣僚上言以謂國家故事執政大臣非有勲勞於社稷不輕賜田宅所降指揮不行至是其男璵再有陳請故也十月二十二日詔故中書侍郎張慤忠實剛毅乃心王室淪没之後念之不忘而其子瑜久已服除尚比家食夫相子買薪優臣致請袁安之善慶鍾累葉三省可與差遣

卷一萬九千六百五十一

紹興元年十月二十九日詔特令吏部差將仕郎程易充洪州分寧縣令填見闕限三日前去赴任合帶階官依條施行　以中書門下省言易係元祐黨人程頤之孫及父端中昨守六安軍有功身亡其端中三子易等功效尤著朝廷已與推恩外如有成材者具名以聞當議器使之洪州分寧縣係殘破去處知縣久闕正官未曾差人特有是命十一月三日詔觀文殿大學士通議大夫何㮚嘗任尚書右僕射初除罷政恩例並與給還其男令問姪令崇令張浚存恤以吏部言何㮚初罷政恩例未曾放使故也　二年四月十七日詔自建炎以來執政近輔張慤最鯁直本家流寓閩中失所其子

瑜新差通判韶州待闕已久可特改添差通判台州任滿更不差人　三年正月十九日詔故慶遠軍節度使邢煥本家於湖州選地安葬無人主管辨集親弟武德郎閤門宣贊舍人主管亳州明道宫邢蓋臣特改添差兩浙西路兵馬副鈐轄湖州駐劄候任滿更不差人令湖州量行應副葬事二十六日詔故右金吾衛上將軍朱孝孫令轉運司應副葬事從其女朱氏請也三月二十七日詔歐陽興世係仁宗皇帝朝參知政事歐陽脩之孫召赴都堂審察四月八日詔責授昭信軍節度副使惠州居住徐秉哲許令歸葬其弟國學進士秉慶言秉哲在路身死也十三日詔故起居舍人直龍圖閣尹

卷一萬九千六百五十一

誅曾孫將仕郎尹錫特令吏部擬帶階官差監澤州南嶽廟任便居住以錫母言流寓浙西衣食不繼故也六月十六日故資政殿學士左太中大夫吳敏祖母韓氏狀有孫叙係儒林郎於宣和八年蒙除南京敦宗院教授未赴任間捨俗為僧今來韓氏年老別無人侍養患瘵一空流寓異鄉不能自活欲望乞令叙歸家侍養給還舊官陶鑄一獄廟差遣詔特依所乞吳叙與給還舊官且獄廟令本家具恩例陳乞十七日詔右通直郎蘇石老係第二任知州資序係舜欽之孫令吏部先次與近見闕通判差遣一次二十一日詔參考國史應祖宗朝開國功臣勲德卓越者求其世家訪其子孫量材録

用如有上件勳臣之家不能自存子孫仰齎予照文字
經所屬自陳仍令本處看驗詣實保明聞奏　四年三
月八日詔將仕郎梁環特差監潭州南嶽廟任便居住
合帶階官令吏部依條施行　先是故尚書左丞梁燾
女言先父在元祐間執政後與司馬光同時責降竄逐
嶺表死於貶所蒙朝廷給還先父在丞合得恩澤奏補
男環將仕郎未得差遣故也五月二十六日詔登仕郎
錢伯牛依例令吏部先次與合入差遣以伯牛言父勰
元豐七年蒙神宗皇帝擢為中書舍人紹聖元年哲宗
皇帝擢為翰林學士兩使絕域四户夭後在元祐刻石
黨籍責守池州在任身亡迎侍老母徙居江浙貧窮失

〈卷一萬九千六百五十一〉

所日不聊生乞依元祐黨籍人子孫例除授差遣故也
五年閏二月十一日詔武經大夫狄琥特差管江州
太平觀以狄青之孫應詔陳乞從其請也四月四日詔
王怙特令吏部先次與注授合入差遣以其祖親係元
祐黨人故也二十七日詔川陝宣撫副使盧法原近也
身故其家屬見在閬州羈屬別致失所令川陝宣撫使
司取會本家願往去處量差人兵支給路費委有心力
使臣照管津發前去七月二十五日詔贈韓王趙普五
世孫承節郎趙珪時賜兩官除閤門祇候令額外供職
餘人不得援例　先是有詔趙普佐命之勳猶漢蕭何
令子孫流落所宜憫卹令諸州郡博加尋訪如法津遣

赴行在量才錄用至是珪在鬱林州本州津遣到齎普
畫像并所上幽州奏議錄白道君皇帝批荅及皇宋龍
飛故事共三道投進故也十月十五日詔右迪功郎陳
淵差充樞密院編修官以給事中廖剛中書舍人胡寅
户部侍郎張致遠中書舍人朱震言淵故贈諫議大夫
瓘之諸孫有學有文曉達世務自瓘在時器重特甚耆
老流落因於飢寒負材未試善類嘆惜乞特賜收召少
加任使故也　七年八月二十四日詔兵部尚書呂祉
叛將所執迫使渡淮堅守忠節罵賊而死贈官與恩澤
外特添差親屬差遣一員令本家陳乞仍於所在州軍
依條借官屋四十間居住　八年七月十六日詔張綸

〈卷一萬九千六百五十一〉

特添差兩浙東路安撫司準備差遣仍釐務任滿更不
差人　以奉使金國迎奉梓宮使王倫言比司馬朴在
軍前守節不屈虜人欽重談不容口非但以其文正溫
公之後乞加優卹其婿張綸久困小官難於祿食乞特
賜收錄以示撫存庶為忠義之勸故也　九年七月二
十一日詔保平靜難軍節度使開府儀同三司四川宣
撫使吳玠遺借官屋五十間令本家居住宣借人許依
格存留仍許陳乞親屬差遣二人令本路漕司應副葬
事　十年五月十二日詔觀文殿學士左金紫光祿大
夫提舉臨安府洞霄宮李綱葬事令所在州軍量行應
副　十一年九月七日詔將仕郎姚小彭特添差福建

路安撫大使司準備差遣仍釐務　以故資政殿學士
左中大夫顔政妻孫氏言亡夫歷事三朝頃自北道副
總管擢任大元帥府參議官俾預機政自後寓居福州
不幸身亡流落異鄉葬事未辦亡夫親外孫將仕郎姚
小彭伏乞添差一差遣管幹葬事故也　十八年二月
二十二日詔責授清遠軍節度副使趙鼎卒于吉陽軍
許令歸葬　二十五年十月十六日詔左朝散大夫洪
興祖昨緣罪犯編管昭州卒許歸葬從其子葴請也三
十日詔秦檜葬事令江東轉運司應副以其子熺言歸
葬建康府故有是命　二十六年正月二十一日詔責
授散官南安軍安置解潛卒特許歸葬以前權通判衢

州王義朝言潛係建寧軍承宣使歷事四朝十任方面
緣與大臣不合致罪其子先以物故諸孤零丁遠鄉故
有是命　二十七年十一月五日詔故中書舍人趙逵
歸葬蜀中令沿路轉運司量行應副津遣　二十九年
五月十二日詔右迪功郎大理司直劉芮與改右宣義
郎差主管台州崇道觀以宰執言芮係元祐宰臣劉摯
之孫恬靜有守廉於進取以疾辭職乞岳廟差遣故也
八月二十三日詔故太師京兆郡王杜審進孫信見依
白身與依杜子善等體例支給孤遺錢米從中書門下
省請也　三十一年八月三十日詔故檢校少傅保信軍
節度使開府儀同三司致仕贈少師汪伯彥孫德範狀

父召錫前任右通直郎直秘閣被罪編管容州已經五
年兩遇恩赦今已身亡乞許令歸葬從之　十一月十二
日詔端明殿學士左中奉大夫致仕折彥質卒見就潭
州營葬合破宣借兵士候葬事了日解罷潭州依舊支
破請給　孝宗乾道四年五月二十三日臺諫奏言故
太師定國公潘承祐曾孫宗超邀駕陳訴承祐敕葬並
賜醮田及本家買到義莊并祖撥到功德咸平院田為
江仰昌佃等事得旨審問今按國史潘慎修父承祐先
仕僞閩後歸江南仕至刑部尚書或稱潘太師必其子
孫累贈至此慎修開寶末歸朝事太祖為太子右贊善
大夫事太宗為同修起居註事真宗為右諫議大夫翰

林侍讀學士世系歷官可考今咸平院敕額係敕賜咸
平報慈院即是慎脩所請其父功德院名額又有撿田
疏及賜田敕黄并左右史牒則是慎脩任修註日文字
其敕黄已經齋詣本路提刑司驗訖付還緣僧清惠路
死去失如此則賜田敕黄不可謂無建炎之初范汝為
作過如僧徒輿之交通即合追治僧徒別召名僧主之
而其子孫零替無人陳理官司毁折屋宇盡取田畝山
地名人承買更不分出潘氏賜田及慎修撥到功德院
田與宗超家買到義莊田例皆拘籍江仰以錢二千貫
止作四百餘畝承佃為業後御史臺委户部郎官看定
佃買不當告示江仰不得再有陳許而仰依舊詣朝省

陳論送大理寺定斷却行給還令乞將元給賜田二百畝并買到義庄田四百餘畝見有印押録白契書照驗者並給還潘宗起所有撥到咸平功德院田百畝已捨贍僧僧既犯罪拘籍召人承佃不許論取令於祖墳内畫出禁界無致侵犯如此則祖宗舊臣撥賜田畝不至侵奪亦足以收恤貧弱子孫從之　六年八月二十六日吏部言故右朝請郎富櫄司馬備皆以致仕恩澤蔭補其子緣櫄初因宣和中進神考御劄備因建炎中録司馬光之後各特補官並是先朝元老之家兼非泛七色之數而拘於近降集議指揮未許奏薦詔令吏部依條施行　淳熙五年閏六月五日廣西經略安撫使周

卷一萬九千六百五十一

自强言昨江西提刑芮煇奏入廣官員歿於官所孤遺扶櫬以歸所至州縣略不加恤本司移文南安軍就本司錢内計口支錢接濟仍令船場造船般載出贛俾不至狼狽欲使二廣有願歸鄉無力起發者支錢津發至南安軍却行接濟乞下二廣帥司推廣而行之本司緣無合支窠名錢今買到番禺縣田畝人户請佃令經價納錢得五百餘貫於廣州置接濟庫委官兼監如有貧乏之家下接濟庫支錢顧船送至南雄州顧請錢人聽仍量人口支錢助雇夫却般挈出嶺從之　七年十二月二日臣僚言二廣士大夫孤遺欲歸者乞令江西湖南漕司於出嶺之地措置舟船及錢物計口接濟二廣帥

臣措置錢米給之津發其行從之　七月二十五日詔故太尉威武軍節度使李顯忠家每歲賜米三千石更給三年從其妻請也　七年五月六日詔王康成令吏部與添差差遣一次宰臣奏成忠郎王康成國初勳臣審琦之孫又係戚里乞甄録故有是命　八年七月二十七日詔故勳臣司徒侍中魯國公贈尚書令兼中書令范質後嗣無人食禄八代孫庠補將仕郎以吏部奏質後嗣無人乞依明堂赦録用故有是命　十年正月二十九日詔趙普六世嫡孫武節郎滋差成都府路兵馬都監滋兩任路鈐引赦陳請故有是命　十一年十二月十三日宋翊除删定官上謂輔臣曰昨日已與宋翊

卷一萬九千六百五十一

循資添差不知傳淇等所爲更説甚事王淮等奏淇等言其協贊職事又是宋庠之孫往往念其故家故有論薦上曰中朝人在此亦少宋翊可與職事官如删定之類故有是除　淳熙十六年閏五月二十九日詔從義郎郭朴秉義郎郭揄並除閤門宣贊舍人以安穆皇后親姪故有是命　紹熙二年八月十六日詔承直郎賀承祖特添差兩浙路轉運司臨安府造船場仍釐務以承祖奏家世係藝祖皇帝潛邸后族直下子孫叨冒恩例累朝不絶故也　十月十四日詔武節大夫閤門宣贊舍人潘師禹特添差幹辦儀鸞司以皇太后親妹之子故有是命

宋會要

太宗雍熙三年正月十九日祕書省著作佐郎史館編修樂史上表自投京秩集纂文書前後計一百四十五卷乞改編修之名爲史館之職詔爲著作郎直史館　七月十六日淮南轉運副使向敏中直史館依舊充副劉使　四年九月五日右拾遺趙昂上表獻修習翰林制誥册書赦文御札批答及編諫藪嘉言并外制詞乞賜職名詔直史館　淳化元年八月二十三日太子中允和㠓上表獻皇宗御前七牓及第進士姓名記及編注父凝所撰孝悌記詠十編詔直集賢院　十一月十二日右司諫梁周翰上表乞於館殿之間俾豫鉛槧翰林學士宋白等言周翰雄文與學才敵數人昭文集賢未有學士若以處之稚符公議詔充史館修撰　二年七月二十四日吏部侍郎兼祕書監李至言關官讎校倉部員外郎潘慎修欲乞俾直祕閣詔直祕閣　四年閏十月二十四日右諫議大夫張佖上表獻聖翰讃及以所學行草篆書寫御製詩乞預祕閣讎校詔充史館修撰　十一月八日禮部員外郎宋湜左正言王禹偁各直昭文館　五年七月二十日將作監丞孫何直史館仍賜緋魚袋　至道三年七月二日知制誥梁周翰等言虞部員外郎前史館檢討董元亨乞賜還職詔充史館檢討　八月二十三日光祿寺丞楊嵎直史館

卷二萬四百八十　二十九

九月八日太常博士盛玄直史館　十月三日都官郎中黄夷簡上表自陳故吴越王俶佐畜勸王入朝詞甚懇激詔直祕閣　十二月十六日右正言晁迥直史館　真宗咸平元年二月二十五日前舒州望江縣主簿葉圭爲大理評事祕閣校理從祕書監楊徽之舉　四月十三日光祿寺丞張廉凝直史館　二年三月一日着作佐郎戚綸充祕閣校理從祕書監楊徽之舉　六月十二日祕書省正字邵焕於祕閣讀書從焕自請也　三年二月二日太常丞宋皋直集賢院　五月十八日著作佐郎任隨直集賢院　六月二十七日太常博士李維直集賢院　七月二十一日殿中丞石中立直集賢院　四年二月二日西川轉運使兵部員外郎馬亮直史館領使如故　五日太僕少卿錢惟演上表獻東京賦詔直祕閣　八月十三日太常丞陳堯佐直史館　五年二月三十日將作監丞陳堯咨爲著作郎直史館賜緋　三月七日將作監丞周起爲著作郎直史館賜緋　五月二十七日祕書郎李夷庚爲太常丞直史館　六月六日將作監丞朱巽爲著作郎直史館　十一月二十二日職方員外分司西京樂史以郊祀畢奉留司表入賀帝召見之以其年七十餘筋力不衰篤學好著書詔復直史館　景德元年正月二十九日祕書丞陳彭年直史館充崇文院檢討　八月二十六日太

卷二萬四百八十

子中允崔遵度爲太常丞直史館　二年三月二十三日將作監丞王曾爲著作郎直史館賜緋　十月十九日將作監丞陳知微王隨並爲著作郎直史館賜緋　大中祥符元年九月十三日龍圖閣直學士杜鎬等言大理寺丞韓允堪充檢討詔充崇文院檢討　天禧四年二月二十三日翰林學士錢惟演言男光祿寺丞㬢先蒙召試進士及第乞與改館閣名目詔特與館閣校勘餘人不得援例　八月四日翰林學士楊億等言準詔於京朝官内同奏舉博學有行止無過犯三兩人閣奏今舉著作佐郎陳詁大理評事王宗道詔並充崇文院檢討　乾興元年仁宗已即位未改元三月三十日

卷二萬四百八十

三十一

權刑部詳覆官光祿寺丞馬季良言幸遇陛下明離出震繼體承乾乞校理之内得預末員詔充祕閣校理　天聖三年十二月十九日贈太師中書令王欽若妻李氏言婿大理評事張瓌進士登科伏望特與校理職名御札批爲欽若無子張瓌與充祕閣校理　四年五月十六日樞密副使張士遜言男大理評事友直乞於館閣讀書詔從之仍據見員外今後更得添置　六年二月二十六日定王府記室參軍刑部郎中康孝基上言前後宫僚例帶館職望稽典故俾登深嚴詔直史館十一月十六日太常少卿知滑州李穀充集賢殿脩撰仍舊七年二月二十七日太常少卿知永興府胡則直昭

文館仍舊十一月二日兵部郎中孫中直史館知河中府　八年正月十八日太常少卿知廣州狄棐直昭文館仍舊　九年正月二十三日翰林學士盛度子奉禮郎中甫獻文求試詔許於館閣讀書　九月八日右正言陳執中直集賢院　十年三月五日詔祠部郎中任布直史館知荆南府二十五日宰臣張士遜言西京轉運副使蘇耆望賜文館職名詔直集賢院七月二十八日河北轉運使屯田郎中李繹爲刑部郎中直史館知延州　明道元年十二月八日職方員外郎陸參充崇文院檢討　二年六月五日祠部員外郎李溥自陳進士第三人及第乞帶官職詔令直集賢院溥性昏狂不

卷二萬四百八十

三十二

甚曉事朝議不以文翰任之至是久次執政爲之地乃始帖職議者不以爲宜　二十一日宰臣李廸言婿著作佐郎張充乞於館閣讀書詔特許之不得爲例　景祐元年正月十三日刑部員外郎河北轉運使王沿上表獻春秋集傳十五卷帝嘉其好學降勅書獎諭仍令直昭文館　二十四日兵部員外郎黄總爲工部郎中直史館知延州　二月十三日兵部員外郎知鳳翔府司馬池直史館依舊三月二十四日開封府判官度支郎中任中師直史館知澶州　四月四日開封府判官殿中侍御史段少連爲刑部員外郎直集賢院　六月二十七日中書門下省言太常博士李東之先於學士

院試賜同進士出身館閣校勘詔直集賢院知邢州東之宰相廸子天禧末廸罷相斥逐東之落職廸復相東之自陳於政府奏乞檢會乃除直院公議非之　二年正月二十七日京東轉運使刑部郎中楊日嚴直史館充益州路轉運使　四月二十一日荆王府記室參軍工部郎中判司農寺任守與言臣年七十有餘衰暮乞京東知州一任詔特與直史館　八月二十五日兵部員外郎陸若冲直史館知蘇州　三年正月二十九日職方員外郎鮑亞之直史館荆王府記室參軍　四月二十三日右諫議大夫俞獻卿為集賢院學士知杭州　五月二十五日開封府判官侍御史韓瀆為刑部員外郎直史館知澶州　七月十一日權開封府判官工部郎中王軫上表獻五朝春秋詔直祕閣　十九日左司諫高若訥直史館仍舊供職　四年十月十九日兵部郎中劉賡為太常少卿直昭文館知廣州　五年二月六日淮南轉運使刑部郎中李昭遘直史館仍舊　六月十八日刑部郎中判鹽鐵勾院張億直史館知蘇州兵部郎中判户部勾院李應言直史館知荆南府　康定元年六月十七日著作佐郎趙師民充史館檢討　六月二十五日知潭州度支郎中賈昌齡為太常少卿直昭文館知廣州　十一月四日太常丞田況直集賢院簽書陝西經畧安撫判官公事仍賜緋　二十五日知湖

卷二萬四百八十　三三三

四月條移十二月前

州祠部員外郎滕宗諒為刑部員外郎直集賢院知涇州　十二月十六日太子中允簽書經畧安撫判官公事尹洙充集賢校理仍舊　二年三月二十三日刑部員外郎知制誥蘇紳言著作佐郎張方平兩登制科乞與召試詔方平不須試可直集賢院　四月七日屯田員外郎劉渙為刑部員外郎直昭文館秦鳳路招撫蕃落使仍特賜紫　八月二十七日淮南轉運使兵部員外郎劉夔直史館知陝州　慶曆二年正月六日兩浙轉運使兵部員外郎李定直史館充益州路轉運使　三月二日工部郎中張沔直史館知陝州　三年三月二十二日御史中丞賈昌朝言國子博士孫瑜公廉勤幹堪充館閣檢討詔充崇文院檢討　十一月二十六日兵部員外郎徐的為工部郎中直昭文館依前江淮制置發運使　四年三月七日金部員外郎楊安國直龍圖閣兼天章閣侍講賜紫祕書丞充史館檢討趙師民天章閣侍講賜緋帝曰安國師民醇儒也乃昔時崔遵度之比久侍經筵各宜進職又以安國母服除貧賜之以銀百兩　十二月二十一日樞密副使韓琦言國子監直講太子中允石介乞召試館職詔直集賢院兼國子監直講　四月四日京西轉運使虞部員外郎杜杞為刑部員外郎直集賢院充廣南西路轉運使兼本路安撫使先是宜州言本管環州蠻賊歐希範僭稱桂王歐正

卷二萬四百八十　一百

辭僣稱柱牧攻眾州殺官吏故命杞充使　五年四月三日河東轉運使司封員外郎夏安期直史館充河北轉運使　五月二十九日右正言錢明逸直集賢院　十月二十五日工部郎中鄭驤直史館河北轉運使　六年二月五日三司戶部副使兵部員外郎趙及為刑部郎中直昭文館知衛州　五月十九日知鳳翔府工部郎中張旨直史館知梓州　八月二十八日監察御史唐詢為工部員外郎直史館　七年正月二十一日三司度支判官侍御史陝西提舉計置使余仲簡為兵部員外郎直史館知陝州　二月二十七日宰臣陳執中言屯田員外郎解賓王寒苦登科勤瘁舉職欲望試

卷二萬四百八十　三十五

其所長詔充崇文院檢討　同日刑部員外郎知諫院王贄為起居舍人直史館同判司農寺依舊知諫院　皇祐元年三月十九日三司戶部副使刑部郎中向傳式為太常少卿直昭文館知亳州東染院使楊畋為屯田員外郎直史館　五月六日前益州路提刑度支員外郎高惟幾直史館知梓州　六月十七日右司諫錢彥遠為起居舍人直集賢院知諫院　二十三日河東轉運使任顓直史館賜金紫仍舊　十一月二十四日判大名府程琳言殿中丞國子監直講王純臣乞備經筵顧問之職詔充崇文院檢討二年二月十一日兵部員外郎呂公弼直史館充河北轉運使　七月十六日

太常少卿皇甫泌直昭文館知鄭州　三年四月二十二日京西轉運使兵部員外郎田京直史館知滄州　四年正月七日淮南路體量安撫起居舍人同知諫院陳升之直史館依舊知諫院起居舍人吳奎直集賢院依舊知密州　二十三日兵部郎中齊廓直史館知荊南府　二十六日翰林學士趙槩等言刑部郎中江東路轉運使張沔早居臺省頗聞清慎詔直史館仍舊　三月六日太常少卿張子憲直史館知汝州　六月十五日淮南轉運使工部郎中王逵直昭文館知越州　七月八日荊湖北路提刑太常博士祖無擇直集賢院充廣東轉運使　十一日京東轉運使工部郎中宋禧

卷二萬四百八十　三十六

直史館知梓州　五年八月十六日翰林侍讀學士呂公綽言弟都官員外郎知單州公著頃因先臣致仕恩例乞試蒙俟得替取旨後經三任十年未嘗有所干述詔公著充崇文院檢討　十一月二十一日殿中侍御史唐介為工部員外郎直集賢院　至和元年十一月二十四日京西轉運使刑部郎中陳宗古直史館再任　二年三月二十一日翰林學士群牧使楊偉等言判官殿中丞王安石文行推高乞除職名供職中書門下檢會王安石累有旨召試本人不願詔特充集賢校理安石固辭不拜　八月十四日翰林學士承旨孫抃等言大理評事韓維欲望差充檢討詔充史館檢討　十

二月二十二日侍御史梁蒨爲刑部員外郎直史館知襄州　嘉祐二年四月二十八日光禄卿呂居簡爲右諫議大夫集賢院學士知梓州　三年九月十五日起居舍人毋湜直史館充兩浙轉運使　四年五月十九日中書門下言三司度支判官祠部員外郎王安石累除館職並辭未〔未敢〕今取旨詔與直集賢院　六月七日太常博士陳洙太子中允王陶大理評事趙彥若杭州於潛縣令孫洙並充館閣編校書籍編校自是始置須供職二年即奏取旨後皆充館閣校勘　七月九日屯田員外郎知渠州龔鼎臣編校史館書籍　八月十八日國子博士傅卞編校集賢院書籍仍候天章閣侍講有闕差充　〔卷二萬四百个〕〔三十七〕八年五月十五日都官郎中編校昭文館書籍孟恂秘書丞編校秘閣書籍孫思恭並充秘閣校理大理評事編校昭文館書籍趙彥若杭州於潛縣令編校秘閣書籍孫洙並充館閣校勘　九月十八日殿中丞編校集賢院書籍錢藻充秘閣校理太平州司法參軍編校史館書籍曾鞏充館校勘太常博士知越州諸暨縣丁寶臣編校秘閣書籍治平三年五月寶臣充秘閣校理　英宗治平元年九月二十二日屯田員外郎周孟陽直秘閣同知太常禮院　二年正月九日編排中書諸房文字屯田員外郎王廣淵直集賢院　二十四日皇子位翊善邵亢直史館兼判司農寺　二

月二十八日侍御史知雜龔鼎臣充集賢殿修撰知應天府　五月十一日右諫議大夫孫長卿兼集賢院學士充河東轉運使　九月二十五日宣州涇縣主簿林希編校集賢院書籍揚州司理參軍沈括編校昭文館書籍　括熙寧元年八月希三年五月並充館閣校勘　十二月十五日陝西轉運副使司封員外郎蔡挺爲工部郎中直龍圖閣權知慶州　三年五月二十七日太常少卿齊恢直昭文館充潁王府翊善　八月十三日秘書少監王綽爲殿中監直龍圖閣　十月五日河北轉運使沈立充集賢殿修撰知滄州　十一月三日知徐州光禄卿李士先直昭文館知荊南府　以上國朝會要　〔卷二萬四百个〕〔三十八〕治平四年四月五日神宗已即位未改元度支郎中知兗州李師中直史館知鳳翔府　七月十九日著作佐郎充三司檢法官呂惠卿編校集賢院書籍試秘書省校書郎知睦州壽昌縣梁燾編校秘閣書籍燾熙寧二年二月充館閣校勘　神宗熙寧元年四月二十三日度支郎中知桂州張田爲太常少卿直龍圖閣知廣州　五月二十五日江南西路轉運使光禄卿程師孟直昭文館知福州　六月二十五日權河北轉運使兵部員外郎張問直史館知濮州　九月二十九日大理寺丞編校秘閣書籍顧臨充館閣校勘　十一月二十五日廣南東路轉運使司勳郎中王靖爲太常少卿直

昭文館知廣州皇城使端州刺史知冀州潘夙改司封郎中直昭文館知桂州　二年正月二十三日知滄州工部郎中李壽朋直史館翰林學士司馬光河北相度河事廼薦壽朋經地震完葺有勞故有是命　四月八日兵部員外郎兼起居舍人范純仁直集賢院同修起居注　七月十四日成都府路轉運使工部郎中李復圭直龍圖閣權知慶州九月十一日御史中丞呂公著言伏見祕書省著作佐郎張載為學得修身事君之大要久在陝西一方士人以為師表前河南府永安縣主簿邢恕剛毅不撓勇於為善學術操守實賈誼馬周之流伏望特賜裁擇或召對以觀其才或置之館閣以待任使詔令閤門引對既對並特命為崇文院校書校書自是始置有詔須供職二年奏取旨是後非以故罷黜者皆充館閣校勘　十一月一日著作佐郎呂惠卿為太子中允崇政殿說書尋充集賢校理　三年五月十七日兵部郎中張師顏充集賢殿修撰河北轉運使　二十四日工部郎中沈起直舍人院　六月十七日兵部郎中同知審官西院韓縝直舍人院　二十一日兵部郎中同知審官西院韓縝充集賢殿修撰縝辭直院故復有是命　七月十一日三司鹽鐵使工部郎中沈起為集賢殿修撰權陝西都轉運使　二十五日前陝州陝縣令范育為光祿寺丞崇文院校書以育嘗召對

卷二萬四百八十　三十九

言事及看詳轉運文字稱旨故也　九月四日禮部郎中權三司副使張問充集賢殿修撰河東轉運使　六日著作佐郎曾布賜對命為太子中允崇政殿說書布固辭改充集賢校理　二十七日比部員外郎曾孝寬以父公亮罷相恩命充祕閣校理　十月六日職方員外郎通判寧州鄧綰上書陳利便賜對命充集賢校理檢正中書孔目房公事　十一月二十五日著作佐郎編修中書條例張琥充集校理　十二月二十三日太子中允李定賜對命為崇政殿說書定固辭改充集賢校理檢正中書吏房公事　四年正月九日工部郎中兼侍御史知雜事謝景溫直史館兼侍讀景溫固辭兼侍讀出知鄧州　二十五日著作佐郎朱明之賜對命為崇政殿說書明之固辭改充崇文院校書删定令式　六年二月充館閣校勘　四月十九日試將作監主簿常秩賜對命為右正言直集賢院管勾國子監公事秩類上人經明行修恬退自守嘉祐中近臣數論之後召見不至至是上特起之　七月八日權夔州路轉運使尚書屯田郎中孫構為司封郎中直昭文館夔州路轉運使落權字權夔州路轉運判官尚書屯田郎中張詵為司封郎中直集賢院權夔州路轉運副使　十五日秘書丞檢正中書戶房公事兼編修條例章惇賜對命充集賢校理　八月三日著作佐郎同提舉秦州西路

卷二萬四百八十　四十

蕃部及市易等公事王韶為太子中允祕閣校理　六
日光禄寺丞知開封府陽武縣崔公度上熙寧稽古一
法百利論賜對命為崇文院校書編修三司令式刪定
官六年九月充館閣校勘　十月二十一日武昌軍節
度推官王安國以翰林學士韓維等薦詔充崇文院校
書六年十一月為著作佐郎充祕閣校理五年二月十
一日著作佐郎王安禮賜對命充崇文院校書　九月
八日光禄寺丞黄履為館閣校勘　十月十八日太常
丞鄧潤甫充集賢校理直舍人院同知審官東院　七
年二月六日祕書丞崇文院校書王安禮為館閣校勘
三月十六日知虔州都官員外郎劉彝直史館知桂

卷二萬四百八十　四一

州　十七日太子中允檢詳樞密院兵房文字黎侁充
館閣校勘　五月八日河州通判祕書丞鮮于中師以
河州平命為祠部員外郎充集賢校理　十一日湖北
轉運使孫構為太常少卿充集賢殿修撰　十二日太
子中允監察御史裏行蔡確直集賢院權發遣提點開
封府界諸縣鎮公事　二十八日大理寺丞國子監直
講沈季長為太子中允充崇政殿說書太子中允館閣
校勘呂升卿充崇政殿說書　六月二十一日睦州軍
事推官禮房習學公事葉適為光禄寺丞館閣校勘權
檢正中書禮房公事　二十八日太子中允權監察御
史裏行丁執禮充館閣校勘　七月三日權發遣淮南

東路轉運副使太子中允俞充充集賢校理　六日大
理寺丞韓宗古賜對命為館閣校勘　十月二十八日
太常博士魏王宮教授廣太熙賜對命充崇文院校書
九年十一月充館閣校勘　八年正月二十四日鎮南
軍節度推官中書戶房習學公事徐禧賜對命為太子
中允館閣校勘權監察御史裏行　四月二十五日皇
城使忠州刺史廣西鈐轄石鑒自陳乞復文資詔換衛
尉少卿直昭文館　閏四月十二日横海軍節度推官
練亨甫大原府法曹參軍范鏜賜對並命充崇文院校
書習學公事亨甫戶房鏜刑房　九年十月亨甫罷黜
十年四月鏜充館閣校勘　八月十四日詔韓琦子忠

卷二萬四百八十　四二

彥候服闋除直龍圖閣　二十三日太子中允檢正中
書戶房公事張諤直舍人院檢正五房公事　十月六
潁州進士常立為天平軍節度推官充崇文院校書
十二日右諫議大夫賈昌衡充集賢殿修撰知河南府
十一月二十九日著作佐郎王仲脩賜對命充崇文
院校書同知太常禮院　九年五月二十三日祕書監
高賦充集賢院學士　十年四月三日撫州司戶參軍
太常寺主簿兼禮院檢詳文字黄君俞命充崇文院校
書以樞密直學士陳襄等薦也　五月十九日太子中
允監察御史裏行蔡承禧充集賢校理權發遣提點開
封府界諸縣鎮公事　六月二十五日太子中允樞密

院檢詳户房文字趙君錫充祕閣校理知大宗正丞事
八月一日鄆州團練推官蔡京賜對命為崇文院校
書中書禮房習學公事　十月二十六日金部員外郎
呂嘉問為司封員外郎直昭文館知江寧府　元豐元
年閏五月一日權發遣三司户部使尚書兵部郎中陳
安石為集賢殿修撰　六日太常博士集賢校理劉奉
世直史館為國史院編修官　四月二十三日司鹽鐵
副使尚書工部郎中李復圭為集賢殿修撰知滄州
二十八日祕書丞崇文院校書范育直集賢院以上批
育數受命案事能以直道自持不為黨勢回屈而適發
姦慝多得隱伏情狀且今士人方以養私庇姦罔上為

卷二萬四百八十　四十三

俗如育者賞豈宜緩故有是命　五月九日大理寺丞
館閣校勘曾肇為集賢校理　六月四日同知太常禮
院太常丞館閣校勘劉摯為集賢校理九月十一日大
理寺丞館閣校勘韓宗古為集賢校理　二年正月二
十一日大理評事元耆寧為崇文院校書同知太常禮
院以上批參知政事元絳子耆寧訪於士人多其孝謹
觀所為文頗亦典贍故也　三月一日權監察御史裏
行舒亶為集賢校理以上批亶優於辭學詳於吏治自
丞屬憲府能以先後左右朝廷政事為已職責也　四
月二十三日貢州軍事推官崇文殿校書黃君俞為館
閣校勘　六月十六日光祿寺丞陸佃為集賢校理上

批伸資性敏明學術贍博故擢之　八月五日大理評
事崇文院校書權檢正中書户房公事蔡京為太子中
允館閣校勘　二十一日權江淮等路發運副使尚書
刑部員外郎盧秉加集賢殿修撰　二十七日修定説
文兼知太常禮院太子中允王子韶為集賢校理十月
四日詳定郊廟禮文朝會儀注所檢討文字祕書省著
作佐郎何洵直為祕閣校理上批洵直資性超敏彊記
多聞故擢之　十一月廿八日河東路轉運判官通直
郎蔡燁直龍圖閣知秦州　三年二月十一日祕書丞
崇文院校書王仲脩為館閣校勘二十五日太子中允
張商英為館閣校勘權發遣司農寺丞　八月五日太

卷二萬四百八十　四十四

子中允檢正中書禮房公事王震為館閣校勘　九月
十一日太子中允館閣校勘權監察御史裏行何正臣
直集賢院兼侍御史知雜事　十一月十八日權發遣
開封府判官尚書屯田員外郎館閣校勘虞太熙為集
賢校理　四年七月七日崇文院校書元耆寧為館閣
校勘勾當杭州洞霄宮令隨侍父絳致仕耆寧校書未
二年特恩也　八日通直郎館閣校勘權監察御史裏
行滿中行直集賢院兼侍御史知雜事　同日通直郎
監察御史裏行朱服為館閣校勘　八月十三日知秀
州華南縣館閣校勘邢恕為史館檢討　十一月九日
朝奉大夫直史館蹇周輔為集賢殿修撰河北都轉運

使兼措置糴使　五年正月二十四日通直郎館閣校勘范鐘為集賢校理　六年七月二十一日朝散郎守尚書左司郎中吳雍直龍圖閣河北轉運使　七年二月三日奉議郎陝西路轉運使范純粹直龍圖閣知慶州　六月五日權發遣河東路轉運使朝散郎苗時中直龍圖閣知桂州　二十四日朝請大夫劉忱直龍圖閣知潭州　七月二十四日權發遣江淮等路發運副使蔣之奇直龍圖閣　八年五月十八日奉議郎員外郎文及直龍圖閣知同州及彥博子以彥博乞免兩鎮節度使故有是命　哲宗元祐元年三月十四日草澤程頤言蒙恩授宣德郎祕書省校書郎臣昨蒙恩授西

卷二萬四百八十

四五

京國子監教授方再辭免未獲進見遽有除命不敢祇受伏望令臣入見從之　五月二十二日判大名府韓絳乞寢子宗師直祕閣之命從之　二年三月二十六日左諫議大夫鮮于侁除集賢殿修撰知陳州中書舍人曾肇言檢詳條制自待郎至諫議大夫除外官者並與換待制即朝廷擢用及責降者不用此例今來鮮于侁以疾乞郡累章得請即非責降所除集賢殿修撰慮違定制詔侯一年取旨　三月二十八日詔職事官許帶職紹聖二年四月二日罷　二年五月十二日朝奉郎考功員外郎歐陽棐為集賢校理權判登聞鼓院先是除棐實錄院檢討官言者論棐之失故有是命　十

六日新知荊南府唐義問除集賢校理　四年二月十二日左中散大夫太常少卿直祕閣王汾為直龍圖閣知明州　同日朝奉郎權知曹州韓宗古為集賢校理知潞州　三月十四日朝散郎江淮等路制置發運副使路昌衡為直祕閣權知廣州二十八日改知潭州　二十八日朝議大夫直祕閣知潭州謝麟為直龍圖閣知廣州七月十二日中散大夫充集賢校理蔡河撥發王哲為直祕閣提舉西京嵩山崇福宮　八月十日權河東路都轉運使直龍圖閣范子奇為集賢殿修撰充河北路都轉運使兼外都水使者　五年八月二十四日祕書省著作佐郎兼侍講司馬康直集賢院管勾西

卷二萬四百八十

四六

京嵩山崇福宮以疾請也　十月六日知梓州周尹為直祕閣　六年正月十九日左朝奉郎集賢校理荊湖北路轉運使唐義問為直龍圖閣知荊南府　五月十二日祕書省校書郎黃裳供職及二年為集賢校理　七年正月十一日左朝散郎祕書省正字宗匪躬為祕閣校理　二月十四日權陝府西路轉運使李南公除直祕閣　六月十四日徐王府記室參軍龔原帶祕閣校理　九月二十二日河北路轉運使韓正彥直祕閣知滄州　十月十六日陝西轉運使李南公直龍圖閣知延安府　十八日左宣德郎祕書省正字陳祥道為館閣校勘　同日工部員外郎游師雄為集賢校理

二十二日，秘書省著作佐郎徐鐸為集賢校理。十二月一日，集賢殿修撰、知襄州楊伋，集賢殿修撰、知河陽章衡，並除集賢院學士。八年二月四日，左朝奉郎、直龍圖閣、知荆南府唐義問為集賢殿修撰、知廣州。十九日，左朝議大夫、權尚書戶部侍郎范子奇為集賢殿修撰、知慶州。十一月二十九日，左朝散郎、太府卿髙遵惠為集賢殿修撰、知河中府。紹聖元年三月二日，給事中呂陶除集賢院學士、知陳州。閏四月十九日，權發遣河北西路常平等事陸師閔為直秘閣。六月二十二日，左朝請郎、權刑部侍郎杜紘為集賢殿修撰、充江淮等路發運使。八月二日，陝府西路計度轉運

卷二萬四百八十　四七

使、直秘閣穆衍為直龍圖閣、知慶州。六日，陝府西路計度轉運使胡宗回為直龍圖閣、權知桂州。八日，秘書少監、充秘閣校理張舜民為直秘閣、權發遣陝西路計度轉運使。九月十一日，太常少卿宇文昌齡為直秘閣。二年正月十二日，直龍圖閣章楶為集賢殿修撰、權知廣州。十四日，冀王府翊善、左朝請大夫李華除秘閣校理，從王請也。四月三日，詔職事官罷帶職，非職事官仍舊許帶集賢院學士為集賢殿修撰，直集賢院為直秘閣，集賢校理見帶職人並改正。七月十四日，秘書少監、左朝議大夫晁端彥為直秘閣、知峽州。八月十六日，詔朝奉郎、冀王府侍講李潛為秘閣校理，

王以例請也。其諸王府翊善、侍講、記室參軍，今後仍舊只除已帶職人。十月七日，權兵部侍郎王古為集賢殿修撰、充江淮荆湖等路發運使。八日，右司郎中毛漸為秘閣校理。十二月二十二日，朝奉郎、充秘閣校理、權知河中府游師雄為直龍圖閣、知秦州。三年四月四日，兵部郎中韓宗古為秘閣校理、諸王府翊善。十月三日，秘書監王子韶為集賢殿修撰、知明州。十八日，權發遣江淮荆浙等路發運使呂溫卿加秘閣校理，以戶部言其職事修舉也。四年七月十九日，光祿卿程嗣恭為直秘閣、知揚州。二十一日，鴻臚卿呂溫卿為直秘閣、權發遣江淮等路發運使。元符元年正

卷二萬四百八十　四八

月三日，朝奉郎、新除權發遣河北路計度轉運副使呂升卿加直秘閣。十七日，承議郎、直龍圖閣、熙河蘭岷路計經畧安撫判官鍾傳特除集賢殿修撰，賜金紫。三月十三日，朝散郎、直秘閣、知潭州張舜民為直龍圖閣、知青州。同日，朝散大夫、權廣南西路計度轉運副使程節為秘閣校理、知潭州。七月二十二日，江淮荆浙等路發運副使呂升甫為直秘閣。十二月三日，太常少卿張商英為集賢殿修撰、江淮荆等發運使。二年正月二十二日，朝請郎、知海州陸佃為集賢殿修撰、知蔡州。五月二十八日，奉議郎、權陝府西路轉運判官李譓加秘閣校理。三年二月十二日，降授承議郎

楊畏為集賢殿修撰、知襄州。同日，朝奉郎文及甫直
龍圖閣、知陝州。三月十五日，降授承務郎、添差郴州
茶鹽酒稅周常為宣義郎、直祕閣、知滁州。十七日，朝
奉大夫、知潭州溫益朝請大夫、新判南京國子監岑象
求並直龍圖閣。同日，承議郎、新除尚書司封員外郎
傳楫、朝請郎朱紱並直祕閣，乘驛赴闕，皆潛邸舊僚也。
二十五日，朝請郎、知秦州王古為集賢殿修撰、知潤
州。四月三日，朝請郎董敦逸為朝奉大夫、直龍圖閣、
知荊南府。二十一日，朝請郎、知兗州王欽臣為集賢
殿修撰、知潁昌府。二十三日，朝散郎、知滁州朱服為
集賢殿修撰、知廬州。六月十九日，朝散大夫、太府少

四十九

卿、買種民直龍圖閣、陝西路都轉運使。七月十九日，
朝奉郎、提舉南京鴻慶宮唐義問為集賢殿修撰、知潁
昌府，朝請大夫、知鄧州邵虎俞直龍圖閣、知秦州。十
一月一日，朝請郎、提舉江州太平觀韓川為集賢殿修
撰、知青州。同日，復濮州團練副使劉安世為承議郎、
集賢殿修撰、知鄆州。徽宗建中靖國元年三月十九日，
朝奉郎、新除祕書少監張耒直龍圖閣、知揚州。四月
二十一日，左朝議大夫、太僕卿盛次中直龍圖閣、知鄧
州。六月二十八日，左中奉大夫、知鄭州趙令鑠直龍
圖閣、知河陽。二十九日，左朝議大夫、直龍圖閣、淮南
江浙荊湖等路發運使胡宗回為集賢殿修撰、知青州。

八月一日，朝奉郎、知壽州朱紱為集賢殿修撰。九月
二十八日，朝奉大夫、太僕卿黃寔直龍圖閣、知秦州。
十二月一日，朝奉大夫、知湖州徐鐸為集賢殿修撰、知
河中府。十一日，權尚書戶部侍郎呂仲甫為集賢殿
修撰、知應天府，權尚書刑部侍郎周鼎直龍圖閣、知齊
州。十五日，朝奉大夫、知滁州范鏜為集賢殿修撰、知
澶州，權尚書工部侍郎楊康國為集賢殿修撰、知陝州。
二十三日，復朝請郎、知濠州鄧棐為極賢殿修撰、知
潭州。崇寧元年正月七日，朝請郎、尚書都官員外郎
劉朴直祕閣、提點河北西路刑獄。二十日，朝奉大夫、
陝西路轉運使吳憲直龍圖閣、知秦州。八月十四日，

卷一萬一千四百八十

五十

復左朝議大夫、知應天府呂仲甫為集賢殿修撰。十
五日，以光祿卿向紃直龍圖閣、知潁州。十七日，朝散郎、
提舉亳州明道宮文及甫為集賢殿修撰、知潁昌府，復
朝奉郎致仕鍾傳直龍圖閣、知河中府。十二月十日，
左中散大夫、新知廬州林顏直祕閣、知鄧州。二年三
月八日，朝請郎、淮南江浙荊湖發運使曾孝序為集賢
殿修撰、知慶州。九日，朝散郎、太府卿鄭僅直龍圖閣、
陝西路轉運副使。四月七日，朝請郎、尚書左司員外
郎董必直龍圖閣、知荊南府。五月十五日，知宣州何
琬奉行茶事，率先就緒，可除直龍圖閣。八月十五日，
詔權通判蘭州王端究心邊事，招納有勞，特除直祕閣

差充西路運判免簽書專切管勾措置招納　九月十
五日朝請大夫直龍圖閣提舉成都府利州陝西等路
茶事兼陝西買馬監牧程文邵爲集賢殿修撰熙河路
都轉運使兼川陝茶馬　十月二十六日光禄卿魯孝
序爲集賢殿修撰知慶州　二十八日朝散大夫張恕
直祕閣知齊州　三年正月二十三日朝請大夫吳安
憲直龍圖閣知鄧州　二月十九日左朝議大夫宗正
少卿鄧祐甫直祕閣知應天府　四月二日光禄少卿
蔡渭直祕閣知貝州　十五日朝奉大夫直龍圖閣河
北路都轉運使梁子美爲集賢殿修撰　二十八日起
復朝請郎直龍圖閣陝西路都轉運使鄭僅爲集賢殿
修撰　同日朝奉郎河北路指置糴便康位直龍圖閣
卷二萬四百八十　五十
五月三日朝請大夫知福州王祖道直龍圖閣知桂
州　五日奉議郎新熙河路轉運副使吳擇仁朝奉直
祕閣　六月十七日詔元絳被遇神考延登近輔以其
子朝奉大夫提點東太一宫耆寧直祕閣提點醴泉觀
十月十六日以朝奉郎直祕閣熙河路轉運副使吳
擇仁直龍圖閣　二十三日權發遣淮南江浙荆湖制
置發運使胡師文計置年額上供前期足辦甚見才敏
可特除集賢殿修撰　十二月十六日朝奉大夫祕書
監鄧棐爲集賢殿修撰知潁昌府朝奉郎知陳州石豫
爲集賢殿修撰知鄧州　四年二月二十八日祕書省

祕書郎黄符直祕閣提舉訓釋經義局檢討官　五月
三日光禄卿林邵爲集賢殿修撰知潁昌府　十日朝奉
大夫荆湖北路轉運判官陳舉直祕閣知荆南府　八
月十五日詔宋喬年昨委察訪熙河付以體究一路利
害令條析來上精微該博文理優贍可特賜進士出身
仍除集賢殿修撰京畿轉運使　十九日奉議郎宗正
少卿馮澥直龍圖閣知鳳翔府　九月五日朝奉大夫
知鄆州徐彦孚爲集賢殿修撰　五年正月十三日朝
奉大夫李譓直祕閣知信陽軍　二月二十六日衛尉
卿趙存誠爲集賢殿修撰提舉醴泉觀以其提之拜相
有請故也　十二月二日淮南江浙荆湖等路發運副
卷二萬四百八十　五十一
使劉何爲集賢殿修撰　大觀元年二月十八日復左
中散大夫王端爲集賢殿修撰知廣州　三月十五日朝
請大夫直龍圖閣河北路轉運使王博聞爲集賢殿修
撰知成德軍　十七日左中散大夫都水使者梁子野
爲集賢殿修撰河北都轉運使　五月一日降授朝奉
郎新陝西路轉運使席震直龍圖閣知河南府　十一日祕
書少監方會爲集賢殿修撰知河中府　二十五日朝
散郎京西路轉運使李譓直龍圖閣淮南江浙荆湖等
路發運使　六月六日司農少卿程伯孫直龍圖閣知
陝州　九月十五日朝請郎司農卿宗聖寵直龍圖閣
知應天府　閏十月七日朝奉郎右正言張茂直祕閣

知鄭州　十二月八日朝奉郎知秀州錢適為集賢殿修撰知越州　二年二月二十八日降授朝奉大夫知毓州李孝壽為集賢殿修撰知兖州　三月十二日承議郎提點荊湖南路刑獄席貢直祕閣知荊南府　四月七日朝奉郎羅畸為集賢殿修撰知廬州　二十日左中散大夫光祿少卿董正封直龍圖閣知濟州　七月二十九日承議郎張翬直祕閣河北路轉運副使尚書戶部郎中張諤直祕閣河北路轉運使　八月三日朝請大夫成都府路轉運使何常為集賢殿修撰　十月二日朝請大夫直祕閣陝西路轉運副使王覺直龍圖閣知荊南府　三年七月五日中大夫新知越州吳

卷一萬四百八十　五十三

執中知揚州中奉大夫提舉杭州洞霄宮周鼎知應天府朝散大夫提舉南京鴻慶宮郭知章知汝州朝奉郎提舉杭州洞霄宮吳拭知陳州並除集賢殿修撰　十二月三日朝議大夫直祕閣夔州路轉運副使龐恭孫直龍圖閣朝奉大夫太府少卿張為直龍圖閣知蔡州　四年正月二十六日中奉大夫太常少卿李夔為集賢殿修撰知鄭州　六月九日朝請大夫太府卿王韶為集賢殿修撰知蘄州　七月三十日復朝請郎知汝州慕容彥逢朝散郎知滁州席旦通直郎新知溫州郭敦實並為集賢殿修撰　政和元年正月二日詔京東路轉運副使韓繑具到自到任後來申請擘畫措置振

舉過事件并均節本路財用事目共二十五冊乙夜觀覽頗見用心提振綱維皆有條理不擾民而調度足匪峻刑而姦弊消可特除直祕閣差遣依舊以為守法奉公能吏之勸　三月十四日詔朝散大夫權發遣湖北提刑陳仲宜所言十五事其間糾劾貪贓搜求民隱敷陳利害頗見用心朝奉郎權發遣兩浙路轉運判官賈偉節所言十事頗似可采並除直祕閣　五月十二日朝散郎前荊湖北路轉運副使周紳直祕閣知荊南府　二十六日復中大夫知蘄州馬防為集賢殿修撰知蘄州　六月二十六日朝奉大夫開封少尹錢蓋直龍圖閣知開德府　八月九日復朝議大夫提舉亳州明

卷一萬四百八十　五十四

道宮胡師文為賢殿修撰　九月二日朝請大夫直祕閣河東路轉運使蔡安持龍圖閣京畿轉運副使盛章為集賢殿修撰知蘄州尚書左司員外郎陳邁直祕閣河北路轉運使朝散郎福建路轉運判官柳庭俊直祕閣陞副使　二十三日朝奉大夫陝西路轉運副使陳敦復直龍圖閣陞轉運使　十月六日朝散郎知睦州李圖南為集賢殿修撰知復州　二十七日朝請大夫太府卿張勵為集賢殿修撰知福州奉直大夫宗正少卿周邦彥直龍圖閣知河中府　二年四月二日詔今後貼職非特旨不除以臣僚言竊聞端拱元年建祕閣有夏侯嘉正者見稱於縉紳太宗雅知其名欲加爵技

一日召試禁中奏篇稱旨始命為直祕閣熙寧中王韶經緣洮河戎事有功神考議以直昭文館寵之王安石言韶功大不辭乃命為直集賢殿居數日以內批再議韶職僉言洮河事皆韶本謀功賞終未稱乞進除直龍圖閣神考以為薄始命為修撰由此觀之則祖宗於貼職華選尤所加重也臣竊惟頃歲以來朝廷稍以職名旌勸庶官而因緣附麗請託頗多冗濫臣愚深恐清塗漸塞而礪世磨鈍之具亦將無以示勸矣臣聞昔衛賞于奚以邑辭請曲樂繁纓以朝許之仲尼聞之曰惜也不如多與之邑惟器與名不可以假人伏望慈特敕詔旨自今以勞任事當加旌賞者止以遷職任進官資為懋典惟殊績異能之士及親加職擢者方許除貼職庶幾名器增重清塗日闢更加奮勉以興事功上副陛下釐百工熙庶績之意故有是詔　五月二十七日朝散郎司農卿王革為集賢殿修撰河東路都轉運使繼而又改除直龍圖閣　六月二十七日朝奉郎直祕閣提舉成都府陝西等路茶馬張翬直龍圖閣　八月十八日朝請大夫直龍圖閣知河中府何述為集賢殿修撰　二十九日朝奉大夫直祕閣梓州路轉運判官趙遹直龍圖閣陞副使　三年正月十八日詔提舉淮南路茶鹽事黃敦信措置鹽本備足客販流通職事修舉除直祕閣　二月二日降授朝請郎直祕閣陝西路轉運副

卷二萬四百八十

五十五

使侯臨直龍圖閣知慶州　四月三日朝奉大夫直龍圖閣梓州路轉運副使趙遹為集賢殿修撰陞轉運使　八日復朝散大夫直龍圖閣提舉杭州洞霄宮周秩為集賢殿修撰知鄧州　十五日中散大夫直龍圖閣提舉江寧府崇禧觀崔子堅為集賢殿修撰　閏四月十三日奉議郎直祕閣知荊南府程鄰為集賢殿修撰知桂州　五月二日降授朝請郎直祕閣陝西路轉運使陳亨伯直龍圖閣知慶州　七月二十八日朝請郎司農卿都遹直祕閣知滁州　九月二十日朝散大夫直祕閣京西路轉運使王璹為集賢殿修撰知平江府　十月十五日通直郎祕書省著作郎李諤直祕閣提舉江南東路學事　十一月一日復唐州團練副使隨州安置穆京為朝議大夫直龍圖閣陝西路轉運使　四年二月三日承議郎直圖閣新知虢州任熙明為集賢殿修撰知河陽　三月二十一日朝奉大夫直祕閣兩浙路轉運使李偃直龍圖閣　四月十三日京畿轉運副使趙霆直祕閣　六月十二日復朝散大夫提舉洪州玉隆觀曾孝蘊為集賢殿修撰　十月二十二日朝議大夫鴻臚卿陳覺民為集賢殿修撰知廣州　五年九月六日中大夫直龍圖閣權陝西路轉運使吳亮陳乞宮祠詔亮宣力陝右職事修舉歲計足辦以疾有陳誠可惻憫宜依所請可除集賢殿修撰提舉兗州大極

卷二萬四百八十

五十六

觀　十二日朝議大夫張諤直龍圖閣知潭州　十二月十二日直秘閣江浙等路發運副使徐鑄直龍圖閣朝奉大夫知貟州詹度直秘閣　六年正月十三日朝請郎大理卿侍其傳直秘閣知懷州朝散大夫太僕卿田登直秘閣知拱州　二十四日承議郎直秘閣鄭修年直龍圖閣宣義郎鄭億年直秘閣　二十八日朝散大夫直龍圖閣成都府路轉運副使孫羲叟為右文殿修撰知瀘州　閏正月二日秘書丞李良嗣直龍圖閣提點萬壽觀　二十七日朝散郎梓州路轉運副使王良弼朝請大夫提舉梓州路常平楊孝章並直龍圖閣　三月二日宗正少卿李邦彥直秘閣與外任　二十

卷二萬四百八十

五十六

八日陝西路轉運副使孫詄直龍圖閣知秦州　四月五日符寶郎葉著直龍圖閣提點醴泉觀　八日朝奉郎秘書少監方天若為右文殿修撰知泉州　十日詔秘書省殿以右文殿為名見任集賢殿修撰並改作右文殿修撰　二十一日尚書右司員外郎聶山直龍圖閣荆湖南路轉運副使　二十四日尚書左司員外郎胡直孺直龍圖閣淮南路轉運副使　六月九日朝奉大夫秘書監蘇煒為右文殿修撰知泉州朝奉大夫司農少卿劉敦夫直龍圖閣知潭州朝奉大夫張閎直秘閣陝西路轉運使　十二日降授朝散大夫提點荆湖北路刑獄毛衎直龍圖閣〔知荆南府　九月詔中大夫直秘閣河北路轉運司沈純誠直龍圖閣〕　十七日詔天下人才富盛

趨事赴功者日衆舊貼職惟直秘閣直龍圖閣直龍圖閣右文殿修撰不足以待多士可增置直徽猷閣直顯謨閣直寶文閣直天章閣秘閣修撰集賢殿修撰並舊為九等　十月十八日承議郎提舉杭州洞霄宮陳邦光為修文殿修撰　十九日朝議大夫直龍圖閣張諤為右文殿修撰知桂州　十一月六日朝散大夫直秘閣陝西路轉運副使任諒直龍圖閣　十二月十日承議郎直龍圖閣鄭脩年為右文殿修撰　十五日詔文彥博被遇四朝定儲首議形於先訓雖經黜責悉已牽叙子維申可除直秘閣與郡　十九日詔秘書省正字張穆除直秘閣與小郡臣僚言穆資序至淺績用未聞徒

卷二萬四百八十

五十八

以親年自西鄉便乃從正字遽爾超躐契勘館職召對稱旨往往僅擢郎官久次或遷少列由元豐以來未有無故而得職名詔張穆與小郡其除直秘閣指揮更不施行　七年三月十五日主管川陝茶事程唐應副陝西運司年頗有勞可特除右文殿修撰　五月二十三日中散大夫唐懋除直秘閣知和州　六月二日以國子祭酒路瓘除秘閣修撰與郡　八年三月一日朝奉郎尚書考功員外郎李邈直秘閣知蔡州　十四日詔朝奉郎提舉河北東路常平呂順浩直秘閣再任　十八日光祿卿王鼎為右文殿修撰提點萬壽觀　四月三日秘書省著作佐郎馮躬厚直秘閣知秀州　五月

二十三日，朝奉大夫提點醴泉觀諸王府贊讀張勸、朝議大夫提舉中太一宮諸王府直講葛次仲、朝奉郎提點萬壽觀兼太子舍人魏憲並直龍圖閣。　六月四日，朝奉郎右文殿修撰提舉醴泉觀葉著為集英殿修撰，中奉大夫祕閣修撰京畿路轉運副使趙𡺲為右文殿修撰。　七月四日，詔中書省參照官制格目成書所有白時中令緣邊事進官可轉兩官，並回授內一官與男彥暉，除直祕閣。　七日，詔朝議大夫直龍圖閣權發遣兩浙路轉運副使詹度職事修舉，應奉有勞，特遷一職，充祕閣修撰，仍落副字。　二十五日，朝奉郎提舉兩浙路常平蔣彝直祕閣本路轉運副使。　二十七日，朝散

卷二萬四百八十

五十九

大夫李友聞直祕閣知利州。　八月五日，承奉郎直祕閣蔡術直龍圖閣。　二十日，朝散郎提舉淮南西路常平蔡佃直祕閣提點兩浙路刑獄。　閏九月三日，朝議大夫尚書吏部郎中尚瑜直祕閣知襄州，中散大夫莫礌直祕閣知泗州。　二十日，尚書戶部員外郎何天衢直祕閣知常州。　二十三日，詔泉州市舶官綱應奉有勞，提舉福建市舶蔡栢可除直祕閣。　十月二十七日，中奉大夫孫漸直祕閣知梓州。　三十日，提舉兩浙路常平趙霖直祕閣仍再任。　重和元年十二月十四日，符寶郎國史院編修官鄭雍直龍圖閣崇政殿說書。　十五日，朝奉郎權發遣夔州路提點刑獄公事許京措

閣崇政殿說書。　十五日，朝奉郎權發遣夔州路提點刑獄公事許京措置溱播勝兵有方，特除直祕閣。　三十日，宣教郎發運司主管公事鄭可簡職事修舉，可特除直祕閣，差遣依舊。　二年正月六日，朝奉郎尚書吏部員外郎王琮直祕閣提點秦鳳路刑獄。　二十一日，朝請郎充祕閣修撰知開德府傅諠夫奏：淮詔改儲為德士，寺為宮觀，臣布宣聖意，人人感悅，爭先披戴。詔諠夫奉行詔旨為諸郡之最，可特遷集英殿修撰。　二十七日，延康殿學士中大夫充醴泉觀使兼侍讀徐處仁奏：詔差知揚州，臣長男宣義郎庚見任祕書省校書郎，伏望改授庚一淮浙差遣。詔徐庚除直祕閣提點杭州

卷二萬四百八十

六十

洞霄宮。　宣和元年二月九日，詔知明州樓异職事修舉，應奉有勞，可特除祕閣修撰，令再任。　二月二十三日，中奉大夫司農少卿張璩直龍圖閣提舉陽德觀。　二十四日，朝散郎祕書省著作佐郎李敦義為右文殿修撰提舉陽德觀。　三月十一日，朝奉郎直龍圖閣知壽春府侯益為祕閣修撰。　十八日，以明堂頒事，蔡佃為集英殿修撰提舉萬壽觀。　四月四日，中大夫直徽猷閣河東路轉運副使王似職事修舉，遷直龍圖閣。　五月四日，中奉大夫祕閣修撰河北路轉運使沈積中為右文殿修撰。　同日，朝散大夫權成都府路轉運判官李良佐奏：重和二年正月十四日奉聖旨，僧已降詔為

德士自二月二十六日至四月九日終其批鑿改易四
千九百一十名内德士四千四百七十四名文德四百
三十六名别無違戾奉聖旨朝散大夫權成都府路轉
運判官李良佐除直祕閣　十三日朝請大夫直顯謨
閣淮南路轉運使李止〔祉〕直寶文閣朝請大夫淮南路轉
運判官孫默直祕閣　六月二十日中大夫直龍圖閣
河東路轉運使使王似為祕閣修撰　二十三日中大
夫直寶文閣管勾陳成都府蘭樂秦鳳等路茶事兼提
舉陝西等路買馬監牧郭思直龍圖閣　七月二十三
日太常少卿許德之直顯謨閣知婺州　八月七日廣
東廣西路運副燕瑛奏近各已改正寺觀牌額管下德

卷二萬四百八十

六十一

士等不候限滿並已披戴詔瑛特除直祕閣　九月十
六日奉直大夫衛尉少卿李孝昌直祕閣　十八日朝
請大夫直顯謨閣陝西路轉運副使李交聞直龍圖閣
陞轉運使　二十七日朝散大夫廣南西路轉運判官
蔡恮直祕閣陞副使　二十八日賜中散大夫知襲慶
府錢伯言進士出身直祕閣　十二月二十四日朝請
大夫曾孝蘊為右文殿修撰提舉西京嵩山崇福宫中
奉大夫提舉南京鴻慶宫李僾朝散大夫提舉亳州明
道宫張潒並為右文殿修撰　二十八日詔蔡碓子尚
書户部郎中丞為祕閣修撰提點醴泉觀　二年二月
二十六日朝散大夫尚書左司郎中趙億直龍圖閣江

淮荆淛等路發運副使　同日朝請郎直祕閣知秦州蔡
佃直龍圖閣知亳州　二十七日中大夫開封少尹張
徽言為右文殿修撰知睦州　三月六日中奉大夫直龍
閣知荆南府劉亞夫為右文殿修撰知瀘州　八日朝
請大夫直龍圖閣京畿路轉運使賈讜為右文殿修撰
八月四日朝奉大夫管勾南京鴻慶宫吴敏為右文
殿修撰　九月十二日詔河北上書人蘇壽吉特與朝
議大夫直祕閣乃契丹蓋鐵使收燕雲所獲之人也
二十二日中奉大夫直祕閣知襲慶府錢伯言直龍圖
閣　二十八日朝請大夫太府少卿吕頤浩直龍圖閣
河北路轉副使　十月五日復朝奉郎馮澥直祕閣承

卷二萬四百八十

六十二

議郎太府卿方孟卿直祕閣知秦州　十一月二日朝
散郎直寶文閣提舉秦鳳路常平湯東野中大夫直龍
閣河東路轉運副使魏伯文並為祕閣修撰　二十六
日朝請大夫直祕閣宇文常直龍圖閣　十二月二十
八日朝散大夫直龍圖閣江淮荆淛等路發運副使趙
億為右文殿修撰朝奉郎新太常少卿魏憲直龍圖閣
知常州　三年正月二十日承議郎直祕閣京東路轉
運副使王子獻直龍圖閣　三月二十八日中大夫祕
閣修撰淮南路轉運使王似為右文殿修撰　四月一
日詔朝奉郎提舉措置河北路糴便公事程邁措置糴
買就緒與除直祕閣　四日降授朝議大夫尚書吏部

郎中黄叔敖直祕閣　九日詔中奉大夫直徽猷閣京東運副李恭昌職事修舉特除直龍圖閣　十四日朝奉郎通判信州王舜舉直祕閣宣教郎監信州鉛山鑄錢院權縣事高至臨直龍圖閣知衢州並以捍賊有勞故賞之　五月十三日詔朝散大夫京畿轉運副使呂淙除直祕閣　十六日詔朝奉大夫司農少卿錢德輿除直祕閣添差兩浙路轉運副使朝請大夫淮西路提點刑獄公事徐閎中除直祕閣　二十一日詔朝奉大夫江南東路轉運副使李伺為朝散大夫直祕閣　閏五月二日詔朝請大夫直祕閣江南轉運副使林箎累年漕計率先足辦職事修舉除直徽猷閣發運副使

卷二萬四百八十　六十三

六日詔朝請郎直祕閣廣南東路轉運使燕瑛職事修舉應奉有勞特除直龍圖閣令再任朝奉大夫直徽猷閣權發遣京西轉運副使時道陳職事修舉特除直龍圖閣　十三日詔朝奉郎權發遣楚州曾紆可直祕閣　七月八日詔朝奉郎知礠州韓景直祕閣以治郡有績故寵之　八月十九日詔權貨務監法大增魏伯芻宣力頗多特與轉行階官一等勘會魏伯芻係中大夫直徽猷閣提舉在京權貨務奉聖旨特授依前中大夫直龍圖閣　九月五日詔京東西路常平梁楊祖權攝刑司數覽奏報頗見用心職事擒捕盜賊措置有方落權字仍除直祕閣　二十二日詔朝奉大夫知台州李景

淵直祕閣　十月六日淮浙江東宣撫使領樞密院事童貫奏臣近遵聖書平蕩東南群寇事畢內協力應副大軍錢粮等事別無闕悞官降授承議郎知泗州汪希旦乞特賜優異詔汪希旦除直祕閣　二十一日詔朝請郎直祕閣管勾江州太平觀林虞直龍閣以所獻文集可采故有是命　二十八日起復朝請大夫直祕閣提舉陝西河東木栰趙子湞直龍圖閣　十一月四日朝奉郎姜仲謙直祕閣知濟南府　十二月三日詔宣義郎孔端友襲封衍聖公遷通直郎直祕閣以奉先聖祠事　二十七日朝請大夫知嚴州周格直祕閣　四年正月二十四日詔張商英先帝簡擢嘗位宰府已贈太

卷二萬四百八十　六十四

保依格外特與遺表恩澤二人子茂為直龍圖閣　二月二十二日朝奉大夫直祕閣提舉陝西都平貨務李勤直龍圖閣以復置平貨務歲息增羨故也　三月六日詔幸祕書省提舉官蔡攸合推恩特許回授男行衎並除右文殿修撰　十日朝奉大夫提舉成都府等路茶馬何漸直祕閣　二十四日以朝散大夫司農卿李文仲直祕閣知徐州　四月十六日朝請大夫直祕閣河東路轉運使陳知質直龍圖閣朝請大夫直龍圖閣陝西路轉運副使錢蓋為右文殿修撰宣教郎提舉福建路市舶張佑直祕閣　六月二日詔直祕閣提點京東西路刑獄梁楊祖直徽猷閣以修簡軍器有勞故也

六日提舉辰沅靖澧弓弩手司唐愨為直龍圖閣知鼎州　二十五日朝奉郎太常少卿江緯直祕閣知洺州　二十六日中奉大夫直祕閣知鄧州王師伏為右文殿修撰提舉西京嵩山崇福宮　九月二十三日復朝奉大夫新知萊州趙億直祕閣知明州　二十九日中奉大夫直祕閣河北轉運副使黄叔敖直顯謨閣　十月三日朝請大夫提舉福建路常平趙彥臣直祕閣

五年正月十七日承議郎王辟疆承務郎王辟光並直祕閣　二月九日朝奉大夫提點京東東路刑獄高校直祕閣　三月二十五日故資政殿學士通議大夫馮熙載妻文安郡夫人徐氏奏欲乞將熙載遺表恩澤一名換授另正己一貼職詔與除直祕閣　六月七日詔朝散大夫直龍圖閣河北燕山府路轉運副使黄翼為祕閣修撰朝奉大夫轉運判官郭琰直祕閣中大夫直龍圖閣提點河北東路刑獄李孝楊為祕閣修撰朝奉郎提舉河北東路常平周審言直祕閣並以燕山應辦有勞故也　十二日朝散大夫直龍圖閣知隆德府張友極朝散大夫直龍圖閣提舉成都府等路茶事何漸中大夫直龍圖閣知夔州宇文常為祕閣修撰　七月三日朝請大夫張愨直龍圖閣河北燕山路轉運副使　十四日中大夫直祕閣李西美直徽猷閣　八月四日復承議郎提舉建州武夷山沖佑觀程振為祕閣

卷二萬四百八十

六千五

修撰　六日降授朝奉大夫祕書監翁彥深為集英殿修撰知濟南府　二十一日朝請大夫司農少卿郭奉世直顯謨閣知家州　十月七日復朝奉郎知滁州梅執禮為集英殿修撰　十一月六日朝奉大夫直龍圖閣河北燕山府路宣撫司參謀官章綡朝散大夫祕閣修撰河北燕山府路轉運副使黄翼並為右文殿修撰

六年四月一日中奉大夫直龍圖閣京東路轉運副使李孝昌為右文殿修撰　三日中大夫直龍圖閣燕山府路宣撫司參謀官韓壁為右文殿修撰　十日降授朝請大夫直徽猷閣管勾建隆觀馮躬厚為右文殿修撰　五月七日詔自今除貼職如未係止法官及無出身人並取旨應除職者依格次遷不得超授以言者論比歲除授多濫故也　九月十八日中奉大夫直龍圖閣知懷州李罕為祕閣修撰　十月二十四日詔朝散郎充高陽關路安撫都總管司勾當公事陳起宗久任幕下首尾宣勞特除直祕閣　十一月二十四日朝奉郎尚書虞部員外郎宇文時中直祕閣管勾萬壽觀避粹中親嫌也

七年正月二十二日朝奉大夫江南東路轉運判官陸賁直祕閣　二月八日朝奉大夫直徽猷閣新差通判鄧州王枋奏伏覩御筆王安石輔相神考建立法度弟安國安禮安上亦曾被遇先帝今其家間頗零替可特與推恩三房見居長人與除初等

卷二萬四百八十

六千六

職名姪樸棁各係除職名人續奉聖旨樸改合入官棁
止依餘人轉一官伏望特與推恩詔王樸王棁並除直
祕閣　三月七日詔福州通判黃琚措置御前校正道
藏經版雕造有方大興告成首尾管勾有勞可特除直祕
閣　四月二日奉議郎尚書駕部員外郎閻孝忠直祕
閣　二十五日奉議郎直祕閣高堯民直龍圖閣承務
郎高堯咨直祕閣　二十六日降授宣教郎韓總直顯
謨閣河東路轉運副使降授朝散大夫京東路轉運副
使黃潜厚直祕閣　二十七日朝議大夫提舉南京鴻
慶宮朱琳直祕閣知濟南府　五月二十八日詔劉壽
嘗任明堂頒政可依蔡佃等例與除祕閣修撰　二十
卷三萬四百八十　六十七
九日詔符寶郎蔡綍直龍圖閣管勾萬壽觀　八月一
日朝奉大夫軍器少監呂源除直祕閣充兩浙路轉運
副使　十二月二日詔朝散郎權發遣淄州趙明誠職
事修舉可特除直祕閣　二十二日詔起復朝散郎燕
山府路轉運副使李與權可除直祕閣

特恩除職下　欽宗靖康元
年二月六日詔太學生雷觀進士張炳上書論事可嘉
並與同進士出身除館職　三月二十日通判澤州時
敦除直祕閣以城守有功也　四月十五日詔宗正少
卿陳珣直祕閣知廬州　十六日知應天府杜充為集
賢殿修撰知隆興府　二十二日詔中大夫提舉亳州
明道宮錢歸善為集英殿修撰　二十九日詔中大夫提

黜京畿刑獄林積仁直祕閣知平陽府　五月二日詔
祕書少監錢近為祕閣修撰知婺州　三日詔大理寺
丞唐璟直祕閣管勾南京鴻慶宮其後璟父中書侍郎
恪三辭恩命從之　十四日朝散大夫直祕閣京東路
轉運副使黃潛學直顯謨閣　六月一日尚書右司員外
郎解習直龍圖閣知河陽以上續國朝會要高宗建炎
二年二月十三日詔權發遣濮州楊粹中除直祕閣以粹
中率官吏軍兵守城禦賊閱月解圍故有是賞　八月
十九日發運使梁楊祖措置茶鹽就緒詔特授徽猷閣
直學士　三年五月十一日祕閣修撰知廬州胡舜陟
禦盜有勞詔陞集英殿修撰　二十日詔曾紆除直祕

卷二萬四百八十

六十八

閣　時言者以紆故相曾布之子寄居湖州苗傅作亂
諸路勤王檄至守倅猶預不決紆首明大義理宜褒錄
故有是命　四年正月十五日詔直徽猷閣宗輝除直
龍圖閣特御舟駐章安輝自秀州金山村運米八萬餘
石絹十餘萬匹錢十餘萬貫到行在上諭宰執曰朕一
行人甚有所賴可除待制呂頤浩以為太峻故有是命
　三月二十日詔知福州程邁應副行在錢物有勞除
徽猷閣待制　五月一日臣僚言祖宗時特重職名未
嘗妄予有貼以祕職者亦未必皆驟致從班也略舉一
二如馮晁官至尚書乃今光祿大夫而職止於集賢院
學士程師孟官至給事中乃今通議大夫而職止於集

賢殿修撰自餘或以列卿直昭文館或以丞郎直史館
皆終其身為之豈敢妄獻功狀人人必欲得待制而後
意滿哉邁知福州不能體陛下播告勤恤之意裒斂育
獻民不堪命當治其罪而賞以次對之職臣恐內外侍
從有職之士見邁本文俗之吏斂陛下之財以售陛下
從官必皆羞與之為列矣欲望將邁所加之職亟賜改
正以清次對之選以謝長樂之民仍乞詔執政大臣監
司帥守應辦軍期有勞者依祖宗舊制止進階官俟有
大功顯効間加職名庶幾名器增重艱難之際人益知
勸詔前降除待制指揮更不施行餘令三省遵守　七
月十一日詔承議郎范正與在劉光世軍中累年頗著

卷二萬四百八十

六十九

勤績特除直祕閣　九月十一日詔知興元府張上行
直龍圖閣以知樞密院事宣撫處置等使張浚言上行
知夔州二年當湖南盜賊充斥能增修關隘保全一路
為永久之利乞除修撰知興元府故有是命　十一月
一日詔朝請郎王宰朝奉郎通判邠州孫恂並除直祕
閣陝府西路轉運判官從知樞密院事宣撫處置等使
張浚之請也　十一月五日詔福建路轉運判官魯詹
造甲募船糴米備見宣力可特除直祕閣　十二月十六
日詔直祕閣權知越州陳汝錫職事修舉除直顯謨閣
紹興元年五月十六日詔知夔州韓迪除直徽猷閣
以宣撫處置使張浚言桑仲侵犯歸州迪捍禦無虞功

績顯著故也　九月二十一日詔直顯謨閣江南東路轉運副使曾紆直寶文閣以紆自言崇寧初蔡京用事父布首被竄責父子同入黨籍紆送永州編管乞優贈父以辨是非之實紆於是進職　二十三日詔知太平州郭偉特除職再任以郡民列狀舉留故也　同日詔權發遣兩浙路計度轉運副使劉寧止特授直龍閣以應辦軍須有勞故也　十月十四日詔寶文閣待制知廣州林遹當苗傅劉正彥之時首致仕不出可除龍圖閣直學士以龍圖閣直學士以寵其節　十七日詔江淮路招討使司幹辦官通判常州事郄漸隨軍幹辦備宣忠力可除直祕閣從招討使張俊請也　續臣僚言從軍微勞不足進職遂請寢前命　二年六月二日詔宰臣呂頤浩男抗擴並除直祕閣旌其功而録其嗣也　九日徽猷閣直學士成都府路安撫使王似除顯謨閣直學士仍再任以知樞密院事宣撫處置使張浚言似選練軍馬創置將分應辦軍須整備器械有勞乞優進職名故有是命　七月十三日詔湖南提點刑獄呂祉檄韓京吳錫擊破胡元奭知郴州趙不群城守有功賊衆不能殘破理宜褒賞呂祉可除直祕閣趙不郡可進直寶文閣　九月二十九日詔承事郎通判鳳翔府兼權陝西路轉運判官董詵除直祕閣　先是宣撫處置使張浚以金賊犯和尚原詵協力致糧克成大功便宜

卷二萬四百九十

黜陟超轉詵奉議郎乞除直祕閣詔從之既而言者以為賞典過厚尋寢轉官之命而貼職如故云　十三日詔江西轉運副使韓球竭力職事不避嫌怨可除直祕閣從宣撫使孟庾請也　三年二月七日詔楊掞特除直祕閣知楚州　先是楚州數罹寇亂遂成邊隅久不置守樞密院言掞才故以為楚州守而寵以貼職　三月十五日詔右承事郎監潭州南嶽廟陳正彙乃瓘之子可特除直祕閣主管亳州明道宫正彙大觀中嘗告蔡京罪狀流竄者十餘年至是召對以疾丐歸故有是命　九月十五日詔左朝請郎權鳳翔路經略司主管機宜文字陳遠猷特轉兩官除直祕閣以宣撫處置使張浚言元年和尚原之役遠猷措畫有勞以便宜轉授遂從之　十月十八日詔尚書左司員外郎王岡除直祕閣主管臨安府洞霄宫周任宰屬以疲老自言故有是命　五年正月四日詔福建路安撫使張守知泉州連南夫比朕親總六師前臨大敵供億調度曾不愆期宜有褒寵張守除資政殿大學士連南夫除寶文閣直學士　二月二日詔江西漕臣直祕閣張澂隨岳飛軍應副錢糧無闕與進職一等　閏二月三日樞密院言賊馬侵犯淮甸廬州禦敵有功秦州措置得宜理宜旌賞詔廬州師仇悆除待制知秦州趙康直除直祕閣　七月十五日詔直寶文閣知宣州趙不群可除直龍圖

卷二萬四百九十

閣再任旌其治郡之功也　八月十九日詔知衢州常同除徽猷閣待制提舉江州太平觀同丙祠禄故有是命　六年九月十六日詔福建提點刑獄呂聰問招捕賊鄭廣等有功除直祕閣　十月十八日兩浙東路提點刑獄張九成辭免直徽猷閣言國家故事著作外補曾此例豈可因臣上紊朝綱所有告命未敢祗受詔改除直祕閣仍降詔獎諭　七年四月二十一日詔江東轉運副使俞俟營繕行宮畢役及應副張俊一軍錢糧無闕特除直祕閣更與轉一官依條回授　十月十一日詔知楚州胡紡措置有方特除直祕閣　八年三月八日詔左宣義郎許忻兩經登對特除祕書省校書郎

卷三萬四百八十　七十二

六月二十七日詔川陝宣撫副使吳玠所遣直祕閣主管機宜文學高士瑰遠赴行在奏事特轉一官仍陞職一等　十一月十八日詔江西路計度轉運副使逢汝霖涖事詳明恪勤不怠靖而不擾人咸安之特除直祕閣從本路宣諭李寀請也　二十五日詔龍圖閣直學士汪藻編次宣和二年至七年詔旨等文字共二百三十冊可特除顯謨閣學士　九年十月十九日詔朱芾昨知建昌軍日措置石坡盜賊有勞特與轉行一官除右文殿修撰　十一月十一日詔莫將奉使宣力特除徽猷閣待制京畿都轉運使兼主管奉迎梓宮一行事務　十一年二月十一日詔徽猷閣直學士江南西

路安撫使梁揚祖措置擒捕虔吉州盜賊有功可除顯謨學士　四月二十日詔右承事郎張子顏右承務郎張子正並除直祕閣仍賜章服子顏子正大將俊之子也　五月二十九日詔王暎昨知單州應副元帥府錢粮合轉官緣礙止法可除直龍圖閣　十月二日詔寶文閣直學士樞密都承旨鄭剛中除寶文閣學士令户部支賜銀絹各二百匹兩以使蜀故也　七日詔知溫州程邁職事修舉可特與轉一官除顯謨直學士　十九日詔秀州打造戈船先辦守臣方滋可特除直祕閣　十二年五月十三日詔軍器監主簿沈該除直祕閣盱眙軍措置榷場　十月十一日詔劉光世男右承事

卷三萬四百八十　七十三

郎監潭州南嶽廟堯佐右承奉郎監潭州南嶽廟堯仁孫右承事郎監潭州南嶽廟正平並特除直祕閣改差主管台州崇道觀　十七日資政殿學士提舉醴泉觀兼侍讀鄭億年奏乞外任宮祠詔除資政殿大學士提舉臨安府洞霄宮恩數並依執政　十一月四日永固陵攢宮總護使孟忠厚言兩浙路轉運副使直敷文閣張匯兩浙東路提點刑獄公事呂用中并本司隨行漕臣直祕閣權發遣兩浙西路提點刑獄公事張叔獻提舉兩浙東路茶鹽公事王鈇應辦一行錢糧及修奉事務無闕乞推恩詔張匯張叔獻各進職一等呂用中王鈇除直祕閣　十三年九月十八日詔權發遣嘉州

楊軾上書言和戎事文理優長援據精切雖居外服志
在納忠排斥姦言辨明國是智識高遠卓然過人覽其
所陳有補治道可除直祕閣　十九日尚書右司郎中
梁弁以病陳乞宮觀上謂輔臣曰以病乞去宜優與職
名士大夫有操守安分而以疾丐去者少朕嘗觀國朝
寶訓見太宗朝士人有奔競躁進者未嘗不痛抑之抑
奔競則廉耻之道興弁可除直龍圖閣主管洪州玉隆
觀　十五年十一月十五日詔知平江府王㬇應辦國
信館舍宴設為一路之最可除寶文閣學士　十六年
四月三日詔知潭州劉昉措置傜人楊再興有功進直
寶文閣　十八年六月十二日詔太師尚書左僕射同
中書門下平章事秦檜孫堪坦並除直敷文閣以檜辭免
加恩故有是命　七月十六日詔太傅鎮南武安寧國
軍節度使充醴泉觀使咸安郡王韓世忠男彥古特除
直祕閣　十九年二月二十五日詔左中奉大夫王賞
除祕閣修撰提舉江州太平興國宮以其無力赴闕陳
乞宮觀差遣故也　二十年二月十一日上曰昨詔監
司郡守任滿並以民事奏陳前廣西提刑路彬上殿奏
乞減免都督府增添靜江府昭州折帛錢可除職名與
見闕監司差遣以示激勸　五月十七日詔玉牒進書
提舉官秦檜可轉兩官許回授孫塤堪各進職兩等
二十一年三月十九日詔右承議郎直寶文閣主管台

卷二萬四百八十

七十四

州崇道觀秦塤右宣教郎直顯謨閣秦堪各進職二等
除在京宮觀以扶掖秦檜入朝推恩　二十二年七月
二十九日太師尚書左僕射同中書門下平章事益國
公秦檜孫塤堪各進職一等右承議郎充祕閣修撰提
點佑神觀塤進右文殿修撰右奉議郎直龍圖閣提點
佑神觀堪進祕閣修撰以檜辭免加恩故有是命　十
二月十二日詔少傅寧遠軍節度使兼領殿前都指揮
使職事楊存中男偰除直祕閣與在京宮觀以存中陳
乞宮祠故有是命　二十三年八月十一日詔右承奉
郎籍田令楊倓除直祕閣主管佑神觀免奉朝請倓存
中子也　閏十二月十五日詔右承事郎楊偰除直祕
閣主管佑神觀偰亦存中子也　二十四年二月二十
三日詔田公弼轉兩官除直祕閣賜紫章服公弼大將
師子中也二十五年十月二日右朝請郎張永年進父
閣文集詔以閣身後恩數除直祕閣　二十三日詔秦
檜孫試尚書禮部侍郎兼寔錄院修撰塤敷文閣待制
提舉佑神觀堪並除提舉在外宮觀內塤除敷文閣直
學士檜覺故也　二十六年五月二日知婺州辛次膺
召赴行在至國門上深欲用之而以腳膝艱於拜跪未
能朝見復乞外任詔與進職依舊還任　十月五日詔
知隨州田孝孫除直祕閣以本路諸司上其治最故有
是命　二十八日詔楊杭曾任元帥府僚屬和議之初

卷二萬四百八十

七十五

五月二日條移下五月十六日條上

清按二十一年當是三十一年之誤

上書可採兼累經任使可除直祕閣　二十九年五月二日詔蕭振在蜀已及一年職事修舉可陞一等職名

二十八年八月十六日詔劉堯仁除祕閣修撰在京宮觀堯仁以父光世薨車駕臨奠援張俊男子正例陳乞推恩故也　九月十六日詔汪若海元係大元帥府補官繳到所與曹輔書除直祕閣改差知江州　二十九年五月十六日詔直祕閣權發遣成都府路計度轉運副使王之望除直顯謨閣權發遣潼川府路提點刑獄公事續廳權知閬州三濯並除直敷文閣以臺諫朱倬等用紹興二十八年正月二十三日詔薦其治狀顯著故有是命　六月十六日詔右承奉郎田公輔特添

卷二萬四百八十　七十六

差荆湖北路安撫司幹辦公事仍轉兩官除直祕閣賜紫章服公輔師中子也　閏六月十五日詔新差荆湖南路提點刑獄公事万俟止除直祕閣在外宮祠以父卨入執政避免故有是命　七月四日詔功臣張俊協濟艱難勳高諸將事上恭順終始一心朕甚嘉之令一二大將子弟皆已除遷至文武侍從而俊之子猶在庶僚非朕褒有禮樂元功之意也且賦之以爵秩而不使任職亦漢光武待遇功臣之制固無嫌於公議俊男子正子顏可除敷文閣待制子仁除集英殿修撰並久任在京宮觀　十二月十一日詔知蔣州龔濤措置盜賊有方轉一官除直祕閣　二十一年二月六日詔知贑

州陳輝除直祕閣再任右正言汪澈列其治最故有是命以上中興會要　紹興三十二年六月二十四日孝宗已即位未改元　詔權尚書戶部侍郎吳芾除集英殿修撰知婺州　七月六日詔權尚書戶部侍郎汪應辰除集英殿修撰知福州　十三日詔權尚書工部侍郎許尹除集英殿修撰知宣州　十五日詔恭奉光堯壽聖太上皇帝聖旨添差權通判明州趙伯圭除集英殿修撰知台州　二十八日詔權發遣湖州陳之茂職事修舉特除直祕閣　九月十七日詔權發遣溫州袁孚特除直祕閣　十月二十七日詔權發遣江南東路提點刑獄公事葉謙亨按刺有方職事修舉可特除直

卷二萬四百八十　七十七

顯謨閣　十一月十四日詔權尚書吏部侍郎徐度除右文殿修撰提舉江州太平興國宮從所乞也　同日詔權尚書禮部侍郎呂廣問除集英殿修撰知池州　十六日詔敷文閣待制知平江府沈介除敷文閣直學士四川安撫制置使知成都府　十八日詔左朝散大夫提舉江州太平興國宮劉岑改除敷文閣待制依舊提舉江州太平興國宮岑初除敷文閣直學士知潭州以殿中侍御史張震章疏故有是命　同日詔充集英殿修撰知潭州董苹除敷文閣待制提舉江州太平興國宮　二十三日詔利州路轉運判官張德遠除直祕閣四川宣撫使司參議軍事依舊兼利州路轉運判官

權知江州林珣除直祕閣參知政事行府參議軍事江淮東西路宣撫使司主管機宜文字查籥除直祕閣江淮東西路宣撫使司參議軍事　十二月四日詔江淮東西路宣撫使司主管書寫機宜文字張栻除直祕閣栻浚之子也　十五日詔左朝散大夫錢周林除敷文閣待制提舉萬壽觀　孝宗隆興元年正月九日詔權尚書工部侍郎兼權太常少卿王晉除右文殿修撰知潭州以臣僚章疏論罷故有是命　十八日詔尚書左司郎中林安宅除直顯謨閣知臨安府　二十八日詔集英殿修撰知太平州張運除敷文閣學士知太平州　三月二十三日奉議郎張震奏准告除臣敷文閣待

卷二萬四百八十　七十八

制知紹興府臣已兩具辭免狀望聖慈許臣辭職臣方欲受命前去之任詔張震除職已有成命累上辭免可與外祠從其本意宜差提舉江州太平興國宮　四月十五日詔新除權戶部侍郎充川陝宣諭使王之望除集英殿修撰提舉江州太平興國宮以之望爲川陝宣撫使吳璘已回司以疾丐祠故有是命　二十三日詔直顯謨閣知揚州向子固特除直寶文閣直祕閣知廬州韓[illegible]特除直敷文閣以江淮都督張浚奏子固等招集流移應副軍須故有是命　二十四日詔直祕閣權平江府陳之茂改除直徽猷閣知建康府　先是除直顯謨閣避高祖諱陳乞改焉　五月二十二日詔尚書

戶部侍郎趙子潚除敷文閣直學士知明州兼沿海制置使從其請也　七月一日詔集英殿修撰知福州汪應辰除敷文閣待制　四日詔直寶文閣權文知揚州向子固特除直龍圖閣以張浚再奏招降到蕭察徒穩一行兵屯揚州子固彈壓撫循各有條理故有是命　七日詔權發遣贛州任蓋言除直祕閣知鎮江府　八月一日詔試尚書兵部侍郎王大寶敷文閣直學士在外宮觀從其請也　九月七日詔權發遣兩浙路轉運判陳漢除直祕閣　十月三日詔知吉州王佐曾任起居郎治郡有聲可除直寶文閣　同日中書門下省檢正諸房公事費行之除直寶文閣知潼州府左奉議郎王

卷二萬四百八十　七十九

淮除直敷文閣福建路轉運副使　二十三日詔左中奉大夫劉章舊係潛邸學官與除祕閣修撰提舉江州太平興國宮　二十六日詔直祕閣權知盱眙軍周淙職事修舉與除直徽猷閣　十一月一日詔新除權尚書吏部侍郎王時升除集賢殿修撰知婺州　同日詔左朝請郎陳之淵除祕閣修撰　七日詔利州路轉運判官趙不愚除直祕閣令再任　十二月二十五日詔權發遣福建路提點刑獄公事何偁除直祕閣知靜江府　二年正月二十日詔判信州陳康伯已除醴泉觀使權知信州陳喬可除直祕閣令再任　二十三日詔權尚書吏部侍郎余時言除集英殿修撰提舉江州太

平興國宮從其請也　二十六日詔權尚書刑部侍郎
路彬除集英殿修撰提舉江州太平興國宮從其請也
二月十四日詔直祕閣兩浙路轉運判官陳漢除直
敷文閣　二十二日詔廣南西路轉運判官鄭安恭特
除直祕閣候收捕盜賊静日更與陞擢差遣　三月一
日詔中書舍人兼直學士院知建康府張孝祥罷參贊
軍事除敷文閣待制依舊知建康府　二十六日詔直
龍圖閣向子固除右文殿修撰在外宮觀　四月七日
詔左司諫陳良翰除直敷文閣知建寧府　十八日詔
起居舍人馬騏除直敷文閣知遂寧府　五月一日詔
敷文閣待制汪應辰除敷文閣直學士四川安撫置制
卷二萬四百八十　八千
使兼知成都府　同日詔將作監李端民依所乞除直
敷文閣主管建寧府武夷山沖佑觀　六月二日詔凌
景夏除敷文閣待制提舉江州太平興國宮丁婁明元
係潛邸學官可除祕閣修撰依舊宮觀　八日詔知揚
州周淙除直顯謨閣從淮東宣諭使錢端禮薦舉故也
七月三日詔權尚書吏部侍郎周操除祕閣修撰知
太平州　四日詔試兵部尚書兼湖北京西路制置使
虞允文除顯謨閣學士知平江府　五日詔直敷文閣
提舉台州崇道觀　十一日詔直顯謨閣續感累更外
任職事修舉除祕閣修撰　八月二日詔右承議郎韋
璞右通直郎韋璿係　顯仁皇后親姪孫特各與除直

祕閣　九月六日詔知廬州韓𤥣除直顯謨閣令再任
十五日詔權發遣盱眙軍郭淑究心職事可除直祕
閣　十月十三日詔左奉議郎龔茂良除直祕閣知建
寧府　初除太常少卿茂良以嘗言官力辭除命故與
外任　二十六日詔直祕閣充湖北京西路制置司參
議官呂擢除直徽猷閣知建康府　十一月十二日詔
尚書考功郎中沈度除直祕閣知平江府　閏十一月
一日詔中書門下省檢正諸房公事兼權戶部侍郎王
佐除直寶文閣差知宣州　九日詔集英殿修撰呂廣
問除敷文閣待制兼侍講其請給人從並依權侍郎例
支給　二十六日詔尚書左司員外郎薛良明除直顯
卷二萬四百八十　全
謨閣兩浙路轉運副使　十二月六日詔右通直郎楊
由義除直祕閣差權發遣滁州　十一日詔右通直郎
胡昉除直祕閣差知盱眙軍　乾道元年正月七日詔
戶部尚書兼湖北京西路制置使韓仲通除敷文閣直
學士提舉江州太平興國宮從其請也　九日詔尚書
戶部侍郎晁公武除集英殿修撰知瀘州　十九日詔
權發遣襄陽府張松久任邊郡備見宣力可除直祕閣
二十三日詔尚書度支郎中吳獄除直祕閣知靜江
府　同日詔四川馬政不修續感可放罷兩浙路轉運
判官陳彌作除直祕閣都大提舉四川茶馬　二月十
七日詔大理少卿李若樸依所乞除直祕閣福建路提

點刑獄公事　二十九日中書門下省奏勘會昨降指揮陳康伯男偉節除直祕閣安節賜同進士出身續因辭免將付身於三省激賞庫寄收詔給付本家令祗受　三月三日詔集英殿修撰知衢州劉珙除敷文閣待制知潭州　同日詔權尚書工部侍郎何俌除集英殿修撰知衢州　四日詔太府少卿李植依所乞除直寶文閣江南西路提點刑獄公事　同日詔尚書左司郎中楊民望除直祕閣知綿州　同日詔大理正俞長吉除直祕閣知盱眙軍　四月十二日吏部奏已降指揮路彬差知襄陽府疾速起發赴行在奏之任契勘本官昨任權侍郎二年除集英殿修撰至今通及二年以上

卷二萬四百八十　八十二

差知襄陽府詔路彬除敷文閣待制　十九日詔權通判臨安府胡堅常除直祕閣知盱眙軍　五月二日詔右承奉郎吳柄特轉右奉議郎除直祕閣賜紫章服　十八日詔祕閣修撰添差四川安撫制置司參議官吳擴除集英殿修撰　二十四日詔祕閣修撰吳總特與除集英殿修撰主管佑神觀　二十八日詔左通議大夫知福州趙子潚依所乞除龍圖閣學士提舉江州太平興國宮　六月五日詔樞密院檢詳諸房文字吳龜年除直祕閣提舉福建路常平茶事　十五日敷文閣待制知明州兼沿海制置使趙伯圭除敷文閣直學士以伯圭言溫台明州海道有賊出沒已捕獲賊徒自今

海道肅靜故有是命仍令開具立功官兵保明申尚書省　十九日詔尚書禮部侍郎吳芾除敷文閣直學提舉江州太平興國宮　七月二日詔太府少卿張宗元除祕閣修撰主管佑神觀　同日詔大理少卿謝如圭除直祕閣荊湖北路提點刑獄公事　四日詔直顯謨閣權發遣臨安府薛良朋警戢盜賊究心職事除直龍圖閣　十八日詔集英殿修撰權發遣饒州王十朋除敷文閣待制知夔州　同日詔兩浙轉判官姜詵職事修舉除直祕閣　十九日詔尚書吏部侍郎兼侍讀陳俊卿除寶文閣直學士知潼州既而改知建寧府　九月八日詔敷文閣待制提舉佑神觀兼侍講呂廣問依

卷二萬四百八十　八十三

所乞除龍圖閣待制提舉江州太平興國宮　十一月十九日詔左朝奉大夫任慥除直祕閣潼川府路轉運判官　十二月二日詔尚書工部郎中富元衡除直祕閣在外宮觀以元衡引年乞致仕故也　二十一日詔權知秀州孫大雅發摘姦伏職事修舉除直祕閣　二年二月十二日詔左司諫汪涓乞在外差遣可除直敷文閣江南西路計度轉運副使　十三日御筆陳天麟除集英殿修撰知饒州天麟權尚書吏部侍郎請祠也　三月二十九日詔湖南廣帥漕憲臣措置收捕李金等賊徒並應付錢粮有勞敷文閣待制知潭州劉珙除敷文閣直學士直祕閣荊南路轉運副使鄭安恭除祕

閣修撰荆南路提點刑獄公事王彥洪廣東路提點刑獄石敦義並除直祕閣　四月十九日詔權發遣廣南西路提點刑獄公事張維除直祕閣知靜江府　五月九日詔權發遣兩浙路計度轉運副使王炎除直敷文閣知臨安府　同日詔直顯謨閣權發遣楊州周淙除直龍圖閣令再任　五年二月四日以淙知臨安府職修舉詔除祕閣修撰　六月四日詔尚書兵部郎中張行成以疾丐外兼進易書可採除直徽猷閣知潼川府　六日詔潼川府路提刑王趯除直祕閣知廣州填見闕　九日詔直祕閣權利州路提點刑獄公事張德遠除直敷文閣都大主管成都府利州等路茶事兼提舉四川等路買馬監牧公事　十二日詔給事中錢周材辭召命乞休致故有此除也　十三日詔尚書右司員外郎韓元吉除直祕閣江南東路轉運判官從其請也　七月一日詔試吏部侍郎陳之茂除徽猷閣直學士知建康府　同日詔國子祭酒邵知柔除直寶文閣江南東路轉運副使　同日知隆興府朱商卿乞宮觀上覽劄子見自叙發納上供等錢並無拖欠陳乞宮祠上見衘内不帶職名曰帥臣豈可無職名與直祕閣宮祠事不必行也　十三日詔太府少卿總領四川財賦軍馬錢粮趙沂依所乞除直顯謨閣主管成都府玉局觀　八月十六日詔趙知柔依所乞除直龍圖閣主管建

卷二萬四百八十

八十四

寧府武夷山冲佑觀仍賜銀絹　十月一日詔右中大夫方滋除敷文閣待制知建康府　十四日權尚書刑部侍郎章熹以疾乞宮觀詔依所乞除右文殿修撰提舉江州太平興國宮　二十二日中書門下省檢正諸房公事沈度以疾乞補外詔依所乞除直寶文閣福建路轉運使　十一月二十八日詔直敷文閣權發遣臨安府王炎職事修舉可除祕閣修撰　同日詔直徽猷閣權知鎮江府呂擢除直龍圖閣候今任滿日令再任以邦人舉留從本路帥漕保奏也　十二月十日詔新廣東提刑林孝澤依所乞除直祕閣主管建寧府武夷山冲佑觀　三年正月一日詔知台州李浩彈壓棟中禁軍治政有方可除直祕閣　同日詔右朝議大夫直祕閣兩浙路計度轉運副使姜詵除直徽猷閣　二月六日詔直祕閣權發遣盱眙軍胡堅常除直敷文閣知滁州　三月一日詔尚書左司郎中丘鐸除直祕閣知漳州　十八日詔直徽猷閣權兩浙路轉運副使姜詵職事修舉可除直龍圖閣　四月十二日詔恭奉太上皇帝聖旨趙師夔除直祕閣添差台州通判仍釐務　五月四日權兵部侍郎陳岩肅乞補外詔除集英殿修撰知台州　同日詔兩浙東路提點刑獄公事兼權知明州權主管沿海制置使張津除直祕閣　九日詔權發遣兩浙西路提點刑獄公事姚憲除直祕閣知平江府

卷二萬四百八十

八十五

二十四日詔敷文閣直學士左朝議大夫成都潼州
府夔州利州路安撫制置使汪應辰除寶文閣學士
二十五日詔秘閣修撰權發遣臨安府王炎除敷文閣待
制知荆南府 六月七日詔集英殿修撰都大提舉成
都府利州等路茶事晁公武除敷文閣待制知興元府
充利州東路安撫使 十八日詔尚書户部郎中莫濛
除直徽猷閣知揚州 七月二十五日詔太常少卿任
文薦除直寶文閣福建路轉運副使 閏七月二十七
日詔給事中兼直學士院兼侍講王曮除敷文閣待制
依所乞在外宫觀 八月十三日詔尚書吏部侍郎李
益謙除集英殿修撰知衢州 二十三日詔尚書吏部
卷二萬四百八十
侍郎史正志除集英殿修撰知建康府 九月二十七 八十六
日詔右司員外郎趙彦端除直顯謨閣江南東路轉運
副使 十一月九日詔尚書吏部侍郎方滋除敷文閣
直學士 十六日詔右通直郎權知盱眙軍呂企中除
秘閣 二十七日詔左朝請大夫張允蹈除直秘閣與
知州軍差遣 同日詔楊存中諸孫並除直秘閣賜緋
章服弟姪女夫各轉一官内妷師中與除直秘閣選人
比類施行以存中之子俟奏乞依張俊例推恩故有是
命 四年正月二十六日詔左朝請郎程叔達除直敷
文閣知池州 二十七日詔左朝散郎集英殿修撰知
襄陽府陳天麟除敷文閣待制 二月二十二日詔司

農少卿總領浙西江東財賦淮東軍馬錢粮韓彦直除
直龍圖閣江南西路轉運副使 三月九日詔右奉議
郎權利州路轉運判官兼四川宣撫使司參議官王之
奇除直秘閣知興元府兼利州路安撫使 五月二十
一日詔直秘閣江南東路轉運判官韓元吉除直敷文
閣權知建寧府 二十四日詔知果州果介除直秘閣
利州路轉運判官以四川宣撫使虞允文奏介前知彭
州日增廣水利均濟民田故有是命 六月八日詔中
書舍人洪邁除集英殿修撰提舉江州太平興國宫
十二日詔左承議郎王之綱除直敷文閣知袁州 十
三日詔右朝請郎直秘閣權發遣靜江府張維除直徽
卷二萬四百八十
猷閣 十八日中書門下省勘會廣西提刑滕膺措置 八十七
捕賊有勞詔除直秘閣 七月十九日詔大理少卿周
自强除直秘閣江南西路提點刑獄公事 八月五日
詔提舉福建路市舶程佑之職事修舉可除直秘閣權
廣南東路提點刑獄公事 八日詔起居舍人兼權給
事中黄鈞依所乞除直敷文閣權發遣荆湖南路計度
轉運副使 二十八日詔中書門下省檢正諸房公事
王秬除直寶文閣權發遣江南東路計度轉運副使
五年正月六日詔太常少卿王淪除直敷文閣荆湖北
路提點刑獄公事從其請也 二月二日詔尚書户部
侍郎陳良翰可除敷文閣待制提舉江州太平興國宫

任便居住　三月三十日詔直祕閣提舉四川茶馬張松可除直徽猷閣令再任　四月九日詔敷文閣直學士知太平州吳芾除徽猷閣直學士差知隆興府尚書吏部侍郎周操除徽猷閣直學士差知太平州　五月一日詔兩浙路轉運判官劉敏士職事修舉可除直祕閣陞充副使　六月五日詔直祕閣權發遣淮南路計度轉運副使沈夏職事修舉可除直徽猷閣集英殿修撰知建康府史正志除敷文閣待制　七月四日詔祕閣修撰權知臨安府周淙以職事修舉除右文殿修撰令再任　十一日詔中書舍人汪涓除敷文閣待制依所乞差提舉江州太平興國宮　八月六日詔國子司業兼權禮部侍郎程大昌除直龍圖閣江南東轉運副使　十三日詔權知閤州王伯庠除直祕閣改知夔州

九月六日詔大理卿沈度除直龍圖閣知建寧府　十六日詔大理少卿王彥洪除直敷文閣江南東路提點刑獄公事從其請也　十九日詔趙不倨特與除直祕閣以父檢校少保安慶節度使士籛遺表來上從其請也　二十四日詔權知金州韓曉除直祕閣提舉四川茶馬　十月五日詔尚書吏部侍郎薛良朋除敷文閣直學士知福州從其請也　十一月一日詔直徽猷閣權知揚州莫蒙職事修舉可除直寶文閣　二日詔新福建路提點刑獄公事趙子英除直敷文閣改福建

卷二萬四百八十　八十八

路計度轉副使新發遣廣州吳南老新發遣婺州李衡並除直祕閣差遣如故　四日詔左奉議郎胡銓除集英殿修撰知漳州　二十一日詔敷文閣待制成都潼川府夔州利州路安撫使兼知成都府晁公武敷文閣待制知泉州王十朋並除敷文閣直學士六年二月二十九日詔尚書金部員外郎呂企中除直敷文閣淮南轉運判官兼淮西提刑提點常平茶鹽兼措置屯田填晁闕　三月九日詔尚書戶部侍郎楊倓依所乞除龍圖閣待制提舉佑神觀仍奉朝請　十二日詔直祕閣兩浙路轉運判官姚憲除直敷文閣知臨安府　四月一日詔尚書度支員外郎蔡洸除直祕閣差權知鎮江府

十六日詔敷文閣待制知平江府徐嚞除徽猷閣直學士提舉江州太平興國宮任便居住從其請也　二十二日詔集英殿修撰閻安中除敷文閣待制知遂寧府　二十九日詔尚書工部侍郎姜詵依所乞除徽猷閣待制知寧國府　同日詔尚書度支員外郎張松除直顯謨閣江南東路計度轉運副使　五月十五日詔直祕閣龔茂良除直顯謨閣權發遣江南西路計度轉運副使　閏五月三日詔尚書工部侍郎周淙除集英殿修撰提舉江州太平興國宮　七日詔降授右朝奉大夫尚書戶部員外郎劉敏士除直顯謨閣知溫州同日詔大理卿兼皇子恭王府直講李浩除直寶文閣

卷二萬四百八十　八十九

權發遣靜江府　六月四日詔宗正少卿胡襄除直徽
猷閣權發遣江南東路提點刑獄公事太府少卿朱商
卿除直敷文閣荊湖北路提點刑獄公事　六日詔太
常少卿趙彥端直寶文殿知建寧府　十四日詔新權
發遣楊州王佐除直寶文閣　二十七日詔中書門下
省檢正諸房公事沈樞除直寶文閣權福建路計度轉
運副使　八月二日詔淮南路轉運判官兼淮南東路
提點刑獄公事俞召虎除直祕閣　四日詔左朝散郎
新知潭州劉度除祕閣修撰　七日詔直敷文閣知臨
安府主管兩浙西路安撫司公事姚憲招收闕額禁軍
措置有方除直顯謨閣　十九日詔戶部尚書曾懷除
卷二萬四百八十
九十
龍圖閣學士知婺州從其請也　九月十三日詔尚書
吏部侍郎兼權吏部尚書胡沂除徽猷閣待制知處州以
沂請祠故有是命　十七日詔兩浙路轉運判官呂正
己除直祕閣以按獄視田職事修舉故有是命　二十
二日詔左朝散大夫陳良翰除敷文閣待制提舉江州
太平興國宮任便居住　十月六日詔大理少卿周自
强除直敷文閣福建路提舉常平茶事　十二日詔知
泰州兼權提舉淮南東路常平茶鹽公事徐子寅除直
祕閣以職事修舉故有是命　十四日詔權發遣盱眙
軍兼沿邊巡檢使措置榷場龔鎣除直祕閣　十五日
詔敷文閣直學士知明州兼沿海制置使趙伯圭除敷

文閣學士以職事修舉故有是命　十七日詔集英殿
修撰提舉江州太平興國宮周淙除敷文閣待制以昨
任京邑績効可觀故有是命　十二月二十日詔權兵
部尚書兼侍讀黃中特除顯謨閣學士提舉江州太平
興國宮任便居住以中乞依舊致仕故有仕是命　七
年正月二十五日詔權知荊門軍馮忠嘉除直祕閣以
任勸諭戶馬同義勇教閱及製軍器有勞故有是命
二月二十四日詔直龍圖閣江南東路轉運副使沈度
除祕閣修撰寧國府長史福建路常平茶事鄭伯熊除
直敷文閣寧國府司馬　二十八日詔權知安豐軍張
士元除直祕閣以久歷邊任職事修舉故有是命　三
卷二萬四百八十
至
月三日詔直敷文閣充江東撫使司參議官韋璞除直
顯謨閣　四月四日詔葉衡起復帥淮西可改除敷文
閣待制樞密都承旨　同日詔直寶文閣權知秀州沈
复直龍圖閣兩浙轉運副使直祕閣兩浙西路計度轉
運副使呂正己除直敷文閣知楊州　二十一日詔廬
州趙善俊除直祕閣以善俊為帥臣未有職名故有是
命　二十五日詔國子祭酒芮燁除右文殿修撰主管
台州崇道觀任便居住以燁請祠故有是命　二十九
日詔江南西路提點刑獄公事陶定除直祕閣以定按
察所部職事修舉故有是命　五月十三日詔都大提舉
川秦茶事買馬趙彥博除直祕閣以職事修舉從四

川宣撫使王炎奏乞旌擢故也　六月五日，詔給事中
徐良能除龍圖閣待制、提舉江州太平興國宮，任便居
住，以良能丐祠，從其請也。　二十六日，詔直寶文閣、兩
浙西路提點刑獄公事任文薦除祕閣修撰、知建寧府。
二十九日，詔寶文閣待制、提舉佑神觀胡銓除敷文
閣直學士、提舉江州太平興國宮，以銓丐祠故，有是命。
八月五日，詔中書舍人兼侍講、同修國史兼實録院
同修撰范成大除集英殿修撰、知靜江府。　十九日，詔
知全州支邦榮除祕閣。　九月十九日，詔虞光亮除直
祕閣。　二十三日，詔直祕閣、知湖州向汮除直徽猷閣，
知溫州曾逮除直祕閣，各以措置賑濟有方，故有是命。
卷二萬四百八十　九十二
二十六日，權禮部尚書兼侍讀劉章除顯謨閣學士、
提舉江州太平興國宮，以章丐祠，從其請也。　十月三
日，詔權尚書刑部侍郎兼詳定一司敕令王秬除集英
殿修撰、知饒州，以秬丐外，故有是命。　十一月二十一
日，詔尚書戶部郎中、總領湖廣江西京西財賦、湖北京
西軍馬錢糧李一鶚、御前軍馬文字呂游問除直顯
謨閣、知襄陽府。　同日，詔直祕閣、權發遣盱眙軍龔鋈
除直徽猷閣、差遣如故，以鋈職事修舉，故有是命。　八
年二月一日，詔權發遣秀州丘崈除直祕閣，以本路運
使奏崈本州和糴不擾而辦，故有是命也。　五日，詔知
明州兼沿海制置使趙伯圭除顯謨閣學士，再任，以本

州士庶葉武等乞伯圭再任，故有是命。　三月二十三
日，詔尚書右司員外郎兼權刑部侍郎韓彥古除祕閣修
撰、知台州。　同日，詔直顯謨閣、權發遣隆興府龔茂良
除右文殿修撰，仍再任，以茂良救荒有勞，故有是命。
四月五日，詔利州路轉運判官郭儀除直祕閣，令再任。
十一日，詔左承議郎、殿中侍御史蕭之敏除直祕閣、
權發遣江南東路提點刑獄公事。　二十二日，詔集英
殿修撰、知饒州王秬除敷文閣待制，以秬賑濟有勞，故
有是命。　二十三日，詔陳彌作除敷文閣直學士，胡仰
除直祕閣，並以救荒有勞，故有是命，仍令彌作開具湖
南州縣協力濟辦官屬姓名聞奏。　二十六日，詔太常
卷二萬四百八十　九十三
少卿兼國史院編修官兼實録院檢討官黄鈞除祕閣
修撰、知瀘州，以鈞丐外，從所請也。　二十七日，詔敷文
閣直學士、知荊南府姜詵除寶文閣直學士，以救荒有
勞故也。　五月十四日，詔尚書吏部郎中姚時行除直
祕閣、荊湖北路提點刑獄公事，以時行丐外，從其請也。
二十五日，詔尚書兵部員外郎高禹除直祕閣、淮南
路轉運判官兼淮南東路提點刑獄公事。　六月十二
日，詔恭奉太上皇帝聖旨，直祕閣、知徽州趙師夔特除
直徽猷閣。　七月十二日，詔權發遣舒州兼措置淮西
鐵錢許子中除直祕閣，令再任，以子中剏行措置鼓鑄
錢三十萬數額，故有是命。　二十一日，詔知廬州趙彥

倖除直徽猷閣候任滿日特令再任　二十五日詔權
發遣兩浙路計度轉運副使公事胡堅常除直祕閣權
發遣揚州兼主管本路安撫司公事提領權置屯田
二十七日詔祕直祕閣都大主管成都府利州等路茶
事趙彥博除直顯謨閣仍再任以職事修舉故有是命
八月三日詔太子詹事周操除敷文閣學士在外宮
觀從其請也　五日詔中書門下省檢正諸房公事司
馬伋除祕閣修撰權發遣廣州兼主管本路經畧安撫
司公事　二十六日詔權發遣衢州施元之除直祕閣
權發遣兩浙西路提點刑獄公事　二十七日詔直徽
猷閣權發遣江南東路計度轉運副使公事張維特除
卷二萬四百八十　九十四
祕閣修撰以職事修舉故有是命　十月十四日詔宗
正少卿趙子英除祕閣修撰主管隆興府玉隆觀任便
居住　二十四日詔權知瀘州李壽除直寶文閣　十
一月七日詔權吏部尚書張津除敷文閣直學士提舉
江州太平興國宮　十七日詔寧國府司馬陳損除直
祕閣寧國府長史　九年閏正月三日權樞密院檢詳
諸房文字楊由義除直敷文閣福建路運判官以由義
丐外從其請也　六日詔尚書吏部郎中傅自得除直
祕閣福建路轉運判官以自得求外從其請也　二月
一日詔知隆興府龔茂良除敷文閣待制　二十四日
詔提舉福建路市舶張堅除直祕閣以堅職事修舉故

有是命　三月八日詔直敷文閣福建路提點刑獄公
事呂企中除直寶文閣以企中兼權帥司揀發本路弓
弩手有勞故有是命　四月八日詔司農少卿馮樽除
直徽猷閣成都府路提點刑獄公事尚書戶部郎中王
全福除直祕閣權荆湖北路計度轉運副使公事國子
司業林光朝除直顯謨廣南西路提點刑獄公事並以
自陳補外從其請也　五月十八日詔尚書戶部員外
郎趙磻老除直祕閣知廬州主管淮南西路安撫司公
事馬步軍都總管兼提領措置屯田　二十七日詔右
朝請郎權成都府路轉運判官蔡揀除直祕閣朝辭訖
不候受告之任　七月八日詔大理少卿馬希言除直
卷二萬四百八十　九十五
敷文閣知平江府填見闕　初除祕閣修撰以臣僚論
列興依尋常少卿補外例除職名故有是命　十七日
詔敷文閣待制知泉州汪大猷除敷文閣直學士令再
任　八月一日詔秀王孫添差權通判婺州師龍添差
權通判平江府師垂並除直祕閣差遣如故　十四日
詔敷文閣待制知太平州胡元質除龍圖閣待制令再
任　十六日詔樞密都承旨葉衡除文閣學士知成都
府尚書戶部員外郎總領浙西江東賦淮東路軍馬錢
糧會遠除直顯謨閣知荆南府　九月十七日詔直祕
閣利州路轉運判官郭儀除直敷文閣利州路轉運副
使　二十三日詔顯謨閣學士知明州兼沿海制置使

趙伯圭除龍圖閣學士令再任以士庶陳南一等言伯
圭到任以來聽訟詳明持心忠厚乞再任故有是命
十月四日詔權兩浙路轉運判官呂揩除直祕閣以揩
勳臣之後克紹家聲故有命　十六日詔中書門下省
檢正諸房公事兼權工部侍郎傅自修除直寶文閣江
南西路計度轉運副使　二十六日詔新知建寧府陳
天麟除集英殿修撰知婺州　十一月四日詔祕閣修
撰兩浙路轉運副使張宗元除敷文閣待制提舉佑神
觀　二十六日詔殿中侍御史陳舉善除直寶文閣知
衢州　同日詔左朝奉郎試給事中兼侍講蘇嶠除顯
謨閣待制知太平州以嶠丐外從其請　二十九日詔

卷二萬四百八十　九十六

禮部尚書兼太子詹事胡沂除龍圖閣學士提舉江州
太平興國宮任便居住以沂丐外故有是命　十二月
三日詔戶部尚書楊倓除徽猷閣學士提舉佑神觀尚
書吏部侍郎韓元吉除敷文閣待制知婺州八日詔中
書門下省檢正諸房公事韓元龍除直寶文閣權江南
東路計度轉運副使以元龍丐外故有是命以上乾道
會要

宋會要　樂士十九

舉遺逸　太祖開寶三年三月十日以處士王昭素爲
國子博士致仕昭素開封府酸棗人少篤學不仕有志
行爲鄉里所稱常聚徒教授以自給博通九經老莊著
易論三十三篇李穆常師事之至是穆薦於朝召至見
於便殿時年八十餘精爽不衰賜坐令講易乾卦因訪
以民間事所言誠實無隱帝嘉之尋辭以衰老求歸鄉
里故有是命仍賜茶藥錢二十萬留月餘遣之後卒於
家

五年正月十一日以布衣萬適爲盧州慎縣主簿

適兗州人，少好學，閑工詩，其警策多在人口。與高錫兄
弟及錫丕齊名。丕任翰林學士，因召對，帝問曰：卿早在
嵩陽，當時華流頗有遺逸否？丕以適及楊璞、田結為對。
帝遂令召至闕下。詔書下而誥卒。璞既至，對於便殿，不
願仕進，止賜以束帛。以此無出身，遣還故郡。適最後至，
公車拒之，不得見，寓居京師，半年僅至寒餒。丕又罷翰
林，因上言其事，故有是命。適素康疆無疾，館於太醫趙
自化家。詔下，太醫怪其色變，因而切脈，曰：君將死矣。適
已病，猶勉疆赴朝謝，舉止山野，人皆笑之。後數日而卒。
璞，景德四年又遣官賜以茶綃，令吏部銓注其子從政
近官，以便侍養。　　　　　　　［卷一萬六百五十三］

眞宗咸平五年九月十六日，以終南　　　　［二千六］
山處士种放為左諫直昭文館。放字明逸，河南洛陽人。
性沈默，好學，幼能為文，不喜干進，與母偕隱終南山之
豹林谷。淳化三年，陝西轉運使宋維幹言其才行，詔使
台之，辭疾不起。令京兆府賜錢三萬，不奪其志。咸平四
年，又詔本府就賜緡錢五萬，以禮敦遣赴闕，復以疾辭。
至是，使齋詔書賜絹百疋、錢十萬，就山趣召。及至，對于
便殿，帝觀撫勞，命座與語。久之，館於都亭驛。既命官，
復賜以巾笏、袍帶。踰年來求歸山，命為起居舍人。景德
元年復來朝，明年擢為右諫議大夫。三年，以兄喪請歸
終南山營葬。十月，復至。大中祥符初，命判集賢院。封泰
山，拜給事中。從祠汾陰，拜工部侍郎。自是屢至闕下，俄

復還山者數四。曉節頗飾輿服，廣置田產，門人宗族依
倚恣橫。王嗣宗守京兆，京放常乘醉慢罵嗣宗，屢責放
不法。於是表請徙居嵩山天封觀側，遣內侍就與唐翻
基起第賜之。八年卒。訃聞，帝親製文，遣內侍致祭歸葬
終南山，贈工部尚書。　大中祥符四年二月二十日，以
河中府草澤劉巽為大理評事致仕，賜綠袍、鞾笏、銀帶、
束帛。先是，帝將幸汾，令州郡搜訪遺逸。本府以李瀆
選名聞，並命召對。瀆不求聞達，以文行著稱鄉里，乃以
疾辭，有詔本府存問之。選年七十餘，以經傳講授，躬耕
自給。及召見，命官，帝又作七言詩賜之。時又有陝州草
澤魏野，亦以疾辭，不應召，命瀆、野天禧四年並詔贈著
作郎。　　　　　　　［卷一萬六百五十三］　　　　［三千七］
七月二十八日，以宣州布衣陳寬為本州助教。本
州言寬經明不仕故也。　十一月十五日，以京兆府草
澤李遂良為秘書省校書郎、復州軍事推官。時有言其
苦心文學，不求聞達，故召試中書而命焉。　五年正月
十五日，以懷安軍鹿鳴山人黃敏為本軍助教。敏明經
學，著九經餘義四百九十篇。益州路轉運使滕涉以其
書上，詔下兩制晁迥等言有可採故也。　四月十六日，
以邵武軍進士陳度為本軍助教。度有文行，為鄉里所
推，以福建轉運使以聞故也。　六月二十九日，以湖州
進士許既濟為本州助教。既濟詞學為州人所推重，兩
浙轉運使得其所著四民論上之，故有是獎。　十一月十

五日以永康軍進士李畋為試祕書省校書郎畋明經聚徒教授益州以聞故名而命之　六年七月十三日以台州草澤蔣堅為本州助教堅有素行聚徒教授其母年八十常躬寫經典以助其子至仍賜其母束帛米五石　十一月十七日以梓州草澤東方自牧為本州助教自牧表上所著易論故有是獎　天禧四年二月十二日以密州莒縣馬著山明九經楊光輔為國子四門助教加賜束帛詔長吏常存問之光輔聚徒三十年知州王博文上言因有是命　七月十八日以漢州綿竹縣助教楊曮為試國子監主簿西州安撫呂夷簡言曮有名節故也　仁宗天聖元年十月二十八日以榮州進士楊褒和州進士鮮于播並試國子四門助教益州路轉運司言有進士文學乞依敕文收錄故也　十一月十八日以眉州進士孫褒試國子四門助教本州言褒有學行故也　二年八月初九日以蜀州新津縣處士王潤為試國子四門助教眉州草澤劉沂為試廣文館助教本州各言有孝行故也　九月十三日以資州進士宋太和為試國子四門助教本州言太和久在育村山講說經術有聞故也　三年三月十四日以益州處士張文蔚王處約並為國子四門助教本州各言高年不仕德行可稱故也　十六日以處州處士周啟明為試太學助教本州言啟明年踰七十深隱山谷懷抱才器鄉里推尊故也六年再命祕書郎　八年三月初二日以岳麓山書院進士孫冑為潭州助教

卷一萬六百五十三　三十八

本州言冑年七十餘曾應二舉後以養親家貧退居鄉里聚生徒講說經書故也　九年四月二日以簡州進士蘭融試國子四門助教益州路轉運司言融以講說訓里中年且六十嘗再舉進士有鄉里之譽故也　十年五月十六日以福州進士王洵武為試國子四門助教福建轉運司言洵武服勤詞藝篤志典墳故也　明道二年十二月五日以眉州草澤孫康為試國子四門助教益州轉運司言康研精墳典養素邱園故也　景祐元年閏六月十三日以西京國學講進士衛景山為試國子監主簿依舊講書留守言景山文行著稱故也　九月二十九日以濮州州學講書進士邊智周為試將作監主簿講書依舊本州言智周服勤講學故也　三年四月五日以揚州布衣朱仙民為試國子四門助教淮南轉運司言仙民年六十行不踰矩耽翫墳史窮覽無遺故也　五月三日以果州進士范陶試國子四門助教梓州路轉運司言陶修詞居敏履行尤高故也　十五日以濰州進士范沐為試國子四門助教京西轉運司言沐年六十六學古為儒居貧樂道前後四舉文行無優故也　六月十七日以永興軍講授進士高安為試國子四門助教陝西轉運司言安講學甚精實有文行故也　十月十九日以資州進士謝震為試國子四門助教梓州路轉運司言震素習經典實有文行故也　十二月十三日以天雄軍府學教授王誥興化軍進士茅知魏可並試國子四門助教本州各言經行醇深故也　康定元年十一月一日以草澤雷子元試祕書省校書郎子元進封事故也　二年四月二十八

卷一萬六百五十三　三十九

日以草澤郭京爲大理評事陝西都總管司參謀軍事
知涇州滕宗諒爲京久游江南任陝好言兵故也　八
月十九日以祕書省校書郎井淵爲鳳州推官益州草
澤張俞試國子四門助教翰林學士王拱辰言淵俞皆
西南之選實林壑之美望無禮聘故也後拱辰再上言
俞乞改一職官詔爲試校書郎俞又乞回授其父顯忠
詔可　十一月初五日以雄州進士劉詠爲雄州司士
參軍本州言詠有行實故也　慶曆二年正月八日以
京兆府草澤雷簡夫爲試祕書省校書郎陝西差遣陝
西轉運司言簡夫有材故也　十一月十二日以益州
草澤周式爲試國子四門助教成都府路轉運司言式
卷一萬六百五十三　罕
通講五經善誘後學故也　十三日以兗州草澤孫復
爲祕書省校書郎國子監直講資政殿學士富弼等言
復經行醇深故也　三年二月以鄆州進士李雍爲試
將作監主簿樞密直學士范仲淹言雍風懷儒學嘗所
師問故也　四年三月五日以進士劉純淳爲試將作監
主簿樞密副使韓琦言純淳廉陳邊事故也　六年二月
四日以益州進士李用章爲試將作監主簿本州言用
章有孝行故也　七年七月二十二日以蜀州草澤任
時爲國子監主簿致仕參知政事文彥博言時博通墳
典鄉黨推重故也　八月六日以汝興龍州處士孔旼爲祕
書省校書郎致仕旼字寧極居龍山下讀書孝行著聞

鄉里近臣列薦故有是命嘉祐中召爲國子直講又起
知龍興縣疾辭不至乃以光祿寺丞致仕五年卒贈太
常丞　皇祐三年十二月二十七日以益州進士房庶
爲試校書郎時修製大樂兩制議未決三司使田況言
庶通音律驛召進見所言尺律與衆論不合賜袍笏裝
錢遣之　四年五月二日以太常丞致仕代淵爲祠部
員外郎淵字仲顏永康人天聖三年舉進士甲科授秦
州清水縣主簿不赴退居青城山以著書爲樂慶曆初
知制誥王拱辰安撫兩川還書欲起之託疾不往見罷
還太常丞至是前知益州田況復表兩著周易指要二
十卷朝廷優加兩官然終不樂仕　嘉祐元年十月二
卷一萬六百五十三　罡
十三日以草澤宋堂爲國子四門助教成都雙流人
性跌蕩不事生業嘗擬陳子昂作感遇詩以諷上建儲
事著蒙書數十篇春秋新意七卷西北民言願究時務
數爲近臣所薦至是翰林學士趙槩又上其所著書特
錄之　十一月十五日以建州草澤黃晞爲太學助教
致仕晞字景微建安人少通經尤深易學德性淳朴服
用質儉寓居京師學者多從之聚書萬餘卷討論讎校
寢食不輟所著有聱隅子號曰聱隅先
生慶歷中石介在大學遣諸生以禮聘名之不至前後
薦者自宰臣韓琦而下三十餘人至是端明殿學士李
淑上言晞聱聘學職文識亦優博請名安道篤行有守恬

約弗耀見稱時流甚齒淹卹宜被甄獎有臣寮論薦欲
望擢會名補學官庶令訓導諸生敦勸淳俗乃有是命
明年以疾而卒　三年正月九日以福州進士陳烈為
安州司戶參軍　烈字季甫學行淳古頗通禮書道臣論
薦故有是命召為國子監說書辭疾不至　五月二十
三日以青州草澤疾仲英為國子四門助教　知青州歷
籍言仲英年高守道不仕也　七月二十三日以福州
進士周希孟為國子四門助教　州學教授知福州蔡襄
言其文行為鄉里所推也　四年七月二十三日以揚
州處士孫侔為試秘書省校書郎　兗州學教授知揚州
劉敞右正言吳及並薦其材行故有是命治平初以知
卷一萬六百五十三
制誥沈遘王陶言再命為武忠軍節度推官知滁州來
安縣熙寧初又翰林學士韓維言為常州團練推官辭
疾不赴　十一月初八日以河南府處士邵雍為試將
作監主簿　雍字堯夫衛州共城人徙居河南勤力讀書
著書名曰皇極經世好為詩什有擊壤集至是本府以
遺逸聞乃有是命為潁州團練推官皆辭疾不赴熙寧
十年卒贈著作佐郎賻加賜粟帛　十二月二十一日
以應茂材異等科曾平為試太學助教　以鄂州趙槩薦
其材故也　五年五月十二日以潁州進士常秩為將
作監主簿州學教授　翰林學士胡宿等言其文行稱于
鄉里故有是命治平初以知制誥沈遘王陶言又命為

忠武軍節度推官知許州長社縣以疾辭熙寧初詔潁
州以禮中諭朝旨敦遣赴闕既至召對命為右正言直
集賢院管勾國子監知諫院為天章閣待制十年卒贈
右諫議大夫　九月八日以眉州進士蘇洵為秘書省校
書郎　成都府路轉運使趙抃言洵學行推于鄉里故有
是命明年命為霸州文安縣主簿修太常因革禮治平
三年卒賜其家銀絹百匹兩子軾轍辭所賜求贈官乃
特贈光祿寺丞　六年八月十八日以桂州進士唐子
正為試將作監主簿　知桂州吳及言其素通邃畧孝行
著于鄉里也　十月初五日以河中府進士南宗魯為
試將作監主簿　陝西都轉運使彭思永言其文行推于
鄉里也
卷一萬六百五十三
英宗治平二年七月二十三日以三班差使
殿侍崔公度為和州防禦推官國子監直講　先是宰臣
韓琦言公度博學多聞守道具所為文章雄奇騰逸當
求比於古人而時人未易得也向緣父奏得此名目逡
恬晦不仕為鄉里諸生講說經義一方師表故有是命
公度辭以母老不赴熙寧二年閏十一月淮南轉運司
言公度母喪服除復命為彰德軍節度推官權潁州團
練推官再以疾辭三年名為國子監直講令本郡敦遣
明年始就職　十月十八日以成都府進士汪通夫為
試秘書省校書郎陳汝玉除陝西判司簿尉　端明殿學
士蔡襄言有士行故也　以上國朝會要　治平四年

七月十四日以草澤李達為試祕書省校書郎龍圖閣
直學士趙抃言達行有鄉黨學通聖經故也　十月九
日以進士黃君俞為撫州司戶參軍國子監直講以王
珪司馬光等薦君俞博通經藝為諸生宗師又新及進
士第許安世等百餘人列狀稱薦遂召試舍人院中等
故也　神宗元豐八年十一月二十七日草澤程頤為
汝州團練推官西京國子監教授以韓絳呂公著司馬
光薦也　哲宗元祐元年十月四日詔以進士吳師仁
為越州司法參軍充杭州州學教授尹材為虢州司戶
參軍田述古為襄州司法參軍蘇邴為邠州司戶參軍
並除教授從近臣薦也　七年四月十九日以徐州布
卷一萬六百五十三
衣陳師道為亳州司戶參軍充徐州教授從翰林學士
蘇軾等薦也　紹聖三年九月四日詔興化軍葉光慶
士張弼為福州司戶參軍充本州州學教授用權禮部
侍郎黃裳等薦也　四年五月二十一日詔以眉州進
士家素為綿州司戶參軍充眉州州學教授用翰林學
士承旨蔡京薦也　元符三年六月二十七日徽宗即
位未改元以和州防禦推官知壽春縣事充楚州州學
教授徐積特授宣德郎差遣依舊以同知樞密院事蔣
之奇言積詞學登科久不仕宦退居山陽以清節篤行
為鄉里所高頃奉朝命俾就充楚州學教授博聞強識士
論歸服以今歲滿罷任嘗乞致仕不報前後從官薦舉

自代者不少欲望朝廷特與改官再任不惟東南士人
有所矜式且以崇獎名節勸勵風俗吏部侍郎張舜民
奏積孝節通於神明至誠動於金石自少至老風雨不
渝蹈古之曾閔不是過也朝廷知其賢累任楚州教授
士大夫知其賢薦名於朝者前後數十上其間或欲與
積改官或欲召對皆未嘗施行授積今年七十四歲雖
有美官豐祿必不能從事所以然者特為朝廷士風尔
欲望聖慈特賜指揮檢會前後臣僚所舉為積轉通直
郎差遣依舊庶使朝廷有右賢尚德之風陛下有尊德
樂道之實中書舍人曾肇奏積躬行古道尤以孝著博
覽載籍兼通世務但以耳疾不任仕宦儻召寘太學使
卷一萬六百五十三
在師儒之位學者觀其言行自當從化不然命為本州
學官亦足使鄉里及鄰里士人有所矜式故有是命
徽宗建中靖國元年十二月二十三日以睦州進士王
昇特授壽州司戶參軍充湖州州學教授以尚書左丞
陸佃言昇義高行美行年五十讀書未嘗訪求師友徒
涉千里衆經群史諸子雜家無所不讀雖佛經道藏亦
皆博釋覃親孝奉兄嫂乞依陳師道家素等例除昇一
命處之學校以勸多士故也　崇寧二年十二月五日
詔撫州布衣饒子儀為假承務郎不理選限以江西路
監司列薦子儀養素鄉閭博究群史自秦漢而下皆著
編年之書今年幾八十志學不衰故錄之　四年閏二

月五日以杭州進士蔡宗泉州進士呂珪並授從事郎
至三月三十日呂珪爲通直郎秘書省著作佐郎崇政
殿說書制曰朕特起脩絜自重之士待以不次之舉庶
幾激高風而矯奔競之俗以尔世族之緒志守不𢗅超
然自拔于塵垢之外比因賜對奏議閎爽有足嘉者肆
予命汝通藉朝著涖職文館仍侍經帷之邃俾知儒術
之道汝其尊尔所聞而惟道徇思稱予所以褒擢之意
蔡儋國史後補云崇政殿說書祖宗時有之崇寧中初
除二人皆隱逸起蔡宗者以嫡子能避其官與庶兄而
不出用其學行修飾召呂珪者亦以高節文學有盛名
隱居弗仕數召不至始起仍遂其性乃詔以方士服隨
班朝謁入侍焉亦國朝之盛舉也蔡宗除崇政殿說書

卷一萬六百五十二　四六

月日檢未獲　六日常州進士孫達河南府進士李輝
並特授將仕郎　宣和元年四月二十七日詔饒州樂
平縣免舉進士夏非霆與上州文學以江東路轉運使
等奏非霆見年七十七熙寧二年發舉不赴省試合該
特進名推恩亦不曾受鄉人稱其孝行委是隱逸不求
聞達保明故也　欽宗靖康元年四月九日詔布衣江
端友爲承務郎賜出身以少宰吳敏言端友隱居京城
東郊素有高行士大夫多稱道之臣頃見吳玕詳言其
養母之孝端友躬耕蔬食守節自重聞頃諫議司欲招
之端友不肯就自陛下即位求直言端友嘗圍城時上

書論事甚衆而終不肯一至公卿之門近者陛下招延
草茅鄒柄任申先尹焞鄒藺之流偏未及端友望特加
官使以風四方故有是詔　以上續國朝會要　光堯
皇帝紹興二年三月八日詔布衣王大智特授迪功郎
添差樞密院計議官以大智習兵法故命之　三年五
月七日詔迪功郎王忠民特改宣教郎以商虢陝州鎮
撫使翟琮言忠民智通今古識達事機自靖康以來屢
陳軍國邊機利害三召不至故有是命　九月十八日
詔以布衣朱敦儒爲迪功郎以廣南東西路宣諭明槖言
而奉聖諭訪求山林不仕賢者敦儒深達治體有經世
之才靜退無競安於貧賤嘗三召不赴故有是命　四

卷一萬六百五十三　四七

年三月二十五日詔撫州草鄧名世令閤門引見上殿
以吏部尚書胡松年看詳到名世所著春秋四譜六卷
辨論譜說十篇古今姓氏書辯證一十四卷學有淵源
辭亦簡古考訂明切多所援據故有是命後賜進士出
身充史館校勘　十一月二十五日詔以布衣王蘋爲
右迪功郎以權發遣平江府孫祐言蘋有憂國愛君之
心開物成務之學素行高絜上既召見而有是命再命
賜出身爲秘書省正字　五年十一月六日詔和靖處
士尹焞授左宣教郎充崇政殿說書左僕射張浚言焞
頃緣叛臣劉豫迫以僞命經涉大河投身山谷自長安
徒步趍蜀乞食門路僅獲生全徽猷閣待制史館修撰

范沖言焞行義純固，故有是命。具後引對除祕書郎、崇政殿說書。

九年二月八日，右諫議大夫李誼言：「伏見河南諸路境土初復，差遣使軺，布宣德音，雖撫循將士，存問耆老，固在所先，然而網羅幽隱，振拔淹滯，亦不可後。蓋自中原淪陷，久隔照臨，豈無出衆之材、潔身之士或隆沉州縣，與夫高蹈於山林者？當此恢復，所宜褒采。」詔令周聿等蒐訪，具名以聞。是後陝西路宣諭使周聿言尋訪到前通判原州致仕米璞、前知隴州劉化源、敦武郎秦州定西寨兵馬都監鄭渻三人，於兵火中各據守忠義。詔米璞、劉化源召赴行在，內鄭渻與監嶽廟，賜銀絹各一百匹兩。

卷一萬六百五十三　四六

十年二月十七日，臣僚言：「恢復土宇必以得人材為重。兩年以來，銜命之使旌聘甚多，固已得於州縣官僚之間及衆所共知者，其有中國淪陷，越在草野，伏而不見，實為滯淹。況山西出將，風聲氣俗亦豈易泯，必有英偉豪傑之材。今日誠得而用之，礪微於中原休戚利害，既皆深知，非特裨贊經理之謀，而人望所歸，斯民視之以為嚮慕，則愛戴之心愈見其不可解。所有新復州軍，專責使者恐隱遯幽遠之間尚有埋光鏟采不求聞達之士，更加薦舉，而大用之，是乃中興無窮之計。」從之。

二十八年二月七日，詔以布衣鄭樵為右迪功郎。經筵官薦樵聰嗜墳籍，杜門著書，嘗獻之朝廷，故有是命。

十一月二十三日，赦：「應天下士人有節行才識之懿、文學術業為鄉里所推重、不求聞達者，委監司、帥臣同加搜訪，每路一二人，仍與本處長吏具從來所為事實、所通學術，連銜結罪保明聞奏，即不得以常材備數。三省再加詢察，如非妄舉，當議召試擢用。」三十一年九月二日明堂赦同此制。以上中興會要

壽皇聖帝隆興元年三月十四日，詔曰：「朕惟明俊德，所以和萬邦之治；舉逸名，所以致天下之歸。方古先盛時，弓旌之招，束帛之賁，安車蒲輪之召，使阿澗無考槃之人，而臺萊詠得賢之樂。朕心慕焉，故嗣位之初，辟召旁午，凡縉紳之老、儒林之秀，莫不明揚顯擢，布列中外，尚念山林之際、漁釣之間，豈無荷蓧濯纓之倫、飯牛版築之

卷一萬六百五十三　四九

士，咸自晦於卜祝、或沉痼於煙霞，未膺好爵之縻，徒劇寅鴻之慕。部刺史二千石其為朕愽訪，嵓藪搜羅逸遺。其有懷瑾握瑜、埋光鏟采、迹其行實，咸以名聞。朕將厚禮特招，虛懷延納，庶幾得人之盛，無愧於前古，而致治之美增光於祖宗，不其韙歟！咨爾多方，其體朕意。」

乾道四年七月七日，詔：遂寧府布衣雍山賜進士出身，添差遂寧府府學教授。山志行修潔，好學多所通究，尤邃於易。守臣杜莘老以名聞，詔召不起。至是守臣張震、漕臣馬騏乞就褒擢，乃有是命。

九月二十七日，詔：興化軍仙遊縣布衣林彖賜進士出身，添差興化軍軍學教授。知泉州周葵言彖行義修潔，凡六經百氏之書無所

不讀杜門自守不謀婚娶不應科舉所居之鄉鄙惡之民往往化為良善陌加君命固辭不起乞檢會故事賜以先生處士之號同知樞密院事劉珙奏祖宗自有典故太上皇時曾召臣鄉人胡憲兩召不至賜同進士出身差本州教授令若名之不來故事可用也再召不起遂有是命　五年三月二十六日詔郭雍賜號沖晦處士以湖北帥臣張孝祥等言雍名臣之後父忠孝師伊川程頤盡得其學雍推原本意著易中庸之書十餘萬言隱於峽州長陽山下安貧樂道行義高絜乞賜褎擢故有是命　以上乾道會要

禮遣本書敦遣　仁宗嘉祐四年十月十三日祫饗赦書學術行能見推鄉里困於草野是謂遺賢屬我治朝所宜搜採應天下士人素敦節行兼通學術又為鄉里所推者委轉運使提點刑獄臣僚同加搜訪每路各三兩人仍與本處長吏具從來所為事實及所通學術連書結罪保舉聞奏委中書門下再行詢察如非妄舉當議特加試用　五年十月十四日詔諸路奏舉有行義文學之士濮州進士李植等二十三人令本州長吏敦遣赴闕送舍人院試策論各一道仍於明年三月終已前到闕在路給與奉職驛券候到館於太學　六年五月七日舍人院試諸州敦遣進士徐州顏復

成都府章禩潤州焦千之開封府韓盈荊南府樂京許
州辛雍大名府李朴策論第三等下賜進士出身相州
劉安道安州趙𧨊邵武軍王景潭州陸湘策論第四等
上賜同進士出身渝州牟戴趙州左用策論第四等下
通州隨翊潭州廖倚太原府崔遠策五等並為試秘書
省校書郎先是諸路應敕舉者二十三人而濮州李植
適卒岳州稱立有喪服揚州章衮蜀州張中理處州吳
箴廣安軍蒲伯明越州吳孜辭不就試至是衮等五人
並為試將作監主簿　七月十六日詔諸路轉運使提
點刑獄司比用祫饗赦書搜採天下有節行學術之人
如聞沽飾名譽徼進者多非所以厚風俗也其罷之以

卷一萬六百五十七

上國朝會要　神宗熙寧元年正月二十一日詔穎州
敦遣試將作監主簿常秩赴闕毋得受秩辭避章表初
歐陽修等言秩好學不倦尤精春秋退處窮年事親盡
禮不肯碌碌苟合衆人經明行修可助教化宜召至闕
下試觀其能苟有可采特降一官而秩累召不至故有
是命　十一月八日南郊赦書應天下士人有節行才
識之懿濟以學術素為鄉里所推重者委轉運提點刑
獄臣僚同加搜訪每路三兩人仍與本處長吏具從來
所為事實所通學術連銜結罪保明聞奏即不得以常
材備數委中書門下再加詢察如非忘舉當議召試擢
用　三年五月十三日詔諸路長吏准敕保明敦遣行

義之士二十九人令九月赴闕仍給驛券料至則館於
太學送舍人院試策論各並一道十月二十一日舍人
院試諸州敦遣人濱州劉蒙處州管師常閬州賈蘊雍
之奇嘉州李逵衢州周穎齊州胡鄖論策並第三等下
賜進士出身太原府李抗忠州潭邱之眉州孫潛太原
田籍張由劍州陳舜岳太名府尚景純岳陽軍竇恂論
并策第四等上賜同進士出身眉州任通夫邢州國採
荊南伊璩論策並第四等下並為試銜知縣判司簿尉
時蒙號處士師常等皆進士逵通夫試秘書省校書郎
不理選限　徽宗崇寧三年六月二十九日詔江寧府
進士侍其[illegible]常州進士翟寔並令乘驛赴闕以江東兩
浙監司[illegible]寔經行為鄉閭所推故也　七月四日常州言

卷一萬六百五十七

搜訪得進士潘民質博學通經行義純正抱道自處見
重鄉閭乞賜量才擢用逐司令採察得潘民質實有學
行所養恬靜議論操持皆可稱述詔民質發遣赴闕仍
支破遞馬大將驛券　政和三年三月八日淮南轉運
等司言壽州壽鄉縣東山隱士李璞孝悌之行鄉里所
推度數之學士人所服幼小以來無意婚宦惡衣糲食
人所難堪而璞安之不以為戚自其父喪居廬東山三
十餘年迄今野處雖樂道忌勢有外方之志然和光同
塵無行怪之迹崇寧五年本州欲以遺逸應詔避之不
就太觀三年又欲以八行應制亦辭之不受若蒙朝廷

庶禮旌奬則可以激厲貪兢雅厚風俗上助聖化契堪
上件李璞逐司審驗保明委是詣實詔令本州長貳赴
闕仍許乘遞馬沿路依貢士令與進武副尉驛券候到
令辟雍審驗訖召赴都堂審察　九月十三日詔濮州
隐逸王志老令王寷以禮敦遣赴闕與依第二等奉使
格支破人從券馬人吏親隨等依第三等支賜志老賜
給從義郎遞馬驛券仍許差擔擎兵士三十人許乘轎
給盤纏五百貫與本家先具起發月日申尚書省取旨
賜安泊處所有合帶人多少從便如要水路即仰本州
差撥人舡並仰如法津遣　六年二月十九日詔　州
士人劉揀蔬食葆神虛心契道人之隐與洞然照知方

卷一萬六百五十二

書符每有應驗可令敦遣赴尚書省審驗外於上清寳
籙宫安下仍給路費驗券遞馬無令失所　宣和元年
十二月二十一日知江州劉絳言張腼碧自號海峯開
人近遊行至本州見在開元觀安下得廣成修身之要
傳混元抱一之訣伏望特賜詔聘劉絳敦遣赴闕　欽
宗靖康元年十一月十一日詔涪陵人譙定赴闕以殿
中侍御史胡舜陟言定究極易數逆知人事洞曉諸葛
亮八陣法故也以上續國朝會要　光堯皇帝建炎元
年五月一日赦應中外有文武才畧出倫或海布衣或
沉下僚內自禁從外至監司郡守廣行搜訪各舉所知
一名舉得其人並行旌擢仍以所舉人移文州縣以禮

敦遣赴行在　七月十二日尚書省言錢伯言召赴行
至滄州遷延未至詔艱難之際人臣義當體國豈可徇
私自便應召赴行在并除授職任人並令吏部三日一
次舉催仍令郎官常切檢舉如尚敢遷延重行黜責錢
伯言令鎮江府揚州疾速津遣　八月十五日詔蜀人
譙定長盧隐士張自牧令守臣以禮遣赴行在定知兵
法曉八陣圖靖康間嘗命以通直郎崇政殿說書自牧
沉毅有謀亦知兵宣和末召至京師不用至是提舉南
京鴻慶宮許輸奏聞故有是命　四年五月十四日三
省言已詔盧法原降吏部尚書謝克家除禮部尚書胡
直孺除刑部尚書李擢除給事中席益胡交修並除中

卷一萬六百五十二

書舍人辛炳除起居舍人宜加優禮敦遣方時艱難欲
速赴行在共濟國事仰所在州軍協力應副以稱優禮
之意　八月二十六日知建昌軍仇愈奏詔敦遣成忠
郎閤門祗候前權主管建昌軍事蔡延世前來赴都堂
審察　十一月十四日知福州程邁言奉詔親詣新除
起居舍人辛炳所居以禮敦遣限三日發赴行在本官
累稱病廢日久供職不得乞備申朝廷詔辛炳依舊宮
觀　紹興二年正月二十四日詔徐俯文學行義有聞
於時可特除右諫議大夫令所在州軍疾速敦遣赴行
在　十二月十五日詔辛炳常同唐恕張杲在遠之人
恐不能趣赴朝命可令所在州軍各給裝錢三百貫

以趣其行上謂輔臣曰士人廉則貧恐不能治行故也
三年三月七日詔布衣蘇庠令鎮江府以禮敦遣赴
行在候到令閤門引見上殿先是臣庠赴都堂審察庠
辭以疾故有是詔　五月十日詔特補迪功郎王忠民
特改宣教郎令董先候路稍通日津遣赴行在其詳見
舉遺逸門　五年十一月六日詔和靖處士尹焞除崇
政殿説書四川宣撫司加禮敦遣赴行在所其詳見舉
遺逸門　九年五月二十四日詔前知開封府尉氏縣
姚邦基令東京留守司津遣赴行在所以二京淮北宣
諭方庭實言邦基頃自解官遁匿村落聚徒數學廉靖
守節不求禄仕故有是命　六月八日詔華州鄭縣主

卷一萬六百五十二

三十四

簿趙汧河南府登封縣令雙慶潁昌府進士范埏並令
西京留守司津遣赴行在以二京淮北宣諭方庭實言
淮詔許臣採訪文武才能可備國家之用者汧性剛直
通曉吏事慶為縣豈弟埏名臣之後故有是命　十三
日詔左承奉郎高穎令東京留守司津遣赴行在所以
簽書樞密院事樓炤言穎宣和六年進士及第隱於民
間故有是命　以上中興會要　壽皇聖帝隆興元年
三月二十七日興化軍守臣及本路監司帥臣列奏仙
遊縣布衣林彖經行詔召不起其秋丞相陳康伯同知
樞密院事黃祖舜賢其所為再取止令監司郡守備禮
敦請就道本軍守丞親具羔鴈詣其廬諭以朝廷搜訪

之意甚厚而彖外遠名利復引疾固辭天下士大夫聞
而高之　乾道元年正月一日南郊赦書應天下士人
有節行才識之懿濟以學術素為鄉里推重不求聞達
者委監司帥臣同加搜訪每路一二人仍與本處長吏
具從來所為事實所通學術連銜結罪保明聞奏即不
得以常材備數委三省再加詢察如所舉不妄當議擢
用　三年十一月二日六年十一月（昔九年十一月）九日南郊赦書並同
此制　八月十二日冊皇太子赦書應州軍有隱逸之
士不求聞達者仰長吏採訪具名以聞　七年二月八日
冊皇太子赦書同此制　五年三月二十六日湖北諸
司言陝州長陽寄居河南人郭雍行業潔美召赴行在
州郡以禮敦請至於再三力辭不就詔賜號沖晦處士
以上乾道會要

卷一萬六百五十二

三十五

宋會要　檢田雜錄　業田制以建置先後為次

檢田　太祖建隆二年四月大名府上言館陶縣民郭贇訴去冬所檢田各有隱漏田畝詔本縣令程廸杖脊除名配沙門島元檢官給事中常準奪兩任官　三年七月詔以魏鄴貝冀滑衛磁相邢洺等州自夏少雨慮秋稼不登命給事中劉載等十人分檢見苗　乾德二年四月詔曰自春徂夏時雨當愆深念黎元失於播殖所宜優恤俾獲昭蘇應諸道所催今年夏租委在處長吏檢視民田無見苗者上聞並與除放　太宗太平興國八年九月詔自來水旱災傷盡時差官檢括擬其艱苦惟恐後時頗聞差出使臣遲留不進州縣之吏日行

卷四千三百五十

一

鞭朴懼收賦之違限罹有司之殿罰且令耕者改種失期甚無謂也自今應差檢田使臣宜令中書量地里遠近及公事大小責與往來日限違者科罪　九年正月詔曰朕每恤蒸民務均輿賦或有災沴即與蠲除益欲惠貧下之民豈復以多少為限自今諸州民訴水旱二十畝以下者仍令檢勘先是澶州言民訴水旱二十畝已下請不在檢視之限也太宗以貧民當恤之故有是詔　淳化四年十月二十七日詔開封府管內入戶近為雨水害及田苗已分遣朝臣使臣與令佐體量通檢慮人戶未得盡知及有遲滯宜令差去京朝官使臣及令佐等詳前降敕命疾速通檢具分數以聞當議特與

除放　五年正月知鄭州何昌齡上言諸州逃民非實流亡皆規免租稅與鄰里相囊橐為姦爾願一切檢責之詔從其請仍令先按鄭懷及磁相等數郡昌齡所至凡民十家為保一室逃即均其稅於九家二室三室逃亦均其稅鄉里不得訴州縣不得蠲其租民被其災皆逃去無敢言者既畢昌齡又請按他部時當中春帝以農事方興重為勞擾罷之遣昌齡還里所九月命大理寺丞許洞等八人分詣宋亳陳潁泗壽鄧蔡等州按行民田有被水潦為害及種蒔不及處並蠲其租　至道元年九月遣殿中丞王用和等十四人分詣開封府縣檢勘逃戶田土　二年四月開封府諸縣民訴旱命開

卷四千七百五十

二

封府判官給事中楊徽之等三人刑部郎中直昭文館韓授等五人分路體量六月帝謂宰相曰自今開封府諸路檢田當選京朝官幹事者勿復差本府官屬　真宗天禧二年十月詔自今差官檢勘逃戶并災傷民田令三司寫造奏帳式二本一付檢校田官一送諸道州府軍監　四年八月詔京東西河北諸州軍經水田苗蠲減稅賦更不覆檢　乾興元年二月開封府言開封等十六縣逃移人戶甚多近得雨澤日望耕種欲於鄰近縣分差令佐更牙覆檢詔特免覆檢今後不得為例　仁宗景祐二年十月十三日中書門下言編敕人戶披訴災傷田段各留苗色根槎未經檢覆不得耕犁改

種瀘妨人戶及時耕種令後人戶訴災傷只於逐段田頭留三兩步苗色根槎準備檢覆任便改種故作弊倖州縣檢覆官嚴切覺察不在檢放之限先是訴災者未得改耕待官檢定方聽耕耨民苦種蒔失時重以失所故詔革之 至和三年六月詔京東西荆湖等路被水災處速差官體量減放稅賦或倚閣更不覆檢以上國朝會要 神宗熙寧二年六月十二日詔定諸請買荒廢地土已經開墾并增修池塘堤岸之類却有諸般詞訟但合斷歸後人者並官為檢計用過功價酬還前人其增葢舍屋栽種竹木之類亦償其直願折伐者聽 三年三月同管勾秦鳳路經畧司機宜文字王韶言渭城下至秦州緣

大典卷四千七百五十

三

韶

河有良田萬頃乞錢興治言者謂其不實奪韶一官既而委本路按驗言有四千餘頃乃還其官而並從其所請 五月二十八日詔訪聞恩冀莫雄滄州永靜軍信安保定乾寧軍自夏災傷其令本路轉運副使王廣廉勾當公事孔嗣宗分行體量檢放田稅仍多方賑濟饑民無令失所 六年七月十九日樞密都承旨曾孝寬言乞下河北監牧司差官點定牧地佃戶被水蕩者田蠲其租詔令轉運監司各選官一員同依公檢放 十年十一月新差知蔡州高賦言體問得本州有係官并入戶包占無稅荒閑田土不少兼有水利可興欲望詳臣到任後依唐州例曉諭入戶漸行檢括從之 元豐元

年八月六日詔河北轉運司體量被水戶災傷及七分蠲其稅不及七分者並檢覆 四年七月七日前河北轉運判官呂大忠言天下二稅有司檢放災傷執守謬例每歲僥倖而免者無慮三二百萬其餘水旱蠲閣類多失實民披訴災傷狀多不依公式諸縣不點檢所差官不依編敕起離月日程限託故辭避乞詳定立法中書戶房言熙寧編敕約束詳盡欲申明行下從之 哲宗元祐元年四月四日三省言開封府諸路災傷轉運提點刑獄官並擬本路災傷州縣分定親詣檢校從之 六年七月二十二日詔兩浙路鈐轄轉運提刑及蘇湖等五州令各具逐州水災所及與高田無水及水退

大典卷四千七百五十

四

可耕之地各幾何具實以聞從殿中侍御史楊畏請也 紹聖二年十月十九日侍御史翟思言酸棗封邱兩縣民詣臺陳訴戶下田畝諸縣乞行檢放縣不為受理反決妄訴請下府界選官同本縣官長同行檢視如民田實荒即當蠲放詔府界提點司選差官體量以聞 徽宗大觀三年九月六日詔東南路比閒例有災傷斛㪷踴貴可下諸路監司仰依實檢放秋苗分數仍依條賑濟 政和元年十二月二十七日前權提舉河北西路長平王靚奏河北郡縣地形傾注諸水所經如滹沱漳塘類皆湍猛不減黃河流勢轉易不常民田因緣受害或沙積而淤昧或波嚙而欹墊昔有者今無昔肥者

令齊官司利於租賦莫肯蠲除人户苦於催科不無差誤欲委官悉心體究凡如上件有帳籍而别無土田及雖有土田而弗堪耕種者其夏秋二税依條法開閣破放施行詔户部坐條申明行下　八年二月十七日臣僚言民田被訴河濼積水災傷雖十分收成亦妄有破放并遇非泛旱澇亦多夾帶豐熟地段在内縣不體究其實一槩受狀申州州下依條委通判司録同縣令檢覆而差曹掾簿尉前去所委官亦不依條躬親檢視止在寺院勾集人户縱公吏不以有無災傷或不曾布種田段一槩依做年例約度分數除破虧損財計最為大害欲令轉運司下所屬繪逐縣諸村地形高下圖遇非時旱澇專委縣令子細體度具被災月日傷稼稭去處次第申上以備檢察檢覆官先委通判司録同縣令如實有故即依差試官法不支當月請給不親至其處亦重立斷罪告賞條法詔户刑部立法處分　宣和元年三月二十六日權京西路轉運判官李祐奏奉詔體量災傷者數百人知州李悝將狀首劉均等科斷差公人監勒劉均等高聲自言今後不敢訴災傷遍詣城市號令兼劉均年七十三歲因斷得病身死緣此阻遏放税不及一釐詔李悝先次除名勒停簽書官合干人並勒停提刑司根勘以聞　四月二日京西路轉運判官李祐言尚書右丞范致虚奏京西水災州縣並不依災傷檢

放勒令民户依舊納税致民力愈困體量得汝州諸縣艱於賑濟致有流移饑殍唐鄧州縣已依法檢放税租及賑濟均房州諸縣放税不盡致自冬及春以來往往聚為盗賊詔均房州知通逐縣知縣並衝替唐鄧州知通各轉一官　三年二月七日臣僚言水旱災傷去處州縣已依條差官檢踏減於苗數分數訖而漕臣又令州縣再行增收分數如宣和元年蕪湖一縣已經減放分數而漕司再行增收八十九百石詔令本路提刑司體究以聞　四年五月二日詔江南東西路有逃絶及江水壞田多是虚拋税租監司不問督責州縣民力不堪令轉運司并州縣當職官體究根括置籍拘管仍勸誘歸業及召人租佃承買其認納税租令於額内除閣　六年三月二十四日詔諸路州縣災傷多是官司檢放不實使人户虚認税額無所從出必致流移不能歸業令後人户經所屬訴災傷而檢放不實州郡監司不為伸理許赴本路廉訪所及尚書省御史臺越訴　高（以續國朝會要）宗紹興二年十一月十二日江浙荆湖廣南福建路都轉運使張公濟言人户田苗實有災傷自合檢視分數蠲放若本縣界或隣近縣分小有水旱人户實無災傷未敢披訴多是被本縣書手貼司先將税簿出外雇人將逐户頃畝一面寫災傷狀依限隨衆赴縣陳過其檢災官又不曾親行檢視一例將省税蠲減却於人户處

歛掠錢物不貲其鄉書手等代人戶陳訴災傷乞行立法戶部檢坐到紹興敕諸攬狀為人赴官訴事及知訴事不實若不應陳述而為書寫者各杖一百因而受財贓重坐贓論加一等照依告獲每名支賞錢五十貫

四年九月十五日赦契勘水旱災傷檢放官不能遍詣田所吏緣為姦受賕囑託或以少為多或以有為無或覷望漕司否於減放致貧民艱於輸納有流離凍餒之患令後並委提刑司檢察如有不實按劾以聞當議重責

十一月二十六日兩浙運副李謨言被旨催納湖秀州平江府上供米斛據平江府具到今年苗米三十萬餘碩內逃田開閣四萬三千餘碩災傷檢放八萬二千餘碩契勘本府鄉村田畆比之他處最係肥田竊慮暗有樁占及不親臨檢視乞下浙西提刑司專委官覈實將不職官吏送所司根勘重賜行遣如所委官輒敢隱蔽不實許監司互察依此根勘從之

同日中書舍人王居正言竊見屢下詔旨赦文倚閣逃絕檢放災傷四方守令奉行不虔猶恐實惠未必及人今州縣一有開閣逃田及檢放災傷去處則監司使者官吏作弊欲寘於法臣已取會常州鎮江府所放災傷與平江府分數一同其開閣逃田亦係已經去年開閣數目其轉運司已依近降指揮將鎮江府等處檢放數目牒提刑司委官檢察去訖今平江府獨從朝廷行下恐提刑司及所委

官心懷覷望保明不實使逃戶及被災傷之人抑勒數納為害不細乞賜追寢令降指揮從之

五年八月十一日中書門下省言江東西浙東路昨緣雨澤愆期有傷苗稼詔令逐路轉運司委官前去體度如實被災傷去處依條檢視施行

二十四日內降德音訪聞廣南東路多緣颶風亢旱損傷禾稼在法自有合放數仰本路轉運司委官前去體度如實被災傷去處依條檢視施行

六年二月八日中書門下省言勘會民田曾經水潑衝壞不堪開條耕作依條州縣檢視及轉運司覆實方委開閣減免稅租竊慮其間因民戶陳訴州縣行移稽留致有虛納稅租者理宜措置詔令諸路轉運司行下州縣如有文案可照曾行檢踏者疾速依條覈實以聞

十三年三月二十三日廣南西路轉運司言靜江府自紹興七年差官根括逃田雖已根括了絕目今不住却據逐縣申明人戶陳訴有逃絕戶數至多蓋緣所差官並不躬行阡陌親自檢踏今欲將日後根括之官經及三年不至民戶詞訟別無不盡田土方許所屬次第保明應餘路有根括逃田去處亦乞依此施行仍下諸路轉運司遵守施行從之

十五年六月二十一日詳定一司敕令所刪定官錢麗言欲望申戒州縣或遇水旱檢放民田致民冤訴差官覈實果有不當必重真典刑庶幾民被實惠從之

十六年二月二十五日權

知衡州賓深言：衡州官下頻年豐稔，不減平時，然而尚有拋荒之土未盡耕墾，良田檢放不實，田主未敢歸業。欲望檢照前後累降指揮，委自監司董行檢放，召令歸業。其孤老困之力不能辯者，官與支借種糧牛具，責限隨帶二稅送納，則不一二年間，田畝可以盡耕，逃民可以盡歸，省稅可以盡復。從之。

十七年十一月二日，上諭輔臣曰：州縣災傷，宜令官司留意檢放，不得苟取一時稅租，卻致人戶逃移，難以復業。

十八年十月二十八日，臣僚言：今年夏秋之交，天時亢旱，災傷去處農民艱食。欲望嚴戒所部監司守令，常切存恤災傷農民，無致失所。上曰：如委實災傷，可令所屬依條檢放稅租。或有違戾，監司覺察按劾以聞。

卷四千七百五十

九

十一月二十七日，戶部言：訪聞江浙淮南災傷，依法以元狀差通判或職官同令佐詣田所躬親檢視，申州具放稅租色額分數牓示，及申所屬監司檢察。即有不當，監司選差鄰州官覆檢。失檢察者，提點刑獄司覺察取勘具案以聞。今欲下江浙淮南路州軍，遇災傷縣分，遵以令限指揮，依實檢放，分明大字出牓鄉村曉諭民戶通知。并下逐路轉運司、常平司子細檢察所差官與令佐各曾與不曾躬詣田所檢視，有無不實不盡，將違戾去處依法按劾施行。從之。

十二月二十二日，上諭輔臣曰：災傷去處已降指揮檢放稅苗，可申嚴行下逐路當職官，須管依實檢放。如

有不盡，許人戶經尚書省越訴。

二十三年六月三日，上諭輔臣曰：聞諸處民田有被水害者，可令戶部行下州縣差官檢視，不可拘護，去處依條放苗。

二十四年十月三日，三省言：諸路州軍豐熟，間有高田旱傷去處。上曰：可令依條檢放。公私欠負仍往催理，其係官年歲深遠者，委戶部開具取旨除放。仍令常平司措置通融糶糴，務令兼濟，毋致失所。

二十五年十一月十九日，敕：勘會兩浙江東淮路間有因風水傷損田苗去處，除節次已降指揮存恤賑糶外，委逐路漕司行下州縣。不體至意，檢放失實，或漕司不為除豁，致人戶虛受苗稅。如有似此違戾去處，仰提刑司覺察按劾，仍許人戶越訴。

卷四千七百五十

二十六年二月五日，詳定一司敕令所刪定官柳倫言：臣竊見民間歲納秋苗，間有旱潦，自合減放分數。近來州縣多是利於所入，略不加恤。及檢視之際，縣司差官檢實，往往觀望，徒為虛文，是致貧民下戶賠纍無時，至有終身不能償者。乞下有司嚴立約束，許民戶越訴。從之。

十

二十七年十月六日，詔：秋雨過多，深慮下田有被損去處，仰州縣依條檢放，務在實惠及民，不得鹵莽失實。仍令監司檢察。

十一月四日，殿中侍御史葉義問言：昨將漕江東，目覩檢放之弊。且以江東一路言之，歲認上供額八十五萬碩，皆責辦州縣及時輸納。然其間或因災傷檢放，致令有承認不足數目，朝廷燭見難

以催理曾降指揮除放至紹興二十二年許自二十三
年以後實因災傷檢放米數依舊催理臣嘗具此聞奏
蒙行下戶部勘當至今未與除豁欲望特降指揮將紹
興二十三年以後州縣實因災傷檢放米數已行申奏
未准戶部銷豁者特與除放仍令監司申戒州縣官司
自後或遇災傷須管及時躬詣田所依條從實檢放並
具結罪保明狀申奏如檢放不實監司按劾如監司容
縱令御史臺彈糾從之　二十八年八月二日詔令逐
路轉運司疾速行下州縣開實被災傷頃畝數目及合
檢放分數以聞　三十年十月四日臣僚言欲望令逐
路監司嚴察州縣委有災傷去處並令從實放稅其有

卷四千七百五十

十一

以上中興會要

奉行不虔之吏按劾奏聞詔令依條檢放　孝宗隆興
元年八月二十日臣僚言州縣檢放災傷奉行不虔守
令未嘗加意十分災傷之處檢放不及二三分乞自今
年八月三十日以後再展限一月州縣多出文牓曉示
應今年經水旱蝗螟災傷去處許人戶從實經縣陳理
不拘早晚收接委縣令躬親同所差州官前去地頭檢
視着實分數依條檢放仍委知州專一覺察諸縣監司
覺察諸州如有奉行違戾並委監司郡守將所委官按
劾人吏編配施行如監司郡守不行覺察並許人戶越
訴御史臺彈劾以聞從之　乾道三年八月十六日起
居舍人黃鈞言竊聞四川亢旱異常自春及夏民情嗷

嗷比至六月下旬乃始得雨揆之農時似不及事得雨
之後但植晚豆就令農熟所得無幾具他郡邑又有螟
螣害稼去處竊緣四川阻遠自來循例不申災傷不行
檢放欲望行下四路帥臣監司從實體量稍加存恤從
之　九月十三日臣僚言檢視災傷雖有條法官司玩習
未嘗遵依每差州官到縣隨行徵求追取皆有定例然
後擇村疃中適平磽薄不熟之田先往視之多為蠲放
名曰應破又擇今歲偶然稍熟之處再往視之責以妄
訴名曰伏熟重為民困望詔守臣選差練曉青彊之官
公心考覈申敕監司嚴為按舉凡所差官汙濫動情公
正與夫誣罔之狀並以上聞從之　四年七月二十五

卷四千七百五十

十二

日詔諸路轉運司行下所屬州縣將災傷去處各選委
清彊官遍詣地頭盡實檢放或不實不盡有虧公私被
差官并所差不當官司並重作行遣其被水至甚去處
令監司守臣條具合措置存恤事件聞奏以三省言劍
南建寧衢饒信等州災傷故也　六年六月二十七日
戶部尚書曾懷言乞委諸路漕臣應災傷去處仰民戶
依條式於限內陳狀仍錄白本戶砧基田產數目四至
投連狀前委自縣官將砧基照對坐落鄉村四至畝步
差官覈實檢放如輒敢妄移豐熟鄉分在災傷地分僥
倖減免許人陳告依條斷罪仍將妄訴田畝並拘沒入
官以一半給告人充賞或有豐熟去處收割未絕了當

却開堋圍岸放水入田瞞昧官司之人，亦乞依此施行。若州縣奉行滅裂，從漕臣按治，重寘典憲。詔依，諸路遇有災傷，令監司守令依此施行。八月二十八日，詔：「令後夏秋之間水旱交作，繼之螟蟲害稼滋多，其間江東西最甚，二浙次之，福建、湖南北又次之，可令諸路監司早行覈實檢放稅租。」七年八月七日，江南西路轉運司言：「本路今年春夏以來久闕雨澤，江州尤甚。欲將本州諸縣乾道七年所催夏稅紬絹錢物內第四等以下人戶，除形勢戶外，並與減免三分，第五等減免五分。」詔令所委漕臣將災傷去處第四等、五等人戶秋稅覆實，所有輕重，一面依條檢放，具已檢過分數以聞。十一月十四日，詳定一司敕令所修立下條：「諸災傷路分，安撫司體量措置，轉運司檢放展閣（軍糧闕之，聽以省計通融副），常平司糶給借貸，提刑司覺察妄濫，如或違戾，許互相按舉，仍各具已行事件申尚書省。諸災傷路分帥臣監司申到已行措置檢放糶給覺察事件，並歲終考察修廢以聞。」從之。

九年八月九日，詔：「浙東州軍間有闕雨去處，不無損傷田畝，可令兩浙路轉運司委官躬親檢視，如有所損分數，即仰覈實，依條減放，仍具已施行去處申尚書省。」九月二十六日，臣僚言：「伏見今夏以來，雨不及期，浙東諸郡旱者甚衆，至於江西間有荒歉，田野之間以艱食為慮。竊恐今來州郡不知仰體陛下軫念元元之意，遂使荒政不舉，實惠不孚，重為民害。欲乞申嚴行下，凡有旱傷去處，必須覈實檢放，不得亂有沮抑，致奸和氣。仍乞令逐路常平提舉官躬親巡歷，同帥漕之臣覺察按劾以聞。」從之。十二月十四日，詔嚴州守臣選差諳練職官一員，將已行檢視之數下諸縣覈實，如委被渰没去處，即與倚閣二稅，候至將來開復，却行起催。以臣僚言嚴州溪流暴漲，並溪之田皆為渰没，縣佐檢視未為得實故也。（以上乾道會要）

農田雜錄

農田雜 農田一錄　太祖建隆三年正月，賜諸州詔曰：生民在勤，所資惟穀。先王之明訓也，永念農桑之業，是爲衣食之源。今陽和在辰，播種將始，慮

被鄉閭之内，或多游惰之民，苟春作之不勤，則歲功之何望。卿任居守土，職在頒條，宜勸諭耕耘，收功穡稼，勉愚失理，别依陟明。　九月，詔：如聞百姓有伐桑棗爲薪者，其令州縣禁止之。　乾德二年正月，詔諭諸州長吏曰：朕以農爲政本，食乃民天，必務播以勸分，庶家給而人足。今土膏將起，陽氣方升，苟播種失時，則豐登何有。卿任隆分土，化洽編氓，所宜課農作之勤，副西成之望，使地無遺利，歲有餘糧，勉行敦勸之方，佇我憂勤之意。　四年閏八月，詔所在長吏告諭百姓，有能廣植桑棗、開墾荒田者，並只納舊租，永不通檢。令佐能招復逋逃、勸課栽植、歲減一選者，加一階。　太宗太平興國七年二月，詔曰：東畿近年已來，蝗旱相繼，流民甚衆，曠土頗多。蓋爲吏者失于撫綏，致其于是。天災所及，隱匿而不以聞；歲調頗與，備嘗而不得免。編户逃散，于時徙去，田乃至于荒萊，深用疚懷，未遑寧處，俯仰惻隱。别許招攜，宜令本府設法招誘，並令復業，只計所墾田畝桑棗輸税，至五年復舊。舊所逋欠，悉從蠲免。限詔到百日，許令歸業，違者桑土許他人承佃，爲永業。歲輸税調，亦如復業之制，仍于要害處粉壁揭詔書而示之。　五月，詔：開封府管内膏澤沾足，望令民及時種蒔，無令遺略，況悉輸租賦，當從蠲除，吏敢得督責。　閏十二月，詔諸路州民，或有能勤稼穡而乏子種與土田者，或有土田而乏丁男與牛者，許衆共推一人諳會種植者，州縣給帖補爲農師，除二税外，並免諸雜差役。凡穀麥麻豆、桑、農果實、蔬菜之類，但堪濟人可以轉教衆多者，令農師與本鄉里正、村耆相度，具述土地所宜及其家見有種子，某户見有闕丁，某人見有剩牛，然後分給曠土，召集餘夫，明立要契，舉借粮種，及時種蒔，俟收成，依契約分，無致爭訟。官司每歲較量所課種植功績，如農師有不勤力者，代之。惰農務爲飲博者，里胥與農師謹察教誨之，不率教者，州縣依法科罰。九年以其煩擾罷之。案：太平興國九年　淳化元年九月，詔：江浙等路李覺致做田民多流亡，棄其地，遂爲曠土。宜令諸州籍其隴畝之數，均其租，每歲十分減其三，以爲定制，仍給復五年，召游民勸其耕種，厚慰撫之，以稱務農敦本之意。　四年二月，詔嶺南諸縣令勸民種四種豆及黍粟大麥蕎麥，以備水旱。官給種與之，仍免其税，内乏種者以官倉新貯粟麥黍豆貸與之。　五年三月，以宋亳陳潁州民無牛畜者自挽犁而耕，因令選家八户團甲，每一牛官借錢三千，令自于江浙市之。又命直史館陳堯叟先齎踏犁數千具往宋州，委本處鑄造，以賜人户。　先是，太子中允武允成嘗進踏犁，至是令試其制，諸府因命鑄造賜焉。堯叟還奏：踏犁之用，可代牛耕之功半，比

鑊耕之功則倍　至道元年六月詔曰近年已來天災相繼民多轉徙田卒汙萊雖招誘甚勤而逋逃未復冝伸勸課之旨更示蠲復之恩應諸州管内曠土並許民請佃便爲永業仍免三年租調三年外輸税十之三應州縣官吏勸課居民墾田多少並書印紙以示旌賞　十二月詔如農種秇素有定規如聞近來多不舉職非所以副宰寄之寄厚衣食之源宜令諸路州府各據本縣所管人户分爲等第依元定桑棗株數依時栽植如欲廣謀栽種者亦聽其無田土及孤老殘疾女户無男丁力者不在此限如將來增添桑土所納税課並依元額更不增加每春初曉示令遵詔設法勸課得替日批歷爲課　三年七月賑詔應天下荒田許人户經官請射開耕不計歲年未議科税直俟人户開耕事力勝任起税即于十分之内定二分永遠爲額　真宗咸平二年二月詔曰前許民户請佃荒田未定税賦如聞抛棄本業一向請射荒田冝令兩京諸路榜壁曉示應從來無田税者方許請射係官荒土及遠年落業荒田俟及五年官中依前敕于十分内定税二分永遠爲額如見在莊田土窄願于側近請射及舊有莊産後來逃移已被别人請佃礙敕無路歸業者亦許請射州縣鐫有請射狀疾速給付别置籍抄上逐季聞奏其官中放收要用土地及係徵逃户莊園有主荒田不得誤有給付長吏常切安撫廣務耕種隨土所宜起時栽種不得輒有攪擾長吏批上印歷理爲勞績如抛本業抱税東西改易姓名妄求請射此色之人即押歸本貫勘斷　三年六月著作佐郎言請課河北州縣種榆柳以備材用從之　十一月以刑部員外郎直史館陳靖爲京畿均田使令自擇京朝官分下諸縣　六年三月大理寺丞黄宗旦上言潁州陂塘荒地凡千五百頃可募民耕植即遣宗旦馳往經度部民應召者三百餘户詔令本出租賦免其徭役又命宗旦兼判潁州使終其事　景德二年正月内出踏犂式付河北轉運令詢于民間如可用則官造給之時以河朔戎寇之後耕具頗闕牛多疫死淮楚間民踏犂凡四五人力可比牛一具故有是命　大中祥符二年八月詔澶州自今民以耕牛過河北者勿禁時河北牛疫河南民以牛往貿易者甚衆而澶州浮梁主吏輒邀留之故詔諭焉　五年五月遣使福建州取占城稻三萬斛分給江淮兩浙三路轉運使并出種法令擇民田之高仰者分給種之其法曰南方地暖二月中下旬至三月上旬用好竹籠周以稻稈置此稻于中外及五斗以上又以稻稈覆之入池浸三日出置宇下伺其微熟如甲坼狀則布于净地俟其萌與穀等即用寬竹器貯之于耕了平細

田停水深二寸許之布之經三日決其水至五日視苗長二寸許即復引水浸之一日乃可種蒔如淮南地稍寒則酌其節候下種至八月熟是稻即旱稻也真宗以三路微旱則稻悉不登故以爲賜仍揭榜示民　六年六月監察御史張廓上言天下曠土甚多望依唐宇文融條約差官檢括帝曰此事未可遽行然人言天下税賦不均豪富形勢者田多而税少貧弱地薄而税重由是富者益富貧者益貧王旦曰田賦不均誠如聖旨但須漸議改定或命近臣專司之委其擇人且自一州一縣條約之則民不擾其事集矣　七月詔自今農器並免收税先是知潁州吕夷簡奏乞免河北收税農器帝曰務穡勸農古之道也豈止河北耶故有是詔　七年五月詔自今典賣田宅其鄰至内如有已將田業正典入者只問見典人更不會問元業主若元業主除已典外更有田業隣至即依隣至次第施行先是京兆奏民有訟田以典到地爲隣至者法無明文故條約　六月詔諸州典賣與人而户絶没官者並納官檢估詣實明立簿籍許典限外半年以本錢收贖如經三十年無文契及雖有文契難辨真僞者不在收贖之限初三司以舊無條制請頒定式下法寺故命條約焉　八月詔以諸道牛疫民有買賣耕牛者免税　九年八月詔曰[illegible]農耕所

資盜賊之禁嚴阜蓄之期是望或罹罪罰深可憫傷自今屠耕牛及盜殺牛罪不至死者並繫獄以聞當從重杖時中使自洛迴言道逢鬻牛肉者甚衆慮不逞輩因緣屠宰故戒之明年江南尨懸及杭州薛顔越州錫侃並上言江浙之間犯禁者衆悉以上聞即刑獄淹繁望罷此詔止如舊敕施行　天禧元年八月詔諸州賣買耕牛税錢更放一年三司不須比較　十月萊州上言州民願以舊麥一斗易官倉新麥爲田種從之仍令京東轉運輸諸州許依此制　二年二月梓州黄照益遂州滕世寧言川峽多争論追贖遠年典賣莊土及至勘詰皆于業主生前以錢典市及業主户絶本人不經官自陳便爲己業直至鄰里爭訟方始承伏出錢估價望自今每户絶如有曾典得物業人並須具事白官或隱匿[illegible]事發即[illegible]勿許復買詔法寺參詳且請自今應以田宅典與人上而業主户絶者[illegible]一年許見佃人具事白官估直召人收市限滿不告論如去[illegible]納官從之　六月詔民有訴理田土非是相侵奪者並依舊[illegible]提點刑獄上言民有詣闕訴田者[illegible]令本州依理施行官司被[illegible]妨農務即追理之頗妨農業故命條約　五年七月詔户絶莊田自今檢[illegible]中報即差官詣地檢視其沃壤園林水磑止令官司召人租佃及斷[illegible]數

目附籍收條其磽瘠田產即聽估直出市時有言官司以戶絕田肥沃者
市于人而以瘠土租課故有是詔　十月，詔廣南自天禧元年正月一日已
前民有私薦有分田產券契分明為有分骨肉論理者，即以所虧價值均
分之田產付見佃　四年四月，福建路轉運使方仲荀上言：福州官莊千
二百十五頃，自來給與人戶主佃，每年只納稅米，乞差官估價，令見佃人
收買，與限二年送納。事下三司，請如所請。詔福州官莊更不出賣，差屯田
員外郎張希顏與轉運使同共依漳、泉州例均定租課聞奏　八月二十
二日，詔：國家每念蒸黎，常輕賦斂，豈令遠俗重此均輸？宜特示于推恩，俾
並從于舊貫。其福州佃官莊戶依舊佃蒔，更不均定租課。天聖三年，希顏
又奏：先往福建均定官莊租課，已定租米六萬五千碩，相度福建八州皆
有官莊，七州各納租課，惟福州只依私產納稅，役免差徭，顯是僥民，乞相
均米數，依州價折納見錢，然中半從之。是日，利州路轉運使李昉上言：
近睹敕命，就差提點刑獄官兼勸農使，以見國家務農之道。臣三紀外任，
每見州縣之民多不諳會諸種蒔田疇墾辟所，民要術並見古書僻陳耕
耨種植之法，又覩先降農田敕條，實甚精善，止約于州縣，諸程式假置
常平倉亦虛其名，絕合講求。乞以二書雕印頒付諸路勸農司，轉運副使
每遇巡歷州縣，常加提舉勸農，詔令館閣校勘雕印，賜與諸處。是月，兩浙
勸農使言：人戶自括田均稅已後，多坐耕官荒田，令成熟土歲月已久，今
不即首露者，虞鄰人爭奪，望懲凡佃人首罪，依稅均給佃者從之　五年
四月，詔曰：朕茂紹慶靈，撫臨寰寓，思學方勤于稼穡，恩治冰于倉箱。今以
晉澤應附大田，興役冀豫之端，更膺高亨，猶慮豐富之間，乃農之時，室覩
資餽之盈，兼慮搔擾之數，雖或饑甚，俾保於收斂，俾行戒諭，用示矜懷，宜
令州縣告諭人戶，不得枉有費用，虛擲食物，違者量罪科責　六月，司勳
員外郎趙賀言：川界戶絕田土，昨准敕除二稅外，逐定租課，召人請佃，竊
慮租賦稍重，望且許依舊估直賣充之　十月，詔河北民有請佃逃瘠
者，戶莊出園林而撤與曾者，止勒與所本主佃蒔，候本主自北界至，即時
給付其元賣錢，勿復理納。先是，景德二年，敕落蕃界人莊田園林，請佃
無有敢露者，許人陳訴，依法斜罪。至是，知雄州高志寧言：郝氏請歸所者
五百八十餘戶，蓋始以蝗旱不濟，因鬻易其園，令方歲稔即盡有論告，若
受而理之，恐成滋蔓，從臨陳請，故有是詔。乾興元年十二月，仁宗已即位，
未改元，上封者言：自開國以來，天下承平六十餘載，然而民間無積蓄，倉
廩未陳腐，稍或飢歉，立致流移，蓋差役賦斂之未均，形勢豪強所侵擾也。

又若山海之利，歲月所增，莫不罄盡，遂封萬里商旅往來，遂食帛雜物。酒
稅潛匹帛金銀之舊價，稽斛食糧草所在增貴。操有權輈充而資殷不立
禁約，只務剝渉為害滋深。取利何極，至如川蜀遠所在發運，寬多收買
折科織造染練，其費不一，所有四害，今當條陳。伏見勸課農桑，由盡條目
然鄉閭之弊無由得知。朝廷恩澤雖優，豪勢侵陵罔畏，遂使孝貧小戶日
役，靡供仍歲豐登，稍能自給，或時水旱流轉無從戶籍，雖有增添，農民日
自減少。以臣愚見，且以三千戶之邑，五等分算，中等以上可任差遣者約
千戶，官員形勢衙前將吏不啻一二百戶，並免差遣，州縣鄉村諸色役人
又不啻一二百戶，如此則二三年內已總遍差，悉歸農即復應役，並至
破蕩家業，方得休閒，以人戶懼稍見有田產與貨與形勢之家，以避徭役，
因為浮浪，或恐隨情，將更有諸般惡律，影占門戶田土，多被佃戶名目為
不禁止，則天下田疇半為形勢所占。復請應今見任食祿人同居骨
肉及衙前將吏各免戶役者，除見莊業外，不得更典賣田土，如違，許人陳
告，典賣田土沒官，自然減冗田之弊，均差遣之勞，免致力役不勝，有業
其罷，僥罷任前資官元無田者，許置五頃為限，已差遣者[illegible]
盤勝例條制，出自聖斷，委擇施行。詔三司妾察官定奪上項
在農田敕，應鄉村有莊田物力者，多苟免差徭，虛報逃移，與形勢戶同情
啓佯，卻于名下作客，影庇差徭，全種自己田產，今與一月自首，放免
納不首，許人告論，依法斷遣，支賞。又準天禧四年敕，應以田產虛立
賣形勢豪強戶下，隱庇差役者，與限百日，經官首罪，改正戶名，限滿不首
許人陳告，命官使臣除名，其以下人百姓決配。今年臣僚奏請家官之等，欲[illegible]
臣僚不以見任、休罷，所置莊田定三十頃為限，衙前將吏合免戶役者
定十五頃為限，所典買田只得于一州之內典買數，如有違反，許告
令題注下并以起到無殊選擇方所，令除前所定頃數，許更置五
頃為限。如經恩買撥，聽違把斷人陳告，命官使臣科違制罪，公人以下不枉
充職役，田並給告事人。若見有產頃不過此數量者，耕火墾之後，此之頃
畝委逐路轉運使，別為條制，具錯定聞奏。又按農田敕，買置及析居歸業
歸業佃逃戶未并入本戶者，各出戶帖供輸，今詳所請，並須割入一戶
下，今後所有明示[illegible]，令于逐縣門粘壁曉示人戶，與限百日，許令陳首，若出
限滿不首，即令微更改違，許人陳告，即依法施行，并依例支賞，自此後
所犯人並斷，仍據數將田土分給一與告事人，從之。仁宗天聖
元年六月，江西勸農使宋[illegible]上言：昨知饒州，嶺南[illegible]縣，佃戶吳和等狀

縣請射崇德鄉逃戶田產今主人有狀經縣不許請射逃田遂送司法大中祥符六年敕江南逃田如有人請射充勘會本家舊業下得過三分之一其吳智等無田祇當更不給付以臣愚見舊業田有三分方給一分則是貧民常無田業請射惟物力戶方有祇當欲乞特降敕命應管逃田不問有無田業欲並許請射事下法寺與三司定奪三司言江南逃田若須令有田之戶以舊業三分請射一分則無土貧民無由請佃荒閑蓋多又有田業人挑段請射今欲應管逃田許不闕戶下有無田業並令全戶除坟塋外請射充屯田佃種依例納夏秋租課永不起稅并一戶無力全佃許眾戶同狀分請一戶逃移勸同請人均輸並從之　七月殿中丞薛當上言檢會大中祥符八年敕戶絕田並不均與近親賣錢入官肥沃者不賣除二稅外召人承佃出納租課變易舊條無所稽據深成煩擾欲請自今後如不依戶令均與近親即立限許無產業及中等已下戶不以肥瘠全戶請射如須沒納入官即乞許全戶不分肥瘠召人承佃又國子博士張頎上言累有百姓陳狀稱爲自來官中定年深戶絕租課積累物數已多送納不前蓋是元差刻官務欲數多望成勞績定租重大累蒙校料攤配在鄰人戶下送納不便遂至逃移官中更行攤在以次逃戶鄰人名下起惹詞訟國家富有萬方三司是聚斂之臣必應　能觸免乞下三司定奪事下三司與法寺議定聞奏今參詳應戶絕戶合納官田設或免下瘠田已遠無人請買荒廢斷失稅額欲乞勘會戶絕田勸令佃戶量地步什物估計錢數申州州選募職官再行覆檢印榜示見佃戶依估納錢買充永業不得更將肥田請佃充下瘠薄若見佃戶無力收買即問地鄰鄰地鄰不要方許中等以下戶全戶收買其錢限一年內送納如一戶承買不盡許眾戶共狀收買如同情欺罔小估斷官許知次第人論告並當嚴斷仍以元買田價十分給三分賞告事人從之　二年正月開封府提點縣鎮李識言請下開封府委令佐勸誘人戶栽植桑棗榆柳如栽種數倍多委提點司保明聞奏各與陞差使從之　三年五月深州董希顏上言準景德二年正月敕河北沒蕃戶莊田林木本主未歸無人佃者委逐縣官遍往點檢定數置籍管係常切機校不得毀斫候本主歸給付如本主未到許房親請佃如無房親即召主戶佃蒔其年七月詔河北全家沒蕃戶莊田須房親召鄰保五七人方得請佃如無許主戶請佃樓一例已上縣主帳給付州縣拘轄不得斫伐與賣候主歸依數還之至天禧五年敕用知趙州高志寧言擾已破賣沒蕃人戶主佃田且勸與賃主佃蒔候歸

給付已經勘斷者更不爲理臣詳元敕爲未知好以前沒蕃之人朝廷矜憫應有廢土代木折屋致本主歸無所投遂降敕不得斫伐破賣今緣和好已久自雍熙後至景德前能歸復者盡已歸復至今年未歸之人多是從初擄戮或在北已亡縱在蕃中存其者亦少其莊田舊已準敕給與房鄰佃蒔或已有請佃戶又多尊長亡沒自下子孫相承佃蒔已成營葺屋宇損壞不敢修換棗柿桑不敢剪除見今園林多是後來栽植河朔之地少近山谷每官中科率或制農具或不採所園林即不無所出偶然修換或採取一株便爲游墮之民陳告即等給告者却使元佃戶全家起出不唯忠彼姦民寔亦有傷和氣近又惡准轉運司差官推勘多是陳告此類公事竊慮不逞之人競起詞訟端緒民不遂安居刑獄無由清簡今請應河北人戶請佃沒蕃莊田者除將莊田典賣毀伐桑棗即依舊條所有屋舍家事園林果木任便修採更不坐罪不許陳告亦不給田充賞從之　九月戶部郎中知制誥夏竦上言諸州例多曠土臣嘗詢問鄉耆皆稱稿日逃田許民挑段請佃候耕鑿稍熟牛具有力即于溼畔接續添請是以人戶甚便官中又得稅賦自有條貫須全戶請射後來例無力及事力之人一起請佃今若許挑段請領之時亦不乞減狀放科次情[illegible]數賦其餘荒田漸次接連請射欲乞今日已前應係田及係官荒田經三年已上者許挑段請射于所請田元額稅加十分之二更于次年起稅納仍先許中戶等以下戶請射如有餘者方許豪勢請佃即不得轉將典賣州縣別作簿書主簿逐年具數申奏又恐議者以爲百姓揀卻沃土久遠拋下官中瘠田不肯兼帶請佃且即令逃田二三十年荒廢肥瘠之地空長草萊上無一粒黍稷入官下無一粒救濟民未知空守舊章卑有何益利害之際黑白甚明又慮議者以民擇得美田即棄見佃瘠土且國家養民惟恐不富若令百姓盡得良田供得賦稅衣食稍足此合帝王愛民之心利害相萬較然可知從之　十月提點開封府界縣鎮張君平言州縣戶絕沒官莊田官司雖檢估召人承買蒔田其有經隔歲月無人承當蓋檢估之時當職官吏準防以後詞訟多高起估錢以致年深倒榻荒蕪陷失租稅望降敕選官重估實價召人承買自今須子細看估不得高起估錢虛係帳籍事下三司相度三司言　天聖元年七月敕戶絕田令佐畫時打量地段估計屋舍勸使中州委同判幕職再行覈覆檢出榜曉示見佃戶納錢鴣產收買只依元額納稅不納租課不得挑段請佃或見佃戶無力即問地鄰地鄰不要方許中等以下戶收買價錢限一年納官以元

月敕勅三司言舊債欠官物估價納抵當產業入官除已標充職田收地不許收贖外如十五年內本主或子孫親的骨肉却要元納莊許依元估價錢收贖如十五年外見有人佃者不令收贖今詳年限稍遠欲乞限十年內許本主或親的子孫骨肉收贖限滿不贖郭下廊店物業外鄉村莊田舍屋水磑委令佐打量估計結罪申州州差同判或幕職再行檢估出榜許人收買如小估虧官許知次第人論告並科違制之罪公人決配其元價沒官奏可今看詳君平所請已有上件敕命今欲舉明前敕施行從之　十一月淮南制置發運使方仲荀言福州官莊與人戶私產田一例止納二稅中田畝錢四文米八升下田畝錢三文七分米七升四勺若只依例別定租課增起升斛經久輸納不易兼從初給帖明言官中却要不得占吝臣欲乞以本處寬下田價責與見佃戶令准詔為知福州胡則乞放免官莊課令以分析利害伏緣事理明白望早施行詔屯田員外郎辛惟慶乘遞馬往彼與本州出賣不得虧損官司四年六月辛惟慶還言臣與本州體量閩侯管十二縣共管官莊一百四熟田千三七百七十五頃八十四畝佃戶二萬二千三百人于太平興國五年准敕差朝臣均定二稅給帖收執內七縣田中下相半五縣田色低下尋牒州估價及具單貧人數按見耕種熟田千三百七十五頃共估錢七十五萬貫已牒福州出賣送納見錢或金銀依價折納其元管荒田園有徵來請墾佃者五十四頃九畝見今未有人佃已牒福州估價召人請佃臣尚慮狡猾之輩別啓情倖于名下田園揀選肥濃稅輕者請買却退瘠地別致虧官已牒福州並須全業收買依勑限三年納錢不收牙稅如佃戶不買却告示隣人隣人不買即召諸色人仍令令佐將帳籍根究數目如日前曾將肥土輕稅田與豪富人今止瘠地即指揮見佃戶全業收買割過戶籍若佃戶不買即將元卸肥田一處出賣又慮佃戶名亦有僧戶元係僧人不得買田已牒州出榜告示詳本主收買或僧人元有官田已卸別戶承佃戶者擊執妄生詞說即嚴加勘斷事下三司詳定三司言若依惟慶估定價錢上三十五萬餘貫今作三年送納恐見佃戶除二稅外更納田價錢數多欲乞特與減放分數却添年限許隨才將見錢并但堪供軍金銀紬絹依市價折納如願一併納足價錢亦聽從便仍令州置籍拘管紐定逐年合拘納錢數隨稅追催封樁收附候及數目計綱上京不得別將支破候納錢足給戶帖與買田人執為永業應副差徭勑三司擬估到錢三分減一分限三年納足其合應副差徭亦候三年外監察御史朱諫上言福州屯田耕田歲久雖有屯田之名父子相承以為已業伏乞量定租課罷行估賣詔如見佃戶內單貧戶承買者令別立寬限惟慶言所紐田錢內單貧戶欲更展限一年從之五年六月三司言準陝西轉運使杜詹言緣邊屯田軍馬支費甚多所入課利全然不足伏見沒納欠折戶絕莊田不少自來州縣形勢鄉村有力食祿之家假名占佃量出租課臣體量上件鄉村莊田人願收買耕佃如有見佃人戶多豪倖之輩只計轄下州軍約得二十八萬貫已來若將重栽却虛撓數必是并有承買欲乞許選清幹官估計定直價例召人承買已可其三司奏欲乞上件條貫徧下逐路將天聖四年已前戶絕莊田依陝西例估計定價召人承買從之　十一月詔江淮兩浙荊湖福建廣南州軍舊條私下分田客非時不得起移如主人發遣給與憑由方許別住多被主人折勒不放起移自今後客戶起移更不取主人憑由須每田收田畢日商量去住各取穩便即不得非時衷私起移如是主人非理攔占許經縣論詳　六年九月河北轉運使楊嶠言真定民杜簡等狀稱近年水旱蝗災被豪富之家將生利斛斗倚質桑土事下法寺請應委定災傷倚質者令放債主立便交撥桑土與業主佃蒔其所取錢斛候豐熟日交還如拖欠不還本錢官中催理利息任自私斷自今後更不得準前因舉取倚質桑土費抑兼并永絕詞訟從之　七年三月詔如聞比來饑民有在沿邊別無親屬莊產可依仰轉運使斛量救恤不令失所或發遣任居鄧襄汝檢與係官田土牛種安泊仁宗曰此日北邊荒歉流民過來沿邊飢饉至甚雖境外之人然溥天率土皆朕赤子也當與多方賑濟五月龍圖閣學士知密州蔡齊言三司牒戶絕莊田錢未足合納租課者勒令送納直候納足價錢開破若未有人買者官定租課令請射戶供輸本州自大中祥符八年後戶絕莊七十七戶只有六戶未戶絕已前出課僕佃自後依舊納課餘皆荒閑準天聖四年七月五日敕令召人請射只納二稅更不紐課未及一年準天聖五年六月十五日敕差官估計召人承買若未有承買且令見佃人出稅後來本州估賣有四十八戶承買尚有二十九戶未有承買三司累牒催納價錢未足且納租課伏緣人戶請射之初田各荒廢纔入佃蒔未及一年續許承買催納價錢並是賣牛破產竭力送納未足又更勒納租課一年之內催納三重臣未敢緊行理納竊慮諸處承買莊田錢未足更納租課者亦乞遍下諸處事下三司相度三司言所管戶絕莊田不少今若不候錢足便除租課竊慮承買戶故為拖滞不納價錢欲乞自今擬未納足錢并未有人承買一

依估價召人水體限一年內數足，仍將估價及見納租紬作十分，如納錢一分，即除落一分租課，其陂湖足方地全免。從之。　十一月，詔州縣逃田經十年已上無人歸業，見今荒閑者，今出榜曉示限百日，令本主歸業，限滿不來，許人請射耕田，其歸業並請射人户，並未得立定税額，及令應副差徭，俟及五年，方依舊額税賦上，特減八分，永為定額。其月，中書門下言：竊慮上件逃田荒閑年深，見有人户侵耕冒佃，將來有人歸請，别致争訟。及見有税產人為見寬恤，拋棄己田，却求請佃逃田。欲令三司告示，如有侵耕者，與限百日陳首，更不問罪，據陳首投耕到熟田頃畝，于元税額上令納五分。如本主限內歸認，給付本户，依此納税。若輒棄己田，妄作逃移，請射逃田，許諸色人論告，科違制罪，押歸舊貫。鄉耆不切覺察，致有違犯，並從違制斷遣。　八年八月七日，審刑院言：河北天聖八年四月已前，佃兄湯遜户典賣與人，其四鄰逐欺在外，不曾會問，首如見欺，文契印税分明，其降人不曾着字，却有論任者，官司不得為理，並依元契為主。從之。　十二月，知坊州楊及言：民為國征役，衙前為詭顧田計錢六千，幾滿數，百元契每根贖日理三十錢，或許贖，是有力百姓將此栽木危害貧民，占據地土。望可凡與六千贖田之日，却還錢十千，從祖作停邀勒，貧者永不敢贖。

如不止，恐豪强人户兼併，致納競生詞訟。自今後凡與地栽木，年滿收贖之時，兩家商量，和同還價，自不要取便，斷從業主，不得占吝。　慶曆四年正月二十八日，詔：自今在官有能興水利，課農桑，闢田疇，增户口，凡有利于農者，當議量功績大小，比附優劣，與改轉或升陟差遣，或循資。家便等第酬獎，即須設法勸課，不得却致擾民。其或陂池不修，桑棗不植，户口流亡之處，亦當檢察，别行降黜。仍令轉運使、提點刑獄常切糾舉，無自縱慢，委于省併放寬賦，欲使百姓樂于務農，亦所以廣勸民之道也。仍令逐處臣僚今後舉奏見任知州、通判、知縣、令佐者，並先言有何勸課勞續，方與依條理為舉主施行。其提點刑獄、朝臣并轉運判官，今後并帶兼本路勸農。一、興水利，謂陂塘汙田之類，及逐處堤堰河渠可備水患者，或能創開決，或久來廢壞堙塞，復能興修，或前人已興功未成，後來能接續了畢者，仰逐處勘會功績大小，所利廣狹，聞奏。一、植桑棗，令文勸課栽植附有等第數目，如土地有所不宜，則不必桑棗，但榆柳之類，隨地所宜，可為民利。如官員能自相度民力，設法勸課，不須執守令文內數目，並令逐處據本官任內栽種諸實數聞奏。一、增户口，部內有逃户，却能招誘復業，或有天荒田，能招人開耕，創立户，皆為勞績。即不得差人追捕歸業，亦不得强抑人户開耕，以為己耕功。令逐處勘會增添到户數，及開耕到地土頃畝，聞奏。已上勸課功績，並于得替日出給解由，仍令本屬保明以聞外，并給與公據，自齎赴闕。　八月，命參知政事賈昌朝領天下農田，有判官其悉從上之初，參知政事范仲淹援唐故事，請以輔臣分總其務，雖嘗降勑，然其後亦弗果行。　皇祐九年四月二十六日，右司諫錢彦遠言：農桑者，生民之大事，國家急務，所以順天養財，御水旱，制蠻夷之原本也。本朝自祖宗以來，留意於此，切欲諸路轉運使、提點刑獄臣僚知州、通判皆帶勸農職名，授敕詔，銜政在自課，而近歲旋有虛文，初無勸導之實，汙萊不闢，事失因循。今欲乞應天下諸州軍于長吏廳各置勸農司，以知州為長官，判官為佐，官舉部內幕職州縣清强官一員兼充判官，量抽吏人，先將部內諸縣今日已前見管墾田頃畝、户口數目、陂塘山澤、桑棗溝洫都大之數，著為帳籍，仍開析見有多少逃移人户，賦税荒廢田畝，古之水利後來殘毁者，委自勸農官司多方設法，勸課招誘，安其生業，去其大害，興其大利。候至年終農隙，轉運司遍行比較，然後殿最增墾田户口數目，或流人自占，或逃移復業，陂塘灌溉，有利桑棗，播植溝洫，開闢增多，賦税丁口蕃息，明著殿籍，不至煩擾者，保明舉奏，特與就賜章服，增其秩祿。如一任終始

若有顯効，令轉運司批上歷子，到闕，委所司磨勘，超擢任使，其判官亦特與磨勘引見。其轉運使等每循歷州軍，先須點檢勸農司，說方得點檢諸事。如長吏已下因循違慢，職業無聞，人户逃移至多，墾田之數日削，並乞除授散官，監當判官亦同降黜。所貴天下本農，生民富給，為萬世之基。望詔三司檢舉舊貫賞罰施行。　二年九月，詔三司：唐、鄧、汝州多曠土，其令寬立税限，募人墾植之。　至和元年二月，詔京西民飢，其荒田如人占耕，及七年起税二分；逃田及五年，減舊税二分；因災傷逃移而復業者，免支移折變二年，非因災傷者，免一年。　二年十一月三日，詔荆湖廣南路溪洞人户争論田土，雖在務月，須理斷了當。以上國朝會要。　治平四年九月二日，神宗已即位，未改元，江南東路轉運司言：三司奏：池州多逃産，年深元額税重，人户不敢請射，欲乞其逃田如三十年以上，于元税額上減放四分，四十年以上減放七分，如此候十年，其田已成次第，即據舊税十分內減三分，立為永額；具三年以下十年以上者，自依編敕。今三司依此施行。本司看詳本路及天下似此逃田不少，乞施行諸路，令人請佃。詔並從之，仍候請佃及十年，並令納五分税，及二十年，即依編敕納七分税，永為定額。　十一月，三司請出賣京東等路户絶没納莊田，詔內有租佃户

及五十年者如自收買與于十分價錢内減放三分仍限二年納足餘依所請 熙寧元年六月十五日京西提刑徐億言知唐州光祿卿高賦招兩河流民及本州客戶開墾荒田招到外州軍及本州人戶請過逃田又興修過陂堰望加恩獎有詔褒諭 十二月四日權京西轉運使謝景溫言本管汝州戶口至少田土多荒龍興魯山梁葉四縣嚴爲凋弊自來請田人戶雖有條貫五年内免諸般科役而客戶尚不免諸色役既請田不過一二年便爲舊戶科決科須至充役雖有條制諸縣不能遵守民亦不以爲信以此逃竄者多占田者少今欲乞罷墾田務舉官一員專領籍四縣荒田召人請射其請田人須勘會灤汝州界不走移者方得收管更不隸諸縣版籍逐縣既不能統攝則無由差科候五年滿日據地界撥還逐縣惡副科役其所舉官如招及千戶以上乞優與酬獎仍許再任其縣宇只就龍興縣安置如此則爲利甚博所費者寡人戶漸可招誘田畝足以墾闢詔不置務餘依所請 二年八月十九日中書言黃河北流今已斷所有恩冀以下州軍黃河退背田土頃畝不少深慮權豪之家與民爭占及有元舊地主因水荒出外未知歸請詔河北轉運司應今來北流閉斷後黃河退背田土並未得容人請射及識認指占聽候朝廷專差朝臣往彼與本處當職官同行檢定訖收接請狀紐定租稅均行給受 十一月十三日制置三司條例司言乞降農田利害條約付諸路應官吏諸色人有能知土地所宜種植之法及可以完復陂湖河港或不可興復只可召人耕佃或元無陂塘圩埠堤堰溝洫而即今可以創修或水利可及衆而爲之擱壅或田土去衆用河港不遠爲人地界所隔可以相度均濟疏通者但于農田水利事件並許經管勾官或所屬州縣陳述管勾官與本路提刑或轉運商量或委官按視如是利便即付州縣施行有礙條貫及計工浩大或事關數州即奏取旨其言事人並籍定姓名事件候施行訖隨功利大小酬獎其興利至大者當議量材錄用内有意在利賞人不希恩澤者聽從其便令逐縣各令具本管内有若干荒廢田土仍須體問荒廢所因約度逐段頃畝數目著說著望去處仍具今來合如何擘畫立法可以紏合與修召募墾闢各述所見具爲圖籍申送本州本州看詳如有不以事理即別委官覆檢各具利害開說牒送管勾官應逐縣並令具管内大川溝瀆行流所歸有無淺塞合要濬導及所管陂塘堰埭之類可以取水灌溉者有無廢壞合要興修及有無可以增廣創興之處如有即計度所用工料多少合如何出辦或係衆戶即官中作何條約與紏率衆戶不足

即如何擘畫假貸助其闕乏所有大川流水阻節去處接連別州縣地界即如何節次尋究施行各述所見具爲圖籍申送本州本州辨看詳如有不盡事理即別委官覆檢各具利害牒送主管官應逐縣田土邊迫大川數經水害或地勢汙下所積聚雨潦須合修築圩埠堤防之類以障水患或開導溝洫歸之大川通泄積水並計度闊狹高厚深淺各若干工料立定期限令逐年官爲提舉人戶量力修築開濬上下相接已工亦先具圖籍申送本州本州看詳如有不盡事即別委官覆檢各具利害牒送管勾官所有州縣積漏都大圖籍合用書筆或添雇人書許于不係省頭子錢内支給諸色公人如敢緣此起動人戶乞覓錢物並從違制科罪其贓重者自從重法應據州縣具到圖籍并所陳事狀並委管勾官與提刑或轉運商量差官覆檢若事體稍大即管勾官躬親相度如委是便民仍相度其知縣縣令實有才能可使辦集即付與施行若一縣不能獨了即委本州差官或別選任很協力了當若計工浩大或事關數州即奏取旨其有合興水利及墾廢田用工至多縣分若知縣縣令不能施行即許申奏對換或別舉官或替下官仍別興合入差遣若本縣事務頗劇兼所興功利浩大合添丞佐去處即依今年二月中所降添員指揮別具聞奏應有開墾廢田興修水利建立堤防修貼圩埠之類工役浩大民力不能給者許受利人戶于常平廣惠倉係官錢斛内連狀借貸支用仍依青苗錢例作兩限或三限送納如是係官錢斛支借不足亦許州縣勸諭物力人出錢借貸依例出息官爲置簿及催理諸色人能出財力糾率衆戶創修興復農田水利經久便民當議隨功利多少酬獎其出財頗多興利至大者即量財才錄用應逐縣計度管下合開溝洫工料及興修陂塘圩埠堤堰斗門之類事關衆戶却有人戶不依元限開修及出備名下人工物料有違約束者並官爲催理外仍許量事理大小科罰錢斛其錢斛官爲置簿拘管收充本鄉衆戶工役支用所有科罰等第令管勾官與逐路提刑司以逐處衆戶見行科罰條約同共參酌奏請施行應知縣縣令能用新法興修本縣農田水利已見次第令管勾官及提刑或轉運使本州長吏保明聞奏乞朝廷量功績大小與轉運官或升任減年磨勘循資或賜金帛令再任或選差知自來陂塘圩埠堤堰溝洫田土堙廢最多縣分或充知州通判令提舉部内興修農田水利資淺者且令權入其非本縣令佐爲本路監司管勾官差委興修如能了當亦量功利大小比類酬獎詔並從之 三年二月管勾秦鳳路經略司機宜文字王韶言渭源城下至秦川沿河五

六百里良田不耕者何啻萬頃但自來無錢作本故不能致利欲每歲常
于蔡州和糴場預價錢三五萬貫作本擇田之膏腴者量地一頃約用錢
三十千歲收不下三百碩千頃之田三萬貫收三十萬碩以十萬為人牛
粮用外歲尚究二十一萬碩詔秦鳳路經略司借支封樁錢三萬貫委王
韶募人耕種仍預行標撥荒閑地土不得侵擾蕃部如封樁錢已係轉運
司支借收糴斛斗亦仰先次撥還　四年六月二十四日詔應已行新法
縣分所根究到荒廢田土約若干頃畝太川大港計若干道陂塘圩垾堤
堰之類若干所先料開濬修築鄰計若干工每令佐得替月並令具任內擘
畫召募墾闢催督開修過若干數目牒興替官令取圖籍抽摘交照得寔
方得保明申州出給解由如有備妄增加隱落等狀並從違制分故失科
罪不在去官及赦原之限其知州同判令提刑轉運常切點究量任內能
興不能用心勸督候得替日具的實事件申奏當議量功罪賞罰內有能
擘畫興修功利功利大者乞朝廷優與升擢其管內官提刑轉運及本州
長吏等如明見官內官吏百姓所陳農田利害可以興除妄有沮廢及妄
冒保明功績朝廷差官察訪得寔並重行降黜亦不在去官及赦原之限
十月提舉京東常平倉王子淵言臣職事之中在農田尤為先務如本
路濮州有南李堰濮州有馬陵泊等處久為積水所占昨已疏治修復良
田約四千二百餘頃昨來夏秋民間耕種所收菽麥約三二百萬餘碩此
乃于常歲之外所獲之物散在公私以備凶歲又修導過曹單等九州一
十三處溝洫河道疏決畿內以來諸處逐年夏秋積潦東入清河等處遂
入于海無横流之虞欲乞下諸路提舉司宜以農田水利為首務遂勸農
寺寺司勘會近令遍牒諸路相度檢計應係農田水利溝洫河道堤岸斗
門之類如係人戶備功力趁農隙日合行興修去處依時檢計催督興修
若合差人夫並依元料夫工合聽朝旨差撥春夫者具事狀以聞仍各具
將來合興修者望賜擬去處并的確利害事狀圖籍申寺纔候下手日逐
一共緞赴寺從之五年重修定方田法　八年二月二十八日中書門下
言諸路零不成片段田土難已召給佃人者依出賣戶絕田產法召人承
買　元豐元年四月十九日詔開廢田興水利建立堤坊修貼圩垾之類
民力不能給役者聽受利民戶具應用之類依常平錢穀限二年兩料輸
足歲出息一分　三年五月七日詔止蔡州客戶請射田逃收已給關子
以權提點京西北路刑獄張復禮奏根括民契外地及奪下戶開田募客
戶自占境內極撓也　五年十一月九日都水使者范子淵言自大名抵

乾寧蹛十五州河徙地凡七千頃乞募人耕租從之　十二月二日詔前
察訪荊湖路常平等事司幹當公事段詢減磨勘三年賞根括水陸田四
千一百餘頃也　六年九月十一日知環州劉咸信言本崖軍土脈肥沃
欲乞委本軍除舊係熟人地不許請射外招誘客戶請係官曠土住家耕
作仍立賞格激勸從之　哲宗元祐三
年三月一日詔諸經略司講求獎耕之策勿令賊計得行致失春事激命
鄜延路經略使趙卨等審量賊計擬寔以聞以夏賊兜集境上陝西河東
並邊居民往往不敢耕種有妨春事故也　四年二月十三日詔自今應
瀕河州縣積水占田處在任官能為民經畫溝畎疏導退出良田一百頃
已上者並委所屬保明以聞到部日與升半年名次每增一百頃各遞升
半年名次及一千頃已上者比類取旨酬賞功利大者仍取特旨從刑部
侍郎范百祿請也　六年九月二十五日詔河東路提刑司將麟府豐州
曾經西賊劫掠耕牛人戶特許于常平錢內借錢買牛其所借錢漸次催
納　紹聖二年三月三日工部言諸黃河棄堤退灘地土堪耕種者召人
戶歸業限滿不來立定租稅召土居五等人戶給保逐家業遞相委保承
佃每戶不得過二頃論如盜耕退復田法追理賦隱稅租外其地並給告人
仍給賞從之　七月二十八日提點京西北路刑獄徐若平言提點官與
監司係帶勸農者乞令所部分巡州縣括其地之不墾闢者知頃畝撥為
圖籍詢究其弊之所在為救之之術從之　同日知鄭州李淵言興修農田
水利乞送詳定重修敕令所看詳編修從之　徽宗崇寧三年十一月三
日詔新差權發遣廣南東路轉運判官公事王覺選一官以墾闢農田幾
及萬頃故也　四年二月十六日復行方田法詳見方田門　大觀三年
二月十二日提舉廣南西路常平等事洪彥昇言廣西郡縣地廣人稀原
隰沃壤甚有可耕之處加之蠻夷州峒疆土斥遠倉廩儲備尤資經畫以
致充羨欲乞募民給地使耕除官若私舉行償貸應副開墾俟其就緒三
年而後量起稅租漸償貸借放將安土樂業可使地無遺利亦募民寔邊
之意從之　四年三月二十八日詔宣州太平州圩田並近年所作多是
上等及官戶借力假土人名籍請射修圍今已成田認納租稅多為姦猾
告訐因而成訟可令本路提舉司下所屬州縣將應有假名人並許自陳
特與改正充本戶永業其租稅等並依額送納　四月二十七日詔自春
以來併得膏澤方今孟夏天氣晴和田蠶穀麥衆務方興農民竭力田疇
一歲之功併在此時深慮州縣之吏拘以微文案其細罪追呼證辯株連

枝蔓或不急與不急工作或趣未嘗久負拘繫監錮致妨一時耕作而失
終歲之功宜過委諸監司明加申敕州縣官各養省事息民無奪其時以
稱愛民厚農之意如違監司走馬舉劾以聞　政和元年三月七日詔監
司勸率守令督責編戶植桑柘廣蠶利以豐織紝基本任滿比較賞罰　四
月四日臣僚言近歲諸路監司州郡守臣每于中夏農事方興纔見雨澤
應時則奏足言足未種言種便指為木稼豐穰秋成可望願立法禁諂諸
路州郡守臣各務勸農之實不得預言豐登之欺從之　五日詔士大夫
與民爭利多占膏腴之地已有令文令監司常切檢舉　二十四日臣僚
言郡守同通判轉運使副提點刑獄禁衛必帶勸農事近制又並縣令亦
以管內勸農公事為銜考課之法復有農桑墾植之最窳官吏不能上體
愛民之意其所急者特在于催驅稅入滯獄訟而已欲責守令職事以
勸農為先務春則耕耨視風土氣候之早晚以督課之中下之民種食不
足即依常平放稅七分之法借貸以補之秋則視歲入之豐儉將其播種
貸助亦如上法轉運使副提點刑獄即巡歷所至察守令勸農之勤惰嚴
取三數人最優劣以聞重行升黜如此則莫敢苟簡以副陛下封植基本
之意詔可詳擬所陳精密立法以責實効　五月二十二日詔耕桑乃衣
食之源所以桑柘未有法禁宜立約束施行　二十七日臣僚言天下係
官田產在常平司有出賣法如折納抵當戶絕之類是也在轉運司有請
佃法天荒逃田省莊之類是也自餘閑田名類非一往往荒廢不耕雖間
有出賣請佃之人又為豪右之徒冒輸官租賦十無一二欲並出理難
辭一其請佃人戶又以經係官田不加墾闢遂使民無永業官失主戶公
私利害所繫非輕乞命官總領條畫以聞詔范坦總領措置　六月六日
戶部侍郎范坦奏奉詔總領措置出賣係官田產欲差提舉常平或提刑
官專切提舉管內出賣凡應副河防沿邊招募弓箭手或屯田之類並存
留凡市易抵當折納籍沒常平戶絕天荒廢莊廢官職田江漲沙田棄堤
退灘瀕江河湖海自生蘆葦荻場圩垾湖田之類並出賣從之　七月二
十日臣僚言私荒田法聽典賣與觀寺多以膏腴田土指作荒廢官司不
察而民田水旱歲一不登人力不繼即丞荒廢觀寺得之無復更入民間
為農者受其弊欲除官荒田許觀寺請佃外餘並不許典賣從之　九月
十二日戶部言欲自今應命官或諸色人陳述農田水利令本州日下開
具申部從本部置籍如可興修令所屬依紹聖條法一面興修提舉官因
巡歷所至詢訪講究施行所貴地無遺利從之　十四日總領措置官田

所奏檢會熙寧二年拾一月二十四日朝旨制置三司條例奏出賣廣惠
倉田土其所委逐頂提舉官催趣出賣如一年內賣及三萬貫減一年七
萬貫減二年十萬貫減三年磨勘欲比類熙寧年指揮所委監司官一路
州縣合賣田舍價錢數目如于一年內賣及七分與轉一官六分減三年
磨勘五分減二年磨勘其出賣不及五分之處亦依已降指揮從本所劾
奏劾庶幾有以激勸諸路係官田舍平日多為豪右侵冒有虧邦計今
來出賣頃畝間椽萬數不少所委官吏若不明示賞罰無以激勸使能吏
悉力幹辦可並依所奏施行　十月二十日總領措置官田所言提舉河
北西路常平王靚奏相州見估賣官田內有元係白地因人戶承佃後來
栽植到桑棗果木之類地段並合酬佃人功力估價出賣為辭欲人戶見
承佃合賣官田如內有種植材木並令估定根究詣實別作一項估價與
所賣田土一處依法召人承買候出買了當將桑果木價錢給還元栽人戶
若係見佃人承買即止納買地價錢從之　二十二日總領措置官田所
言元奏請存留屯田為河北陝西河東等干邊防利害去處不可出賣若
自餘路分雖有屯田之名從來止是令人戶出租佃時須與其他名色官
田事體一般即非事干邊防亦合出賣從之　十二月六日手詔應京畿
諸路按察官于所部守臣于所屬縣令于境內嚴於耕斂並須親詣田疇
勸沮勤惰以為力耕之倡其工地闢賦入登民無流移者為考課之最仍
令尚書省檢具祖宗故事類降　二年四月十七日詔曰祖宗以來田
之在公者為屯田為官莊養民兵居農戶于以助經費為衛邊鄙神考
置常平之官修水土之政方天下之田以正經界無幾乎復古矣繼而成
之以紹先烈定令日近者有司建言係官田宅一切賣鬻前日之判廢
長久之策厚賞滋姦民以傾擾豪強兼并佃戶失業東南關于上供廢薄
棄而不告以義理財豈謂是歟昨范坦所上賣官田宅畫一可更不施行
總領措置官吏並罷已賣田宅並給還元納價直其田宅却拘收入官元
佃賃人戶願依舊佃賃者聽餘並遵依元豐令施行　二十二日臣僚言
伏覩已降指揮罷賣係官田宅若不事為之制却恐豪有陵漁其間如已
交業之家見已布種或已修蓋合垂理當逐一措置行下詔合屋已經改
更但課利虧損額者俱免仍舊修蓋官田已修作墓地安葬係舊驗定申官
許令據合用步畝收買與免遷徙　政和六年五月二十九日尚書省言
新授鄧州司戶曹事畢昴奏竊見自來諸處圩埒多是所屬尋常不切照
管到水派之時常有決溢公私被害不細縣官任滿別無賦賞雖許免試

一次緣賞與尚輕及水有決溢斷罪之法欲望重立賞罰仍于逐縣令佐
銜内添入專切管幹圩岸字其鄰圩去處亦乞並築根株以固隄防詔令
尚書省立法今擬立下條管幹圩岸圍岸官任内修葺牢固不致隨損壞
塞者三年任滿承務郎以上減磨勘一年承直郎以下占射差遣一次二
年以上修葺者承務郎以上與家便差遣承直郎以下陞一年名次從之
八年四月五日權淮南江浙荊湖制置發運使任諒奏逃田不耕除閣稅
賦情弊多端其間有人戶買田而不納稅租者有雖供稅而買田不出租
者亦有逃戶雖有歸業而尚不供輸者亦有荒薄無人耕種者高郵軍計
有逃田四百四十六頃楚州有九百七十四頃泰州有五百二十七頃平江
府有四百九十七頃以六路計之何可勝數欲諸縣專選官一員檢括根
括限一季許首並與免罪收入帳簿依舊輸納稅租限滿不首即許人告
賞錢一百貫以犯事家財充其荒薄無人耕佃者即多方招誘逃戶歸業
及依條召人請佃檢量頃畝立定四至給付仍取鄰田中等稅數減半為
額與免十料催科所貴逃田無不耕種詔逃田可專委縣丞無縣丞處委
他官餘並從之　宣和元年八月二十四日農田所奏應浙西州縣圍今
來積減退露出田土乞每縣選委水利司諳曉農田文武官同與知佐分
詣鄉村檢視標記除出人戶已業外其餘逃田天荒田草葑茭蕩及
湖濼退灘沙塗等地並打量步畝立四至坐落著望鄉村每圍以千字文
為號置簿拘籍以田鄰見納租課比撲量減分數出榜限一百日召人實
封投狀添租請佃限滿折封給租多之人每戶給戶帖一紙開具所佃田
色步畝四至著望應納私課如將來典賣聽依係稅田法請買印契書填
交易從之　二年二月二十六日臣僚言太平日久民有惰心為監司守
令者雖有勸農之名而不考其實為提舉常平縣丞者雖有農田水利之
職而不舉其事以未嘗覈其實而已覈其實之道在于四證所謂四證者
按田萊荒治之跡較戶產登降之籍驗米穀貴賤之價考租賦盈虧之數
以覈勸課與不勸課之實制詔天下縣以農時分輪令丞行田野有荒而
不治者罰及隣保郡以農時分輪守貳行縣有荒而不治者罰及令丞監
司以農時因循巡歷行郡有荒而不治者罰及守貳以覈田萊荒治之實
又詔監司每歲終取州縣戶產登降米穀貴賤租賦盈虧之數同具奏聞
內參酌殿最為兩等具守貳令丞乞加賞罰尚書省類天下奏較殿最為兩
路取旨以為監司賞罰以覈三者之實詔中書省勘當取旨　三年二月
一日詔越州鑑湖明州廣德湖自措置為田下流堙塞有妨灌溉致失陷

常賦又請佃人多是親舊權勢之家廣占頃畝公肆請求兩州被害民戶
例多流徙仰陳亨伯躬究諳寔如所納租稅過重即相度減免立為中制
應妨灌溉處並當施以予民令除畫圖上取旨毋得觀望滅裂　閏五
月十三日詔盜起二浙延及江東内被焚劫民戶租佃私田如係于掌業
人處借貸種糧牛具之類者止合量減二分疾速申明行下　十月二日
詔江東親置圩田如上流與築閉塞水源致向下民田無以灌溉或雖遇
發泄使鄰近者反被水患令所屬監司按視改正　十二日河北轉運副
使呂頤浩言近奉詔舉事司應管州縣田土及房廊並委臣拘催租賦課
利每年共收錢斛等約二十餘萬貫石匹未佃田土一路共二千一十一
頃除不住催督召人承佃外若非逐縣令佐協力幹辦則上件地土空閑
虧失租課契勘濱州招安縣見今空閑八百六十五畝束鹿縣空閑四百
九十二頃尋奏請乞特降睿旨處分將招安束鹿縣令佐許本路選有心
力人奏差一次内京朝官替見任人成資闕選人替年滿跌從之　十二
月二十四日詔罷方田　七年八月七日前兩浙路提點刑獄胡邃奏二浙
向緣草寇驚劫溫台處婺等州各有逃絕戶拋下田土賊平之後皆為有
力之家請射欲乞令百姓實封投狀請射限一月開拆給與租課寔多之
人于公實利便從之
以上續國朝會要

農田雜錄 農田二 高宗建炎元年五月一日赦：人戶置買耕牛，權免稅錢一年。 二年三月二十六日，臣僚言：伏讀國史編見太宗朝宋、亳等州耕牛闕之，太子中允武成獻踏犂式，用四五人可以耕稼。至真宗景德中，因河北耕牛不足，又降此式付轉運司頒行。緣不曾盡載制度，止云自尚方造樣，宋州冶鑄給散。今來州縣正闕耕牛，乞下諸路轉運司詢訪講求措制施行。詔令諸路轉運取索以聞。 紹興元年九月十八日赦：民間耕牛累年以來屢遭兵火，宰殺殆盡，應曾經殘破州縣人戶興買耕牛，特與免納稅錢一年，其客旅興販經由去處依此。 二年九月四日、四年九月十五日赦同此制。 二年三月二十二日，詔：昨招誘淮東八郡人戶佃田(四)，並免二年稅租，將來合行催納之歲，可止據當年已種頃畝計數徵納，其後遂歲添展墾闢到田畝，亦據實數添納，庶得人戶既然易以安業。如或州縣過數催納，並科違制之罪，仍許人戶越訴。 四月十日，秘書監傅崧卿言：昨奉指揮於椎貨務支降見錢五萬貫，充淮東人戶借貸收買牛具。緣本路牛畜價高，欲分遣官前去兩浙路收買。從之。 五月二十六日，臣僚言：浙西水災，乞戒飭被水州縣長吏以勸農為急，令及時車戽積水，扶植稻苗，或貧富相資，再行布種。詔差刑部郎官張宗臣前去措置。 六月十八日，江南東路安撫大使李光言：廣德縣見管逃田八百餘頃，方措置勸誘人戶分戶佃種，緣常賦比他處已為差重，若便依建炎四年十月七日佃戶法，候秋成日除納官拘收外，止給五分，委實為便於民，深慮無人請佃，轉見荒閑。欲將應承佃閑田及歸業之人將見納租稅先免本年秋料一料，自次年為始，依請佃法別免一料催科，只理正稅，庶寬民力，有人承佃。從之。 七月十七日，樞密院計議官薛徽言被旨體問得明州廣德湖田元分三等，計管五百七十五頃九十九畝，每畝納租米三斗二升，通計一萬八千四百三十一石六斗八升。緣開墾之初，不問肥瘠高仰深等，一等立租。其上中二等皆權勢之家請佃，下等多是不曾耕種，所得不足輸官，往往抑勒貧民承認分種，歲久為害。除中等租課更不增損外，內上等別無二稅和買，委是太優，今欲每畝量增八升；其下等合納租，欲令盤退所增上等田米；其餘乞委官相視，內低田即蠲為湖濼，依舊積水灌溉；其逐湖深對可更以植茭，即為茭地，量立租錢；其間尚有堪種田畝，卻立為下等，將盤退不盡米四百六十四石六斗四升拘收補足元數。乞施行。尚書省

札送知明州陳戩與本路提刑司同共子細措置。戩等言相度到逐項事理，委是經久利便。從之。 十二月二十一日，權發遣太平州許端夫言：招誘人戶歸業，趁時布種，收到苗米九萬四千餘石。詔轉運司覈實取旨推賞。 三年二月二十八日，詔：應有官圩田州縣，通判於銜位帶兼提舉圩田，知縣帶兼主管圩田，每歲不得使有荒閑，委監司以舊額立定租稻石斗，盡收以充軍儲。 四月二十二日，工部侍郎李擢言：今東北之民流徙者者衆，東南乘田疇者多。平江有湖浸相連，塍岸久廢，近或十年，遠或二十年，未嘗有人疏導者；有地力素薄，廢為草萊，潴潦之餘，常若淵汝，未嘗有人耕墾者，悉號逃田。委通判與縣令同往相視，各開某處為水所居，可以疏導若干，畢薄之地可以耕墾若干，各開具某處及頃畝多寡，揭榜以招誘東北流徙之民，入狀請射，縣給據本，與免三歲之租，仍別立租額以寬之，仍委監司覈稽，除其舊額。從之。 十月七日，江南東西路宣諭劉大中言：欲將江東西路應干閑田立三等課租，上等每畝令納米一斗五升，中等一斗，下等七升，更不須臨時增減。但令州縣開具籍定田色，召人請佃，據佃頃畝等第出給公據，如條求經籍定田土，限當日勘給，承佃免兩料催科外，自起催日令納租課，更不別納二稅。詔下戶部，本部欲下轉運司參酌所立租課，比較夏秋兩料稅額，別無虧損，即依逐等所定數目召人承佃；若于稅額加（卻）有減損，即依舊來稅額輸納。從之。 十一月九日，吏部員外郎劉大中言：所乞將江南兩路應干閑田立三等租課，令民承佃，已蒙下本路轉運司參酌比較，若于稅額卻有減損，即依舊來稅額輸納。逃絕閑田在法自合立租召人請佃，緣江南累經兵火，田多荒閑，有人戶元因稅重，或曾經典賣田產，虛把推割未盡，稅苗輸納不前，遂至抛棄田業，逃移在外。今若令依舊來稅額輸納，全不減損，委是無人願佃，愈見失陷財賦。詔令江南東西路轉運司自今降指揮到日，應應未佃閑田，依劉大中立定三等租課召人請佃，候滿三年，即依元稅額送納。所有閑田元地主積欠租稅，即不得于佃人名下催理。其日後逃閑田土，依今年十月七日指揮照應稅額輸納。 四年二月十三日，通判建康府吳若言：本府管下永豐圩舊管田九百五十餘頃，以前之事不可悉數，且以紹興二年客戶熟田計之，有二百九十七頃，而去年卻止有二百六十餘頃。去年合增而反減者，蓋緣此圩舊例止是令客戶納數在倉，官自糶賣變轉。自去年都督府差官須要民戶春種苗米，又勒客戶甲頭等起發，故客戶有逃田者，所以墾田減少。此圩四至相去皆五六十里，今止有兩員使臣監管，如

得吏差文臣兩員滚作四人分為四管逐相鈐束文為比較則歲所增入自當有餘望以此圩專付本府依舊例措置都省劄會紹興三年七月九日當有餘望降指揮永豐圩田並撥隸建康府聽一面措置每年止以米三萬石為額仍自來年為始認起熟田米二萬石內生荒田係漸行開耕與免一年自紹興五年依額起發詔永豐圩田客戶納穀官自糴賣變轉仰依舊例施行餘並依所乞。是歲四月三十日詔永豐圩撥隸本路提刑司監官從朝廷于京朝官內選差。　二十五日權知泗州徐宗誠言淮南兩路兵火之後蒙恩寬卹如民戶置耕牛並限一年免納稅錢近來復業之民方能報納錢物往江南收買而限已滿乞下諸路更與免納稅錢一年從之。　三月六日詔淮南租稅與量展理納年限戶部言淮南佃田人戶依紹興二年二月十五日指揮每畝遂年出納課子五升仍自承佃後免納二年並歸業自佃已田之民依紹興二年二月十七日指揮亦與免納稅租二年今欲下本路轉運司將人戶稅租更與免納一年從之。　六月二日新差權發遣廬州仇悆言乞支降錢買牛借與歸業人戶責限還本無幾接濟貧民以廣耕殖詔借支錢一萬貫　六年十二月一日德音壽春府及濠州定遠縣一帶曾經賊馬蹂踐民間耕牛多被殺虜已降指揮令營田司廣行支撥委自守令措給人民耕種免納租課候收成日分作五年還納價錢竊慮州縣散給邀阻不及貧下人戶或巧作名目別有指欲仰本路營田使嚴行覺察如有違犯按劾聞奏。　七年正月七日詔淮南復業民戶並令守令安輯撫養躬勸農桑不得輒有科敷擾擾如違仰帥臣并提點淮南兩路公事官按劾聞奏　十年二月十七日臣寮言淮甸諸州累經兵火賊馬屯泊良田為曠土桑柘為薪樵比歲民稍歸業漸耕墾惟是桑柘全未栽植緣無賞罰守令視為餘事願詔守令勸誘農民栽種桑柘仍乞示賞罰以勸懲之詔依仍仰本路監司每歲具最多最少去處取旨賞罰　十一年三月七日詔壽春府廬州濠滁和舒州無為軍曾經賊馬民間耕牛多被殺虜可委江浙常平司支撥常平等錢收買耕牛交付淮南常平司給與州縣借給人戶耕種免納租課候及三年外分限還納價錢內貧乏之戶不能自存者依常平法賑給一季其闕之種糧之家亦與借貸分寬限還納其合用種糧就近於江浙常平司支撥應副具數以聞　十二年九月十三日敕累降指揮禁殺耕牛州縣或不奏行繳令宰殺或擡拼到官寄驗因緣擾擾仰令後只依法勸者保驗定申官不得追呼至妨農務又今歲緣牛疫民間少闕耕牛應人戶與貴耕牛將與

脫去至湖外志及銓四条字從寫去十頁

免納稅租一年客旅興販處淮此廣西湖南福建江浙起發耕牛偶因暑月疫病致死可令所屬勘驗如有官司干脫見得別無私弊者保明特與除放　十五年閏十一月十三日司農寺主簿宋敦朴言州縣守令民之師帥雖有勸農之名而因循曠廢望令州縣守令以來春耕籍之後親出郊外召近郊父老勞以飲酒諭以天子親耕勸率之誠俾四方萬里之外曉然知陛下之德意仍乞申戒每歲之春常修舉勸農職事如或奉承弗虔因而擾擾仰監司按劾以示懲誡焉上宣諭曰農者天下之本守令有勸農之名而無勸農之實徒為文具何益于事可依所奏以風四方　十六年八月十八日利州觀察使知成州王彥言本州自兵火之後荒田多是召人請射耕墾其佃戶于所給頃畝之外往往侵耕無賴之徒經官告訴將所侵給與告人充賞仍追理每年冒佃之數致使效力之人因而失所欲望將人戶侵占文限經所屬自陳差官審定添租改正仍免追理冒佃租課如限滿不首許人告從之　十九年七月二十四日權知漢陽軍趙邀之言湖北荒田令逐州軍召人租佃貧者借種糧許依人戶復業之制寬免稅役候料次足日取旨量行輸納仍乞嚴禁官吏不得擅有差役擾擾庶安俗樂業有勸耕之漸詔令戶部行下本路帥臣監司同共措置　二十六年三月二十八日戶部言京西淮南係官閑田多係膏腴之地蓋為人戶初年開墾費用浩大又放免課子年限不遠是致少人請佃今欲下轉運司行所部州縣多出文榜招誘不以有無拘礙之人並許踏逐指射請佃不限頃畝給先投狀之人其租課依紹興七年十一月送納指揮送納自承佃後沿邊州縣與免租課十年近裏次邊州縣與放免五年仍依已降指揮候承佃及三年與充己業許行典賣及令州縣將本府官錢買牛具種糧應副佃人三年之外每年還納價直入官二分入官又四川州縣地狹人稠欲令制置司行下逐路轉運司多出文榜曉諭如願往京西請佃開墾官田即時給據津發前去其放免租課等並準此施行上曰如此甚善但窮民下戶作業請佃荒田如何使得牛具並種糧若不從官中借貸恐未免為虛文終是開墾稀少今後便令官中假貸可行下諸處相度於合支錢內支破沈該曰此陛下郵民無所不用其至臣等敢不遵依行下　四月十七日祕書少監楊椿言乞詔湖北一路凡字民之官以招誘戶口開墾田疇立為課最歲終州保明申監司監司保明申省部取其能者賞之其不職者罰之上曰已令勸誘四川農民任人止聽許指射更不借支請給其請給令後並於係省錢米內支撥不得借支常平錢米雖元

至湖主及經冒六字前頁所脫

降指揮止許射荒田即不得將已耕佃熟田一例指射從之同日權發遣兩浙路轉運使趙子瀟言被旨措置鎮江府沙田乞選委官檢踏打量取見的實頃畝數目措置各隨田地肥瘠高下輕立租課就令見租人客耕種專委知縣拘收椿管如形勢之家尚敢占番吝不即交割即具名聞奏取旨施行所有以前違法占種人戶收過租課合盡行追納入官詔依內人戶冒佃積年收過租課特免追納其田疾速拘收措置施行　二十八年正月二十二日時上謂輔臣曰江淮沙田為人冒占所失官課至多然議者謂拘收入官固有目前之利數年之後恐更費力不若令見占人且行管佃淨認租課為便又沿江蘆場遺利亦不少從來官司有失檢察宜于行在差官同逐路漕臣措置施行于是詔差戶部郎中莫濛同逐路漕臣檢踏申尚書省取旨　二月二十二日詔已差莫濛同三路漕臣措置沙田蘆場止為形勢之家詭名冒占其第三等以下人戶即不合一例根括如內有元無契要及侵占之數合要逐州縣官取見著實候收成了日運司別行差官打量審覆施行　五月十一日詔打量到沙田蘆場內淮東路人戶檢尋契要未備可令轉運司行下通太真揚州民至湖外耕鑿官給牛具若賞罰自不可廢椿對曰誠如　聖諭　二十七年五月十一日中書門下省言軍中揀退人或有死亡州軍不知請給其妻其子遂為窮民已許指射荒閑田耕種支與一年請給令買牛種免租稅丁役使為永業今欲淮東淮西江東江西湖北京西下逐州委知通知縣及逐路委常平提舉官指責形勢戶及民戶見任官占據沒官逃移等田已未耕墾各若干頃畝限半月開具申尚書省遇有指射荒田請佃人州縣日下標撥并合支請給于常平錢內併支令州縣量度資給即農具亦仰借助仍官為修蓋草席屋廳副居止以便耕種其見任差遣窠除所支一年請給外其未滿日月許與接續批勘已任滿人布種之後如闕食用令州縣於常平米內量度借支候收成日分限還納若將來耕種就緒願增添請射者聽若所委官及州縣措置有方請佃數多去處取旨升擢從之七月十四日中書省言淮東等處有揀汰軍人願請佃荒田開耕人數各已標撥及支破請給單詔令諸路遇有請佃人依淮東事理施行優加存卹　十二月三日戶部言揀汰離軍人許指射荒田恐係初離軍人逐罷請給所以存卹其累任人不合一例借支欲下諸州軍照會將小使臣以下初離軍人指揮借支請給修武郎以上及經限半年齎契要公據赴縣縣對開具保明申州州申轉運司覆實具申尚書省當與除豁其租稅具令

依舊額送納候覆實畢取旨立額如限內不齎契要公據到官不在除豁之數　十八日詔淮東路沙田蘆場已降指揮立半年限齎契覆實竊慮本路人戶安業未久可特與放免並令依舊　六月二十六日詔三路沙田蘆場竊緣官地已降指揮打量量立租課內淮東路人戶為恐復業未久已行放免朝廷措置之意本以寬民浙西江東民戶亦是一體優卹其官戶形勢之家違法占田頃畝過多者即難以一概放免可將三路官戶自一千畝以下民戶自二千畝以下並特與放免餘並依元降指揮添納租課內淮南路自來年秋料起催　九月二十四日知鼎州周擴言諸軍揀罷離軍使臣許請佃官田借支一年請受收買耕牛農具又措置客戶等已是優卹自當以時耕種如聞多將所請錢別作他用恐失歲計更致很損詔依今戶部行下諸路監司守令勸諭約束仍常切覺察如日後更不耕種即將元請佃官田拘收并追索借過錢入官其逃竄人立賞告捉以所請過官錢計贓斷罪施行　十月七日直敷文閣知臨安府張偁言江浙之間耕植既廣畎畝相連高下不一必積陂塘以備灌溉導溝洫以防壅浸此衆共之利而豪勢之家侵奪占據私為己有沙塗甲坊州縣凡有以此之類官為檢察有防灌溉疏導處悉行禁約從之　二十九年十一月二十三日領御前軍都統制職事兼利州西路安撫使判興州吳璘總領四川財賦軍馬錢粮許尹言階州高山不堪耕種田土增起租斛欲乞除免却將續拘收到係官空閑田土召人立租請佃拘催租課入官可以補填從之　十二月二十六日知潭州魏良臣言本州人戶昨因兵火歸業將本戶產業供作荒田今二十餘年私下耕熟不納官課今措置令十餘家結為一甲從實供具已耕田畝輸納二稅自紹興三十年為始所有日前隱匿熟田漏納苗稅並免追納如所供不實即令諸色人告首以所告田充賞外仍每畝支賞錢五貫文至一百貫文止於犯人名下追理仍追理逐年所隱苗稅如本戶實有荒田無力耕種即就示人戶令實封投狀承買給與價高之人湖北江西等路亦合依此于是戶部言田產既係人戶已業緣非冒占官產即無條法許行出賣若依已降指揮遂增羨稅賦年限已滿自合據本戶實管田畝起理稅賦乞將已耕田土結甲從實供具供起納二稅欲令本州立限百日許人戶自首如限滿不首或首不盡許人陳告依匿稅法施行從之　三十年二月二十七日權知廬州兼主管淮南西路安撫司公事劉綱言被旨與逐路帥漕同共講究兩淮荊襄使無曠土以聞近日淮西運判張祁遷民于近江和州無為軍修補圩

圩潛治港瀆起蓋屋宇置辦牛具分田給種使之就耕見招募遊手之人欲立地分相繼開墾若行之經久必有成効兼淮東運副魏安行所乞募民種田修立賞格與現行措置事體相類亦與前後力田等及州縣召人請佃之法俱不相妨欲從民欲施行其措置事理與見行召人請佃及力田等舊法通同參酌各從民欲施行共本路州縣鄉村日後應有歸復本業者請佃田土之人每至歲終即行根括便于本地分總首團甲下收附姓名詔依令同張祁參酌措置李具勸誘增廣數目申尚書省　二十八日戶部言欲乞下淮南京西荆湖北路轉運司除土著逃亡歸業人戶自合依條等第年限放免租税外其請佃官荒閑田如有逃亡于他處別行請佃之人令本縣籍記姓名只許一次歸業外餘并一依再逃亡不許歸業條法施行如限滿依前冒濫及通同作弊立賞許人陳告犯人重行斷遣仍將免過税租並行追理入官詔令逐路帥漕司曉諭　三月四日權發遣淮南路計度轉運司副使魏安行言首招誘人戶開耕淮東係官閑田緣今來勸耕之初荒田數目浩瀚欲依鄉原體例劃開水陸田每縣支撥一萬貫文本路七州軍二十縣欲望將本路合起發上供經總制等錢內應副詔於淮東茶鹽司椿管錢內支撥一十萬應副　十二月二十二日上謂輔臣曰朕比屢諭卿等須是先立規摹如一夫合受田多少以諸路指劃荒閑田元佃耕牛若干于何地招置中貴下至農具糧種廬舍之類當令悉有條理規摹既定方可行下茲大事也經使始勿亟庶毋後來更改之弊不可以一夫獻言便據行出要當博采物議作事謀始允宜審詳陳康伯奏曰臣等當遵聖訓候諸路申到頃畝數目別條具奏陳上曰甚善　三十一年正月五日臣僚言軍中揀汰使臣軍員最爲冗濫州軍應副請給動以萬計若歸吏部等待闕次亦是人衆今欲行下諸州契勘本處揀汰使臣軍員各若干人數計請給若干將本州賣不盡應干官田約計請給多寡撥田畝付逐人爲業許指射養之終身更不支破請給亦不更注授差遣如本人身故許子孫接續承佃並依人戶承佃條法詔令兵部同共措置條具以聞其後戶部言添差揀汰使臣并校副尉下班祇令養老軍員今欲過之諸州軍許指射官田仍委守倅取見賣不盡應干沒官田産從縣估價衆同標撥以一年請衣糧請給紐計價數合得頃畝給付爲業若撥來本人身故給與子孫承佃逐路專委漕臣一員催促標撥至籍限今年歲終須管標撥盡絕仍開具已標撥過職位姓名田畝闕報常平司依常平法措置種糧牛具或有州軍員多田少去處即行開具以

聞其逐州軍所撥田去土須管將鄉村比近田段而將肥瘠遠高下以千字文爲號每一百畝作一號量度排定注籍說與先到州軍給參籍定之人如合給田三十畝已上即行撥擬標撥五十畝如合給七十畝已上令撥一百畝若標撥給田便行住罷請給竊慮因而兵所今欲令諸路軍州且行擬月支破請給候所給田土耕種收成于制及一年住支所借種糧候及三年隨料帶納淮南京西湖北等路及後來添差揀汰使臣亦合依此如軍州內有率先標撥了當去處仰本路轉運司保明推賞若一路首先標撥其轉運司亦當推賞或有未便未盡事節即從本州軍申漕司條具申請施行今欲下兩浙江東西福建廣東西湖南北京西淮南東西路轉運提刑提舉常平司并逐路州軍條令來措置事理施行詔令中書門下後省官同臺諫詳議聞奏給事中黃祖舜中書舍人虞允文殿中侍御史杜莘老右司諫梁仲敏議曰諸路常入之賦歲有定名諸軍揀汰之兵歲有增數以定名之賦給增數之兵歲月寖深財力日以屈而兵之仰食者有時而不贍矣若如議者所揀擬其衣糧請給計其價而給之田所贍養者不過數十人其坐而仰衣糧者尚千餘人也不獨事體不一勞逸又不均謂宜下有司將見不盡係官田戶絕沒官寺觀田并僧道違法田盡行拘收又將日後沒官田歲行拘籍以將兵用之數相當而後施行可無不足不均之患詔令吏兵部長貳參酌給舍臺諫所議事理重別措置條具以聞　三十二年二月二十二日臣僚言乞下寬大之詔立時月之期俾民開冒耕之田有出於元請之數者皆得自參酌以與之其稍年之資一切蠲免止候其陳訴之田足之輸賦之類非獨小民僥倖免之患彼豪強肆意所侵漸之田亦不敢欺詔令戶部看詳其後戶部言今看詳湖北荆湖南京西運司行下所部州縣將人戶請佃包占隱匿逃田畝依湖北已得指揮立限一季許行自陳與免追理積年租稅及免斷罪如限滿不首許人陳告官與檢量將包占數給與告人充賞仍追積年租稅斷罪所有今來湖北路人戶已是限滿切慮其間有未曾陳首之人并下湖北路轉運司再立限一季依已降指揮陳首施行從之　孝宗隆興二年十二月十六日詔楚滁濠廬光州盱眙光化軍管內并階成西和州襄陽德安府信陽高郵軍勸誘歸業人戶內有貧乏之人闕少牛具種糧恐妨農務可令監司帥臣同常平司量度借貸免納租課候及三年分作兩料帶納不得抑息　乾道元年正月二十一日詔兩淮民戶並已復業軍先勸課農桑若不稍優其賞竊慮無緣就緒懇縣令丞於本縣界

內種桑及三萬株承務郎以上減磨勘二年承直郎以下循一資六萬株承務郎以上減磨勘四年承直郎以下循兩資並與占射守倅激賞部內植二十萬株以上轉一官種及一年許民戶租佃五年後量立租課不得科擾應守倅令丞賞格任滿本路轉運司覈實聞奏　既而三省言已降指揮兩淮民戶令監司郡守倅令丞課勸農桑竊慮民戶恐輸納租課未肯用心種植有失課農之意詔令兩淮監司郡守遵依已降指揮督責守倅令丞多方勸諭民戶廣行種植依已定年限免納租稅如栽種及格即保明推賞施行上宣諭宰執曰嘗降指揮令淮南栽植桑柘並不曾奏來洪适等曰近有臣寮言淮南州縣稅桑果本已嘗行下約束容檢一宗文字進呈　上曰正要勸令栽桑何得更稅也于是樞密院差使臣二員分任兩淮安撫司守等取索州縣已栽植過的實數目申尚書省其後會到諸州已栽種過桑株數目　上曰亦可見得的實否洪适奏曰州縣既知陛下留意聞皆使人于浙西買桑栽去　上曰更數年後須成次第可觀下兩淮更多為栽種　二月十七日忠州團練使知濠州劉光時言濠州復業之民皆無牛耕若或失時秋亦無望乞支撥錢五萬貫貼借民戶收買耕牛種子庶幾趁時營種不致失所詔令淮西總領所支錢萬萬貫專充收買耕牛　七月十九日臣寮言浙西江東淮東路沙田蘆場多係官戶形勢之家請買租佃未立稅額今朝廷軍食用廣每歲和糴乞將官民請買到沙田圍埕成田見今布種以附平田及蘆場頃畝並令立稅其經官請佃之數覈實頃畝別行立租如不願租佃者所屬拘收申取朝廷指揮詔差高州判（使）幹辦皇城司梁俊彥與楊倓張津同共措置　九月三十日措播（置）浙西江東江東路官田所條具諸州縣沙田蘆場有見行法起理租稅止緣官戶侵耕冒佃見占頃畝致失常賦及租佃人戶計囑州縣從輕立租昨雖紹興二十八年委官措置緣督責嚴遽聞具不實所立租數不照鄉原體例一等施行詞訟不已致有衝改今來除已立式行下州縣開具四至取赤契砧基照驗如已經經界立定二稅即依舊拘催內沙田若圍埕成田已經成熟即依平田立稅其官民戶有侵占寬剩畝及有經官請佃之數並合取見諸實照色額肥瘠比見立稅上添立租課仍許見占田人限一月自首如限滿不首許諸色人陳告取賞將所告之數全給告人承佃戶部契勘官民戶侵占請佃添租事合將前項已降指揮起理施行餘依所乞本所又言人戶請買田產內有寬剩畝角及冒占田段如違限不首即合委官抽摘戶數打量覈實戶部契勘人戶寬剩

冒占田段不曾如與陳告即將犯人追賞及拘田入官本所又言州縣官吏若有不擾率先辦集保明乞賜優賞如奉行不虔或稽滯騷擾受容情蓋庇具名申朝廷人吏重行斷配戶部契勘欲依所乞本所又言官民戶請佃沙田蘆場別立租如不願租佃即行拘收或作官莊或名人請佃隨宜處置所立租額未審自何年分為始戶部契勘人戶請佃拘收入官之名人租佃者其租稅合於來年秋理起本所又言沙田見令起催小麥禾緣沙地起催豆麥緣麻蘆場起催柴炭見錢若以逐色立額竊慮州縣折變錢米因而為姦致失時賦乞將昨來立定租數沙田上並起麥斛或折科馬料稻子聽朝廷指揮沙地並納大麥蘆場並紐折見錢庶幾免折變之弊本部契勘欲依所折科馬料稻子人戶願輸者聽從便本所又言准措置定許申取朝廷指揮分管或通委本路轉運司戶部契勘見措置浙（西）江東淮東三路蘆田蘆場今欲淮東浙西委趙公稱江東委楊倓同逐路轉運主管內與俊彥通行措置本所又言遵紹興二十八年指揮官戶一千畝民戶二千畝以下並將減免立租今降指揮即作官戶二千畝民戶一千畝以下依等拘稅前後參照差互不同乞已栽成雜稅今歲起理乞與其餘沙田蘆場立定租數目一就起催施行戶部契勘今來官民戶請買請佃沙田蘆場並合照今降指揮不限田畝多寡起立租稅所有起理租數合依本部今來第四項勘當施行從之　二十四日臣僚言已降指揮應占佃沙田蘆場並立租稅乞將昨來已立租稅及官戶二千畝民戶千畝以下亦等第均立稅額其已立額候秋成依見額拘催餘從所請與編排均輸從之　五年七月二十八日戶部尚書曾懷等言浙西江東淮東三路有沙田蘆場草場等多係有力之家占佃包裹寬餘畝步未曾起米（納）租稅緣經打量各有寬剩乞委逐路漕臣措置將昨來人戶自供出數參照比近等則估紐價（立）令占佃人承買仍照逐等色額起理稅賦詔戶部將昨來人戶自供出寬剩并包裹及占佃實數劄奏　九月十四日戶部侍郎楊倓言江南州縣州縣有常平轉運司打田見令人戶出納租稅佃種過有退佃往往私做民田體立價例用錢交兌取會到建康府寧國府太平池州所管打田共七十（九）萬餘畝皆係耕種成熟乞下江南東路漕臣平司選官前詣地頭照隣比田則估價召人實封投狀增錢承買限滿拆封以最高錢（數）為見佃人與減二分價承買若不願即給價高人為業除納稅依舊外其見納租者並以三分為率與減一分仍不作等第差役及諸般科配詔打田更不出賣令建康寧國府太平池州將每歲收到打田租課並起發

赴總領所大軍倉送納充支遣大軍糧米其餘故也　六年二月一日詔
浙西江東淮東諸處沙田蘆場二百八十餘萬畝除人户已請佃及包占
外其餘並行估價出賣所有已請佃及包占數目可立定等則增立租課
八日臣寮言浙西江東淮東路諸處沙田蘆場多係有力之家請佃及
有包占寬剩畝步昨來措置括責據人户自供到六百八十餘萬畝其間
請佃或已充已業之數雖有税課並各多寡不一及包占寬剩數目未曾
起理租課詔令蔡洸同梁俊彦專一于行在置司措置中尚書省俊彦等言
今來所立租税自六年爲始依秋料省限送納其人户自行供到寬剩數
目亦合依本所已立租佃例輸納其立定沙田蘆場就租外與並免納二
税和買役錢之類人户日前曾有立定所租田地比今來等第已高者
合依舊數送納其舊額低于新立者租税即合依新立乞行下諸縣照
所供帳式限一月經計逐户合納税租之數類聚置籍供申如尚有未實
及有未到數并有隱漏新漲復沙田地並限一月陳首如限滿不首許諸
色人陳告追償將所告田地並給告人承佃其所納米斛如願納稻子
以稻子二石折米一石如願折錢以米一斗折錢三百小麥每斗折錢一
百五十今來租税係將田地所得花利紐立不許于租佃人户内抑勒均
輸應有坍塌田地從實申官依條減落租税如有新漲復沙地新生沙
田許人户據實畝步請佃並與免十料限滿依已立租税等則紐就輸官
所有合納租税許令就便于本州縣送納其受納官司不得增收加耗如
將來諸司申乞舊除豁舊税合取赤歷照實收數及分撥發納去處除豁
仍先于籍内立項開説供申本所並從之　閏五月二十五日中書門下
省言江東諸州圩田近因雨水衝損圩岸若候條築動經歲月圩上人户
既無田可耕窮蹙失所其淮西未耕墾田甚多見行召募人户請佃理宜
措置詔令張松多方勸諭如有願往淮西耕田之人津發前去候到令呂
企中摽撥田段借給種粮及屋宇牛具　七月五日司農少卿張津等言
被旨專一措置浙西江東淮東路諸處沙田蘆場立定租税今已就緒昨
來措置租税並將乾道元年二年人户自供户式帳狀内田地畝步所收
花利立定等則分數并舊税州縣紐計數目共管租錢六十萬七千七十
餘貫日後無可改易乞依催科月分省限委官照數拘催起發赴左藏南
庫交納詔租錢令梁俊彦拘催一年　七年二月四日詔令知揚州晁公
武知廬州趙善俊行下所步州軍子細契勘所種二麥具實數申尚書省於
是晁公武具到真揚通泰楚滁州高郵盱眙軍人户所種麥田除先種二

千五百八十七頃一十八畝外續勸諭增種二百九十六頃五十畝有奇
趙善俊具到廬和濠舒州無爲安豐軍乾道五年六年所種二麥田畝數
目詔淮東路差太府寺主簿趙思淮西差軍器監主簿張權覈實未幾張
權覈實到淮西麥田數虞允文奏曰張權言定遠鍾離兩縣于元數外增
種過二百七十頃則淮西所種必廣矣梁克家奏曰廬州荒田不少今歲
所收尚有四萬餘斛他可知矣上曰然其後趙思又覈實到淮東二麥
上問曰比晁公武數增虧如何允文奏曰其數同　上曰守令當定殿最
以行賞罰允文等曰趙思正論此事謂兩淮多已耕未籍之田州縣取
其已耕者號爲增種其實未嘗勸課不如先括見今荒田頃畝然後責令
勸耕他日用此以詔賞罰乃得其實　上曰此説甚有理上又曰前日遣
官覈實欲定守臣殿最以行賞罰耳恐淮人不知將謂增立賦税可併劄
下張權趙思曉諭百姓令人人曉朕此意　十四日册皇太子赦江東圩
田去年被水衝決去處官圩已令修築外民間私圩已降指揮以田畝十
分爲率借種一分尚慮興工所借分數不足仰提舉官逐州守令量增分
數一面及時增修具已增分數限半月具實數並申尚書省沙田蘆場昨
降指揮令見佃人依户式親行書押管認頃畝花利起立租税窮慮官吏
奉行滅裂誤將租産一例作佃産分數立租致與詞訴仰實係租産之人
降指揮令見佃人依簿赴官陳理當議覈實改正　十月五日詔江東西
湖南北帥漕臣日下措置官爲借種責守令勸諭括議大姓假貸農民與
依賑糶賑濟賞格推恩赴時廣行種麥仍開具已種頃畝數目申尚書省
當議取旨殿最賞罰先是宰執進呈臣僚言今歲江西湖南諸州郡例皆
旱傷且法秋未遠宜令逐路守令因雨勸種二麥　上曰冬月得雨便可
種麥不知江西湖南入冬得雨否虞允文奏曰臣寮所言正欲趁冬種麥
以爲來春接濟之計耳上曰甚好今去秋成日月尚遠不預民何以爲食
可劄下兩路帥漕廣行勸諭借貸種粮令民布種故降是詔　八年三月
三日權知安豐軍張士元言本軍責屬縣令佐勸諭人户栽種桑柘緣一
歲之内止自十一月至二月可以栽種乞下兩淮州軍遍可栽種責令佐
多方勸諭具實數供申從之　七月七日臣僚言淮南江東浙西沿江沙
田蘆場所立新租大爲民害向來臣僚起請止爲有力之家僥耕冒佃今
却將應干人户租産已業一概打量所立新租數倍舊日往往盡地利所
得不足輸官逃移紛紛禍及鄰保甚則州縣爲之倍納乞將提領官田司
後來所立新租參酌施行詔人户已業蘆場草地所納税租與減五釐租

佃與減一分餘並依舊仍將提領官田所住罷併歸戶部掌管　八月五日知安豐軍高夔言近有歸正人陳乞標撥田土及納己請到田土而無牛具耕墾乞借支官錢令欲將未有營生之人每戶給田五十畝牛一頭草耙牛具之屬其已請田之人無牛具者一例給之乞降錢會二萬貫措置從之　九月六日中書門下言江西湖南去歲旱傷人戶多無儲積以致流移詔令逐路監司守臣勸諭人戶廣種二麥以備水旱　九年六月二十八日詔曰朕惟天下之本在乎務農故自即位以來罷游畋卻貢獻蠲不急之費省無名之賦凡山林川澤之禁悉弛以便民廢織罷而教之務二帝三王之盛而志勤効淺十有二年于茲瘠地非益廣而耕者不足于力處民非益蕃而貧者不足于食間遇水旱散財發粟而猶以病告豈吏之不良之不平務吾民時歟抑從事于末者衆而游乎仰給者多多歟朕聞昔之為詩者曰饁彼南畝田畯至喜又曰星言夙駕說于桑田其勸相成就之如此今吾詔書數下勸民種藝而功未興當有任其責者凡覽蒞章守令監司寔勸農之官歲終稽其勤惰衆上而賞罰之令諸道或城連十數而縣數倍曠歲無有以一人應令者是吏奉詔不虔而勸民不至也將何以助朕修耕織之政而豐衣食之原乎繼自今其悉乃心共乃服出入阡陌勸課農桑視吾新書從事以殖財阜民則賞不汝遺廢或怠惰自如邦有常刑必罰無赦播告中外諭朕意焉繼有旨令諸路監司郡守恪意遵行限次年正月終各保奏以聞毋致違戾　九月十日知紹興府錢端禮言浙東州縣旱傷至廣朝廷倚閣殘零稅賦差官檢放及借本勸諭種麥非不嚴備令官中欠負既已寬卹其出債之家比之豐年收索愈急雖欲趁時布種二麥往往不能安業乞將浙東旱傷州縣下三等人戶所欠私債並與倚閣候來春歲豐熟依元約理還從之　十二月錢端禮言奉　御筆令臣督責守令多方勸諭廣種二麥見今屬縣縣官躬行阡陌分行勸誘其間有高仰可種麥田空閑未種處委是無力欲以官中收糴種子量酌借貸候至來年成熟催理還官其諸縣諸鄉富貴之家有質當過二麥種子恐闕錢取贖乞從本州行下州縣並令質借及時布種候二麥收成依鄉原例交還本錢從之

此下有續會要十條應補抄

營田　莊田附

案此門內亦間言莊田因附之不另立門

宋會要營田雜錄

凡諸路惟襄定唐三州有營田使或營田事通判亦同領其事而河北轉運使兼西路招置營田使河東轉運使兼東路招置營田使　太宗端拱二年二月一日以左諫議大夫陳恕為河北東路招置營田使鹽鐵判官膳部郎中魏羽為副使右諫議大夫樊知古為河北西路招置營田使鹽鐵判官駕部員外郎索湘為副使欲大興營田也　十二日詔曰農為邦本食乃民天遐覽載籍之格言此實帝王之急務將令敦本無出勸農且思河朔之間富有膏腴之地法其井賦令作方田三農必致於豐穰萬世可知於利濟令遣陳恕樊知古等河東轉運使臧丙副使孔憲充逐路招置營田副使往彼與功眷惟黎庶各有耕桑闢茲創置之言諒積歡呼之意先是雍熙三年岐溝關君子館敗衄之後河朔之地農桑失業者衆屯戍兵又陪於往日故遣恕等為方田積粟以實邊　至道二年七月太常博士直史館陳靖上言願募民墾田官給耕具種糧五年外輸租稅帝覽之喜謂宰臣曰前後上書言農田利害者多矣或知其末而昧其本有其說而無其用陳靖此奏甚詣理可舉而行之因召請對獎諭賜食而遣之呂端奏曰望令三司詳議其可否從之時皇甫選等相度宿亳陳蔡鄧許穎等七州荒田共二十餘萬頃及請建議興置京東西諸州荒田招召人戶耕種選等乃上言請將所相度到七州荒田付靖一處與置臣等乞別賜差遣從之　真宗咸平二年四月二十四日以左正言耿望為右司諫直史館京西轉運使朱台符並兼本路制置營田事　五年正月順安軍兵

駁注並通考條

此條上下有脫文

脫小注二行

馬都監馬濟建議自靜戎軍東擁鮑河開渠入順安威虜二軍置水陸營田於其側詔可其請差內侍副都知閻承翰往彼同當興置仍令鎮州總管石普護其役踰年而畢　三月三日京西轉運使張選言襄州蠻河營田務已召民請佃量出租調公私便之此務前轉運使耿望奏置於荆湖市牛聚兵耕作所得稻利不償其費後遣部民畚鍤甚有勞擾至是選奏罷之　六年九月十三日莫州總管石普等言准詔浚靜戎順安軍界營田河道畢功詔獎普等賜將士緡帛有差　景德元年四月六日遣閤門祇候郭盛齎乘傳詣靜戎順安軍按視河渠與長吏等同經度以聞　先是閻懷正齎順安靜戎軍營田河道圖進呈帝參驗前後所奏異同自順安軍築堤聚水至靜戎軍而靜戎地勢高卑慮勞而無功知靜戎軍王能又言此河之北有古河道自靜戎至順安軍通流嵗或涸水亦通漑可以經度開導故遣盛往視之　二年詔緣邊州軍有屯田處長吏並兼制置營田屯田事兼舊使者如故　仁宗天聖四年九月詔襄唐二州營田務令召無田産人户請射充為永業每頃輸税五分諸州所廢耕兵牛畜並放還本處廨宇營房困倉悉毀拆入官其請佃之人願要者即估價給之　先是二州營田皆無税荒地襄州凡四百八頃餘八十畝唐州百七十頃自咸平二年轉運使耿望奏置每嵗於属縣差借人户牛具至夏又差耨耘人夫六百人秋又差州兵人夫千五百人嵗獲利倍多及望解職轉運使張選改其法召水户四十一户分種出課未幾水户訴免其役遂罷之景德二年轉運使許逖復奏興是務而所獲課利甚薄至是轉運使言其非便詔屯田員外郎劉漢傑與本路轉運使二州知州通判同共規度漢傑上言比較襄州務自興置已來至天聖三年所得課利都計三十三萬五千九百六石九斗二升依每年市價紐計錢九萬二千三百六十五貫[illegible]每年所支監官耕兵軍員請受及死損官牛諸色費用凡十三萬三千七百四貫十三文計侵用官錢四萬一千三百四十二貫四十六文唐州務自興置至天聖三年所得課利計六萬四千九百三十一石四斗六升依每年市價紐計錢共二萬五千九百六十八貫五百三十四文將每年所支本務軍員監官請受及死損官牛諸色費用計侵用官錢萬四千三百六十八貫一百一十四文故有是詔　寶元二年九月詔河北轉運使自今並兼都大制置營田屯田事　慶曆元年十月十八日詔陝西轉運司令空閑地置營田務候見次第當議酬奬　是月詔陝西用兵以來本路所欠税賦及内庫所出留兩川上供金帛不可勝計而猶軍

脫章如愚山堂考索一條

儲未備宜令逐路都總管司經置營田以助邊計　二年正月十四日詔以同州沙苑監牧田為營田　五年二月詔并代路經畧司其苛嵐軍火山軍禁地有閑田在邊壕十里外者欲請佃聽之　十二月詔陝西西路總管及轉運並兼營田使轉運判官兼管營田事　神宗熙寧三年六月七日知秦州李師中言王韶中欲於甘谷城等處未招到弓箭手空閑地一千五百頃乞差官從三五頃至一二十頃以上逐段標立界至委無侵犯蕃漢地土然後欲憑出牓依奉朝旨召人耕種緣本司先准樞密劄子王韶募人耕種止標撥荒閑地不得侵擾蕃部令韶廼欲指占極邊見招置弓箭手地有違詔旨臣恐自此秦州益多事所得不補所失蓋韶初獻議而朝廷即依所奏初未嘗令臣相度欲乞再委轉運司一員重行審定詔遣權開封府判官王克臣内侍省押班李若愚按實以聞　七月十一日詔提舉秦州西路蕃部及市易司王韶具析本所欲耕地十頃所在以聞　先是韶召對言邊事以為自成紀縣至渭源城荒土不耕者何啻萬頃可撥千頃治之至是許之故有是命　十月二十二日詔前知秦州尚書右司郎中天章閣待制李師中落天章閣待制降授吏部郎中知舒州秦鳳路都鈐轄皇城使帶御器械向寶落帶御器械為本路鈐轄[illegible]著作佐郎王韶降授保平軍節度推官依舊提舉秦州西路蕃部市易司初遣王克臣李若愚按師中及韶所論市易利害及閑田頃畝克臣等奏與師中不叶而朝廷疑其不然復下沈起起奏韶所説荒地不是的實處雖實有之然今來可檢踏召人耕種恐西蕃諸族見[illegible]置以為是朝廷招安首領各授以官職料錢後令獻納地土人情驚疑則於招安之計大有所害欲乞權罷墾田之議俟招安諸蕃各已信服人情通順然後為之未晩於是侍御史雜事謝景温言近聞起體量甘谷城弓箭手地稍多乞俟邊事稍寧日根括施行緣韶元奏自渭源城至成紀縣沿河良田不耕者萬頃乞擇膏腴者千頃歲取三十萬石濟邊儲今甘谷城去渭水遼邈韶昔日所指之處乃以此為名避當日欺妄之罪昨克臣若愚奏稱此閑田實舜卿亦稱但打量得田一頃四十三畝與起所奏各有異同而起亦徇韶之情妄以他田為辭附下罔上乞降韶元狀遣推直官一人往體量就推劾如有矯偽重行譴責御史[illegible]昌朝亦言韶妄進狂謀邀功生事今起体量多與克臣等不同兼起責指甘谷城地附會韶言乞以韶師中前後所上文字及克臣起等節次体量事狀付有司推劾各正其罪時中書謂起未嘗指甘谷城地適作韶所言地之數而師中寶前在秦州務為

朝旨奏報反覆實與詔更相論奏各有曲直詔又以妄指閑田將有是責其後知秦州韓縝按視乃言實有古渭寨弓箭手未請空地四千餘頃乃復詔官如故　五年四月廿日權發遣延州趙卨乞差通判范子儀及機宜官魏璋左文通等根括閑田及提舉招置弓箭手從之　先是卨管勾本路機宜文字上營田議曰昔趙充國興屯田以破先零唐宰相婁師德嘗為檢校營田使而河隴右三百六十屯歲入六十餘萬石今陝西雖有曠土而嘗耕墾朝廷屯戍不可撤而遠方有輸納之勤願以閑田募民耕種以紓西顧之憂詔以其事下經畧安撫使郭逵逵言今懷寧寨新得地百里已募漢蕃戶使為弓箭手實無閑田以募耕者故至是卨復乞根括焉　七年三月二十五日熙州王韶言乞以河州作過蕃部近城川地招弓箭手外其出坡地招蕃弓箭兵手每寨五指揮以二百五十人為額每人給地一頃蕃官兩頃大蕃官三頃仍召募漢人弓箭手等充甲頭候招及人數補節級人員與蕃官同管勾自來出軍多為漢兵盜殺蕃兵以為首功令蕃官各情願依正例點面或手背為弓箭手字號訖更於左耳前刺蕃兵字詔止刺耳前字元豐元年三月十八日詔罷十一月七日權提點秦鳳路刑獄公事鄭民憲以熙河營田圖籍來對乃詔民憲兼都大提舉熙河營田弓箭手　熙河多美田朝廷志興營田奏辟官屬共集其事至是始以其圖籍入對　九年正月十三日提舉熙河路營田弓箭手鄭民憲言本路創置弓箭手深在蕃境以歲荐飢未甚善業若令自備功力種子耕佃公田即恐人心不能無擾動乞將來稍稍推行從之　先是吳充言熙河經略雖定然軍食一切猶仰東州較運則人不給和糴則損民乘時要價二者之弊在於未有土地之人按漢唐實邊之策惟屯田為利近聞鮮于師中建請朝以既置弓箭手重於改作故武令試治百頃而已然屯田行之於今誠未易推有田令弓箭手以為勵法公田似有可為且以熙河四州較之無慮一萬五千頃十分取一以為公田大約中歲畝收一石則公田所得十五萬石水旱肥瘠三分除一亦可得十萬詔差太常寺主簿王君俞赴熙河路與鄭民憲同商議推行次第故有是奏　十九日熙河路經略安撫使言奉詔相度本路弓箭手田土令提舉營田司將洮西弓箭手草丁耕種不及空閑田土即具逐州軍權差廂軍耕種官置牛具農器每人一頃令所屬堡寨使臣遁路巡檢主管趁時耕種成收入官於無級將弓箭手并今來官中所種過田土比較優劣賞罰如弓箭手可以耕種即令依將名下田土耕種仍不管空閑看詳委實經久可行仍

乞差主管河州農田水利兵馬鈐轄李浩均度地土措置聞奏從之　六月十九日權提點秦鳳等路刑獄公事兼都大提舉熙河路營田弓箭手公事鄭民憲言雖走弓箭并營田地土昨多方設法召人請令來認租課乞許就近於本城寨送納仍特與蠲免支移折變從之　十年二月六日中書門下言熙河路相度官莊霍翔乞先將熙州城下營田見令租課地一百一十頃七十畝可以興置官莊及乞於見任京官選人使臣諸色人據合用員數差請勾當今欲且將熙州池差弓箭手舉共為其所差官破與當直兵士京官士人選人使臣五人効用三人如更有續發到土地依此施行從之　元豐元年二月九日都大提舉淤田司言京東西官私瘠地五千八百餘頃乞依例差使臣等主管從之　六月一日京東體量安撫黃廉言澶州及京東河北淤官地皆土腴乞募客戶佃其土俗私出牛力官出種子分收選曉田利官兩員詣京東河北計會轉運提點司及逐縣令佐相度招募客戶自令秋營種并下司農寺詳定條約從之會轉運選官知縣收地即令提點刑獄司選差　七月一日詔尚書都郎中鄭民憲前往經畫熙河路營田等有勞特陞兩任　十月二十七日經制熙河財用司言四州軍依朝旨標撥官莊田外乞於近城各標撥土二千頃為營田專差使臣等主管從之　二年二月二十九日經制熙河路邊防財用司言岷州床川荔川閭川寨通遠軍熟羊寨營田乞依官莊例募永濟卒二百人其永濟卒通以千人為額以給十六官莊四營田工役其請給並從本司自辦從之　十二月十八日詔開封府界收地可耕者為官莊從都大提舉淤田司請也　三年二月八日提點永興軍等路刑獄駕部員外郎王孝先知邠州孝先言淤田營田司自熙寧七年至十年費錢十五萬五千四百餘緡　六月十五日都大提舉淤田司請以雍丘縣黃固等十棚牧地為官莊田從之　五年二月廿五日詔提舉熙河等路弓箭手營田蕃部共為一司隸經原路制置司許奏辟幹當公事官一員准備差使使官三員給公使錢千緡　六月四日熙河經略安撫司言蘭州內外官屬法撥地為圭田今新造之區居民未集耕墾人牛之具皆難從之乞計數給以錢鈔而留其地以為營田或募弓箭手從之　七月七日提舉熙河等路弓箭手營田蕃部司康識言與兼提舉營田張太寧同議立法乞應新收復地差官以千字文分畫經界選知農事廂軍耕佃每頃一人其部轄人員節級及雇助人功歲入賞罰並用熙河官莊法餘並召弓箭手人給二頃有馬者加五十畝營田每五十頃為一營差諳

農事官一員幹當許本司不拘常制舉選人使臣請給依陝西路營田司法不滿五十頃委付附近城寨官兼管月給食錢三千從之　六年十二月一日提舉熙河等路弓箭手營田蕃部司言新復境土堡寨漸修築畢可興置營田內定西寨龕谷寨輸木岔堡四處營田見闕農作廂軍二百人部轄人員軍典十九人乞依熙河路修城鳳翔府簡中保寧指揮簡填闕額法許本司於秦鳳涇原熙河三路廂軍及馬遞鋪卒選募人給裝錢二千從之　七年七月十日知太原府呂惠卿言兵事未息人兵未可全減莫若廣勸公私耕種為急今若使邊地益墾則邊戍可益邊民稍蘇無貴糴遠輸之患麟府豐三州兩不耕地可以時出兵開墾伏詳橫山一帶兩不耕地無不膏腴過此即沙磧不毛今乘羌虜未賓出兵防拓廣耕疾種因其蹊跣從而搶擊漸移堡鋪向外把截更不須深入而拓地日廣并可以招置漢蕃弓箭手承佃或營田軍以抵戍兵則邊費省矣願推之陝西路詔陝西諸路經略司詳酌施行　哲宗元祐元年十月十八日熙河蘭會路經略司言乞將新復啞𠿖川一帶地土依舊令定西城招置弓箭手耕種從之仍許於從來已耕占地土內耕種不得更有侵展別生邊事　元符二年十月九日河東路經略司幹當公事陳敦復言本路進築堡

十一

寨自麟石鄜延南北僅三百里田土膏腴若以廂軍及配軍營田一千頃歲可入穀二十萬石可下諸路將犯罪合配人揀選少壯堪田作之人配營田司耕作從之　二十五日樞密院言涇原路環慶鄜延熙河蘭會河東路新復城寨地土例皆闕人耕種諸路廂軍若募前去與免諸雜役使必有應募之人從之　三年九月二十七日提舉河東路營田司言準樞密院劄子本路新復城寨闕人耕種令京西淮浙等路應管廂軍畧畧司分擘耕種令來諸廂軍不會耕種陸田兼杭州等處廂軍尤更不耐本路田野寒凍已有疾病欲將京西等路并本路州軍發來耕種廂軍內委是不堪田作之人退還元差州軍從之　大觀三年二月二十一日臣僚言自復西寧州招置之術失講勸制之法未興不取地利惟仰輸併力飛輓增價貿糴僅濟目下蓋潛滋久遠之弊內外靡制莫不窮望速委帥臣監司講求弓箭手穀足蓄部著業之術或誘或拘責以耕耘田既墾則穀自盈募既充而兵益振矣詔熙河洮岷前後收復歲月深久得其地而未得其利有其民而未得其用地利不闢兵籍不敷歲仰朝廷供饋非持久之道覽所奏陝頗究利害之原可令詳究本末條畫來上　其後政和五年知西寧州趙隆

請引宗河水灌溉本州城東至青石峽一帶川地數百頃從之　紹興元年五月二十三日沅州言本州熙寧七年創置為郡自後拘籍地土擬充屯田作營田其餘召人請佃租米約有萬計遂措畫揀係官田標給分數招置弓弩手共十三指揮計四千二百八十一人自靖康調發往往不還自建炎四年至今並無顆粒應副支遣今將闕額刀弩手荒閑田權召承佃濟助歲計乞許本州揀選招填補及二千人教習武藝防遏邊蠻侯將來承佃安居樂業別具條陳從之　二十六日荊南府歸峽州荊門公安軍鎮撫使兼知荊南府解潛言本鎮所管五州軍一十六縣絕戶甚多見拘收通舊管諸色官田不可勝計今盡荒廢可惜見一面措置屯田召人耕墾分收子利已恭依分鎮便宜望詔旨移牒直秘閣宗綱權屯田使樊賓權屯田副使措置就緒日相度減罷伏望詳酌施行已降旨揮許置荊南府歸峽州荊門公安軍鎮撫使司同措置營田官各一員令解潛奏辟詔宗綱差充荊南府歸峽州荊門公安軍鎮撫使司措置營田官樊賓差充荊南府歸峽州荊門公安軍鎮撫使司同措置營田官餘依　八月二十三日臣寮言應變權宜莫如屯田之利今師徒所聚多缺糧餉乏絕輒致逃亡寖成鈔掠然而願耕者衆要須朝廷有以處之唐李泌當肅宗時關中

二

新遭安史之亂關東戍卒多欲逃歸泌建屯田之策市耕牛鑄農器給田以耕歲終則官糴其餘戍卒乃定邊備益修其後德宗奉天之難陸贄亦獻此謀粗如泌策依倣趙充國舊制趨時便事雖有不同要其成功均於兵食兼足東南之地雖非關中之比今沿江兩岸沙田圩田頃畝不可勝計例多荒閑近者張琪占據蕪湖圩田兵食遂足繼緣迫脅決水權田舊圩盡壞冀時官得歲課數萬石一旦失之旁侵民田為害更甚及聞趙霖於河州境內屯集耕墾頗亦有方屯田之利無可疑者臣欲望朝廷委能臣先於沿江南岸與州縣官同共相視檢察元係官田見無佃戶耕墾委是荒閑去處計度頃畝條畫利害團甲多寡之數營屯向背之宜參酌古今務令簡便朝廷更加詳酌決可施行然後置營田使以統之與安撫大使參酌其事募兵若民以耕權撥一年折帛錢以為本錢市耕牛農器種糧之屬及為歲終收糴之資使募之人出則戰入則耕食足兵強指日可冀勸會兩浙淮南州縣非因兵火之後民間荒廢田土甚多雖合做古屯田之制募人耕墾緣難以遙度措置欲委官躬親前去相度措置條具利害以聞從之　九月二十七日臣僚言嘗被旨令條畫屯田利害臣退而考閱自井田廢而阡陌開至漢昭帝始元二年詔發習戰射士詣朔方

帝行未天聖二年有上封事乞賣福建路屯田監察御史朱諫上言以為屯田淶耕種已四十年上

祝建意以赤一條

調故吏將屯田張掖郡，始有屯田之令。其後宣帝時趙充國擊先令羌，乞留屯田以困羌，條上十二便，宜果足以克羌。自後吏三國六朝，若曹操屯於許下，諸葛亮屯於渭濱，鄧艾屯於淮南，羊祜、杜預屯於荊湘，應詹屯於江西，呂蒙屯於石城，皆有見効，其遺迹可考也。隋唐以來，類衆舊聞行之。至今淞江諸郡尚有屯田租種之名，則江浙亦嘗屯田矣。本朝自淳化以來，始用何承矩措置北邊屯田，開塘濼之利，以限北虜。相繼西北二邊孟廣屯田，至淮南、京西、夔路等處，率耕墾已四十餘年，雖有屯田之名，父子相承以為己業，乞罷估賣，則知屯田嘗行之福建矣。今唯陛下將議與復之圖，暫駐清蹕，經營四方，欲因淞江荒閑之田，募人耕屯，用兼舊策，實儲餉。此誠計之得也。今將古今屯田利便可施於江浙者，纂其略附著於篇，號曰屯田集議，謹錄上聞，今開列如左。臣前件條畫盡考之國史之所載，參之土俗之所宜，不悖於令，不悖於人。伏望乞聖慈時因萬幾之暇，特賜省覽，儻或一介芻蕘之見有足以備採擇，欲乞付外參酌，諸臣之議而行之，庶幾輯寧失業之民，休養更戍之卒，壯兵威，資國計，一舉而兩得之，豈曰小補。詔令戶部限日日勘當申尚書省。 二十八日，臣僚言：契勘羅興軍中百年以來，依倣屯田之法，開闢隴畝，勸督耕耘，將欲就緒，欲望暫責諸鎮各從方俗之便，速舉屯田之法，務農重穀，以為儲積，則糧食皆足，軍聲益張。詔令工部與今年九月二十七日已降臣僚上言屯田利害指揮一處參酌以聞。 十月十三日，臣僚言：屯田之利，宜先招集流散之民，使之復業，民力既豐，則可以為用。其民力不足之處，及官田逃田，方可募兵以耕。近見王寔措置詳於兵而略於民，恐有侵奪，遂失本意，望行之大臣，令寔等子細商量，勿於經理之初先失民心，以妨大計。從之。 十五日，河南府孟汝唐州鎮撫使措置營田官任直清言：伏見河南殘破，民之歸業者未衆，其所營田全籍軍兵，如創置營田官，恐力微難以辦，今欲乞將令翟興帶領營田使，庶易於措置，仍乞將措置到事先次施行，續具已施行畫一申奏，又營田官未審與本鎮官如何序位。詔並依，其序位依所臣下屬官例施行。 同日，江南西路安撫大使李回言：江州、南康興國軍界赤地千里，無人耕種，乞依淮南、兩浙路專委監官措置營田。詔依，仍令帥臣同共措置。 十一月十四日，荊南府歸峽州荊門公安軍鎮撫使解潛言：辟差公安知縣承議郎孫倚措置營田，倚任內布種率先辦集，於民不擾，比之一路頃畝最多，既効忠勤，宜加獎賞。詔孫倚可特轉兩官。 二年二月七日，三省言：傅崧卿乞淮南營田減租課文字，因奏其說可行，使使未

十二

食貨二之八

減租課，但得人人耕種，家家積粟，即是人主之富，緣人主與人臣不同，臣有東家西家之異，人主以天下為家，何有彼此。上曰：百姓足，君孰與不足，卿言極是。 三月十日，淮南東路提刑兼營田副使王寔言：被旨措置營田，勸誘人戶或召募軍兵請射布種，今相度先將根括到江都、天長縣春種水田一萬六千九百六十九頃，陸田一萬三千五百六十六頃，分撥諸軍趁時耕種。詔權許候有人戶歸業識認日申取朝廷指揮。 四月二十四日，臣僚言：竊見朝廷講屯田之策久矣，略未見有所施設。願詔劉光世軍中將校有能部卒伍就耕者，優加爵賞，歲入悉分其衆，自餘曠土益募民墾闢，每能率三五百人或千人乃至數千人，遞補以官，三歲勿當，則所在土豪及懷歸之人自當有應募者，事成皆許優與遷轉，利之所在，人所樂趨，雖使之自戰自守可也。今歲閏四月，稻田或尚可種，唯早圖之。詔劉光世措置施行。 廿月九日，德安府復州漢陽軍鎮撫使陳規言：屯田營田人戶荒田及逃戶官田被人指射及軍兵耕種者，限二年識認，已種者候收畢給之，過限者官司並不受理。工部言：人戶自軍興後來流移遠方，道路梗澀，竊慮於限內未能歸業，欲下本鎮立限三年。從之。 二十四日，左司諫吳表臣言：鎮撫使陳規措置屯田事件甚有條理，委是究心，乞下本鎮將府縣兼行官吏措置勸諭最先宣力之人，具名來上，特與推賞，其陳規仍降敕書獎諭。詔曰：敕陳規，卿體國盡忠，守藩稱治，當中原之未定，念南畝之多荒，兵食弗充，農收蓋寡，乃別營屯之制，用興稼穡之功，軍民不雜，而無爭畔之詞；官吏不增，而無加稟之費。得魯侯之國，同漢將之留田，秉作而成，居有要生之利；緩耕急戰，人懷赴敵之心。條理不煩，施設可法，載觀績効，深用歎嘉，故茲獎諭，想宜悉知。 八月十二日，樞密院言：淮南州軍見屯軍馬措置防秋，難以行營田，竊慮糧食未濟，理宜資助。詔傅崧卿斟量逐州人兵多寡，量行應副錢糧，接濟軍用。 十一月四日，中書門下省言：直徽猷閣充和州無為軍鎮撫使趙霖近措置營田等事，已降指揮與轉一官，依條止合減四年磨勘。詔霖久在江北，委有勞効，與轉行一官。 十八日，中書門下省言：建康府江南北岸荒田甚廣，詔令孟庾、韓世忠措置將兵馬為屯田之計，体倣陝西弓箭手法，所貴耕植漸廣，以省國用，以寬民力。 十二月二十八日，臣僚言：伏覩德安府復州漢陽軍鎮撫使陳規措置屯田事頗有條理，深得古寓兵於農之意，欲望將陳規所申畫一，令淮南諸鎮撫使依倣而行之，其府縣勸諭宣力官吏，令逐鎮保明推賞。詔委都司檢詳官參照陳規申請畫一，并前降指揮，限十日條

十四

食貨二之九

具以聞　同日中書門下省言湖北江西浙西路對岸荒田尤多理合隨所課一就措置詔湖北委劉洪道江西委李回江東委韓世忠浙西委劉光世措置仍令都督府總治　三年二月七日左司員外郎張綱等言被旨委都司檢詳官參照陳規申請營田并臣寮獻議今條具下項一看詳應屯田官掌營種屯田管幹會功課其諸鎮亦兼營田使令來陳規所陳屯田營田分爲二事求合古制欲乞應諸路安撫使鎮撫使各兼營田司令將陳規畫一參酌逐鎮風土所便一面措置施行一陳規畫一內稱將逃亡絶絶官田推行屯田之法其有屯兵耕墾不盡之田若輕其租賦召人耕種可以助軍儲資國用招集散亡無歸之民惟軍與民不可使並耕作庶不致交爭今看詳諸鎮地多曠土宜先務招集失業之民輕立課租使就耕作其餘地分撥軍兵勸誘耕墾仍相度地形險隘遠近酌中處置立堡寨遇有寇盜則保聚在寨無事則乘時田作其兵與民各處一方不得交雜庶得相安民漸歸業一陳規措置將人戶荒田令軍兵及召百姓耕種若人戶歸業緣寇盜未息亦合給還今看詳諸鎮全在招集流移早使歸業所亡田産自今即時給還若有已撥在兵屯田內難使離耕仰歸業人戶詣官司投陳官爲照驗已有民戶耕鑿多處依數撥還仍不

十五

得以齊薄田充數如是民戶歸業漸衆亦令依軍兵法於地形險隘遠近着中處置堡寨屯聚以備盜賊一陳規措置先將近城官田荒田做古屯田之制令官吏弓兵民兵等各自耕種漸見次序今看詳欲遍下諸路安撫使各隨本處風俗所便依倣陳規畫一事件各務多方隨誘官吏軍民等乘時耕墾或有流寓寄居及形勢戶自來於法不許承但官田之人亦許出租耕佃務要田土廣墾不致荒廢一陳規措置將弓兵等留一半守禦餘一半少增錢糧令耕種荒田其牛具種子以官錢支用所得物斛並以入官如遇田事忙時則將所留軍就田作若有軍事驚急則權罷田作併充軍用今看詳欲下諸路安撫使依倣陳規事理更令參酌本鎮臨時事宜勸誘軍兵耕作如遇農忙時一半守禦人併就田作時亦合增支錢糧如至秋成所得物斛於內依倣鋤田客戶則例亦合分給斛斗以充犒賞外餘並入官庶知激勸樂就田畝一陳規措置見出榜召人投狀經官指射耕種閑田內水田每畝秋納粳米一斗陸田每畝夏納小麥五升秋納豆五升今看詳欲下諸路安撫鎮撫使依倣陳規立到租課數目更切參詳本鎮地土瘠肥官司曾無借給牛具種糧及歲事豐荒土俗所便隨所收種斛斗臨時增減着中數目拘收租課務要便民一陳規措置人戶

指射官田荒田耕種滿二年不拖欠租稅者並充已業聽行典賣經官印契割移昨紹興二年七月九日已得旨展作二年今看詳欲下諸路安撫使鎮撫使遵依已得聖旨指揮多出文榜勸誘人戶施行一陳規措置人戶荒田及逃戶官田被人指射耕種者及軍兵耕種者立限二年歸業認認已種者候收畢給之過限者官司並不受理昨紹興二年七月九日已得旨展作三年今看詳欲下諸路安撫使鎮撫使遵依已得聖旨指揮多出文榜召人歸業仍遂旋具已招誘到歸業人戶數目供申朝廷一陳規措置依所得朝廷指揮置營田司所有屯田事務營田司兼行營田事務府縣官兼行更不別置官吏今看詳欲下諸路安撫使鎮撫使依此遵稟施行一臣寮上言考之周制一夫受田百畝李悝謂一夫挾五口以耕百畝趙充國人授二十畝蓋不計其家之食也本朝於京西淮南屯田則人授百畝則太多武爲中制可人授二十畝如充國之議一家五人同授田亦足以得百畝今看詳諸鎮荒田甚多惟患人力不足兼地有肥瘠不同難以一槩立定畝數欲下諸路安撫使鎮撫使參酌本鎮地名高下量度人力數授以田畝務要力耕不使鹵莽所是召人承佃荒田亦不須限定頃畝聽人戶量力投狀請射一條上言屯田合用耕牛今看詳近緣盜賊屠殺例皆闕少江北諸鎮殘破日久絶無販賣牛畜合隨宜措置令諸

十六

鎮勸誘兵民倣做古制用人耕之法每二人挽一犂初時雖稍費力及其成熟工用相等欲下諸路安撫使鎮撫使詳酌勸諭施行一臣寮上言凡授田五人爲一甲別給菜田五畝爲廬舍稻場今看詳欲下諸路安撫使照應今來臣僚上言參酌本鎮土俗事宜措置施行一臣僚上言募民以耕免其身役及折變及民耕應出官租初一年免其半次年依本法今看詳募民請佃之初理宜寬恤委是利便欲下諸路安撫使鎮撫使參酌施行一臣寮上言兵屯置屯主一員以大使臣爲之民屯縣令主之以歲課多寡爲殿最今看詳欲下諸路安撫使鎮撫使開具推行月日每歲終仍具所委官職位姓名招誘墾闢到田畝實數供申朝廷如招集到歸業人戶數目及兵屯民屯稍見就緒去處乞優與陞擢庶使有以激勸一欲乞諸路安撫使鎮撫使除依陳規畫一并今來看詳事理施行外逐處如別有利便即仰各隨土俗所宜具事因以聞並從之　紹興三年二月八日詔通直郎德安府節度推官龔之美右修職郎德安府司法參軍胡槩承義郎閤門祗候就差知德安府孝感縣事龔遜進義校尉王據下班祗應袁式詔各與轉一官資內選人比類施行　以陳規保明措置田事最

先宣力故也　四月四日太尉武成感德軍節度使充江南東西路宣撫使韓世忠言契勘陝西因剏建州軍城寨之後應四至境內田土盡得係官即無民戶稅業交雜其間其田荒隙遂招置土人充弓箭長行每名給地二頃有馬者別給額外地五十畝率空地八百頃即招集四百人立為一指揮一境之中均是弓箭手自相服從今內地州縣田土皆係民戶稅業雖有戶絕逃棄往往畸零散漫若便依倣陝西法標給須合零就整湊數分撥其田遠近不同既不接連難相照管又如去城百餘里外給地付之軍兵使混雜莊農養種切慮生事今相度欲先將建康府管下根括到近城荒田除戶絕逃田一面措置耕種外其有主而無力開墾者散出文牓限六十日許人戶自陳頃畝著實四止如情願將地段權與官中合種所用人戶牛具種糧並從官給候收成日據地段頃畝先次依本色供納二稅及除豁牛具種糧具餘據見在斛斗量給地主外盡給種田人候至地主有力耕時赴官自陳即時給還元業若限滿不自陳即依逃田例直行標撥庶幾不致荒閑田畝軍民兩有所濟并糵勸人戶願與官中合種地段若伺候將來收成除豁二稅種糧外據見在斛斗量給稿應地主每稱鄉原舊例過數數求今欲於人戶自陳日即便議定據將實收到斛斗除上件出豁外將十分為率內二分給地主若稱所給數少不願官種者即具村保姓名開排地段送本縣置籍收係因雖荒閑須管依條限催理二稅無令少欠庶幾地主不敢詭倖妄有希求都督府言勘會今已二月伺候朝廷指揮方立限許人戶投狀與官中合種深恐已過布種時月轉致荒蕪已將昨因兵火逃亡未曾歸業見今荒田令世忠先次措置召人承佃耕種其合納稅租第一年全免第二第三年以下分為率各與免納五分三年外依舊全納田主歸業自據在五年內者聽依已布種法見佃人收畢交割五年外不歸業者聽見佃人為主庶幾不致荒閑失陷二稅已行下世忠照會施行如蒙俞允依湖北江西浙西未歸業逃田並乞依此施行戶部勘當欲依都督府奏請事理施行如有人戶歸業即依去年四月十八日已降指揮年限理認即時給還內已布種者收畢交割并下江南東路轉運照會仍乞令湖北江西路疾速措置具利便申取朝廷指揮從之　五月二十五日新權發遣嚴州劉寗言竊見朝廷屢責營田今乞本州自行措置牛具種糧將管下民間請射不盡田土開耕廣行收地利歸用贍軍並依民間請射依例仍自紹興四年夏料為始若淮南諸郡依此措置年歲之間便見儲蓄豐積乞付有司行下其諸州當職官能

賦遷交以來一條

究心措置功効顯著者優加激賞詔依奏即不得侵占有主民戶田土　十月十日臣僚言營田召募民耕乞免徭役及科配詔人戶如自已田業自合依法其屯田營田並行蠲免　四年四月十五日知廬州兼淮南西路安撫使陳規言乞令本州措置招募効用人各令種田并軍兵情願者聽不限人數從之　八月五日侍御史魏矼論淮東西屯田利害事上謂輔臣曰招集流離使各安田畝最為今日急務遂舉鴻鴈美宣王之詩謂中興基業實在乎此胡松年對曰古人圖必成之功為必取之計於是有屯田若趙充國破先零羊祜守襄陽是也朝廷用屯田累年除荊南解潛募措置其餘皆成虛文無實効上曰卿論實効極是松年復對曰漢宣之治綜核名實信賞必罰而已矣天下事若因名以責實無有不治者屯田一事猶不可欺一歲耕墾田畝若干收穫幾何便足以稽考也上曰卿等可商議條畫來上當力行之　六日後殿進呈朱勝非條具屯田利害劄子言今日之兵既令執兵又令服田終歲勤勞所得如故有未可者時上曰古者三時務農一時講武農即兵也兵農之制一分恐不可復合勝非所陳甚善可便施行孟庾等對曰淮南收復今已數年守令豈不欲招徠流離便但復業者未甚多恐自此兵日以衆食日以廣不易供給更容臣等與勝非熟議之上曰不可既行下光世世忠軍中卻使之難行為數復議改更則朝廷命令自為反覆庾等曰謹稟聖訓　九月二十六日主等江州太平觀朱震言荊襄之間沿漢上下膏腴之田七百餘里襄陽之北土宜麻麥古謂之租中若選用良將民所信服者領部曲駐漢上招集流亡務農重穀寇至禦之寇退則耕稼不過三年兵食自足觀釁而動復陵復清宗廟以濁河為限倚撫兩河則中興之業定以逸待勞之道詔閱與都督府　五年閏二月二十八日諸路軍事都督行府言淮南東路宣撫使韓世忠言見措置屯田乞收買耕牛趁時耕種今措置下項一浙東福建條出產耕牛去處欲令兩路各收買水牛一千頭並依市價委稅務官一員置場和買限三箇月數足一遞路買到耕牛每一百頭作一綱起發日行三十里選差兵士二十人將校節級各一名管押赴淮東宣撫使司交納仍每頭用牌子排號誌口齒尺別用申狀依此開具令宣撫司照會交割以防換易一牛綱所至去處並仰依數應副草料不得遲滯一合干人並仰如法餵養不管瘦損每綱交納了畢如倒死不及五釐將校節級並與轉一資管押人支賜錢絹各一兩匹如死損過分從杖一百科罪仍依元買價倍償詔令章傑措置收買一千頭餘依三月二十八日諸路軍

事都督行府言光州收復之初方舉行營田之法合量行接濟亦種欲望朝廷依壽春府例支降江南路東空名度牒二百道付本州收買耕牛從之　同日權發遣泰州邵龍言淮南人戶逃竄良田沃土悉為茂草今欲將營田司應有人請射荒田並許即時給付每畝依元降指揮納課子五升（田土瘠薄者量與裁減）耕種五年仍不欠官司課子許認為己業限外元主識認或照驗明白即許自踏逐荒田指射以為己業如是五年內歸業即許佃人畫時交還不得執占已種者候收成了給還已施行者（謂耕熟成起屋種桑之類）量出工力錢還佃人今來措置如可施行即乞明坐指揮鏤板榜示庶得民間通知着業者衆從之　四月二十一日臣僚言荊南鎮撫司百姓自有耕牛者除輸納賦稅外不得抑勒耕種營田其營田許募民間情願種者官為給借種粮每一耕牛納課一十碩納課稍輕民自應募庶使百姓歸業公私兩便詔依劄與諸路帥司　八月二十四日內降德音應潭鼎澧岳復州荊南龍陽軍循梅潮惠英廣韶南雄虔吉撫州南安臨安軍汀州管內已降指揮人戶許種營并主戶下客丁官中料種收課數多緣此流移未肯歸業應人戶已請官種種苗在地比每年減半送納自來年並免附種并諸軍預先抑勒俵散和雇栽種人工錢

十九

其工力並見困乏已令諸軍不許預俵雇夫錢尚慮不切遵稟仰荊湖北路安撫轉運司依所降指揮施行毋致違戾仍仰帥臣監司常切遵守戒諭諸軍不得抑勒預俵工錢如違仰憲司取勘聞奏荊湖人戶耕牛已降指揮與免拘籍并已請官種種苗在地者減半送納官課自來年更不科種營田仰安撫司檢察州縣不得科數　十一月二十八日知荊南府充荊南府歸峽州荊門軍安撫使王彥言被旨荊南營田一司並罷令安撫司措置耕種今計置到黃水牛一千七百餘隻及修置應干合用農具足備盡已踏逐標撥定合種水陸田頃畝並係膏腴止緣創行開墾倍費工力暴已令下手破荒冬耕及修築隄塘開決陂堰以待來春依時布種詔令王彥更切多方措置務要耕種日廣補助國計　十二月一日詔臣寮請乞淮南東西川陝荊襄等路行屯田之制令學士院降詔曉諭諸帥詔曰敕襄陽府路帥臣朕考觀古昔斟酌時宜欲豐軍食之儲必講屯田之制故充國經畫於金城而兼得十二便之利曹操始用於許下而遂收百萬計之饒先積粟以為資乃廣兵而必戰況今寇戎未靖征戍方興賴將師之同寅致士卒之樂附顧尺籍所隸之數日以增多而經賦所入之常歲有定限既不可剥下以取給固莫若與田而力耕鄉等叶志合謀悉

朕建炎朝野雜記條

忠體國率勵衆士和協一心勿憚朝夕之勞共建久長之策故茲詔示想宜知悉　八月詔吳玠於梁洋及關外成鳳岷州措置官莊屯田今已就緒漸省饋運以寬民力亮茲忠勤深可嘉尚可令學士院降勅獎諭　十五日中書門下省言淮東南西川陝荊襄等路已降詔旨曉諭諸帥行屯田之制其諸帥下屯田軍務未曾轄委官措置詔淮南西路宣撫使司差李復淮南東路宣撫使司差陳桷江南東路宣撫使司差鄧漸川陝宣撫使司差陳遠猷湖北襄陽府路招討使司差李若虛荊南府路歸峽州荊門軍安撫使司差李侁並兼提點本司屯田公事　二十六日諸路軍事都督行府言江淮等路分撥措置屯田詔差屯田郎官樊賓量帶人吏候都督行府出使日隨逐前去措置其合施行事一面條具供申　紹興六年正月二十一日尚書右僕射都督諸路軍馬張浚言被旨往川陝視師及因就沿江措置軍事所有屯田事務已蒙朝廷差屯田郎官樊賓隨逐前去緣措置之初申審省部竊恐留滯欲望應屯田事務並申行府候就緒日歸省部施行從之　同日上宣諭輔臣曰前日三大帥屬官陳桷等引對朕諭以朝廷養大兵之久國用既竭民力以困竊須專意措置屯田此亦自古已成之效況軍事亦須先立家計若有机會方圖進取臣鼎等曰

二十

如此措置社稷幸甚　同日都督行府言已差屯田郎官樊賓措置屯田緣經畫之初事務繁多詔令王弗同共措置　二十八日都督行府言江淮州縣自兵火之後田多荒廢朝廷昨降指揮令縣官兼管營田事務蓋欲勸誘廣行耕墾緣諸處措置不一至今未見就緒今改為屯田依民間自來体例召莊客承佃具合行事件務在簡便今條具下項一將州縣係官空閑田土并無主逃田並行拘籍見數每縣以十莊為則每莊五頃為一莊召客戶五家相保為一甲共種甲內推一人充甲頭仍以甲頭姓名為莊名每莊官給耕牛五頭并合用種子農器（如未有穀即計價支錢每戶）別給菜田十畝先次借支錢七十貫仍令所委官分兩次支給（春耕月支五十貫鋤田月支二十貫）分作二年兩料還納更不出息若收成日願以斛斗折還者聽仍比街市增二分（謂如街市一貫即官中折一貫二百）其客戶仍免諸般差役科配一應有官莊州縣守倅縣令並於勸農字下添帶屯田二字縣尉專一主管官莊四字仍差手分貼司各一名於本縣人吏內輪差一年一替依常平法支破請給一每莊蓋草屋一十五間（每間破錢三貫）每一家給兩間餘五間准備頓放斛斗其合用農具委州縣先次置造仍具合用耕牛數目申行府節次支降一每莊標撥定田土從本

縣依地段彩畫圖冊開具四至以千字文爲號申措置屯田官類聚繳申行府置籍抄錄一收成日將所收課子除樁出次年種子外不論多寡厚薄官中與客戶中停均分一令來屯田所招客戶比之鄉原大段優潤係敢人戶情願即不可強行差抑致有擾攘其諸軍下不入隊使臣及不披帶揀退軍兵有願請佃者並依百姓例仍別置籍開具一州縣公人等如敢因事擾攘官莊客戶及乞取錢物依法從重斷罪外勒令罷役仰當職官嚴行禁止如有容縱當議重作施行一逐縣種及五十頃已上候歲終比較以附近十縣為率取最多三縣令尉各減二年磨勘其最少并有闕田不為措置召人承佃者並申取朝廷指揮知通計管下比較賞罰一收成日於官中收到課子內以十分為率支三厘充縣令尉添支職田仍均給一令來招召承佃官莊如有願就之人仰諸有官莊縣分陳狀以憑標撥地分支給其縣令勸能廣行勸誘致請佃之人漸多當議推賞一令來措置官莊除湖南北襄陽府路見別行措置外止係為淮南江東西路曾經殘破州縣有空閑田土去處依今來措置行下一諸處土宜不同如有未盡未便事件仰當職官條具申行府詔從之劄下樊賓王弗疾速施行仍散榜付諸路曉示 同日屯田郎中樊賓等言被旨措置江淮等路屯田今

二十一

乞以諸路軍事都督行府措置屯田爲名欲於階銜內帶行仍令行府劄下諸路安撫司并諸路監司遇有承受文字並限一日回報如違當職官吏乞重賜施行若奉行滅裂乞行取勘從之 二月三日詔淮南西路兼太平州宣撫使劉光世淮南東路兼鎮江府宣撫使韓世忠江南東路宣撫使張俊並兼營田大使荊湖北路襄陽府路招討使岳飛川陝宣撫副使吳玠並兼營田使 四日中書門下省言江西湖南安撫制置大使已降指揮並兼本路營田大使詔令逐司於參謀參議官內各選差一員具名以聞令兼提點本司營田公事 同日中書門下省言知鄂州主管湖北安撫司劉子羽荊南安撫使王彥淮東安撫使葉燮知廬州主管淮西安撫使趙康直並已兼營田使詔知鎮江府主管沿江安撫司李謨知建康府主管江東安撫司葉宗諤利州路安撫使郭浩襄陽府安撫使張旦金均房州安撫使[illegible]斌並兼營田使 七月措置營田樊賓等言若有元地主歸業令州縣驗實許歸業人別行指射鄰近荒閑田土依數撥還元已業佃客五家相保為一莊若未及五家許先次相保於本莊內攙佃戶撥田耕種候佃戶數足依已降指揮從之 十六日通判楊州兼管內勸農屯田事劉時言今將州縣係官空閑田土并無主逃田並行拘籍切見

常平司所營田產自有專法不許他司取撥今未審許與不許撥充官莊詔常平司空閑田土亦合撥充官莊 二十四日殿中侍御史周秘劄子言兵者民之所恃以安民者兵之所恃以養故兵當處於外民當處于內今欲使民兵並耕則不能無侵擾之患臣以謂宜先使民後使兵必無願耕之民然後用揀退之兵如此則民各得其所而他日無督索之勞此設施之序也望令付屯田官一就施行詔劄與措置屯田官并閤都督行府 二十五日江南東路安撫使司言本司今于屬官內選差左朝請大夫直顯謨閣添差本司參議官馬觀國兼主管本司營田公事從之 三月一日江南西路安撫制置大使兼知洪州李綱言乞于淮南襄漢宣撫招討使各置招納司以招納京東西河北之民明出文榜厚加撫循有來歸者撥田土給牛具貸種糧使之耕鑿許江湖諸路于地狹人稠路分自行招誘而軍中人兵願耕者聽詔令都督行府措置 十七日都督行府言諸路宣撫安撫大使各令帶營田大使諸路安撫並帶營田使竊緣行府措置屯田官及江淮等路知通縣令見帶屯田二字切慮稱呼不一欲並以營田爲名從之 四月十五日詔泉州簽判曹紳福州節推龔濤各與減二年磨勘漳州知州馬騏通判趙不棄興化軍判官趙不凝各與減一年磨

二十二

勘內選人比類施行 以措置依限買發耕牛故也 二十八日都督行府言營田莊並已支給耕牛借貸糧種屋宇農具之類將來收成合計五頃所得子利官中與客戶中半均分緣今歲法行之初佃戶耕種未遍欲將所收子利不計頃畝止以今歲實收數除樁出次年種子外官中與客戶中半均分 謂如寔收一碩官中客戶各五斗 從之 同日都督行府言江淮州軍并鎮江府閑田逃田依累降指揮即不得強科抑勒保正長及一縣占充營田如有均科大戶耕佃官莊去處日下改正如違許人戶詣本路監司陳訴具當職官吏姓名重作行遣及有揀已耕已業熟田去處許人戶陳訴依實改正今日已後人戶踏逐到田令量力開耕隨所布種切慮州縣奉行違戾卻成民害今欲乞下營田州軍將畸零田土如人戶情願承佃即依官莊法若大段不成片段令別項樁管仍申嚴行下常切遵守許人戶陳訴從之 五月二十日尚書右僕射都督諸路軍馬張浚言湖南累經殘破田多荒蕪近本路安撫制置大使呂頤浩乞錢一十萬貫措置營田望許行府卻馳應副從之 六月九日荊湖南路安撫制置大使兼知潭州呂頤浩言湖南一路流移甚多曠土不少欲望令本路諸縣令佐同管營田職事踏逐拋荒田土權暫耕種及令本路營田官與

轉運司同共相度條具耕鑿事務數奏赴來年春作種植如將來有人戶歸
業及戶絕田有人識認請佃即時給還從之　二十一日營田官王弗
候對上望見之因謂輔臣曰少間當子細面諭王弗令竭力久任若一二
年間營田就緒庶幾可以少寬民力朕知此已久昨在會稽嘗書趙充國
傳以賜諸將但上下不能奉承由是且已若早繳得數年即今已獲其利
臣鼎曰為國根本之計莫大于此上曰極是　七月六日都省言營田事
務元係都督行府將帶官屬兼行措置今來雖已就緒式恐行府還闕別
無官司專一主掌理宜專置一司以行在職事官兼領詔就建康府置司
以提領營田公事為名　十二日殿中侍御史石公揆言訪聞營田之人
假官勢力因緣為弊如奪民農具伐民桑柘占據蓄水之利彊耕百姓之
田民若爭理則營田之人群起攻之反以為盜今來秋成收刈竊恐營田
之人耕芸鹵莽欲償其費奪民之稼以為己功乞下營田使司預行戒約
無使侵優害吾良農詔令營田司常切覺察　二十八日都督行府言訪
聞開耕荒閑田土頗費工力欲望將初年收成課子且令官收四分客戶
收六分次年已後即中停均分今後請佃官莊並依此從之　八月十日
司農少卿提領營田公事樊賓等言被旨條具營田欲乞以提領江淮等

二十三

路營田司為名仍於建康府置司官莊除已置十莊外每縣如能添置每
十莊耕種就緒令尉各與減二年磨勘每莊召募第三等以上土人一名
充監莊先次借補守闕進義副尉與免身丁依軍中例支破券錢候秋成
日比較所收斛斗多寡如合推賞申乞補正營田所收未至浩瀚欲乞候
收成了日具數聞奏乞盡行樁留准備將來增置官莊招客借貸使用州
縣當職官內有不職乞從本司送所屬取勘申奏乞行罷黜從之　九月
二十一日都督行府言諸路州縣將寄養牛權那一半許闕牛人戶租賃
依本處鄉原例合納牛租以十分為率量減二分除一半寄養牛具准備
節次增置官莊使用所賃牛具田土不致荒閑詔依仍遂旋具租賃過牛
并添給與官莊牛及見在牛數以聞　二十三日尚書屯田員外郎同提
領江淮等路營田公事王弗言本司欲乞差右廸功郎池州貴池縣丞榮
蓍充添差幹辦公事從之　十月七日知澧州呂延嗣言本州先因賊馬
殘破附郭良田往往廢棄本州舊管廂軍一十三指揮今止有三百餘人
節次分遣營田外委是人數稀少乞於湖南鄰路全道州桂陽監無事空
閑處量撥軍兵三五百人戍本州因令營田詔以五百人為額令本州招
填　十日司農少卿提領江淮等路營田公事樊賓等言今相度欲乞將

脫一條

江南東西路州并鎮江府管下縣分除可以摽撥充官莊田土外有不成
片段閑田委官逐縣自行根括見數比民間體例只立租課上等立租
二斗中等一斗八升下等一斗五升開具村鄉田段着實四至召人耕種
其後如有欠租課不許人剗佃仍先理充本戶家產所貴優潤人戶不致
久荒田土其浸耕冐種之數許見冐佃人戶自首免罪願依課承佃者聽
仍自當年送納租課其請佃荒田人戶合納租課與免一年從之　十一
日詔鍾時聰與減四年磨勘以押漳州收買營田司牛三綱並無失陷故
也　十二日江南西路安撫制置大使司言本司
參議官權參謀林玘兼提舉營田公事從之　二十日都督行府言提舉
營田諸路州縣將寄養牛租賃闕牛人戶以二年為約未滿五年不得輙
取從之　二十二日都督行府言乞令提領江淮等路營田司于見寄養
牛內就近支撥三百頭付壽春府一百頭付濠州定遠縣仰疾速計置節
次起發前去委孫暉及定遠知縣借給歸業人戶耕種絶納租課候收成
日與作五年還納每牛一頭止令納錢一百貫從之　七年正月十六日
提領江淮等路營田言如無主逃田撥充官莊官中已行耕種後有元地
主歸業識認如願別指射鄰近荒閑田土依已降指揮依數撥還如止要

二十四

元地即據官莊所占水陸頃畝令本縣依占數別踏官莊[illegible]却令地主耕
種候亦作熟田收成了日兩相對換交割工部看詳諸路帥臣措置開耕
荒閑田土累年並不見就緒後來令都督行府措置作營田官莊官給耕
牛借貸錢本優借課子其佃客初年開荒所費方浩大今來已是熟田今
欲將官莊已耕種田土除內有拘占歸業人戶祖先墳塋合先次依式給
還墳地外餘並許元地主于未開耕官莊及應空閑田土內依數指射撥
還如止要元地即依營田司所申事理施行今後別有元地主歸業識認
亦乞依此若歸業人戶委是貧乏許召第四等已上人戶二名委保令營
田司量給借貸錢候成日分作二年還納更不收息從之　二月十九日
司農少卿提領江淮等路營田公事樊賓等言營田州縣耕種田土所收
斛斗最多及最少并有閑田不為措置召人耕種去處候歲終依已降指
揮比較申朝廷賞罰詔依如將來歲終耕種最少及不切用心措置去處
令提領司開具姓名以聞　三月三日詔淮南等處失業流移之人可令
營田司措置勸募營田無得抑勒搔擾其餘州縣更有似此去處依此
四月九日右司諫王縉言江淮州縣地有肥磽田有水陸用力有多寡收
成有厚薄若以總數均之逐鄉或人力少而不能耕或去家遠而不能耕

或瘠薄甚而不勘耕或不曾操㧾而不可耕而出租課人有受其害者又況輸納之際專斗多端邀乞水旱之變官司艱于檢放寄養之牛來自廣西乍遇寒凍多有死損其有置莊去處人耕百畝給牛一具耕作既勞猶多困斃慮官吏之不虔立賞罰以勸懲之又遣省寺官以提領之又命樞密院諫議官躬詣州縣鄉村詢究利害欲望申敕所差官所至詢審的確利害無或苟簡無或觀望必去其所害成其所利詔劉與李寀及營田司照會

六月五日中書門下省言江淮等路措置營田數年之間皆無成效朝廷改置官莊招召軍民耕佃給與牛具借貸種糧誠為良法其營田司係提領江淮等路委是闊遠難以周遍今來淮甸復置監司若不專委諸路漕帥就近督責深恐因循廢弛成法詔淮東委薛璨淮西韓璡江東俞俟浙西汪思溫湖南北京西南路帥臣並帶提領營田內有見帶營田大使營田使節依舊各將本路州縣應營田官莊并租佃田土州縣官勤惰並依營田司罰後已得指揮施行仍各嚴切督責州縣當職官疾速趁時接續措置召客耕佃毋致荒廢田土候措置增廣取旨推恩其提領營田司限一月結局

九月二十八日中書門下省言川陝宣撫使司於興元府洋州等處勸誘軍民營田耕種今夏二麥并秋成所收近二十萬碩

補助軍儲以省饋餉詔降詔奬諭

十月二十五日詔諸路營田官莊收到課子除樁留次年種子外今後且以十分為率官收四分客戶六分

八年三月八日左宣教郎監西京中嶽廟李寀言江淮置官莊莊貸以錢糧給以牛種可謂備矣然奉行峻速或抑配豪力或驅迫平民或彊科保正或誘奪佃客給以牛者未必付以田付以田者或瘠薄難耕虛增田畝擴佃户合分課子以充其數多鬻已牛以養官牛耕已田以償官租反害於民蓋營田之策宜行軍中乃古人已試之効移之于民閑田多閑民少以閑田付之閑民公私俱獲其利以閑田付之有常職之民種種為害欲望申敕有司嚴示懲戒以閑田付之閑民無閑民則闕而不置詔令諸路提領營田官嚴切約束所屬州縣常加遵守前後約束指揮如有違戾去處仰具名按劾當重寘典憲

十九日臣僚言蜀漢之師藉於饋運然頃年吳玠講營田於漢中頗降璽書問以大意謂兵不可不養糧不可不足今日糧運在趙開時其數幾何在李迨時幾何自降營田以來積穀幾何減損饋運之數復幾何俾制司都轉運司同宣撫司條具以聞仍乞以法頒示諸軍使為矜式詔劄付吳玠仍令馮康國同共條畫以聞

九年七月十四日時上諭輔臣曰陝西土疆已復兵食最為急務首當經理營田以為積穀養兵之計可令樓炤便宜措置

營田

脫一條

紹興十年二月十八日臣寮言天下之費莫甚于養兵以其大利支所甚費非屯田則不可也竊以荆州之賦仰給於營田者歲省縣官之半願詔諸大將取荆州已試之效各於軍中籍不堪擐甲者分撥屯駐於所屬州郡有曠土可耕之處每五百人田一部將元係良家子通曉稼穡者為之統率官給耕牛種糧租稅假以歲月責其成效詔令諸帥措置　五月十四日臣寮言淮甸襄漢曠土彌望債撲膏腴肆行開墾獲無費之大利實經遠之良策欲望詔諭大臣廣為營田詔令逐路帥漕司措置將荒閑不係民田標撥付逐軍充營田耕墾　九月十日明堂赦勸會諸路州縣營田官莊所給耕牛若實緣病患倒死官司勸令陪還元價仰領官取見詣實除放施行今後常切覺察如依前違戾按劾以聞　十一月二十六日臣僚言諸路州縣兵火殘蹂遺民十無七八比年雖有復歸視平日已田不能墾闢又州縣迫於吏責官莊附種甚而行之一縣之內應籍者皆赴莊耕耨已業荒廢多不能舉其間困緣為弊以官佃附種為名胃占膏腴動至數千百石州縣不敢究治如官莊有已田相遠不能兼治者附種戶無所撥官田歲止虛納者並令除放所除數按視上戶胃占之家均配與之則每歲所入不致虧失而下戶貧民得以少蘇臣愚欲望令逐路選委強明監司一人遍行郡縣應有營田去處覈實均放其帥臣州縣尚敢循前隱蔽不肯公共商推力去民病者並許按劾以聞詔人口附種田土並改正如敢依前違戾尚議重實典憲除令本路營田官措置訖以聞　十二年五月十四日江西安撫司言乞依指揮選差右宣教郎本司參議官閻彥純兼提點營田公事從之　十二年八月十七日詔舒州知州張瑗特與減一年磨勘通判袁益之減二年磨勘令尉紹興十年分在任及半年以上之人與依本等賞格減半內選人比類施行黃州知州童邦直通判章材麻城縣令趙善汶各展二年磨勘　並以淮西運判兼提領營田吳序賓言舒黃州營田所收物斛殺寡合該賞罰故有是命　九月十三日赦勸會淮南等路營田本欲招集流亡墾闢曠土州縣間有希賞務為欺弊雖以招誘為名其實抑配民戶耕種循襲為例仰監司督責所部州縣悉遵成法專集流亡以究實利不得科抑土着人戶如敢違戾按劾以聞　十三年閏四月六日淮西運判兼提領營田吳序賓言重別比較到本路州縣紹興八年營田所收物斛詔在任及半年以上之人與依本等賞格減半餘並依元降指揮推賞內選人比類施行　八月三日工部言淮東路官莊止係鎮江府駐劄御

二十六

脫一條

前軍馬都統制提領令欲令本路總領官同共提領內官莊不許侵占民田及以種營田為名私役人牛耕種已田依律監臨之官私役使所監臨法施行各立賞錢五十貫許人告如添置耕牛器具許於諸軍糴土等錢內支不足申明支降從之　十一月八日南郊赦勸會諸路州縣營田官莊所給耕牛若實緣病患倒死累有約束止令將肉臟等出賣價錢樁管不得抑令佃戶陪償訪聞官司間有勒令陪還去處事屬違戾仰提領官取見詣實除放施行今後常切覺察如依前違戾按劾聞奏　十五年閏十一月十二日知池州魏良臣言諸軍營田須與本州守臣同共措置相與協力講究利害從之　十六年三月三十日工部言今參酌立定淮東西江東兩浙湖北路每歲合比較營田賞罰以紹興七年至十三年終所收夏秋兩料子利數內取三年最多數更於三年最多數內取一年酌中者為額以本路所管縣分十分為率內取二分奉行有方民無論訴抑勒擾擾去處分為三等增及三分以上者為上等依元格減磨勘二年增及二分以上為中等依元格減磨勘一年半增及一分以上者為下等依格減磨勘一年若虧及元額最少一處者為罰從本路提領營田官宣撫營田使開具保明以聞從之　五月二十八日鄂州駐劄御前諸軍都統制田師中言乞將紹興十三年至十五年營田收到錢斛於內取酌中年分立為定額乎是戶工部言昨降指揮軍中措置營田係將本路空閑田土廣行布種緣今來尚有閑田甚多所收錢斛未至增廣難以便行立額又緣未曾立定賞罰竊慮無以激勸今欲將本軍所屬營田逐轄使臣歲收錢斛數目令總領司以逐年所收比較將增剩及虧損最多去處[illegible]位姓名申取朝廷參酌賞罰施行從之　十八年八月二十五日知鄂州趙叔滲言願詔三省委諸路總領官及都統制括責閑田曠土公共措置將合分屯軍兵於所在州軍多給耕牛種之間墾苟能自足所用則令之所支上供糧斛盡歸朝廷矣歲後一歲其利可勝勘會紹興六年已降指揮令諸軍下不入隊使喚軍兵及不能披帶并揀退軍兵等有願請佃之人並依百姓體例以五頃為一莊官給耕牛五具并種糧等其所收物斛以十分為率四分給力耕之人六分官收詔令戶工部立法賞罰　十一月九日戶工部言令立定諸軍營田主管官各以所管已耕種熟田外將均撥到荒田措置增種逐田頃侯至收成從總領所保明依格推賞增五頃已上減一年磨勘十頃已上減一年半磨勘二十頃已上減二年磨勘三十頃已上減三年磨勘若不為措置增種者並領總領官本軍都統制開具

二十七

股一條

股示注一條

職位姓名申朝廷特與展二年磨勘從之　十九年六月二十四日兩浙
提領營田官曹泳言為根括得鎮江府未有人承佃天荒等田二十二萬
三千八百一十六畝三角五十二步欲將上件經界所量出田并後來因
水旱逃戶所拋下田並作營田拘收隨宜於轉運司支撥錢物借種召人
耕作所有本路應管天荒逃絕等田未有承佃去處處乞先自委州鎮江
府措置作營田耕種仍乞逐州從泳踏逐有心力官一員依經界措置官
已得指揮與諸縣知縣同共措置工部看詳除乞差官一員與諸縣知縣
同共措置一節緣諸路營田並係守倅令尉兼行主管難以施行外今欲
令曹泳更切契勘上件田土委是荒閑未有人承佃即依今來所乞事理
仰遵依前項節次累降指揮措置招召情願佃客耕種施行不得因而搔
擾抑勒枉費官中錢本如見有人戶承佃去處不得卻致科抑侵占人戶
見佃田土仍具如何措置開耕係置立若干莊分耕種若干田畝措置若
干牛隻召到佃客若干數目具文狀供申戶部言所有戶絕坊場抵當合
閑提舉常平司同共措置耕種依條施行從之　九年十月十四日南
郊赦契勘諸路營田官給錢糧牛具招募佃戶耕種不得抑勒搔擾其所
收子利依例分給累行約束州縣不得減尅佃戶所得子利并侵占民田
仰諸路提領營田官常切檢察如有違戾並行按劾　二十年二月一日
工部言乞將諸路紹興十三年至十九年知通令尉具依紹興十六年三
月二十日指揮立定分數并近申擬定法比較營田計外其十九年以後欲
將當年所收物斛若元額五千碩至一萬碩已上比遞年增及二分已上
與減一年磨勘虧及二分已上與展一年磨勘增及四分已上與減二年
磨勘虧及四分已上與展二年磨勘若元額不及五千碩增虧不及二分
並不在賞罰之例每歲仰本路營田官具無民詞訴抑勒去處方許保明
其已降指揮立定一分至三分賞罰自紹興十九年已後更不施行從之
　七月二十三日知廬州吳逵言土豪大姓諸色人就耕淮南閑墾荒閑
田地歸官莊者歲收穀麥兩熟欲只理一熟如稻田又種麥仍只理稻其
麥佃戶得收椿留次年種子外作十分以五分給佃戶五分歸官初開墾
以九分給佃戶一分歸官三年後歲加一分至五分止即不得將成熟田
作初開墾荒田一例施行所有處稅役錢並令倚閣仍將開耕官田每頃
別給菜田二十畝所收課子不在均分入官之限其管官莊戶於本道都
比聯附保並免差役及諸般科借佃戶穀就近便處輸省斛交量更不收
耗及不得輒加斛面歲終安撫司勘當以多寡為優劣從之　二十二年

十一月十八日南郊赦勸會諸路營田之法止係許令招召情願佃客耕
種昨緣州縣違法勒令人戶附種及虛認租課去處已降指揮並行改正
尚慮守令奉行不虔依前抑勒仰提領營田官常切檢察若有違戾去處
並按劾以聞勘會租佃營田并寄養諸色官牛每歲兩料收納課子其間
有災傷田元租官牛倒死官司勒令陪填往往並不與除放及老弱牛隻
不勘耕使抑令依舊虛納租課甚為民害仰諸路漕司及提領營田官體
究特與除放老弱不勘牛隻並行拘收出賣其堪使耕牛亦仰相度可與
不可出賣務從民便具利害以聞　二十三年三月十八日鎮江府駐劄
都統劉寶等言相度到人戶識認軍莊營田欲令償納自開耕以後三年
每畝用過工本錢五貫五百文足給還元田從之　十九日知襄府營薿
等言乞廢罷均州武當營田從百姓耕種從之　九月十二日詔諸路州
軍營田過有人戶識認營田與依劉寶軍莊例償工本錢給還先是戶部
言建炎兵火之後人戶拋棄已業逃移並各荒廢自置作營田經今年歲
深遠人戶為見營田所耕田土並各成熟往往用情計囑州縣前來識認
歸業因生詐冒漸壞成法故有是命　十六日詔淮南西路安撫司置主
管機宜文字一員營田司置幹辦公事准備差使各二員從知廬州曾愷
請也　二十一日三省言廬州曾愷乞與建康府都統制王權同商議營
田上曰須是令熟議可行與不可行如與之中分其利使軍人樂然從之
方可行也　二十五年八月十四日詔都督府所置官莊并牛租可日下
放免令後不得起理　十一月十九日赦文都督府所置官莊并牛租近
降指揮日下放免尚慮州縣守令別作名色依舊抑勒人戶送納有失朝
廷寬恤本意仰諸路監司常切覺察　十二月十三日戶部言都督府昨
來所置官莊將州縣官空閑田土拘集所收課子官中與客戶中半均分
近降指揮放免牛租所有撥田土庄屋牛具今欲委轉運司拘集見數
依舊令見佃人承佃據元認納租課輸納除合應副大軍馬料外將其餘
數目令所屬並行變糶價錢起發前來左藏庫送納從之　同日戶部言
都督府所置莊召客戶共種官給牛具所收課子官中與客戶中半均分
近請降詔旨都督府所置官莊并有牛租可日下放免令後不得起理
元降指揮更不施行本部除已行下諸路轉運司契勘本路有管都督府
所置官莊元撥田土委轉運司拘籍見數依舊令見佃人承佃據元認租
課輸納除合應副大軍馬料外將其餘數目令所屬變糶價錢起發行在送
納若見佃人不願承佃即開具田段坐落去處所納租課數目別行召人

二月二十七日條移在紹興二十九年九月一日上

閏六月條移在二十八年九月二十七日上

承佃其元擬莊屋菜田牛具亦並權行給付見佃人免行收租從之

二十八年九月二十七日文林郎鄧昂言竊見關外營田行之有敘若不經此增修將見弛廢兼紹興十三年創始之初秖十分收五分所餘五分當盡舉而行之耕種人力不給方且欲假借以辦事欲望再行體量於實田處更與添人力漢中陸田少濕田多種禾麻菽麥則為浸濕所害因其卑濕修為水田種稻則所收可無虛歲矣耕種田多是鹵莽開之老農耕不再則苗不盛耘不再則穗不實苟不能革日前之弊而望多穫之田其可得乎內田段多有未曾開墾宜委官躬親休量畝數行下諸莊偏令開墾如內有費牛力多處令莊官具實以聞令諸莊耕牛少又純養牸牛當收買牝牛二分散養以資蕃庶多以茅屋收頓租色在卑濕處乞命有司擇高燥地別行建立詔令王剛中同李澗措置申尚書省其後四川安撫制置使王剛中等言乞依紹興十五年四月二十二日已降指揮欲自紹興三十一年為始每歲俟夏秋收成了畢從兩都統開具諸頭項所種營田頃畝土色高下元下種子所收斛斗數目并主管或提振營田官職位開報四川安撫制置司并總領所同共參照通行比較賞罰於是戶部言欲下安撫制置司總領所候將來每歲夏秋兩料收成了畢從兩都通開坐諸頭項所種營田頃畝收到斛斗數目開報逐處同共參照將提振營田官通行比較賞罰施行并劄下吳璘姚仲照會從之

閏六月三日時上諭輔臣曰昨降指揮諸軍揀汰使臣官給閑田假以牛種農具使之養老似為得策有司失職奉行弗虔至今未見申到次第大抵營田實是良法自古富國強兵未有不先於此者豈苟可行於古而不可行於今者乎卿等宜令措置條具以聞湯思退曰向來兩淮營田非不講究利害委官專領而率不能成者豈惟有司弛慢之過亦是一時經畫未得其要今於召募之際儻能稍加勸賞不吝水費則亦何患其不成

二十九年九月一日戶工部言諸路諸州軍營田官莊夏秋二料所收斛斗內除年例科撥應副馬料外其餘並係變糶價錢起赴行在送納緣諸軍歲用數多理合就兌撥支使乞下提領營田官將合中糶稻麥並起赴本路總領所交納支用仍令總領官拘催具樁到數目紐計合支價錢申部照會從之

二月二十七日知蘄州宋曉言兩淮營田募民而耕之官給其種民輸其租始非不善應募者多是四方貧乏無一定之人而有司拘種斛之數每遇逃移必均責鄰里謂之附種近年以來逃亡者衆有司以舊數歲督其子利致子孫隣里俱受其害牛十之後則不堪耕令給於民者二十有三載

失一牛之費則償於官況連歲牛疫而不免輸租收牛之家逃亡而責鄰里代輸望詔本路漕臣與守倅務從其實一切蠲除之詔令逐路帥臣漕臣取見數目開具以聞其後漕司龔濤等言舒蘄州一十縣多將虛數抑勒人戶給散官牛分租種子令于自己田內種蒔認納子利課之附種年數既深牛已死損而虛數不除又縣官希賞虛陞開墾數目卻於人戶自行科納以致積年拖欠因而科擾實如宋曉所奏乞特與蠲除於是戶部言今據淮南轉運安撫司取見前項逐處乞依所降指揮特與蠲除所有人戶附種及虛認稻麥數目欲下本路并下總領所照會從之

九月七日戶部言淮西營田軍莊官請受若有科曆方合批勘如無自不合批勘所有合得券食錢自合隨官序支破券錢并食錢今欲下總領所將分差糧審院勘旁報江東轉運司應副不許於大軍錢內支其主管官監轄使臣并蔣田軍兵依元降指揮於諸軍所管人內差營田詔令戶部行下淮西總領所將本路營田軍莊所差官等並依淮東已得指揮差撥施行

三十年十一月二十三日李顯忠言乞令諸軍屯田時上諭宰執曰朕思之甚詳蓋先當根刷諸將留屯州分荒閑係官貴不盡田兼取見沿江所在頃畝初年支給牛耕三兩年間具畫與地利使之歲入有得則不勸而自耕矣湯思退奏當先令取會根刷別具奏聞也上曰此事在今日誠可議但行之當有先後之序應沿江屯駐所在自江以南恐無閑田如淮甸近江處若令諸軍不齎鎧仗往就耕種亦自無言但令當先取見閑田頃畝多寡之數然後均撥給以耕牛糧種每歲所收優以分數與之使其樂然願耕數年之後方可計其所入以充軍食斯為盡善

三十一年二月二十四日時上諭輔臣曰食者民之天百姓豈可闕食若屯田就緒不惟可以裕民亦復助國家之經費朕覩漢文無歲不為農田下詔則屯田可復乎宰相陳康伯奏曰臣等見措置別具奏聞

五月七日中書門下省言兩淮諸郡營田官莊佃戶數少因多荒廢州縣遂將營田稻子分給與民秋成則計所給種子而收其實為之附種歲月既久民業有陞降而其數不減詔令淮南轉運司行下州縣相度營田官莊將措置成就去處依舊存留仍不得依前抑勒附種如違許人戶越訴

三十二年三月四日臣僚言乞於淮甸立屯田之法以修兵備兵備修則兵可以彊二者最今日大務從之既而工部言欲下淮甸轉運司淮南東西路安撫司總領所建康府鎮江府御前都統參照前後已降指揮未盡未便事件即仰條具以聞以憑看詳立法從之

十六日尚書兵部侍郎陳俊卿言被旨

措置淮東堡塞屯田等事乞以措置淮東堡塞屯田所為名仍乞下禮部關借印一面如有措置令與本路監司帥臣守臣及州縣當職官商議及合用壕寨知鄉道人欲乞就逐處差撥如有諳知淮東堡塞屯田等事等人乞於見任官內許徑行差委幹集事務今來往回所至州縣乞免赴朝拜并出謁如有未盡未便續具申明詔並依內陳俊卿除給券外月給錢一百貫其後工部侍郎許尹淮西措置申明同此　四月八日上諭輔臣士大夫言屯田事甚多然須先有定論用諸軍乎用民乎若論既定當先為治城壘廬舍使老少有歸蓄積有藏然後可為宰臣陳康伯奏曰今淮西歸正人願就耕者甚多已降牛種本錢又趙子潚所納栰解木植亦分送淮上治屯田廬舍矣上曰如此甚好　五月八日權兵部侍郎陳俊卿言堡寨見別作措置今條畫屯田利害耕熟田戶未歸業者限自四月十一日為始滿一周年如無田主識認許諸色人經官投狀指占承佃印榜民間使之通知庶得來年趁時耕種其荒田二三十年無人耕種皆為棄地令乞使與稍加優異若諸色人不論土著流寓指占舊荒田耕種與免七年租稅并諸般差役科配等事見今歸業之民朝廷憐其凋殘之後少缺耕牛已令江浙常平司支錢買牛債錢發付淮南常平司令州縣出榜招人販賣沿路與免商稅仍令州縣預先根刷下戶缺牛之人先次五家立為一保籍定姓名候官買到牛依名次支給戶工部看詳欲依所乞事理施行并下兩浙東西路常平司并淮南東路堡塞屯田所轉運常平司提領營田官照會從之

宋會要食貨

營田

營田三　紹興三十二年九月　日孝宗已即位未改元江淮東西路宣撫使司言兩淮自經兵火田萊多荒合歸正忠義之人往往願於淮上請射田土本司已行下兩浙師臣提領屯田官將願請田耕種者結甲置籍據合撥頃畝借貸錢米牛具種糧仍逐一體訪利便條陳務要簡便可行不至徒為文具特來就緒所委官合行推賞從之　十一月二十九日參知政事督視湖北京西路軍馬汪澈言荊鄂兩軍屯守襄漢糧斛浩瀚逆泝漢江霜降水落舟膠不進所遣綱船來自江西湖南率經年不得還舟人逃遁官物耗散而軍食又不繼竊謂虜未退聽調度尚煩或和或戰襄漢要必宿師而饋運乃如此可不深慮臣今相視得襄陽古有二渠長渠溉田七千頃木渠溉田三千頃自兵火之後悉已堙廢臣今先築堰開渠并合用牛具種糧就委湖北京西兩運司措置渠既就或募民之在邊者或取軍中老弱者雜耕其中來秋穀熟量度收租以充軍儲既省饋運又可安集流亡臣今乞以措置京西營田司為名令姚岳兼領合用錢物臣已令湖北京西運司通融計置候事畢日具數申朝廷所有幹辦官正不可闕臣約度一面選差典理為資任支破請給從之　孝宗隆興元年二月二日殿中侍御史胡沂言竊謂為今之計求守禦之利圖經遠之謀莫若令沿邊之郡行屯田之策況前歲淮上遷移之民散處阡陌未復舊業而頻年中原歸附之衆仰食庾廩未知所處因其曠土俾之就耕豈惟可以贍其室家抑亦足以寬吾餉饋然而行之亦有二說今土膏脈動東作方興宜及此時即為措置一也又慮敵人乘吾農時輒加驚擾宜于險隘之地聚兵以守防其侵軼二也去年朝廷指揮諸路收買耕牛農具州縣起發錢糧于道今耕牛農具當已不乏欲望亟賜下行沿邊諸路帥司疾速施行從之　十三日御史中丞辛次膺言去年淮南州縣例皆清野以防虜人之侵軼民多離徙寄泊異鄉失其常產類無生意今戎馬漸息種藝是時豈可使昔日膏腴斷為草莽雖公上二時之賦或貸于征求而良民數口之家何從而養贍安得不亟行經畫招集流亡官為借給牛具種糧趁時耕布或令見屯軍伍將荒閑之地從便營田俱免稅租實惠育元元足食足兵之良策也昔唐張全義為河南尹時東都經巢之亂戶不滿百野無耕者全義選麾下十八人詣十八縣故墟落中植旗張榜招懷流散勸之耕殖寬刑薄斂民歸如市時人謂張公見聲妓未嘗笑獨見佳麥

良田則英由是凶年不飢遂成富庶至昭宗時郭禹為荊南留後止存十
有七家禹撫集凋殘晚年及萬戶華州刺史韓建亦招撫流散勸課農桑
民富軍贍時號北韓南郭臣謂宜嚴責兩路守令以勸農營田繫銜者毋
為虛名力圖實效出入阡陌勸相勞來務盡墾闢或將淮上控扼州郡改
差術良武臣俾之經緝且耕且戰賜日行久為善後之圖從之　十八日
戶部員外郎奉使兩淮馮方言臣至楚州偶設山東忠義軍撥本軍將鮭
蒙按旬支給錢糧緣各家老小累重食用不前今與眾議除軍身教習武
藝外其餘乞于三家或四家同共關借官錢收買耕牛關借子種踏逐堪
耕土地趁時布種令各因其所欲給借牛種糧食繳立規募官田可以逐
旋增廣屯田之利檢准紹興三十一年十二月敕畫內一項委浙江常平
司官于本路支撥常平錢收買耕牛農具交付淮南常平司給借人戶耕
種免納租課候及三年分限送納借錢令淮東提舉司從來年條畫種牛
之後尚有兩浙等路發到應副牛本錢五千貫乞專委本司就用見在錢
及通融本司錢及江浙等路合發米到錢添湊應副收買選擇清強知縣
委付措置于江浙常平及義倉米內取撥借貸種糧多方存恤將來就緒
優與推賞其忠義軍老小軍身非願佃之人乞自朝廷行附劄下本路提
舉司分撥施行從之　五月十七日臣寮言今日之急務莫若且依兵營
田州郡官以營田為名而無營田之實欲究其要有十說焉一曰擇官必
審昔魏武欲經略四方苦食不足置屯田以任峻為典農中郎將司馬懿
代吳乃使鄧艾廣田蓄穀是也二曰募人必廣趙充國留弛刑應募及吏
私從者合萬二百八十一人後魏文帝時李彪請別立農官取州郡戶十
分之一充屯田人是也三曰穿渠必深趙充國圖上先零屯田于金城先
浚溝渠鄧艾屯田于壽春遂開河渠之利是也四曰鄉亭必修趙充國繕
鄉亭理隍陋是也五曰器用必備趙充國上器用簿是也六曰田處必利
漢昭屯田于張掖魏武屯田于許昌是也七曰食用必充趙充國屯田萬
二百八十一人用穀月二萬七千三百六十三斛是也八曰耕具必足後
魏文帝大統十一年李彪請以贓贖雜物市牛科給唐開元二十五年詔
屯田用耕牛墾土軟處每一頃五十畝配一牛強硬處一頃二十畝一牛
稻田每八十畝配一牛諸營田若五十頃外更有地剩配耕牛者所收斛
斗皆准頃畝折除是也九曰定稅必輕東晉元帝太興中後將軍應詹上
表屯田一年與百姓二年分稅三年計稅賦以使之公私兼濟李彪上表
一夫之田歲責六十斛蠲其正課并征稅雜役是也十曰賞罰必行晉元

食貨三之九

帝督課農功二千頃長吏以入穀多少為殿最北齊武成帝河清中詔緣
邊城守營屯田歲終課其所入以論褒貶是也凡此十者營田之制盡矣
就其中莫難于募人猶莫難于耕具募人之要臣請如李彪之策取州郡
十分之一又加廣焉人戶依募三千人于淮南要害處營田二年有官人
與轉兩官無官與免二十年差役願補官資者聽選人與改合入官恩科
人與免椎入官能募二十人或十人者比例施行仍令州郡敦遣如此則
人樂從矣不然從惰吏及貧人不能自業者于寬地如崔寔之政論或因
罪徙于沿邊如仲長統之昌言斯亦可矣其耕具則請權住廣西馬綱三
年專令市牛蓋廣西雷化等州牛多且賤臣頃在廣西知之詳矣二部勘
當昨降指揮淮州縣營田官莊將州縣係官空閑田土并無主逃田並行
拘籍見數每縣以十莊為率每五頃為一莊召客戶結甲耕種官給牛具
借貸錢本其客戶仍免諸般差役科配每莊召募第三等以上土人一名
充監莊先次借補守闕進義副尉與免身丁依軍中則例支破券錢候秋
成日比較所收斛斗多寡如合推賞許申乞朝廷補正及將初年收成課
子除樁管次年種子外十分為率官收四分客戶六分次年以後即均分
窃詳諸路營田雖承指揮措置召募耕種並立定許補名目推賞則例非
不詳備緣逐路自來召到監莊之人往往並不申到種過田土頃畝比較
所收物斛多寡乞與補正以致佃戶視為虛文不肯勸誘開耕今勘當欲
下淮南路轉運司兩浙江東京西提領營田官江西湖南北安撫營田使
依已降指揮將見管係官空閑田土督責所部州縣多方召募可充監莊
之人勸誘客戶廣行開墾先次借補名目如果能用心協力措置耕種候
秋成日比較所收物斛多寡開具合推賞人姓名保明申朝廷補正名目
從之　六月十八日宰執進呈軍人蕭德訴襄陽屯田上曰此可罷陳康
伯奏曰汪澈措置屯田頗就緒但不當役戰士洪遵奏曰止合顧募人願
耕者上曰指揮更添人不得抑勒候秋成所得依舊與之　七月四日樞
密使江淮東西路安撫使魏國公張浚言總領所請派營田官莊見占官
兵人數稍多每歲所得不償所費欲乞下有司取會立限措置將見管頃
畝牛具種糧依官中客戶所得子利分數召人耕種抵替官兵歸軍使喚
詔工部行下逐路總領措置　十月十二日工部尚書張闡言制置司已
將營田諸屯見耕種人丁放令逐便仍罷營田令工部看詳臣聞自古兩
國相持勝負未決必有師老財匱之患善制勝者欲省饋運之費莫不以
屯營田為急如趙充國屯于金城羊祜屯于襄陽任峻屯于許下諸葛亮

食貨三之一〇

也於消南皆能籍以成功何古人行之為得策今日行之為有害耶抑嘗久復思之蓋荆襄之地自靖康以來屢經兵火地廣人稀不患無田之可耕常患耕民之不足君無事時勸之使耕積以歲月之久僅能墾闢一二況舉事之始皆未朞月欲使盡無曠土可乎臣謂今日荆襄之地屯田營田為有害者非田之不可耕也無耕田之民也欲治田而無田夫任事之人慮其功之不就不免課之于游民游民不足不免抑勤於百姓百姓受抑妄稱情願舍已熟田耕官生田私田既荒賦税猶在或遠數百里追集以來或名為傭丁役其強壯者占百姓之田以為官田奪民種之穀以為官穀老稚無養一方騷然有司知其不便申言于朝廷罷之誠是也然臣竊謂自去歲舉事以至今日買耕牛置農器修長木二渠費已十餘萬其間豈無已墾之地乎豈無廬舍場圃尚可就以卒業乎一旦舉而棄之不為勢力之家所占則是捐十萬緡于無用之地而荆襄之田終不可耕也臣比見兩淮歸正之民源源不絕動以萬計官給之食以半歲為期今已踰期矣官既不能給斯民無所依老弱踣于飢餓強者轉而之他殊失斯民向化之心燕亦有傷國体臣愚以謂荆襄之田尚有可為之規模與其無民耕而棄之孰若使歸正之民盡遣而使之耕非惟可以免流離困苦之患庶使中原之民知朝廷有以處我不至失所率皆襁負而至樂曰墾闢既廣田疇既成然後取其餘者而輸之官實為兩便詔除見有人耕種依舊外餘令虞允文同王珏疾速措置。

二年正月二十五日江淮都督府參贊軍事陳俊卿言兩淮兵火之後前後議屯田其說紛然卒不能有成蓋欲募民屯則非良守令出入阡陌遲以數年何以見効事就總統制劉寶熟論欣然有欲為國家出力率先諸將之意其說似有理欲無肯任責者若使軍人營田事或易集前此兵將官多難之近與鎮江都只用本被帶人分數十頭項擇見今條官荒田標撥立寨多買牛犂縱耕其中田熟之日官不收課人有所得自然樂從數年之後墾田必多米穀必賤所在有屯則村落無盜賊之憂軍食既足則饋餉可無運漕之勞此誠永久守兩淮之上策第須久任其人責以成効若欲取効目前又或悼其小擾則無時而成此說或可行乞下劉寶條具施行詔令陳俊卿劉寶疾速施同議條具聞奏　其後劉寶具到見營田官莊四十二所田四百七十五頃八十八畝官兵五百五人客户二百六十五戶臣契勘得營田軍兵係元不入隊人内差撥即無堪充披帶出戰之人歸正人已於都督府取問皆係情願請佃所稱軍兵費用錢米係是逐人身分合得請給

即不是因營田別有支破今者詳欲乞將本軍見管營田頃畝且令依舊耕種寶又言淮東自經兵火凋殘之後荒田甚多若令且耕且守醜虜聞之必不敢輕犯乞于揚楚高郵盱眙天長諸處檢踏係官不係官惡于荒田可以耕種者仔内雖有主未嘗歸業亦許時暫種蒔候將來事定日撥還其檢踏到頃畝悉置簿拘籍以憑斟酌分撥人兵前去欲乞于入隊官兵内揀選請受低小元係莊農使臣五人例三人例及効用長行軍兵口累重大情願屯田者及忠義歸正人舊曾力田耕墾之人盡數集逐數目以備分撥種蒔合用農具本軍自行置辦外其耕牛種糧蓋屋竹木並乞官中給降每十人為一甲斟量田畝多寡共成一寨于内差使臣一員管幹人數稍多即差部隊將一員監轄每一旬差將官一員詣逐寨看視時復差統制官檢踏及覺不測前去提領一于種蒔之暇令官兵時復閲習元來執色武藝免致廢墮至收成畢農隙時却行抽回軍前以備防捍委淮東提領營田官王弗同共措置今來揚州見椿營廢罷華生所益簡錢銀共四萬三千九百六十一貫文欲撥副總領所拘收專充措置營田種糧牛具等使用並從之　三月十四日司農少卿總領淮東軍馬錢糧兼措置江淮等路營田王弗言自古屯田之制止用軍兵唯魏武于許下募民屯田積穀至數百萬然則軍民雖異而屯田期于積穀則一也國家軍興以來屢降詔旨太上皇帝親書趙充國傳賜諸大帥所以激勵諸將然終莫能有奉承德意以塞詔命者紹興五六年間置營田司講究利害而施行之臣嘗同領江淮等路營田公事經營二年初年官收四分莊户六分次年官與莊户各收五分省紀紹興六年官中所收約七十四萬碩莊户所分一同繼叙旨結局分隸諸路漕司權領遂致人情觀望田政日削牛死不補客去不還耕熟之田認者紛與遂遞不振日就廢壞今雖有存者所得無幾若併行拘名愈更艱難兼游民今日着業往往不肯開墾荒田欲乞先于側近軍分與王師商議揀次等不堪出戰及知農務之人每軍以十分為率差撥一二分列屯耕作其置莊買牛造農器分課子並依昨差提領營田司已降指揮施行外有當時募民官莊乞下逐路取見已廢見存數目且據舊來所管莊數目所闕客户給名情願人户補填所費軍民各有課程似之歲月以漸增廣從之　七月二十八日知復州張沂言本州景陵縣管下舊有營田官莊自紹興六七年間置撥司營置今三十年矣名存而實亡歲久而害深當時耕牛歷年既多十無七八歲課盡減之租盡減耕折還于狀後人户名下復有水脚之耗今以所給牛租

一千七百斛之數，仰視國計之大如太山之一芒，而一郡之民歲受其弊。乞于揀汰使臣內差一人董率揀汰之卒而營治之，候三二年間耕種成熟，別議增減，委是公私兩濟。詔令措置營田官王弗相度。弗照得景陵縣營田經今二三十年，耕種已就緒，如有廢壞，耕牛倒死，少闕客戶，自合依已降指揮補填。若將揀汰之卒耕種，竊緣揀汰軍兵皆係癃老病患，不堪征役。今相度欲乞下荊湖北路營田使行下本州，取見當來興置營田頃畝若干，頃畝耕牛農具客戶數目，并見今所管之數，如內有委實州抑去處，即行放散。其退下田土，却別召情願人戶承佃。若官莊廢壞，耕牛少闕，自合營田司那融計置收買應副。其所闕客戶，亦仰照應已降指揮招召情願人戶補填見闕之數。從之。　十一月十五日，詔襄陽府營田官吏並罷，止令京西轉運司官吏兼管，更不添請給。乾道元年二月二十四日，詔兩淮合行屯田，以便軍食。昨來郭振于六合措置，已見就緒。今來已除鎮江府駐劄御前諸軍都統制，所有淮南東路屯田，理合委官。令郭振同王弗、周淙疾速措置，其合用種粮、農具、牛畜等，一就條具聞奏。　其後王弗等條具下項：一、檢准紹興六年十二月十九日指揮，措置屯田，乞以五十頃為一屯，作一莊，差主管將領一員，監轄使臣五員，軍兵二百五十人。如次年地熟人力有餘，願添田土，聽從其便。一、近取會到楊、楚州、高郵、盱眙軍、天長縣見管係官荒田共五萬八千餘頃，所用種本、收買耕牛、置辦農器、修蓋廬舍寨屋、差撥軍兵列屯耕作、使臣管幹監轄，雖蒙朝廷降到銀絹，止總計錢五萬餘貫，若下手措置收買牛畜、蓋屋之類，大段數少，欲望廣行支降錢本應副使用。詔令淮東總領所將寄收屯田錢五萬貫，并見樁管都督府度牒一百三十二道價錢，撥充屯田使用。　三月十一日，詔已降指揮兩淮合行屯田，昨來郭振于六合措置已見就緒，所有淮西、湖北、荊襄令流介張松、王支、楊倞、王彥、趙樽、王宣、張師顏疾速措置。　五月十八日，詔淮東西、湖廣總領，淮南東西、湖北、京西帥漕臣並兼提領措置屯田，兩淮、湖北、京西諸州軍守臣並兼管內屯田。　七月五日，權發遣滁州楊由義言：被詔措置屯田，以便軍食。除已將鎮江府都統制郭振撥到不入隊軍兵五百人，標撥荒廢田一百餘頃，蓋造莊屋，收買牛具，近已分撥軍兵前去逐莊居住，趁時開耕，布種二麥外，契勘本州元管營田七十頃，緣營田與屯田不同，屯田係使軍兵耕種，營田係召募百姓耕種，逐年將收到子利，依營田司元降指揮，除種子外，官中與佃客作四六分分，官得四分，客得六分。本州近緣兩遭北軍侵犯，牛畜農具不存，營田莊客衣

食不繼，星散逃移，致所管營田多成荒廢。今來本州元管營田七十頃，目今共有耕牛二頭，佃客二十七戶。臣近申朝廷，乞將今年營田二十七戶名下分到係官子利，盡給付本州賑濟營田未家四降窮緣。今來措置屯田一百餘頃，已見次第，欲下淮東提領營田司，裁定將今年營田子利盡興本州客臣，措置牛具，招集莊客，更就官莊側近踏逐良田三十頃，湊成營田一百頃，并理耕種。從之。　八月三日，敷文閣待制張子顏言：朝廷見令措置兩淮營田官莊，臣于真州及盱眙軍境內有水陸田山地等共一萬五千二百六十七畝，謹以陳獻。詔價直令戶部紐計，支降度牒給還。繼而張宗元[illegible]真州已莊二萬一千八百一十三畝，楊存中以楚州寶應田三萬九千六百四十畝，并牛具船屋莊客等獻納，並從所請。　十二月三日，知襄陽府路彬言：乞將轉運司營田一屯，見有五十餘戶耕種，歲收物斛不多，乞委本府宜城縣令尉兼行管幹，其收到物斛依舊轉運司拘管，所有營田司元置官屬劾用並省罷。從之。　十五日，詔兩淮、湖北、京西諸軍今年新開耕到屯田，與免來年夏秋兩料應干租課，本軍不得別作名色妄行料取。　二十二日，宰執進呈張之綱繳奏蘇礄論屯田之兵與農民雜處，民間悉不安居，多有移徙者。上曰：令郭振、劉源將撥頭所支到屯田軍兵寨屋錢，各于田畝相近處如法修成營寨，不得與居民相雜。

乾道二年正月十六日，宰執進呈周淙、龍大淵相度到郭振乞于楊子橋置屯田，侵占民間田土不便也。上曰：郭振如何妄有奏陳？可并畫到圖子，劄令具析。　先是郭振言：揚州南十五里地名楊子橋南岸一帶，乞置屯田一所，并牧馬官莊，不與民間交雜。遂詔周淙、龍大淵同共相度。至是周淙等相度來上，故有是命。　二十四日，詔鄂州駐劄御前都統司副將、武經郎候汶特降兩官勒罷，令本軍自劾。以本司都統制趙樽言：本司措置屯田，差發官兵二千人前去德安、郢、隨州標撥荒閑田土，措置開墾。其部轄官路白軍第二十六副將、武經郎候汶自到德安府，將屯田官兵並不存恤，至今年十一月終，共逃竄過七十三人，并耕牛亦不如法養餵，致倒死二百五十餘頭，又所耕田土大段數少，顯是故不用心措置。若不懲戒，深恐屯田卒難就緒，故有是命。　二月十三日，總領淮東軍馬錢粮所奏：已降指揮，兩淮、湖北、京西路諸軍今年新開耕到屯田，與免來年夏秋兩料應干租課，本軍不得別作名目妄行料取。本所除已牒鎮江府提舉措置屯田郭振遵依施行外，所有淮東路諸州軍亦有鎮江府諸軍新開耕屯田，并楊存中等獻納田土，即未審合不與合遵用上件指揮。詔新開耕

屯田自合照應已降指揮施行其逐處獻納官莊即非新開田不合放免
租課　三月六日宰執進呈荆南駐劄御前諸軍都統制兼提舉措置屯
田王宣劄子近得湖北運判程邁書報陛辭之日面奉聖訓令本軍屯田
且據目下不得增費仍具已墾數目及施行事體聞奏竊緣當時制置司
被旨奉指揮行下日臣曾具利害申聞謂從軍之人率皆游手不樂耕稼
若不誘之以利未易即工遂條具分收事宜初開荒年所收全給次年依
鄉例主客減半輸官是十分止收二分半第三年方依主客例分收務要
從寬期于集事悉蒙俯從所陳今來屯田官兵室廬皆已就緒耕墾亦已
安業麥種已下千五百碩但自冬及春牛疫為災今漕臣既有建白謹當
遵稟洪适等曰荆襄屯田行之多年已成次第深恐因程邁宣旨却致荒
廢上曰朕意本不如此可明以諭之适等奏曰且令王宣將見屯田官兵
依時耕種上曰然　六月五日詔淮東屯田令鎮江府駐劄御前都統制
戚方提舉六月新除淮南路轉運判官王之奇朝辭奏事上宣諭曰淮上
屯田已令有司將今年所收盡數給種之人却到彼點檢如有奉行滅裂
去處便與理會務要實惠及人　二十五日建康府駐劄御前諸軍都統
制兼提舉措置屯田劉源言伏覩指揮將永豐圩開掘見管租戶數多若
一旦放散無所歸着使見失所今來本軍差軍兵在和州巢縣屯田竊恐
於內却有不請田土之人今相度欲候開掘永豐圩將放散租戶內取問
情願屯田之人撥填所差屯田軍兵歸軍所有合用糧食乞令總領所支
借應副委是兩利詔令江東轉運司先次取問租戶如有願耕屯田之人
候至十一月發遣前去仍關報總領所支借糧食　八月三日詔武鋒軍
已撥隸步軍司可就令錢卓將帶所部人前去六合縣措置屯田須管限
一季了畢　十八日詔錢卓罷知高郵軍依舊武鋒軍統制六合縣駐劄
措置屯田　九月十五日湖北轉運司言已降指揮湖北京西路帥漕臣
並兼提領措置屯田諸州軍守臣兼管內屯田事照得德安府隨州郢州
三處即目各有鄂州都統司軍馬屯戍乞於逐處措置屯田外其餘州軍
無屯戍軍馬難以措置屯田竊慮難以虛帶屯田職事詔湖北轉運司既
止有德安府一處屯田免行干預其餘州軍別無屯田去處自合免帶
三年二月八日武鋒軍正將總轄楚州寶應縣屯田事務賈懷忠言本莊
除隸本軍所管外有高郵軍及淮東安撫司總領所淮南轉運司鎮江府都
統制司並帶屯田職事逐處不時行移取索委是文字繁冗供報不前詔
寶應等縣屯田莊除隸屬步軍司并淮東總領所外其餘官司並免管轄

十三日總領淮東軍馬錢糧所言淮東州軍措置新開耕屯田乾道二年
收到夏秋兩料物斛除椿留次年種子外其餘依當年正月內御筆處分
盡給耕種軍兵了當所有乾道三年分夏秋兩料并已後年分收到物斛
數目即未審合起是何去處送納詔將本路州軍屯田今年并以後年分
所收物斛除椿出次年種子客戶等分給外依營田例大麥稻穀充馬料
令戶部除豁合支降馬料數目小麥雜豆等本所拘收出糶價錢起赴行
在左藏南庫送納其淮西荆湖北屯田准此措置　三月二十七日知隨
州周冲巽朝見進對上宣諭曰隨州極邊應營田屯田卿可躬親提檢應
所種多少所得多少先次奏來要知其數　六月十三日太府寺丞總領
淮西江東軍馬錢糧兼提領措置營田葉衡言本所有營田五軍莊計田
二百七頃六十五畝歲收夏料大麥四千一碩小麥一千三百餘碩秋租
禾稻一萬八千一百餘碩充馬料以時價估計共可直錢二萬貫省而所
差使臣軍人各五百八十四人掌管歲請錢四萬七千七百餘貫米六千
五百碩絹二千二百餘匹綿三千四百餘兩紐約川錢七萬五千餘貫所
得不能償所費之半兼差去使臣軍人皆是癃老及官職稍高之人占破
身役若依近降指揮揀汰又緣諸州軍揀汰人數至多竊恐諸州難以應
辦詔都統制劉源將諸軍莊監莊使臣并軍客揀選委實癃老之人依舊
存留營田所看管減半支破請給內若有堪充披帶人數即行拘收歸軍
教閱所有逐人名下耕種田土從本所召募農人耕種　七月十四日鎮
江府駐劄御前諸軍都統制兼提舉措置屯田戚方言面奉聖訓令措置
招召百姓客戶抵替淮東營田屯田官兵歸軍教閱契勘淮東營田并楊
州滁州屯田三項共占官兵一千五百一十二人今以去年所收物斛紐
計價錢九萬一百餘貫將官兵一年合請錢米衣賜共約計錢二十萬六
千八百餘貫比之收到物斛錢大請過官中錢一十一萬六千七百餘貫
臣今于前項官兵只乞存留主管監轄官并書司等一百二十二人依舊
在莊部轄使喚外有力耕軍兵一千三百九十人委是虛占枉費今若從
臣所請拘收歸軍不獨減省財賦于官中課利亦無虧損又得逐時教閱
乞下逐處守臣不得將前項屯田官兵巧作緣故占吝所有營田臣乞依
舊與淮東總領所同共提領措置詔令戚方將少壯堪披帶人拘收歸軍
其老弱人且令依舊免行揀汰　十二月六日權發遣知州胡昉奏事繳
納屯田軍兵圖冊劄子上曰屯田子弟已兩次御筆行下令發歸本莊可
籍記仍不得剌手面　四年六月二十四日鄂州都統制提舉措置屯田

趙構等言昨來依指揮差發官兵前去安郢屯田以便軍食去歲夏秋兩料收五萬餘碩其黑豆銀牛大麥稻穀充馬料所有小麥粟穀雜豆糶發價錢赴左藏南庫送納所有逐處屯戍軍馬合用糧料係總領所逐時移運應副支遣今來安郢兩城修築堅固欲乞將已後屯田所收大麥粟稻置倉樁頓五年之間可積數十萬斛以備邊陲有警應期支遣從之　十一月八日詔差知無為軍徐子寅前去淮南措置官田利害仍以措置官田所為名徐子寅每月添支特給錢七十貫于所在批支　五年正月十七日徐子寅言今往楚州界內相視到空閑水陸官田數請到歸正頭目人傅昌等勸諭歸正人王琮等四百二名情願結甲從官中給借耕牛農具屋宇種糧請田耕種今措置條具下項據楚州具到寶應山陽鹽城淮陰四縣空閑水陸官田共計七千二百七十八頃一十四畝一角三十四步內淮陰縣係沿淮極邊鹽城縣係沿海難以令歸正官于逐處種田外將有寶應縣孝義村文德村白馬村侯村共有空閑水陸官田二萬餘頃係南近高郵軍界山陽縣大溪村有空閑水陸官田三百餘頃係在楚州之南臣同傅昌等相視其田委堪耕種今措置欲每名給田一頃五家結為一甲內一名為甲頭並就種田去處隨其頃畝人數多寡置為一莊每種田人二名給借耕牛一頭犂杷各一副鋤鍬钁鐮刀各一件每牛三頭用開荒銐刀一副每一甲用踏水車一部石磙礰碡二條木勒澤一具每一家用草屋二間兩牛用草屋一間每種田人一名借種糧錢十貫文省趁二月初一日開墾使用仍委知縣置籍每一季親詣勸諭耕種其田給為已業通計滿十年日起納稅賦仍令寶應山陽知縣從計元置造農具屋宇及元買耕牛價直并所借種糧錢均作五年拘還其所收錢每年從楚州類聚解納行在左藏南庫樁管仍令差元勸諭頭目人武進校尉添差淮東安撫司緝捕盜賊不釐務傅昌守闕進義副尉添差常州聽候使喚不釐務韓禮並許帶見任弟遣前來部轄進義校尉王彝守闕進勇副將謝彪承免文解顧知古借補成忠郎蔡汝為借補承信郎徐慨借補承信郎王榮並充部轄乞下淮東安撫司將頭目人八名各先次加借轉一官資內顧知古係承免文解與借補進勇副尉候耕種及二年令楚州保明繳納元借轉官文帖申三省樞密院如係真命人與換給轉一官資若係借補人乞斟酌補正日後更有歸正願請田人欲乞並依今來措置到事理施行詔令徐子寅措置　十九日徐子寅言被旨措置兩淮官田乞先往楚州催督守令置造農具屋宇給散耕牛種糧錢趁二月內開墾候

措置一州畢日即往以次諸州軍所有諸州軍合具空閑官田數自乞從本所先次行下依所立日限開具供申所有置買牛具等合用錢物乞每料支降會子二萬貫候支用一料將盡乞給降一料接續支用如有官吏違慢去處其人吏乞從本所杖一百斷罷當職官取旨乞重賜施行從之　三月二十七日知樞密院事四川宣撫使虞允文言利州路諸州營田向緣兵火之後土田荒閑無人耕佃前宣撫使鄭剛中措置差發官軍耕種將每歲收到租米斛㪷吏相兌易對減成都府路對糴米一十二萬碩應副贍軍臣昨入蜀境體訪得積年既久弊倖不一軍兵與齊民雜處于村疃之間恃強侵漁百端擾擾又于數百里外差科百姓保甲指教耕佃間有二三年不得替者民甚苦之其租米斛㪷歲豐則利歸于官水旱則保甲均認無所收之租不償請給之數謂如興元府歲收租九千六百七十三碩一年都支種田官兵請受計一萬一千四百四十五碩之類知興元府晁公武措置以三年內所收租課取最高一年為額等第均敷召人請佃發遣官兵歸將擇少壯者教閱老弱者揀汰已據興元府鳳州召人承佃自去年秋料為頭理納所承之租并階利興州已係人戶租佃外有西和成洋州打量到見管田畝臣已行下總領查籥差屬官一員前去逐州同知通措置召人請佃發遣軍兵歸將放散保甲依舊歸元來去處防托邊面從之　八月十七日詔鎮江都統司及武鋒軍見管三處屯田官兵並拘收入隊教閱其屯田并耕牛農具等令逐州軍交收下出榜召人請佃只認軍中所認租額　九月六日知揚州莫濛言准指揮鎮江都統司及武鋒軍見官屯田官兵並拘收入隊教閱其屯田耕牛農具等令逐州軍交收日下召人請佃只認軍中租額濛照應上件屯田今來已是開成熟田若依所降指揮召人請佃只認納租額若租額稍輕往往盡為有力之家所佃若或租額稍重未必有人請佃一年之後復為荒田今來淮南民戶復業者衆皆謀生計如揚州逐時人戶交易田地投買契書交爭訟界至無日無之今乞令逐州軍將所管屯田先次估定價錢開坐田段出榜召人實封投狀增價承買給付價高之人理統已業耕牛農具亦令逐州軍各行變賣所有目今田土青苗亦乞委縣官措置收刈變轉同賣田等價錢今項樁管以備朝廷取撥支用詔逐州軍將所管屯田目今已成苗稼且令官兵收刈候收成了日以租額輕重比近品格均一依已降指揮召人請佃　十一月十日大理正兼權駕部郎中措置兩淮官田徐子寅言近降指揮武鋒軍見管三處屯田官兵拘收入隊教閱其屯田并一

耕牛農具等令逐州軍支收召人請佃令窮見所罷屯田莊數內楚州寶
應縣一莊有田一百三十二頃一莊有田五百頃乞將二莊所管耕牛農
具屋宇種糧等盡數撥發官田所勸諭歸正人耕種仍乞就差買懷恩王
知彰管轄所有課子乞依官田所利踴免候至十年綸租賦詔依所收課
子與免五年　六年正月二十五日建康府駐劄御前諸軍都統制郭振
言已降指揮令據同淮西總領所相度揀選屯田堪披帶人充入披帶
　不堪披帶人且令依舊屯田新得子利內量　度支給養贍召募少
壯人補填軍籍契勘屯田官兵共約三千餘人其每年所收斛斛大段數
少若與不堪披帶官兵止于所得子利內支給養贍委是不給乞將屯田
諸莊內除巢縣界柘皋莊依已降指揮召歸正人耕作外其和州界屯田
並行廢罷將見占官兵拘收歸軍諮其田令和州召人租佃如無人即估
價召人承買　二月十一日建康府駐劄御前諸軍都統制兼知廬州郭
振言　承務郎薛置申增置廬州屯田事件令振相度今條具下項一耕
田合用莊丁四千人軍兵一千人建康諸軍所管屯田依已近降指揮並
行廢罷其見占官兵拘收歸軍今來若行差撥有礙前項指揮且廬州見
管戶口人下累經兵火殘踐凋零今欲乞召募情願人戶耕蒔或無歸貿
業之人與免科役官給牛具借貸種糧付與耕作其所收子利除樁出借
貸種糧外以十分為率官與力耕人中分一乞先次蓋造住屋二千間收
買耕牛五百頭並令淮西轉運司應副候將來耕蒔稍成次第一面開報
本司接續蓋屋買牛一梢種借糧乞據合用數目開報淮西總領所借撥
應副使用候成收日却行樁收所有薛康中乞差充提領屯田所幹辦官
從之　二十八日詔建康府都統司退下淮西屯田專委淮南轉運判官
呂企中措置召人耕種　企中條具下項一今來建康府都統司退下知
州管下并無為軍柘皋鎮屯田數內柘皋鎮莊依已降指揮委郭振招召
沿淮歸正人耕作外有和州屯田元係五百頃諸軍耕種今召人耕種欲
多出文榜勸諭召募一屯田元原軍人開墾官給種子等所收花利主客
中半分受今召人耕種即與向來軍人耕種不同竊緣當來營田係是四
六分官收四分客戶六分蓋欲優與人戶今來欲乞除種子外依營田例
四六分數官私分受欲乞令知縣縣尉依營田法階銜上各帶主管屯田
每遇支種子委自知縣躬親到地頭當面支散知通令尉仍乞依營田例
添支職田一今來屯田雖是成熟竊緣叛事之初合行優恤將來收成欲
合免事免第一年花利次年為頭方行分數官私收受一遇有人戶前來承認

耕種乞就逐縣寔封投狀請佃盡出給公據一今來屯田不許見任官及
僧寺道觀公吏等人詭名冒占許諸色人告論如有違犯申取朝廷指揮
外自餘不拘西北流寓及兩淮居民以至江浙等處客戶並許不以多少
量力踏逐承佃仍令實封齎狀赴逐縣投陳別置簿籍立定字號畫時給
據付人戶收執耕作一見請官元係屯田牛具犁杷並廢遇有人戶前來
耕種欲乞一面給散一所召到人戶並不得州縣差使搔擾仍乞令逐州
軍守臣常加覺察一給田之後若遇水旱委是令尉躬親到地頭依實檢
覆一據許子中先踏逐差到進義副尉袁亨忠訓郎李彥忠說諭到歸正
林本等一行八十二人各情願受田種蒔乞依許子中申蒔指揮每種佃
人一名借種糧錢一十貫文省一許子中已申差李彥忠袁亨充措置兩
淮官田所聽候差使今欲乞存留逐人措置屯田使喚仍以措置屯田所
準備差遣人為名從之　四月十二日詔揚州滁州屯田依和州已降指
揮　七年九月十一日戶部郎中總領湖北京西軍馬錢糧兼提領措置屯
田呂游問言本所所收管營田屯田內官兵開人耕種之家乞依元蒔頃
畝出榜召百姓依元頃承佃從之租課令本所拘收　八年三月九日宰
執進呈知楚州陳敏奏城東有古壽河四十餘里自兵火以來堙塞不通
欲開撩取水灌溉田疇先措置一莊已成倫理後于壽河一帶增置十莊
開墾土田官兵力田之暇不妨教習武藝為且耕且戰之計上曰與趙充
國時屯田不同漢以強制弱兵有餘力今日士卒欲臨大敵不可費以農
事　七月十四日知廬州趙善俊言朝廷分兵屯田誠為良計然屯駐諸
軍願耕者不得遣所遣者不願耕軍司並緣為姦當遣者僥倖苟免得遣
者驕惰不率此不可一也且以廬州合肥一縣言之五軍分屯於一千五
百餘人正軍歲支錢一十四萬五千四百餘貫米一萬三千九百餘碩歲
下稻麥種僅千碩所收才得五千碩之數若計其支遣所收只可充兩月
請給之費又未免取辦于州縣此不可二也朝廷以兵數不足召募新民
令乃令屯田番三二千習熟之兵驕惰于田野之間緩急將焉用之此不
可三也臣謂罷屯田則有三利習熟戰鬭之兵得歸行伍從事于教閱一
利也無長官置吏坐糜廩稍無買牛散種以費官物二利也屯田之田悉
皆膏腴牛犁屋廬無一不具以歸正人使之安居三利也取其三利而去
其三不可在今日誠不宜緩詔廬州見差遣建康官兵屯田並行廢罷其
田畝牛具等令趙善俊盡數拘收請歸正人請佃樁撥給付如歸正人數
少即一面募人租種仍委善俊將屯田官兵親行揀點具措入隊不入隊

此十三條查未得

及老弱病患姓名人數申樞密院並先次發遣歸軍　既而善俊言屯田
並係膏腴之地既許人請佃筋憲官員秀才公吏冒名前來承佃不得專
一應副歸正流移等人乞下廬州禁止從之　九月三日湖廣總領所言
比准指揮令相度荊鄂兩軍營屯田利害近據鄂隨郢州申乞依舊令官
兵耕種本所照得逐州退下營田屯田其間往往皆是瘠薄田畝又多與
本軍見耕田土參雜若且令營屯田官兵相兼耕作委是經久利便所有
荊南軍元退下屯田二百二頃五十五畝畢並係官兵累年開墾熟田除
耕種過一百二十一頃五十八畝計用種一千一百一十五碩七斗五升
一切了畢務得歲計稍穀增美今來荊鄂兩軍見退下空閑熟田乞依荊
南軍屯田依舊令官兵耕種詔李安國疾速措置差官主管招募客戶耕
種毋令荒閑田土仍盡拘數收莊屋農具給付客戶居住使用將收藝到
子利照年例分隸同日詔淮南運判高禹將屯田官兵退下田畝并今來
寬剩之數疾速盡行招召客戶耕種毋令少有荒閑仍令蔡洸依已降指
揮差官主管拘收莊屋農具應副客戶居住收到子利照應年例分隸施
行句具招到客戶耕種頃畝以聞　先是高禹言鎮江諸軍屯田為民之
害積年已久專屬官夏孝閔同高郵江都兩縣主簿蔡圳遍詣諸莊覩納
頃畝肥瘠荒熟之數除戶部圖籍四百七十餘頃之外約計寬剩尚近十
頃內除瘠薄之田三百餘頃猶有膏腴七百餘頃欲自今歲為始本司抱
認上供諸司課子并分給客戶種糧正行撥隸淮東運司故有是命　九
年五月七日建康府駐劄御前諸軍都統制郭綱言太平州營田官莊客
戶一百餘家所占官兵二百四十餘人一歲所收除種子分給力耕人外
共得稻三千餘碩麥二百餘碩共准錢三千四百餘貫官兵歲約請給計
錢二萬八千餘貫校之不及官中所支官兵兩月請給委是大段虧損官
課乞將太平州營田官兵依趙善俊措置廬州屯田事理委總領所逐一
點揀強壯人充收入隊帶甲使喚其老弱病患人依揀汰人更爽發遣所
有成熟田畝牛具屋宇等令太平州盡行撥付見管客戶耕作如尚少闕
招召無歸之人請佃種蒔輸納租課且本莊官兵積習舊弊多有承佃之
人以其不係本司兵額無緣根括亦乞下總領所乘此點揀一就取見諸
寔改正內有職名人承代官資依已降指揮數減一半支破合得分數請
給施行從之以上乾道會要　下脫淳熙二年至嘉定十七年共十三條須補抄

事一作使　脫六注二條　真宗疑太宗　脫九月一條　本一作木

食貨六十三

全唐文

宋會要　屯田雜錄

太宗淳化四年三月六日知雄州何承矩言近年水潦頻降河流泛溢壞
州城民舍蓄聚為陂塘蒔種蓺欲因水利大興屯田使以便民給從之　命
命高陽關副總管[illegible]繼明提舉仍令河北諸郡水潦所積處發卒墾田
州長吏按行催督二十四日以六宅使滄州刺史滄州刺史何承矩內供
奉閻承翰殿直張從古同提點制置河北沿邊屯田事大理寺丞黃懋充
判官黃懋泉州人任滄州臨津令上言本鄉風土惟種水田沿山導泉倍
費工力今河北州郡陂塘甚多引水溉田省工易就乞興水田三五年內
必公私大獲其利真宗嘉之以承矩曾言屯田事因遣按視復奏咸如懋
言即令承矩領護之以懋為佐發諸州戍兵萬八千人給其役也　真宗
咸平二年五月京西轉運使耿望言襄州襄陽縣有淳河舊作堤截水入
官渠溉民田三千頃宜城縣有蠻河溉田七百頃又有屯田三百餘頃請
以農隙調夫五百築堤堰仍於荊湖市牛七百頭從之　望俞知襄州兼
通判何曉常同規度故有是奏也真宗曰屯田之廢久矣苟成此足為勸
農之始遂令躬按視焉至是可其奏望又請大理寺丞武程總其事程矩
上章以為不便詔移程於他郡別選職官領其事俟稻田務成有無利害
具耿望武程別取進止當行賞罰　四年十二月陝西轉運使劉綜言鎮
戎軍本古原州之地有四縣餘址尚存自唐至德之後魏寇存藩邊防失
守吐蕃尚結贊乘隙引兵攻陷關內及隴右百餘城原州亦廢其後宰相
元載備知要害決欲守其地或沮其議而罷今來陛下斷自聖畧復置此
軍乃元載之謀有俟於我聖朝也然元載所議控扼之狀尚未聞采而行
之今城壁既就不備外援屯聚戍兵多費糧饋則不如不置臣非覩視鎮
戎軍川原廣衍地土饒沃若置屯田其利猶博今鎮戎軍歲須芻糧約四
十五萬餘石束破茶鹽交引錢五十餘萬況更令民遠倉輸送其所費耗
即又倍常見今鎮戎軍四面已有人戶耕種欲於此處置屯田務且取田
五百頃差下軍二千人置牛八百頭立屯耕種於軍城近北至木峽口及
軍城前後各置一堡寨約地土分種田兵士將牛具就寨居泊更充鎮戍
固不失且戰之理兼彼處皆居要害常切防備若不分布置寨屯兵為援
恐有心力使臣四員充四寨監押每員管轄五百人便充屯戍如此久遠
必大為邊鄙之利今安國鎮有古制置城壕戍鎮地一本謹寫錄上進貴

知邊陲可以耕種之也真宗曰覽古記信可以興作從之　五年六月知雄州何承矩兼制置屯田使先是承矩兼屯田事及以侍禁閤門祗候馬濟知順安軍亦兼營田事承矩言與濟品秩有異所兼之名則同故特加使額焉　六年十月一十四日知保州趙彬決雞距泉自州西至滿城縣又分徐河水南流以注運渠置水陸屯田以其事聞奏帝爲詔保州駐泊都監王昭遜與彬同領其事仍賜彬詔諭令協力成其事　景德元年四月十八日詔保州置屯田兵籍自今將運司撥移易者以違制論十月詔相州管內不堪牧馬草地一既宜令官置牛具選習耕農兵士置屯田來二年正月詔定保雄莫霸等州順安平戎信安等軍知州軍並兼制置本州屯田事其兼使者仍舊　先是北面緣邊屯田水陸兼種甚獲其利自來雄州長吏兼領使名其諸州即別命官主領至是戎虜通好帝慮平寧之後漸成弛慢故有是詔　三月詔保州所修屯田舊積塘水以備溉灌頗聞隄防廢壞致失水利宜令官吏專切按視勿廢前功　先是知州趙彬興是田開鑿漸廣未幾彬移他任帝慮因而毀廢即遣使視果言隄防很壞無備故詔戒之　九月夔州路轉運使薛顏言施黔等州墾荒地爲屯田今歲獲粟萬餘石　三年十二月十一日知保州趙彬請於郡城東北更廣屯田以圖來獻之帝曰北虜既和邊村儆警當勸農民咸使樂業不必侵占畎畝妨其墾殖也　四年八月知雄州李允則言應係屯田皆在緣邊州軍自來止移牒制置不獲躬按其安撫都監二員常巡邊郡望令兼屯田事因便檢校從之　大中祥符二年六月知和州趙彬請增屯田務兵五百人從之　五年正月令保安軍稻田務自具墾殖功狀以聞邊軍地接蕃境望詔修復屯田自高尸涖軍事罕以聞奏故督責之　七月六日河北緣邊安撫副使賈宗言緣邊開塞塘泊水勢修疊堤道深淺月日定式圖請乞付緣邊州軍收管仍下屯田司提舉遵守從之　九年三月改定保州順安軍營田務爲屯田務　天禧四年四月內殿崇班閤門祇候盧鑑言保州屯田務自來逐年耕種水陸田八十頃臣在任三年開展至百餘頃歲收粳糯稻萬八千或二萬石本務見管兵士三百七十餘人以河北沿邊順安乾寧等州軍屯田務比保州十分中止及二三分已來其保州屯田務兵士不曾休息尤甚辛苦欲望下軍頭司自今所配河北屯田務兵士十人中將四人配保州六人配餘處從之　仁宗天聖三年十一月右巡使監察御史朱諫言近聞上封者請估賣福州屯田比田人户耕佃四十餘年雖有屯田之名父子相承以爲已田況聞屯田租

課均稅之時已均在人户私産一概上輸納伏望並定租課罷行估賣詔見佃户內有單貧户承買者別立寬限送納價錢　寶元二年九月十四日臣僚上言乞令河北都轉運司同共管勾屯田司公事本帶都大制置使名目從之　慶曆五年七月臣僚上言近定開却七級口以南劉宗言擘畫開斷五門幞頭港下赤大渦卿林等口並却依舊開放通沿邊吳淀水入白羊等淀亦灌兩下州軍塘泊乞下河北屯田司永爲定制如後更有臣僚上言更改此一帶水口及諸州軍塘泊並乞重行責降從之　六年五月命三司户部副使夏安期往陝西與本路提點刑獄曹頴叔相度興置緣邊屯田　嘉祐四年二月十一日三司鹽鐵判官管勾河渠公事楊佐等言準宣躬親往保州等處相度到屯田塘泊合行開決水勢并增修堤道去處委實利便及以畫圖進呈詔閤李家港下決捺并順安軍北門外界河北岸水口子兩節將定州路安撫使司先差安肅軍通判王衮相度到事理并今來楊佐等所陳再委河北提刑薛向都水監丞孫琳計會張茂則親往相度具合如何擘畫透池隄即得經久穩便同共以聞外餘並從之仍令逐州軍長吏纔本地合修去處那容人功物料漸次興修訖奏　六年三月一日河南屯田使曹偕言乞權罷逐年赴闕進呈屯田司地圖從之　神宗熙寧元年六月二十二日差西京左藏庫副使內侍押班李若愚充河北同提點制置屯田使事　四年二月十一日詔滄州知府及安撫都監與管勾內臣分頭提轄　二十三日詔河北緣邊屯田務水陸田並令民租佃本務兵士令逐州軍收充廂軍監官悉減罷　初屯田司每歲以豐熟所入不償所費屢以爲言至是乃從之　八年正月十七日詔河北同提點制置屯田使事閻士良與復五路都鈐轄資序令久任朝廷重屯田之任故久其任以責成也　閏四月十三日詔給祠部五百道貸易錢買農具牛畜舟車興治保州以東沿邊淀地爲水田從安撫副使沈披所請也披復以爲請充屯田興工支費又給二百道　九年三月二十三日河北屯田司言詳定州薛向奏安肅軍界閻板口鋪以東舊係屯田務地並是稻田其南則邊吳宜子二淀東灌百濟河身兩淀久來緒畜塘水爲險固自熙寧七年夏中其邊吳宜子二淀積水並已乾涸即今通行人馬不比安肅廣信軍西北猶有山勢關隔舊來寧淀等九河灌注邊吳宜子等淀水勢漲滿乃入石塚等諸口及百濟河逶迤入次東灌注向下塘泊訪聞自去年屯田司擘畫却於邊吳淀南敗灘套水泊近接滹沱河水勢下流入順安界趙口通流入康淀灌注近下塘泊其邊吳

南一作西

此段重出

候一作侯

食貨四之四

宜子等淀爲趙口南邊走泄水勢，以此致兩淀乾竭。自去年秋滹沱河道却於敗灘套上邊於斷河道，水勢復入沙河西股，却得灌注兩淀，猶有三二分積水。若將來經夏水發，却衝開敗灘套河道，却入趙口透泄水勢，則兩淀依前乾涸，實爲非便。今欲乞將趙口依舊閉斷，令水勢盡入吴宜子兩淀，常令水勢漲滿，可以準備臨時疏道，開實爲利便。本司即差兕甗塘水堤道李祐之詣逐處相度利害。祐之勘會自來滹沱等河水盡下入邊吴宜子等淀，如水勢漲滿，乃入石塚等口灘，注向下塘泊；如水勢不至漲滿，即只由百濟河出泄。昨於熙寧六年內爲以東塘泊乾淺，遂於保州地分尖蓋帽莊開引滹沱河由敗灘套下入趙口，灌注以東塘泊。至熙寧七年六月內，滹沱河自永寧軍界荆丘村已上淤斷河身，其水西北流入仇淀等一帶泊，入邊吴宜子淀。祐之檢視淤澱處開撥引水入趙口，遂於今年三月內於東路臺村劉家莊北有舊河一道淤斷處開引滹沱河由敗灘套下入趙口，灌注以東塘泊。至熙寧七年六月內，滹沱河自永寧軍界荆丘村已上淤斷河身，其水西北流入仇淀等一帶泊，入邊吴宜子淀。祐之檢視淤澱處開撥引水入趙口，遂於今年三月內於東路臺村劉家莊北有舊河一道，於斷處開撥，分引入趙口，依舊入九流等淀及邊吴宜子淀。即今山雨水漲滿邊吴宜子兩淀，見有水勢，欲乞如邊吴宜子淀少取行開趙口。五月十二日，河北同提點制置屯田使事閻士良言：竊聞保州界自景祐中楊懷敏勾當屯田司日，厚以才利召募人，指扶西山被民填塞泉眼去處。臣常以諭保州曹偓，今偓訪得雲翼卒康進畫到地圖，仍充保塞縣小郎村劉第六地內有泉源盈畝有餘，號叫呼泉，匿在土中。當州南約二里有候河一道，上自本縣界下至運糧河及邊吴淀內，東西約及百里，每遇旱歲，河內微有流水，或至斷絶。今欲開導此泉，令入候河及運糧河，四時常流，增注塘泊。及本村别有泉數十道，臣常尋訪二河上源，未得其處。今乞委保州曹偓相度收買泉源地，量與兵役疏導舊泉，增助邊防，誠爲利。詔送河北沿邊安撫司，本司尋委權通判保州辛公佑相度。公佑言：親詣保塞縣大静鄉龐村沿候河向上約三十里已來沿北岸有泉眼，大小不等，尋令略行開撥，各見泉水湧出，相去遠近不等，約計在一里牢地內，計有泉三十餘處，其水通流闊狹深淺有三五寸至一尺。其舊河堤岸闊處有五七尺至一二丈。已來其河自本州南郊西南至郎村泉源出處，共計約三五里，若行開撥，只依舊來堤岸開出河身，其水通流下接運糧河，可以增注塘泊。所有侵占民田，欲乞比視側近田土優給其

四

元豐元年上脫又詔正推行四條

元豐元年下脫詔經制淤河一條

塞一作寨

瓜一作苽

等一作守

脫一條

食貨四之五

直收買委爲利便。其叫呼泉只是古老相傳，未見其源所在，又未敢徑追地主開掘。若作河道，上下所訣人戶地土不少，乞下本縣勘會詣實，指定有泉去處，亦行收買。當今已見泉眼去處，劉第六地內除見泉源處約四里以來，若先行開撥上件三十餘泉，使河道通流，别無妨礙，本司未敢行下。詔河北沿邊安撫司閲河北屯田司及合屬去處施行。　元豐元年六月二十五日，荆湖北路轉運司言：沅州屯田務自初興至今所收未嘗數額，若募人租種納課，不費官本，利害甚明。乞自朝廷詳酌施行，及令本州通判主管，月量給食錢。從之，委轉運判官馬城提舉之。　八月十二日，上批：河北屯田都監謝禹珪爲性誕率，建畫職事多無規繩，前日與禹珪不協者今已替去，聯事之人了無嫌礙，宜令自今並與河北屯田司官通銜行遣，毋得獨中奏其權。發遣河北東路提點刑獄汪輔之更不得同主管。

二年七月二十一日，罷沅州屯田務，募人租佃，役兵還所隸，從轉運使徐禧請也。　十二月二十二日，知定州韓絳言，乞借安撫司封樁錢五十緡市水地爲屯田。從之。　二十七日，詔定州路屯司以水利司爲名。時保州廣信安肅順安軍興水利爲屯田，[illegible]民，而安撫使韓絳言恐虜疑增塘濼，故改之。　四年六月二十九日，召定州路安撫使既帶都大制置屯田使，其轉運使副兼領者並罷。令知雄保州並帶屯田使，通判並帶屯田判官。河北緣邊安撫副使都監仍通管兩路。從定州路安撫使韓絳請也。　六年二月二十六日，詔河北屯田司相度尺寸丘塘濼，秋則季比增減以聞。令李琮齎詔往同商議，毋得張皇漏泄。　八年正月二十七日，樞密院言：河東經略司去歲差借民牛耕種岢嵐諸寨田，及差發防護軍馬保甲，糜耗極邊貴價糧草錢物，似奪農民時，令民失業，比至收成不償所費。詔與呂惠卿審較利害，無蹈前失。　以河東路轉運司言經略司去年三出兵耕種木瓜源等兩不耕地，凡用將兵萬八千五百四十五，馬二千三十六，其費錢七十三百六十五緡，穀九千八十一石，糗糒四萬七千斤，草萬四千八百束，又募保甲等築凡二十六百三十七人，其費錢三百緡，米三千二百石，役耕民千五百，雇牛千具，皆非民之願，所收禾粟蕎麥萬八千石，草十萬二千，不償所費，又預借本司錢穀以爲子種，至今未償，增人馬防托之費，仍在年計之外。慮經略司來年再欲耕種，望早賜約束故也。　哲宗元祐元年閏二月八日，京西提舉司言：朝旨相度蔡州西平、上蔡兩縣人戶佃屯田支移等事，欲止令人戶敵出租課外，更不支移折變。詔尚書戶部相度以聞。

五

缺五年一條

元符三年徽宗即位未改元三月九日皇城使河北措置屯田石𤗼奏乞淤稻塘堤役兵千人從之　大觀二年十二月十六日詔滹水為塘以除水患留屯田營以實塞下是自我祖宗設官置吏分職施治自為一司專總其事歲月寖久州縣習玩訪聞比來隄岸不修水潦穿溢出害民田縱亘千里雖有司存上下苟簡自祖宗以來塘堤古迹重加修整務令堅固即別不得增益更改引惹生事本司可比本路提點刑獄序官提刑之上舉官按罪吏屬等職務可令相度條具來上餘悉仍舊　政和元年正月二十四日詔河北制置屯田並依元豐法別為一司指揮勿行　六年八月一日臣僚言高陽中山兩帥并滄邊安撫司舊並係提舉屯田使副今屯田司職事各繫一都監典領近年因其失職或非本職得罪相繫而去一司職事有所妨廢望自今屯田都監非因本職得罪只乞就任責罰所貴盡心從之

中千脫一行宗建炎三年至嘉定十七年一卷原稿訂

宋會要　方田

神宗熙寧五年重修定方田法自京東為始推行衛改三司方田均稅條（見前會要賦稅類補田賦）夏稅併作三色絹小麥雜錢秋稅併作兩色白米雜錢其蠶鹽之類已請官本者不追造酒糯米馬食草仍舊逃田職田官占等稅亦依舊倚閣屋稅比附均定墓地免均如稅額重處許減逃閣稅數

已方四路京東東路　內鳳翔府天興秦州隴西成紀縣已方餘州縣熙寧七年四月朝旨權住　永興軍等路延州臨真門山膚施敷政延長永興軍藍田武功興平臨潼咸陽醴泉乾祐丹州宜州陝府靈寶夏縣坊州中部宜春祁州永壽宜祿慶州安化彭原解州聞喜號略縣并到王城縣中𠙶等七村鄜州洛郊洛川鄜城真羅縣為災傷權罷候豐熟別奏取旨陝府平陸同州韓城縣已方訴不均見重方量　河北西路　內衛州黎陽汲縣已方熙寧九年朝旨應本路合行方田賦稅最不均縣分每年逐州不得過一縣一州五縣以上不得過兩縣其次災傷縣分仍權罷邢州鉅鹿真定府寶城縣係稅最不均朝旨候元豐二年施行　未方四路京西南路京西北路　熙寧七年四月朝旨應合方田均稅州縣候將來農隙日施行　河北東路　內雄州歸信縣為二稅不均本路提舉司乞方量　河南西路

七年三月二十二日知審官東院鄧潤甫乞以京東

卷四千七百五十一

十七州選官四員各定分專管勾方田今欲先差秘書
省著作佐郎知沂州費縣張諤前建昌軍録事參軍劉
源分定州縣二年為一任從之 四月四日詔方田每
方差大甲頭二人以本方上戶充小甲頭三人同集方
戶令各認步畝方田官躬驗逐等地色更勒甲頭方戶
同定寫成草帳於逐段長闊步數下各計定頃畝官自
募人覆算更別造方帳限四十日畢先點印訖曉示方
戶各具書算人寫造草帳莊帳候給戶帖連莊帳付逐
戶以為地符 六日上批應災傷路分方田保甲除已
編排方量了畢止是攢造文字處許依條限了絕外其
見編排方畢方造五等簿處可速指揮並權罷 元豐

卷四千七百五十一

二

熙寧十月二日司農寺言今年四月已詔災傷路分
見編排保甲方田及造五等簿並權罷候歲豐農隙取
旨今年秋成乞下諸路及開封府界除秋田災傷三分
以上縣依前權罷外餘候農隙排編保甲方田及造五
等簿內永興軍秦鳳等路義勇保甲依八月甲申詔後
來年取旨從之 元豐元年正月十八日詔經制熙河
路邊防財用司括買耕地為官莊限半年聽民自陳其
方田更不施行 七月九日詔永興軍等路提刑司據未
經方田均稅縣分并已經方田因民披訴曾差官定奪
委實不均縣分如見熟秋苗滋茂可見豐稔次第即一
面依方量內均稅條差官體量訖前期一月申省取旨

二年十月六日河北西路提舉司言熙寧詔書災傷縣
權罷方田乞通一縣不及三分勿罷司農請不及一分
勿罷從之 五年二月二十一日開封府言永興秦鳳
等路當行方田已准朝旨取稅賦最不均縣先行歲不
過一縣若一州及五縣不得過兩縣緣府界十九縣此
一州事體不同以此推行十年方定請自今年歲方五
縣送司農寺司農寺言為便民遂從之 七年四月八
日京東東路提舉常平等事燕若古言沂登密青州人
田訟最多乞擇三五縣先方田詔候豐歲推行 八年
十月二十五日詔罷方田 徽宗崇寧四年二月十六
日尚書省奏賦調之不平久矣自開阡陌使民得以田

卷四千七百五十一

三

租私相貿易富者貪於有餘厚貲以規利貧者迫於不
足移稅以速售故富者跨州軼縣所占者莫非膏腴而
賦調反輕貧者所存無幾又且瘠薄而賦調反重熙寧
初神宗皇帝詔有司講究方田利害蓋以土色肥磽別
田之美惡定賦調之多寡已行之五路至今公私為利
今取熙寧方田敕刪去重複衝改取其應行者為方田
法乞付三省頒降從之 大觀三年六月九日臣僚言
方田之制即周官土均之法制天下之地征蓋所以均
之非增之也訪聞京西南路將方田十等併作五等又
欲以河南府比附輕重一槩增之殊戾詔旨以致民間
訟訴不絕或致流徙甚非經久之策其張徽言所定增

税議乞不施行從之　初徽言為京西轉運副使以汝襄鄧州輕請依唐州用新定十等地色分五等立税不及者增之已重如故至是言者論其掊克故竄前議而罷徽言開封府少尹送吏部　四年二月二十二日詔方田之法均賦平民近歲以來有司推行怠惰監司督察不嚴賄賂公行高下失實下戶受弊有害法度可嚴飭所屬仍仰監司覺察如違當行嚴斷　政和二年五月二十五日京西北路提舉常平司奏奉詔應方田已經方量未畢去處令先次結絕其餘州縣並別聽指揮本路大觀三年西京偃師陳州西華蔡汝州郟城滑州胙城五縣各已造帳均税西京洛陽汝州襄城河陽王屋鄭州原武新鄭等五縣雖已方量均税未了及西京等共六州府河南等一十八縣係未經方量未審合與不合依大觀元年六月二十三日已得朝旨推已進方田帳分先次結絕依大觀元年閏十月二十八日朝旨候將來年分別聽指揮詔依　八月十八日詔令京西南北路監司應已方田並選差官前去體量有無違法不均不實出税有無偏重偏輕如不曾方量處即且令依舊出税別選他州縣官互行差委前去重行方量即不得差本州縣寄居待闕等官所委官仰先習熟法內行遣次第選差非本州縣吏人前去盡公施行如違以違制論即因而受財乞取以自盜論贓輕吏人公人並

配二千里　二十七日詔方田於九月差官　九月八日詔應已方田路分見有人戶論訴不均者並依京西路已降指揮施行其有人戶論訴合重方并未方路分合差一行方量官吏均税甲頭合干人等並差非本州縣人如違以違制論　其後十月七日河北東路提舉常平司奏切詳朝廷之意正為本方內有自己或鄰並或親戚地土徇情牽制於定驗土色以充弊倖令相度欲令四偶方量官互換隔隅點定某字方內大小甲頭五人赴某字方充甲頭亦與別州縣差撥無異並從降敕命不用本州縣官吏公人莊宅牙人鄉攢書算一行人若方田事務有不均人戶時下有可申訴官司等亦不敢抑遏彈壓詔依諸路准此　十月二十七日河北東路提舉常平司奏檢承崇寧方田令節文諸州縣寨鎮內屋税據緊慢十等均定並作見錢本司契勘本路州縣城郭屋税依條以衝要閑慢亦分十等均出鹽税錢且以未經方量開德府等處每一畝可蓋屋八間次後更可蓋覆屋每間賃錢有一百至二百文足多是上等有力之家其後街小巷閑慢房屋多是下戶貧小物業每間只賃得三文或五文委是上輕下重不等今相度州縣城郭屋税若於十等內據緊慢每等各分正次二等令人戶均出鹽税錢委是上下輕重均平別不增損官額亦不礙舊來坊郭十等之法餘依元條施行從

之餘路依此　三年三月七日河北西路提舉常平司奏方田縣分官吏不務盡公致人户論訴紊煩官司再行方量費用不少其元承行官吏往往替移乞候方量了當見得委是頃畝出縮土色交錯致所納税賦不均及有情倖去處其指教并方量官吏合該罪犯特乞不許自首及不以去官赦降原免詔依餘路準此　十九日河北西路提舉常平司奏均税之法各從地色肥瘠裁數輕重即無偏曲不均之患乃副立法方田本意所在縣分地色至少不下百數而均税乃不過十等第十等地最為低下但依法均税第一等雖出十分之税地土肥醲尚以為輕第十等只均一分多是瘦瘠之地出數雖少猶以為重若不入等即依條止收柴蒿錢每頃不過百錢至五百既收入等但可耕之地便可耕之地便有一分之税其間下色之地與柴蒿之地不相遠乃一例每畝均税一分上輕下重故人户不無詞訴欲乞依條據土色分為十等外只將第十等之地再分上中下三等折畝均數　謂如第十等地每十畝合折第一等地一畝即第十等内上等依元數中等以一十五畝下等以二十畝折地一畝之類也庶幾上下重輕均平詔依餘路准此　五月二十六日河北東路提舉常平司奏檢會政和二年十一月二十二日敕節文臣僚上言切聞昨來朝廷推行方田之初外路官吏不遵詔令輙

於舊管税額之外增出税數號為盛剩其多有一邑之間及數萬者欲望下逐路提舉司將應有增税縣分並依近降指揮重行方量依條均定税數不得於元額外別有增損本司契勘本路昨已經方田縣内有增税數多縣分已依朝旨施行外有十餘縣比舊額雖有增出數目皆係逐户逐色毫忽圭撮紐計無不均之數即非盛剩為名既已經年無人户論訴不均若不限所增數目多寡一槩重方又慮公私别有繁費今相度欲將元無人户論訴縣分止是增出私數紐計逐色貫百實及一分已上依所降朝旨重行方量如不及一分只别均税如實是盛剩數少均攤不行者更不均量如可施行即乞陛下餘並依元條施行詔因方田增税是定田色不當其税自當有增減若所方已得允當雖增不合減如所方未當有人論訴即令提刑司體量詣實聞奏諸路依此　四年正月十三日河北東路提刑司奏開德府南北二城屋税曾經元豐年定量裁定十等税錢後來别無人户論訴不均今來方田官依政和二年十月朝旨立定正次二十等遞減五釐均定税錢委與元豐年所定則例上輕下重不均詔提舉官郭久中等特降一官　六年九月六日詔河東陝西路依鄜延路例權住方田從童貫請也　八年九月三日詔昨臣僚言事付之大臣審度以為可行請降親札繼聞於民弗便夙夜靡遑

虔一作處

虔一作處

建議者已行罷斥如拘收白地方田增稅等皆搔擾削可並不行仰三省吏條害民蠹國者以聞朕不憚改

宣和元年二月二十四日臣僚言方田以均天下之稅神考良法也陛下推而行之今十餘年告成者六路可謂緩而不迫矣御史臺受訴乃有二百餘畝方為二十畝者有二頃九十六畝方為一十七畝者虔州之瑞金是也有租稅一十三錢而增至二貫二百者有租稅二十七錢而增至一貫四百五十者虔州之會昌是也問其所以然之故云方量官憚於跋履並不躬親而行續拍峯驗定土色一付之於胥吏遂使朝廷良法美意壅格而不下究可勝惜哉望詔常平使者如方田官不

卷四千七百五十一　八

肯躬親常切行檢察他時訴者有辭而提舉司失於覺察則明加貶黜改正詔依仍令逐路提刑司體究詣實以聞　十月四日詔方田官既已具名聞奏差了當依條自不得差管別事如任滿仍依舊管勾方田均稅其指教官元條不許差推勘檢法議刑官之類若奏差後方受仍令管勾指教方田候了日發赴新任從成都府路提舉常平司請也　十九日詔今後方田差官不許用右選從臣僚請也　二年六月十六日詔住諸路方田　先是中牟縣訴方田不均凡四百戶指教官莫擬冒賞并方量官提舉司送轉運司體究故有是詔　十二月十一日詔方田之法本以均稅有司奉行違戾貨賂公行豪右形勢之家類蠲

賦役而移於下戶不特困弊民力致使流徙常賦所入因此虧歲額至多殊失　先帝厚民裕國之意已降指揮罷方量別聽指揮自降權住指揮以前應曾有訴訟不均去處本縣賦役一切且依未方已前舊數因方量不均流移人戶仰守令多方措置招誘歸業見荒閑田土疾速依條召人請佃　二十四日詔自今後不得諸司起請方田見方未方已方而未起稅者並罷如敢有違官吏並送御史臺以違御筆論吏人不以有無並配海島根括納租者並同　三年二月五日詔諸路方田去處曾與不曾訴訟應賦役並依未方量以前舊數　二十八日赦文已降親札處分及聖旨指揮諸路

卷四千七百五十一　九

未方田去處權住方量已方量去處賦役不以有無訴訟並依舊數送納及冒占并天荒逃移河堤退灘等地並免方量根括其已方量根括增添創立租課特與減半拖欠租稅課利貧乏者倚閣一次因方量不均流移後來歸業人戶免一料催科其地土並聽元佃人歸業

一一作二

者

宋會要青苗

神宗熙寧二年二月二十七日，知樞密院陳升之、參知政事王安石同制置三司條例。　九月四日，制置三司〔條例〕言：累有臣寮上言，糴常平廣惠倉及賑貸事，今詳比年災傷賑貸，多出省倉。竊以為省倉以待廩賜，尚苦不足，而又貸以賑貸，此朝廷所以難於施惠，而凶年百姓或不被上之德澤也。今諸路常平廣惠倉略計千五百萬以上貫石，斂散之法未得其宜，故為人利未博，以致更出省倉賑貸。今欲以常平廣惠倉見在斛斗，遇貴量減市價糶，遇賤量增市價糴，其可以計會轉運司用苗稅及錢斛就便轉易者，亦許兌換，仍以見錢依陝西青苗錢例，取民情願預給，令隨稅納斛斗，內有願請本色或納時價貴願納錢者，皆許從便。如遇災傷，亦許於次料收熟日納錢。非惟足以待凶荒之患，又民既受貸，則於田作之時不患厥食，因可選官勸誘，令興水土之利，則四方田事自加修益。人之困乏，常在新陳不接之際，兼并之家乘其急以邀倍息，而貸者常苦於不得。常平廣惠之物，收藏積滯，必待年歉物貴，然後出糶，而所及者大抵城市游手之人而已。今通一路之有無，貴發賤斂，以廣蓄積，平物價，使農人有以赴時趨事，而兼并不得乘其急。凡此皆以為民，而公家無所利其入，亦先王散惠興利以為耕斂補助、裒多補寡而抑民豪奪之意也。舊制常平廣惠倉隸提刑司，緣今來創立新法，合有兌換錢斛，籍轉運司應副，乃克濟辦，乞委轉運司提舉，仍令提點刑獄司依舊管轄，不得別支用。兼事初措置非一，欲量諸路錢穀多寡，分遣官提舉，仍先行於河北、京東、淮南三路，俟成次第，即推之諸路。其制置條約，別具以聞。又言：且乞令河北、京東、淮南路轉運司施行常平廣惠倉轉移出納及預散之法，欲委轉運司及提舉官每州於通判、幕職官中選差一員主管，令通撿照在州及諸縣穀，其廣惠倉除量留給老幼貧窮人外，餘並用常平倉轉移法，具給常平廣惠倉錢依陝西青苗錢法，於夏秋未熟已前，約逐處收成時酌中約價，比定預支每斗價，召民願請，仍常以半為夏料，半為秋料。詔常平廣惠倉見錢依陝西出俵青苗錢例，取當年以前十年內逐色斛斗一年豐熟時最低實直價例立定預支，召人戶情願請領，五戶以上為一保，約錢數多少，量人戶物力，令佐躬親勸誘，戶長識認，每戶須依及一貫以上，不願請者不得抑配。其願請斗斛者，即以時價估作錢數支給，即不得虧損官本，卻依見錢例紐斛斗送納。客戶願請，即與主戶合保，量所保主戶物力多少支借。如支與鄉村人戶有剩，即亦准上法支俵與坊郭有抵當人戶。　初，王安石既執政，為上言天下財利開闔斂散之法，上然之，故置條例司，以講求財利之術，以呂惠卿為之謀主，命就鄉村等八人求遺利於四方，而青苗免役之法行。遣使詳見免役門　先是，蘇轍自大名府推官上書，召對，除條例司檢詳文字。安石出青苗法示之，轍曰：以錢貸民，使出息二分，本非為利，然出納之際，吏緣為姦，雖有法不能禁；錢入民手，雖良民不免非理費用；及其納錢，雖富民不免違限。如此則州縣不勝煩矣。唐劉晏掌國計，未嘗有所假貸。有尤之者，晏曰：使民僥倖得錢，非國之福；使州縣倚法督責，非民之便。吾雖未嘗假貸，而四方豐凶貴賤知之，未嘗逾時，有賤必糴，有貴必糶，此四方無甚貴甚賤之病，安用貸為？晏所言，則常平法耳。此法見在，而患不修，公誠舉而行之，則晏之功可立俟也。安石曰：此逾月不言青苗。會河北轉運司勾當公事王廣廉召議事，廣廉嘗奏乞度僧牒數千道為本錢，行陝西漕司私行青苗法，春散秋斂，便民，與新法合。安石即請而施之河北，而青苗法遂行於四方。於是蘇轍言：每於本司商量公事不合，乞除一合入差遣。詔依所乞，與堂除。轍狀言：常平條敕纖悉具存，患在不行，非法之弊。必欲修明舊制，不過以時斂之以利農，以時散之以利末。斂散既得，物價自平，貴賤之間，官亦有利。今乃改其成法，雜以青苗，逐路置官，號為提舉，別立賞罰以督增虧，法度紛紜，何至如此！而況錢布於外，凶荒水旱有不可知，斂之則結怨於民，捨之則官將何賴？此青苗之說，轍之所以未諭也。　五日，詔常平倉錢斛出俵青苗，仍常以半為夏料，半為秋料，廣惠倉除留給孤貧乞丐人外，其餘亦准此。　九日，制置三司條例司言：近詔置京東等路常平廣惠倉，欲量逐路錢物多少，選官分詣提舉。詔差河北路提舉官王廣廉等十十二人。詳見提舉常平門　十一月二日，命樞密副使韓絳同制置三司，取索三司應干條例，看詳具合行制置事

卷一萬六千五百五十一

卷一萬六千五百五十一

舊去一作取收

十九日，御邇英閣，司馬光進讀通鑑畢，降階將退，上命邇坐，墪於閤內御坐之前，皆命就坐，左右皆避去。上曰：朝廷每更一事，舉朝士大夫洶洶，皆以為不可，又不能指名其不便者，果何事也？光曰：朝廷散青苗，茲事非便。今閭里富民乘貧者乏無之際出息錢以貸之，俟其收穫，責以穀麥，貧者寒耕熱耘，僅得斗斛之收，未離場圃，已盡為富室奪去。彼皆編戶齊民，非有上下之勢、刑罰之威，徒以富有之，故尚能蠶食細民，使之困瘁，況縣官督責之嚴乎？此孟子所謂又稱貸而益之者也。臣恐細民不聊生矣。呂惠卿曰：光不知此事。彼富室為之則害民，今縣官為之乃所以利民也。青苗錢令民願取則與之，不願者不強焉。收穫之際，令以中價折納穀麥，此乃所以救貧者之無息富民之暴露也。今常平倉元價甚貴，經十餘年乃一糶，或腐朽以害主吏，或價貴人不能糴，故不若散青苗錢之為利也。光曰：臣聞作法於涼，其弊猶貪；作法於貪，弊將若何？彼常平倉者，穀賤不傷農，穀貴不傷民，公私俱利，法之至善者乎？及其弊也，吏不得人，穀賤不糴，穀貴不糶，反為民害。況青苗錢之法，不及常平之遠乎？昔太宗平河東，輕民租稅而戍兵盜衆，命和糴糧草以給之。當是時，人希物賤，米一斗十餘錢，草一圍八錢，民皆樂與官為市，不以為病。其後人益衆，物益貴，而轉運

卷一萬六千五百五十一

常守舊價，不肯復增，或更折以茶布，或復支移折變，歲飢租稅皆免，而和糴不免。至今為膏肓之疾，朝廷雖知其害民，而用度之不能救也。臣恐異日青苗之害亦如河東之和糴也。上曰：聞陝西光已行之久矣，民不以為病也。光曰：臣家陝西，有自鄉里來者，皆言去歲轉運司擅散青苗錢與民，今夏麥不甚熟，而督責嚴急，民不勝愁苦。況今朝廷明有指揮，彼得公然行之乎？轉運司本以聚斂為職，取之無名，猶欲掊克，況今取之有名乎？彼幹當青苗錢者至陛下前云百姓欣然，頻此錢以為生者，皆由其口所言耳。臣所聞者，民間實事也。惠卿曰：光所言者皆吏不得人，故為民耳耳。若使轉運司州縣皆得其人，安有此弊？光曰：如惠卿之言，乃臣前日所謂有治人無治法，國家當急於求人，緩於立法者也。　十二月二十三日，條例司言：陝西路准備給青苗錢三十萬緡，見封樁未及用，乞支十五萬緡，給府界民戶青苗錢。從之。　三年正月二十二日，詔：諸路常平廣惠倉給散青苗錢，本為恤貧之並取民情願，今慮官吏不體此意，追呼均配抑勒，翻成搔擾。其令諸路提點刑獄官體訪覺察，違者禁止，並以名聞，敢沮抑願請者按罰亦如之。先是，翰林學士范鎮言：青苗者，唐衰亂之世所為，青苗在田，賤估其值，收斂未畢而必其償，是盜跖之法也。今以盜跖之法而變唐虞

九朝長編作奉常未與等 辛巳比四十六人

諸入十二月二十三日前

按案一本有常平倉者無以易也四十二字

添范鎮言青苗者上

按案一本有陛下旣富人主不可濟也七百六十三字

添所奏之謂也外議紛紜上

按案一本有而常天下之義議十六字

添以息民言於是上

不易之政，此人情所以不安而中外驚疑也。迺者天雨墮地生毛，天鳴地震，皆民勞之象，惟陛下觀天地之變，罷青苗之舉，歸農田水利於州縣，追還使者，以安民心，而解中外之疑。右正言李常、孫覺亦言：河北提舉常平王廣廉近至京師，倡言取三分之息，又聞制置條例司欲行其法於天下。伏乞明詔有司，勿以強民，仍且試之河北、陝西數路，故有是詔。其後鎮又言：伏覩近降中書劄子四十道，散下諸路，約束分給青苗錢，不得抑配人戶，並召情願者，特申前詔耳，非臣前所奏之謂也。外議紛紜，皆云自古以來未有天子而開課場者，民雖至愚，不可不畏。乞檢前二奏，罷青苗錢，追還使者，而歸農田水利差役於州縣，以正網紀，以息民言。於是王安石曰：鎮所言天子開課場，若非陛下明見周禮有此，則豈得不以為媿恥？前代人主幾人能以周禮決事，所以流俗之言常勝也。　二月一日，判大名府韓琦言：惟轉運及提舉常平廣惠倉司牒，給青苗錢，須十戶以上為一保，三等以下人為甲頭，每戶支錢，第五等及客戶毋得過千五百，第四等三千，第三等六千，第二等十千，第一等十五千，餘錢委本縣量度增給三等以上戶；更有餘錢，坊郭戶有物業抵當，願請錢者五家為一保，依青苗例支借；諸縣不得輒出納之煩，致諸人扇搖人戶卻稱不願請領，如不願請領，即

卷一萬七千五百五十一

具結罪狀入馬遞申報，以憑選官曉諭，如卻願請，本縣干繫人別作行遣，典理稍重典事申奏。如夏秋收成物價稍貴，願納錢者，當議減市價錢數，比元請錢十分不得過三分。假令一戶請錢一千，納錢過千三百，臣竊以國之號令，立法制必信其言，而使民受實惠，則四方觀聽，孰不欣服？伏詳熙寧二年詔書，務在優民，不使兼并乘其急，以邀倍息，皆以為民，而公家無所利其入，謂合先王散惠抑民豪奪之意也。今乃鄉村自第一等而下皆立借錢貫佰，三等以上更許增數，坊郭戶有物業抵當者，依青苗例支借。且鄉村上三等并坊郭有物業戶，乃從來兼併之家也，今皆多得借錢，每借一千，令納一千三百，則是官放息錢，與初詔抑兼并濟困乏之意絕相違戾，欲民信服，不可得也。又鄉村每保須有物力人為甲頭，雖云不得抑勒，而上戶既有物力，必不願請官錢，坊保內下戶不能送納，豈免差充甲頭，以備代陪？復峻責諸縣，人不願請，即令結罪申報，若選官曉諭，卻有願請者，則干繫人別作行遣，或具申奏，官吏懼提舉官勢可升黜，又防選官曉諭之時，豈無貧下浮浪願請之人，苟免捃拾，須行散配，且下戶見官中散錢，誰不願請？然本戶夏秋各有稅賦，又有預買及轉運司和買兩色紬絹，積年倚閣，借貸麥種錢之類名目甚多，今更增納此一重出利青

給一作使

無一作包 起是注

放一作散

苗錢恐民一時借請則甚易至納時甚難故自制以下來一路官吏上下惶惑皆謂若不抑散則上户必不願請近下等第與無業客户雖或願請必難催納將來必有行刑督索及勒干繫書手典押耆户長同保人等均陪之患大凡兼并所放息錢雖取利稍重緣有逋欠官中不許受理往往舊債未償其半早已續得借錢兼并者既有資本故能相因歲月漸而取之今官借青苗錢則不然須夏秋隨税送納災傷及五分以上方許次料催還若連兩料災傷則必官無本錢接續支給官本因而澆有失陷其害明白如此更有緣此煩費處擾之事不敢具述去歲河朔豐熟常平倉糴米斗錢不過七十五至八十五以來若乘時收歛過貴出糶不惟合於古制而無失陷之弊兼民實被惠亦足以收其羨贏今諸倉方有糴入而提舉司亟令住止盖盡要散充青苗錢指望三分之利收爲已功縣邑小官敢不奉行豈暇更恤貽民久遠之患哉諸路所行必料大率如此朝廷若謂陝西嘗放青苗錢官有所得而民以爲便此乃轉運司因軍儲有闕遇自冬涉春雨雪及時麥苗滋盛決見成熟行於一時則可也今乃差官置司爲每歲春夏常行之法而取利三分豈陝西權宜之比哉兼初詔且於京東淮南河北三路先行此法俟成次第即令諸路施行今此三路方憂不

卷一萬七千五百五十一

能奉行而遽於諸路徧差提舉官以至四川廣南亦皆置使伏惟陛下自臨御以來夙夜憂勞勵精求治況承祖宗百年仁政之後民浹德澤惟知寬恤未嘗過擾若但躬行節儉以先天下常節浮費漸汰冗食自然國用不乏何必使興利之臣紛紛四出以致遠邇之疑哉欲望聖明更賜博訪若臣言不妄乞盡罷諸路提舉官只委提點刑獄官依常平舊法施行

奏至王安石白上曰陛下修常平法所以助民至於收息亦周公遺法也且如桑弘羊籠天下貨財以奉人主私欲遂幸郡國賞賜至數百萬皆出均輸此乃所謂興利之臣也今陛下廣常平儲蓄抑兼并振貧弱置官爲天下理財非以佐私欲則安可謂之興利之臣乎上曰善然坊郭俵錢如何曾公亮陳升之皆以爲不當俵也安石曰坊郭所以俵錢者以常平本是農田所須已足而有餘則因以振市人之絕又以廣常平儲蓄也廣常平儲蓄所以待百姓之凶荒不知於義有何所害公亮曰坊郭上等户則無所用之下等户則難於輸納安石曰既取情願則無所用者自不依既有保甲則難於納者自不能請矣升之曰但恐州縣避難之故故抑配上户爾安石曰抑配誠恐有之然後其有此嚴行絀責一二人則此弊自絕如河北路則恐不可抑配聞韓琦自諷諭諸縣言百姓皆不願投狀内一

九朝長編紀事本末是月癸亥至抑勒可知矣

此條係在八日詔前

九朝長編紀事本末先是御史上遂有此命條入十日參知前

九朝長編紀事本末參知至[illegible]條入二十三日知渭州上

縣切以爲不便而爲司録陳紘者説譬曰若朝廷更遣人體問百姓反稱情願則柰何於是乃不敢投狀儻河北一路有一人不願則韓琦必受其狀以聞今韓琦自入奏乃無此則百姓不以爲不便舉提舉官不敢抑勒可知矣　八日詔諸路提點刑獄司常切體量覺察俵散青苗錢如有不取人户情願抑配者便仰依理止絕施行當職官即具名聞初勒旨散青苗錢並聽民從便毋許抑勒而提舉官務以多散爲功又民富者不願取貧者乃欲得之即令隨户等高下品配又令富貧相兼兼十人爲保以富者爲保首王廣廉在河北第一等給十五貫第二等給十貫第三等給五貫第四等一貫五百第五等一貫民間喧然不以爲便而廣廉入奏稱民間歡呼鼓舞歌頌聖德曾公亮陳升之知其非便故降是詔　十日參知政事王安石乞分司不許初韓琦奏王安石稱疾家居又辯司馬光所爲批荅有士夫沸騰黎民搔動之語上手詔曰詔中二語乃爲文督迫之過今詳覽之甚愧面目又令呂惠卿諭旨安石乃出視事安石之在告也上諭執政罷青苗法曾公亮陳升之欲即奉詔趙抃獨欲俟安石出令自罷之連日不決上更以爲疑安石入謝上勞問曰青苗法朕誠爲衆論所惑寒食假中靜思此事一無所害極不過失陷少錢物爾何足恤安石曰但

卷一萬七千五百五十一

力行之勿令小人故意壞法必無失陷錢物之理預買紬絹行之久矣亦何嘗失陷錢物若陛下内不能無疑而明示大臣以試行此法則必有諷諭所在今故意拖延又非理科擾人户然後奏請此法不便者今當明示此法不可變若推行不善如法按治絀罰則人不敢壞法而法行由是持之益堅人言不能入矣　二十三日知渭州蔡挺言今路累年災傷若支青苗錢恐催納不前或致逃散乞且行於陝西近裏州軍詔陝西轉運提舉司體量沿邊民户可以給散並依條施行　同日詔以韓琦論青苗奏付制置三司條例司　同日右正言李常言獻議之臣措置失當設法遣使布滿天下臣博訪民俗皆謂此法雖一切取民之願然不免使人易於得財傷於妄費不計後日輸官之難而臨時迫促況今官吏務爲希合百端罔民其尤甚者使善良避給納之費虛認貫百以輸二分之息臣考之三代下至近古未聞欲求平治輔養元元而爲法如此之弊者願一切寢罷詔李常分析何處州縣使善良避給納之費虛認貫百以輸二分之息以聞　初上閱常奏顧曾公亮陳升之曰常平事皆經中書行遣今人言紛紛如此乃因執政議論不一故也公亮曰臣本以爲不可陛下欲力行之輒臣力爭分作兩料升之曰臣今不欲如此今已書奏更不敢言上曰

希合一作功効

九朝長編紀事本末李常疏曰至熙寧以後條陳八二十月日前

食貨四之二二

若以為不可當極論之何以書奏既書奏何以至今乃論議不一且此法有何不便公亮曰陛下不須問其不便陳升之乃元初法之人李常亦同議論今尚皆以為言則其不便可知王安石曰臺諫詢詢如此陳升之所然當變臣愚誠不見其不便不敢妄同流俗升之曰此但財利事雖不知何所害臣在政府日夕紛紛校計財利臣實恥之安石曰理財用者乃所謂政事宰相之職也何可以為恥若為大臣畏流俗不敢為人主守法者臣亦恥之公亮因請罷提舉官以新法付提刑行之上曰如此則是新法善但提舉官非其人耳提舉官恐有非人提點刑獄豈得皆善乎公亮曰若陛下昇新法廢之尤善上曰新法有何不善若推行有害但紬責官吏則害自除矣趙抃請且依今年一料權止之俟無害乃行安石曰不可如此則人又有故為沮壞失陷罰百姓以破新法者於是上問李常疏如何處置安石曰常言善良又不納錢只認二分之息者可令常分析是何州縣如此公亮升之皆曰諫官許風聞言事豈可令分析　二十四日條例司言開封府祥符縣自今月十二日住散青苗錢云往提點司稱已得中書指揮住散本司詳中書無此指揮欲下開封府根勘施行從之時知陳留縣姜潛之官纔數月青苗錢息令下潛出錢榜其令於縣門又移

卷一萬七千五百五十一

之鄉村各三日無人至遂收榜付吏曰民不願矣錢獨得不散府寺既潛檄令使其屬按驗一皆如令潛知必不免稱疾去官　二十七日條例司言河北轉運司奏坊郭多有浮浪無業之人深慮假托名目請出青苗錢卻致失陷已牒州事未得給散别聽朝旨本司看元降勑意指定支與鄉村人戶如有羨餘方及坊郭有抵當戶乞編下諸路遵守從之仍詔河北其轉運司劉庠擅住不給散更不問罪時劉庠奏至王安石曰近東京王廣淵一面施行鐵冶事事皆便利朝廷從之然以不俟朝旨不免被劾而陛下特旨放罪今河北既擅行止俵又事不可從何可但已陳升之曰如此則愈於新法非便安石曰不如此乃於新法非便王廣淵等力行新法故事雖可從而被劾劉庠等力沮新法故事雖不可從而不問如此則人必為大臣風旨以為於此有所好惡安能無嚮背之心蓋朝廷法令務在均一不可有所偏黨上令依廣淵例放罪而升之等間爭以為不當如此上固令降指揮趙抃曰臣在河北亦嘗如此奏事朝廷亦不問上曰自是當時失問升之曰河北轉運司言亦有理不可罪安石曰法令有餘則聽坊郭之願請者十人以上為保及有物業過抵當之半者乃給如何恐有浮浪之人遂不給散升之曰議令有罪乃商鞅法安石曰議令者死管子

食貨四之二三

猶少於元條欲廣儲蓄量減時價指揮不相違戾固無失信之理又周禮國事財用取具於泉府之官賒貸之息今常平不預於三司專以振民之絕此周公之法乃不以取具國事之財用故云公家無所利其入一言者謂上三等戶及城郭有物力戶即從來兼并之家今乃立定實伯許之資借非抑兼并之意又河北每保須上三等戶一人上等戶必不願請官吏既防貧戶不能送納豈免差充甲頭以備代陪又提舉官峻責州縣如民不願請即結罪申報若選官曉諭却願請即當別作行遣州縣官吏懼提舉官曉諭勸免捃拾豈無貧下浮浪願請之人或須散配本司今按鄉村上三等城郭有物業戶亦有闕乏之時從人舉債豈皆是兼并之家今貸貧民有餘則以給此等戶免令就私家取一倍之息乃是元勑抑兼并之意河北每保須上三等戶一人者蓋以撿防浮浪之人若上戶肯與同保即非浮浪之人若無上戶肯與同保即自不許支給何須更行散配若謂上三等戶必不願請須差作甲頭自是抑勒違法見今年開封諸縣甚有上三等戶願請即非抑勒以近驗遠事理可理至於提舉司約束官吏止是關防因循避事壞法之人即非迫脅須令抑配若提舉官或急於功利諷州縣抑配即諸路各有安撫轉運提點刑獄其為朝廷委任皆在提舉

卷一萬七千五百五十一

官之上若有州縣官肯故欲隨壞新法或曲徇提舉官意指抑勒百姓自當糾舉依法施行及具事狀聞奏豈宜以官吏違法之故遂欲廢法一言者謂百姓各有本戶稅賦及預買紬絹又生此一重預給青苗錢則人戶不易本司今按百姓賦稅之外逐路承例科歛名目誠多然當缺乏之時不免私家舉債出息常至一倍此所以貧者愈困也今貸與常平本錢通濟其艱急又止令納熟時中價納斛斗時物價貴然後令納見錢比元本不得過二分即是免於兼并之家舉一倍之息民戶有何不易一言者謂但躬行節儉常節浮費自然國用不乏何必使興利之臣四出以致遠近之疑本司今按先王之政未嘗不以食貨為始張官置吏大抵多為農事也近世以來農人猶為困苦朝廷有徭役加之初無歲時補助之法近自京畿陂防溝洫多有不治乃至都城側近往往綿地數百里棄為汙萊父子夫婦流離失業四方邊僻不問可知一方水旱則饑死者相枕籍而流移者填道路如前歲河北一飢則不免漕江淮之米以救之然於人之流亡饑子未有補也至有非泛用度或不免就上等戶強借錢物百姓典賣田產物業以供暴令此亦可謂國家用之矣至於差役困苦農民使之失職則士大夫之所共見不待論說而後可知故陛下即位詔書丁寧以務

按長編紀事本末是月四日乙丑下不載條入四日制置三司條
按長編紀事本末林希云遂罷蘇之條入三月一日條

已如此言然此非議令乃違令也不知三代以來違令者亦有罪乎升之等猶固爭以為朝廷如此則人自今不敢為轉運司矣安石因為上言薛向但奏一寨主罪乞行重責中書欲据向罪乃至檢條數日條既當奏猶未肯已今庠明有違勅之愆朝廷但令放罪而大臣乃皆以為不可此其意何也中書用法輕重如此則人情何由不爾背議論何由不洶洶上曰韓琦寄四路事然論奏此事亦不敢一面止住依給乃因令放罪而有是詔同日詔取韓琦所論青苗文字入內　二十九日翰林學士司馬光言近嘗上疏乞罷制置三司條例司及追還諸路常平倉使者未聞朝廷少賜采録但聞條例司愈用事催散青苗錢愈急中外人情愈皇皇不安臣當此際獨以何心敢當高位臣聞古者國有大事謀及卿士謀及庶民參酌下情與衆同欲是以事無不當令無不行未嘗有四海之內卿士大夫農商工賈異口同辭咸以為非獨信二三人之偏見而能成功致治者也伏望陛下出臣近所上疏宣示中外臣庶使之決其是非若臣言果是乞早賜施行若臣言果非乞收還樞密副使勅告以臣妄言及違慢之罪明正刑書庶使是非不至混淆微臣進退有地詔收還樞密副使勅告依舊供職初上有旨用光王安石曰如光者與論之人倚以為重今擢在高位

卷一萬六千五百五十一

則異端之人氣勢日倍光雖不能合黨然朝夕所以切磋琢磨者乃劉攽劉恕蘇轍蘇軾之徒而已觀近臣以其所主者如此則其人可知也及是上遂欲罷光曾公亮持之不奉詔曰青苗事臣等數論奏上曰此事何須於樞密副使光不當以此辭職公亮乃已　三月一日曾公亮陳升之皆稱疾在告與王安石爭青苗事不勝故也　四日制置三司條例司言群臣數言常平新法不便今畫一申明乞勅諸路安撫轉運提點刑獄提舉官曉諭所屬官吏使知法意一言者謂元勅云公家無所利其入今河北提舉官乃令出息三分失信於百姓本司今按周禮泉府之官民之貸者取息有至二十而五而日國事之財用取具焉今常平新法預給青苗錢但約熟時酌中物價熟時物貴即許量減市價納錢既言量減市價納錢即是未定納實數故河北約束州縣納錢不得過三分京西陝西等路大抵不過二分而已凡此蓋為量減時價指揮未有約定實數恐納時倍貴州縣量減錢不多致虧損百姓即非法外擅為侵剋也就諸路所約雖河北最多然云不過三分即非定取三分之息若物價低平即有當納本色不收其息或止收一二分之時多少相補比周禮貸民取息立定分數已不為多近又令預給價錢若遇物價極貴亦不得過二分即比周禮所取

農理財免人役為政事之急誠知方今之憂為在此也今置提舉常平廣惠倉官兼主管農田水利差役事者正以為此而已固非使之朘削百姓以佐人主私費亦豈得謂之興利之臣而致遠近之疑一言者謂今常平千餘萬緡散作青苗錢民所只冒財力既盡加以水旱之災不得不為之倚閣因弊赦除之十年之後千餘萬緡散而不返矣常平舊法自古立制而無失陷之弊不當變改本司今按常平新法預給價錢並令公人識認又須十戶以上為一保如河北又須保內有上三等戶一人自來預買紬絹及給青苗蠶鹽其關防法未能備具如此乃不聞有拖欠除放則常平新法自非官吏故欲沮壞不容獨致失陷官物今新法之中無存舊法但以舊法廣儲蓄抑兼并賑貧弱之方尚為未備又無專領官司所以諸路例多糴價貴斛斗至有經數十年出糶不行無補賑救又糴糶之時官吏姦弊百端故須約周禮賖貸增修新法專置一司提舉覺察派廢舊法違古制也一言者謂新法不當示之條約明言利息本司今按周官貸民明言以國服為息蓋聖人立法推至信於天下取之以道非為已私於理何嫌而不可明示條約一言者坊郭户既無青苗不可貸借本司今按常平舊法亦糶與坊郭之人今若給散農民有餘仍不許坊郭之人貸借是令

卷一萬七千五百五十

常平有滯積餘藏而坊郭之人獨不被朝廷賑救之施之惠也周禮貸民之法無都邑鄙野之限今新法乃約周禮太平已試之法非專用陝西預散青苗條貫也今新法方行若官吏不能體朝廷立法之意不肯公共推行或以錢斛抑配與人或利在易為催納專貸於物力高强户或留滯百姓不為及時給納故縱公吏乞取致百姓枉有縻費或不量民物力給與錢斛太多致難催納或不能關防覺察令浮浪之人自為一保以請官物致難催納或拖延不為及時催納却非理科校公人百姓之類自是州縣官吏弛慢因緣為姦不可歸咎於法乞令逐路安撫轉運提點刑獄提舉官常切覺察依條施行命官具案取旨重行黜罰安撫轉運提點刑獄提舉官失於覺察致朝廷采訪得實亦當量罪第行朝典從之先是翰林學士司馬光范鎮御史中丞吕公著及諫官御史孫覺李常張戩程顥等皆言常平新法不便而韓琦相繼論奏詔以琦等章付制置三司條例司疏上此奏其後琦又言臣近以河北路差官置司春夏於青苗錢明取三分之利有傷國體上下皆知不便而以制置條例司是大臣主領但畏人腹非不敢公言臣被顧三朝又職當安撫實不忍雷同默默遂辭陳利害本末乞加博訪所冀陛下灑然開悟亟賜更改使天下鼓舞聖明不為盛德

之衆老臣誠忠之心豈有他也今蒙制置司以臣所言皆為不當條件疏駁乞申勅諸路及直指揮進奏院以中書曉諭劄子須行天下臣詳制置司疏駁事件多刪去臣元奏要切之語唯舉大槩用偏辭曲為沮難及引周禮國服為息之說文其謬妄上以欺罔聖德下以愚弄天下之人將使無復敢言其非者不勝痛憤須至再有辯別欲望親覽然後降付中書樞密院看詳送御史臺集百官定議如臣言不當甘從竄殛若制置司處置乖方天下必受其弊即乞依臣前奏盡罷諸路提舉官只委提點刑獄司依常平舊法施行以慰衆心一制置司云周禮泉府之官民之貸者承息有全二十而五而國之財用取具焉今常平新法比周禮貸民取息立定分數以下為多遇物價極貴亦不得過二分即比周禮所取猶少臣切以周公定太平之法必無剝民取利之理但漢儒以去聖之遠解釋或有異同按周禮泉府掌市之征布斂市之不售貨之窮於民者以其價買之物揭而書之以待不時買者各從其抵臣謂周制民有貨在市而無人買或有積滯而妨民用者則官以時價買之書其物價以示民君有急求者則以官元買價與之此所謂王道也經又云凡賖者祭祀無過旬日喪紀無過三月鄭釋云賖貰也以祭祀喪紀故從官貰買物賈公彥疏云賖與民

卷一萬七千五百五十一

不取利也經又曰凡民之貸與其有司辨之以國服為之息鄭衆釋云貸者為從官借本賈也故有息使民弗利以其所賈之國所出為息也假令其國出絲絮則以絲絮償其國出絺葛則以絺葛償臣謂周制有從官借本賈者亦不以求民之利但令變所貸錢使輸國服即以為息也此所謂王道也而鄭康成釋云以其於國服事之稅為息也於國事受園廛之田而貸萬泉者則朞出息五百臣請周禮園廛二十而稅一近郊十一遠郊二十而三甸稍縣都皆無過十二唯有漆林之征二十而五漆林自然所生非人力所作故稅重康成乃約此法謂從官貸錢若受園廛之地貸萬錢者出息五百公彥因而疏解謂近郊十一者萬錢期出息一千遠郊二十而三者萬錢期出息一千五百甸稍縣都之民萬錢期出息二千臣謂如此則須漆林之民取貸萬錢出息二千五百也然當時未必如此今放青苗錢凡春貸十千半年之內便令納利二千秋再放十千至歲終又令納利二千則是貸萬錢者不問遠近之地歲令出息四千也周禮至遠之地止出息二千今青苗取息尚過周禮一倍則制置司言比周禮取息已不為多亦是欺罔聖聽且謂天下之人皆不能辨也且今古異制貴於便時周禮所載有不可施於今者其事非一若謂泉府一職今可施行則如上

所言以官錢買在市不售及民間積滯之貨候民急求則以元買價與之民有祭祀喪紀就官中借物限旬日三月還官而不取其利制置司何不將此周公太平已試之法盡申明而行之豈可獨舉注疏貸錢取息之一事以誣天下之公言哉鄭康成又注云王莽時貸以治產業者但計贏所受息無過歲什一公彥疏解云莽時雖計本多少為定及其催科惟所贏多少假令萬泉歲贏萬泉催一千贏五千催五百餘皆據利催什一臣謂王莽特官貸本萬錢歲終贏得萬錢止令納一千若贏錢更少則納息更薄比今於青苗錢取利猶為寬少而王莽之役上自兩漢下及有唐更不聞有貸錢取利之法今 制置司過堯舜之主不以二帝三王之道上裨聖政而貸錢取利更過王莽之時比天下不得不指以為非而老臣不可以不辯也況今天下田稅已重固非周禮什一之法則又遂畝更有農具牛皮鹽錢麴錢鞋錢之類凡十餘名件謂之雜錢每夏秋起納官中更以紬絹斛斗低估價直令民以此雜錢折納又每歲散官鹽與民謂之蠶鹽折納絹帛更有預買和買紬絹如此之類不可悉舉皆周禮田稅什一之外加斂之物取利已厚傷農已深奈何更引周禮國服為息之說為放青苗錢取利乃周公太平已試之法此則誣汙聖典蔽惑睿明老臣得不太息而慟

卷一萬七千五百五十一

哭也又制置司云提舉官約束州縣納錢不得過三分二分蓋恐納時斛斗陪貴州縣量減錢數不多若物價低平即有合納本色不收其息臣所謂此論不當也緣小麥最為不耐停蓄之物自來常平倉不糴蓋恐積留損壞今歲雨雪及時麥價必賤提舉官必不肯令民納本色蓋納下本色則無由變轉若於轉運司兌換價錢則諸處軍糧支小麥絕少必難兌換既難兌換則占壓本錢下次無錢散與民戶臣以此知制置司與提舉官本無令民納斛斗之意故開此許納見錢一門將來止令言民願納錢息不容納本色則民須全糶麥納錢豈不坱害百姓唯陛下早悟臣言一制置司云鄉村上三等及城郭有物業戶亦有缺乏之時從人情豈是無節之家臣切以鄉村上三等及城郭有物業戶非臣獨知是從來兼并之家此天下之人共知也今制置司以為非兼并之家者止欲多散青苗錢與之而得利亦多也其如此意本務極濟困之却以錢放與此等戶則天下明知朝廷專以取利為意實傷國體制置司若謂周官有貸民之法取之於道於理無嫌則今兼并之家例開質庫課場若恐取民倍息以傷貧細則所在皆可官自開置以抑兼并然自前世以來惡其太近褻則不忍為之今青苗錢一事無乃近於此乎又云每保須上三等戶一人為首蓋以撿

防淫濫之人，此則抑勒之勢不假臣言而自明矣。又云若謂上三等戶必不肯請領，全蓋作甲頭，即自是抑勒違法。此又殊不察事勢人情有不得已而爲之者。且青苗之法，内有大臣力主，事在必行；外有專差之官，唯以散錢數多爲職。辦州縣官吏往往變抑勒而爲情願者，蓋事勢不得不懼，而人情不得不從也。監司之官其於事勢人情亦何異此，九重高遠，豈得盡知，惟陛下早賜辨察。一、制置司云先王之政未嘗不以食貨爲始，張官置吏大抵多爲農事也。近世以來，農人尤爲困苦，朝廷非泛用度，或不免就上等戶強借錢物，百姓典賣田産物業以供暴令。今置提舉常平廣惠倉官兼主管農田水利差役事者，凡以爲此，固非使之脧削百姓以佐人主私費，亦豈得謂之興利之臣而致遠近之疑。臣詳制置司明辭倚錢取利之法，謂取之以道，於理無嫌，則非興利而何？至於東南所差均輸之官，亦皆興利之臣也。且西川四路鄉村民多大姓，一姓所有客戶動是三五百家，自來衣食皆借仰以爲生，今若差官置司，更以青苗錢與之，則客於主戶處從來借貸既不可免，又須出此一重官中利息，其它大姓因不願請青苗錢。又廣南土曠人稀，水鄉之俗粗足生計，今亦置官司貸錢取利，故於遠民尤爲不便，豈得不致遠近。國家幅員至廣，一方水旱時所不免，

卷一萬七千五百五十一

然朝廷未嘗不假貸粮種，盡救荒之政以濟恤之，故得飢饉復蘇，流離者復安。自祖宗以來，可謂仁政充洽矣，而未嘗就上等戶強借錢物。唯是英宗及陛下即位之初，天下各有優賞，朝廷自京師應副未及，問故有三兩路州軍嘗借於坊郭富民，然亦即時築還。今制置司指爲暴令，以頒布天下，是惟知主張青苗之法，而不顧數議之，是誠可駭也。一、制置司云常平舊法亦糴與坊郭之人，周禮貸民無都邑鄙野之限，今新法乃約周禮太平已試之法，即非專用陝西青苗條貫也。臣詳制置司此説尤爲不實。蓋自來常平倉遇歲不稔，物價高，合減元價出糴之時，鄉村則下諸縣取逐鄉近下等戶姓名，印給關子，令執赴倉，每戶糴與三石或兩石；坊郭則每日糴與浮居戶，每口五升或一斗，故民受實惠，甚濟飢乏。即未嘗見坊郭百姓有物力戶乃來零糴常平倉斛斗。若此，蓋制置司以青苗爲名，欲多借錢與坊郭有業之人，以望得利之多，假稱周禮太平已試之法，以謂無都邑鄙野之限，以文其曲説，惟陛下深詳其妄。一、臣近以内藏庫支絹二十萬匹爲河北常平本錢，轉運常平倉司遂申制置司，募請人依青苗錢法。制置司劄子依所申施行，坊郭戶願請者亦聽。真定府當請絹三萬匹，未及般取，常平倉司差殿侍康永丙詣屬縣催促，真定府以爲張皇擾戒

長編無處補

承丙毋下縣牒常平倉司追還牒，臣本司照會。臣遂錄奏聞，朝廷見其爲害之深，却准中書劄送康戒丙本係改公孫等已差充使幹當，無累令提點刑獄司覺察所散青苗錢不得抑勒，或有抑配，便令止絕，具當職官姓名奏劾與臣知。因勘會轉運司昨配賣絹與坊郭，每匹估錢一千五百三十至一千六百，限半年納錢，下等戶猶有破賣家産方能貼納者。今提舉官以絹二十萬匹，每匹上等作一千三百五十，每千取利二分，每匹已是一千六百一十；下等作一千三百，并利亦是一千五百六十，並隨稅上，是百餘日納足，與轉運司賣價全不相遠，即於農民豈不爲害。更差使臣督迫給散，縣邑小官尚免過咎，以抑配爲情願，何可辨明。且制置司雖大臣主領，然終是定奪之所，今直指揮許散絹與鄉村戶，依青苗法納錢，及令坊郭戶願請者亦聽，則自來未見有定奪之司事不關中書樞密院，不奉聖旨直可施行者。如此則是中書之外又有一中書也。中書行事亦須進呈，或候畫可，未嘗直處分，惟陛下察其專也。如此則知在外守職臣寮誰敢不從，早賜辨察，使事歸政府，庶於國體爲便。其後二十五日，樞密使文彥博數言青苗不便，上曰：「吾令中使二人親問民間，皆云甚便。」彥博對曰：「韓琦三朝宰相不信，而信二閹乎？」王安石每有中使宣召及賜予，所贈之物

卷一萬七千五百五十二

必倍舊例，陰結入内副都知張若水、押班藍元震，因能闚上之寵。上使二人潛察府界俵錢事，還言民皆情願，無抑配者，故上行其法益堅。

宋會要 食貨三十七 青苗下

熙寧三年三月五日右正言孫覺上言切見制置三司條例司畫一文字頒行天下曉諭官吏使知法意其凡有七至於論斂散出入之弊分城郭田野之民憂將來之失陷其利害灼然人人所能知者臣皆請置而不論至於援引經誼以傅會先王之法與防微杜漸將以召怨[illegible]禍者臣得極為陛下陳之新法云周禮泉府以為民之貸者有至二十而五而曰國事之財用取具焉今者不過三分即比貸民取息已不為多今常平之物不領於三司此周公之法乃不以取具國事之財用故云公家無所利其入臣切謂周家綱紀天下其法至密小

卷一萬七千五百五十二　一

大詳略之殺有條本末先後之施有序所治大者不領其詳所當後者不先於本故其法始於治地而其効至於天下無一人之獄此其積累乃[illegible]於文王武王周公三聖人者上取堯舜夏商之遺法損益彌縫之至是而始備嗚呼其亦難成矣哉周之法如此其詳且備矣民之養生喪死者既已無憾則又慮夫祭祀喪紀與夫不可知之乏絕故為立賒貸之法以陰相之所以備民之艱難而示彌縫之至也賒貸者不可以徒予必使以國服輸息蓋又寓勸生節用之意以俟其怠惰者耳若夫國事之財用取具者蓋謂泉府所領若市之不售貨之滯於民用有買有予并賒貸之法而舉之焉若專取具

亡森一作取亡

松案一本作熙寧三年正 孫覺集 法條淮旱 賜施行下 御史張戩上

於泉府則冢宰九賦之類將安用邪至於國服之息說者不明先鄭後鄭各為一解康成曰於國事受園廛之田而貸萬泉者朞出息五百又曰王莽時民貸以治產業者但計贏所得受息無過歲什一康成雖引載師園廛為比然卒以莽時為據其意蓋謂周制亦當爾也不應周公取息反重於王莽之時夫以王莽貪亂敗亡之法尚不至於以本計息奈何謂周禮太平之制而取息之厚乃至是邪況載師所任地自園廛二十而一至漆林二十而五其征五等而漆林之征最重以其末作妨農所以抑之使歸本也今以農民乏絕將以補耕助斂乃欲十而五以比漆林之征則是為本末者無異[illegible]

卷一萬七千五百五十二　二

周禮之意相違甚矣況周官所載治法甚詳必欲舉而行之宜有先於此者如賒貸之法劉歆行於新室已不效矣莽之亡雖不專此然亦亡莽之一道也故臣謂聖世宜講先王之法章明較著已試而效者推而行之不當取疑文虛說苟以圖治焉今以青苗細故招天下之議使老臣疎外而不見聽輔臣遷延而不就職門下執駁而不肯行諫官請罪而求去若此其事雖善難以必行況復疑文虛說若前之云云者哉乞檢會臣累奏早賜施行御史張戩言自朝廷變法至今衆意乖戾天下騷然而王安石猶欲飾非所持甚濫信惑儉人力排正論臣所以在於必諍雖死輒為義或難從勢無兩立也

力奪一作取勝

程顥言伏見制置條例司疏駁大臣之奏擧劾不奉行之官徒使中外物情愈致驚駭是乃舉一偏而盡沮公議因小事而先失衆心權其輕重未見其可乞檢會臣前所言早賜施行右正言李常言王安石不本仁以出號令考義以理財賦而佐陛下為此病民斂怨之術黨蔽措克小人宣言取利分斂小大驚疑遠近騰沸曾公亮陳升之趙忭皆位冠百僚身輔大政首鼠厥議曾無執守臺諫官或以執事隔絕或陰竊符同四海萬里蒙毒莫訴臣於安石雖有舊故之義苟懷私而不言誰復為朝廷言者今不彊恕改過捨己取人而為君子之道而遂非喜勝日與其徒呂惠卿等陰籌竊計欲文厥

《卷一萬七千五百五十二》　三

過思以頰舌力奪公議寧復為社稷安危慮者竊聞其以公論者為同乎流俗憂國者為震驚朕師以百姓愁嘆為出自兼并之言以鄉士僉議為生乎怨嫉之口而又妄取經據傅會其說謂周人國事之財用取具於息錢上以惑陛下之聰明下以欺天下之耳目而貽笑後世可為太息可為痛悼臣竊觀周禮所以必貸民者蓋先王推惻隱以為政而盡其周旋曲折之深意也先王之於民不使之過毫而苟得擾之田則出稅貸之錢則出息而不忘於息也今青苗之法言補助則為虛名言斂散則為徒擾遂所以俟妄費不思之民使之日入於困窮而已進呈覺等疏上曰人言何至如此安石曰自

復一作肯

大臣以至臺諫皆有異意則人紛紛如此何足怪趙忭曰苟人情不允即大臣力主亦不免人言又進呈程顥疏安石曰顥至中書臣略語以方鎮沮毀朝廷法令朝廷申明使知法意不得謂之疏駁大臣章奏顥乃言大臣論列事當句含此言猶為害理若不申明法意使中外具知則是縱使邪說詔民而令詔令本意更不明於天下如此則異議何由帖息上以為然　十七日范鎮罷知通進銀臺司初鎮言伏奉行下韓琦論青苗事送制置三司條例司及令李常分析甚處州縣使臣虐認貫百輸二分之息竊以陛下詔令四方所宜奉行而河北常平倉官不依稟如此固當竄黜以戒擅命之臣

《卷一萬七千五百五十二》　四

而畧不詰問李常諫爭之官欲陛下去利就義與民除害反令分析所以琦奏中書自當施行不須下條例司亦不當令常分析封還詔書聖旨諭鎮使行下常分析文字至數四猶不肯會詔聽司馬光罷樞密副使鎮又封還而不縣封駁司行下鎮乃自請解封駁事故有是命　二十五日右正言直集賢院同修起居注孫覺降知廣德軍初朝廷士大夫言散青苗有抑配者十八九詔覺同開封府界提點提舉官體量有無抑配以聞既而張戩等言不當遣覺亦固辭上批覺稱敢不處奉詔旨即日治行今乃反覆如此遂黜之　四月八日御史中丞呂公著罷知潁州先是呂公著在言職乞罷制置

九朝長編紀事本末胃乙丑至以為不當也　條十九日前秀州若

九朝長編紀事本末己卯至尤德之二條　條同日權監察若

又顥先上疏至被係遂分　條二十二日詔若

三司條例司又乞行青苗錢法於近京一兩路不必取
利候及一二年推之諸路民猶以為不便則朝廷亦宜
改作又言設施措置未得其術纔一二未事頗已咈戾
衆心是以內外乖離人人危懼祖宗以來所以深得人
心者艱難積累固非一日今豈可以一二未事輕失其
心皆不聽迺求罷職家居俟命故有是命　十九日前
秀州軍事判官李定為太子中允權監察御史裏行定
素與王安石善孫覺歸自淮南薦定極口因召至京師
定初至謁李常常問南方之民以青苗為如何定言皆
便之無不善者常謂曰今朝廷方爭此君見人切勿為
此言也定即日詣安石白其事定惟知據實而言不知
〈卷一萬七千五百五十二〉五
京師不得言青苗之便也安石喜甚遂奏以定編三司
歲計及南郊式且密薦于上乞召對謂定曰君上殿當
且為上道此及見上果問常平新法定對如安石所教
上悅批付中書欲用定知諫院曾公亮陳升之以為前
無此例乃改命焉　同日權監察御史裏行程顥權發
遣京西路同提點刑獄以顥數言常平新法乞責降故
有是命　二十二日詔右正言祕閣校理李常落職為
太常博士通判滑州監察御史裏行張戩王子韶並落
職與知縣常既被詔分析所言錢未嘗出而徒使民入
息令具州縣官吏姓名至五六終不肯具而求罷職戩
屢言青苗不便最後上疏言大惡未去橫斂未除不正

食貨五之五

又上批至子韶同惟　條同日侍御史若

又古靈陳襄集至天下耶遂追　條二十五日條例若

之司尚存無名之限方擾臣自今月十二日以後更不
敢赴臺供職居家待罪子韶嘗乞追孫覺呂公著誥命
及言臺諫方論青苗乞罷兒子淵嘗勾京東常平差遣
故有是命　同日侍御史知雜事陳襄同修起居注罷
知雜事襄言臣三奏乞罷青苗法而陛下未以臣言然
臣觀制置司元降指揮莫非引經以為言而其實貸民
以取利事體削弱為天下譏笑是特為管仲商君之術
非陛下之所宜行既而詔襄試知制誥襄自言嘗論常
平新法不聽辭不就試以為集賢殿修撰陝西轉運司
命未出上批別進呈而改是命　二十五日條例司言
青苗錢以半為夏料半為秋料使倉儲不空以備非常
然今諸路農時早晚夏秋所獲多少及民間所須緩急
所在不同恐不可為一定之法欲令有司因民緩急量
入為出各隨其時不拘以數詔諸路轉運開封府界提
〈卷一萬七千五百五十二〉六
點提舉常平倉使約定歲散青苗錢實數以聞　五月
四日詔莫霸保雄州安肅廣信順安信安乾寧保定軍
皆並邊阻塘濼西山少耕稼之利毋給百姓青苗錢
八日制置條例司言權陝西轉運副使陳繹不依條接
治部內違法抑配青苗錢官吏乃擅止環慶等六州給
散青苗錢且欲留常平倉物准備緩急支用壞常平久
行之法詔繹罷　十五日詔近設制置三司條例司
本以約通天下財利今大端已舉惟在悉力應接以趣

食貨五之六

成効其罷歸中書　十七日制置三司條例司言常平新法宜付司農寺乞選官主判兼領田役水利遂命太子中允集賢校理呂惠卿同判司農寺　十八日詔令後諸路常平廣惠倉出俵青苗錢委轉運府界提點提舉司每年相度留錢斛准備非時賑濟出糶外更不限定時月只作一料支俵或却作兩料送納以便本處人情如願分作兩料請者亦聽　十九日知青州歐陽脩言自散青苗以來議者皆以取利為非而朝廷深恶其說遂命有司條陳申諭其言雖煩而終不免於取利然猶有說者意在惠民也夏錢於春中給散猶是青黃不接之時雖下户缺之然其間容有不濟者以為仁惠則尚有說焉至於秋錢正是蠶麥成熟何名濟闕直是放債取利爾今麥既不收則夏錢尚欠豈可更支秋錢使積欠失陷臣以指揮未得給散中書言脩擅止給青苗錢欲特不問罪上批特不問罪非朝廷體可詔脩不合不奏聽朝廷指揮擅行止散之罪特放免　六月二十三日上批新差權發遣河東提點刑獄梁端令審官院與合入差遣端提舉本路常平事論青苗錢不須設官置局川峽二廣六路宜罷給散又報又以職事為提點刑獄韓鐸所沮而不能顯言鐸沮已事狀乃用論新法自劾求罷職以提舉司事屬提點刑獄轉運使故有是命　七月三日新判太原府歐陽脩罷宣徽南院事復

〈卷一萬七千五百五十二〉　七

為觀文殿學士知蔡州先是脩辭宣徽使遂論青苗法又為書責王安石安石不荅而奏從其請　八月十八日上批河北沿邊安撫都監王光祖面奏昨巡歷至廣信安肅軍聞散青苗錢官吏多不聽民自相團保乃令上户均保下等會民亦有直以一村約度人數白配給者可更廣察訪施行遂下河北沿邊安撫司體量後安撫言二軍並取民情願在外纔成保甲赴縣未嘗抑勒亦無以逐村計口支散者詔光祖具析以聞已而特放罪光祖珪子也　十月七日京東路提舉常平司言轉運司有未償内藏庫紬絹錢十四萬緡乞借充青苗錢候三年還内庫從之　十一月十九日河北路提舉河北常平廣惠倉司言大名府等處州軍今秋薄熟人户不易乞依舊條作兩料支散青苗錢及許令災傷州軍預行支俵詔從所請仍令諸路所散青苗錢料次今後令提舉官體量施行　二十四日詔諸路給納青苗錢斛官司諸色公人取受人户錢物雖已依歘掠乞取差點人夫錢物條約處未稟懼今後應諸色公人因給納常平倉等錢斛取受杖罪送隣州編管徒罪以上刺配本州牢城並許諸色人陳告杖罪支賞錢五十千徒罪一百千先以官錢給賞後以犯事幹繫人家財充或無可送納官吏保明除破　四年六月二十一日尚書左僕射富弼判汝州先是提舉淮南路常平等事趙濟

〈卷一萬七千五百五十二〉　八

言亳州災傷縣多不放稅及逐縣官吏不行詔令阻遏願請青苗錢之人置獄劾治其事皆出獨意侍御史知雜事鄧綰亦言知亳州富弼責蒙城官吏散常平錢穀妄追縣吏重笞之又遣人持小札下諸縣令未得依提舉司牒施行本州簽判管勾官徐公袞以書諭諸縣使勿奉行詔令乞盡理根治詔送亳州推勘院其富弼止令案後收坐以聞至是獄成故有是命　七年五月十八日淮南東路轉運司言察訪司劾楚州諸縣失催青苗錢官吏楚州方旱災二麥未收若劾官吏必有追擾詔勿劾　六月五日祕書省著作佐郎黃顏言給納青苗錢穀乞明立條約使州縣官吏視年之豐荒合請數

給散毋以元散數爲額權潤州觀察推官王覿言青苗法乞自今災傷五分以上當展料者舊欠展料錢穀皆未得催理詔並送司農寺　七月十七日知諫院鄧潤甫言乞於每路監司擇一人與守令博訪青苗法度又乞每歲散青苗一料收二分息詔並送提舉編修司農寺條例司　十年三月二十七日提舉兩浙路常平倉司言本路累年災傷死損人口至多所有攤填熙寧九年以前逃絕戶請過青苗錢斛乞候送納本戶數足向去豐熟日理納外更有全甲人戶死絕除依條將本家財產填納外如目下尚有少欠及一甲內死絕數多只有一兩戶見在貧闕難爲攤納者更乞別立條法從之

元豐元年閏正月七日詔中書立給散常平錢穀官賞法以開哲宗元祐元年二月詔錢穀用常平舊法施行　四月二十六日詔給常平錢穀限二月或正月以散給一半爲額　八月四日司馬光奏先朝初散青苗本爲利民故當時指揮並取人戶情願不得抑配自後因提舉官速要見功務求多散諷脅州縣廢格詔書名爲情願其實抑配或舉縣勾集或排門抄劄亦有無賴子弟謾昧尊親錢不入家亦有他人冒名詐請莫知爲誰及至追催乃歸本戶朝廷深知其弊故悉罷提舉官不復立額考校訪聞人情安便昨於四月二十六日有敕令給常平錢斛限二月或正月只爲人戶欲借請者

及時得用又令半留倉庫半出給者只爲所給不得輒過此數至於取人戶情願亦不得抑配一遵先朝本意慮恐州縣不曉朝廷本意將謂朝廷復欲多散青苗錢穀廣收利息勾集抑配督責嚴急一如向日置提舉官時今欲續降指揮令諸路提點刑獄司告示州縣並須候人戶自執狀結保赴縣乞請常平錢穀之時方得勘會依條支給不得依前勾集抄劄強行抑配仍仰提舉刑獄常切覺察如此官吏似此違法騷擾者即時取勘施行若提點刑獄不切覺察委轉運安撫司覺察聞奏從之錄黃過中書省舍人蘇軾奏曰臣伏見熙寧以來行青苗免役二法至今二十餘年法日益弊民日益貧

大一作之

刑日益煩盜日益熾田日益賤穀帛日益輕細數其害有不可勝言者今廊廟大臣皆異時痛心疾首流涕太息欲已其法而不可得者況二聖恭己惟善是從免役之法已盡革去而青苗一事乃獨因舊稍加損益欲行紾臂徐徐月攘一雞之道如人服藥病日益增體日益羸飲食日益減而終不言此藥不可服但損其分劑變其湯使而服之可乎熙寧之法本不許抑配而其害至此今雖復禁其抑配其害固在也農民之家量入為出縮衣節口雖貧亦足若令分外得錢則費用自廣何所不至況子弟欺謾父兄人戶冒名詐請如詔書所云似此之類本非抑勒所至昔者州縣並行倉法而給納之

卷一萬七千五百五十二　十二

際十費二三今既罷倉法不免乞取則十費五六必然之勢也又官吏無狀於給散之際必令酒務設鼓樂倡優或關撲賣酒牌農民至有徒手而歸者但每散青苗即酒課暴增此臣所親見而為流涕者也二十年間因欠青苗至賣田宅雇妻賣女投水自縊者不可勝數朝廷忍復行之歟臣謂四月二十六日指揮以散給一半為額與熙寧之法初無小異而今月二日指揮猶許人戶情願請領未免於設法罔民使快一時非理之用而不慮後日催納之患二者皆非良法相去無幾也或云議者以為帑廩不足欲假此法以贍邊用臣不知此言虛實若果有之乃是小人之邪說不可不察仁宗之世

西師不休蓋十餘年不行青苗有何妨闕況二聖恭儉清心省事不求邊功數年之後帑廩自益有何危急而以萬乘君父之尊負放債取利之謗錐刀之末所得幾何臣雖至愚深為朝廷惜之欲乞特降指揮青苗錢斛今後更不給散所有已請過錢斛候豐熟日分作五年十料隨二稅送納或乞聖慈念其累歲出息已多自第四等以下人戶並與放免庶使農民自此息肩亦免後世有所譏議兼近日責降呂惠卿告詞云首建青苗次行助役若不盡去其法必致姦臣有詞流傳四方所損不細所有上件錄黃臣未敢書名行下　五日御史中丞劉摯言臣近以呂惠卿責降授命有首建青苗之語

卷一萬七千五百五十二　十二

而青苗之法未罷嘗具論列不蒙采納理有未安義難苟止蓋天下之事唯有是非而已陛下謂青苗之政是耶非耶苟以其法為是也則首議者無可責苟以其議為非也則此法不當行二者甚易曉也夫青苗之害臻熙寧以來至于今日論者不知其數苟以此時不罷此法則生靈困窮之患無時可免況已有今年二月敕命用常平舊法施行故天下已嘗鼓舞矣不意復有四月中明翻以謂舊法者青苗斂散之事也而人大失望然而法行如故遲遲不改此何義哉且賞罰黜陟要以當其功罪則人心服號令所以信天下非罔天下也今一事而兩用之其用之於責人則以為非其用之於取息則以為

者也、皇帝上脫藝祖太宗至以為一百十字。原校

是名寔不應深累國體臣恐四方有以窺朝廷而罪人豈得無詞乎望速令檢會依今年二月敕命用嘉祐常平舊法申明施行左司諫王岩叟右司諫蘇轍左正言朱光庭右正言王覿言臣等屢有封事乞罷青苗皆不蒙付外施行伏以王安石呂惠卿創行此法以來天下之士惟王呂黨人欲以青苗進身者則以其法為是其它士大夫上自韓琦富弼中至司馬光呂誨范鎮下至臣等輩人未有一人以為便者方安石惠卿用事忠言壅塞小民無告飲泣受害今者二聖臨御盡革眾弊天下欣欣日望青苗之去而近日刪立舊法益更滋甚中外狐疑不曉聖意切聞近日左右臣寮有以國用不足

卷一萬七千五百五十二　十三

欲將青苗補其闕乏者聖心未察是以為之遲遲臣等雖愚以為自古為國止於食租衣稅縱有不足不過補以茶鹽酒稅之征未聞復用青苗放債取利與民爭錐刀之末以富國強兵者也皇帝陛下富於春秋未嘗接見多士太皇太后陛下覽政帷幄未能博聽羣議聽納之道於斯寔難切謂臣下每有獻言宜一切折以公議彼既欲散青苗而臣等以為不可陛下受其所言而臣等封事遂留中不出臣等不知陛下何以斷其是非而信之如此之篤乎陛下必欲決此深疑即當盡出臺諫所言付之三省使之公議得失不當隱忍不辯是非而陰用其言也如眾議必以罷之為是即乞早賜裁斷以

慰民心必以罷之為非亦乞顯行黜謫以懲臣等狂妄又以狀申三省曰岩叟等伏見熙寧之初始行青苗士無賢愚皆知其不便是時建議之臣盡力主張者不過一二人而賢士大夫極言其失者非異人也蓋今之執政嘗論之矣忠言讜論播於天下至今傳誦以為口舌小民呻吟欲聞更張亦已久矣伏自二聖臨御革去弊法而青苗之議獨無所變始者但令取民情願不立定額州縣或散或否事體不一天下固已疑之矣中閒修完本法使夏料納者半出息中外喧言朝廷欲依舊放債取利此聲流傳極損聖政岩叟等備位諫官不敢默已遂與臺官前後上言僅數十章皆不蒙施行傳聞大

卷一萬七千五百五十二　十四

臣奏對有以國計不足疑悞聖聽者遂致此議久而不決岩叟等雖愚竊私所諭也蓋聞古者聖人在上食租衣稅而已凡所以奉侍郊廟祿養官吏蓄兵備邊未嘗有闕也後世鄙陋乃始益以茶鹽酒稅之征然亦未聞放債取利若此之衰也今茲二聖在上恭儉無為度越前世選用執政將致太平岩叟等與天下士民尚冀朝廷能寬酒稅之榷損茶鹽之入以復三代之政不意今者乃欲以青苗富國失天下之望也王安石呂惠卿既以此負國使朝廷被此聲於天下今者又復以此誤二聖此岩叟等區區所深痛也近日朝廷責降呂惠卿告命之出首以青苗為罪天下傳誦人人稱慶奈何詔墨

承乾復蹈其故轍乎且青苗之法其所以害人者非特抑配之罪也雖使州縣奉行詔令斷除抑配其爲害人固亦不少何者小民無知不計後患閙官中支散青苗競欲請領錢一入手費用橫生酒食浮費取快一時及至納官錢賤賣米粟浸及田宅以致破家一害也子弟恣縱欺謾父兄隣里無賴妄託名目歲終催督患及本戶二害也逋欠未納請新益舊州縣欲以免責縱而不問三害也常平吏人舊行重法給納之賂初不能止今重法既罷賄賂公行民間所請得者無幾四害也四事爲害雖復除抑配之弊亦無如之何而況抑配未必除乎嚴叟等職在言責目覩弊事默而不言則上負朝廷下負民物若未得請決無中止之義乞盡取前後章疏看詳施行以允公議　六日司馬光劄子昨於四月二十六日降指揮令於正月二日支散常平倉錢穀竊慮州縣多不曉朝廷之意將謂却欲廣散青苗錢多收利息嚴行督責一如未罷提舉官時勘會青苗錢利民甚少害民極多臣民上言前後非一今欲遍行指揮下諸路提點刑獄司自今後其常平錢穀只令州縣依舊法趣時糴糶其青苗錢更不支俵所有舊欠二分之息盡皆除放只令提點刑獄契勘逐州縣元支本錢隨見欠多少分作料次隨税送納從之　紹聖二年七月六日戶部尚書蔡京言奉詔措置財利竊見熙寧中先皇帝以天

卷一萬七千五百五十二

下之本在農故稽參先王春秋補助之意行散斂之法薄取其息以爲放閙欠免之備故兼併不得專闤闠之利而農得盡力南畝不爲兼幷所困寔大惠也行法之初論者不一賴先帝神武英睿行之不疑以克就緒數年之後取者雲集納者輻至天下倉庫盈衍豐羨而財不可勝用自元祐廢罷以來兼幷得縱農漸失業向之所積支用殆盡以至於今未之復也恭惟陛下紹述先志將大有爲臣愚以爲生財之道益國裕民無以易此伏乞下有司檢會熙寧元豐青苗條約參酌增損遣今之宜立爲定制以幸天下淮南路轉運副使莊公岳言自元祐罷提舉官錢穀爲佗司侵借徒有應所存無幾欲乞追還向所侵借令當職官依限給散以濟闕乏隨夏秋税輸納勿立定額自無抑民失財之弊穀賤則增價糴以助農穀貴則減錢糶以與民雖有水旱人不捐瘠奉議郎鄭僅言青苗之法其濟甚博然而行法之吏不能盡良故其間有貪多務速之擾轉新還舊之弊此吏之罪非法之過也竊謂青苗義倉最爲便民願詔有司以次施行之朝奉郎郭時亮言願復青苗之法不課郡縣定額聽民自便而戒抑配沮遏之奬復諸路縣邑抵當法付令佐主行而戒苛碎邀阻之弊令常平司與郡縣講求民間溝洫之利以備水患承議郎許幾言比者明詔有司條具免役舊法頒之天下又命擇提舉官職

卷一萬七千五百五十二

而行之甚大患也然常平義倉抵當農田水利坊場河渡復行之令未盡詔也欲乞盡付提舉官次序而復之

右承議郎董遵言青苗之制乞歲收一分之息給散本錢不限多寡各從人願仍勿推賞其出息至寡則可以抑兼并之家賞既不行則可以絶邀功之吏詔并送詳定重修敕令所　九月十四日詳定重修敕令所言府「界諸路應緣常平斂散等事除令來申請外並依元豐敕府界應緣常平斂散等事除令來申請外並依元豐「七年見行條制從之　三年正月二十二日戶部言准七年見行條制元豐令給常平錢穀年終不足勿給今有舊欠戶數依令勿給恐人戶困於兼并詔應人戶舊欠錢斛令來願請者許支仍自來年以後有新欠者上上條　政和八年四月二十九日臣寮上言竊以春頒秋斂常平之善政也每春粟貴則頒之至秋賤則斂之典領之官要當推行如法斂散以時俾官有餘粟而民被寬恵然後為稱訪聞近年以來常平司往往失職督察不嚴州縣官廹于一時糶買謂民口艱於應副困備失催輸納不及時致來春新陳不接之際尚行催納民戶既無可輸即於當年違法再給虛轉文歷便充本年見欠之數頑民緣此拖欠愈多兼訪聞形勢之家法不當給而遡來諸路詭名冒請者亦衆蓋欲復行稱貸取過厚之息以困貧猾當納之期至有失陷或無可催理

不免令同保備償愈滋拖欠至有以新給折舊欠監司容庇苟辦目前州縣姑息視為常事若不訓飭滋弊無窮欲乞申嚴法禁令諸路常平官常切點檢州縣務要如法所責條令悉舉且無拖欠失陷之弊詔劄付諸路常平司

闕

官田雜錄 高宗建炎元年五月十九日知江寧府兼江南東西路經制使翁彥國言淮朝廷指揮委官拘收籍沒蔡京王黼等莊田變賣收充糴本竊詳逆家莊田元租與人戶歲收淨課今若比元立租及主戶所得稍損一二分以優佃戶自是欣然承佃官歲收租自有常入比之出賣官吏作

弊計會輕價所得之直不多利害較然詔依租課與減二分　三年正月十四日江南西路安撫都總管司幹辦公事賈公曄言應天下坊郭鄉村係省田宅見立租課有名無實荒蕪隳毀至于無人佃賃昨因赦出賣州縣口稱尋求公按不見無憑給賣欲乞詳酌行下以見賃錢數依樓店務「自來體例紐折僑產以佃租依鄉原體例紐折並依建炎元年五月一日赦文收贖出賣如輸納價錢違限復沒入官別名人承買見今西北流寓人衆乘時給賣則官私兩濟准條官戶許買不許佃賃仍乞分明行下戶部看詳建炎元年五月一日赦文止合出賣崇寧以來因買撲坊場河渡及折欠官物沒納田產如委實元估公素不見欲依本官所乞依鄉原體例「紐折出賣其應冒占係省官田宅之家指揮到日限半月許人戶自行陳首依租來租課輸納佃賃如無舊額即比近鄰立定租課為准如違限不首並依見行條法從之　四年二月三日知永嘉縣霍蠡言本州四縣見管戶絕抵當諸色沒官田產數目不少並依形勢戶詭名請佃每年租課多是催頭及保正長代納公私受弊欲乞量立日限名人實封投狀請買限半月拆封給最高之人內有林霖素沒官屋宇為元估價高累榜無人承買乞行下本州減價出賣詔並依仍限半月今來所賣田宅係要贍軍支用全州縣當職官吏協力措置如敢高擡下估虧損公私遣官按視比近田土舍宅稍有高下官員取旨竄責人吏杖脊配海島　七月九日戶部言湖州見賣拘籍到蔡京等田產遵依指揮出榜立限召人贖買如累榜不售即乞量減價其地且令見租佃人承佃候有承買人離業所貴不致荒廢自餘州縣亦乞依此從之　十三日發運副使宋暉言江西名人承買收贖沒到蔡京等田產既無文籍稽考即官吏得以為姦別生欺隱乞依隱匿死絕財帛物法計所直準盜論斷罪仍許人告以所告田產准價給三分充賞所貴杜絕奸弊詔應官吏干應人隱根括不盡不實或小出價錢並依二月二日指揮斷罪仍許人告賞錢一百貫大　紹興元年六月九日臣寮言諸路州縣係官田產緣當時估立租額高重產主逃移展轉勒鄰人承佃破壞家產輸納不及遂致逃移至有累年荒廢無人承佃者並是科較保正長及甲頭典賣已產代納租課每年有追呼之擾而所入無幾如向緣興崇三舍名買田產贍學或有因抵請市易官錢營運或買撲坊場或赴場監請鹽通出田產抵當多是計會估量官吏田宅牙人虛添畝角增抱錢數其貴贍學田人恐致敗露且依虛增畝角出名抱田三年間便即逃移及買撲坊場抵請鹽貨抵當市易人因消折錢

本送納官錢不足所屬依條拘沒元通產業入官雖重估計恐畝角錢數
不實依法合納元估人補償以此遞相計囑只依元估數或量損畝角紐
立租數出榜召佃無人願就又勒元業人承佃以是輸納不充拋逃計較
不免逃移更有逃戶絕戶田產因估量田宅牙人等乞覓遂虛杜甲不從
敵重立租課亦無人願佃其間不肯踏逐作職田立段不問有無催督愈
峻逃遁積弊不可概舉監司州郡既見逐色官產已有合納租課定額遂
行督責所屬縣分官貪苟且逃責吏公為奸抑勒隣保及產業相隣人分
擔承認上戶用情推免纔行勘會亦復計囑雖實隣人妄作無鄰供具往
往下戶坐受抑勒無所申訴其間又有一戶產業條許人全業承佃人
逃移亦是勒有鄰人分佃屋宇新麗田園膏腴悉歸上戶其貧乏下戶雖
有佃名實無所得緣此亦致逃移延及催科保長甲頭逐年代納租課為
害不細內若產已係人戶私典賣自舊來雖有許用逐年子斛消欠指揮
其間佃人入納子斛已過元數緣元降指揮不許挑段逐致官司一例追
催今有至三四十年間入納子斛不知幾何雖累經赦特降指揮不得
拘催已是淨產而監桊人吏意在規求並不除放至今每歲拘催及至人
戶昭行計囑即便沉沒元引吏指為衣食之源而官實無所入乞下逐路
提舉監事司檢會前後所降蠲除赦文指揮施行外有上件及該說不盡
諸色官產並不專置一司或行下諸路州縣外明開具土名田產坐落四
至召人實封投狀承買詔並依仍委逐路提刑總領措置田事各許置幹
辦官一員並朝廷選差其請給人從等依監司下幹辦條例施行候事畢
日罷　十一月二十二日都省言浙西州縣籍沒到蔡京等田產昨委宋
煇出賣訪聞州縣官吏並緣為奸將根括到田產並不開坐地界四至容
縱鄰人以瘠薄私田等公然於換欺弊百出詔令宋煇限三日重別措置
關防如何不致隣人欺弊換易事狀以聞仍多出文榜曉諭應今日已前
有將換易之田限半年許令陳首特與免罪更不追理日前所收地利如
出限不首許地鄰及諸色人告每畝給賞錢三十貫於犯人名下追理犯
人估所換田產價直計贓加二等科罪地隣人不告與同罪　二年正月
十九日江南西路安撫大使李回言撫州宜黃縣人戶熊富吳擇等一百
餘家昨拘籍田產估賣緣中下之家無力承買今相度欲許被估人納錢
收贖從之　六月二十九日詔諸路委漕臣一員將管下應干係官田
並行籍置出賣仰各隨土俗所宜究心措置出榜曉示限一月召人實封
投狀請買仍置印歷抄上承買人戶先後資次姓名限滿當官本廳拆狀

區畫所著價最高之人賣到錢數申取朝廷指揮其諸路漕臣若推行不
擾早見次第當議優加給賞如或視為具文隱蔽例私奉行滅裂並當重
行黜責仍行下逐路照會　七月二日詔諸路委漕臣一員將應係官田
並出賣各隨土俗所宜究心措置若推行不擾早見次第當議優加旌賞
如或視為具文隱蔽營私奉行滅裂並當重行黜責　九月十九日詔兩
浙轉運判官張致遠躬親前去取索浙西提刑司行遣出賣官田案檢具
違慢官吏姓名申仍催督本司官將未賣田產遵依已降指揮催促所管
州縣多出文榜疾速召人依條實封投狀承買除本州縣官吏公人外應
官戶諸色人並聽承買其未起賣田錢并租課逐錢米等仰子細檢勘拖
欠去處疾速催促送納逐旋附綱起發其官司擅支過錢米仰嚴緊催促
當職官吏火急依數撥還令提刑自責近限須管數足如敢出違令來再
責日限當職取旨重行竄責以戶部言浙西末賣蔡京等田合納租課取
會提刑司供報違慢故有是詔　三年三月十三日戶部言常平司見管閑
田權令人戶認納二稅却于常平倉送納候及三年依條出賣或立定租
課許人戶添租承佃給最高之人若召到人所入租課與見佃人所入數
同即先給見佃人仍先乞下湖南提刑司照會施行從之　七月二十四
日臣僚言建州賊火勒滅之後官司籍沒到賊中同事田產不少今來州
縣輒行引用去年生賣官田指揮一例更不推賞止是召人請佃往往揀
擇膏腴減落頃畝令立租課或致賊首親戚冒濫陳乞却要給還已小弊
倖百端伏望申明行下其往賣指揮自為舊日官田今來籍沒到賊人田
產自合依法出賣從之　十一月十日江南西路轉運副使李彌遜言本
部州縣自經兵火之後戶口減耗稅額比舊欠折盡因檢括荒田倚閣租
課官吏奉行滅裂今乞于本路州縣官選擇四員充專一點檢州縣根括
拋荒田產整治簿書依條展責縣官下鄉逐一子細取見逃亡死絕拋荒
人戶出土合角稅租然後再令本州差官覆實置籍拘管戶部勘當欲下
本司先將曾經兵火殘破一縣依所乞推行若因此見得賦稅歸着不致
搔擾即具事因申取朝廷指揮從之　四年九月十五日赦諸路州縣人
戶所佃官田其閒佃人逃死往往違法只勒四鄰或本保代納額虛違法
害民仰諸縣令佐根刷如有似此田產量減租課依法召人承佃仍仰監
司常切覺察諸路衙前因欠拘收抵當物產在法許以子利償欠如依限
納足却給元產限外不足猶許租佃其間有自父祖以來因欠官錢歲月
漸久官司有失舉作子孫却將抵當為己業典賣有經三四十年偶因告

首使給與告人仍追錢業為害不細仰諸路州縣守令括責根刷如有其似此之類已經其照刷者並與銷落未及三十年者自今冬為始起理租課已前積欠並與放免或願備元欠納者官給還元業再經半年尚納不足即依理欠法施行如官吏用情並許越訴

五年正月三日臣寮言諸路州縣七色依條限合賣官舍及不係出賣田舍並委逐路提刑司措置出賣州委知州縣委知縣令取見縣管數目比仿鄰近田畝所取租課及屋宇價直量度適中錢數出榜限一月召人實封投狀承買限滿拆封給着價最高之人其價錢並限一月送納候納足日交割田舍依舊起納稅賦仍具最高錢數先次取問見佃賃人願與不願依價承買限五日供具回報若係佃賃及三十年已上即于錢價上以十分為率與減二分價錢限六十日送納其賣到價錢仰逐路提刑司總領起發赴行在送納內不通水路處轉經所專充贍軍支用如官司輒敢截撥借兑移易伏乞朝廷重立斷罪詔依仍逐路專委監司一員江東路轉運范振江西運汝霖廣東劉仿廣西趙子嚴兩浙提刑向宗厚福建呂聰問總領措置

五月二十九日詔出賣沒官等田今年二月二十四日已降指揮監司州縣官吏公人並不許收買外其寄居待闕官願買者聽從福建路提刑呂聰問之請也

四月二日總制司言承送下專切措置財用司奏今條具下項一係官田地乞且截自宣和以後應可以賣者先委官根括候見着實頃畝四至即大字榜示人戶願買人名以時價着依已措置事理出賣庶幾歲月未久易于考驗不至紛爭兼多在形勢戶下取之無傷縱使巧為占吝亦須高價承買其宣和以前田地且令官司寬緩括責步畝增減租課改造砧基簿賣與不賣他日臨時相度先降出賣官田指揮即不願年限今欲宣和以後應可以賣者臣依奏所乞先次出賣其以前年分令諸路總領官續次相度申請施行今來召人承買係州委知州縣委知縣若論職事合在守令縱其間有貪有廉有才有否不可一概委付欲令逐路轉運常平兩司不問職位高下州縣各精選一員同主其事如係職官以下許添破請給庶相關察無敢容私今相度欲依今年正月三日指揮州委州縣委知縣取見元管數目比仿鄰近田畝所取租課及屋宇價直量度適中錢數出榜召人實封投狀承買賣到價錢州委通判縣委縣丞拘催計置起發其諸縣有實闕知縣去處即于丞簿內選委可以倚仗之人權行管幹候正官到日却行交割所有州縣應估價檢察姦弊乞令州縣當職官並行通管幹施行一勘謂賣田極易惟括責實難此全在官吏得

人然公平者少容私者眾乞飭諭所委官如有違戾者當遵用藝祖之法罷黜其合賣田舍承今年正月三日指揮州委知州縣委知縣取見元管數目并二月二十四日指揮令州軍先將但干照據簿歷子細刷的實合行出賣田產名色地段頃畝物件先次置籍拘管申總領官及承閏二月十八日指揮應州縣因刻刷失實別無情弊並依被差檢視戶絕財產根括不盡條法施行如有情弊或為隱漏不實從所委監司具事因申取朝廷指揮重賜施行今欲乞依已降指揮施行一看詳戶部前後所具事節已如是詳備緣有省房租賃一色多為官吏之家眾世隱占有良田數百畝而歲納四五十千者有市井地段數十丈而歲納四五十錢者今卻不係合賣七色之內議者謂田可增價出賣地可增錢召賃無逃絕田土又有累年荒廢只是抑鄰人保甲代納租稅似此一色若不量行減價或許放一二年官物決未有人承買檢准紹興四年六月二十二日戶部狀諸路州縣係官房廊白地園圃等自軍興以來或因賊馬殘破簿籍不存或逃亡未歸業或被虜死絕事故之類往往人吏作弊侵欺入己或為形勢之家強占起造更不納錢或非理減落元價蓋緣官司失于拘籍為弊日久失陷官錢不可勝數今相度乞下諸路運司州委通判縣委知縣限五日措置關防利害并如何可以革去僥倖增收課入限半年陳首已承指揮依所申條具戶部累將上件事理委監司州郡條具未有申到去處今欲依臣寮所申如有似此隱占之家許限一月詣官自陳依本處體例添納租課仍與減免二分限滿不首許人陳告即以其地給與告人其告人所納租課亦減二分一實封投狀已限一季開拆若措置未盡即限滿給賣難以追改欲乞更令戶部詳細議定疾速行下諸路轉運常平司行令得遵執庶幾不失信于民間若慮遠方被受稽緩即乞更展一月今欲依臣寮所乞詔依措置到事理施行

十九日臣寮言兩浙諸州自建炎中殘破之後官司亡失文籍所有苗稅元額不登蓋為兼并隱寄之家與鄉村保正鄉司通同作弊隱落官物至有歲收千畝之家官中收三二頃者有歲收千斛之家官無名籍者乞應詭名子戶隱寄田人吏有田產而無敷配苗役者被虜田產官司糾察不盡者聽一季或半年內許令自陳紹興四年以前所欠官物一切不問委官根責專切措置財用司言今來所乞與隱占官田願同具立限陳首免納稅課告賞等欲權依出賣官田指揮行下轉運司仍限一季自陳遍下州縣遵守施行從之

五月十日臣寮言竊見兵火之後諸處戶絕田產不少往往為有力人戶侵耕遂失官

中遂年二稅免役之類其鄉司保正等人公然受賂致使逐縣苗稅不能及額欲望優立賞格仰諸州當職官與屬縣令佐竭力措置根括土豪之家侵佃戶絕田產仍立賞許人越訴如州縣官吏巧作諸般擾擾若情理稍重者欲乞遠竄嶺表若事理稍輕亦當量其所犯科罪專切措置財用司言根括失陷未有許行推賞之文今欲比附依命官磨勘殿磨出稅租簿內虧失錢數立定賞格施行仍從提舉司保明申奏從之 同日尚書省言近降指揮專委路逐監司總領出賣係官田全仰所委官悉心奉行若不嚴行賞罰無以激勸詔令戶部行下諸路所委官遵依已降指揮疾速施行如奉行有方即優與推賞若有違戾重行責罰 六月四日詔江東轉運黃子游路一官仍令江東提刑司取問申尚書省取旨施行以都省勘會賣沒田官產措置留滯也 六年二月十二日臣寮言兩浙東西江南東西福建廣東南西路所管鄉村戶絕并沒官及賊徒田舍與江漲沙田海退泥田昨為兼并之家作弊計嘱人吏小立租額佃賃不盡歸公上已降

下脫指揮至指責四百五十字 多以用錢至從之四百字 此處二行錯入他條

見係[illegible]姓名人戶佃賃逐戶各有無官司給到憑據如無即係冒占仰本縣立定租課令依舊佃賃仍令所委官立定狀式鏤板遍下鄉村出榜曉諭許限一月投狀自首立租特與免罪及更不追理以前租課將逐項田舍令本縣置籍分明開坐鄉村人戶姓名着落去處合納租課數目逐一拘管如違限不首許

諸色人告其犯人依條斷遣及追理以前租課仍將所冒田產屋宇等項畝間架估𨻶實直于犯人名下追理依見行條法給賞先次拘收沒官仍須管限一季結絕即不得閑留人戶經宿及少涉搔擾如違取旨重行降黜候了畢令運司開具添究出首陳告田產項畝間架合納租課數目與所委官職姓名分立等第保明申尚書省取旨推恩 九年十月十日赦一作十年九月十日近因臣寮言出賣官田許人實封投狀承買訪聞州縣却有將見佃舍屋一例出賣事屬搔擾緣房廊屋宇自兵火以來多係人戶自備錢物修蓋元降指揮不曾許賣如有違戾去處仰改正 十一年二月二十五日詔知德清縣主簿王鑄特轉一官以浙西提刑司向宗厚言本縣田產首先出賣盡絕故有是命 十二年十月二十一日戶部言常平司見出賣田產見令未有人承買若不依舊令人戶租佃蓋慮愈深恐出賣不行乞下諸路提刑兼常平司并總領賣田官將見今未賣田產令見佃人限半月添租三分依舊承佃如出限不願添租即勒令離業其積年拖欠合催理租課並限一月納足仍別召人再限一月實封投狀添租刻佃限滿拆封給添租最高之人若無人刻佃仰總領官措置減價其拖欠租課如限滿不足當職官具姓名取旨施行如失申及奉行滅裂委常平官覺察失覺察委御史臺彈劾從之 十三年二月三日戶部言欲將常平轉運司應管田產并提刑司所管賊徒田舍並遵依去年十月二十一日指揮施行內元係荒閑田土因人戶請佃圍裹興修田產即自請佃日依今降指揮各理五年日限權免添租刻佃出賣令依舊承佃謂如請佃已及三年更合展限二年之類若限滿尚有不願添租之人依前項備坐已降指揮刻佃出賣施行餘路依此從之 二十年四月六日戶部言契勘州縣沒官田土往往形勢之家互相刻佃令欲乞更不許人承佃並撥歸常平拘收與見與水利一就措置仍令轉運提刑茶鹽等司如有沒官田土即具數報常平司拘收輒敢漏落從本部取旨重賜施行從之 二十一年十月六日臣寮言贍士公田多為形勢之戶侵占請佃逐年課利入于私家以致士子常患養廉不給望詔有司申嚴行下諸路提舉官常切覺察詔令戶部措置并緣往賣度牒當往多有絕產令撥充贍學支用戶部言除已行下諸路提舉學事官下所部州縣遵守施行仍令本司常切覺察如有違戾去處即仰按治依法施行外今欲乞令諸路州軍取見上件絕產各係是何寺觀若干頃畝間架每年合收若干錢糧的確實數保明無致隱落開報提舉學事官置籍權管仍仰本司催促諸州軍開具供申本司置籍

將今來所撥絕產租課錢物令項專委官封樁具數申取朝廷指揮支撥其州縣寺觀于圖經內各有所載去處近來僧道往往違法于所在去處擅置庵院散在民間若無數額其所買田產屋宇亦乞依前項施行更合取自朝廷指揮內福州寺觀比之張守任內拮責到寺觀常住所歲收錢出剩數目並皆不同已行下福州究切体究的確收支數目亦乞委本路提舉學事官催促本州疾速開具候到審實別無侵隱開具供申參照施行詔依措置到事理施行　二十二年三月二十二日戶部言數內福建路寺觀係數多去處雖已行下本路提舉茶事司開具窮應往反取會遲延因致漏落今欲乞朝廷差官一員前去措置施行從之　同日戶部言已降指揮差官一員前去福建路措置寺觀常住絕產田畝今欲專委新除司農寺丞鍾世明帶行本職前去措置從之世明措置將寺觀田產除二稅上供常住歲用等外每歲樁辦錢三十六萬五千八百六貫八百四十五文起發赴左藏庫續詔知福州張澄乞添破童行人力米除路外實計每歲起發錢三十三萬九千三百六十貫文有奇　二十六年二月三日戶部言江浙湖南福建路諸州軍自紹興二十年降指揮之後應常平司拘收到沒官戶絕等已未佃賃田地宅舍專委提刑總領出賣并四川二廣州縣沒官戶絕等田地除見佃人戶已添三分租課並令人戶依舊承佃更不出賣外其餘有不曾添租田產欲乞依今來措置施行自後應沒官戶絕田等地屋舍等準此從之　六月一日戶部言諸路沒官田產近因鍾世明申乞盡行出賣自後未有人承買并未賣之田遂致荒廢欲將已降出賣指揮更不施行令江浙湖南福建常平司遵依節次所降指揮並撥歸常平司拘收召人修着佃賃其四川二廣見出賣田宅自合照應元降添租承佃指揮施行上曰建議出賣者不過利于得錢若許民戶租佃量租課百姓必利之百姓足君孰與不足乎沈該等曰陛下卹民務本如此天下幸甚　二十七年六月十五日江南東路轉運判官葉義問言欲望將今日以後應拘沒到僧道置產及寺觀絕產並行措置召人實封投狀增錢承買起理二稅從之　二十八年七月二十八日知溫州黃仁榮言因經界出僧道違法田產即合照應見行條法拘沒入官欲乞將上件拘沒田產盡行召人實封投狀出賣給與價高之人仍舊令投納有契供輸稅苗公私兩便如內有賣未售之田合行權給租課亦乞先給見租佃種人照租送納于是戶部言已降指揮似此田產已撥充養士今欲依所乞施行內契稅錢與免納從之　十月十七日詔戶部將所在常平沒

官戶絕田產已佃未佃已添租未添租並行拘收出賣戶部措置一將諸路州軍應諸司并常平司拘收簿籍內合行出賣田地宅舍先次選委清強官躬親地頭核實勘驗取見詣實分明立定字號仍開具田地鄉分地名坐落四至畝角步若干頃畝如有墳墓已葬埋在今日以前者就留四至各三丈與為己業若所至三丈內或係別人已產即據所至給與不得侵越別人已產或所至三丈內係見今出賣水田池塘之類止得以岸為至若墓地元從官地上出入者買主不得阻障宅舍亦開具新舊間架丈尺濶狹城市鄉村等緊慢去處並量度適中估價務要公當不致虧損公私如拘收沒官戶絕有畜產什物亦仰所委官取見詣實開具估價出賣州委知通縣委令佐如有荒田地多年不曾耕墾者與買人免納二年四料稅賦一令州軍造木櫃封鎖分送管下縣分收接承買實封文狀買歷一道令買人于歷內親書日時投狀或有不識字人即令承行人吏書記日時並于封皮上押官用印訖入櫃限九十日內倚郭縣分將櫃申解赴州聚州官當廳開拆其外縣委通判縣分多處添委通判外選委以次幕職官分頭前去開拆並先將所投文狀當官驗封開拆簽押以時比較給賣着價高人內着價同者即給先投狀人或見賃佃人願依着價高人承買者限五日投狀聽給限外或稱緣故有失投狀之期官司並不得受詞所買田產等並與免投納契稅錢每一貫文省止收頭子錢四十三文省更不分隸諸司專充腳乘糜費行遣紙札支用仍置歷收支具帳申戶部照會其承買價錢不以多寡自拆封日為始並限六十日納足若違限納錢不足其已納錢物依條並沒入官其田產等亦行拘收其間如未有人承買田地宅舍聽見佃賃人依舊營納租課一前承降到指揮止許諸色人并寄居待闕官實封投狀承買即不許當職官吏監司或本州縣在任官及主管公人并本州縣公吏承買如有違犯依條施行外許人陳告其所賣田舍等依舊還官仍以買價錢為則每一百貫支賞錢二十貫餘支賞外其餘價錢並行沒官如價錢未納在官即以犯事人家財充一令來所賣田地宅舍等專差重祿吏人承行州縣各差二人其差出到地頭驗實官亦許帶吏人二人如因職事乞取財物並依重祿法一今來所賣田宅其間若有見佃人已施工力布種聽收當年花利管納租課內情願令買人償其工直即交業者聽一今出賣田地如內有佃人自造屋宇居住未能有力承買官司量度適中立定白地租錢令人戶輸納依舊居住元有出入行路並見且賃地土者特與存留如不願佃上件白地願行拆

移者聽其城郭內外沒官絕產白地已有佃賃人蓋造屋宇止令依舊納白地租錢如日前計囑官吏作弊低估價錢即聽官司從實量行增減一今來應出賣田舍其間有見承賃人不願承買雖合給着高價人並限六十日般移不得拆毀作壞其見賃人有自添修蓋造官司先次取見詣實估定價直別項開說許令來承買人依價還直如見賃人不願欲自行拆移者聽一其間見有人戶爭理官司未曾與決限六十日須管結絕如合拘收即行出賣同日權發遣浙東提刑卻大受言置買田產皆有力之人緣懼物力高重將見在產業詭名隱寄避免色役今一旦承買官產即門戶驟增無由隱諱以致遲疑不敢投狀今來欲將承買官產每價直一千貫以下與免三年物力一千貫以上免五年五千貫以上免十年又出賣田地竊慮民間被人阻障稱某處可作宅基某處可作墳地候他承買修治栽蒔了畢用親隣執贖致不敢投白今應承買官產之人已給賣後與免執鄰取贖及承買田產價錢元限六十日納足不足納官物恐近日錢物最為難得錢一不繼便至沒官則人不敢投欲作價錢分作三限每限各六十日納足始與交業限滿不足十日內許人剗買無人剗買即錢沒官仍許將金銀依時價折納如州縣官吏秤估價貫斤兩虧民許經元納官司陳狀實封至本司畫行秤估如委是阻節虧損即本司按治行遣于是戶部言置官產物力欲一千貫以下免一年以上免二年五千貫以上免二年二稅和買役錢之類則依條供輸其價錢分三限第一限六十日第二限第三限三十日違限納錢不足十日內無人剗買其已納錢物並沒入官田產等拘收別召人實封承買餘並依所乞施行從之　二十九年二月十七日權戶部侍郎趙令詪言江浙湖南福建川廣諸應司沒官戶絕田產並行出賣今欲州委知通縣委令丞根括出賣如能用心措置每賣價錢縣及二萬貫州及五萬貫與減一年磨勘縣及四萬貫州及十萬貫減二年磨勘縣及六萬貫州及十五萬貫減三年磨勘縣及十萬貫州及二十萬貫轉一官如欺弊滅裂出賣稽違令提刑司具所委官職位姓名申朝廷重行黜責人吏斷罷及欲下諸路常平司依已降朝旨先次根括逐州軍合出賣田宅細數及依溫州作册並限十日供申戶部置籍拘催如依前滅裂違滯從本部取會當職官吏申朝廷重作施行并江浙福建湖南路州軍月具西川二廣季具已未賣田宅數目并賣到價錢申部照會如有見占佃形勢官戶及豪右之家欺隱占吝及用情障固致人戶不敢請買仰所委官具名申朝廷重作施行今來措置出賣田產萬

數浩瀚若不委官驅考竊慮散漫稽違今欲專委郎官一員左右曹各差職級一名手分二人貼司二人置籍揭帖排日催促月具本已賣田產及價錢數目申朝廷照會從之　二十二日權戶部侍郎趙令詪言出賣沒官田宅見有承佃去處令知通令佐監督合干人估定實價每減二分如估直十貫即減作八貫之類分明開坐田段坐落頃畝所估價直出榜曉示仍差耆保逐戶告示如願依減定價例承買並限十日自降日下給付如不願承買即依條出賣張榜許實封投狀限一月拆封給價高人如限滿未有人承買再榜一月自來合申常平司審覈竊慮地里遙遠往來稽緩欲令州縣一面估價給賣止具坐落頃畝價直申司監察其承買人計囑官吏低估價錢藏匿文榜見佃人巧作事端故意阻障及所委官吏容心作弊即仰常平司覺察取旨施行從之　二十七日新除直秘閣知盧州黃仁榮言溫州根括到田地頃畝見委官吏出賣乞量立賞罰賞以近限從之　三月二十五日詔公吏等冒占係官屋宇限一月許見住人陳首與免坐罪及追理日前合出賃錢令所委官拘收出賣如限滿不首送所屬以違制斷罪仍許鄰保限半月赴官陳告將所告屋宇估定實直價錢以十分為率二分給告人充賞若鄰保限滿不首許諸色人陳告將鄰保從杖一百斷罪依此給賞如鄰及告人不願給賞依估定價錢承買者與減二分錢數其冒占應干係官田產隱匿稅租亦依此施行從戶部郎官楊倓之請也　四月十九日兩浙路計度轉運副使趙子潚等言本司昨承指揮將本路浙西州縣官田土作營田耕種分三等立租召人租佃拘收稻麥將副行在馬料支遣戶部言今來具到田地隸屬轉運司即係諸司官田依已降指揮合行出賣欲乞下浙西路常平司將前項應管田畝數目行下所屬照應節次已降出賣官田指揮疾速估定實直價錢多方措置出賣從之　五月一日殿中侍御史寧古言福建路江海畔新出沙田其民戶自備錢本興修數年之間償費未足與尋常逃移請佃官田事體不同本路提刑樊光遠方行申審而戶部便令出賣欲望少寬其限仍乞將見今所在州縣出賣官田申嚴其法使形勢之家不得更似日前多占據仍重州縣當職官吏殿最之格詔令戶部看詳戶部言福建沙泥田經界指揮後實打量人戶起理稅賦已承朝旨召人實封投狀承買繳三分錢與元佃人戶充還興修工本之費并田宅有形勢豪右之家占佃已委官立罪賞根括出賣今所陳沙田乞行下本路提舉常平司措行住賣其出賣官田切慮州縣奉行不虔亦乞申嚴行下從之　七月五日戶部

提刑官田所言：江浙等路没官户絶等田宅，近承指揮，州委知通，縣委令丞措置出賣，及委逐路常平官總領萬責。今欲將未賣田宅並依條出榜，許實封投狀，自出榜日為始，限一月拆封，以最高錢數取問見佃人，如願依價承買，限十日自陳，與減二分價錢給賣；如不願承買，即三日批退，給價高人。若見佃人先佃荒田，曾用工開墾，以二分價錢還工力之費；如元佃熟田，不在給二分之數。限滿無人投狀，再限一月；若兩限無人承買，即量行減價出榜，召人買。見佃人户已買田宅，既于官中低價承買，却又增價轉手出賣，或借貸他人錢物收買，後再行增價準折之類，欲許諸色人經官陳告，以所買田宅價錢三分給一分與告人充賞，餘俱没官，别行召人實封投買。人户所佃田宅，若有以前冒占及詭名承佃，至今耕種居住，見送納課米或二税，既已施工力，終是見佃之家，欲並作見佃人承買。今來賣田宅内有官户形勢之家請佃，往往坐占，不肯承買，如出違前項拆封日限，無人投狀承買，即依官估定價直，就勒見佃人承買；如依前坐占，不肯承買，即仰常平司申取朝廷指揮施行。投狀承買田宅，拆封日見得着價最高，合行承買，却稱不願買者，依已降指揮，以所着價十分追罰一分入官。欲將此追罰錢數，限一月追理納足，仍令常平司常切覺察，如州縣不為追理，及人户不為送納，即具名申取朝廷指揮施行。出賣浙西營田已承指揮椿住賣外，所有其餘路分營田及官莊屯田，前後已降指揮即不該載，今來並不曾出賣。訪聞常平司并州縣人吏不將前後措置多出文榜曉諭，或州縣榜内更不寫出田段價直，致出賣稽違。欲下逐路常平司官嚴行覺察，稍有違戾，按劾申朝廷，重作施行，人吏配決。及下兩浙、江東西、湖南、福建、二廣、四川提舉常平司疾速行下所部州縣遵依施行，仍令州縣多出大榜曉諭民户通知。縣令藏匿，若常平司不檢察，乞令提刑司覺察按劾。從之。于是詔令逐路提舉常平官躬親督責，嚴行檢察欺弊。知縣、縣令先出賣數多，仰户部具申尚書省取旨優異推恩；或出賣數少，當行點責。州縣當職官能用心措置，亦于已到賞格外增重推賞；或稽違不職，令常平官按劾聞奏，重作施行。十八日，詔嚴州分水縣令張升佐、宜興縣令陳迟、縣丞湍滎各特降一官資放罷，以户部提領官田所言賣逐縣所賣官田于一路最為稽違故也。同日，詔知秀州黄仁榮、通判李文仲、嘉興縣丞唐叔孫各減二年磨勘，以本州言嘉興縣已將發賣官田錢數繳訴賣典故，有是詔。　二十七日，户部提領官田所言：乞下江浙、福建、湖南、四川、二廣常平司官疾速行下所部州縣，知通督責屬縣令丞逐一子細

根括，將見佃賃未賣田宅已滿一年，與理為見佃賃之家，依前項已降指揮承買；若未及一年者，開封日將着價最高人錢數先次取問見佃人，如願承買，更不減價；若不願承買，即給賣與着價最高人。如有違戾去處，仰本司官照應已降指揮，具職位姓名申取朝廷指揮施行。從之。　二十八日，荆湖南路提點刑獄公事彭合言：欲望詳酌行下，如有已行召賣未有人承買去處，痛行裁減，不得抑勒民間，自然爭售，實為公私之利。詔令户部措置。户部言：乞下江浙、湖南、四川、二廣常平司遵依節次已降指揮，即不得抑令田鄰承買及追呼監繫椿撥，如有似此去處，仍令本司依已降指揮施行，毋致違戾。從之。　九月十一日，詔浙東提舉常平都潔特轉一官，以户部言比較浙東賣官田最多，故有是命。同日，中書門下省言：諸路出賣没官田，產州及五萬貫、縣及二萬貫已上，各有立定遞增酬賞。詔令户部將州縣賣錢及格應賞去處，取會當職官職位姓名，一面審覈推恩施行。　三十年正月四日，湖南路提舉常平司何俌言：乞將本路州縣未賣荒田，更不依元估定價錢，並許人户自行開坐所買田段四至，隨鄉原例量度，任便着價，實封投狀，給與最高之人。于是户部言：荒田無人開墾去處，若與已經開墾熟田一例估定價錢召人承買，切慮輕重不均，難以出賣盡絶，欲下本司依所乞施行，仍取見詣實多方措置出賣，拘收價錢起發。從之。　三月十三日，試右諫議大夫何溥言：昔祖宗出賣官田舊法，止令人户實封投狀，限滿拆封，給與價高之人。比來諫議之臣欲優卹見佃之家，許令減價二分，依舊承買，意固善矣，而復為一説，以請見佃人户已買田宅，既於官中低價買過，却與外人相見，轉手增價出賣，或借人錢物收買，于後增價準折若此等類，並許陳告，即行拘没。夫始欲其失業而為之減價，終設為轉賣之説，而開其爭端。欲望聖慈特詔有司，將前項申請已得指揮即賜改正，明以示民。從之。　四月十三日，資政殿學士、知潭州、充荆湖南路安撫使魏良臣言：本州自兵火後，百姓復業，今已二十餘年，往往將本户元供荒產節次私下耕熟，不納官課。已行下諸縣，令十家結為一甲，税實供具已耕田畝，輸納二税。自今為始，所有日前隱匿熟田漏納苗税，並免追理。如所供不實，即令諸色人告首，以新告田充賞，仍每畝支賞錢，止于犯人名下追理所隱苗税。如本户實有苗田無力耕作，即開具頃畝，曉示人户，令實封投狀承買。又奏：昨降指揮，召人承佃荒田，與免三年租課，緣無人願佃，遂降指揮，令人户納錢承買，部止免二年四料税賦，委是輕重不等，乞依請佃例，與免三年。從之。　五月十四日，臣寮言

吉州出賣常平沒官田產元估價錢與提舉司覈實高下遞絕遂委提刑司看詳到數目見係可出賣者約三十一萬貫而來信者尚居其半其餘盡皆荒閑不耕之地雖乞委官相視量立中價召人承買今以提刑司所實之數較之提舉所斷者一十萬緡而賣未盡絕尚未可知欲望特命有司行下所屬如有名賣不行理宜裁減又除豁去處並令條具申省別委監司審覈取旨詔令户部看詳户部言諸路州軍有人户見佃田宅出賣了當欲將未賣見佃田宅再限半月仍于減免二分價上更減一分今後更不減價如見佃人依前執占令州縣召人承買如見佃人不願承買及曾有人承佃開墾成熟田產欲將來賣田產於元定價上十分減免一分依條出榜許諸色人實封投狀給價高人無人開墾荒田近承指揮並許人户自行開坐所買田產四至題鄉原任便着價給與價高人具買人免納三年六料税賦委是太優州縣自合遵首如有違戾去處常平司坐視不為檢察亦乞令提刑司覺察按劾施行諸路州縣自降指揮及今多日出賣未絕却將未賣田產巧作緣故縱容見佃形勢之家及元掬沒人户坐佔花利其所委官不協力措置是致遲緩欲乞下江浙等路提刑司官嚴行覺察如有違戾去處即仰按劾重作施行州縣已賣未起錢數不即起發往往移易應副別色窠名今乞下常平司官督責州縣所委官盡數根刷日下起赴所屬送納從之　七月二十四日湖北轉運司言被旨照對本路州縣皆以田畝定税外照得純州平江縣兵火來後復業人户自陳種植以種定税二十五年因本州措置以丁定税緣以種定税人户往往隱匿量行供申以丁定税有力之家往往將丁隱匿并下户丁多田少有丁而無田者有力之家僥倖下户不能應辦復行逃移若行經界却有不曾隱匿之家一例被擾欲下純州平江應管人户附近五家為一保逐保自將見佃田同共打量實耕頃畝開具結罪保明文狀赴官自陳每畝依舊納税米二升四合鼎新上簿籍記數目仍各置砧基簿遍與責對行開收如有隱漏許諸色人告委官打量將不曾納税頃畝追十年合納二税仍將出剩頃畝給與告人為業犯人并保内人並杖一百科斷若係保内人自行告首與免罪依此給田詔依逐司相度到事理施行仍限半年令人户從實供具赴官自陳　十月二十九日户部言欲下本路轉運司行下所部將人户包占田土再限半年盡行自陳批鑿照驗再限三年開耕如限滿不自陳并尚荒廢並依前項已降指揮施行從之以權發遣真州徐康言本州兩縣自收復以來人户歸業識認祖產及外人請佃荒閑

田地自有頃畝鄰比界至多有包占謂之大四至今欲乞立限半月或一季許歸業請佃人户實具冒占之數經所屬自陳官司于元結莊帳公據明行批鑿頃畝四至批上即押付人户照使其熟田已輸納税賦自依舊外其冒占頃畝未經開墾拘入官召人請佃故有是詔　三十一年四月九日户部侍郎錢端礼等言訪聞近來逐州縣出賣成熟田地已經限滿減價之後見佃并承買人通同計嘱合干人藏匿榜示却令人户自行着價入狀折封止以狀内價高錢數便行出賣欲乞下逐路提舉常平司官約束所部州縣當職官吏將未賣成熟田宅依元估減定價錢多出文榜分明曉諭召人增錢實封投狀承買候拆封日結賣價高人為業如有依前滅裂違戾去處即仰具姓名申取朝廷指揮重作施行仍下逐路提刑司官常切檢察從之　十一月十六日户部提領官田所言節次承降指揮將江浙等路應諸司沒官户絕等田產州委知通縣委令丞專一根括立價出賣今來拘籍到王繼元房廊田園山地等乞下臨安府督責所委官多方措置出賣依前項立定錢數格法或半推賞施行從之　孝宗隆興元年十一月十五日户部言昨上封者乞賣常州無錫縣省田四十萬畝每畝直錢一十五千得旨委兩浙漕臣親相度今據申到止有十六萬六千餘畝每畝價直二貫若許人承佃歲得止供省苗近四萬石如行出賣深慮暗失上供省額乞將上件田住賣從之　二年四月五日湖南常平司言本路荒田將近六年無人承買今欲乞將見佃并可以開耕者措置召賣外間有難于開墾從州縣取見畝數撥附常平司召人租佃與免三料合納租課如願承買即仰適中估價給賣從之　乾道元年三月三日户部言浙西所管營田官莊共一百五十九萬餘畝内有未承佃六十七萬餘畝緣上件田產皆係肥饒多是州縣公吏與形勢之家通同營占不行輸納租課乞委官根括出賣其冒佃人限半月陳首與免罪及所逋租課從之　二年十一月九日權户部侍郎曾懷言諸路沒官户絕田產已賣到錢五百四十餘萬貫所有營田若便出賣切慮攙併候沒官田產賣畢申朝廷接續出賣其見佃人買者與減二分價錢從之　十七日户部言諸路營田已降指揮令常平司出賣今欲行下逐路常平司盡實開具頃畝紐計實價保明供申從本部置籍拘催所納價錢聽以金銀依市價准折并許用會子應約用行遣事件並依元降出賣沒官田產指揮施行從之仍令户部侍郎曾懷專一提督其錢起赴左藏南庫令項樁管　三年六月一日三省言户部乞出賣營田事今據兩浙運司具到本路營田

已佃九十二萬六千餘畝，內二十四萬元無二稅，見只納租課一色，外有六十七萬六千餘畝係元有二稅，更令貼納租課。今來既令人戶用錢承買，卻合除豁租課，必須虧損馬料無據。四川總領所備坐興元府申：營田所收夏秋斛㪷計八千餘石，今若依江西例出賣，委是有虧租課，竊慮諸路事體不一。詔除四川外，餘路營田可令疾速出賣。　閏七月二十五日，戶部侍郎曾懷言：諸路未賣沒官田產計價錢一百四十餘萬貫，今欲乞下逐路常平司從實估價，再限一季召人承買，二稅與免十之三。從之。　九月七日，臣寮言：在法品官之家不得請佃官產，蓋防權勢請託也。今乃多用詭名冒占，有數十年不輸顆粒者，逮至許人劃佃，則又計囑州縣，不肯離業。乞自今應戶絕沒官田產，不以有無見佃之人，並令州縣具頃畝、間架，徑申戶部，行下常平司估價出賣。從之。　四年八月三日，詔諸路常平司見賣戶絕沒官田產及諸路未賣營田，並日住下，責依舊拘收租課。其人戶承買而違限納價不足者，所納錢依係沒官。　六年正月二十九日，工部侍郎姜詵言：昨令臨安府出賣王繼先沒官田產屋宇，其未有人承買者尚多，乞劄下本府更量減一分價錢。從之。　二月一日，臣寮言：浙西江東淮東諸處沙田蘆場多為有力之家請佃，已占畝步，昨據人戶供具計二百八十餘萬畝，並未曾起理租課，乞行下估價出賣。從之。　七年正月十七日，詔戶部開具諸州沒官田產並營田頃畝、間架，分作三等估定價直，具實數申尚書省。從本部侍郎曾懷請也。　八年十一月六日，詔諸路沒官田產屋宇并營田已降旨令常平司開具三等九則價錢，至今累月多未報到，或估到價直緣太低少，可委戶部長貳同郎官一員措置，合行事件限五日條具聞奏。戶部條具下項：一、今來賣諸路沒官田產屋宇并營田，所據逐州報到價直緣當時所委官往往未嘗躬親肥瘠，止憑手吏作弊，或將膏腴作中下等立價，虧損官錢。乞下諸路常平司別委官審驗具實價申尚書省，俟得指揮，限一月召人承買，見佃人願買者就價中與減二分，其賣到價錢計綱起發赴行在左藏南庫送納。一、出賣沒官田產，州委知通，縣委令丞，如能究心措置，縣及二萬貫，州及五萬貫，減一年磨勘；縣及十萬貫，州及二十萬貫，與轉一官。出賣稽遲或比較數少，申朝廷點責。一、諸路安撫、轉運、提刑等司有拘籍到沒官田產屋宇并營田等，乞令盡數關報常平司一就差官措置出賣。並從之。　九年正月十五日，詔將作監丞、新知常州前往浙西措置出賣營田并沒官田產。知常條具下項：一、乞劄下浙西常平官開具營田并沒官田產色額數估價開報本

前條具畫一大概與折知常同

所，其出賣田產除本處常職官吏外，應官戶公吏等並許依價承買。價錢委知通置庫拘收，計綱發赴行在。一、恐有形勢之家計囑隱占，立價不實，全藉提舉官并知通令佐盡實根括，如官吏所行滅裂，致有詞訴，許從本所具當職官姓名申取朝廷指揮。一、今來竊慮不能徧歷州縣，欲暫委官前往計置，如所賣田產率先辦貴集，乞從本所具職位姓名申朝廷推賞；或所行滅裂，亦當申奏責罰。一、田產屋宇除有人佃賃者合就所估價增錢承買外，間有荒棄田產及瘠肥屋宇，欲委知通令佐再行相視重裁價直，召人承買。並從之。　同日，詔司農寺丞葉翥前往浙東措置營賣營田并沒官田產。　閏正月七日，詔出賣官田如實係荒閑無人耕種，或有人戶承買者，與免五年十料稅賦。從江東提舉張郯請也。　二十四日，三省言：浙西人戶請佃營田，逐年租課並納稻穀，充馬料，今既出賣，即合起稅，乞行下州縣，並令依舊折納稻穀。從之。　二十六日，詔浙東提舉司將人戶承買官產一千貫以上，免差役三年；五千貫以上，免五年；和買並免二年，其二稅役錢自令計數供輸，以措置官言民戶困于和買，致有避懼故也。　二月四日，詔四川提舉常平司將諸州戶絕沒官田產屋宇委官估價，詔人承買，其營田依昨降指揮樁行住賣，仍舊令人請佃。先是資州言屬縣有營田，自隋唐以來人戶請佃為業，雖名營田，與民間二稅田產一同，不應出賣，故有是命。　四月五日，詔監登聞檢院張孝賁往江東、主管官告院周嗣武往江西措置出賣營田并沒官田產。　五月三日，詔今來出營田并沒官田產屋宇，內有見佃人願承買者，日前通欠並與蠲放；或不願承佃，依措佛理。從措置浙西官田所請也。　五月十四日，中書門下言：今來出賣沒官田產并營田，如見佃人願承買，即已施工布種者，依紹興二十八年指揮，聽收當年花利，輸納租課。從之。　六月二十五日，權戶部尚書楊倓言：昨承指揮，令諸路提舉常平司委官根括沒官田產屋宇并營田，今據兩浙江東福建廣東估到價錢四百餘萬貫，切慮州縣不即措置，故為遷延，乞下逐司限一季出賣，如無稽違，即與推賞。外有江西湖南北廣西四川等路尚未申到，欲令限一月估價，俟中若有違慢，申朝廷，有違其間州縣或有收到價錢不即起發，移易他用，致有失陷，其官吏依擅支封樁錢論。常平司失于覺察，一例施行。從之。　七月十六日，臣寮言：近見戶部申請諸路並限一季出賣官產，拘錢發納，且以江東西二廣論之，村疃之間，人戶凋疎，彌望皆黃茅白葦，民間膏腴之田耕布猶且不徧，豈有餘力可買官產？今州縣迫于期限，且與原價不免監錮保長，抑勒田鄰，乞寬以

一年之限戒約州縣不得抑勒如有違戾重置典憲從之

以下脫淳熙元年至嘉定十二年共卅五條 應補抄

宋會要

卷四千七百五十

限田雜録 高宗紹興元年十二月十四日權戶部侍郎柳約言授田有限著於令甲比來有司漫不加省占仕籍者統名官戶凡有科數例各減免悉與編戶不同由是權幸相高廣占隴畝無復舊制願推明祖宗限田之制因時救弊重行裁定應品官之家各據合得頃畝之數許與減免數外悉與編戶一同科敷詔從之條行下 十七年正月十五日臣僚言政和令格品官之家鄉村田產得免差科一品一百頃二品九十頃下至八品二十頃九品十頃其格外數悉同編戶令朝廷之意蓋欲盡循祖宗之法以紓民力比年以來軍須百出編戶有不能辦州縣必勸誘官戶共濟其事上下併力猶患不給今若自一品至九品皆得如數占田則是官戶更無科配所有軍須悉歸編戶豈不重困民力哉望詔大臣重

加審訂凡是官戶除依條免差役外所有其他科配並
權同編戶一例均敷庶幾上下均平民受實惠至若限
田格令臣欲候將來兵戈寧靜日別取旨施行又言令
日官戶不可勝計而又富商大業之家多以金帛竄名
軍中僥倖補官及假名冒戶規免科須者比比皆是如
臣所請則此弊可以少革而科敷均平民不重困實濟
國用詔令戶部限三日勘會申尚書省於是戶部勘當
欲依臣僚所乞權令應官戶除依條免差役外所有其
他科配不以田限多少並同編戶一例均敷科配候將
來邊事靜息日却依舊制施行從之　二十九年三月
二十二日大理評事趙善養言官戶田多差役並免其

所差役無非物力低小貧下之民望詔有司立限田之
制以抑豪勢無厭之欲於是戶部言近年以來往往不
以條格增置田產致州縣差役不行應品官之家所置
田產依條格合得頃畝已過數者免追改將格外之數
衆同編戶募人充役詔令給舍戶部長貳同議措置取
旨　其後給事中周麟之等言今措置官戶用見存官
立戶者許以見行品格用父祖生前曾任官若贈官立
戶名者各減見存官品格之半父祖官卑見存同居子
孫官品高如未析戶聽從高及官戶於一州諸縣各有
田產並令各縣紐計每縣併作一戶通一州之數依品
格併計將格外頃畝並令依編戶等則於田畝最多縣

分家同比並差役若逐縣各有格外之數合充役者即
隨縣各差坐募人充役即役未滿而本官加品並令終
役逐州委通判或職官縣丞尉專一主管將諸縣官戶
及併計到田產數置籍如本州遇逐縣申到陞降並仰
於當日銷注如縣內出入田產已過割訖或官員加品
限一日申州主管司注籍如人吏違限不注籍從杖一
百科斷訖勒罷如別有情弊故作稽滯因事發覺者徒
二年有贓則計贓論其主管官仰監司具名申尚書省
自指揮到日許各家將子戶詭名寄產限三月從實首
併作一戶拘籍如出限不首併許諸色人告不以多少
一半充賞一半沒官其見立戶名官員或品官子孫並

取旨重作行遣如告首不實並依條斷罪及白下州委
知通職官縣委令佐取索官戶戶籍編排若已編排訖
却有隱匿蓋庇不實及奉行滅裂及於差役時觀望不
公並許人戶越訴其當職官取旨重作黜責人吏斷配
仍仰逐路監司常切覺察如有違戾按劾以聞監司失
覺察令御史臺彈奏品官募人充役如敢倚恃官勢及
豪彊有力於本保內非理搔擾並許民戶越訴及不伏
州縣依法差使許當職官按劾有官人并品官子孫並
取旨重作行遣並呂許募本縣土著有行止人不許募
放停軍人及曾係公人充違者許人告詳定一司敕令
所看詳前項措置欲依所請下戶部遍牒諸路州軍遵

守施行從之　三十年正月五日戶部言近給舍措置
品官之家見行品格用見存官及父祖生前曾仕官若
贈官立戶並一州諸縣如有田產並令紐計併作一戶
通一州之數頃畝令依編戶衮同差役許將子戶詭名
寄產限三月實首並拘籍如出限許諸色人告一半充
賞本部今再措置一品官子孫析爲十戶每戶許置田
五十頃之類品官之家田土內有山林園圃及墳塋地
段之類難以一例理數今乞並行豁除不理爲限田之
數內蘆場頃畝折半計數其子戶詭名寄產元限三箇
月首併竊慮內有守官不在置產州縣未能依限首併
令欲更與展限兩個月如出違所展日限即依已降指

揮施行詔依仍行下諸路監司州縣遵守施行　三十
一年正月二十五日臣僚言近降品官限田指揮所以
優恤下戶恩意甚厚其間條目約束有所未盡謂如一
品官限田百頃身後半之使其家有十子各占五十頃
則爲五百頃若復阡陌連亘數州所占不知幾何又勳
貴之家援例乞免差搖雖不過數家而在官限田之前
令亦泛然引用或甘募人充役或引舊例丐免州縣推
行不一乞委自守令條具經久可行利害委監司及本
州類申朝廷委官看定從之以上中興會要　孝宗乾道元年正月一
日南郊赦官戶多立戶名編民冒作官戶祖父母父母
在而私立戶名竊慮尚有未曾經官首併之家因以陳

告致坐罪庚可自赦到日更限一月許令首併歸戶二
年六月九日南郊赦並同此制　四年九月十二日臣
僚言品官占田理爲官戶事戶部照得承廕子孫許置
田畝數目雖比父祖生前品格減半若析戶數衆其所
置田畝委是太多今重別勘當謂如一品父祖元格許
置田一百頃死亡之後子孫用父祖生前曾任官立戶
減半計置田五十頃若子孫分析不以戶數多寡欲共
計不許過元格減半五十頃之數其餘格外所置數目
並同編戶其品從亦乞依此類施行庶得下戶不致差
役頻併從之　六年二月二十一日詔曰朕深惟治不
加進夙夜興懷思有以正其本者今欲均役法嚴限田

抑游手務農桑凡是數者卿等二三大臣深思熟計爲
朕任此而力行之其交修一心毋輕懷去留以負委寄
此朕所望也　九月二十一日中書門下省言差役之弊
大抵田畝皆歸官戶雖申嚴限田之法而所立官品有
崇卑所限田畝亦有多寡品官田多往往假名寄產卒
逃出限之數不若物拘限法今後官戶與民戶一槩通
選物力第二等以上輪差二年一替官戶許雇人代役
且以十年爲限如經久可行別議立爲永法詔依兩浙
路先次遵守　八年四月二十五日臣僚言役法之均
其法莫若限民田自十頃以上至於二十頃則爲下農
自二十一頃之上至於四十頃則爲中農自四十頃以

上至於六十頃則為上農然後可使上農三役中農二役下農一役豈復有不均之嘆哉其常有萬頃者則使其子孫分析之時必以三農之數為限其或詭名挾户而在三農限田之外者則許人首告而没田於官庶以歲月不惟天下無不均之役亦且無不均之民矣詔令給舍同户部看詳品官之家照應元立限田條限減半與免差役蔭人許用生前曾任官品格與減半置田如子孫分析不以户數多少通計不許過減半之數仍於分書并砧基簿内分明該說父祖官品并本户合置限田數自今來析作幾户每户各合限田若干若分析時田畝不及合得所分格内之數許將日後增置到田畝

湊數經所屬批鑿添入照驗免役若分書并砧基内不曾合說並不在免役之限若諸縣皆置田産竊慮重疊免役仍令諸縣勒令各家自行指定就一縣用限田免役如所措縣分田畝不及合得限田之數許於鄰縣湊數其餘數目及別縣田産并封贈官子孫並同編户差役有已差役人輙於役内無故析户計會官司差人抵替致引惹詞訴令欲將來差役前父母亡没服闋在充役之内合行析户者聽析户外其見役人無故析户即有所規避須候滿方許陳乞從之以上乾道會要

續會要

孝宗淳熙七年十月六日宰執進呈頗師魯論役法上謂官户皆令差役則民稍蘇趙雄等奏令官户限田之外則着役上曰正謂限田太寛所以官户免役凡仕則禄足以代耕自不當廣殖田産其令敕令所具官户免役條法以聞七日進呈敕令所具官户限田數上曰頃畝太寛自然差不到於是有旨官户項畝數多編民差役頻併令臺諫給舍同户部長貳詳議以聞既而給舍臺諫同户部長貳言欲下諸路提舉司將品官之家照應淳熙重修條格内立定限田條格一品至九品合得限田頃畝以十分為率令再減三分其餘七分與免差

役謂如一品元合得五十頃以十分為率再減三分外合得三十五頃與免差役之類其子孫所得限田縁乾道八年十一月二十六日已經減半將來承分稍衆通以一户之産均為數户所占必自不多若若再行裁減又恐不能自立令欲照淳熙格内已立定子孫減半之數施行如子孫分析不以户數目並同編户差役不報　十年十一月十二日詔封贈官子孫並依乾道八年十一月指揮不許免役户部狀處州申據進士何伯庸等狀役法有封贈官子孫免役不免役二項法意不同伯庸等皆係正該封贈官子孫恭覩淳熙專法該載限田新格明言品官之家鄉村田産免差科如子孫用父祖生前官或贈官立户者減見存官之半

令來編戶有當充役者却執乾道八年臣僚陳請贈官不理為官戶一句得為糾擾之詞贈官子孫則守淳熙専條必欲用限田減半免役格况所謂贈官有正該有回授有雜流有軍恩未審前項乾道一時申請係何等封贈官前後曾未衝改以此不能無惑乞明降指揮本部近承吏部侍郎兼詳定一司敕令賈選等劄子看詳封贈官自有兩等不同如士庶年及并國學生得解士人選人小使臣父母遇恩封官及應贈初品官其子孫於法未該承蔭似此之類欲同編戶差役其有父祖因子孫陞朝積累封贈以至崇品其子孫既合承蔭若同編戶差役非特不應舊法亦恐非朝廷恩典既而戶部

敕令所看詳欲從所乞宰執進呈上曰贈官子孫若並免役則將來下戶受累（害）贈官虛名免役實例既予以虛名又併實利得之不可可只依乾道八年十一月二十三日指揮　十三年十一月十二月詳定一司敕令所言臣僚劄子見行田格該載子孫用父祖生前官或贈官立戶者減見存官之半乾道八年戶部集議指揮品官限田身後承蔭人許用生前曾任官減半置田封贈官子孫並同編戶差役往往州縣多謂格中贈官立戶者減見存官之半乾道八年指揮却令並同編戶以此承用疑惑竊詳封贈官子孫止謂父祖生前曾任官得伯叔或兄弟之封贈者是為封贈官子孫其元自仕宦

累贈至顯官者自合以生前官立戶令乾道八年指揮大意止欲寛編戶之力而封贈元係有官及素來無官者却無以區別遂致胥吏舞法並緣為姦牒訴紛紛所在皆爾乞令戶部鏤版頒臣此章仍下敕令所於田格注文內將或贈官三字除去奉旨令本所看詳聞奏本所今看詳欲從臣僚奏請將父祖生前不曾任官得伯叔或兄弟封贈之家子孫遵從乾道八年十一月二十六日指揮同編戶差役外其元自仕宦緣已經贈官之家不用封贈官限田止以生前曾任官減見存官之半置田所有淳熙田格注文內或贈官三字欲乞更不引用從之寧宗慶元五年三月四日戶部言九品至一品

除非泛補官外承蔭人許用生前官品減半置田免役特八品以上子孫則九品官雖自擢科第顯立軍功子孫不得用限田法照得令若將九品子孫不得限田則失之太窄今乞將元因非泛及七色補官之人遵依淳熙十三年五月七日指揮若自擢科第或顯立軍功及不係非泛補授之人子孫並許用立定減半限田格法免役若析戶通不得過減半之數特奏名文學遇赦授迪功郎注權州縣走弄籍戶今乞將特奏名出身之人如有偶授破格八品差遣或循至八品上須落權注正官差遣方始理為官戶敕令所議欲於第一項軍功下添入及字餘從戶部議定事理施行從本所修入役法

擬要從之

墾田雜錄　高宗紹興二年七月五日，詔知興國軍王綯、知永興縣陳升首先奉行詔令，措置招誘人戶耕墾閑田，可各與轉一官。候措置就緒日，令本路提刑司保明，備申朝廷取旨褒擢。　十二月十八日，詔諸路寺觀常住荒田，令州縣召僧道耕墾，内措置有方及租稅無拖欠者，並仰所屬差撥住持其田宅寺觀，仍不以名次高下差撥。　五年五月十五日，戶部言：「修立到諸路曽經殘破州縣守令每歲招誘措置墾闢及拋荒田土殿最格：一、增（謂見拋荒田土而能招誘措置墾闢者），一分知州陞三季名次，縣令陞半年名次；二分知州陞一年名次，縣令陞三季名次；三分知州減磨勘一年，縣令陞一年名次；四分知州減磨勘一年半，縣令減磨勘一年；五分知州減磨勘二年，縣令減磨勘一年半；六分知州減磨勘二年半，縣令減磨勘二年（承直郎以下循一資）；七分知州減磨勘三年，縣令減磨勘二年半（承直郎以下循一資到部陞半年名次）；八分知州減磨勘三年半，縣令減磨勘三年（承直郎以下循一資仍占射差遣一次）；九分知州轉一官，縣令減磨勘三年半（承直郎以下循一資仍占射差遣一次到部陞半年名次）一。虧（謂見耕種田不因再被盜賊殘害若災傷而致拋荒者），一分知州降三季名次，縣令降半年名次；二分知州降一年名次，縣令降三季名次；三分知州展磨勘一年，縣令降一年名次；四分知州展磨勘一年半，縣令展磨勘一年；五分知州展磨勘二年縣令展磨勘一年半（承直郎以下到部降一年半名次）六分知州展磨勘二年半縣令展磨勘二年（承直郎以下降一資）七分知州展磨勘三年半縣令展磨勘二年半（承直郎以下降一級到部降半年名次）八分知州展磨勘三年半縣令展磨勘三年（承直郎以下降一資）九分知州降一官縣令展磨勘三年半（承直郎以下降一資到部降一年半名次）一考州縣守令墾闢拋荒田土增虧十分者取旨賞罰一考州縣墾闢拋荒田土里分者以守令到任日見墾田畝十分為率一諸縣每月終見措置招誘到墾闢田畝實數申州（州每季終具監司準此）若守令替罷即州縣限五日具在任月日內墾闢田畝數申一守令措置招誘墾闢田畝並歲考日限約束並依戶口法若

守令在任雖不及半年而增及一分以上者亦考察一守令雖係權攝賞罰並同正官一考知州縣令措置招誘墾闢田土不實及供具田畝增減若保奏違限並依考戶口法其增虧上下者依上下等餘依中等一歲考州縣守令招誘措置墾闢及拋荒田土者其比考之數更不通計（謂如到任第一年增五分其第二年數別理之類）已上[illegible]格法令三省吏部戶部諸路通用詔依仍先次施行　十四年三月八日戶部言契勘京西州軍係累經殘破荒田至多委是開墾倍費他州欲下本路轉運司將管下荒閑田土自請佃後與放免二年租課從之　十九年十一月二十一日臣寮言契勘淮南東西荆湖等路比年寧靖

民稍復業而戶口未廣田野漸闢而曠土尚多惟縣令最為親民此未有賞格可以激勸令欲下諸路轉運司取見屬縣已歸業人戶與耕墾田畝稅賦之數委官審實法籍申部如一政內能勸誘人戶歸業耕墾田業添復稅租增及一倍從本州保明申運司審實保明申省部立定賞格不及倍者亦量所增之多寡遞與推賞其不能勸誘又致流亡荒廢者罰亦如之於是戶部言增戶口措置墾闢田土昨承指揮立定守令歲考增虧格法至今少有申到賞罰文狀蓋緣所立格法輕重不倫致無激勸用心招集謂如措置墾闢田土增一分知州陞三季名次縣令却止陞半年名次令來官員陳請乞

立定縣令一政內能勸誘民戶歸業耕墾田業添復稅租增虧賞罰本部契勘逐路拋荒田土數多全藉守令措置招誘人戶耕墾比之興修農田水利尤重若不增重賞格開墾無緣增廣令比擬守令一任招誘措置墾闢田土賞罰格下項知州增（謂到任之後管屬諸縣開墾過見拋荒田土）一千頃轉一官七百頃減磨勘三年五百頃減磨勘二年虧（謂到任之後管屬諸縣見耕種不因災傷而致拋荒者）五百頃展磨勘二年三百頃展磨勘一年知縣縣令增（謂到任之後開墾過見拋荒田土）五百頃承務郎以上轉一官（承直郎以下係條施行）四百頃承務郎以上減磨勘三年（承直郎以下循一資仍減磨勘一年願以循資當舉官者當舉官一員）三百頃承務郎以上減磨勘二年（承直郎以下循一資願以循資當舉官者當舉）

官員一二百頃減磨勘一年半一百頃減磨勘一年（謂到任之後見耕種田不因從陽而致拋荒者）一百頃展磨勘一年（每及百頃依此）五十頃降三季名次三十頃降半年名次一縣令到任日具著業戶口墾闢田畝稅賦拋荒田土實數申明本州覆實保明申轉運司（知州到任申轉運司準此）轉運司保明申尚書戶部一縣令每歲終具措置招誘墾闢田畝增添稅賦及有無却拋荒田土實數交割付後官從後官保明申州州限半月覆實申轉運司轉運司一月保明申尚書省戶部一守令若權攝官遞權過月日內開墾田數交格或有拋荒田土並依正官賞罰一令除前項立定賞格外如有任內於所立格外開墾田土增廣數目并許計數累賞一守令措置招誘墾闢田土增添稅賦等若供具增減不實及供申違限乞重立條法施行如得允當即乞更下吏刑部審覆施行及乞下諸路轉運司取見屬縣已歸業入戶耕墾田畝稅賦之數委官審實注籍訖先次開具保明申部從之　二十年四月二十七日左朝奉大夫新差知廬州吳逵言請置力田之科以重勸農之政募民就耕淮甸賞以官資闢田以廣官莊自今歲始漢制計戶口置員則有賞員今欲以斛斗定賞必無濫賞江浙福建委監司守臣勸誘土豪大姓赴淮南從便開墾田地實為永久之利今立定賞格土豪大姓諸色人就耕淮南開墾荒閑田地歸官莊者歲收谷

五百碩免本戶差役一次七百碩補進義副尉八百碩補不理選限州助教一千碩補進武副尉一千五百碩補不理選限將仕郎三千碩補進義校尉四千碩補進武校尉力田出身其被賞後再開墾田及元數許參選如法理名次在武舉特奏名出身之上已上文武職遇科場並得赴轉運司應舉從之　九月十九日知廬州吳逵劄子契勘就耕之民以力田賞格開墾田畝便著籍為管官莊戶處名繫於官不得自由欲望將管官莊戶只作力田戶其推賞事件並依元格施行從之　二十二年十月十二日詔權發遣京西路轉運判官兼提刑提舉常平茶鹽等公事魏安行特轉一官以前知滁州開墾荒田二千餘頃推恩也　二十六年四月二十七日戶部言淮南人戶未耕官田已降指揮展限三年開墾今欲下本路州縣出榜曉諭人戶將本戶內已請射未耕種官田限二年盡行開墾耕種如限滿有未種田畝即許諸色人劃佃限即時給付其京西路若有似此去處亦乞依此從之　六月十五日吏戶部言荊湖北路見有荒閑田甚多亦皆膏腴佃耕者絕少欲下本路轉運司應干係官等閑田行下所部州縣招誘不以有無拘礙之人並許踏逐指射請佃不限頃畝給先投狀之人自承佃後與放免租課五年其送納租課應副牛種等並依京西路已得指揮施行仍令四川制置司行下

逐路轉運司曉諭如願往湖北請佃開墾官田人户亦仰即時給據津發前去其放免租課等依此施行守令招誘户口令本路監司取其能者保明推賞内有不職之人按劾取旨賞罰從之　二十九年十二月十六日直敷文閣淮南東路轉運副使魏安行言淮東州縣閑田甚多今欲勸誘民户增廣力田先次條畫下項一乞將本路招誘到人户先支借口糧次給農器牛具種子蓋造住屋等計所直仿種田見利立定分數逐年次第還官并令州縣訪聞籍記土豪姓名乞量立賞格如能招致耕田人户一百家者有官人差充部押官無官人補甲頭招及一百家者有官人減二年磨勘無官人依

八資法補守闕進義副尉每五十家遞遷一等無官人至五百家補承信郎五百家有官人充轄官無官人令依今來措置補名目人與遞遷充部押官並依効用備官法支破請受理爲資任及立賞招誘來家之人有能招誘人户十家耕田三頃者支錢四十貫文一百户耕田三十頃者支錢四百貫文二百五十户耕田七十五頃者白身與補進義副尉不願就名目者支錢一千貫文大率每招到一户耕田三十畝者支錢四貫文以次第增添一諸軍已揀汰下官兵有願赴淮東耕田者乞許徑赴本司及所在州軍陳狀如係有官資人借請三月驛料軍兵借三月家糧差人伴押前來依出戍體例

日支錢米候開田收利日旋次住罷一勸耕之初蠲免課子十年至第五年只收種子第六年帶還官司所借糧食等價錢仍分秋夏兩科送納並不收息還官足日自爲己業一耕牛差委有心力人揀擇收買乞於産牛州郡就經總制錢内支或客牛聽人户揀買官借價錢如日後闕牛許再請或借價錢其招召客人欲隨人夫多寡旋修築圩堰蓋造屋宇種麻豆粟麥之屬亦可以減省支借從之　十七日淮南路轉運副使提領營田魏安行言欲乞下本路將十九年以後守令增開到田取見頃畝申朝廷依元降指揮推賞儻有虧減罰亦如之信賞必罰則人知勸沮從之　孝宗興宗元年九月二十八

日臣僚言湖外之地多荒廢不耕欲定墾田廣狹以爲兩路守令黜陟之法其新墾田與蠲免夏秋税役五年户部勘會人户請佃閑田自有放免年限其守令招誘墾闢亦皆立定賞罰格自今欲下兩浙轉運司依已降指揮施行外仍令每歲取責州縣增墾荒田之數置籍驅考保明申朝廷從之　乾道二年五月六日臣僚言兩淮膏腴之田皆爲品官及形勢之家占佃既不施種遂成荒田乞自今如經五年不耕者許民户并諸軍兑田指射官爲給據耕種從之　三年九月二十五日權發遣和州主管淮西安撫司公事胡昉言昨本路師臣吳逵於紹興二十年申請招誘江浙福建豪民至本路

從便請佃荒田據所收以十分之一輸官三年之後歲增一分至五分而止中緣兵火蠲放至今歲再行起索乞將上項租課撥付本司充激犒民社支用從之　四年二月二十九日知鄂州李椿言本州荒田甚多往歲間有開墾者緣官即起税遂致逃亡乞募人請佃與三三年六料税賦三年之外以三之一輸官所佃之田給為己業至六年遞增一分九年然後全輸或元業人有歸業者別給荒田耕種從之　五月一日湖北運副楊民望言諸州荒田多無人開耕間有承佃之家盡力墾闢往往為人告訐稱有侵冒頃畝官司從而追納積年税租遂致失所乞自今後遇有親耕之人止催納當年租

税日前者並與蠲放從之　五年正月十九日詔新除大理正徐子寅措置兩淮官田子寅條具下項一乞先往楚州督促守令置造農具屋宇給散耕牛種糧就二月内開墾俟一州畢即往以次諸州依此措置二合置買牛具乞支降會子二萬貫俟用畢即申朝廷再行給降接續支遣三令來楚州三陽實應縣歸正人願請佃者許四百餘名合用耕牛犂耙鍬钁石轆軸木勸澤踏水車之屬乞劄下淮東安撫司預辦耕牛仍委楚州計置合用錢數付諸縣知縣置造上件農器俟本日所到日同知縣標撥田段如官吏違慢具姓名申朝廷行遣從之同日徐子寅言兩淮膏腴之田多為官户及管軍

官并州縣公吏詭名請佃更不開墾遂致荒閑乞限一年令見佃人耕種如限滿不耕拘收入官別行給佃從之　六月三日淮南轉運司言向緣兵火民多逃移蒙朝廷招誘歸業例以歸認田土晝時給付多有包占畝步雖立限許令自陳愚民懼增税課不即陳首今已限滿若遽許人劃佃緣其間亦有無力耕種之人乞除官户公吏之家更展限一年從之　十一月二日徐子寅言被旨勸諭歸正人置莊耕種皆流離之人開墾之初全在守令撫恤今聞或有追擾拘納課子或因踏田輙行收禁乞自今許被擾人於措置官田所陳訴具姓名聞奏從之　六年正月十四日太府少卿總領淮西江東錢

糧兼提領屯田葉衡言合肥瀕湖有圩田四十里舊為沃壤久廢墾闢今若募民以耕可得穀數十萬斛蠲其租税俟二三歲後阡陌既成然後倣歷陽柘皐營田官私各收其半從之　三月一日三省言兩浙開田見今募民開墾以為守令殿最歲終具數中安撫司核實其募到力田為首之人乞優與推賞若補轉官資減免賦役之類從之　六月十三日户部侍郎江浙荆湖淮廣福建等路都大發運使史正志言浙西諸縣營田除秀州嘉興縣未報外計一百五十八萬三千餘畝數内入户未佃五十七萬二千八百餘畝未開耕田五萬四百餘畝并逃移事故田一十三萬九千八百餘畝總計七十六

萬三千餘畝若召人承佃可收稻麥一十二萬碩其未耕之田不審有無借買及逃移田有無歸業之人未佃田或已有人承佃竊慮上戶冒占不納租課乞從本司委逐州通判親詣諸縣檢視如有隱匿不輸官租限百日自陳仍舊承佃自今年起理租課若違限不首依條拘入官詔陳首限半年餘依所請施行　七年四月四日知泰州徐子寅言近措置兩淮民戶包占寬剩田令乞再限一季許令自守別給據為已業如限滿不首許人劃佃或願借耕牛者令諸州應副估元價均以五年還官從之六月三十日新除淮南運判向士偉言兩淮田畝荒蕪願耕之民多非土着當請射之初未暇會計畝步積以歲月盡力墾闢方稍獲利比來州縣以其不無寬剩之數再行括責復增征斂甚非撫字惠養之意乞申敕兩淮州縣民戶有增墾田令春止令輸納舊稅不得輒有增添從之八月二十八日知泰州李東言泰州田計二百餘頃今欲買買牛具橋辦種糧人戶請佃一頃與借給耕牛一頭及農具種糧隨田多寡假貸計元價均以五年還官更不收息依元降指揮次邊州縣免五年十料租課如限滿合行起納課子每畝乞減作三升三年之內不通官課印給為永業改輸正稅從之九月七日詔淮東路帥漕臣將諸州具到係官荒田委守令招召人戶種蒔二麥官為借種其人戶請佃未耕者

亦仰勸諭盡行布種具已種頃畝申三省樞密院歲終差官覈實取旨殿最賞罰淮西路依此施行先是淮東安撫司具到係官荒田真州三百七十四頃五十畝揚州五十二頃九十一畝通州一百一頃八十一畝泰州二萬一千二百四十八頃四十五畝楚州四千四百二十三頃八十六畝滁州一百五十九頃四十五畝高郵軍一千一百六十九頃一十三畝盱眙軍一百四十一頃三十四畝人戶請佃在戶未耕荒田真州一百三十五頃七十一畝揚州九十三頃通州六十九頃一十八畝泰州三百三十九頃一十五畝楚州三千六百九十七頃三十三畝滁州二百三十七頃七十七畝高郵軍七百六十三頃三十八畝盱眙軍二千一百二十一頃一十三畝故有是命　八年正月二十一日淮東提舉措置兩淮官田徐子寅言淮北下臣僚劄子乞將兩淮有主田園寬限令耕不許劃奪契勘兩淮之田舊多荒蕪近來民漸歸業止緣人牛未辦遂致包占非假歲月開墾遽許人劃佃將見豪勢之家侵漁爭擾民受其弊今欲令兩淮諸州自乾道八年為始將各戶荒田每歲開耕二分限以五年如限外尚有未耕許人劃佃所開田與免五年課子稅租從之三月十六日徐子寅言近勸諭歸正人一千五百八十人於楚州寶應山陽淮陰縣高郵軍高郵縣盱眙軍天長盱眙縣揚州江都縣泰州

海陵縣界共置五十四莊並給付耕牛農具糧種開墾
田畝已蒙朝廷行下委逐縣知縣躬親究實已見就緒
今乞將官田所結局其合行事件並撥隸常平司從之
四月二十日知江陵府松滋縣滕琛言乞將湖北入戶
所請已歸業人開荒田限三年不耕許人剗佃與免三
年六料租稅其見存主戶有開墾頃畝過數許其自增
租稅他人不許剗佃詔下湖北轉運司相度據本司申
已降指揮應見佃荒田之家如有開闢過數止令輸納
舊稅更不通計其妄執契書告訐之人官司不得受理
仍限二年若限滿已耕地係屬本戶外其不耕之田許
外人請射為業滕琛所請有礙前旨詔送戶部看詳既

而戶部申湖北漕臣欲將包占田畝以二年為限緣今
來已是過滿乞下本路更與展限半年如違許人剗佃
從之六月十四日詔諸安豐軍壽春安豐等縣荒閑田
一百八十七頃三畝給付歸正人二百一十七戶開耕
自乾道九年為始與免課子十年七月十五日權知廬
州兼提領屯田趙善俊言淮甸之民請佃田畝多有包
占每占一二十頃至及百頃者緣無苗稅故能久占其
實無力耕墾遂致流移歸正人請射不行則是有力者
無田可耕有力者無力開墾朝廷曾見半年許人戶陳
首來幾又限以五年緣此愈見執占欲望寢罷再限五
年指揮許官司分撥包占田畝與流移歸正人從便請

佃詔趙善俊開具人戶包占田畝數目申三省樞密院
　九年正月十八日資政殿學士新知揚州王之奇言
淮上之田例多荒棄昨紹興二十年嘗置力田之科募
民就耕賞以官資當時止計斛斗定賞是以應募人少
今欲令諸路州縣勸諭土豪并戶揀汰離軍及諸色人
並許經安撫司指占荒田據頃畝定賞候耕種日與書
填給付若一年所耕不及其半與二年不能盡耕即行
拘收付身毀抹且以墾田一千頃為率據每歲合用種
糧農器牛具屋宇之數預申朝廷關撥內補官人與作
力田出身理為官戶應開耕荒田將來收成日除合樁
留次年種子外官與均分凡田一千頃歲收稻二十萬

碩每碩價錢約一貫五伯文計三十萬貫謾官者一十五
萬貫所用官誥付身計一百二十二道內迪功郎二道
承信郎十道進義校尉三十道進武校尉二十道共六
十二道元有立定價錢計一十三萬二千貫文比之官
中出賣立名官告綾紙之數其所得尚為有餘更有下
班祗應守闕進義副尉各二十道共六十道係是書填
元有借補官之人即無立定價錢今欲令耕田八頃者
補進義校尉十頃補進武校尉二十頃補承信郎四十
頃補迪功郎已上並自耕種日先次書填給付理為入
仕月日文臣即以力田所進備差使武臣即以指使繫
銜從安撫司保明申朝廷給降差劄理為資任候初收

成日依本等文破券錢如及十年願參部注授者聽每
歲終具耕過頃畝所收子利數目經所屬次第保明申
力田所批書如不及十年詭故觧罷到部日依進納人
例施行不及五年即不許到部其所補官人令吏部預
行籍記姓名至如借補名目比之劄開田人自合量減
項畝令欲令借補守闕進義副尉每人開田三頃進義
副尉五頃下班祗應六頃緣初年難辦牛具兼淮南難
得竹木客户所居屋宇亦難就緒欲乞支降官會十萬
貫并客户逐月借支工食稻子六碩以半年計之共三
萬六千碩乞於兩淮轉運司令後營田米斛内支借仍
乞二年四料除還詔依内會子令左藏庫給降其後中

卷四千七百五十　十四

書門下言兩浙荒田已給降空名官誥綾紙立定頃畝
勸諭人户開耕更書填補授官資訪聞應募之家意在
希賞多隱匿已耕熟田一概作荒田陳乞補授理宜約
束詔王之奇取責應募之人各開具願耕田畝及有無
包括熟田在内委官逐一檢實仍將已應募人并頃畝
開具尚書省閏正月十四日宰臣梁克家等奏訪聞淮
民佃田所以周旋虜寇之間冒死不顧者正利原占寬
餘之數兼其俗耕耨鹵莽所占雖多所入極少日來累
降指揮展限令若限滿許人劃田則元主驟有失業之
困也上曰兩淮召募開墾止許就未耕荒田之地不得
劃佃十七日詔王之奇約束州縣自今不許諸色人將

農民已耕之田妄行侵奪如歸正人有未着業仰將無
人指占田畝分撥給付依例支借牛具糧種三月二十
四日詔胡與可將淮南安撫司已書填力田官告等六
十三道究次取見姓名及所耕頃畝并借支官會稻子
開具申尚書省乾道九年七月七日臣僚上言近者胡
與可敷實兩淮力田之數王之奇凡用朝廷迪功郎承
信郎等官告綾紙補官者九十一人用錢五萬四千七
百餘貫稻子八千餘碩止開耕到田九十二頃比合開
耕之數不及十分之一昨來之奇急於功利欺罔朝廷
有投狀者更不勘會請實即望風補授官資支與錢穀
至今有不曾開耕一畝者甚衆有開三五畝七畝十畝

卷四千七百五十　十五

而止者視之有同兒戲雖三尺之童無不竊笑者之奇
竟罷復職指揮五月八日中書門下言兩淮應募耕種
荒田之人元降指揮若一年耕種不及其半或二年不
能盡種即行拘收付身毀抹令欲展作三年所收子利
除椿種子外官與耕種人均分令欲令官中止取四分
所借牛具糧食元令二年四料除還令欲展作三年六
料並從之十一月十七日詔淮東應募力田已補官歸
正貧乏無力耕種可將元借錢穀特與蠲免其補官告
命願繳納者聽

以上乾道會要

從郊赦

淳熙元年五月二十一日，詔湖北路凡户絶逃田没官田産并營田等並依兩淮京西路免出賣，其未耕荒田仰招誘民户承佃開墾，不得因而科擾。以本路安撫曾逮言營田不可出賣利害尤明，蓋一頃歲收穀八十餘碩，若出賣價錢止五十緡，不可以五十緡目前之利而失八十斛每歲之入，故有是詔。　七月二十三日，臣僚言：「湖北係官荒田許人指佃，其間多有廣指四至不限頃畝，力既不及，荒閑甚多。乞將已佃人户元指四至未行耕墾虚占在户者立限許人指佃。」詔立限一年。　三年十一月十二日，南郊赦：「兩浙民户將已業土山開墾成

田，昨乾道七年運司一時措置增收苗税，緣已有本色税額，係是重疊，可將增收數目並與蠲放。其有當時被人陳告奪業充賞者，亦與改正追還元主。」自郊赦门

同四年三月二十二日，撫州申：「諸縣比年間有力田之人以本户陸地起墾成田，其地元於經界已載税賦，鄉民如其收利，興詞告訐，謂之隱匿田税。縣道利之，便以鄰田為則收納苗課，從資縣用，在於省額初無所增。」户部言：「郊祀赦文已將兩浙民户已業土山開墾成田增收苗税並與蠲放，緣赦書無諸路準此之文，今欲下江西轉運司依兩浙路照赦蠲放。」從之。　四年八月二十五日，臣僚言：「兩淮頑民與歸正人請佃荒田，方給據即

行出賣，未幾又復陳狀請佃，良民每苦其攘奪。乞自今兩淮請佃之田止本家耕作，不許轉行典賣。」從之。　五年七月十二日，詔：「自今湖北見佃人户開墾荒田，依乾道七年三月三十日指揮，秖令輸納舊税，更不通檢。其有妄執契書告訐，官司不得受理。若包占頃畝未悉開墾，自今降指揮日以二年為限，限滿不能遍耕，官司拘作營田。逐年所降增税剗佃指揮更不施行。」　十一月十一日，詔浙西州縣人户自今於積水官荒田内種植稲苗，許經官陳訴畝步起理二税。以臣僚言村人已施工力，為豪户告首争占故也。　十二月十一日，詔金州開墾荒田可特與免十年租税。從知州陳逺猷請也。　六年五月十八日，浙西提舉顔師魯言：「

田野日闢，治世盛事。今鄉民於自己磽确之地開墾以成田畝，或未能自陳起租税，而為人首闢，官司以盜耕種法罪之，將何以勸力田者？乞止令打量畝步，參照契簿内元業等則起立税租，毋得引用盜耕種法輒奪而予他人。」從之。　六月二十七日，廣西經畧劉焞言：「本路荒田甚多，緣人户請射耕佃，二三年間墾闢方就緒，忽元業人執契歸業，一旦給還，更不問所施工力，是致民間不敢請耕。今乞將請佃人户管業之後，有元業主陳乞歸業，即依元畝數别給荒田，聽令為業。」從之。　十一月十一日，詔諸路人户開墾陸地為水田者，不許作隱匿税租告訐。從江西運副錢佃請也。　九年五月九日，秘書省著作郎

表樞言兩淮地廣人少豪民所占之數不知其幾力不能墾則廢為荒墟他郡之民或欲請佃則彼以疆畝為詞郡縣無以稽攷終不能予奪乞令兩淮州縣取民户見輸之課計其多寡分畫疆畝而立契券隨畝增租以其餘給與佃人庶革廣占之患從之 十三年十一月十五日湖廣總領趙彥逾京西安撫高夔運判蕭提刑提舉劉敦義言近委襄陽通判朱俯躬親詰木渠下審實取見民户共實管田九百一十四頃二十三畝有奇契據分書稅簿户帖内田共一百八十一頃三十九畝有奇包占共田七百三十二頃八十三畝有奇奉旨令將包占田畝同共相度合作如何措置聞奏 契勘前

卷四千七百五十 三

項包占田緣人户開耕年深久施工力若一槩起納二稅竊慮因此增添差役諸色料數更緣為姦民受其弊況本路極邊土曠民力未裕開耕園恭計一歲一畝所收以高下相乘除不過六七斗令乞將見括出田每一畝且收麥租三升秋收粳粟三升每畝歲收六升一歲共收租子四千三百九十七石有奇夏秋兩料撥隷屯田拘收穡管所收租視古什一之法取民有制亦為優裕異時民力富足耕墾如法增收租子可以此類施行從之 光宗紹熙二年三月二十四日户部言安豐軍奏乞展限許令人户首併包占田畝等事本部竊詳欲自紹熙二年為始照人户昨來情願增展之意再與立

限以三年為約謂如有荒田三百畝之家每年令限耕一百畝至[illegible]年又增一百畝如此三年則三百畝之田可以徧耕其餘田數皆以此為例自紹熙二年為始至紹熙四年終須管耕徧至時開耕不徧許人陳告請佃所有課子卻照三分之例每年增納一分乞自今年為始應有荒田之家盡實陳首批鑿契據置籍在官照應催耕施行如見占田人元給公據自有四至若四至之外覓剩田土衮同包套使無田之人不得請射官中置籍自可因而稽考刷取各人公據四至以外田土許人請佃從之 十一月二十七日南郊赦兩浙民户將已業土山施用工力開墾成田昨乾道七年運司一時措置

卷四千七百五十 四

增收白田苗稅緣已有本色稅額可將增收數目並與蠲放其有當時被人陳告奪業充賞者亦與改正追還元主 寧宗慶元元年二月一日詔兩浙轉運司行下所部州縣委自守令專切措置將係官荒田召人耕種權免收課子五年其種子牛具并逐月合用糧食並從官給借候將來秋熟日具數申取朝廷指揮作料次逐旋理納如有已請未耕之田亦仰勸諭有田之家募人耕墾多方存恤其合分子利並依逐鄉體例施行餘依已降指揮候歲終考較守令勸諭開墾田畝數目多者令本司保明推賞 四年八月二十九日臣僚言二廣之地廣袤數千里良田多為豪猾之所冒占力不能種

湖北路平原沃壤十居六七占者不耕耕者復相攘奪
故農民多散於末作淮西安豐軍田之荒閑者視光濠
為尤多包占之家與吏為市故包占雖多而力所不逮
乞特降指揮令逐處州縣各籍其荒田措置勸誘召人
開荒耕墾豪滑之冒占侵欺者如不能耕許其自首盡
籍於官召人承佃耕種如願種之人貧困無力者許召
保識官借種糧候秋熟日量其多寡每年寬限逐旋納
還仍隨其地利之肥磽用力之深淺復其租役三年或
五年州縣加意撫摩豪猾不得侵擾從之　五年十二
月二十四日臣僚言沿淮之境閑田曠土豪民上戶憑
陵占據皆給與經界之所不加官司簿籍之所不載貧

困游手之民欲得寸田尺土服墾墾闢受制於豪民不
容耕佃乞下兩淮漕臣令徧下管內州縣如民間已經
官請據給到田段除見耕佃外有荒田盡行責括計其
步畝多寡限其歲月遠近使之招召貧民墾闢若過期
仍舊荒廢空占在戶則許人投狀承佃官給照憑與依
條免三年之稅租仍更酌寬之之一二年得以償其鋤
耰種糧之費然後量收其賦仍令兩淮州縣每歲開具
墾田人戶申漕司類申省部俾覈其實以是為守令之
殿最從之　開禧三年六月二十四日詔內平江府進
冊外未保明田七萬三千餘畝委胡元衡更切契勘截
日終已未圍裹成田頃畝有無重疊互爭冒占之數及

取索干照審驗係在進冊前後出給逐一從實開具保
明申尚書省從臣僚之請也先是臣僚言嘉秀湖州平江增圍數當與元降指揮不同及形勢豪富人戶包圍收贖爭競等弊故有是命　嘉定二年正月十五日尚書禮
部侍郎兼侍講許奕等言攷訂到知湖州王炎奏本州
境內修築堤岸變草蕩為新田者凡十萬畝畝收三石
則一歲增米三十萬碩前日朝旨決其堤岸而毀之則
一歲損米三十萬石今既許其修築復為新田然必畝
納一石然後官始給據夫先納米後給據此富民之利
貧民不便也不若候其修築畢工種藝有收然後畝納
一石又況草蕩不同有在官之棄地有人戶之已業圍
官蕩以為田責其納米彼固無詞若係已業修築成田

前日壞之今日葺之倍有勞費亦先納米而後給據則
取之無名乞下浙西諸州覈實官蕩已產分為二等不
一槩責其納米而品官之家限定頃畝不許多占庶幾
稍優貧民奕等攷訂圍田納米入亦便之過此歉歲艱
於輸納反以為病欲下浙西諸州覈實豐歉以為緩急
如是歉處寬展期限要於必取特有違違濫品官之家
限定頃畝尤為允當併乞施行從之　四年正月四日
權知楚州王益祥言寶應鹽城縣管下地分村保根括
到無主水陸田約一千餘頃欲從本州縣鄉例召募佃
客耕種作營田所有合用牛隻農具種糧什物等共約
官會一十四萬一千七百五十貫文預備糧米在數外

上件合用錢物等恐官中所費為數浩瀚卒難措辦近
來亦間有人戶陳乞請佃本州未曾差官打量畝步亦
不敢擅行給佃或且從和州體例與人戶借種一年官
司為之籍記項畝數目候今秋成別聽指揮庶幾不致
荒閑田土既而檢正都司擬到嘉定二年和州申乞以
軍莊退下屯田通計四百餘頃召人耕佃係歸本州自
備糧種給散不曾陳乞給降本錢遞年官收租米五千
石於公私俱為簡便今楚州管下有田約一千餘頃正
合比倣和州體例施行所據本州乞本錢數目難以盡
行給降但以本州申到上件田段曾經時暫荒白若不
量與支降本錢又恐不能措辦欲令楚州將見今荒閑

田段且行召人戶耕種其合用農具種糧等本錢令禮
部給降度牒九十道付本州每道作八百貫從自變賣
以充支遣作急措置無致失時限兩月具已召人承種
田畝數目并的實歲收租米數目申尚書省從之二十
九日左司諫鄭昭先言竊惟兩淮荆襄實今日藩籬捍
蔽之地淮東如三陽滁陽淮西如濠梁安豐荆襄如德
安信陽等郡流離之民未盡復業閑土曠土不可以畝
計乞嚴嚴兩淮郡守三年為任之制勿數更易乘此麥
熟俾之招集流移耕墾荒地或借之種糧或寬其租賦
以墾田之多寡為守令之殿最異時戶口增衍者則增
秩賜金旌擢其材或戶口減耗田野不闢者必議責罰

仍委監司核覈其實以防偽增之弊從之　十六年十
一月五日太常少卿魏了翁言竊聞四川制置司措置
利州路營屯田委監司分任其責見已置局經理然臣
竊謂有屯田墾田二者相近而不同墾田者何夫兵之
後田多荒萊如諸路有閑田寺觀有常住皆廣行招誘
使人開墾復業則耕穫之實效往往多於屯田蓋並邊
之地久荒不耕則穀貴貴則民散散則兵弱以地闢耕
廣則穀賤賤則人聚聚則兵強此理必然惟毋責屯田
之虛名而先究墾田之實利臣請試陳今日墾田如利
之西路則皂郊之內湫池諸穀水關之內崖石諸鎮利
之東路則洋川之內青座華陽鳳集之內蟠車滿嶺大

率皆為膏腴今成荒棄至於金州近裏亦多有之其田
去虜或百里或二三百里有高山大陵之險可據有原
堡兵戍之援可恃亦有戰騎從來所不曾至之處若更
得土豪之助則指日可成今聞三路土豪之為忠義者
有願自備費用自治農器自辦耕牛自用工人各隨便
利趁時開墾及秋布種其間亦有願略資官司給助者
亦不過多若聽其施工畧計所耕可數十頃則明年此
時便收地利縱官未立額或量行輸租其潛藏兵民使
食賤粟比之頃歲人若斛貴官若糴貴其為利害豈不
相絕況耕田之民又皆可用之兵不數年間邊食既豐
兵丁亦足萬有一警呼吸成聚家自為守人自為戰比

於倉卒遣兵戍守亦萬不侔則雖無屯田之實亦無養兵之費而又可潛制驕蹇之兵不惟不畏殘虜亦可不畏他盜積以歲月則今之墾田又可為後之屯田今之耕夫可為後之精兵為蜀永圖無出於此比者關外連歲荒歉今年蕎麥大熟邊民無裏外咸知耕播之利間朝廷指揮日下西和一帶願耕者雲合風從動以千數人心若此何可失也乞申命四川制置司據目今已行就令利路提轉司因人心欲為之機撫天時難失之運先選用土豪漸漸耕墾細民所不能墾之田則一寸有一寸之功一日則有一日之利皆實効也從之

經界

宋朝會要

熙寧間命江衍經度凡為田者兩存之立石柱内為田外為湖政和中王仲嶷遂廢為田隆興二年二月詔賀知章放生池舊界十八頃外縱民耕之

經界

光堯皇帝紹興十二年十一月五日，兩浙轉運副使李椿年言：臣聞孟子曰：仁政必自經界始。井田之法壞而兼并之弊生，其來遠矣。況兵火之後，文籍散亡，戶口租稅雖版曹尚無所稽考，況於州縣乎？豪民猾吏因緣爲姦，機巧多端，情僞萬狀，以有爲無，以強吞弱，有田者未必有稅，有稅者未必有田。富者日以兼并，貧者日以困弱，皆由經界之不正耳。夫經界之正不正，其利害有十：人戶侵耕冒佃，不納租稅，立賞告訴，則起告訐之風，差官括責，則有擾擾之弊，其害一也。經界既正，則不待根括陳告而公私分矣，豈不爲利乎？賣產之家，產去稅存，終身窮困，抑割不得，其害二也。經界既正，則不待推割而稅隨產去矣，豈不爲利乎？衙前遞副及買撲坊場之人，計會官司，虛供抵當，及乎少欠官錢，拘收在官，有名無寔，其害三也。經界既正，則多寡有無不得而欺矣，豈不爲利乎？鄉司走弄二稅，姓名數目所係於籍者，翻覆皆由其手，其害四也。經界既正，則民有定產，產有定稅，稅有定籍，雖欲走弄不可得矣，豈不爲利乎？詭名挾佃，逃亡死絕，官司催科，責辦戶長，破家竭產，不足以償，遂致差役之時，多方避免，有力者挈妻子而遁逃，有經一二年而產不能定者，其害五也。經界既正，則據產催稅，無陪

大典卷一萬七千五百五十三

章二

假開疑暇閑

填之患而樂爲之役矣，豈不爲利乎？兵火以來，稅籍不足以取信於民，每遇農務假開之時，以稅訟者雖一小縣日不下千數，追呼擾擾，無有窮盡，其害六也。經界既正，則據田納稅而無爭矣，豈不爲利乎？州縣倚閣二稅，往往以爲人戶逃死，人雖逃死，產豈不存？名爲倚閣，寔自埋沒，或以市恩，或以入己，欺罔上下，其害七也。經界既正，則州縣無所用其姦，則常賦得矣，豈不爲利乎？州縣常賦之額既爲人欺隱，歲計不足，於是橫額之擾，浙西州軍不下數十萬斛，舉浙東之歲入不足以償其價，而民猶以爲苦，其害八也。經界既正，則正額自足而公私無費矣，豈不爲利乎？州縣之籍既因兵火焚失，往往令民自陳寔數而籍之，良善畏法者盡寔而供，狡猾豪強者百不供一，不均之弊，有不可勝言者，其害九也。經界即正，則均無貪也，豈不爲利乎？州縣有不耕之田，皆爲豪猾嫁稅于其上，田少稅多，計其耕之所得，不足以輸其稅，故不敢耕也。比年以來，雖減價出賣，人無肯售者，亦以稅重耳，其害十也。經界既正，則稅有所歸，而人皆願而爭買矣，豈不爲利乎？臣昨因出使浙西，採訪得平江歲入七十萬斛，著在石刻，今按其籍，雖有三十九萬斛，實入才二十萬斛耳，其餘皆以爲逃亡、災傷、倚閣。詢之土人，頗得其情，其寔欺隱也。臣嘗聞于朝廷，有按圖核寔之請，其事之行始于吳江，知縣石公轍已盡復

大典卷一萬七千五百五十三

章三

用一作容

輒一作轍

予一作與

得所濟闕之數外，又得一萬畝，蓋按圖而得之者也。以此知臣前所請不爲妄，而可行明矣。臣愚欲望陛下斷而行之，將吴江已行之驗施之一郡，一郡理然後施之一路；一路理然後施之天下，天下行之。以漸而速，以歲月則經界正，而陛下之仁政行于天下矣。天下幸甚。詔專委李椿年措置。　十二月二日，兩浙轉運副使李椿年言：被旨措置經界事，臣今有畫一下項：一、今來措置經界應行移文字，並乞以轉運司措置經界所爲名。一、今欲先往平江府措置，候畢，下諸縣就緒，即以次往其餘州軍措置。經界要在均平，爲民除害，更不增添税額。恐民間不知，妄有扇摇，致民情不安，許臣出榜曉諭民間通

卷一萬六千五百三十三

三十四

知。一、自本水鄉秋收了當，即放水入田，稱是廢田，欲出榜召人陳告，其田給予告人耕田納税，即已給予告人後有詞訴，不得受理。一、有陂塘塍埂被水衝破去處，勸食利人户併工修作，如有食乏無力用工者，許保正長保明，以常平錢米量行借貸，如常平錢米不足，乞以義倉錢米借兑，候秋成以收到花利分三年送納，仍乞免覆奏及執事不行。一、今來措置經界，全藉縣令丞用心幹當，如無心力，雖無大過，許于本路踏逐有心力强敏者對移，各許通理月日，不俟遺缺。一、今畫圖合先要逐都耆鄰保在閑集田主及佃客，逐坵計畝角，押字，保正長于圖四止押字，責結罪狀申措置所，以俟差官按圖覈

止一作正

實。稍有欺隱，不實不盡，重行勘斷外，追賞錢三百貫，因而乞取者，量輕重編配，仍將所隱田没入官；有人告者，賞錢并田並給告人。如所差官被人陳訴，許親自按圖覆實，稍有不公，將所差官按劾取旨，重行竄責。如所訴虚妄，從臣量行勘斷。一、乞許於本路軍州委自知通，踏逐保明精勤廉謹官三兩員，不以有無拘礙，發遣前來，從臣差委逐都覆實。候平江措置就緒，却令歸本州依倣施行。一、所委官自能于本州依倣施行就緒，無人陳訴，乞從保明申朝廷，乞賜推恩施行。一、有措置未盡事件，許續具申請。從之。既而椿年又言：今欲乞令官民户各據畫圖了當，以本户諸鄉管田産數目，從實自行置

卷一萬六千五百三十三

三十五

造砧基簿一面，畫田形坵段，聲説畝步四至、元典賣或係祖産，赴本縣投納，點檢印押，類聚限一月數足，繳赴措置經界所，以憑照對畫到圖子，審實發下給付人户，永爲照應。日前所有田産，雖有契書而不上今來砧基簿者，並拘入官。今後遇有將産典賣，兩家各齎砧基簿及契書赴縣對行批鑿。如不將兩家簿對行批鑿，雖有契帖干照，並不理爲交易。縣每鄉置砧基簿一面，每遇人户對行交易之時，並先于本鄉砧基簿批鑿。每三年將新舊簿赴州，新者印押下縣照使，舊者留州架閣。將來人户有訴去失砧基簿者，令自陳，照縣簿給之。縣簿有損動，申州照架閣簿行下照應。每縣逐鄉砧基簿各

一本十三年十月五日上有建炎朝野雜記一段

要三本，一本在縣，一本納州，一本納轉運使（司）。如有損失，並仰于當日赴所屬抄録。應州縣及轉運司官到任，先次點檢砧基簿，于批書到任內作一項批云：交得砧基簿計若干面，並無損失。如遇罷任，批書砧基簿若干面交與某官，取交領有無損失，送户部行下本官措置施行。

十三年十月十五日，李椿年言：見措置諸州府經界，應公吏乞取財物，並依重禄法斷罪，仍許越訴。從之。

十五年正月二十五日，權户部侍郎王鈇言：被旨措置兩浙經界，竊見户部員外郎李朝正言，昨任知建康府溧水縣日，曾措置均税，簡易而不擾，至今並無詞訴，乞同共措置。從之。

二月十日，王鈇言：被旨差委措置兩浙經界，除將前後已得指揮參照外，今措置下項：

一、措置經界，務要革去詭名挾户、侵耕冒佃，使産有常籍，田有定税，差役無詞訴之煩，催税免代納之弊。然須施行簡易不擾，兩逹辦，則寔利及民。今欲將兩浙諸州縣已措置未就緒去處，更不須圖畫打量，造納砧基簿，止令逐都保先供保伍帳，排定人户住居去處，如寄庄户用掌管人，每十户結爲一甲，從户部經界所立式，每一甲給式一道，令甲内人遞相糾舉，各自從寔供具本户應干田産畝角數目、土風水色、坐落去處、合納苗税則例（如湶淀來論鈞、論把、論石、論秤、論工，並隨土俗），具帳二本。其從來詭名挾户、侵耕冒佃之類，内已占逃田，如

參一萬七千五百三十三　二十六

係十年以上，從寔首併于帳内添入；不及十年者，令作一項供具。若産多税少，或有産無税，亦于帳内開説寔管田畝數目、土風水色高下，供認税賦。若田少税多，即具合減數目；若産去税存，即行除豁。務要盡寔。如所供田畝水色着寔，所有積年隱過苗税，一切不問。如有欺隱不寔不盡，致人陳告，其隱田畝并水色人並從杖一百斷罪，仍依紹興條格，將田産盡給告人充賞，仍追理積年減免過税賦入官，仍將所隱田畝上每年合納税苗等依在市時值紐計，每及三百文，着賞逆錢三十貫（不及三百文者准此），每加一百文又加一十貫，至三百貫止。其同甲人每人出賞錢三十貫，盡給告人，亦依隱田人斷罪。若因官司點檢得見，其賞錢幷田並行拘没。如有脱户，並仰于鄰近甲内附入，依隱田罪賞施行，許田鄰糾；其田鄰不糾，依同甲人結甲不寔罪賞施行。逐都差保正長均散甲帳體式，附入户，限一月依式供具，令保正長拘收甲帳，類聚赴當州縣，以移用錢顧書筭人攢造，將田畝并畝税數目謄轉，逐鄉作都簿在官照應，及每保正亦給上件簿書收掌，許人户檢看，庶使各鄉通知。如有不寔之人，得以告首，免致鄉司等人作弊。仍將逐甲元供帳狀每户印給一道，付各人家照會所管田産并合税賦。如有四帳上不曾裁説，以後因争競到官，止以帳狀爲定，官司吏不得受理。欲乞行下

參一萬七千五百三十三　二十七

諸州知通如昨來畫圖打量送納砧基簿已了去處一面措置結絶條事畢保明申尚書省并經界所如有未當及人户不住詞訴更委自知通當度依結甲事理一面施行一比來有力之家規避差役科率多將田產分作詭名挾户至有一家不下析為三二十户者亦有官户將階官及職官及名分為數户者鄉司受倖得以隱庇先措置經界雖令人户自陳首併往往尚有殞猾未曾盡併之家仍慮經界之後又有典賣為名準前分詭名挾户理宜别作措置除已令于結甲帳歸併如不歸併許人告首依供具税租隱匿不實罪賞施行外欲候人户供到從本縣將保正帳并諸鄉主客保簿參照若

卷一萬七千五百三十三　三十八

非係保伍籍上姓名即是詭名挾户如外鄉人户寄庄田產亦合關會各鄉保甲簿有無上件姓名如有即行將物力于住居處關併作一户其外州縣寄庄户準此關會若後來各鄉有創新立户之家並各上三等兩户作保仍即時編入保甲簿庶得永遠杜絶詭名挾户之弊一人户自來多是冒占逃户肥濃上等田土遞相隱蔽不納苗税洎至官司根括却計會村保將遠年荒閑不毛之地樁作逃户產土或將逃户下瘠瘦不係苗税田產指作苗田承代税賦恣為欺弊今來既令人户結甲供具内有人户占據逃產已令于甲帳内敍說所有人户不占見行荒廢逃產自合根括見數置簿拘籍令措置

欲應見逃荒產並令保正長逐一着寔根究某人全逃產土若干某人見占若干已具入甲帳見荒廢若干仍令村保田鄰并逃户元住鄰人指定見今荒廢逃產是與不是元逃產土有無將遠年荒閑田土虚指作各人逃產要樁苗税在上及以元不係苗税荒閑產土樁作各人户下苗田意在隆滯苗税數目仍將所決田段立號逐户謄寫上簿却具地名段落畝數逐一出牓揭示具已占人不供具入帳及供不盡之人並許人告依前項隱產人斷罪理賞施行别以本户已田計元所包官田畝數給告人如本户别無產土即估償追錢充賞及依條追理日前隱匿過苗税入官所有村保田鄰及元

卷一萬七千五百三十三　三十九

住鄰並依甲内供具不寔罪賞施行一人户將天荒產段并淹濼之類修治堤道圍裹成田自緣額外產土欲令逐州知通令作一項保明供申朝廷量行起税一契勘人户有將田宅已典賣與人後因今來措置却行依舊供作已業意在圖賴若不嚴立罪賞窃恐詞訴不絶證定之後苗税無歸今欲令人户並于結甲帳内着寔供具如有違戾後來到官根究得寔送杖一百科罪追理賞錢一百貫文入官其田歸還合得產人其重疊典賣田產人自合依條令先典買人供具入帳所有寫佃田謂如田在甲鄉却在乙鄉納税理合於坐落鄉分供具絶納一契勘兩浙諸州縣内有近緣被水縣分權住

經界除限滿自合檢舉外，所有衢州諸縣、婺州蘭溪、臨安府富陽縣、嚴州建德桐廬縣雖未限滿，緣今來措置既不行打量畫圖造納砧基簿，止令人戶結甲供具，委是易于措置，不擾于民。欲令不候限滿，一面奉行了辦。一今來若依前項措置經界，全藉守倅，皆責縣官公共用心了辦。今欲令知通于各縣知縣、丞、簿、尉內選委有才幹官員一專一措置。如當縣無官可選，即于鄰縣本等內權暫對移。官幹不理，勒聽赴候事畢日歸任。後于州官內選差一員，復行檢察。既畢，申經界所，逐戶部經界所差官重行點檢。如所委官措置有方，苗稅得實，公私兼濟，不致騷擾，別無詞訴，並許保明申尚書省，取

卷一萬六千五百二十三　卌

旨推賞；若或弛慢滅裂，按劾申朝廷，已重行黜責。兼慮州縣所委官有相次任滿之人，不行用心了辦，如有滅裂去處，不以去官並行按劾，科罪。仍欲委漕臣催督了辦，糾察官吏違慢。一今來既委州縣自行措置，令人戶結甲供具，即與日前措置繁簡不同。所有先分委在諸州縣覆實及措置官別無職事，欲令逐官將元給印記并分案等限一月具數交割付本處州縣收管訖，赴發歸任。如有已任滿人，即一面赴部參選。仍仰州縣逐一交點拘收照用。一今來所行經界事体浩大，若不嚴行約束，竊慮人吏鄉司受賄，別生姦弊，及紐筭數目，并供具元額致有增減。今欲應人吏、鄉司因經界事訖，覓不

近一作令
辦一作畢

以多寡並決配遠惡州軍，籍沒家產。如日紐筭，仍供具元額數目，擅有增減，別生情弊，並依此施行。一州縣舊管稅額，往往自兵火後來簿籍不存，多是旋行括責于十分內以分數立額，後來歸業人戶雖業多，止是隱落或州縣自用，或鄉司欺盜，走失合納常賦。今欲委知通令佐根究取元初舊額數目，務要著實。一今來措置所有逐州縣鎮坊郭官司地段，亦合一体施行。一契勘州縣鄉村有風俗去處，該載未盡，許州縣條具申經界所相度施行。一今來措置欲候事畢，令知通開具舊額并今來供具出田產數目，今實納稅賦，保明聞奏。一經界所屬官其間有已成資任滿之人，欲乞從本所別行

卷一萬六千五百二十三　卌一

踏逐辟差。一應合行事件，並參照前後已得指揮施行。如有未盡，續具申請。從之。　四月十二日，詔勘會經界之法，均稅便民，最為寬德。尚慮措置無術，却致騷擾，或懷私營己，譸張沮抑。令戶部及所委官委曲措置，止務賦稅均平，不得却致苛擾。　五月二十六日，王鈇等言：兩浙路州縣措置經界，奉行日久，未見了辦。近畫降指揮，止令人戶限一月結絕，竊慮拖延不能　辦集。其依今降指揮結申，縣分亦是未見了辦，次第顯是諸處官吏意在遷延，不体朝廷務施寬德之意。若不先次點檢已行下賞罰，竊慮無以激勵。除已分委屬官前去點檢催促，今欲乞將率先了當措置不擾，稅賦均平，及拖延

遠慢最甚并雖了當兩所行減裂苗税不均引惹詞訴
縣分各先取一兩處官吏乞重賜賞罰施行其知通不
切用心及所委官非其人致有不均及搔擾去處亦具
職位名姓申取朝廷指揮庶使官吏竭力早得集辦從
之　八月一日户部措置經界所言兩浙諸州縣措置
經界日久未見就緒除已分委屬官前去點檢催促近
令限一季了辦緣所委官有任滿在近之人不肯用心
措置結絶今相度如經界所委官有任滿之人並乞權
暫存留更予限兩月須管措置一切了辦若限滿未了
即令住支請給予新官同共措置候均税了畢方得批
書放令離任從之　十月十六日王鈇言兩浙州縣經

界地里闊遠惟籍所委官及知通用心檢察措置務在
除去積弊税賦均平以為公私悠久之利竊緣鄉司公
吏等人為見苗税着脚不得走弄懷意沮壞意圖後來
别有更改却將常賦堪好田上苗税均減在從來不毛
之地致走者額正要知通用心檢察欲乞行下諸州知
通常切用心檢察諸縣官吏須管究心措置務要関防
人吏奸弊及税賦均平仍將已均税了當縣分專委通
判躬親點檢有無未實未盡及堪好田上苗税有無均
在荒山淹濼等處從知通保明若有違戾去處致後來
詞訴不一嚴實委是鹵莽不均其知通及逐縣及所委
官重賜施行仍不以去官原免從之　十六年二月二

十七日詔李朝正除權户部侍郎措置經界　十七年
五月三日權户部侍郎專一措置經界李椿年言今措
置兩浙路事件下項一本路州縣經界已用打量及砧
基簿計四十縣欲乞結絶一未曾打量及不曾用砧基
簿止令人户結甲去處竊慮大姓形勢之家不懼罪賞
尚有欺隱欲乞令措置行下州縣依舊打量畫圖令人
户自造砧基簿赴官印押施行訖申本所差官覆實稱
有欺隱不實不盡即依前來已得指揮斷罪追賞一結
甲縣分内有先曾打量後來又參照鄉姓圖帳已得畝
角着實别無欺隱不盡不實欲乞别令州縣出榜限一
月許人從實自首限滿從知通保明申本所以憑差官

覆實結絶一人户先因結甲致有欺隱畝步減落土色
詭名挾户之類如今來打量依實供具畫圖入帳置造
砧基簿並同自首一昨來結甲縣分已行起理新税欲
且依新額理納將來各鄉有打量出田産寛剩畝角即
行均减更不增添税額竊慮民間不知妄有扇搖出牓
曉諭民間通知一今來措置經界全藉逐州守倅督責
令佐究心協力務要日近了辦無致搔擾如令佐内有
無心力不能了辦之人聽守倅商議于管下選差強明
官對移若管下無官可差申本所於曾了辦經界均税
無擾官員不以有無差遣及有無拘礙差往旅替其所
替官只是不能了辦經界别無過犯乞不理遺闕赴部

條一作依

別行汪擬一己均税賦分如得允當別無詞訴即令保
正取責都内人自行供具詣實文狀連書打字如有分
爭不服即責兩爭人將産對換各據兩爭人畝角對換
據所爭産色認税若已對換後有詞訟官司不得受理
一本路率先了辦經界州縣及民無爭訟去處乞許覆
實次第保明申朝廷推賞如守倅令佐違慢不職許奏
劾取旨從之　七月十二日戶部措置經界所言本所
契勘用砧基簿結絕縣分間有人戶告首隱匿詭名挾
戶之類蓋緣未嘗依元降指揮差官覆實致得詞訟若
不責限許令自首便行覆實窃慮冒犯罪賞今欲乞下
逐縣出牓曉示人戶限一月應有隱匿畝角土色不實

食貨一萬七千五百三十三　四四

不盡詭名挾戶之類並許具狀經縣自陳改正與免罪
賞仍從本所印簿下縣將所收狀同逐一抄上人戶姓
名所訴事因候限滿日同狀申本所照應以憑差官齎
首狀簿前去縣覆實限滿人戶自陳官司不得受理
依已降指揮斷罪追賞從之　九月二十日戶部措置
經界所言今措置兩浙經界昨來徹打量畫圖造砧基
簿從本所差官按圖覆實稍有欺隱不實不盡斷罪追
賞中間王鈇申請止令人戶結甲供具更不差官覆實
近承指揮依舊打量畫圖置造砧基簿並同自首從本
所差官覆實若不盡不實方行賞罰未降指揮以前先被
人陳告欺隱畝角減落土色詭名挾戶之類有司為據

民便一作便民

所降指揮内即無已在官明文見行追証今欲乞行下結
甲州縣將見在官追証未結絕之人並依已降指揮施行
内已打量用砧基縣分許令結絕緣為未曾差官覆實
致有隱匿畝角土色不實不盡詭名挾戶之類已申降
指揮許人戶限一月赴縣自陳改正與免罪賞如限滿
人戶自陳官司不得接理雖已行下州縣遵依施行窃
慮諸縣内有鄉村僻遠人戶未能通知卻致冒犯今欲
更乞展限一月其契勘有未降指揮已來先被人陳告
事發見行追証去處理合一體今欲乞下結絕州縣將
見在官追証未結絕之人並乞依前降指揮施行如將
來差官按圖覆實稍有欺隱畝角不實不盡減落土色

食貨一萬七千五百三十三　四十五

詭名挾戶之類即依已得指揮斷罪追賞施行從之
十九年三月二十七日宰執言四川州縣奉行經界賞
罰事上曰州縣官奉行經界如法其推恩不須限員數
庶使人知人勸正經界均賦税極為民便推行之初臣
僚有肆異議圖沮壞者豈平江府均税畢紛紛之議始
息檜曰當時獻議欲使逐戶自陳官使自陳豈無失實
上曰李椿年通曉經界次第中間以憂去別官提領便
有失當處　十一月二十八日上宣諭輔臣曰經界人
戶多訴不均當與受理若下田受重税將無以輸納檜
曰臣嘗諭戶部侍郎宋貺宜体聖上均税本意有未均
處亟為改正　二十年二月五日戶部言措置經界所

有諸處中到文字及人户詞訴等事令本路措置結絕
其未經界去處限一月委轉運司守臣依平江府已行
事理施行令乞令轉運司并守臣恪意措置須管革去
逐件情弊使田産稅賦着實依限一切了辦如州縣尚
敢廷延出違日限從本路申奏乞賜放罷若轉司從容
不切督責亦乞黜責施行其每路差本路幹辦公事官
二員及廢寘官限指揮到日並罷并經界所幹辦公事
四員別無職事亦乞限十日結絕罷任從之　十三日
詔瓊州萬安昌化吉陽軍昨令經界所與免經界緣海
外立産瘠薄應租稅仰逐州軍並依舊額　二十五日
户部言勘會本路侍郎李椿年已罷緣措置經界所日

卷一萬七千五百三十三　四十六

有諸處中到文字及人户詞訴等事欲望朝廷詳酌指
揮施行詔令户部措置結絕經界去處限一月委轉運
并守臣依倣平江府已行事理施行　三月二十一日
詔日昨李椿年已行經界初欲去民十害遂從其請今
聞寖失本意可令户部遂路選委監司一員專一看詳
應便于民者依經界施行其乖謬返為民害事目並日
下改正具申省部日後以當否取旨黜陟　二十七日
户部言諸路州縣近因經界將額管苗稅均于未開墾
荒閑田上一例起催虛增苗稅更不出給由子使田長
引監催致人户無從供輸往往逃移失業其害不小今
欲委諸轉運司下州縣日下先次住催仍取見詣實供

小一作細

申即遵依已降指揮施行從之　七月十五日權發遣
福建路提點刑獄公事孫汝翼言本路泉漳汀三州所
管屬縣近經草寇作過民多逃移逐縣被受經界指揮
責辦嚴峻雖務打量均稅了畢並不盡不實欲乞將不
已未打量均稅一切權行住罷候盜賊寧息人民歸業
日申取指揮施行從之　二十三日前權知資州楊師
錫言乞誡諭逐路元委監司令責自逐州守臣恪意遵
奉躬親照應逐縣逐都已造到圖帳已均了稅數一一
覈實先次除去為害事目外須將貧下户最低土色合
減稅數均在親耕冒佃豪强等人户下無令依前僥倖
若下户尚有合訴事理見得寔有未均去處亦須不憚

卷一萬七千五百三十三　四十七

煩冗便與去着自可將逐鄉感零就整之數用與補塡
必要依今來詔旨日下改正具申省部聽候閩遣御史
察訪如是前日經界打量不為虛文後來所畢帳籍可
憑用奏詔令逐州縣遵依今年三月二十一日手詔施
行　二十七年十月二十八日前權發遣臨江軍王伯
淮言臨江軍倚郭清江縣有稅錢四十餘貫苗米四百
餘石人煙田産並在筠州高安縣新豐鄉第一第二等
户其稅苗却坐落在本縣修德鄉上項苗稅在經界法
謂之寄佃在鄉村謂之已佥未經界之前尚可追理界
既定兩縣各隨產承認元額稅苗本軍不絕人户陳訴
雖累行關移乞隨產坐落而高安不即承受又兩縣一

時結局清江不免有無田之稅高安却有無稅之田謹按國朝淳化癸巳歲詔建臨江軍取筠州之蕭灘鎮爲清江縣割高安之建安修德兩鄉以隸蓋當時新豐與修德地界相接以故稅苗有交鄉寄田之弊乞行下本路專委監司差清強官体究詣實改正施行詔專委本路轉運判官盧奎措置　二十三年十一月十八日南郊赦書勘會昨降詔旨逐路經界將逐爲民害事目專委監司一員看詳改正聞有民戶陳訴未便事節延延之久民被其害仰逐路所委官遵依詔旨悉意奉行務在從民　二十六年七月十二日尚書省言昨來經界據人戶陳論打量畝步土色高下均稅不當雖有指揮

卷一萬七千五百三十三

畢八

許經官陳訴限半年結絕今已過限詔更予展半年許人戶詣州縣陳訴委守令驗實將元打量定驗輕重不當返爲民害事申漕司審寔依公改正訖逐旋以聞務在稅賦均平豪富之家得幸免貧民下戶不至偏重如鄉司人吏因而乞覓騷擾並依重祿法斷配守臣監司常切覺察　二十八年四月二十一日戶部言諸路州軍昨因將經界點檢出僧道違法田産若依已降指揮用契價錢收買已撥充養士了當者更不追改如今見在官詞訴未嘗理斷或官司未曾支給元契價錢即合照應見行條法拘沒入官所有紹興十九年三月十二日指揮更不施行從之

經界始紹興十二年訖二十八年缺紹熙一條共七條應補抄

水利上

食貨志宋太宗皇帝淳化四年知雄州何承矩及臨濟令黃懋請于河北諸州置水利田興堰六百里置斗門灌溉詳見屯田門 太宗至道元年正月五日度支判官梁鼎陳堯叟言乞興三白渠及南陽陳潁壽春沛郡襄陽水田復邵信臣鄧艾羊祜之制以廣農作詔光祿寺丞何亮等經度之九

卷一萬一千一百六

月堯叟等言伏自唐季已來農政多廢民率棄本不務力田是以廩庾無餘粮土地有遺利臣等每于農畝之際精求利害之本討論典故備得端倪自陳許鄧潁暨蔡宿亳至于壽春用水利墾田先賢聖跡具在防埭廢毀遂成污萊儻開闢以為公田灌溉以通水利發江淮下軍散卒給官錢市牛及耕具導達溝瀆增築防堰每千人人給牛一頭治田五萬畝畝三斛歲可得十五萬斛凡七州之間置二十七屯歲可得三百萬斛因而益之不知其極矣行之二三年必可以置倉廩省江淮漕運閑田盡墾民盡饒足乃慎選州縣官吏俾兼督其事民田之未闢者官為種植公田之未墾者募民墾之

之歲登公私各取其半此又敦本勸農之術又引漢元帝建昭中邵信臣為南陽太守於穰縣南六十里造鉗盧陂累石為隄旁開六石門以節水勢溉田三萬頃至晋杜預因信臣遺跡激滍淯二水以溉田萬頃魏武以任峻為典農中郎將屯田許下得穀百萬斛晋宣王遣鄧艾行陳潁以東至壽春艾言田良水少不足以盡地利宜開渠淮北二萬人淮南三萬人且佃且守歲小豐常收三倍除給費外歲完五百萬斛六年可積三千萬斛宣王然之遂北並淮自鍾離而南橫石以西盡泚水四百餘里五里置一營營六十人且佃且守更修廣淮陽百(三)尺渠上引河流下通淮潁大治諸陂于潁南潁

卷一萬六百六十五

北穿渠三百里溉田二萬頃自戰爭以來民競逐末凡此遺跡率皆荒榛臣等欲因其溝塍增築隄堰導其水利墾為公田傅子曰陸田命繫于天人力雖修苟水旱不時則一年之功棄矣水田之制由人力人力苟修則地利可盡也矧又膏沃特甚螟螣不生比于陸田又不侔矣帝覽奏嘉之詔大理寺丞皇甫選光祿寺丞何亮乘傳按視經度之 二年四月皇甫選何亮等言奉詔往諸州興水利臣等先至鄭渠相視舊跡按史記鄭渠元引涇水自仲山西抵瓠口並北山東注洛三百餘里溉田四萬頃收皆畝一鍾白渠引涇水首起谷口尾入櫟陽注渭中袤二百餘里溉田四千五百頃兩處共四

萬四十五百頃今之存者不及二千頃乃二十二分之一分也詢其所由皆云因近代職守之人改修渠堰圻壞舊坊走失其水故灌溉之功絶不及古渠況此水二郡六縣資其利以溉田畝望令增築堰壞舊有放水斗門百七十六處悉已毀壞望繕治之嚴禁豪民盜用水移六石洪門就近上河岸不損處開渠口通河水慢逕能吏專掌其事又言鄧許陳潁蔡宿亳等七郡民力耕種不及之處官司開田共二十二萬餘頃凡三百五十一處並是漢魏以來郎信臣杜詩杜預任峻司馬宣王鄧艾等制置墾闢之地内鄧州界鑿山穿嶺疏導河水散入唐鄧襄三州灌溉田土又諸陂塘坊壞大者長三

卷一萬一千一百六

十里至五十里闊五丈至八丈高丈五尺至二丈溝渠大者長五十里至百里闊三丈至五丈深一丈至丈五尺可行小舟臣等按視諸處增築陂堰大費功役欲望于舊防未壞可以疏引水利處先耕二萬餘頃漸興置之詔從其請令自鄧州始但募民耕墾免其稅令選等保舉一人與鄧州通判同掌其事選與亮分路按察焉

五月知懷州許衮上言蒙差奉職張致與臣相度開畝河澆溉人户佃蒔并官竹園臣等相度所有合瓶管水磨兩盤寘是每年配率民户于丹河作堰功料至大百姓[illegible]因斂欲望特行停廢其上汜河下流水磨兩盤且乞仍舊差人句當出辨元額一半錢銀其官竹園依時

流溉外沿河人户乞令鄉村春夏澆田自上流使水秋冬澆田自下流使水如違乞以盜決堤防條科罪或百姓自辨開畝廣作陂塘亦聽取便令㨿河内縣里正申趙等分析到緣河兩岸使水二十村二百二十五户澆得田土約六百八十餘頃并屬省竹園在内帝謂宰相等曰川谷通流澆溉畝畝乃農田之急務也豈可以水磨徽細課入妨百姓之利哉其水磨依奏廢兩盤見存留者亦與減放一半課額餘水則引入官地開田灌園竹勿使荒廢

宋會要 食貨志

真宗咸平六年三月，以大理寺丞黄宗旦通判潁州。從京西轉運使査道之舉。宗旦先上潁州諸路陂塘荒地計千五百餘頃，可募民耕佃，因命宗旦經度之。其民自占者三百二十餘家。朝廷欲終其事，適會道舉奏，遂就命之。 景德元年正月，北面都鈐轄閻承翰言：自定州開渠至蒲陰縣東，約六十二里，引水入沙河，東經邊吳泊入界河，可通行舟楫。計其二役，并繪畫來上。帝謂侍臣曰：承翰以開導此河，不惟易致資粮，兼可播種其旁，引水灌溉以助軍食，且設險以限戎馬，亦邊防之利也。宜可其奏。四月十四日，閻承翰言：自嘉山引徐河水經定州東入沙河，其新開河北官司已開田種稻，其旁隙地欲募人耕墾。從之。 大中祥符五年九月，帝曰：保州興置稻田，地里漸廣，如州高尹到彼，並不具興修次第聞奏，可密諭尹令常用心措置，仍逐月件析以聞。其稻田務兵士或聞數目無多，宜令樞密院量與增差。 天禧元年六月十一日，知昇州丁謂言：城北有後湖，因旱百姓請佃，計七十六頃，每租五百五十餘貫。今請依前蓄水種植菱蓮，或遇亢旱，次以溉田，仍用蒲魚之利常

濟民，望量遣軍士開脩，其租錢特與減放。從之。 十二日，詔明州城外濠地及慈溪、鄮縣陂湖所納課額永除之，許民溉田時採菱芡。 二年十二月，都官員外郎張若谷言：宣州化城圩水陸地八百八十餘頃，歲納租米二萬四千餘碩，見屬永陽領監税使臣勾當，未得整肅，望置一使臣專領其事。從之。 四年五月，淮南勸農使王貫之等言：導海州界石闥堰水入漣水軍溉民田；知濠州定遠縣太子中舍江澤率部民修古塘堰，貯水溉田，民獲其利。詔並獎之，仍令代還日考課引對。因諭諸路勸農司，應塘堰可以利民者，準此繕脩。 七月，詔江淮南舊有陂塘，民請佃二十年以内者，並許仍舊修畝；自今不許請佃。内已種苗者，俟收穫畢脩作。二十年以上者，依舊為主。

食貨志　天聖四年八月監察御史王沿上
相州開河渠引水溉民田利害詔候俯護黃河畢日規
畫之沿奏云渠田起于戰國魏襄王時東有全齊西有
强秦韓魏在其前燕趙居其後干戈歲動封疆日蹙苟
不盡其地利則為强國所吞故史起獻其謀曰魏氏之
行田也以百畝鄴獨二百畝是田惡也漳水在其旁西
門豹為鄴令請引之以溉鄴以富魏之河内臣徧觀史
傳但載溉灌之饒不書疏導之法唯本州圖經稱有天

井堰昔魏武帝所作二十里分十二重堰每堰相去三
百步令互相灌注故左太沖魏都賦云墱流十二同源
異口詳此則古來漳水本淺不與岸平須就岸以開渠
復臨渠而作堰則水流渠内渠灌田中盡為渠之初必
就高處渠行數里方達平田若水與岸平田接為渠甚
易溉田不難則自國初以來庸常之人已能開之久矣
又豈假臣之贅言而後息慮哉臣按史記云韓聞秦之
好興事欲疲之無令東伐乃俾水工鄭國說秦令鑿渠
引涇水並北山東注洛三百里欲以溉田中作而覺鄭
國乃曰為韓延數年之命為秦建萬世之功秦以為然
卒使就渠夫以强秦之力鑿一渠有何艱哉韓人乃云
卷萬一千一百六
欲疲之鄭國又云為韓延數年之命則是舉秦國之人
而疲之數年然後能成、之今若持此較彼則史起之引
漳水豈止一朝一夕之功哉是必歲役萬人數歲而獲
其利又鄭國鑿渠並北山東注洛三百里則是為渠之
初須就高處本不與平田相接亦已明矣若與平田相
接則澆灌之利豈能遠及三百里哉臣詳王軫房中正
等相度漳渠事狀大抵云水渾岸高渠已湮塞若作堰
開渠其功甚大則亦然矣若云渠堰雖成其水渾濁不
堪溉田及所作之堰若遇川漲之時必復衝壞則是軫
等不知溉田之方作堰之法臣按鄭白渠之引涇水也
今在耀州之雲陽三原富平及京兆府之江陽高陵櫟

陽六縣緣渠皆立斗門多者至四千餘所以分水勢其下別開水渠方以溉田則水有所分民無奔注之患且其水最濁故稱涇水一石其泥數斗溉其禾黍令反言其水渾濁不堪溉田斯豈非不知而爲知者耶又其作堰之法或云皆用大石方四五尺者錮之以鐵積之如陵岐彼中流擁爲雙派其南流者乃爲涇水其東注者乃是二渠故雖駭浪不能壞古人苟不如此則年年脩渠歲歲作堰百姓豈有利哉今涇水之畔若復渠田乞朝廷勘會雲陽縣若有工作渠堰斗門即乞精擇水工十餘人偏詣彼處模古人作堰開渠之法觀今人置斗門溉田之方及命雲陽民自今犯罪當配者皆從相州教

卷一萬一千一百六

百姓水種大蒔之利則其謀易成至如此邊本無水田自從江南罪人于彼後來皆知水利臣昨于正月內上疏乞命水工往鄭白渠觀彼疏導之制往衛潭之上鑿而引之蓋亦應磁相之民不知作渠法耳又詳王轸稱若不開舊渠而截河作堰當役七十餘五萬餘工若從渠口開深一丈四尺當役十三萬餘工以臣籌之若渠開二丈四尺則作堰之功可損半當併役五十萬工曰萬人役五旬而罷若擇水工有計置依鄭白渠作堰之法來岠山之石取磻陽之木給黎城之鐵扼中流據長峤資木石之固作其堰焉上開大渠可成別派沿渠數里分置斗門漸及平田必獲澆溉之饒水東入御河或

遇川溢之時則于元渠之口下板以塞之以防奔注之患其磁魏邢洺既居下流堤岸又淺或餘波可及或別渠可穿則所謂鄭國在前白渠起後又且首起谷口尾入櫟陽之類也大如是則復三百年廢迹溉數萬頃良田雖役萬人數歲而畢亦不足爲勞矣又詳王轸稱若開古渠則掘却民田而其萬金都領等尋之無迹者大凡開濬渠豈有不犯民田哉若不犯民田而能開之者雖史起復生亦不知計之安出其萬金等渠水之無迹者蓋本田之中歲久埋沒又詳王轸稱高平渠據百姓狀稱稅賦已重雖得水出利不得乞不脩堰檢會臣昨言乞于安陽水次作堰不以遠近百姓並許引水溉灌

卷一萬一千一百六

蓋欲春夏旱時澆救二十村民田今轸曾不是思先議致人憂疑不顧灌溉斯豈恤民之旨哉又以堰成之後安陽水少行舟不得虧却稅額夫以一渠之流不過減本河數分之水安患舟不浮哉苟有利民雖虧稅其亦末矣臣載觀轸等事狀似不以古今利害徒采村落小民壕寨軍將之語以斟酌三百年廢渠之迹其能盡其術乎昔西門豹賢臣也史起尚以爲不知用是不智也況野人鄙卒之屬能盡知乎傳曰夫民可與樂成不可與謀始又曰可使由之不可使知之今國家生民富庶區夏又安有陶唐擊壤之風無戰國交兵之事猶乃備從鄙議恢復農工此蓋丕闡皇猷紹隆治本雖大禹之

疏濬川澤周人之均别廬井亦無以加矣　景祐元年十一月二十一日三司户部副使王沿言磁相邢趙洺州已南州軍澆灌去處人户種蒔稻田勸會西山一帶州軍即目開脩甚有地窪窊緣逐處少得稻種乞下衛州于種田務支借二百碩與人户種蒔收成日依元數送納從之　慶曆三年十一月七日詔訪聞江南舊有圩田能禦水旱并兩浙地卑常多水災雖有隄防大半隳廢及京東西亦有積潦之地舊常開決溝河今罷役數年漸已堙塞復將為患宜令江淮兩浙荆湖京東京西路轉運司轄下州軍圩田并河渠隄堰陂塘之類合行開脩去處選官計工料每歲于二月間未農作時興役半月即罷仍具逐處開脩并所獲利濟大小事狀保明聞奏當議等第酬奨内有係災傷人户即不得一例差夫搔擾如吏民有知農桑可興或利害許經運司陳述件析利害畫時選官相度如委利濟亦即施行　四年正月二十八日詔陂塘圩田之類及逐處隄堰河渠可備水患者或能創置開決或久遠廢壞堙塞却能興復或前人已興功未成後來接續了畢者仰逐處勘會功料大小所利廣狹以聞十月權發遣户部判官公事燕度言竊關中水利古人所以富國近來亦有臣僚擘畫澆灌者然州縣鮮能訪尋水勢疚心農務是致頻年亢旱屢遭飢饉百姓流移軍儲不集近華州渭南知縣當

卷一萬六百五十五

公望嘗引敷水溉田甚廣民間頗稱利便却聞有妨為妨私家水磨遂訟于官雖州縣不行然水勢可以疏引澆溉去處不少似此盡為豪勢之家占為碾磑之利而州縣見年訟不敢盡心計畫欲乞特下陝西都轉運司令州縣能以水利澆溉民田廣闊者應私妨滯公私碾磑池沼諸般課利並須停廢不得爭占州縣仍不得受理詔三司詳定尋移陝西都轉運司就近相其利害于是本司言度擘畫委是經久之利從之　五年九月二十八日兩浙提點刑獄宋純等言乞應在官有能擘劃開脩水利並須先具所見利害于畫地圖申本屬州軍及轉運或提刑司委是本司于部下選官親詣地所相度如寔合行開脩經久利濟荆門鄉耆審取詣寔差官具保明結罪申轉運所刑司體量允當方下本屬州軍計夫料餉糧設法勸誘租利人户情願出備仍依元敕于未農作時興役半月不得非時差擾候畢具元擘畫官守依近詔保明施行如官吏敢擅開脩不預申本屬不得理為勞績及出給公據保明仍勘事端施行從之仍照今後委寔有功効並只理為勞績　皇祐元年正月二十五日兩浙轉運司言知越州餘姚縣謝景初申當縣陂湖三十一所並係衆户植利墾田内二十一所見于圖經其間有被形勢豪强人户請射作田納租課後來遂廢水利去處雖累有詔敕及赦令山澤陂湖不

卷一萬一千一百六

得占固即無明言不得請射營種及與簿籍拘管所以
官司因循請託或致受納賂遺令形勢豪强人户請射
作田以起納租稅為名收作己業民田蔭溉之利其弊
不細請下本屬明置簿籍拘管永為衆户蔭溉之利今
後更得以起納租稅為名輒行請射如違其所請人及
所給官司重行朝典本司欲依謝景初所請明置簿籍
拘管陂湖永充衆户貯水蔭田更不許以起納租稅為
名請射仍令知縣常行檢察如違其所請頭主及給付
官司各乞嚴行勘斷奏聞事下三司三司相度乞令後
江淮兩浙荊湖路州軍如有陂湖明置簿籍拘管永為
衆户貯水蔭田更不許人户以起納租稅為名輒行請

卷一萬一千一百六

射仍令知縣常行檢察如違其所請人及所給付官司
各重寘于法從之　至和元年八月二十日光州仙居
縣令田淵言竊見江淮民田十分之中八九種稻春中
遇雨則耕耨有種常宜霑潤盛夏稍愆雨澤則其苗衰
薄所收微歉惟是陂塘修築堅固蓄水高廣則下所灌
田不以旱涝無不厚收訪聞民間不肯協力衆開修作
雖私有文約愚頑之民多不聽從興工之時雖為糾率
或恃强特猾抑卑凌弱或尸令幼小應數而坐俟其利
似此之類十居其半及用水之際爭來引注是以勞費
不均多起鬬訟勤力儒善之家受其弊故不能專志特
力用工興修是致因循極有遺利竊見京畿及京東京

西等路每歲初春差夫多為民田所興逐縣差官部押
或支移三五百里外工役罕有虛歲伏知江淮並不點
差夫役當農隙之際一向安閑比之北地還為優幸其
民于自己所利亦不能勤户治生暫勞永逸誠宜勤率
若非官為拘督因時興作則私下雖有期會無由糾集
所興之工獲水之利十未得其一二欲乞諸路凡有陂
塘湖港可以溉田之處令後令逐縣將元籍所管及不
曾供報之處逐一拘收每年預先檢討工料各具折合
係使水人户各有田段畝數擬定户逐近各修工料候
至初春本縣定日如差夫例點集入役仍逐處立團頭
陂長監催本州差逐縣官點檢部轄候畢責干係人結

卷一萬一千一百六

罪供報仍別差官覆檢料例並視差夫條約後雖完固
亦須每歲計度合添工料補疊隄防高厚則積水深廣
獲利愈博其久來堙塞遺跡及地勢合有可以創置陂
塘之處令逐處檢踏聽人户所願經官申述亦即相度
依例興修其有陂塘乾淺退出灘地却為接連之家侵
占經久妄冒使作己田攔占不令依舊修作多起訟端
官司不為研窮今後須仰定奪雖經歲深亦不得占護
若而去添疊水勢過于舊跡亦當損少利衆其有水侵
之地即令檢量據數比樸量減二稅及新創陂塘之處
若有水面侵却不係使水之人田土亦乞準前例所差
團頭陂長于上等户内如差夫條頭例選差仍給文貼

令量度欲或遇大雨即率衆户防守遏絶免使水須衆議同開決自上及下均勻灌溉不得壅障所虞魚蝦漏等違戾之類須欲成有得條捕乞明立條約若是盜決隄防情理重者嚴寘之法詔下三司施行　嘉祐五年五月知秀州羅拯言乞今後諸處湖廣及運河堤田土不得更令諸色人及官員請射如有私買侵占耕作並以違制論仍不以年歲遠近令逐理所得租課入官詔都水監相度以聞監司看詳蓋緣逐路轉運司及州縣並不檢察約舉行是致豪勢人將衆户蓄水陂湖請射量出租課有妨旱歲溉救民田今欲乞下逐路轉運司依羅拯所請施行如違乞以違制科罪從之　七月六日羅拯言昨差往兩浙路相度均定茶租訪見諸處係官湖濼並運河邊田土多被權要之家請射及鄰近鄉民侵占請佃作成田或量出租課入官其實微薄部致湖塘淺狹澇旱有妨灌溉民田并運河因循淺澁阻滯官司舟船如越州鑑湖自東漢時興修著在圖籍闊四三百餘里灌田數萬餘頃其為越人之利甚大近歲為貪猾之輩以權勢干請假託姓名占射殆遍欲乞今後諸處湖塘及運河邊田土不得更令請射如有私買侵占耕作並科違制之罪仍不以年歲遠近令逐理所得租課入官從之　二十四日兩浙轉運司言睦州桐廬縣令劉公臣言民間有古溪湖濼渠泉源接連江處多被官豪之家漸次施工填築作田耕種無力之人田畝接連或遇水旱並不納水溉田因茲害稼及訟于官又為富豪人户與貴產之家通為奸倖于文契并分居帖內虛定田至包裹溪源在內官司據而斷遣實不均欲乞應天下郡縣鄉村有古來溪澗溝渠泉穴之處並不得人户作堤填築占據為主每遇春農之際並仰有田分之家各據頃畝多少均攤出備工力修開取令深闊盛貯其水或遇水旱即據田畝輪番取人澆溉明置文簿拘管官為印押給與本處鄉長收管或有貧人下户質易田土與别主者亦據見佃之人承認水分逐番嚴責之法本司看詳民間水利州縣自合依此施行

令劉公臣申述乞下諸州軍令部內縣分應有古來溪澗溝渠泉穴之處並不許人户作堤填築占據私利仍令逐縣置簿拘管常行點檢如遇水大即令決泄不得壅遏卻致浸沒民田若係旱歲亦須通放許令衆户得水救蔭田畝春時人户願備工開淘者從便即不得邀難阻節雖已施行處久不能遵守詔送詳定寬恤民力所聞兩浙提刑司定奪提刑司言欲依所請詔後送都水監相度以聞監司看詳天下陂湖塘堰溪澗溝渠泉穴為强猾之人專利侵占作田者甚多每至旱歲無水澆救苗稼若依寬恤民力所詳度劉公臣并兩浙轉運司事理寔是可行欲乞下諸路提刑司遍下逐州縣應

有上件陂湖塘堰溪澗溝渠泉穴元係衆人所使水利水來為人耕占作田合依所請施行仍先具根究地名源流去處廣狹深淺合澆溉得多少人户田土頃畝數目申都水監從本監看詳施行仰本監置簿拘管歲時檢舉所冀經久不廢詔可仍令逐處應有陂湖塘堰溪澗溝渠泉穴如根究得元係衆人使水久來為人耕占去處即更差官定奪奏候朝旨施行是月權三司使包拯言京西多閑田而唐州治平四縣其田之入草莽者十八九雖簡其賦徭而民多流去不能以還業知州趙尚寬興復邵信臣渠并境内之陂堰下溉民田數萬頃荒瘠之田變而沃壤今非獨流民自歸又有淮南河北之民至者萬餘户請且留再任若更能招輯户口特與升陟差遣從之　六年七月提點刑獄河北公事張問言奉詔相度河北八州軍塘泺今若就塘出土作隄以畜西山之水則涉夏大河雖溢而民田無衝浸之害請下逐處每歲增築從之

永樂大典卷一萬一千一百六

宋會要食貨志

英宗治平三年十一月都水監言勘會諸處陂澤本是停蓄水潦近年京畿諸路州縣例多水患詳見其因蓋為豪勢人户耕犁高阜處土木侵疊陂澤之地為田於其間官司並不檢察或量起稅賦請射廣占耕種致每年火雨時行之際陂澤填塞無以容蓄遂致泛溢頗為民患不制其漸則盡為民患欲乞應天下州縣及京畿陂澤之類皆不得請射明立界堠逐季舉行令地分鄉耆覺察不得容縱人户侵耕許諸色人陳告每畝支賞錢三千以犯事人家財充仍不以年歲遠近並令追理所得地利入官如違其請射人并所給官司及侵耕之人並科違制之罪從之　治平四年五月神宗即位未改元京西南路安撫司郭申錫等言知唐州高賦在任興建水利墾闢荒田户口增民獲安便詔賦再任如更能興置水利招添人户開廣閑田仰轉運司畫祈保明以聞當議特與陞步　方域志　英宗治平三年三月命同判都水監張鞏與河北轉運使沈立度治澶州上六塔河

永樂大典卷一萬一千一百七　以上宋會要

食貨志　神宗熙寧元年六月十一日中書言諸州縣古迹陂塘異時皆蓄水溉田民利數陪近歲所在堙廢致無以防救旱災及瀕江圩垾毀壞者衆坐視沃土民不得耕詔諸路監司訪尋轄下州縣可興復水利之處

如能設勸勸誘興修塘堰圩埠功利有實即具所增田
税地利保明以聞當議旌罷　二年四月十六日權三
司使公事吳充言竊見前襄州宜城縣令朱紘在任日
修復水渠不費公家束薪斗粟而民樂趨之渠成所溉
六千餘頃數邑蒙其利今授唐州泌陽縣令乞召紘赴
闕詢其利害如可試用乞酬其勞詔轉大理寺丞閣十
一月十五日提舉兩浙常平等事祕書丞侯叔獻洸開
封界都官員外郎提舉開封府界常平等事林英從兩
浙路以叔獻言汴河歲漕東南六百萬斛浮江泝淮更
數千里計其所費率數石而致一碩雖中都之衆用饒
而六路之民實受其弊夫千里餽糧軍志所忌矧京師

卷一萬一千一百七

帝居天下輻輳人物之富兵甲之饒不知幾百里數夫
以數百萬之衆而仰給於東南千里之外此未為策之
得也臣伏思之沿河兩岸沃壤千里而夾河之間多有
牧馬地及公私廢田畧計二萬餘頃計馬而牧不過用
地之半則是萬有餘頃常為不耕之地此遺利之最大
者也觀其地勢利於行水最宜稻田欲望於汴河南岸
稍置斗門泄其餘水分為支渠及引京索河并二十六
陂水以灌之則環畿甸間歲可以得穀數百萬以給兵
食此減漕省卒富國強兵之術也故叔獻代英仍令計
會所屬相度具經久利害以聞十二月二十三日條例
司乞差祕書省著作佐郎同管勾廣南東路常平等事

楊汲同提舉開封府界常平等事同祕書丞侯叔獻於
穴河引汴水以溉民田從之　三年正月二十四日條
例司言進士程義路所陳蔡汴等十河利害文字實知
水利欲令義路隨侯叔獻楊汲等以備指引仍給驛券
視三班借職從之二月二日都水監言中牟縣曹村秦
家地可湖水澾一坐水漲出時任其自流比之修斗門
倍省工費又因而可以淤民田千餘頃從之二月三日
制置三司條例司言同判都水監張鞏等相度得中牟
縣界曹村湖置水澾一坐遇漲水時任其自流比之修
斗門大省費又更灌二十餘里民田都計五十餘里約
千有餘頃所有合用人功物料委京西都大司支那應

卷一萬一千一百七

副乞依所奏施行從之二月二十六日補潭州湘陰縣
進士李度為本州長吏仍詔本路候有合修水利令勾
當以監司言度嘉祐中率人修築兩鄉塘堤灌溉民田
常賜粟帛復徭役故也四月五日制置三司條例司言
據提舉河北路常平廣惠倉皮公弼言懷州官吏同相
度到境内秦河丹河氾河等可以引水澆溉然體問民
間多不願興修水利蓋慮起立粳稻米水税已議差官
按驗仍體問洺鎮趙等州亦有溝渠河道可以興置水
利民間多恐官司創立粳稻水税久遠輸納不前公弼
看詳興置水利係朝廷新新施行若不設法招誘入戶
無由肯用心致州縣亦難興置欲乞應入戶今來創新

修到渠堰引水溉田種到粳稻並只令依舊管稅吏不
增添水稅名額所貴人户各肯興修水利制置使相度
欲依所請下河北東陝西路施行從之九月二十一日
以知滄州尚書兵部郎中集賢殿修撰張鍔知滄州兵
部郎中楚建中為河北轉運司遣殿中丞陳世修乘驛
同京西淮南農水利司官經度陳潁州八丈溝故迹以
聞修言陳州項城縣界蔡河東岸有八丈溝或斷或續
迤邐東去由潁及壽綿亘三百餘里乞因其故道量加
濬治完復大江虎派龍八尺等處陂塘導水行溝中俾
數百里地復為稻田則其利百倍及上於是上論世修
言陳許間地勢止合作水田甚善又令早應副世修事

國卷一萬一千一百七

王安石曰世修言引水事即可試但言八溝濆新河事
宜使一精於水事人同相度可也向時八丈溝止為鄧
艾當時不賴蔡河漕運得并水東下故能大興水田其
後蔡河分其水漕運水不可并故溝未可講令蔡河新
修開無所用水即水可并而溝可復古迹矣故有是命
十二月八日梓州路轉運判官李竦言奉詔令具財用
利害等伏見江淮荆楚之地民業寖薄率以水田為生
地多瀕江帶山高下不等雖有耕耘之勞而罕勤隄防
之利雨暘稍愆常度必罹暵潦之災雖有編敕興復水
利指揮而郡縣必能用心詢求臣前任知舒州太湖縣
日訪聞諸鄉民田有邊臨溪江者頻歲力耕疾種不潦

則旱體悶得所有古來隄堰瀦洩水勢或因積年大水
決潰因循不復修完臣因集其農隙勸募傍近地主備
工料興築民俗始未堅信粗亦勉從凡築成陂岸數處
次年積雨溪江暴漲所障遂免浸溺自昔不植之地一
旦遂為膏壤遂令復加增葺衆始悅隨尋罷臣去約太
湖所修十未一二以天下計之遺利固亦多矣欲乞特
詔郡縣委長吏令佐訪求境內古來陂堰積年毀壞荒
廢者并諸色人具利害興修次第指陳官司預行計度
俾因歲豐暇據占以積地利人户以頃畝多少為率勸
誘出備工料興修或量破廣惠倉斛斗以充口食不得
以威刑驅迫仍專行覺察公人胥保等接便擾民興

一卷萬一千一百七

築畢工本州申提刑轉運司差官檢視及候秋成的見
水旱之患其勸督之官乞依編敕量功利大小特行酬
獎凡指陳修築人亦與免本户一次色役人户例不該
差役之人即量給小可酒稅場務充賞所貴地利不遺
民食充衍詔淮南提舉常平廣惠倉司相度施行十二
月二十七日京西轉運司言許州長社等縣有牧馬草
地四百餘頃先為不堪牧放權令人租今相度可以拘
收入官決那山澳河石限等水溉種稻田從之　四年
六月十九詔司農寺選官經量汴河兩岸淤到官閑地
地逃田等名人請射租田二十四日又詔諸州縣當職
官如擘畫興修農田水利事並先具利害申轉運或提

刑提舉司差官詣地相度保明供申本司疾速體訪施行如能究復陂塘濬河或導引諸水淤溉民田修貼堤埠或疏決積潦水害或召募開墾久廢荒田委堪耕種令所屬官司結罪以聞千頃以上京朝官轉一資募職州縣官勘會功過考第舉主轉合入京朝官或與循資不拘名次指射優便差遣五百頃以上京朝官減三年磨勘幕職官與循資令錄及合入令錄人與兩使職官判司簿尉與初等職官內合守選者仍與免選三頃以上京朝官減三年磨勘選人免選注家便官合免選者與指射優便官二頃以上京朝官減一年磨勘選人並與免選合免選者與指射家便官百頃以上理為勞績

卷一萬一千一百七

若只是興修開墾近歲損壞陂圩溝河荒田之類比附上條頃畝為第一等酬獎若功利殊常自從朝廷推擢其已能刱置增修功利及民者委官司常行葺治如至廢壞並當降黜　五年正月兩浙轉運司副使俞希旦言伏覩朝廷興修天下農田水利此萬世之長圖其閒有昔日溝港而今為田畝疏導水患須至開決緣未有條約竊慮官吏有便廢民田為溝港致侵於民亦有可以疏鑿而未敢以與工致利害有所未盡欲乞應興水利處有合開決民田者即以官田計其頃畝撥還田戶如無田可撥即計田給直詔送司農寺遂移兩浙轉運提舉倉司看詳所請為利害應將來法行之後州縣不

計田土肥瘠高下一例以步畝準折撥還或虧損百姓欲立關防其給還民田之時州縣並須依色額支撥官田不得將瘠薄不堪耕佃田土只以步畝紙數還民內官田雖比元田薄而堪耕佃有願請者即兩倍其直紐計步數準折撥還從之　五月十八日詔應人戶見耕占古迹陂塘地土如可興修澆灌委實利便其所占地土始係祖業即依鄉原例支給價錢收買除破省稅如地內見有墳墓舍屋仍量給還葬拆修功錢係請射者即與破稅如施功開墾量給功直以上合支錢并合修斗門木石如食利人戶物力出辦不及即許於常平倉官錢內支破仍令提轉倉司候相度得利便即先具澆灌

卷一萬一千一百八

頃畝及合用人功物料諸般支費錢物實數保明聞奏　十九日提舉京西常平等事陳世修言乞於唐州石橋南北岸疊石為馬頭造虹橋架過河道於橋梁下柱透槽橫絶過河引水入東部渠灌注九子等十五陂則二百里之間終冬水利均洽詔知唐州蘇涓覆視如實即委世修提舉刱造　十一月十七日權發遣都水監丞周良孺言奉詔相度陝西提舉常平楊蟠所議洪口水利今與涇陽知縣侯可等相度欲就石門創口引入侯可所議鑿小鄭泉新渠南涇水合兩而為一引水並高隨古鄭渠南岸今自石門以北已開鑿二丈四尺此處用堰約起涇水入新渠行可溉田二萬餘頃若開渠直至

三限口合入白渠則其利愈多然應功大難成若且依可等新陳迴渠行十里雖溉兩旁高阜不及然用功不多既鑿石為洪口則經久無遷徙之弊若更開渠至臨涇鎮城東就高入白渠則水行二十五里灌溉益多或不以功大為難成遂開渠直至三限口五十餘里下接耀州雲陽界則所溉田可及三萬餘頃雖用功稍多然獲利亦遠詔用良孺議自石門創口至三限口合入白渠興修差蟜可提舉入令入內供奉官黄懷信乘驛度功料先是上問鄭渠利害王安石曰此事正興唐州邵渠事相類從高瀉水決無可慮陛下若捐常平息錢助民興作何善如之上曰縱用內藏錢亦何惜也初宰相

卷一萬一千一百七

王安石奏事因陳天下水利極有興治處民間已獲其利上曰灌溉之利農事大本但陝西河東民素不習此令既享其利後必有繼為之者然三白渠為利尤大兼有舊迹自可極力興修大凡疏積水須自下流開導則畎澮易治書所謂濬畎澮距川者是也十二月二日又詔應有開墾廢田興修水利建立隄防修貼圩垾之類工役浩大力所不能給者許受利人户於常平倉係官錢斛內連狀借貸支用仍依青苗錢例作兩限或三限送納只令出息二分如是係官錢斛支借不足亦許州縣勸誘物力人出錢借貸依鄉原例出息官為置簿及時催理四日權發遣河北兩路提刑公事李南公言相

度撲椿口添灌東塘等詔閤士良專督修先是滄州北三堂等塘泊為黄河所注其後大河改道而泊遂淤澱程昉嘗請開琵琶灣引黄河水灌之其功不成士良建言堰絕御河引西塘水灌之今從其請十二月十八日提舉淮南西路常平倉司言濠州鍾離長安堰定遠縣楚漢泉二堰水利至博積年湮廢乞依宿亳泗州例賜常平錢穀春初募人興修詔楊汲覆視如可興即本司官提舉　六年五月五二十三日提舉兩浙興修水利郟亶追司農寺丞送吏部流內銓仍罷修兩浙水利初亶言蘇州水利具書與圖以為環湖之地稍低常多水沿海之地稍高常多旱故古人沿水之迹縱則有浦橫

卷一萬一千一百七

則有塘又有門堰涇瀝而碁布之亶所能言者總二百六十餘所今欲略循人之法七里為一縱浦十里為一橫塘又因出土以為堤岸用度二千萬夫水治高田旱治下澤要以三年而蘇之田畢治矣朝廷始得亶書以為可行遂除司農寺丞令提舉興修工役既興而民以為擾會呂惠卿被名言其措置乖方又違先降朝旨故有是命六月十六日命太子中允集賢校理檢正中書刑房公事沈括相度兩浙路農田水利差役等事八月二日檢正中書刑房公事沈括辟官相度兩浙水利上曰此事必可行否王安石等曰括乃土人習知其利害性亦謹密宜不敢輕舉上曰事當審計無如郟亶妄作

中道而止爲害不細也三日三司言淛西諸州水患久不疏障隄防川瀆多皆堙廢今若一出民力必難成功乞下司農貸官錢募民興役從之

七年四月八日檢正中書刑房公事沈括先奉朝旨許支兩浙陂湖等遺利錢興修水利近勘會本路先管遺利錢額及再差官根究興修見未周徧已見費萬不少竊見兩浙荒廢隱占遺利尚多及温台明州以東海灘塗地可以興築堤堰圍裏耕種頃畝浩瀚可以盡行根究修築收納地利將來應副水利養雇人夫及貼支吏祿免致侵耗免役及係省錢物雖曾差官勾當緣不在本路無人應副欲乞特降朝旨選委官吏仍乞優立奬勸之法詔宜令沈括選委官吏勾當仍立奬勸之法以聞八月九日中書門下言諸處見差官吏擧人擘畫興修農田水利未見奏到興修次第及結絶了當詔令司農寺係析以聞寺司勘會府界諸縣荒閑地土召人開種稻田并陳許州溉田及兩浙永興軍等路水利河中府同解等州淤田囬移洪口等已相度并已未興修次第係差官員擧人管勾去處詔令司農寺常切點檢催促九月一日臣僚上言伏見朝廷近年廣興工利頗有不實互相隱蔽未經考察欲乞令司農寺畫具已興過功利申中書置籍拘管間或選官計會逐路監司指名按驗具的實事狀連書結罪聞奏其不實之人并元保明官司並乞重寘于法以戒欺罔詔應已興修水利宜令司農寺置簿拘管如朝廷差官出外即本寺申中書令取索因便體訪如有不實不當即按驗指實以聞十月十三日以皇城使端州刺史程昉遥領達州團練使昉治滹沲河議者争出所見謂非利昉確不移既而水行人便之上嘉焉進官以賞之

卷一萬一千一百七

八年五月二十五日右班殿直勾當修内司楊琰言開封陳留咸平三縣種稻乞於陳留縣界舊汴河下口因新舊二堤之間修築水塘用碎甓築成蓄堤五步以來取汴河清水入塘灌溉詔琰管勾罷勾當修内司依舊兼巡護惠民蔡河京索金水河斗門堤岸河道令開封府界提點司提擧候灌溉有實保明以聞九月二十三日詔諸當職官申請興修農田水利謂開修陂

塘濼河導引諸水淤溉民田或貼堤岸疏決積潦永除水害或召募開墾久廢荒田之類委堪耕種者並批具利害功料申提舉司體訪詣實差官檢覆功利大者知州文職事與以次官親行檢驗俟興修畢委本縣次第保明申提舉司本司選差別州縣官覆按保明申本司本司保明申等如元係監司提舉司官擘畫即本司申寺差隣路官計會本州縣官共覆按保明申寺千頃與第一等酬獎七百頃第二等五百頃與第三等三百頃與四等一百頃與第五等若擘畫而不曾監修及監修而元非擘畫并堙塞廢壞不滿二十年而田舊功完復者各降一等其數少未應賞格者委提舉司保明給公據以任計酬獎其功利殊常者申寺奏裁卷一萬一千一百七　九年正月二十五日中書門下言相度淮南東西路水利劉瑾言體訪得揚州江都縣古鹽河高郵縣陳公塘等湖天長縣白馬塘沛塘楚州寶應縣泥港射馬港山陽縣渡塘灘龍興浦淮陰縣青州澗宿州虹縣萬安湖小河子壽州安豐芍陂子等今欲除古鹽河萬安湖小河子已令司農寺結絕餘下逐路轉運司選官覆按施行如本路職司有妨礙即委別路選官從之　七月二十八日罷程昉同管勾外都水監丞令都大制置河北河防水利並歸制置屯田使例施行續詔更不別置司其職事並依外都水監丞例施行　八月二十四日權判都水監程師

孟言臣昔提點河東刑獄兼河渠事本路多土山旁有川谷每春夏大雨水濁如黃河礬山水俗謂之天河水可以淤田絳州正平縣南董村旁有馬壁谷水勸誘民得錢千八百緡買地開渠淤瘠田五百餘頃州縣有天河水及泉源處開渠築堰皆成沃壤凡九州二十六縣興修田四千二百餘頃并修復舊田五千八百餘頃計萬八千餘頃嘉祐五年畢功攢成水利圖經二卷付州縣遵行迄今十七年聞董村田畝舊值兩三千所收穀五七斗自淤後其直三倍所收至三兩碩今權領都水淤田竊見累歲於變京東西鹹鹵之地盡成膏腴為利極大尚慮河東路荒瘠之田可引天河淤溉乞委都水監選差官往與農田水利司并逐縣令佐檢視有可淤卷一萬一千一百七之處具頃畝功料以聞俟修畢差次酬賞從之於是奏遣都水監丞耿琬主管淤河東路田　神宗元豐元年四月十九日詔興水利聽民戶貸常平錢穀詳見農田門　六月七日京東路體量安撫黃康言本路被水後乞勅有司檢計溝河候豐熟令所屬調丁夫濬治梁山張澤兩濼累歲填淤浸損民田亦乞自下流濬至濱州從之開濬溝河令都水監遣官同轉運司檢視工料　十四日詔開近畿路有苦雨處令開封府界提點司督諸縣開畎積水具退出民田次第以聞京東西路州軍委轉運司施行　三年七月十二日詔前永興軍等路察訪

使李承之、前知司農寺丞莊岳、前提舉常平倉沈披、察滕、轉運判官章楶、楊璠各展磨勘三年，提點刑獄李南公、轉運使趙瞻展二年，前轉運使張詵、楚建中各贖銅二十斤，坐保明修永興洪口不當也。　六年十二月二十一日，尚書戶部狀：新權提舉成都府路常平等事韓玠言，唐州泌陽縣界馬仁陂遺利，乞下京西南路提舉司相度。從之。　七年三月三十日，知相州蒲中行言：「林慮縣南修合澗河水以濟民用，功既及人，有益䂓等料鑿并取水，乙年百八十尺不及泉，民以為勞而無功，寧遠行汲水。以初奉朝旨，未敢罷。」詔罷之。

徽宗崇寧三年十月二十三日，臣僚言：「元豐官制，水部掌川瀆河渠，凡水政詳立法之意，非徒為穿塞開導，修舉目前而已。天下水利凡當興修者，皆在所掌，宜發明之以告于上。在今尤急，如浙右積水比連震澤，泛溢渰浸田廬，未有歸宿。此類利害，最宜講明，而未之及者也。願申飭水部及當職官推廣元豐修明水政，凡當興修，悉究利害，條具以聞。」從之。　大觀四年十月一日，戶部言：「提舉兩浙路常平司奏，乞詔諸路常平司專委守令詢考古迹應瀦水之地，立堤防之限，置籍拘管，俾公私無得侵占。凡民田不近水處，畧倣周官遂人、稻人溝防之制，使合衆力而為之。看詳欲下諸路提舉司詳此，丁寧

卷一萬一千一百七

州縣常切檢舉，相度依詳勑條施行。」從之。　政和元年三月十四日，詔：「近因陳仲宜等言，諸路湖濼池塘陂澤緣供贍學費，增收遺利，縱許豪富有力之家薄輸課利，占固專據其利，馴致貧窶細民頓失採取蓮荷蒲藕菱芡魚鱉蝦蜆螺蚌之類，不能糊口營生。若非供納厚利於豪戶，則無緣肯放漁採。兼遇時雨稍愆，即成災傷，蠲除租課，遺棄地利，因被阻飢。推究始終，為患頗大，理合改更。令檢會行下諸路。」先是，荊湖北路提點刑獄公事陳仲宜奏：「本路州縣將久來衆共灌溉食利陂湖一槩比附坊場，令人戶買撲收錢，以助學費，致妨人戶灌溉及細民食利，為害不細。已牒諸州并提舉學事司依法

改正施行去訖竊慮諸州不便施行望降睿旨又提舉淮南西路常平等事李西美奏蘄州等處沿江湖池不少自來係衆人採取小民所賴向緣縣學支費令人户請佃出課欲依已得指揮改正故有是詔二十一日詔弛陂湖塘濼之禁依元豐舊法與衆共利聽其汲引灌溉及許瀕水之民漁採以資生計所有刱許人户作遺利斷撲供納課利以助學費可改正不施行令後更不許人陳乞斷佃請射監司常切覺察如有違犯糾劾以聞十月二日臣僚言蘇湖秀三州並江積水歲爲患故須圩岸以障越州有鑑湖租三十萬法許興修水利支用乞令本路提舉常平司委三州令佐相視劃立圩岸

卷一萬一千一百七

工用之費取足於鑑湖錢粮從之　四年二月十五日工部言前太平州軍事判官盧宗原請開修自江州至真州古來河道湮塞者凡七處以成運河入浙西一百五十里可避一千六百里大江風濤之患凡用夫五百二十六萬一千一百七十五工米五萬七千八百三十五碩又可就工興築自古江水浸沒膏腴田自三百頃至萬頃者凡九所計四萬二千餘頃其三百頃以下者又過之乞依宗原任太平州判官日已興政和圩田例召人户自備財力興修更不用官錢粮仍依府畿見行興修水利法不限等第許請佃歲約得官租一百餘萬貫碩若朝廷專遣官總核興修衆工並舉一年之間可

見成効詔差膳部員外郎沈鏻同本路常平官相度措置仍差盧宗原充幹當公事三月二十日膳部員外郎沈鏻奏奉詔相度措置江淮兩浙路開修運河興築圩田據幹當公事盧宗原狀合開修河路係官司措置外有可興圩田係涉江淮兩浙水路已曾申明乞依都畿見行興修水利法不限等第許人户請佃情願隨力各借錢米應人户不知令來朝廷許令請佃若相度措置得有合修地上去處即乞先次令逐處官司散出榜示告諭人户送納投狀理定名次至興修有日令人户送納興修錢糧成田日依次給田從之五月二十三日京西轉運副使張徽言二浙雖遇豐歲蠲除稅賦不下三

卷一萬一千一百七

四十萬碩皆隄防不修溝洫不濬欲申敕所屬監司督責州縣各審視境内合興修隄防溝洫以利害大小急緩爲先後具圖狀先申朝廷逐時檢舉催督接續興修雖農田水利隸常平司乞轉運司同共催督從之　六年八月四日尚書省言平江府司户曹事趙霖相度平江府積水舊有三十六浦導其水歸于江海又爲之閘以遣積水今堙塞殆盡措置當興修并置閘等共用役夫一千七百五十六萬五千餘工錢一百四萬二千餘貫米五十二萬六千餘石又發運副使應安道委官相視港浦六處堙塞合行先開共役夫二百八十萬八千餘工合用錢糧二十四萬七千餘貫碩秀州華亭縣欲

食貨七之三五

並循古法盡去諸堰各置小斗門常州鎮江府望亭鎮合依舊置閘詔劉與趙霖相度保明聞奏十六日鴻臚卿王仲嶷奏兩浙積水之地多是民田止因興築圍岸苟簡滅裂歲時風水衝蕩瀰漫遂成陂湖望朝廷選差有風力人專行計置興築圍岸其所差官據圍裹過田數多寡特與推恩度牒激勸詔送趙霖施行十月六日新差權發遣提舉兩浙路常平等事趙霖言奉詔相度平江府積水其諸路監司州縣承受備坐前項指揮如有稽緩因致闕悞去處欲乞以違制論合用錢米踏逐到越州鑑湖封樁米欲乞支撥一十萬石并借支本諸州常平本錢一十萬貫文如闕則以常平米及常平封

卷一萬一千一百七

樁錢貼支并乞降空名度牒二千道承信郎承節郎將仕郎官誥各五十道其命詞並令以興修水利為名別立價直將逐浦合用工料名有力人戶出備錢米官為募夫監部開修或一戶數戶管一浦候畢工日計實用錢米紐直給空名許令變賣書填名募出賣不得抑勒仍不依進納出身人例以為勸誘之方令來措置興修積水開浦置閘並在平江府界內欲乞權就本府置局以提舉措置興修水利為名其差辟到官吏居泊供給人從仍令並就平江府應副工作日應闕匠每人別給工錢一百文米三升詔並依所奏施行十二月四日提舉兩浙路常平等事兼提舉措置興修水利趙霖奏興

食貨七之三六

修水利未盡事湖常秀三州見行方田去處候興修水利稍見就緒日施行庶使數州之民悉力以成大利批降依奏指揮支撥越州鑑湖封樁錢米佗司別有陳請支撥欲乞許臣執奏及開浦置閘雇募夫力縣分知佐自十一月止二月諸司不許差出從之　七年正月二十日臣僚言趙霖興役治水蘇杭等州去歲哭傷疾疫民力正宜休息詔罷役霖別與差遣七月六日提點京畿刑獄公事王本奏前任提舉京畿常平日根括諸縣天荒瘠鹵地開修水田引水種稻逐年所收土利不少將引水不利之地一萬二千餘頃並置圖籍拘管入稻田務名人承佃數內已佃五千三百餘頃蒙朝廷立定

卷一萬一千一百七

賞格已足激勸尚慮逐縣令佐不切奉行却致荒廢欲乞朝旨比附益事司闢墾醎地賞格推賞詔依申明行下　宣和元年二月十四日臣僚言訪聞江淮荊漢間荒瘠彌望率古人一畝十鍾之地其堤閼水門溝澮之迹迤邐猶存而郡縣恬不以為意近絳州百姓呂平等詣御史臺披訴乞開濬熙寧舊渠以廣浸灌情願加稅一等則是近陂池之利且廢矣何暇議復古哉欲詔常平使者有興修水利功効明白則亟以名聞特與褒除以勵能者從之三月二十三日詔直祕閣提舉兩浙路常平趙霖降兩官以增修水利不當故也六月七日詔比遣趙霖措置興修吳浙水利霖名募被水艱食之民

凡役工二百七十八萬二千四百有奇，開一江一港四浦五十八瀆，已見成績。霖可陞職一等，仍復所降兩官。其後十月十日，詔趙霖差（別）到水利官屬具等第職位姓名聞奏，當優與推賞。八月二十四日，提舉專切措置水利農田所：「浙西諸縣各有陂湖溝港涇洪湖濼，自來蓄水灌溉及官私舟船往還。令欲就委打量官遍詣鄉村檢踏，應有似此去處，打量並見丈尺四至，著望用大石碑雕鐫地名丈尺四至，以千字文為號，於界省分明摽識，仍曉示地分食利人戶常切照無令損動堙塞。請占縣別置簿拘收，縣尉遇下鄉檢察，如有堙塞，即時開濬。」從之。　三年二月一日，詔：「越州鑑湖、明州廣德湖自措置為田，下流堙塞，有妨灌溉，致失陷常賦。又請田人多是新舊權勢之家，廣占頃畝，公肆請求，兩州被害民戶例多流徙。仰陳亨伯體究諸實，如所納租稅過重，即相度減免，立為中制；應妨下流灌溉處，並當弛以與民。令條畫圖上取旨，毋得觀望滅裂。」　三月十九日，詔：「江南路官私圩埠，有司希功妄作，或輒將上流閘塞，致下流無水灌溉，或壅遏無所發泄，致鄰左例遭水患。及有元供頃畝數多，後來實數不及，輒數與民戶，或勒令等第承佃，或抑配陪納租賦，因此多致民戶流徙。可限十日改正，見妨民戶灌溉及擁遏無發泄者，所屬監司相度措置，或弛以予民，所輸稅賦比附鄰近立為永制。如尚

卷一萬二千一百七

敢營私觀望，許民戶越訴，當議重行黜責。」　五年五月四日，臣僚言：「鎮江府練湖與新豐塘地里相接，八百餘頃，灌溉四縣民田。每歲春夏雨水漲滿，側近百姓引灌田苗，緃秋無雨亦不憂旱。漕河水淺，湖水灌注，是以一寸益河一尺，其來久矣。今湖堤四岸多有損缺，春夏不能貯水，緃至少雨，則民田便稱旱傷。縣官又禁止民間不得引湖水灌田，且以益河為務，故丹陽等縣民田失於灌溉，虧損稅賦。欲令食利縣分候農隙日次第補葺堤防。」詔本路漕臣并本州縣當職官詳度利害，檢計合用功料以聞。　七年九月二十二日，詔以徽猷閣待制、知江寧府盧襄為顯謨閣直學士，江東路提點刑獄、常平官各轉一官，以能奉詔體國，罷丹陽圍城西四三湖為圩田，及言開銀林河事為不急之務，切中時弊也。

卷一萬二千一百七

食貨志

哲宗元祐六年閏八月四日，知杭州林希言：太湖積水未退，為蘇湖大患。乞專委監司躬詣瀕海泄水處相度開決，廣使積水漸退，民田復出，派移歸業。詔左朝奉郎郎𠃔與本路監司同導積水。
《大典》卷一萬二千一百七

元符元年二月十六日，工部言：河北屯田司令塘水深淺季申尚書工部，今後塘泊州軍率於孟月保明所管地分塘水增減尺寸，徑報屯田司，候到差官檢覆，本司于仲月審察詣實保奏，仍具申本部。從之。

全唐文

宋會要 食貨志

水利三

欽宗靖康元年三月一日，臣僚言：東南地瀕江海，舊有陂湖蓄水，以備旱歲。近年以來盡廢為田，澇則水為之增益，旱則無灌溉之利，而湖之為田亦旱矣。民既承佃，無復可脫，租税悉歸御前，而漕司暗虧常賦多致數百萬斛，而民之失業者衆矣。乞盡罷東南廢湖為田者，復以為湖。詔令逐路轉運常平司計度以聞。以上續國朝會要

一 高宗紹興元年九月七日，三省言：宣州太平州圩田歲入租課浩瀚，近緣賊馬蹂踐，摇破圩岸，及佃戶逃亡未歸，荒閑甚多。詔令逐州守臣將缺壞圩岸疾速措置，如法修治，人戶耕種內合工料，並見佃貧乏無力人戶，並許取撥常平錢米量行應副及借貸支使。
《大典》卷一萬一千八百八

二年正月一日，詔宣州太平州見修治圩田，逐州當職官能趣時興修了當，將來收租税及逐人致合入官，京官轉一官，吏減二年磨勘。如過期違慢，仰提刑司具名按劾，官取旨重行勒停，人吏決配。

十二月三日，知太平府張𤧧言：本州管下公私荒閑水田甚多，今欲廣行召募修圩開墾，其種糧據所佃頃畝多寡立法，官中量為借貸，候至秋成熟，將所借物數分料軋還。縣丞或主簿一員專為勸誘催督，歲終較諸佃之數，以其多者乞行推賞。仍欲路逐指差大小使臣兩員充本州准備使喚，幹辦農田事務。從

之十六日詔太平州諸縣興修圩岸錢米及借貸人户種糧令於宣州常平義倉等米内取撥一萬石仍令太平州認數候將來圩地收成日却行撥還　二年三月二十七日都省言太平州宣州圩田累降指揮專委太平州守臣張鎬宣州通判樊滋同本路漕臣提刑司併工修治尚慮不切用心理當專責帥臣提總其事詔專委李光　三年三月二十九日紹興府上虞令趙不摇言本縣所管夏蓋等湖一十三處自廢湖爲田租米皆屬御前省税即隸户部官吏知有湖田數千碩之利而不知奪此水利撿放省税歲乃至萬碩建炎以後湖租盡入户部然未之廢廢之誠便吏部侍郎李光言一方利病莫甚於湖田大抵湖高於田又高於江海水少則泄湖水入田水多則泄田水入湖故無水旱之歲荒廢之田也自政和以來樓异知明州王仲嶷知越州内交權臣專務應奉將兩郡陂湖廢爲田潴則增溢不已旱則無灌溉之利而湖之爲田亦旱矣百姓失業者不可勝計望下轉運司比較自興湖以來所失常賦與湖田所得孰多孰少檢會祖宗條法應東南郡自政和以來以湖爲田者復以爲湖詔户部工部看詳本部言昨據紹興府上虞縣丘裹等狀稱靖康元年三月内降指揮盡罷東南廢湖爲田者復以爲湖令逐路轉運等司同共相度利害聞奏乞先次廢罷本縣夏蓋湖田遂行下

卷一萬一千一百八　二

兩浙提刑司施行去後雖據本司申到因依聞奏當時緣未見靖康間轉運司曾如何相度具奏有無畫到指揮再下提刑司從長相度申部未到詔令張守限三日相度具經久的確利害以聞五月十日知紹興府張守言被旨令相度上虞餘姚兩縣湖田復廢爲湖經久利害以聞守契勘民户所納苗米較兩年號爲豐熟但秋夏雨水稍不應時其減放之數以湖田所收補折外官中已暗失米計四千二百餘碩民間所失當復數倍今相度先將餘姚上虞湖田復廢爲湖委是經久有利無害伏望早賜施行詔依仍乞自紹興三年正月爲始四月一日詔宣州見興修官私圩田可改委新除守臣李處厲措置並依樊滋前後已得指揮疾速施行其樊滋不合專輟工役限一日分析不奉行因依以聞二日詔江南東路轉判運官陳敏識將宣州見管常平義倉并惠民圩租一萬九千七百餘碩於内支撥一萬三千碩與太平州外餘數撥付宣州並專充貸借圩田民户使用同守臣疾速勸民耕佃　四年二月八日兩浙西路宣諭胡蒙言乞行下兩浙諸州軍府委官相度管下縣分鄉村勸誘有田産上中户量出工料相度利害預行補治堤防圩岸等以備水患庶免將來有害民田詔劄與本路轉運司相度施行九月二十二日太平州言當塗縣管下舊有路西湖傍有姑跋谿港係通宣徽州界每

卷一萬一千一百八　三

遏春夏山水泛漲自港入湖出海塘港入本州姑溪河
通大江[illegible]所以諸圩無水患止因政和二年本州將路
西湖興修作政和圩自後山水無以發泄遂致衝決圩
埒損害田苗乞廢田依舊開掘爲湖戶部下本路轉運
提刑司同共相度逐司言決圩爲湖委是經久利便從
之　五年閏二月二日江南東路轉運司言契勘太平
州管下當塗蕪湖繁昌等三縣圩田所收租米萬數浩
大因去歲春夏雨水連綿江湖泛溢衝決圩岸已蒙朝
廷支降到圩米一萬碩應付見行修築欲依紹興二年
正月內指揮推恩庶幾有以激勸從之四日知湖州李
光言自壬子歲入朝首論明越間廢湖爲田之害蒙詔

卷一萬一千一百八　四

罷餘姚上虞兩邑湖田其會稽之鑑湖鄞之廣德湖蕭
山之湘湖等處其類甚多州縣官往往利爲圭田頑猾
之民應而獻計侵耕盜種上下相蒙未肯盡行廢罷竊
謂二浙每歲秋租大數不下百五十萬斛蘇湖明越其
數太半朝廷經費之源實本於此伏望專委漕臣遍行
郡邑延問父老考究漢唐之遺制檢舉祖宗之成法應
明越湖田盡行廢罷內有積菱葑淺澱去處許於農隙
量差食利戶旋行開撩稍假歲月盡復爲湖詔逐路轉
運限半月躬親前去相度利害申尚書省　六年九月
二十三日溫州進士張頠言今歲旱歉逮此窮冬民食
已艱惟水利一事可行於此時今已孟春農隙乘民之

食仍興是役用以振之一舉而兩得本州委瑞安縣主
簿同張頠前去集善鄉陶山湖勸率豪戶情願出備穀
米給散貧乏之人同共修築陂塘蓄水灌溉因便賑濟小
民千餘家各免饑乏功効尤著緣此以近及遠互相依
倣之人頗衆貧民賴以兼濟望朝廷特行推賞頠名赴
行在都堂審察　七年三月十九日兩浙西路安撫制
置大使兼知臨安府呂頤浩言五代時馬氏〔名犯廟諱〕據湖
南潭州東二十里因諸山之泉築堤瀦水號曰龜塘灌
溉公私一萬餘頃惠民一方其後堤堰廢壞經百餘年
有失修治去年旱災民皆失食臣募饑民修成堤岸
以爲久遠之利今來栽種是時欲令安撫司於潭州摘

卷一萬一千一百八　五

鄉百人併力栽種及將來芟除蒿草詔令劉洪道疾速
措置施行五月十二日詔臨安府餘杭縣南北湖依舊
存留灌溉民田等用不許輒便出賣十七日尚書右僕
射都督諸路軍馬張浚言勘會興元府洋州所管渠堰
澆溉民田數目浩瀚昨自兵火之後例皆隳壞令吳玠
遣發將兵及委知興元府王俊知洋州楊從義部押官
兵同共修葺並已就緒望賜獎諭並乞降黃榜撫勞將
兵從之二十三日給事中兼直學士院胡世將言吳玠
等能憂國恤民發戲下之衆以興渠堰廣灌溉之用爲
富國強兵之資寬疲瘵遠輸之急其體國之忠有足嘉
者臣謂宜因以風厲將帥使咸知朝廷之意各務究心

興修水利措畫營田以省餽運而寬民力欲望將今來降詔勑牓文令有司行下諸大帥及統兵官等照會將王俊楊從義等特賜旌賞以為忠勞之勸從之　八年十一月二日御史蕭振言乞詔親民之官各詢境內之地某鄉某里凡係陂塘堰埭民田共取水利去處咸籍而記之若從官中追集修治則慮致搔擾不若隨其土著分委土豪使均敷民田近水之家出財穀工料於農隙之際修焉縣官董其大槩而已仍於縣官罷任之日書所興修水利若干於印紙量加旌賞以勸來者詔令戶部行下諸路常平司委守臣措置興修以聞　九年正月二十一日利州路提刑司言保明到王俊楊從義

卷一萬二千一百八　六

田歲修葺興元府洋州兩處修到渠堰溉田所增苗稅乞依已降指揮旌賞施行詔吳玠令學士院降詔獎諭餘各與轉一官依條回授　五月二十四日權發遣明州周綱言嘗考明州城西十二里有湖名廣德周回五十里蓄諸山之水利以灌溉鄞縣七鄉民田其利甚廣自政和八年守臣樓异請廢為田召人請佃得租米一萬九千餘碩至紹興七年守臣仇悆又乞令見種之人不輸田主徑納官租增為四萬五千餘碩臣嘗詢之耆老以為湖水未廢時七鄉民田每畝收穀六七碩今所收不及前日之半以失湖水灌溉之利故也計七鄉之田不下二千頃所失穀無慮五六十萬碩又不無旱乾之

患乞還舊湖仍舊為湖伏望特賜指揮施行詔依令轉運司疾速措置申尚書省　十三年三月二十四日明州言契勘廣德湖下等田畝緣既已為田即無復可為湖之理不免私自冒種非惟每年暗失官租三千餘碩而元佃人戶詞訟終無止息又因緣有步占闕訟愈見生事欲乞依舊為田令元佃人戶耕種從之　十五年閏十一月九日差權發遣利州元不伐言蜀本蠶叢彭濮之國土地膏腴秦太守李冰鑿離堆辟水以灌以溉由是利水之興偏於西蜀遂為奧區養民之利莫大於此爰從近歲堰多壞缺不時繕營為農之害莫大於此賞罰之明著於甲令乘舉而行之無以示勸懲欲望

卷一萬一千一百八　七

戒飭有司克遵成憲申嚴殿最以隆邦本使無罪歲之憂詔委四川宣撫司相度措置　十六年正月二十一日知興元府楊政言契勘本府山河六堰澆溉民田頃畝浩瀚自來春首隨民戶田畝多寡均差夫力修葺雖經兵火民力不足多因夏月暴水衝壞堰身若修葺不如法遂失一歲之利今措置如遇渠堰損壞民力不足即於見屯軍兵下差人內量差副將協力修葺從之　七月二日上諭宰執曰平江堤堰不修歲輸米比舊額虧十萬斛并臨安西湖民灌溉所資其利不細歲久淤澱並宜措置修治　十一月前知袁州張成己言江西良田多占山崗上資水利以為灌溉而罕作池塘以備旱暵望

令江西守令俾務隙時勸督父老相地之宜講究池塘灌溉之利以爲耕種無窮之資詔令戶部檢具賞格行下本路常平司措置　二十三年四月二十三日上諭輔臣曰久雨不至妨農否民田須常作潴蓄昨來士大夫有理會興修陂湖之利者宜令州郡措畫以備闕雨灌溉於是尚書省勘會諸路州縣陂湖本以蓄水准備灌溉民田訪聞比來多爲大戶侵占一或闕雨有妨灌溉詔令逐州軍措置每季具施行次第以聞六月十四日權知江陰軍蔣及祖言江陰軍地廣民衆號稱沃壤北枕大江潮汐之所往來照漕河別有一派曰五卸港港北入大江凡六十里自大觀中濬治距今填淤積水不泄霖潦暴至冒沒民田故西南諸鄉多水溢之患本軍舊有橫河自建寅門至平江常熟縣凡五十里傍爲支渠溉田甚廣自政和中濬治距今沙漲幾爲平地凡北江之潮無自而入故東南之鄉多旱乾之患二河之利久不開鑿望令官相視興修仍令長吏以時疏導詔令本路常平司相度申尚書省　二十一年十一月十九日前權知黃州黃子游言乞飭提舉常平官將舊來管下所有陂塘應干水利去處委官檢踏本處縣丞措置申本司照應修治務要可禦水旱如一切了當從本司覆實申乞推賞施行或不切究心措置滅裂亦仰常平司具名按劾上曰近聞陂塘水利去處多爲人侵占

卷一萬一千一百八　八

可令有司措置無妨衆用於是詔戶工部檢坐見行條法指揮申嚴行下既而上諭輔臣須是常平官得人若監司用心此等事無慮斷近時監司多是端坐不出巡歷提點刑獄職在平反尤當遍臨所部宜加戒飭乃詔諸路灌溉民田陂湖往往爲人侵占令戶部行下提舉常平官躬親措置申尚書省　二十二年八月四日比部員外郎李泳言淮西募兵耕墾閑田而田疇高原去處舊有陂塘以資灌溉今來墾闢雖廣而未究水利若使民戶自行開濬竊恐方集之人有傷其力望詔有司行下州縣吏切講究水利若使民戶自行開濬竊恐方集之人有傷民其力望詔有司行下州縣吏切講究水利如有陂塘所在俾於農隙官給錢米以濬治之上宣諭曰聞州郡陂塘蓄水去處如對岸紹興及淮南往往爲民所侵占雖目前州縣獲利恐三五年後無水溉田卻爲害非細李泳所奏可令戶部行下本路常平司措置　九月六日左朝奉郎周楙言臣前任蘄州見郡城環遶皆山每過霖雨則衆山之水奔湊城下莫之能禦治平二年郡守張衡創築河堤以捍水勢從此無復水患自經兵火摧鑿殆盡望詔有司委自知通同屬縣就農隙依所定錢米和雇游手濬渠取土成堤水到渠成堤亦成矣堤岸既修除去水患民皆安居而灌溉有備亦無旱暵之虞上可其言因宣諭曰不獨蘄州凡沿淮合堤

卷一萬一千一百八　九

備水患去處，令本路漕臣同逐州守臣措置。二十三年七月二十三日，試右見諫議大夫史才言：「浙西諸郡水陸平衍，民田最廣，平時無甚水甚旱之憂者，太湖之利也。數年以來，瀕湖之地多為軍下兵卒侵據為田，擅利妨農，其害甚大。蓋隊伍既易於施工，土益增高，長堤彌望，曰壩田。水源既壅，太湖之積漸與民田隔絶，不通旱則據之以溉，而民田不沾利。乞專令本路監司躬親究太湖積，軍民各安其職，田疇盡蒙。」十月二十二日，戶部言：「宣州太平州縣管官私圩田內有被水衝破圩垾去處，欲乞委司農寺丞兼權戶部郎中鍾世明前去措置。」從之。二十七日，鍾世明言：「被旨差往宣州太平州措置圩垾，今條下項：一、今來宣州化成、惠民圩垾周圍計

卷一萬五千一百八

長八十里，小埂不用修築外，內被水破缺並裹外損壞埂處，並合行修築增高。一、今來修築圩垾合用和雇人物錢米，乞於常平錢米內應副。如本州常平錢米不足，即許提舉常平司於本州合發上供錢米內取撥兌借，免致臨時闕誤。其下三等人戶竊慮緣水患無力輸納，即乞令結甲借貸常平司錢，自紹興二十四年為始，作四年帶納。一、今來修築圩垾所用工浩瀚，務要堅實，庶可經久。全藉所差官協力管幹，庶不致滅裂枉費人工。如有不切用心、弛慢職事，許行按劾。內有昏懦怯弱不任職事之人，亦許差官抵替。所有檢察監修部役等官如能用心了辦，不致滅裂虛費人工，亦乞許保明申取朝廷指揮量行推賞，庶示懲勸。」於是戶部看詳，欲乞下宣州并江東轉運常平司詳此，並依本官逐項措置到事理施行。從之。閏十二月二十七日，又言：「今措置太平州圩垾下項：一、今來當塗、蕪湖兩縣人戶被水損壞圩垾，乞結甲借保米種相添自行修築，在法係是農田水利，民力有不能辦者，合依宣州體例借貸，具數保明申提舉常平司外，有萬春等圩垾人戶乞官為雇工修築，今檢計被水破缺并裹外埂損壞，合行增築貼補。其蕪湖縣萬春、陶新、政和等圩垾三所，共長一百四十五里有餘，合用九十六萬一百三十四工。當塗縣管圩垾

卷一萬五千一百八

一所係廣濟圩，長九十三里有餘，其圩與私圩五十餘所並在一處，坐落青山前，各係低狹埂外，向有大埂垾一條包套，逐圩在內，抵濼湖水。今來逐圩被水損壞，詢訪人戶只修外向大埂，不惟數倍省工，委是可以抵障水勢。所有裹圩垾或有損處，聽人戶自修。尋取會到逐縣被水修治官私圩垾體例，係是人戶結甲保借常平米自修。今來損壞尤甚，人戶工力不勝，不能修治。今措置，欲乞依見今人戶結甲乞保借米糧，自修圩垾，體例不以官私圩人戶等第，納苗租錢米充雇工之費，官為代支過錢，與限帶納。自餘合用錢米，並乞下提舉常平司照會，日下取撥，律發應副本州雇工修治施行。一

今來蕪湖縣申獨山永興保城咸寶保勝保豐行春圩
北其地圩垾被水衝破打損至多若只依條保借種來
將來修築不前內有咸寶一圩被水損壞衝咸潭缺計
長二十五丈闊三十丈深二丈二尺須用創作堤垾從
裡面圍裹倍費工力比獨山等圩垾損壞尤見工費不
周委是民力難辦乞官為雇工修築今檢計獨山等七
圩委是被水損壞處多其咸寶堤垾衝破咸潭處難以
就舊基修築合從裡面別創築埂圍裹計長八十一丈
合用五千四百工合措置上件圩垾欲各依例結甲隨
苗借米外更據下戶田每畝與錢一百文省令自修築
其咸寶圩垾潭缺處據合用工數欲乞官和雇人工共
同修治於是戶部言欲乞下太平州江東轉運常平司
並依本官逐項措置到事理施行從之　二十四年九
月十五日大理寺丞周環言臨安平江湖秀四州低下
之田多為水積浸灌蓋緣溪山諸水併歸太湖水分為
二派東南一派由松江入於海西北一派由諸浦注之
江其沿江泄水諸浦中惟白茅浦最大今為沙泥淤塞
每歲若遇暑雨稍多則東北一派水泥壅溢遂致浸傷
農田欲望令有司相視於農隙開決白茅浦故道俾水
勢分派流暢實四州無窮之利詔令轉運司措置　二
十八年八月二日宰執進呈監察御史任古論蘇常湖
秀被風水災傷因措置浙西江東淮南賑糶事上曰被

卷一萬一千一百八　十二

水州縣檢放稅苗而賑貸其不給固當如此宰臣曰平
江一帶低下而堤堰壅塞畎澮不通致有積水沈溺亦
不至此上曰可令蔣燦同漕臣專一措置九月十三日
兩浙路轉運副使趙子潚知平江府蔣璨言近被旨相
度水利利害子潚等歷吳江吳長三縣民田淹沒去處
相視以至常熟又自常熟北至楊子江又自崑山東至
海口推究源流講求利害今詢訪得浙西諸州平江最
為低下而湖常等州之水皆歸於太湖自太湖以導于
松江自松江以注海是太湖者數州之水所瀦而松江
者又太湖之所洩也然以數州瀦水之巨浸而獨洩以
松之一川宜其勢有所不勝受而洩放有所不遠是以
昔人於常熟之北開二十四浦疏而導之楊子江又於
崑山之東開一十二浦分而納之海兩邑大浦凡三十
有六而民間私小涇港不可勝數皆所以決壅滯而防
泛溢也後因潮汐往來泥沙積聚舊置閘江之卒尋亦
廢去閘時既久填淤日增此大浦所以堙塞而民田於
是有淹沒之患也昨日建議興修水利之人接武而出
其說皆迂闊汗漫而難用所見於已施行者天禧天聖
間運使張綸於常熟崑山縣各開衆浦以導積水景祐
間郡守范仲淹親至海浦開浚五河以疏導諸邑之水
使東南入于松江東北入于楊子與海政和間提舉趙
霖將命興修水利開浚三十三浦役工僅開常熟兩浦

卷一萬一千一百八　十三

崑山一浦而罷開三浦之後迄今又四十年諸浦堙塞又非昔日之比遂致湖瀼盈溢浦港澱淤而積水散漫民田之中十年之間潦歲八九今相視泥沙湮塞有妨洩水合行開掘分導緊切去處開具如左一常熟縣開浦五處梅里塘泄崑湖并常熟塘一帶積水自本縣東柵由梅里鎮至白蕩橋又茆浦係泄崑湖承湖水自圌涇至浦口又崔浦泄崑湖承湖由梅里塘積水自浦口至雉浦一帶又福山浦係泄崑湖承湖并府塘一帶積水自尚墅橋及九折塘至顕星橋又黄四浦係泄尚湖及崑湖水自三里汀至十字港一崑山縣開浦四處新洋江北接百家瀼南出吳松江自百家瀼口太倉塘入

卷一萬一千一百八

十四

小虞浦北接鰻鱺瀼南出吳松江自鰻鱺瀼口下南至黄墓村橋又雇浦北接斜塘瀼南出吳松江自郭澤塘口下北至鄏遥又郭澤塘南通夏駕浦東通雇浦洛徹吳松江已上兩縣總計工三百三十七萬四千六百六十四工錢三十三萬七千四百六十六貫三百文米一十萬一千五百三十九碩八斗九升子瀟等契勘崑山縣四浦工力不多乞止用本縣食利人户支給錢米委本縣官監督開浚常熟縣五浦工力浩瀚係與吳長等縣利害相及欲除崑山縣外有本縣食利人户以五千人為率人夫數少即於三縣見賑濟人内募强壯人充應所有差官起工等事件揩次條具申請緣平江府積

水經今已兩月餘日未退已妨種麥若不於農隙之際支給錢米雇夫開治深恐來歲春雨積水愈甚虧失常賦不便望速降指揮施行詔差御史任古同提點刑獄徐康前去覆視詳究利害聞奏所有合措置事件令趙子瀟將璨一面條具申尚書省其任古仍令上殿奏事畢疾速前去二十五日知涪州程敦書言稲田以水為本故無渠堰而田宜稲者則有瀦水之地以待灌溉比緣經界官吏以民間瀦水地為天荒地豪猾游手因而結交州縣請佃承買洩其水以為可種之地獨擅其利田既無水歲失播種乞行下諸路如有請佃承買瀦水地者即為改正從之十一月九日監察御史任古言平

卷一萬一千一百八

十五

江府常熟四縣舊有開江四指揮共二千人額專一修治浦塘等并置巡塘官一員今欲乞止於常熟崑山兩縣合招填一百人額其請給等並依舊例支給施行仍奏撥軍員使臣各二人分管軍兵如有塘浦堙缺通融人工役使遂旋修治古又奏崑山縣耆宿言所開浦四處緣今歲積雨東北風潮并太湖及山水相會有渰没民田魚郭澤塘一浦橫過即非泄水去處春間人户圍田自當開撩所有小虞浦新洋江雇浦三處雖合開浚見今四浦盡為松江大水漲過其外發泄遲緩是致諸浦蓄水雖以興工欲候江水減落岸塍出露人户自行開掘亦不願支破錢米若内有貧乏無力之人乞量借

常平官糧寬立年限分料送納乞從民便已行下本縣令預備將來興工之具候江水減退即行開浚並從之

同日監察御史任古言臣同徐康與常熟縣官覆視五浦今詳究得本縣東栅至雉浦入丁涇通徽福山塘下注大江委是快便若依趙子潚當來申請以五千人爲率於來歲正月入役約計一月餘日可畢此浦使崑承二湖及府塘一帶并被傷民田内水通注于江然後浚治黄泗浦三里江至十字港工力亦不甚多併趁農隙先畢二浦其餘合開港浦再俟將來農隙當以緊漫次第興工古又奏趙子潚昨計料開浚崔浦係决泄昆承二湖及民田内水南自梅里塘距浦口迤邐北入大江

古等身詣相視其浦乾涸可以行往蓋緣浦身迂回曲折泄水不快是致積沙高厚開浚工倍欲于雉浦口別有一涇徑入福山大浦通於大江名爲不涇北與崔浦並無回曲不雅開浚有費實於泄水爲便詔並依奏錢於御前激賞庫支降米就平江府撥到綱米内支取令趙子潚同守臣措置於正月上旬興工令預備器用不許科擾於民

二十九年正月二十一日兩浙路轉運副使趙子潚言被旨開濬平江府常熟縣東栅至雉浦入丁涇徽福山塘已於正月五日興工據常熟縣父老稱福山塘與丁涇地勢相等今開丁涇更深三尺若不濬福山塘則水必至倒注於涇今與平江府州縣官圖

往相視宜依父老陳乞開濬又見開東栅至雉浦口河面並合闊八丈并雉浦港底四丈二尺責得泄水通快詔依仍令疾速興工二月十八日敷文閣待制知平江府陳正同言相視到常熟縣開濬諸浦其修治田岸係有田之家計畝均出錢米以保永業必無怨尤之理舊來浦口雖有潮沙之患每得上流清水湍浚可以推滌不至全然淤塞後來節次被人户圍裹瀦水湖囊爲田其已成之田人户認爲永業欲乞今後不許人户更將邊湖瀦水去處占射圍裹於是户部言在法諸瀦水之地謂衆共溉田者輒不許人請佃承買并請佃承買人各以違制論每畝賞錢三貫一百貫止今欲下平江府

明立界止約束人户即不得依前占射圍裹從之同日詔常熟縣丞江續之減二年磨勘壕寨官韓彦彭昇各與轉一官資以本路運使保明開浚浦畢工故也

三十年三月八日淮南運判張祁言被旨措置開墾荒田修築圩埒陂塘竊見無爲軍廬江縣楊柳圩一所周圍五十里兵火後來不曾修築致圩埒損缺溝洫壅閉一向荒閑二十餘年及無爲縣嘉城圩一所各有荒閑田土本司見已修築圩埒蓋造莊屋收買牛具招集百姓耕墾竊念淮甸窮陋本司别無寬剩錢物應付逐急支遣欲望詳酌權於本路州軍合起發錢内科撥三萬貫從本司置歷專充措置開耕荒田支費候稍有次第即

將逐年所收諸課樁管撥還支過錢數。詔於淮東茶鹽司樁管錢內支撥三萬貫應副。以上中興會要

卷萬一千一百八

十八

紹興三十二年二月二十七日詔令臨安府自浙
江清水閘積河口西曲盡頭南至龍山閘一帶河道並
令開濬　馬端臨通考紹興元年詔宣州太平州守臣
卷一萬一千一百八　二十五
修圩議修圩官賞罰又詔修圩錢米及貸民種糧並於
宣州常平義倉米內撥借詔建康新豐圩租米歲以三
萬石為額圩四至相去皆五六十里有田九百五十餘
頃近歲墾田不及三分之一至是始立額　紹興五年
春二月寶文閣待制李光言明越之境皆有陂湖大抵
湖高于田田又高於江海旱則放湖水灌田澇則決田
水入海故不為災本朝慶曆嘉祐間始有盜湖為田者
三司使切責漕臣甚嚴政和以來創為應奉始廢湖為
田自是兩州之民歲被水旱之患壬子歲嘗取會稽餘
姚上虞兩邑利害自廢湖以來每縣所得租課不過數
千斛而所失民田常賦動以萬計遂先罷兩邑湖田其

會稽之鑑湖鄞之廣德湖蕭山之湘湖等處尚多望詔
漕臣訪問應明越湖田盡行廢罷異江東西圩田蘇秀
圍田折遍下諸路監司守令條上詔諸路漕臣躬親相
度以聞於朝紹興二十三年正月詔以永豐圩賜秦檜
檜死圩復歸有司諫議大夫史才言浙西民田最廣而
平時無甚害者太湖之利也近年瀕湖之地多為軍下
侵據累土增高長堤彌望名曰壩田旱則據之以灌溉而
民田不沾其利水則遠近泛濫不得入湖而民田盡沒
望詔有司究治盡復太湖舊跡使軍民各安田疇均利
從之按圩田湖田多起于政和以來其在浙間者隸應
奉局其在江東者蔡京秦檜相繼得之大概今之田昔
卷一萬一千一百八　二十六
之湖徒知湖中之水可涸而為田而不知湖外之田將
胥而為水也主其事者皆近倖權臣是以委鄰為壑利
己困民皆不復問涑水記聞言王介甫欲興水利有獻
言欲涸梁山泊可得良田萬頃者介甫欣然其說復以為
恐無貯水之地劉貢甫言在其旁別穿一梁山泊則可
以貯之矣介甫笑而止當時以為戲談今觀建康之丞
豐圩明越之湖田大率即涸梁山泊之策也沙田蘆場
紹興二十八年詔戶部員外郎莫濛同浙西江東淮南
漕臣趙子潚鄧根措置檢視逐路沙田蘆場先是言者
謂江淮間沙田蘆場為人冒占歲失官課至多故以命
濛等既而侍御史葉義問等言貧民受害乃詔沙田蘆

場止為世家詭名冒占其三等以下户勿一例根括尋詔官户十頃民户二十頃以上並增租餘如舊置提領官田所領之不隸户部　二十九年詔盡罷所增租　孝宗隆興元年知紹興府吳芾乞浚會稽山陰諸暨諸縣舊湖以復利水及等蕭山縣海塘以限鹹潮從之又開掘鑑湖　乾道元年詔令淮西總領所撥付建康中收到子粒令項樁管非詔旨無得擅用臣僚言秦檜既得永豐圩竭江東漕計修築堤埂自此水患及于宣池太平建康昨據總領所申通管田七百三十頃共理租二十一萬一千餘秤當年所收纔及其半次年僅收十五之一假令歲收盡及元數不過米二萬餘石而四州

卷一萬一千一百八

歲有水患所失民租何翅十倍乞下江東轉運司相度本圩始害民者廣乞依瀏西例開掘及免租户積欠從之江東轉運司奏永豐圩自政和五年圍湖成田今五十餘載橫截水勢每遇泛漲衝決民圩為害非細雖民田千頃自開修今至可耕者止四百頃而損害數州民田失税數倍欲將永豐圩廢掘瀦水其在側民圩不碍水道者如舊詔從之其後漕臣韓元吉言此圩初是百姓請佃後以賜蔡京又賜韓世忠又賜秦檜既撥隸行宮今隸總所五十年閒皆權臣大將之家又在御府其管莊多武夫健卒欺漁小民甚者剽掠舟船囊橐盜賊鄉民病之非圩田能病民也於是開掘之命遂寢　乾道

元疑道

二年詔漕臣王炎相視開掘瀏西勢家新圍田謂草蕩荷蕩菱蕩及陂湖溪港岸際築墜畦圍裹耕種者所至令守倅縣令同共措置　五年知明州張津奏乞開東錢湖瀦水灌田從之　七年四川宣撫使王炎奏開興元府山河堰溉南鄭褒城四百九十三萬三千畝有奇詔獎諭。乾元九年詔户部侍郎葉衡覈寔寧國府太平州圩岸五月衡言寧國府惠民化成舊圩四十餘里新增築九里餘太平州黃州鎮福定圩周廻四十餘里延福等五十四圩周廻一百五十餘里包圍諸圩在內蕪湖縣圩岸大小不等周廻總約二百九十餘里通當塗圩岸共約四百八十餘里並皆高闊壯實瀕水一岸

卷一萬一千一百八

種植榆柳足捍風濤詢之農民實為永利於是詔獎諭知寧國府汪得言他圩無大害惟童圩最為害民只決此圩水勢且順從之　湖田圍田陂塘總水利　淳熙二年淮東總領錢良臣奏修復鎮江府練湖凡七十二源灌田百餘萬畝從之　三年監察御史傅淇奏近臣僚奏陳圍田湮塞水道之害陛下復令監司守臣禁止圍裹此乃拔本塞源之要術然豪右之家未有無所憑依而肆意築圍者開瀏西諸縣江湖草塘計畝納錢利其所入給據付之望條約諸縣毋得給據與官民户及寺觀上曰此乃侵占之地今絕其源後去無復此患可令漕司常平司察之　食貨志　孝宗紹興三十二年

未改元十一月二十九日參知政事督視湖北京西路軍馬汪澈言：相視襄陽有二渠，一曰長渠，一曰木渠，皆古來水利播殖去處。人約長渠溉田七千頃，水渠溉田三千頃，其間陂池灌浸，脉絡交通，土皆膏腴。自兵火後悉已堙廢。嘗差委湖北運判呂擢、京西運判姚岳親至其地計度，令且先治長渠，凡築堰開渠可用二萬工，并合要牛具種粮等，就委兩路運司措置，不令絲毫擾民。長渠總成，或募民之在邊者，或取軍中之老弱者雜耕其中，來秋穀穀量度放租，以充軍儲，既省餽運，又可安集流亡。乞以措置京西營田司為名，令姚岳兼領。從之。其後乾道九年十二月二十三日，權京西路轉運判官吳胡

卷一萬二千一百八

二千九

仰復言：長木二渠之利，數內靈溪水見流白馬堰，係鄂州都統制司營田莊，水亦通。惟是白馬陂以東石子山、木眼山合渠去處頗多損壞，日復一日，必皆湮塞。今若隨宜興修，可以立見成效。欲望下荊鄂都統制司，令同本司差官行視二渠，隨宜開遏。詔戶、兵、工部看詳。各部欲下鄂州都統制、京西安撫轉運司、襄陽府同共疾速相度施行。從之。　隆興元年四月十二日，詔浙西路轉運常平司取見今逐州人戶創立塍埂包圍成田，及漁戶廣施漁具壅遏水勢去處，疾速相度措置施行。仍令州縣常切督責巡尉，每歲于農隙時修治堤防，無使缺壞；及春夏之交，部集人戶於河道淤塞要害之處併工一

關擁，常令水路通快。從殿中御史胡沂請也。六月十二日，工部尚書兼侍讀張闡等言：竊見近降指揮，將紹興府鑑湖田、明州廣德湖田盡賣。二湖元灌溉民田浩瀚，後緣民間侵種，遂作圩田。今若一槩出賣，竊恐於民間別有所妨。如紹興府鑑湖曾立石碑，應深溝大港並永遠存留，以充灌溉。今欲乞專委紹興府、明州守臣討論利害詣寔，方可出賣。從之。　二年八月五日，詔：浙江水利久不講修，積雨無所鍾洩，重為秋稼之害。可令逐州守臣考按古跡及見今淤塞去處，條具措置聞奏。九月四日，集英殿修撰、知宣州許尹奏：本州有童圩，寔係朝興委，是堙塞水流去處，今欲依舊開決作湖，以為民利。

卷一萬二千一百八

三十

詔令本路轉運司相度，如有壅塞，候秋收後措置開決。十二日，詔：江東、浙西監司郡守，朕嗣服以來，求民之瘼。比緣江東、浙右俱被水災，思拯民於愁歎，寤寐不忘。卿等既分外臺之寄，皆為其理之良，宜究乃心，各揚爾職，能于所部講明田事，預為陂塘渠堰，防患未然，使顯効著于將來者，朕當不次親擢。其或但為文具，尚畏權勢，無益於備患，徒擾於庶民，國有典刑，朕必不赦。　乾道元年正月十四日，知徽州呂廣問條奏：農田水利，諸塘堨合輪知首之人充，雖田少不該，亦均給水利，不得阻障。若鄉例私約輪充，於官簿內開說充知首人盡賣田業，新得產家雖合充，止輪當末名，不得越次，仍批官簿

照會諸塘堨係衆利害蓄水救田本縣於農隙之時告示知首及同食水利人均備人夫併力修作塘堨下合承水利田產人户典賣者並依資次承水如係買税户塘堨水亦申官江籍塘堨水上流既足如障塞公然占奪不從州縣約束者取旨形勢之家將新置田產却在「舊堨之上占截水利似此去處縣官即時除拆若舊堨不容修築衆定利害務從民便若兩堨用水已足不放流者亦仰官司禁約删堨兩岸或被水衝陷隔岸漲出沙田止許使水人承佃不得田鄰爭占删堨所在合留水門若不妨阻舟船或擅毀拆並追勘斷約束未盡如别有私約並仰知首自陳添入若舊例已定不得創改

永樂大典卷一萬一千一百八　三十二

有合增事件並聞官始許行用從之二月二十四日詔紹興府開濬鑑湖陸唐賀知章放生池舊界十八餘頃爲放生池水面外其餘聽從民便逐時放水以舊耕種從知府趙令詪請也同日知平江府沈度言被旨開掘長州縣召義鄉清洛湖圍田一千八百三十九畝益地鄉尚澤塘圍田一千五百畝蘇臺鄉沉潭圍田一千五百八十八畝樊洪瀼圍職田三百三十二畝營田一千九百六十九畝胥村瀼圍田一千六百六十二畝崑山縣大虞浦圍田二十六畝小虞浦圍田一百六畝新洋江圍田一百七畝崑塘圍田三十三畝許塘田二十六畝六河塘圍田一十三畝常熟縣梅里塘圍田二畝白

茆浦圍田二百三十一畝自今通泄水勢詔浙西提刑曾逮親至其地審實開具泄水通快可以經久無湮塞去處保明以聞　二年四月七日吏部侍郎陳之茂言比年以來泄水之道既多湮塞重以豪户有力之家以平時瀦水之處堅築塍岸包廣田畝彌望綿亘不可數計中下田疇易成泛溢歲歲爲害民力重困數年之後凡瀦爲陂澤盡變爲阡陌而水患恐不止今日也乞選差彊明郎官一員與漕臣將日下新圍之田疾速開鑿上曰聞浙西自圍田即有水患前此屢有人理會竟爲權要所梗卿等可檢點累降指揮已曾如何施行仍委兩浙運副王炎疾速相視利害以聞既而王炎言相視

永樂大典卷一萬一千一百八　三十三

圍田内有張子蓋新舊圍田九十餘畝占籍兩縣堙塞水勢以爲民患躬至其地地名四塘周迴約二十里開掘已盡泄水通快地名長安周圍約四十里見督縣官併工開掘已戒勵張子蓋等家再犯重置典憲已開掘去處各立劃記餘州縣依此從之五月十一日尚書省言浙西圍田有壅塞水勢去處近專遣漕臣親詣逐州縣監督開掘以泄積水除民民害尚慮形勢權要之家日後依前冒法謀判復行修築爲害如初理宜約束令兩浙轉運司并逐州縣守令常切檢察遵守如有違犯之人命官取旨餘畫作施行六月一日臣僚言江陰軍在浙西最爲地勢卑下雖瀕大江而歲苦水患尤甚於

他州蓋常州之水其勢趍下盡自五瀉堰分流入石頭港黄港夏港蔡申港達于大江而江潮直至堰下歲久潮汎淤塞河港水既不能輸泄漫入田閒而申港一河連接數鄉所繫尤重又有三山與秦望山山脚之下石自港内横絶而過壅遏水道今所謂大石堰小石堰者是也一屬常州一屬江陰其石比年漸高大河水爲之不流數鄉無歲不被害田畝常在水底而常州境内河港水勢又不能泄實爲兩郡之害若非朝廷措置開掘以兩郡之力必不能辦乞詔有司下本路監司兩郡守臣同力相度利害詔工部行下轉運司同常州府江陰軍相度措置以聞候農隙日興工開掘十五日臣僚言

永樂大典卷一萬一千一百八　三十三

浙西圍田壅塞水勢已行開掘竊見永豐圩自政和五年圍湖成田經今五十餘年横截水勢不容通泄〔圩〕爲害非細今相度欲將永豐圩廢〔掘〕依舊爲蓄水之地詔依除至十一月開掘（後復詔仍舊不開）　十月十四日利州路提點刑獄公事張德遠言興元府褒城縣山河六堰灌溉褒城南鄭兩縣田八萬餘畝内有光道枝一渠決壞年深民力不能興修下流闕水率多改種陸田今歲正月内判興元府吳璘親率將士代民修塞仍作偏堰勒回别渠棄水併入光道枝下流諸堰壁囿前日陸種去處復爲稻田其利甚博詔璘令學士院降詔奬諭　三年五月十五日秘閣修撰前知衢州周操言宣城管下六縣惟

宣城南陵有圩田去處而宣圩田最多共計一百七十九所大率地本卑下人力矯揉以成田畝十年九潦常有水患議者多欲廢決梗塞水道之圩以全衆圩謂不當隱忍愛惜當決之圩使衆圩俱受其害臣於乾道元年十一月到任是時圩田再造巨浸童圩係是破壞之數人户稱此圩委梗塞水道臣遂出榜曉諭且令權住一年興築若來年衆圩幾不遭水患遂可永久廢罷今已去彼隔歲乞將童圩徑行廢決所有養贍政和蓮湖三圩乞併賜行下委自守臣詢訪條具聞奏詔寧國府守臣相度利害以聞其後知寧國府汪澈言童圩最爲民害一水自徽州績溪縣本府寧國縣合諸水至童圩

永樂大典卷一萬一千一百八　三十四

一水自廣德軍建平縣合本府宣城縣南湖之水至童圩二水奔衝併来其勢浩渺所以向上諸圩悉遭巨浸又嘗考此圩本童家湖容流衆水非古来圩額今若將童圩廢決則水勢自然順適其餘未可輕議從之　四年五月二十四日詔知彭州梁介自到任講究農田水利經畫修築本州九隴等三縣十餘堰灌溉民田周護水勢委是利便可除直秘閣利州路轉運判官填見闕從四川安撫使虞允文請也八月七日觀文殿大學士知紹興府史浩言府内諸暨聚天台四明數百里重圍複嶺水出之源其流既廣止有錢清一江爲吐泄之處古人於縣之四傍立湖七十二處以瀦蓄故無泛溢之

患歲久所謂七十二湖者皆人占以為田故雨水霑足則水皆歸七十二湖所種之苗悉皆浸損然則非水為害民間不合以湖為田也今湖不可復則諸暨湖田為之民歲歲受害臣不敢以不告詔令史浩選委諳曉湖田利害官相度措置　七年十二月八日臣僚又言紹興府諸暨縣地接婺之浦江義烏衆溪輻湊與本縣諸山之水凡四十餘港合流而下境內舊有七十二湖可以瀦蓄歲久湖變為田不惟水無所歸而溪港浸為淤沙埋塞田是以雨則有墊溺之患以晴則有旱暵之憂開鑿約用六十八萬一千五百工每工日給米二升計用米一萬三千六百三十碩詔令蔣芾相度九月二十

卷一萬一千一百八

四日詔諸路提舉官自今興修水利若不依常平免役條令先選官按視許令興修只憑州縣保明虛撰農田水利酬賞輒為申奏不實者從户部按劾取旨本部人吏不照應條法疏駁輒便依随僞妄闕報推賞者亦科違制之罪　十月二十六日臣僚言紹興府諸縣各有湖湖高於田築塍岸瀦水以備旱其田高於江置斗門洩水以備潦故雖或水旱而有備歲可使之常豐蕭山縣管下湘湖灌溉九鄉民田夏秋之交多闕雨澤決其湖以灌田禾稼滋茂近聞百姓將湘湖填築以為田冥害灌溉欲乞令紹興府差官看視若委是將湘湖為田則令開掘復以為湖依舊灌溉民田從之　五年三月二

十日大理正措置兩淮官田徐子寅言兩淮荒蕪之田一目百里究其十分之地陸田纔三四而水田居其五六春夏之交霖雨之久耕耨之勞秋蒔之功一旦空然此田之所以為民病也自去冬歸正頭目人差擇到楚州山陽縣大溪村傳田岡空閑官田約數百餘頃南有灌溝可通運河北有舊溝可接小溪今欲由其舊跡與之開浚約用五百工歸正人各欲溪壑種畢日併力開浚從之　六年閏五月一日知雷州戴之邵言管下瀕海土薄地雜泥沙東北接連有大塘一所臣於農隙雇募夫丁併力開築竊慮歲久官司不能相繼增修旋致堙塞今後差注本州海康遂溪兩縣並令於官銜上帶

卷一萬一千一百八

主簿河渠公事任滿有無增修損壞批上印紙從之　七日徽猷閣待制新知寧國府姜詵言寧國府太平州兩郡惟仰圩田得以供輸今來夏雨頻多竊慮縣官滅裂民心不齊失於修治大為圩田之害欲選委清彊官同本縣遍行檢視修護從之　六月二十二日徽猷閣待制知寧國府姜詵言宣城縣南陵圩田既壞有不曾決破圩田九所欲於今冬自十月措置修圩以係官錢米募民興工俟今秋八九月措置以聞從之其後詵措置修濟陽圩岸兼開決除廢在外詔從餘州軍圩岸損壞准此　九月二十八日新知泉州開禩言太平州所管圩田每遇水災除壞除大圩官為興修外其他圩並係食利

之戶保借官米自行修治就令冬十月内措置乞委自
各州守臣照紹興二十三年例從實措置施行詔應有
圩田合修治處仰逐州守臣精加檢覆及工役合用錢
米支費具數限一月聞奏十月二十三日知寧國府姜
詵言焦村私圩梗塞水面致化成惠民圩頻有損壞合
將焦村圩廢決其化成惠民兩圩南元有梗岸接焦村
圩合依舊增高修築從之十二月十四日監行在都進
奏院李結言蘇湖常秀所產為兩浙之最自紹興十三
年以來屢被水害議者皆歸積水不決之故以為積水
既去低田自穀第以工役浩繁事皆中輟臣有管見治
田利便三議一曰敦本二曰協力三曰因時司農陳郊

卷一萬一千二百八　三十七

豐議云古人使塘浦闊深者蓋欲取土以為堤岸非專
為決積水若堤岸高厚借令大水之年江湖之水高於
民田五七尺而堤岸尚出於塘浦三五尺故雖大水不
能入於民田民田既不容水則塘浦之水自高於江而
江之水亦高於海不須決泄而水自湍流矣此古人治
低田之法也若知決水而不知治田則所浚之地不過
積土於兩岸之側霖雨蕩滌復入塘浦不五七年填淤
如舊前功盡棄為今之務莫若專務治田乞詔監司守
令相視蘇湖常秀諸州水田塘浦緊切去處發常平義
倉錢米隨地多寡量行借貸與田主之家令就此農隙
作堰車水開浚塘浦取土修築兩邊田岸立定丈尺衆

戶相與併力官司督以必成且民間築岸所患無土今
既開浚塘浦積土自多而又塘闊水深易以流泄田岸
既成水害自去此臣所謂敦本之義也結又以為百姓
非不知築堤固田之利然而不能者或因貧富同段而
出力不齊或因公私相吝而因循不治非協力不可百姓
所鳩工力有限必賴官中補助官非因饑歉難以蘇民
興役非因時不可詔李結所陳緣所費浩大令胡堅常
相度措置胡堅常看詳李結所議誠為允當今相度欲
鏤板曉示民間有田之家各自依鄉原體例出備錢米
與租佃之人更相勸諭監督修築田岸庶官無所損民
不告勞詔從之　七年七月二十五日將作少監馬希

卷一萬一千一百八　三十八

言奏被旨覆實太平州修圩利病欲望委[illegible]有圩田州
縣守令措置將圩内人戶推一名有心力田畝最高之
人為圩長大圩兩人每遇秋成集本圩人夫於逐圩增
修面闊一尺側厚一尺脚闊二尺須用堅土實築若圩
内人力不足或闕工食官中量行添助如是五年不輟
則圩勢高厚雖有湖潦不能侵也詔令逐州守臣措置
希言又言乞再委三州單守令應私圩未修去處以田
畝十分為率借米一分令已下修葺仍令被水之圩更
與給借糧種候秋穀分兩年尅納並須遍及四遠鄉村
先以所管常平米支如不足轉運司就鄰近州縣取撥
應副從之二月四日觀文殿學士知紹興紹蔣芾言本

府會稽縣德政鄉有田萬二千畝七年被水細民殆無
生意古有後浦在下流凡十里餘舊來深濬以泄裹水
爰自損壞埋塞每遇溪流泛溢江湖壅大則渰浸旬日
水不通泄一再揷種並無收成乞於本府常平錢借支
二千緡義倉米借支三千斛就行賑濟因以開浦從之
五月二十日詔太平州寧國府新修圩田可差監察御
史陳舉善前去覆實開具有無堅壯損壞以聞七月十
三日戶部尚書曾懷等言秀州華亭縣新涇塘合築堰
置閘以捍鹹潮免侵民田事繫利害具所用工料錢五
萬貫文省乞委浙西提舉常平官李結疾速興修從之
後知秀州岳霖遂成之詳見堰閘門　八年十一月臣僚言

卷一萬一千一百八

寧國府兩圩埂岸雖已圓固至於旱潦去處可以瀦水
者又須當求所以措畫之方惟相其水源所歸穿掘陂
堤以瀦蓄之外水既落則因以決放而可以免於浸溺
況兩圩腹內已暴私圩十五所其野泊荒陂低圩之田
廢而不治者尚多有之圩知民其利而不能自辦官欲
爲之又無餘力可成惟其常有淹浸之憂而未免蠲減
苗稅孰若以其所減者募民疏鑿欲望於苗租內截撥
米若干碩責以農隙之時濬築將見永無水患不失賦
入以濟大農之用詔江東常平司委官取見的實合修
去處丈尺工料米數實具文狀保明以聞　九年八月
十六日詔曰朕惟旱乾水溢之災堯湯盛時有不能免

民未告病者備先具也間者數年比不登江湖閩浙之
人或荐告饑豈有肥磽人事之不齊乎將火耕水耨不
得與時地有遺利乎抑賦役繁多或奪其力乎何種人
之寡乏也深惟其故未燭厥理乃博延群臣訪問得失
吏有從南方來者言豫章諸郡縣旦阡陌近水者苗而
實高仰之地雨不時至苗輒就槁意者水利不修失所
以爲旱備乎唐圍丹爲江西觀察使治陂塘五百九十
八所灌田萬二千頃此特施之一道其利如此矧天下
至廣也農爲生之本也泉流灌溉所以毓五穀也今諸
道名山川原甚衆民未知其利然則通溝瀆豬陂澤監
司守令顧非其職歟其爲朕相丘陵原隰之宜勉農功

卷一萬一千一百八

盡地利平繇行水勿使失時雖年有豐凶而力田者不
至拱手受弊亦天人相因之理也朕將即吏勤惰行殿
最而寓賞罰各俾厥心無蹈後悔九月二十七日度支
員外郎朱儋言江東圩田爲利甚大其所慮者水患而
已知增築埂岸以固隄防爲急而不知廢決隘塞以紓
奔衝之勢乞下江東轉運常平司吏切講究本路圩田
別有似此隘塞水道合從廢決去處與逐州守臣公共
詳酌奏請施行從之　九年十一月二十五日詔令諸
路州縣將所隸公私陂塘川澤之數開具申報本路常
平司籍定專一督責縣丞以有民田戶等第高下分布
工力結甲置籍於農隙日後治疏導務要廣行瀦蓄水

利可以公共灌溉田畝如無縣丞處即責以次縣官依此措置候歲終令本州恭酌將工力最多去處保明申常平司差官覈實申朝廷推賞其怠慢不職之人按劾取旨責罰從臣僚請也十二月二日龍圖閣待制知太平州胡元質言今歲遭值大水除政和等十三圩不曾遭風水餘諸圩幾四百里爲水浸沫而入内外灌浸風浪洶洗經涉三時其受害損壞不一合隨其所須而爲之計其洗動處則重築其坍落處則補築其虧狹處則貼築其不損壞處則補築其虧狹處則貼築其不損壞處則又爲之增築其工費計米二萬一千七百五十七碩五升錢二萬三千五百七十貫一百三十七文省比

附 卷一萬一千一百八 四十一

隆興二年乾道六年所有幾半務趁此冬土脉堅實之時及期辦集從之以上乾道會要

方域志壽皇帝聖隆興元年十一月二十四日知紹興府吳芾言鑑湖之廣周回三百五十有八里環

山三十六源之水注流其中自漢永和五年會稽太守馬臻爲之溉會稽山陰縣之田九千餘頃至於國初八百餘年民受其利歲月寖遠濬治不時日以堙廢瀕湖之民侵耕爲田熙寧間盜而田者九百餘頃朝廷嘗委前廬州觀察推官江衍經度其宜凡爲田者而存之乃立石碑爲界內者爲田外者爲湖申嚴約束政和末爲郡守者務爲應奉之計遂建議廢湖爲田賦輸入于京師自是姦民私占無所忌憚江衍所立石碑之外爲田者又一百六十五頃七畝有奇而湖湮廢盡矣今欲開鑿合用工四百九十萬七千九百餘欲望申嚴約束令後每於農隙接續興工仍乞劫旨本路提舉常平官并本府守臣各兼提舉開湖道判令丞簿各兼主管開湖庶得上下協力昔錢氏以臨安府西湖有灌田之利嘗專置撩湖兵士千人以爲使令欲移壯城一百人備撩漉浚治之役許本府別差強幹大小使臣一員以巡轄鑑湖堤岸爲名從之其後帶任刑部侍郎復奏自開鑑湖溉廢田一百七十頃復湖之舊又修治斗門堰閘十三所夏秋以來時雨雖多亦無泛濫之患民田九千餘頃悉獲倍收其爲利較然可見勘會旁近低田不過二萬畝欲從官司量給其直之半而盡廢田其將江衍元立禁碑別定界止則堤岸自然永無盜決之虞從之

卷一萬一千一百九

二年八月六日臣僚言大江之南海濱有三十六浦洩

浙西陂湖之水入於海浙西因無水患近歲浦港淤塞甚多且有力之家圍田支閼紹興二十八年朝廷差趙子潚措置開濬未及興工政用任古比子潚所計十減八九議者非之今歲累然三十六浦實有四等如茜涇下張雀黃四七了浦掘浦溪浦金涇八所爲最要如六鸛楊浦十步涇甘草六河髙浦司馬浦東浦及其九所次也如浪港崧浦五嶽川沙顧逕野兒西陳水門漕浦黃鶯耿涇丸浦唐浦石幢鄒滿北浦十六所又其次也如白茆福山許浦三所不大淤塞欲望齊青選官先次商浙西水勢將三十六浦擇要切處科計工役盡理開濬諸諸州守臣考按古迹及條具堙塞河港以聞其後兩浙路轉運判官陳彌作言奉旨平江府所至常熟崑山兩縣考利病常熟之浦二十有四皆北入于江崑山之浦十有二東入于海蓋以太湖震澤居其上流昔人患松江之不能勝欲使衆流注得其歸故也諸浦之興始於天禧成於景祐逮政和間稍已堙廢夫瀦水則今之塘湖是也瀉水則今諸浦是也識者皆知開浦之利不但今日特以工費甚廣不敢輕議今若併舉大役慮歉歲民無餘力官無羨儲及致勞擾擇其宜先者九十浦而其緩急又半之興工之月仍乞以緩急爲先後之序常熟縣最要二浦曰許浦曰白茆浦總計工役爲錢十萬五千三百四十八緡米四萬五千四百四十六石

卷一萬一千一百九

次二浦曰崔浦黄泗浦總計工役爲錢七萬六千六百八十二緡米二萬三千三百四石崑山縣最要三浦茜涇下張七了浦計共工役爲錢七萬一千四百七十二緡米二萬一千四百四十一石次三浦川沙楊林掘浦總計工役爲錢二萬二千二百緡米六千六百六十石詔平江府守臣沈度覈實如委當開掘即具省減工料聞奏同日權發遣常州劉唐稽言本州申利二港上自運河發流經晉陵至下流析爲二道一自利港一自申港以達于江緣江口每日潮汐帶沙填壅上流淤泥淤積流淺不通而申港又以江陰軍釘立標揭拘攔稅船每潮則泥沙爲木標所壅淤塞益甚今若相度開此

卷一萬一千一百九

十四

二河但下流申利兩港並隸江陰軍若議定深濶丈尺各於本界開濶庶協力皆辦又孟瀆一港在奔牛鎮西唐孟簡所下並宜興縣界沿湖舊有百瀆皆通宜興之水藉以疏洩近歲阻於吳江石塘流行不快而沿湖河港所謂百瀆存者無幾今若開通委爲公私之便本路憲臣葉謙亨相視先具利害以聞其後亨謙言港水與民田漫浸不分俟水退計度詔憲臣曾建兩月措置開濬事有未便條奏至乾道二年八月漕臣姜詵寄始議措置欲於來年移造蔡涇閘港工物次年春初地脉開凍之時先開申港其說謂上流橫河有三山橫石妨礙淺水須先開鑿日役民夫七千度至三月上旬畢工更

乞休役一年再發次年開濬利港合用民夫乞下常州江陰軍兩郡均募詔江陰軍常州蔡涇閘及申港來年春興功利港更休役一年明年四月修申港減官吏第賞有差十月二十日直敷閣權發遣臨安府黄仁榮言餘杭南北兩湖綿亘二千餘里頃年以創置馬監洪水暴漲泥土沙石盪湧入湖遂致淤塞積水無所歸乞將馬監撥歸南蕩可以施工修治詔馬監撥南蕩並委仁榮措置仁榮措置兩湖東舊有五畝堤計七十二丈以殺水勢不致衝突久廢不修今鄉自滿椿篠修治兩湖北中隔塘約四里隔護湖水免入縣市浸損民屋即今塘岸損漏欲候農隙日興工馬監元買田地一十六

卷一萬一千一百九

十五

百五十九畝並兩湖地七千九百四畝濒泥堙塞已勸諭鄉民候農力辦日於湖内任便取土興修濬治從之乾道元年正月十四日敷文閣待制知建康府張孝祥言溧水縣銀林東壩約陸行十五餘里中隔五堰東通溧陽宜興兩縣入太湖古道尚存歷歷可考按圖經云昔吳王伐楚以伍相舉兵因開此瀆以通漕運山道堙塞久矣宣和間嘗委發運司同本府審度利害議者以謂東西湖水高低不等若開山河西湖之水流入東湖則蘇常被害又云土石堅硬不通鑿是時疑山說遂即舊河開井丈餘採知工力可以穿鑿即會計買粮方欲興工偶靖康多事因而止從今宣和間所開土井

尚存則土石堅硬之説已不然矣此河從古有之既入太湖當自松江順流入海則蘇常被害之説亦未爲得紹興以來朝廷屢委本路漕司相度利害村民往往悍於興作加其地多以車脚往來牙儈所得甚厚使舟船通行即黨革失利故立異説以惑亂上下況銀林至東壩每春水泛漲舊河亦可通百料之舟方今駐蹕錢塘若此河可開不唯川廣荆湖江淮諸路綱運減省水脚且免涉大江數百里風濤寇盜之患詔令汪徹依張孝祥所具便宜限半月措定以聞其後徹移通判張維行視維言若開五堰恐大江泛溢無以禦之蘇常受害奏聞遂寢同日敷文閣待制知張孝祥言奉詔衆視濬瀆

卷一萬一千一百九

十六

古迹考按圖經秦淮水三源一自華山由句容一自廬山由溧陽一自溧水至赤山湖至府城東南合而爲一溁回瀠繞綿亘二百餘里溪港溝澮之水盡歸焉水派上水門由府城入大江舊上下水門展闊自兵火後砌疊稍狹雖便於一時防守寔遏水源流通不快兼兩岸居民填築河岸添造屋宇日漸侵占其岸白地利入公庫若本府免收仍諭居民不許侵占秦淮既復古道則水不泛漲矣又府城東南號陳二渡有順聖河正分秦淮之水每遇春夏天雨連綿上源奔湧則分一派之水自南門一直入江故秦淮無泛溢之患今一半淤塞爲田水流不通河勢雖存寔不通徹若不惜數畝之田疏

導之以復古迹其利尤倍詔帥臣汪徹指定以聞徹代孝祥故命焉其後徹言水潦之害大抵緣建康地勢稍低秦淮既泛又大江淄漲其勢澮溢非由水門砌疊窄狹及居民侵築所致秦淮分三派一入城中入下水門入江一抱北流爲壕一抱城南流爲壕入江入城中者即由上水門其砌疊處正不可闊闊則水入城益多挾則有以殺其勢而分歸兩壕臣今指定上下水門砌疊處不動夾河居民之屋亦不毀除止去兩岸積壤使河流快所謂陳二渡順聖河乃程二渡也訛而爲陳相近者有二河之迹一名順營河一名石瀆河自東南至城角伏龜樓下與城濠相就直入江疑古有此莫究堙塞

卷一萬一千一百九

十七

年代順芳勢彎雖鑿惟石瀆勢快可以下工其河約六里見爲民田今指定欲自程二渡開復石瀆一河就伏龜樓下南城壕可使秦淮水勢不至大入城中臣又慮其地係行宮東南旺方不宜開鑿從之三月六日知平江府沈度言兩浙運判陳彌作言崑山常熟界白茆等十浦相視疏濬先後之序約用工三百二十二萬七千三百有奇今體訪彼處耆老所開港浦並通徹大海遇潮即海內細砂隨泛以入潮退而砂泥澄墜設一舉開濬晝停夜積不數年以舊填淤今若依舊招置闕額開江兵卒常熟崑山每縣各一百人仍於本府見管使臣內選差二員部轄相視緊緩見今淤塞之所次第開濬

通淺水勢不數月諸浦可以漸次通澈如應潮水帶上砂泥停積即候徐來委逐縣措置官船於要緊浦內攏泊用閘江兵卒駕船每遇潮退隨之撓攪常使砂泥隨潮退落不至停積實爲久便從之 二年二月十九日和州言開鑿姥下河東接大江防捍敵人檢制盜賊最爲右地輔臣以堙廢既久擅興非宜奏罷之三月十七日太平州言轄下東采石與和州楊林渡相直紹興三十一年金人犯江先自和州造船入楊林渡小河徑衝采石其爲要害明甚今和州止爲創收商税皆徼小課息却將舊姥下河東接大江西至姥下市橋次曲尺至和州城下循西北接連東河出大江欲劄疏鑿達和州

卷一萬一千一百九

十八

城下直抵慈湖相對赤埭河口出大江通放舟船恐緩急賊船可以囊橐實難防禦詔以其事下淮西總領所轉運司其後逐司言楊林渡元係大江砂夾河水通行約三千四百餘步堙塞歲久若今開通可免逐年大江黄滂湧入姥下浸損圩岸兼砂夾自今淤澱人馬可以直過别無限隔若開通河道緩急之際江北百姓牛馬等可渡砂上次第濟渡過江其砂上亦可備蓄粮草軍民兩利詔和州將來開步數許行開掘六月二十三日權兩浙路計度轉運副使姜詵言華亭縣蹻港領永灃大洸涇小洸涇新漕涇銚港東洸涇沈家港龍泉港十所與柘湖相通入海後以潮砂淤塞港口今相度令秀

州從宜開濬當敦跡黄泗浦崔浦許浦白茅浦亦以潮沙所堙浦口淺狹開鑿合用二百二十九萬三百餘工最要許浦閘梅里塘雉浦口東南至白蕩橋黄浦自黄沙港至塘河橋閘其次崔浦自丁涇塘至浦口黄沙浦自十字港至溪浦詔本路漕臣躬詣相視仍令逐州守臣專委令丞計度開掘中尚書省其後詵復言遍往相視摭鄉土父老等合辭言瀕海諸浦官司難以盡開衆議許浦最要今先開濬及自雉浦口開至梅里直達紫鬱則積水可徑泄入楊子江與諸浦以次開淘詔别議施行 三年十一月十五日紹興府言轄下蕭山縣西興鎮通江兩閘近年爲江沙壅塞舟楫不通募人自西興至大

卷一萬一千一百九

十九

江疏成沙河二十里并開浚閘裏運河十三里通便綱運民旅皆利既通之後復恐潮水不定仍有填淤之患并本府通江六堰綱運至多謂宜措置爲經久便利欲乞於本府合差注指使員數差一員以專開撩西興沙河繫銜庶永遠爲一方舟楫之利本府額管捍江兵士二百人今欲撥差五十名專充開撩沙浦不得泛雜差使仍從本府措置起立營屋居止遇有微小拆毁處即時開撩歷常令通濟從之 四年十二月二十六日臣僚言蕭山縣民裴詠等屢經御史臺訴百姓汪彦等將湘湖爲田千餘畝以獻總管李顯忠若果以湘湖爲田侵漁不已湖當盡廢湖廢則九鄉萬衆之產一遇旱乾

何以灌溉苗即就槁欲乞令紹興府差官行視若妄以湘湖為田則給民復以為湖非湘湖則勿問從之　五年二月七日權發遣臨安府周悰言西湖水面惟務深闊不容填溢并引入城内諸井一城汲用尤在涓潔今相度欲增置撩湖軍兵以百人為額專委錢塘縣尉並壕寨官一員於衙内帶主管看湖專一管轄軍兵開撩仍乞除德壽宮外自今並不許有力之家種植菱茭及因而包占增疊堤岸或有違戾依蘇軾任内申請以違制論從之九月六日權知明州張津言轄下東錢湖容受七十二溪方圓廣闊八百頃傍山為固疊石為塘合八十里自唐天寶三年縣令南金開廣之皇朝天禧元

卷一萬一千七百九

平

年鄞守李夷庚重修之中有四閘七堰凡遇旱涸開閘放水灌溉七鄉民田計五十四萬畝雖甚亢旱亦無災傷昨因豪民於湖塘淺岸漸次包占種植茭荷障塞湖水紹興十八年雖曾檢舉約束盡罷請佃歲久茭根蔓延滲塞水脉致妨蓄水兼塘岸間有低塌去處若不開淘修築不惟侵失水利兼恐塘埂相繼摧毀欲望下本州候農隙之際趁時開鑿因得土修治埂岸寔為兩便從之其後本州言行視湖濱緣所用丁夫浩瀚見椿錢米殊闕不如竊見東錢湖自有湖以來到今雖遇大旱不闕灌溉自前雖時復野生茭草諸鄉百姓至二三月間便採割貨賣飼食耕牛近年因兩寨水軍牧馬盡籠

有之刈割失時以致根蔓積厲厚葑今若依舊許百姓二三月間茭草發生之時任便採刈八九月以後無用水之時縱乾湖水令百姓收斂踐踏即茭葑逐年自壞經久淨盡官中可無大費誠為便利魚環湖皆出倚山為岸岸非山處殆不能半外民田準低下雨澤稍多湖面漲溢輒時決放至今諸堰有所謂則水石者言水過此則須開閘破堰放泄湖水可以見岸下尺以瀦蓄今欲度量將所椿錢米先修堤防堤防既高水自瀦蓄水勢既深雖茭葑未除亦不為害詔關東錢湖前旨不行所椿錢米令本州修築堤岸　七年七月二十四日詔兩浙漕臣沈度專一措置修築練湖先是臣僚上言鎮

卷一萬一千一百九

二五

江府丹陽練湖按圖經幅員四十里納長山諸水漕渠資之故古語云湖水寸渠水尺在唐時法禁甚嚴盜決者罪比殺人本朝猶踵其法爾後寖緩其禁以惠民然修築嚴甚春夏多雨之際瀦蓄盈滿夏秋雖無雨漕渠或淺但泄湖水一寸則為河一尺矣故夾岡亦未始有膠舟之患公私兩便焉兵火以後多廢不治堤岸圮缺春夏不能貯水強家因而專利耕以為田歲月既久其害滋廣官司雖時稱開濬浦築徒為文具而已侵耕既多加以淤澱夏秋乏雨之際視湖如掌啓板至十餘纔能泄入河猶不能大有所濟況民田那由此公私兩病矣伏望特降睿旨令本路轉運若提舉官日下與府縣

長吏躬親相視按塘興國初之舊於財水委有利害必嘗開掘者若干公心詳度利害檢計工料保明以聞然後遣一郎官或御史覆案之候農隙興工務使易成而難毀仍參酌中制立爲盜決侵耕之法著于令責長吏以奉行必定庶幾練湖漸復其舊民田獲灌溉之利漕渠無淺涸之患　七年九月十一日權發遣秀州岳霖言華亭縣地勢南北高仰其鄉民父老皆稱或遇水潦本縣西北有長泖接連澱山湖趙屯浦鹹魚港出大盈浦趣吳松江入大海縣北亦有通波塘蒿塘郭巷涇趣艾祈浦通吳松江亦入大海縣東北又有北俞塘黄浦塘蟠龍塘通接吳松大江皆泄裏河水潦内北俞塘見

卷一萬一千一百九

二十三

令淤塞已委官相視開撩竊詳蘇湖州積水湖州自震澤太湖泄入吳松江平江府自練湖入白蜆江泄入吳松江並歸大海止緣兩州之人不知地勢所以累訴官司信之累命決水於二州初無利便反均被鹹潮之患宜興修本州涇塘堰係奏水利因及之　十月十三日兩浙路計度轉運副使沈度言被旨置修築練湖相視上下兩浙石䃮三座舊有啓閉閘板歲久板木不存因此走泄内横埂石䃮係縱水歸下湖今已衝損及姚婆石䃮最爲切要走水尤多欲依舊置閘板啓閉監督添用樁木隨閘板高下填築固護及南北斗門損漏一切各已整治竊覩上湖地形比下湖高仰西向地形石䃮之側有數丈損闕比

之東向其岸稍低兩湖草地灘腳若濬治近岸即就土可以增堤高固湖身復依古者作上峰就湖堆積如此則蓄水必多不獨以通利綱運亦以灌溉民田從之
八年六月二日直敷文閣權發遣兩浙提點刑獄公事提舉河渠公事王淮言竊見姑蘇號曰平江言江流至此而平也平則勢緩緩則易壅非泄而入海則不能無潦水之患書言三江既入震澤底定臣嘗考三江入海之由不可詳據姑以耳目所接鄰於海而易泄者惟秀之青龍港蘇之許浦白茆與夫琴川百家涇皆泄入海之道也今秀之青龍港固自若所不必論而蘇之百家涇琴川白茆或存或廢未可遽復惟常熟之許浦流之最下者沙石填壅其淺者既夷而爲平陸而其深者亦不過尋丈舟行則膠流集必過叢者朝廷嘗命憲臣相視而開導之工役既衆暫而遂止然法有不便於彼而於此甚便者事有不行於前而於茲爲可行者惟因人之力而用之則役省因人之利而導之則樂從力半工倍莫甚於此且今之許浦水軍屯駐在焉連營列壘不下萬計誠於此時命主將以提其綱命縣丞以佐其費秋冬之交防托之暇日率其卒伍沿許浦一帶疏而通之浚而深之使江海之流相接而又立爲犒賞隨所治之多寡爲之等差則會者先之懦者隨焉持久之效可旬日辦也豈惟浙西之民可無水潦之患亦彼屯

卷一萬一千一百九

二十三

駐者之利也其地利之遠近源委之曲折地勢之高卑經理之始末當命有司別條具焉惟冀陛下留神幸甚罡

同日五兵即前權發遣鎮江府兵馬鈐轄王徽言紹興二十八年開平江府常熟縣五浦時因積水泛溢欲泄入大江宜自常熟縣東開鑿至雉浦五十里入許浦縱水入江方為長利却自雉浦之西就民田創河二十五里幾丁涇塘橫引水復入福山浦使二浦之水復歸一浦止近縣田稍獲灌溉他無補也且大江之南鎮江府以往地勢極高至常州地形漸低錢塘江之北臨安以往地勢尤高秀州及湖州地形極低而平江府居在最下之處使歲有一尺之水則湖州平江之田無高下皆

卷一萬一千一百九　二十四

滿溢每歲夏潦秋漲安得無一尺之水乎閭江瀕海岸常列三十六浦各置巡檢寨捍江海浚治江浦通伏上水故數十年前湖西不聞每歲被水今三十六浦最急者平江府五浦蓋平江府實為湖西眾水聚集之地既五浦之內黃泗浦之中大抵與福山通流不用開鑿外崔浦許浦白茆滸三所潮沙壅積與岸齊平使千里之外不能流入大江之潮不能上通竊謂治水當導所受之處若使下流壅積不達江海雖鑿畎塘所及亦狹要使江曁海瀕注水如瀉然後百川之流漸有歸宿謹圖地形水利附奏詔光措置開鑿許浦條約以聞其後平江府守臣岳霖言開鑿許浦雖大水不無獲利然頓失

瀦蓄遇旱不無所病且大役難成其議遂止　九年十一月二十三日臨安府言承御降文字竊惟西湖自蘇軾開鑿以後舊額合招撩河兵士一百人駐於近湖之地歲、輙開撩不使淤塞今六飛駐蹕所存止二十有五人況禁戢不嚴冒佃侵多故多葑茭蔓延西南一帶已成平陸而瀕湖之民每以葑草圍裹種植荷花駸駸未已若不勸治恐數十年之後西湖遂廢將如越之鑑湖不復可復欲望睿慈措置凡湖之荷蕩若閑慢不急之所許存留若居湖中有礙湖面一切芟除務令淨盡仍乞約束自後居民不得再有圍裹如違戾以違制論庶幾瀦水有餘水而漕渠六井之須雖遇旱歲可以無乏公私薦濟實非小補從之其後臨安府守臣言一切芟除外西至顯明寺前北至四聖觀港湖東至王妃塔南至山腳種植菱芡蕩等並係良馬院主堂諸並令開撩

卷一萬一千一百九　二十五

　宋會要　

水磑

真宗大中祥符八年四月命河北安撫副使賈宗相度定州北河興置水磑先是上封者言定州地有暖泉冬月不冰可以常用故使經度之　仁宗天聖八年四月陝府西轉運司言秦州歲造麴用麥數萬石止合於在州及近郊水磑戶分配變磨其就倉請領并納麴時頗多邀滯騷擾今據磑戶八十餘人狀願細撲官水磑五盤所收數納官只乞官自變磨應副知州張綸尋已施行兼綸差通判程貢於州界側近度地形安便處增脩水磑得永寧寺西官柳林中可修立水磑一悉不妨

占居民地土水利今并舊官磑應副中變磨合用麴麥外亦可量出租課添助軍須乞降敕處分從之　神宗熙寧六年五月六日詔諸剏置水磑碾碓有妨灌溉民田者以違制論不以去官赦降原免官司容縱準此　元豐六年二月二十七日都提舉汴河堤岸司言丁字河水磨近為濬蔡河開斷水口妨關茶磨本司相度通津門外汴河去自盟河咫尺自盟河下流入淮於公私無害欲置水磨百盤放退水入自盟河從之　哲宗紹聖元年八月二十三日詔興復水磨茶應合行事令戶部先具措置申尚書省　九月二十八日戶部言準敕復置木磨今踏逐到京索天源等河措置脩立從之仍

差右通直郎孫逈提舉　二年三月七日戶部言得旨興修水磨茶事初元豐中都提舉汴河堤岸司總領即便水流用之堤岸司令廢歸都水監而措置茶事乃隸戶部事不相應請依元豐置都提舉汴河堤岸司故事應一司事並依舊條詔就差提舉茶場水磨官兼提舉汴河堤岸專管句自洛至府界調節汴水應副茶磨不得有妨東南漕運　四年十一月十一日戶部郎中提舉水磨茶場孫逈言茶磨乞於在京東水門外沿汴河兩岸逐舊回脩置水磨去處別行興復從之元符三年十二月三日詔以都水使者魯君貺專切應副茶場水磨　先是閤守懃李士京同領茶場欲推淮南茶盡鬻

之官歲當三百萬緡三省抑而不行至是三省因奏神宗本以抑奪都城十數兼并之家歲課至三十四萬緡近賈種民遂增展及輔郡人以為病詔增展輔郡推茶指揮勿行止依元豐舊法　徽宗崇寧二年二月二十三日提舉京城茶場所言紹聖初興復元豐水磨推京畿茶法歲收二十六萬餘緡四年於長葛鄭州等處京索潩水河增磨二百六十所借用汴水極為要便自輔郡推法之罷遂失其利今四磨不能給其元符三年罷輔郡推茶指揮乞勿行從之

兩浙提刑元

全唐文

宋會要嘉定鎮江志

淳化元年二月詔廢潤州之京口吕城常州之望亭奔牛四堰秀州之杉木堰杭州之捍江清河長安三堰越州之山陰縣西堰天聖七年五月兩浙轉運使言潤州新河畢工降詔奬之三朝國史志慶曆三年潤州濬漕河成督功者賜詔嘉奬其後每年必乾淺輙阻漕舟虞部郎中胡淮與兩浙路提點刑獄元積中再經度常潤州河夾崗道置堰功費多而卒無補御史陳經言之淮及積中皆貶官係熙寧二年　初武進尉陵民瞻建議廢吕城堰又即望亭堰置閘而知常州王說議開瑘瀆

卷六千六百七十一

河通常潤運路朝廷以虞部郎中胡淮提舉民瞻督役積中總其事蓋積中主民瞻議故也　鄭向為兩浙轉運副使疏潤州蒜山漕河抵于江人便利之皇祐二年王琪再守潤轉運使欲大興役浚常潤二州漕河琪言方蠻蜑騷五嶺又南方歲比不登民困無聊不可重興此役詔罷之而後議者卒請廢吕城堰破古函管而浚之河反狹舟不得方行公私以為不便官吏率得罪去會要治平四年七月都水監言兩浙相度到潤州至常州界開淘運河廢置堰閘乞候今年住運開修夾岡河道從之　四朝國史志元祐四年知潤州林希復吕城堰置上下閘以時啓閉四朝史本傳曾孝蘊字處善公

亮從子紹聖中管幹發運司糶糴事建言揚之瓜州潤之京口常之奔牛宜易堰為閘以便漕運商賈役成公私便之　四朝國史志元符二年九月潤州京口常州奔牛澳閘畢工先是兩浙轉運判官曾孝蘊獻澳閘利害因命孝蘊提舉興修仍相度立啓閉日限之法至是始告成也會要崇寧元年十二月一日中書省尚書省勘合左司員外郎曾孝蘊劄子紹聖間獻陳澳閘利害蒙朝廷令孝蘊提舉興修了當行運首尾四五年若不別令官司主管則已成東南漕運大利當遂廢革欲乞專差官一員自杭州至揚州瓜州澳閘通管常潤揚秀杭州新舊等閘依已降條貫專切提舉車水澳閘覺察應干姦弊

卷六千六百七十一

乞差舊曾監修澳閘宣德郎新知崑山縣事鮑朝愻提舉管幹依提舉弓箭手例序官請給人從舟船等事於蘇州置廨宇以提舉淮浙澳閘司為名人吏許於常潤蘇杭秀等州選差半年一替仍令兩浙轉運司進奏官兼管發落文字從之政和六年八月御筆鎮江府旁臨揚子大江舟楫往來每遇風濤無港河容泊以故三年之間溺舟船凡五百餘艘人命當十倍其數甚可傷惻訪聞西有舊河可以避急歲久湮廢宜令發運司計度深行濬治以免沉溺之患委官廢盡早令告功嘉定鎮江志

慶曆中於夾岡道置堰功費多而卒無補旋罷今地名

有黄泥堪者豈其地與按舊志夾岡地勢縈廻岐分山脊相距曠迴行者惴惴然叔茂詩僻疑昏有虎靜怪曉無難謂此地也嘉定中郡守宇文紹彭創置六鋪撥邏平守之舟行陸走藉以無恐混一以來成坦途 嘉定鎮江志

全唐文　堰

宋會要

曹娥堰威州之保寧縣新修堰天禧二年三月修

宋會要　磧子堰

鳳州梁泉縣之磧子堰大中祥符二年置

宋會要　第三堰

紹興二十三年五月十二日利州路安撫司機宜楊庭言紹興府見屯御前軍馬合用糧料全藉羅買應副餘用本府襃斜谷口有古六堰澆溉民田頃畝浩瀚自來春首隨食水戶田畝多寬均出夫力修葺昨經兵火民力不足多因夏月使水之際暴水衝損堰身遂失一歲之利又撥屯內將兵差不入隊人兵併手修葺幾幾使民詔四川安撫制置司詳所陳事理施行

卷一萬六千七百六十七

宋會要　[illegible]堰

紹興十一年四月二十三日兩浙轉運副使張叔獻等言華亭縣東南瀕海西連太湖北接松江松江之北復控大海地形東南最高西北稍下柘湖十有八港正在其南故來築堰以禦鹹潮防趨下而北為民田之害

宋會要　水[illegible][illegible]堰

乾道四年五月二十四日知樞密院事四川宣撫使虞允文言彭州九隴等三縣管都江等判等一十餘堰灌溉民田其堰身長七十餘里自紹興二十年以後州郡

不以眞意遇雨水泛溢決壞堰身水利器盡知縣梁介
躬行堰所部勒丁夫修治堅客水脉通流田畝需之既
及李縣實為水利詔梁介直秘閣利路轉運判官

食貨八之三九

宋會要 汴河堰
皇祐二年閏十一月賜汴河治堰緡錢
宋會要 山河堰
乾道七年五月十二日參知政事四川宣撫使王炎言興元府山河堰灌
溉甚廣世傳為漢蕭何所作嘉祐中提舉平常史炤奏上堰法獲降敕書
刻石堰上至今遵守
宋會要 捍海堰
天聖六年七月淮南發運司興修泰州捍海堰畢工詔以發運使兼知泰
州張綸領韶州刺史轉運使司胡令儀遷一官堰内歸業八户免三年差
役稅賦督役三班壕寨軍校等遞支賜有差
宋會要 司馬堰
泰州之司馬堰淳化二年二月詔廢

卷一萬六千六百六十六

食貨八之四〇

宋會要水閘

天聖四年十月楚州北神堰并真州江口南堰各置造水閘先是監稅三𣏌王乙上言詔轉運司度其事且言其經久利濟者得綱運般剥偷侵住滯故信從之仍還一秩淳熙六年三月十二日宰執進呈知鎮江府司馬伋言用石修砌潮閘門浚海鮮河使舟船有艤泊之所上曰司馬伋濬河修閘惠利甚廣可除寶文閣待制淳熙十四年九月十一日權知揚州熊飛言揚州一带運河惟藉瓜洲真州兩閘瀦積今來河水走泄蓋緣瓜洲上中二閘久不修治獨潮閘一座轉運提盐及本州共行修整然廹近江潮水勢衝激易致損壞真州二閘亦

卷二萬一千七百八十六

備員本州立樁損漏乞下淮南轉運司淮東提盐司疾速同共修理仍乞下真州日下修葺本州上下二閘以防走泄從之

宋會要保安閘

乾道五年二月八日權發遣臨安府周淙言竊見浙江舊有渾水清水保安三閘歲久損壞已行條（修）治今欲專差官一員充監閘常令管轄閘兵依時啓閉并不住打淘河道免致湮塞使公私舟船無留滯之患乞先從本府于大小使臣内有材力能幹官選辟從之

宋會要月河閘

乾道二年六月十一日前權知秀州孫大雅言昨所顧州其境内欲水潦可以無憂而又足以禦旱者莫若修閘與斗門以時啓閉之為利也且其地有四湖一曰柘湖二曰澱山湖三曰當湖四曰陳湖其東南則柘湖自金山浦小官浦入于海其西南則澱山湖自蘆瀝浦入于海西北則陳湖自大姚港朱里浦入于吳松江其南則當湖自月河南浦口澉浦口亦可達于海支港相貫四湖皆通也今若官於諸港浦分作閘或斗門度時啓閉不獨可以洩水而旱亦獲利詔委本路漕臣同秀州守臣躬往相度措置候農隙興工其後兩浙漕臣姜詵秀州守臣鄭聞言合於張涇堰傍高兩岸創築月河置閘一所其兩柱金口基脚並以石造涇内水泛即開閘

卷二萬二千七百八十四

以泄之詔令十一月興工　乾道三年三月二十一日權兩浙路計度轉運副使姜詵言華亭縣新涇招賢涇雖有水河泄水不快今相度欲於張涇白亭隙涇新涇四處各置一閘遇蘇秀湖三州水泛候潮退即開閘以殺水勢從之　考證宋隆興甲申八月本路漕臣姜詵奏請於張涇堰增庳為高築月河置閘其上甃巨石兩址相距常有四尺深十有八板板尺有一寸以時啓閉故鹹潮無自而入月河之長三千三百五十有五尺廣六尺許克昌為之記

宋會要洪澤閘

乾道元年三月十八日淮南路轉運判官韓元龍言催

督修整洪澤兩閘自三月初四日興工至十二日畢詔修閘官兵令總領所等第犒設

宋會要堰閘

乾道三年四月二十四日兩浙漕臣姜詵言常州無錫縣以北五瀉堰通徹江陰軍等處其堰有閘一重承前除綱運及重船開閘通放外餘舟止車堰後以無錫利於拘稅恐車堰走失即將舊堰掘斷自收掌閘鑰不以大小空重舟船並閘內通放致啓閉無時失洩運水閘板多漏不相連貼亦不着底水從板縫晝夜流入裏河今相度於五瀉堰閘裏更添閘一重升修築元堰依舊車打小料舟船詔本州措置

卷二萬二千七百八十四

宋會要呂城閘

慶元五年正月十九日兩浙轉運浙西提舉司言以知鎮江府葛鏜乞於呂城倣臨安長安二閘之制添置一閘兩司委官相視鎮江府地形高峻東至常州運河迤邐就下每遇水漲河流湍急呂城兩閘歲久損壞今若依倣三閘之制本府自備工役添造一閘則隄防周備可保無虞但今來呂城兩閘既已損壞若不先行修整雖有新建上閘亦難獨當上流欲乞下本府將呂城兩閘重行修葺候畢上日却從本府從長措置接續添造新閘庶得利便從之

宋會要斗門閘

宋會要斗門閘

孝宗皇帝隆興二年二月十三日知紹興府吳芾言昨條奏興修會稽山陰縣鑑湖全藉斗門堰閘蓄水都泗堰閘尤為要害凡遇綱運及監司使命舟船經過堰安避免車打必欲開閘通放以致啓閉無時失泄湖水体訪都泗堰因高麗使往來宣和間方置閘今乞廢罷從之　淳熙五年十二月二十二日提舉廣南路常平茶鹽司言昨來所開濟川河口剏置斗門一座候春夏間江潮稍大以時啓閉通放至運河則鹽綱往來無淺涸之患從之　淳熙十二年三月二十八日淮南轉運司言和州守臣乞於千秋澗置斗門以防麻澧湖水洩

卷二萬二千七百八十五

入江遇歲旱灌溉民田實為利便從之　淳熙十四年四月四日知太平州張子顏言本州管下圩田除繁昌縣並是私圩江湖湯泄外所是當塗蕪湖兩縣諸圩當塗受水特甚至於斗門水函多以竹木為之間用磚石往往不牢致有損壞今當塗縣重新改造斗門一十三所石卷砌四所水函八所修砌舊係磚石斗門五所水函一十所蕪湖縣重新改造斗門八所用磚石卷砌今後每歲冬閒農隙之時先次增修大埂今來與修內埂二十段共長三萬二千三百八十二丈計一百七十九里一百六十二丈並已了畢詔令守臣以時檢察務為久遠之利

宋會要 通江橋閘

淳熙二年十二月十六日臨安府言欲於通江橋用石砌疊置立閘板遏河水乾涸啓板通放潮水入河継行下板閉護水勢

宋會要 傍榜閘

乾道元年正月十七日知鎮江府方滋言体訪子城居民水患秖緣近來榜桄閘城下放水道通澈裹澳當時務蓄水灌榜桄閘兜泄運水令裹澳形勢低下放水不入事既無益每因水漲入城反為民患又体訪古西夾城裹教場城下有水濵池一處停蓄子城内水向北有古溝一所於利涉門城下置水䆫一座通澈大江每遇水漲通放澳水出城以是居民少罹水患今相度於向西城下水䆫子城外添置閘閉斷使運河水不入子城裹澳久遠為便從之

卷二萬二千七百八十五

宋會要 常豐閘

淳熙十一年六月八日又言台州黄巖縣之東地名東浦紹興中開鑿建置常豐一閘名為決水入江其實縣道欲令舟船取徑通過每船納錢以充官費一日兩潮一潮一洪纔遇旱乾更無灌溉之備已將上件常豐閘築為平陸還故基乞下本縣自今永不得開鑿入江湖庶絶後患從之

宋會要 黄巖縣閘

淳熙十一年十一月二十六日浙東提舉勾昌泰言台州黄巖縣舊有官河自縣前至温嶺凡九十里其支流九百三十六所皆以溉田元有五閘久廢不修今相度其河有合開三十一萬九千丈有奇一面開淘兩月可畢惟有建閘一事約費二萬餘緡乞從朝廷給降詔下兩浙轉運司從本司取酌實合用錢數於本司所得窠名錢内取撥應副施行十二年四月二日宰執進呈昌泰再上言漕司不應副錢乞度牒二十道上曰此乃百姓永利可與度牒二十道令浙東提舉司每道作七百貫出賣捺本司合支用錢數應副修與僱了畢開閘淘及修建去處并灌溉田畝數目開具聞奏

卷二萬二千七百八十五

全唐文

宋會要

祥符七年六月知永興陳堯叟導龍首渠入城民便之詔嘉奬

卷一千七百

全唐文

宋會要

天聖四年閏五月陝府西轉運使王博文等言準勅相度到右班殿直劉遠奏乞開治解州安邑縣至白家場永豐渠行舟運鹽經久不至勞民其開修檢計工料别具奏陳次乞選差使臣一員勾當開修候其功成望賜酬奬按此渠自後魏正始二年都水校尉元清引平坑水西入黄河以運鹽故號永豐渠周齊之間渠遂廢絶隋大業中都水監姚暹決堰濬渠自陜郊西入解縣民賴其利及唐末至五代亂離迄今湮没水甚淺涸舟楫不行詔三司相度以聞先是解州般鹽帖頭麻處厚等詣闕訴稱般鹽陪用家貲並盡乞别行相度故有是奏從之甚利於公私也

卷一千七百二

宋會要

淳熙七年六月三十日知臨安府吳淵言萬松嶺兩旁古渠多被權勢及百司公吏之家起造屋宇侵占及内西寨前石橋并海眼緣渠道堙塞積久淤填兼都亭驛橋南北河道緣居民多將糞土瓦礫抛颺河内以致填塞流水不通今欲分委兩通判監督地分廂巡逐時點檢鈐束不許人户仍前將糞土等抛颺河渠内及侵占去處任滿批書水流淤塞從本府將所委通判及地分節監保明申尚書省各減一年磨勘如有違戾去處各展一年從之

卷一千七百四

食貨八之四九

宋會要

淳熙八年九月二十八日知襄陽府郭杲言本府有木渠可溉田數千頃堙塞乞以開修從之

卷一千七百三

食貨八之五〇

斗門

全唐文

宋會要

仁宗天聖四年二月侍御史方慎言杭州元有江岸斗門二凡舟船出入一則温台路一則衢婺路其北岸斗門為潮水所壞因循不修令兩路舟船併在一岸僃見不便蓋斗門啓閉有時須候潮平方開因兹住滯欲望後創二斗門詔本州疾速修創勿令住滯舟楫

宋會要

神宗熙寧二年七月京西轉運司言乞差官檢視鄭州滎澤界魏樓村斗門地形高下相度經久利害命監察御史裏行張戩舘閣校勘顧臨定奪戩等言魏村斗門委實利便詔都水監施行

卷三千五百二十六

全唐文

乾道會要

壽皇聖帝乾道七年二月四日觀文殿大學士知紹興府蔣芾言本府會稽縣德政鄉古有二浦一名兆浦在上流凡五里餘舊有斗門以障外水一名後浦在下流凡十里餘舊來深浚以泄裏水爰自堙塞久不修治今欲商度開浦并置斗門從之　十一月十二日皇子判寧國府魏王愷言化成惠民兩圩周回已置立斗門共二十四所兩旁用石築疊又以沙扳安閘高築土鉗常加堅實及斗門逓年專輪圩户四名防守臣欲行下宣城縣令佐今後遇圩内積水深長外河水低於斗門即仰守圩人户申官躬親先次集衆開斗門出入候畢即依舊安閘築塞及常切禁止圩民不得盜決堤岸犯者依法施行從之

卷三千五百二十六

全廖文

宋會要 堤岸

徽宗建中靖國元年四月三十日，詔發運司差官點檢龜山新河堤岸，如有墊缺，連加補築，仍自今歲以為常。

卷一萬千千二百十

受納

受納

賦稅雜錄

紹興三年正月二十三日，江東西路宣諭劉大中言：信州弋諸縣從來受納人戶秋苗粳米等，于正耗外別收名色非一，撮合納正數不啻一倍以上。乞申嚴法禁，行下諸路州縣，不得更似前日大收加耗。詔令戶部檢坐條例申嚴行下，不得加耗太重。　四年六月十七日詔：

止一作勘

施一作旋

諸路專委提刑司檢察州縣受納夏稅、和買、預買紬絹，如有故促期限及非節乞取諸般搔擾，並按劾聞奏，當議重寘典憲。其合干人先次送獄禁止。　九月十五日明堂赦：比年以來，郡守進務侵漁，多遣委倉吏受納，至有輸一碩而加耗至三四斛者，刻取其贏，以資公帑。民被其害，無不怨嗟。仰帥臣監司常切覺察，如敢循習故態，按劾以聞，當議重寘典憲，仍許人戶越訴。　五年八月二十日，臣僚言：民間送納兩稅斛斗，多緣推割不明，催科無術，支移太遠，折變價高，攬納射利，公吏求賂，雜以濕惡，高下斛面，盜印虛鈔，失陷處多。餘如此十事，州縣漫不省察。欲望申嚴受納差官條令，委漕臣前期取索

萬四千六百八十七

將逐州縣合差官屬，委通知加意遴選，速衛舉保，依舉官法結罪同狀，專受納倉封送官鈔，率經累日，縣官失于未銷，再行催搔擾民戶。更乞州縣受納之際，督責主簿就受納倉即時銷簿。又有因緣詐偽，以圖印據製相似帳用，偽鈔來銷新簿，暗失稅數，為患滋甚。若將逐年圖印據製施行，增減大小，間以篆隸為文，庶可區別新舊，檢察欺隱。其州縣受納絹帛差官等，亦望依此施行。詔令戶部勘當申尚書省。其後戶部言：所陳措置等十事，除紬（物）外，今欲下諸路轉運司令行下所部州郡常切遵守，仍將受納二稅官依法州選募職（外）、縣差丞簿施行。及夏稅入納月分，即依所乞就受納倉銷簿。其團

即様製並依法式雕造不得與以前年分相似如主
簿有事故即委縣丞就倉銷押務在革去虛印失陷以
舊鈔銷新簿之弊也從之　九月三日詔受納苗米所
收水脚市例縻費等錢每碩不過二百文省如不及二
百文處依舊數收納其自來不曾收納去處即不得創
行增納　六年九月十八日右司諫王縉言近覩指揮
許江浙人戶預以米斛折納來年紬絹每疋二石取其
情愿誠爲公私之利竊見諸路州縣受納秋苗例有加
耗欲望特降睿旨應折納米斛下並免收耗于是戶部
言浙西州軍紹興六年分夏稅紬絹折納米斛已承指
揮令抵斗交量所所有自來合收加耗并頭子縻費錢
並不得收納如違並計贓坐罪　詔依已降指揮施行　十
月二十六日右司諫王縉論受納之弊朝廷雖屢降約
束而州縣視以爲常人戶輸納並受其弊且如受納多
處遣臣委官其次則本州選委而倉庫專斗等願差衆
官則預先賄賂州縣監司主行之吏差帖既下私相慶
賀開場之後百端作弊或晚入早出或隨例迎送或幹
當別事或非理退換使人戶般擔出入守候費用甘心
重收加耗或多收様米分給人從或照管覦知惟封封
鈔或與攬納之人通同作過欲令人戶高價貼陪或收
耗既多陰計其數印打虛鈔至般米在倉經旬不納而
違催繳簽略不加察或已納而不給鈔或給鈔而不銷

簿積弊至此不可不懲詔令戶部檢坐受納及銷鈔等
見行法令并與後約束申嚴行下仍委諸路常平茶鹽提
刑轉運官分定州縣躬親體究有無前項違犯情弊
舉事件去處保明申尚書省如縱容隱庇體訪得知倂
明官司并違戾州縣並令取旨重行貶竄　十一月九
日詔秀州當職官先次各降一官人吏從重斷勒罷以
兩浙轉運副使朱緈體究得秀州海鹽縣受納米斛據
攬人送納每碩于人戶處討米一碩六斗五升或一碩
七斗故也　七年九月二十二日明堂赦州縣受納作
弊昨降指揮令諸路監司分定州縣體究並不恪意奉
行外臺耳目慢令若此何所賴焉仰檢坐前後條例行
下州縣嚴加約束常切遵承尚敢蹈習違戾即按劾聞
奏犯人重行典憲必罰無赦　十年九月十日明堂赦
州縣百姓輸納稅租監官多是晚入早出不即受納給
鈔及縱容若干人百端非理退難遂致憑藉攬納之人
重有陪償雖已有先後約束仰監司嚴加檢察如尚或
蹈襲違戾並仰按劾奏聞　紹興十三年十一月八日
南郊赦亦同　十七年二月四日上諭輔臣曰昨日有
人言州縣折納稅絹每疋有至十千者恐傷民力可令
戶部措置　二十年二月一日將作監丞李嚴老言州
縣理納稅賦必依常限及時催科令佐毋得分鄉自坐
村落詔令戶部檢坐見行條法申嚴行下　五月二日

前權知臨江軍彭合言本軍清江縣五鄉與四鄉秋苗每一碩加耗米七斗於造簿之際已行壁載至人户赴官送納遂成久例獨一鄉係新淦縣撥隸則無此耗欲望悉與蠲免仍于造簿之際不得更載前件耗數或已係經界均税即不得將舊來係簿加耗于正苗内均數上曰彭合所論可令户部照應本軍別縣体例蠲免令昨任縣官監司因曾列荐今可與監司知州差遣　六月二日右正言章夏言夏秋人户所納二税或在州或就縣各從其便及時入官不致拖欠今訪聞州郡利於出剩及合于專庫利于糜費遂致須管就州送納至貧民下户有般擔之費往來之勞伺候陰晴動輒數日甚者或本州差官下縣專置一局受納切取出剩歸公使庫吏所差官挾勢淩逼縣道違法抑勒百端搔擾乞應人户輸納二税不拘州縣許從其便或有出剩之數並附赤歷不許擅撥歸公使庫如有違戾嚴正典刑從之

八月二十三日上諭輔臣曰近日宣州太平縣布衣史敘仁上書言州縣輸納多增水脚錢等事宜令户部看詳此亦民間之害不可不禁止也繼而户部看詳欲下轉運司并本州遵依已降指揮每石隨苗收納一百文省不得輒于數外更有增科搔擾若守臣監司失于覺察委御史臺彈劾仍令憲司取索增添因依申尚書省取旨施行上曰此蓋州縣官吏並緣為奸不恤百姓

朕今日所以休兵講好者正以為民耳若州縣不知恤民殊失朕本意　二十一年閏四月二十二日知桂陽監趙不易言湖南人户納苗往往州縣高量斛面一石正苗有至三石少至一倍欲令户部措置從本路轉運司造一樣斛斗降下不得擅行置造倍收耗數從之

二十四年二月二十六日右迪功郎守大理評事莘行言奏切見州縣受納米斛必有土居及寄居官員秀才并上司公人封鈔請求每石坐收錢數百或至一貫以上一歲之間所得有至千餘緡者受納官為之減退斛合不擇濕惡却于其餘人户下多增斗面以償其數往往貧乏下户困于輸納虧公害私莫此為甚乞下所屬檢會法令申嚴禁止仍委逐州守臣刊板揭于受納場廳事之上使朝夕觀之思所以副聖主愛民務本之意從之　四月十八日大理寺主簿鄒溉言伏覩條令受納物帛之類不許輒有污損比三州縣受納官不得其人間有徇私之吏凡攬子等賫到更不問紕疎長短一切受之若人户親納則吹毛求疵稍不及格即以柿油墨煤運用退印塗漬縱有及格者又復勒倍納税錢方與交收其錢糧收附歷以塞人言望令有司嚴行戒飭俾無違戾仍委諸路提刑司常切覺察上察具事重為民害乃詔户部申嚴行下仰監司覺察按劾如失覺察令御史臺彈奏仍許人户越訴　二十五年十二月二

十四日左奉議郎知太宗正丞王珪言今之急務莫先于富國裕民于庶事為有事之備古者三年耕必餘一年之蓄九年耕必餘三年之蓄雖有飢饉民無菜色今四境無虞干戈不用而小有水旱一方之人多致流離死徙不能自存且以目前利害言之蠹民之財莫甚于輸納二稅之弊大率較之逐年秋租加耗之人或過于正數官收一歲之租而人輒兩倍之賦中下之家卒歲之計僅足以給而輸官之物半已縻費所以催科常不及分民間久負無時可了雖無水旱之變而逃租棄產漂寓他鄉者往往而是也朝廷雖申嚴約束而州縣公肆斂取無所畏憚者唯其有說可以藉口矧又循習之久不以為怪也且如官中既有正耗而州縣又別立加合以軍儲吏廩為名凡有所須盡出于斛黠胥污吏因得為奸取之無藝官收一歲之租人輸兩倍之賦甚可憫也臣愚以為莫若度州縣所用有不可闕者多寡之數立為定例使上下通知此外不得分毫有所須索必重寘典憲不唯少寬民力亦使官租易辦公私之利無以踰此行下有司畧為措置務見實効無事虛文詔令戶部檢坐見行條法申嚴行下委監司約束所部州縣不得過收加耗仍于受納處大書板榜曉諭　二十六年二月十二日權刑部尚書韓仲通看詳到知鬱林州趙不易言便民五事內一事雷化等州民間納苗多令

折銀擾民為甚送部看詳欲令並納本色上曰百姓足君孰與不足百姓之財乃國家外府安可盡取但藏之于民緩急亦可以資國用　七月十四日詔人戶輸納夏秋今正當開場受納擁併之時訪聞州縣受納官縱令公吏非理退換乞覓邀阻及用墨油退卻損污或封寄在場吏不給還重疊拘催擾擾非一仰戶部日下申嚴約束如有似此違戾去處仰監司按劾申尚書省重作施行　八月四日上宣諭輔臣曰訪聞臨安府受納稅絹多是乞覓阻節近有一百姓送納本戶絹一疋被退回詢之云官中不經攬納人不肯收給賍令人以錢五貫五伯文買到卻是堪好衣絹已令韓仲通根治近在輦轂尚乃敢爾外方輸納想見受弊沈該等曰陛下勤恤民隱灼見弊源如此天下幸甚　二十二日戶部言臣僚請憤四川折估物帛價錢緣財賦係總領所取撥應副贍軍餋遠難以遥度今欲下本所相度量行裁減具數申戶部以聞從之　二十八日右正言淩哲言諸路州縣起催秋苗有期自來受納姦弊百出最為民患受納官物全藉監官約己奉公鈐束吏姦然場務專斗等每以厚賂預囑監司州郡主行之吏乞差某官既遂其請酬酒相慶凡監官供家百須皆取辦之上下相蒙恣為奸弊百姓受害無所赴訴乞嚴飭監司郡守應差受納官須躬自体訪選委清強有風力之人使之究

夏一作受

心措置約束又攬納之弊自來罪賞約束至為嚴切終不少革者蓋緣遠村細民户產微薄輸納零細須憑攬人湊數送納因得為弊乞嚴戒受納官每遇人户般米入倉並須躬親看詳依公交量其合收耗米並依衆例不得容情增減及停留作弊仍乞委自守貳不時稽察苟有違戾重作施行從之　二十七年六月十五日江南東路轉運判官葉義問言江東西州縣受納人户苗米水脚等錢每石收二伯文省委是酌中宣州頃因知州秦梓申奏畫旨每錢納錢一伯文省往往受納之際暗加斗面或別立名目科斂于民欲望行下宣州每石納錢二伯文省從之　九月四日左司諫淩哲言諸路州軍受納秋苗去年朝廷頒降斛樣本以革斗量輕重之弊而諸州每月交量令兩夫持杴夾立抄米入斛時復按搖務令堅實校其多取之數又過倍于用斗之時人户反略倉斗願依舊用斗量至于乞取情弊累不悛革伏望嚴戒諸路州軍長吏自今受納官止自幕職以至管下縣鎮有剛介自守曉事戢吏之人通行選差使之遵守前後所降條禁以杜塞閑節仍乞委各路提刑專一體訪如有違戾去處依條按劾必罰無赦從之　三十年九月八日上諭輔臣曰夏税秋苗若郡守不得其人受納官多取賸量則民必歸之攬户又鄉司部吏因緣生奸一斛至加五斗人户安得不受弊卿等可于

夏税秋苗時令依省限催理仍督責受納官歲歲如此常行戒飭庶令寬恤下及百姓宰臣湯思退奏曰臣等當恭奉聖訓　十一月三日守侍御史汪澈言江西歲以筠袁二州民户苗米令赴臨江軍輸納以江道淺狹而裝綱非便緣此官吏恣為侵漁色目甚多其數浩瀚知軍坐享公庫之豐而筠袁之民嗟怨盈于道路今欲乞令江西漕司與二州守臣相度或只就本州受納若必欲寄敖即令各州自差官吏專斗受納無使臨江之人干預從之　紹興三十二年孝宗即位未改元八月二十三日詔州縣受納秋苗官吏並緣多收加耗規圖出剩却將溢數肆為奸欺虛印文鈔給與人户民間相傳謂之白鈔方時艱虞用度未足欲減常賦而未能豈忍使貪贓之徒為民蠹今後似此違犯之人許諸色人不以有無干己越訴如根治得實命官流竄人吏決配永不放還仍籍家貲　孝宗乾道元年正月一日南郊赦應夏秋二税催科自有省限州縣官吏多不遵奉條法受納之際多端作弊倍加斗面非理退換縱容專斗揀子計會乞取方行了納或先期預借重催理不與除豁既已納足阻節銷鈔之類甚為民害仰守令嚴切覺察如有違戾仰監司按劾中奏重行黜責仍許人户越訴　三年六年九年南郊赦並同　五年正月二十八日詔令後受納折帛銀照依左藏庫價與民户折納不得輒有

減降令遂路轉運司約束不得違戾先是近年民戶輸銀于官者每兩折直三千二百而輸之左藏庫卻折三千三百每兩暗虧人戶百錢臣僚言之故有是命　十月十八日臣僚言臣恭覩陛下臨御之初約束州縣受納苗米多收加耗法禁甚嚴而近年以來所收增多且以近朝論之秀州歲收苗米三十餘萬石每石舊例止收耗一斗四五升而二年以來一石增納至五六斗計每歲溢取十五萬石違朝廷抛降和糴卻以出剩之數虛作糴到所得價錢盡資妄用乞申戒州縣杜絕弊倖庶寬民力從之　七年六月二十七日詳定一司勑令所修立到條法諸受納苗米官縱容公吏巧作名色乞

卷四千六百七

取者比犯人減一等罪徒二年仍許人戶經監司越訴州縣長吏不覺察與同罪以臣僚言人戶率用兵二石有餘一千文足以上方能了納正米一石乞行禁止故有是詔

此下有淳熙至嘉定一卷應補鈔

稅賦　稅雜錄　前缺凡租稅至政和元年五月一卷　後缺淳熙元年至嘉定十一年五月二卷

徽宗政和二年二月六日尚書省言通判萊州吳長吉奏賦斂折科之法外路官司猶務掊剋以京東一路言之漕司不問州郡輸納所估之價惟就一路中擇其最賤者納限將畢裁損不已有詳欲轉運司科買及折納之物謂本土所有者若已曉諭復令別納錢物及反復紐折過爲掊剋者州縣違申本司改正及申尚書省戶部相度如或固執即具狀以聞從之　五月九日臣僚言願詔諸路監司告戒所部令丞預于催科之前舉行法令毋失期會使民銀于輸納毋緣文移督責以滋吏姦

卷萬五千四百五十二

其有課最顯爲不擾者歲特取一二尤者以聞特加褒擢以示旌勸從之　六月十九日戶部侍郎王詔等言欲諸路令從有興修陸田爲水田去處並從提舉司開報轉運司依崇寧四年二月二十六日指揮增稅其未增者准此從之　八月五日戶部言大保長催稅係熙寧紹聖良法行之累年別無未便昨來臣僚起請乞差保正副大小保長及甲頭事理窃慮只合遵依見行紹聖條法從之　十八日給事中俞桌言諸輸納折變物並以納月上旬時估中價准折今州郡規望上司以意裁減名曰時估寔非隨時名曰中價其寔失中名曰依法其寔侮法且如六月納麥即市司于五月中先減麥價僅

留三四分至折科已定即𢪛增價二稅亦然詔戶部坐條申明行下　三年七月一日梓州路計度轉運副使王良弼奏欲州縣應稅限及期而納數未敷繳欲盡申其數以追一時之責者令佐及縣吏書手並科違制之罪吏非知情減二等從之　九月二十八日京西路計度轉運司使王琦言本路唐鄧襄汝等州治今以前地多山林人少耕植自熙寧中四方之民輻湊開墾環數千里並為良田知唐州高賦曾將所墾地內每頃立稅止一二百餘州更不曾立稅多係有田無稅之戶元豐間察知其弊將所墾新田立定五等稅額元祐住罷不行大觀施行閭因人戶陳狀又復住罷四十餘年官中失收租賦以貫石計之遍數千萬今將唐鄧襄汝佗鄭洛孟猜輕重何啻十倍一路民情抱幸不幸之弊詔元豐已立五等之稅今日自當遵守元祐廢罷以迄于今失于修復可依元豐法令轉運提舉常平司措置聞奏

卷一萬五千四百十三　二

四年四月二十二日荊湖北路轉運司奏每歲收支係省錢糧物帛等並許收頭子錢物價值錢千蟠收五錢充裨助直達糧綱水夫工錢及綱運等縻費支用詔依其應行直達綱路分準此　十月十九日詔諸路州縣輸納二稅及糴納粟米麥等違法重收加耗多以為常災積數倍尚書省檢坐條置措畫禁止　五年十二月二十一日尚書右員外郎充陝西路察訪方郎奏体

訪得陝西路近裏州軍逐年將人戶稅租不用條令使行估價納錢貼納腳費其所定價不寔民間輸納比本色支移各有倍費乞下有司申嚴抑勒之禁以寬民力詔坐條申明行下　六年八月二十五日詔京西唐鄧襄汝四州新頒稅法本以寬恤民力續降指揮祇以見錢就本處輸納又經輦致腳乘勞費之弊漕司不詳音意尚循例所稅外更收腳錢多僅三十萬甚失惠下恤民本意可先次速行止絕仍詳悉申明行下　九月十二日沅州奏本州縣第二等已上人戶稅米赴靖州送納今年適當春種之時被賊人黃安俊等燒劫人戶散去耕種不時今來蕩滅人戶漸漸歸業欲降指揮將稅賦止就本州送納候人戶安業却依例支移從之

卷一萬五千四百十三　五

八年二月十七日臣寮言州縣夏秋二稅文簿不依例條置櫃封鎖當官謄造銷鑿遇改造簿書及割推受稅物胥吏走移減落暗失額管稅數納畢稅鈔往往失蒂見欠一例銷鑿至有揩改鈔旁數目納少銷多其弊百出乞立驅磨稅簿之法詔令諸路轉運司講究措置請司立寨戶刑部立法　宣和元年二月十四日臣僚言大名縣政和八年秋稅雜草錢初令民戶折納小豆民苦秋災無豆乞納白米揭榜從之令支往濬州輸納閒四百餘里津輸甫畢却指揮納豆乃令自往濬州請米米固萬萬無可請之理而豆又非時監勒催驅急于星火

方春東作農事爲興兩田家坐此以見失業詔提刑司
体量以聞　四月三十日詔自今州縣管納二税及和
預買紬絹限滿仰漕司差官收索干照點對拘納足與
未足數目漕司較𡨚取最勤惰去處具令知通令丞姓
名聞奏于入[illegible]省投進當議特行黜陟劝阻　三年正
月四日知湖州王倚奏應緣軍儲乞并官戶一例科糴民
戶並止第二等以上候事平日依舊從之　二十七日
詔諸路見催理積久多係拖欠歲久及民力不易一併
輸納不前可並與展限三年務從優卹不得少有困擾
民力疾速行下　三月七日臣寮言江東路輸苗米一
石者率皆納一石八斗和買絹未嘗支給價錢兩漕臣

卷一萬五千四百七十三　四

又令州縣所買絹須以重十三兩爲則如兩數不足勒
令人戶條繳價貼納見錢每兩不下二百餘文百姓以
此重困詔提刑司体究以聞違法者先改正訖奏　四
月二十七日戶部言知袁州辛炳奏本州先准降到詹
度措置拘收鈔旁錢等匹一事件續承本路提刑司牒
措置約束內一項倉庫受納人戶布帛不成端匹難以
條聽與別戶合鈔納本色仍合戶出買鈔旁錢各戶給
鈔謂如十戶共納絹一疋即買鈔十副塡十戶所納丈
尺各給臣今取會到本州倚郭一縣人戶數內一萬四
千五百一戶各係納夏稅紬一尺若人人買鈔即是四
十戶共納紬一匹合買鈔四十付通合納絹三百六十

二疋二丈一尺合買鈔一萬四千五百四十一付其餘
三縣亦各多是下戶不惟受納擁併之際印鈔給散必
致差互留滯尤降指揮既令依條即無各戶買鈔之文
事屬撿擾看詳租稅布帛不成端疋合鈔納本色已有
見行令文該載即無須令各買鈔條法指揮今來袁州
雖已寢罷尚慮諸路州縣亦有似此、處令欲申明
行下從之　四年十月三日臣寮言官戶占田用蔭具
載格律州縣未嘗奉行在格自一品百頃至九品十頃
其格外之數並同編戶在律九品之官身得用贖而祖
父母父母妻子孫皆不與焉故生爲官戶沒爲齊民欲
望賦役皆如本法庶幾貧富貴賤無不均之歎從之

卷一萬五千四百七十三　五

五年十二月三日手詔頃因河北燕山通爲一路有司
庶事取足河北及緣與賊犯邊漕臣不恤百姓科賦併
下調發頻數困屈民財奪其時力兩路人戶不得安業
賊盜竊發其間所至擾動北顧爲之惻然仰宣撫司河
北路帥臣漕司提刑提舉司体悉親筆詔諭躬親覺察
州縣因新邊擾攘等事嚴切禁止其送納稅糴有旁近
沿流可通水運去處雖非元指定送納所在聽民戶就
近輸納量出腳錢官爲水運前去所有均糴斛斗相度
分立番次量與展限　六年閏三月二十日詔輸納稅租
逐年違欠及形勢人戶令諸縣置簿專一拘催科校仍
前期牓示從京師轉運付使朱彥美請也　七年四月

七日詔諸路轉運司常平司行下州縣取索去年人戶應干欠負見合催理税賦租課均糴等無以二麦折納仍以在市見實〔貫〕的實中價取闊情愿不得高擡小估及抑勒換擾真納來官吏刑名等並依已降糴買指揮從尚書省請也　六月十一日詔今歲夏田豐稔價賤傷農除常平錢物已降指揮外人戶應干欠負令諸路豐熟州縣估定大小麦實直工價更與加饒三分聽人戶赴官折納即不得輒有折勒應合分科積欠只合將當科合催之數勸誘折納其未合驅催科次不得一例驅催從講議司請也　八月二十五日尚書省言凡輸納租賦有官鈔有倉庫鈔有監生鈔所有關防去失互相參照其戶鈔給散人戶令諸縣例欠多追人賫鈔呈驗乞立法禁止從之　十二月二十一日臣僚言和糴天下良法奉行之吏縱吏為姦不即支價或媒抑配輒虧其直如度牒一道官價二百千抑配民間僅不得三之一香藥鈔每歲降換動以數百萬計準折價錢支與人戶而所請實無幾良民鬻田破産恬不知恤京畿自祖宗時和糴之法不行近年緣漕臣申請意欲希進自是一例換擾與諸路無異訪聞夏秋税賦巧立名目非法折變如絹一匹折納錢若干錢又折麦若干以絹較錢錢倍于絹以錢較麦麦又倍于錢殆與白著無異前日東北諸郡寇盜蜂起刦掠居民蓋監司官吏有以致之欲

降齊言諸路和糴別行措置無令抑配準折免致民間虛折市價稱夏秋税賦止依常制輸納本色不得非法折變暗增數目稱許人戶越訴嚴立法禁監司重行貶責仍委逐路提刑司覺察密行聞奏從之　十一月十九日南郊制京西人戶合納税租已降指揮更不支移止據地里出納脚錢本路却將所納錢指定州軍令人戶自齎前去以至下戶依條免支移亦令一例出納脚費顯是奉行違戾仰提刑點檢廉訪覺察改正訖奏稱諸路人戶合納税租近來催税公人等多不等人戶輸納一面彊牽耕牛典質或以代納為名拘留折欠更不給還致妨廢耕種已上自今如有違犯許人越訴　欽宗靖康元年五月十二日詔和預買紬令轉運司以常平司見錢隔季樁辦于正月給散不得以他物量支　十七日提舉京東路常平楊連言州縣之間以和預買絹數太多抑勒百姓將復業人戶合免之數著令業著承認入告悪之乞令除路不許均數〔敷〕從之餘路依此　高宗建炎元年五月一日赦諸路税賦應支移折變官司往往反覆紬折如合納見錢小估價直令輸紬絹却以紬絹之直折納絲綿又將所折絲第甲旬儿變二須重困民力令轉運司遵守條法不得循襲還滋擾（紹興十一年三月七日赦同此制）三年五月二十九日臣僚言州縣十弊税賦之弊則推割不盡故貧民產竭而税賦猶存徭役之弊則差科不公

故下戶力庇而徭役常重和買之弊則不酬其直謂之白著知預之弊則不償其錢謂之白作其驗視災傷之弊則被災人戶分數不以寔減而又攤抛斛斗例行補糴綱放欠負之弊則倚閣錢物不以寔除而又改易文書指爲摺轉抛降之弊則倍數而斂以賕免者謂之倍貼受納之弊則加量而入刻削者謂之出剩胥吏之弊則有守闕收補之名寔同正額皂隸之弊則有承引追呼之擾號曰家人欲望深詔監司督察州縣有此十弊必刻以聞詔送左右司看詳四年三月一日戶部侍郎葉份言乞將折納物帛及度牒錢分作兩限送納上限三月終限五月逐縣令佐若能依限功論數足或違限稽留令本州具申朝廷賞罰如人戶秖有糧米願行折納者與依在市寔直細計送納到錢糧令守臣別庫樁管不得擅行支用詔依　六月二十六日右諫議大夫黎確言入戶輸納夏稅和買絹布等近歲倉吏至與專庫分利故凡民戶自赴官輸納者往往多端沮抑不堪滯留之苦則委攬納之家而去民有倍稱之出官受濫惡之物詔物帛非縱跡濫惡官吏過有沮抑退駁者許入戶赴尚書省越訴餘依已降德音指揮　十月七日臣僚言昔錢氏據有吳越其田稅獨重而會稽尤甚越州今秋上戶率折糯米多至數萬石糯米一斗爲錢八百杭米爲錢四百使民又有倍稱之費欲乞于見今杭

糯米折納許用本州科定之數三分之一仍視二物之直準納不得用紙斗爲則越州供到狀建炎三年分寔科五萬一千一百二十餘石詔依建炎三年分數目折科　紹興元年五月二十三日後殿進呈詔大要以民力久困州縣貪緣爲奸今後合行催科須明以印榜關坐寔數于前具戶口等合出之數于後仍申監司親行按察如違官吏並寘嚴典上因諭曰訪聞科率多是過數富人賂吏獲免而下戶被其害不可不戒張守曰州縣百姓應供上之須寔不敢辭但吏緣爲姦過數誅求則不能堪爾　七月四日江南東路安撫大使兼知江州朱勝非言竊見自江以南稻米二種有早禾有晩禾見行條令稅賦不納早米乞權行許納詔令江東西兩浙路轉運司量度急闕數目許納早禾米應付支用即不得充上供米斛　八月二十三日臣僚言折帛錢昨降指揮每匹折錢三貫文省訪聞諸路州縣細絹價例高下不等欲自紹興二年爲始逐路遞轉運司各以納月寔直約估中價從之　二年四月十五日中書門下省言訪聞常州率斂太重秋苗之外又有苗頭苗頭未已又行折八折八未已又曰大姓大姓既竭又曰隱寔隱寔之外名字又未易數湖州率斂百須之外又有所謂月納軍糧者凡民有物力百千每月斂米一石下至八九斗初不以市價高下爲準每斗止給錢二百

七十文不足以了陪貼覆納脚乘勺耗之費乎江府率歛之名抑又甚于他郡往往以為饋送過往謟託交通之用詔就委郎官胡蒙悉心体究詣寔來上　五月十日戶部侍郎黄叔敖言浙西提刑司稽考到常州晋陵縣人戶夏税紬絹除元額管催外崇寧中轉運司分拋到人戶合納蚕鹽錢紐成三千一百六十匹四赤送納并將人戶雜錢紐計綿子七千三百三十七兩轉輸納上件所納絹紬已是三十餘年今來稽考係只將建炎三年四年税簿公案拖照窃慮崇寧中拋降折納别有所得指揮難以便行蠲減並未見得其多納綿係合納税賦内紐出雜錢是因方田之行科納之數今欲且依自來所納數目催輸仍乞下轉運司再行子細根究逐項元拋物數因依以聞從之　同日戶部侍郎黄叔敖言欲將浙江荆湖今年上供米取人戶情願于税限前以早占白米抵斗送納者聽如已入秋税限江湖即取情願加一分兩浙路依舊以大禾米送納從之　十九日江西安撫大使李光言契勘自來受納二税必使赴軍資庫送納却行起赴朝廷今若使物帛徑從縣道起發則自此以後令佐皆得直達朝廷若有紙疏巧偽濫惡及正數不足倍剝所虧監司守臣必不肯任責朝廷行移又將直下諸縣如此不亦多事于今來胡蒙并申陳欲望速賜寢罷從之　六月十八日江東安撫大使

李光言據廣德縣秋苗舊赴水陽鎮倉交納後因路遠鄉民遂將本戶苗一石乞貼納三斗七勝耗充脚乘免赴水陽只就本軍及建平縣倉交納是致官中造諸鄉版簿便隨正苗理納加耗至建中靖國以來人戶陳雪免納之時緣本軍承受轉運司拋降額斛一時間不與申明前項加認起米六萬石因此立為年額續後本軍添置官兵兼泛常拋科糴買百色支費盡出民間緣此人戶輸納苗米不辦以致典賣田土拋失家業近年又遭寇敵殘擾逃移之人歸業甚少而重税仍舊今欲依條改正盡行蠲免緣前項加耗係漕司以理為額之數今乞蠲一半送納施行從之　二十三日倉部員外郎成大亨言衢州常山縣夏税及預買本色紬緣非土產逐年人戶並于外州收買回縣送納非便願以絹代紬輸官從之　同日紹興府會稽縣言本縣管催紹興元年湖田米納及九分五厘有畸零欠數乞從本府立價折納入官戶部勘當委是零欠不多詔依紹興元年例折納價錢仍每石折錢三貫文足　七月十八日江南西路安撫大使兼知洪州李光言前嘗具奏江西路人戶惟以納和買及夏税本色為重賦今州縣催納一年本色絹遂至五貫文足一匹綿增至六百文足一兩綿絹之價既日增而早米入市其價日減貧弱之戶計所收米不足以輸所納欲望且令本路將和預買及上供綿

絹並折價錢鄉奏勸會江南西路合截發買并上供一半本色紬絹綿

除綿已全行支撥及紬絹已于數内有應副過福建等路宣撫使司一行官兵冬衣之數外其餘紬絹理當權宜措置以寬民力詔江南西路人户合納一半本色和預買并上供紬絹及洪州合起催衣紬四千一百餘匹絹二萬五百餘匹將截日未納數並特許折納價錢一次依已立定折充羅本錢數絹每匹作四貫五百文省紬每匹作三貫文省如今人户願納米斛紐計市價從便折納先奏洪州舊管上供准衣紬四千一百餘匹絹二萬五百餘匹歲下六縣將夏税紬絹折納而成端匹價錢收買今屬縣殘破逃亡未復委實無所從出乞蠲免一年 詔特依 八月六日兩浙轉運副使徐康國

卷一萬一千四百十三

等言兩浙路逐州縣却將鄉村民齎到陳米退嫌須要早米送納乞令州縣人户合輸早米願齎陳米亦許受納從之 二十三日右司諫吳表臣言諸州折變物帛甚有數倍者州縣漕司不復加恤欲望行下諸路應今後折科並令市長牙人以中價紐估詔令户部取見違戾漕憲職位姓名各罰銅十斤人吏從杖一百科斷餘依奏 九月十五日廣南東路轉運司言被旨相度德慶府乞以新州肇慶府分認税米緣新州即非沿流去處難以般運欲乞令肇慶府分認米二千石德慶府依舊認四千石從之 二年正月三十日南康軍言本軍昨因兵火人户去年秋税無力耕種欲望行下許本軍令上户

送納本色下户依市價折納見錢庶得貧闕人户易于輸納從之 十月六日刘大中言廣德軍廣德縣歲額苗米在國初時係津般赴宣州水陽鎮送納其後人户爲重湖阻隔不便乞就本軍倉納仍于正苗上每斗出耗米三升七合充宣倉脚乘之費名曰三七耗近來本軍建平縣據人户詞狀稱本縣管五鄉内唐通桐汭兩鄉元隸廣德縣後割入建平至今苗米三七耗額尚存元不曾蠲減廣德軍雖減一半比之隣近鄉分委是太重欲望將廣德建平兩縣三七耗額盡行蠲減詔令户部限三日勘當申尚書省户部言廣德縣所加耗米元係人户乞貼納充脚錢續承指揮減免一半内建平縣

卷一萬五千四百三十二

唐通桐汭兩鄉如舊隸廣德縣係合赴宣州水陽鎮送納今只就本軍縣所有加耗米去處亦合依所降指揮減免一半施行今欲下江東轉運司照會不管違戾免致搔擾從之 七日江南東西路宣諭刘大中言徽州山多地瘠所産微薄自偽唐閣推將歙縣績溪休寧祈門黟縣田園分作三等增起税額上等每畝至税錢二百文苗米二斗二升爲輸納不前却將納絹綿布虚增高價紐折税錢謂之元估八折惟婺源一縣不曾增添每畝不過四十文乞將二税依隣近州縣及本州婺源縣則例輸納詔令江東轉運司考究本末因依相度具委如何施行事狀保明以聞 四年七月十九日神武

右軍都統制張俊言臣家近于逐處置到產業除納夏稅正稅役錢外具應干非泛諸般料㪷和預買等並乞蠲免詔特依既而臣僚言望命有司檢會見行官戶料數及和預買等條法劄與俊使俊曉然知即今自見任宰臣以下或有產業並與百姓一等均科又言今統兵官尚多使各援此例以來免不知何說以拒之伏望斷以不疑收還所降指揮是乃所以安俊也詔前降指揮更不施行仍劄與張俊照會　五年四月二十八日尋切措置財用司言臣僚白劄子論州縣二稅自有定額緣人戶有析居異財以一戶分為三四戶或六七戶紬綿有零至一寸一錢者亦取一尺一兩米有零至一勺

卷一萬五千四百二十一　十四

一抄者亦收一升之類合零就整之數若此者不可勝計往往鄉司隱沒入己或受過人戶價錢或攙過催頭錢物抱認數目悉以合零之物充之官司催科已及正額遂不復根究所謂合零就整者盡入滑胥之家勘會稅賦畸零剩數雖依法于簿末結計竊慮未至詳盡欲下諸路轉運司行下州縣別置簿拘管逐年委通判點檢依條折納價錢別項樁管專充上供從之　九月十三日諸路軍事都督司有言体訪得四川科折太重已行下遵從祖宗舊制乞再降指揮約束施行詔依如有違戾去處令川陝宣撫使司覺察以聞　六年四月二十二日知福州張致遠言應災傷陸分以上去處令年

夏稅和買乞特許展限一兩月少寬民力其餘路分亦各依常限催理不得先期責辦于是戶部言輸納自有起催納畢日限如官司輒促常限及未入限或未經科校輒差人催理者並有定立專一斷罪條法災傷放免不盡者限及更與轉限　三十日仍令諸路轉運司檢坐前後條法行下所部州縣常切遵守施行如有違戾即行按劾從之　二十六日右諫議大夫趙霈言岳州自羅兵火版籍不存逐年不以田畝收稅惟以種石紐稅以種一石作七畝科敷而其間所取稅物反覆紐折有至數十倍者此尤可駭湖外之民已廢農桑寔緣于此竊恐州縣例有茲弊非特岳州乞行改正詔令本路

卷一萬五千四百二十一　十五

提刑司限十日体究尚書省　五月八日右司諫王縉言乞下江西路應人戶折納以麥一石二斗折米一石外不得別更收耗如有違戾監司按劾施行從之　十大日殿中御史周秘言淮南州土除諸佃依已立定課子輸納屯田合官私主分外其餘並不得依前收樁課子如舊例斗租之類亦令一切禁止或敢違戾並許百姓越訴官吏重寘于法詔依仍令淮南提點司体究如有上件事理一面改正訖具狀申尚書省　十一月二十八日權發遣淮南兩路公事張成憲言契勘淮南還業之人所有稅額未定州縣乞依已降指揮踏寔標項畝目令催納課子二年候參酌稅額見得定數別行起

催詔依每畝不得過五升　十二月十五日詔四川祖
税令遵依祖宗舊法不過得折科如敕違戾仰提刑司
覺察聞奏是歲兩浙轉運副使李迨會納每年所納夏
税和買折帛錢除發足上供之數外逐州尚有寬剩錢
數婺州一萬四千四百五十三貫八百五十八文秀州
一十萬貫文湖州六萬八千九百六十貫文平江府四
萬五千二百四十七貫四百五十文共二十二萬八千
六百六十一貫三百八文逐年依折帛錢條限起發至
令爲例　七年正月一日赦爲軍言本軍累遭兵火之
後耕種尚少妻是民力困乏欲乞展免税役二年詔展
一年　八年六月十二日樞密付使王庶言兩淮州縣

卷萬五千四百三　其

内有已起納二税去處將合納綿紬税絹雜錢白米大
色以在市價例準折作錢却將準折到錢別科米麥至
一畝之地所納物斛至有四五斗者欲下淮南兩路轉
運司行下所隸州縣將合起納二税人户依税額求定
州縣已降指揮更與收納課子二年從之　九年五月
十四日宗正少卿三京淮北宣諭方廷寔言人户苗税
左法係隨地色高下納租即無專立菜園户法欲乞改
正依税法隨田高下納苗税詔劄與逐路轉運司依祖
宗舊制措置施行　二十四日詔令新復州縣將劉豫
重斂之法焚于通衢　十年九月十日明堂赦諸路州
縣人户納田畝錢依已降指揮免收頭子市例船脚等

食貨九之二七

錢官司條援當職官除名勒停公吏人等流配海外情
重者依軍法施行内江浙沿流去處比緣有司申陳許
令從便折納米斛仍已約束不得大量加耗尚慮州縣
並緣侵漁民被其害仰帥臣監司常切覺察如有違犯
按劾以聞當依已降指揮行遣諸路州縣税絹其畸零
尺寸折納見錢本以便民訪聞多是高估價直使民重
困輸送仰轉運提刑司常切覺察諸路税苗多是稉米
折變糯米却將糯米折變見錢并加耗之數亦行折納
是致人户倍有困乏令後應合折科不得于外數展轉
折變　十一年七月七日臣僚言昨降指揮許浙江州
縣民户送紬折帛錢以十分爲率納折二分絹折三分

卷萬五千四百三　十七

綿折五分令州縣乃盡令折錢却責出産紬絹去處抵
價收買以此出剩又應民户積欠税物許紹興九年與
作一年兩料紹興七年八年分作二年四料隨税帶納
令州縣乃緣闕乏之際應民間七年八年九年積税盡
令一併送納急于星火至有破家蕩産流離轉徙之行
某約詔依　十二年九月十三日赦諸縣起催官物依
條合抄鈔人户應納窠數預給憑由逐年令佐施慢但
憑鄉司印給其間脱漏增加情弊不一或已輸納不將
縣鈔銷簿致納與米納例被追呼仰監司覺察令後憑
由如有脱漏止勒元給散公吏陪填其增加之數與不
即銷簿吏人斷停永不得充役縣官失覺察按劾以聞

食貨九之二八

勸會人戶畸零稅賦令合鈔送納本以便民行之歲久寖生姦弊謂如十戶合鈔當納米一石絹一匹之類一戶既已湊納尚不住勾呼其餘或將過由多填姓名妄有催理愚民無知憚于追擾不免認納甚非優恤下戶之意自今應畸零米斛絲綿匹帛許人戶取便或願合鈔湊成匹石等或願攙先折納見錢並許送納與免收頭子縻費限日下給鈔銷簿各不得循襲以取贏餘重困民力訪聞州縣催理稅賦多因形勢官戶及胥吏之家不輸納或典買之際並不推割產去稅存無從催理官司取辦一時勒令催稅保長等出備類至破家日後尚敢勒令出備當職官遠竄人吏決配若豪滑之戶故

十八

不輸納及典買之際不依條推割稅賦擇其甚者具名申尚書省　十三年十一月八日南郊赦訪聞諸路路稅苗多以粳米折變糯米却將糯米折變見錢并加耗之數亦行折納是致倍困人戶今後應令折科數不得展轉折變　十五年五月十一日上宣諭輔臣曰民間所納折帛錢每匹可減一千庶寬民力　八月一日知池州魏良臣言應折帛錢止隨本戶寔數不收合零既便催科又優下戶乞下江浙轉運司依此從之　十六年七月二十六日權發遣均州周綏言本州逓增淮管紬絹民間頗以為重欲乞權免增令年一分且依去年已增三分之數送納從之　同日權發遣舒州汪希

旦言今州認發上供米麥緣地居山僻艱于行運欲乞權依市直折納價錢起發內願納本色者聽從之　十二月十六日進士章公叁言向緣軍興財賦缺乏乃于民間預借其稅以濟軍用今偃兵息民國已有年而豫借之稅今尚未免況豫借之弊折納太重近于重歛上諭輔臣曰此事有否朕與鄰國通和正為百姓若豫借以擾民失朕本意令戶部取索措置以聞　十七年二月二十二日右正言巫伋言縣州有民間輸納常賦而不給以朱鈔者或已給却不行用勒令再納者欲望下郡邑自今如有循習前弊並仰人戶越訴仍令所部監司常切覺察按劾以聞從之　九月二十四日宰執進

十九

呈諸路監司守臣自今所部縣令治狀顯著者保明奏聞奏上曰當今正以惠養百姓為先務秦檜曰如民間折帛錢太重理宜蠲減上諭宰執曰朕久有此志祖宗時每縑價直八百官司乃以一千和買民間既免舉債出息及絲蚕收成之後並皆樂輸比乃創折帛之請令人戶折納見錢殊為非理不知今折納若干秦檜曰當令戶部取見寔數進呈上曰若隨逐路色額減納錢數非惟可蘇民力且使知朕所以休兵之意　是月二十六日尚書省言江浙州軍見輸納折帛錢舊立價錢比之時價稍高兼逐路土産物帛不一竊慮民戶難于出辦乃詔兩浙紬絹每匹減作七貫文和買減作六貫五

百文，綿每兩減作四百文；江南東西路細絹每匹並減作六百文，綿每兩減作三百文。自紹興十八年為始，仍詔令逐路轉運司酌度州軍出產多寡，均撥分數，務令均被實惠，具數以聞。　十八年二月二十一日，權知鄂州曾述等言：江西一路自李氏稅畝數外增借三分，以應軍須，後已行下本路漕司，以妻吳田產步畝所載稅錢借于他路，即承旨量與裁定，仍乞先將沿納一項錢米特免支移折變。詔令戶部取索諸路色目一體看詳以聞。　十九年七月二十四日，上宣諭輔臣曰：昨日亟從翰讀江府殯借八戶苗米，甚爲擾擾，不知何故如此，誠不可。令監司理會，先將守臣放罷。　二十年二月

[illegible]

十八日，廣南西路提點刑獄公事路彬言：靜江府昭州夏稅折布錢最重于諸州，蓋自紹興五年諸路軍帥都督行府一時措置，每匹折納價錢比舊增及一倍以上。自後沿襲依數折納，欲望將昭州所折布錢減去增價，止令依舊價折納，或于見納價錢上三分之中與減一分。詔令戶部看詳取旨。

賦稅雜錄下

高宗紹興二十一年二月一日，詳定一司勑令所删定官魏師遜言：郡縣或因米價賤于輸納之時，却欲以苗折錢，欲望申勑郡縣守令、監司覺察，許人戶越訴。從之。　十一月二十二日，權知池州黃子游言：本州六縣每歲所納苗稅，惟有青陽一縣比之其他縣分每畝所納苗稅獨為太重，乞下轉運司体究詰

寔將青陽縣比附鄰近縣分所納税額酌中裁定詔令
戶部看詳取旨　二十二年正月二十一日大理評事
莫濛言竊見州縣常賦税秋苗官耗義倉各有定數而
受納官吏往往于額外別立名色謂之加三收耗及脚
耗之類民戶受弊至有納一二倍纔及正額者其多收
在官之數止資官吏侵盜欺隱寔無補于國度欲乞令
有司檢坐條法行下州縣每遇受納揭示民間許令越
訴仍令監司郡守常切覺察如有違戾者按劾聞奏重
寘典憲從之　二十二年三月二十八日大理寺主簿
丁仲京言州縣預借人戶税租有借及一二年者其間
復以本色紐折見價又倍之輸納稍緩加以嚴刑欲望

卷一萬五千四百三十

申嚴法禁如有違戾令監司按劾以聞上曰此多是州
郡妄用若撙節即不至如此可令戶部申嚴條法行下如
有違戾令監司按劾御史臺彈奏　八月十三日監察
御史魏師遜言欲望申飭郡縣今後于受納二税之時
曉諭民戶自詣輸送當官給鈔銷落欠額不得准前多
方邀阻容縱兜攬以為公私蠹害如有輒敢違戾去處
令監司按劾以聞重寘典憲詔令戶部檢坐見行條法
指揮申嚴行下　十一月十八日南郊赦勘會比來糶
米狠民而州縣閒有將合納苗米高立價直違法折錢
雖已降指揮令監司覺察尚慮州縣利于妄用依前折
納有困民力仰監司常切覺察如有違戾按劾以聞二
十五年十一月十九日二十八年十一月二十三日三十一年九月二日赦並同此制

二十八年十一月二十三日三十一年九月二日赦並同此制

二十三年六月二十五日上諭輔臣曰靜江府士人所
上書乞減税事可令有司看詳行下税額係胡舜陟妄
增尤為民害不可不減也　十二日新差權知忠州董
時敏言州縣人戶送納苗米起發工供其水脚糜費固
已帶納而州縣又從而科斂令重疊送納欲望行下逐
路轉運司條具如有似此重疊斂納者悉行改正從之
　九月十五日大理評事劉敏求言夏秋二税分立三
限中限不納方許追催近年縣邑往往初限未滿即行
追逮監繫榜掠欲望申嚴法禁戒飭諸路縣邑逐年催
税必遵成法無或違戾從之　二十五年十月四日詔
紹興二十六年分民戶二税不得合零就整令戶部行

卷一萬五千四百三十

下諸路監司州軍遵守如有違戾許經尚書省越訴
十一月十九日赦夏秋二税催科自有省限州縣官吏
多不遵奉條法受納之初便行催督蚕方成絲即催夏
税禾未登場即催冬苗峻罰嚴行淫行箠楚傷害百姓
莫此為甚仰監司常切稽考如有違戾按劾申奏重行
責罰　紹興二十六年正月二十六日戶部言今欲遍
下諸路監司州縣將人戶二十六年分合納畸零税租
寔數折納價錢如願將本戶畸零寔數與別戶合鈔送
納本色者聽從民便從之　二月三日右司員外郎兼
權戶部侍郎鍾世明言欲望朝廷行下四川轉運司取
見預借税賦縣分若借及一年者即令分作二年四料

理折借及二年者即令分作四年八料理折出給公據付人户執照仍將逐年理折之數分明批鑿簿書及人户公據自後輒敢預借及不與人户理折并不為批鑿簿書公據官吏從轉運司按劾重作施行仍許人户越訴或他路有似此預借去處亦乞依此施行從之 七月六日右正言凌哲言乞下諸路州縣應積年拖欠苗税官物等並權住催候至秋冬之交收成了畢再行追理于是户部言人户積欠已放至紹興二十二年終具以後年分候收成日隨料催納如有違戾仰監司覺察按劾從之 八日詔諸路縣道起催産税鄉司先于民户處私自借過夏税和買人己並不赴官卻將貧乏下

卷萬五千四百五十

户重疊催科補填上件夾限數目下户畏憚往來再行送納重困下民無所伸訴令户部看詳立法如有諸路縣道公吏輒于人户處私自預借税物許令越訴犯人重行斷配監司守貳常切覺察從殿中侍御史周方崇之請也 十四日詔遂州委知通將遂縣官户權勢之家合科納和買等並與平民一等如輒敢減免官司及減免之家並計贓斷罪令監司覺察如有違戾按劾聞奏 八月四日權知桂陽軍程昌時言州縣為民害者莫如科配巧立名字行之自如欲望專委監司郡守鐫版大字榜示諸村鄉鎮市凡有科配許民越訴有司許受其詞不許繫其人差官体問得是申明朝廷係不

違詔旨宜以違制論所科錢物並以入己斷罪上四科數不均最為民害出榜之說朝廷累有指揮惟是官吏為姦恐民間盡知數目不得而欺隱所以不肯出榜從

二十四日上宣諭輔臣曰前日景筦上殿論川中所帛錢太重緡一匹之直払下不及五千而官估則取十千此物之估率皆稱是妄多格民所謂減價直不過一千而已更須量與減損若只行下令看詳雖行十數次未必濟事若莫使制與四川總領司令契勘合謂減數目申朝廷庶幾民受寬恤朕自即位以來如土木之工玩好之物外至于邊事内至于錫予未嘗一有妄用凡以為百姓而已 九月二十日右正言凌哲言欲乞申嚴

卷萬五千四百五十

州縣守令並須遵依近降指揮應人户税租畸零止據實數折納價錢及聽合鈔送納本色外不得准前過有科取以就整數仍乞委逐路監司常切覺察違者按劾以聞并許御史臺体訪論例及人户越訴從之 二十四日直秘閣知臨安府榮薿言襄陽府百姓因應多所隱落本路轉運司盡行根括增添租米數目比舊太重民力不勝緣因修築漢江隄防權宜將所增畝角十分裁減二分近聞除下户依減定數催數外所有上户卻令盡依增添之數輸納欲望行下京西轉運司將管年府前後增減因依照應改正從之 十月二十八日三省言委州按奏崇德知縣林善問因催稅折帛錢卻予

民間倍科騷擾先次放罷，既出閑奏上司科借錢物，若一一在官猶可，但恐因而入己。大抵贓吏最為民害，不得不治。今後須至追盡贓物，緣取贓既多，若不盡追，自謂雖得罪猶不失為富人，以此吏無畏憚。從該等奏，令後當一一遵依施行。閏十月十三日，兩浙路轉運副使柴稱獻言：人戶合納夏税，乞令州縣將人戶名下正納若干，和買若干，出給憑由，散付人戶收執，永遠照應。輸納如人戶物業有進退，合分明開具改給，不得輒有增數。從之。　二十七年六月四日，權尚書戶部侍郎林覺言：兩浙州縣第五等下戶令歲合納紬絹，乞將一丈以下，從便折納價錢，每尺一百文足，零寸一十文。免收頭

〔永樂大典一萬五千四百二十三〕　壹五

子勘合等錢，仍委令佐同受納，即時給鈔銷簿，如輒多增收錢，容縱合干人阻節，乞覺官吏並計贓斷罪，許人戶越訴。上因諭輔臣曰：合零就整，此固甚善，然亦須約度。謂如一戶為首率九戶共到官，司先給由子與鈔頭。若官吏得人，即時銷入，則十戶更無騷擾。不然，却恐鈔頭多係錢物送納了當，却收藏由子，不肯齎出比照，官司追催緊急，累人不免又須再納，此貸民。下民所以重困，卿等可措置，令經久便民，然後行下。宰臣沈該等奏曰：今年夏税物帛已起發了，且令有司熟議，自來年為始。　二十三日，臣僚言：諸路州縣起催產税，積弊甚大，富横之家與本縣公人相與為姦，使下戶細民破家逃

移深可憐憫。蓋未催科之時，典史鄉司先于民戶處私自借過夏税和買入己，比至開場，更不納官，以一邑計之，有數百匹、五至十匹之家失陷，官物不知幾何。欲將下戶重疊催科，補填上件失陷數目。乞令戶部看詳立法。令看詳參酌，下條：諸州縣公吏人于人戶處輒借税租及和預買紬絹者，杖八十；若上限盡而不為送納計贓重者，準盜論，三十匹配本城。許人戶仍聽被借人戶越訴。委監司守貳覺察。　二十八日，左司諫凌哲言：諸路縣道起催產税，公吏攬子先于民戶處私自借過入己，不為了納。戶部看詳立法，尚有未盡，當令戶刑部重別修立，到下條：諸州縣公吏于人戶處輒借税租和

〔永樂大典一萬五千四百二十三〕　壹六

預買紬絹錢物同，準盜論，五十匹配本城，許人戶告，仍聽被借人戶越訴，告獲州縣公吏于人戶處輒借税租和預買紬絹錢物同，錢五十貫。諸攬納税租和預買紬絹錢物謂非係公之人，本限內不納，杖六十，二十匹加一等，罪止徒一年。詔依，一年仍行下州縣，知通、監司常切覺察。　二十八年正月二十一日，將作監主簿葉闓言：伏望特降指揮，州縣折納二税，並依時價，不得輒有增加。兩閩中下四郡倍甚，最為甚者，乞委轉運司以時檢察按其違戾。從之。　二十九日，上諭輔臣曰：聞福建民戶輸納苗米，每斗折價錢八百文。士大夫往來，曾議論及此。臆臣陳誠之奏曰：已前不聞如此，七八年來

諸州或科納價錢有及二分以上在法米斛畸零之數許納錢所以便民今乃取其高直一概科數歲豐穀賤農田反蒙其弊上曰關中米價每斗几錢陳誠之奏曰去年豐稔糙米只是三百以下錢上曰今納八百安用廣費許多使此錢歸戶部助國用猶恐其傷于民況州縣一時措置多取妄費此不可不究其弊若第五等戶畸零之數許納價錢亦須有定數豈容高價科數陳誠之奏曰聖恩如此民不勝受賜　二月二十三日右正言尹穡言福建折納米價每斗至于八百有奇是又倍于廣右之數近饒州樂平縣亦科抑糯每斗四百五十窃恐別郡應亦有虧仁政欲望福建及他郡折納令漕

（卷萬五千五百三十三）

司檢祖宗舊法令納初時詢究寬價寬價之外耗費共不得過百錢如此弊急不得科折仍令漕司粉壁曉諭使民通知州縣故違必論違制監司隱而不察亦寘典憲從之　二十八日知閬州蘇欽言昨令州縣給散民間合納夏秋二稅憑由寔為利便然憑由之給不從具稅租合納名色而已須是一歲閒本戶二稅增減之數如夏秋稅憑由各具去年至今年稅錢米斛物帛增減之數或收買與到某鄉某人某色名田土稅錢若干或與賣出本戶某色名田土稅錢若干入某人戶下見今戶下實計稅錢或物斛若干合納支移折變物帛斛斗從幾下項開具縣令佐點檢無差錯簽押

用鈔印給付民戶收執所給憑由並于起催前一月給散如有欺弊不寔大科錢物許人戶經縣或經州論訴施行從之　七月五日前知興國軍周冲言望戒飭州郡應管內諸縣二稅從久去處委官檢照如係上三等人戶少欠數多即令推究官吏情弊施行從之　八日右正言尹穡言諸閒諸邑多有違法凡民戶入納第令攬頭給會子用領承買給鈔期年之閒忽有追呼有鈔者則曰簿書未銷欸會者則曰此易為信俾揄繼之必莫再賦欲望敕諭大臣措置行下倘有相習於前之弊小則罰月俸大則良縻斷罪雖惟經安在心行俾守令歲取具甚者罷一兩百以戒欺紿上曰人戶合鈔之弊

（卷萬千四百三十三）

弊往往有之蓋緣攬納之家利于快便不肯給作小鈔更與交革相表裏或不銷簿致有重科則逐戶既無鈔守而官鈔在縣不與檢照此弊誠不可革沈該等奏曰前後法令甚詳當依聖訓令戶部措置于是照戶刑部檢照條法措置以聞既而戶部言凡入納稅賦未肯給鈔或給鈔簿書未銷而受乞財物及抑令重納並有條令斷罪今欲備坐條法指揮下諸路州軍出榜曉諭仍令監司覺察違戾去處按劾施行刑部言戶部已行檢坐法申嚴行下內乞取其甚者罰一兩百欲令諸路轉運司將違戾最甚去處開具當職官職位姓名申朝廷重作施行如監司蓋庇不舉即依條互察從之　九月

十九日，臣僚言：江州德安縣向于太平興國年中分撥三社人烟創建星子縣，自兵火後為僻邑，德化縣多侵界至十餘里，民間就地里近便止于德安縣輸納稅苗。昨來經界，其德化、星子兩縣已蓋將德安縣撥過田產收賦逐縣所有苗稅，未曾隨產改割，是致德安一縣兼受納兩縣無產之稅。欲望下戶部將德安縣苗稅且依經界以前逐畝租額輸納，仍委自兩路漕臣選擇清強官躬詣地頭會集耆老，取索干照，從寔改正，免致一縣偏受重賦。于是戶部言：欲下江東西漕臣徐度、李邦獻公共相度，如有交互未割正苗稅，即行重寔改正，仍具合行改正數目申尚書省，如無，來割正苗稅即遵已降指揮施行。從之。

卷萬五千四百五十

二九

二十二日，廣南西路經略安撫司准差遣李蓍言：袁州支移苗米于臨江軍寄倉送納，本欲便民，比年江西米賤錢荒，民皆賤糶米而貴買金帛至臨江軍踐賣之，復貴價糴米輸納，故民輸一石其價數倍，袁人苦之。嘗已就本州送納，仍令人戶自出袁州至臨江軍水腳錢，候春水泛乃起發，漕司公吏受賄，率不能得願。詔轉運司以袁州支移臨江軍所納米從便于袁州送納，詔令本路轉運司相度施行。　十月二十一日，知賀州鮮于盂言：本州不通牛耕，逃田有請射者不三年定輸，而之地是致失陷省稅，逃移戶口。欲將日後請佃之人與減所納稅分數，次年便行起催。于是戶部

看詳本官所陳，即未見立合減稅賦分數及日後有無虧額。若次年便行起催，又恐人戶耕墾未至成熟，却致艱于輸納。若從本路轉運司從長相度經久可否利便申取朝廷指揮施行。從之。其後湖北轉運司言：今相度欲依鮮于盂所乞，將逃請田八三分中酒得界荒田一分並許自耕種日與免兩科稅，仍自次年便行起催。其餘全業請佃逃田即乞與免五年，次年起催，更通五年法與減稅額五厘，謂如今年春下狀全業請射，至第四年合起催，即乞再免夏一料，使之四年耕食一料收稅。從之。　二十九年七月二十八日，荊湖南路提點刑獄公事彭合言：州縣為政，二稅之外毫髮不取，遠方僻邑

卷一萬五千四百二十一

三十

吏緣為姦，創添名色，擅行科歛，有曰五戶錢，有曰所絕錢，有曰醋息錢，有曰麴引錢。欲望行下有司檢坐擅科歛法，申嚴行下諸路監司常切披察，如州郡容縱並與同罪。從之。　二十九年八月五日，詔紹興府會稽縣昭慈、永佑陵宮前後買過民地，其人戶舊管稅，切慮州縣尚行催理，可令本司取見的確賣過地段頃畝，合納稅賦照驗簿籍審寔除豁。　十六日，知英州陳充勸言：英州舊額丁田米三萬餘石，至經界覈寔不滿萬石，而前任轉運判官鄭雨抑勒州縣抱認舊額，虛數至今，轉運司逐年猶以舊額督責，更不以經界為正，是致百姓流移日甚。又廣東一路惟韶、連、英有此虛數，三州之

民均受其害。乞詔本路漕臣照應經界實数催科。」詔令轉運司將南雄、連、英三州照應經界新額催科，不得用虛數抑勒州縣。

三十年六月十九日，上謂輔臣曰：「方六月禾稼未登，訪聞民間已催積欠，可令諸路轉運司徧行下州縣，候將來秋成了日方可催理，庶幾民不告之逋負，易足。」湯思退等曰：「陛下勤恤民隱，一至于是，天下幸甚。」

二十一日，戶部言：「今歲豐登，粒米狼戾，似聞州縣往往以催理積欠預期差人下鄉，非理追呼，事屬騷擾。乞下諸路轉運司嚴行戒約，如實有未納稅賦，候收成了日方許催理。仍仰本路常切覺察，若有違戾，按劾重作施行。」從之。卷一萬五千四百五十三

七月二十四日，臣僚言：「州縣夏秋二稅之欠，或水旱逃荒不行除放，或豪貴典賣不為根收，或簿鈔積壓而不銷，或公吏領攬而不納。逮至省限過勘，旋憑鄉司根刷，或勒貧民重疊監理，或追耆長責認賠填，徒有舉催舊料之名，即是侵過本料之物。但添追擾，再欠如初。與其責望于失陷之後，孰若檢察于姦弊之前。乞下有司逐一舉行條例，毋為具文。」從之。

十一月二十一日，權發遣黎州軍州事馮時行言：「本州秋稅米無正色，唯納估錢，其估錢從來元無定價，正從太守臨時約度，米一石至令人戶納錢引一十三道，重困民力。已令百姓充土丁者一石只納八道，不充土丁者納十道。乞用今來所減錢數立為定價。」詔令成都府

路轉運司審度，如委是官司兩便，即依此施行。

三十一年二月十七日，兩浙路轉運副使林安宅言：「巡歷郡縣，多有形勢之家憑恃強橫，全不輸納，苟有追呼，小則繫逐戶長，大則脅制官吏。于是縣令懦者低首而容忍，強者反擠排而去。又有陰為民戶影占田産，規避稅役，習以成風，略無忌憚。欲望詳酌，乞行下本路州縣，如有形勢不納租稅及為民戶影占田畝之人，許令縣官具實迹申監司，按劾以聞。」從之。

四月三日，臣僚言：「州縣民戶秋稅輸納，多收加耗，奸猶未革。緣逐路漕臣不恤州縣之有無，誅求無厭，致秋稅之入，少得留州，而一州之間，歲有養兵吏祿之費，無所從出，故不免于輸納之間收取耗剩，以取贍給。欲望嚴詔有司，俾逐路漕臣取見諸州縣歲合所用實數，存留應副，使州縣無得藉口以生姦弊。如依前尚敢不遵法令，多收合耗，乞重寘典憲。」詔令戶部看詳。其後戶部言：「在法受納應納數外輒收羨餘，或輒他用，及非法擅斂，並有斷罪條法。今欲依所乞行下諸路轉運司，取見所部州縣歲合支用實數存留應副，所有加耗剩，常切遵守前項見行條法指揮施行，毋人違戾，仍令本司逐時覺察，如有違戾去處，按劾施行。」從之。卷一萬五千四百五十一

五月十三日，臣僚言：「廣西運司比年以來，寘稅折錢，不問州之遠近，稅之高下，盡行支移折變。欲望行下戶部，契勘免行科折，仍乞本路以逐州之稅

合隨本州送納。于是戶部言：在法，租稅合支移及科折之物，轉運司量地理近遠、審量豐歉、歛土產有無，于起納九十日前，以物名數行下。稅租擇近便處，令下戶收輸納。應支移折變者，先富後貧，自近及遠，轉運司籍記，應詐降即時注之。其支移非急切及軍期而入戶願納支移物價腳錢者，聽人戶輸納。稅租應折變物，轉運司以納月上旬時估中價準折。有違法者，提點刑獄司覺察奏劾。人戶稅租應副他處輸納，而願就本縣納者，轉運司量地理定則例，令別納寔費腳錢，即難于輸送。而入戶願納錢或改折物者，具利害申，運司無妨關，聽從。民便折變支移，和買不計豐歉，貴賤多寡，以貴爲賤，以賤爲貴，及多寡豐歉不寔。近有斷罪條貫制，欲下廣南兩路轉運司遵守前項見行條法施行，毋令違戾。從之。

卷一萬五千四百三十二

九月七日，知漢州王徐言：民間輸送夏秋二稅，畸零錢帛物斛，舊法許衆戶合零就整，同常送納。自軍興以後，縣鎮利于出剩，應于畸零務要納整，更不許合鈔。欲望朝廷申嚴行下縣鎮，許令民戶將畸零寸銖合𠃌等類，許依舊法各于逐鄉逐里並就整成匹兩升斗，開單名共作一鈔輸納入官，仍于稅簿內簿頭子細分開下戶畸零都數若干，別置簿歷，專一抄上畸零錢帛物斛單名納到錢數，照用準備點磨。從之。　十三日，知梧州任詔言：廣西州縣例皆荒瘠之所，民戶貧薄，了辦稅賦不前，拋棄田業者不少，往往未曾倚閣，督責催理，累及四鄰及承催保長等，逃亡愈多。臣今欲乞朝廷特降指揮，許令諸州徑行根括逃絕田畝，倚閣稅租，乞申所屬監司。監司委官覆寔申戶部，除豁。于是戶部言：欲下諸路監司，州軍依所乞事理施行。如有逃亡合開閣減免租稅，州縣依舊勒令鄰保陪填代輸，並依見行條法施行，仍從監司覺察，如有違戾，亦仰從本司按劾施行。　二十四日，資州鄉貢進士劉晃言：昔李椿年舉行經界，其寔均兩稅之要也。自今觀之，有名無寔，何以知之？經界之行，伍保與民俱濟，于田執契驗田，不容詭冒，量田頃畝，土色肥瘠，以定稅多少，而賦輸之輕重以之。

卷一萬五千四百三十二

令，則不然。其取輸不自于稅，或取之價錢，或取之家業，或取之以山石子斗，故有偏輕偏重之失。欲乞嚴行約束州縣，俾皆罷去家業價錢山石子斗，一用經界所均兩稅以定賦輸常數。詔令戶部看詳。戶部言：欲下本路轉運司取見悠久利便以聞。從之。　紹興三十二年，壽皇聖帝已即位未改元，六月十三日登極赦：應人戶典賣田產，依法合推割稅賦。其得產之家避免物力，計囑公吏不即過割，致出產人戶虛有抱納，或雖已過割，而官司不爲減落等，仰令依舊差科，立限兩月，許經官陳首，画時推割。如違限不首，令元產人戶越訴，依法施行。

壽皇聖帝一作孝宗皇帝

乾道元年正月一日、三年十一月六日、六年十一月六日、九年十一月九日南郊赦並同此制，並限陳首並止一月，示法施行。十七月二十四日止

七月二十四日，臣僚言：諸路州縣輸納夏稅，令人戶

納折帛錢大貫五百却遣人于出産處收買輕絹每匹
不過兩貫五百起作工供支散軍兵寔爲公私之害及
人户有合納畸零絹分寸並令准納一尺價錢計其畸
零一匹無慮得錢七十餘貫其起工供網日止依元數
經計價錢其餘盡爲官吏侵盜又納秋苗一石以工受
納官吏將所納米數納庾已足察令人户經價納錢八
已出給虚鈔乞行禁止詔出榜曉諭如有違犯許人越
訴將犯官吏重寘典憲如監司不覺察亦與同罪 八
月一日詔淮南路去冬殘破去處展免二税止據寔墾
田土量行檢收課子其間有見佃逃絶職田等人不問
已未耕墾逃田上等每畝二斗中等一斗八升下等一
卷萬五千四百壹
一斗五升絶田每畝七升或一斗至二斗今來州縣依
舊送納全租可將淮南殘破州軍民户已佃逃絶等田
且據目今實開墾田畝將先立定租課特與減半送納
未耕田畝權行倚閣候及二年並依舊輸納從淮南運
判莫濛請也 二十三日詔臨安府係駐蹕之地及四
方衝要去處有民間田地爲官司所占或作寺觀花園
管寨宮字等雖已減免二税訪聞和買紬絹州縣不曾
隨税除豁却均衆户送納自今應官所用民間田地其
和買並隨二税蠲免不得暗數衆户違者聽人户越訴
當議根治從中書門下省請也 十二月三日詔紹興
府會稽縣三都人户二税不得支移折變其後隆興二

税不得支移折變其後隆興二年五月六日紹興府言
本府和買額數比他州縣最重就八縣之中惟會稽縣
尤甚今來不敢申乞減免緣本縣正係攢宮止蒙蠲免
三都支移折變乞照宮陵制景德四年永安縣優䘏体
例將會稽一縣盡與蠲免支移折變所有年額折帛乞
與除豁盡數起發本色詔兩浙轉運司將會稽縣税賦
與免支移折變所有本縣年額和買折帛止令盡數起
發本色更不折錢 十一月十四日給事中金安節等
言有旨太一宮見管秀州嘉興縣伏礼鄉草田并臨安
縣赤岸柴山依條合納夏税秋苗外其餘科敷數和買
折帛及諸色科借等可行下所屬並與蠲免日後置到
卷萬五千四百壹
田産准此竊詳太一宮既有秀州臨安府兩處田産其
税租科敷和買等自合依條供輸近歲和買折帛之類
民間雖病其重然以物力科數事体均一故樂輸而無
辭今若偏有蠲免則其所免之數當復加于他户奚斷
民得無甚病而興不均之歎乎況所降指揮有日後置
到准此之文彼既得此又將與豪右交關廣殖産業與
齊民競利非所以崇清淨之教也詔前降指揮更不施
行 壽皇聖帝隆興元年正月二十六日詔江浙諸州
軍合發工供紬絹綿年例除進奉外將夏税和預買准
衣以分數折納價錢補助經費令江浙轉運司依去年
所折分數酌度均撥行下折納既而臣僚言去年所折

分數嘗以十分為率內紬折三分絁折八分綿折五分兩浙路紬絹每疋折錢七貫和買折錢六貫五百綿每兩折錢四百江南兩路紬絹減作一貫綿減作三百依與拘催歲供錢六百餘萬貫蓋緣養兵之費不欲強致于民故從折變寧民之害往往加數以折或令全折及將零寸就整無慮增倍蠶未及桑預行催借因求贏餘且復溫取勢必重困乞嚴賜戒飭逐路漕臣督察州縣于首部定立折納分數外不得擅有增加如違許人戶越訴寘之典憲漕臣符同亦加點責從之　九月十八日戶部言四川安撫制置使沈介乞將紹興三十年以前四川人戶交易白契田宅稅錢不問登載及業在戶

卷萬五千五百十三

下與否並行除放又前川陝宣撫使王之望申本司承朝旨將業在戶下白契依赦免其倍輸只納正稅令措制州縣剗刷置使除放傍示與近降指揮異同疑誤百姓契勘工件契稅本合輸官止緣業不在戶下朝廷寬恤將已納在官錢許令對折稅物又緣四川即今調發軍馬用度增廣若盡將已納在官錢對折見今合納稅賦即于大軍歲計妨闕欲下四川制置司總領所遍報所部州縣將業不在戶下已納在官錢數正許對折本戶積欠稅賦其今降指揮到日以前已與人戶蠲減及諸色人仍先降指揮對折訖者更不追改所有三十二年六月十三日赦後未曾投稅之人自合遵依見行條

法所有已納在官錢對折民間積欠稅賦錢數令本所剗須椿管如遇大軍歲計闕少即申朝廷指揮支撥貼助從之　二年正月十八日知池州韓元龍言本州昨准指揮為青陽縣稅重將稅減二分半萬課米減二分其減免過數于轉運司所得係省錢內依數撥還緣本司別無寬剩錢米乞免撥還于是戶部再申請依已降指揮撥還從之　三月二十七日德音廣西州軍合納稅租訪聞州縣料折見錢却以和糴等名色抑勒人戶過數輸納已降指揮下轉運司不得非理折科及令提刑司嚴行覺察的處奉行滅裂重困民力可令逐司常切遵守如提刑司失于覺察委御史臺彈劾如有

卷萬五千五百十三

糴過米數米還價錢日下支給　四月二十六日知常州宜興縣姜詔言本縣無稅產人戶每丁納丁身鹽錢二百文足第四五等人戶有墓地者謂之墓戶經界之時均紐正稅又令帶納丁鹽紬作折帛錢輸納契勘本州晉陵武進無錫係于田產上均納獨本縣昨來經界將鹽紬紐在下戶帶丁收納乞依晉陵等三縣一例隨產均納從之　十二月三日詔四川轉運司行下所部州縣夏秋正稅紬帛如人戶願合鈔成匹送納本色外有畸零之數遵從見行條法聽依實直價納錢仍仰本司常切覺察無令抑勒價錢違戾　乾道元年正月一日南郊赦應夏秋二稅催科自有省限州縣官吏多不

乾道六年十一月六日南郊赦、九年十一月九日南郊赦並同此制

違奉條法受納之際多端作弊倍加斗面或非退換縱
容專𣂏揀子計會乞取方行了納或先期預借重疊催
理不與除豁既已納足阻節銷鈔之類甚爲民害仰守
令嚴加覺察如有違戾仰監司按劾申奏重行黜責仍
許人戶越訴　二月二十一日詔訪聞兩淮州縣多于
人戶逐年合納常賦之外過數科斂謂如夏稅有殘零
折變錢又有自陳折麥錢又有續陳折麥錢其秋稅及
坊場河渡課利有似此巧作名色之類可令逐路提刑
司体究如有似此去處開具申尚書省取旨施行　從中
書門下省請也　五月三日詔江浙州軍每歲人戶合
納二稅物帛等内温台處徽州係不通水路去處依指

卷萬五千五百三十二

揮許人戶依立定分數並以銀折納訪聞州縣却于數
外妄有科折顯屬違戾可令逐路轉運司行下逐州軍
將人戶今歲合納折帛銀遵依指揮自立定方數及照
應的實市價即不得以加耗爲名大科秤斤兩如有違
戾許民戶越訴將官吏按劾以聞據多收之數計贓斷
罪　從中書門下省請也　六月五日臣僚言四川諸縣
二稅積欠其弊在吏如來歲夏科已預借于今歲之秋
秋科已預借于去年之夏豈容有一錢之逋然有給鈔
而不銷簿者有盜印鈔而匿財者有私立領據而官不
受理者有公吏攬取而賦入不歸于公工者欺隱百出
未易彈舉一遇赦恩除放吏之罪釋然而民之憂如故

也有司所損歲不知其幾萬若至數赦則不知其以幾
千萬計矣乞下諸路監司遵守條令不許預借若積久
不舉歲輸告之即選清强吏如前所陳一一究治之詔
令總領制置司常切覺察　十一月十九日執政進呈
建康府言盧場沙田稅賦今年七月指揮令秋拘催
而九月指揮于來年秋起催楊倓奏已依九月指揮施
行而梁俊彥又令依七月指揮送納上曰只依九月指
揮庶寬民力　二年五月一日詔右迪功郎新差充江
南東路常平司幹辦公事程說特降一資放罷新任所
欠常賦令日下監納知饒州俞翊奏說身爲命官積年
不納常賦一戶共欠七百一十一貫有奇乞施行以爲

卷萬五千五百三十三

形勢戶不納常賦之戒故有是命　十一月一日詔平江湖
秀三州已開掘圍田稅賦即行除訪將經界後圍田令
來不經開掘者候農隙州委通明官分頭詣逐縣打量
的確頃畝並依省則紐立合起稅色保明申州類聚申
省部隨稅起理　從兩浙轉運司使王炎請也　三年正
月二十五日太府少卿曾旹言折料折帛國家之所不
得已也吏緣爲姦以稅錢折麥以苗米折糯爲州縣場
務麹醸之資于法以四月中旬麥價立定折科令州縣
率爲姦吏估麥必損其直以稅錢一折金十民已困矣
准絹爲匹八貫有奇折麥有至二石五斗糜費耗折幾
麥五石以去歲麥價紐計十六七千兩辦一端之稅場

務所趁課利有定額利折米麥有定數縣道往往過數
多折和預買本以利民今不給直而白著矣不取絹而
折錢矣税絹和買輕重不侔丁塩綿絹名色各異元降
指揮以上供和買各折五分今縣道有將諸色物帛一
例科折互有出入合折者暗納本色不合折者反輸價
錢詔諸路轉運司行下所部州縣遵守見行條法又依
紹興二十八年三月四日指揮施行如有欺弊不實許
人越訴仍從轉運司常切覺察按劾　五月十八日詔
右奉議郎新太平州繁昌知縣魏堯臣特降一官放罷
新任所欠當賦令所屬日下監納以堯臣在鄉豪强不
納二税從戶部之劾也　六月二十六日詔臨安府新

卷萬一千四百十三　四十二

城縣每年進際税賦與減半一半以知臨安府新城縣
耿秉言新城縣田畝舊係錢氏以進際爲名虛增進際
税額太重每田十畝虛增六畝計每畝納絹三尺四寸
米一斗五升二合桑地十畝虛增八畝計每畝納絹四
尺八寸二分此之謂正税其他又有和買紬絹每田一
畝計二尺四寸陸地一畝計三尺六寸又有折科小麥
夏秋兩科役錢揔計一畝納税兩千人戶齎出天聖皇
祐間典賣契書分明開説所典賣產因定量畝步若干
虛增進際畝步若干及經界打量乃見虛增之數太多
失于陳乞除放照得逐鄉印板税則揔計本縣合放之
數水田產絹一千六百八十匹有奇苗米二千八百一
十六石有奇桑地紬絹二千二百九十二匹有奇乞與
除放故有是命　七月十八日詔右通直郎知秀州嘉
興縣關冕特降一官兩浙轉運副使姜詵奏嘉興縣出
違省限拖欠常賦苗米一萬一千一百餘石知縣更不
催納故也　八月九日右諫議大夫陳良祐言諸郡納
省絹限以十二兩和買限以十兩自有定數昨因徽州
湖州絹戶部退剝近左藏軍供送絹帛係袁州建昌軍
物帛戶部元究治官吏雖退剝者繼令發納究治者合
千專庫並已放罷照諸處受納監官望風懼罪縱令合
入百般邀阻如絹一匹有求十三兩者如玉產止係黃
絲必求白絲者年例止用肩絲今欲更求細絲如此非

卷萬一千四百二十六　四十三

一常年用錢四串可納一疋今增爲六貫至高價折錢
分遣人詣行在并產絹去處買納又民間與賣田宅限
六十日赴縣從税再限六十日齎錢赴縣投納税契不
得過一百八十日自有定法其諸縣税契錢旋行解發
作月椿錢赴州送納今聞諸郡盡行拘赴本州從税且
如縣到州五七程民間些少典賣而使之負擔往返半
月官司難阻是以民間典賣不肯報州白折税錢乞禁
戢州縣每年納絹自有常數不得數外邀取諸縣投税
自有定法不得拘赴本州從之　十二月十八日詔和
州萬等手永免戶下三百畝賦税徒知州胡昉請也
四年四月十六日臣僚言國朝征賦止是夏税秋苗軍

興以來乃有折帛和買兩州郡不恤多將夏税秋苗大半高價估折却于他州買紬以充上供之數斛面取米以足軍糧之儲民安得不重困哉乞降指揮禁約諸州軍依法催科並要本色不得折納價錢至于畸零自如常制户部契勘催本色除省部立定折納分數外欲下諸路轉運司詳合今來臣僚奏陳照應見行條法約束令監司互察施行從之　八月十六日尚書度支郎官劉師尹面對奏江浙兩路折帛錢紹興初年立價折納後增一倍至十五年四路折帛並從裁減自後二折夏税紬絹各減一貫五百江東西並減兩貫緣州縣不依省部科折分數暗有增添如絹只合科三分今科至七

卷一萬五千四百二十三

分乞漸次裁減以寬民力上曰朕未嘗妄用一毫只為百姓可從其請　九月七日臣僚言州縣人户歲輸夏秋二税並係本户所有田産花利以時供輸或有逃移事故拋下田業其税賦依條本縣驗實檢閲令州縣照失元額仍舊催督勒承催保正長代為填納故破家蕩産者甚衆乞行下諸州委知縣根刷應逃亡事故人户拋下田産未有人承佃耕種者盡數根刷開坐鄉村項畝名人權行佃種送納税賦遇有歸業之人依條施行從之　十二日四川宣撫使虞允文言被旨州縣尚有預借人户賦税令于總領所椿管添造錢引三百萬貫内取撥一百萬貫委置總領本路漕臣考覈預借實數

四三

與州縣補填自今更不許預借已施行外緣未有立定專法縣道略無忌憚今欲將預借縣分令佐以違制論仍不以去官自首赦降原減任滿批書印紙公吏依上條從准盜論斷配不在自首赦原之限若有入己自從本法從之　十二月十七日詔兩浙江東西路乾道五年夏税和買折帛錢並權與減半輸納一年如州縣輒敢過數取民一文以上許人越訴檢鼓院進狀陳訴官吏當重寘典憲既而中書門下省言所降指揮非不嚴切近來州縣放免數外將逐年合納本色高擡價直勒民户納錢自行買絹充數又其間有將合減之數不盡蠲減顯如每疋合減三貫止減二貫之類甚失朝廷寬

卷一萬五千四百二十三

恤之意詔令逐路監司嚴切覺察如有似此違戾去處按劾聞奏監司或失于檢舉令户部糾劾御史臺彈奏並重作施行　五年五月二日詔隆興府將三鄉寫逺税正額錢三百五十九貫苗正米六百二十八石并沿納折科盡行蠲除今後不得别作名目復有科擾以如府事劉珙言本府奉新縣附郭僻遠同安兩鄉平時上户多居近郭故將别鄉産税併隸所居鄉分催科經界之後隨産均税既均之後則向來諸縣互差寫税積年既久契據不存莫考其本乃盡以寫税均于建康同安兩鄉兩鄉既受隨産税苗不肯復受寫税自此詞訴不絶末後乃將上件寫税攤委之于晋城新安法或三

四四

鄉三鄉亦已受經界隨產之稅復加寫稅重者至十分
而增四豊年所得不了租稅乞與蠲除故有是命　七
月二十五日知紹興府史浩言諸暨為縣當台婺之末
流每歲秋潦水必泛溢古人于縣之四旁作湖七十二
處以受此水歲久湮廢人占以為田昨因經界法行官
吏無恤民之心盡將湖田作籍田打量計二十三萬五
百二十二畝有奇苗米總計八千八百七十石有奇夏
稅紬綿本色折帛錢共計一萬六百四十六貫有奇今
若將前項夏稅紬絹帛折變改作苗以中色價紐計米
三千二百十七石二斗七升五合并恭八元管苗米八
千八百七十石九斗八升六合五勺二項共一萬二千
卷萬五千六百三十一　罢
八十八石二斗六升一合九勺于工供物帛即無虧損
乞降付戶部計會紐折施行詔紹興府將前項紐計錢
者倉中界限見行糶米價直作二貫文九十九陌折納
米一石添八每年認發湖田米起發施行　九月二十
九日權發遣秀州徐蔵言昨降指揮乾道五年夏稅和
買折帛錢並權與減半輸納一年謂如人戶合納十匹
若三分折錢每減半其七分自合納本色縑秀州非產
絹地分有專降指揮和買夏秋皆是折錢比之其他州
郡和買見稅十分之中止減放一分半而本州遂全減
五分窃慮虧損國計詔遵依二月四日已降指揮今州
合發絹既係通年全行折錢自合照諸州軍体例將三

分錢數權減半催納一年　六年二月二十八日措置
浙西江東淮東路官田所狀所參酌擬立稅租數目已業
沙田主分所得花利每米一石欲于十分内以一分立
租已業蘆場等地田主所得花利紐錢一貫欲十分以
一分五釐立租租佃沙田主分所得花利每米一石欲
于十分以二分立租租佃蘆場等地田主所得花利紐
錢一貫欲以十分之三輸官以工田地除所立租外更
不數納和買夏稅役錢秋苗之類如舊曾起立苗稅額
重則依舊從之　五年閏六月戶部尚書曾懷言諸州郡
常賦各有定額緣自建炎初遭兵火處流民產稅權行
倚閣今涉三四十年又經經界審定決無不復業之民
卷萬五千六百三十　罢
亦無不耕之產設若元業主流亡亦必别有人戶請佃
租種往往郡縣徑自起理租稅歸之州縣州縣巡習舊
例以逃閣為名中間有部暗失朝廷財賦歲以數千萬
計乞令諸路州縣守令限兩日逐項開具逃亡產業坐
落村鄉并畝步四至係自何年月人戶逃亡及今有無
人戶租種營業知通令丞簿尉具結罪保明指定申省
部不待委官前去審定如妄作逃亡並以不實之罪罪
之能自首舉者與從日下起理稅賦已前勿論從之
七月二十八日宗正少卿兼權戶部侍郎王佐言竊覩
經界民間有在戶未墾田畝嘗降指揮限七年開耕起
足稅租從今二十餘年已盡為熟田無纖粒分文收上

有瀆其間拋荒逃移却步有開闢不曾收入復業增耕
之數民間未嘗不輸盡為縣道官吏盖藏竊盜暗失有
計訪聞知隆興府吳䒥檢覆出隱欺税租以數萬計乞
催速具實數申奏仍乞將江西一路委帥漕選官措置攢
造帳冊結罪保明限兩月申奏其所委官能究心盡公
别與取旨推賞句或容情蓋庇不盡不實即重寘典憲
詔令吳䒥選委清强官分往屬郡依此措置　十七年二
月十四日冊皇太子赦溫湖州乾道六年本州縣折帛
錢并和買夏税人户尚有未輸納者已降指揮自三等
以下并舊税零欠及乾道七年夏税時暫倚閣候秋成
日分料送納竊慮民間于今年一併帶納不前理宜寬
卷萬五千四百三十二　四七
卹仰將前項倚閣數目候乾道八年夏料帶納　六月
二十日詔兩淮許依湖北已得指揮令後民户墾闢田
畝止令送納舊税不得縱有增添從新除淮南運判向
子偉請也　九月十一日敕令所擬修下條諸工二等
户及形勢之家應輸税租而出違省限輸納不足者轉
運司具姓名及所欠數目申尚書省取旨未納之數雖
遇赦降不在除放之限先是臣僚言夏秋二税輸官之
物皆上供合起之數謂之常賦今有形勢食祿之家積
年不納專俟郊恩覬望除放遂致上供愆期支用窘闕
乞今後上三等及形勢官户應合納租税雖遇恩赦不
在除放之限故命立法　十月一日江南東路安撫轉

運司言饒州南康軍今年旱暵最甚民間合納夏税物
帛并浙帛錢起發上限一半其下限合起一半乞權行
倚閣候將來豐熟作兩年帶納詔饒州南康軍第五等
人户今來未納夏税各與倚閣五分尋詔江饒州今歲
旱傷已降指揮將饒州第五等人户未納夏税倚閣五
分尚慮艱于輸納可將饒州第四等人户未納今年夏
税日下權行倚閣候來年帶納　八年三月十二日主
管侍衛馬軍司公事李顯忠言先蒙太上皇帝賜田六
十三頃特與免納十料租税訖所有續蒙陛下賜田七
十頃未嘗陳乞放免租税乞下平江府紹興府免納十
料從之　四月二十一日詔兩淮二税只且催納秋苗
四八
所有課子行下州縣不得更據從臣僚請也　七月七
日詔淮南江東浙西沿江沙田蘆場所立新租與減五
釐租佃與減一分餘並依舊以臣僚言向來沙田蘆場
止為有力之家侵耕冒占故令措置奉行之際却將應
千人户租産已業一概打量立新租數倍致人户逃移
故有是命　十二月十六日詔州縣人户納常賦日下
銷鈔長吏不測抽摘二税官簿点檢如有違慢具名按
劾若上下相蒙許令人户越訴從臣僚言也　十九日
詔兩浙運判胡彷具到紹興府增起苗米四萬九千餘
石及乾道五年歷尾剩錢一十六萬七千餘貫並免行
起發　九年三月二十五日兵部侍郎兼權臨安府少

尹沈度言州縣催科二稅苗米增加斛面多收欠數將堪好物帛印以油墨退回掛欠吏有產去稅存不與除豁已納未銷復行追逮乞戒飭州縣不得故犯如尚敢違戾許監司按劾從之　四月五日知會稽縣范嗣蠡言本縣諸鄉人戶新開田一千五百七十餘畝苗米一百二十餘石並係首正田米稅乞將徑行抵塡延德鄉塉海田畝免致減退首額從之　十九月日戶部尚書楊倓等言州郡上供常賦各有定額昨建炎之後州縣田土間有拋荒去處合納二稅遞年有開闢數目蓋是一時權住倚催自經界以來至今近三十年其間豈無復業之人而廣德軍昨來開闢之數乃增紬絹至一萬一千四百餘匹綿二千七百餘兩折帛錢七萬三千五百餘貫袁州開闢之數亦增紬絹至六千二百餘匹并折帛錢二萬一千餘貫以江東西路兩引之虧失上供折帛錢五十餘萬貫紬絹一十餘萬匹絲綿一十餘萬兩止緣州縣將合發上供錢及經界之後復業稅賦隱行侵用或將人戶未復業田土盜作職田贍學之類至于形勢之家侵耕冒占不輸官稅妄以逃閣爲名消豁租額乞下江東路專委李正己江西路專委周嗣武將管下州縣見合逃閣錢物照應經界開闢數目限一季驅磨覆實取見逃閣田土坐落以村去處畝角細數令守倅令佐各結罪保明從所委官再委隣州清强官親

卷萬五千五百三十三

行覈實限兩月結罪回申如有不實按劾依法施行其日前所減稅賦免行送納日後覈實稅賦數目上供起發從之　十二月十二日臣僚言江東西路頻年災傷民戶逃移至多今歲圩田遭水山田遭旱朝廷寬恤放免秋苗展閣夏稅至今圩岸猶未修築流民未盡復業若以經界後至今僅三十年不曾檢覈之事一旦于目下荒歉之際驟然擧行深恐擾民蓋今戶部須降帳式要見物產坐落去處畝步數目近鄰四至拋荒歸業請佃請射姓名年月造帳供具俾守倅令佐結罪保明仍立委鄰州官親行覈實即與昨來推行經界事体無異勢須于州縣鄉村徧行根括窮廣民情不安有轉徙之患欲望明詔且令兩路招集流移之人俾逃復業及措置賑濟候來豐熟于農隙日即依所立帳式根括施行從之

卷萬四千五百三十三